佛山年鉴

FOSHAN NIANJIAN

2022

（总第30卷）

《佛山年鉴》编纂委员会 编

方志出版社
Publishing House of Local Records

图书在版编目（CIP）数据

佛山年鉴. 2022 /《佛山年鉴》编纂委员会编. —
北京：方志出版社，2022.12
ISBN 978-7-5144-5439-0

Ⅰ. ①佛… Ⅱ. ①佛… Ⅲ. ①佛山-2022-年鉴
Ⅳ. ①Z526.53

中国版本图书馆 CIP 数据核字（2022）第 240590 号

责任编辑：王　娜
责任校对：刘玉霞
责任印制：梅中英
出 版 者：方志出版社
地　　址：北京市朝阳区潘家园东里 9 号（国家方志馆 4 层）
邮　　编：100021
网　　址：http://www.zgfzcb.cn
发　　行：方志出版社图书营销中心（010-67110500）
印　　刷：佛山市高明领航彩色印刷有限公司
开　　本：889 毫米 ×1194 毫米 1/16
印　　张：41.25
字　　数：1748 千字
版　　次：2022 年 12 月第 1 版
印　　次：2022 年 12 月第 1 次印刷
定　　价：280.00 元

《佛山年鉴》编纂委员会

佛山年鉴社

编辑说明

一、《佛山年鉴》是由《佛山年鉴》编纂委员会编纂出版的年度资料性文献。自 1993 年起逐年编纂并公开出版,《佛山年鉴(2022)》为第 30 卷。

二、《佛山年鉴(2022)》以马克思列宁主义、毛泽东思想、邓小平理论、“三个代表”重要思想、科学发展观、习近平新时代中国特色社会主义思想为指导，坚持辩证唯物主义和历史唯物主义的立场、观点和方法，全面、系统、客观地记述 2021 年佛山市自然、政治、经济、文化、社会、生态建设等方面的概貌和发展情况。

三、《佛山年鉴(2022)》记述时限为 2021 年 1 月 1 日至 12 月 31 日。

四、《佛山年鉴(2022)》采用分类编辑法。主体内容设类目、分目、条目 3 个结构层次。少数分目增设次分目层次。条目为表现内容的基本形式。全书条目标题统一用黑体加【 】表示。少数包含多方面资料的条目则在段首加插楷体标题提示。

五、《佛山年鉴(2022)》除取消“特载”栏目设置，将“人物·荣誉”栏目调至“市辖区”栏目后，以及对个别分目进行调整外，框架结构基本保持稳定，卷前收录佛山荣誉、佛山市行政区划图、佛山数字、专题图片，主体内容前设有专记、2021 年佛山大事记，主体内容分设市情概貌、中国共产党佛山市委员会、佛山市人民代表大会、佛山市人民政府、中国人民政治协商会议佛山市委员会、纪委监委、民主党派·工商联、群众团体、法治、军事、经济管理、区域发展、开放型经济、数字经济、民营经济、农业、工业、建筑业、商贸服务业、新兴服务业、金融业、旅游业、房地产业、交通·邮政、城市建设、乡村振兴、教育、科学技术、文化、卫生健康、体育、社会生活、应急管理、生态环境、市辖区、人物·荣誉等，卷末设附录、索引。收录图片 321 张、表格 76 个。

六、《佛山年鉴(2022)》全书载录内容均由各撰稿单位审定提供。条目署作者名，同一分目的所有条目同为一作者的在最后一个条目后署名。

七、《佛山年鉴(2022)》统计数据采用法定计量单位。文中一些地区性、部门性数据，由于统计口径不一，个别数据可能不一致，使用时以佛山市统计局和国家统计局佛山调查队公布的数据为准。

八、《佛山年鉴(2022)》配套双重检索系统：书前编有目录，书后配有索引。索引采用主题分析法，款目按主题词首字汉语拼音字母顺序排列。

佛山荣誉

FOSHAN RONGYU

- 全国文明城市
- 国家卫生城市
- 国家森林城市
- 全国双拥模范城市
- 国家园林城市
- 国家农业产业化示范基地
- 国家优秀旅游城市
- 联合国人类住区优秀范例城市
- 全国绿化模范城市
- 国家环境保护模范城市
- 中国十大智慧城市
- 中国品牌经济城市
- 国家商标战略实施示范城市
- 国家知识产权投融资试点城市
- 国家知识产权示范城市
- 国家公共文化服务体系示范区
- 国家级市场采购贸易方式试点城市
- 中国历史文化名城
- 中国品牌之都
- 全国制造业转型升级综合改革试点城市
- 全国科技进步先进市
- 全国制造业信息化工程重点城市
- 信息惠民国家试点城市
- 跨境电子商务综合试验区
- 全国规范化家长学校实践基地
- 法治政府建设优秀城市
- 中国最具幸福感城市（地级市）
- 国家装配式建筑范例城市
- 新一线城市
- 国家文化和旅游消费示范城市
- “科创中国”试点城市
- 全国禁毒示范城市
- 中国服务外包示范城市
- 社会信用体系建设示范区
- 国家生态文明建设示范区

底图：佛山市人民公园前庆祝中国共产党成立100周年“江山就是人民，人民就是江山”主题花坛（2021年）（佛山年鉴社　供图）

佛山市行政区划图

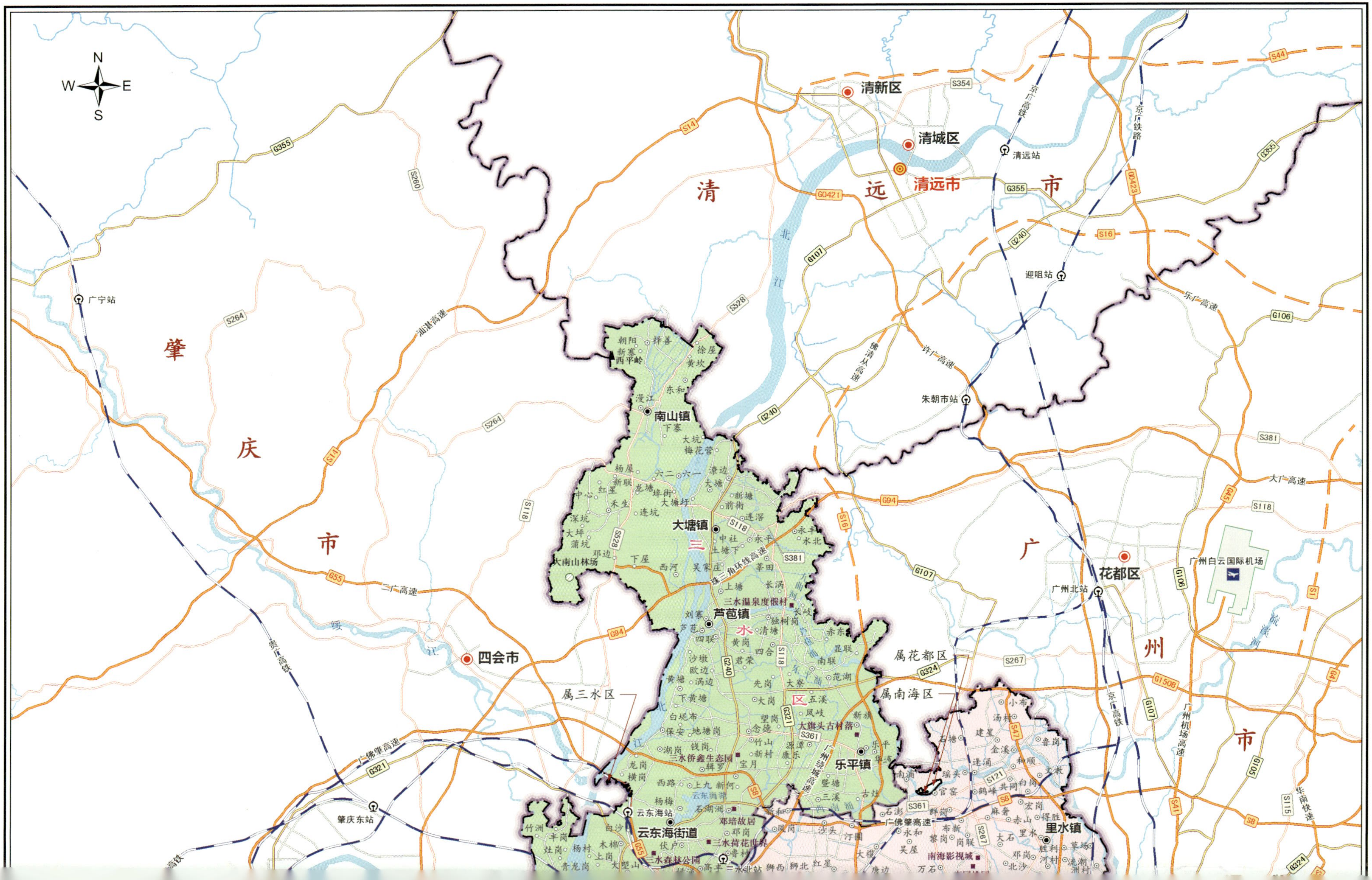

清远市
清新区
清城区
清远站
迎咀站
朱朝市站
广宁站
肇庆东站
四会市
花都区
广州北站
广州白云国际机场
南山镇
大塘镇
芦苞镇
乐平镇
云东海街道
里水镇
三水区
属三水区
属花都区
属南海区
三水温泉度假村
大旗头古村落
三水侨鑫生态园
邓培故居
三水荷花世界
三水森林公园
南海影视城
大南山林场
清
远
市
肇
庆
市
广
州
市
北
江
二广高速
汕湛高速
广佛肇高速
许广高速
大广高速
乐广高速
佛清从高速
珠三角环线高速
广州机场高速
华南快速
京广高铁
京广铁路
贵广高铁

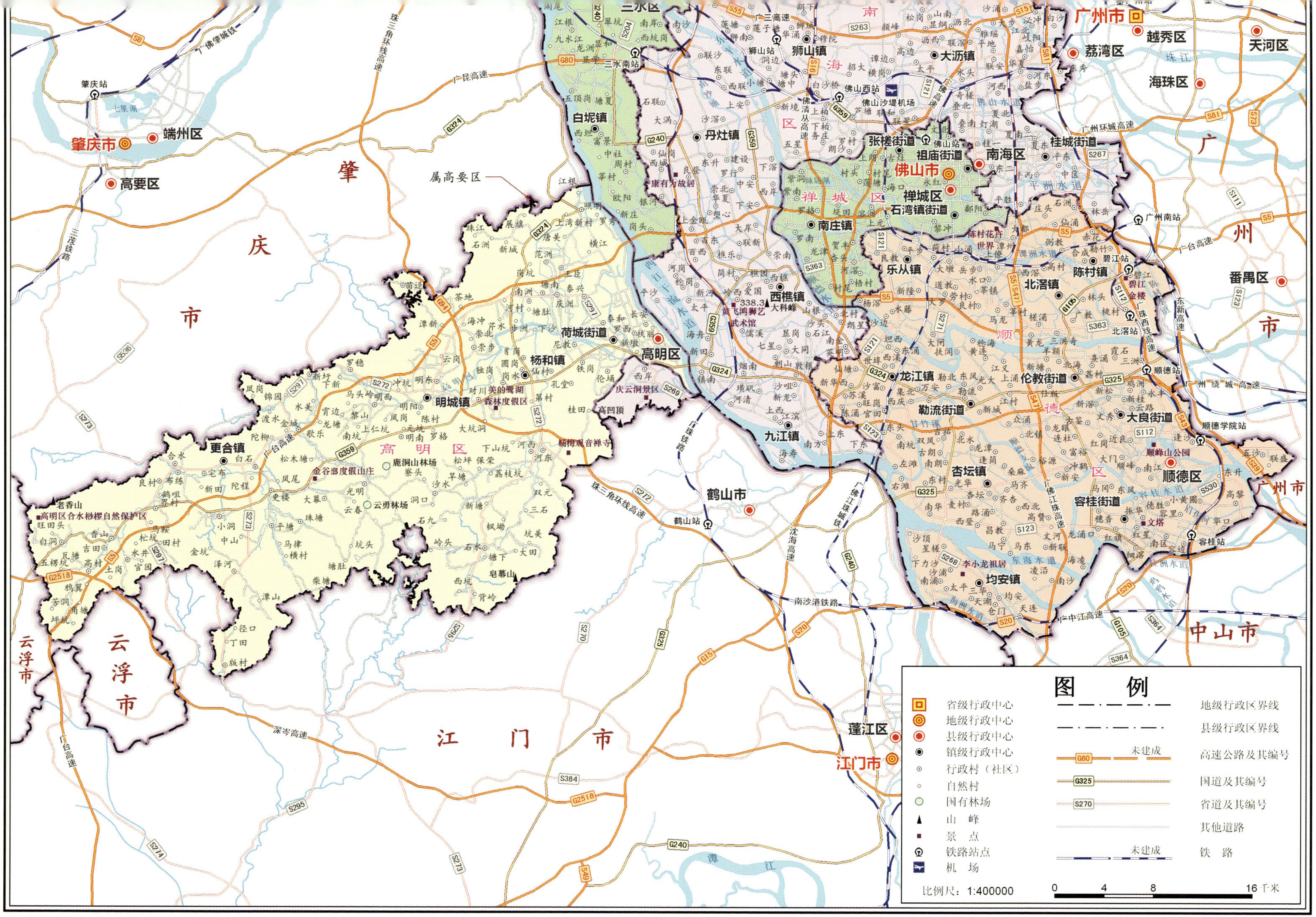

佛山市测绘地理信息研究院 编制

注：本图资料截止时间为2021年12月，行政界线不作为权属争议依据。

审图号：粤ES（2022）133号 2022年11月

佛山数字 FOSHAN SHUZI 2021

- 土地面积：3797.79 平方千米
- 年末常住总人口：961.26 万人
- 年末户籍人口：484.13 万人
- 地区生产总值：12156.54 亿元
- 第一产业增加值：210.55 亿元
- 第二产业增加值：6806.95 亿元
- 规模以上工业增加值：5432.94 亿元
- 第三产业增加值：5139.04 亿元
- 人均地区生产总值：127085 元
- 社会消费品零售总额：3556.66 亿元

◆ 地方一般公共预算收入：808.26 亿元

◆ 地方一般公共预算支出：1072.01 亿元

◆ 金融机构本外币存款余额：20606.98 亿元

◆ 金融机构本外币贷款余额：16474.11 亿元

◆ 全市居民人均可支配收入：61700 元

◆ 全市居民人均生活消费支出：40545 元

◆ 城镇居民人均可支配收入：62942 元

◆ 城镇居民人均生活消费支出：41327 元

◆ 农村居民人均可支配收入：37067 元

◆ 农村居民人均生活消费支出：25035 元

底图：南海千灯湖（2021 年）（吴 宇 摄）

佛山新貌

顺德区德胜新城（2021 年）　　（佛山日报社　供图）

佛山新貌

1 2
3

1 南海区桂城街道广东金融高新区（2021 年） （吴 宇 摄）

2 三水区云东海街道三水新城核心区（2021 年）
（佛山日报社 供图）

3 禅城区文华公园及周边区域（2021 年） （吴 宇 摄）

高明区荷城街道（2021 年）

（赖志华　摄）

佛智

2021年1月24日，经过改造提升后的禅城区文华公园，灯光投射出“佛山智造”字样

（佛山日报社　供图）

创新发展

2021 年，佛山市坚持以创新发展积蓄新动能。创新“大招商、招大商”体制机制，成立佛山市招商工作领导小组及办公室统筹推进招商工作。国家创新型城市建设通过验收，三龙湾科技城被纳入省重点平台，季华实验室在首批广东省实验室考核评估中获“优秀”等次，仙湖实验室引进全职院士团队，首届全国博士后创新创业大赛和第二十五届全国发明展览会举行。创建全国质量强市示范城市，发布全国首个知识产权纠纷调解地方标准，获国家知识产权局批准设立国家海外知识产权纠纷应对指导中心佛山分中心，在全国首推知识产权综合服务保险。

1 2021 年 1 月 18 日，中铁华隧联合重型装备有限公司研制的超大直径（15.53 米）盾构机“妈湾号”在佛山市顺德区伦教街道下线
（佛山日报社　供图）

2 2021 年，佛山三龙湾高端创新集聚区（佛山三龙湾科技城）被纳入广东省推进粤港澳大湾区建设重点平台。图为位于三龙湾科技城南海片区的季华实验室夜景　（梁小玲　摄）

3 2021 年，佛山市继续推动制造业转型升级。图为盛路通信实验室通信天线产品试验现场
（佛山日报社　供图）

4 2021 年，佛山市继续探索市域社会治理新模式，推进市域社会治理现代化。图为市民在禅城区社会治理中心大数据服务区用数据服务一体机进行数据分析　（佛山日报社　供图）

5 2021 年 4 月 27 日，“佛山一号”卫星被长征六号运载火箭送入预定轨道。图为“佛山一号”卫星模型在首届全国博士后创新创业大赛博士后成果展佛山馆内展出
（市人力资源社会保障局　供图）

协调发展

2021 年，佛山市统筹推进政治建设、依法治市、社会治理等工作。城市更新加速推进，东平河水轴线建设成效初显，村级工业园升级改造总攻坚三年行动（2021—2023 年）启动。城市“畅通工程”成效显著，实现公交地铁“一码通乘”。乡村振兴深入实施，建成美丽乡村集中连片示范区 13 个、农村“四小园”（小菜园、小果园、小花园、小公园）1.5 万个，成为“四好农村路”（“四好”指建好、管好、护好、运营好）省级示范市，紫南村被农业农村部评为中国美丽休闲乡村。产业转型步伐加快，印发《佛山市推进制造业数字化智能化转型发展若干措施》，设立总规模 300 亿元、首期 100 亿元的广东（佛山）制造业转型发展基金。

1 2021 年，佛山市推动城乡区域协同发展，通过打造通景廊道为乡村振兴提速。图为高明区首条全域旅游示范路井皂线沿线 （佛山日报社　供图）

2 2021 年，佛山市开展农村“四小园”建设，改善农村人居环境。图为顺德区龙江镇左滩村小菜园 （顺德区　供图）

3 2021 年 11 月 13 日，高明区明城镇崇步“万亩稻田”产业园内，金黄色的稻田吸引市民游憩 （佛山日报社　供图）

4 2021 年，佛山市持续开展党史学习教育。图为 2 月 25 日，市民在佛山惠景书城选购习近平《论中国共产党历史》 （佛山日报社　供图）

5 2021 年，佛山市普法办公室联合禅城区有关单位在佛山智慧新城举办民法典主题灯光秀活动 （佛山日报社　供图）

6 2021 年，佛山市持续加快制造业转型升级，推动产业结构协同发展。图为美的库卡智能制造产业基地 （佛山日报社　供图）

7 2021 年，佛山市建立南海区结对三水区、顺德区结对高明区紧密协作机制。图为南海区与三水区共建的南三产业园佛山高新区三水园片区 （三水区　供图）

贯彻新发展理念

绿色发展

2021年，佛山市持续强化绿色发展理念，生态环境质量再提升，生态城市建设和绿色清洁生产取得新进展。启动34个“万亩千亩公园”建设，开展大气污染防治行动，开展水环境全流域强统筹大兵团分层次治理，完成50条农村黑臭水体整治，生活垃圾资源化处理提质改造项目建成运营。新增碧道233千米，新增城镇竣工绿色建筑面积1521万平方米，新（改）建公园绿地面积350公顷。建成全国唯一的氢能产业领域国家技术标准创新基地。启动“无废城市”试点工作。

1 2021 年，佛山市建成全国唯一的氢能产业领域国家技术标准创新基地，南海区成为全国氢能产业先行地、集聚地。图为南海区“仙湖氢谷”的佛山仙湖实验室　（佛山日报社　供图）

2 2021 年 5 月 26 日，广东省内首艘氢能源船舶“仙湖 1 号”在佛山市南海区下水　（佛山日报社　供图）

3 三水区白坭镇的花田景观（2021 年）　（三水区　供图）

4 2021 年，佛山市城镇竣工绿色建筑面积 1521 万平方米，新建装配式建筑面积 960 万平方米。图为市内装配式建筑工地　（佛山日报社　供图）

5 新明珠陶瓷集团三水绿色建材研发制造基地（2021 年）　（佛山日报社　供图）

6 2021 年 6 月 22 日，以“养护水生生物，建设美丽中国”为主题的广东省（佛山）江河增殖放流活动在南海区九江镇举行　（佛山日报社　供图）

7 顺德区伦教街道乌洲水闸湿地景观（2021 年）　（卢燕玉　摄）

贯彻新发展理念

开放发展

2021年，佛山市将打造一流营商环境作为“一号改革工程”，围绕深化商事制度、金融服务、行政审批、政府采购等领域改革，出台专项行动方案，构建“益晒你”企业服务体系。成为中国服务外包示范城市，国家级外贸转型升级基地增至6个。参与“一带一路”建设，深度融入粤港澳大湾区和中国特色社会主义先行示范区“双区”建设，建设广佛高质量发展融合试验区，主动对接支持服务横琴粤澳深度合作区、前海深港现代服务合作区2个合作区建设，启动佛山对口黔东南苗族侗族自治州东西部协作，以及省内对口肇庆市、云浮市驻镇帮镇扶村工作。

1 2021 年 12 月 28 日，佛山地铁 2 号线开通运行。该地铁线一期工程起于佛山禅城区南庄镇，止于广州南站，推动佛山市全方位融入粤港澳大湾区建设。图为地铁列车在陈村镇区间段运行　（周焯杰　摄）

2 2021 年 1 月 20 日，位于禅城区的佛山霍利斯外籍人员子女学校（佛山 LEH 国际学校）揭牌，是英国 LEH 学校在佛山市开设的首所海外分校。图为校园建筑　（佛山日报社　供图）

3 2021 年，佛山市加快推进粤港澳大湾区组合港项目和“湾区一港通”模式。图为顺德新港　（佛山日报社　供图）

4 2021 年 1 月 24 日，2021 广东农产品跨境电商论坛暨梦里水乡云上花市启动仪式在佛山市南海区里水镇举行。图为岭南农业产业创意园的跨境电商直播间内，主播使用泰语直播带货　（佛山日报社　供图）

5 2021 年 12 月 4 日，2021 佛山市全球招商大会在佛山罗浮宫索菲特酒店举行。图为一汽－大众佛山分公司总经理邓普卡在招商大会上发言　（佛山日报社　供图）

6 2021 年，佛山市推动构建佛山“益晒你”企业服务体系。图为市民在三水区行政服务中心企业综合服务窗口（重点项目代办）办理业务　（市委改革办　供图）

7 2021 年第 130 届广交会上，观展客商在顺德区国家外贸转型升级基地（家电）展位观展　（佛山日报社　供图）

共享发展

2021 年，佛山市加强民生保障和社会建设，人民生活增添新福祉。抓好常态化新冠肺炎疫情防控，启动市应急医院项目、市疾控中心能力提升项目、市物资储备综合基地建设，国际健康驿站投入运营。被教育部认定为全国中小学劳动教育实验区，成为首批全国禁毒示范城市。开展市域社会治理现代化试点，打造市、区、镇、村四级群众信访诉求综合服务体系，禅城区入选国家智能社会治理实验基地，全国乡村治理示范村镇新增 1 个镇、3 个村，全国民主法治示范村（社区）达 13 个。成为国家文化和旅游消费试点城市，创意产业园入选首批国家级夜间文旅消费集聚区，新增 3 个省级示范特色步行街（商圈）。

1 2021 年 12 月 3 日，2021 年顺德区乐从镇村居龙舟赛举行（佛山日报社　供图）

2 2021 年，三水区文锋东社区养老服务中心开展长者文娱活动场景（梁　斌　摄）

3 2021 年 8 月 24 日，红色功夫粤剧《鸿胜馆》创作团队在佛山鸿胜纪念馆前进行外景拍摄（佛山日报社　供图）

4 2021 年 9 月 1 日，顺德区陈村镇潭村小学学生在舞蹈室练习舞蹈基本功（佛山日报社　供图）

5 2021 年，佛山市推动政务数据和社会数据深度融合，加快社会治理现代化。图为禅城区社会综合治理指挥中心（佛山日报社　供图）

6 2021 年，佛山创意产业园入选首批国家级夜间文旅消费集聚区。图为市民在创意产业园逛夜市（佛山日报社　供图）

7 2021 年 3 月 10 日，禅城区 2021 年度第一期共有产权住房抽签选房现场会举行（佛山日报社　供图）

“我为群众办实事”实践活动

2021年，佛山市深入开展党史学习教育，围绕解决群众的“急难愁盼”问题，扎实开展“我为群众办实事”实践活动。全市上下立足工作实际，推出“我为群众办实事”民生项目9482个，其中：市领导办实事52项，市委、市政府办实事82项，市级层面105个单位办实事352项。对重大办实事项目实行“一月三问”，以“工作项目化、项目清单化、清单责任化”推动各类办实事项目开展。

1 2021 年，佛山市政府办公室、市公安局、市交通运输局实施“全力推进城市‘畅通工程’两年行动”项目。图为 6 月 30 日通车的文华北路北延线沥桂大桥

2 2021 年，佛山市教育局实施“学有所教、学有优教，全力推进学前及义务教育扩容提质”项目。图为 9 月投入使用的禅城区文华小学（环湖小学西校区）

3 2021 年，顺德区实施“以水美城，提升城市品质”项目。图为勒流街道江义村的水乡田园景色

4 2021 年，佛山市交通投资集团有限公司实施“优化公交骨干线网布局”项目。图为优化调整后途经高明区谊乐市场、东湖洲花园片区的佛山公交高明 533 线路

5 2021 年，佛山市自然资源局实施“全面发起‘村改’（村级工业园改造）总攻坚”项目。图为顺德区北滘镇西海二支工业区项目升级改造现场

6 2021 年，佛山市政府办公室、市政务服务数据管理局、市行政服务中心实施“三个‘聚焦’强化‘市长直通车’平台，筑牢政府与企业群众的连心桥、暖心桥”项目。图为“市长直通车”平台话务区

（“‘我为群众办实事’实践活动”专题图片由各项目实施单位提供）

佛山市南海区“三医联动”
慢病全程健康管理药学保障项目
首张处方开具

2019年12月06日
09时33分37秒
佛山市城市安全运行监测中心
气温：15℃
无持续风向
阴
3级
风险评估
监测预警

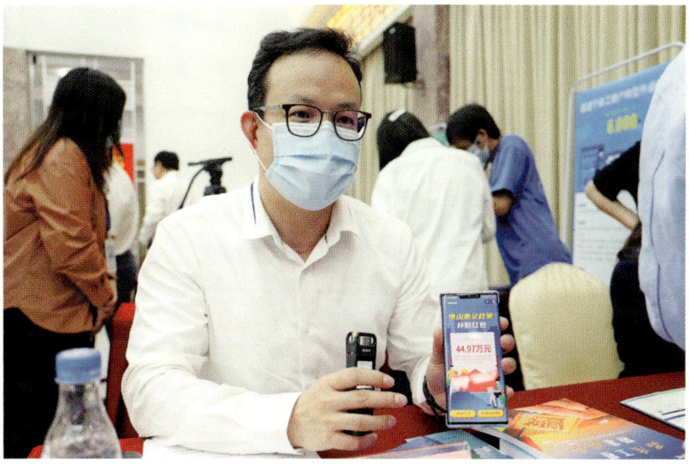

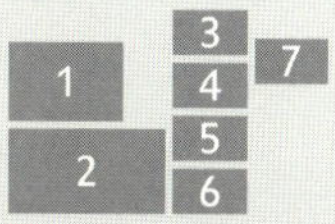

1 2021年，佛山市医疗保障局实施“提升门诊特定病种待遇水平及购药便利性惠及60万参保人”项目。图为南海区“三医联动”（医疗、医保、医药改革联动）慢病全程健康管理药学保障项目首张处方开具仪式

2 2021年，佛山市应急管理局实施“开展深化‘智慧安全佛山’项目建设行动”项目。图为佛山市城市安全运行监测中心

3 2021年，佛山市图书馆实施“‘易本书’家藏图书共享服务”项目。图为“易本书”家藏图书共享市集

4 2021年，佛山市发展和改革局、市财政局实施“探索直达资金改革 实现政府补助‘秒到’企业和个人”项目。图为某公司代表通过“佛山扶持通”平台申领的企业用气补贴实现秒到账

5 2021年，佛山市人力资源和社会保障局实施“‘粤菜师傅’‘广东技工’‘南粤家政’三项工程”项目。图为佛山市选手在第四届粤港澳大湾区“粤菜师傅”技能大赛中获奖

6 2021年，佛山市公安局实施“打击治理电信网络诈骗犯罪”项目。图为禅城公安分局发布破获的典型电信诈骗案例，并向受害群众返还涉案资金

7 2021年，佛山市退役军人事务局实施“从党史中汲取奋进力量用心用情关爱烈属”项目。图为该局代表慰问烈士遗属

（“‘我为群众办实事’实践活动”专题图片由各项目实施单位提供）

疫情防控常态化

2021 年，佛山市抓好常态化疫情防控，科学处置“5·21”本土疫情，加强重点场所和人员管理。实施疫苗精准接种，完成新冠疫苗接种超 2400 万剂次。强化检测预警体系，健全院感防控工作机制，动态做好社会面防控。坚持外防输入，加快推进应急场所建设，佛山市国际健康驿站投入使用。启动市应急医院、市疾控中心能力提升项目，市物资储备综合基地建设。市医疗急救指挥中心、市医疗废物处置项目建成运行。

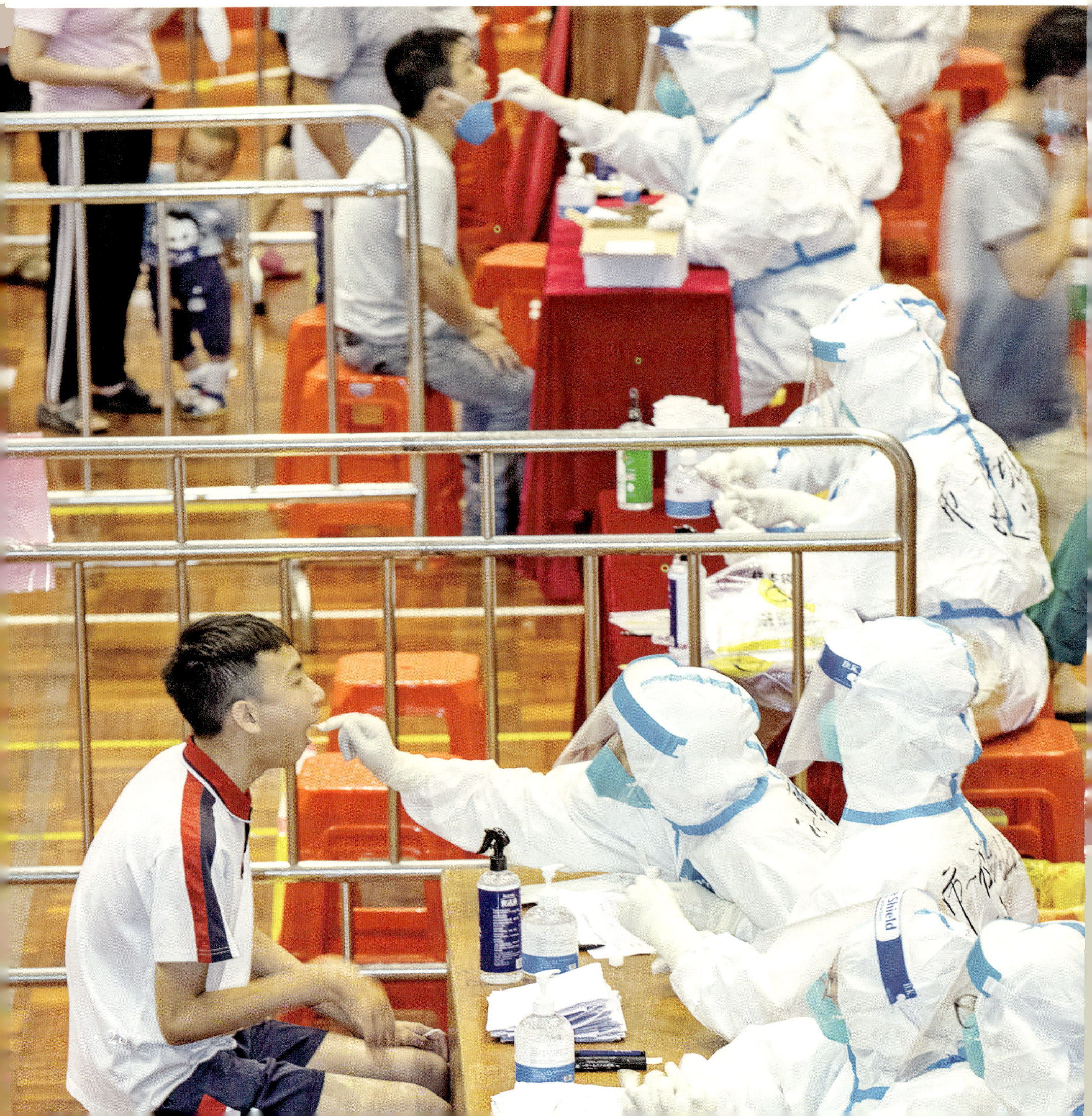

1 2021 年，为迅速扑灭“5·21”本土疫情，佛山市多地先后开展大规模核酸筛查活动。图为 5 月 29 日，某临时核酸检测点大规模核酸检测采样现场　（佛山日报社　供图）

2 2021 年 9 月 1 日，荣山中学教师给学生量体温　（佛山日报社　供图）

3 2021 年，佛山市企业坚持一手抓疫情防控、一手抓生产发展。图为佛山市某企业生产车间内，员工戴着口罩作业　（佛山日报社　供图）

4 2021 年，为应对“5·21”本土疫情，佛山市采取分级分类防控措施，实现科学精准防控。图为 6 月 7 日，物业人员为某封闭管理区域内的小区居民配送生活物资　（佛山日报社　供图）

5 2021 年 10 月 25 日，市民在禅城区人民医院丰收街新冠病毒疫苗临时接种点接种加强针　（佛山日报社　供图）

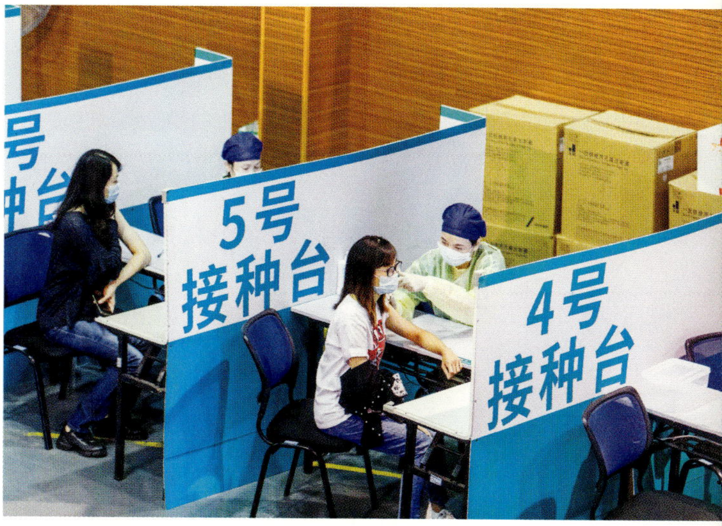

疫情防控常态化

1
2 3

1 2021 年，佛山市推广使用健康码监测系统。图为 6 月 8 日，乘客在佛山火车站进站口展示绿码和 48 小时核酸检测阴性证明（佛山日报社 供图）

2 2021 年端午节，禅城区组织对隔离人员开展慰问，为隔离人员准备应节食品和慰问信等，还为女性隔离人员准备红玫瑰（佛山日报社 供图）

3 2021 年，佛山市发挥基层党组织和党员作用，筑牢常态化疫情防控防线。图为佛山党员志愿者在核酸采样点开展志愿服务（市委组织部 供图）

目　录

专　记

"515"高质量发展战略目标……1
党史学习教育……2
"一号改革工程"推进……6
新冠肺炎疫情常态化防控……9
佛山成功创建国家创新型城市……13
全国质量强市示范城市创建……14
村级工业园升级改造……16
"大招商、招大商"体制机制构建……17
"双减"工作推进……17

2021年佛山大事记

1月……19
2月……20
3月……21
4月……22
5月……23
6月……25
7月……26
8月……28
9月……30
10月……31
11月……33
12月……34

市情概貌

自然地理……37
　地理位置和面积……37
　地质地貌……37
　气候……37
　水文……39
　土壤……39
　植被……39
　自然资源……39
历史人文……40
　历史文化……40
　民间习俗……40
　历史名人……41
　方言……42
建置·区划……42
　建置沿革……42
　行政区划……43
人口·民族……43
　人口……43
　民族……43
经济社会发展……43
　中华人民共和国成立前……43
　中华人民共和国成立后至改革开放前……44
　改革开放后至2020年……44
　2021年经济社会发展……44

中国共产党佛山市委员会

综　述……46
　习近平新时代中国特色社会主义思想学习贯彻……46
　以先进制造业为支撑的现代产业体系构建……46
　改革开放工作推进……47
　城市规划建设管理工作推动……47
　绿色发展理念贯彻……47
　保障和改善民生工作落实……48
　发展和安全统筹推进……48

党的全面领导和党的建设继续加强……48
决策部署……48
中国共产党佛山市第十二届委员会第十二次全体会议……48
中国共产党佛山市第十二届委员会第十三次全体会议……48
中国共产党佛山市第十二届委员会第十四次全体会议……49
中国共产党佛山市第十三次代表大会……49
中国共产党佛山市第十三届委员会第一次全体会议……50
党员干部联系服务群众工作措施……50
“十四五”规划编制建议……50
“不忘初心、牢记使命”主题教育成果巩固深化举措……50
习近平新时代中国特色社会主义思想学以致用落地见效工作措施……50
党的基层组织建设三年行动计划实施方案……50
新时期产业工人队伍建设改革实施方案……51
知识产权护航工程实施方案……51
全面深化改革……52
概况……52
创造型引领型改革……52
制造业高质量发展改革……52
科技体制机制改革……52
开放型经济体制机制改革……53
行政管理体制改革……53
城乡区域协调发展……53
社会治理改革……53
民生领域改革……53
重大改革试点……54
党的建设制度改革……54
佛山十二届市委全面深化改革委员会第九次会议……54
组织工作……54
组织建设……54
概况……54
党史学习教育……54
村级换届工作完成……55
新一轮基层党建三年行动计划实施……55
城市基层党建……55
乡村振兴党建引领……56
重大任务党建引领……56
干部队伍建设……56
概况……56
市领导班子换届……56
区、镇领导班子换届……56
干部队伍专业化……56
党员干部培训全覆盖……56
人才工作……56
概况……56
人才政策体系优化……57
人才服务体系优化……57
佛山市“一站式”人才综合服务平台启动……57
《佛山市制造业紧缺人才目录（2021版）》发布……57
佛山首次举办“人才之夜”晚会……57
公务员管理……57
概况……57
公务员管理科学化规范化……58
公务员考核制度落实……58
宣传工作……58
概况……58
理论学习宣讲研究……58
习近平总书记“七一”重要讲话精神专题宣讲走基层系列活动……59
媒体宣传……59
文化事业文化产业发展……59
邻里图书馆建设……60
网络宣传……60
网络与信息安全……60
概况……60
网络安全态势感知共建共享体系建设……61
2021年佛山市网络安全事件应急演练暨第一届“飞鸿杯”网络安全大赛……61
2021年佛山市网络安全宣传周活动……61
2021年佛山市工业互联网安全职工技能竞赛……61
统一战线工作……61
概况……61
多党合作和政治协商制度落实……62
民族宗教工作……62
非公有制经济领域统战工作……62
港澳台统战工作……62
新的社会阶层人士统战工作……62
涉侨统战工作……63
党外代表人士队伍建设……63
统一战线社会服务……63
2021年佛山市党外代表人士迎春座谈会……63
2021年度佛山市新的社会阶层人士培训班……63
佛山市首个镇街新阶联组织成立……63
佛山市新任党外领导干部培训班开班……63
各民主党派负责人暑期座谈会暨新老主委座谈会……63
机构编制工作……64
概况……64
体制机制改革创新……64
机构职能体系优化……64
机构编制资源统筹使用……64
机构编制法定化……64
“编办思享汇”系列活动……65

机关党建工作……65
概况……65
机关单位领导干部政治思想学习教育……65
机关党史学习教育……65
机关基层党组织建设……66
模范机关创建……66
机关党建工作责任……67
市直机关工委执纪监督……67
党风政风行风热线节目访谈……67
市直单位2021年运动会……67
“深化机关创建、万人评作风”活动……67
佛山市区直单位第六届工作创新大赛活动……67
老干部工作……68
概况……68
离退休干部思想政治引领……68
老干部服务……68
老干部继续教育……68
老干部发挥优势作用……69
佛山市老干部“红耆”志愿服务队成立……69
第十二届佛山市老干部文艺展演……69
党校工作……69
概况……69
干部教育培训……69
科研咨政……70
市、区、镇（街道）三级党校联动发展……71
党史学习教育专题研讨班……71
学习贯彻中共十九届六中全会精神专题研讨班……71
党史工作……71
概况……71
执政纪事资料征编……71
党史学习教育服务……71
党史资料征集研究……72
党史宣传宣讲……72
红色资源保护利用……72
《佛山市革命遗址普查（2020）成果通览》出版……72
《中共佛山历史百年大事记（1921—2020）》出版……72
《佛山英烈故事》编印……72
《革命精神　百年传承——佛山红色故事报道汇编》编印……72
档案工作……73
概况……73
档案综合利用与服务……73
疫情防控档案……73
精准扶贫档案……73
重大活动档案……73
经济科技档案……74
局馆协调联动机制建设……74
档案法治建设……74
档案信息化建设……74
专题档案征集……74
档案安全……75
档案文化宣传……75
档案业务建设……75
档案编研……75
“百年恰是风华正茂”主题档案文献展……75

佛山市人民代表大会

综　述……76
概况……76
区、镇（街道）人大工作和建设……76
人事任免工作……76
重要会议……76
佛山市第十五届人民代表大会第六次会议……76
佛山市第十五届人民代表大会第七次会议……77
佛山市第十五届人民代表大会第八次会议……77
市人大常委会会议……77
立法工作……78
年度立法计划……78
地方性法规审议……78
立法意见建议征集……78
立法后评估……78
人大监督……79
财政经济工作监督……79
民生工作监督……79
生态文明建设工作监督……79
法律实施监督……80
代表工作……80
代表议案建议督办……80
“更好发挥人大代表作用”主题活动开展……81
代表调研视察活动开展……81
代表联络站建设……81

佛山市人民政府

综　述……82
概况……82
“十件民生实事”完成……82
政务信息……83
政府信息公开……83
政务督查……83
重要会议……83

概况……83
市政府全体会议……84
市政府常务会议……84
重要政策与措施……85
概况……85
经济发展重要政策与措施……85
城乡建设重要政策与措施……86
社会事业重要政策与措施……86
综合管理重要政策与措施……87
人力资源管理……88
概况……88
人力资源服务业发展……88
人事考试……88
职称评审……88
人才引进……89
人才服务……89
人事档案管理服务……89
优粤佛山卡服务……89
佛山市人力资源服务产业园获评省级园……90
《佛山市制造业紧缺人才目录（2021版）》发布……90
政务服务……90
概况……90
政务服务标准应用……90
政务服务创新……91
工程建设项目审批制度改革……91
公共资源交易改革……92
“互联网+不动产登记”改革……92
佛山市政府网融媒体创新中心启用……92
“市长直通车”平台上线……92
佛山市公共资源交易隔夜评标示范点启用……92
外　事……92
概况……92
涉外疫情防控工作……93
国际友好城市交流……93
外国驻穗领馆代表团接待……93
涉外工作处理……93
预防性领事保护宣传……93
中共佛山市委外事工作委员会第三次会议……93
侨　务……94
概况……94
海外联谊……94
侨情信息……94
侨务文化外宣……94
爱侨护侨……94
台湾事务……94
概况……94
台胞台企“双统筹”工作……95
佛台交流……95
台企台商服务……95
惠台政策措施落实……95
佛台经贸产业合作……95
台湾青年发展交流与创业……95
第八届台湾青年岭南行活动之粤港澳大湾区科技体验之旅走进佛山……96
“台湾青年广东创业行”在佛山启动……96
港澳事务……96
概况……96
佛港澳官方互访与交流……96
佛港澳青年事务……96
佛港澳合作……97
“暖企暖心”行动……97
涉港澳审批管理……97
澳门特区行政长官率考察团到访佛山……97
“澳门青年人文湾区行”走进佛山……97
佛山港澳青年创业孵化服务平台发布……97
佛山港澳青年创业孵化基地二期开园……97
信　访……97
概况……97
信访工作体制机制建立健全……98
“信访超市”创建……98
信访专题调研……99
南庄镇绿岛湖建筑行业信访诉求服务站成立……99
粮食安全……99
概况……99
粮食储备……99
“优质粮食工程”建设……99
粮食应急保障体系……99
粮食安全生产及储备监管……99
全市粮食和物资储备领域安全生产和安全仓储隐患大排查大整治和粮食流通“亮剑2021”专项执法行动……99
佛山市2021年世界粮食日和全国粮食安全宣传周活动……99

中国人民政治协商会议佛山市委员会

综　述……100
概况……100
社情民意信息……100
团结联谊……100
重要会议……100
中国人民政治协商会议第十二届佛山市委员会

第五次会议……100
市政协主席会议……102
市政协常委会会议……102
政治协商……103
概况……103
提案办理协商……103
市委书记督办提案办理协商活动……103
市长督办提案办理协商活动……104
市政协主席督办提案办理协商活动……104
佛山企业家·市长面对面专题协商……104
公交站（场）选址与布局优化专题协商……104
打造共建共治共享的城市社区治理新模式专题协商……104
参政议政……105
概况……105
“企业暖春行动”专题调研……105
佛山市“3岁以下婴幼儿照护服务发展”专题调研……105
“佛山市种业高质量发展”专题调研……105
“优化营商环境”系列提案办理“回头看”活动……105
民主监督……105
概况……105
“迳口华侨农场改革发展情况”专题视察……105
“我市中心城区城市形态更新”委员视察……105
“推进东平河滨水生态区整治和建设”委员视察……106
“台港澳青年在佛山创业就业（人才引进）情况”专题视察……106
“我市古建筑保护和活化情况”专题视察……106
“我市宗教活动场所管理情况”专题视察……106
“‘百里芳华’乡村振兴示范带建设”专题视察……106
“南海村级工业园改造，促进城乡融合发展”专题视察……106

纪委监委

综 述……107
概况……107
纪检监察工作创新……107
重要会议……108
政治监督……108
概况……108
“一把手”和领导班子监督……108
换届纪律监督……109
反腐倡廉……109
概况……109
反腐机制完善……109
纪律教育开展……110
首次向市人大常委会报告反腐败国际追逃追赃工作……110
作风建设……110
概况……110
“四风”纠治……110
群众身边腐败和不正之风整治……111
作风建设常态化长效化……111
巡察监督……111
概况……111
巡察整改落实机制完善……111
巡察工作上下联动开展……111
佛山巡察工作会议暨十二届市委第九轮巡察动员部署会……111

民主党派·工商联

中国国民党革命委员会佛山市委员会……112
概况……112
思想建设……112
参政议政……112
社会服务……113
民革佛山市第十三次代表大会及第十三届委员会第一次全体会议……113
中国民主同盟佛山市委员会……113
概况……113
思想建设……113
参政议政……113
社会服务……114
民盟佛山市第十五次代表大会……114
佛山民盟9人入选2021年度《岭南名医录》……114
中国民主建国会佛山市委员会……114
概况……114
思想建设……114
参政议政……115
社会服务……115
民建佛山市第十四次代表大会……115
中国民主促进会佛山市委员会……115
概况……115
思想建设……116
参政议政……116
社会服务……116
民进佛山市第九次代表大会……116
中国农工民主党佛山市委员会……116
概况……116
思想建设……116
参政议政……116
社会服务……117
农工党佛山市第十二次代表大会……117

中国致公党佛山市委员会……117
概况……117
思想建设……117
参政议政……117
社会服务……117
致公党佛山市直属总支部成立……118
致公党佛山科学技术学院总支部成立……118
致公党佛山市第七次代表大会召开……118
九三学社佛山市委员会……118
概况……118
思想建设……118
参政议政……119
社会服务……119
九三学社佛山市第八次代表大会……119
佛山市工商业联合会……119
概况……119
参政议政……119
商（协）会建设……119
工商联经济发展服务……120
民营经济人士理想信念教育实践活动……120
非公经济组织党建……120
新时代民营企业家培育工程……121
乡村振兴“万企兴万村”行动……121
2021中国实体经济论坛在佛山市举行……121
2021佛山企业家大会……121

群众团体

佛山市总工会……122
概况……122
工会组织建设……122
工会法律服务……123
职工互助保障……123
职工集体协商……123
小微企业工会经费支持政策落实……123
职工技术创新活动……123
“人社+工会”劳动争议裁调对接工作机制试点……123
智慧工会平台建设与推广……123
“佛山职工微视频”小程序上线……124
工会新春系列活动……124
职工子女夏令营活动……124
新时期产业工人队伍建设改革推进……124
中国共产主义青年团佛山市委员会……124
概况……124
青少年思想政治引领……124
共青团参与基层社会治理工作推进……125
市青年联合会……125
疫情防控志愿服务……125
高质量“志愿之城”建设……125
青年创新创业促进……126
团市委“我为群众办实事”十大项目……126
全国县域共青团基层组织改革试点建设……127
“共青团与人大代表、政协委员面对面”议题座谈会……127
“青春同心·永跟党走”诵读党史活动……127
佛山市妇女联合会……128
概况……128
基层妇联组织建设……128
妇女思想政治引领……128
妇女儿童权益保护……128
困境妇女儿童帮扶救助……129
“网上妇女之家”建设……129
巾帼建功行动……129
妇女儿童发展规划终期评估……130
妇联执委培训……130
纪念三八国际妇女节系列活动……130
佛山市科学技术协会……130
概况……130
基层科协组织建设……131
科技工作者服务工作……131
全民科学素质服务……131
创新驱动助力工程项目……131
佛山市“科创中国”试点城市建设……131
第二十五届全国发明展览会——“一带一路”暨金砖国家技能发展与技术创新大赛……131
佛山市社会科学界联合会……132
概况……132
社科活动……132
社科类社会组织扶持资助……133
社科成果编印……133
佛山红色文化名片巡回展览……133
佛山市社会科学普及周活动……133
40个社科普及基地获认定为省级人文社科普及基地……133
佛山市文学艺术界联合会……136
概况……136
文学创作……136
文艺人才培养……137
艺术展示……137
舞台展示……137
文艺理论研究……137
传统文化转化和发展……137
文艺志愿者服务……137

人文湾区文艺创作……138
粤剧《鸿胜馆》创作……138
广播连续剧《君子墟》与话剧《盖德皓做好人》创作……138
庆祝中国共产党成立100周年系列艺术作品展……139
佛山市归国华侨联合会……139
概况……139
“侨胞之家”建设……139
侨胞联络联谊……139
归侨侨眷慰问帮扶……140
华侨归侨侨眷权益保护……140
侨界参政议政……140
华侨文化建设……140
“侨爱心·光明行”活动……140
佛山市残疾人联合会……140
概况……140
残疾人生活保障……141
残疾人康复服务……141
残疾人教育服务……141
残疾人就业服务……141
残疾人文化建设……141
残疾人体育建设……142
残疾人协会及助残组织培育……142
残疾人证核发管理……142
残疾人防疫服务……142
扶残助残文化宣传……143
社区康园中心建设……143
佛山市第九届盲人诗歌散文朗诵暨第七届盲人散文创作比赛……143
首个区级残疾人辅助性就业机构获授牌……143
中国国际贸易促进委员会佛山市委员会……143
概况……143
展会促贸……143
涉外商事法律服务……144
贸促系统出证认证业务……144
“新征程”贸促线上对接会……144
惠企促贸“春雨行动”……145
“国际商事大讲堂”培训活动……145
“百企大走访”活动……145
直达乌克兰中欧班列贸易通道开辟……145
佛山市对外数字贸易产业促进会成立……145
“2021年佛山国际贸易年度人物”评选……145
《国际商事二十二条军规》第三季开播……146
佛山市红十字会……146
概况……146
红十字社会救助……146
红十字备灾救灾……146
红十字应急救护……146
无偿献血·器官捐献·造血干细胞捐献……146
红十字志愿服务……147
红十字会医院学校教学与服务……147
红十字会捐赠……147
红十字会阵地建设……147
无偿献血云表扬大会……147
佛山市关心下一代工作委员会……147
概况……147
青少年校外实践基地建设……148
“五老”关爱工程活动及“十百千万”行动开展……148
青少年假日活动组织……148
朝阳读书活动开展……148
佛山规范化家长学校创建……148
青年创业培训……149
关工委“云平台”教育工作创新……149
佛山市关工委成立20周年纪念大会……149
佛山市法学会……149
概况……149
法学研究……150
市域社会治理专委会新设5个研究中心……150
中立法律服务社法律服务……150
“以法兴企”文化沙龙活动……150
法治宣传……150
“双百”暨南粤法治报告会……150

法　治

人大立法……151
概况……151
全市立法工作会议召开……151
立法智库作用发挥……151
政府规章与规范性文件备案审查……151
立法意见建议征集……152
广佛协同立法……152
《佛山市扬尘污染防治条例》立法后评估……152
《佛山市住宅物业管理条例》颁布实施……152
《佛山市非户籍人口居住登记条例》颁布实施……152
《佛山市河涌水污染防治条例》颁布实施……152
政法委与平安建设……152
平安佛山建设……152
扫黑除恶专项斗争……153
法治化营商环境建设……153
政法领域深化改革……153
佛山集体户口管理新规出台……153

扫黑除恶专项斗争总结会暨平安佛山建设工作会议……154
南海区信访局获平安中国建设先进集体……154
法治政府建设……154
概况……154
党对法治政府建设的领导强化……155
政府职能转变……155
法治化水平提升……155
执法规范化水平提升……156
突发事件应对处置能力增强……156
矛盾纠纷化解……156
行政权力监督制约增强……157
数字政府建设……157
佛山市成功创建全国社会信用体系建设示范区……157
公　安……158
概况……158
刑事犯罪侦查……158
社会治安管理……158
经济犯罪侦查……159
网络安全监管……159
公安禁毒……160
道路交通管理……160
出入境与往来港澳台管理……161
出入境边防检查警务……161
户政管理……161
公安执法规范化……161
打击走私综合治理……162
技防“放管服”改革……162
森林分局划归市公安局领导管理……162
佛山市获命名为“全国禁毒示范城市”……162
佛山市首个交通安全主题公园启用……162
检　察……162
概况……162
刑事检察……162
民事检察……162
行政检察……163
公益诉讼检察……163
刑事诉讼活动监督……163
刑事执行检察……163
控告申诉检察……163
未成年人检察……163
检察机关扫黑除恶专项工作……164
检察环节法治化营商环境建设……164
网络综合治理……164
知识产权检察保护……164
反洗钱工作……164
虚假诉讼专项监督……164
政法队伍教育整顿……164
佛山知识产权检察理论研究基地成立……164
林某等人洗钱案入选惩治洗钱犯罪典型案例……165
法治宣传教育之少年模拟法庭活动……165
法　院……165
概况……165
刑事审判……165
民商事审判……165
行政审判……165
法院扫黑除恶专项工作……165
案件执行……166
法院普法……166
诉讼服务……166
法治化营商环境建设……166
多元解纷机制建设……166
法院系统司法改革……166
申请执行免交生效证明材料制度建立……167
佛山市智汇云破产管理系统及破产清算与重整云图同步上线……167
晓法姐姐法官工作室建立……167
“向法而行”普法平台上线……167
执前督促履行及和解机制建立……168
司法行政……168
概况……168
公共法律服务体系构建……168
社区矫正对象等重点人群管控……168
人民调解……168
基层法律服务机构年度检查及人员执业证注册注销……169
普法宣传……169
“三品”工程实施……169
法律职业资格考试……170
司法鉴定机构和人员管理……170
强制隔离戒毒管理……170
佛山市全民普法书法大赛……170
佛山市“12·4”国家宪法日活动……170
仲　裁……170
劳动人事争议仲裁……170
概况……170
劳动人事争议案发情况……170
劳动人事争议调解……171
劳动人事争议仲裁效能提高……171
佛山市首个区级实体化劳动争议联合调解中心建立……171
商事仲裁……171
概况……171
仲裁对接机制完善……171

仲裁服务提升……171
仲裁专题培训……172
第七届佛山仲裁委员会第一次全体会议……172
佛山仲裁案例入选粤港澳大湾区仲裁联盟十大经典案（事）例……172

军 事

佛山军分区……173
概况……173
党管武装……173
思想政治建设……173
战备训练……173
国防动员……173
“四个秩序”建设……174
疫情防控支援工作……174
市委议军会暨2021年度全市人武部党委第一书记党管武装工作述职会议……174
三水白坭镇山火扑救……174
武警佛山支队……174
概况……174
思想政治建设……174
实战化训练……174
临时勤务……175
双拥工作……175
“魔鬼周”极限反恐集训……175
人民防空……175
概况……175
人防工程建设维护……175
人防信息化建设……175
人防重要经济目标防护……176
人防专业队伍建设……176
人防训练演练……176
人防宣传教育……176
人防行业管理……176
双拥工作……176
双拥工作机制健全……176
双拥宣传教育……176
拥军走访慰问……176
拥军支前……177
拥政爱民……177
“老兵永远跟党走，穿越烽火岁月”青少年红色教育活动……177
国防教育……177
国防教育宣传宣讲……177
国防教育阵地建设……177
涉军美德先进人物推荐宣传……177

经济管理

发展规划管理……178
概况……178
佛山市“十四五”规划印发实施……178
省、市重点建设项目计划的制定与实施……178
市本级政府投资项目计划的制定与实施……178
重点项目谋划储备……179
重点项目集中开工……179
重点项目日常协调督导……179
自然资源管理……179
国土空间用途管制……179
耕地保护……179
不动产统一登记……179
土地出让……179
土地节约集约利用……179
测绘管理……180
执法监督……180
土地储备开发……180
矿产管理……180
水资源管理……180
国有资产监督管理……180
概况……180
国有企业投资……183
国有企业体制机制改革……183
国有企业科技创新……183
国有资本战略性调整……183
国有企业经济社会发展重点领域工作推进……184
国有企业监管……184
财 政……184
概况……184
财政收支管理……184
重点领域财政资金保障……184
财政民生保障……185
财政管理改革……185
佛山在全国首创政府补贴“秒到”企业和个人……186
佛山首只百亿元规模政府投资基金设立……186
税 务……186
概况……186
税收增收因素……186
税收减收因素……187
减税降费……187
税收营商环境优化……187
纳税服务……187

全国税务系统首个基层政务公开专区在佛山试运行……187
“银税互联”自助办税业务上线邮储银行智能柜员机……187
全省首个纳税服务运营中心在佛山成立……187
金融监督管理……188
银行业监管……188
保险业监管……188
货币信贷管理……189
货币金银服务管理……189
外汇管理……189
非法金融活动打击……189
货币支付服务……189
地方金融监管……190
金融服务管理……190
小贷“楷模”监管评级交流会……190
金融业发展“十四五”规划……190
“金融政策进园区”活动……190
审 计……191
概况……191
政策落实跟踪审计……191
财政审计……191
经济责任审计……191
公共投资审计……191
国有企业审计……191
民生资金和项目审计……191
审计查出问题整改……192
内部审计……192
审计理论研究……192
统 计……192
国家统计……192
概况……192
国家统计调查数据监测及审核……192
国家统计调查样本管理及优化……192
国家统计调查基层基础建设……192
国家统计调查业务领域统计法治……193
经济民生快速调研与课题研究……193
国家统计调查业务领域资料编发……193
地方统计……193
概况……193
经济运行监测……193
统计服务产品开发……193
统计基础建设……194
统计法治……194
佛山市第二次全国污染源普查结果公布……194
《佛山市第七次全国人口普查公报》发布……194
物价管理……194
居民消费价格变动……194
价格调控……195
价格监测……195
价格成本调查和监审……195
价格收费管理……195
价格认证……196
价格监管……196
市场监督管理……196
概况……196
商事登记制度改革……196
佛山“一照通行”涉企审批服务改革……197
质量强市战略实施……197
国家食品安全示范城市创建……198
农贸市场和进口冷链食品疫情防控……198
农贸市场升级改造……198
食品小作坊集中管理……198
“阳光餐饮”平台建设……199
疫苗监管体系建设……199
零售药店疫情防控“哨点”预警机制建设……199
医疗器械网络销售监管……199
工业产品、食品药品抽检……199
工业产品质量监管……199
认证认可监管……199
佛山标准工作……199
网络市场监管……200
广告市场监管……200
计量监管……200
特种设备安全监管……200
市场监管领域扫黑除恶……201
市场监管法治建设……201
消费维权……201
“12315”投诉举报……201
市场监管执法……201
佛山获评为“广东省食品安全示范城市”……202
佛山在全国首推“一照通行”涉企审批服务改革……202
“佛山标准”产品发布……203
佛山在全国首推零售药店“守信快批”审批模式……203
知识产权……203
概况……203
知识产权质押融资……204
知识产权纠纷多元化解决……204
佛山知识产权保护中心绩效考核稳居全国前5位……204
知识产权专利导航……204
知识产权行政执法……204
全国版权示范城市创建……205
法治化版权治理体系基本形成……205
软件正版化工作推进……205

版权登记保护……205
版权保护知识宣传……205
“2020年度佛山版权十件大事”公布……205
国家海外知识产权纠纷应对指导中心佛山分中心成立……206
粤港澳大湾区高价值专利培育布局大赛……206
粤港澳大湾区首个专利价值度评估团体标准实施……206
专利无效请求与侵权诉讼联合审理……206
国家知识产权局商标业务佛山受理窗口启动……206
佛山市版权发展“十四五”规划发布……207
佛山版权中心建成……207
第二单知识产权证券化产品发布……207
佛山版权产业发展联盟成立……207
2021年佛山市版权示范单位（园区）和优秀版权作品发布……207
海 关……207
概况……207
海关税收征管……207
查缉走私……208
海关数据分析研究……208
海关服务企业工作……208
海关稽查核查……208
保税监管……208
海关卫生检疫……208
粮食检疫……208
非洲猪瘟防控……209
食品检验检疫……209
法定检验商品外进出口商品抽检……209
商品质量安全风险监测……209
技术性贸易措施应对……209
佛山三水“湾区一港通”首票出口货物放行……209

区域发展

粤港澳大湾区建设……210
广佛全域同城化建设……210
概况……210
广佛全域同城化顶层规划设计……210
广佛交通基础设施联通……210
广佛产业协同发展……210
广佛优质生活圈提升……211
广佛签订协同立法合作协议……211
佛深合作……211
概况……211
佛山与深交所签订战略合作框架协议……211
佛山科创园首期项目动工建设……212
佛港澳合作……212
概况……212
佛港澳青年交流合作……212
佛港澳科技合作……212
佛港澳金融合作……213
佛港澳合作平台建设……213
佛港澳新冠肺炎疫情联防联控……213
粤港澳重点合作平台……213
南海粤港澳合作高端服务示范区……213
佛山三龙湾高端创新集聚区……214
顺德粤港澳协同发展合作区……214
区域协作……216
对口支援新疆伽师县……216
对口支援西藏墨脱县……216
对口支援四川省甘孜州……217
佛山市与双鸭山市对口合作……217
粤桂黔滇高铁经济带合作……218
省内脱贫攻坚对口帮扶湛江、云浮市交接收队……218
省内驻镇帮镇扶村结对帮扶肇庆、云浮市……219
东西部扶贫协作四川省凉山州交接收队……219
东西部协作贵州省黔东南州……219
市域统筹……220
市域统筹招商……220
市域五区交通互联互通……220
高新区“一区五园”统筹发展……221
三龙湾工作统筹推进……221
市域五区就业服务同城化……221
南海结对三水、顺德结对高明紧密协作机制……221
基本医疗保障市级统筹……221

开放型经济

综 述……222
概况……222
营商环境优化……222
开放合作空间拓展……222
对外开放能级提升……222
参与“一带一路”建设……222
概况……222
“一带一路”沿线物流联通……222
“一带一路”经贸合作……223
“一带一路”科技交流合作和人才对接……223
“一带一路”人文交流合作……223
“一带一路”经贸交流服务保障机制优化……223
第六届“一带一路”泛家居产业发展与国际合作论坛……223

第二十五届全国发明展览会——“一带一路”暨金砖国家技能发展与技术创新大赛……223
招商引资……223
概况……223
外资企业服务……224
重点项目招商……224
“发现·新佛山”——2021佛山投资推介会暨广州国际投资年会佛山分会……224
外资适用政策与跨境金融服务政策宣讲会暨“政银企”对接活动……224
2021佛山市全球招商大会暨湾区经济论坛……225
对外贸易……225
货物贸易……225
贸易伙伴……225
国际市场开拓……225
市场采购贸易试点建设……225
外贸转型升级基地建设……225
自由贸易试验区改革创新试点经验复制推广……226
2021佛山智造·跨境贸易峰会……226
对外经济合作……226
对外投资……226
企业“走出去”……226
对RCEP国家经济合作……226
《佛山市促进对外经济合作专项资金管理办法》印发……226
口岸建设与管理……226
概况……226
口岸监管……227
“智慧码头”建设……227
国际贸易“单一窗口”业务推广……227
口岸收费目录清单公示制度落实……227
“组合港”“湾区一港通”模式应用推广……227
《佛山市进一步优化口岸营商环境促进跨境贸易便利化若干措施》出台……227
产业园区……227
佛山高新技术产业开发区……227
概况……227
产业升级……227
创新驱动……228
企业培育……228
人才引进……228
科技金融……228
瀚海（佛山）国际创新中心获确定为广东首家国际化众创空间……228
佛山智能家居产业集群入选国家级创新型产业集群试点……229
第六届中国创新挑战赛（广东·佛山）……229
高新区禅城园……229
高新区南海园……230
高新区顺德园……230
高新区高明园……231
高新区三水园……231
佛山三龙湾高端创新集聚区……232
概况……232
规划编制……232
重点项目……233
产业发展……233
会展业发展……233
三龙湾高端创新集聚区发展总体规划发布……233
三龙湾入选2020中国十大最具投资价值园区……233
2021佛山中德工业服务区城市品牌推介会……233
三龙湾获评年度最佳经济功能区……233
佛山三龙湾国际人才客厅启用……234
三龙湾科技城禅城片区……234
三龙湾科技城南海片区……234
三龙湾科技城顺德片区……234
广东金融高新技术服务区……234
概况……234
招商引资……234
千灯湖创投特色小镇发展……235
“区块链+”金融科技产业集聚基地发展……235
广东金融高新区重点项目落地及战略合作签约……235
广东金融高新区投融资对接洽谈会……235

数字经济

综　述……236
概况……236
数字化发展环境优化……236
数字基础设施建设……237
概况……237
新型基础设施建设……237
5G基础设施建设……237
云计算基础设施布局建设……238
工业互联网建设……238
中航云电信“顺德金融云”项目落地佛山顺德……238
欢聚集团产业互联总部落户佛山……238
佛山（开普勒）华南数据中心二期奠基……238
2021年大湾区工业数字化高峰论坛……239
数字产业化……239
概况……239
数字化智能化供给能力增强……239
集成电路产业发展……239

超高清视频显示集群培育……240
软件产业发展……240
佛山首个5G数字产业应用示范中心启动建设……240
产业数字化……240
概况……240
制造业数字化智能化全周期奖补实施……240
制造业数字化智能化全额贷款贴息实施……241
产业集群数字化智能化转型……241
数字化智能化示范工厂评选……241
农业数字化……241
农村管理数字化……241
文化产业数字化……242
“助农云购年桔花　云赏佛山花会”网上迎春花市活动……242
2家中国（佛山）跨境电子商务综合试验区线下园区挂牌……242
“佛山跨境优品”合作备忘录签订……243
广东省制造业数字化智能化转型现场会在佛山举行……243
首届粤港澳大湾区（佛山）数字化智能化转型高峰论坛……243
通信产业……243
佛山电信……243
佛山移动……244
佛山联通……245
数字社会建设……245
概况……245
数字政府基础建设……246
政务数据共享开放……246
政务服务能力提升……246
佛山市首席数据官制度试点工作……247
智能交通……247
智慧新警务……247
智慧城管……247
卫生健康信息化……247
教育信息化……247
社会治理信息化……248
应急管理信息化……248
环保信息化……248
就业服务信息化……249
社会救助信息化……249
5G+机器人云控视平台上线……249
佛山成为全国ETC智慧停车城市建设试点城市……249
佛山量子密钥分发平台发布……250
佛山市电子政务协会成立……250
“数字佛山”建设总体规划印发……250
佛山参与主办数字社会创新专题论坛……250
“人工智能+双随机”智慧监管模式在全省全国推广……250

民营经济

综　述……251
概况……251
企业用能成本降低……251
企业融资系列补贴……251
企业暖春行动……251
民营骨干企业发展……251
概况……251
碧桂园控股有限公司……252
美的集团股份有限公司……252
美的置业集团有限公司……252
宏旺控股集团有限公司……253
佛山市兴海铜铝业有限公司……253
广东联塑科技实业有限公司……253
广东格兰仕集团有限公司……253
中小微企业发展……253
概况……253
小微工业企业上规模……254
“专精特新”企业培育……254
“创客广东”佛山市中小企业创新创业大赛……254
战略性产业集群融资服务对接“专精特新”企业专场活动……254
“中小企业数字化扶持计划”发布……254
“专精特新”企业·服务机构服务对接活动……254
个体私营经济……254
个体经济……254
私营经济……254

农　业

综　述……255
概况……255
农产品稳产保供……256
农业重点项目引进及建设……256
农业生产提质增效……256
农业执法监管……256
种植业……257
概况……257
粮食作物种植……257
蔬菜（含菜用瓜）种植……257
油料作物种植……257

水果种植……257
花卉种植……257
林　业……258
概况……258
自然保护地保护……258
云勇林场扩面提质……259
林长制改革……259
畜牧业……259
概况……259
生猪复产……259
畜禽养殖废弃物资源化利用……259
饲料生产管理……259
“广明2号”白羽肉鸡新品种通过国家审定……259
水产养殖业……260
概况……260
塘鱼市场交易……260
渔业资源保护……260
水产良种发展……260
智慧农业水产养殖智能监测服务平台……260
首届中国加州鲈产业链年会暨第四届中国加州鲈产业论坛华南站……260
佛山市获“中国加州鲈之都”称号……261
全雌翘嘴鳜“鼎鳜1号”水产新品种获农业农村部审定……261
珠三角百万亩池塘升级改造暨全省水产养殖业转型升级绿色发展现场会……261
农田水利……261
概况……261
农村水利工程管理……261
灌溉蓄水调水……261
高标准农田水利工程建设……261

工　业

综　述……262
概况……262
战略性支柱产业集群发展……262
战略性新兴产业集群发展……263
优势传统产业发展……263
制造业重点项目招商……263
制造业数字化智能化转型发展……263
新一代电子信息产业集群……263
概况……263
新一代电子信息产业集群区域布局……264
新一代电子信息企业上市……264
新一代电子信息产业重大项目招商……264
新一代电子信息中小企业竞争力提升……265
绿色石化产业集群……265
石油化工产业……265
概况……265
精细化工企业技术研发……265
顺德艺术涂料产业联盟成立……266
橡胶和塑料制造业……266
概况……266
橡胶和塑料制造企业技术研发……266
2021（广东·佛山）国际塑料产业展览会举行……267
智能家电产业集群……267
概况……267
清洁电器加快发展……267
2021佛山（顺德）家电博览会……268
汽车制造产业集群……268
概况……268
佛山企业跨界进入新能源汽车行业……268
氢能汽车产业发展……269
新能源汽车产业配套服务提升……269
新能源汽车推广……269
新能源汽车创新平台建设……270
佛山市首座加氢充电光伏发电综合能源站投入试运行……270
一汽-大众华南基地成为国内电动车项目率先采用绿色电力整车厂……270
广东燃料电池汽车示范应用城市群启动……270
先进材料产业集群……270
陶瓷建材产业……270
概况……270
陶瓷行业集中度提高……270
建材行业发展……271
装配式建筑与绿色建筑发展……271
金属制品业……271
概况……271
金属制品业区域布局……272
金属制品业标准体系构建……272
佛山铝业企业注册量位居全国首位……273
新材料制造业……273
概况……273
新材料产业发展……273
佛山（华南）新材料研究院搬迁……274
现代轻工纺织产业集群……274
家具行业……274
概况……274
家具行业区域布局……274
家居产业数字化发展……274
国际龙家具展会和亚洲国际家具材料博览会……275
纺织服装业……275

概况 275
纺织服装业区域布局 275
纺织服装企业转型 275
时装艺术国际展 276
高端装备制造产业集群 276
通用设备制造业 276
概况 276
佛山通用设备制造企业登上《大国重器》 276
通用设备制造企业技术升级 277
专用设备制造业 277
概况 277
专用设备制造业区域布局 277
专用设备制造技术攻关 278
专用设备细分领域“隐形冠军”企业培育 278
交通运输设备制造业 278
概况 278
交通运输设备制造业发展 279
智能机器人产业集群 279
概况 279
智能机器人平台建设 279
智能机器人产业招商引资 279
智能机器人新技术新产品研发 279
软件与信息服务产业集群 280
概况 280
软件与信息服务企业发展 280
食品饮料业·生物医药及高性能医疗器械业 280
食品饮料业 280
概况 280
食品饮料业区域布局 280
预制菜产业发展 280
“佛山老字号”中食品饮料及餐饮品牌占比高 281
生物医药及高性能医疗器械产业 281
概况 281
生物医药及大健康领域产业载体及平台发展 281
生物医药部分前沿领域研发成果 281

建筑业

综　述 282
概况 282
建筑业新技术应用 282
绿色建筑 282
全国绿色建材试点 282
建筑勘察设计 282
概况 282
勘察设计管理 282
佛山天然气高压输配系统工程获詹天佑奖 283
佛山季华实验室一期工程项目获鲁班奖 283
凤城变电站获鲁班奖 283
工程定额与计价 283
概况 283
建设工程造价管理 283
工程造价改革 283
佛山市建设工程项目管理咨询委员会成立 284
建筑施工与安装 284
概况 284
装配式建筑构件生产 284
预拌混凝土与预拌砂浆生产 284
装配式建筑 284
2021中国绿色建材与装配式建筑展在佛山举行 284
建筑行业监管 285
概况 285
建筑工程质量安全管理 285
结建式人防工程质量监督 285
监理单位履职监管 285
建筑市场管理 285
房屋安全鉴定 285
2021年佛山建筑行业质量宣传月系列活动启动 285

商贸服务业

综　述 286
概况 286
市场建设 286
高品质消费商圈街区建设 286
批发零售业 286
概况 286
汽车消费市场转型升级 287
扩内需促消费活动 287
2021年佛山夜间消费节 287
2021年佛山市88盛夏乐购狂欢月 287
住宿餐饮业 287
概况 287
住宿业倍增计划 288
餐饮业品牌建设 288
餐饮场所燃气管理 288
2021“品味佛山”餐饮促消费活动 288
全省首项餐饮行业新冠肺炎疫情防控团体标准发布 289
大良寻味顺德小镇入选中国特色小镇50强 289
2021年最受市民喜爱的“佛味鲜生”优质佛山本地粤菜食材公布 290
拍卖业 290
概况 290
司法委托拍卖 290

个人委托拍卖……290
会展业……290
概况……290
重点市外国内、国际展会组织及推荐……290
《佛山市重点品牌展会认定扶持办法》印发……290
第三十六届佛山（国际）陶瓷及卫浴博览交易会……290
2021佛山国际汽车工业博览会……290
2021佛山潭洲陶瓷展……290
首届南海区泛家居产业推介会……291
物流业……291
概况……291
商贸流通业资金政策扶持……292
农村物流……292
全市商贸流通企业家专场座谈会……292
2021年商贸流通领域“安全生产月”“安全生产万里行”系列活动……292
粮食流通……292
概况……292
粮油保供……292
粮食流通监督检查……292
供销合作……292
概况……292
全市最大农机服务队伍组建……292
供销公共型农产品冷链物流基础设施骨干网建设……293
“无人水稻农场”应用示范项目建设……293
食盐经营……293
盐产品销售……293
食盐储备……293
食盐安全监管……294
烟草专卖……294
概况……294
烟草市场监管与执法……294
烟草制品零售点布局规划……294
违法烟草专卖品公开销毁……294
成品油销售……294
概况……294
成品油销售监管……294
成品油运输及安全监管……294

新兴服务业

法律服务……295
概况……295
法律援助……295
律师服务……295
公证服务……295
司法鉴定服务……296
佛山首个远程公证平台上线……296
科技服务业……296
概况……296
工业设计发展……296
科技创新券实施……299
科技企业“暖春行动”……299
科技政策制订……299
技术合同登记行业管理……300
佛山市研发公共服务平台成立……300
会计业……300
概况……300
会计专业技术资格考试……300
会计专业技术人员继续教育……300
会计行业“放管服”改革……300
会计行业监管……300
注册会计师行业诚信建设……300
检验检测业……300
概况……300
检验检测平台建设……300
特种设备检测……301
食品药品化妆品检验检测……301
农产品检验检测……301
工业产品质量检验……301
计量检定校准……301
机动车检验检测……301
养老服务业……302
概况……302
老年人服务……302
医疗护理员培养……302
全国示范性老年友好型社区创建……302
家庭服务业……302
概况……302
“南粤家政”工程……303
第一届佛山市“南粤家政”综合类技能大赛……303
“南粤家政”服务标准化指导性文件印发……303
资产评估业……303
概况……303
资产评估行业监管……303
评估机构及执业人员服务……303
资产评估行业诚信建设……303

金融业

综　述……304
概况……304

普惠金融服务体系建设……304
金融改革创新……304
粤港澳金融市场互联互通……305
金融风险防控……305
银行业……305
概况……305
货币政策……305
货币流通……305
银企融资……305
跨境金融服务……306
绿色金融发展……306
金融消费权益保护……306
国有大型商业银行选介……306
股份制银行选介……307
城市商业银行选介……307
外资及港澳资银行选介……308
银行业风险防范……308
“数字贷”工程开始实施……308
佛山市银行业消费纠纷人民调解委员会挂牌成立……308
保险业……308
概况……308
电动自行车保险……309
平安佛医保……309
安全生产责任险……309
大病保险……309
保险消费者权益保护……309
轻微道路交通事故快处快赔服务……309
全国首批生猪价格保险+期货产品落地佛山……309
政策性农业保险市级创新险种推出……309
现代保险营销产业学院签约……309
资本市场服务……310
证券业……310
证券期货行业交流学习……310
多层次资本市场发展……311
交易场所……313
期货业……313
佛山发布证券期货纠纷诉调对接工作方案……313
佛山金控期货有限公司落户广东金融高新区……314
其他非银行类金融机构……314
概况……314
供应链金融……314
融资租赁……314
融资担保……314
小额贷款……314
典当……315
商业保理……315
企业集团财务公司……315
金融租赁公司……315
绿金租赁获Ge-1绿色企业认证……315

旅游业

综 述……316
概况……316
全域旅游发展……318
黄金周旅游……318
旅游资源……318
概况……318
西樵山景区……319
长鹿旅游休博园……319
祖庙博物馆……319
南风古灶旅游区……319
南海湾（西岸）森林生态园……319
平洲玉器街……319
中央广播电视总台南海影视城……319
南海梦里水乡景区……319
清晖园……319
陈村花卉世界……320
罗浮宫国际家具艺术博览中心景区……320
乐从国际会展中心景区……320
史努比缤纷世界……320
皂幕山旅游风景区……320
广东盈香生态园……320
三水荷花世界……320
三水森林公园……320
顺德华侨城旅游度假区获评广东省旅游度假区……321
旅游业态……321
历史文化旅游……321
美食旅游……321
民俗旅游……321
乡村旅游……321
工业旅游……321
研学旅游……322
夜间旅游……322
红色旅游……322
旅游市场开拓……322
概况……322
美食旅游推广……323
文旅宣传推广……323
系列旅游精品线路推荐……323
粤港澳旅游线路开发……323
岭南味·佛山品——第二届“我邀游”“5·19”

旅游消费惠民活动暨佛味全席发布会……323
"活力广东　多彩广佛肇"广佛肇旅游推介会……324
岭南味・佛山品——2021年金秋文旅消费惠民季活动……324
旅游行业监管……324
旅游行业疫情防控与复工复产……324
旅游行政审批……324
旅游行业执法监督……325
旅游安全监管……325
旅游应急管理……325
文明安全旅游宣传……325
旅游公共服务……325
旅游集散中心……325
旅游厕所建设……325
旅游公共交通……326
佛山市首条"百里芳华"辅助公交旅游专线开通运营……326
三水区旅游集散中心（三水汽车站）启用……326

房地产业

综　述……327
概况……327
土地市场……327
房地产投资……327
房地产金融……327
房地产市场政策……327
房地产开发……327
概况……327
新建商品房上市……327
共有产权住房建设……328
房地产经营……328
概况……328
房地产规划报建……328
新建商品房市场……328
新建商品住房市场……329
存量房市场……330
存量商品住房交易……330
房地产中介服务业……330
概况……330
房地产中介行业管理……330
房地产中介从业人员带客进小区看房行业规范实施……330
房协行业调处中心成立……330
物业服务业……331
概况……331
物业管理培训……331
佛山市"美好家园""红旗小区"评选……331
佛山市物业管理示范项目考评……331
"佛山市智慧物业服务平台公示牌"挂牌……331
《佛山市住宅物业管理条例》实施……331
《住宅物业服务品质分级规范》发布……332
房地产行业监管……332
房屋征收管理……332
房屋使用安全管理……332
房屋租赁管理……332
全国首个氢能进万家智慧能源示范社区项目在佛山投运……332

交通・邮政

交通综述……333
概况……333
综合交通运输体系规划……333
区域交通一体化建设……334
交通固定资产投资……334
城市"畅通工程"……334
基础设施建管养水平提升……334
交通运输综合执法……335
2021年春运……335
公路运输……335
概况……335
道路网络建设……335
重点路段及出入口环境整治……335
客运企业运输服务……336
绿色货运配送全国示范城市创建……336
营运车辆保有量……336
道路运输经营业户及从业人员……336
驾驶培训行业管理……336
道路客货运输量……336
客货运站场……336
营运汽车综合性能检测站及检测量……336
沙口大桥通车……336
番海大桥主线通车……336
文华北路北延线通车……336
广佛肇高速佛山段获省詹天佑故乡杯奖……336
禅西大道南延线通车……337
水路运输……337
概况……337
船舶保有量……337
港口吞吐量……337
港口污染防治……337

港航管理……337
内河船舶LNG动力改造……337
高荷港码头动工建设……337
铁路运输……338
概况……338
城市轨道交通在建项目建设……338
佛山西站运营……338
城市轨道交通运营……338
轨道交通项目固定投资……339
《佛山市城市轨道交通第二期建设规划（2021—2026年）》获批复……339
城市轨道交通4号线一期工程项目工可报告及初步设计获批复……339
南海有轨电车1号线首通段开通初期运营……339
佛山地铁2号线一期开通运营……339
航空运输……340
佛山沙堤机场运营……340
城市候机楼运营……340
珠三角枢纽（广州新）机场前期筹建工作推进……340
珠三角枢纽（广州新）机场选址获批复……340
广州白云国际机场乐从（罗浮宫）城市候机楼启用……340
邮　政……340
概况……340
邮政行业监管……340
邮政普遍服务……341
快递市场……341
寄递服务绿色转型升级……342
行政村快递服务网点省内率先实现全覆盖……342
首届“最美快递员”评选活动……342
佛山市快递行业工会联合会成立……342
共青团佛山市快递行业工作委员会成立……342
“奋斗百年路，启航新征程”红色主题邮局开业……342
佛山市首个“快递小哥红色驿站”启用……343
顺德逢简水乡主题邮局开业……343
邮政业安全中心揭牌成立……343
佛山邮政公司业务发展……343

城市建设

城市规划……344
概况……344
《“1+4”广佛高质量发展融合试验区建设总体规划》印发实施……344
《广佛两市道路衔接规划修编》正式公布……344
佛山发布全国首个村级工业园改造标准化规划……344
市政建设……344
城市供水……344
城市供电……345
城市供气……345
城市园林绿化……345
地下综合管廊建设……346
海绵城市建设……346
城市内涝治理……346
城市生活污水处理……346
垃圾分类……347
垃圾处理……348
城市更新……348
概况……348
“三旧”改造专项规划与政策完善……348
审批管理……349
中心城区城市更新和形态提升……349
村级工业园升级改造……349
城镇老旧小区改造……349
佛山市村级工业园升级改造总攻坚启动……350
佛山首个“毛地”入市项目地块成功交易……350
城市公共交通……350
概况……350
公交基础设施建设……350
公交轨道站点接驳建设……351
广佛“一码通乘”……351
公交服务……351
智慧公交工程……351
公交安全管理……351
城市管理……351
市容市貌整治……351
养犬管理……352
数字城管建设……352
违法建设治理……352
建筑垃圾运输车辆整治……352
城市水利……352
概况……352
水利市场管理……353
水利工程建设……353
水利工程安全监管……353
水政执法……353
佛山市水利发展“十四五”规划发布……353

乡村振兴

产业发展……354
概况……354

休闲农业……354
都市农业……354
新型农业经营主体……354
农业电商发展……355
省级现代农业产业园创建……355
佛山南华现代农业研究院三方共建协议签订……355
“粤港澳大湾区现代都市农业综合示范基地”获授牌……355
农村改革……355
农村承包地改革……355
农村宅基地改革……355
乡村治理示范创建……355
农村集体产权制度改革……355
农村集体资产管理……356
村镇建设……356
中心镇建设……356
城镇村庄建设……356
宜居城乡建设……356
特色小镇建设……356
古村落活化升级……357
农村基础设施建设……357
农村公共服务……357
特色美丽乡村……357
佛山入选全省首批“四好农村路”省级示范市名单……357
高明井皂公路入选全省“十大最美农村路”……357
乡村治理……358
概况……358
农村人居环境整治专项检查……358
农村“三清三拆三整治”……358
美丽田园建设……358
乡村振兴示范村建设……358
佛山市1个镇、3个村入选全国乡村治理示范村镇名单……358

教　育

综　述……359
概况……359
教育发展成效……359
德育工作……359
教师队伍建设……360
教育科研和教学研究……360
平安校园建设……360
民办教育……360
民族班设立……361
学前教育……361
概况……361
学前教育普惠发展……361
2021年佛山市学前教育宣传月……361
广东省学前教育“新课程”科学保教示范项目佛山市启动仪式暨市县市属项目开题报告会……361
义务教育……362
概况……362
义务教育均衡发展……362
中考……362
义务教育“双减”工作……362
中小学生心理健康教育……362
中小学劳动教育……362
实验教学创新……362
佛山市11所学校获评广东省中小学教师校本研修示范学校……363
《佛山市义务教育民办学校招生工作实施方案》公布……363
2021年佛山市中小学人工智能教学成果展示活动……363
普通高中教育……363
概况……363
普通高中招生……363
高考……363
中等职业教育……364
概况……364
中等职业教育扩容提质……364
“中职学生职业能力评测”现场展示暨省特等奖教学成果推广活动……364
全市首批中职学校“双精准”示范专业验收……364
全市第二批中等职业学校示范专业验收……364
2021年佛山市中等职业学校技能大赛……364
普通高等教育……365
概况……365
高等学校建设……365
高校科技成果转化……365
2021中国影视艺术高峰论坛暨中国高等教育学会影视教育专业委员会第二十三届年会……365
“佛山市高校精品思政课（慕课）”大赛决赛……365
佛山科学技术学院教育教学……365
佛山职业技术学院教育教学……365
顺德职业技术学院教育教学……366
成人教育……367
成人高等教育……367
佛山开放大学教育教学……367
2021佛山市全民终身学习活动周……368
特殊教育……368
概况……368
特殊教育入学评估与安置……368

佛山市启聪学校……368

科学技术

综 述……369
概况……369
创新创业生态优化……369
“科创中国”试点城市建设……369
科学平台建设……369
概况……369
实验室建设……372
科技创新平台建设……373
智能氢复合动力车辆技术研究院成立……373
深圳科技园佛山科创园项目动工……373
药物代谢研究与评价重点实验室揭牌……373
科技创新……373
概况……373
科技创新人才引进……373
高新技术企业发展……373
孵化载体建设……374
核心技术攻关……374
科学技术奖评选……374
佛山一号卫星发射……374
第十届中国创新创业大赛（广东·佛山赛区）暨2021年“南海农行杯”佛山创新创业大赛……374
第六届中国创新挑战赛（广东·佛山）……374
第一届全国博士后创新创业大赛……374
科技转让……374
概况……374
技术转让……375
科技创新券实施……375
第四届广东高校科技成果转化路演大赛在佛山举行……375
2021火炬科技成果直通车（佛山站）硬科技成果专场……375
博士后人才交流与科研成果转化对接活动……375
科技合作与交流……376
概况……376
产学研合作……376
粤港澳大湾区国际科技创新中心建设……376
港科大百万奖金（国际）创业大赛佛山赛区赛事……376
佛山市首届开发者大赛暨2021年佛山市职工职业技能大赛制造企业数字化转型信息技术开发者技能竞赛……376
2021“科创中国”智能制造产学融合高峰论坛暨第二届广东省制造业高质量发展高峰论坛……377
2021纺织行业数字化发展暨节能（节水）技术论坛……377
数字化转型助力制造业高质量发展论坛……377
第一届粤港澳大湾区新材料青年博士论坛在佛山举行……377
气象科学……377
概况……377
气象监测……377
气象服务……378
气象科学研究……378
生态文明气象保障……378
气象科普……378
佛山市首个气象主题公园开放……378
地震科学……378
概况……378
地震监测预报和台网建设……379
地震安全评估……379
民用住宅建筑减隔震技术首应用……379
国际减灾日暨地震预警科普宣传活动……379
科学技术普及……379
概况……379
佛山科学馆运营……379
科协科普……380
2021年佛山市文化科技卫生“三下乡”暨顺德区科普进社区主题活动……381
2021年全国科普日暨第三届佛山科普嘉年华活动……381

文 化

公共文化……382
概况……382
公共文化设施建设……382
公共文化管理运行……384
公共文体惠民活动……384
公共文化创新发展……384
博物馆数字化建设……384
博物馆之城建设……384
《佛山市公共图书馆管理办法》施行……385
全国首个省级实体语言类博物馆在佛山开馆……385
佛山市文化馆……385
佛山市图书馆……386
新华书店……387
佛山市博物馆……388
祖庙博物馆……389
文化遗产保护……390
概况……390
革命文物保护利用……414
非物质文化遗产传承保护……414

文物保护与旅游资源化利用……415
“非遗过大年”——佛山年俗文化展……415
2021年“5·18”国际博物馆日暨第二届佛山博物馆文化周……415
佛山咏春拳入选国家非遗扩展项目名录……415
文艺创作……415
概况……415
红色主题美术与雕塑创作……416
文学与戏剧创作……416
影视剧创作……416
剪纸艺术创作……416
文化与文艺理论研究……416
大型粤剧《将军令》创排……416
《佛山韵律文学艺术丛书》(2020年卷)出版……416
“重走革命路 再绘革命情”庆祝中国共产党成立100周年佛山市美术作品展……417
2021第一届佛山城市艺术季……417
佛山市文艺社团联盟发展中心挂牌成立……417
新闻出版……417
概况……417
出版业管理……417
“扫黄打非”……417
2021年“书香岭南”全民阅读系列活动……417
《佛山历史文化丛书》(第六辑)及中英文版(第二辑)发行……418
佛山传媒集团……418
《佛山日报》……419
《珠江商报》……420
《珠江时报》……420
《佛山文艺》……421
广播影视……422
佛山人民广播电台……422
佛山电视台……423
影视产业……424
2021中国影视艺术高峰论坛……425
“影载中华情 圆梦新丝路”2021国际优秀影片展映活动……425
“红色领航”主题观影活动……425
网络媒体……425
概况……425
网络正能量总结分享会……425
红色文化E地图打卡活动启动……425
佛山市红色主播培育行动……426
网络文明宣传季发布……426
社会科学……426
政策咨询和发展研究……426
“佛山红色文化基因的挖掘与传承”研究……426
“‘双区’建设背景下，如何加强深圳、佛山产业和科技合作”研究……426
“‘十四五’期间，佛山打造‘2+2+4’世界级先进制造业集群路径探索”研究……426
社科研究……427
概况……427
征文宣传与理论研究阐释……428
社科学报编辑与出版……428
《区块链与产业新机遇》出版……428
地方志……428
概况……428
志书编修……429
方志馆建设……429
自然村落普查成果开发利用……429
年鉴编纂……429
地方志资料整理……429
地方志数字化建设……429
地方志资政服务……429
地方志文化宣传……429
《佛山中医药简史》公开出版发行……430
文化产业……430
概况……430
国家文化和旅游消费试点城市建设……430
文体娱乐业和住宿业倍增计划实施……430
文化产业专项扶持……430
文旅体产业金融服务……430
九大文化产业集聚区建设……431
文化产业园区和基地管理……431
文旅展会参展……431
樵山文化中心启用……431
2020届“展翅——佛山市初创文创企业扶持行动”微路演决赛……431
文化行业监管……431
概况……431
文化市场疫情防控和复工复产监管……432
平安文化市场建设……432
文化市场执法……432
文化市场行政审批制度改革……432

卫生健康

综 述……433
概况……433

卫生健康发展规划……433
卫生健康服务体系建设……433
卫生应急能力建设……434
公立医院综合改革……434
平安医院创建……434
粤港澳医疗卫生合作……434
疾病诊断相关分组（DRG）付费改革国家试点……434
医药服务项目价格改革……435
疾病防控……435
概况……435
传染病防控……435
慢性病防控……436
精神病防控……436
基层医疗卫生……436
概况……436
家庭医生……436
基层医疗卫生政策……437
基层医疗卫生能力建设……437
妇幼卫生……437
概况……437
妇幼卫生服务体系建设……438
出生缺陷综合防控……438
母婴安全保障……438
妇儿全生命周期管理……439
妇幼行业监督管理……439
职业健康管理……439
概况……439
职业病危害项目申报……439
重点人群职业健康管理……439
职业病防治重点监测项目……439
职业病防治与管理……440
职业病防治宣传教育……440
老龄健康……440
概况……440
老年人卫生健康管理……440
老年人医疗……441
医养结合……441
老年人心理关爱项目试点……441
银龄安康行动……441
医学科研与卫生健康人才培养……441
概况……441
医学科研……442
卫生健康人才培育……442
高水平医院建设……442
重点专科建设……442
佛山市第一人民医院成为广东省高水平医院建设单位……442
佛山市第一人民医院麻醉科获评国家临床重点专科建设项目……443
爱国卫生运动……443
概况……443
国家卫生城市复审迎检……443
病媒生物防治……443
卫生镇卫生村创建……443
“健康细胞”创建……444
卫生监督……444
概况……444
卫生监督执法体系建设……444
卫生监督执法……444
医疗服务监管……444
传染病防治监督……445
公共场所卫生监督……445
学校卫生监督……445
卫生健康普法……445
佛山上线国家医疗保障信息平台……445
中医药事业……446
概况……446
中医药服务体系建设……446
中医医疗机构监管……446
中医专科建设……446
中医药人才培育……446
中医药文化宣传……447
佛山市中医院联合科技企业建设智慧中医示范基地……447
一方智慧中医全球抗疫医学志愿者联盟成立……447
广东省中西结合医院通过“三级甲等中西医结合医院”复评……447
药品管理……447
概况……447
麻醉药品、精神药品管理……447
药品临床应用监测……447
药品和医用耗材集中采购……448
佛山市“国基药粤健康”临床合理用药技能竞赛……448
医政管理……448
概况……448
社会办医管理……448
医疗废物处置……448
医疗质量管理……448
护理管理……449
医疗服务管理……449

异地就医直接结算实现两个“全覆盖”……449
基本医疗保险家庭病床管理办法实施……449
佛山市医疗急救指挥中心启用……449

体　育

综　述……450
概况……450
“功夫之城”建设……450
体育公共服务……450
体育行业安全监管……450
群众体育……451
概况……451
全民健身活动……451
社会体育组织发展……451
佛山市首届自由搏击公开赛决赛……451
2021珠三角龙舟友谊赛容桂站……451
第三届粤港澳大湾区乒乓球联赛佛山分赛……451
佛山市第八届镇（街道）男子篮球超级联赛……451
2021年佛山市“全民健身日”活动……452
学校体育……452
概况……452
中考体育……452
校园体育赛事……452
体育强师工程……452
佛山市第六届中学生运动会……452
竞技体育……452
概况……452
省级以上体育赛事参赛……452
体育竞赛活动组织……453
竞技体育后备人才培养……453
裁判员培养与管理……453
省运会备战……453
《佛山市引进优秀体育后备人才实施办法》印发……453
佛山市第十届运动会……454
《佛山市参加重大体育比赛奖励办法》印发……454
2021中国网球巡回赛佛山站……454
体育产业……454
概况……454
体育产业园区和基地建设……454
体育与相关产业融合发展……454
全民健身与体育产业相互促进……455
电竞产业……455
体育彩票销售……455
佛山“百战”电子竞技联赛……455
中体佛山“国家体育产业示范单位”揭牌……455

社会生活

人口家庭……456
概况……456
妇女·儿童……456
青年……456
老年人……456
残疾人……457
流动人口……457
新产业工人……457
家庭文明建设……457
“佛山融爱”家庭服务中心项目……457
2021年佛山寻找“最美家庭”“文明家庭”活动……458
劳动就业……458
概况……458
招聘服务……459
高校毕业生就业……459
就业困难人员就业……459
对口黔东南苗族侗族自治州劳务协作……459
创业带动就业……459
年度薪酬调查与人工成本监测……459
“粤菜师傅”工程……459
社会化职业技能等级认定……459
职业技能竞赛……460
劳动监察……460
“政企银”创业担保贷款新模式……460
人社服务直通车暨百名干部联千企活动……460
佛山港澳青年创业孵化基地运营……460
“最美异地务工人员”“最美高校毕业生”评选……460
广东“众创杯”创业创新大赛之技能工匠争先赛……460
佛山市第七届大众创业交流会……460
第一届全国博士后创新创业大赛在佛山举行……461
收入与消费……461
居民人均可支配收入……461
居民消费支出恢复增长……462
八大类商品及服务价格……462
社会保险……463
概况……463
养老保险……463
医疗保险……463
失业保险……463
工伤保险……463
生育保险……463

新冠肺炎疫情防控期间社保基金支出……463
社保卡服务……463
“社银合作”自助服务模式推进……463
社保便民服务……464
社保“放管服”改革……464
港澳居民社保通办服务……464
就医直接结算范围扩大……464
社保基金监管……465
社保惠企便民政策宣传月活动开展……465
全省首个社会保险费征缴争议多元调解中心成立……465
社会救助……465
最低生活保障……465
特困人员供养……465
临时救助……465
社会救助体系建设……466
社会救助专项行动……466
社会救助改革创新……466
流浪乞讨人员救助……466
残疾人福利保障水平提高……466
食品捐赠试点工作推进……467
慈善公益创投……467
河南抗洪救灾慈善支援……467
中华慈善日暨佛山市慈善月活动……467
社会福利……467
概况……467
孤儿、事实无人抚养儿童基本生活保障……468
特殊未成年人关爱帮扶……468
儿童之家及队伍建设……468
未成年人救助保护协调机制建设……468
福利彩票……468
住房保障……468
保障性住房……468
住房公积金……468
退役军人事务……469
抚恤补助标准提高……469
退役军人移交安置……469
退役军人就业创业……469
“老兵永远跟党走”系列活动……469
纪念英烈活动……470
烈士公祭活动暨向陈铁军烈士纪念塑像敬献花篮仪式……470
优抚对象优待实施办法出台……470
社会事务……470
婚　姻……470
概况……470
婚姻登记管理……470
婚姻登记“跨省通办”试点……471
佛山市集体婚礼顺德专场……471
殡　葬……471
清明祭扫活动保障……471
殡葬基本服务费用免除政策实施……471
殡葬领域各类专项整治……471
2020年度全市经营性公墓年检……471
骨灰植树活动……472
老龄事务……472
概况……472
养老服务标准建设……472
民政服务机构安全防范体系构建……472
养老服务从业人员培养……472
市级养老服务机构工程建设……472
社区治理……472
概况……472
村级换届选举完成……473
社区“万能章”治理专项行动……473
市级社区协商和村规民约（居民公约）示范经验推荐活动……473
社工人才培养……473
志愿服务工作……474
兜底民生服务社会工作双百工程实施……474
社会组织管理……474
概况……474
社会组织登记管理……474
社会组织培育扶持……475
社会组织专项整治行动……475
社会治理现代化……475
社会组织品牌建设……476
地名管理……476
概况……476
地名普查成果转化……476
地名文化宣传……476
区划界线管理……476
民族宗教事务……476
民族事务……476
概况……476
民族团结进步创建系列活动……477
高明民族团结进步“政企村居+N”创建工作基地揭牌……477
“铸牢中华民族共同体意识”绘画征文比赛……477
宗教事务……477
概况……477

宗教事务管理……477
佛山市基督教中国化实践基地授牌……477
精神文明创建……477
概况……477
基层文明创建……478
未成年人思想道德建设……478
先进模范推选礼遇帮扶……478
新时代文明实践中心建设……478
文明创建“15项重点工程”实施……479
《佛山市文明行为促进条例》立法……479
“红色文化名片”遴选……479

应急管理

综　述……480
概况……480
应急管理体系及能力建设……480
应急管理工作能力提升……480
防灾减灾救灾……481
自然灾害……481
地震灾害应急准备……481
基层防震减灾应急宣传……481
防灾减灾气象服务……482
地质灾害防治……482
“三防”工作责任制落实……482
备灾工作……483
救灾工作……483
防灾减灾宣传……483
全国综合减灾示范社区创建……483
应急救援机制建立……484
应急救援力量调查……484
市外抢险救援……484
应急志愿服务……484
佛山市森林消防综合救援队授旗仪式……484
佛山、云浮签订城市安全联动合作框架协议……484
佛山市第一次全国自然灾害综合风险普查工作会议……484
安全生产监督管理……485
概况……485
安全生产制度建设……485
安全生产监管……485
安全生产专项整治三年行动工作推进……485
特种作业治理……485
危险化学品及烟花爆竹监管……485
工矿商贸行业重点监管……486
安全生产培训……486
安全生产标准化建设……486
安全生产技术服务机构监管……486
安全生产应急演练……486
安全生产责任保险推广……486
应急管理宣传活动……486
百万职工岗位零事故行动……487
村级工业园安全与应急规范化建设……487
消防安全……487
概况……487
消防综合保障……487
消防安全体制机制建设……487
消防应急体系建设……487
消防宣传……488
基层消防改革……488
广东省消防安全宣传“进学校”试点工作现场会在佛山召开……488
“119”消防宣传月活动……488

生态环境

环境质量……489
大气环境质量……489
水环境质量……489
土壤环境质量……489
声环境质量……489
辐射环境质量……489
生态保护与修复……489
自然生态修复……489
森林城市建设……490
万亩千亩公园建设……490
河心岛生态修复……490
野生动植物保护……490
河涌综合整治……490
河湖长制推行……490
水义工“民间护水”……491
节能减排……491
概况……491
节能管理……491
工业节能……491
绿色建筑……491
粤港澳大湾区“零碳行动”高峰论坛在佛山举办……492
节能宣传周……492
佛山在全国率先推出绿色建材电子商城……492
先进零碳燃烧技术联合创新研发中心挂牌成立……492
环境综合整治……492

大气污染防治……492
水污染防治……493
土壤污染防治……493
固体废物污染防治……493
“无废城市”试点建设工作启动……494
佛山入选国家生态文明建设示范区……494
环境监管……494
“网格化+双随机”环境监管制度落实……494
生态环境保护责任考核……494
生态环境保护督察与整改……494
排污权交易试点……495
排污许可证证后监管……495
“三线一单”生态环境分区管控……495
环境影响评价审批改革……495
环境保护执法……495
环保文化建设……495
企业环保监管……496
环保法治化建设……496
环境信访……496
《佛山市生态环境保护“十四五”规划》印发……496
佛山3个单位成为广东省环境教育基地……496

市辖区

禅城区……497
概况……497
产业发展……498
全面深化改革……499
创新驱动发展……500
十件民生实事落实……500
乡村振兴战略实施……501
禅城区特色小镇建设……501
全国社区治理和服务创新实验区结项验收……502
众陶联建陶行业大数据平台构建……502
重大项目集中开工投产活动……502
“区长直通车”平台启动……502
大数据服务区投入使用……502
禅城区庆祝2021年中国农民丰收节活动……503
第五届中国（佛山）陶瓷“云上”创意周……503
禅港澳台青年交流（南庄）基地启用……503
南庄镇……503
石湾镇街道……503
张槎街道……504
祖庙街道……504
南海区……504
概况……504
产业发展……506
全面深化改革……507
创新驱动发展……507
区域合作……508
城镇老旧小区和农贸市场改造……509
“南海鲲鹏人才计划”实施……509
南海区“十四五”规划纲要实施……509
南海区与黔东南州五县（市）东西部协作工作启动……509
全域土地综合整治攻坚战启动……509
“思想再解放、改革再出发、建设现代化活力新南海”大讨论开展……510
南海体育中心建成启用……510
桂城街道……510
九江镇……510
西樵镇……511
丹灶镇……511
狮山镇……511
大沥镇……511
里水镇……511
顺德区……511
概况……511
产业发展……512
全面深化改革……513
创新驱动发展……514
顺德区村级工业园改造成果……516
顺德区“以水兴城”战略开始实施……516
学位宿位建设……516
社区养老服务提升……516
媒体持续关注顺德……516
伦教糕获批为顺德地理标志保护产品……516
广东顺控发展股份有限公司挂牌上市……516
顺德自然科学馆启用……517
中法设计产业合作（顺德）中心开业……517
第十七届中国（佛山）机械装备展览会……517
华南环境科技产业园暨金谷产业园动工……517
大良街道……517
容桂街道……517
伦教街道……517
勒流街道……517
陈村镇……518
北滘镇……518
乐从镇……518
龙江镇……518
杏坛镇……518

均安镇 ……519
高明区 ……519
概况 ……519
产业发展 ……520
全面深化改革 ……521
创新驱动发展 ……521
中国民用航空局正式批复佛山新机场选址 ……522
高明区人民政府与佛山市第一人民医院签订合作协议 ……522
高明区主板上市企业实现“零的突破” ……522
更合镇小洞村被确定为全国村级议事协商创新实验试点单位 ……522
“广明2号”白羽肉鸡新品种通过国家审定 ……523
荷城街道 ……523
杨和镇 ……523
明城镇 ……523
更合镇 ……523
三水区 ……524
概况 ……524
产业发展 ……525
全面深化改革 ……526
创新驱动发展 ……527
森港澳实现政务服务湾区通办 ……527
河口百年商埠游径入选粤港澳大湾区文化遗产游径 ……527
三水区首创党建引领长者政务党员示范岗 ……527
白坭文创古镇入选全国特色小镇50强 ……528
云东海国家湿地公园入选广东省自然教育基地名单 ……528
青岐村上榜2021年全国乡村特色产业亿元村 ……528
全市首份律师行业发展扶持办法出台 ……528
粤港澳大湾区现代都市农业综合示范基地授牌 ……528
水都基地获评广东省首个食品饮料特色产业园 ……529
大塘镇纺织印染行业智慧管理平台上线 ……529
西南街道 ……529
云东海街道 ……529
白坭镇 ……529
乐平镇 ……530
芦苞镇 ……530
大塘镇 ……530
南山镇 ……530

人物·荣誉

先进人物 ……531
全国五一劳动奖章获得者 ……531
陈红军 ……531
关家华 ……531
全国优秀共产党员 ……531
潘健章 ……531
全国优秀共青团员 ……531
林炜坤 ……531
周攀锋 ……531
全国脱贫攻坚先进个人 ……532
徐　航 ……532
杨国强 ……532
潘健章 ……532
“中国好人榜”入榜人物 ……532
仇志晖 ……532
林纯莹 ……532
吴红英 ……532
全国道德模范提名奖获得者 ……533
陈燕梅 ……533
全国公安系统二级英雄模范 ……533
尤锦翔 ……533
宋洪涛 ……533
全国优秀河（湖）长 ……533
梁耀斌 ……533
体育世界冠军与破世界纪录者 ……533
陈清晨 ……533
获个人二等功以上的现役和退役军人 ……533
鲁　欣 ……533
贺小亮 ……533
宋　兵 ……533
孙立冬 ……533
2021年佛山市获全国先进称号个人名单 ……533
2021年佛山市获省级先进称号个人名单 ……534
先进单位（集体） ……534
2021年佛山市获全国先进称号单位（集体）名单 ……534
2021年佛山市获省级先进称号单位（集体）名单 ……535

附　录

组织机构及负责人名录（2021年） ……537
文献专载 ……539
坚定贯彻新发展理念　塑造佛山发展新形态奋力争当地级市高质量发展领头羊
——在中国共产党佛山市第十三次代表大会上的报告 ……539
政府工作报告
——2022年1月7日在佛山市第十六届人民代表大会第一次会议上 ……545
统计资料 ……554
地名命名及调整 ……560

索　引 ……577

专　记

“515”高质量发展战略目标

2021年11月27日，在中国共产党佛山市第十三次代表大会上，中共佛山市委书记郑轲代表中国共产党佛山市第十二届委员会向大会作主题为《坚定贯彻新发展理念　塑造佛山发展新形态　奋力争当地级市高质量发展领头羊》的报告。报告提出“515”（在创新、协调、绿色、开放、共享等5个方面发展向高质量快速跃升，在营商环境制度改革等15项重点工作中成为地级市高质量发展领头羊）高质量发展战略目标：

*创新是发展的第一动力。*未来五年，佛山要实现创新发展向高质量快速跃升，务必成为营商环境制度改革领头羊，建立完善的佛山“益晒你”企业服务体系（“益晒你”为粤方言，意为所有好处都给你），办事便利度、市场满意率、企业获得感高，具有过硬软实力和竞争优势；务必成为科技体制机制改革领头羊，研发经费投入强度赶上先进水平，高新技术企业数量超过1.1万家，高技术制造业增加值实现3倍增长，规模以上工业80%实现数字化智能化转型发展；务必成为现代企业制度改革领头羊，国有企业产权、劳动、人事、分配制度更有效率，民营上市企业数量实现翻一番，职业经理人市场发育良好，困扰民营企业“家族化”问题得以逐步破解。

*协调是发展的内生特点。*未来五年，佛山要实现协调发展向高质量快速跃升，务必成为城乡区域协同发展领头羊，进一步优化产业空间布局、资源要素配置，建立健全南海结对三水、顺德结对高明紧密协作机制，东、西、南、北、中互动发展；务必成为产业结构协同发展领头羊，上下游企业聚集度越来越高，产业体系完整性增强，战新产业成为最重要的增长亮点，服务业提速提质发展，新产品新服务供给能力不断增强；务必成为政企联动协同发展领头羊，处理好政府和市场的关系，建立亲清政商关系，完善政企招商互动机制，积极推行“国资引领—项目落地—股权退出—循环发展”招商模式。

*绿色是发展的普遍形态。*未来五年，佛山要实现绿色发展向高质量快速跃升，务必成为环境系统治理领头羊，消灭黑臭水体、中度以上污染天气，生活垃圾100%无害化资源化处理，生态系统质量和稳定性持续提升；务必成为生态城市建设领头羊，以可持续的方式建设城市，建立完善绿化网、碧道网、公园网、交通圈、商业圈、生活圈有机组合的城市功能体系，“半城山水满城绿”城市风貌烙进人心，人、城、境、业浑然一体；务必成为绿色清洁生产领头羊，严格落实产业准入制度，大力发展循环经济，淘汰落后产能，优化生产工艺，打造绿色清洁生产示范产业园区，推动节能、节水、节材、减污降碳协同增效。

*开放是发展的必由之路。*未来五年，佛山要实现开放发展向高质量快速跃升，务必成为融入新发展格局领头羊，以开放促改革促合作，强化佛山制造重镇“点高”的优势、大湾区都市圈“面宽”的思维、跨省域越国界“链长”的胸怀，成为多层次参与“双循环”的优秀选手；务必成为融入“双区驱动”战略领头羊，立足粤港澳大湾区建设极点城市定位，善于“借船出海”，加强与深圳先行示范区、横琴粤澳深度合作区、前海深港合作区的战略互动；务必成为融入“一核一带一区”区域发展领头羊，优先建设互联互通基础设施，推动广佛全域同城化，拉近佛山与全省各区域的时空距离，在全省发展大局中进一步凸显制造业中心城市的带动功能。

*共享是发展的根本目的。*未来五年，佛山要实现共享发展向高质量快速跃升，务必成为推进基本公共服务均等化领头羊，发展的平衡性特点愈发突出，乡村振兴取得突破，现代都市农业发展呈现崭新面貌，城乡生活环境同步改善，“民生七有”（幼有所育、学有所教、劳有所得、病有所医、老有所养、住有所居、弱有所扶）水平持续提高，共同富裕迈出坚实步伐；务必成为传承岭南广府文脉领头羊，坚持与社会主义先进文化结合起来，激活非遗发展活力，推动陶瓷文化、功夫文化、龙狮文化、美食文化、工匠文化大放光彩，让市民在唤起“集体记忆”中共享美好精神财富，进一步坚定文化自信；务必成为基层社会治理领头羊，以人民为中心加强基层治理，做到人人参与、共建共享，社会治理社会化、法治化、智能

化、专业化水平不断提升，人民群众的幸福感、安全感更有保障。

未来五年，佛山将推动创新、协调、绿色、开放、共享五个方面发展向高质量快速跃升，全力成为营商环境制度改革、科技体制机制改革、现代企业制度改革、城乡区域协同发展、产业结构协同发展、政企联动协同发展、环境系统治理、生态城市建设、绿色清洁生产、融入新发展格局、融入“双区驱动”战略、融入“一核一带一区”区域发展、推进基本公共服务均等化、传承岭南广府文脉、基层社会治理十五项重点工作领头羊，为广东在新征程中走在全国前列、创造新的辉煌作出佛山更大贡献。当实现“515”高质量发展战略目标，5个方面发展向高质量快速跃升、15项重点工作成为领头羊时，将展现经济实力更加强大、创新生态更加完善、城市形象更加现代、文明素养更加厚实、生活品质更加美好、治理效能更加彰显的新佛山。

（市委办公室）

党史学习教育

2021年，佛山市学习贯彻习近平总书记关于党史学习教育系列重要讲话和重要指示精神，落实中共中央和中共广东省委决策部署要求，按照省委党史学习教育“我为群众办实事”总体工作思路，围绕“学史明理、学史增信、学史崇德、学史力行”的目标要求，持续在“学党史、悟思想、办实事、开新局”上下功夫，全方位、高质量、体系化推进党史学习教育各项任务。

一、着眼目标要求，在突出政治引领、强化统筹谋划上聚焦聚力，推动党史学习教育落实落地

坚持把党史学习教育作为贯穿2021年全年的一件大事要事，提高思想站位，强化组织领导，层层压实责任，坚决把开展好党史学习教育作为忠诚拥护“两个确立”和增强“四个意识”、坚定“四个自信”、做到“两个维护”的具体行动。

（一）高站位细化研究部署

全省动员大会召开后的次日，立即召开中共佛山市委常委会会议和全市党史学习教育动员大会，对全市党史学习教育进行动员部署。截至2021年底，召开市委常委会会议12次、市委党史学习教育领导小组会议5次、市委党史学习教育领导小组办公室全体会议6次及工作会议（周例会）36次，专题研究党史学习教育。全市各级党委（党组）坚持把党史学习教育抓在手里、扛在肩上，形成“一级抓一级、一级促一级、层层抓落实”的工作格局。

（二）高规格强化组织保障

中共佛山市委第一时间成立党史学习教育领导小组，由市委书记担任组长，市长及市纪委监委、市委组织部、市委宣传部、市委办公室等主要负责人担任副组长。领导小组办公室设在市委宣传部，具体负责日常工作。办公室内设5个工作组，抽调30余人集中办公；制定实施6项规章制度，确保办公室规范高效运作。各区各单位各部门及时成立相应的领导机构和工作机构，加强党史学习教育的组织领导和工作指导。

（三）高标准细化工作指引

制定并印发《关于开展党史学习教育的方案》《佛山市开展党史学习教育的工作安排》等文件130余份，常态化推出阶段性工作重点和工作指引，确保全市党史学习教育开展有计划、有节奏、有章法。编印《佛山市开展党史学习教育情况简报》208期，向省报送工作情况报告和信息简报180多篇。《广东省开展党史学习教育情况简报》71次、《广东宣传》和《省委宣传部简报》20次登载佛山党史学习教育的亮点经验。做好党史学习教育“智慧云平台”工作，强化资料和数据上传上报，推动工作流程化、过程可视化和管理精细化。

二、着眼首要任务，在学思用贯通、知信行统一上求质求效，推动党史学习教育走深走实

紧扣感悟思想伟力这个首要任务，坚持集中学习和自主学习相结合、规定动作和自选动作相结合，深入学习习近平总书记系列重要讲话精神，分层分类推动党史学习教育深入人心。

（一）抓住“关键少数”，推动以上率下

市委理论学习中心组成员发挥示范引领作用，带头开展集中学习、交流研讨、专家辅导报告、主题党日、组织生活会等活动，推动理论学习深化、成果转化。市委书记郑轲等市领导深入机关、企事业单位开展专题调研、讲党课，以普通党员身份参加所在的党支部专题组织生活会，“关键少数”领学促学，带动各级党员干部持续抓好学习贯彻。全市厅级领导干部累计讲专题党课200多场次，处级领导干部讲专题党课1400多场次；举办处级以上领导干部专题研讨班7期。

（二）抓好“绝大多数”，推动学思践悟

各区各部门各单位通过党委（党组）会议、理论学习中心组学习会、宣讲报告会、专题党课、专题组织生活会、“三会一课”（定期召开支部党员大会、支部委员会、党小组会，按时上好党课）、主题党日等形式，深入学习贯彻习近平总书记系列重要讲话精神；推动纳入党员干部培训的主要课程，作为各级党校的必修课程。全市党员、干部培训实现全覆盖。组织全市党员干部学好用好指定学习材料和重要参考资料，全市征订120万余册。

（三）抓活“形式创新”，推动入脑入心

组织开展“学习进行时——学习贯彻习近平总书记‘七一’重要讲话精神”网络学习活动，14万人次参与。举办“学习强国”学习平台知识竞赛，总参赛人次32.4万人次。组织青年开展网上主题团课、“青年朗读者”等专题学习活动。发挥“学习强国”佛山学习平台和“两周刊一专刊一网站”（《学习周刊》《理论周刊》《学习专刊》和“学习进行时”专题网站）作用，打造群众指尖上的“精神大餐”。

（四）抓深“专题研究”，推动学用结合

推动党史学习教育专题作为重要内容，并将其纳入2021年佛山市社科课题规划项目。组织编撰《南粤星火——中共佛山早期党组织的创建和革命活动》

《工人先驱邓培研究》《广三铁路史研究》等书籍，并将其纳入《佛山历史文化丛书》（第六辑）。举办佛山市庆祝中国共产党成立100周年理论座谈会和征文活动。在《理论周刊》《佛山研究》开设党史学习教育、学习贯彻习近平总书记“七一”重要讲话精神和党的十九届六中全会精神专栏，刊发理论文章100余篇。

三、着眼基层一线，在整合宣讲力量、创新方式方法上求实求新，推动党史学习教育家喻户晓

坚持把党史专题宣讲作为党史学习教育的重要一环，分类推动领导宣讲、专家宣讲、青年宣讲等活动。全市累计开展集中宣讲1万多场次，覆盖各类听（观）众110万人次。

（一）注重宣讲主体多样化，发力宣讲供给侧

组建党史学习教育、学习贯彻习近平总书记“七一”重要讲话精神、学习贯彻党的十九届六中全会精神市委宣讲团，以及“思政课教师宣讲团”“红耆党史宣讲团”“老干部政治理论宣讲团”“五老宣讲团”“红色讲师团”“农民群众学党史”讲师团，遴选先进典型、纪念场馆和教育基地宣讲员、党史党建专家等100人组成党史学习教育基层宣讲团，深入基层开展精准化、互动化、分众化宣讲。组织现场参与庆祝中国共产党成立100周年大会的佛山先进代表开展巡回宣讲。

（二）注重宣讲形式多样化，增强宣讲传播力

创新开展习近平总书记“七一”重要讲话精神专题宣讲之“老区行”“国企行”“园区行”“村居行”等走基层系列活动，通过“大榕树下讲党课”“轮渡上的党课”“党史学习教育红色大Car走基层”“宣讲进工地”等多种接地气的方式开展宣讲，提升宣讲实效。

（三）注重宣讲渠道多元化，提升宣讲到达率

依托新一代信息技术和新媒体平台，以“互联网+宣讲”拓宽宣讲覆盖面。以“线上直播”方式推进党史专题宣讲覆盖全市各学校，数百万学子同上党史学习教育课。以镇（街道）、村（社区）的广播为载体，为群众提供时效性强、覆盖范围广、接收方便的宣讲。依托覆盖镇街的文明智慧广播和覆盖自然村的应急广播，发动基层党员干部争当“党史播音员”，推动党史学习教育“飞入寻常百姓家”。

四、着眼不同群体，在分层分类施策、重点项目带动上用力用功，推动党史学习教育全面有效覆盖

立足佛山实际，围绕重点群体，创新开展党史学习教育“进万企”“进校园”“进万家”等具有佛山特色的品牌项目，以“工作项目化、项目清单化、清单责任化”推动落实。

（一）面对产业工人群体，创新开展党史学习教育“进万企”活动

紧密结合制造业大市实际，推动党史学习教育“进万企”，出台“十个一”（开展一轮专题学习、讲一次专题党课、组织一场党史知识竞赛、开展一次主题党日活动、开展一轮专题调研、实施一批惠民利民的民生项目、召开一次专题民主生活会和组织生活会、推出一条红色旅游精品线路、打造一系列主题文化文艺活动、推出一批党史理论成果）指引，开展党史学习教育走进地铁工地、送学习资料进企业、面向企业开展“百人千场万人次”巡回宣讲、组织产业工人参观红色地标、民营企业家党史学习交流、红旗工地评选等活动项目，并打造一批党史学习教育进万企“示范点”企业。

（二）面对青少年群体，创新开展党史学习教育“进校园”活动

组织开展“百万师生同上一堂思政课”“我向党旗敬个礼”“唱支心歌给党听”“党的故事我来讲”“党的光辉照我心”等系列活动，引导青少年感受革命精神、领悟家国情怀，发扬红色传统、传承红色基因。围绕“四史”（党史、新中国史、改革开放史、社会主义发展史）主题，举办佛山市第一届精品思政课（慕课）大赛。

（三）面对千家万户，创新开展党史学习教育“进万家”活动

抓住家庭这个社会的基本细胞，通过“学、讲、颂、唱、演、赛”等形式，推动党史学习教育深入千家万户。举办党史学习教育“进万家”系列现场活动，同步开展“永远跟党走、党的故事我来讲”短视频线上征集，遴选不同领域的党员家庭代表，以短视频的形式讲述党的故事、分享学习体会。

（四）面对流动党员，创新开展党史学习教育“进流动党员”活动

构建党员动态管理机制，建立流动党员动态管理台账，通过“相近区域组建、实体企业单建、行业商会联建”等方式设置流动党员党组织，确保流动党员“底数清”。探索“线上+线下”模式，建立“流动党史学习站”“指尖上的课堂”等学习平台，深入流动党员所在单位和居住小区送教上门，推动流动党员学习全覆盖、无盲点、出实效。

五、着眼革命传统教育，在整合红色资源、活学活用活化上求细求实，推动党史学习教育入脑入心

注重传承红色基因，丰富红色教育内容，创新载体手段，不断赓续共产党人精神血脉，推动红色基因、革命薪火代代传承。

（一）用好红色资源，广泛宣传红色故事

确定佛山市党史学习教育参观学习点35个，累计参观近8000批次35万人次。打造“追寻佛山印记、传承红色基因——佛山网上红色展馆”，以图文、音视频、VR（虚拟现实）等多角度展现100个红色地标，累计打卡42万人次。推出“红色之旅”主题旅游线路6条。遴选“佛山十大红色文化名片”和10张“佛山优秀红色文化名片”，举办“跟着名片学党史”线下活动。组织编写出版《佛山市革命遗址普查（2020）成果通览》《中共佛山历史百年大事记》《佛山英烈故事》等党史图书。

（二）用活革命遗址，积极搭建鲜活课堂

活化利用全市356处革命遗迹遗址，打造成为党史学习的“第二课堂”。确定第一批佛山市中共党史教育基地18个，命名党员教育基地50个。改造提升陈铁军故居等革命遗迹遗址，开展地方史料专题展览。开展革命遗址线上展示宣传，推出“云游红色印记”“追寻红色足迹，赓续百年初心”打卡学党史活

动。培养一批红色志愿宣讲员，依托革命遗迹遗址开展形式多样的宣讲教育。

（三）用足红色档案，激发爱党爱国情怀

举办“百年恰是风华正茂”主题档案文献展、“看万山红遍”佛山革命文物展、红色革命故事图片展等3000场次，参观人员超10万人次。通过定向征集、公开征集、口述历史档案采集等方式，全方位抢救、保护散存于社会具有保存价值的红色档案资料。以红色档案拓展党史学习教育渠道，将“佛山足印——佛山发展历程展”纳入市党史学习教育参观学习点。

六、着眼民生福祉，在破解发展难题、服务基层群众上用心用情，进一步增强人民群众的获得感、幸福感和安全感

坚持把“群众有没有感受到变化”“群众满不满意”作为检验党史学习教育的标尺，建立党史学习教育实践活动督导调度制度，以更加有力的举措解决群众、企业和基层的各类急难愁盼问题。

（一）坚持项目清单化，上下联动办实事

聚焦群众“急难愁盼”问题，确定市领导、市委市政府、市级层面等“3+X”重点民生项目清单，其中市领导52项、市委市政府82项、市级层面352项、各区各单位各部门1万多项，至年底，各项目基本完成。举全市之力，做好报省的10项“我为群众办实事”重点民生项目。

（二）务求治理科学化，多措并举惠民生

市委把打造一流营商环境作为“一号改革工程”，发布《构建佛山“益晒你”企业服务体系打造一流营商环境的行动方案》（2022年度版）（“益晒你”为粤方言，意为所有好处都给你），坚持以规则为基础、以服务为根本，构建亲清政商关系，高质量服务企业发展。开展城市“畅通工程”行动，实施五大系统工程，提升城市交通治理能力和服务水平。出台《佛山市推进制造业数字化智能化转型发展若干措施》，明确六大方面共30条具体措施。开通市长、区长直通车平台，进一步畅通政府与企业群众“7×24小时”互动渠道。着眼基层群众需求，关注重点群体办实事，围绕老年人群服务需求，探索政社合作方式健全完善多层次养老服务体系；围绕着力减轻义务教育阶段学生负担，推行“双减”政策落地；围绕外来务工人员，推动人员管理信息化、治安管理高效化、公共服务均等化，开展“梦想改造家”“职工微心愿”等活动；围绕弱势困难群体，加强困境儿童基本生活保障和关爱保护，加强残疾人福利权利保障和就业扶持，建立结对帮扶常态化工作机制。

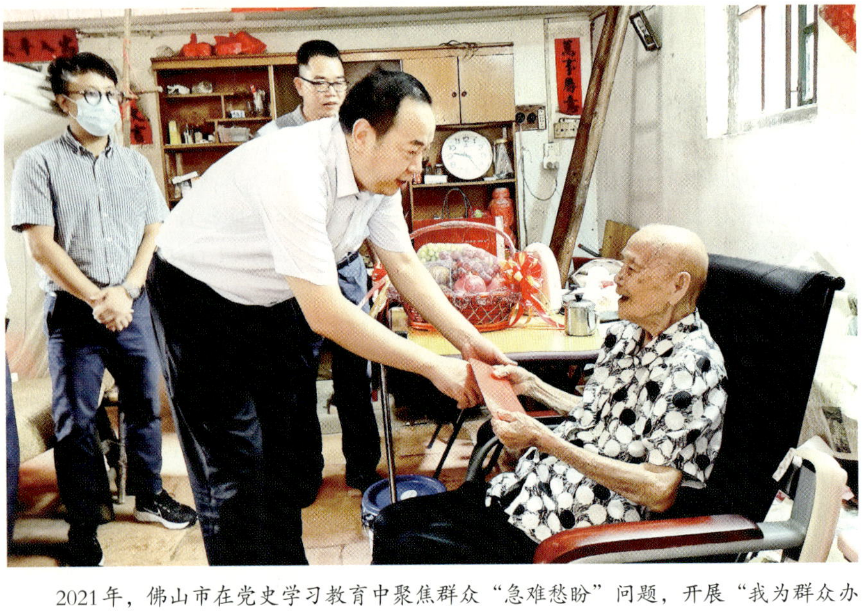

2021年，佛山市在党史学习教育中聚焦群众“急难愁盼”问题，开展“我为群众办实事”实践活动。图为市侨联开展“助力解决归侨侨眷困事”项目过程中慰问南海区低保归侨（市侨联　供图）

（三）立足防控常态化，党员先行解民忧

坚持在疫情防控中开展“我为群众办实事”活动，制定印发《关于把党史学习教育成果转化为疫情防控和服务群众的强大动力的通知》，发挥基层党组织战斗堡垒作用和党员先锋模范作用。在5—6月新冠肺炎疫情防控特殊时期，佛山全市范围内统筹调度力量，市级层面出动医护人员6000多人、公安干警近3000人，动员党员1.7万人、志愿者1.3万人、社区工作人员1.5万人，确保大规模核酸检测、医疗救治、封控封闭区服务管理、人文关怀以及宣传引导等有序开展，为广东夺取疫情防控的全面胜利作出佛山贡献。

（四）突出管理制度化，建章立制严作风

出台《“一月三问”狠抓落实工作实施办法》，推动全市上下形成把握大局、突出重点、紧扣问题、强化责任、雷厉风行抓落实的工作作风。制定《关于推动机关干部下基层、走基层、办实事、解难题的若干措施》，推动机关干部常态化到基层调研，为基层办实事解难题，建立常态化联系服务企业机制和督查考核机制。聚焦党政机关党员干部和工作人员存在的“庸、懒、散、拖、乱”等突出问题开展作风突出问题专项整治，树立新作风，锻造务实为民干部队伍。

七、着眼主题主线，在深刻剖析检视、深查实纠真改上求实求真，推动高质量开好专题组织生活会

围绕“学党史、悟思想、办实事、开新局”主题，组织开展党史学习教育专题组织生活会，实现在职党员全覆盖。

（一）高标准组织实施，以上率下开展好专题组织生活会

中共佛山市委书记郑轲等市领导以普通党员身份参加所在支部党史学习教育专题组织生活会，紧密联系思想和工作实际，与支部党员交流学习心得，检视差距不足，深入剖析原因，带头开展

批评与自我批评。全市处级以上领导以普通党员身份参加所在党支部或党小组专题组织生活会。

（二）严要求对标对表，确保专题组织生活会开出实效

全市各党支部通过“三会一课”、主题党日等方式，开展专题学习研讨1.92万场次。各级党支部班子、班子成员和党员深刻剖析自身存在的问题及产生问题的原因，逐一开展相互批评，提出改进建议，既有“鲜味”，又有“辣味”。全市1.88万个党支部召开专题组织生活会，23万多名党员参加。

（三）高标准抓好整改，推动党史学习教育高质量开展

全市各党支部以刀刃向内、自我革命的决心，坚持边查边改、立行立改、真抓实改。建立清单台账，实施对账销号制度，逐一对照整改落实。建立专题组织生活会整改台账1.51万份，列出整改问题5.19万条，确定整改措施5.32万条，将整改成果转化为工作成效。

八、着眼巡回指导，在真督实导细查、压紧压实责任上从严从实，推动党史学习教育高质量推进

坚持把开展巡回指导与推动党史学习教育通盘考虑、统筹谋划，定期召开党史学习教育巡回指导工作会议，动态科学地压担子、提点子、指路子，确保党史学习教育不偏、不虚、不空。

（一）“联”字发力优化服务

配合省委党史学习教育第五巡回指导组在佛山开展9轮巡回指导，做好对157个单位、3所高校、167个点位进行巡回指导、调研和实地察看，以及开展座谈会89场、访谈287人、党史应知应会知识测评1196人、评估测评568人和列席专题组织生活会5场、专题学习会8场、专题党课2场、理论中心组学习会4场等。同时，推动各区各部门各单位对照省委巡回指导组提出的整改意见及建议，及时列出整改清单，明确整改措施和整改时限，并梳理形成整改情况报省委巡回指导组。

（二）“实”字当头全面下沉

印发《市委党史学习教育巡回指导组的组建方案》，成立10个巡回指导组，挑选政治素质和业务素质过硬的党员干部共40人专职从事督导工作。召开专题培训动员会议，制定巡回指导具体工作指引。各巡回指导组综合运用采取“随机式”检查、“过程式”督导、“点穴式”回访等方式，对5个区、90个市直单位开展党史学习教育情况进行全覆盖督导。

（三）“严”字为基强化实效

各巡回指导组坚持面对面听取基层党员意见建议，全面掌握情况、精准发现问题、迅速指导整改，累计指导760次，召开调研座谈会256场次，访谈干部群众637人次，开展党史应知应会知识测评1275人次；列席专题组织生活会等活动达510场次，累计发现问题203条，提出可行性建议178条，并逐条督促落实，有效形成倒逼。对标对表做好党史学习教育评估工作，评估测评8357人。

九、着眼宣传引导，在全媒体传播、全景式展示上策划谋划，推动形成党史学习教育浓厚氛围

统筹调动新闻、网络、文艺等各方资源，形成全媒体、全方位、多角度、立体式的宣传宣讲声势，营造浓厚的社会氛围。

（一）强化全媒体传播，形成强大宣传声势

依托“报、刊、台、网、微、端”等各平台，创新建立“新闻宣传发稿中心”，在重要版面、重要时段、首屏首页开设党史学习教育专题、专栏、系列报道90余个，在“佛山+”“花生FM”“醒目视频”等客户端上线党史学习教育专门频道，推出重大主题综述稿100余篇（条）。全市各平面媒体累计报道党史学习教育稿件近7000篇（条）、广电媒体刊播3100余篇（条）、新媒体报道1.14万余篇（条），累计阅读量超7638.6万人次。中央和省主流媒体刊播640余篇（条），特别是5月12日新华社刊发全国通稿《刑场上的婚礼：最纯真最高尚的爱情》，并获《人民日报》等中央媒体转载；10月4日，中央电视台《新闻联播》播发佛山服务游客群众的经验做法。“学习强国”广东学习平台累计采用近1700篇（条），累计点击量超163.9万人次。

（二）强化新技术运用，打造融媒“潮”产品

发挥融媒体可视化程度高、沉浸感强的优势，以图文、短视频、直播、H5等多种形式，扩大传播的覆盖面和影响力。推出百版特刊《领航》、系列纪录片《潮涌佛山100年》、融创视频产品《穿越百年看佛山》《百年风华·佛山相册》。“佛山发布”上线“党的故事我来讲”短视频征集大赛，征集短视频300多部。组织摄制党史微党课、宣讲短视频并在电视栏目、视频应用程序、微信公众号等平台播出。

（三）强化文艺宣传，强化感染影响力

举办庆祝中国共产党成立100周年美术、书法、摄影、民间工艺等展览和“百年芳华 千秋伟业”——佛山市戏剧文艺精品展演巡演、“唱支心歌给党听”佛山市青少年歌咏晚会、“向红色经典致敬”中小学传统文化艺术节等系列文艺活动。推出重大革命题材人物传记电影《邓小平小道》，精准扶贫电影《我爱我的大凉山》，红色革命经典剧《刑场上的婚礼》，红色主题粤剧《红头巾》《鸿胜馆》《将军令》，电视连续剧《百里芳华》《闯广东》《郁郁葱葱》等影视戏剧精品。举办“寻找广东原创好歌曲”活动，集中推出22首优秀作品。开展“永远跟党走”基层文化惠民活动、“开心广场·百姓舞台”公益流动演出进社区、“红色领航”主题观影等群众性文化活动。

（四）强化社会宣传，推动时时处处可见

利用宣传栏、电子屏、灯杆旗、过街天桥及各区各部门各单位官方网站、微博、微信公众号等平台，广泛刊播党史主题宣传画和短视频。全市刊播公益广告点位数超1万个，各类电子屏滚动播放超1500万次，做到线上线下全面铺开，大街小巷随处可见。“七一”前后，围绕庆祝中国共产党成立100周年重大主题，在全市主次干道、公园广场、社区、高校等点位设计制作120处景观小品，20余处地标建筑开启灯光秀，在全市4000个户外电子屏幕、1000座跨街天桥、300个广告T牌等刊播宣传画面和标

语，一抹抹鲜艳的“中国红”汇聚成佛山靓丽的风景线。

（市委党史学习教育办）

“一号改革工程”推进

2021年，佛山市聚焦市场主体关切，围绕重点领域和关键环节，深化“放管服”改革，加快打造一流营商环境高地。6月，中共佛山市委提出把打造一流营商环境作为“一号改革工程”，各区、各部门贯彻市委、市政府决策部署，推动各项改革措施落实落细，全市上下迅速掀起优化营商环境的热潮。年内，佛山市在广东省营商环境评价中位于全省第二档次，全市营商环境水平得到提升。

一、主要做法

（一）围绕企业全生命周期，优化市场化环境

1.深化商事登记制度改革。优化开办企业全流程“一网通办，一窗通取”，推出新开办企业免费刻制印章政策，截至2021年12月底，累计为1.82万家企业办理免费刻章，共减免583.07万元，全市实现开办企业全流程“统一认证、一表填报、一次申请、数据共享、即时审批、实时反馈”的智能化、极简化服务模式。印发《佛山市“证照联办、一照通行”改革实施方案》，率先推出“一照通行”改革，60个主题事项实现“证照联办、证照合一、一企一照、一照通行”，共涉及14个部门的49个许可审批事项，至年底，共办理“一照通行”业务超6.2万笔。

2.推进工程建设项目审批制度改革。印发《佛山市优化社会投资简易低风险工程建设项目审批服务实施意见》及配套制度文件20余份，通过实行技术审查“零成本”、减免审批环节、审批告知承诺制、信息共享提前服务、优化工程质量安全监管模式等措施，减少办理环节、压缩审批时限、降低办理成本。印发《佛山市分阶段办理施工许可证改革工作方案（试行）》，至2021年底，全市有57个项目通过分阶段办理取得施工许可证。推进项目策划生成、建设项目用地指标清单、区域评估、联合评审、一次征询、联合测绘、联合验收等措施，全面推行“标准地”供应、“带方案”出让用地，助推“拿地即动工”，2021年，全市标准地出让117宗，带方案出让项目17个。深化“联合测绘”改革，开放测绘市场，规范行业管理，相关工作被全省推广，全年全市开展联合测绘项目686个，总建筑面积3657万平方米，测绘服务总值1.7亿元。

3.优化公共资源交易改革。印发《关于进一步促进公平竞争优化政府采购营商环境的通知》《关于进一步优化工程建设招标投标领域营商环境的通知》，优化进口产品核准程序，压缩招标采购时限，减免交易费用，完善重大项目进场服务保障机制，推动房建市政项目全生命周期“一次不用跑”服务；在全市推广应用投标电子保函，以“互联网+交易信用”取代传统现金保证金，1年至少可盘活社会资金120亿元。推行“互联网+公共资源交易”模式，在全省率先推动部门集中类和分散类政府采购项目一网交易，实现招标投标和政府采购全流程电子化交易，开展跨区域远程异地评标、启用隔夜评标示范点，推动“云开标大厅”系统于8月上线试运行，补全招投标全生命周期电子化最后短板。建立招标投标和政府采购领域“双随机、一公开”监管长效机制。

4.提升获得用电用水用气便利度。供电方面，取消设计审查和中间检查，中压报装精简至3个环节、低压报装精简至2个环节，环节精简达到全省先进水平。印发《佛山供电局容缺服务工作指引》，加快前端受理的效率。推进“互联网+用电”融合，实现办电业务“一次都不跑”。在南方电网范围内首先试点电力现货交易结算，2021年市场化交易累计售电量296.13亿千瓦时，占全市总售电量39.52%，为企业节约用电成本9亿元。在全省率先采用“市场监管+供电”联合行动工作模式，开展清查规范转供电环节收费工作，将电价红利传递至终端客户。在广东电网范围内首创佛山市光伏业务云平台，佛山全市累计光伏并网客户达1.31万户，并网容量超96.7万千伏安，光伏并网规模连续5年位居广东省第一。供水供气方面，进一步提升供水供气接入服务效率和质量，印发《佛山市供水供气外线接入工程告知承诺免审批改革工作方案（试行）》，对符合条件的项目，涉及的所有审批事项全部实施告知承诺制免审批。开展清理规范城镇供水供气行业收费工作。统一全市三大供水企业报装主要所需材料，压减用水报装两个环节。

5.优化政务服务。全面推广应用全市在线一体化政务服务平台，开通电子证照170种，实现100%“一窗办、预约办、网上办”、简易事项100%“马上办”、60%事项“异地办”、50%事项“主题办”、1000项政务服务事项“指尖办”。“i顺德”手机应用程序（App）入选2021年县政府网站“十佳”优秀创新案例。统筹各区行政服务中心设置“办不成事”反映专区（窗口），集中处理正常窗口业务以外的非企业、群众自身原因“办不成事”问题；依托一站式“佛山扶持通”平台，在全国率先实现政府补助“秒到”企业和个人，打造优化营商环境“佛山秒办事”招牌。聚焦推进“跨省通办”，与北京市海淀区、武汉市、南昌市等13个地市797个事项实现“跨省通办”服务。由市税务局、市发展改革局、市公安局等17个部门印发《关于贯彻落实纳税缴费便利化改革优化税收营商环境若干措施的通知》，推出23条举措。依托电子办税和“零跑动办税系统”的成熟应用，成立全国首个县区级纳税服务运营中心——国家税务总局佛山市税务局纳税服务运营中心（顺德），推动实现“集中运营、协同服务、节点倍增、弹性部署、智慧赋能”的服务新格局，中心对办税服务厅的分流率达55.1%，人均业务处理效率是实体大厅的3倍，“零跑动办税系统”于6月起在广东全省推广使用。探索运用区块链技术，全省率先创新推出“退税保”项目，实现退税资金安全准确，同时缩短退税资金到账时间，提高退税申请人获得感。组建“互联网+不动产登记”改革专班，全面落实《佛山市“互联网+不动产登记”改革工作方案》，出台全市统一的不动产登记业务标准和操

作指引，线上建设佛山市“互联网+不动产登记”平台和网上办事大厅，线下统一设置专门的企业综合服务窗口（不动产登记）。推动“不动产登记+民生服务”，开展全市“交付即交证”工作，实现房证同步交付。

6.提升市场监管效率。全面开展“人工智能+双随机”全领域精准化智慧化大监管模式改革，在全省率先编制“跨部门联合双随机”事项清单，率先出台市场监管系统年度检查计划，集中开展全市随机抽查事项清单调整工作，实现应纳尽纳任务目标并向社会公示。2021年，全市各部门组织开展双随机检查计划757个，其中跨部门计划137个，实现双随机抽查常态化。印发《佛山市企业公共信用综合评价规范指引》，建立企业公共信用综合评价模型，对全市108万户市场主体进行企业公共信用综合评价，评价结果分为A、B、C、D级，通过市信用信息共享平台推送至市一体化在线政务服务平台、市公共资源交易信息化综合平台等10个综合性业务系统，在行政审批、政策扶持、政府采购、市场监管、资金补助等领域开展应用。

（二）围绕法治政府建设，优化法治化环境

1.强化法治保障。市纪委监委出台《关于大力推进清廉佛山建设为打造一流营商环境提供保障的若干意见》，推出保护企业合法权益等8项措施，通报4个损害营商环境典型案例。市法院探索优化营商环境创新举措，出台全链条提升审判效率、办理破产、保护中小投资者等领域22份相关制度；优化诉讼服务，开放24小时自助诉讼服务区，实现诉讼服务一站通办、一网可办、一号能办；依托诉前和解中心，对28类简单民事纠纷和行政争议在立案前进行一站式、集约化调解；提升审判质效，设立金融审判庭，发挥专业化审判优势，全年全市法院审结金融案件232.93万件，标的额134.1亿元；全面推进快审快结，全年全市速裁团队审结民商事案件5.28万件，速裁收案加调解成功占比87.10%，集中速裁团队平均审理周期仅12天，民商事案件平均审理用时在珠江三角洲城市中最短；建立健全与新型审判权力运行模式相适应的制约监督体系，全链条监督管理改革典型案例刊登于最高人民法院《司法改革动态》，《创新发改案例“预瑕疵”评定处理机制》入选省法院“加强司法制约监督”专题典型案例；攻坚执行难题，健全繁简分流、事务集约的工作机制，2021年全市法院首次执行案件实际执结率45.55%，首执案件结案平均用时77.07天/件，全省排名第一，实际执行到位金额164.14亿元，拍卖成交金额75.99亿元，拍卖成交溢价率45.62%；在全国率先启用定向询价、网络询价的专业拍卖辅助服务及首创“联控E拍”车辆处置机制，最大化实现执行资产变现价值和提升效率。市检察院发布《服务保障打造一流营商环境十二项工作措施》，从善用不起诉权、审慎适用羁押性强制措施、做好涉民企案件的羁押必要性审查、积极适用认罪认罚从宽制度等方面，减少司法办案对市场主体正常生产经营活动的影响。全市公安机关在打击涉企犯罪、优化涉企审批服务、方便企业交通出行、便利引才创业落户等方面推出优化营商环境10项措施。

2.优化司法服务。印发《关于充分发挥司法行政职能作用为打造佛山一流营商环境提供法律服务和法治保障的实施方案》，从立法、执法、司法、普法、守法环节综合施策，打造佛山市“五个一流”（一流的制度保障、一流的执法监督、一流的法律服务、一流的纠纷调处、一流的法治宣传）法治化环境，率先在全省开展行政执法“两平台”（行政执法信息平台和行政执法监督网络平台）与网格化综合治理平台对接试点工作，探索“网格员吹哨、执法人员报到”协同治理新模式，开展“以法为纲、循法而行，打造一流营商环境”专项法治宣传活动，培育137家省级“法治文化建设示范企业”。

3.加强知识产权保护。编制《知识产权纠纷调解服务规范》，成为国内首个知识产权纠纷调解地方标准。开通全市首个商标业务受理窗口，实现知识产权业务“一窗办理”；挂牌成立全省第三家国家海外知识产权纠纷应对指导中心地方分中心，为佛山企业“走出去”提供知识产权护航。

（三）围绕畅通“双循环”，优化国际化环境

1.打造高水平发展平台。争取设立广东自贸区佛山联动发展区，推进海关特殊监管区发展，申报综合保税区，继续引导佛山优势产业集群申报国家、省级外贸转型升级基地，助力跨境贸易便利化提升。举办全球招商大会、氢能产业大会等活动，新引进10亿元以上重大产业项目62个，签约投资总额1690亿元。顺德区装备制造基地入选国家外贸转型升级基地，国家级基地数量升至6个；获评“中国服务外包示范城市”，将享受示范城市的支持政策。

2.加大政策扶持力度。出台《佛山市进出口公平贸易专项资金管理办法》，建立扶持企业应对国际贸易摩擦机制，被国家发改委列为地方支持民营企业改革发展的典型做法之一，向全国复制推广。印发《佛山市进一步优化口岸营商环境促进跨境贸易便利化若干措施》，围绕优化通关作业流程、简化单证办理需求、规范口岸收费降成本、提升口岸软硬件设施、优化跨境贸易服务环境等5个方面出台22条政策措施。2021年佛山对外贸易稳中向好发展，1—12月全市外贸进出口6160.7亿元，比上年增长21.7%；双向投资合作有序开展，1—12月全市吸收实际外资33.54亿元；新设外商直接投资项目668个，增长27.72%。

3.优化口岸环境。推广国际贸易“单一窗口”各项功能运用，截至2021年12月，佛山“单一窗口”平台涉及用户数2.4万家，累计业务单量820多万票，货物申报、舱单申报、运输工具申报等主要应用项目覆盖率达100%。推进佛山“智慧码头”公共服务系统建设，实现海关与全市所有口岸码头系统自动对接与数据共享利用，提升口岸通关服务水平。鼓励企业“提前申报”，扩大进口“两步申报”试点，压缩通关时间，截至2021年12月，佛山关区进口整体通关时间14.88小时，较2017年（90.52小时）压缩83.56%；出口整体通关时间0.51小时，较2017年（10.62小时）压缩95.2%；164家口岸经营服务企业公示收费目录清单，进一步降低通关成本。

4.创新推出海事便民惠企服务。佛

山海事局在全国首创“海事政务服务发展区域合作”思路，与东莞海事局探索创建“船舶买卖产权便捷登记改革机制”，将船舶转港登记由5个环节减少到2个环节，为海事政务发展和船舶登记改革提供成功案例和全新、充满活力的运作模式。围绕水运发展“急难愁盼”问题和行业共性需求，佛山海事局联合市交通运输局全国首创“水运佛十条”便民惠民举措（10项优化水运营商环境的便民惠民举措），包括降低企业制度性成本、服务船舶建造业、鼓励水运使用清洁绿色能源和鼓励航运企业船舶升级更新等，从政策内容、服务效果方面走在全国前列，仅船舶办理证件方面可减少50%办证环节，办证时间将缩减90%～50%不等，实现服务“软联通”和降本增效，为佛山水运经济高质量发展提供内生动力。佛山海事局提升政务服务能力优化营商环境举措被2021年第4期《中国海事》《优化营商环境　助力航运企业安全发展》专栏刊载。

（四）围绕减费降负，优化金融环境

1.引导金融机构加强业务创新。促进全国首份商业性流转期待宰生猪保险、生猪价格保险+期货和知识产权被侵权损失保险率先落地佛山。佛燃能源集团股份有限公司、瀚蓝环境股份有限公司率先发行非金融企业绿色票据，广东绿金融资租赁有限公司成功发行国内首单租赁类绿色债。中国中药发行全国首笔贴标“乡村振兴”的熊猫债。广东顺高投融资担保股份有限公司创新推出“可转债担保”“知识产权质押担保贷”“镇街专项担保贷”等特色产品助力中小微企业转型升级。

2.加速集聚区域特色金融资源。2021年12月，佛山金控期货有限公司落户广东金融高新区，填补佛山市金融领域法人期货业态空白；中科沃土基金管理有限公司在广东金融高新区千灯湖创投小镇核心区开业，成为佛山首家公募基金管理公司，也是全国第一家落户地级市的公募基金管理公司。2021年，广东金融高新区核心区新引进项目278个，新增注册资本超515亿元，金融、科技人才超6万人。截至2021年底，广东金融高新区核心区共引进项目1302个，累计投资规模超2095亿元，其中基金类机构1096个，募集与投资资金规模超1445亿元。

3.加大金融服务实体经济力度。建设“益企通”金融信贷平台，全面对接“粤信融”等融资平台，截至2021年底，通过网站对接方式为1.83万家中小微企业提供2420.23亿元贷款授信资金支持，2021年为2699家中小微企业提供336.5亿元贷款授信资金支持，缓解中小微企业融资难题。实施小微企业开立银行结算账户特别服务规范（负面清单），佛山市小微企业开户成功率高达99.5%，超84%的小微企业仅须往返银行网点1次，小微企业银行开户服务满意度达99%。在全省最早设立专门用于帮助企业解决资金续贷“过桥”难题的政策性金融工具——佛山市支持企业融资专项资金，至年底，累计帮助8486家企业转贷1508.98亿元，帮助企业节省融资成本8.98亿元（按日息1‰民间借贷利率和7天期限计算）。创新性推出政策性小额贷款保证保险，通过“保险+银行+政府”模式为小微企业提供增信，至2021年底，共帮助2228家企业获得贷款累计54.92亿元，2021年企业平均贷款利率进一步下降至5.05%，比上年降低13个基点。在全省率先推出商业银行科技支行认定及管理政策，引导辖内银行建立适应科技企业融资特点的专营机构，至2021年底，佛山市共认定21个商业银行分支机构为科技支行，累计为8246家次企业提供475.10亿元的贷款资金，其中科技型企业贷款249.92亿元，占比52.60%。

（五）围绕创新创业生态，优化城市环境

1.推动数字化智能化转型。召开全市制造业数字化智能化转型发展大会，出台《佛山市推进制造业数字化智能化转型发展若干措施》及其操作细则，推出五大方面共25条措施，推动制造业全方位、全角度、全链条的数字化智能化改造。设立总规模300亿元、首期100亿元的广东（佛山）制造业转型发展基金，培育省级标杆示范项目9个，打造市级示范工厂22家、示范车间64个。2021年全市有20家企业入选工信部专精特新“小巨人”企业，累计达34家。美的微波炉顺德工厂加入世界经济论坛“全球灯塔网络”，成为佛山市第一个“灯塔工厂”；美的洗涤入选工信部“5G+工业互联网”重点行业实践案例，美的集团获第四届中国质量奖（是广东唯一一家获奖单位，也是佛山企业在中国质量奖领域零的突破）。牵头启动广东燃料电池汽车示范应用城市群建设，新能源汽车推广应用5.2万辆，工业机器人累计应用1.7万台。实施新时代民营企业家培育工程，先后举办3期佛山市民营企业家培训班，150名民营企业家参加培训。

2.优化人才服务。从人才引进、培养、使用、评价、流动、激励等方面开展全市人才政策重构工作；构建“一站式”人才综合服务保障，累计引进全职院士3人，省“珠江人才计划”团队11个、领军人才4人。引进市科技创新团队184个，包含兼职院士32人、国家杰出青年24人、高级职称人才602人，省银龄人才12人，省外籍高层次人才13人。开设国际人才“一站式”服务窗口，佛山港澳青年创业孵化基地入选全省首批大湾区港澳青年创新创业基地，打造青年就业创业一站式服务。创新推出外国人就业柔性政策、境外人员签证证件“一件事”邮政特快专递服务（EMS）业务，及中英文版《外国人在佛山办事指南》《佛山市大湾区外国人居留政策指南》，全面、详细提供跨部门办事流程和法规指引。12月18—20日在佛山市举办的“首届全国博士后创新创业大赛”，以“博采科技精华　创新引领未来”为主题，约1400个项目参加，产生金奖57个、银奖91个、铜奖125个，设置近9000平方米的博士后工作成果展示专区，同时举办博士后人才交流与科研成果转化对接活动，提供优质岗位2000多个，达成工作意向1000多人次。200多家企业和40余个全国知名创投机构参加技术交易对接，692个成果转化项目一对一洽谈对接，现场签约项目54个，意向合作金额11.27亿元。

3.强化民生保障力度。启动国家级文化和旅游消费试点城市建设，推动文旅消费环境优化升级，桑园围成为全省首个入选世界灌溉工程遗产名录的历史水利工程，佛山创意产业园入选首批国家级夜间文旅消费集聚区，禅城区岭南天地、创意产业园和顺德区华侨城欢乐海岸获得省级示范商圈（步行街）名誉称号。出台《关于加快发展养老服务业的实施意见》，按照人均用地不少于0.1平方米的标准分区分级规划养老服务设施，新建城区和新建住宅区以每百户不低于20平方米的标准配套建设养老服务设施，顺德区均安社区卫生服务中心被确定为首批全国老龄健康医养结合远程协同服务试点机构、广东省第一批医养结合示范单位，该中心“家门口医养结合”模式被省委全面深化改革委员会列为第二批基层改革创新经验并在全省各地复制推广。开展“创星提质”行动，明确对2020—2022年获得广东省星级养老机构称号的给予最高30万元的一次性奖励资金，至2021年底，全市星级养老机构总数达44个，占全市养老机构的比率居全省首位。推动城市“畅通工程”，新建、提升自行车及电动自行车专用道600千米，治理交通拥堵点96处，打通30条断头路，地铁2号线一期、南海有轨电车1号线开通初期运营，广州地铁7号线西延顺德段开通试运行。在全市所有镇（街道）行政服务中心统一设立社会救助窗口，残疾人补贴资格认定等事项实现“跨省通办”，市中医院“远程医疗制度”获国家卫健委通报表扬为全国改善医疗服务先进典型，“平安佛医保”超高额医疗费用补偿起付线由20万元降至8万元。以“互联网+新市民”服务为载体，实现新市民业务办理“零跑动”；从延续实施稳岗扩围政策、推进社保转移接续“零障碍”、加大港澳台居民社会保障力度、打造“10分钟服务圈”等12个方面出台措施加强社保助力优化营商环境；率先建立劳动争议仲裁区域合作机制，深化粤港澳大湾区社会治理合作模式，市人力资源社会保障局获评“全国根治拖欠农民工工资工作先进集体”。深入打好污染防治攻坚战，编制出台“三线一单”管控方案，全面实施生态环境分区管控；探索开展环评审批与排污许可“两证合一”改革，并被列入生态环境部试点；全面构建完善危险废物收集贮存网络，在全省率先设置市级试点综合收集单位、专业收集试点单位和二级中转站，企业处置成本、收运时间双降超80%，超8000家企业获益。

二、工作成效

（一）全市优化营商环境统筹力度加大

重塑全市优化营商环境统筹协调机制，成立市委书记、市长“双组长制”的市优化营商环境领导小组，建立分管市领导指标负责制，通过领导小组、专项小组、工作专班形成多层次、上下联动工作机制。发布《构建佛山“益晒你”企业服务体系打造一流营商环境的行动方案》（2022年度版），上线“佛山益企通”企业综合服务平台，为企业提供更系统、更主动、更精准的全生命周期服务。围绕企业和群众办事创业过程中难点、堵点和痛点问题，研究编制《佛山市市场主体服务条例》。谋划组建佛山市三水区营商环境建设局，重点整合分散在各部门的涉企信息，对企业建设开办到运营退出的全过程信息进行汇总、分析、应用，打造最优服务流程。

（二）各领域以市场需求为导向的改革取得成效

优化开办企业全流程为1个环节0.5天，推出新开办企业免费刻制印章政策，达广州、深圳等城市水平，“一照通行”涉企审批服务改革于2021年6月作为第二批广东省基层改革创新经验在全省复制推广。对符合条件的工程项目，全面实施用地清单制，规划许可与施工许可并联审批，行政审批流程压减至6个环节、11个工作日内完成。获批全国第三批社会信用体系建设示范区，“信用佛山”获评国家2021年度“信用示范平台网站”，佛山市提交的纳税信用修复申请表获得“全国信用承诺书示范样本”称号。在2021年全国纳税人满意度调查中，佛山市排名全国第二，创广东省历史最佳成绩。至2021年底，“佛山扶持通”平台累计发布惠企利民政策超900项，注册企业近6万家、注册个人超35万人，累计发放财政奖补资金达112亿元，其中超17.8亿元政府补贴“秒到”企业个人。

（三）独具特色的佛山经验被国家宣传推广

2021年9月，国务院推进政府职能转变和“放管服”改革协调小组办公室“优化营商环境”工作简报介绍“佛山市探索直达资金改革　实现政府补助‘秒到’企业和个人”“佛山市首推‘一照通’改革开通企业准入准营高速路”经验做法，并在全国范围内复制推广。10月11日，国家发改委印发《关于推广地方支持民营企业改革发展典型做法的通知》，作为广东省唯一入选城市，佛山有“完善对民营企业全生命周期的政策服务、破解民营企业融资难题”等七大方面14条典型经验做法被全国推广。

（市发展改革局）

新冠肺炎疫情常态化防控

2021年，佛山市新冠肺炎疫情防控形势平稳有序。市新冠肺炎防控指挥办健全完善组织架构，坚持党建引领，成立本土疫情应急处置现场指挥部和市新冠肺炎防控指挥办临时党委。坚持外防输入、内防反弹，继续强化监测预警体系和应急处置能力建设。科学处置“5·21”广州突如其来的疫情，未出现外溢情况；12月30日，佛山发现1例境外输入关联新冠病毒初筛阳性感染者后迅速处置，未发生扩散蔓延情况。

一、指挥体系运转

健全完善新冠肺炎疫情防控组织架构，坚持应急指挥系统平急结合，成立由中共佛山市委、市政府主要领导任总指挥的本土疫情应急处置现场指挥部，并及时根据省的最新要求，结合疫情防控工作实际和需要，健全组织架构、完善运行机制，确保指挥体系“扁平化”、全市“一盘棋”。制定《佛山市新型冠状病毒肺炎疫情防控指挥部办公室工作方案（2021年第3版）》，细化完善工作职责分工，确保常态化疫情防控工作统分结合、职责明确、指挥顺畅、运转高效。

坚持党建引领，成立市新冠肺炎防控指挥办临时党委，设立综合组、疫情防控统筹组、社区防控组、医疗救治组、宣传信息组、物资保障组、社会稳定组7个临时支部委员会。及时传达学习习近平总书记关于疫情防控工作的重要讲话、重要指示精神，落实省委、省政府和省防控指挥部工作部署。市、区两级机关企事业单位选派5.98万名党员干部下沉到村（社区）、检疫检查站等开展支援，组织动员全市1.8万个党组织和29.2万名党员参与应急值守、物资分发、信息采集、分流引导等工作。有在基层一线参与防疫的党员干部18.33万人。

加强应急队伍力量，按照“一组包一区”的原则，组建5个市级应急处置常备工作组，明确岗位责任。各应急处置队伍保持24小时通讯畅通，确保出现疫情及时响应、赶赴现场、分析研判风险、划定管控范围、开展流调处置。提升流调队伍能力，加强流调队伍培训，开展各种形式的全市应急队伍培训39次，培训市、区、镇（街道）三级流调队伍骨干技术力量约2500人次。执行24小时专人值班和领导干部在岗带班、外出报备等应急值守制度，保持指挥体系始终处于激活状态。中共佛山市委书记、市长和其他领导带头，到村（社区）、小区现场指导指挥，快速高效、科学精准指挥处置应急突发事件。

二、涉疫处置

“5·21”广州突如其来的疫情发生后，佛山启动应急预案，省、市、区在南海区组成联合指挥部，建立统一高效、上下联动的疫情应急处置机制，做好流调溯源等工作，疫情未出现外溢情况。12月30日，佛山发现1例境外输入关联新冠病毒初筛阳性感染者，市委、市政府主要领导赴现场指挥调度，建立现场指挥部，部署开展相关应急处置工作。市新冠肺炎防控指挥办负责人驻扎顺德区现场，省、市、区、镇（街道）四级联动，24小时内完成流调溯源、风险人员及重点场所排查管理等，疫情未发生扩散蔓延情况。

实施重点场所分类管理，将全市范围划分为封闭、封控、闭环、一般管理四类区域，封闭区内人员“足不出户”，封控区内人员“只进不出”，闭环区内人员“非必要不外出”。做好封控区域群众的生活保障和医疗保障。

2021年6月10日，佛山市顺德区市民自觉到顺峰山公园牌坊前的大良街道大规模人群核酸检测采样点接受核酸检测采样　　（周焯杰　摄）

抓好排查管控，市、区两级公安、疾控等部门联动开展流调溯源，按照风险最大可能的管控要求确定管控范围，甄别密接、次密、重点人群，开展多轮核酸检测。甄别重点场所，采集环境样本，并对涉及的所有重点场所开展管控、核酸检测、全面消杀。

三、外防输入

实行入境人员从“国门”到“家门”全链条全流程闭环转接分流，确保旅客从入境口岸门到集中隔离场所门、从集中隔离场所门到家门的全程闭环。修订完善《陆空口岸专班转运组全流程工作指引（第八版）》《陆路与航空口岸专班转运组人员管理工作指引》，优化工作流程，强化部门联动，做好接转分流工作人员防护技能培训等，实现接转环节和接转人员全覆盖精准管理。加强省外隔离完毕返佛入境人员的数据排查和闭环转运，确保一人不漏、一条不落、一刻不误。截至12月31日，累计接转广州白云国际机场分流人员7.35万人，接转从香港进入深圳分流人员2109人，接返目的地为佛山的入境人员6737人（含集中隔离和居家隔离）。

落实24小时核查“清零”要求，开展重点人员落地排查，并围绕“快查”“快隔”“快筛”等核心环节开展流行病学调查、重点人群管控和扩大核酸筛查等工作。全年全市1900多个社区三人小组完成公安推送数据排查90万人次。

筑牢“人物同防”全链条严密防线，压实粤港跨境货物作业点管理专班责任，加强成员单位协作，筑牢跨境货车司机“三点一线”（指口岸点、作业点、住宿点和沿线交通节点）管理制度，落实核酸检测七天两检。完善防控技术手段，利用省“跨境安”系统和市“粤港跨境货物运输疫情防控”系统，实时监控跨境货车动态；利用作业点的“慧眼视频监控”系统，全覆盖监控跨境（接驳）司机在作业点的活动轨迹。落实货运口岸码头工作人员“两点一线”（工作点和居住点）闭环管理，相关人员均安排在码头内独立区域集中居住，集中居住点均安装视频监控，安排保安24小时值守。完善电子监控，升级改造码头视频监控设施，加强对码头梯口、闸口、脱消区域、集中居住点等重点区域视频覆盖，防止船岸人员非必要接触。抓好冷链食品从口岸到境内检疫、流通、销售的全程防控，全年开展从业人员、产品和环境核酸检测1.4万份。突出首站拦截，持续强化集中监管仓建设管理，按照“源头介入、全程可溯、闭环管理、精准防控”的原则，年内建成2个集中监管仓，推进“互联网+集中监管仓”视频建设，畅通港口码头与集中监管仓信息通报机制。持续强化进口冷链食品追溯，推广应用“冷库通”系统，严查进口冷冻食品“四证一码”（入境货物检验检疫证明、核酸检测阴性报告、消毒证明、集中监管仓出库证明以及追溯码）和进口冷藏食品“两证一码”（入境货物检验检疫证明、消毒证明和随附追溯码），实现进口冷链食品全链条可追溯。强化应急处置效率，发现核酸检测阳性产品线索及时响应、到场、处置，迅速开展核酸检测、产品封存、流向排查等工作，做好风险管控和产品后续处理。全年开展进口冷链食品核酸检测阳性产品相关排查29次。

四、重点场所和人员管理

加强隔离酒店管理，梳理相关工作要点和风险防范关键点，制定《佛山市集中隔离医学观察场所健康管理及风险防控细节管理》。对全市隔离场所开展督导检查，及时发现问题、堵塞漏洞。全市每个集中隔离医学观察场所均配备5人小组驻点管理队伍，其中副店长1人、安全监督员1人、医生1人和护士2人。隔离场所每250人配1名感染防控督导员，确保每个集中隔离医学观察点至少有1名感染防控督导员。

严格八大类重点场所、特殊场所管理，加强公共场所、密闭通风不良场所等重点场所监管，特别是公安司法监管场所、福利机构、养老机构、救助管理机构、精神卫生机构、母婴保健机构（含妇幼保健院、月子中心）、宗教活动场所、康复机构八类特殊场所管理和工作人员核酸检测。加强监督指导，制定《佛山市常态化疫情防控监督检查工作方案》，督促各经营单位落实好测温、扫码、戴口罩、消毒通风、科学疏导人流等防控措施。

严格重点人群管理，加强酒店工作人员健康管理，全部落实疫苗接种要求，高风险岗位实行集中封闭管理并定期轮换。落实名单管理，重点人员核酸隔天一检；低风险岗位“两点一线”闭环管理，核酸每周两检，工作人员家属每周一检。加强对集中隔离医学观察场所储备工作人员的院感防控知识、疾控知识培训，确保随时应对突发情况。隔离场所工作人员先培训后上岗，全年组织培训达162场次，培训工作人员6195人次。落实培训情况日报制度，形成培训常态化机制。

五、新冠疫苗接种工作推进

完善精准接种实施方案，做到底数清、情况明、台账准，应接尽接、应种尽种，加快建立群体免疫屏障。统筹安排新冠疫苗第一剂、第二剂和加强针接种工作，截至12月31日，全市累计完成新冠疫苗接种2408.02万剂次，接种覆盖人群1036.44万人，其中完成全程接种998.77万人，全人群全程接种覆盖率105.15%，单日最大接种量达39.06万剂次，全人群全程接种覆盖率排全省第三名，加强免疫完成率排全省第二名，3～11岁人群全程接种率排全省第二名，12岁以上人群全程接种率排全省第五名。

强化接种服务保障，把建设100个以上新冠疫苗接种单位纳入市民生实事项目，提升新冠疫苗接种服务能力，满足市民接种需求。创新接种方式，加快老年人接种进度，确保全市老年人群疫苗接种工作高效有序推进，筑牢“一老一小”免疫屏障。截至年底，全市优化建成接种单位177个（其中固定接种点71个，大型临时接种点40个，普通临时接种点26个，巡回接种点40个），设有接种台1472张，在正常情况下基础接种服务能力（按接种单元250剂次/日计算）达36.8万剂/日，累计培训医务人员2.22万人，能满足各类人群新冠疫苗接种需求。各区、各镇（街道）根据不同人群接种需求，依托大型接种点容量灵活调配的特点，为每日疫苗接种增量提供保障，同时通过流动接种车、进校园进社区设临时接种点等方式，为每日接种增量提供重要补充，形成“大型接种点”+“临时接种点”+“移动接种点”模式，为群众提供便捷的接种服务。

加强宣传引导，建立巡回现场指导和监督检查制度，对接种点布局设置、疫苗储运、接种实施规范、医疗保障开展全链条督导覆盖，对96个新冠疫苗接种点开展全覆盖督导。发挥各类宣传阵地的作用，开展全方位、多角度、多渠道、多形式的新冠疫苗接种宣传，通过召开市疫情防控新闻发布会、权威访谈等形式，加强疫苗接种正面宣传，提高群众对接种新冠疫苗安全性、有效性、必要性的认识。科学做好预约接种方式的公示和指引，及时解疑释惑，回应社会关切，引导群众正确掌握接种时间间隔，增强群众对疫苗的信心。动员全市志愿者参与接种宣传服务工作，上岗人数超1700人，开展志愿服务超22万人次。

六、监测预警体系强化

加强院感防控，健全院感防控工作机制，成立市、区两级医疗机构感染防控工作专班，市领导每月定期召开院

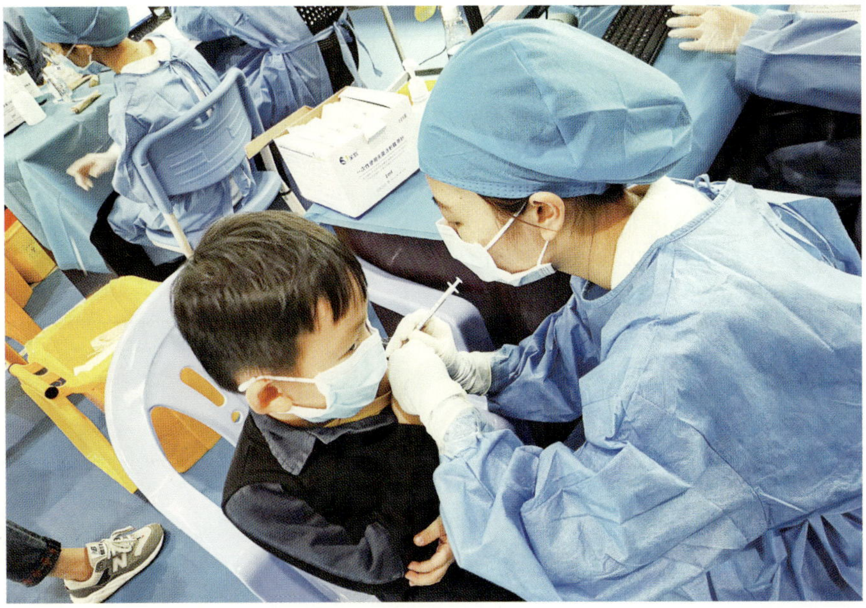

2021年11月20日，医护人员在乐从镇沙滘小学临时接种点为学生接种新冠肺炎疫苗（佛山年鉴社　供图）

感防控工作会议，压实医疗机构主体责任，落实落细院感防控工作措施。落实医疗机构内部每天自查、医疗机构每两周互查、各级院感质控中心每月抽查、市卫生监督机构定期督查及各级卫生健康部门每月全覆盖督查的五级院感督查机制，对发现的问题及时督促整改，必要时进行关停。组织开展医疗机构新冠肺炎疫情应急处置综合演练，开展全市院感防控专家讲堂45期52场，参加学习人数达100万人次。压实医疗机构主要负责人院感防控主体责任，及时约谈院感防控落实不到位的医院。加强PCR（基因扩增）实验室质量控制及风险管控工作，建立可回溯制度，实验室及生物安全柜均安装摄像头。

持续发挥“哨点”监测作用，规范化建设69个发热门诊（诊室）。实施常态化分片包干检查与重点排查相结合的监督检查机制，强化发热门诊（诊室）、普通门急诊、药店等“哨点”的监测敏感性，重点抽查指导“哨点”855个次。督导个体诊所、门诊部严格落实“三不得十必须”〔“三不得”指不得接诊发热患者、不得允许预检分诊环节或接诊环节发现的发热患者或可疑患者自行前往发热门诊（诊室）、不得截留发热等可疑患者；“十必须”指必须保持对新冠肺炎疫情防控高度的敏感性和警惕性等必须采取的10项措施〕制度，落实发热患者报告和跟踪工作。建立基层发热患者转诊机制，确保基层发热患者“即转即收”，实现全流程闭环管理。打击非法行医，印发《佛山市严厉打击非法行医专项行动方案》，成立专责小组，市区联动，出动监督执法人员1.25万人次，检查医疗卫生机构5502个次，检查生活美容等场所1968个次，发出卫生监督意见书763份，查处违法案件175件，罚没金额294.05万元；吊销相关单位执业许可证或科目2宗，涉嫌犯罪移送公安4宗。发挥零售药店“哨点”监测作用，落实网格化监管责任，强化督查巡查机制，检查巡查药店2648家次，发现存在问题药店116家，责令限期改正81家，药店自行关停整改35家。

强化社区监测报告机制，引导各非公企业、商业楼宇、物业公司细化防控措施，制定疫情防控工作方案和监督检查工作方案，建立动态监测和上报机制，从环境消杀、人员健康管控、物资配套及信息公开等落实疫情防控举措。境外、省内外中高风险地区的重点人员、“四类人员”（确诊患者、疑似患者、不能排除感染可能的发热患者、确诊患者的密切接触者）在进行集中隔离观察且核酸检测结果正常后，村（社区）做好登记造册，落实居家健康服务管理措施，按时完成“一码通”清零，每日通报“一码通”信息录入情况，确保实现全流程闭环管理。对近14天内有境外或中高风险地区旅居史的辖区居民，要求主动向社区申报，加强家庭个人的健康监测和报告，一旦出现发热等不适症状，及时向村（社区）报告，同时前往具备发热门诊的医疗机构排查。

七、应急处置能力建设

加快推进应急场所建设，把国际健康驿站建设作为提升应急能力的重要举措，推进“建鑫家园”国际健康驿站运营工作。11月30日，佛山市国际健康驿站投入使用，新增隔离房间1856套，开展旅客健康监测近4万次，核酸采集和检验7905次。推进顺德区顺康公寓酒店建设，改造隔离房间1690套，可容纳1200名入境隔离人员，于12月12日试运行接收首批120人。推进南海区和顺医院改建为应急医院，计划于2022年3月底前建成并投入使用。11月20日，佛山市医疗急救指挥中心启用，新增采购负压救护车26辆。

加强核酸检测能力建设，推动医疗机构实验室改建扩容，持续提高大规模核酸检测组织能力。佛山核酸检测能力约33万管/天，储备大规模核酸检测能力101.5万管/天，具备短时间内完成全员核酸检测的能力。在全省率先开发应用全市核酸检测便民可视化地图，设立便民核酸采样点30个，市、区、镇（街道）智能化分层、分类别展示全市核酸检测采样点。完成“5·21”广州突如其来的疫情期间全市949万人的全员核酸检测工作，采样1311.41万份，检测结果全部为阴性。支援周边城市核酸检测，年内先后派出4批共2797人次支援东莞市、中山市开展核酸采样工作，帮助接收样本完成检测100万余份。

加强应急物资储备，加强与省内外重点医疗物资生产企业对接，扩展采购渠道，加大紧缺物资的采购力度。截至12月31日，有市级防控应急物资政府储备口罩1028.34万个（含N95口罩25.5万个），防护服6.78万件，隔离衣8.82万件，防护面屏15.08万个，医用外科手套17.82万副，环境消毒液1.53万瓶，免洗洗手液2.29万瓶，多采管（1∶5）

2021年6月5日，岭南明珠体育馆核酸检测点内6个规模化、标准化的核酸检测平台——火眼实验室完成搭建

（佛山日报社 供图）

130.1万人份，多采管（1 ∶ 10）177.5万人份，单采管46万人份，确保应急物资储备量满足30天使用需求。

八、社会面防控

加强元旦、春节“两节”期间疫情防控，加强国内外疫情形势研判，动态调整提档升级疫情防控措施，引导群众非必要不出省，减少人员流动和聚集性活动。做好春节期间市场保供工作，加强价格监测和产品质量安全监管，确保粮油肉菜禽蛋奶等生活必需品供应量足价稳。做好春运服务保障工作，统筹“两站一场”（火车站、汽车客运站、飞机场）各环节疫情防控措施。落实领导干部在岗带班和24小时专人专岗值守制度，确保“两节”期间应急指挥运行高效。

严控大型会议活动，印发《关于进一步加强大型活动疫情防控工作的通知》，按照“谁举办、谁负责”原则，严控大型群众性活动及其规模，落实举办大型活动的审批和参加人员的健康管理。加强对市第十三次党代会、“两会”（人大会议、政协会议）、全球招商大会、联合国开发计划署氢能产业大会、第二十五届全国发明展览会、第一届全国博士后创新创业大赛等大型会议活动及中高考等各类大型考试的疫情防控技术指导，完善突发事件应急处置预案，严格防控管理，全市各类大型会议活动顺利举行。

加强公众宣教，依托各级各类官方微信公众号、门户网站、电子显示屏、广告宣传栏、手机短信等平台载体，围绕个人健康防护、出行防疫政策、来（返）佛人员健康管理服务等内容，加强疫情防控宣传引导。开展“各地疫情防控政策措施”宣传推广工作，组织全市2000多个政务新媒体进行集中推广，在微信公众号设置“各地疫情防控政策措施”小程序，粉丝超800万人次。同时，组织开展新冠肺炎疫情防控知识宣教，全市各级各类机关事业单位完成培训人数超5.2万人次；吸引群众参与防控知识学习，13万人参与疫情防控知识在线问答。

严格监督检查，按照“归口统筹、分级督查、集中督办”的方式，中共佛山市委、市政府领导亲自督，督查、纪检、组织部门跟进督，职能部门分头督。坚持政治督查与业务督导同步、常规督查与重点督查同频、市级督查与区级督查同档，重点围绕“外防输入”4个方向、“内防反弹”5项重点工作落实情况开展实地暗访督查，以“四不两直”（不发通知、不打招呼、不听汇报、不用陪同接待、直奔基层、直插现场）方式为主，了解常态化疫情防控措施落地的实际情况，对全市疫情防控薄弱环节严查细查、真改实改，做到查不漏盲区、改不留死角。督查督办组全年形成52期抗疫督查通报，发现问题1225项，落实整改1156项，整改中69项。

（市新冠肺炎防控指挥办）

佛山成功创建国家创新型城市

2021年12月31日，佛山市通过科技部成果转化与区域创新司的评估，成功创建国家创新型城市，佛山市进入国家创新型城市行列，再添一张“国字号”名片，科技创新综合竞争力居全国地级市第四位。

一、锚定国家创新型城市目标

2010年，为贯彻党中央、国务院关于加快提高自主创新能力、建设创新型国家的重大决策部署，促进区域经济社会发展，科技部启动创新型城市工作。

2012年11月底，佛山市召开创建国家创新型城市动员大会，市、区主要领导，省科技厅领导，以及高新技术企业、民营科技企业、科研机构等单位500多人参加会议，启动国家创新型城市建设。同年，佛山市获国家、省各类科技项目经费支持超3亿元，高新技术企业达544家，总数量居广东省第三位。2013年初，发布《佛山市建设国家创新型城市总体规划（2013—2020年）》及其实施方案，加大创新的支持力度，汇聚创新资源，增强企业创新活力，建设一套新的科技创新管理体系，解决佛山产业创新能力薄弱、产业层次总体偏低、人才瓶颈突出、科技投入问题缺乏高效统筹机制、发展后劲不足等问题。2018年，科技部、国家发展改革委发文支持佛山等城市开展创新型城市建设，佛山建设国家创新型城市获国家层面的认可。

二、政企合力推动科技创新

2018年起，佛山市陆续出台和修订《佛山市高新技术企业树标提质行动计划（2018—2020年）》《佛山市知识产权质押融资风险补偿专项资金管理办法》《佛山市科学技术局关于促进科技成果转移转化实施细则》《佛山市科技创新

2021年，仙湖实验室重点围绕氢能产业发展，开展关键核心技术“揭榜挂帅”攻关，面向海内外自主立项1.78亿元科研课题。图为仙湖实验室仙湖园区航拍图

（佛山仙湖实验室　供图）

团队资助办法》《佛山市创新创业引导基金设立方案》等政策措施，落实科技创新扶持政策。

2019年，佛山以市政府“一号文”的形式印发《佛山市全面建设国家创新型城市促进科技创新推动高质量发展若干政策措施》，推出8个方面35条政策支持科技创新，以体制机制创新营造良好创新生态。2020年，全市的财政科技支出达102亿元，占公共财政支出的10.12%，印发《佛山市科技创新券实施方案（2020—2022）》，扩大创新券规模和使用范围，简化工作流程，实现“全国使用、佛山兑付”。

2021年12月31日，佛山市成功创建国家创新型城市，标志着佛山成为主要依靠科技、知识、人力、文化、体制等创新要素驱动发展的城市，对其他区域具有高端辐射与引领作用。

（一）创新平台建设推进

2021年，佛山市建有省级重点实验室30个、省级工程技术研究中心812个、市级工程中心1421个，有全职院士3人，有省创新创业团队11个、市科技创新团队203个。作为佛山原始创新的策源地，季华实验室在首批省实验室考核评估中获“优秀”等次，研发的“佛山一号”卫星实现升空，有科研人才近1500人。仙湖实验室重点围绕氢能产业发展，开展关键核心技术“揭榜挂帅”攻关，面向海内外自主立项1.78亿元科研课题。佛山孵化育成体系实现提质增效，全市有115家科技企业孵化器、86家众创空间，其中国家级均达23家。有科技创新平台41个，全面推动佛山智能装备技术研究院、华南新材料研究院等创新平台开展产学研合作。

（二）企业自主创新能力提升

佛山市不断加大对高新技术企业的扶持力度，2021年，佛山市高新技术企业达7100家，其中标杆高新技术企业达130家。科技型中小企业评价入库5024家，示范带动全市高新技术企业发展。通过深入实施科技创新券政策，集聚培养200多个科技服务机构，推动科技型中小企业提高可持续发展能力。

（三）产学研用合作构建开放共享的创新圈

2021年，佛山市有41个与国内科研院校共建的重大创新平台。其中与中国科学院合作超10年，孵化育成120多家企业；与中国工程院、华中科技大学共建的佛山智能装备技术研究院形成超300项核心自主知识产权；在清华大学校内成立清华大学佛山先进制造研究院，并在佛山成立佛山（华南）新材料研究院。

（四）创新引领带动制造业高质量发展

创新投入的不断加大，创新要素的加速涌入，创新对于佛山制造业的引领带动作用更加明显。一批先进装备制造业企业成为核心技术攻关的主力军，如广东科达液压技术有限公司在以第一承担单位牵头2018年国家重点研发计划项目后，作为关键部件定向研制单位，参与2020年国家重点研发计划“制造基础技术与关键部件”专项。此外，汽车及新能源产业集群、智能制造装备及机器人产业集群等战略性新兴产业不断发展壮大。2021年，佛山工业技术改造投资规模为第七年保持全省第一，年内建成全省首个国家级知识产权保护中心，继续推动制造业转型升级综合改革试点工作。

佛山立足新发展阶段、贯彻新发展理念，把科技创新摆在发展全局的核心位置，是全国第十七个、广东省第三个经济总量超1万亿元的城市，工业经济实力排名全国第六，2021年实现地区生产总值1.22万亿元。此外，佛山也确定新的工作方向和更高要求：强化科技创新引领，加快建设高水平创新型城市，激发内生增长动力。

（市科技局）

链接

佛山创建国家创新型城市大事记

● 2012年11月底，佛山市召开创建国家创新型城市动员大会，发布建设国家创新型城市总体规划和实施方案等，启动建设国家创新型城市。

● 2015年11月12日，珠三角国家自主创新示范区启动建设，覆盖广州、珠海、佛山、惠州、东莞、中山、江门、肇庆市珠三角8个市，要求示范区内相关城市和高新区推进科技金融结合创新、加快新型研发机构建设、引进海外高层次人才、完善产学研协同创新体系、加强国际及粤港澳合作、完善科技孵化育成体系、加强知识产权运用与保护等。

● 2016年，佛山部署打造面向全球的国家制造业创新中心。

● 2018年4月初，科技部、国家发改委发文支持佛山在内的17个城市开展创新型城市建设，并要求探索具有自身特色的创新发展路径，形成可复制、可推广的经验做法，打造区域创新示范引领高地。

● 2018年9月，佛山市出台《佛山市高新技术企业树标提质行动计划（2018—2020年）》，计划3年内遴选130家标杆高新技术企业，示范带动全市创新型企业发展，营造城市创新氛围。

● 2019年5月7日，佛山市建设国家创新型城市暨科技创新大会召开。市政府以2019年“一号文”的形式印发《佛山市全面建设国家创新型城市促进科技创新推动高质量发展若干政策措施》，推出8个方面35条政策，全面建设国家创新型城市。

● 2021年12月31日，佛山市建设国家创新型城市通过评估，成功创建国家创新型城市。

全国质量强市示范城市创建

2021年，佛山市紧抓粤港澳大湾区重大发展机遇，实施产品质量升级行动，推进制造业品质革命，加强质量强市建设，推动佛山市制造业高质量发展，多项工作走在全省乃至全国前列。开展2021年佛山市政府质量奖（第五届）评审，授予科顺防水科技股份有限公司等10家企业2021年佛山市政府质量奖，佛山市政府质量奖获奖企业累计达30家。佛山市的广东省政府质量奖获奖数量位居全省第一，中国质量奖实现“零”的突破。在广东省2021年度地级以上市人民政府质量工作考核中，佛山市继续被评为最高等次“A级”（已连续3年获评“A级”）。

一、质量强市示范城市创建工作成绩

（一）产品质量方面。农产品生产、屠宰环节质量安全合格率保持在98.5%以上，水产品质量安全监管主要做法受农业农村部肯定推广。美的集团获第四届“中国质量奖”，佛山实现质量最高荣誉“零”的突破，有中国质量奖提名奖获奖企业4家、广东省政府质量奖获奖企业13家，数量均居全省第一。有企业标准“领跑者”134项，数量居全国首位；有国际、国家、行业标准2567项，社会公用计量标准823项，数量均居全省地级市第一。有国家知识产权示范企业30家、国家知识产权优势企业151家，数量均排名全省第一；有中国驰名商标164件、有效注册商标总量超51万件、地理标志商标7件、地理标志产品7个，数量均位居全省前列。有省级资质认定检验检测机构309个、强制性产品认证证书2.82万个，数量全国排名第三；有绿色产品认证413个，全省排名第一。

（二）工程质量方面。佛山市在建房屋建筑工程项目4826个，工程建筑总面积1.03亿平方米，在建的公路项目17个（49个标段），里程数253.6千米，工程质量形势总体稳定向好。继续加大工程质量创优政策激励力度，印发《鼓励建筑业提质创优指导意见》《佛山市“十四五”期间创建优质工程行动计划（2021—2025年）》等文件，推动建筑业高质量高标准建设。开展工程质量潜在缺陷保险试点工作，印发实施意见及相关工作通知。加强建筑市场诚信动态监管，加大对失信行为的扣分力度。开展水利工程建设巡查工作，对存在不良行为的单位进行信用扣分。季华实验室一期工程项目和500千伏凤城变电站获鲁班奖，实现佛山市自2007年以来鲁班奖零的突破。佛山市天然气高压输配系统工程获第十八届中国土木工程詹天佑奖，是中国土木工程领域科技创新最高荣誉奖。佛山市富龙西江特大桥项目入选交通运输部创建平安百年品质工程。

2021年，佛山市加大生产环节农产品质量安全监管力度。图为市农业农村局开展国家产地水产品兽药残留监督抽样检查　（市农业农村局　供图）

（三）服务质量方面。推进国家文化和旅游消费试点工作（佛山市2020年成为国家文化和旅游消费试点城市），举办“夜间消费节”“粤贸全国云购佛山”等惠民促消费活动。开展市级美食集聚区认定工作，推进粤菜师傅“1+5”系列工程（指实施粤菜师傅工程，重点推进“厨出佛山”粤菜师傅培育工程、“寻味佛山”粤菜美食体验工程、“佛味鲜生”优质粤菜食材工程、“佛味秀世界”粤菜粤厨走出去工程、“佛游味劲”文旅餐饮融合发展工程五大工程）建设。推动餐饮行业高质量发展，11家企业、28个菜品分别获评广东省“粤菜名店”“粤菜名品”，获评2020—2021年度广东省“文明餐厅”74家、“文明诚信示范餐厅”26家。打造一批高品质商圈和特色街区，岭南天地、创意产业园、华侨城欢乐海岸入选省级特色示范步行街（商圈），数量与广州市并列全省第一。全市有20家企业入选工信部专精特新“小巨人”企业，累计达34家；有国家级企业技术中心17个、省级企业技术中心225个；国家级工业设计中心7个、省级工业设计中心54个，数量均位居全省前列。举办首届全国博士后创新创业大赛、第二十五届全国发明展览会。新成立市级医疗质量控制中心8个，重组医疗质量控制中心1个。

二、质量强市示范城市创建工作亮点

（一）开展“品质工程”暖企行动。继续推进《佛山市市场监督管理局落实制造业高质量发展佛山“品质工程”暖企三年行动计划（2020—2022年）》〔该行动计划2020年出台，从质量入手，将市场监管部门服务企业的所有职能高效整合，聚焦企业面临的痛点难题，精准找问题、靶向解难题，以企业问题和需求为导向，制定22个精准“服务包”，组织“百千万”（百场政策宣讲、千企上门服务、万人专业培训）系列暖企活动〕实施，全市市场监管部门出动1759人次，上门开展“暖企”服务，共服务企业395家，累计帮助企业解决1034个实际问题和困难，得到广东省市场监督管理局的肯定。

（二）加快打造“佛山标准”。“佛山标准”工作聚焦佛山制造业重点产业优势产品，坚持“国内领先、国际先进”定位，打造一批具有佛山产业特色的先进标准，推动“标准、质量、品牌、信誉”一体化发展，促进“优标优质优价”。为强化对佛山标准产品增信，建立佛山标准产品“优品无忧”保障机制，包括品牌培育、品牌保护和消费维权保障三方面工作内容，对佛山标准产品增信，让企业“优品无忧”，让消费者“使用无忧”。完成佛山标准专用标识在45个领域的商标注册和版权登记，制定30项佛山标准，2批共66家企业的126个产品通过佛山标准产品评价。

（三）创新构建产品质量安全监管新模式。创新构建“数据为基、风险评估、精准监督、共治共享”的产品质量安全监管新模式。在全国创新使用大数据和人工智能技术构建“产品质量安全风险研判评估系统”，综合评估市场主体产品质量安全风险度，研判准确率达66%。推进行业质量共治工作深入开展，建立与行业协会的沟通协调机制，推动行业协会参与市场监管共治，构建“共建共治共享”的质量治理格局，与14家重点行业协会签订《产品质量共治合作协议》，开展19场行业质量培训。

（四）监管模式继续创新。继续运用“人工智能+双随机”监管模式开展监管工作，对人工智能模型预警产生的高风险主体双随机检查问题发现率达86%，实现精准智慧监管、守法无事不扰，“人工智能+双随机”监管被国务院办公厅列为首批十大“放管服”改革典型案例之一向全国推广。以在全国率先建设“阳光餐饮”（“互联网+明厨亮灶”）平台为契机，在全省率先实现学校（含托幼机构）食堂和养老机构食堂“互联网+明厨亮灶”和“智慧监管”全覆盖。

（五）深化知识产权强市战略。支持企业开展境外商标注册。国家知识产权局商标业务佛山受理窗口正式获批设立，与专利、版权、公证服务窗口共同运作，构建知识产权纠纷多元化解机制，建设“一站式”知识产权综合服务网络。发行第二单知识产权证券化产品，15家科技企业融资2.52亿元，票面利率3.6%，创2021年度广东地区同期限资产证券化产品优先级票面利率最低。继续推进培优工程，第二批培优工程入库单位118个，累计入库单位221个，提高培优单位的高价值知识产权产出水平。

（市市场监管局）

村级工业园升级改造

2021年，佛山市启动实施《佛山市村级工业园升级改造总攻坚三年行动计划（2021—2023年）》，拓展和深化“村改”（村级工业园升级改造）工作，对“村改”发起“总攻坚”，计划2021—2023年完成形态破旧、产能落后、安全隐患集中的村级工业园地上物拆除工作。佛山市成立由市长担任组长的村级工业园升级改造工作领导小组，对村改总攻坚工作进行全面的统筹、协调、指导和督查，各区也均成立“村改”工作领导机构，建立“一把手”总负责机制，组建专项工作组，抽调精兵强将下沉“村改”一线，以镇（街道）为主战场推进“村改”。

截至2021年底，佛山市累计完成村级工业园拆除改造8950.3公顷，其中2021年新增拆除4045.2公顷；累计引进超1亿元项目318个，引进项目总投资超3500亿元，“工改工”（对旧厂房实施拆除重建、微改造等，建设新的工业厂房，提高工业用地利用效率、拓展产业发展空间）新增加产业载体建筑面积超2000万平方米，引进包括开源芯片基地、海天高端智能装备产业基地、百度云计算中心、万洋数字装备园、联塑新材料主题园等优质龙头产业项目，培育出联东U谷、瀚天科技城、天富科技城、创客小镇等重大产业平台。

2021年，佛山市以国土空间规划为引领，对接“三旧”改造专项规划和工业用地红线划定等专项规划，落实国土空间规划“三线”（生态保护红线、永久基本农田、城镇开发边界三条控制线）要求，严守“生态底线”和“产业控制线”，实行“一张蓝图干到底”。加快搭建“政府引导、规划统筹、市场参与、利益共享”的“三旧”（旧城镇、旧厂房、旧村庄）改造政策体系，加大“工改工”、连片改造等项目的政策扶持和财政奖补力度，引导工业用地向产业集聚区集中发展，鼓励集体土地转为国用地。通过“村改”打造33个“千亩产业园区”（以“村改”为主形成的成片工业用地），总面积约5700公顷。用好用活省支持事项，进一步简政放权，市对标顺德区、南海区做法，向禅城区、高明区和三水区同等力度下放7个事项审批权限及调整2个事项管理权限。加大“村改”财政扶持力度，截至2021年，累计拨付“村改”扶持经费76.47亿元，其中2021年拨付36.62亿元。创新利用金融支持，率先落地“村改贷”等金融产品，截至2021年底，“村改”项目贷款余额172.58亿元。

2021年8月，佛山市委全面深化改革委员会印发《佛山市低效产业用地改造升级若干方式》。市市场监督管理部门开展《村级工业园升级改造工作指南》《村级工业园升级改造主题产业园建设规范》等一批关键标准的制定工作，10月，佛山市市场监督管理局、市自然资源局联合印发全国首份《村级工业园升级改造标准体系规划和路线图（2021—2025年）》，为全省乃至全国低效用地升级改造、主题产业园建设提供可复制、可推广的样板。

2021年，佛山市多次组织各区村级工业园升级改造现场交流学习和专题培训会议，为市、区、镇（街道）各级“村改”干部分享佛山“村改”典型改造模式，学习顺德“村改”政策、管理体系及经验做法，全年开展《佛山村改进行时》系列访谈栏目30期，“村改”工作受到《人民日报》、新华社、中央电视台等中央媒体的持续关注和报道，佛山电视台、《佛山日报》等媒体也深入跟踪报道佛山“村改”工作推进情况及各界关注的“村改”热点问题，加大“村改”宣传力度。“村改”凝聚起政府、企业、社会、群众的强大合力。

（市自然资源局）

“大招商、招大商”体制机制构建

2021年，佛山市印发《佛山市人民政府关于进一步促进重大产业项目招商引资工作的若干意见》《中共佛山市委办公室　佛山市人民政府办公室关于成立佛山市招商工作领导小组的通知》，组建市招商工作领导小组办公室（简称“市招商办”），抽调相关工作人员集中办公，统筹开展招商工作。按照市委、市政府工作部署，强化多方力量统筹，加大资源要素投入，聚焦主导产业、重大项目，实施市区联动招商、产业链精准招商、重点区域定向招商，招商进度、项目质量以及建设投资等方面均取得一定成效。全年签约引进1亿元或1000万美元以上项目388个，签约投资总额2979.8亿元。其中重大产业项目（10亿元或1亿美元以上）68个，签约投资总额1877.7亿元。

一、建立工作机制，形成市、区招商合力

实现市、区两级招商办的密切沟通，共同联动赴上海市、深圳市、杭州市、长沙市、珠海市等地开展项目对接。完善议事协调机制，定期召开市招商办工作会议、召集市招商工作领导小组全体会议，沟通在谈项目信息。突出市级统一部署，特别是重大在谈项目的跟进和流转方面发挥市招商办的统筹协调作用。谋划构建市信息化项目管理系统，力求实现招商政策查询、项目流转跟踪、产业载体地图、信息报送统计等功能，提升项目的管理效率。

二、完善制度体系，实现科学规范运作

按照《中共佛山市委办公室　佛山市人民政府办公室关于成立佛山市招商工作领导小组的通知》《佛山市招商工作领导小组工作规则》等文件要求，起草市招商办工作规则，明确内设机构分工，建立会议制度、简报制度、公文制度、财务管理制度等工作制度，并持续更新完善。以召开2021佛山市全球招商大会为契机，制定《佛山市投资指南》，发布《构建佛山“益晒你”企业服务体系打造一流营商环境的行动方案》（“益晒你”为粤方言，意为所有好处都给你），使佛山市投资政策更加健全完善。

三、拓展信息渠道，广泛建立招商网络

整合现有市、区招商力量，以自建驻点招商网络和与社会机构合作相结合的方式，循序渐进建立起兼具稳定性和灵活性的项目信息网络，继续拓展招商信息渠道，及时搜集掌握项目信息。搭建招商中介网络，与谷川联行、三井物产株式会社、法国商会、瑞士商会、欧美工商会、仲量联行、德勤管理咨询（上海）有限公司等对接合作，搭建全方位、广覆盖的招商中介网络。截至年底，已累积88家招商中介资源，涵盖美国、日本、韩国等发达国家和地区的咨询机构，国内咨询机构、会计师事务所、金融机构、专业招商中介等。

四、办好展会招商，重点招商活动成效显著

先后举办2021佛山市新能源产业发展与合作交流会暨2021跨国公司投资广东年会佛山分会、中日先进技术交流对接会、2021佛山市全球招商大会等重点招商活动。特别是全球招商大会，吸引300余家（个）海内外企业和行业机构参加，洽谈签约（投资意向书）项目139个，总投资意向金额3838.58亿元。此外，还组织参加广东省商务厅举办的跨国企业投资广东年会，省商务厅与韩国驻广州总领事馆共同举办的韩国—广东氢能源经济合作研讨会，以及省商务厅在上海进博会期间举办的新一代电子信息产业推介会、广东省汽车及高端装备产业推介会、广东省智能机器人产业推介会、广东省数字经济与绿色食品产业推介会。

五、抓好要素保障，推动重大项目落地落实

做好2021年度专项资金分配等工作，资金分配方案通过市政府常务会议审议。开展土地指标、规模及能耗需求调研，推动土地指标、规模及能耗需求问题解决。加强招商工作部门与市、区发展改革部门的沟通协调，优先保障重大招商项目的能耗需求，落实相关能耗指标，促进重大项目落地。

（市招商办）

2021年11月16日，佛山市三水区西南街道办事处与嘉士伯重庆啤酒有限公司举行嘉士伯啤酒佛山生产基地项目投资意向书签约仪式　（市招商办　供图）

“双减”工作推进

2021年7月，佛山市启动“双减”（减轻义务教育阶段学生作业负担和校外培训负担）工作。佛山市教育局牵头协同相关部门，围绕“1年内有效减轻、3年内成效显著”的总目标，完成“学生过重作业负担和校外培训负担、家庭教育支出和家长相应精力负担1年内有效减轻”的年度目标任务，并取得成效。

2021年，佛山市印发校外培训机构专项治理行动方案，全年出动执法人员1776人次，检查机构1651个次。校外培训机构治理取得突破，全市实现机构总量、培训课时、参培人数、招生规模和预收费“五个减少”。其中：线下义务教育学科类培训机构减少654个，压减率达92.11%；56个义务教育学科类培训机构全部登记为非营利性机构，“营转非”比例和预收费资金纳入监管的机构比例均达100%；出台学科类培训政府指导价，收费标准大幅度降低，并规定上浮幅度不得超基准收费标准的10%；建立健全对校外培训机构预收费资金监管机制，全面推行预收费资金监管。

校内减负提质进展良好，义务教育学校课后服务覆盖率、课后服务时长、学生覆盖率均100%达要求。所有学校均建立作业管理机制，作业总量和时长得到管控；所有小学均落实“零起点”教学（小学新生入学后，应严格按照课程标准从零开始开展教学，不得拔高教学要求、加快教学进度）、不给家长布置作业的工作要求。在教育部开展的“双减”问卷调查中，佛山市有54.71万名家长及学生参与问卷填写，其中95.42%的家长、95.1%的学生对学校减负提质工作表示满意。

一、突出政治站位，加强领导

2021年，中共佛山市委、市政府把落实好“双减”作为重要政治任务和重大民生工程，作为教育系统贯彻立德树人根本任务、推动教育事业高质量发展的“一号工程”。市第十三次党代会、市第十六届人大一次会议等会议专门对“双减”工作作出部署安排。市政府筹备成立以市长为组长、4名副市长为副组长的“双减”工作领导小组，出台工作实施方案，加大统筹领导和指导力度。把落实“双减”政策作为督办重点任务，建立“半月一报”的督办机制。建立由21个成员单位组成的“双减”工作专门协调机制，明确部门职责分工，研究制定一系列校外培训机构管理的会议决策、专题研判、联合指导、报告通报、督查督办等制度。

二、推进校外培训机构治理

2021年，佛山市建立健全协同工作体系，建立校外培训机构专项治理工作协调小组、义务教育阶段学科类校外培训机构“营转非”联合工作组，搭建教育牵头、多部门参与的工作格局。制定校外培训机构专项治理行动方案，明确“健全长效管理机制、排查核清底数、加强资金监管、加快‘营转非’登记、落实专项治理行动、加强督导检查、协调做好应急处置”等7项重点。

推进学科类培训机构“零增量，减存量”，全市统一停止新审批学科类培训机构。组织对义务教育学科类培训机构逐个摸排、对接沟通，引导其主动退出培训行业，确保校外培训机构总量“只减不增”。

推进“营转非”登记。市教育、市场监管、民政、税务等部门印发工作方案，在法治框架下简化办理流程、压减办理时限，为校外培训机构办理注销、转型和“营改非”手续提供全程优质服务，加快工作进度。

建立健全风险联防联控机制，组建线下学科类校外培训收费工作风险化解专班，定期研判形势，完善应急预案，加强排查处置，降低培训机构“爆雷”“冒烟”的风险系数。全市未出现涉及校外培训机构的群体性劳动关系事件。

建立校外培训机构监测日报制度，对全市培训机构实施日监测、周报、半月报监管制度，加强动态监管。针对违规培训、退费难等问题，多部门联合执法，出动执法人员2250人次，检查机构1926个次，发出督导通报3份，下发整改通知47份。

三、强化学校主阵地作用

2021年，佛山市减轻学生课业负担，印发《关于加强义务教育学校作业与考试管理的通知》《佛山市义务教育学校学科作业设计与考试命题指引（试用）》，完善学校作业、学科考试管理办法，加强学科组、年级组作业统筹，分析学情，强化作业设计研究，减少重复性、机械性作业，减少考试次数，提高作业设计和考试命题水平。

提高课后服务水平，推进午休“平躺睡”工程，加强条件保障。印发《关于进一步做好义务教育校内课后服务工作的通知》《佛山市教育局关于做好义务教育校内课后服务的若干指导意见》，落实“两个全覆盖”（义务教育学校全覆盖、有需求的学生全覆盖）。实行校内课后服务“5+2”模式（学校每周5天开展课后服务，每天下午课后服务托管时间不少于2个学时，服务结束时间原则上不早于18：00）。实施第三方机构“白名单”管理，规范引进社会力量参与课后服务，减轻学校和教师工作负担。推行“基本+拓展”课后服务模式，鼓励学校在做好基本托管服务基础上，与“白名单”中的第三方机构合作开展素质拓展服务，优化课后服务课程，满足学生多样化、个性化需求。明确实施教师“弹性工作制”、评优评先、引入外聘人员、教师参与校内课后服务合理取酬标准等保障措施，减轻教师工作负担。

提高教育教学质量，制定《佛山市县域义务教育优质均衡发展督导评估工作规划（2020—2025年）》，推进义务教育优质均衡发展。实施全市优秀校长教师在市域范围内制度化、常态化交流，推动优质教育资源向农村、薄弱地区倾斜。调整公民办学校结构，加强对“掐尖”、违规招生等行为的治理。推进课堂教学改革，强化教学管理、教研备课、教学评价、辅导答疑，加强教研支撑和专家指导，健全学习困难学生的帮扶制度。

加强家校社协同育人，发挥佛山规范化家长学校全覆盖优势，多形式多渠道开展《中华人民共和国家庭教育促进法》的宣传，引导家长树立科学教育观念，形成减负共识，转变让孩子拼时间、多刷题、盲目报班的行为，促进学生德智体美劳全面发展。

推进教育评价改革，贯彻落实中央《深化新时代教育评价改革总体方案》，制定任务分工方案和负面清单、工作任务清单，落实教育部等六部门印发的《义务教育质量评价指南》，推行学生综合评价，深化中考制度改革，扭转唯分数、唯升学的不良倾向，构建以发展素质教育为导向的科学评价体系。

（市教育局）

2021年佛山大事记

1月

1日

△《佛山市基本医疗保险门诊特定病种管理办法（暂行）》开始实施，进一步完善基本医疗保险政策，减轻基本医疗保险参保人的门诊医疗费用负担，规范门诊特定病种管理。

4日

△淘宝公布2020年度十大产业带名单，广东佛山家具产业带上榜。

6日

△广东省生态环境厅公布2020年"广东省环境教育基地"名单，佛山市禅城区东鄱小学、佛山市禅城区南庄镇罗园水乡、佛山市顺德区勒流街道江义村3个单位入选。

△佛山首家公证家事服务中心——佛山市岭南公证处"家事服务中心"揭牌，为市民提供家事业务咨询、起草文书、公证办理等"一站式"服务，业务范围涵盖婚姻、家庭、遗嘱、继承等。

8日

△由中央广播电视总台主办的大型公益活动"众里寻你——2020寻找最美孝心少年"颁奖典礼在中央电视台综合频道（CCTV-1）、少儿频道（CCTV-14）播出。广东"新时代好少年"获得者、三水区西南街道中心小学六年级学生黄诗桓获"最美孝心少年"称号，是全省唯一一位获此荣誉的少年。

11日

△广东省科技厅公布2020年度广东省科技企业孵化载体名单，瀚海（佛山）国际创新中心成为全省唯一入选的国际化众创空间，也是广东省首家国际化众创空间。

12日

△中央电视台、《人民日报》、《光明日报》、《经济日报》均报道佛山疫情防控期间发力供给侧结构性改革，在危机中育先机、于变局中开新局，做强做实实体经济，推动高质量发展的举措。

13日

△由广东团省委、省文明办、省志愿者联合会共同开展的广东"优秀战疫志愿服务典型"评选活动评选结果揭晓，佛山有3名个人、3个组织（团队）、2个项目入选。其中，佛山市味力十足食品有限公司总经理成记辉、佛山市青创社会工作服务中心社工林炜坤、广东顺德汇盈物业管理有限公司变电站巡查员夏良军获评"优秀战疫志愿者"；佛山市菠萝救援服务中心、佛山市顺德区志愿者（义务工作者）联合会、碧桂园志愿者协会获评"优秀战疫志愿服务组织（团队）"；关爱一线援鄂医护人员子女学习云行动（佛山市关爱红领巾志愿辅导队）、"佛山市防疫知识网络直播培训"系列课程（佛山新时代文明实践志愿服务总队）获评"优秀战疫志愿服务项目"。

16日

△广东徐工建机智能制造基地在佛山市南海区丹灶镇奠基。徐工作为中国工程机械产业排名第一的企业，将广东徐工建机智能制造基地作为布局粤港澳大湾区的重要支撑，项目的落地将推动佛山高端装备制造业的高质量发展。

17日

△证券时报社"数据宝"和《中国基金报》联合发布《2020年内地城市上市公司总市值排行榜》《2020年新一线城市上市公司总市值排行榜》。截至2020年底，佛山上市公司总市值2.02万亿元，在内地城市榜中位居全国第七，在新一线城市榜中仅次于杭州市，排名第二。

19日

△佛山市文化广电旅游体育局确定5个景区为国家AAA级旅游景区。新升级的5个景区分别是佛山创意园文化旅游景区、佛山市顺德区岭南和园景区、佛山市顺德区欢乐海岸PLUS景区、佛山市高明区娅米的阳光城堡景区、佛山文创古镇景区。

20日

△科技部公布2020年度国家级科技企业孵化器名单，确定133个机构为国家级科技企业孵化器。其中，由佛山好帮手知行科技有限公司运营的车载电子信息产业孵化园，以及由佛山市南海慧泉投资有限公司运营的慧泉科技园被确定为"国家级孵化器"。至此，佛山市国家级孵化器增至24家。

23日

△佛山市首条乡村游定制专线——百里芳华辅助公交旅游专线在禅城区南庄镇紫南村开通运营。该线路共设9个站，串起阿农湾农耕文化园、罗南村、松塘

村、康有为故居及“有为文化”学习基地康园、仙岗村、白坭西江文创古镇的核心区域富景社区、西江十里画廊等。

24日

△由法治日报社、法治周末报社等共同主办的第六届社会治理创新论坛暨“法治影响中国典范案例”发布会在北京举行，佛山市获评“2020法治政府建设优秀城市”，佛山市司法局获评“2020推进法治政府建设优秀组织”。“法治化营商环境‘佛山模式’”案例入选《法治影响中国典范案例汇编》。

△全国工商联办公厅通报2019—2020年度全国“四好”商会认定名单，有1478家商会获认定，其中佛山8家，分别为佛山市民营女企业家商会、佛山市潮州商会、佛山市禅城区张槎街道总商会、佛山市南海区西樵总商会、佛山市顺德区中小企业促进会、佛山市顺德区陈村总商会、佛山市三水区铝加工行业协会、佛山市高明区高分子材料产业协会。

△佛山市南海区里水镇获广东省农业农村厅颁发“广东省农产品跨境电子商务综合试验区”牌匾，是广东省首个农产品跨境电商示范区。

28日

△广东省农业农村厅公布2020年“粤字号”农业品牌目录，其中佛山有96个品牌产品入选。佛山入选“粤字号”农业品牌目录名单中，涵盖鲈鱼、生鱼、草鱼、甜麦菜、蝴蝶兰、土猪等品牌农产品，种类覆盖花卉种植、水产养殖、生猪养殖、蔬菜种植等佛山优势农业产业。

30日

△佛山市华英新城实验学校在佛山新城奠基。华英新城实验学校规划为一所九年一贯制学校，计划提供3400多个优质学位，并计划在2022年9月建成开学。

2月

2日

△广东省推进粤港澳大湾区建设领导小组印发《佛山三龙湾高端创新集聚区发展总体规划（2020—2035年）》。三龙湾规划面积130平方千米，范围包括禅城区石湾镇街道、南海区桂城街道、顺德区北滘镇、陈村镇、乐从镇部分区域，东至陈村水道，西至佛山大道，南至顺德水道，北至平洲水道。覆盖中德工业服务区和粤港澳合作高端服务示范区，承接中德工业服务区原有规划与重点项目，推进粤港澳高端服务深度合作示范。该规划是编制相关专项规划的重要依据，是三龙湾开发建设的行动指南。

△广东省推进粤港澳大湾区建设领导小组印发《佛山顺德粤港澳协同发展合作区建设方案》。佛山顺德粤港澳协同发展合作区被纳入全省推进粤港澳大湾区建设的重点平台。该合作区规划面积约100平方千米，包括顺德港和均安2个组团，通过“德胜河—容桂水道—东海水道”相连，依托顺德客运港、顺德新港货运港，强化与广深港澳等中心城市的交通联系，带动人流、物流、资金流、信息流、技术流等要素顺畅流动和集聚，形成“双港领航，双团联动”的空间格局。

3—4日

△中国人民政治协商会议第十二届佛山市委员会第五次会议召开。会议补选政协第十二届佛山市委员会主席、常务委员，选举胡钛为政协第十二届佛山市委员会主席。会议提案组收到以提案形式提交的意见309件，提案者1512人次。

4—5日

△佛山市第十五届人民代表大会第六次会议召开。大会依法选举陈锋为佛山市第十五届人大常委会秘书长，冼阳福为佛山市第十五届人大常委会委员，表决通过徐东涛为佛山市第十五届人大华侨民族宗教外事委员会主任委员。会议表决通过《关于佛山市国民经济和社会发展第十四个五年规划和二〇三五年远景目标纲要的决议》，还表决通过民生实事项目票决办法，与会代表现场票决佛山市人民政府2021年民生实事项目。

5日

△佛山市南海区里水镇农林服务中心获由广东省市场监督管理局核发的检验检测机构资质认定证书。里水镇农林服务中心成为佛山市首个具备定量检测资质的镇级农检中心。

△佛山市印发《佛山市行政复议体制改革实施方案》。方案规定，从3月起，除税务和国家安全机关外，市、区人民政府分别只保留一个行政复议机关，由本级人民政府统一行使行政复议职责。

6日

△佛山市对口援建地区农产品一条街开业，推介销售对口援建（支援、合作、扶贫、协作）地区特色农产品，巩固脱贫攻坚成果。该特色街集展示与展销于一体，主要销售对口援建的西藏自治区墨脱县，新疆维吾尔自治区伽师县，四川省甘孜藏族自治州和凉山彝族自治州，陕西省延安市，黑龙江省双鸭山市，广东省湛江市、云浮市8个地区的农产品。

7日

△国家药品监督管理局认定第二批共72个重点实验室，其中由南方医科大学与顺德区药品检验所联合申请的“药物代谢研究与评价重点实验室”获认定，是广东省10个获认定实验室之一，也是全国药物代谢监管体系的首个国家级重点实验室。

8日

△由中国烹饪协会、佛山市文化广电旅游体育局联合主办的“佛味全席”评选活动公布评选结果，评选以地域特色、文化典故、普及推广、口碑美誉、色香味形等5项条件为参考依据，共108道菜入选“佛味全席”美食菜单，包括69道菜肴、9道汤羹和30道点心小吃。

9日

△佛燃能源集团股份有限公司联合中海石油气电集团有限责任公司、江苏国富氢能技术装备股份有限公司等多个单位，共同举行“橇装制氢装备研发项目”和“液氢储氢加氢站项目”签约仪式，标志着佛燃能源全面进军氢能装备技术开发、制造及推广领域。

19日

△佛山市村改总攻坚现场会召开。会议对《佛山市村级工业园升级改造总攻坚三年行动计划（2021—2023）》进行详细解读。佛山将按照国土空间总体

规划要求，因地制宜、差异化采用全面改造或综合整治的方式推进村级工业园升级改造，提升城市综合竞争力。

25日

△全国脱贫攻坚总结表彰大会在北京人民大会堂举行。大会对全国脱贫攻坚先进个人、先进集体进行表彰。其中，佛山1个集体、3名个人获表彰。广东（佛山）对口凉山彝族自治州扶贫协作工作组获“全国脱贫攻坚先进集体”称号；四川省昭觉县委常委、副县长（挂职），佛山市禅城区委常委、二级调研员徐航，碧桂园控股有限公司董事局主席杨国强，粤桂两省（区）贫困村创业致富带头人培训基地主任潘健章获“全国脱贫攻坚先进个人”称号。

是月

△2020年全国高职院校（公办）排行榜发布。该排行榜根据职场竞争力指数、教育竞争力指数、品牌竞争力指数、二次评估指数4项指标进行评价。其中，顺德职业技术学院以综合指数83.60的分数位居全国第十、全省第四。该校还凭借厨艺扶贫成果成为唯一被教育部点名表扬的高职院校。

3月

2日

△佛山企业广东一方制药有限公司生产的化湿败毒颗粒，通过国家药品监督管理局特别审批程序，应急批准上市。

△胡润研究院发布《2021世茂港珠澳口岸城·胡润全球富豪榜》，佛山有31位企业家入选，入选企业家数量在全世界城市中排名第十八，与东京并列，在全国城市中排名第七；佛山有3位企业家位列中国富豪榜前二十，数量位居全国第二。

5日

△中共广东省委宣传部命名44个第七批广东省学雷锋活动示范点和51名岗位学雷锋标兵。佛山碧桂园集团、佛山市公安局高明分局、佛山市顺德区陈村仙涌村巾帼志愿者服务队入选省学雷锋活动示范点；南方医科大学顺德医院副院长李国华，广州海关驻茂名高州市高灯堡村扶贫工作队队员、佛山海关驻顺德办事处政务服务科科长丁元林获评省岗位学雷锋标兵。

6日

△中科沃土基金管理有限公司正式通过广东证监局迁址备案，将公司注册地址变更至佛山市南海区，落户广东金融高新区，佛山成为全国第一个拥有公募基金牌照的地级市。

9日

△佛山市委宣传部与佛山科学技术学院签订人文社科领域战略合作框架协议和3项子协议，推动佛山人文社科事业繁荣发展。

10日

△佛山市被广东省食安委正式命名为“广东省食品安全示范城市”，佛山在第二批评价验收城市中位列全省第一。

12日

△中国农业科学院与佛山市政府、南海区政府签订战略合作关系协议，共建佛山南华现代农业研究院。中国农业科学院植物保护研究所将以创新创业团队形式，与佛山龙头企业合作共建佛山农产品质量安全风险控制中心。

15日

△世界经济论坛对外公布2021年度首批15个灯塔工厂名单，其中美的微波炉佛山顺德工厂入选，成为佛山市第一家获“灯塔工厂”称号的智能制造工厂。

△广东省农业农村厅公布“2020年度省级休闲农业与乡村旅游示范镇示范点名单”，佛山市里水镇入选“示范镇”。佛山市拾贰季农业科技有限公司、南海区九江镇璜矶社区、顺德区勒流街道黄连社区入选“示范点”。

18日

△国家版权局公布2020年全国版权示范单位和示范园区（基地）名单，佛山2家企业入选，分别是广东可儿玩具有限公司和佛山顺德区孔雀廊娱乐唱片有限公司。

23日

△佛山市全面启动新冠病毒疫苗个人预约接种工作，市民可免费接种疫苗。

25日

△佛山市高新技术产业协会第三届会员大会暨第三届佛山高新技术进步奖表彰大会举行，共59个项目获颁“佛山高新技术进步奖”（一等奖10个、二等奖20个、三等奖29个），52名优秀个人以及153家优秀企业获表彰。

△“融·合——2021年佛山传媒集团新传播力”发布会举行，佛山传媒集团牵手阿里巴巴集团、快手科技、中山大学、华南理工大学等国内头部互联网公司、大型央企、高校、科研机构及专家学者，共同启动系列项目，推动媒体深度融合发展再上新台阶。

26日

△国内首个“空间+事业”博物馆规划——《佛山市博物馆之城规划》出台。佛山将依托自身文化底蕴与产业优势，梳理现有博物馆资源，对接城市发展需求，塑造“两核、两轴、一带、多群”的博物馆之城总体结构，建设“岭南文化的活态展示城”“佛山制造的创新博览城”“乡村振兴的全域体验城”。

△佛山市举行2021广东（佛山）数字创新大会。会上正式发布佛山量子密钥分发平台，该平台将与传统通信网络相结合，加强对佛山政务、能源、金融、教育等行业的信息安全保护，为市民提供高质量的安全网络服务。

27日

△2021年中国实体经济论坛在佛山市举行，论坛发布《全球变局下的佛山重点行业产业链供应链调研报告》，将8个重点行业细分为优势明显产业、潜在优势产业、重点培育产业3个类别。

28日

△广东省2021年第一季度重大项目集中开工活动举行。佛山市作为分会场同步在三水区举行全市2021年上半年重大项目集中开工投产活动。上半年佛山集中开工投产重大项目302个，总投资近3160亿元，年度计划投资超549亿元。

29日

△中国科学技术协会公布2016—2020年度全国科普示范县（市、区）总

结评估优秀名单，佛山市禅城区入选。

△佛山市首家数字社区研究院——中筑天佑智慧城市数字社区研究院揭牌。该研究院优先为禅城乃至佛山输出研究技术成果。

△佛山科学技术学院佛山创意园文化旅游产业学院成立。该学院由佛山科学技术学院、佛山创意产业园和禅城区文化产业协会三方共建，将为佛山的文化旅游产业培育人才。

30日

△广东省“粤菜师傅”工程高质量发展推进会在佛山市召开。会议强调要注重劳动技能的实质性提高和技能人才品牌打造，同时加强规范化标准体系建设，围绕“人”“菜”“服务”“营养”等层面制定完善标准。

△《佛山市创建全国版权示范城市两年行动计划（2021—2022年）》印发，通过六大行动、30项重点任务，推动佛山从版权引进大市向版权创造大市转变，版权工作从追求数量向提高质量转变。

31日

△佛山市2020年度精神文明建设表彰大会暨2021年度创建全国文明城市工作推进会召开，授予30个单位“突出贡献集体”荣誉称号、60名个人“突出贡献个人”荣誉称号。

△佛山市举行“证照联办、一照通行”（佛山“证照通”）改革新闻发布会，现场颁出首张“证照通”营业执照。这是佛山在全国首推“证照通”改革，即“只对企业颁发‘证照通’营业执照，不再颁发各个部门的纸质许可证，实现‘一企一照’，一照通行”。

△佛山市现代渔业科技园开园暨广东省农科院水产研究所进驻仪式在顺德区乐从镇上华村举行，依托国家现代农业科技示范展示基地为平台，推广应用生态种养新模式、新技术和新品种，推动佛山市渔业实现高质量发展。

31日至4月1日

△贵州省黔东南苗族侗族自治州党政代表团到佛山市考察交流，双方举行佛山市—黔东南州东西部协作联席会议。会后，两地人社部门签订劳务协作框架协议。

4月

1日

△《佛山市住宅物业管理条例》开始实施。

△中共佛山市委宣传部、佛山市教育局、佛山市文明办主办的“党史学习教育进校园·佛山市百万师生同上一堂思政课”活动举行，佛山市党史学习教育进校园系列活动启动。

2日

△由人民日报社指导、环球时报社主办的首届环球城市招商引资推介大会暨2020中国城市投资吸引力指数发布会在北京举行。佛山三龙湾高端创新集聚区入选“2020中国十大最具投资价值园区”。

△中央电视台《新闻联播》播出《顺德：科技赋能　打造高端制造业高地》，介绍顺德积极践行新发展理念，腾挪空间，布局新产业，探索出一条制造业转型升级的高质量发展之路。

7日

△广东省工业和信息化厅公布首批广东省智能制造生态合作伙伴名单，佛山39个单位在列。

8日

△佛山市第二次全国污染源普查结果发布，结果显示，水污染物排放量较大的是生活源和农业源，大气污染物排放量较大的主要是集中式污染治理设施、工业源和移动源。

9日

△粤港澳大湾区旅游教育培训基地（顺德合作中心）在顺德职业技术学院成立。该中心由顺德区大湾区办、澳门旅游学院、顺德职业技术学院共同建设，通过推广澳门旅游教育国际培训项目，分步打造知名旅游教育培训品牌，提升粤港澳大湾区旅游从业人员素质，推动国际旅游人才交流互动，促进粤港澳大湾区旅游产业发展。

△佛山中奥广场管理有限公司被国家体育总局认定为“国家体育产业示范单位”，是广东省唯一获认定单位。8月12日举行揭牌仪式。

9—11日

△2020VEX世锦赛中国总决赛附加赛在佛山潭洲国际会展中心举行，全国近300支队伍参赛。“VEX机器人大赛”是面向全球、从小学生到大学生的比赛，是体系完整、参与范围广泛、参与人数众多的机器人大赛。活动由阿里体育有限公司与亚洲机器人联盟共同主办，东莞市博思电子数码科技有限公司和佛山机器人学院联合承办。佛山机器人学院以大赛为契机，通过大赛链接资源，计划建设机器人产教融合试点基地，推动佛山人工智能教育与智能制造产业融合发展。

10日

△佛山市“一站式”人才综合服务平台启动仪式暨佛山市人才政策宣传日系列活动在三龙湾高端创新集聚区南海片区举行。该平台以优粤佛山卡服务平台为载体，与招商银行、中国建设银行和中金金融认证中心在人才住房租赁、人才消费金融和安全保障3个人才服务项目签订战略合作协议，提升人才服务品质。

11日

△中共佛山市委党史学习教育领导小组办公室公布佛山市党史学习教育十大类重点活动项目，包括主题宣讲、学思践悟、典型选树、现场教育、文化文艺、展览展播、征集出版、线上教育、媒体宣传等九大类108项重点活动项目和一批“我为群众办实事”实践活动，推动党史学习教育走深走实。

14日

△佛山市南海区九江镇沙头村的谭耀全通过佛山市公安局DNA（脱氧核糖核酸）新技术比对与失散84年的姑姑相认。这是广东省首例利用DNA二代测序技术隔代认亲的案例，也是佛山市公安局利用DNA认亲时间跨度最长的纪录。

15日

△佛山市党建引领基层社会治理现代化工作现场会召开。会议要求，各区、各镇（街道）按照“典型性、先进性、可推广”原则，加快遴选、培育一批党建引领基层治理示范项目和典型案例，营造比学赶帮超的良好氛围。

△佛山市与北京市海淀区签订政务服务“跨省通办”合作协议。根据协议，两地的社保、企业登记注册、不动产登记等高频事项，可通过海淀通、佛山通以及“市民之窗”等线上政务服务平台办理，实现企业和群众异地“一网通办、一次办成”。两地首批共提供通办服务事项163个。

18日

△位于佛山市顺德区鲤鱼洲岛上的珠江三角洲水资源配置工程A2标项目交通隧洞贯通，这是该工程自2019年5月全面开工以来首个贯通的盾构隧洞。

19日

△广东省委农村工作会议暨全省实施乡村振兴战略工作推进会在广州市召开。佛山市顺德区村级工业园升级改造工作领导小组办公室、佛山市禅城区南庄镇紫南村委会、中共佛山市高明区委员会3个集体获评“广东省乡村振兴先进集体”，佛山市三水区委书记胡学俊等16人获评“广东省乡村振兴先进个人”。

△由中宣部统一组织安排的“大湾区　大未来”主题宣传（佛山）媒体采访活动走进佛山，近100名来自中央、省、市、区的媒体代表参观采访佛山岭南天地、广东新宝电器股份有限公司等佛山城市地标和科技企业，聚焦佛山融入粤港澳大湾区建设在各领域的具体实践经验。

21日

△2021年度广佛全域同城化党政联席会议召开。会议审议并通过广佛全域同城化2021年度重点工作计划、广佛交通同城化和广佛荟项目工作计划。会上，双方签订推动人才全域同城化合作协议。

23日

△广东佛山·四川凉山东西部协作工作交接会在四川省凉山彝族自治州举行。会上，双方签订《佛山市人民政府　凉山彝族自治州人民政府关于东西部扶贫协作工作交接备忘录》，宣告佛山凉山东西部扶贫协作任务完成。

△佛山市直达资金改革首批惠企政策正式上线，在全国首创政府补助“秒到”企业，实现企业零跑腿，资金补助“秒到账”。首批上线的5项惠企政策，包括高企研发费用补贴、工业企业用气补贴、个转企奖励、知识产权示范优势企业资助、专利奖资助，涉及财政奖补贴5亿元，惠及约8000家企业。

△佛山市2021年版权宣传月暨绿书签行动主题活动在佛山创意产业园启动。活动以“全面加强版权工作，推动构建新发展格局”为主题，现场发布《佛山市作品著作权登记白皮书（2020）》。2020年，佛山市一般作品著作权登记量1.14万件，占全省比例17.71%，仅次于广州市，居全省第二。

△广东省人民政府办公厅印发《广东省首席数据官制度试点工作方案》，将佛山等10个地级以上市以及省直6个部门列入首席数据官制度试点范围。

27日

△长征6号运载火箭以“一箭九星”的方式成功将齐鲁一号、齐鲁四号、佛山一号3颗主星送入预定轨道。其中，佛山一号卫星是由佛山季华实验室联合耕宇牧星（北京）空间科技有限公司设计研制的首颗“超高比功能柔性卫星”，性能达到国际领先水平，是全球首颗100千克重、0.5米分辨率光学成像卫星。

△佛山传媒集团与康佳集团战略合作签约仪式暨佛山传媒K-PARK文化创意产业园项目发布会在佛山新闻中心举行。佛山传媒集团与康佳集团达成战略合作关系，以深化深圳、佛山协作为目标，以产业培育为核心，共同构建以“文化+科技+金融”三位一体的产业孵化体系，全力打造佛山传媒K-PARK文化创意产业园。产业园采取“内容+IP+科技”模式，运用科技手段重塑佛山传统文化产业，实现科技助力文化产业发展。

△美的库卡智能制造科技园二期项目启动仪式暨顺德机器人产业招商推介会在佛山市顺德区北滘镇举行，华南智能机器人创新联盟同时揭牌，该联盟由华南智能机器人创新研究院、广东省科学院智能制造研究所、华南理工大学等12个单位发起成立。

28日

△复旦大学与佛山季华实验室共建复旦-季华人工智能算法联合实验室揭牌，首批引进3个项目，为佛山智能制造、机器人产业及精准医疗等提供更多技术支持。

30日

△佛山市人民政府印发《佛山市国民经济和社会发展第十四个五年规划和2035年远景目标纲要》，主要明确“十四五”时期佛山经济社会发展的指导思想、基本原则、发展目标、重大任务和保障措施，并对2035年远景目标进行展望，是指导佛山未来5～15年发展的重要文件。

△国家禁毒委员会命名佛山市为“全国禁毒示范城市”，是首批41个获命名为“全国禁毒示范城市”之一。佛山市自2018年列入首批全国禁毒示范城市创建名单以来，实现毒品预防教育示范学校、禁毒教育基地、毒品实验室、社区戒毒社区康复工作站、禁毒协会、吸毒人员分类分级管控和易制毒化学品管理“七个全覆盖”。

△2021年佛山市劳动模范、先进劳动者和先进集体表彰大会召开，30名劳动模范、30名先进劳动者以及30个先进集体获表彰。

△《佛山市柔性引才暂行办法》印发实施。该办法立足佛山产业发展需求，突出“高精尖缺”导向。通过顾问指导、短期兼职、项目合作等方式，引进“佛山制造”亟需的领军人才、博士、高级职称专业技术人才、高级技师。对用人单位引进的“高精尖缺”人才给予最高50万元补贴。

5月

1日

△《佛山市公共图书馆管理办法》正式实施，这是佛山市文化领域第一部行政法规。

6日

△佛山市政府“市长直通车”平台正式启动，提供“7×24小时”全天候服务，畅通政府与企业、群众的互动渠道。

8日

△国家知识产权局公布2020年度知识产权快速协同保护工作绩效考核结果，中国（佛山）知识产权保护中心以94.57分获第一名。

9日

△全国政法队伍教育整顿中央第十一督导组组长、全国人大财经委副主任委员孙志刚率督导组到佛山市督导政法队伍教育整顿工作，先后到佛山市公安局南海分局黄岐派出所、南海区人民法院等单位督导检查。

△2021中国品牌价值信息发布暨中国品牌建设高峰论坛在上海举行。会上发布中国地级市品牌综合影响力指数前100名城市名单，佛山市位列第二。

9—10日

△黑龙江省双鸭山市委副书记、代市长赵荣国率市政府代表团到佛山市考察交流。佛山市委副书记、代市长郭文海主持召开座谈会，双方就产业合作、农业合作、旅游合作、红色文化合作、干部交流学习等方面进行交流对接。

11日

△广东省政协副主席张少康率调研组到佛山市，就“广东率先实现碳达峰碳中和应对策略”开展专题调研。

△佛山市召开加强基层党组织建设工作会议，公布《佛山市加强党的基层组织建设三年行动计划（2021—2023年）实施方案》，分别以“完善组织体系开启新征程”“提升党建引领基层治理效能”“高质量党建推动高质量发展”为主题，提出九方面主要任务、34项重点工作，推动全市党的基层组织建设全面进步、全面过硬。

12日

△佛山市政府召开佛山标准工作推进会暨首批佛山标准产品发布会，公布第一批佛山标准产品。美的制冷、宏陶陶瓷、恒洁卫浴等37家企业的56个产品榜上有名，涵盖家电、陶瓷、卫浴领域，包括空调、电饭锅、电磁炉、陶瓷大板、干压瓷质砖、陶瓷坐便器、智能坐便器、淋浴房等佛山优势产品。

13日

△广东金融高新区在千灯湖创投小镇举办重点项目落地及战略合作签约仪式，现场19个项目正式落户，涵盖公募基金、私募股权投资基金、私募证券投资基金等金融业态，投资管理规模超300亿元。

△广东省发展和改革委员会公布广东省特色小镇清单管理名单，全省有142个特色小镇培育对象被纳入名单。佛山市的三龙湾文翰湖国际科创小镇等31个特色小镇入选，数量居全省第一。

14日

△教育部办公厅公布全国中小学劳动教育实验区名单，佛山市入选。

△佛山市第十五届人大常委会第四十三次会议表决任命郑海涛为佛山市人民政府副市长。

△佛山市人民政府与全国中小企业股份转让系统有限责任公司签订《战略合作备忘录》，佛山将立足现有产业基础，借助全国中小企业股份转让系统的力量助力佛山加快转变经济发展方式，实现传统制造业转型升级。

15日

△《广东省第七次全国人口普查公报》发布，佛山市常住人口9498863人，人口数量排名全省第四，比2010年第六次全国人口普查增加2304552人。

20日

△国内首部4K粤剧电影《白蛇传·情》正式上映。该剧由珠江电影集团有限公司、广东粤剧院、佛山文化发展投资管理有限公司联合出品，广东珠影影视制作有限公司制作，张险峰执导，国家一级演员、广东省第六批非物质文化遗产代表性项目（粤剧）代表性传承人佛山籍粤剧演员曾小敏等联合主演。

△广东省科技创新大会在广州市召开。会上颁发2020年度广东省科学技术奖，佛山获2项一等奖、7项二等奖，获奖总数居全省第三。其中，由佛山市国星光电股份有限公司等6个单位共同完成的“高密度高可靠LED显示器件关键技术与集成应用”、由蒙娜丽莎集团股份有限公司等4个单位共同完成的“大尺寸陶瓷薄板关键技术研发及产业化”获一等奖。

21日

△2021年第七届IEEE国际虚拟现实大会（“IEEE”是指国际电气与电子工程师协会）在佛山市开幕。大会由IEEE与佛山科学技术学院、南京信息工程大学、中国虚拟现实技术与产业创新平台联合主办，针对国际虚拟现实产业关键问题，围绕虚拟现实、增强现实、混合现实、3D界面等技术领域进行深入探讨，分享当前技术创新应用及未来发展趋势。

23日

△广东省2020年度全面推行河湖长制工作考核结果公布，佛山市获“优秀”等次。

24日

△国务院公布第五批国家级非物质文化遗产代表性项目名录，佛山咏春拳名列其中。

26日

△广东省发展和改革委员会公布2020年全省特色小镇建设“回头看”工作情况，佛山市12个省级特色小镇全部通过抽检，数量居全省第一。其中，禅城陶谷小镇（石湾片区）、禅城陶谷小镇（南庄片区）、南海千灯湖创投小镇、顺德杏坛智控小镇、南海平洲玉器珠宝小镇获“优秀”等级。

△广东省内首艘氢能源船舶——“仙湖1号”氢能游船下水暨氢能产业项目签约仪式在佛山市南海区举行，标志着佛山正式跨入氢能船舶时代。同时，包括院士项目在内的4个氢能项目签约落户南海区。

27日

△佛山市举办2021年制造业数字化转型成果展示及交流会。会上，佛山市工业和信息化局发布未来三年佛山市制造业数字化转型升级政策思路，国家“双跨”（跨行业、跨领域）平台海尔卡奥斯签约落户佛山，并展示和表彰一批制造业数字化转型升级标杆示范项目。

28日

△水利部印发《关于表彰全面推行河长制湖长制先进集体和先进个人的决定》。佛山市水利局获评“全面推行河长制湖长制工作先进集体”，顺德区住房城乡建设和水利局党组副书记、副局长何永光获评“全面推行河长制湖长

制工作先进工作者”，高明区委党委副书记、区长梁耀斌获评“全国优秀河（湖）长”。

△2021年粤港澳大湾区高价值专利培育布局大赛在佛山市季华实验室启动。大赛持续时间超半年，12月22日公布获奖名单，最终评出金奖15个、优秀奖20个。佛山市获金奖4个、优秀奖6个，获奖数量排名全省第一。

31日

△佛山市召开市委常委会会议暨市新冠肺炎防控领导小组（指挥部）会议，强调要把疫情防控作为首要任务，坚决遏制疫情扩散蔓延。广东省疫情防控指导组组长，省卫健委党组副书记、副主任黄飞到会指导。

6月

2—4日

△在2021年（第四届）中国产业区块链峰会上，佛山市公共资源交易中心“优企E选”平台入选2021年度“中国产业区块链优秀案例”。

3日

△市政府召开常务会议，强调要集中财力办大事，加快推进制造业数字化转型升级、生态文明建设、城市建设等工作。

△国务院联防联控机制综合组广东工作组赴佛山市调研指导，实地察看重点场所、封控社区、集中隔离点和定点医疗机构工作情况，指导当地全面落实疫情应急处置措施。

△佛山市印发《佛山市创建全国社会信用体系建设示范区工作方案》，佛山市将持续开展社会信用体系建设工作，发挥信用建设对优化营商环境的支撑作用，增强信用建设服务实体经济能力。

4日

△中共佛山市委书记郑轲主持召开专题会议，研究新冠肺炎疫情防控和平安高考工作，从政治和全局高度把疫情防控作为当前头等大事来抓。

△凯普南海“普济号”负压硬气膜实验室在南海体育馆投入使用，这是佛山市首个负压硬气膜实验室。该实验室日检测核酸能力可达3万管，若采用“10混1”方法检测，日检测量可达30万人。

5日

△佛山市根据新冠肺炎疫情防控需要，将全市划分为封闭管理区域、封控管理区域、闭环管理区域、一般管理区域四类区域，并视疫情发展情况动态调整。

△禅城区岭南明珠体育馆核酸检测点建成2组6舱硬气膜实验室，整体构成火眼实验室。实验室日检测通量单管最高可达6万人份，若采用“10混1”方法检测，日检测量可达60万人。

6日

△根据《佛山市新型冠状病毒肺炎疫情防控指挥部办公室关于进一步强化疫情防控工作的通告》要求，佛山精准实施分级分类管控措施，严格落实涉疫重点区域管控要求，确保封闭区域内人员足不出户，封控区域内人员只进不出；广大市民群众非必要不离开佛山，不出省，确需离开佛山、出省的，需持有48小时内核酸检测阴性证明（48小时内阴性证明要求自6月7日12时起实施）。

7日

△广东省2020年度安全生产责任制及消防工作考核结果公布，佛山市获评“优秀”等次。

△中共佛山市委书记郑轲主持召开市委常委会会议，会议强调要大力发展以先进制造业为主体的实体经济，全面优化营商环境，打造近悦远来的创新创业环境，当好全省地级市高质量发展领头羊。

8日

△中央电视台《焦点访谈》栏目对佛山传统产业加“数”转型进行报道，通过维尚家具集团、格兰仕集团的具体案例，展现互联网、大数据、人工智能等数字技术如何帮助制造业实现高质量发展。

△佛山市首个“不能办”服务窗口在禅城区行政服务中心开通服务，通过专窗受理、专人跟进、专项服务，强化部门协同，专门解决企业办事“很难办、不给办、办不了”的问题。

9日

△日核酸检测产能可达15万管的佛山迪安雷迪快速检验实验室正式启动，若采用“10混1”检测，每日最高可完成150万人份的检测通量。

11日

△佛山市首个“广东省三八红旗工作室”揭牌，该工作室以禅城区张槎街道古灶村党委书记、村委会主任陆秀兴领导的13名妇联执委为团队成员，发挥自身资源优势，为妇女儿童和家庭提供服务。

12日

△广东省文化和旅游厅、省自然资源厅、省住房和城乡建设厅联合发布第二批广东省粤港澳大湾区文化遗产游径，全省16条文化遗产游径入选。其中，佛山市的康有为故里游径、佛山古镇商埠游径、河口百年商埠游径、佛山粤剧故乡游径入选，是该批次入选数量最多的地级市。

16日

△由阿里巴巴天天正能量举办的第七届都市报媒体公益研讨会召开。因多次诞生年度十佳最美家乡人，包括佛山在内的8个城市（佛山、南昌、大连、厦门、青岛、郑州、开封、绵阳）被评为“最美之城”。

17日

△佛山市印发《佛山市质量发展“十四五”规划》。提出要坚持“匠心铸精品，质量强佛山”的质量发展理念，强化两个质量组织保障，建立三大质量发展机制，实施四大质量提升工程，夯实五大质量发展基础，高标准建成全国质量强市示范城市。

△《佛山市纪委监委“室组地”联合办案工作意见（试行）》印发，佛山市在全省率先建立健全纪委监委机关监督检查室、派驻（出）机构和地方纪委监委联合办案工作制度，旨在破解跨行业、跨区域、跨层级查办案件协调取证难等问题。

21日

△中共佛山市委副书记、代市长郭文海主持召开市政府常务会议，研究

讨论并原则通过《佛山市促进第三产业加快发展工作方案》。为全面培育和壮大生产性服务业，提升发展生活性服务业，佛山将聚焦第三产业十一项重点领域，提出工作目标和主要措施任务，推动全市第三产业提速发展。

22日

△世界品牌实验室发布2021年《中国500最具价值品牌》分析报告，14个佛山企业品牌入围，包括美的、冠珠陶瓷、新中源陶瓷、博德精工、海天、箭牌等。

△2021年广东省（佛山）江河增殖放流活动在南海区九江镇举行，活动以“养护水生生物，建设美丽中国”为主题，于6月、7月分别举行一场（第二场于7月10日举行），共投放鱼苗超1500万尾。

23日

△粤苏桂闽湘鄂赣浙皖9个省14个地区政务服务跨省通办网上签约仪式举行，标志着9个省14个地区政务服务跨省通办联盟正式建立。参加签约的地区包括广东省佛山市南海区、江苏省盐城市大丰区、江苏省徐州市铜山区、广西壮族自治区南宁市青秀区、福建省晋江市、湖南省浏阳市、湖北省武汉市江岸区、湖北省宜昌自贸片区、湖北省大冶市、江西省湖口县、浙江省绍兴市柯桥区、浙江省长兴县、安徽省宿州市埇桥区、安徽省郎溪县。

△广东省脱贫攻坚总结表彰大会召开，佛山31人被授予“全省脱贫攻坚先进个人”称号、21个集体被授予“全省脱贫攻坚先进集体”称号。

24日

△国家知识产权局公布第二十二届中国专利奖评审结果，佛山市有68项专利获中国专利奖，一半以上来自顺德区，其中，美的集团及其下属公司有23项专利获奖，广东美的制冷设备有限公司的“可隐藏送风口的空调器”专利获中国专利银奖。

25日

△佛山工人运动史展馆开馆，展览再现佛山工人运动100多年的风雨历程和工会组织建立发展的历史过程，展示佛山市工人阶级在革命、建设、改革和新时代各个历史时期的光辉业绩。

28日

△全国“两优一先”表彰大会在北京人民大会堂举行。粤桂两省（区）贫困村创业致富带头人培训基地主任、广东省佛山市南海区九江镇河清经济社第四党支部书记潘健章被授予“全国优秀共产党员”称号；广东省佛山市高明建设投资集团有限公司党群部经理程祖彬被授予“全国优秀党务工作者”称号；佛山市禅城区南庄镇紫南村党委被授予“全国先进基层党组织”称号。

△中共广东省委宣传部、广东省文化和旅游厅公布广东省庆祝中国共产党成立100周年精品展览推介名单，佛山市祖庙博物馆“看万山红遍——佛山革命文物展”和高明区博物馆“谭平山生平专题展”入选。

29日

△广东省人民政府通报2020年广东省食品安全工作评议考核结果。其中，广州、深圳、珠海、佛山、东莞、中山、江门7个市（排名不分先后）考核等次为“A级”。

△佛山市人力资源和社会保障局公布佛山市粤菜名厨认定结果，罗福南、黄炽华等30人被认定为佛山市粤菜名厨。

△佛山市第十五届人民代表大会第七次会议召开。大会依法选举郑轲为佛山市第十五届人大常委会主任、郭文海为佛山市人民政府市长、张朝志为佛山市第十五届人大常委会副主任。

△佛山市召开“两优一先”表彰大会，授予陈耀基等100人“佛山市优秀共产党员”称号，授予刘秀芳等97人“佛山市优秀党务工作者”称号，授予中共佛山市禅城区石湾镇街道榴苑社区委员会等150个基层党组织“佛山市先进基层党组织”称号。

△佛山市扶贫开发领导小组通报表扬2019—2020年佛山市脱贫攻坚突出贡献集体和个人，授予555个集体“佛山市脱贫攻坚突出贡献集体”称号；授予137人“佛山市脱贫攻坚突出贡献个人”称号。

是月

△佛山市中级人民法院开始施行《关于申请户籍人口信息查询的工作规范》，在全市法院立案窗口可进行户籍人口信息查询。

7月

1日

△国家知识产权局批准第十二批19个商标业务受理窗口，佛山名列其中，7月20日正式启动运行。佛山受理窗口与专利、版权、公证服务窗口共同运作，标志着佛山知识产权业务实现“一窗办理”，将提升服务效能。

△中共广东省委宣传部命名第九批广东省爱国主义教育基地，佛山市顺德区西海抗日烈士陵园为该批次中佛山唯一获命名单位。

△佛山市南海区印发《关于“十四五”期间佛山市南海区推进青少宫建设的工作意见的通知》，这是全市首份关于区级青少宫建设的文件，也是全国首份区县级“镇镇都建青少宫”指导性文件。

△佛山市乡村振兴局挂牌成立，主要负责巩固拓展脱贫攻坚成果、统筹推进实施乡村振兴战略有关具体工作。

2日

△佛山市南海区新型冠状病毒肺炎疫情防控指挥部发布通告，自7月2日起，将佛山市南海区桂城街道中海锦城国际花园3街3栋风险等级由中风险调整为低风险。至此，本轮佛山疫情中风险地区清零。

△《人民公安报》刊文《公安部给91个集体记集体一等功授予（追授）93名同志二级英模》，佛山市顺德区公安局大良派出所宋洪涛获“全国公安系统二级英雄模范”称号。

3日

△零时起，广州、佛山两市取消“持48小时核酸阴性证明出省”的新冠肺炎疫情管控措施。公路、铁路、民航、港口码头等交通站场实行对旅客检测体温措施，乘客入内需要戴口罩和扫码进站。

△商务部新认定105家国家外贸转

型升级基地。其中，顺德国家外贸转型升级基地（装备制造）入选，为广东省6个入选基地之一。这是继家电、家具、五金基地后，顺德被认定的第四个国家级外贸转型升级基地。

6日

△由科技部指导，科技部火炬高技术产业开发中心、广东省科学技术厅主办，佛山高新区管委会承办的第六届中国创新挑战赛（广东·佛山）启动仪式暨培训会在佛山市举行，赛程持续至11月结束。

8日

△中共佛山市委党史研究室举行第一批佛山市中共党史教育基地授牌仪式，为陈铁军故居等18个革命遗址集中授牌。

9日

△中共佛山市委组织部印发2021年竞争性扶持人才项目入选项目名单。经申报、评选、公示、审批等程序，评出1个精品人才项目、12个优质人才项目、6个广佛人才全域同城项目。市财政给予精品人才项目100万元资金扶持，给予优质人才项目和广佛人才全域同城项目每个50万元资金扶持。

△广东格兰仕集团有限公司与国家开发银行广东分行在格兰仕集团顺德总部签订开发性金融合作协议。双方将建立产业集团与金融集团全方位合作的新型战略合作伙伴关系，合作融资总量50亿元。

9—11日

△在湖北省武汉市举行的中国卫生技术/健康医疗大数据应用大会上，国家卫生健康委统计信息中心发布全国卫生健康信息化发展总指数，佛山市卫生健康信息化建设水平在全国地级市中排名第一、应用水平排名第三、信息化发展总指数排名第三。同时，“佛山市卫生健康综合监管平台的创新实践”案例在大会上获一等奖，“佛山市妇幼保健信息系统”案例获优秀案例奖。

11日

△在山东省青岛市举行的第十四届全国学生运动会武术项目比赛中，佛山市顺德区的曹辉泽获男子自选南拳金牌、文海涛获男子自选太极拳金牌、罗锦莹获女子自选南拳铜牌。

14日

△广东省新一轮（2021—2023年）中小学名教师、名校（园）长、名班主任工作室启动授牌仪式暨研讨交流活动在佛山市南海区教师发展中心举行。现场为447个工作室授牌，并公布新一轮（2021—2023年）中小学名教师、名校（园）长、名班主任工作室主持人名单，其中佛山有33人入选工作室主持人。

△广东省交通运输厅、省财政厅、省农业农村厅、省乡村振兴局联合命名佛山、梅州、江门3个地市为2021年度“四好农村路”省级示范市（“四好农村路”指建好、管好、护好、运营好的农村公路）。佛山市在册农村公路3952千米，其中县道510千米、乡道2157千米、村道1285千米，公路密度104千米/百平方千米，三级及以上等级公路比例达72.8%，优、良、中等路率达89%，超珠三角地区平均水平。

15日

△水利部公布第四批节水型社会建设达标县（区）名单，佛山市禅城区、南海区、顺德区名列其中，成为节水型社会建设达标县（区）。

17日

△“永远跟党走　逐梦新时代——广东省第十四届‘百歌颂中华’歌咏活动”总决赛在广州中山纪念堂举行颁奖仪式和精彩展演。佛山市选派的4支入围队伍，分别获合唱比赛金奖2个、歌手（组合）比赛铜奖2个。中共佛山市委宣传部获组织工作奖。

18日

△中国轻工业联合会会员大会在北京举行年度颁奖活动，美的集团获一等奖、二等奖、三等奖共11个，其中“新型滑片式高效压缩机技术研究、性能评价及应用”项目和“智能高效节能厨余洗涤设备关键技术及产业化”项目获“2020年度中国轻工业联合会科技进步奖一等奖”。

19日

△佛山市文明办印发《佛山市乡村“复兴少年宫”建设工作方案》，在全市选取40个点作为乡村“复兴少年宫”建设示范点。

20日

△民政部副部长詹成付带队前往顺德区伦教街道调研佛山市“双百工程”社工站项目开展情况。

△佛山市印发《佛山市城市“畅通工程”两年行动方案》，计划用两年（2021—2022年）时间，通过五大系统工程、17项工作举措、91项具体任务，破解交通顽疾和出行难题，构建畅通的城市交通新格局。

△佛山市司法局、佛山市调解协会、佛山市公证协会印发《关于进一步完善矛盾纠纷多元化解调解与公证对接机制的通知》，在全省率先建立公证调解机制，要求建立市、区两级调证对接业务沟通小组，链接调解与公证服务的需求与供给，实现常态化便利化沟通。

△佛山市提升技能生态暨职业技能等级证书颁发仪式在佛燃能源集团股份有限公司举行。佛燃能源集团股份有限公司为103名员工颁发职业技能等级证书，这是佛山市首批由企业自主评价认定颁发的职业技能等级证书。活动现场，市人力资源社会保障局为15家企业发放职业技能等级备案函。经备案认可的单位，可根据国家职业技能标准或行业企业评价规范，对本单位职工的技能水平进行自主评价，为评价合格者颁发相应的职业技能等级证书。

20—23日

△第十九届中国（凤池）铝门窗建筑装饰博览会在南海区大沥镇凤池装饰材料市场举行。该届展会以“聚力引流赋能新机”为主题，1300位商户及400多个展位集体亮相。展会启用凤池新闻中心，通过搭建凤池信息发布平台、直播间等建立官方信息发布渠道。

21—25日

△佛山市派出4支应急抢险、救援队伍支援河南省洪涝灾害救灾工作。4支队伍分别是佛山菠萝救援志愿服务队、佛山市南狮退役军人救援志愿救援队、佛山市禅城区盈浩排水应急抢险队、佛山市南海区机电排灌总站应急抢险队。

23日

△《佛山市参加重大体育比赛奖励

办法》开始施行，有效期5年。该办法明确重大体育比赛范围和奖励对象，确定各重大体育比赛奖励标准和办法，以及完善申请和分配流程。每人每项最高奖励金额100万元。该办法为推进佛山体育强市建设，全面提升竞技体育综合水平提供保障。

23—26日

△广东省消防救援总队联合省人力资源和社会保障厅、省应急管理厅、省总工会、团省委举办广东省首届消防员技能竞赛。佛山市消防救援支队获团体总分第三名。该次竞赛是广东省消防救援队伍改革转隶后首次针对消防员技能的大比武、大检验，竞赛科目分个人竞赛和团体比赛，包涵应用体能、水上救生、搜索技术、装备运用等7个大类19个科目。

25日

△由佛山市南海区政府与清华大学文化创意发展研究院联手共建的西樵山书院揭牌，并举行发展研讨会。该书院将为南海引进和培养中高端人才，开展区域文旅发展研究，促进区域文商旅体创融合发展。会上，清华校友三创大赛创意开放平台C-LAB（南海）、2021全球AI文创大赛、“四海网红节”活动一同发布，将吸引优秀文化创意人才、文化科技融合项目集聚南海，构筑文化创意领域新高地。

27日

△佛山市召开全市制造业数字化智能化转型发展大会。会议强调，要强化技术创新成果应用，强化产业带规划，强化转型服务供给，用心用情打造制造业数字化智能化转型发展新生态。会上发布《佛山市推进制造业数字化智能化转型发展若干措施》，从加快制造业企业数字化智能化转型、加大制造业数字化智能化转型金融财政支持力度、加快产业集群数字化智能化转型、增强数字化智能化供给能力、优化数字化智能化公共服务等方面，制定30条具体措施。

28日

△国内首个站内天然气制氢加氢一体站——南庄制氢加氢加气一体化站正式启动试运行，标志着佛山市进一步缓解氢能源短缺现状，降低氢能源对外依存度，推动佛山氢能行业发展迈上新台阶。该一体化站由佛燃能源集团股份有限公司投资建设。

28日至8月3日

△佛山市举办2021年度网络安全事件应急演练暨第一届“飞鸿杯”网络安全大赛，广东省26支队伍参赛，采用实战攻防演练形式，全域覆盖佛山市网络IP，其中包括全市98个重点攻击单位。

29日

△中国水产流通与加工协会授予佛山市“中国加州鲈之都”称号，自2021年7月30日起，有效期5年。

△佛山市人民政府办公室印发《佛山市首席数据官制度试点工作实施方案》，在佛山市区各部门全面推行首席数据官制度，进一步提高各部门公共数据治理、运营和监管水平，推动政府治理体系和治理能力现代化，高标准高品质推进“数字佛山”建设。

29—31日

△佛山市2021年民营企业领军人才培训班在中共佛山市委党校举行，来自全市百强企业、行业龙头企业的50位企业家学员参加培训。通过培训让企业领军人才进一步把握国情省情市情，转变思想观念，注重转型升级，推动企业高质量发展。

30日

△由中国建博会（上海）主办的瓷砖岩板“品建会”在佛山市举办。活动以“慷慨陈瓷，一岩为定”为主题，行业商协会、展会方代表，以及国内外瓷砖岩板品牌代表参会，谋发展、扩渠道、寻趋势、构布局，推动行业高质量发展。

△广东省人民政府办公厅印发《高等教育“冲一流、补短板、强特色”提升计划实施方案（2021—2025年）》，13所大学入选高水平大学建设计划（重点学科建设高校），佛山科学技术学院名列其中。在上一轮高等教育“冲一流、补短板、强特色”提升计划中，佛山科学技术学院入选特色高校提升计划，光学工程、环境科学与工程和畜牧学入选重点学科。

是月

△《中国特色小镇2021年发展指数报告》发布，佛山有3个特色小镇入选全国50强，数量居全省第一。

8月

1日

△《佛山市燃气管理办法》正式实施。该办法从燃气设施、燃气经营和使用等方面着手，构建“企业负责、政府监管、社会支持、全民参与、齐抓共管”的燃气安全管理体制，确保佛山市城镇燃气安全运行。

△2021年《财富》世界500强排行榜发布，佛山市企业碧桂园、美的集团继续上榜，分别位列第一百三十九位和第二百八十八位。

△在2020年东京奥运会羽毛球女子双打决赛中，佛山运动员陈清晨搭档贾一凡获银牌。

3日

△在2020年东京奥运会男子双人划艇1000米决赛中，佛山运动员郑鹏飞搭档刘浩获银牌。

4日起

△佛山市响应广东省防疫要求，加强城市公共交通疫情防控，佛山公交系统恢复乘车测温，红黄码人员不得搭乘公共交通工具。

5日

△佛山中德工业服务区（三龙湾）管委会南海片区建设局发布《佛山三龙湾南海片区“人文三山”三年行动计划》，提出“1·6·15”的总体目标，即始终以人民美好生活向往为1个中心，重点优化安全、教育、医养、休闲、体育、文化六大场景，打造15分钟人文圈。

△佛山市人民政府印发《关于调整扩大高污染燃料禁燃区的通告》，将全市行政区域均划定为高污染燃料禁燃区。该通告从2021年9月16日起实施，有效期5年。

7日

△“佛山市首届开发者大赛”暨“2021年佛山市职工职业技能大赛制造企业数字化转型信息技术开发者技能竞赛”举办。大赛以“技术、创新、交

流、分享”为主题，分为前端开发、后端开发、架构设计、应用等4个专题。

10日

△佛山市新冠肺炎疫情防控指挥部办公室发布通告，即日起，凡从省外来佛返佛人员，返抵后24小时前往佛山各核酸检测点可免费进行一次核酸检测。

△《佛山市见义勇为人员奖励和保障办法》印发，明确见义勇为最高可获得100万元抚恤奖金。该办法自2022年1月1日起施行，有效期5年。

11日

△文化和旅游部2023—2025年“东亚文化之都”评审初审结果发布，佛山入围2024年“东亚文化之都”候选城市，是广东省唯一入围的城市。

△佛山市顺德区乡村“复兴少年宫”揭牌启动仪式在顺德区新时代文明实践展示体验馆举行。作为广东省10个乡村“复兴少年宫”试点区之一，率先开展佛山乡村“复兴少年宫”试点建设工作。

△中国文明网发布2021年7月中国好人榜，佛山市禅城区吴红英，身残志坚投身公益心理援助，入选助人为乐类“中国好人”。吴红英为佛山市第一人民医院禅城医院护师，曾获评2020年第四季度“广东好人”、2020年第三季度“佛山好人”、第五届“感动禅城道德人物”等。

△佛山市住房和城乡建设局印发《佛山市物业管理区域新能源汽车充电设施安全建设管理指引（试行）》，进一步规范业主委员会、业主个人、受托的第三方运营机构在物业管理区域内地表及地下车库改建、扩建新能源汽车充电设施工作。该指引自2021年10月1日起施行，有效期3年。

12日

△佛山市农业农村局、市财政局、市金融工作局、佛山银保监分局、市气象局联合印发《2021—2023年佛山市政策性农业保险市级创新险种实施方案》，涉及生猪菜篮子供应保险、生猪价格指数保险、能繁母猪完全成本保险、生猪（含仔猪、育肥猪）完全成本保险、猪饲料成本指数保险、淡水水产养殖保险、花卉苗木天气指数保险、农业大棚保险8个创新险种，防范自然灾害和市场变动等对“三农”带来的诸多风险，加快创建“保成本、保价格、保收入”的保险机制。

13日

△财政部、工业和信息化部、科技部、国家发展改革委、国家能源局联合印发《关于启动燃料电池汽车示范应用工作的通知》，原则同意北京市、上海市、广东省三地城市群启动实施燃料电池汽车示范应用工作，示范期为4年。其中，广东城市群由佛山市牵头组建，联合广州、深圳、珠海、东莞、中山、阳江、云浮、福州、淄博、包头和六安等省内外城市，以佛山、广州、深圳、淄博、六安和包头六大燃料电池技术创新和产业高地为引擎，联动东莞、中山、云浮等关键材料、技术及装备研发制造基地，依托珠海、阳江、福州、包头等氢源供应基地，推动示范应用，全面实现示范城市群跨越式发展。

15日

△全球著名高等教育评价机构软科发布“2021软科世界大学学术排名”，佛山科学技术学院2021年位列世界第八百零一位（2020年为第九百位）、内地第一百二十六位（2020年为第一百四十二位）。

17日

△赛迪顾问城市经济研究中心发布2021赛迪百强区榜单。顺德区排名第六，南海区位居第十二，禅城区位列第四十。

△佛山远程公证平台框架协议签约仪式在佛山市岭南公证处举行，佛山市侨联、市司法局、市岭南公证签订合作协议。这是佛山市首个远程公证平台，有助于解决海外华侨回国办理公证的难题。

18日

△12时，佛山市南海有轨电车1号线首通段正式开通初期运营。首通段为蠕岗站至三山新城北站，途经10座车站，在蠕岗站与广佛地铁快速接驳。

20日

△中国共产党佛山市第十二届委员会第十三次全体会议召开。会议就支持横琴粤澳深度合作区和前海深港现代服务业合作区建设有关工作进行部署，举全市之力对接支持服务横琴、前海两个合作区建设，推动佛山在更广阔舞台加注新动能。

△中共广东省委全面依法治省委员会办公室通报全省各地级以上市2020年度法治广东建设考评结果，佛山市获“优秀”等次。

21日

△2021中国网球巡回赛CTA500（佛山站）暨佛山公开赛赛事标识、口号正式发布。由佛山科学技术学院工业设计与陶瓷艺术学院设计团队设计的作品“网动佛山”，以“醒狮造型+网球采青”样式成为佛山站赛事标识。

27日

△2021年佛山企业家·市长面对面协商座谈会在市机关小礼堂举行。佛山企业家、市政协委员等40多人围绕“以打造一流营商环境为抓手，着力稳链强链控链，推动佛山制造业高质量发展”开展专题协商。

△佛山市新型冠状病毒肺炎疫情防控指挥部办公室印发《关于有序恢复密闭场所经营活动的通知》，从即日起，有序开放全市各区各类密闭场所，在严格落实预约、错峰等防控措施的基础上，按最大接待能力的75%实行限流，防止人员聚集。

△佛山港澳青年创业孵化基地二期开园暨佛山市第七届大众创业交流会启动仪式在位于佛山智慧新城的佛山港澳青年创业孵化基地主园区举行，来自港澳地区的青年创业团队及服务机构代表与基地运营方共同签订合作协议。该基地是获国家粤港澳大湾区建设领导小组办公室批准，由省政府发文成立的创业孵化基地，是全省“1+12+N”港澳青年创新创业基地〔以粤港澳大湾区（广东）创新创业孵化基地为龙头、以珠三角12个重点基地为骨干、以各地特色基地为基础的孵化平台载体〕的重要组成部分。活动现场还发布佛山在全省首创的“1+5+N”一网式孵化服务平台。

28日

△在2020年东京残奥会场地自行车C1-5级别混合750米团队决赛中，首次出战残奥会的佛山“三水骑士”赖善章

与队友以47.685秒的成绩为中国队赢得一枚银牌。

29日

△佛山地铁3号线北滘新城站—高村站隧道区间实现盾构双线贯通。至此，佛山地铁3号线首通段（镇安—顺德学院）盾构全部贯通，广州地铁7号线西延段04标项目承建的4条隧道区间也宣告盾构全部贯通。

△在2020年东京残奥会乒乓球女子TT5级单打决赛中，首次出战残奥会的顺德女乒选手潘嘉敏获银牌。

是月

△是佛山市首个全民阅读月。佛山市公共图书馆陆续推出红色故事会和主题讲座，邀请故事达人、党校教授、社会名家、抗疫先锋、著名作家进行阅读分享。

9月

1日

△《佛山市水环境全流域强统筹大兵团分层次治理实施方案（2021—2025年）》出台。该方案将生态环境保护纳入“党政同责、一岗双责”责任制考核，提出至2025年底，全面消除市考劣V类水体，消除农村黑臭水体。

△佛山市印发《佛山桑园围世界灌溉工程遗产保护与利用规划（2020—2035年）》，按照“系统规划、功能优先、科学保护、合理利用”的总体原则，统筹推进灌溉工程遗产水利功能持续发挥和遗产资源保护、利用、发展。

2日

△国家体育总局印发《关于表彰2017—2020年度全国群众体育先进单位和先进个人的决定》，佛山市有8个单位、7名个人获表彰。8个单位分别是佛山市文化广电旅游体育局、佛山市篮球协会、佛山市南海区纳德利龙舟活动训练基地、佛山市南海区桂城街道办事处、佛山市顺德区文化广电旅游体育局、佛山市顺德区均安女子篮球队、佛山市高明区文化广电旅游体育局、佛山市威斯汀体育文化传播有限公司。

3日

△佛山市发布全国首个集中消毒餐（饮）具卫生安全全链条风险控制团体标准——《集中消毒餐（饮）具卫生安全全链条风险控制规范》。该标准由佛山市卫生健康局、市卫生监督所、市市场监管局指导，由顺德区食安办牵头编制。

△广东省农业农村厅公布第二批省级“一村一品、一镇一业”专业村和第三批省级“一村一品、一镇一业”专业镇名单，佛山12个村入选第二批专业村名单，三水区乐平镇（水产养殖）、高明区明城镇（禽畜养殖）、南海区里水镇（花卉）入选第三批专业镇名单。

8日

△佛山市驻肇庆市帮扶指挥部联合广东省农科院（肇庆分院）在肇庆市举行合作助推肇庆市驻镇帮镇扶村工作座谈会。现场108名博士（专家）结对佛山帮扶肇庆32个镇，这是广东省乡村振兴驻镇帮镇扶村工作的新创举。

10日

△佛山电视正式入网广东网络电视启播，实现佛山电视用户全覆盖。

△由佛山市演艺中心、佛山大剧院联合主办的2021第一届佛山城市艺术季在佛山市演艺中心（琼花大剧院）开幕。艺术季为期3个月，以“点亮城市艺术之光”为主题，分为戏剧之光、聚星行动、闪亮剧星、星光之城、艺星雅聚以及特别单元“星”陪伴计划六大单元。

△全国首家省级实体语言类博物馆——岭南方言文化博物馆在佛山市图书馆新馆开馆。该馆经广东省委宣传部批准设立，由广东广播电视台与佛山市委宣传部、佛山市文化广电旅游体育局三方共建，历时4年建成。博物馆通过方言点读、电子屏触屏互动、戏剧歌曲以及特色展品呈现广东三大方言（粤语、客家话、潮汕话）及其文化。

△由广东省妇联、省文明办联合开展的第十六届“十大优秀书香之家”和“优秀书香家庭”评选活动结果公布，评出广东“十大优秀书香之家”、12户广东“优秀书香家庭”。佛山市的伍光玉家庭获评“十大优秀书香之家”。

△佛山市召开第一次全国自然灾害综合风险普查工作会议。该次普查将摸清全市自然灾害风险底数，全面获取致灾信息以及重要承灾体信息，明晰全市自然灾害风险情况，服务全市社会经济和安全发展战略。

12—14日

△佛山市市长郭文海率政企代表团赴黑龙江省双鸭山市开展对口合作对接交流活动。其间，佛山市政企代表团实地考察两市部分产业合作项目、民生及基础设施项目，深入了解项目建设推进等情况。两市还举行对口合作项目签约仪式，共签约9个项目，总投资额16.59亿元。

15日

△广东（佛山）制造业转型发展基金成立暨2020年度纳税大户授牌仪式在佛山市顺德区举行，佛山市第一只百亿规模的政府投资基金——广东（佛山）制造业转型发展基金正式成立。该基金由深圳市创新投资集团有限公司参与出资并受托管理，总规模300亿元，首期规模100亿元，主要投资制造业龙头企业，核心产业链集群项目，数字化、智能化转型发展项目及重大招商引资项目。

△由中共佛山市委宣传部、市委党史研究室、佛山日报社联合举办的“佛山红色文化名片”遴选活动结束，“佛山十大红色文化名片”“佛山优秀红色文化名片”正式向社会发布，推动全市上下用好红色资源，唱响红色主旋律，激发全社会奋进力量。

△中国质量大会在浙江省杭州市开幕，美的集团股份有限公司的“‘5全5数’智能质量管理模式”获第四届中国质量奖，为2021年广东唯一一家中国质量奖获奖单位，也是佛山市首个中国质量奖。至前，广东格兰仕集团有限公司、广东坚美铝型材集团有限公司、广东美的制冷设备有限公司、蒙娜丽莎集团股份有限公司等4家佛山企业曾获中国质量奖提名奖。

15—27日

△第十四届全国运动会在陕西省西安市举行，佛山运动员参加26个大项67

个小项的比赛，共获15枚金牌、5枚银牌、7枚铜牌。

16日

△国际安全社区（里水）综合示范基地举行揭牌仪式，这是省内首个国际安全社区展示示范基地和省内首个专业应急救援体验中心，也是全省最专业的食药品安全教育基地和示范体验馆。该基地总面积约1万平方米，集展示、体验、培训、应用为一体，涵盖交通安全、消防安全、生产安全等领域的系列安全科普知识。

17日

△第五届（2021年）佛山市政府质量奖获奖企业名单公布，共10家企业获奖，各获一次性奖励100万元。

△2021年全国博士后创新创业大赛“揭榜领题”赛云宣讲活动广东专场在佛山市举行，2021年全国博士后创新创业大赛“揭榜领题”赛云宣讲系列活动启动。“揭榜领题”是2021年全国博士后创新创业大赛的四大赛事组别之一，旨在以需求和问题为导向，促进博士后科研成果转化，推动产学研深度融合，激发博士后人才及团队在解决制约产业发展技术难题中发挥更大作用。项目需求主要瞄准新一代信息技术、高端装备制造、新材料、新能源等八大产业领域，重点聚焦制约本领域发展的“卡脖子”前沿技术和关键共性难题。

△2021“科创中国”智能制造产学融合高峰论坛暨第二届广东省制造业高质量发展高峰论坛在佛山市开幕，佛山获授“科创中国”试点城市牌匾。

△佛山智能制造发展中心揭牌。该中心面向佛山产业创新发展需求，推动协同创新。

18日

△佛山市与珠江三角洲其他8个城市共同参加珠三角城市群人民防空演习，并同步举行佛山市人民防空演习。

△由佛山市工业和信息化局、富士康工业互联网股份有限公司（简称“工业富联”）主办的“数字创新、智能引领”2021首届粤港澳大湾区（佛山）数字化智能化转型高峰论坛在佛山市南海区举行。工业富联与腾讯云、中国移动、华数机器人、坚美铝业等知名企业签订佛山数字化生态合作伙伴协议，支持佛山打造粤港澳大湾区（佛山）数智化转型的标杆城市。

△广东省人民政府印发《广东省推动基础教育高质量发展行动方案》。“十四五”期间，佛山基础教育公办学位需增加44.31万个，其中学前教育2.6万个，义务教育39.55万个，普通高中2.16万个。

23日

△中央农村工作领导小组办公室、农业农村部、中央宣传部、民政部、司法部、国家乡村振兴局公布第二批全国乡村治理示范村镇名单。佛山市南海区九江镇入选第二批全国乡村治理示范乡镇名单，禅城区张槎街道下朗村、顺德区北滘镇黄龙村、三水区乐平镇源潭村入选第二批全国乡村治理示范村名单。

△佛山市庆祝2021年中国农民丰收节活动在高明区明城镇万亩稻园举办。活动以“庆丰收·感党恩”为主题，以百里芳华乡村振兴示范带建设为载体，展示佛山在农业产业、农村建设、乡村治理、休闲旅游等方面取得的成就。现场还举行省级农机一线使用“土专家”荣誉证书颁发仪式以及2021年佛山市种粮大户授牌仪式。

△佛山市面向全球发出佛山城市形象宣传口号征集令，最高奖励5万元。该次活动的主旨是进一步提升佛山的知名度、美誉度和影响力，更好地传递传播佛山城市形象品牌，让人们认识佛山、记住佛山。活动持续至10月23日。

23—26日

△2021中国（广东）国际“互联网+”博览会、广东（佛山）国际机械工业装备博览会在佛山潭洲国际会展中心举行。2场展会重点展示工业互联网、大数据、云计算、互联网前沿技术、工业自动化及智能制造产业链等领域的新技术和成果，库卡、施耐德、大族等1400多家行业知名品牌企业参展。

24日

△“数字新蓝海”计划暨京东助力企业数字化智能化转型专项服务启动会在佛山市南海区举行，京东智能城市（大湾区）产业运营中心在当天揭牌启用。京东“数字新蓝海”计划同步发布。该计划通过建立产业带协同服务体系，拉通零售品类、平台生态、园区、物流等多方资源推进全国范围内的合作，为企业提供运营指导、优惠减免、技术赋能、人才培训等服务。

25—26日

△2021中国影视艺术高峰论坛暨中国高等教育学会影视教育专业委员会第二十三届年会在佛山市举行。来自北京大学、南京大学等全国数十所高校、科研机构以及国内教育、影视专家学者，共同探讨高校影视教育和人才培养中的热点问题，把脉中国影视发展新趋势、新路径。中国高等教育学会影视教育专业委员会、中共佛山市委宣传部在会上共同签订《粤港澳大湾区影视产业发展智库战略合作协议》。开幕式上还发布《2021中国高等影视教育倡议书》，呼吁全国影视高校加强道德规范和社会责任教育。

29日

△国家发展改革委发文推广部分地区支持民营企业改革发展的典型做法，佛山“跨省通办”、“人工智能+双随机”监督模式、“市长直通车”平台企业服务专线、向民营企业选派第一书记开展“政企连心”共建等14个典型做法获全国推广。

是月

△《求是》杂志第18期公布由国家统计局提供的《经济社会发展统计图表：第七次全国人口普查超大、特大城市人口基本情况》。佛山市以城区常住人口854万人，被列入特大城市行列。

△《小康》杂志下旬刊发布2021中国县域综合实力百强榜，佛山市的顺德区位列第三、南海区位列第八、禅城区位列第六十八。

10月

11日

△《粤港澳大湾区“跨境理财通”业务试点实施细则》正式生效。该业务由人民银行牵头，支持粤港澳大湾区居

民便捷地跨境购买银行理财产品，进行跨境资产配置，按照购买主体身份分为“南向通”和“北向通”。19日，首批业务在粤港澳大湾区落地，“北向通”和“南向通”业务同步开展，业务落地银行覆盖国有、股份制和外资银行。

11—12日

△第十届中国创新创业大赛（广东·佛山赛区）暨2021年“南海农行杯”佛山创新创业大赛总决赛在佛山市南海区举行，35家企业分别获新材料、高端装备制造、新一代信息技术领域以及电梯路演特色赛（节能环保）的一、二、三等奖。其中，12家企业获全国赛参赛资格，比上年增长300%。

12日

△生态环境部命名100个地区为第五批国家生态文明建设示范区，佛山市在列，成为国家生态文明建设示范区。

△广东省第二届《乡村振兴打擂台》颁奖典礼在广州市举行，佛山市顺德区杏坛镇获“全省六强镇”“网络人气奖”“爱心企业奖”3项荣誉。

13—15日

△第七届中国国际“互联网+”大学生创新创业大赛总决赛在江西省南昌市举行，顺德职业技术学院获全国总决赛银奖2个、铜奖1个。

14日

△佛山市举办2021年世界标准日宣传活动，发布全国首个村级工业园升级改造标准化项目——《村级工业园升级改造标准体系规划与路线图（2021—2025年）》，计划编制标准76项，其中地方标准23项、团体标准53项，包括《村级工业园升级改造工作指南》《村级工业园升级改造主题产业园建设规范》等一批关键标准。

14—16日

△第三届全国创业就业展示交流活动在吉林省长春市举行，佛山市以“汇聚新动能，双创新发展”为主题首次参展，通过城市之间优质创业资源的交流与对接，为佛山双创工作提供新思路、新动能。

15日

△中共佛山市委组织部发布《2021年佛山市引进急需紧缺高层次人才公告》，面向海内外引进20名博士研究生人才，这是佛山市首次面向全球招引博士研究生党政机关储备人才。

15—17日

△2021年全国工业设计职业技能大赛广东省选拔赛“陶瓷产业设计师”赛项在佛山市举行，来自省内各职业院校、企业的12支队伍参赛。

16日

△由国家版权局主办的第八届中国国际版权博览会在浙江省杭州市开幕，佛山市版权局获“2020年中国版权金奖”保护奖，为广东省唯一获奖单位。

△中央电视台《新闻联播》报道《数字化助推“佛山制造”高质量发展》。佛山作为全国制造业转型升级综合改革试点城市，加快推进制造业数字化智能化转型，以村级工业园改造整合连片工业空间，制造业高质量发展优势持续释放。

20—23日

△由中国机械工业联合会主办的第十七届中国（佛山）机械装备展览会在顺德区顺联国际博览中心举行，展览面积1.5万平方米，展示金属加工机械、自动化设备、模具五金、零附件及耗材、工量刃具、3D打印六大板块产品，超250家企业参展。

21日

△中国城市燃气氢能发展创新联盟2021年年会暨第二届氢能学术会议在佛山市举行，现场发布《氢能产业发展背景下城市燃气行业转型路径研究》《富氢天然气型家用燃气器具发展趋势报告（2021）》《富氢天然气家用燃气器具通用要求》等3项成果和8项联盟标准。

△2021年广东“众创杯”创业创新大赛之技能工匠争先赛总决赛在佛山市举行，佛山获广东技工主赛道团队组一铜、广东技工主赛道企业组一金两银三铜、粤菜师傅专项赛一金一银一铜、南粤家政专项赛一金一银一铜的成绩。

21—22日

△第十八届中国标准化论坛在佛山市顺德区举行，主题为“实施标准化纲要，推动高质量发展”。大会发布《团体标准组织积极实施标准化纲要、推动高质量发展倡议书》，并颁发第十八届中国标准化论坛征文优秀论文奖。

22日

△绿色低碳转型标准化技术研讨会暨第七届绿色生产与消费交流会在佛山市顺德区举行。会议发布《碳达峰碳中和标准体系建设进展报告》《氢能产业标准化白皮书》，并启动筹建中国标准化协会绿色低碳专业委员会。

24日

△2021年佛山市职工职业技能大赛智能生产线安装调试技能竞赛在顺德区举行，广东溢达纺织有限公司职工罗毅获决赛总分第一名，获授“佛山市职工技术状元”称号。

25日

△高等教育评价专业机构软科发布“2021软科中国最好学科排名”。佛山科学技术学院的畜牧学学科、光学工程学科进入全国学科排名50强。其中：畜牧学学科进入全国前30%，位列全国第十五；光学工程学科进入全国前50%，位列全国第四十五。

△佛山市入选全国第三批社会信用体系建设示范区名单，佛山持续开展的社会信用体系建设示范创建工作取得阶段性成果。

26—28日

△2021年度广东省职工智能物流机器人设计操作职业技能竞赛总决赛在佛山市顺德区举行，佛山市海天（高明）调味食品有限公司职工林嘉亮获决赛总成绩第一名。

28日

△广东省卫生健康委公布第一批10家广东省医养结合示范机构名单，佛山市顺德区均安社区卫生服务中心入选。

29日

△中共佛山市委办公室、市政府办公室印发《新时期佛山市产业工人队伍建设改革实施方案》，从4个方面提出19项改革举措，囊括产业工人技能成长发展、产业工人队伍服务保障、产业工人创新扶持等重点问题，逐步形成有利于高素质产业工人队伍建设的工作制度和良好环境。

30日

△佛山市全面启动3~11岁人群新冠病毒疫苗接种工作。

是月

△《中国海关》杂志发布《2020年中国外贸竞争力百强城市榜单》，佛山市位列第十三，比2019年上升2位，超过成都、南京、杭州等城市。

11月

1日

△广东省公安厅公布《关于对2021年广东省“枫桥式公安派出所”“岭南标杆警务室”“岭南百佳社区民警”评定结果》，佛山市公安局南海分局桂城派出所、顺德区公安局北滘派出所获评广东省“枫桥式公安派出所”，佛山市公安局禅城分局南庄派出所罗格社区警务室、佛山市南海分局九江派出所水南社区警务室、佛山市顺德区公安局大良派出所五沙社区警务室、佛山市公安局高明分局荷城派出所月明社区警务室、佛山市公安局三水分局西南派出所北江社区警务室、佛山市顺德区公安局北滘派出所黄龙警务室获评广东省“岭南标杆警务室”，陈义永、罗启舜、陈伟文、李龙汉、伍康强、罗宇江、张贻红、黄伟等8名民警获评广东省“岭南百佳社区民警”。

△在2021年全国纺织行业“富怡杯”服装制版师职业技能竞赛中，佛山市高明区高级技工学校教师谢佳音获得比赛综合总分第三名、“制作工艺”单项第一名，并获“全国纺织行业技术能手”称号。

2日

△中国社会科学院财经战略研究院与中国社会科学出版社在北京共同发布《中国城市竞争力报告No.19：超大、特大城市：健康基准与理想标杆》，佛山市综合经济竞争力排名全国第十四，位列全省第三。

△广东省首个社会保险费征缴争议多元调解中心——佛山市南海区大沥镇社会保险费征缴争议调解中心揭牌启用。

5日

△文化和旅游部公布第一批国家级夜间文化和旅游消费集聚区名单，佛山市创意产业园入选。

△第八届全国道德模范颁奖仪式在北京市举行，佛山市南海区西樵镇中心小学科研主任陈燕梅获全国道德模范提名奖。

△佛山市市场监督管理局发布第二批佛山标准产品目录，涉及家电、陶瓷、卫浴、铝型材、塑料管材等重点产业领域41家企业70个产品。

9日

△第五届广东省投资发展论坛暨2021广东省营商环境创新实践评选活动颁奖仪式在广州市举行，佛山三龙湾高端创新集聚区获“年度最佳经济功能区”称号。

10—12日

△2021年联合国开发计划署（UNDP）氢能产业大会在佛山市南海区举行，主题为“共创氢时代，同绘碳中和”，来自国际组织及驻华使团有关代表，国家相关部委领导以及全球组织机构、科研院校、氢能与燃料电池核心企业的专家参加，320多家企业参展，展品基本涵盖氢能全产业链范围。

10日

△南方报业传媒集团佛山分社（原为佛山记者站）揭牌。中共佛山市委书记郑轲，南方报业传媒集团党委书记、社长黄常开出席揭牌仪式。

11日

△佛山市第一人民医院举行建院140周年庆祝大会暨佛山市重点民生工程启用仪式，国际医疗中心、健康管理中心、妇产医学中心、儿童医学中心正式启用。佛山市代市长白涛、市政协主席胡钛出席活动。

12日

△农业农村部办公厅公布2021年中国美丽休闲乡村名单，佛山市禅城区南庄镇紫南村入选，是全市唯一入选的乡村。

13日

△为期6天的佛山城市形象宣传口号投票截止，累计点赞量1.6亿人次，“传奇佛山，梦回岭南！”“一城人文经典，匠心智造佛山！”“一城经典，万象佛山”3件作品点赞量排前3名。

14日

△广东省首个预防接种实践培训基地在佛山市顺德区均安社区卫生服务中心落成，5G智慧预防接种门诊同时启用。

15日

△佛山市第十五届人民代表大会第八次会议召开。大会依法选举胡钛为佛山市人大常委会主任，白涛为佛山市人民政府市长。

16日

△教育部基础教育司印发《关于公布全国中小学劳动教育典型案例名单的通知》，佛山市教育局报送的“努力构建佛山市全面优质中小学劳动教育体系”入选，为广东省唯一入选案例。

18日

△共青团中央、人力资源和社会保障部印发《关于表彰第十一届“中国青年创业奖”的决定》，佛山市安齿生物科技有限公司的陈贤帅被授予“中国青年创业奖”。

19—21日

△2021中国网球巡回赛·佛山站暨“维品诺”佛山网球公开赛在世纪莲网球中心举行，为中国网球巡回赛首次在佛山市举办。

20日

△佛山市企业联合会、佛山市企业家协会发布2021年佛山企业100强和佛山制造业100强榜单。佛山企业100强入榜企业总营业收入1.74万亿元，比上年增长9.94%。

△由佛山市政府指导，佛山市工商联、市总商会主办的“品质革命再攀登”2021年佛山企业家大会召开，北京大学国家发展研究院教授周其仁作主旨演讲，企业代表分享探索数字化智能化转型发展等经验。

22日

△全国首座氢能进万家智慧能源示范社区项目在佛山市南海区丹灶镇丹青苑正式运营，探索氢能住宅和建筑的国家标准及规范。

△佛山市印发《“数字佛山”建设总体规划——佛山市智慧城市和数字政府建设（2021—2025年）》。2021—2025年，佛山将实施“五+”（数字+科创、数字+兴业、数字+惠民、数字+智城、

数字+优政）应用引领，统筹“高规格强化提升组织领导能力”等五大支撑，不断提高智慧城市和数字政府改革建设水平，提升市域社会治理体系和治理能力现代化，引领数字经济、数字社会的全面发展，将佛山打造为全国地级市数字化发展的样板。

23日

△“科技赋能　都市农业”粤港澳大湾区现代都市农业综合示范基地授牌仪式在佛山市三水区南山镇举行。

24日

△佛山市召开“无废城市”建设试点工作启动会议。根据《广东省推进“无废城市”建设试点工作方案》，至2023年底，珠三角所有城市推行绿色工业、绿色生活、绿色农业，培育固体废物处置产业，推行固体废物多元共治等方面取得明显成效，工业固体废物和生活垃圾减量化资源化水平全面提升、危险废物全面安全管控、主要农业废弃物有效利用，无废试验区协同机制初步建立，区域联动不断加强、合作更加广泛深入。

△全省医养结合工作现场会在佛山市顺德区均安镇召开，会上表彰首批10个广东省医养结合示范机构。顺德区均安社区卫生服务中心为佛山市唯一获表彰机构。

25日

△佛山市农业农村局、市商务局、市人力资源社会保障局、市文化广电旅游体育局、市市场监督管理局联合举办“佛味鲜生”优质粤菜食材建设工程三年（2020—2021年）收官暨网络展厅启动活动，为5个“佛味鲜生”优质粤菜食材供应基地、21家“佛味鲜生”线下品鉴店，以及为“市民最喜爱的优质农产品”生产企业、“佛味鲜生·百里芳华”美食品鉴店等一批企业颁牌，并为10名区、镇基层优秀工作者颁发荣誉证书。

△“2021火炬科技成果直通车（佛山站）硬科技专场”在千灯湖创投小镇举行。活动征集高校及科研机构科技成果近200项，有10多项技术及成果落地佛山。

26日

△佛山市举行专精特新“隐形冠军”企业座谈会，会上发布《2020年佛山市制造业隐形冠军企业发展报告》，并首次公布佛山市147家“隐形冠军”企业及326家培育企业名单。

26—27日

△由中央党校（国家行政学院）和广东省人民政府共同主办的2021（第十六届）中国电子政务论坛暨首届数字政府建设峰会在广州市举行。其中，“数字社会创新”专题论坛由佛山市主承办，论坛以“数字社会　共创共享”为主题，聚焦数字技术加速发展趋势下的社会公共服务、社会治理、智慧城市、数字乡村等内容，研讨数字社会创新的实践与经验。

27—29日

△中国共产党佛山市第十三次代表大会召开，中共佛山市委书记郑轲代表中国共产党佛山市第十二届委员会向大会作题为《坚定贯彻新发展理念　塑造佛山发展新形态　奋力争当地级市高质量发展领头羊》的报告；选举产生中共佛山市第十三届委员会委员、候补委员和中共佛山市第十三届纪律检查委员会委员，通过关于中共佛山市第十二届委员会报告的决议、关于中共佛山市第十二届纪律检查委员会工作报告的决议。郑轲、白涛、徐晓霞、陈小坚、梅河清、郑海涛、倪谦、葛承书、刘智勇、丁锡丰、黄海龙当选为市委常委，郑轲当选为市委书记，白涛、徐晓霞当选为市委副书记。

30日

△共青团中央公布《关于表彰第十三届中国青年志愿者优秀个人奖、组织奖、项目奖的决定》，其中，佛山市南海区狮山菠萝义工服务中心党员、应急救援类志愿者何腾远获优秀个人奖；佛山市南海区桂城义务工作者（志愿者）联合会获优秀组织奖。

12月

1日

△国家畜禽遗传资源委员会审定通过18个畜禽新品种配套系，由佛山市高明区新广农牧有限公司和中国农业科学院北京畜牧兽医研究所联合培育的“广明2号”位列其中，打破全国白羽肉鸡种源百分百依赖国外进口的局面，为国家粮食安全和重要农副产品有效供给提供保障。

1—3日

△佛山市第三期民营企业家培训班在中共佛山市委党校举办，50名佛山年轻企业家和新生代企业家参加，这是落实佛山市委打造一流营商环境“一号改革工程”的重要举措。

4—5日

△2021佛山市全球招商大会暨湾区经济论坛在位于顺德区乐从镇的罗浮宫索菲特酒店举行。活动主题为“智造高地　共创未来”，共洽谈签约项目139个，总投资额3838.58亿元。现场重点推介《构建佛山“益晒你”企业服务体系打造一流营商环境的行动方案》（“益晒你”为粤方言，意为所有好处都给你），并正式上线佛山“益企通”企业综合服务平台。

7日

△2021年全国“最美大学生”名单公布，佛山学生梁荣浩入选。

7—8日

△红色功夫粤剧《鸿胜馆》在佛山琼花大剧院连演两晚。该剧由广东粤剧院和中共佛山市委宣传部、佛山市文联联合打造，是继现代粤剧《红头巾》之后，广佛携手创作的又一部作品，是2021佛山市文艺精品重点扶持项目，同时入选“永远跟党走”广东省庆祝中国共产党成立100周年百场大型舞台艺术精品展演剧目。

8—10日

△中国首部祠堂文化系列纪录片《家在顺德》连续三晚在CCTV-4中文国际频道23点黄金时段（国际收视黄金时段）首播。该片分为“聚”“散”“兴”3集，以“家庭、家族、家乡、家国”为脉络，记录顺德祠堂建筑与文化的传承与现状，串联起龙舟龙艇、永春太极、粤剧曲艺等地域文化元素。

9日

△首届氢能国际（中国·南海）主题峰会暨2021全球氢能企业TOP100榜发布会在佛山市举行。峰会以“锚定

‘双碳’目标，共建零碳生活”为主题，推动产业上下游跨区域联动，共同构建新兴产业生态与氢能产业链协同、健康、高效发展。美国空气产品公司等50家国外氢能企业、国家能源投资集团有限责任公司等51家国内氢能企业入榜全球首个氢能领域的企业百强榜。

10—11日

△“产教融合、科创赋能”2021年广东高校科技成果转化对接大会在佛山市举行，现场举行2021年落地孵化项目和校企产学研合作项目签约仪式，并为西安交通大学、清华大学等8所2021年新建广东高校科技成果转化工作站授牌。

10—12日

△佛山市举办第二十五届全国发明展览会——“一带一路”暨金砖国家技能发展与技术创新大赛，参展单位800多个，参展发明项目2300多个。“酸洗冷连轧超高强钢带材填丝焊接与技术诊断”等一批发明成果获金奖；“生物脱氮新技术在氮肥生产废水处理工程中的应用”“一种水轮发电机磁轭钢用高精度热轧钢板及生产方法”“基于瞳孔识别技术的眼控电动轮椅”项目分别获世界知识产权组织颁发的“最佳发明奖”“妇女发明奖”“青少年发明奖”；“充电桩智能功率调配系统及方法”等113个项目获发明创业奖创新奖一等奖；黄洁君等9名发明人被评为“最受欢迎发明之星”。

11—12日

△由广东省版权局主办、广东省版权保护联合会和佛山市版权局共同承办的第三届广东省大学生版权知识演讲大赛总决赛在佛山市举行，评出特等奖1名、一等奖3名、二等奖6名、三等奖10名、优秀奖20名。

13日

△中央电视台《经济半小时》栏目播出专题报道《制造业转型的“佛山功夫”》，介绍佛山制造业转型的探索和成效。

14日

△佛山市对入选2021年度佛山市数字化智能化示范工厂的22家企业进行奖补。其中：一级数字化智能化示范工厂5家，分别奖励2000万元；二级数字化智能化示范工厂7家，分别奖励1500万元；三级数字化智能化示范工厂10家，分别奖励1000万元。

16日

△佛山市印发《构建佛山“益晒你”企业服务体系打造一流营商环境的行动方案》（2022年度版），涵盖56条举措，包括深化商事制度“1时代”改革、深化工程项目高效审批改革、深化办税服务“零上门”改革、深化跨境贸易便利化改革、深化金融服务普惠性改革、深化行政审批“标准化”改革、深化政府采购“阳光化”改革、深化行政监管精准化改革、深化法治化环境机制改革9个方面主体措施。

△2021年数字政府服务能力评估暨第二十届政府网站绩效评估结果发布会在北京市召开。佛山市政府网以91.7分的总成绩获全国地市政府网站绩效评估第一名，为第十一年获评第一。禅城区、顺德区分别获区县网站评估结果第二、第四名。

16—19日

△首届全国工业设计职业技能大赛在深圳市举行，佛山市高明区的广东职业技术学院艺术设计学院的学生陈数泳、邓锦锋团队获陶瓷产品设计师学生组二等奖。

18—20日

△第一届全国博士后创新创业大赛总决赛在佛山市举行，是中国博士后制度实施以来举办的规模最大、层次最高、覆盖面最广的全国性博士后创新创业赛事，有47支队伍、1400多个项目入围。4个组别共产生57个金奖、91个银奖、125个铜奖。同期举行博士后人才交流与科研成果转化对接活动，现场签约项目54个，意向合作金额11.27亿元。其中，初步确定落地佛山的项目7个，涉及金额5100万元。

19日

△中共中央组织部、人力资源和社会保障部印发《关于表彰全国老干部工作先进集体和先进个人的决定》，佛山市老年干部大学（老干部活动中心）常务副校长（主任）陈镜烽被授予“全国先进老干部工作者”称号。

21日

△佛山市召开产业工人队伍建设改革工作推进会，根据《新时期佛山市产业工人队伍建设改革实施方案》，“十四五”期间，全市技能劳动者总数超135万人，其中高技能人才达40万人，逐步建成各级劳模工匠大师等工作室400个以上，建成500个产业工人的文化活动服务阵地，各级各单位每年技能培训10万人次以上。

22日

△顺德草鲩入选“全国名特优新农产品”名录。至此，佛山共有3个“全国名特优新农产品”，分别是顺德鳗鱼、三水黑皮冬瓜、顺德草鲩。

22—25日

△2021佛山工业设计周暨2021佛山“市长杯”工业设计大赛活动作品展在佛山市文化馆举行。活动以“设计深度赋能，凝聚创新发展新动能”为主题，有170家（个）企业单位和148所院校参赛，征集项目（作品）3850个。其中，已实现产业化的项目共计1303个，年销售额超100亿元。

24日

△中共佛山市委宣传部、佛山历史文化丛书编委会举行《佛山历史文化丛书》（第六辑）及丛书中英文版（第二辑）首发式。

△2021年佛山市质量大会召开，授予科顺防水科技股份有限公司、菱王电梯有限公司、广东华兴玻璃股份有限公司、小熊电器股份有限公司、广东简一（集团）陶瓷有限公司、广东中旗新材料股份有限公司、日丰企业集团有限公司、箭牌家居集团股份有限公司、佛山市水业集团有限公司、利泰集团有限公司10家公司“2021年佛山市政府质量奖”，并向获第四届中国质量奖的美的集团颁发1000万元奖励金。现场发布第二批“佛山标准”产品，包括41家企业的70个产品。

27日

△佛山市住房和城乡建设局印发《关于加强房屋建筑和市政基础设施工程合同履约管理的通知》，全面推进“互联网+”合同履约管理，规范建筑市场秩序，保障工程质量和安全，促进建筑业持续健康发展。

△佛山市印发《佛山市交通发展

"十四五"规划》《佛山市高快速路网规划（2021—2035年）》，将构建覆盖全市、通达湾区、联络世界的国际化现代化一体化综合交通运输体系，力争将佛山市打造成省级交通强国示范城市和省级综合交通运输高质量发展领头羊。

△佛山仙湖实验室、佛山欧神诺陶瓷有限公司和佛山市德力泰科技有限公司联合发起的先进零碳燃烧技术联合创新研发中心在佛山仙湖实验室成立。这是国内首家开展氢氨高温窑炉零碳燃烧技术研发的绿色能源产业创新平台。

△佛山市举行城市与企业品牌互动升级峰会暨"品牌佛山"理论研讨会，公布40家"2021国人自豪的佛山品牌企业"、20家"2021值得推崇的佛山智造好榜样"、10家"2021佛山制造业数字化智能化转型一流服务商"、20家"2021佛山门窗行业明星企业"和"2021佛山企业自媒体传播力新锐榜（十佳）"名单。

△教育部办公厅、工业和信息化部办公厅公布首批现代产业学院名单，广东省有6所高校的7个学院入选，佛山科学技术学院的半导体光学工程产业学院名列其中。

28日

△佛山地铁2号线一期南庄站至广州南站正式开通运营，全长32.41千米，共设17座车站，全程运行时间约45分钟，列车配置25列。地铁开通后将与现行的广佛线票价保持一致。

△《佛山市联合图书馆体系"十四五"发展规划》发布，计划到2025年建成身边、掌上、云端的现代公共阅读服务体系，打造"全民阅读之城"。

△佛山市物业管理行业的第一个地方标准《住宅物业服务品质分级规范》颁布实施。

△由国家信息中心和亚洲数据集团联合主办的2021亚太智慧城市发展论坛在深圳市举行，佛山市禅城区凭借在智慧化社会治理改革中的成果，获"2021中国领军智慧城区"称号。

△全国妇联发布第七次全国维护妇女儿童权益先进集体、先进个人名单，佛山市公安局、佛山市人民检察院第七检察部获"全国维护妇女儿童权益先进集体"称号，佛山市公安局禅城分局刑侦大队余销奇、高明区法律援助处韦春洪获"全国维护妇女儿童权益先进个人"称号。

△中央宣传部、司法部、全国普及法律常识办公室联合发布《关于表彰2016—2020年全国普法工作先进单位、先进个人和依法治理创建活动先进单位的决定》，中共佛山市委宣传部、佛山市南海区司法局获评全国普法工作先进单位；佛山市司法局普法与依法治理科科长朱爱国、佛山市禅城区司法局副局长彭朝霞获评全国普法工作先进个人；佛山市南海区教育局、佛山市顺德区龙江镇左滩村村民委员会、佛山市高明区司法局、佛山市三水区人民法院4个单位获评全国依法治理创建活动先进单位。

29日

△广州市发展改革委、佛山市发展改革局发布《关于广州市轨道交通7号线一期工程西延顺德段票价的批复》，广州市轨道交通7号线一期工程西延顺德段开通后，美的大道站到广州南站（G）全程票价为5元。

△佛山市发展和改革局、市教育局、市市场监督管理局联合印发《佛山市发展和改革局等3个部门关于佛山市线下学科类校外培训收费标准的通知》，明确自2022年春季开学起，义务教育阶段学科类校外培训收费实行政府指导价管理，经省政府授权，由市政府制定本市登记注册的线下学科类校外培训机构基准收费标准和浮动幅度。面向普通高中学生的线下学科类校外培训收费参照执行。

30日

△"创艺润城——佛山市艺术创作院成立十周年成果展"在佛山市文化馆开幕，展览展出佛山市艺术创作院2011—2021年数百件艺术精品，涵盖文学、绘画、书法、雕塑、工艺美术、文艺理论研究、文献、著作等类型。展览持续至2022年2月15日，免费向市民开放。

△2021中国幸福城市论坛在北京市举行，发布2021中国最具幸福感城市系列榜单，佛山市入选中国最具幸福感城市（地级市），是继2008年、2020年后第三次入选。

△佛山市召开治水大会，部署实施水环境全流域强统筹大兵团分层次治理工作，推动水环境治理实现"四个转变"：坚持"全流域"治理，以流域水系为单元，科学规划、系统推进上下游、左右岸、干支流、水里岸上综合治理，实现由流向治理向流域治理转变；坚持"强统筹"推进，市级统规划、统标准，区级统资金、统建设，镇街管征拆、管保障，企业管施工、管运维，实现由分散治理向一体治理转变；坚持"大兵团"作战，重构治水工作体制，变"九龙治水"为"一龙管水"，实现由零敲碎打向系统推进转变；坚持"分层次"实施，按照源头治理思路，先把支涌、干涌等"毛细血管"治理好，实现由大江大河为主向干涌支涌为主转变。

△佛山市举行佛山版权产业发展联盟成立大会暨第二季"版权百企行"启动仪式，美的、蒙娜丽莎等100个单位加入联盟，涵盖建筑陶瓷、家纺、服装、影视、美术陶瓷、软件等重点版权产业。

31日

△中共广东省委、省政府出台《关于支持佛山新时代加快高质量发展　建设制造业创新高地的意见》，赋予佛山部分省级经济社会管理权限，明确佛山4个方面战略定位：新时代改革开放示范、粤港澳大湾区西向门户城市、制造业高质量发展标杆、高品质现代化人文都市。

△佛山市通过科技部成果转化与区域创新司的评估，成功创建国家创新型城市。

△由中国地方志指导小组、中国地方志学会组织的第八届全国地方志优秀成果（年鉴类）评审结果公布，《佛山年鉴（2020）》获评全国"特等年鉴"，为全省唯一获此荣誉的地级以上市综合年鉴。

是月

△佛山新城夜景亮化一期Ⅰ、Ⅱ标段项目获第十六届中国照明奖工程设计类三等奖。

（市地方志办）

市情概貌

自然地理

【地理位置和面积】 佛山市位于广东省中南部，珠江三角洲腹地。东倚广州市，西靠肇庆市，南邻江门市、中山市，北接清远市，邻近深圳市和香港特别行政区、澳门特别行政区。市域范围在北纬22° 38′ ~ 23° 34′、东经112° 23′ ~ 113° 24′。佛山市域东距西、南距北均约103千米，大致呈“人”字形，辖禅城、南海、顺德、高明、三水5个区。佛山市土地面积3797.79平方千米（以2019年12月31日为标准时点的第三次全国土地调查数据）。

（郭　庆）

【地质地貌】 佛山市地势总体有北高南低、西高东低的特征，大部分地区较为低平，地势起伏较小，以平原为主，为珠江水系之北江、西江三角洲平原，海拔一般小于5米，多在1.2 ~ 4.8米，河汊众多，桑基鱼塘密布，其间零星分布有丘陵残丘和残留台地，丘陵残丘海拔小于100米，坡度15度以下；残留台地海拔一般小于50米，浑圆低平；佛山市西部的高明、北部的三水地区有连绵的山体，为丘陵—低山地貌，地势陡峻，相对高差大，山谷纵横，植被茂密。佛山市最高山峰为高明区杨和镇的皂幕山，海拔805米，三水大塱涡地势低洼，高程-1.7米，为全市最低点。

在中国大地构造分区中，佛山市位于二级构造单元武夷—云开—台湾造山系，经历各构造旋回的地质演化，形成佛山市极具特征的地质背景。距今8亿至2300万年的岩石构成佛山市的坚硬基底，沉积岩、岩浆岩和变质岩三大岩类均有发育，但是以各地质时期的沉积岩为主体。各地质时代的地层发育较为齐全、分布广泛，发育的地层有南华系、寒武系、泥盆系、石炭系、二叠系、三叠系、侏罗系、白垩系、古近系和第四系，以古近系和第四系分布最广。佛山市位于珠江三角洲平原，属于浅覆盖区，基岩上覆盖着5万年以来形成的松散堆积层，即第四纪地层，厚度一般小于50米，最厚70米，是珠江水系与中国南海共同作用形成的，其沉积中心沿北东向和北西向呈现出有规律的展布，与区域断裂构造的展布较一致，显示断裂构造对第四纪沉积的控制作用。大约9000万年前开始发生火山活动，4800万年至3600万年前的火山活动，形成西樵山、王借岗、紫洞等地的火山岩，岩性主要为粗面岩、玄武岩等，经过后来的风化、剥蚀，造就西樵山火山地貌景观和王借岗、紫洞等地的火山岩柱状节理地质遗迹。经历漫长的地质历史演化，佛山市范围内地质构造复杂，主要的构造形迹包括褶皱、断裂等，以一组多条断裂构成断裂构造带为特征。断裂构造总体以北东向广州—从化断裂带（南段）、北西向白坭—沙湾断裂带和西江断裂带为主，它们相互切割、复合，构成佛山区域构造的基本格架。佛山市断裂构造具有多期活动的特征，主要形成期为加里东期至燕山期。佛山市新构造运动主要表现为基底断块的差异升降。

佛山市地下水资源较为丰富，地下水类型主要有松散岩类孔隙水、碳酸盐岩类裂隙溶洞水、红层孔隙裂隙水和基岩裂隙水等，以松散岩类孔隙水为主，不同地区含水量有所差异，总体含水量为中等至丰富。地下水位高，一般埋深1 ~ 2米，连续含水层分布有1 ~ 3层，以微承压至承压水为主，顺德区陈村、伦教、勒流、杏坛和均安一线的东南部为咸水区，佛山市其余地区为淡水区，过渡带为上淡下咸区。

佛山市地质灾害的发生与强降雨和人类工程活动密切相关。截至2021年底，全市有地质灾害或隐患点115处，其中崩塌92处、滑坡17处、泥石流4处、地面塌陷1处、地面沉降1处。

（罗锡宜）

【气候】 佛山市属于亚热带季风气候区，温暖、多雨、湿润，夏长冬短。四季气候可概括为：夏少酷热，冬无冰雪，春常阴雨，秋高气爽。年平均（统计年份为1991—2020年，下同）气温23℃。1月最冷，平均气温14.1℃，7月最热，平均气温29.4℃。年日照时数1591.8小时。年平均风速2.2米/秒。年平均相对湿度74.5%。年降雨量1768.2毫米，6月最多，平均304.2毫米，汛期（4—9月）降雨量1417.3毫米，占全年的80.2%；年平均雨日141.1天，6月最多，平均18.4天。佛山是华南地区龙卷风灾害多发、频发的地区。佛山春夏季常出现雷雨大风、短时强降水、强雷电、冰雹、龙卷等灾害性天气；夏季降雨不均，旱涝无定，秋冬季降雨明显减少；夏秋季常有热带气旋影响，平均每年有1～2个热带气旋影响佛山市。由于地处低纬，海洋和陆地天气系统均对佛山有明显影响，冬夏季风的交替是佛山季风气候突出的特征：冬春多偏北风，夏季多偏南风。冬季的偏北风因极地大陆气团向南伸展而形成，干燥寒冷；夏季偏南风因热带海洋气团向北扩张而形成，温暖湿润。

春季（3—5月） 春季白昼渐长，气温和降水量均处在上升时期，天气多变，常出现乍暖乍冷天气。佛山的春天常是阴雨绵绵，是全年日照最少的季节，由于缺少阳光，气温日变化小，让人感到有寒意。另外，春季是冬夏季的交替季节，天气过程复杂，变化迅速，中小尺度天气系统非常活跃，常出现强对流天气。通常从4月开始，佛山市进入前汛期，5月到达前汛期的降雨高峰期，暴雨频发。

夏季（6—8月） 夏季盛行偏南风，丰沛的水汽随南风源源不断输送到上空，为夏季降雨提供有利条件。6月是佛山前汛期的降雨高峰期，出现暴雨的机会较多。全年中40%～50%的雨水集中在夏季，暴雨和热带气旋容易造成严重的灾害。佛山的夏季天气炎热，一年中最热的月份是7月，全市的月平均气温达29.4℃，极端最高气温达39.2℃（2005年7月18日，南海国家气象观测站；2017年8月22日，顺德国家气象观测站）。盛夏季节气温高，加上相对湿度大，显得暑气逼人。

秋季（9—11月） 秋季是一年中最舒适的季节，此时冷空气开始频繁南下，气温逐渐下降。9月仍是热带气旋活跃期，10月后强对流天气和热带气旋

链接

2021年佛山市主要天气气候事件

年初、年末强冷空气来袭 2021年1月7—12日，受强冷空气影响，天气持续寒冷，此次冷空气过程降温幅度大、低温范围广，三水国家气象观测站12日早晨录得全市最低气温1.5℃，为2011年以来佛山市最低气温，12日、13日出现霜冻天气。12月25—28日，再次受强冷空气影响，过程最大降温幅度达9.5℃，三水国家气象观测站27日早晨录得全市最低气温7℃。

平均气温、高温日数均创新高 年平均气温24.2℃，较常年（统计年份为1991—2020年，下同）高1.2℃（常年全市平均气温23℃），为有气象记录以来最高。年高温日数62天，较常年多33.1天（常年全市平均高温日数28.9天），为有气象记录以来最多，其中北部58天、中部50天、南部78天，分别较常年多30.9天、20.5天、47.9天（常年北部高温日数为27.1天，中部为29.5天，南部30.1天）。

史上最热的3月和5月 由于降雨偏少，3月、5月气温偏高。3月平均气温21.6℃，较历史同期（18.6℃）高3℃，创有气象记录以来同期最高纪录。5月平均气温达29.4℃，较历史同期（26.5℃）高2.9℃，创有气象记录以来同期最高纪录。

降雨量偏少，极端短时强降水频发 全市年平均降雨量1404.9毫米，较常年（1768.2毫米）少2成。龙舟水期间（5月21日至6月20日）全市平均降雨量229.8毫米，较常年（308.3毫米）少2～3成。年内，全市有4天出现1小时雨量超100毫米的极端短时强降水，分别为：高明区更合镇117.6毫米（6月1日13时10分至14时10分）、禅城区石湾镇街道115.4毫米（6月23日14时25分至15时25分）、南海区狮山镇124.3毫米（8月1日17时20分至18时20分）、禅城区南庄镇102毫米（8月7日17时45分至18时45分）。

森林火险等级高、频次多 年内气温明显偏高，降水阶段性偏少明显，天气持续干燥，森林火险等级高，各区全年森林火险红色预警生效日数为69天。

初台偏晚、风雨总体影响明显 全年有2个台风（台风“查帕卡”和热带风暴“卢碧”）登陆广东，较常年登陆数（3.7个）少1.7个。4个台风（“小熊”“狮子山”“圆规”“雷伊”）影响广东。初台“查帕卡”于7月20日21时50分前后登陆阳江市，较常年（6月28日）晚22天；“雷伊”刷新影响广东最晚台风纪录。于佛山而言，有3个台风（“狮子山”“圆规”“雷伊”）带来明显的风雨影响。受台风“狮子山”和冷空气共同影响，全市出现持续性强降雨，并伴有7～8级阵风，具有“持续时间长、累积雨量大、雨势相对平缓”的特点。10月7日20时至10日20时，全市平均雨量133.5毫米，有6个（占比2.5%）自动气象站的累积雨量超250毫米，145个（占比60.2%）自动气象站的累积雨量在100～250毫米，73个（占比30.3%）自动气象站的累积雨量在50～100毫米之间，高明区杨和镇录得最大累积雨量373.5毫米，顺德区乐从镇录得最大阵风20.5米/秒（8级）。受台风“圆规”和冷空气共同影响，佛山持续出现7～8级阵风，并伴有中到大雨。10月11日20时至13日20时，20个（占比8.3%）自动气象站录得8级阵风，188个（占比78.0%）自动气象站录得6～7级阵风，三水区乐平镇录得最大阵风19.7米/秒（8级），高明区杨和镇录得最大累积雨量56.6毫米。受台风“雷伊”外围环流和冷空气共同影响，12月20日白天到21日早晨，佛山中部、南部出现暴雨、局部大暴雨，北部出现中雨，并伴有5～6级阵风。20日8时至21日8时，1个（占比0.4%）自动气象站的累积雨量超100毫米，47个（占比19.0%）自动气象站的累积雨量在50～100毫米之间，顺德区勒流镇录得最大累积雨量102.0毫米。

明显减少，但仍有出现的可能。秋季多以晴天为主，降水少。从9月下旬至11月底平均降雨量仅163.9毫米，约占全年降雨的9.3%，历史上曾多次出现连续30天无雨的年份，秋燥的特点明显。

冬季（12月至次年2月） 冬季受蒙古冷高压边缘影响，盛行偏北风，受到冷空气的频繁影响，为全年最冷的时期。1月平均气温14.1℃，为全年最低，极端最低气温曾达-1.9℃（1967年1月17日，南海国家气象观测站）。在两次冷空气之间常有一段回暖过程，气温上升。佛山常受冷高压脊控制，处于干冷气流控制下，降水最少，有时整月无降水出现，晴好天气多，日照充足。

（罗 环）

【水文】 2021年，佛山市江河来水量偏少，主要控制站点马口站、三水站年平均流量分别为4420立方米/秒和1100立方米/秒，比常年（统计年份为1959—2020年，下同）值偏小38.4%和29%。受西江、北江来水及天文大潮影响，全年出现2次小幅涨水过程，均未达到中高洪水位（4.58米）。马口站全年最大洪水出现在7月，洪峰水位2.69米，对应洪峰流量1.95万立方米/秒；三水站全年最大洪水出现在5月，洪峰水位2.96米，对应洪峰流量6290立方米/秒。全年影响佛山市的热带气旋有3个，分别为202107号“查帕卡”、202117号“狮子山”和202118号“圆规”，均给佛山市带来不同程度的降水和风暴潮增水。

（陈慧莎）

【土壤】 佛山市位于珠江三角洲平原区，成土母质种类较少，主要为第四纪海陆交互相、第四纪冲洪积物、砂泥岩类风化物、碳酸盐岩类风化物、花岗岩类风化物和中性火山喷出岩类风化物。土壤类型主要有赤红壤、水稻土和潮沙泥土等。赤红壤是佛山市的地带性土壤，发育于砂泥岩、砂砾岩、花岗岩和粗面岩等母岩风化物，主要分布于岗地和中低山丘陵区。水稻土主要分布于三角洲沉积平原和河流冲积平原，根据地势高低和土壤性质，可分为淹育型水稻土、潴育型水稻土和潜育型水稻土。潮沙泥土分布于河流两岸的河滩地、坝地和洲地等。

（李 冲）

【植被】 根据《佛山市野生动植物资源调查》，佛山植被可分为自然植被和人工植被类型。其中，自然植被包括南亚热带季风常绿阔叶林、南亚热带常绿针阔混交林、南亚热带常绿矮树灌草丛、南亚热带湿地草丛等类型；人工植被包括人工常绿林、城市人工绿地、农业植被等类型。人工常绿林包括马尾松林、杉木林、相思林、桉树林、黧蒴林、竹林等群落。

（郭 庆）

【自然资源】 佛山市有土地、矿产、林木水资源、生物资源等各种类型的自然资源。

土地资源 按佛山市第三次全国国土调查主要数据公报，佛山市土地面积37.98万公顷。耕地2.12万公顷。其中水田1.22万公顷，占57.62%；水浇地7873.91公顷，占37.20%；旱地1096.02公顷，占5.18%。耕地主要分布在南海区、三水区和高明区。位于2度以下坡度（含2度）的耕地17461.20公顷，占全市耕地的82.50%；位于2～6度坡度（含6度）的耕地2907.50公顷，占13.74%；位于6～15度坡度（含15度）的耕地736.45公顷，占3.48%；位于15～25度坡度（含25度）的耕地56.72公顷，占0.27%；位于25度以上坡度的耕地2.49公顷，占0.01%。园地18132.18公顷。其中，果园3954.17公顷，占21.81%；茶园16.06公顷，占0.08%；橡胶园0.02公顷，占比不足0.01%；其他园地14161.93公顷，占78.10%。园地主要分布在南海区和三水区。林地77983.26公顷。其中，乔木林地71922.11公顷，占92.22%；竹林地2656.02公顷，占3.41%；灌木林地879.51公顷，占1.13%；其他林地2525.62公顷，占3.24%。林地主要分布在三水区和高明区。草地11228.65公顷。其中，天然牧草地0.1公顷，占比不足0.01%；人工牧草地7.03公顷，占0.06%；其他草地11221.52公顷，占99.93%。草地主要分布在南海区、顺德区、三水区和高明区。湿地1369.98公顷（湿地是第三次全国国土调查新增的一级地类）。其中，灌丛沼泽0.28公顷，占0.02%；内陆滩涂1369.70公顷，占99.98%。城镇村及工矿用地134804.45公顷。其中，城市用地40812.93公顷，占30.28%；建制镇用地66347.48公顷，占49.22%；村庄用地26214.62公顷，占19.44%；采矿用地584.68公顷，占0.43%；风景名胜等特殊用地844.74公顷，占0.63%。交通运输用地15091.08公顷。其中，铁路用地824.68公顷，占5.47%；轨道交通用地209.99公顷，占1.39%；公路用地11040.84公顷，占73.16%；农村道路用地2615.00公顷，占17.32%；港口码头用地400.24公顷，占2.65%；管道运输用地0.33公顷，占比不足0.01%。水域及水利设施用地96569.95公顷。其中，河流水面23973.21公顷，占24.82%；湖泊水面21.40公顷，占0.02%；水库水面2139.56公顷，占2.22%；坑塘水面62227.91公顷，占64.44%；沟渠4104.07公顷，占4.25%；水工建筑用地4103.80公顷，占4.25%。

矿产资源 佛山市地处华南褶皱系西南部之粤中坳陷，成矿条件良好，能源矿产、金属矿产、非金属矿产和水气矿产均有分布。截至2021年底，佛山市已发现矿产52种，已查明有资源储量矿产40种；矿床（点）320处，其中大型矿床19处、中型矿床23处、小型矿床45处、矿点233处。

林木资源 佛山市主要经济林木品种有马尾松林、杉木林、相思林、桉树林、黧蒴林、竹林等。有佛山市云勇林场、佛山市高明区鹿洞山林场、佛山市三水区大南山生态公益林场等国有林场3个。

水资源 佛山市地处珠江三角洲中部河网区，西江、北江分流的各水道贯穿其中，河流纵横交错，水网密布，主要河流及分支包括西江、北江、顺德水道、潭洲水道、陈村水道、佛山水道、容桂水道、高明河、芦苞涌、西南涌等，主要江河长度774.72千米。西江主流在佛山区域长69.1千米，有支流河道11条。北江主流在佛山市区域长100.2千米，有主要支流河道13条。佛山市多年平均（统计年限1956—2016年，下同）降水量1579.6毫米，折合年均降水总量60.23亿立方米。降水时空分布不均匀，降水主要集中在汛期4—9月，约占全年降雨量的80%。降水年际变化大，丰水年是枯水年的1.9倍。佛山市多年平均径流量28.63亿立方米，多年本地水资源总量29.69亿立方米。佛山市有西江、北江丰富的过境客水，多年平均入境水量2770亿立方米，出境水量2800亿立方米。2021年，佛山市降水属平水偏枯年，年平均降水量1329.9毫米，比多年平均少15.8%；地表水资源量23.97亿立方米，比多年平均少16.3%；地下水资源量5.84亿立方米，比多年平均少23%；水资源总量25.16亿立方米，比多年平均少15.3%。全年全市入境水量1756.4亿立方米，出境水量1803亿立方米。

生物资源　佛山市野生动植物的生物多样性丰富，全市有野生脊柱动物27目、75科、235种，野生维管植物195科、686属、1038种。其中，国家、省重点保护野生植物13种，国家、省重点保护野生动物58种。佛山市江河鱼类资源丰富，有淡水鱼类46种。其中：鲤形目2科、32种、12亚种，占总种数的69.6%；鲇形目4科、7种；鳉形目1科、1种；鲈形目5科、6种。高明区有国家一级保护动物鼋的主要保育地，并于2020年在高明区放生20只鼋子二代开展野外适应性研究，每年回捕体重稳步增加。贝类主要有中国圆田螺、淡水壳菜、河蚬、背角无齿蚌、褶纹冠蚌等；甲壳类主要有日本沼虾，以及国外引进养殖种罗氏沼虾；龟鳖类有鳖、黄喉拟水龟（石金钱）、中华草龟、三线闭壳龟（金钱龟）、黑颈乌龟等。水生维管束植物常见种类有喜旱莲子草、马来眼子菜、龙须眼子菜、菹草、茨藻、矮慈姑、浮萍等。全市有位于高明区的合水沙罗自然保护区（县级）1个。佛山物产主要品种：粮食作物有水稻、玉米、马铃薯、红薯、大豆；特色作物有粉葛、雪梨瓜、黑皮冬瓜；特色水果有荔枝、龙眼、香蕉、番石榴、橘、柑、阳桃；油料作物以花生为主；特色水产品有加州鲈、鳜鱼、日本鳗鱼、中华鳖、长吻鮠、乌鳢、笋壳鱼等。

（郭　庆　罗惠栅　庄宇君）

历史人文

【历史文化】 佛山历史悠久，文化底蕴深厚，是国家历史文化名城，素有南方铸造中心、广纱中心、陶艺之乡、岭南成药之乡、粤剧之乡、武术之乡、民间艺术之乡等美誉。

据考证，佛山的历史起源于现禅城区石湾镇街道澜石区域。4500 ~ 5500年前，百越先民沿西江、北江到此繁衍生息，以渔耕和制陶开创原始文明。相传唐贞观二年（628年），乡民在塔坡岗上掘得3尊铜佛像，并有“佛山”石榜为证，佛山由此得名。

唐宋时期，佛山的手工业、商业已十分繁荣。明清时期，更是发展成商贾云集、工商业发达的岭南重镇，与湖北汉口镇、江西景德镇、河南朱仙镇并称为中国四大名镇，与北京、汉口、苏州并称“天下四聚”，陶瓷、纺织、铸造、医药四大行业鼎盛南国。清末，佛山得风气之先，成为中国近代民族工业发源地之一，先后诞生中国第一家新式缫丝厂（继昌隆缫丝厂）和第一家火柴厂（巧明火柴厂）。

佛山的铸造业始于西汉，宋代时佛山所铸的鼎、锅、钟、塔等闻名全国，到明代佛山的铸造技术已达相当高的水平，成为中国南部冶炼中心，以至“佛山之冶遍天下”。张心泰在《粤游小识》中记载：“盖天下产铁之区，莫良于粤，而冶铁之工，莫良于佛山。”

佛山的纺织业以丝织为主。汉晋时代，南海已出现“蚕桑织绩”。宋代，手工缫丝的机户已普遍流行。明清时期，佛山被誉为“广纱中心”，南海、顺德部分地区生产出的牛郎丝、官纱、扁金花绫、幅绫、金彩灯笼纱等丝织品颇负盛名，其中最著名的是莨纱绸。

佛山是“南国陶都”“中国陶瓷名都”，制陶工艺源远流长，自古有“石湾瓦，甲天下”的美誉。建于明代正德年间的南风古灶，是世界上现存最古老的柴烧龙窑，薪火相传至今500多年，被誉为“陶瓷活化石”。

佛山是“岭南成药之乡”，产品种类齐全的古方正药有400余年历史，老字号名药有“黄祥华”如意油、“冯了性”药酒、“源吉林”甘和茶等。

佛山是“南国红豆”粤剧的发源地，诞生粤剧艺人的代称——“红船子弟”以及粤剧最早的戏行组织——琼花会馆。2004年举办的琼花粤剧艺术节，使佛山呈现出古人描绘的“红船泊晚沙，万人看琼花”的盛况。

佛山是“武术之乡”“中国武术之城”，是中国南派武术的主要发源地，世界上广泛流行的蔡李佛拳、洪拳、咏春拳等均发扬于佛山，武术大师黄飞鸿，咏春宗师梁赞、叶问，影视武打明星李小龙等祖籍及师承亦在佛山。

佛山是“狮艺之乡”，是南狮的发源地，是首个“中国龙舟龙狮运动名城”。禅城区是“中国龙狮运动之乡”，南海区西樵镇是全国唯一的“中国龙狮名镇”。

佛山是珠江三角洲民间艺术的摇篮，孕育并保留大量体现岭南文化精髓的民间艺术。狮舞（广东醒狮）、粤剧、龙舟说唱、佛山木版年画、剪纸（广东剪纸）、石湾陶塑技艺、彩扎（佛山狮头）、香云纱染整技艺、庙会（佛山祖庙庙会）、中秋节（佛山秋色）、十番音乐（佛山十番）、锣鼓艺术（八音锣鼓）、龙舞（人龙舞）和灯彩（佛山彩灯）等项目入选国家级非物质文化遗产名录。

佛山是珠三角“美食之乡”，是粤菜发源地之一，有“食在广东，厨出凤城”之说。一直以来，佛山以烹饪技艺精良、民间食谱丰富、茶楼食肆林立而蜚声海内外。2004年和2011年，顺德区和佛山市先后被中国烹饪协会命名为“中国厨师之乡”“中国粤菜美食名城”。2014年12月，顺德区被联合国教科文组织评为“世界美食之都”。

【民间习俗】 佛山民俗文化源远流长，内涵丰富，从诸多方面展示地方风物掌故和民情习俗，是佛山人民在长期的生产生活实践中所创造出来的优秀文化。如“行通济”、秋色巡游、端午赛龙舟、北帝诞、乐安花灯会、官窑生菜会等民俗活动，吸引大批民众参与，影响遍及海内外，对研究岭南民情风俗具有深远的意义。

“行通济”是佛山的传统民俗活动，

起源于明代。每年正月十六佛山人行“通济桥”，以求来年风调雨顺，心想事成，衍生出“行通济，无闭翳”（“闭翳”是粤语方言，意指忧愁、衰气）这一广为流传且具有鲜明地方特色的俗语。近年来，佛山还将慈善理念融入“行通济”活动，吸引众多珠三角乃至全国各地的游客参与，已成为国内元宵节期间最盛大的民俗活动之一，并多次登上中央电视台的新闻报道。

秋色是佛山独有的富有地方特色的民间艺术展演活动，起源于明代，至今有600多年历史。为庆祝丰收，人们利用农产品或手工业剩余材料，制成各种工艺品，加上“扮演故事”的活动，在中秋节前后举行盛会。从2010年起，每年都会举办一次，发展为集艺术展示、巡游表演、民俗活动等于一体的民俗狂欢节，成为佛山建设文化名城的亮丽名片。

佛山地处珠江三角洲水网地带，赛龙舟是民间盛行的传统民俗活动，俗称“扒龙舟”。佛山各地游龙或划龙舟的形式也各有千秋，如张槎大江的“踩”龙舟、南庄湖涌的扒草艇、桂城叠滘的龙舟漂移、盐步老龙习俗、西樵的“半山扒龙船”等。赛后吃龙船饭也是端午节最有特色的民俗活动之一，一直延续至今，成为人们彼此联系感情、凝聚民心、维系团结的一种方式。

每年农历三月初三是佛山祖庙北帝诞，其间，举行庆典仪式和相关的祭祀活动，是融宗教性、娱乐性、世俗性、群众性为一体的综合性传统民俗文化活动，具有广泛的全民参与性。庙会的盛况比春节有过之而无不及，北帝出游连续昼夜四日，“鼓吹数十部，喧腾十余里”。

乐安花灯会起源于明代洪武年间，兴盛于清代康雍乾年间。南海乐安圩一带的村民自古就有正月“开灯”“庆灯”“猜灯谜”的传统习俗。正月初九为乐安圩期，各方村民纷纷到乐安灯地（市）卖灯、买灯，逐渐形成延续至今的乐安花灯会，吸引大批游客前来逛灯会。

生菜会是盛行于今南海区狮山、大沥、里水等镇的传统民间习俗，尤以狮山镇官窑生菜会出名。官窑生菜会起源于明代，兴于清代，舞醒狮、吃生菜包的习俗沿袭至今。每年正月廿六观音开库日，举行盛大的祈福盛会，表达人们迎春纳福、求子求财的美好意愿。自1986年起，增加生菜宴、时装表演、游园会、文艺晚会等活动。

【历史名人】 佛山历史悠久，人文荟萃。广东历史上有9位先贤，佛山占4位（战国时南海人高固、东汉时南海人疏源、西晋南海人王范、晋代南海人黄恭）。

从唐至清光绪三十年（1904年），佛山有文进士786人，武进士98人，举人近4000人。其中文状元5人、榜眼3人、探花3人、会元7人、解元25人。在广东历史上先后出现的9位文状元中，佛山占5位：简文会（今禅城区石湾镇街道人），是南汉乾亨四年（920年）的状元；张镇孙（今顺德区伦教街道人），是南宋咸淳七年（1271年）的状元；与简文会同村的伦文叙，是明弘治十二年（1499年）的状元；黄士俊（今顺德区杏坛镇人），是明万历三十五年（1607年）的状元；梁耀枢（今顺德区杏坛镇人），是清同治十年（1871年）的状元。此外，佛山还先后出现过2位武状元，分别为明崇祯元年（1628年）武状元朱可贞（今顺德区龙江镇人）和清嘉庆四年（1799年）武状元姚大宁（今南海区里水镇人）。

封建社会在朝廷为官的佛山人，很多都尽心为国出力、为民办事。庞尚鹏历经明代嘉靖、隆庆、万历三朝，官居左副都御史，敢于与贪污腐败的官吏作斗争，民谣赞他“亮如水，猛如虎”，称他为“庞铁面”，当代人认为他是封建社会杰出的经济体制改革家。三水人何维柏，生活于明代嘉靖、隆庆、万历三朝，官至尚书，敢于犯颜直谏，阻止皇帝几次劳民伤财的工程，坚决与奸臣严嵩作斗争。晚清重臣戴鸿慈，是清末出国考察五大臣之一，中国近代史上第一位司法部长，是清宣统年间协办大学士，以“诤言”名世。

在岭南文化形成、发展过程中，做出巨大贡献的佛山人如繁星闪烁。明代诗坛“南园五子”，佛山占其一（孙蕡）；明嘉靖年间“南园后五子”，佛山占其三（梁有誉、欧大任、吴旦）。万历年间的区大相，对岭南诗派的形成起到关键作用，被誉为“粤东诗派皆宗海目”。此后，有“岭南三大家”之陈邦彦、邝露；“岭南后三大家”之陈恭尹；“岭南四家”之黎简、张锦芳、黄丹书，以及“岭南近代四家”之黄节、罗惇曧。绘画方面，有广东现存最早的古典绘画作品的作者颜宗，明代开创水墨写意新派的林良，“开启广东画坛新时代”的黎简，以及杰出画家苏仁山、苏六朋。近代则有被称为独树一帜的“新写实主义”画家黄少强。文学创作方面，有《粤讴》的创作者招子庸，近代小说巨子吴趼人。佛山是粤剧的发祥地，名伶辈出。开粤剧改良先声的黄鲁逸，有“广东梅兰芳”美誉的千里驹，粤剧五大唱腔流派的创始人薛觉先、马师曾、白驹荣、廖侠怀、桂名扬等都是佛山人。佛山是著名的“武术之乡”，在海内外影响广泛的武术名家有梁赞、黄飞鸿、叶问和李小龙等。

教育科技方面，宋代，有撰写童蒙课本《三字经》的区适子；明代，有在西樵山设书院讲理学的霍韬、方献夫以及新会人湛若水；清代，有与番禺陈澧并称“广东大儒”的朱次琦，中国第一位照相机的发明者邹伯奇。

地处南海之滨的佛山，得风气之先，有一批广东最早“睁眼看世界”的中国人。清嘉庆十四年（1809年）接种牛痘法传到澳门，南海人邱熺在澳门行医，亲身试种后，也鼓励亲友试种，推广效果甚佳。基督教由澳门传入内地后，高明人梁发在道光三年（1823年）成为第一位华人牧师。顺德人梁廷枏，道光二十四年（1844年）先后写成《夷氛闻记》《海国四说》，介绍欧美各国的情况。

鸦片战争后，一批爱国文人、华侨，学习西方工业革命的成功经验，办工厂，兴实业，使佛山成为近代中国民族资本主义工业的重要诞生地。他们中有创办中国近代首家民族资本新式企业（继昌隆缫丝厂）的陈启沅，创办中国第一家民族资本机器造纸厂（宏远堂机器造纸公司）的钟星溪，创办机器制造厂、生产出第一台国产柴油机的陈沛霖、陈拔廷、薛广森，创办南洋烟草公司的简照南、简玉阶兄弟。同时，还有一批高举爱国主义旗帜，以拯救中华民族为己任，寻找救国富民之路的仁人志士，较为突出的有合著《新政真诠》一书的何启、胡礼垣；发动和领导维新运动的康有为；与孙中山并称反清“四大寇”的尤列。此外，在黄花岗七十二烈士中，有13位是佛山人。

中国共产党成立后，每个历史时期，都有一批杰出的佛山儿女，为中华民族的解放和共产主义事业英勇奋斗。他们中有广东中共党组织的创建者之一的“高明三谭”（谭平山、谭植棠、谭天度）、党的好女儿陈铁军、被彭湃誉为“红色花木兰”的区夏民、参加省港大罢工和广州起义的中国工农红军杰出指挥员黄甦、在大革命时期就组织农民武装与反动势力斗争的吴勤、中国共产党最早的工人党员之一邓培、东北抗日联军的主要发动者和领导者罗登贤等。

（市地方志办）

【方言】 佛山市推广使用普通话，境内方言主要为粤语、客家话等。粤语方言俗称白话，也称广州话，海外称唐话，以珠江三角洲为分布中心，流行于广东的中部和西南部，广西的东南部、海南与港澳地区，在北美洲、欧洲、大洋洲等地，以及东南亚的新加坡、印度尼西亚、马来西亚、越南等地的华人社区中也得到广泛使用。粤语方言，以及客家话、涯话、潮汕话是广东四大方言。

广州音是约定俗成的粤语标准音，大多数粤语字典也是以广州音为准，但在佛山部分地区使用的粤语略有不同。佛山话有17个声母、60个韵母、9个声调。佛山话与广州话在语汇、语法方面基本相同，语音十分接近，但在韵母和声调上略有差异。如：“咩事呀？”中的“事”，石湾一带的老佛山人常读“树”（syu6），而广州人读“似”（si6）。又如：佛山人常把“这个”读成“阿个”，广州人常读成“果个”，等等。另外，佛山话与普通话在语音、词汇、语法方面差别都比较大，且普通话只有4个调，佛山话有9个声调，并保留古汉语（中原雅语）的入声系统及其发音特色。

佛山方言的类别与分布：佛山境内大部分区域通用粤语，客家话主要通行于三水、高明、南海部分区域。禅城区境内通用粤方言，主要有佛山话、广州话、石湾话、南庄话、张槎话等。南海区境内除和顺、松岗个别村的极少数人操客家方言外，主要使用粤方言。按照特点的不同，南海粤语可分为五小片：位于南海中部桂城片、位于南海东部的大沥片、位于南海北部官窑片、位于南海南端的九江片、位于南海西南部的沙头片。以上粤方言属于珠三角片（南番顺小片），但在桂城西约的岐阳与健龙、桂城东二的新村、桂城叠南的乐庆有居民使用四邑片粤方言，但不足1000人。西樵镇的西岸为鹤山、高明所包围，语言较复杂，其中八村及六村的新地、下舍通行鹤山茶山话（茶山话归属暂不详）。顺德区境内通用粤方言，顺德粤方言主要分为五小片：大良片、陈村片、桂洲片、龙江片、均安片。其中龙江粤语接近四邑片方言。高明粤方言大致分为三片：以明城话为代表的中、西部方言，使用范围包括明城、新墟、更合等区域；以西安话为代表的北部方言，通行地域包括西安、三洲、富湾；以人和、杨梅为主的南部方言。三水区境内绝大部分地区讲粤方言，大塘镇六和片多数村落讲客家方言，南山镇也是客家人聚居点，约占全区总人口的3%。这些客家人大部分是清代从嘉应州等地迁到六和。三水区粤方言主要分为五片：西南片、芦（苞）塘（大塘）片、金（本）白（坭）片、迳口片、南（边）范（湖）片。

随着佛山经济社会的发展，人口迁移不断推进，越来越多的外地人在佛山学习、生活、工作，成为新佛山人。佛山本地人也顺着外来人的口音，逐渐发生着细微的变化。

（市社科联）

建置·区划

【建置沿革】 佛山“肇迹于晋，得名于唐”。新石器时代，佛山先民就以渔耕和制陶开创原始文明。春秋战国时期，佛山属于百越之地。秦、汉时期，现禅城、南海、顺德、三水属南海郡番禺县；高明属高要县。晋代，禅城称“季华乡”。隋开皇十年（590年），从番禺县分置南海县，因旧置南海郡而得名。相传唐贞观二年（628年），乡民在塔坡岗上掘得3尊铜佛像，并有“佛山”石榜为证，佛山由此得名。五代十国时期，现禅城、顺德属咸宁县，宋初重新并入南海县。明景泰三年（1452年），佛山被敕封为“忠义乡”，属南海县。同年，置顺德县，意为“顺天威德”。明成化十一年（1475年）置高明县，因原有高明巡检司而得名。明嘉靖五年（1526年）置三水县，意为“三水合流”（西江、北江、绥江）。民国时期，佛山曾先后改设佛山镇、佛山市、佛山镇、南海县特别区。

1949年10月15日佛山解放，10月31日佛山市人民政府成立。1950年3月，设广东省珠江专区专员公署，辖中山、顺德、南海、三水、花县、番禺、宝安、东莞8个县和佛山市，专署驻地中山县石岐镇。1952年11月，撤珠江专员公署，设粤中行政公署，辖中山、顺德、南海、三水、番禺、东莞、宝安、增城、博罗、龙门、珠海、新会、高明、鹤山、封开、怀集、高要、广宁、四会、新兴、罗定、云浮、郁南、德庆24个县和石岐市，并领导省辖佛山市、江门市。粤中行署驻地江门市。1954年6月，粤中行政公署由江门市迁入佛山市。1956年撤粤中行政公署，成立佛山专员公署，驻地佛山市，辖中山、珠海、番禺、顺德、南海、三水、新会、鹤山、高明、台山、开平、恩平、花县13个县和石岐市，领导省辖的佛山市、江门市。1958年，佛山、江门改为县级市，由佛山专区领导。1966年，佛山市升为地级市，受广东省、佛山专区双重领导。1970年，佛山专区更名为佛山地区，佛山、江门改为县级市。佛山地区辖南海、顺德、三水、高鹤、台山、恩平、番禺、中山、珠海、新会、开平、斗门12个县和佛山、江门2个市。1974年，佛山市、江门市恢复为省辖市，实行省地双重领导。1980年，成立佛山地区行政公署，辖中山、斗门、顺德、南海、三水、高鹤、新会、台山、开平、恩平10个县和佛山市、江门市。1983年6月1日，撤销佛山地区建制，实行市领导县体制。佛山市辖中山、南海、顺德、高明、三水5个县。同年，中山县改为中山市（县级）。1984年6月，佛山市辖汾江区（1986年易名为城区）和石湾区，以及南海、顺德、高明、三水4个县，代管中山市。1988年1月，中山由县级市升为地级市，从佛山市划出。1992—1994年，南海、顺德、高明、三水撤县设市（县级），由佛山市代管。2002年12月，撤销佛山市城区、石湾区，以及县级南海市、顺德市、三水市和高明市，设立佛山市禅城区、南海区、顺德区、三水区和高明区。自此，佛山市实行一市辖五区体制。

（市地方志办）

【行政区划】 截至2021年底，佛山市由禅城区、南海区、顺德区、高明区、三水区5个辖区组成。全市有21个镇、11个街道。其中：禅城区辖南庄1个镇和石湾镇、张槎、祖庙3个街道；南海区辖九江、西樵、丹灶、狮山、大沥、里水6个镇和桂城1个街道；顺德区辖北滘、陈村、乐从、龙江、杏坛、均安6个镇和大良、容桂、伦教、勒流4个街道；高明区辖杨和、明城、更合3个镇和荷城1个街道；三水区辖白坭、乐平、芦苞、大塘、南山5个镇和西南、云东海2个街道。

（陈　瑶）

表1　2021年佛山市行政区划表

单位：个

区	镇		街道	
	数量	镇名	数量	街道名
禅城区	1	南庄	3	石湾镇、张槎、祖庙
南海区	6	九江、西樵、丹灶、狮山、大沥、里水	1	桂城
顺德区	6	北滘、陈村、乐从、龙江、杏坛、均安	4	大良、容桂、伦教、勒流
高明区	3	杨和、明城、更合	1	荷城
三水区	5	白坭、乐平、芦苞、大塘、南山	2	西南、云东海
合计	21		11	

人口·民族

【人口】 2021年，佛山市户籍人口总户数147.63万户（统计时点为11月30日24时），比上年增加3.08万户，增长2.13%。全市户籍人口484.13万人，比上年增长2.19%，其中城镇人口452.93万人、乡村人口31.20万人。全市户籍人口中，禅城区户籍人口73.60万人、南海区户籍人口170.05万人、顺德区户籍人口158.90万人、高明区户籍人口33.67万人、三水区户籍人口47.91万人。全市户籍人口中，男性234.04万人、女性250.09万人。全年出生登记5.52万人、死亡注销2.52万人，人口自然增长率为6.28‰；迁入9.04万人，迁出1.69万人，人口机械增长率为15.34‰。

（市公安局）

【民族】 2021年，佛山市人口民族成分以汉族为主。有少数民族人口53.2万人，分属55个少数民族，其中户籍人口4.74万人、流动人口约48万人。佛山市少数民族人口较多的民族是壮族、土家族、瑶族、苗族、布依族等，主要来自广西、湖南、湖北、云南、贵州、四川等地。（详见“社会生活”类目“民族宗教事务”分目“民族事务”次分目）

（陈锐城）

经济社会发展

【中华人民共和国成立前】 佛山地处由西江、北江、东江汇聚而成的珠江三角洲地区。因地势低洼，容易发生水涝。佛山人民根据自然环境的特点，开创在基上栽种桑树，然后桑树喂蚕，蚕屎、桑渣、蚕蛹又可以喂鱼，鱼粪肥塘良性循环的桑基鱼塘耕作方式。唐宋时期，佛山已有发达的冶铸、纺织、制陶等手工业生产。明清时期，冶铸、纺织、制陶、成药等成为佛山的四大支柱产业。随着手工业的发展和贸易的增加，各类专业圩市相继出现，如花市、桑市、鱼市等。各方商贾云集佛山，佛山成为沟通岭南与岭北贸易的中心，与当时的北京、苏州、汉口并称“天下四大聚”，与湖北汉口镇、江西景德镇、河南朱仙镇并称“天下四大镇”。鸦片战争后，一批开眼看世界、敢为天下先的佛山人，学习西方先进技术，创办中国第一家民族资本经营的机器缫丝厂——继昌隆缫丝厂，中国近代第一家民族资本火柴厂——巧明火柴厂。自清末佛山诞生近代工业，至民国初期，近代工业和手工业发展很快。顺德成为全省蚕丝业的中心。西樵、民乐成为全省丝织业的中心。民国元年（1912年），九江开设最早使用动力的织布厂。机械工业方面，在乐从、大良、容奇、盐步、佛山镇等地都兴建一些生产缫丝厂设备及机器零件制造的修理厂，缫丝厂所需的设备完全可由本地制造。电力工业方面，民国6年（1917年），筹办第一家发电厂。民国23年（1934年），创办全国第一批现代化糖厂之一的顺德糖厂。

佛山自古重教兴文，明代书院讲学盛行一时。当时的理学名家湛若水、方献夫、霍韬纷纷到西樵山开山讲学，因此西樵山也有“理学名山”的美誉。当时的四大书院有大科书院、云谷书院、石泉书院、四峰书院。近代受西方先进技术手段、管理方式、经营理念的影响，一批有识之士在学习、吸收、效仿西方经验的基础上，提出先进的思想和见解。其中，康有为是近代改良运动的首领人物，领导“维新变法”运动，其思想对中国近代思想界产生重要影响。民国初年，开始兴办国民学校，设立县、区公办小学，私办和教会办的小学也随之兴起。文化方面，诗歌、绘画、戏剧都出现一批具有影响的人物。清末民国初，有“岭南近代四家”之称的黄节、罗瘿公继承传统诗歌的发展。冼玉清被称为“岭南才女”，毕生著有几百万字的学术著作，涉及诗歌、金石、书画、文史考证等。岭南画派画家黄少强，被誉为“写民间疾苦第一人”。粤剧方面，黄鲁逸开粤剧改革先声，粤剧表演艺术家千里驹、薛觉先、白驹荣、马师曾以及粤曲星腔创始人“小明星”等一大批艺人，在民国时期对粤剧和粤曲的发展作出积极贡献。

【中华人民共和国成立后至改革开放前】 中华人民共和国成立后，佛山国民经济迅速恢复。1953—1956年，基本完成对农业、手工业和资本主义工商业的社会主义改造，建立以公有制经济为主体的社会主义经济制度。1953—1957年，佛山在完成三大改造的同时，实施第一个五年计划（简称“一五”）。“一五”期间，水利建设有很大发展。农田水利逐步形成较为合理的堤围体系。1961—1963年，开放农贸市场，贯彻“大办农业，大办粮食”的方针。在国家扶持下建设三角洲大电网，发展电动排洪站。佛山的工业开始进入机械化半机械化生产阶段。除恢复发展传统缫丝、铸造等行业，机电、化学、建材、塑料制品、机器造纸等日用轻工业初具规模。20世纪50年代，电子家电行业兴起。生产著名的“东宝”“根德”黑白、彩色电视机以及“星河”“钻石”高级音响组合机系列和收音机、录音机、电脑、液晶显示板、拉杆天线等主要电子产品，畅销各地。缫丝业方面，60年代，顺德丝厂采用混剥选装置、真空泵高速煮茧机等先进设备，为缫丝走向高精度开创新路，并在全国推广。1972年，红卫丝厂首创省内第一台D101型自动缫丝机（1980年后各厂才逐步安装自动缫丝机）。陶瓷工业方面，1966年在石湾日用陶瓷二厂建成广东第一条陶瓷隧道窑，投入生产。1967年，工业陶瓷厂建成第二条隧道窑。塑料工业方面，1966年，佛山塑料薄膜厂从日本引进“L”形四架压延机，开发聚氯乙烯压延薄膜产品。家用电器制造业方面，1974年，佛山市制伞厂仅有2台小型冲床和简陋的绕线、落线机，便开始试制风扇。1975年，自制一批专用设备，进行批量生产。佛山逐步构建起比较完整的地方工业体系。

1957年，佛山有小学919所（在校学生19.04万人）、中学31所（在校学生1.52万人）。1964年，贯彻“两种教育制度”和“两条腿走路”办教育的方针，在办好全日制小学，提高教学质量的同时，兴办一批半耕半读学校，解决农村贫下中农子女入学难的问题。广东省在佛山召开耕读小学会议，推广佛山经验。1956—1965年，各地广泛发动群众，开展以除“四害”（早期“四害”指苍蝇、蚊子、老鼠、麻雀，后指苍蝇、蚊子、老鼠、蟑螂）、讲卫生、消灭疾病为主要内容的爱国卫生运动。佛山市采取“治本为主，标本结合”的原则，“综合防治，分期实施，大搞群众运动”的方针，使除“四害”、讲卫生取得很大成绩。1960年，中央爱国卫生运动委员会在佛山召开全国城市爱国卫生运动现场会议，命名佛山市为“全国爱国卫生运动红旗市”。顺德大良镇被评为“全国卫生红旗镇”。

【改革开放后至2020年】 改革开放初期，佛山的顺德县提出“工业立县”“三个为主”（以工业企业为主、以集体企业为主、以骨干企业为主），南海提出“个体、联户、私营、集体、国营一起上”，全市形成“以外向型经济为导向，以集体经济为主体，三大产业一起上，五个轮子一起转”的佛山特色发展模式。1978年，顺德大进制衣厂投产，成为全国最早的“三来一补”（来料加工、来样加工、来件装配、补偿贸易）企业之一。20世纪80年代初，石湾利华厂率先从意大利引进1条年产30万平方米彩釉砖自动生产线，是当时全国第一条建筑材料全线引进设备。采用发行债券筹集资金建路桥，开创国内利用民间资本建路桥的先河。乡镇企业异军突起，成为活跃的生产力。进入20世纪90年代，南海率先实现土地股份制。顺德开展产权制度改革，在全国率先实现从计划经济到市场经济的转变。进入21世纪，佛山不断加强与周边地区的区域合作，如广佛全域同城化、粤桂黔高铁经济带合作、支持深圳建设中国特色社会主义先行示范区等。2015年，佛山成为全国唯一的国家制造业转型升级综合改革试点市。2019年，佛山地区生产总值突破1万亿元大关，成为广东省继广州、深圳之后第三个地区生产总值超万亿元的城市。

在教育方面，1983年，佛山普及小学教育。1988年，成为全省第一批实现普及九年义务教育的地市。2005年，成为全省第二个教育强市。在社会保障方面，1992年，佛山在全国率先实行养老待业医疗工伤等社会保险一体化。2003年，首次尝试将外来务工人员纳入本地社保体系。2004年，开展新一轮农村改革，成为全省统筹城乡发展综合改革试验区。2010年，率先打破城乡二元结构，跨入“全民社保”时代。2011年，建起三级外来工维权中心，帮助外来工维权。在医疗卫生方面，1990年获全省第一个“广东省卫生城市”和“国家卫生城市”称号，1992年被评为“国家卫生城市”，1995年被评为“国家洁净城市”和“全国城市环境综合整治优秀城市”。顺德、南海、三水市均被评为“国家卫生城市”，高明市被评为“广东省卫生城市”。1996年，联合国第二次人居大会授予佛山市“全球人类居住优秀范例城市”的称号。在文化旅游事业方面，弘扬优秀传统文化，适应文化建设的现代化要求。1994年，佛山市获批成为国家历史文化名城。2000年，佛山市成为中国优秀旅游城市。1997年和2018年，两度承办中国金鸡百花电影节，成为全国首个两度承办该盛事的城市。2015年、2017年和2020年，三次获得“全国文明城市”称号。

（市地方志办）

【2021年经济社会发展】 2021年，佛山市经济平稳增长，全年地区生产总值1.22万亿元，比上年增长8.3%。生产端和需求端继续改善，全市规模以上工业增加值比上年增长9.3%、固定资产投资

增长7.6%、社会消费品零售总额增长8.1%、进出口总额增长21.7%。招商引资打开新局面，全年签约引进超10亿元或1亿美元以上的重大产业项目68个，签约投资总额1878亿元。财政金融运行稳健，地方一般公共预算收入比上年增长7.3%，金融机构本外币存款余额和上市企业最高市值均突破2万亿元。

现代产业体系加快构建　产业结构调整优化，制定实施《佛山市推进制造业数字化智能化转型发展若干措施》，设立总规模300亿元、首期100亿元的广东（佛山）制造业转型发展基金，培育省级标杆示范项目9个。国家制造业转型升级综合改革试点继续深化，谋划建设全国制造业高质量发展示范区。先进制造产业集群加快培育，广佛惠超高清视频和智能家电产业集群、广深佛莞智能装备产业集群入围国家先进制造业集群。战略性新兴产业加快发展，高端装备制造、新一代信息技术、新能源汽车等重点行业发展势头良好，作为牵头城市承担广东燃料电池汽车示范应用城市群实施工作。生产要素市场化配置体制机制改革加快推进，村级工业园升级改造新增拆除4045.2公顷，华南数据交易公司落户佛山。质量强市深入推进，企业标准“领跑者”数量保持全国第一，美的集团获第四届中国质量奖。现代服务业发展提速增效，佛山生产服务型国家物流枢纽加快建设，入选国家文化和旅游消费试点城市，公募基金和期货牌照实现“零”的突破。现代都市农业加快发展，粤港澳大湾区现代都市农业综合示范基地授牌。

一流营商环境加快打造　把打造一流营商环境作为“一号改革工程”，制定发布《构建佛山“益晒你”企业服务体系打造一流营商环境的行动方案》（2022年度版）（“益晒你”为粤方言，意为所有好处都给你），开展营商环境立法，加快打造“营商好环境、佛山‘益晒你’”服务品牌。“佛山益企通”企业综合服务平台、“市长直通车”平台上线，全面推广应用“佛山扶持通”平台。创建为全国第三批社会信用体系建设示范区，是全省唯一入选地级市。优化开办企业“一网通办、一窗通取”改革，办事环节压至1个，办事时间压缩为0.5天。工业和高新技术项目“拿地即开工”加快推进，最快项目拍地后当日取得施工许可证。

科技创新能力持续提升　国家创新型城市建设通过验收，全社会研发经费支出占地区生产总值比重为2.91%。高标准谋划建设“一区一园一城”科技创新高地，三龙湾科技城、佛山国家高新区支撑作用逐步凸显，佛中人才创新灯塔产业园加快建设。季华实验室基础设施建设速度和成效均居省实验室前列，集聚科研人才1500多人，累计争取国家和省科技项目84个。仙湖实验室引进全职院士团队，促进氢能领域科研成果加快落地转化。新成立有研（广东）新材料技术研究院，全市科技创新平台41个。高新技术企业培育成效明显，全年新增国家高新技术企业1382家，总数达7100家。科技型中小企业培育孵化加快推进，全市科技企业孵化器115家、众创空间86家。“揭榜挂帅”科技攻关组织机制取得初步成效，有清华大学等优势单位参与揭榜。举办首届全国博士后创新创业大赛，博士后工作站数量居全国地级市首位。

全方位开放合作新格局加快形成　深入推进粤港澳大湾区建设，《佛山三龙湾高端创新集聚区发展总体规划》《佛山顺德粤港澳协同发展合作区实施方案》经省审议通过并印发实施，主动对接支持服务横琴、前海两个合作区建设，佛山港澳青年创业孵化基地入选全省首批大湾区港澳青年创新创业基地。推进广佛全域同城化，加快建设“1+4”（广州南站—佛山三龙湾—荔湾海龙先导区和荔湾—南海、白云—南海、花都—三水、南沙—顺德4个分片区）广佛高质量发展融合试验区，番海大桥和广佛肇高速建成通车。全力支持深圳建设先行示范区，深圳科技园佛山科创园正式动工。“一核一带一区”建设稳步推进，佛山、潮州两市签署战略合作框架协议。深化高铁经济带建设，参与推动四川加入粤桂黔滇高铁经济带合作。深入参与“一带一路”建设，率先完成广州关区首单跨境电商9610货物中欧班列出口。

城市形象和功能品质优化提升　深入实施城市更新三年行动（2019—2021年），“三旧”（旧城镇、旧厂房、旧村庄）改造新增启动项目面积940公顷，完成改造项目面积733.33公顷。推进新型城市基础设施建设试点，新建5G基站超4600个、充电桩902个、加氢站4座。实施城市“畅通工程”两年行动（2021—2022年），珠三角枢纽（广州新）机场选址获批，地铁2号线一期、南海有轨电车1号线首通段开通初期运营，广州地铁7号线一期西延顺德段完成试运行，打通35条断头路。60个乡村振兴示范村及“百里芳华”乡村振兴示范带建设全面推进，建成13个美丽乡村集中连片示范区。特色小镇规范健康发展，31个小镇入选省级特色小镇培育对象。

绿色低碳发展迈出坚实步伐　开展“无废城市”创建，获评第五批国家生态文明建设示范区，空气优良天数比例86%，新（改）建污水管网739千米，集中式饮用水水源地水质达标率100%，申报成为“十四五”土壤污染防治先行区和地下水污染防治试验区。开展大规模国土绿化和森林生态修复，16个“万亩公园”和18个“千亩公园”均启动建设，全市林木覆盖率达29%。编制《佛山市碳达峰实施方案》，科学有序谋划佛山碳达峰实现路径。

人民生活持续改善　新冠疫情防控科学精准，完成新冠疫苗接种超2400万剂次，国际健康驿站投入运营。就业优先战略深入实施，全市城镇新增就业10.5万人。健康佛山建设提速，全面推动高水平医院建设“登峰计划”，佛山市第一人民医院获评全省高水平医院。教育现代化水平不断提升，完成新（改、扩）建幼儿园45所、义务教育阶段学校19所、普通高中2所。继续完善住房保障体系和住房市场体系，发放住房保障租赁补贴1.46万户，筹集保障性租赁住房4029套、共有产权住房1000套。公共文体服务加快发展，市博物馆新馆建成，新（改）建社区体育公园200个。基本民生保障实现新提升，企业职工退休人员人均基本养老金、最低生活保障标准分别增至每人每月3514元、1120元。平安佛山深入推进，创建成为全国禁毒示范城市，佛山市成为国家城市安全风险综合监测预警平台建设试点城市，并获批省食品安全示范城市。

（市发展改革局）

中国共产党佛山市委员会

综　述

【习近平新时代中国特色社会主义思想学习贯彻】 2021年，中共佛山市委坚持以习近平新时代中国特色社会主义思想为指导，把党史学习教育作为贯穿全年的重大政治任务，推动习近平新时代中国特色社会主义思想在佛山落地生根、结出丰硕成果。

开展“大学习、深调研、真落实”　坚持以上率下深化“大学习”，坚持“第一议题”制度，学深悟透笃行习近平新时代中国特色社会主义思想，始终沿着习近平总书记指引的方向前进，把增强“四个意识”、坚定“四个自信”、做到“两个维护”落实到实际行动上，市委常委会开展“第一议题”学习80次，市委理论学习中心组开展专题学习12次。坚持理论联系实际开展“深调研”，制定实施工作方案，由市委领导带头组织多个调研组走访国内先进地区，到佛山各领域开展调研工作，提出一系列破解佛山改革发展瓶颈、推动经济社会高质量发展的具体思路和务实举措。坚持落地见效推动“真落实”，建立健全台账，进行闭环落实，推动全市各级层层贯彻、层层落实，坚决做到“总书记有号召、省委有部署、佛山见行动”。

开展党史学习教育　按照中共广东省委总体工作思路，对照“学史明理、学史增信、学史崇德、学史力行”要求，推动全市学党史、悟思想、办实事、开新局。学习贯彻习近平总书记“七一”重要讲话精神和中共十九届六中全会精神，举办庆祝中国共产党成立100周年系列活动，引导全市广大党员干部群众弘扬伟大建党精神，巩固发展忠诚核心、万众一心的大好局面。市领导牵头开展专题调研26个，开展“我为群众办实事”实践活动，带头到机关、企事业单位、基层一线进行宣传宣讲，推动党史学习教育“进万企”“进万家”“进校园”。

贯彻新发展理念　召开2021年上半年经济分析会，用新发展理念统一思想、统一意志，设立经济高质量发展贡献奖，对贯彻新发展理念坚决有力，经济发展质量高、效益好、速度快、潜力大的区给予奖励，推动全市形成符合新发展理念的思维方式、话语体系、行为惯性。召开中共佛山市委十二届十三次全会，聚焦制约制造业高质量发展的突出矛盾，精准施策、精准攻坚，把新发展理念具体化、项目化、任务化。召开2021年前三季度经济分析会，全面系统分析贯彻新发展理念存在的问题短板，算好贯彻新发展理念、经济运行、结构优化调整、制造业数字化智能化转型等“四本大账”，找准对策、找好思路。召开中国共产党佛山市第十三次代表大会，贯彻新发展理念，谋划未来发展蓝图，担起省委赋予佛山争当地级市高质量发展领头羊的使命，提出“515”（在创新、协调、绿色、开放、共享等5个方面发展向高质量快速跃升，在营商环境制度改革等15项重点工作中成为地级市高质量发展领头羊）高质量发展战略目标，推动创新、协调、绿色、开放、共享5个方面发展向高质量快速跃升，推动佛山成为营商环境制度改革等15项重点工作领头羊。

【以先进制造业为支撑的现代产业体系构建】 2021年，中共佛山市委加强党对经济工作的领导，把党领导经济工作的制度优势转化为推动高质量发展的治理效能，推动构建以先进制造业为支撑的现代产业体系。

以“四大决心”推动“四大改变”　决心改变工业不连片状况，强化产业空间规划，引导产业聚集发展，谋划提出“中部强核、东西两带、南北两圈”高效联动产业格局，即向中，重点发展带动型经济，打造创新中心强核；向东，重点发展商流型经济，打造现代物流产业带；向西，重点发展复合型经济，打造机场临空产业带；向南，重点发展智能型经济，打造中高端制造产业集聚圈；向北，重点发展先导型经济，打造战略性新兴产业集聚圈。谋划建设佛北战新产业园，获广东省人民政府批准成为广东大型产业集聚区。决心改变供地不保障状况，把工业用地由350平方千米调整为450平方千米以上，以“工改工”（对旧厂房实施拆除重建、微改造等，建设新的工业厂房，提高工业用地利用效率、拓展产业发展空间）为主推进村级工业园改造，截至2021年底，累计完成拆除8953.33公顷、综合整治4133.33公顷，工业用地供地面积533.33公顷，是住宅用地供地面积的2倍。决心改变产业不高端状况，实施制造能力、产业协同、产品质量、结构优化、职业技能、产业载体六大升级行动，推动制造业数字化智能化转型发展，出台5个方面25项举措，设立总额300亿元、首期100亿元的制造业转型发展基金，为制造业企业提供全方位服务支持。决心改变招商不给力状况，深化招商体制机制改革，高规格成立招商领导小组，统筹全市招商资源，加大招商引资力度，举办全球招商大会，做到高端制造项目100%确保供地、签约承诺事项100%跟踪落实、重大链主企业100%专班服务。全市签约引进1亿元以上项目388个，签约投资总额2979.69亿元。

实施创新驱动发展战略　推进建设“一区一园一城”（“一区”指佛山国家高新区，“一园”指佛中人才创新灯塔产业园，“一城”指三龙湾科技城）科技创新高地，构建“人才引育+技术研发+成果转化+产业应用”协同创新体系。探索实施科技创新团队全生命周期监管服务，设立创新创业引导基金规模约100亿元。加快推进季华实验室、仙湖实验室建设，组织实施科技攻关“揭榜挂帅”，研发“佛山一号”卫星并顺利升空，获2021年度省科学技术奖25个，其中牵头完成13个、一等奖3个。国家高新技术企业数量达7100家，全年净增1382家。

加强调度监测经济运行　对经济运行实行一季一分析、一月一调度，谋划部署稳增长举措，在转型升级淘汰落后产能中实现经济社会平稳健康发展。全年地区生产总值达1.22万亿元，比上年增长8.3%，规模以上工业增加值增长10%左右，固定资产投资增长7%。

【改革开放工作推进】 2021年，中共佛山市委坚持在更高起点、更高层次、更高目标上推进改革开放，为争当地级市高质量发展领头羊蓄势加劲。

打造一流营商环境　把打造一流营商环境作为中共佛山市委“一号改革工程”，出台《构建佛山“益晒你”企业服务体系打造一流营商环境的行动方案》（2022年度版）（“益晒你”为粤方言，意为所有好处都给你），上线“益企通”企业综合服务平台，为企业提供全生命周期服务，全年新增市场主体27.6万户。继续深化“放管服”（简政放权、放管结合、优化服务）改革，首推直达资金改革、“一照通”改革、“人工智能+双随机”监管模式等重点改革，成为广东省深化税收征管改革综合试点城市，入选国家第三批社会信用体系建设示范区名单。

推进顺德区、南海区省级改革创新实验区建设　顺德区科学推进村级工业园改造，规划布局一批现代主题产业园。南海区围绕全域土地综合整治，科学合理布局生产、生活、生态空间，推进城乡高质量融合发展形成新格局。

扩大区域开放合作　市委全会专题研究部署支持珠海市横琴粤澳深度合作区、深圳市前海深港现代服务业合作区“两个合作区”建设，全面启动443个粤港澳大湾区建设重点项目，深圳科技园佛山科创园等平台落户，佛山港澳青年创业孵化基地入选全省首批港澳青年创新创业基地，顺德粤港澳协同发展合作区入选省重点平台。

【城市规划建设管理工作推动】 2021年，中共佛山市委推动城乡空间优化和形态重塑，打造宜居宜商宜业宜游城市。

实施城市“畅通工程”　针对群众反映强烈的出行问题，推进交通管控现代化、交通技术智能化、交通服务品质化、道路建设网络化、交通治理精细化，共治理交通拥堵点96处，打通断头路35条。打造外联内畅交通网络，番海大桥和广佛肇高速公路建成通车，轨道交通建设加速推进，地铁2号线一期、南海有轨电车1号线首通段开通。

提升城市治理精细化智慧化水平　规划建设智慧城市，有序、集约建设“城市大脑”“城市智能综合体”。部署开展“江河两岸、沿路两边、高架桥下”景观提升工程，完成13个高速公路出入口改造提升，推进高速公路沿线“看护房”整治1471个；启动市域高速公路桥下空间和立交环境整治攻坚行动，用1个月时间，完成82处市域高速公路桥下空间和40处市域高速公路立交范围内环境问题整治。

提升城乡形态功能品质　继续推进“三旧”（旧城镇、旧厂房、旧村庄）改造，新增启动改造项目面积523.04公顷，投入资金137.29亿元。全面推进“百里芳华”乡村振兴示范带建设，建成13个美丽乡村集中连片示范区。部署改造提升3.47万公顷鱼塘，开展鱼塘标准化改造666.67公顷；加强水产养殖尾水排放管理，探索推广渔业“高产出、低排放”养殖模式。继续开展农村人居环境综合整治，农村无害化卫生户厕普及率、保洁覆盖面和垃圾治理率均达100%。

【绿色发展理念贯彻】 2021年，中共佛山市委推动经济社会发展全面绿色转型，创建国家生态文明建设示范区。做好中央环保督察迎检工作，坚决抓好交办件整改。针对水污染治理主体多元、力量分散、责任不清等问题，实施水环境全流域强统筹大兵团分层次治理，变“九龙治水”为“一龙管水”，启动“治水八大行动”（生活污水处理提质增效行动、工业和船舶废水减排行动、农业污染源头防治行动、黑臭水体全面消除行动、入河排污口清理整治行动、清淤治违畅通河渠行动、以水定地城市更新行动、科技创新智慧治水行动），一体推进厂、网、河、园区等涉水全要素建设，完成50条农村黑臭水体治理，7个国考断面水质全部达标。继续打好“蓝天保卫战”，空气质量优良天数比例达85.5%，$PM_{2.5}$浓度为23微克/立方米，实现连续2年达世界卫生组织第二阶段标准。开展“无废城市”创建，构建城市垃圾现代化管理体系，加快推动城市垃圾由无害化处理向全过程管理转变。高明区环保小镇生活垃圾资源化处理提质改造项目和医疗废物处置项目试运行，三水区绿色环保项目前期工作按计划推进。打造大湾区高品质森林城市，启动建设34个“万亩千亩公园”，完成187.23千米碧道建设，云勇林场成为国家森林公园，营造绿色宜居生态环境。落实碳达峰、碳中和要求，控制“两高”（高能耗、高排放）项目盲目上马，超额完成省下达的能耗双控目标任务。加强绿色制造体系建设，全市累计建设绿色园区1个、绿色工厂31家、绿色循环经济园区7个。

【保障和改善民生工作落实】 2021年，中共佛山市委坚持人民至上，实施“十项民心工程”，加大民生投入，财政民生支出占一般公共预算支出超七成。开展“我为群众办实事”实践活动，开展并基本完成六大类352个重点民生项目。加强基础教育资源供给，全市动工或完工新（改、扩）建幼儿园48所、新增学位1.9万个，动工或完工新（改、扩）建义务教育阶段学校40所、新增学位3.9万个。推进“粤菜师傅”“广东技工”“南粤家政”3项工程，累计培训粤菜师傅3万余人，实现全市城镇新增就业10.5万人。扩大养老基础设施供给，全市新增养老床位1167张，星级养老机构占比居全省第一，“家门口医养结合”模式在全省推广。坚持文化润城，市级“六馆三院”（图书馆、文化馆、博物馆、美术馆、非遗馆、体育馆，大剧院、粤剧院、影剧院）、区级“五馆一院”〔图书馆、文化馆、博物馆、美术馆（展示馆、纪念馆）、体育馆，影剧院〕、镇（街道）“四馆一院”〔图书馆、文化馆（站）、美术馆（展示馆、纪念馆）、体育馆、影剧院〕配套格局基本成型，入选国家文化和旅游消费试点城市。坚持房住不炒、租购并举，筹集保障性租赁住房4029套、共有产权住房1000套，发放住房保障租赁补贴1.46万户，房地产市场平稳健康发展。

【发展和安全统筹推进】 2021年，中共佛山市委健全防范化解重大风险工作机制，化解涉土地、涉房地产、涉环保、涉金融等领域风险，守住不发生系统性、区域性风险的底线。抓好常态化疫情防控，举全市之力做好“5·21”佛山疫情防控工作，启动市应急医院、市疾控中心能力提升项目以及市物资储备综合基地建设，国际健康驿站正式运营。扫黑除恶专项行动取得成效，成为首批41个全国禁毒示范城市之一。扛起安全生产责任，推动建立市领导下沉抓督办、区领导包镇（街道）抓落实、镇（街道）领导进村抓蹲点机制，组织开展安全生产大排查大整治大约谈，全年生产安全事故数量、死亡人数分别下降22.7%、12.6%。

【党的全面领导和党的建设继续加强】 2021年，中共佛山市委始终把党的政治建设摆在首位，执行省委坚决落实“两个维护”十项制度机制，提高政治判断力、政治领悟力、政治执行力，增强“四个意识”、坚定“四个自信”、做到“两个维护”。完成市、区、镇领导班子换届，换届过程风清气正、平稳有序。围绕党政机关党员干部和工作人员存在的“庸懒散拖乱”等突出问题开展专项整治，建立重点工作“一月三问”狠抓落实机制，推动全市上下形成雷厉风行狠抓落实的工作作风。推进新一轮基层党建三年行动（2021—2023年），深化实施“头雁”工程，完善上下贯通、执行有力的组织体系。坚持党管人才，深化人才体制机制改革，重构人才政策体系。实施新时代民营企业家培养工程，加强党对民营企业家的政治引领作用，引导企业家转变经营理念，建立现代企业制度。推进统战工作，支持爱国者治港、爱国者治澳。推动正风肃纪反腐，继续构建一体推进不敢腐不能腐不想腐的有效机制，加快推进“清廉佛山”建设。

（黄诗琪）

决策部署

【中国共产党佛山市第十二届委员会第十二次全体会议】 2021年1月21日在佛山市机关大礼堂召开。中共佛山市委书记鲁毅代表市委常委会作报告，中共佛山市委副书记、市长朱伟就经济工作作专题讲话。会议提出，迈入新阶段，开启新征程，佛山要以世界先进制造业城市为标杆，奋力赶超。五区要全面展现新气象、勠力同心共奋进。要紧扣高质量发展主题，树立雄心壮志，以更高站位、更宽视野、更大格局谋划发展，推出更多“硬核”举措，把时不我待的紧迫感和只争朝夕的进取心转化为干事创业的火热实践，为全市高质量发展提供强力支撑。会议提出2021年工作的总体要求是：以习近平新时代中国特色社会主义思想为指导，全面贯彻中共十九大和十九届二中、三中、四中、五中全会精神以及中央经济工作会议精神，深入贯彻习近平总书记对广东系列重要讲话和重要指示批示精神，围绕总书记赋予广东的总定位总目标，深化落实省委“1+1+9”（第一个“1”指以推进党的建设新的伟大工程为政治保证，第二个“1”指以全面深化改革开放为发展主动力，“9”指推进9个方面重点工作）工作部署，坚持稳中求进工作总基调，坚持新发展理念，坚持以改革创新为根本动力，坚持以供给侧结构性改革为主线，巩固拓展疫情防控和经济社会发展成果，以满足人民日益增长的美好生活需要为根本目的，抓住“双区”（粤港澳大湾区和中国特色社会主义先行示范区）建设重大机遇，做好“六稳”（稳就业、稳金融、稳外贸、稳外资、稳投资、稳预期）工作、落实“六保”（保居民就业、保基本民生、保市场主体、保粮食能源安全、保产业链供应链稳定、保基层运转）任务，更好统筹发展和安全，加快构建新发展格局，突出村改总攻坚、项目大建设、改革再出发，扎实推动更高质量发展，确保“十四五”（第十四个五年规划，起止时间为2021—2025年）迈好第一步、见到新气象。会议强调，要勇担新使命，聚焦新格局，奋进新征程，以高质量发展谱写佛山“十四五”开局起步新篇章。会议还强调，开好局、起好步，关键在党的坚强领导。要全面贯彻新时代党的建设总要求，深入推进全面从严治党，不断提高党的建设质量，把全市各级党组织锻造得更加坚强有力。

【中国共产党佛山市第十二届委员会第十三次全体会议】 2021年8月20日在佛山市机关大礼堂召开。中共佛山市委书记郑轲代表市委常委会作报告，中共佛山市委副书记、市长郭文海传达省委全会精神。会议强调，要站在党和国家事业发展全局的高度，深刻把握总书记、党中央的战略意图，充分认识横琴、前海两个合作区建设对广东的全局意义和对佛山的重大利好，把思想和行动统一到党中央决策和省委部署上来，提高站位、担当使命，抢抓机遇、深挖利好，举全市之力对接支持服务两个合作区建设，推动佛山在更广阔舞台加注新动能、赢得新优势、续写新篇章。会议强调，要全力打造一流营商环境，最大限度激发市场活力；坚持制造业立市不动摇，坚定不移推动制造业高质量发展；推进城市精细化智慧化治理，着力提升城市形象和功能品质；全面推进乡村振兴，让农业更强、农村更美、农民更富裕；坚持以人民为中心的发展思想，着力保障和改善民生；统筹发展和安全，牢牢守住安全发展底线。会议还强调，要坚持和加强党的全面领导，为推动佛山改革发展各项工作提供坚强保障；要建设善于领导高质量发展的干部队伍，大力弘扬争先进位精神，严格执行“一月三问”工作落实机制，推动全市上下形成雷厉风行抓落实的工作局面；等等。

【中国共产党佛山市第十二届委员会第十四次全体会议】 2021年11月25日在佛山市机关小礼堂召开。全会决定，中国共产党佛山市第十三次代表大会召开时间为2021年11月27日。会议由市委常委会主持，中共佛山市委书记郑轲讲话，中共佛山市委副书记、市长白涛出席会议。全会审议通过关于召开中国共产党佛山市第十三次党代会的决议、十二届市委向市第十三次党代会的报告、十二届市纪委向市第十三次党代会的工作报告（书面）、中国共产党佛山市第十三次党代会主席团成员建议名单和大会主席团常务委员会委员建议名单。

2021年11月27—29日，中国共产党佛山市第十三次代表大会在佛山市机关大礼堂召开。图为11月27日会议现场 （市委办公室　供图）

【中国共产党佛山市第十三次代表大会】 2021年11月27—29日在佛山市机关大礼堂召开。中共佛山市委书记郑轲代表中国共产党佛山市第十二届委员会向大会作题为《坚定贯彻新发展理念　塑造佛山发展新形态　奋力争当地级市高质量发展领头羊》的报告。大会由中共佛山市委副书记、市长白涛主持。会议提出，佛山在今后五年要统筹推进“五位一体”总体布局（指中国特色社会主义事业总体布局，包括经济建设、政治建设、文化建设、社会建设、生态文明建设），协调推进“四个全面”战略布局（指中国特色社会主义事业战略布局，包括全面建成小康社会、全面深化改革、全面依法治国、全面从严治党），立足新发展阶段、贯彻新发展理念、构建新发展格局，按照省委“1+1+9”（第一个“1”指以推进党的建设新的伟大工程为政治保证，第二个“1”指以全面深化改革开放为发展主动力，“9”指推进9个方面重点工作）工作部署，埋头苦干、勇毅前行，推动创新、协调、绿色、开放、共享五个方面发展向高质量快速跃升，全力成为营商环境制度改革、科技体制机制改革、现代企业制度改革、城乡区域协同发展、产业结构协同发展、政企联动协同发展、环境系统治理、生态城市建设、绿色清洁生产、融入新发展格局、融入“双区驱动”战略（“双区”指粤港澳大湾区和深圳中国特色社会主义先行示范区）、融入“一核一带一区”（珠三角核心区、沿海经济带、北部生态发展区）区域发展、推进基本公共服务均等化、传承岭南广府文脉、基层社会治理十五项重点工作领头羊，为广东在新征程中走在全国前列、创造新的辉煌作出佛山更大贡献。当实现“515”高质量发展战略目标，创新、协调、绿色、开放、共享等5个方面发展向高质量快速跃升、营商环境制度改革等15项重点工作成为地级市高质量发展领头羊时，将展现经济实力更加强大、创新生态更加完善、城市形象更加现代、文明素养更加厚实、生活品质更加美好、治理效能更加彰显的新佛山。会议还强调，要弘扬伟大建党精神，全面贯彻新时代党的建设总要求，把党的政治建设摆在首位，把严的主基调长期坚持下去，锻造绝对忠诚的政治品格，坚决反对好人主义，建设专业化高素质干部队伍，构建人才近悦远来政策体系，大抓基层大抓支部，一体推进“三不”体制机制建设，深化“清廉佛山”建设。要发挥党总揽全局、协调各方的领导核心作用，为推动佛山高质量发展汇聚团结奋斗的磅礴力量。

大会选举产生中共佛山市第十三届委员会（委员74名、候补委员14名）和市第十三届纪律检查委员会（委员35名），通过关于中共佛山市第十二届委员会报告的决议、关于中共佛山市第十二届纪律检查委员会工作报告的决议。

【中国共产党佛山市第十三届委员会第一次全体会议】 2021年11月29日在佛山市机关小礼堂召开。中共佛山市委书记郑轲受中共佛山市第十三次党代会主席团委托主持会议。全会选举产生中国共产党佛山市第十三届委员会常务委员会委员和书记、副书记。郑轲、白涛、徐晓霞、陈小坚、梅河清、郑海涛、倪谦、葛承书、刘智勇、丁锡丰、黄海龙当选为中共佛山市委常委，郑轲当选为中共佛山市委书记，白涛、徐晓霞当选为中共佛山市委副书记。全会表决通过中国共产党佛山市第十三届纪律检查委员会第一次全体会议关于市纪委常委和书记、副书记选举结果的报告，表决通过市委第十三届一次全会决议。新当选的中共佛山市委书记郑轲在全会上作讲话。

【党员干部联系服务群众工作措施】 2021年1月4日，中共佛山市委办公室印发《关于加强党员干部联系服务群众工作的若干措施》，要求深入贯彻习近平新时代中国特色社会主义思想和中共十九大精神，防范化解脱离群众、动摇根基的风险，走好新时代党的群众路线，从佛山实际出发，提出加强党员干部联系服务群众的12项具体措施：建立市领导联系区、镇（街道）、村（社区）制度，建立区领导全覆盖联系村（社区）制度；深化镇（街道）领导干部驻点联系制度，建立健全领导干部接访下访和包案化解制度，建立“大学习、深调研、真落实”常态化制度，建立党支部工作联系点制度，建立机关企事业单位党组织和党员“双报到”（党组织和在职党员到社区报到）制度，建立党代表和党员人大代表、政协委员联系服务群众制度，健全完善重大事项决策征集群众意见制度，建立健全加强对困难党员群众和弱势群体关爱保护长效机制，做实做细三级党建网格，建立健全群众诉求服务体系。

【“十四五”规划编制建议】 2021年1月21日，中共佛山市委印发《关于制定佛山市国民经济和社会发展第十四个五年规划和二〇三五年远景目标的建议》，明确“十四五”（第十四个五年规划，起止时间为2021—2025年）时期佛山经济社会发展的指导思想、基本原则和主要目标，提出到2035年基本实现社会主义现代化远景目标。2021—2025年，佛山将以粤港澳大湾区极点城市、全省地级市高质量发展领头羊、面向全球的国家制造业创新中心为发展目标定位，并结合实际提出了工作路径和具体举措：坚持创新驱动，全面催生发展新动能；坚定不移建设制造强市，加快构建现代产业发展新体系；坚持扩大内需战略基点，参与构建新发展格局；坚定不移全面深化改革，不断激发内生发展新活力；全方位推进区域协调发展，筑牢经济高质量发展新支撑；推动空间重构和形象重塑，全方位彰显佛山城乡新风貌；推动文化大发展大繁荣，焕发岭南历史文化名城新魅力；坚持绿色低碳发展，以人与自然和谐共生的现代化开辟生态文明新境界；坚持以人民为中心的发展思想，加快推动形成共建共治共享的民生发展新局面；统筹发展和安全，推动平安佛山建设迈上新台阶；全面加强党的领导，为实施“十四五”规划提供坚强政治保证。

【“不忘初心、牢记使命”主题教育成果巩固深化举措】 2021年4月6日，中共佛山市委办公室印发《关于巩固深化“不忘初心、牢记使命”主题教育成果的若干举措》，要求持续推动学习贯彻习近平新时代中国特色社会主义思想往深里走、往心里走、往实里走，坚决做到“两个维护”筑牢政治忠诚，严格落实“第一议题”制度，建立集中学习研讨制度，抓好党员、干部教育培训，坚持“大学习、深调研、真落实”工作机制。要求强化理想信念教育和党性教育，健全党章党规党纪学习教育制度，强化对党忠诚教育，开展党史学习教育，督促严守政治纪律和政治规矩，加强理想信念教育。要求以自我革命精神检视整改违背初心使命的问题，开展经常性政治体检，完善立查立改工作机制，聚焦重点难点问题开展集中治理，开展常态化专项整治，加强和规范党内政治生活。要求推动党员、干部履职尽责、担当作为，坚持不懈为群众办实事做好事解难事，健全干部担当作为的激励和保护机制，完善落实全国全省全市“一盘棋”应急响应机制、重大突发事件“四个一”（一个领导小组统筹，一个市领导牵头负责，一个工作专班处置，一个口径上报情况发布信息）应急处置机制，完善党员、干部直接联系服务群众制度，推进党建引领基层社会治理现代化，坚决反对形式主义、官僚主义。要求督促党员、干部遵规守纪、廉洁从政，要求加强纪律教育，驰而不息正风肃纪。

【习近平新时代中国特色社会主义思想学以致用落地见效工作措施】 2021年4月26日，中共佛山市委印发《关于持续推动习近平新时代中国特色社会主义思想学以致用落地见效的若干措施》，明确要坚决落实“两个维护”十项制度机制，突出“学以致用”“以用促学”，确保习近平总书记重要讲话和重要指示批示精神在佛山落地生根、结出丰硕成果，提出4个方面12项具体措施：持之以恒抓学习，全面落实“第一议题”制度、抓实专题研讨培训、开展宣传宣讲、深化理论研究阐释；求真务实抓调研，坚持目标导向抓重点提效能、坚持问题导向查短板强弱项、强化调研成果转化运用；凝心聚力抓落实，把习近平总书记重要讲话和重要指示批示作为政治要件落实闭环管理、把学习贯彻习近平总书记重要讲话和重要指示批示纳入落实省委、省政府“1+1+9”（第一个“1”指以推进党的建设新的伟大工程为政治保证，第二个“1”指以全面深化改革开放为发展主动力，“9”指推进9个方面重点工作）工作部署项目库推动落实、加强政治监督和政治巡察、及时报告学习贯彻落实情况；着力提高抓落实能力，学思践悟抓落实。

【党的基层组织建设三年行动计划实施方案】 2021年5月24日，中共佛山市委办公室印发《佛山市加强党的基层组织建设三年行动计划（2021—2023年）实施方案》，提出2021—2023年分别以“完善组织体系开启新征程”“提升党建引领基层治理效能”“高质量党建推动高质量发展”为主题锻造基层党组织，明确9个方面34项具体措施：旗帜鲜明讲政治抓政治，巩固农村基层党组织领导地位，健全街道社区党组织领导机制，强化机关、国有企业和事业单位等基层党组织的领导；推动党员在学懂弄通做实上下功夫，推动党员干部不忘初心、牢记使命，健全党员教育长效机制，提高党员集中培训质量；完善联系服务群众工作机制，深化“党建统领·三治融合”乡村治理体系，完善党建引领的街道社区治理格局；抓党建促乡村振兴，强化党建引领经济社会发展，推动党建引领基层社会治理现代化；深化基层党组织规范化建设，拓展农村、城市基层党组织建设，加强机关、国有企业和事业单位党组织建设，健全“两新”组织（新经济组织和新社会组织）党建工作长效机制；强化村（社区）带头人队伍建设，探索开展镇村干部“导师帮带”，深化各领域基层党组织“头雁”工程，深化佛山党员先锋工程，加强镇（街道）干部、党务工作者队伍建设；持续抓好建章立制，提高制度执行力；优化经费保障机制，加强基层阵地建设，建立广佛基层党组织共建机制，加快党建信息化建设，加强党内激励关怀；强化责任落实，健全考核奖惩机制，推动方案落实等措施。

2021年，佛山市印发《新时期佛山市产业工人队伍建设改革实施方案》，推动产业工人队伍建设。图为佛山供电局带电作业班技术工人快速处置输电架上多处鸟巢

（市供电局　供图）

【新时期产业工人队伍建设改革实施方案】 2021年10月29日，中共佛山市委办公室、佛山市人民政府办公室印发《新时期佛山市产业工人队伍建设改革实施方案》，提出坚持以习近平新时代中国特色社会主义思想为指导，围绕打造一流营商环境“一号改革工程”，在“十四五”（第十四个五年规划，起止时间为2021—2025年）期间，逐步形成有利于高素质产业工人队伍建设的工作制度和良好环境，全市技能劳动者总数超135万人，高技能人才达40万人。明确4个方面19项具体改革措施：强化和创新产业工人队伍党建工作、突出产业工人思想政治引领、弘扬劳模精神劳动精神工匠精神、健全产业工人主人翁地位制度保障；加强产业工人队伍建设改革理论政策研究、加强财政保障和社会投入、加大产业工人创新扶持力度、健全职业技能培训制度、完善职业教育和培训体系、完善劳动和技能竞赛体系及技能评价方式；深化工会工作改革创新、打造“一键式”智慧工会服务生态、建立完善产业工人志愿服务体系、扩大基本公共服务覆盖面、构建“企业—产业园区（社区）—镇（街道）”圈层式文化服务阵地、丰富产业工人公共文化的多元供给体系；建立劳动争议裁调对接工作机制、提供法律引导维权一条龙服务、科学完善产业工人工资增长机制。组织实施方面，提出构建党委领导的产业工人队伍建设大格局，加强法治保障，做好宣传工作。

【知识产权护航工程实施方案】 2021年11月6日，中共佛山市委办公室、佛山市人民政府办公室印发《佛山市知识产权护航工程实施方案》，提出树立保护知识产权就是保护创新的理念，坚持严保护、大保护、快保护、同保护方针，促进知识产权保护能力和水平整体提升。到2022年，知识产权法治化国际化营商环境进一步优化，全社会知识产权保护意识明显提升。到2025年，尊重知识价值的营商环境明显提升，知识产权保护体制机制更加完善，知识产权制度激励创新的保障作用得到更加有效发挥。明确7个方面30项具体措施：强化知识产权行政保护，加大侵权假冒行为惩戒力度、强化反不正当竞争执法、提升侵权纠纷执法效能、强化海关保护、加强行政执法协作、强化信用监管；强化知识产权司法保护，加强司法审判机构建设、健全犯罪侦查工作制度、加大刑事打击力度、加强知识产权行政与司法保护衔接；强化知识产权社会共治，加强快速维权援助服务体系建设、激发市场主体自我保护意识、加大仲裁调解力度、推进证据保全服务创新、推进知识产权海外维权援助、加强人大和政协监督；强化重点领域知识产权保护，加强相关重点产业版权保护，推进电商、专业市场领域建立知识产权纠纷快速解决机制，加强展会知识产权保护，探索完善新业态新领域知识产权保护机制；强化知识产权全链条保护，强化知识产权源头保护、建设知识产权智慧服务体系、规范代理服务市场；强化知识产权保护基础条件建设，提升全市知识产权基础能力、提升专业技术保障能力、营造尊重知识产权的社会文化氛围、强化知识产权保护人才培养和储备。保障措施方面，提出加强组织领导、强化考核评价、加强经费保障。

（黄诗琪）

全面深化改革

【概况】 2021年，佛山市系统部署五大领域63个重点改革项目。先后召开十二届市委全面深化改革委员会第七次会议、十二届市委全面深化改革委员会第八次会议、十二届市委全面深化改革委员会第九次会议，审议通过《构建佛山“益晒你”企业服务体系打造一流营商环境的行动方案》（2022年度版）、《关于佛山企业及产品、佛山城市形象宣传推广工作方案》等重要改革文件（“益晒你”为粤方言，意为所有好处都给你），听取顺德区率先建设广东省高质量发展体制机制改革创新实验区、南海区建设广东省城乡融合发展改革创新实验区等改革专题汇报，研究推进重点改革工作。落实“大改革”工作格局，强化改革统筹、协调、督查职能，各级各有关部门履职尽责、落实任务。至年底，全市各领域改革取得成效，46个重点改革项目结题，其余改革项目均按计划推进。

【创造型引领型改革】 2021年，佛山市实施战略战役性改革和创造型引领型改革，以点带面牵引带动改革攻坚突破。

营商环境综合改革　把打造一流营商环境作为市委“一号改革工程”，深化“放管服”（简政放权、放管结合、优化服务）改革，从空间重构、土地供给、园区建设、政务服务、法治环境、招商机制等六大方面推进营商环境改革，加快转变政府职能，提高企业和群众的获得感、满意度，全年新增各类市场主体27.6万户，总量达111.5万户，被国家发改委作为典型案例纳入《2021城市营商环境创新报告》。制定并发布《构建佛山“益晒你”企业服务体系打造一流营商环境的行动方案》（2022年度版），推出9个方面54项改革举措，实行“一年一评估”“一年一修订”“一年一发布”，保持政策体系既相对稳定，又充满生机活力。上线“益企通”企业综合服务平台，为企业提供全生命周期服务。

水环境治理改革　深化对水环境治理的全局性、整体性认识，通过改革重构体制机制、强化要素保障，推进流域水污染防治攻坚，创建成为国家生态文明建设示范区。针对水污染治理主体多元、力量分散、责任不清等问题，实施水环境全流域强统筹大兵团分层次治理，归集部门污水治理职责，变“九龙治水”为“一龙管水”。启动“治水八大行动”（生活污水处理提质增效行动、工业和船舶废水减排行动、农业污染源头防治行动、黑臭水体全面消除行动、入河排污口清理整治行动、清淤治违畅通河渠行动、以水定地城市更新行动、科技创新智慧治水行动），一体推进厂、网、河、园区等涉水全要素建设，深化全市排水设施建设管理体制机制改革，新（改）建污水管网739千米，完成50条农村黑臭水体治理，7个国考断面水质全部达标。构建城市垃圾现代化管理体系，加快推动城市生活垃圾实现100%无害化资源化处理，创建“无废城市”。

国资国企综合改革　围绕中心工作、产业发展、民生服务等，推进国有资本布局优化和结构调整，改组组建国有资本投资运营公司（佛山市公用事业控股有限公司）和国有资本投资公司（佛山市路桥建设有限公司），推进佛山水务环保股份公司A股上市进程。深化混合所有制改革，开展外部优质上市资源市场化并购，动态优化调整混合所有制企业股权比例，涌现出广东九为科技、IEC教育、铁人环保等一批示范引领企业。健全市场化经营机制，推行职业经理人制度，完成市属二级及以下企业经理层任期制和契约化管理工作。完成国有企业公司制改革，以董事会建设为重点完善公司法人治理结构，筹建市国资监管中心，企业管控能力和运行效率提升。

人才发展体制机制改革　制定建设高水平人才高地、创新高地的制度文件，把分散在各部门、各条块的人才政策进行梳理、整合、优化，构建全覆盖、多层次、更协调的人才政策体系。规划建设佛中人才创新灯塔产业园，吸引集聚各类高层次人才，打造高水平创新创业平台。出台高层次人才及团队引进三年行动计划（2021—2023年）和柔性引才政策，发布制造业急需紧缺人才目录，全年引进全职院士1人、领军人才83人、博士1052人。建成佛山市“一站式”人才综合服务平台，打造“动态数据+精准营销”“公共服务+市场运作”的人才服务新模式，解决人才服务地域限制、人才安居、子女教育等突出问题。

【制造业高质量发展改革】 2021年，佛山市坚持制造业立市、富民不动摇，推动“四大改变”（改变工业不连片、供地不保障、产业不高端、招商不给力的状况），创建国家制造业高质量发展示范区。改变工业不连片状况方面，谋划提出“中部强核、东西两带、南北两圈”高效联动产业格局，引导产业聚集发展，佛北战新产业园获广东省人民政府批准成为广东七个大型产业集聚区之一。改变供地不保障状况方面，把工业用地红线由350平方千米调整为450平方千米以上，以“工改工”（对旧厂房实施拆除重建、微改造等，建设新工业厂房，提高工业用地利用效率、拓展产业发展空间）为主推进村级工业园改造总攻坚，新增拆除4066.67公顷，工业用地供地面积533.33公顷。改变产业不高端状况方面，实施产业六大升级行动，推动制造业数字化智能化转型发展，出台5个方面25项举措，设立总额300亿元、首期100亿元的制造业转型发展基金。改变招商不给力状况方面，改革招商引资体制机制，建立健全主要领导抓招商、理顺机制促招商的制度，统筹全市招商资源，做到高端制造项目100%确保供地、签约承诺事项100%跟踪落实、重大“链主”企业100%专班服务，举办全球招商大会，全年签约引进1亿元以上项目388个，签约投资总额2979.69亿元。

【科技体制机制改革】 2021年，佛山市谋划建设“一区一园一城”（佛山国家高新区、佛中人才创新灯塔产业园、三龙湾科技城）科技创新高地，构建“人才引育+技术研发+成果转化+产业应用”协同创新体系。完善创新型科技人才发现、培养、激励机制，探索实施科技创新团队全生命周期监管服务，全年引进科技创新团队52个。建立健全重大科技项目“揭榜挂帅”征集研发机制，开展制造业八大应用领域69个技术方向攻关，获2020年度广东省科学技术奖一等奖2项、二等奖7项。加强高水平科技创新平台建设，全市科技创新平台增至41个，创办和孵化科技企业678家，服务企业2.01万家，累计总产值达57.51亿元。其中：季华实验室集聚科研人才1458人，争取国家和省科技项目80余个，在省实验室中位列前茅；仙湖实验室发起燃料电池关键材料等核心技术攻关。打造“众科联”佛山市技术转移中心，促成9所高等院校、科研院所的技术成果在佛山实现产业化应用。发布全国首个知识产权纠纷调解地方标准，获批设立国家海外知识产权纠纷应对指导中心佛山分中心。

【开放型经济体制机制改革】 2021年，佛山市主动融入新发展格局，发挥改革关键作用，畅通经济内外循环。建立佛山标准产品“优品无忧”保障机制，推行“线上线下7天无理由退货+先行赔付+产品责任保险”消费者权益保障新模式，设立总授信额度300亿元的专属融资服务“佛标贷”，累计培育126个佛山标准产品。推进国家文化和旅游消费试点城市建设，基本建成8个夜间经济集聚区，创意产业园入选首批国家级夜间文旅消费集聚区，新增3个省级示范特色步行街（商圈）。扩大区域开放合作，召开中共佛山市委十二届十三次全会专题研究部署支持横琴粤澳深度合作区、前海深港现代服务业合作区“两个合作区”建设，启动443个大湾区建设重点项目，深圳科技园佛山科创园等平台落户佛山，佛山港澳青年创业孵化基地入选全省首批港澳青年创新创业基地，三龙湾科技城打造广东省推进粤港澳大湾区建设重要发展平台和珠江西岸创新极核取得成效，顺德粤港澳协同发展合作区入选省重点平台。开展数字贸易改革，建成中国（广东）国际贸易“单一窗口”佛山分平台和“智慧码头”公共服务系统，数字贸易便利化程度继续得到提升，跨境电商交易额、市场采购贸易出口额大幅增长，国家级外贸转型基地总量增至6个。深化流通体制改革，实施“智慧物流腾飞”计划，推动服务贸易数字化发展，获评“中国服务外包示范城市”。高标准建设“高标仓+信息化”现代物流产业园，带动传统专业市场、仓储设施改造提升，整体提升佛山物流产业业态。

【行政管理体制改革】 2021年，佛山市继续推动简政放权，其中“人工智能+双随机”监管新模式等3项改革入选全省第二批12条基层改革创新经验，获广东省发文复制推广。推进工程建设项目审批制度改革，全面推行“标准地”供应、“带项目方案”出让用地，工业项目和高新技术项目初步实现“拿地即开工”。在全市范围探索“人工智能+双随机”监管新模式，对高风险市场主体违法发现率由17.6%提升至86%。推行“证照联办、一照通行”改革，优化开办企业“一网通办、一窗通取”模式，企业开办实现“一个环节全办理、半天内办结、零成本”。开展政府补助（扶持）资金直达企业个人改革，推广应用佛山扶持通平台，累计发放各类补贴资金超110亿元。

【城乡区域协调发展】 2021年，佛山市围绕解决发展不平衡不充分问题，改革完善相关机制和政策，推动城乡融合发展、区域优势互补。建立南海结对三水、顺德结对高明紧密协作机制，以共建产业园区和交通基础设施建设为重点，推动4个区对接联动、互利共赢，加快形成新的增长极。探索城市区域边界土地和环境协同开发治理机制改革，建立城市管理跨区域协调联动长效机制，提升城市建设品质和精细化管理水平。推进“三旧”改造（旧城镇、旧厂房、旧村庄改造），新增启动改造项目面积534.04公顷。深化农业供给侧结构性改革，新建省级现代农业产业园4个、省级农业公园5个，粤港澳大湾区现代都市农业综合示范基地获省授牌。实施农村人居环境整治提升五年行动（2021—2025年），继续推进“百里芳华”乡村振兴示范带建设，13个美丽乡村集中连片示范区建成。完成农村股份合作制改革，优化股份分红机制，全市农村集体资产突破1000亿元。

【社会治理改革】 2021年，佛山市围绕社会治理体制机制性难题、基层基础工作短板、影响市域安全稳定的突出问题，加强制度创新，提升治理效能，为庆祝中国共产党成立100周年营造安全稳定的社会氛围。制定《关于推进党建引领基层社会治理现代化的实施方案》，建设“1+5+N”党群服务中心〔1个市级、5个区级党群服务中心，以及一批镇（街）、村（社区）、村民小组（经济社）、住宅小区、园区、商圈、楼宇、大型非公企业、大型社会组织等党群服务中心（站）〕，探索形成“群众诉求+网格化”工作模式，把社会风险隐患发现在早、化解在小。建设粤港澳大湾区城市安全管理模式试验区，打造监测中心、指挥中心、研究中心三位一体城市安全风险监测预警模式，成为国家城市安全风险综合监测预警平台建设试点。加强重大疫情防控救治体系建设，启动市应急医院、市疾控中心能力提升项目，以及市物资储备综合基地建设，国际健康驿站投入运营，应对重大突发公共卫生事件的能力水平得到提升。

【民生领域改革】 2021年，佛山市部署实施“十项民心工程”（养育成本减负工程、基础教育提升工程、居民收入提升工程、医防协同能力提升工程、老人康养工程、暖心安居工程、停车难纾解工程、全民健身工程、食品安全放心工程、社会救助工程），让改革发展成果更好更公平惠及人民群众，第三次获评中国最具幸福感城市。推进分级诊疗体系和医疗联合体建设，全市公立医院和基层卫生服务中心实现重点医疗信息互联互通、共享对接，形成由9个医联体构成的城市医联体网格化布局，公共医疗卫生服务均等化水平继续提高。启动规范民办义务教育体制机制改革，成为全国中小学劳动教育实验区。创新构建“家门口医养结合”服务模式，改革经验获全省推广。巩固拓展全国住房租赁试点成果，探索利用集体建设用地建设租赁住房，筹集保障性租赁住房4029套、共有产权住房1000套。重构全市社会救助体系，形成全覆盖、多层次、高效率困难群体救助网络，最低生活保障标准、特困人员供养标准等排在全省前列。

【重大改革试点】 2021年，佛山市继续推进南海区、顺德区2个省级改革创新实验区建设，加快开展省级综合改革试点。其中：南海区获批广东省全域土地综合整治试点，探索形成“产业+社区、国有+集体、出让+出租，以产业开发为主”的混合开发模式和房地产反哺工业的联动改造模式，重构产业空间、农业农村空间、生态空间；顺德区以村级工业园改造为突破口，推动广东省高质量发展体制机制改革创新实验区建设进入“快车道”，截至2021年5月16日，全区启动改造项目510个，累计完成改造整理土地面积7500公顷，提前半年实现“应改尽改”任务，在此基础上，连片规划建设一批现代主题产业园，吸引优质企业投资落地，2021年落地及签约项目227个，投资额2288亿元。推进智慧城市建设综合改革试点，以“新城建”（以技术创新驱动为核心，以信息网络应用为基础，基于数字化、网络化、智能化的新型城市基础设施建设）对接融合“新基建”（新型基础设施建设），有序、集约建设“城市大脑”“城市智能综合体”。结合“城市畅通”工程，开展智慧交通建设，实现信号灯联网率达75%，公交地铁“一码通乘”。年内，禅城区智慧化基层社会治理改革稳步推进，创建成为全国社区治理和服务创新实验区，入选国家智能社会治理实验基地；三水区完成省乡村振兴综合改革试点总结和评估；高明区构建以“亩均效益”为核心的工业企业高质量发展综合评价体系。

【党的建设制度改革】 2021年，佛山市围绕党政机关党员干部和工作人员存在的“庸、懒、散、拖、乱”等突出问题，开展专项整治，建立重点工作“一月三问”狠抓落实机制，推动全市上下形成雷厉风行狠抓落实的工作作风。构建一体推进不敢腐不能腐不想腐的有效机制，深化对村（社区）干部监督，打通全面从严治党“最后一公里”。

【佛山十二届市委全面深化改革委员会第九次会议】 2021年10月29日召开，会议学习贯彻习近平总书记在中央全面深化改革委员会第二十次、二十一次会议上的重要讲话精神，以及省委全面深化改革委员会第十三次、十四次会议精神，研究审议《积极构建佛山“益晒你”企业服务体系打造一流营商环境的行动方案（2022年度版）》《关于佛山企业及产品、佛山城市形象宣传推广工作方案》《佛山市促进外贸发展试行办法》《佛山市贯彻落实〈关于进一步深化税收征管改革的意见〉措施》等改革文件。会议提出，要实施好打造一流营商环境“一号改革工程”，构建佛山“益晒你”企业服务体系（“益晒你”为粤方言，意为所有好处都给你），全面提升服务效能，形成佛山服务企业品牌；要加强佛山企业及产品、佛山城市形象宣传推广，构建完善国内国际、内宣外宣、网上网下立体化传播矩阵，提升佛山企业及产品、佛山城市的知名度、影响力和美誉度；要深刻认识外贸高质量发展对构建新发展格局的重要意义，全面提升对外开放水平，打造外贸发展新平台，适时优化调整外贸政策，主动上门为企业送政策送服务，全方位支持外贸企业发展；要深化税收征管改革，推广电子证照应用，推行高效智能税费服务，落实落细减税降费政策，提升纳税人缴费便利度和税务服务满意度。

（市委改革办）

组织工作

组织建设

【概况】 截至2021年底，佛山市有基层党组织19403个，其中基层党委1368个，总支部667个，支部17368个。全市有党员31.3万人。2021年，佛山市践行新时代党的建设总要求和新时代党的组织路线，加强理论武装，筑牢“两个维护”的思想根基。制定实施《中共佛山市委进一步落实全面从严治党主体责任清单》，明确落实全面从严治党主体责任的责任清单、任务清单，严格执行省委坚决落实“两个维护”制度机制。印发实施《关于巩固深化“不忘初心、牢记使命”主题教育成果若干举措》，细化“第一议题”工作指引，实施“习近平新时代中国特色社会主义思想教育培训计划”，新开发理论教育课程13门。组织实施“一把手”政治能力提升计划，10名市领导专题授课，调训“一把手”310人次。开展党史学习教育、中共十九届六中全会精神全员集中轮训，培训省管、市管干部，以及中央、省驻佛单位主要负责人2160人次，举办市级重点培训班79期、区级培训班296期、基层党委培训班4533期，轮训基层党员46.9万人次，分级分类实现学习培训全覆盖。年内，以党建引领保障重大任务落实，在封闭封控区域、集中隔离场所、转运专班、核酸检测专班等成立临时党组织45个，设立党员示范岗和党员突击队165支，组建市直机关常态支援基层队伍。完成村级换届，选出新一届村（社区）“两委”〔村（社区）党组织和村（居）民委员会〕4583人。实施新一轮基层党建三年行动计划（2021—2023年），围绕“完善组织体系开启新征程”，推动党的全面领导在基层落地落实。把支部建在小区上，实现全市1224个物业住宅小区党支部全覆盖，选配5843名党员楼长。把支部建在村民小组上，实现3419个村民小组党支部应建尽建。

【党史学习教育】 2021年，佛山市开展党史学习教育，汲取奋进新征程的智慧力量。组织开展庆祝中国共产党成立100周年系列活动，组织实施“两优一先”（优秀党员、优秀党务工作者、先进基层党组织）评选表彰，获全国、全省、全市“两优一先”表彰的集体和个人分别为3个、35个、297个，制作展播佛山市“两优一先”系列专题片13部，颁发“光荣在党50年”纪念章2.5万枚。评选佛山市第四批党员教育基地10个，佛山市党员教育基地增至50个。开展“十个一”（落实第一议题学习制度、自学一系列指定学习材料、开展一次主题党日活动、重温一次入党誓词、书记讲一次专题党课、开展一次全员轮训、学习一批身边榜样、走近一批“五老”听故事、为群众办一批实事、召开一次专题组织生活会）系列活动，“七一”中国共产党建党节活动期间组织全市党员瞻仰红色革命遗址2656场7万人次，参观主题展览1969场6.1万人次，重温入党誓词21.1万人次。

链接

佛山市第四批党员教育基地名单

承业大厦（千灯湖创投小镇党群服务中心） 顺德工业发展馆 中共珠江三角洲地方委员会机关旧址 中国共产党顺德县支部展示馆 中共西江工作委员会（中共高明三小支部）旧址 黄仕聪烈士纪念碑 陈心陶纪念碑 三水人民抗日纪念碑 广三铁路河口火车站 佛山市老干部休养所陈列室

【村级换届工作完成】 2021年，佛山市完成村级换届工作，把党的全面领导落实到换届全过程、各方面，严把人选质量，建立“两委”〔村（社区）党组织和村（居）民委员会〕干部“三张清单”（责任清单、任务清单、问题清单）机制，对790个村（社区）“两委”确定人选、意向人选和无合适人选情况进行全覆盖摸排，落实村（社区）党组织书记区级备案管理和“两委”人选区级联审机制，选优配强“头雁”和“两委”班子。选出新一届村（社区）“两委”成员4583人，“两委”班子成员交叉任职比例达97.3%，村（居）委会成员党员占比98.6%，选举产生非户籍委员235人。村（社区）党组织书记全部通过法定程序担任村（居）民委员会主任和村级集体经济组织负责人，平均年龄44.6岁，“80后”占28%，拥有大专及以上学历人员占87.8%。

【新一轮基层党建三年行动计划实施】 2021年，佛山市出台《佛山市加强党的基层组织建设三年行动计划（2021—2023年）实施方案》，以“完善组织体系开启新征程”“提升党建引领基层治理效能”“高质量党建推动高质量发展”为主题，提出9个方面主要任务、34项重点工作，推动全市党的基层组织建设。制定大抓基层大抓支部推动党建高质量发展重点任务清单，明确5个方面35个具体任务，严格执行党章和各领域基层组织工作条例，完善“村党委—村民小组党支部—党员联系户”农村三级党建网格、“街道大工委—社区大党委—小区党支部—党员楼长”城市四级联系服务群众体系。完善“区域+行业”党建“两张网”，新建市地方金融、民办学校两个行业党委，推动11个重要行业领域均建立行业党组织，推进“一行一品”建设，“管业务就要管党建”成为普遍共识。落实支部工作条例，把人员力量下沉到支部，机关党支部普遍配备1名40岁以下的半专职党务干部，选派96名机关党员干部到基层党支部担任第一书记，打造一支既热爱又会抓基层党建的党务干部队伍。发挥支部在选人用人中的把关作用，印发《关于在干部选拔任用中听取党支部意见的通知》，要求党委（党组）和组织人事部门平时应注重听取党支部意见，定期与机关党委书记、专职副书记、机关纪委书记和各党支部书记等谈心谈话，了解掌握本单位干部日常表现。创建“四强”（政治功能强、支部班子强、党员队伍强、作用发挥强）党支部，推动党建工作与中心工作相融合。实施南粤党员先锋工程，新发展党员8591人，在高知识群体中发展党员同比增长60%。推进党群服务阵地向人流密集、公共服务薄弱区域延伸，建成全市镇（街道）、村（社区）、园区、商务楼宇、“两新”（新经济组织和新社会组织）领域党群服务中心（站）3331个，推广顺德区乐从镇水藤村“红基石”经验，以党组织名义“一口输出”“党务+政务+服务”。实施“民生微实事”工程，开展竞争性资金分配，向每个乡村振兴示范村拨付财政专项建设资金1000万元，全年市、区财政投入基层资金超17亿元。

2021年，佛山市完成村级换届工作。图为顺德区容桂街道容新社区选举投票现场（市委组织部　供图）

【城市基层党建】 2021年，佛山市提升党建引领城市基层治理效能。完善街道大工委、社区大党委机制，做实街道、社区党建联席会议制度，协商民生服务事项，全市11个街道、195个城市社区均建立党建联席会议，召开联席会1700余次。抓实物业住宅小区党建，推动全市1224个物业住宅小区党支部“应建尽建”，制定物业住宅小区党支部职责清单，确定24项职责任务，推行小区党支部书记与业委会主任“一肩挑”，遴选能力突出、热心负责的小区党员担任支部委员，选拔培养党员楼长5843人，推动小区党建与城市发展同频共振。探索新就业群体党建，吸收2.5万名快递小哥为工会会员，并建设21个24小时运营的“红色驿站”。

【乡村振兴党建引领】 2021年，佛山市开展抓党建促乡村振兴示范区、镇、村创建，实施“看比学”，推动出台镇（街道）、村（社区）工作规则，村、组两级全面实施重要事权清单管理。发挥潘健章、程祖彬，以及紫南村党委等全国“两优一先”的示范带动作用，完善“选育管用储”（选才、育才、管才、用才、储才）全链条22项措施，深化无职党员设岗定责，吸引346名外出优秀人才“回流”建设家乡，推动农村人居环境整治、池塘标准化改造、“百里芳华”示范带建设。开展红色村组织振兴建设美丽乡村试点，统筹资源支持高明区明阳村试点建设，市、区、镇合力协助明阳村做好示范点规划，推进党群服务中心整体提升、红色廉政文化教育基地建设、爱国主义教育基地建设、红色乡村旅游示范基地建设等21个重点项目，完成14个革命老区村民小组的基础设施建设。

【重大任务党建引领】 2021年，佛山市强化党建引领重大任务落实。服务新冠肺炎疫情防控工作，在集中隔离场所、口岸码头专班等重点机构成立临时党支部45个，设立党员示范岗和党员突击队165个（支），组建市直机关常态支援基层队伍，从市直单位选派72名年轻科级干部担任隔离酒店副店长，发挥“双报到”（党组织和在职党员到社区报到）作用支援村（社区）超4万人次，划拨市管党费390万元支持基层疫情防控。出台《佛山市实施新时代民营企业家培育工程方案》，建立常态化教育培养机制，在市委党校举办培训班3期、培训150人次，推动48对机关单位与民营企业党组织开展“政企共建促发展”活动。推进机关作风建设，推动机关干部下基层、走基层、办实事、解难题，8—12月组织市直单位下基层1.63万次，收集解决基层反映问题9958个，完成解难题事项363个。

（薛　挺）

干部队伍建设

【概况】 2021年，佛山市以政治标准统领干部队伍建设，以正确用人导向引领干事创业方向，建设政治过硬、具备领导现代化建设能力的干部队伍。严格按照中央、省委文件要求，协助省委做好市领导班子换届工作，完成区、镇领导班子换届。提高干部队伍专业化能力，举办专业能力提升班29期，培训1831人次。创新具有佛山特色的新时代党校联动协同发展机制，实施市、区、镇三级党校联动体系建设，构建以1个市委党校（行政学院）为龙头，5个区委党校（行政学校）、32个镇（街道）党校优势互补、资源共享的工作格局。分级分类对全市党员干部进行全覆盖培训，累计举办市级重点培训班79期、区级培训班296期、基层党委培训班4533期，轮训基层党员46.9万人次。

【市领导班子换届】 2021年，佛山市协助中共广东省委做好市级领导班子换届工作，配合省委考察组做好干部推荐考察，高质量完成换届选举有关工作。同年11月，中国共产党佛山市第十三次代表大会召开。

【区、镇领导班子换届】 2021年，佛山市完成区、镇领导班子换届。换届过程中，佛山市坚持事业为上、以事择人，注重优化班子整体功能，强化组织把关和督促指导，严肃换届纪律，确保换届全过程平稳有序、风清气正。坚持党管干部原则和好干部标准，结合佛山高质量发展需要，选优配强区、镇领导班子。注重优化班子专业结构，加大优秀年轻干部选配力度，全面强化班子整体功能。按换届政策要求配备女干部和党外干部，各民主党派均有代表进入区领导班子。坚持全市干部“一盘棋”，落实干部交流回避规定，把干部交流与优化班子结构、增强整体功能结合起来，通过干部交流促进思维观念、发展经验的交流，促进各区融合发展。

【干部队伍专业化】 2021年，佛山市实施干部专业化能力提升计划，围绕创新驱动、风险防控、城市建设、公共卫生等专题，举办专业能力提升班29期、培训1831人次，设立产业转型、生态文明等主题现场教学点43个。提升学习培训实效，构建“专家学者讲理论、领导干部讲政策、一线干部讲操作”特色课程体系，推动全市党校课程库、师资库、案例库、现场教学库“四库”资源共建共享，建立市级专兼职师资库302人、区级761人。加强实践锻炼，组织年轻干部到基层挂职锻炼，从市直单位、国企抽调熟悉招商、投融资等工作的优秀年轻干部充实到招商队伍中。

【党员干部培训全覆盖】 2021年，佛山市分级分类对全市党员干部进行全覆盖培训，运用市、区、镇三级党校、党群服务中心、党员教育基地、网络培训学院等平台，采取市级重点培训、各区各工委普遍培训、基层党委兜底培训等方式，举办市级重点培训班79期、区级培训班296期、基层党委培训班4533期，轮训基层党员46.9万人次，并开展党员教育中期评估。建立党组织书记年度轮训制度，举办各领域党组织书记培训班1097场次，培训党组织书记4.2万人次。深化“党课开讲啦”活动，评选展播“佛山市十佳精品党课”，4部党课入选全省“百部优秀精品党课”。

（薛　挺）

人才工作

【概况】 2021年，佛山市加快建设高水平人才高地、创新高地。健全党管人才领导机制，将市人才工作领导小组调整为市委人才工作领导小组，修订完善人才工作领导小组成员单位责任，人才工作领导小组成员单位从28个增加至41个。优化人才政策体系，研究制定党管人才意见和建设高水平人才高地创新高地的意见，制定或修订柔性引才、竞争性扶持人才项目实施办法等配套政策文件。面向全球引进“高精尖缺”人才。实施《佛山市高层次人才及团队引进三年行动计划》，发布《佛山市制造业急需紧缺人才目录（2021版）》，年内引进科技创新团队52个、全职院士1人、领军人才83人、博士1052人。建成佛山市“一站式”人才综合服务平台和三龙湾国际人才客厅，提供“一站式”服务。开发“一区一品”高层次人才研修精品课程，组织“人才之夜”活动。

【人才政策体系优化】 2021年，佛山市优化人才政策体系，梳理市区人才政策，起草《中共佛山市委关于加强党对新时代人才工作全面领导进一步落实党管人才原则的意见》《关于佛山建设高水平人才高地创新高地的意见》等意见。修订竞争性扶持人才项目实施办法，评选出人才引进培养特色项目19个，扶持资金1000万元。制定柔性引才政策，出台《佛山市高层次人才及团队引进三年行动计划》，发布2021年制造业急需紧缺人才目录，打造更加务实管用的引才模式，拓展更加多元化的引才渠道，全年引进科技创新团队52个、全职院士1人、领军人才83人、博士1052人。采取以才引才、以平台引才、以专项活动引才等8项举措集聚海内外优秀人才。签订《广佛人才全域同城化合作协议》，深化广佛人才全域同城化合作。

【人才服务体系优化】 2021年，佛山市打造有温度的人才服务体系。建成三龙湾国际人才客厅，为国际人才提供外国人来华工作许可、人才奖补申领、工商注册登记等专业、便捷的“一站式”服务。启动佛山市“一站式”人才综合服务平台，为人才提供“全天候、全方位、一站式”服务保障。打造“一区一品”高层次人才研修精品课程，举办“人才之夜”、青年人才联谊等活动，更好凝聚人才。举办高层次人才团队融资对接会，促成16个高层次人才团队与4个金融机构达成合作意向。举办“千企智造·智汇行动”佛山重点企业和知名猎头公司对接会，19家行业龙头企业达成猎头合作意向。同时，每月10日常态化开展人才政策宣传日系列活动，先后赴澳门大学、季华实验室等机构开展宣讲。

2021年10月15日，由佛山中德工业服务区（三龙湾）管理委员会主办的2021中欧文化周开幕式暨佛山“人才之夜”晚会在佛山市乐从镇陈氏大宗祠举行

（市委组织部　供图）

【佛山市“一站式”人才综合服务平台启动】 2021年4月10日，佛山市“一站式”人才综合服务平台在三龙湾高端创新集聚区启动。该平台以优粤佛山卡服务平台为载体，构建“市级统筹+各区协同”“动态数据+精准营销”“公共服务+市场运作”的人才服务新模式，推出包含政务、创业、医疗、住房、商旅、联谊等在内的19项实用的人才服务项目，为人才提供“全天候、全方位、一站式”服务。

【《佛山市制造业紧缺人才目录（2021版）》发布】 2021年7月8日，中共佛山市委组织部、市人力资源社会保障局、市工业和信息化局联合发布《佛山市制造业紧缺人才目录（2021版）》，列举216个紧缺人才岗位的产业类别、岗位名称、紧缺度、专业要求、岗位职责、职称要求和技能资格。其中，紧缺人才岗位的职称要求为岗位相关的中级职称及以上，技能资格要求为岗位相关的技师及以上。从产业类别看，紧缺人才岗位多来自精密仪器设备、高端装备制造、新一代电子信息业、智能机器人等新兴产业。从紧缺度看，精密仪器设备业的PCB（印制电路板）工程师、高端装备制造业的仿真工程师、智能家电业的工艺工程师等30多个岗位较紧缺。

【佛山首次举办“人才之夜”晚会】 2021年10月15日，2021中欧文化周开幕式暨佛山“人才之夜”晚会在顺德区乐从镇陈氏大宗祠举行。活动由佛山中德工业服务区（三龙湾）管理委员会主办，是佛山首次举办“人才之夜”晚会。来自一汽-大众、季华实验室等佛山知名企事业单位的多名高端人才现场表演乐器演奏和歌舞，展现青年人才的精神面貌，以及佛山国际化、人性化的城市魅力。活动设有佛山人才政策展示专区，为中外来宾讲解佛山的产业优势、人才政策。

（薛　挺）

公务员管理

【概况】 2021年，佛山市围绕制造业大市特点与产业发展需要，提高公务员队伍建设质量，加大理工类专业干部储备力度，连续3年增加公务员和选调生招录数量，开展优秀应届大学毕业生选调工作，优化公务员队伍结构。同时，统筹用好公务员转任、调任等方式，全面加强对公开选调、商调工作的指导和监管，畅通国有企业、事业单位优秀人才进入党政机关渠道。2021年全市转任调入高素质、专业型公务员354人，从国企、高校和事业单位调任公务员7人。

【公务员管理科学化规范化】 2021年，佛山市梳理规范公务员录用、转（调）任、任免、登记、工资福利、考核和绩效等19项工作流程，修订《佛山市数字人事系统管理规定》，建立公务员诚信电子档案，不断提升公务员管理科学化规范化水平。制定《公务员录用考察工作规程》，综合运用"大数据+考察"模式，考准考实公务员政治素质。深入实施职级序列分类改革，制定全市人民警察和法、检两院司法辅助人员职级序列设置方案，推进行政执法类公务员分类改革工作。出台《佛山市考察评价干部保护清单（试行）》，明确符合10种情形的干部，对其在干部动议、干部考察和考核时不作负面评价，不影响提拔使用；在评先评优、表彰奖励时不受负面影响，为改革者负责，为担当者担当。

【公务员考核制度落实】 2021年，佛山市落实公务员平时考核工作规程，在全省率先出台《佛山市公务员平时考核工作规程（试行）》，全面铺开全市公务员平时考核工作。组织开展市管领导干部年度考核工作，对941名市管领导干部进行2021年年度考核。组织开展4651名市直机关公务员（不含市管干部）2021年年度考核工作。

（薛　挺）

宣传工作

【概况】 2021年，佛山市宣传思想文化战线围绕庆祝中国共产党成立100周年、党史学习教育等主题主线，履行"举旗帜、聚民心、育新人、兴文化、展形象"使命任务，做好宣传思想文化各项工作，为全市经济社会发展提供思想保证、舆论支持、精神动力和文化条件。落实党委（党组）理论学习中心组专题学习制度，市委理论学习中心组全年开展专题学习12次，带动全市处级以上理论学习中心组开展专题学习1500多次。组建市委宣讲团、基层宣讲团和"思政课教师宣讲团""红耆党史宣讲团"等讲师团，到基层一线开展精准化、互动化、分众化宣讲。发挥"两周刊一专刊一网站"（《理论周刊》《学习周刊》《学习专刊》和"学习进行时"专题网站）学习载体作用，其中，《学习周刊》和《理论周刊》全年分别刊发40期和44期。推动主流媒体关注佛山、报道佛山范例，省级以上主流媒体有关佛山的重点报道全年达4930篇（条）。推动文化事业和文化产业繁荣发展，争当传承岭南广府文脉的领头羊，佛山市入选2024年"东亚文化之都"候选城市和国家文化和旅游消费试点城市，全国版权示范城市创建工作进入攻坚验收阶段。常态化推进精神文明创建"15项重点工程"（公益广告、老旧社区、公共环卫、美丽村镇、交通秩序、农贸市场、文明校园、母婴设施、高速公路、出租车、文明经营、志愿服务、公共文化服务、家教家风、网络文明等工程），提升全国文明城市创建质量。依法管网、治网、用网，实施网络"正能量""护城河""防火墙""同心圆"工程。

2021年"七一"期间，佛山市为庆祝中国共产党成立100周年，在20余处地标建筑推出宣传灯光秀。图为佛山新城信保广场灯光秀　　（市委宣传部　供图）

【理论学习宣讲研究】 2021年，佛山市推动学深悟透习近平新时代中国特色社会主义思想，落实"第一议题"制度和党委（党组）理论学习中心组学习制度，市委理论学习中心组全年开展专题学习12次，带动全市处级以上理论学习中心组开展专题学习1500多次。发挥"两周刊一专刊一网站"（《理论周刊》《学习周刊》《学习专刊》和"学习进行时"专题网站）学习载体作用，其中《学习周刊》刊发40期20多万字、《理论周刊》刊发44期55万余字。创新开展"学习进行时——学习贯彻习近平总书记'七一'重要讲话精神"网络学习活动，14万余人次参与。以党史为主题举办"学习强国"学习平台知识竞赛，参赛32.4万人次。举办"学习强国"佛山学习平台上线一周年主题活动启动暨总结分享会，推出一批"学习强国"专列、主题车间等"十个一"（召开一次"学习强国"佛山学习平台专题工作推进会，上线一批县级融媒体号，推出一批"学习强国"专列，推出一批"学习强国"主题车间，发布一批"学习强国”佛山学习平台上线一周年宣传片及海报，举行一场“强国之夜”全城亮灯仪式，推出一系列“学习提升工程”，举办一场“学习强国”佛山学习平台视频、摄影、征文主题大赛，推出一场“学习强国”积分兑换活动，建立一批“强国”音视频工作室）工作。在全省率先开展“我们的美好生活”微视频、摄影大赛，近600部视频、700多组图集入围展播。做好“学习强国”学习平台相关工作，年内，“学习强国”全国平台采用佛山稿件近1700篇，“学习强国”广东学习平台采用佛山稿件1.9万篇，“学习强国”佛山学习平台获评2021年度“学习强国”广东学习平台优秀通讯站。动员市内媒体参加全国县级融媒体中心优秀作品月奖赛，2部视频获专题作品二等奖。宣传推介佛山市季度“学习之星”80人、年度“学习之星”10人。组建市委宣讲团、基层宣讲团和“思政课教师宣讲团”“红耆党史宣讲团”等讲师团，到基层开展一线精准化、互动化、分众化宣讲。创新开展习近平总书记“七一”重要讲话精神专题宣讲之“老区行”“国企行”“园区行”“村居行”等走基层活动，组织现场参与庆祝中国共产党成立100周年大会的佛山先进代表开展巡回宣讲。全年全市累计开展集中宣讲1万多场次，覆盖各类听（观）众110万人次。围绕佛山践行“习近平新时代中国特色社会主义经济思想”，开展专题研究，形成高质量调研成果，获新华社、中央电视台、《人民日报》、《光明日报》、《经济日报》等中央主流媒体报道。召开佛山市庆祝中国共产党成立100周年理论座谈会。启动工匠文化专题调研和课题研究。编撰出版《佛山历史文化丛书》（第六辑）及中英文版《佛山历史文化丛书》（第二辑）。启动“中华优秀传统文化佛山读本”编撰工作。《邻里图书馆推动公共文化服务全覆盖》入选中央宣传部《宣传思想文化工作案例选编（2021）》，是广东省唯一入选案例。

【习近平总书记“七一”重要讲话精神专题宣讲走基层系列活动】 2021年，佛山市组织开展习近平总书记“七一”重要讲话精神专题宣讲“老区行”“国企行”“园区行”“村居行”等走基层系列活动，组建由党史党建方面专家学者、基层机关干部、老党员老干部、企业代表、村级党组织书记、纪念场馆宣讲员、教育基地宣讲员，以及全国优秀党务工作者程祖彬等先进典型组成的宣讲员队伍，共组织基层宣讲80多场次。专题宣讲“老区行”走进市内10个革命老区，在高明区更合镇蛇塘村农民协会成立旧址、抗日游击队云良联络点旧址、高明人民抗日游击队第三大队旧址等革命遗址开设“革命遗址红色故事会”宣讲课堂，解读党的百年光辉历程，让老区党员干部群众足不出村，在家门口就能听到主题党课。专题宣讲“国企行”走进企业厂区、车间和工地等，在佛山直属粮食储备库党支部、市建装公司党支部、佛山高速公司党支部等10个企业基层党支部开展专题宣讲。专题宣讲“园区行”在佛山国家高新技术产业开发区5个园区开展专题宣讲近30场。专题宣讲“村居行”组织基层宣讲员走进南海区丹灶镇西岸村、高明区荷城街道中山社区等30多个村（社区），面向基层村（居）民开展互动式、分众化宣讲32场。

【媒体宣传】 2021年，佛山市加快完善传统媒体与新媒体相融互通、网上网下一体、内宣外宣联动、市内市外协同的全媒体立体化传播新格局。围绕庆祝中国共产党成立100周年主线，组织学习宣传贯彻习近平总书记在庆祝中国共产党成立100周年大会上的讲话精神、党史学习教育、中共十九届六中全会精神、佛山市第十三次党代会、市“两会”（人大会议、政协会议），以及全球招商大会、第一届全国博士后创新创业大赛等30余个重大主题宣传。开展新冠肺炎疫情防控常态化宣传，进一步“强信心、聚民心、暖人心、筑同心”，特别是在佛山出现本土疫情期间，加强权威信息发布，宣传引导市民留在佛山过端午节。宣传打造一流营商环境“一号改革工程”，集中时段、集中宣传资源开设“营商好环境　佛山益晒你”专题专栏。加强佛山企业及产品、佛山城市形象宣传推广，制定实施《关于佛山企业及产品、佛山城市形象宣传推广工作方案》。年内，《人民日报》、新华社、中央电视台、人民网、新华网、央广网等高端主流媒体关注佛山、报道佛山范例，佛山在省级以上主流媒体重点报道全年达4930篇（条），提升佛山城市知名度、美誉度。中央电视台财经频道《经济半小时》栏目大篇幅报道制造业转型的佛山“功夫”；中央电视台财经频道《对话》栏目邀请佛山市主要领导录制专题节目，宣传推介佛山推出“益晒你”服务体系、打造一流营商环境等举措。

【文化事业文化产业发展】 2021年，佛山市文化事业文化产业实现新发展。佛山市国家公共文化服务体系示范区创新发展领导小组成立，市级“六馆三院”（图书馆、文化馆、博物馆、美术馆、非遗馆、体育馆、大剧院、粤剧院、影剧院）、区级“五馆一院”〔图书馆、文化馆、博物馆、美术馆（展示馆、纪念馆）、体育馆、影剧院〕、镇（街）道“四馆一院”〔图书馆、文化馆（站）、美术馆（展示馆、纪念馆）、体育馆、影剧院〕配套格局基本成型。佛山市博物馆新馆、佛山粤剧院工程按计划推进。博物馆之城加快建设，印发实施《佛山市博物馆之城规划》，举办博物馆文化周等活动。全国首家省级实体语言类博物馆——岭南方言文化博物馆建成。“世界功夫之城”加快发展，咏春拳（佛山咏春拳）入选第五批国家级非物质文化遗产代表性项目名录，“粤港澳大湾区武术文化交流中心”获得批复。年内，佛山市开展公共文化设施“效能革命”专项行动，39个文化惠民试点村（社区）共开展活动136项418场。

推进粤港澳大湾区影视产业展示招商服务中心、佛山珠影星光城项目等建设。举办2021中国影视艺术高峰论坛、“影载中华情　圆梦新丝路”国际优秀影片展映与交流研讨活动。制定《国有经营性文化企业重大事项审核备案清单（2021）》。开展初创文创企业扶持行动，95个文化产业项目共获得1037.9万元文化产业扶持资金支持。举

2021年10月18日，佛山市创作的红色舞台剧《风起蔗林》在顺德区北滘文化中心进行公益首演。图为舞台剧《风起蔗林》剧照　　（市委宣传部　供图）

办中国（佛山）网络视听艺术周。筹建5G数字产业应用示范中心。全年全市电影观影人数1616.3万人次，票房达4.98亿元。年内，佛山市入选2024年“东亚文化之都”候选城市、国家文化和旅游消费试点城市。粤港澳大湾区影视产业合作试验区创建工作被纳入广东省“十四五”规划纲要和广东省粤港澳大湾区建设年度重点任务。《中国飞侠》《毛驴上树2》获评国家广电总局年度优秀网络视听作品。

拍摄电视连续剧《郁郁葱葱》、红色革命题材电影《暴风》《邓小平小道》等优秀作品。推出粤剧《鸿胜馆》、纪录片《家在顺德》、话剧《盖德皓做好人》、红色舞台剧《风起蔗林》等一批体现岭南特色的作品。征集并发布“庆祝中国共产党成立100周年——广东原创好歌曲”22首。年内，佛山市首部4K全景声粤剧电影《白蛇传·情》获中国影史戏曲电影票房冠军，佛山市在广东省第十四届“百歌颂中华”歌咏活动总决赛中获金奖2个。

【邻里图书馆建设】2021年，佛山市实施“千家万户”阅暖工程——邻里图书馆项目，打通公共文化服务“最后一公里”，获国际图书馆协会联合会（IFLA）国际营销奖第一名。全市邻里图书馆1322个，累计借书36.1万册次，开展阅读活动1697场，累计服务读者5.3万人次，超1000个家庭、超3000人成为阅读推广使者。依托佛山市联合图书馆体系，建立邻里图书馆多级联动机制。搭建一个中心、五区联动、八大小组“一五八”邻里图书馆运营管理体系。成立邻里图书馆管理中心，组建8个工作小组。研发邻里图书馆智慧运营服务系统和基于区块链技术的家藏图书共享P2P（个人对个人）网络平台——“易本书”，成为国内首个实现家藏图书、公共图书馆馆藏全社会流通的公益性、综合性资源共享平台。面向邻里图书馆家庭提供“馆藏定制服务”，编制家庭阅读推荐书目，开展“你选书，我买单”现场选书大会；定期开展面向邻里图书馆家庭的系列专题阅读推广活动，包括绘本剧表演、故事会、音乐会等专场活动。建立家庭阅读空间，盘活家庭藏书资源，将超过45.86万册公共藏书下沉到家庭末梢。打造“邻里图书馆嘉年华”“家庭阅读季”“‘邻’距离微电台”“阅文化创意活动”等四大品牌活动。建设“邻里图书馆体验空间”，培育典型邻里图书馆示范点10个。其中，一些邻里图书馆逐步形成独具特色的品牌活动，如永无岛邻里图书馆的“云朵姐姐故事会”、小橘灯下邻里图书馆“童读书绘”、好友营邻里图书馆“快乐的海洋环游”等。

【网络宣传】2021年，佛山市落实网络意识形态和网络安全责任制，依法管网、治网、用网，网络空间不断清朗。实施“护城河”工程，形成《佛山网络综合治理体系三年行动计划》，探索构建“舆情热度指数”，对舆情信息进行科学评估。处置“重大风险事件”40起，交办舆情信息1.44万条，督办舆情信息191条，开展专项治理工作50项。“清朗佛山”微信举报小程序用户超18万人次。推进“正能量”工程，全市各主流网络媒体等开设“奋斗百年路　启航新征程”“新时代　新篇章　新作为”等专栏专题，刊播21万篇（条），总阅读量7.5亿人次。推进“纷享佛山”网络传播品牌行动，“纷享佛山”传播矩阵总阅读量超2.6亿人次。建设“佛山网评”“佛山网讯”等网上理论评论阵地，开展“E品佛山”首届网评大赛，刊发原创网评精品400多篇。建强“佛山+”“醒目视频”“快看佛山”等传媒平台，开设境外社交平台账号，推出《外国人眼中的佛山》等栏目，提升网络国际传播能力。推进“同心圆”工程，统筹网络社会组织、网企、网媒、网络名人、网民共建“网络同心圆”。在全省地级市中率先建立39个互联网党建联系点和6个示范点，开展“E网同心汇”活动11场，评选出全市互联网党建年度优秀案例，相关做法入围中国网络社会组织联合会主办的“四强”（政治功能强、支部班子强、党员队伍强、作用发挥强）党支部优秀案例展播（为广东省唯一入围案例）。

（雷郎才）

网络与信息安全

【概况】2021年，中共佛山市委网络安全和信息化委员会办公室健全网络安全工作体系，提升网络安全保障能力，推动数据和个人信息安全。开展联动执法，加强涉网监管部门资源统筹，建立涉网事项移交派单机制。建立联合会商执法机制，对违法违规行为联动打击，维护清朗网络空间。开展“清朗·未成年人网络环境整治”等专项治理工作，对突出问题系统性整治纠偏。建立“净网同心”志愿服务队，对一批舆情事件作出预警。试点开展“阳光编辑”署名工程，实现信息内容发布审核责任落实到人、可追可查。提升执法力量配备，组织市委网信办11名工作人员考取广东省人民政府行政执法证。组织32家110名自媒体编辑人员参加互联网法律法规培训班，颁发佛山市互联网信息内容法律法规培训证。搭建“佛山互联网法律法规考学平台”，超3000人登记信息、参与考学。升级佛山互联网违法和不良信息举报中心，组建佛山网络辟谣联盟，协调20余个平台号推送辟谣文章，浏览量超500万人次。在佛山电台热门频道黄金时段每日播出互联网违法和不良信息普法公益广告，提升社会大众网络法律素养。

【网络安全态势感知共建共享体系建设】 2021年8月起，中共佛山市委网络安全和信息化委员会办公室开展打造网络安全态势感知共建共享体系。推进企业数字化转型升级中网络安全防护建设，辅导、资助商协会等行业参与共建共享网络安全态势感知体系，为企业会员提供网络安全服务，提高企业网络安全防护能力，降低防护成本。倡议行业协会通过建设轻量级态势感知平台，为企业会员提供安全服务，减低企业自建平台费用。通过建立共建共享的感知体系，并与原有平台数据互为补充，加强网络安全预警监测，实现全天候全方位感知和有效保护。在政府引导下，发挥行业协会的组织协调作用，通过全市各个行业协会的带动，建立健全跨部门协调、跨领域协作、跨行业协同的一体化防护体系，共筑网络安全防线。

【2021年佛山市网络安全事件应急演练暨第一届“飞鸿杯”网络安全大赛】 2021年7月28日至8月3日举行，由中共佛山市委网络安全和信息化委员会办公室联合市公安局、市政务服务数据管理局、市委机要和保密局、市工业和信息化局举办。活动制作并发布网络设备设施故障、网络攻击、网站网页遭篡改、计算机病毒入侵等4个常见网络安全事件类型的应急演练工作指引视频，并探索开展城市级中等规模网络安全事件应急演练。大赛有广东省内26支队伍参赛，采用实战攻防演练形式，全域覆盖佛山市互联网IP，其中包括全市98个重点攻击单位，大赛最终由“绿盟科技”获第一名。

2021年7月28日至8月3日，2021年佛山市网络安全事件应急演练暨第一届“飞鸿杯”网络安全大赛举行。图为7月28日现场开展城市级中等规模网络安全事件应急演练

（市委网信办　供图）

【2021年佛山市网络安全宣传周活动】 2021年10月11—17日举行，由中共佛山市委网络安全和信息化委员会办公室联合市委宣传部、市委编办、市教育局、市工业和信息化局、市公安局等12个部门举办，以“网络安全为人民，网络安全靠人民”为主题。通过主题宣传片、网络安全知识作品征集评比活动、主题日活动、网络安全进基层活动，普及网络安全知识和技能，增强广大民众网络安全防范意识。同时，全市各区、各相关部门开展形式多样、丰富多彩的主题日活动，包括校园日、法治日、电信日、金融日、青少年日、个人信息保护日六大主题日活动。

【2021年佛山市工业互联网安全职工技能竞赛】 2021年10月11日在佛山智造谷创新示范基地举行，由中共佛山市委网络安全和信息化委员会办公室联合市总工会、市工业和信息化局、南海区委宣传部（网信办）举办，基础电信企业、制造业企业、工业互联网企业、网络安全企业、院校、科研机构等的32支队伍参赛。竞赛采用在线知识答题、夺旗赛（CTF），以及工业互联网场景安全渗透、漏洞挖掘等方式，内容包括工业互联网安全相关法律法规基础知识，工业互联网场景隐患挖掘、漏洞修补、协议分析、密码加解密，工控领域的数据采集与监视控制系统（SCADA）、分散控制系统（DCS）、过程控制系统（PCS）、可编程逻辑控制器（PLC）、远程终端单元（RTU）、智能电子设备（IED）等系统或设备渗透。竞赛最终由国家税务总局佛山市税务局信息中心代表的ODPS战队、春天花园队伍以及日丰企业代表的安全卫士队获前三名。

（周　杨）

统一战线工作

【概况】 2021年，佛山市加强中国共产党对统一战线工作的集中统一领导，市

2021年7月23日，佛山市统一战线举行庆祝中国共产党成立100周年“同心向党”诗歌朗诵暨红歌演唱活动。图为合唱演出现场　　（市委统战部　供图）

委常委会会议专题学习《中国共产党统一战线工作条例》精神，把学习贯彻该条例纳入佛山市党政领导干部、统战干部培训班重要内容。发挥统一战线工作领导小组统筹抓总作用，制定并出台相关文件3份。制定系列党史学习教育工作方案和任务清单，向统一战线成员宣讲习近平总书记“七一”重要讲话精神和中共十九届六中全会精神。协助各民主党派完成换届工作，举办新任党外领导干部培训班，保证各民主党派领导班子的稳定性和连续性。年内，中共佛山市委统一战线工作部编发《佛山统战信息》92期，在媒体发布信息1095篇。

【多党合作和政治协商制度落实】2021年，中共佛山市委统一战线工作部协助市委制定实施2021年佛山市政党协商工作计划，先后召开党外代表人士迎春座谈会、各民主党派负责人暑期座谈会暨新老主委座谈会、中国共产党佛山市第十三次代表大会报告征求意见座谈会以及重大人事安排民主协商会等重要会议，促进党外人士参政议政工作。年内，各民主党派市委会开展各类调研116次，完成调研报告109篇，提交各类提案（议案）236件，反映社情民意信息732条。市各民主党派分别围绕科技创新、活化“非遗”2个专题开展“同心”联合调研，并就中共佛山市委书记郑轲提出的“加快三龙湾建设”“加强文化建设”“促进共同富裕”等议题开展联合调研。

【民族宗教工作】2021年，中共佛山市委统一战线工作部推进民族团结进步宣传“六进”〔进机关、进乡镇、进企业、进学校、进社区（村）、进宗教活动场所〕活动。以“线上+线下”方式开展为期近5个月（7—11月）的佛山市少数民族进城务工人员语言文化政策培训，帮助少数民族进城务工人员提升职业技能，融入城市生活，近400名少数民族群众参加培训。举办全市中小学“铸牢中华民族共同体意识”绘画征文比赛，在校园种下民族团结的种子。推进佛山市少数民族传统体育项目训练基地建设，提高佛山市少数民族传统体育项目的竞技水平。建立基础信息数据库摸清佛山市宗教基本情况，依法加强宗教事务管理和宗教团体、活动场所内部管理，持续推进民间信仰场所管理，依法查处境外宗教渗透，防范打击非法宗教行为。

【非公有制经济领域统战工作】2021年，中共佛山市委统一战线工作部指导市工商联加强领导班子和领导机构建设，酝酿产生新一届市执委人选，完成5个区工商联（总商会）换届工作。年内，佛山市举办佛山市民营企业家培训班3期、创二代青年企业家国情省情市情研修班1期、佛山市青年企业家健康成长营2期，培训民营企业家150人、青年企业家150人。推进“草、灌、乔”品质革命生态工程，挖掘并认定147家制造业“隐形冠军”企业及326家“隐形冠军”培育企业。年内，中国实体经济论坛在佛山举行，发布《全球变局下的佛山重点行业产业链供应链调研报告》，为实体经济高端对话提供平台。

【港澳台统战工作】2021年，佛山市关心港澳台资企业和港澳台乡亲事业发展，与在佛山港籍青年代表开展座谈交流。在区、镇（街道）建立内地香港人咨询服务群组，回应香港同胞所需所求，用实际行动为内地香港同胞排忧解难。探索“湾区通办”机制，推动湾区通办项目在港澳落地落实。组织开展暖心工程，举办惠台“农林22条措施”（指国台办等11个国家部委2021年联合出台的《关于支持台湾同胞台资企业在大陆农业林业领域发展的若干措施》）解读会、跨境金融服务座谈会，服务港澳台乡亲。推进港澳青年创新创业基地建设，编制佛山市《青创地图》。组织举办佛港澳同心贺岁足球友谊赛，佛山、香港、澳门三地的青年、海联会成员50多人参赛。

【新的社会阶层人士统战工作】2021年，中共佛山市委统一战线工作部举办市、区新的社会阶层人士联合会负责人新春座谈会，推动市新的社会阶层人士联合会召开4次会长会议。推动成立商协会会长联合工作委员会和新媒体工作委员会，将新的社会阶层人士群体从行业上进一步细分，集聚同一行业群体力量，服务佛山高质量发展。策划举办“对话‘新’朋友”线上录播活动，推送8期，同步在“人民号”、“南方+”、凤凰新闻等10多家主流网络媒体发布，总点击量超20万人次。开展“志由说”直播活动10期，网络浏览量、点击率超

2021年10月30日，佛山市新的社会阶层人士联合会在顺德演艺中心音乐厅举办“唱支心歌给党听”2021新联杯佛山市青年歌手大赛决赛（市委统战部 供图）

200万人次。与佛山市音乐家协会等共同主办“唱支心歌给党听”2021新联杯佛山市青年歌手大赛决赛，155名选手参加比赛。

【涉侨统战工作】2021年，佛山市摸底调查全市侨情信息，建立侨情信息库。拍摄《粤菜师傅家乡年饭·四海同享》《迳口侨忆》《一片冰心在玉堂》等宣传视频，宣传佛山作为岭南文化发源地的城市形象。做好涉侨法律法规宣传，向群众宣传《广东省华侨权益保护条例》《中华人民共和国归侨侨眷权益保护法》，发放宣传资料300多册。推广佛山远程公证平台，满足新冠肺炎疫情防控需求和境外华侨、华人等远程公证服务需求。引导指引华侨华人接种新冠肺炎疫苗，并解析防疫政策。

【党外代表人士队伍建设】2021年，佛山市将党外代表人士的发现储备、培养教育、选拔使用和管理纳入全市干部“一盘棋”，为党外代表人士加速成长创造有利条件。完成市、区民主党派领导班子和领导架构换届工作，民主党派市委会配备领导班子成员29人、委员126人。完成政协佛山市第十三届委员会377名委员、73名常委会组成人员换届工作。举办新任党外领导干部培训班，提升佛山市党外领导干部履职能力和参政议政能力。引领新的社会阶层人士提升思想素质、增强使命担当、提高参议政能力，组织市、区新的社会阶层人士联合会25名骨干会员参加在韶关市南岭干部学院举办为期3天的佛山市2021年度新的社会阶层人士培训班，分3批次组织市、区新的社会阶层人士联合会会员60余人到顺德区、三水区、南海区参观佛山市爱国主义教育基地、践行新发展理念交流中心等。

【统一战线社会服务】2021年，中共佛山市委统一战线工作部成立市民主党派联合法律、医疗服务团，以及市台协志愿者服务队、少数民族志愿者服务队，引导统一战线成员参与社会公益活动。指导市工商联深化“1+N”（1个是总纲，N个是围绕“1”制定的具体政策措施）工作机制，搭建多元化政企服务平台，联合政法部门送法入企业入商会，加强民营企业法律服务。开展港澳台资企业和侨资企业专题调研，成立同心工作站，为各类统战工作对象提供精准服务。推广佛山远程公证平台，满足境外华侨华人、海外留学生远程公证服务需求。

【2021年佛山市党外代表人士迎春座谈会】2021年2月1日在佛山市机关小礼堂举行。市委书记鲁毅出席会议并讲话。市政协主席熊志翔出席会议，市委常委、统战部部长李政华主持会议并通报2020年全市统一战线工作情况。会上，民主党派、工商联、知联会、新阶联、港澳台侨和宗教界等代表人士围绕经济发展、社会民生等方面作交流发言。市各民主党派、工商联负责人和无党派人士、民族宗教界、港澳台侨界人士代表等参加会议。

【2021年度佛山市新的社会阶层人士培训班】2021年4月19—21日在韶关市南岭干部学院举行。佛山市市、区新的社会阶层人士联合会骨干成员共25人参加培训。培训班以党史学习教育为主线，设置“学党史和新中国史，走好新时代长征路”“加快形成以国内大循环为主体的新发展格局”等课程，并到韶关梅岭、中共广东省委与华南抗战旧址、北伐战争纪念馆、龙王潭红军广场等地开展实地考察和微党课活动。

【佛山市首个镇街新阶联组织成立】2021年5月13日，佛山市顺德区大良街道新的社会阶层人士联合会第一次会员大会暨成立大会在广东设计创新产业园举行。会议选举产生大良新阶联第一届领导机构，梁耀锋当选首届会长，23人当选理监事，首批会员73人，这是全市首个镇（街道）一级新阶联组织。

【佛山市新任党外领导干部培训班开班】2021年9月13—17日，佛山市2021年新任党外领导干部培训班在佛山市委党校举行，共47名新任党外领导干部参加学习。其间，培训班学员参加市委党校2021年秋季学期开学典礼。培训班重点学习习近平总书记在庆祝中国共产党成立100周年大会上的重要讲话精神、中国共产党百年辉煌历程与经验启示、社会主义文化强国建设的理论实践、《中国共产党统一战线工作条例》等课程。

【各民主党派负责人暑期座谈会暨新老主委座谈会】2021年9月27日，佛山市召开各民主党派负责人暑期座谈会暨新老主委座谈会，学习贯彻习近平总书记“七一”重要讲话和在中共中央党外人士座谈会上的重要讲话精神，听取各民主党派意见建议。民革市委会、民盟市委会、民建市委会、民进市委会、农工党市委会、致公党市委会、九三学社市委会的参会代表围绕加强党派自身建设、推动佛山高质量发展作发言。中共佛山市委书记郑轲主持会议并作讲话。

（廖婧云）

机构编制工作

【概况】2021年，中共佛山市委机构编制委员会办公室继续深化体制机制改革，优化完善机构职能体系。修订《机构编制事项审批规则和报送程序》，强化市委、编委决策。提请市委常委会研究机构编制事项8次，组织召开市委编委会议2次。加大体制机制改革创新力度，围绕中共佛山市委“营商环境”一号改革工程等中心工作推进重点改革项目12个。开展前瞻性体制机制研究，形成调研报告16份。优化机构职能体系，出台《佛山市部门职责分歧处理办法》，实现全市各级党校设置全覆盖，加强粤港澳大湾区建设、医保基金监管、统计执法、历史文化名城保护等领域机构职能和人员编制。统筹机构编制资源使用，优化市妇幼保健院、市中医院、市第二人民医院等公立医院的机构设置，在全省率先运用信息化手段规范议事协调机构（机制）管理。提升机构编制法定化水平，完成52个机关群团统一信用代码赋码，首次开展机构编制报告工作，实现市、区党政群机关全覆盖。

【体制机制改革创新】2021年，中共佛山市委机构编制委员会办公室继续创新体制机制改革。围绕中共佛山市委“营商环境”一号改革工程等中心工作推进重点改革项目12个。成立市招商工作领导小组，组建专业工作团队，推动形成统一高效的招商合力。理顺水利、生态环境、住房城乡建设等部门的污水治理职能，并将职能整合到水利部门。推进人才、编外人员管理，以及狮山镇优化管理等体制机制改革。组建市、区乡村振兴局，完成市、区生态环境监测体制调整。贯彻落实《“三定”规定制定和实施办法》，制定市残联机关等6个部门“三定”规定（对部门主要职责、内设机构和人员编制等所作的规定）。印发《强化镇（街道）抓基层社会治理职能工作方案》，出台镇（街道）综合治理委员会、公共服务委员会、综合行政执法委员会“三大平台”工作指引。做好相关领域专项改革，调整广东省金融高新技术服务区发展促进中心管理体制，完成佛山高新技术产业开发区管理机构清理规范任务，优化调整森林公安管理体制。深化事业单位改革，在市属公立医院和高等学校实行内设机构设置备案制管理，开展公益三类及从事生产经营活动事业单位改革“回头看”，推进事业单位员额制改革研究、佛山传媒集团体制改革等。开展前瞻性体制机制研究，在高质量发展、治理能力现代化等方面开展13个课题研究，全年形成调研报告16份。

【机构职能体系优化】2021年，中共佛山市委机构编制委员会办公室继续优化完善机构职能体系。健全党的领导体制机制，推动市委议事协调机构及其办事机构高效运作。健全部门职责分歧处理机制，出台《佛山市部门职责分歧处理办法》。调研归口管理机构运行情况，强化相关领域归口管理职能。实现全市各级党校设置全覆盖。加强民营医疗行业、机关党的建设。报省批复佛山科学技术学院、佛山职业技术学院专职党委副书记和纪委书记分设，优化和加强党风廉政教育机构职能和人员编制。加强粤港澳大湾区建设、医保基金监管、统计执法、历史文化名城保护等领域机构职能和人员编制。研究优化调整佛山市对口支援、违法建设职责。承担中央编办机构编制执行情况和使用效益评估试点，选取市工业和信息化局、市总工会、市气象局3个部门开展评估，同时对30多个事业单位开展职能运行评估和满意度调查。

【机构编制资源统筹使用】2021年，中共佛山市委机构编制委员会办公室继续加大机构编制资源统筹使用力度。保障民生事业，优化市妇幼保健院、市中医院、市第二人民医院等公立医院的机构设置，保障重大疫情防控事业编制数量。落实“双减”（减轻义务教育阶段学生作业负担和校外培训负担）要求，向省申请下达义务教育阶段教职工编制。做好事业单位随军家属安置人员编制保障工作。保障基层运行，加强下放镇（街道）的编制使用情况跟踪，在全省率先运用信息化手段规范议事协调机构（机制）管理。保障高质量发展，下达市直高层次人才专项事业编制，完成广东佛山联创工程研究生院等4个单位设立登记。

【机构编制法定化】2021年，中共佛山市委机构编制委员会办公室继续提升机构编制法定化水平。宣传贯彻《中国共产党机构编制工作条例》，在市直人事科长培训班上作专题培训。通过中央编办关于《中国共产党机构编制工作条例》贯彻专项督查。完成52个机关群团统一信用代码赋码。开展新一轮机构编制核查，对市直66个单位进行实地检查。首次开展机构编制报告工作，实现市、区党政群机关全覆盖。加大机构编制违规问题查处力度，及时发现并纠正“条条干预”行为（上级业务主管部门违反规定，对本系统下级部门和单位的职能配置、机构设置、人员编制和领导职数配备等机构编制事项直接或间接进行干预的行为），并向省委机构编制委员会办公室反馈“条条干预”线索。开展新型事业单位党的建设专题调研，办理事业单位变更登记122宗，督促指导市直20个已批准撤销的事业单位做好注销登记工作。开展事业单位法人公示信息抽查和报告书核查，完成2020年度事业单位年度报告公示工作。推进“数字编办”建设，依托佛山市数字人事系统开发机构编制决策分析模块，增加高层次人才专项编制和机动编制的回收预警功能，对接广东省机构编制实名制管理系统。依托佛山市职能综合管理系统，汇集相关部门数据，初步建立机构编制评估大数据平台。

【"编办思享汇"系列活动】 2021年，中共佛山市委机构编制委员会办公室继续举办"编办思享汇"系列活动，通过省、市、区三级机构编制委员会办公室党建共建、主题党日活动、青年理论学习小组等形式，推动党建工作走深走实。联合南海区委机构编制委员会办公室开展"数字编办"主题的"编办思享汇"活动，提升机构编制工作数字技术运用水平，推动"数字编办"建设。组织开展"永远跟党走"党史学习教育专题"编办思享汇"暨主题党日活动，展播"百年正青春，奋斗正当时"青年微党课视频，邀请高明区更合镇小洞村党委书记讲述小洞村的红色历史、碧桂园集团党群社责部有关负责人介绍企业党建经验。在顺德区龙江镇甘竹滩洪潮发电站展示馆开展"凝心聚力，走好新时代赶考之路"主题"编办思享汇"活动，与顺德区龙江镇有关干部就"加强镇街党校建设，打通党员教育培训最后一公里"及龙江镇村级工业园改造工作进行交流座谈。年内，"编办思享汇"获评佛山市直机关优秀党建品牌。

（许素君）

机关党建工作

【概况】 截至2021年底，中共佛山市直属机关工作委员会所属基层党组织1420个，其中党委108个、党总支81个、党支部1231个，共产党员2.41万人。2021年，中共佛山市直属机关工作委员会落实《中国共产党党和国家机关基层组织工作条例》和《佛山市加强党的基层组织建设三年行动计划（2021—2023年）》，创建模范机关。督促指导市直单位开展"第一议题"学习和政治要件建账盯办1095次。推动市直86个单位党组（党委）理论学习中心组集中学习1500余次。组织学习习近平总书记"七一"重要讲话专题培训605场次。推动市直单位党组（党委）书记围绕"强化政治机关意识"主题讲授专题党课70余场次，班子成员到所在支部讲党课近1000场次，机关科室和下属单位负责人讲专题党课540余场次。举办学习贯彻习近平总书记在党史学习教育动员大会、庆祝中国共产党成立100周年大会上的重要讲话精神相关专题培训班832场次。做好"学习强国"学习平台推广使用，管理市直机关学习组织79个，学员数近2万人。在市直机关中普遍建立1266个共产党员创优岗、272支党员突击队。构建"一支部一特色、一单位一品牌"格局，总结提炼党建品牌75个，涌现出优秀党建品牌46个。召开全市机关党的建设工作暨深化模范机关创建工作推进会，印发"深化模范机关创建、打造一流营商环境"有关通知。在新冠肺炎疫情防控中，依托"双报到"（党组织和在职党员到社区报到）开展"我为群众办实事"实践活动，成立党员突击队138支，派出党员志愿者1448人。开展"下基层、走基层、办实事、解难题"活动，推动各单位班子成员下基层8371次，业务科室下基层1.63万次。深化市直机关模范机关创建，细化出台深化模范机关创建的30条措施。严格执纪，审理市直科级及以下党员和公职人员违纪违法案48件。组织举办讲述身边党员故事分享会、征集评选精品党课、全市组工干部党史学习教育知识竞赛、"那年，我光荣加入中国共产党"学党史铭初心大家谈、党支部工作优秀案例评选、党组织先进工作法评选、市区直单位工作技能大赛等活动。全年组织慰问困难党员、老党员258人次，发放慰问金56.40万元。

【机关单位领导干部政治思想学习教育】 2021年，中共佛山市直属机关工作委员会出台《市直单位党组（党委）落实第一议题制度工作指引（试行）》，督促指导市直单位开展第一议题学习和政治要件建账盯办1095次。组织学习习近平总书记"七一"重要讲话专题培训605场次，培训党员干部2万余人次。市直单位党组（党委）书记围绕"强化政治机关意识"主题讲授专题党课70余场次，班子成员到所在支部讲党课近1000场次，机关科室和下属单位负责人讲专题党课540余场次。常态化落实好"三会一课"、主题党日、组织生活会，成立228个青年理论学习小组。

【机关党史学习教育】 2021年，中共佛山市直属机关工作委员会学习贯彻习近平总书记在党史学习教育动员大会、庆祝中国共产党成立100周年大会上的重要讲话精神，举办专题培训班832场次、培训3.5万人次。将党史学习教育作为年

2021年7月28日，佛山市直机关工委在市青少年宫举办市直单位"两优一先"表彰仪式暨讲身边党员故事分享会。图为获奖单位代表及获奖个人合影

（市直机关工委　供图）

内党支部书记、入党积极分子和发展对象等教育培训重点课程。在市直机关组织开展党章党规党史知识竞赛，有69个党支部、264名青年党员参加，举行专场决赛2个，通报表扬党支部8个、青年党员8人、优秀个人40人。开展党史学习教育网上微考学活动，登记参加考学人数5.3万人，完成答题次数10万多次。举办讲述身边党员故事分享会，共征集故事105个，评选出12个优秀作品进行展示。开展征集评选精品党课活动，征集评选推荐精品党课34个、优秀党史宣讲员10人。组织市直单位参加全市组工干部党史学习教育知识竞赛。开展"光荣在党50年"纪念章颁发、上门慰问工作，市直机关185个基层党支部为老党员颁发纪念章1272枚。做好"两优一先"评选推荐和表彰宣传。组织新党员集中宣誓和重温入党誓词活动，开展"那年，我光荣加入中国共产党"学党史铭初心大家谈活动，共征集向党说句心里话1万余条。

2021年9月11日，佛山市直机关党员志愿服务总队在禅城区河宕村开展"助力乡村振兴"市直机关党员志愿服务集中行动日活动。图为志愿者们为巷道阶梯进行墙绘美化服务
（市直机关工委　供图）

【机关基层党组织建设】 2021年，中共佛山市直属机关工作委员会制定推动机关基层组织建设20条措施，落实新一轮基层组织建设三年行动（2021—2023年），制定实施机关基层组织工作条例重点任务清单，突出抓好班子示范带头不强、支部工作制度不落实、下属单位党员教育管理宽松软等3个方面的专项整治工作。执行新修订的基层组织选举工作条例，规范机关党组织换届选举程序，常态化派员到换届选举单位现场指导，对不符合要求的坚决责令整改。落实党支部工作条例和党员教育管理工作条例，开展党支部达标创优和党员评星定级工作，建立落实半专职党务干部制度，探索建立在干部选拔任用中听取机关党组织意见机制。做好党员发展工作，全年市直机关发展党员2253人，其中高知识群体117人。建强"头雁"队伍，调整、新增专职副书记7人，对130余名新任专职副书记、党支部书记开展专题培训，并指导市直单位分类分层加强对党务干部的教育培训。发挥机关党员干部的先锋模范作用，在市直机关中普遍建立共产党员创优岗1266个、党员突击队272支。常态化开展党员志愿服务活动，市直机关党员志愿服务队伍达144支，实名注册党员志愿者人数突破9000人，开展多种形式的党员志愿服务活动290多场次，服务群众超1万人次。构建"一支部一特色、一单位一品牌"格局，总结提炼党建品牌75个，评选出中共佛山市委组织部"推行在职党员到社区报到，打造城市基层党建'铁军'"、佛山市中医院"四式融合工作法破解新时代党建难题"、市税务局"减税降费·红色先锋"等一批优秀党建品牌46个。开展党支部工作优秀案例、党组织先进工作法评选，通报表扬50个获奖案例和优秀工作法。

【模范机关创建】 2021年，中共佛山市直属机关工作委员会召开全市机关党的建设工作暨深化模范机关创建工作推进会，会议对下一阶段创建"讲政治、守纪律、负责任、有效率"的模范机关作全面部署，并表扬市纪委监委党风政风监督室等10个单位"市直机关模范机关创建标兵单位"，市人大常委会办公室理论宣传科等50个单位"市直机关模范机关创建先进单位"。印发"深化模范机关创建、打造一流营商环境"有关通知，组织开展"创建党建引领打造一流营商环境党建品牌""提升共产党员创优岗""我为打造一流营商环境献一计""为群众和企业办实事""万人评作风"等活动，号召机关党组织和党员干部为佛山市打造一流营商环境献计献策、开展工作。在新冠肺炎疫情防控中，依托"双报到"（党组织和在职党员到社区报到），开展"我为群众办实事"实践活动，向机关党组织发出倡议书，成立党员突击队138支，派出党员志愿者1448人，协助社区开展应急值守、物资分发、信息采集、政策宣传、舆论引导等志愿服务。通过建立党员创优岗、党员突击队，把党旗插在脱贫攻坚、乡村振兴、疫情防控、复工复产等工作的第一线。落实"双报到"工作，通过志愿服务、担任楼长、任小区党支部委员等形式，主动参与社区治理和区域党建。开展"政企共建促发展"活动，组织3期21个市直单位党支部与企业结对共建。开展"下基层、走基层、办实事、解难题"活动，推动各单位班子成员下基层8371次，业务科室下基层1.63万次，收集基层反映的问题9958个，现场解决7776个，确定解难题事项382个，解决363个，跨年度推进事项19个。印发《关于实施深化市直机关模范机关创建若干措施的通知》，细化出台深化模范机关创建的30条措施。印发《关于深入开展市直机关党建工作检查调研的方案》，会同中共佛山市委组织部派出4个工作组，到79个市直单位进行检查调研。

【机关党建工作责任】 2021年，中共佛山市直属机关工作委员会修订《佛山市直属机关工委党费收缴、使用和管理工作制度》。深化工委分片联系制度，开展基层调研指导，督促各单位党组（党委）和机关党组织层层落实责任。结合党史学习教育，推动“我为群众办实事”活动。全面开展党组织书记抓基层党建工作述职评议考核，细化述职内容，改进考核方式，以考促建，形成一级抓一级、层层抓落实的工作格局。

【市直机关工委执纪监督】 2021年，中共佛山市直属机关工作委员会审理市直科级及以下党员和公职人员违纪违法案48件。做实做细政治和日常监督，处理涉疫问题线索3条，立案1件，提醒谈话1人，批评教育1人。就日常监督检查不够、账目管理不规范等问题到市直35个基层工会开展专项检查，形成专题报告，督促基层工会对未开设工会银行账户、经费使用审批手续不完善等问题进行整改。对落实习近平总书记重要指示批示精神和党中央重大决策部署情况开展监督检查发现问题3个，基层调研3次，主动约谈19人次。

【党风政风行风热线节目访谈】 2021年，中共佛山市直属机关工作委员会组织36个市直单位领导和部门负责人参加佛山电台《民生直通车——佛山市党风政风行风热线》节目，加强政府职能部门与市民的沟通，促进机关单位解决群众关心关注的热点难点民生问题。佛山市人力资源和社会保障局、佛山市应急管理局、“四大银行”（中国工商银行佛山分行、中国农业银行佛山分行、中国银行佛山分行、中国建设银行佛山分行）、佛燃能源集团股份有限公司等单位就劳资纠纷、减灾防灾、安全生产、金融服务等民生热点问题回应市民关切。其中市人力资源社会保障局围绕“劳资纠纷、欠薪”等问题，出台一批治理欠薪的制度，依法规范企业用工管理和工资发放，维护劳动者合法权益。市应急管理局在全市选取6个工业园作为管理和安全方面提升的试点，探索“政府+社会+企业”的管理模式。“四大银行”就金融服务、社保卡办理、公积金贷款等便民服务作出详细解答。佛燃能源全面排查地下管线安全，解决老旧小区接通管道天然气问题。《民生直通车——佛山市党风政风行风热线》节目在佛山电台广播端以及“花生FM”手机应用程序（App）进行直播，并通过“佛山电台”“民生直通车”公众号、社情民意研究中心热线、佛山“12345”市民热线收集佛山市民群众意见建议超5000条，相关意见100%转达部门进行解决，部门及单位回复率超95%，市民对部门领导上线的满意度评价超90%。

2021年4月16日，佛山市生态环境局上线《民生直通车——佛山市党风政风行风热线》节目
（市直机关工委　供图）

【市直单位2021年运动会】 2021年4月15日，2021年“新征程杯”佛山市直单位运动会在禅城区岭南明珠体育馆举行。运动会以“奋斗百年路　共圆中国梦”为主题，由中共佛山市直属机关工作委员会和佛山市总工会联合主办。运动会设置“男子五人制篮球比赛”“男女混合投篮比赛”“健身操比赛”等比赛项目，其中男子五人制篮球赛有53个市直单位组队参赛。

【“深化机关创建、万人评作风”活动】 2021年，佛山市组织开展“深化模范机关创建、万人评作风”活动。通过网络评议、上门评议、面对面评议等方式，围绕“庸、懒、散、拖、乱”5个维度，从为民服务、履行职责，内部管理、工作纪律，服务态度、办事效率，精神面貌、廉洁从政等方面设计29个问题开展具体评议。评议主体共1.44万人，覆盖到全市5个区，还有585名佛山市外且了解、关心佛山的评议人参与评议。评议结果有83.8%的群众认为佛山市机关作风建设成效明显，81.9%的群众认为全市营商环境总体状况较好，93.0%的群众对佛山市未来发展有信心。同时，评议结果也反映出制约佛山市营商环境进一步优化的突出问题。通过评议活动，形成《市直机关工委关于开展“深化模范机关创建、万人评作风”情况报告》送市委、市纪委参阅。

【佛山市区直单位第六届工作创新大赛活动】 2021年5—8月，佛山市举办佛山市区直单位第六届工作创新大赛。大赛初赛参赛项目348个，其中服务群众类项目141个、机关党建类项目63个、创新创效项目144个。50个参赛作品及团队进入于8月2日和3日在市工人文化宫举行的大赛决赛，并决出各类别一等、二等、三等创新成果项目作品共27

2021年8月2—3日，佛山市区直单位第六届工作创新大赛决赛在佛山市工人文化宫举行。图为8月2日比赛现场（市直机关工委 供图）

个。27个创新成果项目作品被推荐参加于10月27—29日在广州市举行的广东省市直机关第九届“先锋杯”工作创新大赛，其中11个项目分别获省决赛“机关党建”项目一等奖1个，“创新创效”项目一等奖1个、二等奖2个，“服务群众”项目一等奖1个、二等奖1个、三等奖五5个。

（金 飞）

老干部工作

【概况】 截至2021年底，佛山市离退休干部4.2万人，其中离休干部485人。2021年，中共佛山市委老干部局通过做好离退休干部思想政治引领、落实好老干部政策待遇、推动老干部发挥余热、进行“网上老年大学”教育、开展好广东省离退休干部服务管理系统信息录入工作等，推动全市老干部工作取得成效。建立全市离休干部“一人一策”服务管理机制，组织全市各单位填报“佛山市离休干部‘一人一策’精准服务登记表”451份。成立佛山市老干部“红耆”志愿服务队，走进机关、学校、村居、企业等开展宣讲活动。年内，佛山市老年干部大学（老干部活动中心）常务副校长（主任）陈镜烽被中央组织部、人力资源和社会保障部授予“全国先进老干部工作者”称号。佛山市老干部休养所陈列室被列为第一批市党史学习教育参观点、第四批市级党员教育基地、市老干部正能量实践基地，吸引3200多人次参观学习。

【离退休干部思想政治引领】 2021年，中共佛山市委老干部局以现场授课和网络直播的方式举办报告会、宣讲会30多次，召开工作情况通报会13场，举办离退休干部党支部骨干培训班13期。发动各区老干部收听收看中央组织部2021年举办的全国离退休干部网上专题报告会，4万名老干部收听收看。通过编印事迹材料，以及举办先进事迹报告会、学习体会分享会等方式，学习宣传弘扬全国先进老干部工作者事迹，与《佛山日报》联合举办“百岁党员讲红色故事”短视频拍摄活动，在“佛山+”、“佛山日报”微信公众号、“佛山日报”视频号的总阅读量8.28万人次。

【老干部服务】 2021年，中共佛山市委老干部局落实一系列惠老助老政策，做好老干部服务工作。开展离退休干部春节慰问活动，向市四套班子老干部、全体市直离休干部，以及生病住院、生活长期不能自理、家庭有特殊困难市管退休干部发放春节慰问金，并结合新冠肺炎疫情防控要求分组做好上门走访慰问和电话慰问工作。开展提升全市离休干部的医疗待遇工作，提升全市444名离休干部的医疗待遇。联合市委保健办组织市四套班子老干部、市直离休干部和副处级以上退休干部进行2021年度健康体检，1379名老干部参加体检活动。落实“三必访”（患病住院必访、重要节日必访、特殊困难必访）制度，在新冠肺炎疫情期间开展日常慰问活动，年末针对疫情期间无法及时上门慰问的生病住院的离休干部和副处级以上退休干部开展补发慰问金活动。开展走访慰问老党员老干部活动，做好“光荣在党50年”纪念章颁发工作。组织“党旗在基层一线高高飘扬——七个百”活动，在全市范围内组织老党员讲百堂党史党课、寻百名最美老党员、谈百句学习感言、集百张老照片、述百个老故事、展百幅精品书画、唱百首革命歌曲，编印故事稿、党课稿、先进事迹材料，并举办老干部老照片和书画作品展览。

【老干部继续教育】 2021年，中共佛山市委老干部局继续办好老年干部大学（老干部活动中心），开设书法、山水画、电脑、数码摄影、舞蹈等42个专业94个班级，有20个老干部活动组织（协会）。开设“网上老年大学”，配置具备专业条件的直播课室22间，开设微信云课堂，在广电平台的教育专栏上线200多个高清、免费和优秀的课程资源，网课小程序上共有课程96个，合1174集视频，总观看量达5.79万人次，小程序及腾讯课堂总观看人次8.16万人次。同时，利用省离退休干部服务管理系统、微信公众号、微信群等平台载体，采取专题辅导、集中培训、支部学习、送学上门、“云课堂”等形式，组织引导广大老干部重点学好中国共产党党史，开展50多场次党史学习教育主题宣讲。通过建设佛山市老干部休养所陈列室、佛山市离退休干部党建中心，免费提供给全市离退休干部党组织和党员、社区居民群众参观和使用。佛山市老干部休养所陈列室展示离休干部人物资料63份、“红色实物”130多件、书籍600多本，被确定为第一批佛山市党史学习教育参观学习点。

【老干部发挥优势作用】 2021年，中共佛山市委老干部局召开“我看建党百年新成就”老党员老干部座谈会，组织不同层级的老党员老干部发表心声感言和意见建议，并提出对佛山经济建设、政治建设、文化建设、社会建设、生态文明建设以及党的建设等各方面未来发展的展望。开展“共创小康新生活，共建和谐新佛山”老干部讲好佛山故事访谈活动，引导和激励老干部口述历史、建言献策。成立佛山市老干部“红耆”志愿服务队，组织老干部政治理论宣讲团、“五老”（老干部、老战士、老专家、老教师、老模范）宣讲团、老干部艺术团、老干部书画家协会等开展“五送五进”（送宣讲、送党课、送文艺、送书画、送诗词，进社区、进校园、进机关、进企业、进支部）活动。组织引导全市2万多名“五老”骨干深入基层开展关心教育青少年工作，建成关工委市级教育基地、示范点21个，辐射引领全市建成各类教育基地600多个。全年以“传承红色基因，争做时代新人”为主题开展青少年思想教育、历史传统教育1000多场次，惠及青少年4万多人次。“十百千万”五老关爱工程延伸到社区、村居、学校，建成留守儿童之家212个、假日学校和爱心学堂159个、学校及村居（社区）少年宫508所，与基层合力打通课后青少年关爱教育的“最后一公里”。

【佛山市老干部“红耆”志愿服务队成立】 2021年5月18日，中共佛山市委老干部局举行佛山市老干部“红耆”志愿服务队成立暨“学党史、感党恩、跟党走”志愿服务活动启动仪式，市委老干部局、市委宣传部、市志愿者行动服务中心的相关负责人和18支志愿服务分队代表等70余人出席。志愿服务队由政治理论宣讲、红色文化宣传、文艺表演等18支特色志愿服务分队、700多名老干部志愿者组成。组织政治理论功底深厚的老干部志愿者走进机关、学校、村居、企业等开展“红色宣讲”活动；组织参加过抗日战争、解放战争的离休干部志愿者讲述红色革命故事，并拍成视频短片共享上网，开展红色教育，传承红色基因；组织老党员志愿者宣传党的光辉历史和讲好“佛山故事”等，激励党员干部增强党性观念，践行党的宗旨。

2021年5月18日，中共佛山市委老干部局举行佛山市老干部“红耆”志愿服务队成立暨“学党史、感党恩、跟党走”志愿服务活动启动仪式　　（市委老干部局　供图）

【第十二届佛山市老干部文艺展演】 2021年10月13日在佛山电视台举行，以“引领——我心向党·初心永挚”为主题，由中共佛山市委老干部局与佛山市文化广电旅游体育局联合主办。展演活动安排10个表演节目，歌颂党的丰功伟绩，展示老干部的时代风采和昂扬向上的精神风貌，庆祝中国共产党成立100周年。展演分为开场篇、“红——耆之初心”、“橙——耆之尚养”、“黄——耆之尚乐”、“绿——耆之尚学”、“蓝——耆之尚为”、结尾篇等7个篇章。

（谢俊豪）

党校工作

【概况】 截至2021年底，中共佛山市委党校有在职在编教职员工139人，有专职教师52人，其中具有正高级专业技术资格4人、副高级专业技术资格10人、博士6人。2021年，佛山市委党校举办各类培训班111期，培训学员10421人次。送课上门458场次，参与听课学员43174人次。登记科研成果380项，在报纸杂志上公开发表文章130篇。办有内刊《佛山研究》《调研快报》《佛山市情》《汇智呈报》。

【干部教育培训】 2021年，中共佛山市委党校适应新形势新任务对干部教育培训工作的新要求，充实和创新教学内容、优化教学布局。

课程体系建设　继续实施“习近平新时代中国特色社会主义思想教育培训计划”，持续开发更新“3+N”系列课程（“3”是指习近平新时代中国特色社会主义思想、重要讲话精神、对广东重要指示批示精神课程，“N”是指其他课程），形成以概论课程为统领，以习近平总书记关于经济、政治、文化、社会、生态文明等各方面重要论述为梁柱，以习近平新时代中国特色社会主义思想在佛山的生动实践为延伸的三级课程体系。全年推出六大教学单元274门课程。其中，讲授式、案例式、研讨式等课程219门，现场教学43门，异地体验式教学12门。党的理论教育和党性教育主业主课不低于总课时70%的要求得到落实。

各级各类干部教育培训　邀请16名市领导到党校授课，并做好换届后的干部轮训，提升领导干部政治能力。实施

"年轻干部理想信念宗旨教育计划"，采取"党校学习+挂职锻炼"两段式培养模式，加强年轻干部思想淬炼、政治历练、实践锻炼，举办中青年干部培训班3期，点名调训204人。同时，分级分类加强对机关企事业单位领导干部、党外干部、女干部等人员培训，举办相关培训班次26期，培训2027人次。聚焦专业能力，实施干部专业化能力提升计划，围绕省委"1+1+9"（第一个"1"指以推进党的建设新的伟大工程为政治保证、第二个"1"指以全面深化改革开放为发展主动力、"9"指推进9个方面重点工作）工作部署和市委、市政府中心工作，举办专业能力提升班29期，培训1831人次。推动民营企业家培训制度化、常态化，举办3期佛山市民营企业领军人才培训班，培训140人次，帮助企业家把握大势，更新观念。关心关爱党员干部身心健康和服务疫情防控工作，在21个班次增设心理健康课程，培训1899人次；在12个班次开设公共卫生应急管理相关课程，培训680人次。打造"培训+咨政"学习共同体，完成平安佛山建设专题研讨班、建设粤港澳大湾区国际科技创新中心专题研讨班、自然资源管理与国土空间规划专题研讨班等3个咨政班次，提交咨政报告6篇。

"用学术讲政治"教学改革　打造精品课程，"新时代深入推进社会主义文化强国建设的理论与实践""诵读红色家书，感悟建党精神"等2门课程获评全省党校系统精品课，报送全省干部教育培训好课程4门。推进地方特色教材建设，组织编写《佛山市深化改革攻坚克难教学案例》，由中央党校出版社出版发行；《践行习近平新时代中国特色社会主义经济思想的典型——世界500强美的集团在佛山成长的案例研讨》入选中共广东省委党校第二批教学案例选编。

培训保障体系建设　统筹师资课程建设，实施"1+N"联组授课制度（"1"指佛山市委党校，"N"指若干个职能部门），推动领导干部上讲台，形成"教干部、干部教"的良性循环，到市委党校授课的副处级以上领导干部全年83人次。创新培训方式方法，探索将优质师资"请进来"，利用浙江大学网络培训、《人民日报》"人民学习"网络培训、中央党校优质师资网络培训等平台培训1596人次。

【科研咨政】2021年，中共佛山市委党校开展科研咨政，高质量学术成果数量较上年增长27%。登记科研成果380项，其中咨政研究成果280项、理论学术研究成果77项、教学研究成果23项。全年在报纸杂志上公开发表文章130篇，其中，在国家级刊物发表文章6篇，在省级以上公开刊物发表文章40篇，在省、市级报刊发表文章90篇。参加省级以上研讨会并提交论文52篇次，接受媒体采访95人次。

社科课题研究　组织申报国家、省级社科项目等高端课题，全年纵向立项课题10项，纵向结项课题29项，立项数量居全省地市党校系统前列。其中，广东省哲学社会科学"十三五"规划课题立项2项，实现连续3年获省社科规划课题立项；广东省党校（行政学院）系统哲学社会科学规划项目立项5项；佛山市级规划课题立项3项。全年横向合作课题6项，与中共佛山市委政策研究室、市政府研究室等部门形成合作机制，完成中共佛山市委统战部、市妇联等部门（单位）委托课题。

决策咨询课题研究　围绕市委确定的"打造一流营商环境"一号改革工程，成立课题组并设"一流政务环境""一流市场环境""一流人文环境""一流法治环境"4个项目组，全年刊发决策咨询课题成果报告29份，其中《系统施策，打造'引力强劲'的人文营商环境》获市领导批示。结合8名教师挂职锻炼，围绕"党建引领基层治理现代化"设立8项咨政课题，形成8篇咨政报告在《佛山日报》、佛山电视台等媒体平台刊播，为市委、市政府科学决策提供参考。

内刊编印　全年刊发《调研快报》7期、《佛山研究》6期，推出智库型咨政信息参考刊物《佛山市情》《汇智呈报》各2期。《调研快报》以课题为带动，建立市领导圈定课题联合攻关制度，其中，咨政报告《提升佛山营商人文环境路径研究》获市领导批示。《佛山研究》结合市委、市政府中心工作和国内政策热点，策划"开新局谋新篇""庆祝中国共产党成立100周年""学党史悟思想""打造一流营商环境"等主题专栏，并办好"习近平新时代中国特色社会主义思想研究"主题栏目。

2021年，中共佛山市委党校推进"党校+党媒"合作，展示转化科研成果。图为4月16日举行的佛山电视台与中共佛山市委党校战略合作签约仪式　（市委党校　供图）

“党校＋党媒”合作展示转化科研成果　在与《佛山日报》共同打造圆桌论坛、《理论周刊》和推出系列调研报告的基础上，结合党史学习教育开辟新专题专栏《百年风华·我心向党》，展示教研人员科研成果。与佛山电视台、佛山电台签订战略协议，以《岭南范局》《聚焦禅城》等节目为新合作平台，磨炼高素质师资队伍。与佛山电视台合作，以《石湾陶“讲”党史》为背景，推出《英雄儿女·不忘初心　牢记使命》党史故事片7集。

【市、区、镇（街道）三级党校联动发展】 2021年，中共佛山市委党校印发《关于建立市、区、镇街三级党校联动发展机制的工作方案》，构建以市委党校为龙头，区委党校、镇（街道）党校优势互补、特色发展，具有鲜明佛山特色的党校联动协同发展机制。印发《校委委员联系区委党校的工作办法（试行）》《中共佛山市委党校教学课程清单》，印发《关于建立区镇党校业务指导组加强业务指导工作的通知》，满足市、区、镇（街道）三级党校教育培训需求。选派年轻骨干教师与教务业务骨干组建区镇党校业务指导组，分别对口5个区的区党校和镇（街道）党校开展业务指导。市委党校和相关部门领导到区党校和镇（街道）党校或教学点调研并开展业务指导32场次。5个区区委党校均挂牌成立并运作，全年举办各类培训班116场次，培训学员10970人次。

【党史学习教育专题研讨班】 于2021年4—5月举办，共4期，包括中共佛山市委理论学习中心组暨全市市厅级、处级主要领导干部和市管企业主要负责人党史学习教育专题研讨班1期，市管干部党史学习教育专题研讨班3期，培训学员763人次。中共佛山市委书记鲁毅作开班动员讲话暨主题报告。参训学员围绕习近平总书记重要讲话精神，通过分组研讨、专题授课、交流发言、集中自学等形式进行学习。

【学习贯彻中共十九届六中全会精神专题研讨班】 于2021年12月8—29日举办，共4期，包括市处级以上主要领导干部和市管企业主要负责人学习贯彻中共十九届六中全会精神专题研讨班1期，市管干部学习贯彻中共十九届六中全会精神专题研讨班3期，培训学员732人次。中共佛山市委书记郑轲作开班动员讲话暨主题报告。参训学员通过专题辅导、自学、分组研讨、交流发言等形式，学习贯彻中共十九届六中全会精神，深刻认识中共十九届六中全会的重大现实意义和深远历史意义。

（郭朝忠）

党史工作

【概况】 佛山市党史工作部门设置分市、区两级。市级独立设置中共佛山市委党史研究室，区级在档案馆加挂区委党史研究室牌子。2021年，中共佛山市委党史研究室择优推荐100名基层宣讲员组建党史学习教育市委基层宣讲团，推进党史宣讲“进企业、进农村、进机关、进社区、进学校、进军营”，开展党史宣传宣讲1100多场次。以庆祝中国共产党成立100周年和开展党史学习教育为契机，发掘和梳理100年来佛山党史人、事、物，编纂出版《佛山英烈故事》《中共佛山历史百年大事记》《革命精神　百年传承——佛山红色故事报道汇编》《佛山市革命遗址普查（2020）成果通览》等党史书籍。推进党史宣传教育工作，选出铁军公园等18个红色场馆成为第一批佛山市中共党史教育基地，选送的《巾帼英烈陈铁军的革命之路》短视频获“知史爱党　知史爱国”全国党史故事短视频展播活动党史人物类作品一等奖、《百年党史　佛山印记》微党课获评广东省“百部精品党课”。

【执政纪事资料征编】 2021年，中共佛山市委党史研究室跟踪、收集、整理佛山市委、市政府重大决策、重要措施、重点工作文献资料，做好《中共广东省委执政纪事（佛山部分）》资料征编，完成2018年卷、2019年卷、2020年卷的组稿工作。

【党史学习教育服务】 2021年，中共佛山市委党史研究室择优推荐100名基层宣讲员组建党史学习教育市委基层宣讲团，联动开展“百人千场”党史宣讲，推动党史学习教育进万企、进万家、进校园。与市委网信办合作推出“佛山红色文化E地图”，在《佛山日报》推出“百年风华·红色故事”系列报道37期，

2021年7月8日，中共佛山市委党史研究室举行第一批佛山市中共党史教育基地授牌仪式。图为参加人员合影

（市委党史研究室　供图）

在佛山电台播出“佛山红色地标”节目104期、《潮涌佛山100年》系列纪录片5集。到各区开展红色教育基地展陈资料大排查，审核全市党史学习教育重点项目中涉党史资料370余万字，确保党史学习教育“不发噪音、不冒杂音、不传假音”。提供研究成果帮助市图书馆建设“党史学习中心”。开展“我为群众办实事”实践活动，梳理全市主要红色教育基地建设和利用情况，推动解决基层对展陈资料史实把握不准等急难愁盼问题。

【党史资料征集研究】 2021年，中共佛山市委党史研究室加强党的创新理论在佛山的实践研究，撰写《中国共产党在佛山100年的光辉历程和历史启示》专题理论文章及9篇《〈中国共产党简史〉中的佛山印记》专栏文章，并在《佛山日报》刊发。组织召开庆祝中国共产党成立100周年理论座谈会，在全市范围征集优秀宣讲讲义（稿），研究阐释宣传习近平总书记重要讲话精神。推进党史和文献征集编研，编写《中国共产党佛山历史大事记（2021）》，征集中国共产党佛山市第十二次代表大会及全会文献，完成参与东西部扶贫协作工作的佛山市党政干部、先进典型、优秀企业等访谈录7篇。通过省内调研、高校走访等形式践行“开门办史”理念，探讨地方党史资料共享、合作开展重大研究和重要课题攻关，推动形成“大党史”工作格局。

【党史宣传宣讲】 2021年，中共佛山市委党史研究室推进党史宣讲“进企业、进农村、进机关、进社区、进学校、进军营”，依托中共佛山市委党校主体班、市直单位入党积极分子培训班、市直机关大讲堂，推动党史宣讲常态化。全年开展宣讲1100多场次，实现500多个行政村全覆盖和党史宣讲进军营“零的突破”。强化宣讲人才培养和队伍管理，举办全市党史宣讲工作培训班，建立课件审核、试讲、评选等制度，打造“红色大喇叭”等基层党史宣讲品牌。市、区联动提升佛山红色故事传播力影响力，4人入选广东省“百名优秀党史宣讲员”名单，一批佛山党史系列“微视频”“微党课”被多家党政部门新媒体矩阵平台推送。

【红色资源保护利用】 2021年，中共佛山市委党史研究室配合推动红色资源保护利用，联合印发《佛山市红色革命遗址保护利用行动计划》，为红色教育阵地升级提供评审意见。调研摸清全市革命遗迹遗址情况，撰写《关于佛山市革命遗址普查工作情况的报告》，为推进红色资源保护利用提供资政参考。选出18个红色场馆成为第一批佛山市中共党史教育基地，线上线下联动评选“佛山十大红色文化名片”“佛山优秀红色文化名片”，打造佛山红色阵地。采用线上+线下方式，利用虚拟现实（VR）、增强现实（AR）等新技术新手段，推出佛山网上红色展馆、革命文物展、新时代网红地标，创新红色资源展示方式。

【《佛山市革命遗址普查（2020）成果通览》出版】 2021年7月，《佛山市革命遗址普查（2020）成果通览》由南方日报出版社出版发行。该书是在2019—2020年佛山市革命遗址普查的基础上，对普查成果进行系统梳理、归类建档后编纂而成。全书编录图片约800幅、文字28万余字，收录新民主主义革命时期佛山市内党的重要历史机构旧址，重要党史人物故居、旧居、活动地，重要党史事件、重大战役战斗遗址，革命烈士事迹发生地或墓地，以及中华人民共和国成立后兴建的各类纪念设施等革命遗址356处，收录重要的民主党派和进步人士遗址等其他遗址42处，系统展示全市革命遗址情况。

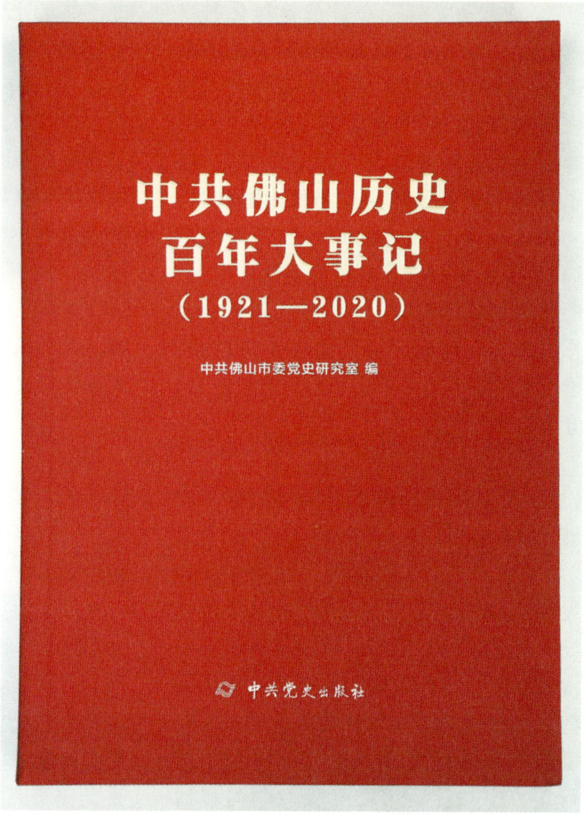

2021年，中共佛山市委党史研究室编纂的《中共佛山历史百年大事记（1921—2020）》

（市委党史研究室　供图）

【《中共佛山历史百年大事记（1921—2020）》出版】 2021年12月，《中共佛山历史百年大事记（1921—2020）》由中共党史出版社出版发行。该书约20万字，以时为经、以事为纬，记述中国共产党佛山地方组织1921—2020年结合佛山实际贯彻执行党的路线方针政策所发生的重大活动，以及大事、要事、新事。

【《佛山英烈故事》编印】 2021年，中共佛山市委党史研究室和各区党史工作部门对佛山籍或在佛山开展革命活动的烈士有关文章进行整理、核实，汇编成《佛山英烈故事》。该书收录党员烈士75人，约19万字，突出表现人物的主要活动轨迹和事迹。

【《革命精神　百年传承——佛山红色故事报道汇编》编印】 2021年，中共佛山市委党史研究室协调佛山传媒资源，整理、汇编2021年刊登在《佛山日报》

《珠江时报》《珠江商报》上的各类红色主题报道，并结集编印《革命精神 百年传承——佛山红色故事报道汇编》。该书收录新民主主义革命时期发生在佛山的红色故事105篇，文字约20万字、图片200余幅。

（郑锐鑫）

档案工作

【概况】2021年，佛山市全市综合档案馆总馆藏213.7万卷、253.8万件，照片档案25.8万张。其中，佛山市档案馆总馆藏44.3万卷、44.7万件，照片档案8.6万张。全年全市各级综合档案馆接收档案21.8万卷、34.3万件，接待档案利用者1.7万人次，利用档案10万卷（件）次，全年共举办档案展览9个。其中，市档案馆全年接收纸质档案8.14万卷、5.2万件，接待档案利用者2386人次，提供利用档案1.72万卷（件）次。全年全市举办档案展览9个，其中，市档案馆举办“百年恰是风华正茂”主题档案文献展，参观展览2.12万人次。此外，市档案馆探索建立中心工作、重大历史事件、重大活动、突发事件应对等专题档案数据库；开展红色档案等专题档案征集，丰富馆藏资源；国有改制企业档案整理项目入选年内佛山市党史学习教育“我为群众办实事”线上展示重点民生项目和2021年度“佛山口碑榜”民生100件实事候选名单。专业档案馆方面，佛山市规划城建档案馆总馆藏38.3万卷，全年接收档案1.5万卷，接待档案利用者1242人次，利用档案4034卷（件）次。年内，佛山市档案局组织全市档案部门认真学习贯彻习近平总书记对档案工作重要批示精神，围绕“四个好”（保管好、利用好、记录好、留存好），“两个服务”（服务党和国家工作大局、服务人民群众）目标任务，持续推进档案治理体系、档案资源体系、档案利用体系、档案安全体系建设。

【档案综合利用与服务】2021年，佛山市各级综合档案馆深化档案利用体系建设，做好档案综合利用服务，发挥档案工作作用和价值。佛山市档案馆开展专题档案征集，全年征集红色档案、资料100余件，包括革命烈士张云峰就义前写的绝笔书、陈铁军自传手迹等珍贵电子图片以及解放华中南纪念章等实物档案和图书资料；全国脱贫攻坚先进个人徐航、“改革先锋”胡小燕等名人档案70余件；援鄂医护人员抗疫英雄徽章等实物档案20余件；完成近20位老战士口述历史采集工作等。市档案馆加大馆藏开放档案开放鉴定工作力度，规范档案开放鉴定工作程序和审批手续，扩大档案利用范围，为社会各界提供更多更丰富的档案信息资源，已完成9.8万件档案开放鉴定复核工作，并探索开展档案开放鉴定人工智能工程，对3个全宗共6.3万条档案条目进行人工智能开放鉴定系统测试。开展国有改制企业档案整理。规范整理广东佛陶集团股份有限公司、佛山宾馆、佛山市食品企业集团等16个全宗人事、文书、基建等各类档案5600多卷，为改制企业职工及其亲属办理退休、公证、遗产继承提供服务。推进档案编研工作，市档案馆编写《资政参考》13期，相关内容被中共广东省委办公厅《广东信息·工作交流》、中共佛山市委办公室《佛山信息》《信息快报》等综合使用6条。

【疫情防控档案】2021年，佛山市各级档案部门继续做好疫情防控档案材料收集、整理。完成首批疫情防控档案收集、整理和移交，截至2021年底，全市共收集疫情防控档案5.78万件，向档案馆移交2020年底前形成的疫情防控档案4.43万件。佛山市档案馆全程参与市新冠肺炎防控指挥部档案管理制度建立和收集整理工作。为实现全市不同领域及不同载体形式的疫情防控档案统一、安全、规范、集中存储，市档案馆推进疫情防控档案专题数据库建设，接收市新冠肺炎防控指挥办2020年度的疫情防控档案合计1.45万件。

【精准扶贫档案】2021年，佛山市对口帮扶湛江市、云浮市及郁南县的精准扶贫档案全部完成整理，共向当地相关部门移交档案1.12万卷、11.15万件，照片2.97万张。作为“我为群众办实事”实践活动的具体内容，佛山市档案局组建工作组到贵州省黔东南苗族侗族自治州进行档案工作调研、对接，制定《佛山市—黔东南州东西部协作档案工作指引》。

【重大活动档案】2021年，佛山市推进重大活动档案工作，加强组织领导和统筹联动，保障重大活动档案记录完整、收集齐全。佛山市档案局制定《佛山市

2021年，佛山市档案馆持续开展国有改制企业整理，推动民生档案数据共享。图为改制企业档案整理项目现场

（市档案馆 供图）

第十三次党代会档案工作方案》，做好党代会文件材料收集、移交。各区档案局指导做好区第十三次党代会、区“两会”（人大会议、政协会议）档案收集和管理工作，督导相关单位做好村（社区）“两委”〔村（社区）党组织和村（居）民委员会〕换届文件材料的收集和档案工作交接，制定村级工业园改造工作文件材料收集范围、保管期限、整理规范及归档工作要求。

【经济科技档案】 2021年，佛山市组织开展全市重大建设项目档案专项工作。佛山市档案局印发《关于报送重点建设项目档案工作情况的通知》，跟进全市592项省、市重点建设项目档案管理登记工作，重点对轨道交通、佛山新机场、季华实验室等13个建设项目进行现场检查指导。完成禅城、南海、顺德3个区共5个村（社区）档案工作服务农村基层社会治理国家级试点工作任务，梳理形成村（社区）档案基本目录清单，共归档文书档案2477卷1.52万件、基建档案798卷、会计档案2.39万卷、土地管理档案3968卷又462件。

【局馆协调联动机制建设】 2021年，佛山市档案局、佛山市档案馆以优化职能配置、提高效率效能为切入点，建立并实施《佛山市档案局、馆重要工作协调联动推进制度（试行）》《佛山市档案局、馆领导联席会议制度（试行）》，通过召开局、馆领导联席会议、工作会商调研、工作清单对接、项目专班跟进等措施，进一步整合局、馆资源，尤其在全市疫情防控档案专题数据库建设、档案专业职称评审等方面横向联动、协同推进。年内，各区档案局、档案馆参照开展相应探索。

【档案法治建设】 2021年，佛山市加强档案执法和监督检查，提高档案工作治理水平。年内，佛山市档案局通过实地调研、现场执法检查、验收等方式到党政机关、企业、镇（街道）进行监督指导47次。推动解决档案规范化管理、档案工作服务农村基层社会治理等重点难点问题，促进档案业务监管提档升级。“12·4”宪法宣传周期间，市档案局以“依法治档人人行”为主题，在“佛山日报”公众号、“佛山+”手机应用程序（App）举办新修订版《中华人民共和国档案法》有奖知识问答。南海区档案局在佛山电台《听法识法》栏目开展专题宣传，顺德区档案局、顺德区档案馆上线佛山电台顺德广播《崇法之声·大家讲法》普法栏目，宣传新修订版《中华人民共和国档案法》。

【档案信息化建设】 2021年，佛山市各级档案部门采取多项措施促进档案数字化与基础业务工作相结合，各区综合档案馆数字化率全部达标。佛山市档案馆推进馆藏档案人名索引数据库系统建设与应用研究，年内完成70万条人名索引信息著录，并开发、完善、应用人名索引信息查询端口。市档案馆重点推进涉密档案数字化处理内网二期、数字档案馆升级、信息化建设项目（一期）、档案数据保质保全系统等信息化项目建设，夯实档案工作数字化转型的硬软件和数据基础。开展馆藏档案人名索引著录和纸质档案数字化项目，截至2021年，累计完成约200万条人名索引著录工作以及约2100万页纸质档案数字化，馆藏纸质档案数字化比例超80%。以创建全国示范数字档案馆为目标，对照国家档案局印发的“数字档案馆系统测试指标表”进行梳理，逐项查漏补缺。推进馆藏基础数据核准工作，解决馆库系统数据历史遗留问题，并在设施设备、安全管理等方面强基础、补短板。做好政务摄影和领导相册制作工作，围绕全市重点工作及重大政务活动，完成政务摄影任务797个、拍摄8.55万张照片，分别比上年增长74%和42%；跟进佛山市村级工业园整治提升专题航拍项目，对80个村级工业园进行航拍，共拍摄照片近4000张，拍摄有效视频约18小时，制作领导政务相册46本。

【专题档案征集】 2021年，佛山市各级档案部门加强红色档案资源管理和利用，开展红色档案征集。佛山市档案馆征集红色档案、资料100余件，包括革命烈士张云峰就义前写的绝笔书、陈铁军自传手迹等珍贵电子图片以及解放华中南纪念章等实物档案和图书资料；全国脱贫攻坚先进个人徐航、“改革先锋”胡小燕等名人档案70余件；援鄂医护人员抗疫英雄徽章等实物档案20余件；完成近20位老战士口述历史采集工作；等等。南海区档案馆征集全国劳动模范、全国优秀共产党员等名人档案314件，个人捐赠档案154件（其中红色档案86件）。顺德区档案馆向社会征集中华人

2021年，佛山市档案馆开展专题档案征集工作。图为口述历史采集工作现场
（市档案馆　供图）

民共和国成立初期革命干部档案资料，并筹办“不负韶华、永葆初心——顺德革命干部风采档案征集选展”。

【档案安全】 2021年，佛山市各级档案部门强化风险防范意识，筑牢档案安全管理防线，建立并落实全市档案信息安全防护工作网络及重大活动和节假日期间“7×24小时”值班制度、网络安全零报告制度，持续开展档案安全应急演练。佛山市档案馆制定国家综合档案馆业务建设评价整改措施清单，修订完善《佛山市档案馆档案开放鉴定工作指引》等业务规范，提高档案工作规范化、制度化、标准化水平；加强安全检查，定期组织消防应急演练和网络安全应急演练；制定《佛山市档案馆安全事件报告和处置管理制度》等信息安全管理制度，加强风险排查和问题整改，做好网络安全重点保障时段的值班和监测防护工作，确保网络信息系统及相关设备安全平稳运行；继续做好重要档案数据异地备份工作。

【档案文化宣传】 2021年，佛山市各级档案部门服务庆祝中国共产党成立100周年活动，市档案局在“6·9”国际档案日之际，在《佛山日报》刊发公益广告、《档案话百年》专题采访及4期电子海报，宣传档案和档案工作。佛山市档案馆举办“百年恰是风华正茂”主题档案文献展，集中展览包括300余件文书、100余张照片、20余组音视频等珍贵档案资料，接待市、区机关、团体及基层党组织942场次，参观学习人数超2.12万人次。策划开展与佛山老党员共建“家庭档案示范点”、“红色之声”读档、制作《探秘档案馆》手绘漫画长图H5等系列红色主题宣传活动，拓展党史学习教育的内容和形式；开展“红色传承”小课堂进校园、进社区活动，摄制“红色传承”微党课，全年开展14场次，参加人员约450人次；发布“佛山档案方志”微信公众号信息48期共153条，发布微博信息230条，其中，“佛山档案方志”微信公众号年度影响力在全省档案微信公众号排名第一。禅城区《巾帼英烈陈铁军的革命之路》红色短视频在“知史爱党，知史爱国”全国党史故事短视频展播活动中获党史人物类作品一等奖。顺德区挖掘档案史志资料中的红色故事制作“顺德红色史迹地图”等，发挥档案“鉴往知今”作用。

【档案业务建设】 2021年，佛山市档案局组织开展区级综合档案馆业务建设评价，“以评促建”推进档案馆基础业务建设。经评价，禅城区档案馆获优秀等级，南海区档案馆、顺德区档案馆获良好等级，高明区档案馆、三水区档案馆被评为合格等级。年内，市档案局开展全市基层事业单位档案工作情况调研，会同主管单位现场走访事业单位12个，收集、汇总调查表800多份，通过调研推动基层事业单位档案工作水平提升。

【档案编研】 2021年，佛山市各级各类档案馆深化和拓展档案编研工作。市档案馆编写《资政参考》13期，相关内容被中共广东省委办公厅《广东信息·工作交流》、中共佛山市委办公室《佛山信息》《信息快报》等综合使用6条。顺德区档案馆编写《顺德档案资政参考》4期。市城建规划档案馆完成《佛山市历年总体规划专题编研》样书编辑。顺德区档案馆制作《以水兴城、档案见证——顺德城乡变化轨迹2021》《厨脉相承·档案见证——顺德名厨口述历史访谈》等档案纪实剪辑。三水区档案馆完成《佛山市三水区档案馆藏抗日战争档案汇编》的选材、开放鉴定和初审工作，并向国家档案局申报国家重点档案专题保护开发项目，获批专项资金。

【“百年恰是风华正茂”主题档案文献展】 2021年8—12月，“百年恰是风华正茂”主题档案文献展在佛山市档案馆举行。该展览是全市庆祝中国共产党成立100周年系列活动和市党史学习教育108项重点活动（项目）之一。展览分为序篇和8个部分（信仰的力量、理论的力量、组织的力量、人民的力量、斗争的力量、行动的力量、制度的力量和万山磅礴看主峰），全面、立体、鲜活地展示中国共产党带领中国人民筚路蓝缕、砥砺奋进的百年光辉历程，诠释中国共产党不断取得胜利的成功密码和力量所在。展品包括300余件档案、100余张照片、20余组音视频，近半数为首次展出。展览接待市、区机关、团体以及基层党组织942场次，接待人数2.12万人次。

（市档案局　市档案馆）

2021年8—12月，“百年恰是风华正茂”主题档案文献展在佛山市档案馆举行，全市机关、团体以及基层党组织2.12万人次参观展览　（市档案馆　供图）

佛山市人民代表大会

综　述

【概况】2021年，佛山市有市人民代表大会1个、区人民代表大会5个、镇人民代表大会21个。年内，佛山市完成区、镇两级人大换届选举工作。截至年底，全市有全国人大代表9人、省人大代表34人、市人大代表402人、区人大代表1590人、镇人大代表2315人。佛山市第十五届人大常委会组成人员31人，其中主任1人、副主任6人、秘书长1人、委员23人。年内，佛山市人民代表大会选举市人大常委会组成人员5人次，市人大常委会依法任免本级国家机关工作人员108人。

【区、镇（街道）人大工作和建设】2021年，佛山市人民代表大会常务委员会推进实施全省县乡人大“巩固基础、强化履职”两年行动计划（2021—2022年）。组织召开全市区、镇（街道）人大“巩固基础、强化履职”两年行动动员部署会暨人大创新案例推广会，传达学习全省县乡人大“巩固基础、强化履职”两年行动部署会精神，总结推广区、镇（街道）人大创新案例，研究部署全市区、镇（街道）人大“巩固基础、强化履职”两年行动（2021—2022年）。出台《佛山市人大常委会关于贯彻落实全省县乡人大“巩固基础、强化履职”两年行动计划的工作方案》，巩固提升区、镇（街道）人大工作和建设水平。年内，区、镇两级人大开展换届选举工作。换届选举工作于7月全面铺开，至11月完成。换届选举工作过程中，全市共登记选民382万人，依法选出区人大代表1590人、镇人大代表2315人；选举产生5个区人大常委会组成人员180人，选举产生镇人大负责人42人；选举产生区“一府一委两院”（人民政府、监察委员会、人民法院和人民检察院）负责人50人，选举产生镇人大负责人42人，镇人民政府负责人147人。

【人事任免工作】2021年，佛山市人民代表大会常务委员会依法做好各项人事任免工作。实施新当选和新任命人员向宪法宣誓制度，增强新当选和新任命人员的宪法意识、公仆意识。配合党政机构改革，及时任免新组建调整市政府组成部门主要负责人。全年任免本级国家机关工作人员108人。

（林　露）

重要会议

【佛山市第十五届人民代表大会第六次会议】2021年2月4—5日在佛山市机关大礼堂召开。会议听取和审议佛山市人民政府市长朱伟所作的《政府工作报告》《民生实事候选项目的报告》，佛山市人大常委会党组副书记、副主任刘珊所作的《佛山市人民代表大会常务委员

2021年2月4—5日，佛山市第十五届人民代表大会第六次会议在市机关大礼堂召开。图为2月4日大会现场

（周　春　摄）

会工作报告》，佛山市中级人民法院院长赵菊花所作的《佛山市中级人民法院工作报告》，佛山市人民检察院检察长黄黎明所作的《佛山市人民检察院工作报告》，审查《佛山市国民经济和社会发展第十四个五年规划和二〇三五年远景目标纲要草案》《佛山市2020年国民经济和社会发展计划执行情况与2021年计划草案的报告》《佛山市2020年预算执行情况和2021年预算草案的报告》，并表决通过相应决议。大会依法选举陈锋为佛山市第十五届人大常委会秘书长、冼阳福为佛山市第十五届人大常委会委员，表决通过徐东涛为佛山市第十五届人民代表大会华侨民族宗教外事委员会主任委员。大会以差额票决方式，票决出佛山市人民政府2021年度“十大民生实事”项目。

【佛山市第十五届人民代表大会第七次会议】2021年6月29日在佛山市机关大礼堂召开。经大会依法选举，郑轲为佛山市第十五届人大常委会主任，郭文海为佛山市人民政府市长，张朝志为佛山市第十五届人大常委会副主任。

【佛山市第十五届人民代表大会第八次会议】2021年11月15日在佛山市机关大礼堂召开。经大会依法选举，胡钛为佛山市第十五届人大常委会主任，白涛为佛山市人民政府市长，胡志超为佛山市中级人民法院院长，郭玉为佛山市人民检察院检察长。

【市人大常委会会议】 2021年，佛山市第十五届人大常委会召开18次会议（即市第十五届人大常委会第三十八次至第五十五次会议）。

市第十五届人大常委会第三十八次会议于1月19日召开，表决通过《佛山市第十五届人民代表大会常务委员会代表资格审查委员会关于部分代表的代表资格审查报告》《关于调整佛山市第十五届人民代表大会第六次会议召开时间的决定》；讨论市人大常委会工作报告（讨论稿），审查市第十五届人民代表大会第六次会议有关文件（草案）；表决通过《佛山市第十五届人民代表大会常务委员会关于接受林秀玉同志辞去广东省第十三届人民代表大会代表职务请求的决定》《佛山市第十五届人民代表大会常务委员会关于接受刘珊同志辞去佛山市第十五届人民代表大会华侨民族宗教外事委员会主任委员职务请求的决定》；进行人事任免事项；举行颁发任命书仪式；举行宪法宣誓仪式。

市第十五届人大常委会第三十九次会议于2月2日召开，表决通过《佛山市第十五届人民代表大会常务委员会代表资格审查委员会关于个别代表的代表资格审查报告》。

市第十五届人大常委会第四十次会议于3月23日召开，听取和审议《市人民政府关于2019年度审计查出突出问题整改情况的报告》《市人大常委会法工委关于2020年规范性文件备案审查工作情况的报告》；审议《市人民政府2020年度法治政府建设工作情况的报告》；表决通过《佛山市第十五届人民代表大会常务委员会代表资格审查委员会部分组成人员调整名单》；进行人事任免事项；举行宪法宣誓仪式。

市第十五届人大常委会第四十一次会议于4月12日召开，进行人事任命事项；表决通过《关于接受朱伟同志辞去佛山市人民政府市长职务请求的决定》《关于郭文海同志代理佛山市人民政府市长职务的决定》；进行颁发任命书事项；举行宪法宣誓仪式。

市第十五届人大常委会第四十二次会议于4月29日召开，听取和审议《佛山市人民政府关于2020年度环境状况及环境保护目标任务完成情况的报告》；审议通过《佛山市非户籍人口居住登记条例（草案表决稿）》；对《佛山市河涌水污染防治条例（草案）》进行第二次审议；进行人事任免事项；举行颁发任命书仪式；举行宪法宣誓仪式。

市第十五届人大常委会第四十三次会议于5月14日召开，进行人事任免事项；举行颁发任命书仪式；举行宪法宣誓仪式。

市第十五届人大常委会第四十四次会议于6月25日召开，听取和审议《市人民政府关于佛山市级2021年财政预算调整的报告》《市人民政府关于佛山市2020年地方政府债务管理情况的报告》《市人大财经委关于人大代表提出的〈关于制定佛山市优化营商环境条例的议案〉审议结果的报告》；表决通过《关于区镇两级人民代表大会换届选举时间安排的决定》；审查市第十五届人民代表大会第七次会议有关文件草案，表决通过《关于召开佛山市第十五届人民代表大会第七次会议的决定》；表决通过《关于接受叶良同志辞职请求的决定》《佛山市第十五届人民代表大会常务委员会代表资格审查委员会关于部分代表的代表资格审查报告》；进行人事任免事项。

市第十五届人大常委会第四十五次会议于7月27日召开，对《佛山市文明行为促进条例（草案）》进行一审；进行人事任免事项；表决通过《关于接受赵菊花同志辞去佛山市中级人民法院院长职务请求的决定》《关于胡志超同志代理佛山市中级人民法院院长职务的决定》；进行颁发任命书事项；举行宪法宣誓仪式。

市第十五届人大常委会第四十六次会议于8月16日召开，听取和审议《市人民政府关于佛山市2021年上半年国民经济和社会发展计划执行情况的报告》《市人民政府关于佛山市2021年上半年财政预算收支执行情况的报告》《市人民政府关于佛山市2020年度市级预算执行和其他财政收支的审计工作报告》《市人民政府关于全市污水管网提质增效情况的报告》《市人大常委会执法检查组关于我市实施〈中华人民共和国道路交通安全法〉〈广东省道路交通安全条例〉情况的执法检查报告》。

市第十五届人大常委会第四十七次会议于9月17日召开，听取和审议《市监察委关于开展反腐败国际追逃追赃工作情况的报告》《市人民政府关于佛山市本级2020年度财政决算草案的报告》；审议通过《佛山市河涌水污染防治条例（草案表决稿）》；听取和审议市人大常委会教科文卫工委关于检查《中华人民共和国基本医疗卫生与健康促进法》实施情况的报告；表决通过《佛山市第十五届人民代表大会常务委员会代表资格审查委员会关于部分代表的代表资格审查报告》《关于佛山市第十六届人民代表大会代表名额分配和选举事宜的决定》；表决通过《关于接受黄黎明同志辞职请求的决定》《关于郭玉同志代理佛山市人民检察院检察长职务的决定》；进行人事任免事项；举行宪法宣誓仪式。

市第十五届人大常委会第四十八次会议于9月28日召开，听取和审议《市人民政府关于我市交通拥堵综合治理工作情况的报告》；举行交通拥堵综合治理专题询问会。

市第十五届人大常委会第四十九次会议于10月20日召开，进行人事任免事项；进行颁发任命书事项；举行宪法宣誓仪式。

市第十五届人大常委会第五十次会议于10月24日召开，表决通过《关于接受郭文海同志辞去佛山市人民政府市长职务请求的决定》《关于白涛同志代理佛山市人民政府市长职务的决定》；进行人事任免事项；进行颁发任命书事项；举行宪法宣誓仪式。

市第十五届人大常委会第五十一次会议于11月9日召开，听取和审议《市人民政府关于佛山市2020年国有资产管理情况的报告》；对《佛山市城市轨道交通管理条例（草案）》进行一审；审议通过《佛山市文明行为促进条例（草案表决稿）》；听取和审议《市人大社会建设委关于我市重点人群医疗保障情况的调研报告》；表决通过《佛山市第十五届人民代表大会常务委员会代表资格审查委员会关于部分代表的代表资格审查报告》；审查市第十五届人民代表大会第八次会议有关文件草案，表决通过《关于召开佛山市第十五届人民代表大会第八次会议的决定》；进行人事任免事项；进行颁发任命书事项；举行宪法宣誓仪式。

市第十五届人大常委会第五十二次会议于11月14日召开，表决通过《佛山市第十五届人民代表大会常务委员会代表资格审查委员会关于部分代表的代表资格审查报告》。

市第十五届人大常委会第五十三次会议于11月30日召开，听取和审议《市人民政府关于佛山市级2021年第二次财政预算调整的报告》《市人大常委会教科文卫工委关于"增加学前及义务教育学位供给"专题询问"回头看"检查报告》；表决通过《佛山市第十五届人民代表大会常务委员会代表资格审查委员会关于个别代表的代表资格审查报告》《佛山市人民代表大会常务委员会关于调整佛山市第十六届人民代表大会代表选举时间的决定》；书面听取市人大常委会法工委关于《佛山市扬尘防治条例》立法后评估报告；进行人事任免事项；进行颁发任命书事项；举行宪法宣誓仪式。

市第十五届人大常委会第五十四次会议于12月13日召开，听取和审议《市人民政府关于"七五"普法决议执行情况的报告》《市人民政府关于佛山市2021年重点项目推进情况的报告》；表决通过《佛山市人民代表大会常务委员会关于召开佛山市第十六届人民代表大会第一次会议的决定》和《佛山市人民代表大会常务委员会关于列席和邀请列席佛山市第十六届人民代表大会第一次会议人员的决定》；进行人事任免事项；进行颁发任命书事项；举行宪法宣誓仪式。

市第十五届人大常委会第五十五次会议于12月31日召开，听取和审议《市人民政府关于2021年市十大民生实事项目落实情况的报告》《市人民政府关于市第十五届人大第六次会议代表建议办理情况的报告》；对《佛山市城市轨道交通管理条例（草案）》进行第二次审议；讨论市人大常委会工作报告（讨论稿），审查市第十六届人民代表大会第一次会议有关文件（草案）。

（林　露）

立法工作

【年度立法计划】 2021年，佛山市第十五届人民代表大会常务委员会第六十五次主任会议审议通过《佛山市人大常委会2021年立法工作计划》，安排正式项目4个，分别为《佛山市非户籍人口居住登记条例》《佛山市河涌水污染防治条例》《佛山市文明行为促进条例》《佛山市城市轨道交通管理条例》；安排预备项目2个，分别为《佛山市生活垃圾分类管理条例》《佛山市固体废物污染防治条例》。佛山市第十五届人民代表大会常务委员会第七十二次主任会议对年度立法工作计划进行修改，增加预备项目1个，为《佛山市市场主体服务条例》。

【地方性法规审议】 佛山市人民代表大会常务委员会按照市第十五届人民代表大会常务委员会第六十五次主任会议审议通过的年度立法工作计划开展相关地方性法规审议工作。其中：《佛山市非户籍人口居住登记条例》于2021年4月29日经佛山市第十五届人民代表大会常务委员会第四十二次会议表决通过；《佛山市河涌水污染防治条例》于2021年9月17日经佛山市第十五届人民代表大会常务委员会第四十七次会议表决通过；《佛山市文明行为促进条例》于2021年11月9日经佛山市第十五届人民代表大会常务委员会第五十一次会议表决通过；《佛山市城市轨道交通管理条例》于2021年12月31日经佛山市第十五届人民代表大会常务委员会第五十一次会议第二次审议。

【立法意见建议征集】 2021年，佛山市人民代表大会常务委员会继续推进"开门立法"。通过佛山人大网、"佛山发布"微信公众号、《佛山日报》等发布公告公开征求社会公众意见，全年发布公告6次，收到反馈意见2200多条。向在佛山的全国人大代表、省人大代表和市人大代表征求立法意见建议，收到反馈意见200多条，向市各有关部门、单位、人大代表、政协委员等征集2021年立法项目建议，收到意见建议100多条。到各区基层开展立法工作调研100余次，召开立法座谈会160场次。

【立法后评估】 2021年4月15日至11月30日，佛山市人民代表大会常务委员会组织开展对颁布施行满2年的《佛山市扬尘污染防治条例》进行立法后评估。评估组通过听取法规实施部门汇报、委托第三方评估、召开座谈会、实地考察等方式开展相关评估工作，形成立法后评估报告。佛山市第十五届人民代表大会常务委员会第五十三次会议审议通过《佛山市扬尘污染防治条例立法后评估报告》，认为《佛山市扬尘污染防治条例》设置科学合理，具备较强的可操作性，建立预防为主、防治结合的长效机制，构建权责清晰、措施有力、合力攻坚的扬尘污染综合防控体系，解决一批扬尘污染突出问题，各级各部门扬尘污染防治意识明显提高，城市扬尘污染状况明显改观，城市环境质量得到改善。

（陈飞鹤　林　露）

人大监督

【财政经济工作监督】 2021年，佛山市人民代表大会常务委员会开展佛山市编制“十四五”规划纲要草案情况调研，市第十五届人大第六次会议审议通过《佛山市国民经济和社会发展第十四个五年规划和二〇三五年远景目标纲要》。依法开展国民经济计划、财政预决算和审计工作监督。听取和审议佛山市2021年上半年国民经济和社会发展计划执行情况报告，要求市政府加快打造一流营商环境，加快制造业数字化智能化转型发展，加快实施扩大内需战略，抢抓“双区驱动”战略机遇，加快广佛全域同城化建设，深化与深圳、港澳合作发展，提升民生服务和保障水平。听取佛山市2021年上半年预算收支执行情况报告，要求市政府及有关部门增强核心产业对税源的带动和保障作用，统筹抓好财政收入管理，坚持“过紧日子”的财政方针，优化支出结构，保障重点领域支出，加强地方债务管理，确保佛山市财政稳健运行。2次听取和审议佛山市级2021年财政预算调整情况报告，依法批准市本级预算调整方案。听取和审议佛山市本级2020年财政决算草案的报告，依法批准市本级决算。分别听取和审议市政府2019年度审计查出突出问题整改情况报告以及2020年度市级预算执行和其他财政收支的审计工作报告，督促政府按要求完成整改任务，加强审计整改责任落实和结果运用，健全预算绩效管理体系，强化项目资金和履约管理，提高资产使用效率。听取和审议佛山市2020年地方政府债务管理情况报告，要求市政府依法依规管控好债务规模，落实防范化解风险责任，依法健全举债融资机制。听取和审议佛山市2020年国有资产管理情况报告，要求市政府及相关部门进一步加强国有资产管理和治理，持续深化国有企业改革，提高国有资产发展质量，促进国有资产更好服务发展。组织开展佛山市重大项目实施情况专题调研，对市政府进一步抓好重大项目工作，增强重大项目对经济社会发展的支撑力等提出意见和建议，推动佛山市重大项目加快进度。

【民生工作监督】 2021年，佛山市人民代表大会常务委员会将市政府2021年度“十大民生实事”项目纳入年度监督工作计划，综合运用多种监督方式，实施重点监督。选取“交通拥堵综合治理工作”民生实事作为专题询问议题，依法开展专题询问。专题询问会上，听取市政府关于佛山市交通拥堵综合治理工作情况报告，市人大常委会组成人员围绕统筹考虑城市规划建设和交通承载力、合理布局轨道交通站点、优化路网规划和路网结构、提高交通事故处理效率、提升公共交通基础配套和服务水平、加大学校片区交通拥堵治理力度、加强占道施工监管等方面提出询问，市长带领分管副市长、各区区长和市有关部门主要负责人到会应询。通过专题询问，支持市政府加快实施城市“畅通工程”，推动全市主要节点交通拥堵问题得到系统治理。听取和审议市政府关于2021年市“十大民生实事”项目落实情况报告，听取市人大有关专委、市人大常委会有关工委的调研督办报告，推动年度十大民生实施项目均按期完成，部分项目指标超额完成，使改革发展成果更多惠及人民群众。组织开展佛山市重点人群医疗保障工作情况专题调研，实地调研部分养老机构、医养结合机构，与市有关部门座谈交流，对完善重点人群医养康护服务体系、实现医养康护产业生态良性发展等提出意见和建议，推动佛山市重点人群医疗保障工作持续高标准发展。组织开展佛山市重要农产品稳产保供工作情况专题视察，实地调研佛山市淡水鱼养殖和种业发展等情况，听取市和三水区有关部门、企业的情况汇报，联系走访人大代表，了解农产品生产和市场供给情况，对增强农业稳产保供能力、培育健康良性的农产品市场环境、加大农产品质量安全监管力度等提出意见和建议，促进佛山市“菜篮子”工程高质量发展，确保重要农产品稳产保供。组织开展佛山市农村村务（财务）公开工作情况专题视察，实地察看部分社区村务公开以及基层治理情况，听取市有关部门和南海区的情况汇报，联系走访人大代表，了解佛山市农村村务（财务）工作状况，对健全和完善村务（财务）公开工作、发挥村务公开促进基层治理的作用等提出意见和建议，促进农村村务（财务）公开工作按要求落实，保障村民的知情权、决策权、参与权和监督权。

【生态文明建设工作监督】 2021年，佛山市人民代表大会常务委员会组织开展佛山市2020年度环境状况和环境保护目标任务完成情况专题调研，到禅城区、南海区和高明区重点调研大气、水环境和固体废物治理情况，实地察看5个区部分企业、治污工程、工地和水体，听取和审议市政府关于佛山市2020年度环境状况和环境保护目标任务完成情况报告，对科学编制《佛山市生态环境保护“十四五”规划》、实施水污染防治行动、探索大气污染防治新措施、加快固废危废处置设施建设等提出意见和建议，推动佛山市生态环境质量持续向好。组织开展广佛跨界河流域污染整治暨全市黑臭水体整治情况的跟踪监督，实地调研北村水系治污工程建设情况和部分城乡黑臭水体整治情况等，常态化监督广佛跨界河流污染整治。组织开展佛山市污水管网提质增效情况专题调研，实地调研多个污水管网工程、污水处理厂、污水收集系统工程，召开5场座谈会，全面摸清佛山市污水管网建设底数，作出《关于污水管网提质增效的决议》，要求市政府从推动全市水环境全面改善，营造高品质生活环境的高度，推进污水管网提质增效工作。组织开展佛山市固体废物处置工作情况专题调研，暗访顺德区、南海区、高明区、三水区有关园区和企业，听取多方意见，对狠抓固废源头减量、深化资源化利用、加大设施建设力度、强化监管意识、加强法规政策宣传等提出意见和建议，推动佛山市固体废物污染防治工作取得成效。组织开展万里碧道佛山段暨万亩千亩公园建设情况专题调研，听取市有关部门的情况汇报，现场调研部分碧道和公园建设情况，对理顺机制形成建设合力、注重保护加强修复、完善政策加强帮扶、强化项目联动融合、打造更多精品工程等提出意见和建议，推动佛山市生态环境质量稳步提升。组织开展佛山市全面推进乡村振兴加快农业农村现代化工作情况专题调研，到5个区开展实地调研，听取市、区政府以及有关部门的情况汇报，对坚持产业优先发展、大力实施乡村建设行动、深化党建引领乡村治理、深化东西部协作助力对口帮扶地区等提出意见和建议，推动佛山市实施乡村振兴战略取得阶段性成效。组织开展佛山市文旅融合促进乡村振兴专题调研，实地考察南海、高明、三水区乡村文旅项目，召开市直相关部门和文旅业代表参加的专题座谈会，对加强顶层设计强化统筹、加强乡村生态文化资源挖掘和保护、加强岭南文化宣传推广、构建共建共享机制等提出意见和建议，推动美丽乡村建设工作高质量发展。

2021年9月24日，佛山市人大常委会开展佛山市“七五”普法（第七个五年法治宣传教育）决议贯彻执行情况调研。图为调研组一行在顺德区龙江镇文华社区实地调研

（梁倩婷　摄）

【法律实施监督】 2021年，佛山市人民代表大会常务委员会贯彻落实党中央关于深化监察体制改革决策部署，首次听取和审议市监委专项工作报告，推动反腐败国际追逃追赃工作向纵深发展。印发实施《佛山市人大常委会远程集中察看法院庭审暂行规定》，规范远程集中察看法院庭审活动，推动以高质量庭审维护司法公正和人民群众的合法权益。组织开展佛山市法院贯彻实施行政诉讼法情况执法工作情况调研，听取市有关部门情况汇报，征求各方意见和建议，对更好发挥行政审判职能，为打造一流营商环境提供良好司法保障等提出意见和建议，促进佛山市法院行政审判工作提质增效。组织开展佛山市“七五”普法（第七个五年法治宣传教育）工作情况专题调研，实地调研社区、企业、学校、村等普法情况，组织召开座谈会听取多方意见，对压实普法主体责任、创新普法模式、提升普法工作水平等提出意见和建议，推动普法责任制落实。组织对佛山市贯彻实施《中华人民共和国道路交通安全法》《广东省道路交通安全条例》情况开展执法检查，听取市有关部门情况汇报，邀请市人大代表与有关部门面对面沟通，实地视察禅城区季华路南海大道路口路段、佛山市交警支队指挥中心等地，对牢固树立文明和谐交通参与意识、提升交通服务供给质量、提升交通执法精细化水平等提出意见和建议，推动营造文明和谐交通环境。组织对佛山市贯彻实施《中华人民共和国基本医疗卫生与健康促进法》情况开展执法检查，实地走访部分市、区两级卫生监督所、医院、社区公共卫生服务中心等，组织召开相关议案办理座谈会和执法检查座谈会，对依法做好疫情防控常态化工作、抓好基层防保网软硬件建设、全面推进心脏除颤器（AED）公共场所配置等提出意见和建议，推动佛山市卫生与健康工作沿着法治的轨道有序开展。组织对佛山市贯彻实施《广东省宗教事务条例》情况开展执法检查，实地检查佛山市多个宗教活动场所，与宗教管理相关职能部门、部分宗教团体负责人座谈交流，对依法规范管理宗教事务相关工作提出意见和建议，促进宗教工作法治化水平不断提升。组织开展关于佛山市贯彻落实《广东省华侨权益保护条例》情况“回头看”检查，针对2020年执法检查发现的问题，与市侨务局、市侨联等部门开展座谈，对进一步加强为侨服务、依法维护侨益提出意见和建议，推动新时代侨务工作高质量发展。

（林　露）

代表工作

【代表议案建议督办】 2021年，佛山市第十五届人大六次会议期间，收到代表议案3件，代表建议164件（含重点督办建议2件），闭会期间收到建议3件。市人大常委会执行《佛山市人大常委会督办代表议案、建议和意见规定》，按照“分级负责，归口办理”原则，与“一府一委两院”（人民政府、监察委员会、人民法院和人民检察院）及有关部门协调，做好分类归口工作，将建议落实到各相关单位进行办理。落实“内容高质量、办理高质量”要求，完善督办机制，强化督办合力，并将《关于聚焦科技创新，推动企业高质量发展的建议》《关于争取支持佛山打造成为国家燃料电池汽车示范应用重点城市的建议》确定为年度重点督办建议。市人大常委会各工作委员会落实督办责任，加强与承

2021年7月21日，佛山市人大常委会组织佛山市的全国、省、市人大代表开展村级工业园改造工作推进情况专题视察。图为代表们在顺德区北滘西海二支工业区改造项目视察
（徐丽清　摄）

办单位沟通协调，通过组织视察、调研、代表约见、座谈、走访等多种方式，掌握代表建议办理进度，及时提出督办意见，并组织开展“回头看”，加强跟踪督促，推动代表建议办理工作落地见效。其中，结合建议办理情况，围绕佛山市医保政策落实情况，组织开展代表约见佛山市医疗保障局负责人活动，代表就佛山市医疗救助政策及医疗保障待遇等提出意见和建议，市医保局负责人现场作答，增强人大代表意见、建议办理实效性。年内，所有建议全部在规定时间内办理完毕，各承办单位均能按照法律规定答复代表，办复率100%；代表对议案建议办理的满意率和基本满意率100%。

【“更好发挥人大代表作用”主题活动开展】 2021年，佛山市人民代表大会常务委员会在确保新冠肺炎疫情防控安全的前提下，组织全市的全国、省、市、区、镇五级人大代表，围绕全面推进健康广东建设，开展以“我为民、我履职、我行动”为口号的“更好发挥人大代表作用”主题活动。在为期1个月的时间里，全市参加主题活动的代表2690人，其中全国人大代表8人、省人大代表26人、市人大代表278人、区人大代表948人、镇人大代表1430人，分别占各辖区内本级人大代表的88.9%、74.2%、72.8%、77.24%、78.85%，收集群众意见、建议1004件，均完成办理和答复，推动解决一批群众反映的“急难愁盼”问题。

【代表调研视察活动开展】 2021年，佛山市人民代表大会常务委员会围绕事关佛山改革发展的全局性、战略性和前瞻性问题，发展中不平衡不充分问题，以及全市经济社会发展情况、市政府重点工作开展情况、重点项目建设情况，组织佛山市的全国、省、市人大代表开展一系列调研视察活动。围绕推进粤港澳大湾区建设情况、优化营商环境情况开展专题调研，围绕村级工业园改造工作推进情况开展专题视察，通过专题学习、实地走访、听取汇报等多种形式，拓宽代表知情知政渠道，密切与人民群众及选举单位的联系。调研视察期间，代表们听取基层群众心声，积极发言，反映人民意愿，并为市政府工作决策提供参考。

【代表联络站建设】 2021年，佛山市人民代表大会常务委员会继续推进全市人大代表联络站建设，全市共创建人大代表联络站（点）811个，其中中心联络站32个。人大代表联络站（点）创建速度和数量位居全省前列，基本实现“两个全覆盖”〔村（社区）全覆盖和全国、省、市、区、镇五级人大代表全覆盖〕，达到“六有”（有场地、有人员、有制度、有活动、有经费、有设备）要求。依托人大代表联络站（点）和中心联络站，组织常态化的人大代表联系人民群众活动，密切代表与人民群众的联系。
（林　露）

表2　**2021年佛山市人大常委会重点督办的代表议案建议情况表**

议案建议号	议案建议名称	提议案建议代表	督办领导
20210001	《关于制定佛山市优化营商环境条例的议案》	王学堂、徐继超、郭晓玲、黄的非、陈永升、李思凤、白维、邹庆永、曹国栋、钟坚	麦洁华
20210002	《关于对我市实施〈中华人民共和国基本医疗卫生与健康促进法〉情况开展执法检查的议案》	王玉凯、马志强、单宝恺、段昌华、唐旭明、陈光、吴超林、林海全、梁东华、郑利先	麦洁华
20210003	《关于制定佛山市公共场所控制吸烟条例的议案》	钟坚、王学堂、聂莲、徐继超、郭晓玲、黄的非、陈永升、李思凤、白维、邹庆永、曹国栋	麦洁华
20210005	《关于聚焦科技创新，推动企业高质量发展的建议》	张思中	麦洁华
20210077	《关于争取支持佛山打造成为国家燃料电池汽车示范应用重点城市的建议》	张应统、徐灶荣、潘少群、崔贤珍、潘伟强	麦洁华

佛山市人民政府

综　述

【概况】 2021年，佛山市人民政府设置机构36个。其中：办公室和工作部门34个、市政府派出机构2个。市人民政府坚持稳中求进工作总基调，推动经济社会平稳健康发展，实现“十四五”（第十四个五年规划，起止时间为2021—2025年）发展良好开局，经济运行取得新成绩、产业转型迈出新步伐、创新发展积蓄新动能、改革开放激发新活力、城乡建设展现新面貌、人民生活增添新福祉，全年地区生产总值1.16万亿元。全年召开市政府全体会议1次、市政府常务会议26次、市政府廉政工作会议1次、全市经济形势研判会议3次；以市政府或市政府办公室名义印发重要政策与措施文件30多份，其中经济发展方面4份、城乡建设方面7份、社会事业方面10份、综合管理方面15份等；以市政府名义召开的全市性会议有20次。

（黎靖瑜　陈　晨）

【“十件民生实事”完成】 2021年2月5日，佛山市第十五届人民代表大会第六次会议以差额票决方式，决定佛山市人民政府2021年度十大民生实事项目。截至年底，10件民生实事全部完成。

提升基层医疗和公共卫生服务水平　至年底，全市优化建成新冠肺炎疫苗接种单位177个（固定点接种单位71个，大型临时接种点40个，普通临时接种点26个，巡回接种点40个），实现疫苗接种2281.23万剂次，1033.22万人。印发《佛山市社区卫生服务中心配备便携式B超民生实事项目实施方案》，实现42个（家）公立社区卫生服务中心（卫生院）便携式B超全覆盖。通过举办基本公共卫生服务管理培训班、基层医疗机构超声能力培训班，更好地提升基层医疗和公共卫生服务水平。

推动学前教育和义务教育扩容提质　市、区两级教育部门建立工作联络机制、督办机制、信息报送机制和工作进展情况通报机制，将新（改、扩）建项目实行清单化管理，定期通报各区项目建设进展，推动优质学位资源逐年提升。年内，学前教育阶段全市动工或完工新改扩建幼儿园48所（涉及学位1.9万个），完成率100%；义务教育阶段动工或完工新改扩建学校40所（涉及学位3.99万个），完成率100%，缓解公办学位供给压力。

提升水环境污染治理能力　污水管网建设方面，计划新建改建污水管网700千米，至11月底，建成污水管网739.2千米，完成投资43.4亿元，排查修复老旧管网323千米。黑臭水体整治方面，全年新增巩固成效具体工程项目110个，完成110个，完成比例100%。持续开展日常巡查和水质监测，每季度通报巡查发现问题，定期向社会公开黑臭水体整治进展，畅通渠道鼓励群众举报投诉黑臭水体，营造全民共建共治共享的氛围。

提升交通便利化水平　交通拥堵综合治理方面，根据新印发的《佛山市城市“畅通工程”两年行动方案》要求，全年交通拥堵点综合治理任务由33处增加至96处，截至12月28日，完成96处交通拥堵点综合治理任务；根据《佛山市“断头路”连通两年攻坚行动计划（2021—2022年）》要求，年内完成打通35条“断头路”的目标任务。地铁公交“一码通行”方面，截至12月28日，在地铁2号线开通时，同步实现公交地铁一码通乘。

提升食品药品安全保障水平　全年全市开展食品抽样检验5.14万批次，其中，完成全市民生实事食品抽检任务进度的125.9%，不合格发现率2.35%，不合格食品核查处置率100%。全市企业全年计划生产国家基本药物品种81个，累计在产国家基本药物品种82个，完成抽样检验82批次，100%合格，完成全年抽样进度101.2%。

提升门诊特定病种待遇水平及购药便利性　佛山市于1月1日起实施《佛山市基本医疗保险门诊特定病种管理办法（暂行）》，将门诊特定病种由42种扩增至62种，政策范围内费用报销比例不低于75%，最高可达95%，惠及全市参保患者超60万人，减轻参保人员门诊医疗费用负担。从3月1日起，单纯享受高血压病、糖尿病门特待遇的参保人选择1家卫生健康行政部门认定的承担家庭医生签约服务的医疗机构进行家庭医生签约服务，其在签约服务医疗机构发生的纳入基本医疗保险统筹支付范围的门特病种医疗费用，报销比例95%，较不签约家庭医生的患者在报销比例上提高10%～20%。公开遴选第二批门诊特定病种国家医保谈判药品外购零售药店，将门诊特定病种国家医保谈判药品外购药店从2家增加到12家，实现5个区全覆盖。调整2021年佛山市门诊特定病种国家医保谈判药品外购清单及适应病种，及时完善外购药工作流程。全年外购药店结算2.3万人次，基金支付金额超1.18亿元，解决“国谈药”（国家医保谈判药品）难落地、参保群众无药可用的痛点和堵点。

推动养老机构服务质量明显提升　8月26日，广东省民政厅发布2020年度广东省星级养老机构名单，佛山市27个机构获评星级。至年底，全市有星级养老机构44个，占全市养老机构的比率居全省首位。市民政局发布《养老机构管理规范》等32项养老服务标准化指导文件，并于8月1日起实施；印发《佛山市民政服务机构安全防范体系》《佛山市养老机构安全管理手册范本（试行）》，对全市养老机构实施4轮全覆盖巡查检查。

免费实施出生缺陷筛查项目　制定《佛山市出生缺陷综合防控项目管理方案（2021—2023年）》。全年举办出生缺陷防控项目培训班2期，建立出生缺陷信息系统收集出生缺陷免费筛查项目完成情况。至年底，全市免费出生缺陷筛查总体平均完成率120.26%，其中为5.9万名孕产妇提供免费产前筛查服务，完成率117.6%；为7.8万名新生儿提供免费新生儿疾病筛查服务，完成率124.1%。

推进民生服务“掌上即办”　全面接入“佛山通”手机应用程序（App）等移动服务平台，根据服务事项特点提供不同深度的“掌上服务”。至年底，上线服务包括老年人优待证申领、发放高龄老人补（津）贴、发放残疾人生活津贴等“秒批秒办”高频服务事项超200个。

推进城镇老旧小区改造　启动129个老旧小区改造，涉及改造户数3.77万户，改造楼栋数2388栋，建筑面积346.42万平方米，实现100%进场施工，完成年度目标任务。

（冯嘉欣）

【政务信息】2021年，佛山市人民政府办公室向省政府办公厅报送《佛山政务信息》300篇，总分排名全省第四。其中，229篇被省政府办公厅采用；65篇被国务院办公厅采用，包括《佛山市关于2021年一季度工业经济运行情况和上半年形势分析》《佛山市关于劳动密集型企业发展面临的新情况新问题》《佛山市双创主体融通发展取得积极成效　但仍存三方面突出困难需着力解决》等；5篇获省领导批示，包括《佛山市深入推进城市更新取得积极成效　但仍面临两方面问题需关注》《佛山市切实保障养殖场（户）信贷供给　但仍面临四方面困难需国家统筹解决》《佛山市关于外资企业对2021年优化营商环境的期盼》等；28篇获得国务院领导批示，包括《佛山市关于先进制造业企业对“增值税增量留抵退税”的期盼建议》《佛山市共性技术研发平台工作进展情况及困难建议》《佛山市农民工群体就业总体情况良好　但面临三个新矛盾需进一步解决》等；16篇被省政府办公厅刊登在《广东政务信息》（动态交流），包括《佛山市知识产权快速协同保护工作考核全国第一》《佛山市顺德区力推“金凤凰计划”打造万亿市值“顺德板块”》《佛山市试点开展企业创新积分制评定》等。

【政府信息公开】2021年，佛山市人民政府办公室收到政府信息公开申请123件，完成答复123件（含上年度结转办件5件），结转下年度办理5件。刊登《佛山市人民政府公报》24期，新公开规范性文件123份，公开全市规章18份。通过市政府门户网站发布政策解读材料170份；办理市人大建议169件、市政协提案194件，办复率100%；办理网民给省长留言139条，答复率100%；开展2021年度“对话民生”在线访谈节目9期，坚持问政于民、问需于民、问计于民，提高政务公开社会效益。定期更新主动公开基本目录，督促市级政府部门编制发布主动公开基本目录，指导各区把主动公开基本目录情况纳入2021年度绩效考核，提高政务公开工作的质量和实效。建立健全政务新媒体清单管理机制，全市政务新媒体账号数量压减至199个，实现从数量向优质高效转变。省政府办公厅通报2020年度全省政务公开和政府网站与政务新媒体工作第三方评估结果，佛山市均获评“优秀”。佛山市政府网实现连续11年获全国地市政府网站绩效评估第一名。人民网授予佛山市人民政府办公室“2021年度人民网网上群众工作民心汇聚单位”称号。

（曾文裔）

【政务督查】2021年，佛山市政府督查室围绕市《政府工作报告》、市“十大民生实事”等重要决策部署及市政府主要领导重要指示、批示，做好工作任务梳理分解及推动落实落细等工作，梳理、密切关注重点工作任务，强化分析研判和督促整改。其中，创新制定《市政府主要领导近期强调事项落实情况表》与《市政府主要领导近期批示落实情况表》，动态收集各区、各部门工作推进情况，定期呈送市政府领导参阅。根据市政府主要领导重点关注工作以及“民生直通车”平台群众反映强烈、影响较大且性质恶劣的问题进行深入研判分析，对完成社会消费品零售总额目标、全市事权下放、落实制造业企业代表相关诉求、自行车及电动自行车专用道建设提升、跨境电商、违规设置限高限宽设施拆除等事项开展专项督查，并相应撰写督查报告呈送市政府领导参阅，全年开展专项督查事项15个，形成督查报告18份。跟进国务院、广东省“互联网+督查”平台问题线索，及时转各区人民政府或市有关部门核查办理，按时反馈处理情况，确保各项重要决策部署落地见效，推动解决群众的烦心事揪心事。

（冯嘉欣）

重要会议

【概况】2021年，佛山市召开市政府全体会议1次、市政府常务会议26次、市政府廉政工作会议1次、全市经济形势研判会议3次。

【市政府全体会议】 2021年，佛山市政府召开全体会议1次，于2月23日召开。会议主要研究以下工作：学习贯彻习近平新时代中国特色社会主义思想、习近平总书记出席深圳经济特区建立40周年庆祝大会和视察广东重要讲话重要指示精神，贯彻中共十九届五中全会和中央经济工作会议精神，落实中共广东省委十二届十三次全会和2021年省两会精神，落实中共佛山市委和2021年市两会工作部署，讨论2021年市《政府工作报告》重点任务指标责任清单，总结2020年工作情况，部署2021年工作。

【市政府常务会议】 2021年，佛山市政府召开常务会议26次。

十五届市政府第82次常务会议于1月13日召开，学习贯彻习近平总书记在中央农村工作会议上的重要讲话精神；审议《佛山市国民经济和社会发展第十四个五年规划和二〇三五年远景目标纲要（草案）（送审稿）》、2021年市《政府工作报告（送审稿）》、《关于佛山市2020年经济社会发展主要指标完成情况与2021年预期目标的建议》、《佛山市2020年国民经济和社会发展计划执行情况与2021年计划草案的报告（送审稿）》、佛山市2021年省市重点建设项目申报计划等。

十五届市政府第83次常务会议于2月10日召开，学习贯彻习近平总书记重要文章《全面加强知识产权保护工作激发创新活力推动构建新发展格局》精神；传达贯彻2020年全省节能主管部门能耗双控工作会议精神；审议《佛山市消防风险评估报告》《关于进一步促进重大产业项目招商引资工作的若干意见》《佛山市推进新型基础设施建设行动方案（2020—2022年）》《佛山市科技创新团队资助办法（2021年修订）》《佛山市公共图书馆管理办法（草案）》《我市2021年污染防治攻坚情况的报告》《佛山市重点路段及出入口环境整治检查实施方案》等。

十五届市政府第84次常务会议于3月1日召开，学习贯彻习近平总书记在全国脱贫攻坚总结表彰大会上的重要讲话精神；传达贯彻2021年全国自然资源工作会议及2021年全省自然资源工作会议精神；传达全省统计工作会议精神；审议《佛山市校车安全管理实施办法（2021年修订）》《佛山市“证照联办、一照通行”改革实施方案》等。

十五届市政府第85次常务会议于3月22日召开，学习贯彻习近平总书记重要文章《坚定不移走中国特色社会主义法治道路，为全面建设社会主义现代化国家提供有力法治保障》精神；传达贯彻《政府督查工作条例》《排污许可管理条例》及全国、全省森林防灭火工作电视电话会议精神。

十五届市政府第86次常务会议于4月16日召开，学习贯彻习近平总书记重要文章《努力成为世界主要科学中心和创新高地》精神；传达贯彻全国防汛防旱工作电视电话会议和全省防汛防旱防风工作电视电话会议精神；研究部署市政府经济工作重点任务；研究进一步加强政府系统自身建设和政府工作；审议关于向禅城、高明及三水区下放有关村改政策措施及审批事权事项、《佛山市加快推进城市天然气事业高质量发展实施工作方案》等。

十五届市政府第87次常务会议于5月7日召开，学习贯彻习近平总书记在“领导人气候峰会”上的重要讲话精神；传达学习《广东省消防工作若干规定》精神；审议《佛山市制造业数字化转型升级行动方案（2021—2023年）》《佛山市自行车及电动自行车专用道建设提升实施方案》；开展自然资源管理政策宣讲等。

十五届市政府第88次常务会议于6月2日召开，学习贯彻习近平总书记关于安全生产重要指示批示精神，听取关于全市安全生产责任制考核结果的汇报；传达学习全国禁毒工作电视电话会议精神；审议《佛山市出生缺陷综合防控项目（2021—2023年）管理实施方案》《佛山市级2021年财政预算调整报告》等。

十五届市政府第89次常务会议于6月8日召开，学习贯彻习近平总书记在全球健康峰会上的重要讲话精神；研究落实6月6日市委十二届第218次常委会会议精神；审议《落实〈粤港澳大湾区（广东部分）气象发展三年行动计划（2021—2023年）〉佛山主要任务的实施方案》等。

十五届市政府第90次常务会议于6月21日召开，听取关于全市新冠肺炎疫情防控工作情况、全市中考筹备和疫情防控工作情况的汇报；审议《佛山市促进第三产业加快发展工作方案》《佛山市农贸市场升级改造和星级评定奖励办法》《2021年上半年全市未成年人思想道德建设工作情况》等。

十五届市政府第91次常务会议于7月2日召开，学习贯彻习近平总书记在庆祝中国共产党成立100周年大会上的重要讲话精神；审议《佛山市“三线一单”生态环境分区管控方案》等。

十五届市政府第92次常务会议于7月14日召开，学习贯彻习近平总书记对职业教育工作作出的重要指示精神；传达学习现代都市农业工作座谈会精神；审议《佛山市参加重大体育比赛奖励办法》等。

十五届市政府第93次常务会议于8月10日召开，学习贯彻习近平总书记对防汛救灾工作作出的重要指示精神；听取关于郑州“7·20”特大暴雨事件对全市气象灾害防御工作启示的汇报；传达学习全国城市地铁安全防范专题视频会议精神；传达学习《广东省党政部门及中央驻粤有关单位安全生产工作职责》精神；审议关于落实市委“一号改革工程”部署向各区下放2021年第二批权责清单事项等。

十五届市政府第94次常务会议于8月20日召开，学习贯彻习近平总书记在中央财经委员会第十次会议上的重要讲话精神；传达学习新修订的《中华人民共和国行政处罚法》精神；审议《佛山市2021—2022年支持汽车销售企业扩大销售规模及促进新能源汽车消费工作方案》《佛山市公路和城市道路桥梁桥下空间管理利用办法》等。

十五届市政府第95次常务会议于8月26日召开，学习贯彻习近平总书记在西藏考察时的重要讲话精神；审议《佛山市深入打好污染防治攻坚战三年行动方案（2021—2023年）》《佛山市红火蚁防控工作情况报告》等。

十五届市政府第96次常务会议于9月

9日召开，学习贯彻习近平总书记关于生态文明建设的重要论述精神，传达学习省委书记李希关于中央生态环境保护督察工作的批示精神；审议《佛山市“数字贷”工程风险补偿资金实施细则》等。

十五届市政府第97次常务会议于9月15日召开，学习贯彻习近平总书记对深入推进农村厕所革命作出的重要指示精神；传达学习省委书记李希在佛山调研时的指示精神以及市委常委会会议精神；学习贯彻全国、全省中秋国庆假期安全防范工作会议精神以及省政府常务会议关于三防和安全生产工作部署精神；学习贯彻国务院办公厅《关于加强铁路沿线安全环境治理工作的意见》精神；听取关于佛山市村级工业园升级改造工作情况、佛山市2021年上半年能耗双控完成情况、佛山市牵头申报燃料电池汽车示范应用广东城市群进展情况、全市生活垃圾分类工作推进情况的汇报。

十五届市政府第98次常务会议于10月10日召开，学习贯彻习近平总书记致中国质量（杭州）大会贺信精神；听取关于迎接2021年度省级政府和重点城市一体化政务服务能力评估工作事项的汇报；审议《佛山市发电企业财政补贴方案》《佛山市重污染天气应急预案（修编）》等。

十五届市政府第99次常务会议于10月21日召开，学习贯彻习近平总书记在陕西榆林考察时的重要讲话精神；审议《佛山市关于加快打造一流营商环境的行动方案（2021—2022年）》等。

十五届市政府第100次常务会议于11月5日召开，学习贯彻习近平总书记在2021年中国国际服务贸易交易会全球服务贸易峰会上的致辞精神、致第一百三十届中国进出口商品交易会的贺信精神，李克强总理在第一百三十届中国进出口商品交易会暨珠江国际贸易论坛开幕式上的讲话精神、在广东考察时的指示精神；审议《“数字佛山”建设总体规划——佛山市智慧城市和数字政府建设（2021—2025年）》、关于提高计划生育家庭特别扶助标准事项、关于续签广东省基础与应用基础研究基金佛山市联合基金新一轮合作协议事项等。

十五届市政府第101次常务会议于11月10日召开，学习贯彻习近平法治思想，传达“一规划两纲要”及中央依法治国委有关文件精神；传达学习《关于在城乡建设中加强历史文化保护传承的意见》等文件精神；审议《佛山市水利发展“十四五”规划》《佛山市农业农村发展“十四五”规划》《关于我市2021年1—9月污染防治攻坚情况的报告》《佛山市城市轨道交通保护管理办法》等。

十五届市政府第102次常务会议于11月18日召开，学习贯彻习近平总书记在深入推动黄河流域生态保护和高质量发展座谈会上的重要讲话精神；传达学习全国及全省根治欠薪冬季专项行动动员部署电视电话会议精神；审议《佛山市金融业发展“十四五”规划》等。

十五届市政府第103次常务会议于12月1日召开，学习贯彻习近平总书记对老龄工作作出的重要指示精神，传达学习全国老龄工作会议精神；传达学习《粤港澳大湾区（广东）消防救援规划（2021—2035）》等文件精神；审议关于进一步提高全市城乡义务教育公办学校生均公用经费补助标准事项、《佛山市消防“十四五”规划》、《佛山市应急管理“十四五”规划》、《佛山市文化广电旅游体育发展“十四五”规划》、《佛山市生活垃圾分类管理办法》等。

十五届市政府第104次常务会议于12月15日召开，学习贯彻习近平总书记在中央政治局第二十五次集体学习时的重要讲话精神，传达学习《知识产权强国建设纲要（2021—2035年）》《“十四五”国家知识产权保护和运用规划》精神；传达学习中央第四生态环境保护督察组督察广东省情况反馈会精神，听取关于《佛山市第二轮中央生态环境保护督察整改方案》的汇报；传达学习《中华人民共和国市场主体登记管理条例》、国务院和广东省加强药品监管能力建设有关文件精神等。

十五届市政府第105次常务会议于12月17日召开，审议《政府工作报告（送审稿）》《佛山市2021年经济社会发展主要指标预计完成情况与2022年预期目标的建议》《佛山市2021年国民经济和社会发展计划执行情况与2022年计划草案的报告（送审稿）》等。

十五届市政府第106次常务会议于12月23日召开，传达学习中央、省关于做好2022年元旦春节期间有关工作要求，听取关于全市做好2022年元旦春节期间有关重点工作的任务清单和责任分工方案的汇报；传达学习新修改的《中华人民共和国安全生产法》精神；审议《佛山市实施“粤菜师傅”“广东技工”“南粤家政”三项工程工作情况的报告》《关于佛山市国考断面水质达标情况的报告》《佛山高新技术产业开发区“十四五”发展规划》《佛山市卫生健康事业发展“十四五”规划》《佛山市生活垃圾处理“十四五”规划》等。

十五届市政府第107次常务会议于12月28日召开，审议《关于2021年全市行政复议和应诉工作情况的报告》《佛山市教育发展“十四五”规划》《佛山市生态环境保护“十四五”规划》等。

（陈　晨）

重要政策与措施

【概况】 2021年，佛山市统筹新冠肺炎疫情防控和经济社会发展，统筹发展和安全，坚持稳中求进工作总基调，全面贯彻新发展理念，加快融入新发展格局，推动经济社会平稳健康发展，出台重要政策和措施30多项。其中：经济发展方面，分别以市政府或市政府办公室名义印发《佛山市人民政府关于进一步促进重大产业项目招商引资工作的若干意见》等4个重要政策与措施文件；城乡建设方面，分别以市政府或市政府办公室名义印发《佛山市海绵城市规划建设管理办法的通知》等7个重要政策与措施文件；社会事业方面，分别以市政府或市政府办公室名义印发《佛山市公共图书馆管理办法》等10个重要政策与措施文件；综合管理方面，分别以市政府或市政府办公室名义印发《佛山市政府质量奖评审管理办法》等15个重要政策与措施文件。

【经济发展重要政策与措施】 2021年，佛山市为加快构建更具竞争力的现代产业体系，统筹协调各方力量，加大要素资源投入，进一步促进重大产业项目招商引资工作，佛山市人民政府于3月3日印发《佛山市人民政府关于进一步促进重大产业项目招商引资工作的若干意见》，提出构建工作机制新格局，提升市级统筹、夯实区级主责、加强部门协同、强化市区联动；优化提升产业载体，建立集中成片产业用地储备制度，建设提升一批区属产业园区，探索市区联合开发建设产业园区；加强资源要素支撑，统筹安排专项用地指标、加大财政资金投入、发挥政策性基金杠杆作用、完善招商引资配套政策；实施精准招商策略，实施重点产业链精准招商，紧盯产业聚集区域精准招商，调动社会力量精准招商；强化组织工作保障，成立市重大产业项目招商引资工作领导小组，完善招商引资市级统筹项目快速决策体系，完善市重大产业项目招商引资工作考评办法，落实容错纠错机制。为明确“十四五”时期佛山经济社会发展的指导思想、基本原则、发展目标、重大任务和保障措施，并对2035年远景目标进行展望，佛山市人民政府于4月6日印发《佛山市国民经济和社会发展第十四个五年规划和2035年远景目标纲要的通知》，是政府履行经济调节、市场监管、社会管理、公共服务、生态环境保护等职能的重要依据，是2021—2025年期间佛山市经济社会发展的宏伟蓝图和全市人民共同的行动纲领。为推进城市天然气事业高质量发展，佛山市人民政府于6月11日印发《佛山市加快推进城市天然气事业高质量发展实施方案》，明确到2025年，全市城市居民天然气普及率在70%以上，城市建成区供气管网基本实现全覆盖等目标，佛山将完善城市天然气管理规章政策体系，科学谋划高压管网、储气调峰、城市燃气及燃气综合服务业务的发展布局，加快LNG（液化天然气）接收及储气调峰设施建设，推进气源采购方式多元化，加快城市供气管网建设，推进天然气主干管网“一张网”和老旧管网更新改造，加强城市天然气安全管理，扩大消费规模等。为加快全市制造业数字化、网络化、智能化转型升级，推动全市制造业高质量发展，佛山市人民政府于7月27日印发《佛山市推进制造业数字化智能化转型发展若干措施的通知》，从制造业企业、金融财政支持、产业集群、数字化智能化转型服务商及公共服务等5个方面，制定25项重点工作及其扶持方向、扶持对象和扶持标准，明确市、区两级财政扶持资金出资比例、政策条款实施主体、专项资金使用要求、政策有效期等。

【城乡建设重要政策与措施】 2021年，佛山市为加快推进海绵城市建设，佛山市人民政府办公室于6月4日印发《佛山市海绵城市规划建设管理办法的通知》，主要在规划编制、方案审批、工程建设、设施运营及其他等5个方面进行管理规定，进一步加强对海绵城市建设的管控。为优化城市功能布局，佛山市人民政府办公室于6月15日印发《佛山市轨道交通场站及周边土地综合开发实施办法（试行）》，结合佛山实际情况，明确轨道交通场站综合开发从规划编制与审查、规划编制要求、土地收储复合利用与供应等各方面工作，提高佛山市轨道交通场站周边土地综合开发收益，建立土地综合开发收益反哺轨道交通建设发展机制，促进土地资源的集约利用，实现佛山市轨道交通可持续发展。为落实全市“三线一单”（生态保护红线、环境质量底线、资源利用上线和生态环境准入清单）生态环境分区管控体系，佛山市人民政府于7月7日印发《佛山市“三线一单”生态环境分区管控方案》，全市划定环境管控单元96个，从区域布局管控、能源资源利用、污染物排放管控和环境风险防控等4个维度，深度融合生态环境差异化准入要求，建立“1+3+96+N”（“1”为全市所有管控单元的生态环境准入共性清单，“3”为优先保护单元、重点管控单元、一般管控单元的准入清单，“96”为全市96个环境管控单元的差异性准入清单，“N”为对应生态、水、大气、土壤等生态环境要素及自然资源管控分区的具体管控要求清单）的生态环境准入清单体系。为管好、护好农村公路，加快完善农村公路管理养护体制和长效机制，佛山市人民政府办公室于7月15日印发《佛山市深化农村公路管理养护体制改革实施方案》，提出到2022年，农村公路“路长制”高效运行，农村公路治理能力明显提高，治理体系初步形成；到2025年，农村公路管理养护工作取得成效，管理养护体制运行顺畅，农村公路更加畅通、安全、舒适、美丽，与乡村旅游、生态农业、乡村文化、特色小镇等新兴业态融合发展，现代化管理手段和治理能力得到提升，资金得到有效保障，适应农业农村现代化要求；到2035年，全面建成体系完备、运转高效的农村公路管理养护体制机制，全面实现城乡公路交通基本公共服务均等化，全面实现农村公路治理体系和治理能力现代化。为提高城市管理水平，推进公路和城市道路桥梁桥下空间的安全管理和有效利用，佛山市人民政府办公室于9月1日印发《佛山市公路和城市道路桥梁桥下空间管理利用办法》，修订统一桥下空间管理模式，明确桥下空间属地管理责任，明确桥下空间利用的程序、材料及报备主体等。为加强城市轨道交通保护管理，佛山市人民政府办公室于12月3日印发《佛山市城市轨道交通保护管理办法》，指出城市轨道交通保护区分为城市轨道交通控制保护区和城市轨道交通特别保护区，作业单位在城市轨道交通保护区内进行作业活动的，应当制定城市轨道交通保护方案，有关行政管理部门对其依法办理施工行政许可手续。为指导2021—2025年佛山市水利建设管理，佛山市人民政府办公室于12月30日印发《佛山市水利发展“十四五”规划》，以建设幸福河湖为重要目标，坚持水安全风险防控底线、水资源承载力刚性约束上限、水生态保护控制红线，统筹“水资源、水安全、水环境、水生态、水文化、水经济”，提出“十四五”时期水利发展的总体思路、目标指标、重点补短板项目、重要强监管任务和改革举措。

【社会事业重要政策与措施】 2021年，佛山市为推进全市公共图书馆事业高质量发展，佛山市人民政府于3月16日印发《佛山市公共图书馆管理办法》，将公共图书馆事业纳入本级国民经济和社会发展规划，将公共图书馆设施建设纳入国土空间规划，按照公益性、基本性、均等性、便利性的要求，加强公共图书馆设施建设，鼓励公民、法人和其他组织自筹资金设立公共图书馆，鼓励公民、法人和其他组织依法设立公共图书馆发展社会基金，或者向公共图书馆发展社会基金进行捐赠，确定每年8月为佛山全民阅读月。为加强燃气管理，促进全市燃气事业发展，佛山市人民政府于6月8日印发《佛山市燃气管理办法》，将燃气工作纳入国民经济和社会发展规划，建立健全燃气管理工作协调和燃气事故应急处理机制，明确燃气安全的宣传教育，推动优化燃气工程项目审批，配套管道燃气设施实行“三同时”（同时设计、同时施工、同时验收），制定燃气设施保护和控制范围，制定燃气设施保护方案的协商模式，加强物业服务企业对燃气设施安全的服务，明确鼓励燃气用户使用提高燃气安全性的产品和投保燃气事故责任保险，加强燃气安全信息共享。为支持和引导全市农贸市场升级改造工作，规范奖励资金使用管理，佛山市人民政府办公室于7月23日印发《佛山市农贸市场升级改造和星级评定奖励办法》，对全市农贸市场硬件设施、管理制度、监管服务体系的升级改造进行部署，并制定农贸市场升级改造星级评定标准及奖励办法。为构建德智体美劳全面培养的教育体系，发挥劳动教育的综合育人作用，佛山市人民政府办公室于12月3日印发《关于全面加强新时代大中小学劳动教育的实施意见》，把劳动教育纳入人才培养全过程，构建以学校为主导、家庭为基础、社会全方位支持的贯通一体、开放协同的劳动教育工作格局，建设适应教育现代化要求的劳动教育体系。为打造一流营商环境，构建佛山“益晒你”企业服务体系（“益晒你”为粤方言，意为所有好处都给你），佛山市人民政府于12月16日印发《构建“佛山益晒你”企业服务体系打造一流营商环境的行动方案》（2022年度版），提出深化商事制度“1时代”改革、深化工程项目高效审批改革、深化办税服务“零上门”改革、深化跨境贸易便利化改革、深化金融服务普惠性改革、深化行政审批“标准化”改革、深化政府采购“阳光化”改革、深化行政监管精准化改革、深化法治化环境机制改革等9个方面主体措施，以及总体要求和保障措施，提出统筹综合监管，探索非实地远程监管，提高核查效率效能，加强“佛山制造”品牌宣传，强化“佛山制造”品牌建设、保护和推介，持续扩大“佛山标准”产品覆盖范围，并实行“一年一评估”“一年一修订”“一年一发布”。为推进绿色发展及可持续发展，加强生活垃圾分类管理，佛山市人民政府于12月24日印发《佛山市生活垃圾分类管理办法》，明晰生活垃圾分类责任，对源头减量与资源化利用、分类投放、分类收集、运输与处理、规划和建设、社会参与、监督管理、法律责任进行规范，建立以分类投放、分类收集、分类运输、分类处理为核心的全过程生活垃圾治理体系，形成一套分类方法恰当、责任划分清晰、操作便捷、具有刚性约束力的垃圾分类管理体系。此外，市政府还于3月印发《佛山市校车安全管理实施办法》，加强全市校车安全管理；市府办于8月印发《佛山市见义勇为人员奖励和保障办》，弘扬社会正气，鼓励公民见义勇为并保障见义勇为人员合法权益。年内，还印发《佛山市人民政府关于修改〈佛山市供用电安全管理办法〉等3部规章的决定》和《佛山市人民政府关于修改〈佛山市城市市容和环境卫生管理规定〉等两部规章的决定》等。

【综合管理重要政策与措施】 2021年，佛山市为引导、激励全市各行各业加强管理创新，建设质量强市，增强城市竞争力，佛山市人民政府办公室于1月29日印发《佛山市政府质量奖评审管理办法》，明确佛山市政府质量奖是佛山市人民政府设立的最高质量荣誉奖，每届获奖企业或组织数量不超过10家，设立市政府质量奖评审委员会，建立市政府质量奖评审专家库，明确申报条件、评审标准和评审程序，获市政府质量奖的企业或组织由市人民政府表彰奖励，颁发奖牌和证书，给予每家获奖企业或组织一次性奖励100万元。为打造“2+2+4”先进制造业集群（第一个“2”是指装备制造等2个超万亿元产业集群，第二个“2”是指汽车及新能源等2个超5000亿元产业集群，“4”是指智能制造装备及机器人等4个超3000亿元产业集群）和建设现代化经济体系提供人才支撑，佛山市人民政府办公室于3月15日印发《佛山市科技创新团队资助办法（2021年修订）》，通过强化监督、提升服务、增加配套支持、优化工作时间等手段，进一步筛选和引导优秀科技创新团队来佛创新创业，对项目资助方式、调整项目实施时间、多元化立项及管理等措施进行优化，人才团队最高资助额度达2000万元。为做好随军家属就业安置工作，佛山市人民政府办公室于3月18日印发《佛山市军人随军家属就业安置实施办法》，明确安置对象、安置时间、安置办法，对随军家属安置工作提出新要求新标准。为建立健全佛山市重污染天气应急响应机制，佛山市人民政府办公室于10月21日印发《佛山市重污染天气应急预案》，建立健全佛山市重污染天气应急响应机制，提高重污染天气预警防范及应对能力，最大限度控制和减缓大范围、长时间大气重污染造成的危害，保障人民群众身体健康。为规范佛山市人民政府规章制定工作，佛山市人民政府于12月24日印发《佛山市人民政府规章制定程序规定》，明确规章制定应坚持党的领导，贯彻落实党的路线方针和决策部署，制定涉及重大体制和重大政策调整，或者对经济社会产生重大影响的规章，应按照有关规定，及时报告中共佛山市委；鼓励社会公众提出立项建议，参与公开征求意见、听证、咨询论证、评估等规章制定活动。为促进区域合作和佛山市产业转型升级，佛山市人民政府办公室于12月31日印发《佛山市产业转移资金管理办法》，厘清市、区有关部门以及佛山市驻产业转移地的办事机构、佛山市与转移地联合成立的办事机构的职责事项；明确资金的支持方式，资金的支持对象，资助金额的确定方法以及不重复支持的原则；明确企业申报产业转移资金支持的基本条件、需提供的资料以及提出的主体；明确申报产业转移资金的程序以及不重复申报原则；明确评审、公示和资金支付的程序；明确市、区有关部门在产业转移资金绩效评价、使用管理、跟踪检查方面的有关工作内容和制度性要求；等等。此外，市府办还于1月印发《转发关于深化商事制度改革进一步为企业松绑减负激发企业活力的通知》，加快打造市场化、法治化、国际化营商环境，释放社会创业创新潜力、激发企业活力；市政府于8月印发《关于调整扩大高污染燃料禁燃区的通告》，落实碳达峰和碳中和的战略部署，推进城市绿色低碳发展；市政府于9月印发《关于划定禁止使用高排放非道路移动机械区域的通告》，强化非道路移动机械排气污染防治，改善大气环境质量。年内，还印发《关于乡镇街道综合行政执法的公告》《关于公布实施征收农用地区片综合地价的通告》《关于调整实施一批市级权责清单事项的决定》《关于废止部分政府规范性文件的决定》《关于开展文化市场综合行政执法工作的公告》《关于调整实施一批市级权责清单事项的决定》等。

（黎靖瑜）

人力资源管理

【概况】 2021年，佛山市人事考评管理办公室组织各类人事考试45项，设置考场127场次，参加考试25.76万人次。继续完善人才引进政策体系，发布《佛山市2021年制造业紧缺人才目录》和《佛山市紧缺人才目录（2021年）》。依托“优粤佛山卡”服务平台上线34项人才扶持政策，发放市级人才补贴约1.9亿元，覆盖各层次人才3274人。截至年底，佛山市有人力资源服务机构（含劳务派遣服务机构和人力资源服务许可机构）859个，从业人员7429人。年内，佛山市人力资源服务产业园主园区获评省级人力资源服务产业园。

【人力资源服务业发展】 2021年，佛山市有人力资源服务机构（含劳务派遣服务机构和人力资源服务许可机构）859个，从业人员7429人。人力资源服务业（含劳务派遣机构）全年营业总收入273.18亿元，企业纳税总额达7.81亿元。构建人力资源服务产业园“一园多区”新格局，佛山市人力资源服务产业园主园区获评省级人力资源服务产业园，南海分园、顺德分园有进驻企业、机构100家（个），包括线上平台招聘服务企业、人力资源培训机构、劳务派遣、外包服务、猎头机构、管理咨询、精益化生产、人才测评机构、职业生涯规划、信息软件开发等新业态、配套企业、高层次人才创业机构等。延伸人力资源服务园区服务功能，以广东佛山人力资源服务产业园为抓手，研发佛山市人力资源服务交付系统平台，发布人力资源供求、政策和政府购买服务项目等人力资源信息，提供“互联网+”信息共享服务。截至年底，佛山市人力资源服务交付系统有注册计划用工企业275家、注册人力资源服务机构51个。9—11月，举办佛山市首届金牌人力资源服务大赛，通过比赛提升全市人力资源服务质量和管理水平，选拔行业领军人才，提高从业人员专业化、职业化水平。

【人事考试】 2021年，佛山市人事考评管理办公室组织各类人事考试45项，设置考场127场次，参加考试25.76万人，比上年增长24.7%。其中：组织专业技术人员资格考试36项118场次，参加考试19.35万人，比上年增长21.2%；组织广东省考试录用公务员笔试1项，参加笔试考生4.31万人；组织广东省考试录用公务员面试1项，参加面试考生1893人；组织中央机关及其直属机构2021年度考试录用公务员笔试1项，参加笔试考生8846人；组织省事业单位集中公开招聘高校应届毕业生笔试1场，参加笔试考生4044人；组织市直事业单位公开招聘工作人员笔试1场，参加笔试考生3680人；组织市直机关事业单位公开招考雇用人员笔试2场，参加笔试考生2389人；组织2021年度营级以下军队转业干部考试笔试1场，参加笔试考生70人；组织2021年由政府安排工作退役士兵和退出消防员考试1场，参加笔试考生57人。2月，由中共佛山市委组织部和市人力资源社会保障局牵头，联合教育、公安、卫生健康、工业和信息化、交通运输、住房城乡建设、城管执法、供电等部门组建人事考试工作专班，制定《人事考试考务实施工作方案》和《人事考试疫情防控工作指引》，统筹协调佛山考区的各项考务及新冠肺炎疫情防控工作，年内没有出现考务及疫情防控事故。

【职称评审】 截至2021年底，佛山市有专业技术人才47.4万人，其中高级职

2021年，季华实验室获自然科学研究系列和机电工程专业高级职称自主评审权。图为10月19日季华实验室举行高级职称自主评审委员会揭牌仪式

（市人力资源社会保障局 供图）

称3.12万人、中级职称15.24万人、初级职称29.04万人，有市属职称评审委员会30个，在库评委专家2700余人。2021年，佛山市完善具有佛山特色的职称评价体系，在国家和省的职称系列专业类别和专业目录框架内，优化调整现有职称评审专业和评审机构设置，推动企业职称自主评审和新兴职业人才评价工作。季华实验室取得自然科学系列和机电专业正高级职称自主评审权限，广东腾越建筑工程有限公司取得中级职称自主评审权，广东腾越建筑工程有限公司是广东省首家取得职称自主评审权的建筑企业。组建季华实验室自然科学系列正高级职称评审委员会、佛山市机电工程专业高级职称评审委员会、佛山市中职教师高级职称评审委员会，以及生态环境、快递、家政、烹饪、生产应用等10个专业职称评审委员会。首次开展家政、烹饪、农业生产应用专业乡村工匠职称评审，评出乡村工匠职称134人。依托省职称管理系统，推行职称电子证书，逐步完善历史职称证书数据化，全年上传历史职称数据6823条。年内，佛山市专业技术人员继续教育网络平台上线运行，为专业技术人员提供免费专业、规范、便捷的继续教育资源。

【人才引进】 2021年，佛山市新增引进领军人才71人、博士777人、硕士3559人，新增高级职称专业技术人才2903人。截至2021年底，佛山市累计引进领军人才314人、博士2646人、硕士2.6万人，高级职称专业技术人才累计3.2万人，引进省创新创业团队28个；全市有博士后工作站64个，博士后工作站分站、基地73个，与全国206所院校建立人才交流合作关系。年内，佛山市开展“优越佛山·佛山有约”“云享·魅力佛山行”等引才活动，与武汉市8所教育部直属高校实现互访，季华实验室、碧桂园集团、佛山照明有限公司、广东博智林机器人有限公司等11家企业（平台）到武汉大学参加校园招聘活动。此外，全年组织市外校园招聘会28场次，提供就业岗位超1.6万个，达成就业意向约2000人次。继续完善人才引进政策体系，出台《佛山市柔性引才暂行办法》和《佛山市关于实施粤港澳大湾区个人所得税优惠政策财政补贴管理办法》；发布《佛山市2021年制造业紧缺人才目录》和《佛山市紧缺人才目录（2021年）》，收录10个行业436类紧缺岗位。落实各项人才政策，全年发放市级人才补贴1.9亿元。3月，佛山市人力资源和社会保障局联合佛山企事业单位在澳门大学举办“澳门大学-佛山市人才驿站”系列活动，参与活动的181人中近90%为硕士、博士在读生，初步达成工作意向81人。年内，佛山市博士和博士后创新创业孵化基地举办84场次政策宣讲、创业辅导等活动，78家生态战略合作伙伴签约，60个博士团队项目入驻基地。

【人才服务】 2021年，佛山市高层次人才服务专区开展包括“一区一品”“科普讲座”“博士论坛”“亲子花艺”“植树活动”“高才共读会”等各类活动15场次（其中线上活动7场次），接待各界到访交流座谈13场次，1.04万人次参与活动（含观看线上直播1.01万人次）。12月，佛山市国际人才一站式服务专区试运行，专区设立在市行政服务中心，整合人力资源社会保障、公安、科技、市场监管等职能部门业务，为国际人才提供外国人就业相关签证、外国人来华工作许可、人才政策申领、工商注册登记等41个服务事项的咨询和办理服务。

【人事档案管理服务】 2021年，佛山市有在人力资源和社会保障部门登记备案的人事档案管理服务机构9个，在库流动人员人事档案数量66万册，各机构面向社会提供档案接收转递，档案材料收集、鉴别和保管，档案查（借）阅，出具档案记载证明等公共服务。年内，推进省流动人员人事档案整理管理服务信息系统与市级经办业务全贯通，推动档案管理服务数字化“提档升级”。佛山市人力资源公共服务中心的毕业生接收报到、人才引进落户，依据档案记载出具相关证明、档案接收、档案转出等事项实现全程网上办理，对于确需到现场办理的档案材料的收集、鉴别和归档，档案借阅，档案查阅，毕业生改派等少数事项，采用线上预约、预审等方式，实现即来即办，最多只需跑一次。

【优粤佛山卡服务】 2021年，佛山市依托优粤佛山卡服务平台建设“一站式”人才综合服务平台，实现人才认定、人才补贴、人才服务全线上办理，为人才提供“政务+创业+医疗+住房+商旅+联谊”一体的市属人才专属服务22项、区级特色人才服务7项，服务人才26万人次，满意度96.2%。截至2021年底，

2021年4月10日，佛山市“一站式”人才综合服务平台暨佛山市人才政策宣传日系列活动在三龙湾高端创新集聚区举行。图为该平台启动仪式

（市人力资源社会保障局 供图）

优粤佛山卡服务平台有注册单位1.83万个，有优粤佛山卡人才11.24万人，其中A卡人才（尖端人才）132人、B卡人才（高级人才）4760人、C卡人才（中初级人才）7.63万人、T卡人才（特色人才）3.12万人。此外，平台上线34项人才扶持政策，全年发放市级人才补贴1.9亿元，覆盖各层次人才3274人；实现全国首创博士人才安家补贴“秒报秒批秒付”，为59名博士发放人才补贴，减少人才业务提交材料50%以上，缩短综合审核时间50%以上；帮助80多名高层次人才子女入学；为358名A卡、B卡人才提供免费健康体检服务；为792名人才提供人才专属消费贷款额度近2亿元。

【佛山市人力资源服务产业园获评省级园】 2021年1月，佛山市人力资源服务产业园被广东省人力资源和社会保障厅评定为省级人力资源服务产业园，名称定为“广东佛山人力资源服务产业园”。产业园位于禅城区季华西路绿岛湖都市产业区内，于2015年3月挂牌成立，以政府统筹建设、专业机构市场化运营的模式建设发展，是由市人力资源社会保障局、禅城区人力资源社会保障局共建的广东省首个市级人力资源服务产业园。园区集聚人才猎头、人才招聘、人力资源服务外包、劳务派遣、人才培训、人才测评、管理咨询、新兴人才服务等专业服务。

【《佛山市制造业紧缺人才目录（2021版）》发布】 2021年7月8日，佛山市发布《佛山市制造业紧缺人才目录（2021版）》，列举216个紧缺人才岗位的产业类别、岗位名称、紧缺度、专业要求、岗位职责、职称要求和技能资格。（详见“中国共产党佛山市委员会”类目“组织工作”分目“人才工作”次分目）

（曾凡滨）

政务服务

【概况】 2021年，佛山市继续推进简政放权，推进市向各区下放行政管理类事权79个，各区向镇（街道）下放综合行政执法类事权3632个。全面整理市、区、镇（街道）、村（社区）四级涉及51个行业部门政务服务事项8537个，准确、全面、清晰掌握全市事权管理权限，清理完善设定依据、事权下放、权限划分等内容，理顺各区各部门行政管理事权关系。修订形成标准规范84份，印发《佛山市政务服务标准体系（试行）》。建立综合服务窗口3641个，“一窗通办”率95%，网上可办率99%。“粤省事”佛山专版上线民生服务事项1039个，服务量累计2288万件；“粤商通”注册商事主体81万个，上线企业服务事项422个，服务量累计190万件；“佛山通”城市服务手机应用程序（App）推出政务服务“秒批秒办”事项227个。推进佛山市一体化在线政务服务平台应用，覆盖全市各级47个大厅以及787个村（社区）服务点，全年办件量2089万件。升级“12345”热线为“市长直通车”平台，全年服务总量531.85万件。深化工程建设项目审批制度改革，政府和社会投资项目立项到竣工验收的平均审批用时均不超20天。在全省率先推动部门集中类和分散类政府采购项目一网交易。深化“互联网+不动产登记”改革，不动产涉及的14类业务实现一般登记1天办结、抵押登记1小时办结。

【政务服务标准应用】 2021年，佛山市全面应用省政务服务事项标准，以广东省政务服务事项管理系统为数源基础，推进全市政务服务事项目录认领和实施清单编制，规范统一业务流程，形成事权编制、更新、公开、监督全链条管理，统一服务标准，累计反馈问题1.77万事项次，动态调整1.03万事项次，及时对外公布办事信息，保证政务服务事项运行的合法性、规范性和适用性。推进政务服务标准化国家试点项目建设，围绕服务事项、服务渠道、服务平台、服务运行、服务质量等，修订形成标准规范84份，印发《佛山市政务服务标准体系（试行）》，并在全市范围内选取政务服务大厅示范点试点实施，于年内的8月通过国家标准化管理委员会组织的中期验收。在标准化的引领与持续改进的基础上，佛山市市、区、镇（街道）各级政务服务提供单位在大厅建设、事项管理、服务质量、服务便利度、服务规范度、运行管理、监督检查、配套保障、服务评价和改进、服务创新等方面取得成效。年内，在首届广东省市县级政务服务标杆大厅评估中，佛山市行政

2021年，佛山市全方位提升政务服务供给能力，协调解决企业和群众在办理政务服务事项过程中遇到的“急难愁盼”问题。图为设置的“疑难事项”办理窗口

（市政务服务数据管理局　供图）

服务中心获评市级标杆培育大厅，禅城区行政服务中心和顺德区行政服务中心获评区县级标杆大厅。

【政务服务创新】 2021年，佛山市创新服务模式，全方位提升政务服务供给能力。统一预约服务，将各级对外服务大厅纳入全市统一平台配置管理预约服务，纳入预约服务事项1.08万个，对预约类型、服务事项、预约号源、预约时段等进行在线管理，相对统一预约规则和服务流程。推进“证照联办、一照通行”，在市、区、镇（街道）三级行政服务中心统一设立“企业综合服务窗口（证照联办窗口）”，将原来“注册登记”与“经营许可”综合服务窗口合并，接入涉及企业开办和经营许可的400多个事项提供综合服务，14个部门49个许可审批事项实行“一口受理，证照联办，一窗领证”。全市5个区开设“水电气电视”主题联办窗口111个，全市办理联办业务4.72万件。推动政务服务“秒批秒办”，利用大数据、人工智能等信息技术，以数据集中和共享互认为支撑，以“佛山通”城市服务手机应用程序（App）为统一服务申报入口，推出申领老年人优待证、高龄老人津贴、残疾人生活津贴等227个政务服务“秒批秒办”事项，实现服务事项智能化审批服务。印发《佛山市推进政务服务“跨省通办、省内通办”工作方案》，推进“跨省通办”，外地可办理佛山“跨省通办”专窗服务事项237个，佛山可办理南昌、贺州、海口等城市服务事项533个。在总结顺德区政务服务“门口办”试点经验的基础上，全面推广“门口办”政务服务模式，指导各级行政服务中心借助银行、邮政等第三方服务网点优势，促进政务服务渠道延伸，降低企业和群众办事的时间成本、人力成本，实现政务办事“门口办、多点办、一次办”，全市设“门口办”服务网点292个。在禅城区试点基础上，围绕“一个窗口、一套标准、一个平台、一套数据、一支队伍”，在各区行政服务大厅建设惠企服务专窗或专区，将各部门的事项纳入其中提供综合服务，全年接入佛山扶持通平台的扶持事项595个，累计发放各类

2021年2月7日，佛山市高明区行政服务中心投资建设综合服务窗口发出告知承诺制下全市第一张施工许可证。图为佛山市深达美特种铝合金有限公司增资扩产项目获该许可证
（市政务服务数据管理局　供图）

补贴资金超85亿元。在全市5个区统筹设置“疑难事项”办理窗口，建立健全全市联动服务体系和工作联动机制，协调解决企业和群众在办理政务服务过程中遇到的“急难愁盼”问题，累计受理业务219件，回复率100%。编写市、区、镇（街道）三级以及部门联动开展重点工程建设项目代办服务规程，全市5个区组建靠前服务专班6个181人，为佛山市第二人民医院新院区等重大重点项目累计提供靠前服务超16万次，部分事项审批提速30%，满意度100%。

【工程建设项目审批制度改革】 2021年，佛山市深化工程建设项目审批制度改革，全市上线建设项目9113个、办结项目7746个。政府投资项目办结1378个，立项到竣工验收的平均审批用时19.21天；社会投资项目办结4368个，立项到竣工验收的平均审批用时19.55天。印发《关于优化社会投资简易低风险工程建设项目审批服务的实施意见》等相关政策文件，推行减免审批环节、审批告知承诺制、信息共享提前服务、技术审查“零成本”、优化工程质量安全监管模式等改革措施，实现全市社会投资简易低风险工程建设项目全流程平均审批时限不超10个工作日。全面推行竣工验收“全面覆盖、全程网办”，将规划条件核实、消防验收、人防工程竣工验收备案、住宅信报箱验收、防雷装置竣工验收、光纤到户竣工验收等16个事项全面纳入联合验收，通过系统定制固化审批流程，推行强制联合验收措施，实现统一受理、并联审批、实时流转、跟踪督办、信息共享。全市联合验收办结项目863个，平均审批用时11.45天，在年内的6月15日上线新版联合验收系统功能后，办结项目263个，平均审批用时7.95天。开展工程建设项目门牌号码审批机制改革，通过部门间共享特定申报材料、公安机关提前介入预编门牌号码的方式，实现工程建设项目门牌号码即申请、即受理、即审批、即发放，社会投资简易低风险工程建设项目“免申请、免材料”，全市有1292个项目实现预编门牌号码。推行低压电力和供水供气外线接入工程告知承诺免审批，实现当日申报次日施工；推行分阶段办理施工许可证，最多可自主选择按“基坑支护土方开挖和桩基础工程”“地下室”“±0.000以上”“装饰装修工程”等4个阶段分别申请办理施工许可证，提高项目申报的灵活度和实效性；推行规划许可和施工许可并联办理；推行施工许可阶段告知承诺制，实现施工许可阶段4个事项即来即办，加快项目落地。创新工业用地供地方式，推行“标准

地”供应，政府部门明确用地控制指标并纳入土地出让方案，同步推进区域评估；推行“带项目方案”出让用地和告知承诺制，加快推进工业项目“拿地即开工”。全市完成74宗466.67公顷“标准地”转让，区域评估地块数16块，总面积4593.97公顷，共有88个项目应用区域评估成果，36个工业项目实现“拿地即开工”，最快项目拍地后当日取得施工许可证。

【公共资源交易改革】 2021年，佛山市印发房屋建筑和市政基础设施施工、监理、勘察设计、设备材料采购招标文件范本，以及交通、水利招标文件范本，并根据范本的设置，对公共资源交易系统进行升级改造，实现房建、市政、交通、水利工程全行业全流程电子化交易。在全省率先推动部门集中类和分散类政府采购项目一网交易，上线云开标大厅系统，实现政府采购业务全流程电子化“一网通办”。推进见证场所智能化标准建设，统一远程异地评标标准化配置，解决专家资源分布不均衡问题，构建市内乃至省内远程异地评标常态化机制。设立全市集中隔夜评标示范点，制定工作指引，解决大型、复杂项目连续、连夜评标问题，保障和提高评标评审质量。推行电子保函，全面减免面向中小微企业的政府采购项目保证金收取。出台公共资源交易信用管理办法和政府采购绩效评价管理规定，实行“双随机、一公开”（在监管过程中随机抽取检查对象，随机选派执法检查人员，抽查情况及查处结果及时向社会公开）监督检查机制，健全公共资源交易监管体系。在全国率先上线绿色建材电子商城，政府采购支持绿色建材促进建筑品质提升试点工作获中国政府采购绿色采购先锋奖。全年全市完成各类公共资源交易项目8.21万个，中标金额1873.83亿元，为财政增收资金133.49亿元，节约46.93亿元；交易服务满意度在97.9%以上，“优企E选”平台入选中国产业区块链十大优秀案例。

【“互联网+不动产登记”改革】 2021年，佛山市全面推进“互联网+不动产登记”平台和“一窗通办”“全程网办”模式全市应用，推进“互联网+不动产”系统全面上线应用和购房交易合同电子签名全面应用，全面建设不动产综合窗口和企业不动产专窗，推进不动产登记跨区通办，全面推行“不动产登记+民生服务”联办，探索推行不动产登记交付即交证改革，实现交房即交证。不动产涉及的14类业务实现一般登记1天办结、抵押登记1小时办结。

【佛山市政府网融媒体创新中心启用】 2021年1月29日，佛山市政府网融媒体创新中心在佛山市政府大院启用。该中心位于佛山市政府大院3号楼7楼，占地约200平方米，是佛山市政务服务数据管理局和佛山传媒集团联手，运用信息化手段推进政务公开、党务公开，加快推进电子政务，构建全流程一体化在线服务平台，更好解决企业和群众反映强烈的办事难、办事慢、办事繁等问题的重要举措，也是促进政民互动作出积极的示范。该中心配有55英寸显示大屏、4K广播级摄像机、专业直播灯光、调音台和音箱等音视频设备，已制作《对话民生》《权威访谈》等在线访谈品牌栏目，成为政府与市民沟通的重要渠道。

【“市长直通车”平台上线】 2021年5月6日，佛山市升级“12345”热线为“市长直通车”平台，各区同步启动“区长直通车”平台。平台完成热线归并，横向整合各职能部门104个政务咨询电话，纵向对接32个在佛山落地的特服号码，实现群众企业诉求“12345”“一号受理”。平台拓宽受理渠道，整合电话、微信公众号、官方网站、“佛山通”城市服务手机应用程序、新闻媒体等5个渠道的受理方式，提供“7×24小时”全天候服务。9月8日，印发《佛山市政府“市长直通车”平台接诉即办实施细则（试行）》，建立诉求分级分类快速响应机制，实行“1213”（即1小时联系群众，2小时抵达现场，1个工作日初步回复，3个工作日办结）处置模式，办理紧急诉求单656件。截至年底，“市长直通车”平台服务总量531.85万件，平均办件时长3.95个工作日，办件满意率97.88%，话务满意度98.56%。同时，平台开通“企业服务专线”，推出“企业服务管家”，为各类型企业提供“一站式”、定制化专业政策解读和办事指引特色服务，全年受理企业咨询诉求10.7万件。年内，国家发展改革委印发《关于推广地方支持民营企业改革发展典型做法的通知》，推广佛山市“市长直通车”平台开通“企业服务专线”的典型做法。

【佛山市公共资源交易隔夜评标示范点启用】 2021年9月15日，佛山市公共资源交易隔夜评标示范点启用。经市政务服务数据管理局实地调研，制定隔夜评标工作指引，升级改造交易系统，并综合软硬件设施条件，确定佛山市公共资源交易中心南海分中心和佛山市顺德区公共资源交易中心作为全市公共资源交易隔夜评标示范点。其中：南海分中心设14个评标室，9个休息室；顺德区交易中心设13个评标室，12个休息室。同时，出台《佛山市公共资源交易项目隔夜评标工作指引》，规定招标人（采购人）或其委托的代理机构通过佛山市公共资源交易信息化综合平台进行隔夜评标项目的开标、评标场地及专家休息室的预约。招标人（采购人）或其委托的代理机构根据项目规模、技术复杂程度、潜在投标人数量等实际情况，预估项目评标当日22时前无法完成评标工作的，应主动在项目受理环节或评标当日17时前申请隔夜评标。示范点的启用，标志着佛山市具备承接超大型、复杂评标项目全过程封闭评审的条件。

（郑朋珠）

外　事

【概况】 2021年，佛山外事部门发挥外事资源和渠道优势，坚定服务国家总体外交，统筹新冠肺炎疫情防控与经济社会发展大局，全年配合做好外籍入境隔离人员管理工作3611人次，累计为佛山外籍人士接种疫苗7217剂次，通过佛山外事微信公众号平台完成多语种信息发布60余条2万余字；协助全市各单位开展48批次涉泰国、日本、乌克兰、马来西亚、新西兰等国家领事活动；及时发布海外安全提醒66期，办理佛山企业及其他机构外国人来华申请335批680人次，接处服务电话咨询883次、“12345”平台咨询3次，办理亚太经济合作组织（APEC）商务旅行卡申请2批2人次。截至2021年底，佛山市及各区缔结国际友好城市17对。

【涉外疫情防控工作】2021年，佛山市配合做好外籍入境隔离人员管理工作3611人次。走访九大行业共183家主体及综合性主管部门3个，对佛山九大行业落实对外籍人士一视同仁无差别服务措施开展“回头看”常态化检查。开展外籍人士接种新冠疫苗工作，全年为在佛山外籍人士接种疫苗7217剂次。完善外事组工作架构，建立信息通报机制，快速、妥善协调解决涉外诉求，重点做好外籍人士管理服务工作；通过“佛山外事”微信公众号发布多语种新冠肺炎疫情防控政策信息60余条，确保在佛山外籍人士能够及时掌握有关政策信息配合新冠肺炎疫情防控。

【国际友好城市交流】2021年，佛山市外事部门制定民间外交工作相关实施意见，走访调研碧桂园集团、中辰钢构、瀚蓝环境、能兴集团等友协理事单位；组织发动佛山学生参加国际青少年活动，保持与德国因戈尔施塔特市、日本伊丹市、澳大利亚汤斯维尔市等联系密切的友城政府高层间沟通；拓展友城朋友圈，与英国北爱尔兰里斯本市举行线上会谈，双方就两市开展经贸合作、教育和文化交流进行探讨。

表3　佛山市及各区缔结国际友好城市关系一览表

中国	外国		缔结时间
	友城名称	国家/地区	
佛山市	伊丹市	日本	1985年5月8日
	路易港市	毛里求斯	1989年1月27日
	斯托克顿市	美国	1994年3月4日
	波塞雄市	留尼汪（法属）	1997年4月11日
	汤斯维尔市	澳大利亚	2006年7月28日
	圣乔治市	格林纳达	2010年4月23日
	因戈尔施塔特市	德国	2014年1月22日
	斯达洛加勒德市	波兰	2014年6月10日
	纳罗福明斯克区	俄罗斯	2017年2月27日
	维拉港市	瓦努阿图	2017年6月12日
	奥什市	吉尔吉斯斯坦	2019年6月13日
禅城区	梅德韦市	英国	2010年3月2日
	福遍郡	美国	2012年11月28日
南海区	雷诺市	美国	1994年7月18日
	沃尔夫斯堡市	德国	2016年8月27日
	塞夫列沃市	保加利亚	2021年2月18日
顺德区	高嘉华市	澳大利亚	2012年12月11日

注：资料截至2021年12月

【外国驻穗领馆代表团接待】2021年，佛山市借助驻华使领馆与投资企业的纽带作用，助力解决企业“急难愁盼”问题；利用使领馆人脉优势，物色民心相通、产业匹配的潜在国际友好城市；发挥驻华使领馆窗口功能，展现良好形象；指导并协助全市各单位开展48批次涉泰国、日本、乌克兰、马来西亚、新西兰等多国涉领活动；开展涉外工作业务培训，增强基层外事工作者底线思维和安全意识。

【涉外工作处理】2021年，佛山市按照“事由充分且确属当前必要”的工作原则，办理佛山企业机构外国人来华申请335批680人次；累计服务电话咨询883次，“12345”平台咨询3次；协调科技、公安出入境部门研究解决外国人来华工作90天以下工作许可的期限问题，印发《邀请外国人来佛管理工作会议纪要》；办理亚太经济合作组织（APEC）商务旅行卡申请2批2人次，助力佛山企业复工复产；科学化、规范化、智能化管理因公护照，与省外办护照监管平台系统进行对接，申请专项经费购置智能保管柜，实现护照管理从传统的人手登记保管向智能系统化精准管理转变。

【预防性领事保护宣传】2021年，佛山市针对到国外开展商务活动、留学、旅游等人群重点开展宣传引导，强化新冠肺炎疫情期间“非必要不出国”倡议。利用“佛山外事”微信公众号和“走出去”企业家微信群等平台，及时发布66期海外安全提醒。协助1名“因疫致困”滞留马来西亚长达1年的佛山市民回国。配合推动佛山在海外人员参与“春苗行动”，维护在海外居民、企业安全和权益。

【中共佛山市委外事工作委员会第三次会议】2021年4月23日在市机关小礼堂举行。会议由中共佛山市委书记、市委外事工作委员会主任鲁毅主持，市委外事工作委员会成员及相关单位负责人参加会议。会议学习传达省委外事工作委员会第三次会议精神，总结2020年全市对外工作，谋划部署2021年全市外事工作，审议通过2021年对外工作要点等文件。

（蒋淑君）

侨 务

【概况】 2021年，祖籍佛山市的海外华侨华人约80万人，分布在世界70多个国家和地区。佛山市归侨人数约2800人，以越南、印度尼西亚、马来西亚、印度、新加坡等归侨为主。其中：散居归侨人数约1200人，主要分布在禅城区、南海区、顺德区；聚居归侨约1600人，以越南归侨为主，聚居地在三水区南山镇迳口华侨农场。年内，佛山市侨务部门围绕凝聚侨心、汇集侨智、发挥侨力、维护侨益、为侨服务等方面开展侨务工作，全年接信接访40多人次，受理普通高校入学考试“三侨生”（归侨青年、归侨子女、华侨在国内的子女）身份确认42人次。年内，市侨务局结合党史学习教育开展“我为群众办实事”活动，帮助华侨追回购房定金，协助华侨办理房屋证更正；开展涉侨调研活动，接待省人大、省委统战部、市人大、市政协等实地调研和书面调研10次；开展“惠侨暖企”活动，走访侨资企业。

【海外联谊】 2021年，佛山市支持海外社团建设，加深与海外侨团联系。其中：支持澳大利亚佛山联谊总会建设佛山会馆，捐助陶瓷牌匾、武术表演用器械及宣传佛山文化的书籍一批；支持美国旧金山南侨学校的华文教育，捐赠一批文具及书籍等文化用品。协助柬埔寨金边市公立崇正学校设立“广东书屋”。发动海外侨胞通过网络收听收看庆祝中国共产党成立100周年大会现场直播，引导海外侨胞发表感言，并通过“佛山同心”公众号、《佛山侨刊》等进行宣传。

【侨情信息】 2021年，佛山市侨务局联合市侨联梳理佛山市在海外的华侨华人、归侨侨眷、海外社团、侨资企业等信息，建立侨情资料库，录入信息8845条，其中佛山市侨商投资企业协会企业信息1345条、归侨2529条、华侨1109条、华人678条、海外社团215条等。依托政务服务信息技术资源，建立侨情信息服务平台，动态更新数据约300条，实现市、区信息共建共享。

2021年5月，佛山市侨务局联合禅城区福升社区开展侨法宣传。图为市民在了解侨务相关法律知识和涉侨政策

（市委统战部　供图）

【侨务文化外宣】 2021年，佛山市侨务局加强文化外宣工作，讲好中国故事、佛山故事，全年出版《佛山侨刊》4期，每期发行量1500册，发行至海外60多个国家和地区。承办拍摄《粤菜师傅家乡年饭·四海同享》微视频，并通过网络、微信公众平台等新媒体向海外乡亲推送，有90多个国家（地区）超200万人次观看。创建“美丽侨村”，推荐乐从镇路州村、大良街道北江社区、容桂街道马冈村、南山镇漫江社区等参加广东省“美丽侨村”评选活动，并在《秘华商报》、《中希时报》、夏威夷中文台等多个海外媒体转载宣传“美丽侨村”评选活动10多次。

【爱侨护侨】 2021年，佛山市侨务局开展暖侨心送温暖活动，赴迳口华侨农场慰问归侨侨眷。做好侨法宣传，联合禅城区福升社区，向群众宣传《中华人民共和国民法典》《中华人民共和国归侨侨眷权益保护法》《广东省华侨权益保护条例》，发放宣传资料300多册，普及相关法律知识和涉侨政策，增强社会依法护侨的法律意识，营造爱侨护侨的社会氛围。做好涉侨信访工作，依法依规化解侨务信访难题，市侨务局全年接信接访40多人次，涉及落实侨房政策、拆迁补偿、华侨子女就读、华侨回国定居等问题。做好涉侨事项工作，统筹市、区7个涉侨事项，完善佛山市权责清单和政务服务事项管理系统和信用佛山系统的涉侨相关信息，市级4个涉侨行政事项、区级3个涉侨行政事项全部达到网上办理要求，群众可以通过佛山市“一门式”网站、广东省政务服务网等申请。全年受理普通高校入学考试“三侨生”（归侨青年、归侨子女、华侨在国内的子女）身份确认42人次，审批华侨回国定居2人次。

（李赋斌）

台湾事务

【概况】 2021年，佛山市继续开展“惠台暖企”行动，落实各级惠台政策措施，支持促进台商台企融入新发展格局，实现高质量发展。举办佛台青年系列主题活动，激发台湾青年新活力，推动佛台经济社会融合发展。年内，佛山市台企数、台企增资扩产继续增长，新设立台资企业38家，新增合同台资2143.93万美元，新增实际台资1903.84万美元。

【台胞台企“双统筹”工作】2021年，佛山市落实台胞台企“双统筹”（统筹疫情防控和经济社会发展）工作。落实涉台新冠肺炎疫情防控工作每日“零报告”制度。通过微信公众号、微信群及时转发通报疫情形势，以及疫情防控、安全生产等要求，让台胞台企对相关政策信息应知尽知，引导台企用好用足各项暖企政策，确保台胞工作生活和台企生产经营安全有序进行。在5—6月的一轮疫情防控期间，协调医疗机构设立台胞核酸检测专属“绿色通道”，为有集体检测需要的台企提供免费上门采样服务。向上级反映台胞接种疫苗诉求，及时沟通台胞疫苗接种各类问题，推动采取各区增设接种定点、集中预约、开设专场等措施，实现台胞接种疫苗“愿接尽接”，接种率在94%以上。鼓励引导台商台胞同抗疫、献爱心，佛山市台商台胞为一线医护人员提供防疫物品，免费送粽子、清凉饮料、餐食，报名参加社区志愿活动，支持佛山疫情防控工作。其中，广东杰扬五金制品有限公司捐赠负压救护车1辆，冠华教育集团向红十字会博爱医院捐款10万元。

【佛台交流】2021年，佛山市创新开展佛台交流，以“节文化”为纽带，运用线上线下方式组织发起“‘我们的春节’——佛台两地青年摄影、微视频比赛”活动，近100名基层台胞台青报名参赛，网络投票1周时间累计访问量超15万人次。指导佛山市青年台商会开展“中秋微家书”活动。指导市台商投资企业协会、市青年台商会开展保龄球、羽毛球、烧烤等主题活动9场次，参与台胞台属435人次。协助举办海峡两岸乡村融合发展试验区“乡村云讲堂”活动，协助中国华艺广播采访台企、台青扎根佛山的事例及两岸婚姻家庭故事，引导台胞台青通过社交账号、微信朋友圈晒图片、分享活动感受等，向台胞讲好台胞发展故事，讲好佛山故事。

【台企台商服务】2021年，佛山市开展“我为台胞办实事”活动，解决台商台胞“急难愁盼”问题。走访基层和台胞台企88次，调研服务台资企业65家次，收集台胞台企意见建议，并跟进解决台胞台企问题和困难，同时宣传推介惠台政策措施。组织开展“市领导走台企”活动，市领导到台企调研6次。组织台商投资企业协会会长参加“市长面对面”座谈，沟通回应生产经营、子女教育、台青发展、台企转型等问题意见。市、区联动，协调陈村花卉世界台商花场减租，推动某台资企业增资扩产、某台资企业续租等重点纠纷得到化解，全年解决台胞权益保护案件和涉台求助130件，结案率超92.3%。

【惠台政策措施落实】2021年，佛山市落实惠台政策措施，推动佛台经济社会融合发展，广东省制造业强省建设领导小组专题调研组在实地调研时肯定佛山“惠台暖企”做法。中共佛山市委台港澳办联合市发展改革局印发《佛山市发展和改革局　中共佛山市委台港澳工作办公室转发国家发展改革委国务院台办关于引导支持台胞台企参与“十四五”规划实施的通知》，督促各区各有关单位发挥牵头职责，落实各项惠台措施，引导台胞台企参与“十四五”（第十四个五年规划，起止时间为2021—2025年）规划实施。年内，佛山市落实国家、省惠台农林政策措施，在台农集中的区召集区、镇（街道）对台、农业部门现场解读农业交流合作文件，并指导涉农发展资金申报。组织市农业农村、自然资源部门及5名农林领域台商代表参加全省“粤台农林合作交流活动”，促进深化佛台农林交流合作。引导台胞参与社会公益活动，台商台企参与扶贫济困、疫情防控等公益捐款、捐物折合195.5万元，“佛山台协奖学金”项目、顺德台商投资企业协会“小天使帮扶基金”等成为台商慈善品牌。年内，市台商投资企业协会荣誉会长、佛山市华国光学器材有限公司总经理周樑成入选2020年第三季度“广东好人”名单。佛山市推荐5名台商在市政协任列席人员，南海区推荐8名台商台胞当选区政协委员。

【佛台经贸产业合作】2021年，中共佛山市委台港澳工作办公室（佛山市台港澳事务局）继续推动佛台经贸产业合作，台企制造业数字化智能化转型取得新进展。发动台商参与全市高质量发展、营商环境大讨论活动。组织佛山科学技术学院粤台人工智能学院、佛山职业技术学院、佛山技术学院等院校与台企进行对接，帮助台企解决生产研发问题。组织台企参加南方人才市场组织的招聘活动，协助台企解决用工问题。开展台企拓展内销专题调研，召开跨境金融服务座谈会，让台商台企进一步了解人民币汇算、金融等方面政策，提供便利服务。配合第一百三十届广交会招展招商工作，组织台企参加“2021广州自动化技术装备展”等专业展会，发动9家台企参加省“台商走电商”第四期专题研修班。组织3家有意愿在大陆资本市场上市、挂牌的台资企业参加资本市场培训活动。推动台企转型升级，工业富联佛山智造谷产业园项目完成首期改造，工业富联佛山智造谷有限公司与和阳精密金属制品有限公司等本地台企结成数字化生态合作伙伴；群志光电有限公司和中国电信合作，成功申报省级5G+工业互联网标杆项目；黛富妮家饰用品公司在禅城区建立运营总部、研发和销售体验中心。

【台湾青年发展交流与创业】2021年，佛山市承办第八届台湾青年岭南行活动之粤港澳大湾区科技体验之旅走进佛山活动，组织两岸青年60余人参与；承办第八届台湾青年岭南行广东世界遗产和非遗文化探寻之旅活动暨佛台青年湾区行活动（佛山站、江门站），有约50名两岸青年参加。推动顺德区、高明区建设台湾青年创业交流基地，加强台湾青年活动、创业、工作平台建设。组织全市企业、机构为台湾青年学生提供实习就业岗位63个，协助优秀台湾青年到美的集团等企业实习，协助举办中国创新创业大赛（广东赛区）港澳台赛、众创杯等创新创业大赛，吸引更多台湾优秀青年人才到佛山发展。

【第八届台湾青年岭南行活动之粤港澳大湾区科技体验之旅走进佛山】 2021年9月26—27日，“走到一起来，梦想更精彩”——第八届台湾青年岭南行活动之粤港澳大湾区科技体验之旅走进佛山活动举行。两岸青年60余人参与为期2天的参观交流活动，先后参观广东盈峰科技有限公司、机器人餐厅、广东工业设计城、广东格兰仕集团有限公司和顺德港澳城港澳台交流促进中心、顺德港澳台青年创新创业基地等。台湾青年通过实地参观、亲身体验，了解佛山的科技创新与制造业发展成就，感受功夫、美食等佛山文化魅力。

【“台湾青年广东创业行”在佛山启动】 2021年12月27日，由广东省人民政府台湾事务办公室举办的2021年“台湾青年广东创业行”活动在佛山市启动，以“台湾好青年，创业到广东”为主题，鼓励更多台湾青年来粤实习就业创业。活动有来自中国创新创业大赛港澳台赛获奖项目、海峡两岸青年就业创业基地和示范点的台湾青年45人参加，于12月28—30日分别到佛山、广州、深圳等地对接知名投资机构。28日，台湾青年到佛山市，实地考察碧桂园新能源汽车小镇、佛山千灯湖创投小镇、南海青创家等地，与碧桂园创投、佛山金控等投资机构进行融资交流，并了解佛山经济环境、科创氛围以及投资发展优惠政策，体验感受佛山岭南文化、人文风俗及城市发展成果。

（市委台港澳办）

港澳事务

【概况】 2021年，佛山市在经济、贸易、科技、文化、青年等领域推进与香港、澳门合作与交流。对香港贸易额354.1亿元，对澳门贸易额7.72亿元。新批香港直接投资企业272家，实际港资20.93亿元。新批澳门直接投资企业76家，实际澳资378万元。继续推动市领导与香港、澳门特别行政区政府高层交往，接待澳门特区行政长官贺一诚、香港驻粤办主任陈选尧、澳门中联办青年人文湾区行参访团115人次。继续做好佛港澳新冠肺炎疫情联防联控，推进在佛山的港澳同胞疫苗接种工作。加强佛港澳青年交流合作，举办“岭南文化　佛山功夫——2021年粤港澳青年文化之旅”活动，召开佛山台港澳青年创业就业工作交流会，推动建立港澳青年交流基地，为港澳青年交流提供优质空间环境。开展“暖企暖心”行动，深入走访慰问20余家重点港澳资企业和80余名在内地创业的港澳青年代表；协调解答内地港人的诉求困难，服务港澳同胞300多人，解答诉求400多件。支持佛港澳合作类重点项目团组正常交流，全年全市受理因公赴澳门审批449批871人次。年内，佛山港澳青年创业孵化基地二期开园，该基地是获国家粤港澳大湾区建设领导小组办公室批准，由广东省政府发文成立的首批粤港澳大湾区港澳青年创新创业基地之一。《佛山顺德粤港澳协同发展合作区实施方案》经广东省推进粤港澳大湾区建设领导小组审议通过并印发实施，佛山顺德粤港澳协同发展合作区纳入省重点平台。

【佛港澳官方互访与交流】 2021年，佛山市继续推动市领导与香港、澳门特别行政区政府高层交往，接待澳门特区行政长官贺一诚、香港驻粤办主任陈选尧、澳门中联办青年人文湾区行参访团115人次。1月9日，澳门特别行政区行政长官贺一诚率考察团到访佛山，双方就加强中医药产业、美食、文旅等多领域的合作进行沟通交流，进一步推进粤港澳大湾区建设。3月11日，香港特别行政区政府驻粤经济贸易办事处主任陈选尧一行到访佛山，了解港澳青年创新创业、港资企业经营发展、港澳重大合作平台有关情况。3月28日，由澳门中联办宣传文化部主办、澳门自强文创智库承办的“澳门青年人文湾区行”项目启动，80余名澳门文化产业界人士到访佛山，了解传统文化和文化创意产业发展情况，寻求合作机遇。

【佛港澳青年事务】 2021年，佛山市拓展粤港澳青少年交流合作工作领域，促进港澳青年融入大湾区发展。在交流方面，举办佛山台港澳青年创业就业工作交流会，共同为港澳台青年来佛创业就业建言献策；支持工合空间举办“工合青翎杯羽毛球联谊赛”，有香港中联办、省港澳办等24个单位60多名粤港澳羽毛球青年参赛，促进三地青年交流联谊；推荐佛山市香港青年微纪录片《创业在湾区——入“煮”风城》在中央广播电视总台“大湾区之声”播出。在合作方面，推动建立港澳青年交流基地，

2021年7月26—31日，佛山市举办“岭南文化　佛山功夫——2021年粤港澳青年文化之旅”活动。图为三地青年到南风古灶观摩体验制陶文化　（市文广旅体局　供图）

禅港澳青年交流（石湾、南庄）基地，顺德港澳城港澳青年创新创业基地、港澳台交流促进中心，南海区港澳台及留学青年创新创业服务中心及基地，以及高明区、三水区港澳青年交流基地相继成立；举办2021年第十届中国创新创业大赛（广东·佛山赛区），组织参加“澳门大学-佛山市人才驿站”、第十九届中国国际人才交流大会、BEYOND国际科技创新博览会等活动。

【佛港澳合作】 2021年，佛山市继续完善佛山与香港、澳门合作机制，做大做强粤港澳大湾区极点城市功能，落实三地官方高层达成的各项共识，推动各项工作落地落实。（详见“区域发展”类目“佛港澳合作”分目）

【“暖企暖心”行动】 2021年，中共佛山市委台港澳办公室（佛山市台港澳事务局）开展“暖企暖心”行动，加强与内地港澳骨干的联谊维系。结合党史学习教育和“我为群众办实事”实践活动，走访慰问重点港澳资企业20余家和在内地创业的港澳青年代表80余人，听取港澳资企业和青年的意见建议。协同香港工会联合会广州中心开展现场咨询服务活动，协调解答内地港人的诉求，服务港澳同胞300多人，解答诉求400多件。国庆节前夕，禅城区港人交流会副会长兼秘书长、祖庙分会会长文德纯获推荐到北京人民大会堂出席由全国政协办公厅等举办的国庆招待会。

【涉港澳审批管理】 2021年，佛山市加强因公临时赴港澳团组审批管理，提升因公临时赴港澳审批管理工作的制度化、规范化、科学化水平。在服从新冠肺炎疫情防控大局的同时，支持佛港澳合作类重点团组正常交流，支持佛山市与香港、澳门开展经贸、科技、人才、教育、中医药等方面交流合作，为全市参与粤港澳大湾区建设提供服务保障。

【澳门特区行政长官率考察团到访佛山】 2021年1月9日，澳门特区行政长官贺一诚率考察团到访佛山市，双方就加强中医药产业、美食、文旅等多领域的合作进行沟通交流，推进粤港澳大湾区建设。广东省港澳办主任李焕春、佛山市市长朱伟陪同考察。其间，贺一诚到广东一方制药有限公司，走进技术研发中心、质量检测中心、制剂车间，了解中成药颗粒制作流程、调配技术、质量监控规格等情况。随后，走访岭南天地，考察佛山祖庙东华里片区运用现代化的手法推动旧区活化和非物质文化遗产保护情况；参观佛港澳台青年融创基地，了解佛山市在青年创新创业平台搭建、资源对接、产业孵化等方面的情况。

2021年8月27日，佛山港澳青年创业孵化基地二期正式开园暨佛山市第七届大众创业交流会启动仪式在佛山禅城智慧新城举行　　（市人力资源社会保障局　供图）

【“澳门青年人文湾区行”走进佛山】 2021年3月28日，由中央人民政府驻澳门特别行政区联络办公室宣传文化部主办、澳门自强文创智库承办的“澳门青年人文湾区行”活动“澳门青年人文湾区行”交流团到佛山市参观访问。交流团由80余名澳门文化产业界人士组成，先后参观菲林实景直播基地、华侨城国际美食文化交流中心、南风古灶、国艺影视城，了解佛山传统文化和文化创意产业发展情况，寻求合作机遇。活动期间，澳门自强文创智库和佛山市文化产业促进会签订战略合作协议，扩大和深化两地演艺文化交流。

【佛山港澳青年创业孵化服务平台发布】 2021年8月27日，佛山市发布港澳青年一网式孵化服务平台，这是省内首个实现市辖区全域覆盖的港澳青年创业孵化服务平台。服务平台汇集全球150万个创业案例，采用大数据、虚拟现实等多重技术，实现“双创”（大众创业、万众创新）政策一键查询、共享“双创”导师辅导、创业空间全网协同、孵化服务精准匹配等多重功能，提供一网式的周到服务。

【佛山港澳青年创业孵化基地二期开园】 2021年8月27日，佛山港澳青年创业孵化基地二期开园暨佛山市第七届大众创业交流会启动仪式在佛山禅城智慧新城举行。该基地是广东省人民政府确定的创业孵化基地，二期项目建筑面积约4000平方米。截至年底，佛山港澳青年创业孵化基地引进21个港澳青年初创项目，涵盖人工智能、节能环保、生物医药与健康等前沿领域。基地内部挂牌设立“佛山港澳青年就业创业服务中心”，集咨询、融资、法律、实训、交流、孵化等服务功能于一体。

（市委台港澳办）

信　访

【概况】 2021年，佛山市信访系统及有信访任务的各有关部门办理群众信访件

4.66万件次，比上年下降4.26%，其中网上信访事项占比54.42%。从案件分布来看，国家级交办件9918件次、省级交办件2116件次、市信访局4628件次、市级有关单位2.59万件次、各区及镇（街道）3989件次。从信访反映途径来看，群众来访6973批1.35万人次、来信5391件次、来电8860件次、网上信访2.53万件次。根据矛盾化解攻坚专项行动相关要求，省交办第一批959件办件，汇报化解率100%，国家审核认定化解率为97.81%，督办倒流率0.85%；省交办第二批493件办件，汇报化解267件，汇报化解率54.16%，超额完成该年度省下达的工作任务。根据满意度评价工作要求，信访部门办理2214件满意度件，满意率76.76%，参评率86.72%；责任单位办理2165件满意度件，满意率71.27%，参评率84.62%；全市满意度评价件综合加权满意率为78.64%。年内，市信访局持续开展“联系群众、服务群众”品牌活动，每周二开展接访活动，接待群众33批72人次，跟进处理信访事项26个。开展“为民解忧，化解矛盾”品牌活动，每周四开展接访活动，接待群众44批68人次；每季度安排一天，到信访问题突出的重点村（社区）了解群众诉求，推动矛盾化解，全年赴基层村（社区）开展活动4次。年内，佛山市信访局“人民满意窗口”被市直机关工委评为优秀党建品牌，办信接访科被评为市直机关模范机关创建先进单位。

【信访工作体制机制建立健全】 2021年，佛山市信访系统建立健全信访工作体制机制，规范信访工作办理流程。市信访局推进“基层信访工作联席会议机制”，发挥信访联席会议总揽全局、协调各方作用，在全市32个镇（街道）建立信访工作联席会议制度，为全市信访工作开展提供坚强保障；完善“巡回接访制度”，成立由区信访工作联席会议召集人任组长的巡回接访工作组，采取定期巡回接访、临时巡回接访、主动上门走访等方式，把信访服务送到群众的家门口，化解可能引发社会矛盾及群体性事件的苗头隐患，实现“关口前移，重心下移”。全市设立巡回接访工作室511个，接访群众320批622人次，化解疑难复杂信访问题28个；推进“初信初访全员包案督办机制”，通过建立清单台账、每日通报情况、每周会商研究、每月总结问题等方式，压缩信访事项转送、受理、办理时限，压实属地和职能部门责任，推动信访问题高质量化解；建立“信访事项全流程闭环管理机制”，编制信访事项化解进度表，确保案件交办、办理、反馈全流程闭环，提升信访事项办理的时效性、满意率和一次性化解率。年内，禅城区信访局建立“信访诉求服务平台+多部门联动管理”工作机制，设立公共法律服务站、心灵之家、老潘调解室等特色服务平台，并将全区非紧急求助类政务服务便民热线归并由政府服务热线“12345”一号通办，落实“2个满意度评价”（窗口服务群众满意度评价、信访事项办理满意度评价）服务监督模式，推动社会治理多方联动。顺德区信访局创新建立信访事项“说法评理”制度，邀请“两代表一委员”筹建成立近100人规模的“说法评理员”库，对信访事项开展法、理、情检查，推动信访事项化解工作由被动应付向主动服务转变，全年开展“说法评理”案例44件，37件未发生重复信访，息诉息访率84.09%。市人力资源社会保障局建立“诉访无缝衔接工作机制”，对群众反映的诉求直接由相关科室工作人员在接访窗口按照对应的法定程序予以受理，实现化繁为简、少跑腿、优服务效果。市自然资源局出台《佛山市自然资源局信访工作制度》，市国资委制定《佛山市国资委信访工作实施细则》，规范信访事项受理办理程序，明确职责分工，压实工作责任，提升工作质效，减少程序内耗。

【“信访超市”创建】 2021年，佛山市信访局创新发展新时代“枫桥经验”，建设市、区、镇（街道）、村（社区）四级“信访超市”和重点行业领域服务站点，通过“运行体系化、服务集成化、管理制度化、解纷精准化”，构建“市级指挥部、区级终点站，镇（街道）主战场、村（社区）首阵地”的矛盾纠纷化解矩阵。年内，佛山市首个专业性、行业性信访诉求服务站——禅城区绿岛湖建筑行业信访诉求服务站正式启用，成为及时化解当地建筑领域的苗头性问题隐患的“前沿阵地”。南海区信访局获“2017—2020年度平安中国建设先进集体”称号。南海区获“2021年度全国信访工作示范区”称号。禅城区南庄镇、南海区丹灶镇、高明区杨和镇、三水区白坭镇获“广东省2021年信访工作示范乡镇”称号。

2021年11月25日，佛山市信访局到禅城区祖庙街道忠义社区开展“送法进社区”主题宣传日活动
（市信访局　供图）

【信访专题调研】 2021年，佛山市信访局针对信访工作的热点难点，采取实地走访、召开座谈会等方式开展调研，形成调研报告《关于涉及融资租赁信访问题的调研报告》《佛山市村（社区）“两委”换届选举信访工作调研报告》《佛山市信访局关于涉教育资源配置信访问题的调研报告》《佛山市信访局关于零工经济就业群体风险研判的调研报告》《佛山市信访局关于“售后返租”和“以租代售”问题楼盘的调研报告》等，供各级党委、政府决策时参考。

【南庄镇绿岛湖建筑行业信访诉求服务站成立】 2021年1月27日，佛山市禅城区南庄镇绿岛湖建筑行业信访诉求服务站挂牌成立。该服务站主要受理绿岛湖片区承建商及施工人员反映的建筑行业相关诉求，维护企业及群众的合法权益，提供“零距离”及“一站式”方式解决建筑行业领域的劳资纠纷、工程款纠纷、工伤纠纷、建筑质量纠纷等信访诉求。该服务站是全市首个专业性、行业性信访诉求服务站。

（陈志毅）

粮食安全

【概况】 2021年，佛山市社会粮油供需平衡，全年粮食总供给734.59万吨，总消费729.63万吨，年末社会粮食库存满足全市常住人口近1年的消费量，全市粮食总体安全。在2020年度广东省粮食安全政府责任制考核中，佛山市被评为“优秀”等次，实现“五连优”。

【粮食储备】 2021年，佛山市发展和改革局研究编撰《佛山市粮食安全保障和物资储备管理“十四五”规划》，制定《关于进一步加强全市地方粮食储备工作的通知》《全面建立涉粮企业社会责任储备的通知》等多项制度，加快推动佛山市地方粮食储备体系建设，推进政府储备粮增储任务稳步落实，建立粮食企业社会责任储备，逐步形成“官储”“民储”互为补充、互相促进的全社会粮食储备新格局，提高粮食宏观调控和粮食应急保障能力，筑牢佛山市粮食安全防线。

【“优质粮食工程”建设】 2021年，佛山市加强粮食仓储物流设施建设，推进粮库智能化升级改造，深化“优质粮食工程”建设。推进禅城区粮食产业园、南海区储备库、顺德粮食产业园、佛山市粮食仓储设施及小麦应急加工生产线、高明区西安粮食储备库等项目建设，在建新仓容54.5万吨，为佛山市“十四五”（第十四个五年规划，起止时间为2021—2025年）期间落实增储任务夯实基础。推进粮库智能化升级改造项目建设，完成智能化改造升级库点8个，建立智能出入库、数量监测、粮情测温等智能化粮库管理体系，保证粮食数量准确、质量完好、生产安全。推进粮库信息化建设，通过加快粮库智能化建设，建立“信息化管粮”机制，利用5G技术，在所有仓点内加装多功能摄像头，加强库区储粮安全，提高全市粮食仓储设施现代化、信息化水平。

【粮食应急保障体系】 2021年，佛山市科学合理规划粮食应急保障布局，充实完善粮食应急保障网络，全市建立应急供应网点132个，应急加工企业25家，应急配送中心8个；应急储运企业7家。其中，稻谷日加工能力2128吨，稻谷加工能力200吨以上的企业4家；小麦日加工能力2850吨，小麦日加工能力300吨以上的企业4家，实现应急粮食保障网络乡镇、街道全面覆盖，较好保障粮油供应安全。

【粮食安全生产及储备监管】 2021年，佛山市强化粮食安全生产责任落实，重点抓好火灾消防事故的隐患排查治理，从安全生产制度落实、出入库和作业现场管理、电源火源管控、消防装备设备等关键环节入手，强化排查治理，提高应急处置能力。各单位加强节日期间值班、值守，执行领导干部带班、关键岗位24小时值班制度和事故信息报告制度。2月，开展春节和“两会”（人大会议、政协会议）期间粮食安全生产督导检查，检查组到广东金珠三角粮油物流中心的站台仓库、商铺、百穗米业、嘉粮精米加工厂等现场，对厂区、仓库的消防设施、加工设备和大米叠放情况进行检查，未发现重大风险隐患。12月，相关部门到广东成泰米业有限公司、佛山市南海区粮食储备库（金溪仓）、佛山市三水丰顺食品有限公司、佛山市顺德区生鱼米业有限公司、佛山市伟达粮油食品有限公司开展2021年粮食企业“双随机、一公开”（随机抽取检查对象，随机选派执法检查人员，抽查情况及查处结果及时向社会公开）抽查和岁末安全生产大检查，经检查，没有发现较大安全隐患。此外，个别企业存在消防安全意识薄弱、工作台账不规范等问题。

【全市粮食和物资储备领域安全生产和安全仓储隐患大排查大整治和粮食流通“亮剑2021”专项执法行动】 2021年7月7—8日，佛山市发展改革局成立检查组到佛山市南海区粮油总公司（盐步粮库）、佛山市南海区粮食储备库西站仓、高明区粮食储备库、佛山市禅城区粮食储备库（张槎库）、佛山市三水丰顺食品有限公司（三水丰顺）、佛山市粮食集团有限公司南海储备分公司等6个库点开展全市粮食和物资储备领域安全生产和安全仓储隐患大排查、大整治和粮食流通“亮剑2021”专项执法行动。检查组一行对6个库点的储备粮库存数量、质量和安全生产、安全储粮状况进行全面核实，共检查发现安全隐患10处，督促现场整改8处，督促限期整改2处。

【佛山市2021年世界粮食日和全国粮食安全宣传周活动】 2021年10月16日在禅城区兆阳广场启动，活动以宣传粮油安全知识、国务院《粮食流通管理条例》为主要内容，通过粮食安全工作展览、粮油质量问题咨询、粮食知识游戏互动等形式开展。活动持续至10月20日。全国粮食安全宣传周期间，佛山市通过在新媒体推出爱粮节粮宣传短片、知识小游戏等，制作推出系列融创产品，倡导爱粮节粮社会新风尚。

（市发展改革局）

中国人民政治协商会议佛山市委员会

综　述

【概况】2021年，佛山市有各级政协组织机构6个，其中市级政协1个、区政协5个。年内，中国人民政治协商会议第十二届佛山市委员会辞去委员职务8人、撤销委员资格1人、增补委员3人。增减后，实有委员385人，其中常务委员会组成人员73人。委员中，中国共产党党员152人、非中国共产党人士233人；常务委员中，中国共产党党员27人、非中国共产党人士46人。全年收到以提案形式提出的意见384件，立案311件。评出市政协十二届五次会议以来优秀提案19件，确定市委书记、市长、政协主席督办重点提案14件，2021年度履职考核优秀委员289人。年内，市政协开展党史学习教育，举办全市政协系统学习宣传贯彻习近平总书记在庆祝中国共产党成立100周年大会上重要讲话精神座谈会及各类活动68场次，贯彻落实佛山市加强中共党的基层组织建设三年行动计划（2021—2023年）实施方案相关工作。开展“我为群众办实事”系列实践活动，开展“居家养老”提案督办、送医送药活动，调研学校“双减”情况、老旧小区加装电梯工作情况和养老服务医养结合情况。

【社情民意信息】2021年，佛山市政协畅通反映社情民意信息渠道，向各区政协、市各民主党派和人民团体、政协委员、市政协专委会等收集关于经济、科技、教育、卫生、生态等各类信息1688篇，编报《佛山政协信息》普刊205期，被各级部门采用61篇次。

【团结联谊】2021年，佛山市政协创新港澳委员履职方式，引导港澳委员在线履职、线上协商、云端参会。关注台港澳青年发展，组织委员开展“台港澳青年在佛山创业就业（人才引进）情况”专题视察。开展“迳口华侨农场改革发展”专题视察，帮助侨区实现乡村振兴跨越式发展。举办“2021年惠台暖企”活动，沟通协调台商台企提出的问题与建议，为台企台胞纾困解难。联合佛山电视台制作《横琴前海先手“祺”》特别节目，邀请港澳委员讲述佛山如何主动对接支持服务好横琴粤澳深度合作区、前海深港现代服务业合作区建设。指导录制佛山市首个以外国人为主体的10集纪实性系列短片——《外国人在佛山》（第一季）。

（程　宏）

重要会议

【中国人民政治协商会议第十二届佛山市委员会第五次会议】于2021年2月3—4日在佛山市禅城区召开。开幕会议期间，出席委员有328人。市党政领导参加开幕、闭幕大会，不是市政协委员的市民主党派、工商联主要负责人和市

2021年2月3—4日，中国人民政治协商会议第十二届佛山市委员会第五次会议召开

（市政协　供图）

政协机关副处级以上干部列席会议。会议审议通过熊志翔代表政协第十二届佛山市委员会常务委员会所作的工作报告、朱华仙代表政协第十二届佛山市委员会常务委员会所作的提案工作情况的报告。会议选举胡钛为政协佛山市第十二届委员会主席，唐棣邦增补为十二届市政协常务委员。大会对18件优秀提案、2020年度履职考核优秀的271名委员和12个抗击新冠肺炎疫情贡献突出的集体和政协委员进行通报表扬。会议期间，委员们通过视频会议形式列席佛山市第十五届人民代表大会第六次会议，听取并讨论佛山市市长朱伟所作的《政府工作报告》。全体政协委员以书面的形式审阅全市各民主党派、工商联、有关人民团体提交的《关于加强重点行业产业链供应链建设　促进我市制造业高质量发展的建议》等12份大会发言材料。中共佛山市委书记鲁毅、市长朱伟等领导出席开幕和闭幕大会，听取市政协常委会工作报告和提案工作情况报告。中共佛山市委书记鲁毅、市政协主席胡钛分别在闭幕会上作讲话。

表4　**佛山市政协十二届四次会议以来优秀提案一览表**

序号	题目	提案者
1	《关于加速推进广佛全域同城化建设的建议》(六案合并，1号)	民盟佛山市委会、民革佛山市委会、曾小明、曹冬冬、沈余、蒋文斌等
2	《关于推动工业互联网成为佛山制造业高质量发展新引擎的建议》(六案合并，2号)	佛山市工商业联合会、林在进、王晓娟、刘致军、何斌、刘玉华、李德、陈立坚、万志康、毛永天等
3	《关于进一步加强食品安全监管的建议》(三案合并，3号)	杨小菁、陈世楷、申桂树、陈润珍、骆毓林、朱华仙等
4	《关于建立佛山疫情防控常态化社会心理疏导网络的建议》(8号)	陈晓大
5	《关于促进夜间经济高质量发展，释放“夜佛山”消费新动能的建议》(三案合并，9号)	民革佛山市委会、范宝初、刘玉华、唐冬生、黄子真
6	《关于加快农业龙头企业高质量发展，助力乡村产业振兴的建议》(10号)	陈伟光、陈世楷、陈润珍、苏木荣、林华、姚风华、马湘雨、骆毓林等
7	《关于推进我市城市生活垃圾分类，共创城市文明的建议》(七案合并，11号)	民进佛山市委会、周惠娜、张枫、廖坤城、李丽萍、余新、王蕴波等
8	《关于进一步完善我市重大疫情防控体系建设的建议》(十案合并，12号)	农工党佛山市委会、九三学社佛山市委会、何绮红、陈巨峰等
9	《关于保市场主体、稳就业的建议》(三案合并，13号)	民进佛山市委会、杨小菁、申桂树、谭伟亮、黄福洪、黄锦培、张建辉、范宝初
10	《关于坚决打赢佛山“村改”攻坚战的建议》(三案合并，14号)	周文、渠铮、叶远璋、夏伟、周伟建、郑灿儒、张兵、黄卫平、黎晏刚等
11	《关于把握“双区驱动”战略机遇，进一步促进我市生产性服务业高质量发展的建议》(15号)	农工党佛山市委会、刘金财、杨小晶、谢海青、刘莉、龚悦、陈世楷、苏木荣、周惠娜等
12	《关于加快推进我市城郊万亩郊野森林环建设的建议》(20号)	九三学社佛山市委会、何继红、杨传勇、赵颖
13	《关于后疫情时代持续推动佛山中小企业高质量发展的建议》(八案合并，36号)	民建佛山市委会、致公党佛山市委会、九三学社佛山市委会、萧礼洪、凌家珍等
14	《关于推动高端服务业发展，全面提速“三龙湾”建设的建议》(48号)	周文、夏伟、周伟建、游斌、蔡伟、丁庚山等
15	《关于强化应急能力建设，推进佛山城市安全发展的建议》(六案合并，79号)	民革佛山市委会、民建佛山市委会、刘金财、周伟建、梁绮惠等
16	《关于在东平河和潭洲河水道交汇处修建半环状人行景观桥的建议》(93号)	佘光辉

续表

序　号	题　目	提案者
17	《关于“积极推进集团化办学体制改革，推进区域教育优质均衡发展”的建议》(134号)	王玉建
18	《关于推动医疗卫生体制改革向纵深发展的建议》(144号)	田园、龚悦、黄文彪、周惠娜、梁绮惠、刘玉华、冯娟等

注：2021年2月3—4日，中国人民政治协商会议第十二届佛山市委员会第五次会议表彰

【市政协主席会议】 2021年，佛山市十二届政协共举行主席会议11次，即第二十四次至三十四次主席会议。

十二届二十四次主席会议于1月4日召开，总结市政协2020年度工作，研究市政协机关及各专门委员会2021年工作计划。

十二届二十五次主席会议于1月18日召开，审议通过关于召开市政协十二届十二次常委会会议的决定和议程（草案）、日程（草案）；审议讨论关于召开市政协十二届五次会议的决定（草案）和议程（草案）、日程（草案）；审议讨论市政协《常委会工作报告（草案）》及报告人建议名单；审议讨论市政协《提案工作情况的报告（草案）》及报告人建议名单；审议通过关于表彰市政协十二届四次会议以来优秀提案的决定；审议通过《佛山市政协委员手册》；审议通过《关于通报表扬2020年履职考核优秀委员的决定（草案）》；审议《政协第十二届佛山市委员会第五次会议疫情防控工作方案》；审议《关于市政协十二届五次会议会务工作经费支出的请示》；听取2020年度市领导重点督办提案办理情况的报告、市政府有关部门对2020年市政协提案办理情况的报告（书面）；审议有关人事事项。

十二届二十六次主席会议于2月2日召开，审议通过关于召开市政协十二届十三次常委会会议的决定和议程（草案）；审议讨论关于召开市政协十二届五次会议的决定（草案）和日程（草案）；审议讨论《市政协十二届五次会议选举办法（草案）》；审议讨论《市政协十二届五次会议监计票人员名单（草案）》；审议有关人事事项。

十二届二十七次主席会议于3月2日召开，审议市政协及机关2021年主要工作计划；研究政协党组成员、主席会议成员分工调整以及党组成员党内分工调整事项。

十二届二十八次主席会议于4月12日召开，传达学习贯彻习近平总书记在党史学习教育动员大会上的重要讲话精神；听取市政协及机关开展党史学习教育工作汇报；研究部署市政协及机关开展党史学习教育工作。

十二届二十九次主席会议于5月13日召开，审议通过关于召开市政协十二届十四次常委会会议的决定和议程（草案）、日程（草案）；审议政协第十二届佛山市委员会第五次会议提案审查情况的报告；审议有关人事事项。

十二届三十次主席会议于6月11日召开，落实中共佛山市委书记郑轲指示精神。

十二届三十一次主席会议于8月4日召开，研究修订《关于邀请海外华侨华人列席政协佛山市委员会全体委员会议实施办法》和《关于邀请台湾地区相关人士列席政协佛山市委员会全体委员会议实施办法》，并研究关于邀请海外华侨华人、台湾地区相关人士及市政协历届港澳委员列席市政协十三届一次会议的事项；审议有关人事事项。

十二届三十二次主席会议于10月12日召开，围绕“促进佛山种业高质量发展”专题议政；审议讨论《我市3岁以下婴幼儿照护服务发展情况专题调研报告（征求意见稿）》；审议通过关于召开市政协十二届十五次常委会会议的决定（草案）、日程（草案）；审议有关人事事项。

十二届三十三次主席会议于12月25日召开，审议通过关于召开市政协十二届十六次常委会会议的决定和议程（草案）、日程（草案）；审议讨论关于召开市政协十三届一次会议的决定（草案）和议程（草案）、日程（草案）；审议讨论关于市政协十三届一次会议邀请列席人员的决定（草案）；审议讨论市政协《常委会工作报告（草案）》和《提案工作情况的报告（草案）》及报告人建议名单；审议通过关于表彰市政协十二届五次会议以来优秀提案的决定；审议通过《关于通报表扬2021年履职考核优秀委员的决定》；审议各专门委员会2021年工作总结报告（书面）；听取2021年度市领导重点督办提案办理情况的报告、市政府有关部门对2021年市政协提案办理情况的报告（书面）；审议有关人事事项。

十二届三十四次主席会议于12月31日召开，审议市政协十三届市政协委员人选名单（草案）；审议市政协十三届一次会议选举办法（草案）；审议市政协十三届一次会议主席团、主席团会议主持人及秘书长名单（草案）；审议市政协十三届一次会议主席团常务主席名单（草案）；审议市政协十三届一次会议各次大会执行主席及主持人名单（草案）；审议市政协十三届一次会议副秘书长名单（草案）；审议市政协十三届一次会议选举大会监、计票人员名单（草案）；审议市政协十三届一次会议提案审查委员会主任、副主任、委员名单（草案）。

【市政协常委会会议】 2021年，佛山市十二届政协共举行常委会会议5次，即第十二次至十六次常委会会议。

市政协十二届十二次常委会会议于1月19日召开，听取市《政府工作报告（征求意见稿）》的说明并讨论市《政府工作报告（征求意见稿）》；听取佛山市2020年反腐倡廉工作情况通报（书面）听取市中级人民法院、市检察院2020年工作情况通报（书面）；听取市政府部门办理2020年政协提案情况通报；审议

讨论市政协《常委会工作报告（草案）》和《提案工作情况的报告（草案）》及报告人；审议通过召开市政协十二届五次会议的决定和议程（草案）、日程（草案）及有关决定（草案）；审议有关人事事项。

市政协十二届十三次常委会会议于2月2日召开，审议通过召开市政协十二届五次会议的决定（草案）和日程（草案）；审议有关人事事项。

市政协十二届十四次常委会会议于5月17日召开，传达学习全国政协十三届四次会议、省政协十二届四次会议精神；通报市政协常委会2021年工作要点；审议通过有关人事事项。

市政协十二届十五次常委会会议于10月19日召开，围绕"佛山市3岁以下婴幼儿托育照护服务发展"进行专题议政；传达学习全国政协系统中国共产党建设工作经验交流会精神；审议有关人事事项。

市政协十二届十六次常委会会议于12月25日召开，听取市《政府工作报告（征求意见稿）》的说明并讨论市《政府工作报告（征求意见稿）》；审议讨论市政协《常委会工作报告（草案）》和《提案工作情况的报告（草案）》；审议通过召开市政协十三届一次会议的决定和议程（草案）、日程（草案）及有关决定（草案）；听取佛山市2021年反腐倡廉工作情况通报（书面）；听取市法院、市检察院2021年工作情况通报（书面）；听取市政府部门办理2021年政协提案情况通报；审议有关人事事项。

（程　宏）

政治协商

【概况】 2021年，佛山市政协通过全体会议、常委会会议、主席会议等多种形式进行政治协商。市政协全年收到以提案形式提出的意见384件，立案311件，立案率81%，确定市委书记、市长、政协主席督办重点提案14件。年内，举办2021年佛山企业家·市长面对面协商座谈会；组织委员开展"我市公交站（场）选址与布局优化""打造共建共治共享的城市社区治理新模式"专题协商活动，并形成专题协商报告报送市委、市政府。

【提案办理协商】 2021年，佛山市政协十二届五次会议期间，大会共收到以提案形式提出的意见384件，提案者1694人次。经审查，立案311件，立案率81%。在正式立案的311件提案中，118件提案因为内容相近并入其他提案，实际交办提案193件。交办的提案中，属于经济科技方面的51件，属于城市管理方面的38件，属于文化、教育、体育、卫生方面的62件，属于政法劳动、组织人事、统战、社会保障方面的37件，其他方面的5件。

【市委书记督办提案办理协商活动】 2021年11月9日，中共佛山市委书记郑轲主持召开市政协重点提案办理汇报会，就被市政协十二届五次会议列为市委书记督办提案的《关于科学统筹推进村级工业园改造的建议》（六案合并，提案者为致公党佛山市委会、梁顺超、刘宏、黄箭、何继红、蔡遥炘等）的办理以及提案意见的落实情况听取专门汇报。佛山市政协副主席唐冬生对市城市更新局等职能部门采纳落实政协提案建议表示感谢，对书记督办案情况进行汇报。最后，郑轲对推动村级工业园升级改造提出要求。佛山市委常委、秘书长丁锡丰，市人大常委会副主任张朝志，市委副秘书长管雪等参加会议。

表5　2021年佛山市政协重点提案一览表

序　号	督办类别	提案标题	提案者
1	书记督办案	《关于科学统筹推进村级工业园改造的建议（六案合并）》	致公党佛山市委会、梁顺超、刘宏、黄箭、何继红、蔡遥炘等
2	市长督办案	《关于高质量提升佛山乡村振兴水平的建议（十一案合并）》	九三学社佛山市委会、民革佛山市委会、王晓宁、陈世楷、罗俊宇、梅贤辉、罗斌华、黄湫流、刘建萍、曾小明、梁权辉等
3	主席督办案	《关于发展和完善我市居家养老服务体系的建议（七案合并）》	刘庆灿、单明、刘吉平、关永霭、卢钰、曹建宇、刘玉华等
4	经济科技委跟踪办理案	《关于构建产业链"链长制"，增强产业链整体竞争力的建议（八案合并）》	致公党佛山市委会、佛山市工商业联合会、民进佛山市委会、沈余、周文、王晓娟、刘建萍、曾小明等
5	农业农村委跟踪办理案	《关于推进佛山农业种业高质量发展的建议（四案合并）》	郝志峰、王蕴波、陈伟光、赖明建等
6	城建资源环境委跟踪办理案	《关于推进我市装配式建筑及装配式智能家居产业园区发展的建议（两案合并）》	市政协城建资源环境委、谭旭日等
7	文教体卫文史委跟踪办理案	《关于加强我市0～3岁托育建设的建议》	赖庆莲等

续表

序号	督办类别	提案标题	提案者
8	社会法制民族宗教委跟踪办理案	《关于创新社会治理，推进基层民主协商的建议》	市政协社会法制民族宗教委等
9	港澳台外事侨务委跟踪办理案	《关于深化发展港澳人士子弟班在佛山试行，建设教育和人才高地的建议》	廖宇威等
10	佛山日报社跟踪督办案	《关于把佛山打造成为区域消费中心城市的建议（九案合并）》	民进佛山市委会、致公党佛山市委会、民革佛山市委会、陈小霞、渠铮、刘致军、吴江、沈余、叶树林等
11	佛山电台跟踪督办案	《关于改善被电子警察抓拍群众去交警部门上门处理违章时的服务和效率的建议》	陈洪波
12	佛山电视台跟踪督办案	《关于加快推进城镇老旧小区改造的建议（七案合并）》	民进佛山市委会、刘秉坤、周惠娜、黄箭、刘光辉、曾小明、李溟等
13	珠江时报社跟踪督办案	《关于建设以二龙湾为核心的佛山科技城的建议（八案合并）》	九三学社佛山市委会、民盟佛山市委会、市政协经科委、郑伟雄、杨小菁、李建炜、陈建良、王蕴波等
14	珠江商报社跟踪督办案	《关于弘扬企业家精神，建设佛山企业家学院的建议》	陈晓大

【市长督办提案办理协商活动】 2021年9月2日，佛山市市长郭文海到高明区开展乡村振兴工作专题调研，带队督办被市政协十二届五次会议列为市长督办提案的《关于高质量提升佛山乡村振兴水平的建议》（十一案合并，提案者为九三学社佛山市委会、民革佛山市委会、王晓宁、陈世楷、罗俊宇、梅贤辉、罗斌华、黄漱流、刘建萍、曾小明、梁权辉等）。郭文海实地调研高明区荷城街道石洲村的农村人居环境整治、土地流转情况以及高明区花卉农业产业园（凌云花谷、旺林园艺）的建设发展情况，召开座谈会听取提案办理单位就提案相关内容汇报办理意见和落实措施，以及政协委员、企业家、群众代表对推进乡村振兴工作的意见建议，并在座谈会上对推进乡村振兴工作提出要求。

【市政协主席督办提案办理协商活动】 2021年8月6日，佛山市政协主席胡钛带队开展被市政协十二届五次会议列为政协主席督办提案的《关于发展和完善我市居家养老服务体系的建议》（七案合并，提案者为刘庆灿、单明、刘吉平、关永霭、卢钰、曹建宇、刘玉华等）的办理协商活动。实地考察南海区罗湖社区幸福院基础设施建设、服务项目落实及长者饭堂运营等相关工作，并考察南海区桃苑福利中心智慧养老服务平台建设及运营情况，召开市政协主席督办案座谈会。座谈会上，市民政局、市住房城乡建设局、市卫生健康局、市医保局有关负责人分别介绍提案办理情况以及下一步工作计划。座谈会上，胡钛对推进居家养老服务发展工作提出要求。

【佛山企业家·市长面对面专题协商】 2021年8月27日，佛山市举行2021年佛山企业家·市长面对面协商座谈会，围绕“以打造一流营商环境为抓手，着力稳链强链控链，推动佛山制造业高质量发展”开展专题协商。中共佛山市委副书记、市长郭文海出席会议并讲话，市政协主席胡钛主持会议。座谈会上，来自全市科技型中小企业的16名代表发言，介绍企业发展状况及遇到的困难问题，并提出相关意见建议。其中，数字化转型、招才留才、产业发展空间是企业代表关注的焦点。针对企业意见建议，市相关职能部门现场一一作出回应。会上，市政协副主席万志康通报前期调研情况，并提出建议。会后，市政协结合企业反映的诉求，梳理有关生产要素、人才支持、公共服务、政策支持、产业发展等五大类共34条问题报市委、市政府。

【公交站（场）选址与布局优化专题协商】 2021年9月9日，佛山市政协副主席黄福洪带领市政协委员、民主党派代表20余人，围绕全市公交站（场）选址与布局优化，与市交通运输局、市自然资源局开展专题协商，形成《关于我市公交站（场）选址与布局优化专题协商情况报告》。报告建议，要加快专项规划编制，强化全市各类公交站（场）规划建设的统筹；通过多种渠道增加公交站（场）供给，解决用地保障问题；加强“公交+轨道”有效衔接和贯通，优化公交发展模式；强化公交站（场）布局和建设的智能化、精细化、人性化。

【打造共建共治共享的城市社区治理新模式专题协商】 2021年9月下旬，佛山市政协副主席张兵带队就如何打造共建共治共享的城市社区治理新模式开展专题协商。协商组前期先到各区开展调研，分别调研考察禅城区塔坡社区、南海区尖东社区、顺德区文华社区、高明区明城社区、三水区康华社区等10多个社区。协商日，协商组到禅城区祖庙街道兰桂社区、南浦社区实地视察。协商组在调研和视察基础上召开专题协商会议，听取市委政法委、市民政局等部门有关情况介绍，并与市司法局、市住建局和市文广旅体局等相关部门座谈交流，提出意见建议，最后形成《关于打造共建共治共享的城市社区治理新模式的专题协商报告》。报告就如何打造共建共治共享的城市社区治理新模式提出4点建议：深化社区治理重要性认识，加强基层社区治理能力建设，探索民主协商推进社区治理新模式，发挥政协组织作用赋能基层治理。

（程　宏）

参政议政

【概况】 2021年，佛山市政协组织开展“我市3岁以下婴幼儿照护服务发展”“佛山市种业高质量发展”专题调研议政，相关建议案得到市委、市政府主要领导批示。年内，开展“企业暖春行动”和“优化营商环境”提案办理“回头看”活动，到企业和镇（街道）调研，收集意见建议，供党委、政府科学决策。市政协十二届五次会议期间，委员们通过视频会议形式列席佛山市第十五届人民代表大会第六次会议，听取并讨论佛山市市长朱伟所作的《政府工作报告》。

【“企业暖春行动”专题调研】 2021年3月，佛山市政协主席胡钛，副主席郑灿儒、唐冬生、骆毓林、朱华仙、万志康、杨小晶、张兵分别率调研组开展“企业暖春行动”专题调研，到各区40多家企业走访调研，传达市委、市政府关怀和支持企业发展的政策措施，与企业负责人座谈交流，协调相关部门解决企业难题，形成《关于“企业暖春行动”工作情况报告》。报告指出人才政策配套不够完善，企业发展空间受限问题较普遍，经营成本不断加大，产业政策的科学性、可及性、精准性不够强，金融支撑与企业需求还不相适应，以及其他个性化问题等企业普遍反映的意见建议。

【佛山市“3岁以下婴幼儿照护服务发展”专题调研】 2021年4—9月，佛山市政协副主席唐冬生、朱华仙带队开展“我市3岁以下婴幼儿托育照护服务发展”专题调研，全面摸清全市婴幼儿托育照护服务发展现状，找出找准存在问题，提出针对性对策建议，形成《佛山市3岁以下婴幼儿托育照护服务发展情况调研报告》。10月19日，召开常委会会议，对调研报告进行专题议政。会后形成《政协佛山市委员会常委会会议关于推进3岁以下婴幼儿照护服务高质量发展，切实解决人民群众“急难愁盼”托育问题的建议案》报市委、市政府。建议案提出加快构建以家庭为基础、社区为依托、机构为补充的婴幼儿照护服务体系，创新发展“托幼一体化模式、机关事业单位模式、社区普惠模式、企业园区模式”等多层次、多样化的婴幼儿照护服务模式，出台相关普惠托育服务政策，加强行业人才储备等一系列建议。

【“佛山市种业高质量发展”专题调研】 2021年4—9月，佛山市政协副主席唐冬生、骆毓林带领调研组开展“佛山市种业高质量发展”专题调研，并形成专题调研报告。10月12日，召开主席会议，对调研报告进行专题议政。会后形成《关于落实种业振兴行动方案，促进佛山现代农业高质量发展的建议案》。建议案提出，落实《种业振兴行动方案》，实施种业振兴计划，以解决种业用地瓶颈问题为突破口，加快种业载体建设，提升种业企业竞争力，壮大种业人才队伍，加强种质资源保护与利用，维护种子市场秩序，以“一把手工程”顶格推进，多部门联动，加快推进全市种业高质量发展。

【“优化营商环境”系列提案办理“回头看”活动】 2021年7月8日，佛山市政协主席胡钛带队开展“优化营商环境”提案办理“回头看”活动。胡钛一行考察佛山供电营业厅和配网调度指挥中心，了解佛山优化“获得电力”营商环境的工作举措。座谈会上，市发展改革局、司法局、商务局、市场监管局有关领导分别介绍提案的落实情况以及全市优化营商环境的举措、成效和下一步工作计划。

（程　宏）

民主监督

【概况】 2021年，佛山市政协围绕佛山市中心城区城市形态更新、南海区村级工业园改造、古建筑保护和活化、宗教活动场所管理、“百里芳华”乡村振兴示范带建设等开展视察活动，并形成系列专题视察报告报市委、市政府，其中，关于“东平河滨水生态整治和建设”视察报告相关建议被中国共产党佛山市第十三次代表大会报告吸纳。

【“迳口华侨农场改革发展情况”专题视察】 2021年4月14日，佛山市政协副主席郑灿儒带领10余名委员，到三水区南山镇开展“迳口华侨农场发展情况”专题视察。视察组一行先后视察箭牌家居集团股份有限公司、归侨文化馆、漫江社区幸福村，了解迳口华侨农场在企业科技创新、公共文化服务、危房改造落实等方面的发展情况以及当地归侨侨眷的生活情况，并形成《关于三水区南山镇（迳口华侨农场）改革发展情况的视察报告》。报告建议：完善统筹协调，支持侨区实现高质量发展；以乡村振兴为抓手，逐步实现城乡风貌全面改善；加大资金投入，为全面实施乡村振兴提供有力保障；借助侨务资源优势，助力侨区乡村振兴。

【“我市中心城区城市形态更新”委员视察】 2021年6月22日，佛山市政协副主席郑灿儒率队开展“我市中心城区城市形态更新”委员视察活动，形成《关于“我市中心城区城市形态更新”委员视察情况的报告》。报告建议：直面佛山中心城区无亮点的历史老大难问题，由市政府牵头狠抓中心城区建设工作；

以前所未有的魄力决心和建设佛山“一环”高速公路、地铁城轨的资金投入量，着力打造城市名片；以新思路新机制加大力度盘活中心城区存量用地；坚持政府主导，积极引入多方力量参与城市更新。

【“推进东平河滨水生态区整治和建设”委员视察】 2021年7月21日，佛山市政协主席胡钛带队开展“推进东平河滨水生态区整治和建设”专题视察，研究探讨加快推进东平河滨水生态区规划、建设、提升，形成《关于推进东平河滨水生态区整治和建设委员视察情况报告》。报告建议：加强规划衔接，切实提高规划部署、实施推进的统一性；在规划建设策略上必须建立“空间留白”和协同发展机制；把解决通行问题作为抓手，激活滨水生态区的空间联系；推动东平河滨水区域对高端产业的引入和集聚，以滨水区域建设带动水岸经济发展；坚持“增绿”“添文”，提升滨水区域的人文内涵和本土风情。

【“台港澳青年在佛山创业就业（人才引进）情况”专题视察】 2021年7月28日，佛山市政协副主席郑灿儒带领40多名委员对“台港澳青年在佛山创业就业（人才引进）情况”开展专题视察。视察组一行现场视察季华实验室、工合空间粤港澳青年家园、南海·青创家等佛山市青年创新创业平台和基地，并召开座谈会，听取中共佛山市委台港澳办、市科技局、市人力资源社会保障局、市金融局、团市委及南海区委统战部的相关情况介绍，形成《关于台港澳青年在佛山创业就业（人才引进）情况专题视察报告》。报告建议：要加强统筹协调，形成“一盘棋”工作格局；完善配套政策，加强与台港澳政策对接；拓宽交流合作渠道，增强台港澳青年归属感。

【“我市古建筑保护和活化情况”专题视察】 2021年8月27日，佛山市政协副主席唐冬生率市政协委员开展“我市古建筑保护和活化情况”专题视察并进行协商议政，了解全市古建筑保护和活化基本情况和存在问题，并提出下一步加强全市古建筑保护和活化的对策，形成《关于我市古建筑保护和活化情况专题视察的报告》。报告提出加强思想认识和责任担当，加大市、区各部门统筹工作力度，加强古建筑保护修缮工作落实，加强探索设立保护专项资金等建议。

【“我市宗教活动场所管理情况”专题视察】 2021年8月下旬，佛山市政协副主席张兵带领30余名委员就“我市宗教活动场所管理情况”开展专题视察，实地视察仁寿寺改造提升工程和基督教升平堂，听取市民族宗教局有关情况介绍，与市公安局、市税务局等有关部门座谈交流，提出意见建议，形成《关于我市宗教活动场所管理情况专题视察的报告》。报告建议：深化对宗教工作重要性的认识，构建齐抓共管大格局；完善基层宗教工作制度机制，提升管理监督工作水平；加强宗教活动场所自身建设，强化自我管理；加大保护宗教界合法权益力度，强化服务保障。

2021年7月21日，佛山市政协组织开展“推进东平河滨水生态区整治和建设”专题视察

（市政协　供图）

【“‘百里芳华’乡村振兴示范带建设”专题视察】 2021年9月15日，佛山市政协副主席骆毓林带领40多名市政协委员开展“‘百里芳华’乡村振兴示范带建设”专题视察。视察组现场视察顺德区勒流街道黄连村、伦教街道良仁涌水环境提升工程等百里芳华乡村振兴示范带重点建设项目，并召开座谈会，听取市农业农村局的有关情况汇报，形成《关于百里芳华乡村振兴示范带建设专题视察的报告》。报告提出要加大推进力度，完善顶层设计，加快重点项目建设，串点连线、连片成带，发动社会力量参与示范带等建设。

【“南海村级工业园改造，促进城乡融合发展”专题视察】 2021年9月28日，佛山市政协副主席万志康带领40多名市政协委员，就“南海村级工业园改造，促进城乡融合发展”开展专题视察，先后视察里水大冲科技生态园、大沥时代全球创客小镇，听取南海区整改办的情况介绍。视察结束后，根据委员提出的意见建议进行再调研，并形成《关于南海村级工业园改造，促进城乡融合发展专题视察的报告》。报告建议：坚持政府对“村改”的主导地位；坚持连片规划、连片整合、有序开发；要以“村改”为契机，征收储备一批国有工业用地；要想方设法降低“村改”前期成本；要坚持“工改工”（对旧厂房实施拆除重建、微改造等，建设新的工业厂房，提高工业用地利用效率、拓展产业发展空间）的大方向，但在空间布局上不能搞“一刀切”；要通过体制机制创新助力“村改”。

（程　宏）

纪委监委

综　述

【概况】 2021年，佛山市各级纪检监察机关推进全面从严治党、党风廉政建设和反腐败斗争，一体推进不敢腐、不能腐、不想腐，发挥监督保障执行、促进完善发展作用，推动纪检监察工作高质量发展，各项工作取得新进展。坚持把深入学习贯彻习近平新时代中国特色社会主义思想作为首要政治任务，贯彻落实习近平总书记重要讲话和重要指示批示精神，推动党员干部忠诚拥护“两个确立”（确立习近平同志党中央的核心、全党的核心地位，确立习近平新时代中国特色社会主义思想的指导地位）、坚决做到“两个维护”（坚决维护习近平总书记党中央的核心、全党的核心地位，坚决维护党中央权威和集中统一领导）。持续跟进监督、精准监督、全程监督。严明政治纪律和政治规矩，查处违反政治纪律案件15件。紧盯换届纪律强化监督，回复党风廉政意见2461人次，提出暂缓使用、不宜使用意见32人次。加强政治巡察，市委巡察机构完成对98个市管党组织的巡察监督；5个区完成对272个区管党组织的巡察监督，完成对790个村（社区）党组织的巡察监督，保证政令畅通。推进腐败案件查处，全年立案1799件，其中处级干部49人，比上年增长44.1%；处分1489人，增长6.8%；移送检察机关51人；在高压震慑和政策感召下，254人向纪检监察机关主动投案，346人主动交代问题。运用“四种形态”批评教育帮助和处理4696人次，“四种形态”分别占比67%、25.1%、3.3%、4.6%，实现由“惩治极少数”向“管住大多数”拓展。处置涉黑涉恶腐败和“保护伞”问题线索74条，立案67件，处分51人，移送检察机关13人，涉黑组织案件挖伞率达100%。举办全市领导干部党章党规党纪教育培训班和“双集”班（权力集中部门资金密集领域领导干部培训班），全市举办各类纪律教育学习班290余场。贯彻落实中央八项规定精神，驰而不息纠治“四风”（形式主义、官僚主义、享乐主义和奢靡之风）。查处违反中央八项规定精神问题257起266人，其中形式主义、官僚主义问题118起151人。围绕党政机关“庸、懒、散、拖、乱”作风等突出问题开展专项整治，处置作风方面问题线索367条，立案100件，处分75人，移送检察机关13人，通报作风突出问题5批21起25人。推进基层正风肃纪反腐，围绕乡村振兴、疫情防控等民生重点领域，查处民生领域腐败和作风问题230个，处分214人，移送检察机关40人。落实纪检监察工作双重领导体制，加强上级纪委监委对下级纪委监委、派出机关对派驻机构的领导，严格执行请示报告制度，加强对请示报告清单执行情况的监督检查。发挥联组协作区机制作用，健全落实“室组”（监督检查室、纪检监督组）联动监督、“室组地”（监督检查室、纪检监督组、地方纪委监委）联合办案机制。加强基层纪检监察组织建设，依法有序推进村（社区）纪委书记、纪检委员等兼任村（社区）务监督委员会主任，兼任比例达90.83%，完善规范村级纪检监察组织工作运行机制。严肃查处纪检监察干部跑风漏气、执纪违纪、执法违法、失职失责行为，坚持刀刃向内，持续严防“灯下黑”，全市处置纪检监察干部问题线索29条，处分处理12人。强化全员培训，突出政治引领、纪法业务，分层分片分类开展各类培训337期，市、区、镇（街道）三级纪检监察干部培训覆盖率达100%。

【纪检监察工作创新】 2021年，中国共产党佛山市纪律检查委员会继续以改革的思路和办法推进纪检监察工作，在多个方面取得创新。建立健全办案、整改、治理和办案、监督、警示一体贯通的机制，制定实施“室组地”联合办案工作意见，破解跨层级、跨地域、跨行业查办案件面临的协调取证难问题；深化整治群众身边腐败和不正之风，创新开展“五访”（首问“接访”、主动“下访”、指定“约访”、跟踪“回访”、定期“巡访”）联动，纵深推进基层“三多”（多年、多层、多头）信访举报专项治理，化解重复、越级涉腐涉纪信访积案和疑难问题件，信访举报总量、上级转办量、重复举报量明显下降，实名举报办结满意率大幅上升；形成巡察上下联动工作格局，在对象覆盖上整合市、区监督巡察力量，创新采取“专项+提级+交叉”模式，开展全市涉粮问题专项巡察，全市查处业务主管监管部门落实粮食监管责任方面问题35个，国有粮食企业“靠粮吃粮”方面问题21个，取得阶段性成效。

【重要会议】 2021年，佛山市召开市纪委全体会议2次，分别是中国共产党佛山市第十二届纪律检查委员会第七次全体会议和中国共产党佛山市第十三届纪律检查委员会第一次全体会议。

中国共产党佛山市第十二届纪律检查委员会第七次全体会议于2021年3月23日在佛山市机关大礼堂召开。中共佛山市委书记、市人大常委会主任鲁毅出席全会并讲话，中共佛山市委副书记、市长朱伟传达习近平总书记在十九届中央纪委五次全会上的重要讲话和中央纪委全会、省纪委全会精神。全会审议通过中共佛山市委常委、市纪委书记、市监委主任梅河清代表市纪委常委会所作的工作报告，组织6名市有关单位党组织主要负责人述责述廉。全会指出，做好2021年纪检监察工作，要以习近平新时代中国特色社会主义思想为指导，全面贯彻党的精神，贯彻落实党的部署，增强“四个意识”（政治意识、大局意识、核心意识、看齐意识）、坚定“四个自信”（中国特色社会主义道路自信、理论自信、制度自信、文化自信）、做到“两个维护”（坚决维护习近平总书记党中央的核心、全党的核心地位，坚决维护党中央权威和集中统一领导），坚持稳中求进工作总基调，立足新发展阶段、贯彻新发展理念、构建新发展格局，以推动高质量发展为主题，坚定不移全面从严治党，忠实履行党章和宪法赋予的职责，推动党中央决策部署有效落实，围绕现代化建设大局发挥监督保障执行、促进完善发展作用，一体推进不敢腐、不能腐、不想腐，深化纪检监察体制改革，推进规范化法治化建设，加强干部队伍建设，为佛山争当全省地级市高质量发展领头羊、奋力开启社会主义现代化建设新征程提供坚强政治保障，以优异成绩庆祝中国共产党成立100周年。

中国共产党佛山市第十三届纪律检查委员会第一次全体会议于2021年11月29日召开。中共佛山市纪律检查委员会委员35人出席会议，会议选举产生新一届市纪委领导班子。会议强调，新一届市纪委要深入学习贯彻中共十九届六中全会精神，贯通运用党的百年奋斗历史经验，以有力有效的监督执纪保障市第十三次党代会部署的各项任务落到实处，努力向党和人民交出一份满意的答卷。

（王一夫）

2021年3月23日，中国共产党佛山市第十二届纪律检查委员会第七次全体会议在佛山市机关大礼堂召开

（市纪委监委 供图）

政治监督

【概况】 2021年，佛山市纪检监察机关持续跟进监督、精准监督、全程监督，保障重大决策部署落实到位。严明政治纪律和政治规矩，全市查处违反政治纪律案件15件。加强违建别墅问题专项清查整治监督执纪执法，完成4个顶风违建别墅项目调查工作，精准追责问责，全市查处相关违纪违法问题39个。开展粮食购销领域腐败问题专项整治，开展自查自纠工作，全市查处业务主管监管部门落实粮食监管责任方面问题35个，国有粮食企业“靠粮吃粮”方面问题21个，取得阶段性成效。开展重大项目落实中的形式主义、官僚主义突出问题专项整治，重点跟进监督全市207个重大项目进展情况，“室组地”联动开展监督检查530次，推动134个民生项目解决相关问题。围绕“百里芳华”乡村振兴示范带、重大交通基础设施等建设项目开展专项监督检查，发现问题97个，推动一批久拖不决、群众反映强烈的问题得到解决。落实好常态化疫情防控各项措施，筑牢阻击疫情的严密防线，围绕党中央关于统筹疫情防控和经济社会发展的决策部署，坚决落实市委、市政府关于抗疫的决策安排，组织党员干部奔赴9个村（社区）参与疫情一线防控106人次，做好留置场所常态化疫情防控。

【“一把手”和领导班子监督】 2021年，佛山市纪检监察机关严格落实《中共中央关于加强对“一把手”和领导班子监督的意见》，破解“一把手”监督难题。精准规范用好问责利器，以案件查办促管党治党责任的落实，市纪检监察机关查处“一把手”违纪违法案件368件368人，其中处级以上干部66人，移送司法机关处理51件51人。市纪检监察机关共约谈领导班子成员、重点岗位人员2773人次，立案审查调查“一把手”21人。坚持和完善述责述廉工作，组织市管“一把手”89人向市委书面述责述廉、6人向市纪委全会述责述廉。全市纪检监察机关深化运用“四种形态”批评教育

2021年8月31日，2021年佛山市领导干部党章党规党纪教育培训班在佛山市机关大礼堂举行 （市纪委监委 供图）

帮助和处理4696人次，“四种形态”分别占比67%、25.1%、3.3%、4.6%，实现由“惩治极少数”向“管住大多数”拓展。落实党内谈话制度，制定党内谈话工作细化指引，市委领导带头对新提任“一把手”开展提醒谈话，示范带动各级党组织和“一把手”管好队伍，全市处级以上领导干部开展提醒谈话2080人次、警诫谈话36人次。针对2021年度落实主体责任不够重视、不够到位等问题相对突出的7个单位党组织，由市纪委监委主要负责人对其“一把手”进行集中约谈提醒，强调党风廉政建设主体责任。坚持举办全市领导干部党章党规党纪教育培训班和“双集”班（权力集中部门资金密集领域领导干部培训班），提升“一把手”和党员领导干部落实全面从严治党的政治责任意识。依托党风廉政建设主体责任评估系统，制定任务清单，将各区区委和67个市直单位党组织及领导班子成员共415名责任人纳入评估监督范围，实现对“一把手”和领导班子主体责任工作数据化、标准化、智能化监督，通过抓好“关键少数”带动“绝大多数”。

【换届纪律监督】 2021年，佛山市纪检监察机关严明换届纪律，加强换届风气监督，抓紧抓实信访举报优先处置与党风廉政意见回复，严把选人用人政治关、廉洁关，防止“带病提拔”，确保换届工作平稳、健康、有序开展。佛山市纪委监委回复党风廉政意见2461人次，提出暂缓使用、不宜使用意见32人次。开展换届纪律监督，落实换届纪律要求，加大问题线索处置力度，先后通报相关典型案例6起，会同组织部门对各区及部分镇（街道）先后开展换届风气巡回督查4轮。佛山市纪检监察机关接收的涉换届信访举报量比上次换届下降84.2%。同年4月28日，佛山市纪委监委召开专题会议，对全市纪检监察机关严肃换届纪律、加强换届风气监督工作进行再动员、再部署、再推动。会议要求，要严格执行省纪委监委制发的党风廉政意见回复处理办法，做好党风廉政意见回复工作；狠抓监督执纪，全面起底、精准处置换届人选问题线索；保持高压态势，从严从快查处涉换届违纪违法问题，确保全市换届工作顺利开展、风清气正。

（王一夫）

反腐倡廉

【概况】 2021年，佛山市纪检监察机关保持高压态势，坚持“六个一起抓”，即减存量和遏增量、打虎和拍蝇、受贿和行贿、查人和追赃、追逃和防逃、办案和安全一起抓，以零容忍态度惩治腐败，确保利剑高悬、震慑常在，为不能腐、不想腐创造条件。全市纪检监察机关接收检举控告1828件；处置问题线索5282条，同比增长33.1%；全市立案1799件，同比增长1%，其中处级干部49人，同比增长44.1%；处分1489人，同比增长6.8%；移送检察机关51人；254人向纪检监察机关主动投案，346人主动交代问题。重点查处王雪、戴景田、黄文富、李小锋等严重违纪违法案件。配合开展政法队伍教育整顿，坚决惩治执法司法腐败问题，立案审查调查政法干警171人，运用“四种形态”处理处分400人，其中处级干部35人。坚持受贿行贿一起查，立案审查调查行贿人员47人。坚持追逃防逃两手抓，追回外逃人员7人，追回赃款706.75万元，数量均排全省前列。严厉惩治涉黑涉恶腐败和“保护伞”，全市处置涉黑涉恶腐败和“保护伞”问题线索74条，立案67件，处分51人，移送检察机关13人，涉黑组织案件挖伞率达100%。科学统筹办案和安全，优质高效推进新留置点建设和管理，全覆盖开展留置场所安全隐患排查，实现办案安全“零事故”。

【反腐机制完善】 2021年，佛山市纪检监察机关坚持“惩、治、防”相统一，建立健全办案、整改、治理和办案、监督、警示一体贯通的机制，以系统施治、标本兼治的理念正风肃纪反腐。深化以案促改、以案促建、以案促治，针对监督检查、审查调查中发现的突出问题，提出纪检监察建议77份，督促相关单位建立完善制度机制。严格执行市委、市政府关于防止领导干部利益冲突的暂行规定，开展公职人员拥有非上市公司（企业）股份专项清理，抽查领导干部防止利益冲突事项，配套建立报告核查、利益回避等5项机制，防范商品交换原则向党内渗透，推进防范关口前移。针对“村改”专项监督发现的问题，督促相关职能部门建立健全土地评

2021年9月1日，佛山市第十期权力集中部门资金密集领域领导干部培训班在佛山市纪法教育基地举行。图为学员们接受现场教学　　（市纪委监委　供图）

估、拆迁补偿等相关方面的制度机制。推进突出创新机制，制定实施“室组地”（监督检查室、纪检监察组、地方纪委监委）联合办案工作意见，破解跨层级、跨地域、跨行业查办案件面临的协调取证难问题。

【纪律教育开展】 2021年，佛山市纪检监察机关坚持效果导向，把“不忘初心、牢记使命”作为必修课、常修课，加强纪法教育，提高党性觉悟，涵养廉洁文化，实现不敢腐、不能腐的升华。开展纪律教育学习月活动，坚持举办全市领导干部党章党规党纪教育培训班和“双集”班（权力集中部门资金密集领域领导干部培训班），全市举办各类纪律教育学习班290余场，接受教育党员干部达7.2万人次，推动党员干部切实把做到“两个维护”内化于心、外化于行。做实同级同类干部警示教育，拍摄警示教育片，编印警示案例集，统筹组织11个案发单位及相关职能部门开展“以案四说”（以案说纪、以案说法、以案说德、以案说责）警示教育。用好用活市纪法教育基地，及时更新领导干部严重违纪违法案例，设置农村基层典型违纪违法案例专题展厅，组织全市570余个单位2万余名党员干部到基地接受警示教育。加强受处分人员跟踪回访教育工作，建立“谁立案谁回访”“一人一策”等机制，个性化做好思想教育、政策感化，全年对492名受处分党员干部开展跟踪回访教育，严肃查处一批诬告陷害案件。弘扬廉洁文化，制作“廉问+”原创视频17条，多层次、全方位、广覆盖投放各类廉政公益广告，营造崇廉尚洁的良好社会氛围。

【首次向市人大常委会报告反腐败国际追逃追赃工作】 2021年9月17日，佛山市监察委员会首次向市人大常委会报告关于开展反腐败国际追逃追赃工作情况。2015—2021年，佛山共从25个国家和地区追回外逃人员106人，包括“红通人员”9人等，追回赃款4736.78万元，追回人数、追赃金额均居全省前列。中共十八大以来，在以习近平同志为核心的党中央坚强有力领导下，佛山旗帜鲜明反腐败，始终保持“打虎”“拍蝇”“猎狐”高压态势，建立健全追逃追赃工作机制。市纪委监委在各区成立追逃追赃专门机构，形成上下联动工作格局；对追逃追赃案件实行台账式管理，严格落实“一案一专班”机制，坚持“一案一策”，精心制定追逃方案，综合运用法律震慑、宣传发动、信息技术等手段，一批重点外逃腐败分子被缉拿归案或主动投案，同时对赃款追缴到位。扎牢扎紧防逃制度笼子，将防逃工作纳入对公职人员日常监督管理，把防逃工作贯穿职务犯罪案件办理全过程，强化对公职人员因私出国（境）的审批把关，监察体制改革后，佛山成功阻止12名有外逃倾向的监察对象出境，一体推进追逃防逃追赃工作，推动反腐败国际追逃追赃工作高质量发展。

（王一夫）

作风建设

【概况】 2021年，佛山市纪检监察机关重点围绕各级党政机关党员干部和工作人员存在的“庸、懒、散、拖、乱”等作风突出问题，通过自查自纠、执纪问责、通报曝光等方式在全市开展专项整治。集中整治期间，全市各级各部门自查自纠问题531个，制定整改措施862项；全市纪检监察机关共处置作风方面问题线索367条，立案100件，处分75人，移送检察机关13人，通报作风突出问题5批21起25人；严肃查处一批党员干部和工作人员违规决策建设项目、城市管理不作为、执法检查走过场、收受红包礼金等案件。

【“四风”纠治】 2021年，佛山市纪检监察机关坚持暗访、查处、追责、通报“四管齐下”，深化“四风”（形式主义、官僚主义、享乐主义和奢靡之风）问题纠治，在全市持续开展违反中央八项规定精神突出问题专项整治，各区、市直各单位自查自纠问题41个，全部完成整改。全市查处形式主义、官僚主义问题118个，处分151人，发现并通报基层在违章建筑、水环境处置治理中的形式主义、官僚主义问题，处分40人，推动全部完成整改。开展学习调研工作中形式主义官僚主义问题专项整治，发现问题1162个，推动制定整改措施1281条、建立完善相关制度31项，推动解决文山会海、检查考核过多过频问题。查处享乐主义、奢靡之风问题139个，处分115人，治理公务接待中“吃公函”问题，严查严治不吃本级吃下级、超标接待拆分报销、物流快递送礼等隐形变异问题，坚持节前通知、监督检查、通报曝光、节后总结等做法，严防“四风”反弹回潮。

【群众身边腐败和不正之风整治】2021年，佛山市纪检监察机关推进基层正风肃纪反腐，围绕乡村振兴、疫情防控等民生重点领域，部署开展18项专项整治，建立市纪委监委领导督办重点民生项目清单，推动解决群众急难愁盼问题。全市纪检监察机关查处民生领域腐败和作风问题230个，处分214人，移送检察机关40人。开展基层执法领域侵害企业和群众利益突出问题专项整治，坚决查处吃拿卡要、权力寻租等不作为、慢作为、乱作为问题，以有力监督推动“六稳”（稳就业、稳金融、稳外贸、稳外资、稳投资、稳预期）“六保”（保居民就业、保基本民生、保市场主体、保粮食能源安全、保产业链供应链稳定、保基层运转）政策措施落实落地。加强对惠民富民、共同富裕政策措施落实情况的监督检查，推动巩固拓展脱贫攻坚成果同乡村振兴有效衔接。出台关于继续推进“一卡通”落地的工作方案，开展惠民惠农“一卡通”落地情况专项监督检查，推动有效解决“卡点”“堵点”问题。创新开展“五访”联动，纵深推进基层“三多”信访举报专项治理，化解重复、越级涉腐涉纪信访积案和疑难问题件，信访举报总量、上级转办量、重复举报量明显下降，实名举报办结满意率大幅上升。深化基层执法领域侵害企业和群众利益突出问题专项整治，坚决查处吃拿卡要、故意刁难、随意执法等损害营商环境行为，全市共处置问题线索929件，立案311件，处分179人，移送检察机关21人。

【作风建设常态化长效化】2021年，佛山纪委监委为健全完善作风建设制度机制，巩固拓展专项整治成效，推动构建“亲而有度、清而有为”的亲清政商关系，以改革的思路和办法落实节前通报曝光、节中监督检查、节后督促整改工作机制，推动有关部门开展规范津贴补贴发放、清理整治违规使用公租房，建立健全长效约束机制。同时，坚持“三个区分开来”（把干部在推进改革中因缺乏经验、先行先试出现的失误和错误，同明知故犯的违纪违法行为区分开来；把上级尚无明确限制的探索性试验中的失误和错误，同上级明令禁止后依然我行我素的违纪违法行为区分开来；把为推动发展的无意过失，同为谋取私利的违纪违法行为区分开来），完善容错纠错机制，全市纪检监察机关共为受到不实举报的党员干部澄清是非992人次，对492名受处分党员干部开展跟踪回访教育，严肃查处一批诬告陷害案件。

（王一夫）

巡察监督

【概况】2021年，佛山市委巡察机构精准落实政治巡察要求，实现十二届市委任期内巡察全覆盖目标，其中市级共完成对98个市管党组织的巡察监督；5个区共完成对272个区管党组织的巡察监督，完成对790个村（社区）党组织的巡察监督。统筹推进第九轮市委巡察，组建6个市委巡察组分别对顺德职业技术学院党委开展常规巡察、对5个镇（街道）党（工）委开展提级巡察“回头看”，发现问题225个、问题线索9条。开展涉粮问题专项巡察，从政治和业务两方面查找问题，发现问题162个、线索29条，及时发现影响制约全市粮食安全的风险隐患。提升发现问题精准度，严格执行《巡察报告问题底稿管理暂行办法》，通过开展中期调研、召开中期汇报会、办组会商等措施，及时为巡察工作把关定向，提高发现问题的精准度和质量。

【巡察整改落实机制完善】2021年，佛山市委巡察机构坚守政治巡察定位，围绕巡而不改、改而不实等问题，通过召开巡察整改工作会议、公开通报整改情况、纳入市直机关党的建设考核指标等方式压实整改主体责任，强化纪检监察机关和组织部门巡察整改日常监督责任，推动整改落实情况及时反馈。严格落实巡察成果“四通报”制度，将第九轮巡察情况及时向分管市领导、市纪委监委、市委组织部和相关职能部门通报，扩大提级巡察“回头看”成果运用。督促移交问题线索办理，市委九轮巡察共移交线索198条，截至2021年底，办结159条（办结率80.3%），立案39件，立案39人，党纪政务处分28人，移送司法5人，组织处理99人。

【巡察工作上下联动开展】2021年，佛山市委巡察机构制定《佛山市贯彻落实巡视巡察上下联动意见的若干措施》，强化巡察机构与纪检监察机关和组织、审计等部门的协作配合，构建上下联动、左右协同的工作机制。在组织上加强对市、区两级巡察统筹联动，召开全市巡察办主任会议，研究2021年市、区巡察重点工作；在对象覆盖上整合市、区监督巡察力量，创新采取“专项+提级+交叉”模式，开展全市涉粮问题专项巡察；在协作配合上完善落实党委书记听取巡察汇报情况报备、下级巡察机构定期向上一级巡视巡察机构报告工作等制度机制；在工作机制贯通融合上，组织召开完善和优化纪检监察与巡察监督对接协作配合机制座谈会，加强各类监督信息、资源和力量的共享共用。市纪委监委、市委组织部、市审计局等部门向巡察机构通报有关情况129条，为巡察精准发现问题提供靶向和指引。

【佛山巡察工作会议暨十二届市委第九轮巡察动员部署会】2021年4月12日在佛山市机关小礼堂召开。佛山市委巡察工作领导小组成员、巡察机构全体人员出席会议。会议通报市委第八轮巡察情况，宣布第九轮巡察组长授权任职及任务分工决定。该轮巡察对象为禅城区南庄镇、南海区西樵镇、顺德区北滘镇、高明区荷城街道、三水区南山镇和顺德职业技术学院党委等6个单位，巡察时间为4—5月。

（王一夫）

民主党派·工商联

中国国民党革命委员会佛山市委员会

【概况】 2021年，中国国民党革命委员会佛山市委员会发展新党员25人，平均年龄41岁，均具有大学以上学历（其中博士2人、硕士2人），高级职称10人。截至2021年底，全市有民革党员431人，其中分布在教育界129人、经济界74人、医卫界79人、新的社会阶层75人、其他界别74人。党员男性267人、女性164人，平均年龄52岁，大学以上文化程度356人，高级、中级职称291人。设有5个总支部和18个支部，有参政议政等5个专门委员会。有全国“优秀民革党员之家”2处、省级“优秀民革党员之家”3处。有全国民革示范支部2个、省级民革示范支部4个。年内，民革佛山市委会作为执行单位协办由民革中央和广东省政协主办的2021中国实体经济论坛。

【思想建设】 2021年，中国国民党革命委员会佛山市委员会及各级基层组织定期召开民主生活会。修订完善《民革佛山市委会规章制度汇编（初稿）》。将民革作风建设年活动与中国共产党党史学习教育、庆祝中国共产党成立100周年活动相结合，定期举行或组织民革党员参加报告会、座谈会、研讨会、培训班等，开展主委走基层讲民革党史、中共党史、多党合作史活动。召开民革佛山市委会委员（扩大）会议，学习中共中央总书记习近平在庆祝中国共产党成立100周年大会及纪念辛亥革命110周年大会上的重要讲话精神、中共十九届六中全会精神和《中国共产党统一战线工作条例》。深化“不忘合作初心，继续携手前进”“观故居，走多党合作之路”主题教育，组织民革党员赴红旗渠干部学院举办专题研讨班，组织参观谭平山故居、陈汝棠故居、韶关北伐战争纪念馆、仁化县双峰寨等爱国主义教育基地，参观“庆祝中国共产党成立100周年佛山统一战线书画展”等。发动民革党员参加“百年中国梦，风雨同舟情”——民革中央庆祝中国共产党成立100周年网络知识竞赛并获市级优秀组织奖。

【参政议政】 2021年，中国国民党革命委员会佛山市委员会有各级人大代表、政协委员50人次。其中省政协委员2人（含省政协常委1人）；市人大代表4人（其中市人大常委会委员1人）；市政协委员10人（其中市政协副主席1人、市政协常委1人）。在佛山市政协十二届五次会议期间，以民革佛山市委会或民革市政协委员名义提交提案39件，其中集体提案8件。会上，2020年提交的《关于加速推进广佛全域同城化建设的建议（六案合并）》等3件集体提案和《关于进一步完善我市重大疫情防控体系建设的建议（十案合并）》等2件个人提案获市政协十二届四次会议以来优秀提案

2021年9月24日，民革佛山市委会组织民革党员赴红旗渠干部学院举行专题研讨班。图为研讨班合照
（民革佛山市委会　供图）

奖，9名履职考核优秀委员获表扬。在佛山市政协十二届五次会议期间提交的提案中，《关于高质量提升佛山乡村振兴水平的建议（十一案合并）》《关于构建产业链“链长制”，增强产业链整体竞争力的建议（八案合并）》《关于把佛山打造成为区域消费中心城市的建议（九案合并）》3件提案分别被定为市长督办案、市政协经济科技委员会跟踪办理案及《佛山日报》跟踪督办案。市政协委员先后参加佛山市水利局、佛山市市场监督管理局、佛山市卫生健康局等部门召开的提案办理座谈会。此外，民革佛山市委会4名人大代表参加佛山市第十五届第五至第八次会议，提交或参与提交议案、建议共7件。

民革佛山市委会向佛山市政协报送各类信息102篇。其中被佛山市政协采用35篇，中共佛山市委采用4篇，中共广东省委、省政协采用4篇，全国政协采用2篇；向中共佛山市委统战部提交信息62篇，被采用10篇；向中国国民党革命委员会广东省委员会报送信息62篇，被采用13篇，其中1篇被民革中央采用。同年，民革佛山市委会被评为民革广东省委会2021年度反映社情民意信息工作先进集体一等奖。

民革佛山市委会组织参政议政骨干分10个组先后赴省内各地，围绕电力体制改革、都市现代农业、中医药文化交流、公证事业转型、强化基层调解、保险中介行业发展、落实“双减”（减轻义务教育阶段学生作业负担和校外培训负担）政策等课题开展调研，形成一系列调研成果。

【社会服务】 2021年，中国国民党革命委员会佛山市委员会继续开展以“博爱牵手·同心助困”为主题的系列社会服务活动。赴湛江市、贵州省毕节市纳雍县等地开展定点帮扶工作。市民革党员王甫能作为佛山市援黔东南苗族侗族自治州医疗卫生队成员赴当地开展东西部卫生健康协作工作，朱艳芳赴新疆维吾尔自治区喀什地区伽师县开展支教工作。此外，开展关爱原国民党抗战老兵、联合社会服务进社区等公益活动。市民革党员中的医护人员、机关干部等20多人参与新冠肺炎疫情基层抗疫工作，各级基层组织民革党员企业家捐赠风扇、水果、防护用品等物资价值20余万元。年内，民革佛山市委会及原市直总支、南海总支获“广东民革脱贫攻坚先进集体”称号，党员王殿武、伍宇漩、刘建华、刘波、张波、渠铮、简观德、潘苗获“广东民革脱贫攻坚先进个人”称号。民革佛山市委会获民革中央授予“民革助力脱贫攻坚工作先进集体”称号，专职副主委刘建华获民革中央授予“民革助力脱贫攻坚工作先进个人”称号。

【民革佛山市第十三次代表大会及第十三届委员会第一次全体会议】 2021年8月13日，中国国民党革命委员会佛山市第十三次代表大会在佛山皇冠假日酒店召开。大会选举产生民革佛山市第十三届委员会委员15人。随后召开的民革佛山市第十三届委员会第一次全体会议，选举产生以唐冬生为主任委员，刘建华、渠铮、刘建萍为副主任委员的新一届民革佛山市委会领导班子，并讨论通过以刘建萍为主任，黄向、黄衍光为副主任，张财娇等6人为委员的新一届监督委员会。

（李　蕾）

中国民主同盟佛山市委员会

【概况】 2021年，中国民主同盟佛山市委员会辖顺德区委会，有市直一、市直二、佛山科学技术学院、禅城区、南海区、高明区、三水区7个总支部，共50个支部。设有监督委员会等12个专门委员会。全年发展新盟员45人，共有盟员1124人，其中具有高级、中级职称的862人，占76.69%。8月8日，民盟佛山市委会完成换届工作，选举产生主委1人、副主委3人、市委会委员21人，新一届领导班子完成政治交接。年内，民盟佛山市委会提交的提案中，《关于加快建设三龙湾科技城的建议》《关于加速推进广佛全域同城化建设的建议（六案合并）》2件集体提案获评佛山市政协优秀提案。开展“农村教育烛光行动”等社会服务工作，获民盟中央“民盟社会服务工作先进集体”称号。

【思想建设】 2021年，中国民主同盟佛山市委员会学习贯彻中共十九大和十九届历次全会精神，重点学习中共中央总书记习近平在党史学习教育动员大会、庆祝中国共产党成立100周年大会上的重要讲话精神和中共十九届六中全会精神。民盟佛山市委会继续开展“不忘合作初心，继续携手前进”主题教育，把中共党史学习教育与民盟参政议政、自身建设和社会服务工作结合起来，增强盟员的参政党意识，在各项工作中始终坚持中国共产党的领导。组织开展纪念中国民主同盟成立80周年和佛山民盟组织成立70周年活动，策划拍摄《我们是民盟盟员》视频短片，编印《佛山民盟》内部刊物，利用盟庆日、骨干培训班和新盟员培训班，组织盟员学习盟章盟史，宣传中国共产党领导的多党合作和政治协商制度。在民盟成立80周年之际，民盟佛山市委会举办纪念中国民主同盟成立80周年座谈会、“坚守合作初心　携手团结奋进”——佛山盟员美术作品展等活动，组织盟员参观佛山市庆祝中国共产党成立100周年美术作品展、庆祝中国共产党成立100周年佛山统一战线书画展和庆祝中国共产党成立100周年主题档案文献展。组织盟员参观陈铁军烈士纪念馆、吴勤烈士纪念碑、中国人民解放军珠江纵队纪念馆、张澜家风轶事展等，并组织盟员撰写《学党史，感党恩，听党话，跟党走》等学习心得体会文章。

【参政议政】 2021年，中国民主同盟佛山市委员会继续向中共地方党委、地方政府举荐人才，截至年底，民盟佛山市委会有省人大代表1人，市人大代表10人（其中市人大常委会委员1人），市政协委员14人（其中市政协常委2人），区人大代表、政协委员54人，省、市特约监督员、检察员3人，市新的社会阶层人士联合会常务副会长1人。

佛山市“两会”（人大会议、政协会议）期间，民盟佛山市委会提交《关于加快我市生物医药与健康产业高质量发展的建议》《关于建立覆盖全市的“城市大脑”，高水平建设新型智慧城市》等8件市政协大会集体提案。民盟佛山市委会以自选课题调研，中共佛山市委出题、党派联合调研，承接民盟广东省委会课题调研等方式开展调研工作，全年完成调研成果10篇。调研成果中：《关于加快建设三龙湾科技城的建议》《关于加速推进广佛全域同城化建设的建议（六案合并）》2件集体提案获评市政协优秀提案，其中《关于加速推进广佛全域同城化建设的建议（六案合并）》被列为市政协重点提案，由中共佛山市委书记督办。围绕“佛山市十四五科技发展规划”“广东省季华实验室规划与建设”“打造云东海生物医药港”“大力培育专精特新企业”等主题开展参观考察、调研论证、建言献策。年内，民盟佛山市委会主委赵新文向佛山市人大会议提交代表建议5件。民盟佛山市委会向有关部门提交社情民意信息184篇，其中34篇信息获全国政协、广东省政协、中共广东省委办公厅、中共佛山市委等有关部门采用。

【社会服务】 2021年，中国民主同盟佛山市委员会加强与市教育局、市科技局、市文化广电旅游体育局、市工业和信息化局等部门的合作。把佛山市光明职业技术学校的土地、教学楼等不动产无偿划转给市教育局，推动规划建设佛山市教师发展中心。开展“农村教育烛光行动”，向市内的三水区、高明区，省内的清远市，以及贵州省黔东南苗族侗族自治州麻江县、广西壮族自治区梧州市的小学和职业中学捐赠价值50万元的图书、文具、体育器材等。与市科技局互访交流，推动江南大学、广东省医疗器械行业协会与市科技局、三水区对接合作，推动佛山云东海生物医药港产业园规划建设。立项开展佛山市“文艺四杰”研究，搜集盟员刘传、林君选、陈凝丹、梁荫棠的先进事迹以及对佛山市文化发展的贡献，推动广东民盟盟史馆佛山分馆的筹建。号召全市民盟各级组织和盟员参加新冠肺炎疫情常态化防控工作，在制定防治措施、健全防控机制、建立心理疏导服务等方面建言献策。组织开展“黄丝带”帮教活动和献爱心公益活动，扶助社会弱势群体。向重庆市的中国民主党派历史陈列馆捐款10万元，以扩充展陈史料。年内，民盟佛山市委会获民盟中央“民盟社会服务工作先进集体”称号。

【民盟佛山市第十五次代表大会】 2021年8月8日在佛山希尔顿酒店召开，全市200多名盟员代表出席大会。民盟佛山市第十四届委员会主委赵新文代表民盟佛山市第十四届委员会作工作报告。大会选举产生民盟佛山市第十五届委员会，赵新文当选民盟佛山市第十五届委员会主任委员，李耀茂、韩定安、卢钻当选副主任委员。大会还任命黄湫流为秘书长、赖帆为副秘书长。

【佛山民盟9人入选2021年度《岭南名医录》】 2021年10月，广东省家庭医生协会公布2021年度《岭南名医录》，中国民主同盟佛山市委员会9位盟员入选，分别是：佛山市口腔医院院长黄达鸿、佛山市妇幼保健院副院长高平明、佛山市第一人民医院脑外科主任王国福、佛山市中医院病理科主任毛荣军、佛山市中医院普通放射科主任彭加友、佛山市中医院儿科曾莺、佛山市妇幼保健院妇产科罗彩虹、佛山市禅城区中心医院妇产科艾文、佛山市南海区人民医院放射科靳仓正。

（李　亨）

中国民主建国会佛山市委员会

【概况】 2021年，中国民主建国会佛山市委员会发展新会员25人，平均年龄42岁，其中经济界人士19人。截至2021年底，全市有民建会员595人，其中企业界人士440人，占总人数73.9%；男会员429人，女会员166人，平均年龄51.8岁；大学以上文化程度342人，高级、中级职称238人。设有禅城区、南海区、顺德区、三水区、高明区5个总支部，市直一支部、市直二支部、佛山科学技术学院支部和市直机关支部4个市直支部。年内，民建佛山市委会提交集体提案4件、个人提案20余件，向各级各部门报送社情民意信息80多篇。制定《民建佛山市委会履职能力建设年实施方案》，成立履职能力建设活动领导小组，组织全体市委会委员和基层组织负责人40多人参加民建佛山市委会履职能力提升班。年内，中国民主建国会佛山市第十四次代表大会召开，选举产生民建佛山市第十四届委员会，张兵任主任委员。

【思想建设】 2021年，中国民主建国会佛山市委员会先后召开4次全体委员（扩大）会议和8次专题学习会议，学习中共中央总书记习近平“七一”重

2021年7月8日，民盟佛山市委会赴高明区更合镇千禧小学开展“农村教育烛光行动”捐赠活动

（民盟佛山市委会　供图）

要讲话精神、十九届六中全会精神、中央经济工作会议精神，学习民建十一届四中全会精神、民建广东省九届五次全会精神和中共佛山市第十三次代表大会精神。开展“不忘合作初心，继续携手前进”主题教育，以“中国共产党百年辉煌”为主题，到各区基层组织巡回举办宣讲活动6场。在“佛山民建”微信公众号上发布中共党史学习资料100多篇。各区基层组织开展30多场次学习教育活动，禅城区总支部到广州市区抗日游击第二支队司令部旧址参观学习，高明区总支部到革命先驱区梦觉纪念馆参观学习，接受革命斗争和爱国主义历史教育。以多种形式庆祝中国共产党成立100周年，在顺德区北滘镇朝亮艺术馆举办“百年华诞歌盛世——庆祝中国共产党成立100周年佛山民建书画摄影作品展”，展出50多幅书法、绘画作品。与民建北京市昌平区工委、民建北京市石景山区工委、民建天津市南开区委会、民建河北省沧州市委会、民建四川省自贡市委会联合举办庆祝中国共产党成立100周年书法美术摄影网络联展。

【参政议政】 2021年佛山市“两会”（人大会议、政协会议）期间，中国民主建国会佛山市委员会提交《加快直播电商产业发展，助力建设国家制造业创新中心的建议》书面发言，提交集体提案4件，2020年提交的2件集体提案和5件个人提案被评为优秀提案，3名民建会员被评为年度履职优秀政协委员。

民建佛山市委会向民建广东省委会、市政协、中共佛山市委统战部报送社情民意信息80多篇，其中，《部分地区学校社会性事务负担繁重所带来的不利影响问题反映》被全国政协采用、《热切期盼十九届六中全会胜利召开》《关于有效遏制瓶装水浪费的建议》等9篇信息被民建中央采用，另有2篇被中共广东省委采用，35篇次被中共佛山市委、市政协、市委统战部采用。在5月召开的佛山市政协信息工作会议上，民建佛山市委会被评为2020年度市政协信息工作先进集体。此外，被民建广东省委会评为参政议政工作先进集体一等奖。全年向民建广东省委会、中共佛山市委统战部提交理论研究文章3篇，3篇会员文章被民建广东省委会评为优秀主题征文，民建佛山市委会获省委会主题征文优秀组织奖。在民建中央和省民建网站、省民建会刊、《佛山日报》和中共佛山市委统战部网站上发表通讯稿50多篇次，宣传报道民建佛山市委会和基层组织的重大会务工作，扩大组织影响，树立良好形象。

民建佛山市委会牵头与致公党佛山市委会联合开展“大力推进产业工人队伍建设，促进共同富裕”专题调研，先后到各区开展调研，与相关职能部门座谈交流听取情况介绍，到浙江省宁波市和绍兴市考察学习，并撰写调研报告呈报中共佛山市委。参加2021年佛山市民主党派联合调研工作，与民革佛山市委会、农工党佛山市委会、佛山市党外知识分子联谊会围绕“佛山市非遗文化传承、保护、开发”专题开展调研，推动非遗文化发展。

【社会服务】 2021年，中国民主建国会佛山市委员会参与公益，拓展社会服务工作。联合民建中山市委会对口帮扶阳江市阳西县上洋镇贫困村。会员企业家捐赠资金25万元，帮助农户开展水果和虾螺养殖，增加农户收入。组织会员参与乡村振兴农产品消费，购买民建对口帮扶地区河北省丰宁满族自治县农产品4.5万元。参与新冠肺炎疫情防控工作，全市民建组织有60多名会员参加核酸检测志愿服务，捐赠超25万元的抗疫物资。向河南省郑州市捐赠价值30万元的抗击水灾床具设施120套。向佛山有关学生捐赠助学金138万元。

【民建佛山市第十四次代表大会】 2021年8月12日在佛山皇冠假日酒店召开，全市100多名民建会员代表出席大会。大会听取并审议通过民建佛山市第十三届委员会工作报告，选举产生民建佛山市第十四届委员会及其领导班子，张兵当选为民建佛山市第十四届委员会主任委员，梁永流、蔡伟、林荣当选为副主任委员。蔡伟当选为市委会监督委员会主任，吕惠聪、张英强当选为市委会监督委员会副主任。张英强被任命为市委会秘书长。大会审议通过民建佛山市第十四次代表大会决议。

（梁潇月）

中国民主促进会佛山市委员会

【概况】 2021年，中国民主促进会佛山市委员会设有1个区委会（民进顺德区委会）、4个总支部（禅城、南海、高明、三水）和29个支部，有参政党理论研究会等9个工作机构。截至2021年底，全市有会员572人，其中教育界、文化艺术界、新闻出版界386人。会员男性349人、女性223人，平均年龄49.3岁，高级、中级职称390人，研究生学历84人。全年发展新会员31人，其中本科学历18人、研究生学历5人，教育界11人、文化艺术界5人。年内，民进佛山市委会联合其他民主党派组成“科技”和“文化”调研组，到省内外开展调研，形成书面调研报告上报中共佛山市委。协助民进广东省委会在佛山开展新能源专用设备制造业发展情况、基层调解等课题调研。调研课题“全面强化乡镇行政执法力量，为行政执法下放提供保障的建议”被民进广东省委会立项。年内，民进佛山市委会获评民进全国社会服务暨脱贫攻坚工作先进集体、民进全国反映社情民意信息工作先进集体、民进广东省信息工作先进单位、新闻宣传（会刊版）工作先进单位、佛山市2019—2020年脱贫攻坚突出贡献集体、佛山市政协2020年度信息工作先进单位，获佛山市统战信息工作一等奖。游斌创新工作室入选第三批全国示范性劳模和工匠人才创新工作室。会员谭伟亮获评民进全国脱贫攻坚民主监督工作先进个人，何粤发、陈健帆获评民进全国社会服务暨脱贫攻坚工作先进个人，陈铭恩、徐雅珉、郭桂林获评民进全国反映社情民意信息工作先进个人。会员舒悦、雷泽兵、王全获评“民进广东省优秀会员”。年内，举办庆祝中国民主促进会佛山市委员会成立40周年座谈会，陈世非等8名入会40年的会员获颁纪念牌匾。

【思想建设】 2021年，中国民主促进会佛山市委员会组织学习中国共产党党史、中共十九届六中全会精神、《中共中央关于党的百年奋斗重大成就和历史经验的决议》、习近平总书记在庆祝中国共产党成立100周年大会上的重要讲话精神，组织会员110人次分别赴广三铁路革命斗争事迹学习教育基地、佛山粮食博物馆、高明区小洞革命烈士纪念堂、高明区鹿田村革命老区、清远市连州市开展学中国共产党党史主题教育，提高会员思想政治理论水平。整理汇集会史资料，草编《佛山民进简史（1981—2021）》，弘扬党内优良传统。

【参政议政】 截至2021年，中国民主促进会佛山市委员会有各级人大代表22人，其中市人大常委会委员1人、区人大常委会副主任3人、区人大常委会委员2人；有各级政协委员52人，其中省政协委员2人、市政协常委5人、区政协常委10人。

2021年，在佛山市政协十二届五次会议期间，民进佛山市委会提交政协大会发言书面材料《关于规范我市行政执法权，全面下放镇街工作的建议》，提出五大解决镇（街道）执法问题的办法，此外，提交提案27件。《关于进一步加强食品安全监管的建议》《关于推进我市城市生活垃圾分类，共创城市文明的建议》等8件提案被评为市政协十二届四次会议优秀提案。民进佛山市委会的谭伟亮、陈东初、游斌、周佩珊、黄锦培、俞宙虹、梁绮惠、申桂树、梁国荣、王玉建、刘冰、王全等12人被评为“2020年度佛山市政协履职考核优秀委员”。

2021年，民进佛山市委会报送社情民意信息108篇，其中全国政协采用6篇、民进中央采用16篇，另外，中共广东省委、省政协、中共广东省委统战部、省民进、中共佛山市委、市政协和中共佛山市委统战部均有采用民进佛山市委会报送的社情民意信息。顺德区委会主委舒悦参与完成的报送中共中央、国务院的建议报告获民进中央2021年参政议政成果奖一等奖，民进佛山市委会专干徐雅珉参与完成的提交全国政协常委会的党派书面发言获二等奖。

【社会服务】 2021年，中国民主促进会佛山市委员会帮扶湛江市吴川市中山村工作获民进全国社会服务暨脱贫攻坚工作优秀成果奖。会员何粤发、欧阳毅、龙益得、陈宇云分别赴四川省凉山彝族自治州、清远市连州市和贵州省黔东南苗族侗族自治州进行支医支教活动。在2021年的广东省第二轮本土新冠肺炎疫情发生期间，主委武小文对挂钩驻点的隔离酒店进行工作部署，并率队走访企业复工复产情况；会员陈择岐、陈赟、黄健辉、胡江平、邱志勇等医生投入核酸采集工作，危志强、陈健帆、苏梓钊、陈佳骏、任海镕等人捐资捐物，李悦强、古琪等艺术家创作文艺作品鼓舞抗疫。

【民进佛山市第九次代表大会】 2021年8月14日在佛山皇冠假日酒店召开，中共佛山市委统战部、民进广东省委会、中共佛山市纪委监委驻市委统战部纪检监察组有关领导和106名会员代表出席会议。会上，武小文代表民进佛山市第八届委员会作题为《弘扬优良传统　履行时代使命　为佛山高质量发展贡献力量》的工作报告。大会选举产生民进佛山市第九届委员会，19人当选为委员。武小文当选主任委员，谭伟亮、陈东初、游斌当选副主任委员，黄锦培被任命为秘书长。会议还通过监督委员会名单，陈东初为监督委员会主任，黄锦培、王玉凯为副主任，刘爱平、王全、何汉文、罗剑东、黄志杰、文国龙为委员。

（梁仲锦）

中国农工民主党佛山市委员会

【概况】 2021年，中国农工民主党佛山市委员会发展新党员25人，其中硕士研究生5人，中级、高级职称8人，平均年龄为34.6岁。截至2021年底，农工党佛山市委会有专职干部6人，全市党员总数725人，其中分布在中医卫界382人（占52.69%）、文教界114人、科技界40人、其他189人。党员男性446人、女性279人，平均年龄48岁，大学以上文化606人。党员中级、高级职称526人，占全市党员的73%。设有禅城区总支部、南海区总支部、顺德区总支部、高明区总支部、三水区总支部、市中医院总支部、佛山科学技术学院总支部、市科技总支部等8个总支部，34个支部，设有参政议政工作委员会等7个专门委员会。

【思想建设】 2021年，中国农工民主党佛山市委员会召开6次市委会委员（扩大）会议（十一届委员会召开3次、十二届委员会召开3次），学习贯彻中共中央总书记习近平在庆祝中国共产党成立100周年大会上的重要讲话精神、中共十九届六中全会精神、十三届全国人大四次会议精神和全国政协十三届四次会议精神，组织中国共产党党史学习教育。开展警示教育和预警提示6次，520余人次参加学习。系统开展理论研究和农工党史研究，农工党党员周秋洋编撰《中国农工民主党一干会议25干事革命年谱简编》，获中国农工民主党中央委员会2021年理论研究优秀论文一等奖，为农工党党员提供党史学习材料。

【参政议政】 2021年，中国农工民主党佛山市委员会向佛山市“两会”（人大会议、政协会议）报送集体提案4件，提交由市委会秘书长陈光主笔的《加强产研融链，建设大湾区中医药高地示范城市》作为市政协十二届五次会议书面发言材料。2020年提交的《进一步完善我市重大疫情防控体系》（十案合并）、《关于把握“双区驱动”战略机遇，进一步促进我市生产性服务业高质量发展的建议》2件集体提案和8件个人提案获优秀提案奖。刘金财、谢海青、陈世楷、曾小明、陈爱贞、刘莉、余新、曹冬冬、王晓宁、杨中清、余海波、刘宏12名委员获“优秀市政协委员”称号。

农工党佛山市委会报送社情民意信息152篇，被市级以上部门采用稿件66篇次，其中《关于建立防疫新冠肺炎常态化机制，坚决防止冬春季疫情反弹的建议》《对加强月子中心等产后母婴保健服务机构管理的建议》2篇被全国政协采用，《多措并举强保障，莫让电力短缺成企业复产增效的“绊脚石”》《关于规范产前无创DNA检测的建议》2篇被农工党中央《信息专报》采用，《核酸检测临时实验室、采样点存在生物安全风险管控漏洞，亟需“治堵”》《粤港澳大湾区碳达峰的形势分析和对策建议》2篇被中共广东省委采用，此外，广东省政协采用4篇次、农工党广东省委会采用17篇次、中共佛山市委办公室采用6篇次、佛山市政协采用29篇次、中共佛山市委统战部采用4篇次。

【社会服务】 2021年，中国农工民主党佛山市委员会完成对湛江市吴川市黄陂镇中山村的帮扶任务，获湛江市扶贫开发领导小组赠予“精准扶贫办实事，结对帮扶暖民心”感谢牌匾。农工党高明总支部到云浮市云城区前锋镇开展捐赠助学活动，向前锋镇中学捐赠价值2.5万元的学生桌椅150套，改善办学条件，促进乡村教育发展。年内，农工党佛山市委会被农工党中央授予“农工党脱贫攻坚工作先进集体”称号。5—6月，佛山市本土新冠肺炎疫情发生期间，市疾控中心的农工党员制定防控方案，开展流调溯源，主委杨小晶率队前往核酸检测采样点进行督导，秘书长陈光及一众农工党员担当志愿者支援社区居民核酸检测工作。12月，农工党高明总支部向高明新市医院捐赠12000元的文体康复物资，丰富因疫情接受封闭式管理的特殊群体的文体康复活动。

【农工党佛山市第十二次代表大会】 2021年8月15日在佛山皇冠假日酒店召开，近100名党员代表出席大会。会上，农工党佛山市第十一届委员会主任委员、市政协副主席杨小晶代表农工党佛山市第十一届委员会作工作报告。会议选举产生农工党佛山市第十二届委员会，陈爱贞当选主任委员，李薇、陈忻、刘宏、刘金财当选副主任委员，任命陈光为秘书长，并审议通过农工党佛山市第十二次代表大会决议。

（蒋希为）

中国致公党佛山市委员会

【概况】 2021年，中国致公党佛山市委员会新发展党员22人，其中博士学历2人、硕士学历7人，中级、高级职称6人，海外归国留学人员3人。截至年底，有党员430人，分别来自教育、科学技术、医疗卫生、文化艺术、新的社会阶层、政府机关等界别和行业，平均年龄50岁，中级、高级职称成员占总数60%，“侨”“海”界别成员占总数的52%。致公党佛山市委会下设禅城、南海、顺德、三水、市直属、佛山科学技术学院7个总支部以及高明支部，设有参政议政工作委员会等8个工作委员会和佛山致公摄影社兴趣小组。年内，致公党佛山市委会被中共中央统战部评为“2021年各民主党派、工商联、无党派人士为全面建成小康社会作贡献”先进集体，被致公党中央评为脱贫攻坚先进集体，此外，获评2019—2020年佛山市脱贫攻坚突出贡献集体等。致公党员30人次被致公党中央、致公党广东省委会、佛山市政协等单位表彰。年内，中国致公党佛山市第七次代表大会召开，乔羽当选主任委员，陈小霞、严俊、李建丽当选副主任委员，刘致军被任命为秘书长。

【思想建设】 2021年，中国致公党佛山市委员会加强自身建设，夯实多党合作的思想政治和组织基础。学习贯彻中共十九届六中全会精神、中共中央总书记习近平在庆祝中国共产党成立100周年大会上的重要讲话精神、中共佛山市第十三次代表大会精神等，结合组织换届和政治交接工作，通过集中学习、参观考察、举办培训班等形式，开展系列学习教育活动，提高成员的思想政治素质和统一战线理论素养。在“佛山致公之家”举办“加强党史学习　提升多党合作意识”新党员党史教育专题活动，邀请致公党中央原副主席王宋大作专题报告。组织各工作委员会负责人到高明区开展红色主题教育。组织新老领导机构成员、各总支部和支部负责人、各工作委员会负责人等骨干成员，集中学习中共十九届六中全会精神，并赴韶关市开展“忆峥嵘党史　明合作初心”红色主题参观教育活动。

【参政议政】 2021年，中国致公党佛山市委员会各级人大代表和政协委员通过“两会”（人大会议、政协会议）渠道建言献策。集体提案《关于后疫情时代持续推动佛山中小企业高质量发展的建议》（合并案）获佛山市政协优秀提案奖，委员个人提案《关于推动工业互联网成为佛山制造业高质量新引擎的建议》（市长督办案）、《关于促进夜间经济高质量发展，释放“夜佛山”消费新动能的建议》（合并案）、《关于后疫情时代持续推动佛山中小企业高质量发展的建议》（合并案）获优秀提案奖。致公党佛山市委会13名政协委员全部获评2020年度履职考核优秀委员。

致公党佛山市委会全年提交社情民意信息129篇，其中被全国政协综合采用1篇、致公党中央采用8篇、中共广东省委采用2篇、中共佛山市委采用8篇、致公党广东省委会采用66篇，佛山市政协采用15篇、中共佛山市委统战部采用14篇。年内，致公党佛山市委会45人次进行2021年致公党广东省委会参政议政课题申报，形成63份课题申报书，全部获立项，内容涉及经济社会发展、科技创新、社会管理、文化交流、环境保护、政务改革等。

致公党佛山市委会多次开展调研工作。10月，由中共佛山市委书记点题，致公党佛山市委会与民建佛山市委会组成“共同富裕”联合调研组赴浙江省宁波市、绍兴市开展调研活动，并提交调研报告。9—11月，安排成员参加市各民主党派联合调研活动，围绕“促进科技创新平台建设，为佛山打造新发展格局提供战略支撑”主题开展调研。

【社会服务】 2021年，中国致公党佛山市委员会整合资源开展帮扶活动，联合佛山市工人文化宫、禅城区志愿者联合会、佛山市家电维修志愿服务队等多个单位开展“致力为公　暖心服务”系列社区便民服务，为社区群众提供小家电

2021年5月14—16日，致公党佛山市委会组织成员到贵州省黔东南苗族侗族自治州从江县开展助力乡村振兴投资考察及捐赠活动。图为致公党佛山市委会向从江县残疾人联合会、交通运输管理局捐赠物资（致公党佛山市委会　供图）

免费维修、义剪和口腔、眼科义诊等便民服务。组织成员赴云浮市云安区开展物资捐赠及帮扶考察活动，向残障人士捐赠45套全新轮椅，向学校捐赠一批体育用品物资。组织成员到贵州省黔东南苗族侗族自治州从江县开展助力乡村振兴投资考察及捐赠活动，分别向从江县残疾人联合会、从江县交通运输管理局捐赠新轮椅50套、交通广角镜80套，并举办“致公党佛山市委会驻黔东南乡村振兴联络点”揭牌仪式，同时，发动成员为困难学生捐款1万多元，购买寄送爱心文具一批。在本土新冠肺炎疫情发生期间，致公党佛山市委会党员发挥各自的优势，为群众提供服务。其中，主委乔羽参与防疫指挥，多名医生成员参与核酸检测工作，罗瀚等多名成员为抗击疫情捐献物资或提供爱心服务，多名成员参与维持通信网络、调度车辆、宣传报道、科学咨询及志愿者服务等工作。

【致公党佛山市直属总支部成立】 2021年4月18日，致公党佛山市直属总支部成立大会召开，选举产生第一届总支部委员会。林在进当选总支部主任委员，卢毅阳、何新荣、袁莺当选总支部副主任委员，李广、苏春燕、霍�研当选总支部委员。市直属总支部下设3个支部，成员以原市直属一支部为主。同日，市直属总支部3个支部分别召开第一次党员大会，选举产生第一届支部委员会。

【致公党佛山科学技术学院总支部成立】 2021年4月21日，致公党佛山科学技术学院总支部成立大会召开，选举产生第一届委员会。致公党佛山科学技术学院总支部以原市直二支部为基础成立，下设2个支部。大会选举王晓娟为总支部主任委员，李国强、陈为林当选总支部副主任委员，李炳银、郑骏明当选总支部委员。同日，佛科院总支部2个支部分别召开第一次党员大会，选举产生第一届支部委员会。

【致公党佛山市第七次代表大会召开】 2021年8月12—13日在佛山皇冠假日酒店召开，120多名致公党员代表参加会议。乔羽代表第六届委员会作题为《同心携手向前行　汇智聚力谱新篇》的工作报告。会议选举产生致公党佛山市第七届委员会，王晓娟、乐振华、乔羽、刘致军、严俊、李浩、李建丽、李展健、李新胜、陈小霞、陈长东、林在进、胡念武、胡国林、夏立军15人当选委员。在第七届委员会第一次全体会议上，佛山市副市长乔羽当选主任委员，陈小霞、严俊、李建丽当选副主任委员，刘致军被任命为秘书长。会议表决通过第七届委员会监督委员会，严俊任监督委员会主任，刘致军、李新胜任副主任，杨翼宁、苏春燕、陈为林、秦伟新、郭荣光、梁亮为委员。

（致公党佛山市委会）

九三学社佛山市委员会

【概况】 2021年，九三学社佛山市委员会发展新社员22人。截至2021年底，全市有社员773人，其中主体界别占78%。社员中，高级职称以上占56%，中级职称以上占93%；博士以上占9%，硕士以上占43%。全市有12个九三社员之家，设有组织文化展示区、图书资料阅览区、会议室和活动室，为基层组织开展活动和社员日常联谊提供场所。年内，市九三学社完成市、区两级组织换届、政治交接。换届后，市九三学社和8个基层委员会领导班子平均年龄43岁；高级职称以上占55%，中级职称以上占92%；博士以上占7%，硕士以上占41%，学士以上占95%；主体界别为科学技术、高等教育和医药卫生3个界别，占78%。年内，九三学社佛山市委员会和8个基层委员会全部获评“九三学社广东省组织工作先进集体”，邓华明等20名社员获评“九三学社广东省组织工作先进个人”。

【思想建设】 2021年，九三学社佛山市各基层委员会集中开展政治教育学习40多次、现场教学26次、社员培训10次、科学讲座6次。年内，九三学社佛山市委员会组织开展中共党史学习教育系列活动，组织市九三学社机关、城建基层委员会、三水区基层委员会、季华实验室支社等基层领导和骨干社员到季华实验室、广东中交纵横建设咨询有限公司、九三社员之家开展中共党史学习教育；开展学习中共十九届六中全会精神主题活动，分3批组织市九三学社委员、各基层委员会委员、各专门委员会委员、2021年度骨干社员和新社员到高明区、三水区等地集中学习。年内，禅城区、佛山科学技术学院、医药卫生、城建4个基层委员会在佛山·九三社员之家联合举办主题为“学七一重要讲话，携手迈步新征程”学习分享会。

【参政议政】 2021年，九三学社佛山市委员会有11名人大代表和11名市政协委员出席佛山市“两会”（人大会议、政协会议）。会议期间，提交集体提案8件、个人提案31件和人大议案14件，其中获优秀提案5件。年内，市九三学社开展各类调研工作，承接九三学社广东省委员会关于企业科技创新的调研课题，成立调研组赴佛山国家高新技术产业开发区、广东省科学院佛山研究院、佛山企业孵化协会等单位调研，形成调研报告提交省九三学社；作为中共佛山市委统战部党派联合调研“科技平台建设”课题的牵头单位，组织职能部门、专家学者召开座谈会，赴季华实验室、佛山仙湖实验室、力合（佛山）科技园等单位调研，形成调研报告提交中共佛山市委、市政府；此外，会同各基层组织、专门委员会围绕佛山市实现高质量发展的根本要求和重大课题，以及围绕有关人民群众切身利益的情况和问题，开展各类调研工作，形成一系列的提案、信息等。市九三学社全年开展各类调研23次，完成调研报告23份，提交各类提案（议案）53件，反映社情民意信息近100篇。年内，市九三学社获评“九三学社广东省委员会参政议政工作先进集体”、社员王阳获评九三学社中央“参政议政先进个人”、社员李家铎获九三学社中央“信息工作贡献奖”。

【社会服务】 2021年，九三学社佛山市委员会继续对口帮扶湛江市吴川市中山村，入户“一对一”解决困难户问题。选派专家社员参加中共佛山市委统战部牵头组织的“同心”社会服务活动，开展送医送药下基层、科技帮扶等社会服务活动。禅城九三爱心会继续上门帮扶困难家庭和困难学生。南海九三义工队到扶贫村开展医疗义诊、法律咨询等活动。三水区基层委员会组织社员专家赴南山镇开展义诊等。年内，市九三学社获佛山市、湛江市脱贫攻坚突出贡献集体表彰。

【九三学社佛山市第八次代表大会】 2021年8月12日在佛山皇冠假日酒店召开，全市100多名社员代表参会。章成国代表九三学社佛山市第七届委员会作题为《凝心聚力，砥砺前行，在新时代不断开创我社各项工作新局面》的工作报告。大会听取并审议通过九三学社佛山市第七届委员会工作报告。大会选举产生九三学社佛山市第八届委员会，罗俊宇当选九三学社佛山市第八届委员会主任委员，陈建良、邹鹏、项阳当选副主任委员。此外，大会审议通过九三学社佛山市第八次代表大会决议。

（钟学明）

佛山市工商业联合会

【概况】 截至2021年底，佛山市工商业联合会组织网络由5个区级工商联、32个镇（街道）总商会（商会）和191个行业商（协）会、110个综合商会、86个异地商会构成，有会员69266个，覆盖家电、五金、建材、家具、涂料等支柱产业。2021年，佛山市工商联执行委员会201人。年内，市工商联履行参政议政职能，引导工商联界别代表委员建言献策，同时推进省、市“四好”（班子建设好、团结教育好、服务发展好、自律规范好）商会、“五好”（政治引领好、队伍建设好、商会发展好、作用发挥好、工作保障好）县级工商联建设，打造“草、灌、乔”品质革命生态工程，开展佛山制造业品质革命活动，召开2021佛山企业家大会和举办中国实体经济论坛。

【参政议政】 2021年，佛山市工商业联合会引导工商联界别代表委员建言献策，在不同场合发声。在全国“两会”（人大会议、政协会议）期间，全国人大代表、佛山市工商联（总商会）副会长、广东中盈盛达投资控股股份有限公司董事长吴列进提出关于加快成立全国性信用协会和设立国家融资担保基金的建议，为金融服务实体经济建言献策。年内，市工商联组织召开参政议政选题座谈会，做好市政协十二届五次会议发言选题，提交提案议案6件，包括品质革命、产业链供应链、金融服务实体经济、降低制造业成本、发展智能家居产业、加强“佛山制造”形象宣传等方面意见建议。做好信息交流工作，组织17名工商联系统信息工作人员参加统一战线系统信息工作能力培训班，召开信息工作座谈会，全年编印工作简报11期、信息专报12期。

【商（协）会建设】 2021年，佛山市工商业联合会同步推进省、市“四好”（班

2021年3月27日，2021中国实体经济论坛在佛山市举行。图为《财经智库》专家组发布产业链/供应链调研报告

（市工商联 供图）

链接

佛山市入选2020—2021年度全国“五好”县级工商联、2021年广东省工商联系统“四好”商会名单

一、2020—2021年度全国“五好”县级工商联

佛山市禅城区工商业联合会　佛山市南海区工商业联合会　佛山市顺德区工商业联合会　佛山市三水区工商业联合会　佛山市高明区工商业联合会

二、2021年广东省工商联系统“四好”商会

佛山市顺德区建筑行业协会　佛山市南海区铝型材行业协会　佛山市建材行业商会　佛山市顺德区潮汕商会　佛山市高明区环境保护产业协会　佛山市房地产行业商会　佛山市兴宁商会　佛山市南海区医卫用产品行业协会　佛山市禅城区石湾总商会

子建设好、团结教育好、服务发展好、自律规范好）商会建设工作，搭建市、省、全国“四好”商会逐级培育体系，认定39家商会为2021年佛山市工商联“四好”商会，9家商会获评2021年广东省“四好”商会。面向“四好”商会开展政府购买服务，增强商会造血功能和服务能力。搭建市直商会学习交流平台，开展直属商会学习交流会、“四好”商会经验交流会、广佛两地“四好”商会座谈会、团体会员组织发展座谈会等活动，推动互学互促。继续推动会员组织数据化信息化，推进民营企业及民营企业家人才库建设，提升“网上工商联”建设水平，推动统一战线工作向商会组织覆盖。同年，市工商联开展以政治引领好、队伍建设好、商会发展好、作用发挥好、工作保障好为主要内容的“五好”县级工商联建设，5个区工商联均获“2020—2021年度全国‘五好’县级工商联”称号。

【工商联经济发展服务】 2021年，佛山市工商业联合会打造“草、灌、乔”品质革命生态工程。在经济学家周其仁的指导下，走访全市5个产业集群，了解佛山市不同产业品质升级的经验与问题，向市委、市政府建言献策；开展互访互学、镇（街道）总商会品质革命活动，促进佛山制造业品质提升；召开2021佛山企业家大会，围绕“品质革命再攀登”主题进行研讨，为优化佛山营商环境贡献新思路。举办中国实体经济论坛，以“产业链供应链现代化与制造业高质量发展”为主题开展研讨，并发布《全球变局下的佛山重点行业产业链供应链调研报告》。认定147家2020年佛山市制造业“隐形冠军”企业及326家“隐形冠军”培育企业，并召开佛山市专精特新“隐形冠军”企业座谈会，引导全市民营企业坚定发展信心，提高发展质量。发布2021年佛山企业100强和制造业100强榜单，7家企业上榜中国民营企业500强，8家企业入围中国民营企业制造业500强，3家企业入围中国民营企业服务业100强，中国民营企业500强榜及2个分行业榜上榜企业数均居全省第三位。

同年，佛山市工商联深化与有关职能部门“1+N”工作机制（“1”是指工商联，“N”是指与工商联开展合作的有关职能部门），联合市公安局经侦支队开展“与民同心　为您守护”防范经济犯罪普法讲座，加强民营企业法律服务；联合市检察院举行2021年“法益民企”送法入企业入商会网络直播活动，超17万人次在线观看；与市中级人民法院联合举办“打造一流营商环境，服务企业全生命周期”座谈会，宣传《破产法热点问答》；联合市司法局、市律师协会印发《关于建立“百所联百会”机制的实施方案》，组织170家律师事务所与200多家市、区工商联直属商会结对，推进民营企业“法治体检”常态化。支持实体经济发展，联合市金融工作局组织协调佛山市12个银行保险金融机构发布支持企业平稳应对疫情综合服务方案，最高支持贷款额度达8000万元，保障市场主体稳定经营；联合佛山银保监分局发布金融支持经济持续恢复和高质量发展有关政策文件，并编制调查问卷引导银行保险机构更精准地加强与企业的对接服务；与人民银行佛山中心支行共同宣传《支持佛山实体经济发展金融政策宣传册》，为金融机构和实体企业用好用足支持政策提供指引；与市税务局联合开展2021年助力小微企业发展“春雨润苗”专项行动，围绕金融服务、科技创新、促进外贸、住房租赁等重大发展战略，分12个专题对现行有效的税费政策进行宣传。强化政策宣传，“政策通”服务号涉企政策推送1153条，其中申报政策404条、政策解读87条；发布涉企专题4份，包括高新技术企业认定、民营企业常见法律风险、港澳青年人才创新创业、企业减税降负内容。

【民营经济人士理想信念教育实践活动】 2021年，佛山市工商业联合会召开工商联（民营企业）党史学习教育动员会暨专题辅导报告会，联合主办“奋斗百年路　启航新征程”——佛山市党史学习教育进万企现场活动，开展“百场党课进千家商会万家民企”理想信念教育活动，市工商联和各区工商联举办专题报告会6场，市直商协会举办宣讲会40多场次，引导企业家在百年党史中汲取接续奋斗、打造百年企业的智慧和力量。全市工商联系统有579个商会协会结合党史学习教育开展理想信念教育实践活动，参与活动企业家7516人；市非公党委下属各级党组织开展专题学习292次，开展主题党日活动1203次，举办党史专题培训班20场次（培训党员1194人），开展革命传统教育108场次（参加党员2988人次）。

【非公经济组织党建】 2021年，佛山市工商业联合会推进非公经济组织党的建设，提高市、区工商联党的工作和党的组织“两个覆盖”工作成效，执委企业“两个覆盖”比例80%。推进党组织规

范化建设，评选市级非公党建示范点13个、区级非公党建示范点17个，发挥“面上开花，点上结果”的典型示范带动效应。建立完善各级工商联抓商会党建的体制机制，完善“1+N+X”〔1个镇（街道）总商会党委，N个会员企业支部，X个联合支部〕党建模式，推动商会组织建立健全党建工作机构，组建镇街总商会党委28个，强化商会党的组织和工作全覆盖。开展优秀非公党组织创建活动，评选市“两新”组织（新经济组织和新社会组织）先进基层党组织11个、市“两新”组织优秀共产党员63人、市“两新”组织优秀党务工作者21人。

2021年11月20日，2021佛山企业家大会举行。图为北京大学国家发展研究院教授周其仁现场发表题为佛山制造“草、灌、乔”品质革命再攀登的演讲

（市工商联　供图）

【新时代民营企业家培育工程】2021年，佛山市工商业联合会联合市委组织部共同印发《佛山市实施新时代民营企业家培育工程方案》，把全市百强企业家、行业龙头企业家、工商联执委企业、商会会长、新生代青年企业家作为重点培育对象，通过分级分类、多元方式，创新培育方式方法，在市、区、镇（街道）全面铺开企业家培育工程，培育建设一支新时代高素质民营企业家队伍。联合市委组织部、市委党校举办佛山市民营企业家培训班3期，参加培训民营企业家150人。中共佛山市委书记郑轲分别与第一、第二期企业家培训班学员座谈，听取企业家代表对打造一流营商环境、培育新时代民营企业家的意见建议。深化长短结合的青年企业家常态化培训机制。举办创二代青年企业家国情省情市情研修班1期，佛山市青年企业家健康成长营2期，培训青年企业家150人，办学模式得到企业家的认可。

【乡村振兴“万企兴万村”行动】2021年，佛山市工商业联合会发动民营企业参与乡村振兴“万企兴万村”行动，组织动员市内有实力、有条件、有意愿的民营企业灵活采取“一企一村”“一企多村”“多企一村”等方式开展村企结对帮扶，实现东西部协作贵州省黔东南苗族侗族自治州4个国家乡村振兴重点帮扶县359个原深度贫困村结对帮扶全覆盖，其他11个县原深度贫困村30%（141个）结对帮扶覆盖。年内，市工商联组织2批近40家企业、商会赴黔东南州开展村企结对工作，各区工商联也分别对接对口帮扶地区开展村企结对工作。推动万和集团、申菱环境、小熊电器、高明基业等22家企业深度参与佛山市内村企结对，共同推进乡村振兴。

【2021中国实体经济论坛在佛山市举行】2021年3月27日，由民革中央、广东省政协主办，佛山市人民政府、民革广东省委会、广东省工商联、佛山市政协承办的2021中国实体经济论坛在佛山市举行。全国政协副主席、民革中央常务副主席郑建邦出席会议并讲话，广东省政协副主席袁宝成，佛山市市长朱伟出席并致辞。该届论坛以“产业链供应链现代化与制造业高质量发展”为主题，分主旨演讲、调研报告发布、全体大会3个部分，探究在后新冠肺炎疫情时代与“双循环”格局（以国内大循环为主体、国内国际双循环相互促进的新发展格局）的国际国内背景下，如何完善产业链供应链，并深入研讨重点行业如何稳链、补链、强链，推动制造业的可持续、高质量发展。全体大会共举行4场，议题分别为：“后疫情时代与‘双循环’下的产业链供应链重构”“工业机器人驱动中国智能制造升级”“高端装备制造产业链突围之路”“新能源时代：氢能与燃料电池的实践与展望”等。同时，论坛上发布《全球变局下的佛山重点行业产业链供应链调研报告》，包含对佛山实体经济的8个重点行业，即高端数控机床、塑料加工和注塑机、工业机器人、陶瓷及陶瓷机械、有色金属加工、智能家电、动力电池、氢能等产业链供应链调研成果。

【2021佛山企业家大会】2021年11月20日，佛山市工商业联合会主办的“品质革命再攀登”2021佛山企业家大会举行。佛山市委副书记、市长白涛出席大会并讲话，市相关职能部门、各区政府负责人以及企业代表、专家学者参加大会。会上，北京大学国家发展研究院教授周其仁作题为佛山制造的“草、灌、乔”品质革命再攀登的主旨演讲，呼吁佛山打造更具韧性的产业生态。随后，佛山维尚家具制造有限公司总经理黎干、佛山商道研究院院长杨望成、广东制造业隐形冠军（南海）研究院执行院长李晓佳等企业和专家代表分别围绕品质革命作分享发言。

（凌俊锋）

群众团体

佛山市总工会

【概况】 2021年，佛山市总工会辖禅城区、南海区、顺德区、高明区、三水区等5个县级区的总工会。年内，全市新建基层工会472个，新发展会员4.4万人。截至2021年底，全市累计有基层工会9071个，涵盖法人单位5.1万个，有村（社区）工会联合会674个，工业园区工会联合会28个，行业（专业市场）工联会52个，全市有工会会员近235万人。拥有市工人文化宫、市工会职业技术学校2个下属事业单位，推动形成市、区、镇（街道）、村（社区、工业园区）、企业职工服务阵地体系。年内，市总工会开展“佛山过年·工会有礼”系列新春活动，派发微信现金消费券600万元等。建设与推广“粤工惠”智慧工会平台，登记基层工会组织7665个，会员批量导入85.3万人。上线“佛山职工微视频”平台，入选2021年“网聚职工正能量 争做中国好网民”主题活动优秀案例。开展企业工会法律顾问服务，组织350名工会特约律师到451家规模以上企业工会担任法律顾问。探索构建“人社+工会”劳动争议裁调对接工作机制，接案件814件，办结762件，调解成功448件，调解成功率58.8%。推进职工互助保障工作，全年全市职工办理各类互助保障项目37.1万人次。开展“三进五送”（进基层、进园区、进企业，送演出、送电影、送培训、送讲座、送普法）系列职工文化活动，全年送电影500场、文体培训200期，进基层、进园区、进企业讲座100场次，惠及职工10万人。开展职工子女夏令营活动，各级基层工会举办233个夏令营班次，惠及职工子女近7000人。推进新时期佛山市产业工人队伍建设改革，以市委办、市府办名义印发《新时期佛山市产业工人队伍建设改革实施方案》。年内，陈红军、关家华获“全国五一劳动奖章”，广东一鼎科技有限公司获“全国五一劳动奖状”，广东鸿昌化工有限公司油墨车间生产班组、佛山市海天（高明）调味食品有限公司酱油酿造车间制曲发酵班组获“全国工人先锋号”，佛山市禅南公共交通有限公司等16个单位获“广东省五一劳动奖状”，麦剑等17人获“广东省五一劳动奖章”。年内，推荐表彰戴永刚等60人、佛山市新东方电子技术工程有限公司等30个单位获佛山市劳动模范、先进劳动者和先进集体。

2021年4月23日，佛山市总工会首场“送电影进基层”活动在禅城区铁军公园举行
（市总工会　供图）

【工会组织建设】 2021年，佛山市总工会重点在100人以上企业、25人以上特别是已缴费未建会名录中的企业推进工会组建，全年全市新建基层工会472个，新发展会员4.4万人。响应中华全国总工会的“新就业形态劳动者入会集中行动”，推动以货车司机、网约车司机、快递员、外卖配送员等4个群体为重点的建会入会工作，最大限度吸引新就业形态劳动者加入工会。至年底，建立市

级行业工会联合会4个（分别是新业态行业工联会、市快递行业工联会、市城市配送行业工联会、市交通运输行业工联会）、区级行业工联会4个，初步构建起市、区两级覆盖新业态4个重点群体和部分基层工会的工会组织网络。

【工会法律服务】 2021年，佛山市总工会委派维权服务专员和工会特约律师为职工提供免费的仲裁、诉讼代理服务，引导职工依法、理性表达利益诉求和意见主张，科学维权。开展企业工会法律顾问服务，组织350名工会特约律师到451家规模以上企业工会担任法律顾问，配合企业工会参与处置、化解企业劳资纠纷，协助搭建劳资双方协商平台，帮助企业健全劳动关系矛盾预防化解机制，同时为职工提供面对面、点对点的法律服务。年内，全市各级工会承办仲裁、诉讼法律服务案件444件，惠及职工2631人次，为职工挽回经济损失1988.1万元。

【职工互助保障】 2021年，佛山市总工会继续开展在职职工住院医疗综合互助保障（“住院二次医保”）活动，全年投入60万元为3万名佛山职工购买“住院二次医保”。此外，市总工会推进职工互助保障工作，缓解职工因疾病和意外伤害而造成的经济困难，发挥救急、安民、解难、分忧作用，全年全市职工办理各类互助保障项目37.1万人次，投保金额4743万元，理赔人数1.05万人次，赔付金额4184.3万元。

【职工集体协商】 2021年，佛山市总工会引导劳资双方以“同舟共济、共克时艰”为协商目标，按照“维护职工权益，促进企业发展”的协商原则，就职工关心的急迫问题开展沟通协商，建立健全多形式多层级劳资沟通协商机制，做好新冠肺炎疫情防控常态化背景下的职工集体协商工作。全年全市签订集体合同6711份，集体协商建制企业1.5万家，覆盖职工155万人。

【小微企业工会经费支持政策落实】 2021年，佛山市总工会落实省、市关于小微企业工会经费支持政策，向小微企业全额返还工会经费，按规定核实小微企业1358家，全年全额返还工会经费3542.35万元。

【职工技术创新活动】 2021年，佛山市总工会组队参与省级技能竞赛5项，启动省级、市级职工技能竞赛25项，下拨专项资金175万元支持各区总工会及100个基层企业工会开展职工技能竞赛。投入专项资金200万元带动各级工会开展新能源汽车维修员、物流机器人操作员、职工饭堂“厨神”、居家病患护理员、公交驾驶员等职工劳动和技能竞赛活动182场次，带动300万名产业工人加强学习提升技能，培养各级职工技术状元、技术能手、创新标兵、高级工、技师等高技能人才3184人。投入150万元开展“工匠式职工技能人才队伍培育计划”行动和“求学圆梦”学历提升行动，向获得中级工、高级工、技师、高级技师、工程师、高级工程师证书以及完成学历教育的职工发放技能补贴和学历补贴。

2021年11月9日，2021年佛山市职工职业技能大赛焊接技能竞赛在佛山市金银河智能设备股份有限公司举行。图为参赛选手现场进行技能比拼　　（市总工会　供图）

【“人社+工会”劳动争议裁调对接工作机制试点】 2021年，佛山市在2017年开始逐步探索建立“法院+工会”劳动争议诉调对接工作机制的基础上，开始探索构建“人社+工会”劳动争议裁调对接工作机制。年内，市总工会与市人力资源社会保障局共同牵头，联合劳动关系三方各单位，推动在市、区、镇（街道）三级设立劳动争议联合调解中心。该工作机制主要由各级总工会委派工会特约律师和工会维权干部进驻担任调解员，为刚刚发生纠纷尚未进入司法程序的劳资双方提供调解服务。劳动争议双方当事人需要解决纠纷时，联合调解中心工作人员首先引导当事人选择调解方式化解矛盾纠纷，减少通过仲裁、诉讼方式解决劳资纠纷。至年底，禅城区张槎街道、禅城区祖庙街道、禅城区石湾镇街道、禅城区南庄镇、南海区里水镇、高明区荷城街道、三水区乐平镇等7个镇（街道）劳动争议联合调解中心，以及禅城区、高明区、三水区等3个区劳动争议联合调解中心先后成立并投入试运行。至年底，10个劳动争议联合调解中心共接案件814件，办结762件，其中调解成功448件，成功率58.8%，为职工挽回经济损失1466.4万元。

【智慧工会平台建设与推广】 2021年，佛山市总工会继续按照分工推进广东工会会员实名制服务平台——“粤工惠”手机应用程序（App）的建设与推广，做好全市工会组织登记和会员批量导入工作。以“粤工惠”平台为着力点构建多领域集成融合的大数据应用平台，整合微信公众号、职工微视频平台等工会全媒体阵地，推动工会服务从线下向线上转移，进一步打造“一键式”服务生态。至年底，佛山全市在“粤工惠”平台登记基层工会组织7665个，会员批量导入85.3万人，实名认证逾45.8万人。

【“佛山职工微视频”小程序上线】 2021年，佛山市总工会打造的职工微视频展示平台“佛山职工微视频”小程序上线，职工可以通过发布短视频、心情图文随时记录职场和生活点滴。至年底，有578个基层工会、1.2万名职工个人申请开通账号，发布短视频5236条。年内，“佛山职工微视频”小程序入选2021年“网聚职工正能量 争做中国好网民”主题活动“全国工会微信小程序应用优秀案例”名单。

【工会新春系列活动】 2021年春节期间，佛山市开展“佛山过年·工会有礼”系列活动，各级工会为在佛山过年的职工提供多项“福利”，包括派发微信现金消费券600万元、佛山景点门票10万张、电影票1万张，赠送超1万盆盆菜，发放劳动技能竞赛补贴，举办近1000场民俗活动等，参与达360万人次。同时，全市各级工会组织以及下属工人文化宫、职工服务中心、职工之家、心灵驿站等各类工会活动场所和服务阵地在春节期间开放，丰富广大职工群众生活。

【职工子女夏令营活动】 2021年，佛山市总工会开展“感受佛山·快乐成长”职工子女暑期夏令营活动，向符合条件的全市各级工会组织举办的职工子女暑期夏令营活动发放补贴。全年全市各级工会组织投入经费391万元，拉动各级基层工会举办233个夏令营班次，惠及职工子女近7000人。此外，结合“我为职工办实事·佛山工会在行动”实践活动，市总工会面向新就业形态劳动者子女定向开展夏令营活动3期。

【新时期产业工人队伍建设改革推进】 2021年10月，佛山市成立推进产业工人队伍建设改革领导小组，以市委办公室、市政府办公室名义印发《新时期佛山市产业工人队伍建设改革实施方案》，从加强产业工人队伍思想政治引领、完善产业工人技能成长发展和评价体系、加强产业工人队伍服务保障支撑、促进产业工人队伍和劳动关系和谐稳定等4个方面制定19条措施，以市委主要领导点题的高技能人才培养工作为抓手，推进新时期产业工人队伍建设改革，提升产业工人综合素质，充实佛山经济社会高质量发展人才储备。12月21日，佛山市召开产业工人队伍建设改革工作推进会，对《新时期佛山市产业工人队伍建设改革实施方案》进行解读，研究部署产业工人队伍建设改革工作。

（曾蔚雯）

2021年7月，佛山市总工会主办的2021年“感受佛山·快乐成长”夏令营活动在佛山市工人文化宫开营。图为夏令营辅导员在教导学员打羽毛球　　（市总工会　供图）

中国共产主义青年团佛山市委员会

【概况】 截至2021年底，佛山市有各级各类团组织1.34万个，其中基层一线团支部1.2万个；有团员25.8万人，各级各类团干部2.2万人。全市注册志愿者人数129.37万人，组织团体7727个；有五星级志愿者1114人、四星级志愿者973人。2021年，新增“两新”团组织（新经济组织和新社会组织的团组织）953个，新发展团员1.63万人。全年开展志愿服务活动18.69万场次。年内，中国共产主义青年团佛山市委员会统筹全市新冠肺炎疫情防控志愿服务，全市参与防疫志愿服务16.12万人次，志愿服务时长121.82万小时。开展“学党史、强信念、跟党走”学习教育暨庆祝中国共产党成立100周年活动，发布佛山共青团“我为群众办实事”十大项目，开展线上线下主题宣传教育活动105场，覆盖人数超245万人。推进“圆梦计划”，合作院校包括北京外国语大学、佛山开放大学（国家开放大学）等10所院校，全年报名人数5339人，获录取补助1100人。

【青少年思想政治引领】 2021年，中国共产主义青年团佛山市委员会挂牌团中央青年志愿者服务社区行动试点2个。建设全省首个融合国防、法治、交通、消防等于一体的青少年素质教育综合实践基地，全年开展活动50余场，接待青少年1.6万人次。建成校外未成年人心理健康辅导站7个，实现各区全覆盖。联合全市多家新媒体平台组成“佛山青少年新媒体联盟”，强化对青少年网上思想引领和舆论引导，为青少年健康成长

2021年，佛山市开展佛山共青团“学党史、强信念、跟党走”学习教育暨纪念五四运动102周年——佛山市“十佳微团课”评选展示活动。图为参加活动人员现场合影

（团市委　供图）

营造清朗的网络空间。落实《关于联合开展未成年人网络环境专项治理行动的通知》《佛山市“饭圈”乱象专项综合整治工作实施方案》，推动青少年树立正确价值观，引导青少年群体正确辨识“网红文化”等。印发《佛山共青团关于学习宣传贯彻习近平总书记“七一”重要讲话精神的落实方案》《佛山共青团关于学习宣传贯彻党的十九届六中全会精神的工作方案》，举行团市委机关主题学习分享会。开展“团干讲团课”，分别面向市直机关、学校等的青年团干、团员讲授习近平总书记“七一”重要讲话精神主题团课4次和中共十九届六中全会精神主题团课5次。组建市、区两级“灯塔领航宣讲队”，统筹调动青年讲师团、中学共青团导师团、灯塔宣讲团、“青马工程”（青年马克思主义者培养工程）等讲师资源，重点在学校围绕习近平总书记“七一”重要讲话精神广泛开展青少年宣讲活动。开展佛山共青团“学党史、强信念、跟党走”学习教育暨纪念五四运动102周年——佛山市“十佳微团课”评选展示活动，在央视频、新华网现场云、佛山电视台“醒目视频”、“南方+”客户端等平台网络直播，在线观看达130万人，收到点赞13.65万个、互动评论5.54万条。主办全省直播的“广东省青少年传承红色基因志愿宣讲行动”两期活动分别在高明和三水区，在线观看人数达66万人。在“青春佛山”微网站开设《党史学习教育》《我为群众办实事》等专栏，推送党史学习教育相关推文516篇。

【共青团参与基层社会治理工作推进】 2021年，佛山市共青团组织创新推动新兴青年群体联系服务工作，2个“共创美好社区”——青年志愿者服务社区行动试点社区完成挂牌。禅城区启动社区共治专项志愿服务行动，区、镇（街）、村（社区）三级联动，组织志愿者在主要干道、重点河段、沿街商铺等重点区域开展系列环境卫生清洁活动，首日93支队伍468人次社会志愿者参与。三水区在电影院建设全市首个共青团主题青年空间，为广大团员青年提供一个集中学习团史和地方青年运动史的“打卡点”。顺德区开展共青团参与基层治理“菁治家园”建设三年行动（2021—2023年），选取10个村（社区）试点，促成11对机关、村（社区）、企业三结对，招募基层治理网格助理员600多人。

【市青年联合会】 截至2021年底，佛山市青年联合会有团体会员26个，委员223人，界别16个，包括经济、金融商务、农业、社会科学、社会组织和社会中介、科学技术、教育、文化艺术、法律、技能人才、医疗卫生、新闻出版和新媒体、体育、海外学人华侨、宗教、台胞和港澳特邀人士。2021年，市青联落实《粤港澳大湾区发展规划纲要》关于“推动青年人交往交流、交心交融，支持港澳青年融入国家、参与国家建设”要求，推动佛港澳三地交流活动，以“青年同心圆计划”为统揽，大湾区青年家园为抓手，探索创新疫情防控常态下的活动形式，开展佛港澳青年交流20多场次。组织2021年“青春情暖之爱心伴随”助力新兴青年行动，佛港澳台青年代表为环卫工人、快递小哥、外卖骑手等派送新年礼包。年内，佛山市青年联合会十届二次常委会议召开，市青联副主席、常委、委员等35人参加会议。

【疫情防控志愿服务】 2021年，中国共产主义青年团佛山市委员会动员和组织新冠肺炎疫情防控志愿服务工作开展。全市参与防疫志愿服务16.12万人次，志愿服务时长121.82万小时，其中服务核酸检测站点、疫苗接种站点1285个。整合多方资源向防疫一线志愿者及工作人员捐赠爱心物资，包括口罩24.19万个、免洗洗手液1620瓶、隔离衣1840件、防护服500套、护目镜500个等。出台《佛山市核酸采样点现场志愿服务工作指引（试行）》，具体指导各级志愿服务组织开展核酸检测志愿服务。购买佛山市志愿者专项保险，为志愿者提供最高赔付额100万元的保障，保障志愿者往返志愿服务及参与志愿服务全过程。

【高质量“志愿之城”建设】 2021年，中国共产主义青年团佛山市委员会继续推进高质量“志愿之城”建设。

在党史学习教育中践行志愿服务精神　开展青年志愿者结对服务老党员“金晖行动”。组织青年志愿者以截至2021年7月1日党龄达50周年的中国共产党党员为重点对象，开展系列关爱老党员志愿服务，并采访6名佛山老党员，讲述佛山老党员感人事迹。

打造新时代文明实践志愿服务品牌　联合市文明办、市民政局牵头开展新时代文明实践志愿服务“双十”（文明

素质提升十大行动和志愿服务惠民十件实事）行动。推动“8+N”志愿服务队伍（理论政策宣讲、文化文艺服务、助学支教、医疗健身、科学普及、法律服务、卫生环保、扶贫帮困等8类常备队伍，以及若干具有自身特色和优势的志愿服务队伍）组建，项目被列入佛山市“我为群众办实事”实践活动任务之一。全年开展“文明素质提升十大行动”活动338场，发动志愿者参与志愿服务1.56万人，服务群众122.81万人；开展“志愿服务惠民十件实事”活动1443场，发动志愿者参与志愿服务2.24万人，服务群众29.18万人。

培育志愿服务项目　开展2021年“益苗计划”佛山志愿服务组织成长扶持行动暨志愿服务项目大赛，评选市级示范项目、重点培育项目23个和示范性志愿服务组织4个，有17个项目（组织）获省级“益苗计划”志愿服务项目大赛资金扶持。

促进志愿服务常态化　实施开展关爱困难青少年“青春情暖”、服务春运志愿服务“暖冬行动”等系列活动。设立春运志愿服务站点49个，投入春运志愿者800多人，累计服务时长5000多小时。依托全市71个志愿V站常态化组织开展各类志愿服务活动，并扩展站点服务功能。开展乡村文明实践志愿服务调研工作，组织专家实地考察5个区25个新时代文明实践所（站、点），并召开座谈会，进一步优化乡村文明实践志愿服务工作。开展“i志愿”宣传推广活动10场，参加人数超1000人。截至2021年底，全市注册志愿者人数129.37万人，组织团体7727个，全年开展志愿服务活动18.69万场次。

探索志愿服务参与社区治理模式　2个“共创美好社区”——青年志愿者服务社区完成挂牌，并开展志愿伴读、“党群携手志愿集市”等服务，覆盖社区群众5096人。

充实志愿者骨干专业力量　开展“i志愿”系统及“注册志愿者证”培训、星级志愿者讲师培育项目、星级志愿者素质提升培训、志愿服务骨干专题培训班、志愿服务专业督导服务等项目，充实志愿服务导师专业力量，帮助志愿服务组织管理者系统掌握有效管理知识，扩大志愿服务阵地影响力。全年开展15场，参训志愿者骨干455人。

健全志愿服务嘉许激励机制　进行星级志愿者资质认证，举办2021年志愿服务嘉许礼，提高志愿者荣誉感和扩大志愿者社会范围的认知程度，嘉许个人（组织）45人（个），认证四星级志愿者167人和五星级志愿者194人。截至年底，全市有五星级志愿者1114人、四星级志愿者973人，有12家企业入驻“志愿惠”系统。

2021年12月3日，2021年佛山市志愿服务嘉许礼在佛山电视台一号演播厅举行。图为2021年度佛山市五星级志愿者颁奖现场　（团市委　供图）

【青年创新创业促进】 2021年，中国共产主义青年团佛山市委员会结合青年创业需求，实现“创业评委”到“创业伙伴”角色转变。用好赛事平台吸引创新团队，办好创青春·第八届佛山市青年创新创业大赛，吸引288个创业项目参赛，为优秀创业项目提供价值超30万元的落地促进资金和服务礼包。推动创业服务专业化、精细化和市场化，邀请专家对优秀创业团队进行项目体检和专项辅导，联系多个创投机构对接资源，推动1个10强项目注册公司在佛山落地，推荐6个参赛项目在青创板上市，多个优秀项目获意向投资资金超100万元。促进创业青年发展，推荐1名创业青年获“中国青年创业奖”和3名创业青年获评“中国青年创业导师”，推荐申报4个项目获广东省“金湾杯”第八届“创青春”大赛1个二等奖、2个三等奖和1个“青农优品”十大品牌，并与市人力资源社会保障局、市工业和信息化局等相关部门建立沟通机制，在各自牵头举行的创业大赛中采取交叉推报、资格互认等方式，为青年创业项目提供广阔平台。

【团市委“我为群众办实事”十大项目】 2021年，中国共产主义青年团佛山市委员会开展“我为群众办实事”十大项目。

开展社矫帮扶线上职业教育活动　开展“向阳计划”——佛山市青少年社区矫正教育帮扶项目，为全市13名青少年社区矫正志愿者、社工开展1场线上职业体验教育活动，引导青少年社区矫正对象完善自身职业规划，帮助其顺利回归社会。

举办未成年人保护法律法规专题讲座　开展2021年佛山市“千名青年律师千场青少年法律服务”宣传活动，培养学生学法、知法、守法、护法的法治意识，营造校园法治宣传氛围，授课8场，有6.11万人次参与。

为心理咨询服务人员提供支持与辅导　开展“青，听你的声音”——佛山市“12355”青少年综合服务平台“五区五进”系列活动之“做情绪主人、创幸福生活”，邀请心理专家教授向“12345”热线后台接线人员讲授舒缓情绪、调节工作压力的技巧，活动覆盖工作人员100人。

整合少先队实践活动资源　举办佛山市校外少先队总部、中国少年先锋队佛山市青少年文化宫大队成立仪式，以及佛山市少先队校外实践教育营地（基地）揭牌仪式，聘任佛山市首批20名少先队校外志愿辅导员。

面向港澳青年开展税收政策专场宣讲　举办“税惠大湾区　助企办实事”青年助企宣讲活动，向港澳青年代表宣传相关税收政策，为港澳青年在佛山创业就业和粤港澳大湾区建设贡献税务力量。

筹建青联“希望小屋”　开展“乡村振兴·青年建功”2021年青联组织服务千村及希望小屋建设活动，在当地乡村建设包含才艺学习、科学实践、体育训练等内容的“希望小屋”。

做好青年创业者的社会资源链接　开展创业资源对接会专场活动，邀请佛山市创业导师为到场项目分享后续项目融资的技巧。至年底，推动1个10强项目注册公司在佛山落地，推荐6个参赛项目在青创板上市，冠军项目获意向投资资金2000万元。

发动青年文明号开展“办实事”活动　推进“百队百号建新功　青春奋进庆华诞”佛山青年岗位建功行动，号召664个青年文明号集体开展“我为群众办实事”活动881次，服务超21万人次，组建161支“青年突击队”，开展“安全、创优、高效、绿色、成才”等主题活动136次，服务超25万人次。

依托志愿服务阵地守护志愿服务“不打烊”　开展一系列趣味便民服务活动，针对周边市民，组织开展游园活动、喜迎国庆主题活动、义诊义剪义修等。

以特色活动传递志愿者关爱　开展“童心乡乐，让爱续航”亲子营地开营活动暨关爱志愿者活动，20户家庭60多人参加活动。开展“明撑大学生，放假兜埋我”暖心专列活动，护送50名高明区大学生返乡。

【全国县域共青团基层组织改革试点建设】2021年5月，共青团中央确定佛山市南海区、顺德区为全国县域共青团基层组织改革试点。中共广东省委书记李希作出批示，要求佛山抓好落实。7月22日，佛山市在市委常委会上，专门研究部署县域共青团改革试点工作，成立由团市委主要负责人、试点区团区委主要负责人和相关业务骨干组成的工作专班，与试点区共同制定改革措施、铺排改革任务，指导2个试点区印发共青团基层组织改革综合试点工作要点。其中，顺德区试点改革要点涵盖选用机制、组织设置、管理模式、机制落实与支持保障四大领域共24条举措，以健全联系青年、服务大局的组织体系为着力点，以破除“机关化”作风和“行政化”依赖为主要任务，以强化共青团的政治功能，形成社会功能为基本目标，推动共青团改革不断向基层延伸，肩负起引领凝聚青年、组织动员青年、服务联系青年的职责使命；南海区试点改革要点涵盖四大方面60条举措，包括改革创新团干部选用机制，从严从优选拔有事业心的优秀年轻人才进入区、镇（街道）团委的工作队伍，挂、兼职副书记原则上不少于3人，推行“约定式管理”，签订岗位任期KPI（关键绩效指标），探索合理的准入与退出机制，将基层团组织书记述职评议考核作为评先树优、选拔任用的重要依据等内容。

2021年，中国共产主义青年团佛山市委员会开展“我为群众办实事”十大项目。图为星级志愿者眼健康关爱服务及“微心愿”活动捐赠现场　（团市委　供图）

【“共青团与人大代表、政协委员面对面”议题座谈会】2021年12月16日，佛山市2022年“共青团与人大代表、政协委员面对面”议题座谈会在团市委会议室举行，有人大代表、政协委员、专家学者、青年代表29人参加。座谈会采用“提案分享+专家点评”模式，通过组织人大代表、政协委员与团市委特邀界别代表、青年代表等面对面座谈，对13项提案、议案及建议进行讨论和完善，以此倾听青少年心声，了解青少年诉求，畅通青少年沟通渠道，促进青少年参政议政，维护青少年合法权益。其中，《关于加强未成年人网络沉迷综合治理工作的建议》《关于加强佛山市未成年人网络安全与权益保护的建议》等议题获较高关注度，与会人大代表、政协委员、专家学者等针对涉未成年人网络犯罪多发的问题进行集中讨论，并结合这些建议的合理性和可行性进行分析论证，探索建立更加完善的未成年人网络安全保护机制。座谈会全程通过网易新闻客户端直播，参与人数25.13万人。

【“青春同心·永跟党走”诵读党史活动】2021年，中国共产主义青年团佛山市委员会、市青年联合会组织青联委员、青年代表先后举办“青春同心·永跟党走”诵读党史活动2期。活动采取线上线下相结合的形式举行。5月25日的第一期活动中，主持人朗诵精选文章《难忘的战斗岁月》，并分享全国青联党

2021年5月25日，中国共产主义青年团佛山市委员会、市青年联合会联合举行“青春同心·永跟党走”诵读党史活动 （团市委 供图）

史读物推荐书单，另外，还播放《与青联委员一起读党史》视频，并安排15名市青联委员朗诵党史书籍，谈读书感悟，交流心得体会。7月17日的第二期活动中，20多名来自各行各业的青年围绕读党史主题，通过诵读党史书籍、分享党史故事和绘画等形式开展党史学习教育。

（林玥廷）

佛山市妇女联合会

【概况】 截至2021年底，佛山市有市、区妇联6个，镇（街道）妇联32个，村（社区）妇联790个，市、区、镇（街道）、村（社区）妇女组织组建率100%，有村（社区）妇联主席790人、执委9652人。有“妇女之家”956个〔含镇（街道）、村（社区）和企业、农业园区、产业园社区、专业合作社等其他领域“妇女之家”〕、儿童活动园地790个、妇女儿童权益维权工作站38个、“佛山融爱”家庭服务中心及其同类社会服务机构（含小候鸟驿站）41个、“舒心驿站”心理咨询室10个、“佛山融爱”妇女创业创新基地11个。2021年，全市妇女儿童维权工作站和“12338”妇女热线处理信访案件4193件，办理人民调解54件、家事调解55件。全市各级妇联线上线下开展巾帼大宣讲活动842场次，覆盖妇女群众6.16万人次。结对帮扶全市各区特困家庭儿童105人，发放助学款147.12万元。佛山市2011—2020年妇女儿童发展规划终期监测可量化指标118项，其中达标114项，总达标率96.61%。12月10日，市妇联召开十三届三次执委（扩大）会议，会议按妇联章程选举新一任市妇联主席，甘绮霞当选。年内，佛山市有3人获“全国巾帼建功标兵”称号，6个单位获“全国巾帼文明岗”称号，1个集体被授予2020年度“全国三八红旗集体”称号，1人获“全国实施妇女儿童发展纲要先进个人”称号，2人获“全国维护妇女儿童权益先进个人”称号，2个单位获“全国维护妇女儿童权益先进集体”称号，13个单位获2020年度“广东省巾帼文明岗”称号，8人被授予2020年度“广东省三八红旗手”称号，4个集体被授予2020年度“广东省三八红旗集体”称号，以全国、省三八红旗手陆秀兴（禅城区张槎街道古灶村党委书记、村委会主任）为领衔人建设的工作室被命名为“广东省三八红旗工作室”。年内，佛山市评出2020年度“佛山市三八红旗手”30人、2020年度“佛山市三八红旗集体”10个。

【基层妇联组织建设】 2021年，佛山市妇女联合会继续以实施“破难行动”（破解县级妇联改革、组织覆盖、基层执委作用发挥、妇联组织作风建设等难题的行动）为抓手扩大妇联组织覆盖，全年在党建基础扎实、条件完备的“四新”（新领域、新业态、新阶层、新群体）领域建立妇联组织112个，截至年底，全市有“四新”领域妇联147个、“妇女之家”145个、“妇女微家”25个。完成村（社区）妇联换届选举工作，产生新一届村（社区）妇联主席790人、副主席（含专、兼、挂）1263人，99.9%妇联主席为村（社区）“两委”〔村（社区）党组织和村（居）民委员会〕班子成员。

【妇女思想政治引领】 2021年，佛山市妇女联合会全面实施“基层妇联领头雁培训计划”，将党史学习教育纳入新一届村（社区）妇联主席、执委培训重要内容，要求全市妇联执委线上报到并开展专题学习2次。组建市妇联系统党史学习教育及习近平总书记“七一”重要讲话精神基层宣讲团和巾帼志愿宣讲队，依托“妇女之家”“社区儿童活动园地”“社区家长学校”等阵地，开展“巾帼心向党 奋斗新征程”“少年儿童心向党”等主题宣传。用好佛山红色文化资源，向省及周边地市推介中国妇女运动先驱区梦觉生平事迹展陈馆、巾帼英雄陈铁军纪念馆。禅城区妇联开展“小小导赏员”大赛、“小眼睛”看禅城随手拍活动，培育组建“小小导赏员”队伍在各红色教育基地、村（社区）提供讲解服务，推进“四史”（党史、新中国史、改革开放史、社会主义发展史）宣传教育走进家庭。全市各级妇联全年线上线下开展巾帼大宣讲活动842场次，覆盖妇女群众6.16万人次；组建巾帼志愿宣讲队122支2319人；开展巾帼志愿服务活动1420场次，服务妇女群众15.26万人次。

【妇女儿童权益保护】 2021年，佛山市妇女联合会依托全市38个妇女儿童维权工作站和24小时在线的“12338”妇女热线，为妇女群众提供维权服务。全年处理信访业务4193件，办理人民调解54件、家事调解55件。处置重点个案23件、重点舆情8件，推动公检法、民政等部门妥善处置涉侵害妇女儿童权益案件。在专业服务项目方面，开展“向日葵”反家暴项目，为受侵害妇女提供维权指导及法律咨询，全年服务并结案43件。建设省、市级“舒心驿站”心理咨询室10个，为群众提供心理辅导、情绪疏解、宣传普及心理健康等889宗次。继续推进“关爱女童 护苗成长”保护女童人身权益三年行动（2020—2022年）实施，围绕女童保护做好宣传教育，摸底排查4842人（户）次，对重点人群、家庭开展探访4.3万次，结对帮扶4626对，排查涉及妇女儿童权益矛盾纠纷210件。建设村（社区）妇女议事会，组织妇女代表围绕妇女儿童权益和家庭建设、公共事务、困难帮扶等议题开展议事，全市790个妇女议事会召开会议1221次，推动落实议事议题840个。同年，市妇联婚姻家庭纠纷人民调解委员会“‘娘家人’巧调‘被小三’恋爱纠纷——王某与伍某恋爱纠纷调解案”被司法部案例库收录。

【困境妇女儿童帮扶救助】 2021年，佛山市妇女联合会开展“情暖母亲 爱润孩子”项目，慰问单亲特困母亲家庭210户、重症困难儿童13人，送出慰问金、慰问品28.2万元；为吸毒康复人员困难家庭完成“微心愿”4个。开展“姐妹情深10元捐”活动，号召各级妇联、各团体会员、妇女组织参与“扶贫济困日”活动，筹得76.7万元。携手市儿童福利会等爱心社会组织、爱心人士，推进“爱润孩子·助力成长”扶贫助学项目和“爱润孩子·助梦飞翔”公益助学项目；结对帮扶全市各区特困家庭儿童105人，发放助学款147.12万元。到佛山市妇幼保健院开展六一儿童节慰问重症儿童活动，探望10名身患重症的困难家庭儿童，并赠送慰问金和六一儿童节礼物。结合党史学习教育“我为群众办实事”的要求，举办“共享蓝天·快乐成长”公益夏令营活动，有150名困境儿童参加活动。推进“书香伴成长”项目，向全市低保或临界低保家庭6～12岁儿童免费寄送内含10本红色传统故事及中外儿童读物的“书香包”，项目第二期活动链接社会爱心组织、发动理事和会员认捐“书香包”，募集社会资金8万元，制作“书香包”400个，向市内困难家庭儿童寄送“书香包”259个。联合中国人寿保险有限公司佛山分公司合作开展“佛山融爱·童成长”关爱困境儿童公益保险项目，为佛山市低保和临界低保家庭中3～18周岁身体健康的学生儿童赠送公益保险，全年1385名符合条件的困境儿童受惠，累计保障额度超3.87亿元，受赠儿童获赔付4人次，合计获赔付5536元。全年全市为符合条件的5.5万名妇女群众赠送乳腺癌和宫颈癌免费保险，累计保额超1.85亿元。

2021年3月27日，佛山市妇联在市儿童活动中心举办百年党史知识巡展知识问答活动。图为工作人员与参加儿童进行问答互动 （市妇联　供图）

【“网上妇女之家”建设】 2021年，佛山市妇女联合会继续推动“网上妇女之家”建设，依托“佛山妇联”微信公众号，与各区、镇（街道）妇联新媒体矩阵联动，扩大妇女思想政治引领受众面。参与主办“学党史 进万家”活动，推荐老革命、老红军、新佛山人等党员家庭代表，以系列视频网络日志（vlog）短视频的形式讲述佛山共产党员对党的真挚感情，让广大群众感悟红色家教家风。“佛山妇联”微信公众号全年推送各类推文370条，总阅读量240万人次。其中，9场“与孩子的心灵对话”主题有奖互动，留言互动数近600条，活动推文总阅读量3.6万人次；寻找“最美家庭”互动活动有2.5万人参与投票，活动推文阅读数4.3万人次。

【巾帼建功行动】 2021年，佛山市妇女联合会继续推进巾帼建功活动，挖掘推荐优秀女性和集体参评全国巾帼建功标兵，创建“巾帼文明岗”。通过市女企业家协会、市女文艺家协会等妇联团体会员，关注女企业家及其企业的困难和需求，支持女科技创新人员、女企业家、农业女能手、女文艺家等人才在各自领域建功立业。实施“乡村振兴巾帼行动”“创业创新巾帼行动”“科技创新巾帼行动”三大行动，服务乡村振兴。新建“佛山融爱”妇女创业创新基地4个，全市妇女创业创新基地增至11个。发动37个项目参加2021年粤港澳大湾区女性科技创新大赛，其中“美的厨房电器AIOT团队”在决赛中获优秀奖。推荐57个项目参加2021年省妇女手工创业创新大赛，获铜牌项目2个、获优秀奖项目5个。开展科技服务惠万家活动，联合各区人力资源社会保障、科技、农业等部门，培训女创业大户、女致富带头人、农村妇女2万多人次。推进广东省妇女创业小额担保贷款贴息项目，全年136名妇女获贷款1366万元，直接间接带动就业2050人次。

2021年3月5日，“巾帼心向党　奋斗新征程”2021年佛山市各界妇女代表纪念“三八”国际妇女节活动暨佛山市妇联十三届二次执委会议举行。图为获奖代表上台领奖

（市妇联　供图）

【妇女儿童发展规划终期评估】 2021年，佛山市妇女儿童工作委员会办公室组织开展全市实施2011—2020年妇女儿童发展规划终期评估工作。对照《广东省妇女发展规划（2011—2020年）》《广东省儿童发展规划（2011—2020年）》《佛山市妇女发展规划（2011—2020年）》《佛山市儿童发展规划（2011—2020年）》，佛山市妇女儿童发展规划终期评估监测指标体系有可量化指标118项，其中达标114项，总达标率96.61%，高于省总达标率91.87%的水平。涉及儿童发展的52个主要监测指标全部达标。评估结果可概括为：全市母婴健康安全得到较高水平的保障，儿童教育工作走在全省前列，佛山社会救助标准水平大幅提升，妇女儿童的生活环境不断优化。

【妇联执委培训】 2021年，佛山市妇女联合会依托“指尖上的妇联”微官网中的“执委专栏”，开展全市各级妇联执委线上学习培训2期，引导各级妇联执委通过学习提高思想认识和履职能力。学习培训内容包括学习《习近平总书记在党史学习教育动员大会上的讲话》《中国共产党第十九届中央委员会第六次全体会议公报》《中共中央关于党的百年奋斗重大成就和历史经验的决议》等。2期培训活动培训9370人次，参与学习培训妇联执委占全市各级妇联执委总人数97%以上。

【纪念三八国际妇女节系列活动】 2021年3月5日，佛山市妇女联合会举行纪念三八国际妇女节活动，来自各行各业的妇女代表60多人参加。活动为佛山市获2020年度全国、省、市三八红旗手（集体）称号的个人和集体代表颁发荣誉证书，并邀请优秀妇女代表作事迹分享。在三八国际妇女节前后开展三八维权周活动，并于3月8日当天开展佛山市、区、镇（街道）三级妇联主席接听“12338”妇女热线活动，接听来电100多个。4—5月，市妇联开展“送奖到基层”活动，作为三八国际妇女节系列活动的延伸，陆续将三八红旗手（集体）、巾帼文明岗等荣誉奖牌送到基层女性手中。

（莫宏谦）

佛山市科学技术协会

【概况】 2021年，佛山市科学技术协会有所属学会66个，有职称评审、学术交流等自有平台7个，有共享人才举荐等平台4个。年内，资助2021年科技进步活动月重点项目7个，每个项目资助经费5万元；资助自然科学类社会组织项目5个，每个项目资助经费10万元。组织开展青少年科技创新大赛、“大手拉小手——科普报告希望行”等科普活动，承接职称评审工作，牵头承办第二十五届全国发明展览会——“一带一路”暨金砖国家技能发展与技术创新大赛，推进中国科协创新驱动助力工程示范市建设和“科创中国”试点城市建设。市科协推荐的沈洁、曾超峰等2人获评2021

2021年9月17日，科创中国联合体理事长、中国工程院院士周济（右）为佛山市“科创中国”试点城市授牌，佛山市委常委、常务副市长郑海涛（左）接受授牌

（市科协　供图）

年度广东省“最美科技工作者”。

【基层科协组织建设】2021年，佛山市科学技术协会新增业务主管科技社团（学会）1个，为佛山市生物医学工程学会。至年底，市科协有所属学会66个，其中AAAAA级学会6个、AAAA级学会7个、AAA级学会7个；有职称评审、学术交流、继续教育、网络服务、论文发表、联谊活动、法律顾问服务等自有平台7个，有人才举荐、科普项目资金奖励、企业科技创新服务、市级社会组织发展专项扶持资金等4个共享平台。年内，市科协从多个渠道资助所属学会的重点项目，包括资助2021年科技进步活动月重点项目7个，每个项目资助5万元；对13个单位申报的2021年自然科学类社会组织发展扶持项目进行评审，选出资助项目5个，每个项目资助经费10万元。采取逐一走访的形式，对市科协所属60多家学会进行学会能力提升调研，掌握市属学会现状，加强市科协与各学会之间的联系，促进学会能力提升。12月29日，禅城区科学技术协会召开全市科技工作者代表大会，选举产生禅城区科协第二届委员会和主席、副主席、秘书长。

【科技工作者服务工作】2021年，佛山市科学技术协会及所属学会继续做好科技工作者的服务工作。向省科协推荐2021年度广东省“最美科技工作者”候选人3人，最终入选2人。参与全市“佛山有为英才计划”政策制订工作，包括院士工作站认定资助、学术活动项目资助等，为引进、培养科技工作者提供纲领性政策支持。承接市人力资源社会保障局关于生态环境、机电、轻工、纺织等7个职称评审委员会的职称评审工作，做好职称评审时间调整相关应对工作（佛山市职称评审工作从2021年起，职称评审委员会受理申报材料时间为评审年度的下一自然年的1—3月，在下一自然年的6月底前完成评审，初次职称考核认定与评审一并开展）。年内，市科协联合各区科协举办技术创新暨职称选修课培训6期，培训680多人；支持所属学会通过线上、线下培训相结合的方式举办继续教育专业课培训49场次，培训3009人次；立项资助5个职称评审委员会对应的专业学会开展继续教育项目，资助15万元。

【全民科学素质服务】2021年，佛山市科学技术协会继续开展形式多样的科普活动，提升佛山市全民科学素质。举办佛山市“大手拉小手——科普报告希望行”活动科普报告会64场次。举办第三十七届佛山市青少年科技创新大赛、2021年全国科普日暨第三届佛山科普嘉年华活动等。继续承办广东省“全国科技活动周、防灾减灾日”暨“全省科技进步活动月”主场活动。举办《广东省科学技术普及条例》巡回宣讲会，做好《广东省科学技术普及条例》的宣传贯彻工作。年内，佛山市新增广东省级科普教育基地4个、佛山市科普教育基地46个。

2021年9月11日，佛山科学馆举办2021年全国科普日暨第三届佛山科普嘉年华系列活动。图为季华实验室展示“佛山一号”卫星模型　　（市科协　供图）

【创新驱动助力工程项目】2021年，佛山市推进创新驱动助力工程项目申报、评审、跟踪和绩效考核，收到申报项目149个，总申报金额7430万元，参与申报的国家级学会36个。经评审和公示，有45个项目获批立项，资助总金额2360万元，其中重点产业技术创新联盟项目7个、会企科研基地项目13个，45个项目中一半以上由国家级学会参与。年底前，45个创新驱动助力项目均完成项目合同签订并支付第一期经费。

【佛山市“科创中国”试点城市建设】2021年3月，佛山市人民政府向省科协提出创建“科创中国”试点城市申请。5月31日，在中国科学院第二十次院士大会、中国工程院第十五次院士大会和中国科学技术协会第十次全国代表大会上，佛山市入选中国科协“科创中国”试点城市。佛山市政府于9月印发《佛山市“科创中国”试点城市建设工作方案》，推动《“科创中国”三年行动计划（2021—2023）》在佛山实施，明确佛山市的“科创中国”试点城市建设工作目标，并结合佛山市的产业特点和需求方向，提出5个方面11项重点任务，包括加快带动佛山市的企事业单位引进国家级学会及大院大所的科技、人才和资源，搭建对接平台，推动项目落地，做好项目的合作对接、跟进协助工作，扶持重点产业技术创新联盟、会企科研基地、院士工作站、学术交流与会展活动等九大类项目。

【第二十五届全国发明展览会——“一带一路”暨金砖国家技能发展与技术创新大赛】2021年12月10—12日在佛山潭洲国际会展中心举行。该大赛由中国发明协会、金砖国家工商理事会、广东省科学技术厅、广东省科协主办，佛山市人民政府承办。展览会以“发明创新　自立自强”为主题，展览面积4万平方米，特设高等院校发明创新成果、国家高新技术创新成果、国防知识产权、节能环保、全国职工发明创新成果、青

2021年12月10日，第二十五届全国发明展览会——“一带一路”暨金砖国家技能发展与技术创新大赛举行。图为“一带一路”暨金砖国家技能发展与技术创新培训中心揭牌 （市科协 供图）

少年发明创新、大健康及非遗成果、粤港澳大湾区、“一带一路”暨金砖国家技能发展与技术创新大赛等专题展区，有来自全国各地的2300多个发明创新项目参展，其中高校发明创新成果专区展近100个项目。同期举办的2021“一带一路”暨金砖国家技能发展与技术创新大赛包括无人机装调与编程应用、新型碳中和能源管控技术及应用、人工智能-协作机器人技术与应用、人工智能机器人应用技术、新能源汽车创新制作、机器学习与大数据、数据分析与可视化运用、移动应用开发等竞赛项目10个，有参赛队136支，专家、选手、领队等400人参与有关活动。举行展览会和赛事的同时，还举办“一带一路”暨金砖国家技能发展与技术创新国际研讨会，并为“一带一路”暨金砖国家技能发展与技术创新培训中心揭牌。展览会和赛事活动中，有7个高新技术项目签约落户佛山高新技术产业开发区。

（汪元龙）

佛山市社会科学界联合会

【概况】 2021年，佛山市社会科学界联合会有团体会员42个。设有佛山市社会科学专家库，入库专家240人。与中共佛山市委党校联合主办内刊《佛山研究》。全市有省级社科普及基地45个、市级社科普及示范基地25个。年内，市社科联常态化开展社科成果收集整理，新增社科规划项目成果176个。全年社科规划项目立项186个，结项185个、结项率99%，优良项目93个。推进社科成果转化，将2020年社科规划项目中的重大项目和重点项目等研究成果汇编成《佛山市哲学社会科学规划项目成果汇编》（第9辑），编印《佛山市“庆祝中国共产党成立100周年”征文活动入选作品集》和《佛山市旅游业发展蓝皮书（2020）》。全年开展社科活动400多场次，参与人数80万人次。开展9个社会组织活动项目资助，并完成2021年度市级社科类社会组织发展专项扶持资金绩效考核。

【社科活动】 2021年，佛山市社会科学界联合会开展送书下基层活动，将包括基层党建、政治、经济、文化、历史、卫生健康、文学艺术等2700余册社科图书送到普东社区图书室，用于支持社区文化建设。组织开展社科普及项目资助活动，围绕庆祝中国共产党成立100周年活动和党史学习教育，开展社科普及活动，并对广东石湾陶瓷博物馆的“永远跟党走——庆祝中国共产党成立100周年石湾陶塑作品展”、佛山警察历史博物馆的“《口述历史》（警史视频）”、佛山市图书馆的“党史学习中心建设”、南海区图书馆的“少儿科普活动进社区”和高明区博物馆的“红色文化主题展览”等项目予以经费资助。举办线上“2021年佛山市社科普及党史知识竞赛”活动，60余万人次参与竞赛。举办“佛山红色文化名片”巡回展活动，通过线上线下相结合的形式宣传推广佛山红色

2021年11月3日，由佛山市社科联主办、佛山日报社承办的2021年佛山市社科普及知识讲座（第五讲）线上开课。图为广东宝言律师事务所律师刘敏以“《民法典》与《未成年人保护法》合力，保护‘少年的你’”为题开展专题讲座 （市社科联 供图）

文化，超700个单位组织线下集体参观，线下参观的党员和市民群众约3万人，线上打卡人数约5万人次。开展社科普及知识讲座活动，邀请市内外专家学者以“珠江潮涌　百年征程”“学习习近平总书记‘七一’重要讲话精神”“建设社会信用体系打造一流营商环境”“佛山武术从历史中走来”“《民法典》和《未成年人保护法》合力，保护‘少年的你’”“‘德尔塔’疫情下市民如何做好防控”等为主题开展专题讲座，并通过“佛山+”客户端等开展线上社科普及。举办佛山市社科普及示范基地现场经验交流暨培训工作会，组织全市社科普及示范基地负责人或业务骨干参观广东大观博物馆、广东石湾陶瓷博物馆等优秀科普示范基地，并邀请省、市两级专家作专题辅导。

【社科类社会组织扶持资助】 2021年，佛山市社会科学界联合会开展社会组织活动资助，择优将佛山市演讲与口才学会的“百年党史百人讲，百年辉煌千人颂，万众一心跟党走”活动、佛山市图书馆学会的“易本书”家藏图书共享平台宣传推广活动等9个活动项目作为2021年度社会组织活动资助项目。完成2021年度市级社科类社会组织发展专项扶持资金绩效考核，其中，市民办教育协会“忆党史、争先锋，共庆建党100华诞——佛山市民办教职工爱国爱党知识竞赛”、市农村经济学会“佛山市走进乡村谈振兴大型系列学术活动”、市老年学学会“智慧助老：解决‘无G’老人‘数字脱贫’的对策研究”、市教师教育发展促进会“国学文学诗歌进校园、非遗进校园、书法进校园‘三进’活动”、市优秀传统文化促进会“赋能社会　助力企业——佛山文促会优秀文化寻访之旅”等5个项目获评“优秀”等级。

【社科成果编印】 2021年，佛山市社会科学界联合会将2020年度社科规划重大项目和重点项目研究成果等进行汇编，印刷200余册向市委、市政府、市委宣传部、市委组织部、市发展改革局、市文广旅体局，以及各区委宣传部、各有关高校等100多个相关单位派发。联合市文广旅体局、广东财经大学（大数据与佛山经济运行中心）完成《佛山市旅游业发展蓝皮书（2020）》编撰印发，挖掘佛山旅游文化内容，探讨佛山旅游业未来发展目标、思路，并提出对策建议。

【佛山红色文化名片巡回展览】 2021年9—11月，佛山市社会科学界联合会举办佛山红色文化名片巡回展览活动，巡展以市委宣传部和市委党史研究室等评选产生的“佛山十大红色文化名片”和10张“佛山优秀红色文化名片”为素材，制作展板和H5线上打卡小游戏，在佛山市图书馆、禅城区张槎文化广场、顺德区清晖园博物馆、高明区红色廉政文化基地、美的鹭湖社科普及示范基地、三水区文化馆、南海区保利MALL等举办线下展览相结合的形式宣传推广佛山红色文化，超700个单位组织线下集体参观，线下参观的党员和市民群众约3万人，线上打卡人数约5万人次。

【佛山市社会科学普及周活动】 2021年5月18日，以“兴起党史学习教育热潮　迎接党的百年华诞”为主题的2021年佛山市社科普及周启动仪式暨主题日活动在佛山电视台举行。启动仪式活动设置主会场和分会场，实现市、区两级联动，其中佛山市图书馆主会场举办社科普及示范基地品牌成果展、高明区博物馆分会场举办“星火始燃初心立”党史学习教育专题展。主题日活动内容包括社科普及工作总结、社科普及示范基地品牌成果展、党史学习教育主题展等，并播出《醒目日记之玩转佛山科普基地》节目，通过镜头向市民展示大观博物馆、高明区红色廉政文化教育基地、广东石湾陶瓷博物馆。社科普及周相关活动持续至12月，其间，各区委宣传部（社科联）、市属各高校、市社科联下属各学会（协会、研究会）和各社科普及示范基地围绕社科普及周主题，举办社科普及讲座、基层宣讲巡讲、社科文化展演、社科成果展示、科普网络宣传、精品读物出版等社科普及活动400多场次。

【40个社科普及基地获认定为省级人文社科普及基地】 2021年9月24日，广东省社会科学界联合会印发《关于认定广东省人文社会科学普及基地的通知》，佛山市40个科普基地被评定为广东省人文社科普及基地。其中，佛山岭南文化研究院等28个基地被评为标准基地，佛山市青少年素质教育综合实践基地等6个基地被评为提升型基地，佛山木版年画传统工艺与精神文化教育基地等6个基地被评为孵化型基地。至此，佛山市省级人文社科普及基地增至45个。

（曹嘉欣）

2021年9月29日，佛山红色文化名片巡回展览启动仪式在佛山市图书馆举行

（市社科联　供图）

表6　**佛山市人文社科普及基地一览表**

基地名称	基地类型	级别	评定时间
佛山岭南文化研究院（佛科院）	社科普及示范基地	市级	2014年
禅城区图书馆	社科普及示范基地	市级	2014年
南海区博物馆	社科普及示范基地	市级	2014年
顺德区博物馆	社科普及示范基地	市级	2014年
广东盈香生态园	社科普及示范基地	市级	2014年
佛山大讲堂·三江讲坛	社科普及示范基地	市级	2014年
佛山市图书馆	社科普及示范基地	市级	2016年
广东石湾陶瓷博物馆	社科普及示范基地	市级	2016年
三谭革命事迹展览馆	社科普及示范基地	市级	2016年
三水区博物馆	社科普及示范基地	市级	2016年
顺德图书馆	社科普及示范基地	市级	2018年
顺德区清晖园博物馆	社科普及示范基地	市级	2018年
佛山市人口老龄化国情教育示范基地（佛山开放大学）	社科普及示范基地	市级	2018年
广东大观博物馆	社科普及示范基地	市级	2018年
美的鹭湖森林度假区	社科普及示范基地	市级	2018年
高明区博物馆	社科普及示范基地	市级	2018年
南海血站	社科普及示范基地	市级	2018年
紫南文化园社科普及示范基地	社科普及示范基地	市级	2020年
检察文化宣传基地	社科普及示范基地	市级	2020年
南海区图书馆	社科普及示范基地	市级	2020年
中国人民解放军粤中纵队纪念馆	社科普及示范基地	市级	2020年
佛山市非遗文化社科普及示范基地	社科普及示范基地	市级	2020年
佛山市文化艺术社科普及示范基地	社科普及示范基地	市级	2020年
佛山警察历史博物馆	社科普及示范基地	市级	2020年
佛山市演讲与口才科普基地	社科普及示范基地	市级	2020年
禅城区图书馆	标准基地	省级	2014年
南海区博物馆	标准基地	省级	2014年
佛山市图书馆	标准基地	省级	2018年
顺德区清晖园博物馆	标准基地	省级	2018年
广东大观博物馆	示范基地	省级	2018年
广东石湾陶瓷博物馆	标准基地	省级	2021年

续表

基地名称	基地类型	级别	评定时间
佛山市祖庙博物馆	标准基地	省级	2021年
佛山警察历史博物馆	标准基地	省级	2021年
佛山市教师教育发展促进会	标准基地	省级	2021年
佛山岭南文化研究院	标准基地	省级	2021年
佛山地震科普展馆	标准基地	省级	2021年
“佛山制造·工匠精神·佛科力量”展览馆	标准基地	省级	2021年
佛山商道文明社科普及基地	标准基地	省级	2021年
佛山市心理辅导协会	标准基地	省级	2021年
南海区血液健康知识社科普及基地	标准基地	省级	2021年
佛山市非遗文化科普基地	标准基地	省级	2021年
岭南优秀传统文化与民族精神教育基地	标准基地	省级	2021年
佛山市南海区人民医院	标准基地	省级	2021年
佛山市口腔健康体验馆	标准基地	省级	2021年
粤港澳大湾区职业教育课程思政教学研究中心	标准基地	省级	2021年
生命健康叙事科普教育基地	标准基地	省级	2021年
佛山传统文化科学普及基地	标准基地	省级	2021年
佛山醒狮传承基地	标准基地	省级	2021年
佛山市演讲与口才科普基地	标准基地	省级	2021年
佛山知行天下青少年综合实践教育营地	标准基地	省级	2021年
佛山阿农湾农耕文化园	标准基地	省级	2021年
佛山市小农生态科技有限公司	标准基地	省级	2021年
顺德新地农场	标准基地	省级	2021年
广东盈香生态园社会科学普及基地	标准基地	省级	2021年
佛山西樵香云纱传承基地	标准基地	省级	2021年
佛山市高明区博物馆	标准基地	省级	2021年
三谭革命事迹展览馆	标准基地	省级	2021年
中国人民解放军粤中纵队纪念馆	标准基地	省级	2021年
佛山市文化艺术教育实践基地	提升型基地	省级	2021年
职业健康与应急处置科普基地	提升型基地	省级	2021年
广东生态文明普及教育与创新研究基地	提升型基地	省级	2021年
佛山市青少年素质教育综合实践基地	提升型基地	省级	2021年

续表

基地名称	基地类型	级别	评定时间
南方印务研学教育实践基地	提升型基地	省级	2021年
佛山市高明区鹏鹄食用菌农耕文化自然教育基地	提升型基地	省级	2021年
佛山市青少年心理健康宣传阵地	孵化型基地	省级	2021年
佛山木版年画传统工艺与精神文化教育基地	孵化型基地	省级	2021年
佛山市税收普法教育基地	孵化型基地	省级	2021年
美的鹭湖茶文化研学基地	孵化型基地	省级	2021年
佛山市高明区乡村艺术创作馆	孵化型基地	省级	2021年
高明统战“同心·一家亲”百姓学习中心	孵化型基地	省级	2021年

佛山市文学艺术界联合会

【概况】 2021年，佛山市文学艺术界联合会下属有佛山市作家协会、佛山市戏剧家协会、佛山市音乐家协会、佛山市美术家协会、佛山市曲艺家协会、佛山市摄影家协会、佛山市书法家协会、佛山市舞蹈家协会、佛山市民间文艺家协会、佛山市杂技艺术家协会、佛山市文艺评论家协会、佛山市电影电视家协会等12个文艺家协会。市、区、镇（街道）文联系统有文艺协会339个。全市5个区均有文联组织，其中禅城区文学艺术界联合会、南海区文学艺术界联合会、顺德区文学艺术界联合会有独立建制。全市5个区32个镇（街道）中，有25个镇（街道）成立文联组织。市文联所属文艺家协会有市级会员4907人、省级会员2182人、国家级会员510人。办有内刊《佛山艺术》。年内，市文联组织红色专题创作，庆祝中国共产党成立100周年。其中，包括创作大型红色功夫粤剧《鸿胜馆》、广播连续剧《君子墟》、话剧《盖德皓做好人》，举办佛山市庆祝中国共产党成立100周年系列艺术作品展，举办“我为群众办实事”之文化特色街区商铺招牌书写制作活动；继续推进佛山市2019—2020年度重点文学创作项目，10部著作相继出版；继续加强文艺人才培养，实施文艺人才工程和文艺新锐工程；加强文艺理论研究和推出理论专著，出版《乡土佛山——佛山村落故事集》等；继续推动传统文化创造性转化和创新性发展，杨凡周、关宏撰写的《广佛传统工艺美术的现代转型》入选首届粤港澳大湾区文艺创新论坛“重点文艺研究课题”；做好文艺志愿服务，开展送春联进万家活动、“送书下基层”活动、“文化下基层”活动，市文联系统开展文艺志愿服务活动超100场次；推动参与粤港澳大湾区文艺界合作发展，举办第四届“西江能见度”摄影联展等展览；举办“海洋传摄——海洋专题摄影作品展”“绝色窑宝——梁氏龙窑柴烧釉彩精品展”“法治文艺作品系列鉴赏”等展览、展演30余场次；推动戏曲、书法、诗歌等文艺进校园，举办戏曲进校园、戏曲进乡村活动数十场次。

2021年11月4日，“青春向党　强国有我”佛山市文艺志愿者进校园暨大沥高级中学第21届体艺节在大沥高级中学举行。图为书画家现场创作　（市文联　供图）

【文学创作】 2021年，佛山市继续推进2019—2020年度重点文学创作项目，将《中国产业脊梁——疫情下顺德制造业困境与突围》《生命线上》等10部作品列入出版资助项目，作品涵盖纪实文学、诗歌、小说、剧本等体裁，涵盖佛山革命历史、改革开放和脱贫攻坚题材等内容。年内，岑孝贤作品《星岛女孩》

获第三届曹文轩儿童文学奖首奖，米军喜与谢显扬、陆基民合著长篇纪实文学《生命河流摆渡人》入选广东省作家协会"庆祝建党百年十部红色题材重点作品"，赵洪剧作品《大江沉重》入选"建党百年广东百部优秀红色文艺作品选录"，苟文彬作品《志愿战"疫"的佛山力量》获全国第三届"志愿文学"征文大赛报告文学优秀奖，万涛作品《画七月》在中央电视台少儿频道展播。

【文艺人才培养】 2021年，佛山市文学艺术界联合会继续加强文艺人才培养。实施文艺人才工程，做好优秀文艺工作者艺术成果、艺术思想的研究和传承，举办春的旋律——2021廖之春长笛独奏重奏音乐会、"塑形·传神·写心"石湾写意陶塑展暨许少杰作品研讨会、翰墨分春——朱庸斋师生作品展、丹青岁月——梁根祥从艺六十周年画展、梦寐玄华·梁建华书法作品展；出版杨凡周、尹洪波《戏中滋味》，李小如《心如莲花——李小如题跋书法作品集》，纪文瑾《石湾艺术陶瓷研究辑成》，关宏、赵漾《乡土佛山——佛山村落故事集》等书籍。实施文艺新锐工程，举办第八届佛山陶艺新锐提名展等展览，同时资助文艺家出版图书，搭建促进文艺新秀成长的新平台。推荐新文艺群体参政议政，推荐的佛山市摄影家协会主席汤东涛、佛山市美术家协会理事潘超安等2名新文艺群体代表入选成为中国人民政治协商会议第十三届佛山市委员会委员。利用文艺阵地宣传推荐文艺家，编印内刊《佛山艺术》《岭南文学》《佛山诗坛报》各4期，宣传推介优秀文艺名家、文艺新锐，发表本土作家小说、散文、诗歌、评论等文学作品；运用"佛山文联"微信公众号、"佛山文联"微博、佛山文学艺术网等新媒体平台，开设"品鉴""新锐"等专题栏目，宣传推介文艺名家、文艺新锐及其艺术成果，全年发布13期，阅读量超1.3万人次。

【艺术展示】 2021年，佛山市有32人次作品入选由中国美术家协会主办的全国17个展览，其中14人次作品获入会资格；有80多人次作品入选由广东省美术家协会等单位主办的展览并获奖。杨凡周陶艺专著《当代石湾陶艺论稿》获第二十九届"金牛杯"美术图书铜奖。莫松年主题雕塑入藏广东美术馆。佛山市有12人次作品入选中国第十八届国际摄影艺术展览、第十届全国农民摄影大展、第二十八届全国摄影艺术展览等国家级展赛。佛山市顺德区北滘镇获评2021年度广东摄影目的地。佛山市有4人次作品入展国家级书法展览，19人次作品入展省级展览。年内，佛山市举办久久为功——佛山诗书画研究院2021春季艺术提名展、梁根祥风景画展、海洋传摄——海洋专题摄影作品展、绝色窑宝——梁氏龙窑柴烧釉彩精品展、看山是山——王志敏书法篆刻作品展、春的旋律——2021廖之春长笛独奏重奏音乐会、第八届佛山陶艺新锐提名展、"塑形·传神·写心"石湾写意陶塑展暨许少杰作品研讨会、翰墨分春——朱庸斋师生作品展、丹青岁月——梁根祥从艺六十周年画展、梦寐玄华·梁建华书法作品展、法治文艺作品系列鉴赏等展览、展演30余场次。

【舞台展示】 2021年，佛山市4支合唱团在永远跟党走·逐梦新时代——广东省第十四届百歌颂中华歌咏活动总决赛获金奖2枚、铜奖2枚。曲艺作品《百年国事百年榕》获2021广东省群众艺术花会（戏剧曲艺）决赛金奖，顺德区曲艺作品《西海风云》获银奖。尹洪波粤剧作品《小凤仙》《梦·红船》入选"建党百年广东百部优秀红色文艺作品选录"。杨璞作词的歌曲《为您献上一首生日的歌》入选为由中国音协等单位主办的"唱响百年"爱国主义原创歌曲征集活动的全国15首作品之一。袁晨光创作的歌曲《老家大哥》《爱着你的红》在广东省音乐家协会、中共佛山市委宣传部共同举办的"庆祝中国共产党成立100周年——寻找广东原创好歌曲"征集活动中被评为优秀原创作品。

【文艺理论研究】 2021年，佛山市文学艺术界联合会加强文艺理论研究。出版《乡土佛山——佛山村落故事集》，研究佛山村落民俗文化。与佛山科学技术学院图书馆联合组编《佛山文化概览》，反映佛山社会经济、历史文化等方面发展。另外，杨凡周、尹洪波撰写的《戏中滋味》，以对话形式讲述戏剧工作见解，带动理论和观念创新。

【传统文化转化和发展】 2021年，佛山市文学艺术界联合会继续推动佛山优秀传统文化创造性转化、创新性发展。陶瓷方面，推动石湾陶艺传承与创新，举办"塑形·传神·写心"石湾写意陶塑展暨许少杰作品研讨会、"陶缘·刘传"石湾陶塑藏品研究展、石湾陶艺百年成就收藏展等展览和研讨会，编辑出版《石湾艺术陶瓷研究辑成》等陶艺理论著作，为石湾陶艺现代化转型引路。岭南书法方面，举办"久久为功"佛山诗书画研究院2021春季艺术提名展等专题性展览、全国书法展览入展作者创作分享会等展览和研讨会，编辑出版《心如莲花——李小如题跋书法作品集》。民间工艺方面，杨凡周、关宏撰写的《广佛传统工艺美术的现代转型》入选首届粤港澳大湾区文艺创新论坛"重点文艺研究课题"，市民间艺术家协会组织民间文艺家走进校园开展非遗文化、民俗文化讲座，并在南海区石门高级中学挂牌成立"佛山市传统文化传承基地（剪纸艺术）"。

【文艺志愿者服务】 截至2021年底，由佛山市文学艺术界联合会统筹的文艺志愿服务组织63个，包括佛山市文艺志愿者服务团，以及11支市级文艺家协会志愿者服务队、51支区级文艺家协会志愿者服务队（禅城区8支、高明区10支、南海区8支、三水区10支、顺德区15支）。2021年，市文联系统开展文艺志愿服务活动超100场次。送春联进万家活动中，全市各区、各镇（街道）累计举行规模不同的送春联进万家活动近100场次，参与书法家1000余人次，送出春联和"福"字近3万幅。"送书下基层"活动中，向南海区作家协会灯谜学会、广东舞蹈戏剧职业学院图书馆等6个基层组织捐赠佛山市文联文艺精品书籍超1000本（套）。"文化下基层"活动中，组织摄影志愿者走进禅城区塔坡社

2021年3月27日，“党建引领　融合发展”——佛山市文化文艺志愿服务走进高明区更合镇白石村。图为文艺演出现场　　（市文联　供图）

区开展“新春到社区送幸福大片”志愿服务活动，组织文艺志愿者走进高明区更合镇白石村举办“党建引领　融合发展”——佛山市文化文艺志愿服务走进高明区更合镇白石村活动，组织舞蹈志愿者走进三水区西南街道木棉村开展民族舞蹈培训活动，组织文艺志愿者走进南海区狮山石门高级中学、大沥高级中学、南海区罗村高级中学等12所中小学幼儿园开展红色文艺汇演、书法进校园系列活动、戏曲进校园等系列活动，组织文艺志愿者走进南海区西樵镇百西村、岭西村等8个村（社区）开展戏曲进乡村活动。

【人文湾区文艺创作】 2021年，佛山市文学艺术界联合会继续助推人文湾区建设。联合肇庆、江门、中山、珠海等地市文联和澳门科技大学澳门影像馆等单位，举办第四届“西江能见度”摄影联展，用影像反映中国共产党成立以来珠江三角洲地区的发展成果。参加首届粤港澳大湾区文艺合作峰会，与广东省文学艺术界联合会、中国文联香港会员总会、澳门中华文化联谊会，以及广州、深圳、珠海等市的文学艺术界联合会共12家单位共同签署《粤港澳大湾区文艺合作峰会成员单位合作备忘录》；参加首届粤港澳大湾区文艺创新论坛，《广佛传统工艺美术的现代转型》入选“重点文艺研究课题”。年内，佛山市书法家协会举办“青春共逐梦　翰墨写华章”汕头·佛山青年书法家协会联展。市书法家协会、市美术家协会、市摄影家协会协办2021年佛山、澳门两地职工书画摄影作品联展。

【粤剧《鸿胜馆》创作】 2021年，中共佛山市委宣传部、佛山市文学艺术界联合会与广东粤剧院联合创作、出品粤剧《鸿胜馆》，该剧以中国著名南派武术组织——佛山鸿胜馆及其历史人物为原型，以中国共产党成立初期的佛山为缩影，讲述20世纪初社会变革浪潮中，佛山鸿胜馆人在中国共产党的领导下，心怀家国，不畏艰险，成立红色工会的故事。该剧把红色题材与佛山粤剧、功夫、醒狮等本土元素紧密结合，探索粤剧武打的传承发展和创新演绎，以及以佛山鸿胜馆为代表的红色文旅融合新路径。该剧被列入佛山市党史学习教育重点活动（项目），入选“永远跟党走”广东省庆祝中国共产党成立100周年百场大型舞台艺术精品展演剧目，并于7月23—24日在广东粤剧艺术中心首演，于12月7—8日在佛山琼花大剧院演出。

【广播连续剧《君子墟》与话剧《盖德皓做好人》创作】 2021年，佛山市文学艺术界联合会围绕党的十八大以来全面从严治党工作，创作5集广播连续剧《君子墟》和话剧《盖德皓做好人》，通过当代都市的市井琐事，表现新时代党的基层组织尤其是“两新组织”（新经济组织和新社会组织）建设、制度建设对干部思想转变、人民道德养成、品行塑造的重要影响，教育引导党员干部始终把人民利益放在最高位置，树立正确的权力观、政绩观、事业观，做到为官一任、造福一方，解决基层的困难事、

2021年7月23日，由广东粤剧院和中共佛山市委宣传部、市文联联合打造的红色功夫粤剧《鸿胜馆》，在广东粤剧艺术中心首演。图为首演现场剧照　　（市文联　供图）

2021年11月3日，话剧《盖德皓做好人》在佛山市演艺中心（琼花大剧院）首演。图为首演现场剧照
（市文联　供图）

群众的烦心事。广播连续剧《君子墟》于10月1—5日在广东广播电视台文体广播频道播出，同时在中央广播电视总台音频客户端云听上线；话剧《盖德皓做好人》被列入佛山市党史学习教育重点活动（项目），入选2021年度佛山市文艺精品专项扶持项目，并于11月3日在佛山市演艺中心（琼花大剧院）首演。

【庆祝中国共产党成立100周年系列艺术作品展】 2021年，佛山市文学艺术界联合会与中共佛山市委宣传部、市文广旅体局等单位联合举办“百年芳华　千秋伟业——佛山市庆祝中国共产党成立100周年系列艺术作品展”，用美术、书法、摄影、民间工艺等形式展示中国共产党的百年光辉历程。其中：书法精品力作展于6月25日在佛山市石景宜艺术馆开展，参展书法作品112件；民间工艺、摄影大展于7月17日在佛山市城市展览馆开展，展出石湾陶塑、剪纸、狮头、彩灯、广绣、藤编、玉雕、木雕等传统工艺美术作品100件（组）和摄影作品100件；美术作品展于7月19日在佛山市文化馆开展，展出包括中国画、油画、版画、雕塑、水彩画、漆画等在内的美术作品100件。其间，佛山市作协、禅城区文联组织“世代铭初心·百年颂党恩”佛山市禅城区百位书画家百米长卷贺百年党庆大型创作活动，开展“红星照耀中国·时代呼唤榜样”佛山市首届青少年文学主题征文大赛；南海区文联开展“学党史、走红色之旅、创作红色主题文艺作品”活动；高明区文联举办千名青少年“红色诗词”现场书法大赛；三水区文联举办“少年儿童心向党”亲子诵读及儿童歌唱大赛，并以“光影耀百年·翰墨新时代”为主题举办三水区新的社会阶层人士庆祝中国共产党成立100周年摄影书画作品展。

（霍锦莹）

佛山市归国华侨联合会

【概况】 2021年，佛山各级侨联组织以侨为桥开展联络联谊工作，推动佛山与海外的联络联谊和经贸文化交流，市归国华侨联合会接待到访的海外社团和乡亲12批109人次。推进“侨胞之家”建设，新建“侨胞之家”5个，全市各级“侨胞之家”增至13个。做好关爱归侨侨眷和归侨侨眷权益保护，市侨联、市侨商会联合佛山爱尔眼科医院开展“侨爱心　光明行”活动，年内为4家侨资企业约1000名员工提供免费眼部检查服务。开展“侨企暖春”调研行动，了解疫情防控常态化形势下侨资企业发展情况，为侨企、侨商解决实际困难。推广“侨匠工场”项目，三水区新增开发六和片区和幸福新村2个“侨匠工场”，新增“侨匠”80多人。履行参政议政职能，侨界人士担任各级人大代表11人、各级政协委员42人，各级侨联组织和侨界人士全年提交政协提案27件。

【“侨胞之家”建设】 2021年，佛山市新建“侨胞之家”5个，分别是顺德区大良街道北区“侨胞之家”、顺德区均安镇沙头“侨胞之家”、顺德区龙山社区“侨胞之家”、顺德区勒流街道大晚社区“侨胞之家”、三水区“侨胞之家”。截至年底，全市各级“侨胞之家”增至13个，其中市级1个、区级1个、镇（街道）级2个、村（社区）级9个。年内，佛山市“侨胞之家”被中国侨联评为2018—2020年度全国侨联系统优秀“侨胞之家”。

【侨胞联络联谊】 2021年，佛山市归国华侨联合会接待到访的海外社团和乡亲12批109人次，包括柬埔寨华商协会代表团一行、加拿大惠仁会会长陈楚标与多伦多南海同乡总会副会长邓永雄一行、中意商联副理事长李媚一行、柬埔寨广东同乡慈善基金会理事长程通一行、斐济国际商会驻中国联络处会长李浩林一行、泰中侨商联合会副会长朱俊诚一行等。市侨联主席蔡国雄一行参加澳门印度尼西亚归侨协会第四届换届就职典礼及澳门印度尼西亚归侨青年会第二届理监事就职典礼。市侨联发动海外侨团通过海外媒体刊文等形式展示中国形象，其中柬埔寨海外侨团在《柬华日报》刊登《柬埔寨热烈祝贺中国共产党建党百年——回顾百年光辉历程暨中柬世代友谊》文章；向澳大利亚澳洲佛山会馆赠送狮头扎作2个，置于会馆展览区，作为佛山代表性岭南工艺美术品对外展览；向柬埔寨西哈努克省华商协会赠送狮头扎作、南狮鼓，并由华商协会转交给由柬埔寨柬华理事总会自费筹建的柬埔寨西哈努克省港华学校使用，在

2021年，佛山市侨联向柬埔寨西哈努克省华商协会赠送狮头、南狮鼓

（市侨联 供图）

柬埔寨推广醒狮运动和醒狮文化。顺德区侨联接待到访的顺德区侨商会执行会长胡达忠一行，推动顺德与侨商人文美食合作。

【归侨侨眷慰问帮扶】 2021年，佛山市归国华侨联合会拨出约10万元专款，开展春节和中秋节节前慰问70岁以上长者归侨和归侨特困户活动，帮扶长者归侨近600人、重点和困难归侨家庭100余户。市侨联于中秋节前分别到禅城区、南海区、顺德区看望慰问病困归侨侨眷，并到三水区开展归侨子女“奖学奖优”活动。南海、顺德、高明和三水等区侨联分别开展困难归侨、侨眷及侨企新春慰问活动。禅城区侨联春节前上门慰问困难老龄归侨。年内，市侨联安排广东省侨联2021年华侨事业费下达各区侨联，其中11.5万元作为低保归侨帮扶金、困难归侨临时帮扶金、困难归侨子女助学金。继续为高龄及低保归侨购买“平安佛医保”，全额承担51名高龄及低保归侨“平安佛医保”保费，增加高龄及低保归侨参保人的医疗保障。

【华侨归侨侨眷权益保护】 2021年，佛山市归国华侨联合会接收、接待侨界来信、来访16批（人）次。通过协调相关职能部门，依法帮助肯尼亚华人何某解决祖屋房产继承历史难题。到市侨商会开展侨法宣传活动，发放《中华人民共和国民法典》《广东省华侨权益保护条例》《涉侨法律政策指南》等资料，并就合同、担保物权等内容进行解读，增强侨商对法律法规的了解，增强法律意识和法治观念。联合市司法局、市岭南公证处推出“远程公证平台”小程序，试点开展海外远程视频公证，以“零接触”形式解决海外侨胞无法回国亲自办理业务难题。

【侨界参政议政】 2021年，佛山市侨界人士担任各级人大代表11人、各级政协委员42人，各级侨联组织和侨界人士全年提交政协提案27件。其中，市归国华侨联合会主席蔡国雄向市政协十二届五次会议提交《关于进一步加强与高校合作，增强佛山对海外人才吸引力的建议》提案，为海外人才工作献计献策。高明区政协委员谭伟雄提交《关于整合明城革命历史资源打造红色人文旅游示范区的建议》，林永坚提交《关于大力扶持我区“精专特新”小巨人企业发展的建议》。

【华侨文化建设】 2021年，佛山市归国华侨联合会多方式、多渠道宣传和弘扬华侨、归侨爱国爱乡热情。结合中国共产党成立100周年，拍摄制作“侨心向党庆建党百年 寻百年侨史”主题宣传视频，包括《一片冰心在玉堂》《迳口侨忆》2部作品。《一片冰心在玉堂》通过讲述顺德区冰玉堂的故事，展现顺德自梳女历史文化以及自梳女心系家国和无私奉献的精神。《迳口侨忆》通过讲述三水迳口华侨农场的历史和变迁，展现越南归侨在党的领导下在三水迳口华侨农场勤劳致富，过上幸福生活。该2部作品在佛山市网络文化作品第三季度评选活动中分别获评视频类一等作品和优秀作品。与第三方公司签订佛山华侨文化资源开发战略合作框架协议，拍摄制作醒狮教学系列短视频《佛山醒狮十八式》，挖掘和开发佛山华侨影视文化产业资源，促进佛山华侨文化发展。年内，禅城区侨联分别于11月、12月，在传仁茂兰国际武道馆及健华咏春拳馆挂牌成立侨联文化交流基地，打造禅城海内外文化交流和弘扬佛山非遗文化阵地。

【“侨爱心·光明行”活动】 2021年3月起，佛山市归国华侨联合会、佛山市侨商会联合佛山爱尔眼科医院开展“侨爱心·光明行”活动，为佛山侨资企业员工免费提供视力查验、眼底检查、眼部热敷等眼科保健服务。截至年底，累计服务4家侨资企业员工约1000名。

（石越男）

佛山市残疾人联合会

【概况】 2021年，佛山市有残疾人25.78万人（根据第二次全国残疾人抽样调查佛山市残疾人占户籍总人口5.8%的比例推算）。年末全市持二代残疾人证残疾人为7.56万人，发证率28%。市及各区均设有残疾人联合会。全市纳入“社工双百工程”（广东兜底民生服务社会工作双百工程）镇（街道）残疾人专职委员152人。年内，佛山市残疾人联合会做好残疾人生活保障工作，完成残疾人家庭无障碍改造263户，处理残疾人相关热线工单110件。开展残疾人康复服务，有康复服务需求残疾人康复服务率99.18%。做好残疾人教育服务，有义务教育阶段残疾学生2839人，高考录取残疾考生41人。做好残疾人就业服务，实现年末残疾人就业1.12万人，其中残疾人高校毕业生就业率100%。加强残疾人文化体育建设，开展残疾人文化周活动，佛山籍运动员在东京残奥会获银牌2枚、铜牌1枚，破1项世界纪录。加强残疾人证核发管理，实现残疾人证申办、注销等业务“跨省通办”，全市第三代智能化残疾人证换发率80%。

【残疾人生活保障】 2021年，佛山市残疾人联合会继续做好残疾人生活保障工作。落实残疾人社保政策，修订《佛山市残疾人参加城乡居民基本养老保险实施方案》，完善流程，扩大保障面，为残疾人财政代缴基本养老保险、基本医疗保险等。印发《关于为我市持证残疾人购买意外伤害保险的通知》，要求各区为持证残疾人购买意外伤害保险（2022年1月1日起）。落实21名重度残疾人参加基本养老保险、57名重度残疾人参加城乡居民医保。加强特殊人群救助保障，抓好无人照料残疾人保障，发动区、镇（街道）、村（社区）残疾人专职委员，做好上门探访，建立报告制度。抓好困境残疾人救助和关爱保护，全面评估摸底，建立台账，联动民政部门提供针对性救助。为391辆残疾人机动轮椅车发放燃油补贴10.17万元。抓好残疾人住房保障，与市住建部门建立联动机制，协助残疾人家庭申请公租房、保障性住房，申领住房补贴等。依托全市残疾人基本状况调查，全面核查7.2万户7.45万名（数据截至2021年9月）持证残疾人。继续开展残疾人家庭无障碍改造，完成改造263户。做好残疾人维稳信访，处理来信10件，接待来访80次（91人），处理“12345”“12385”热线工单110件。

【残疾人康复服务】 2021年，佛山市残疾人联合会公开招标确定残疾人康复定点服务机构69个，依托定点机构实施康复救助。全年有康复服务需求的残疾人6573人，得到精准康复服务的残疾人6519人，康复服务率99.18%，辅具适配率99.49%。全市残疾儿童康复救助3665人。规范定点康复机构管理，转发《广东省残疾人康复服务定点机构管理办法》《广东省残疾儿童服务定点机构服务规范（试行）》，同时聘请第三方对80个定点机构（含部分2020年定点机构）开展绩效评估。加快康复服务信息化建设，联合市财政部门依托佛山扶持通平台实现残疾人康复救助申请、审批和经费结算“一网通办”，截至2021年11月网上办理康复救助审批5598件。联合市政府服务数据管理部门开展佛山市残疾人综合服务平台（一期）项目信息化建设，于12月底投入试运行。开展康复机构人员专项培训，举办佛山市残疾人定点康复机构管理人员及财务人员培训班、第二期智力残疾儿童康复机构师资培训班、第二十期孤独症儿童康复机构师资培训班等，培训400人。

【残疾人教育服务】 2021年，佛山市残疾人联合会继续抓好残疾人基础教育。与市教育局联合印发《2021年佛山市残疾儿童少年义务教育阶段入学安置工作方案》，成立市残疾儿童少年义务教育阶段入学安置工作小组。通过特殊教育学校就读、普通学校随班就读、普通学校特教班和送教上门等方式对全市义务教育阶段残疾儿童少年进行分类安置，全面落实“一人一案”。至年底，全市有特殊教育学校7所、普通学校附设特教班16个、特殊教育资源教室71间、义务教育阶段随班就读学校238所、特殊教育支援服务中心6个，有义务教育阶段残疾学生2839人（特殊教育学校在校生1266人、随班就读学生1028人、接受送教上门服务对象545人）、特殊教育专任教师358人。在全国适龄残疾儿童入学情况监测系统中残疾儿童有333人，经核实应安置224人，义务教育安置率100%。加强康复实验学校建设，学校在校残疾学生118人，开设14个班，在岗教职工49人。与市教育部门联合对康复实验学校的日常运作进行指导和管理，与市财政局沟通协调，保障康复实验学校建设、教学、运作等财政投入。落实教育帮扶，实施南粤扶残助学工程，为34名残疾大学生发放助学金43万元。做好普通高考残疾学生申请登记和录取工作，全年全市高考录取残疾考生41人。

【残疾人就业服务】 2021年，佛山市残疾人联合会推动《佛山市扶持残疾人就业创业办法》出台，至11月完成第三次征求各区政府及市直各单位意见工作。开展“就业帮扶　真情相助”残疾人就业援助月活动。搭建佛山市残疾人职业能力评估管理系统，统筹评估服务数据化。组织盲人按摩培训，加强盲人按摩机构管理。至年底，全市就业年龄段残疾人2.95万人，通过分散按比例、集中安置、社区就业、辅助性、支持性等多种形式实现就业1.12万人，其中，城镇新增就业376人、农村新增就业342人，城乡新增培训656人，高校毕业生就业率100%，职业能力评估服务256人，超额完成省下达的任务。全市5487个用人单位办理分散按比例安排残疾人就业年审，安置残疾职工1.43万人（含非本地户籍残疾人）。同时，推进残疾人辅助性和支持性就业，成立佛山市残疾人辅助性就业工作领导小组，指导各区工作。出台《佛山市残疾人辅助性就业机构管理认定办法》，禅城区、顺德区、南海区、三水区的首个区级辅助性就业机构于11—12月先后获认定并挂牌。推行“智力残疾人及精神障碍患者就业帮扶服务计划”，通过供需对接、岗位适应性培训、就业跟踪等，促进残疾人稳定就业。截至年底，智力残疾人及精神障碍患者就业建档立卡200人，就业辅导60人，实现稳定就业6个月以上的23人。建立按比例安排残疾人就业公示机制，起草《佛山市开展用人单位按比例安排残疾人就业公示工作实施方案》，通过统筹制度建设、落实和保障等，指导协调用人单位开展按比例安排残疾人就业公示。举办第七届佛山市残疾人职业技能竞赛，设置海报设计、3D打印、贵金属首饰制作工（珠宝制作）等8个竞赛项目，65名选手参赛，24人获奖。

【残疾人文化建设】 2021年，佛山市残疾人联合会开展残疾人文化周活动，依托博物馆、文化馆等公共资源，开展文化助残工作。选送优秀作品参加省第九

2021年11月10日，2021年南粤扶残·艺海友爱志愿服务活动颁奖汇演在佛山市残联多功能厅举行。图为获奖残疾人及残疾人志愿者合照（市残联 供图）

届残疾人美术作品大赛，获优秀组织奖1个、二等奖1个、三等奖3个。选送3部微电影和7部微纪录片参加第一届粤港澳大湾区公益网络微电影大赛。组织干部职工观看关注残疾人影片《呼吸的音乐》。与省残联、大湖文化公司等拍摄制作讲述视障学生学习粤曲创业谋生的公益影片《瞽师》。举办市第九届盲人诗歌散文朗诵暨第七届盲人散文创作大赛，选拔选手参加省赛，获三等奖1个、优秀奖2个。开展南粤扶残·艺海友爱志愿服务活动，线上征集诗文、绘画、摄影等作品82件。此外，还举办“世界孤独症关注日”“牵着蜗牛去散步”主题活动、象棋比赛活动，以及组织人员参加全省盲人趣味运动会、肢残人坐式排球暨飞镖赛等。

【残疾人体育建设】 2021年，佛山市残疾人联合会继续推进“全民助残健身工程示范点”建设，推动残疾人群众性体育运动。依托21个全民助残健身工程示范点和210名体育健身指导员，免费提供残疾人体育健身指导，服务残疾人家庭694户。做好广东省残疾人体育集训项目佛山基地省男子聋人篮球、飞镖项目的训练保障。做好5个区残疾人运动员选拔，全年挑选30人，并于12月完成试训。年内，佛山市籍运动员赖善章、潘嘉敏、梁燕芬代表国家参加东京残奥会比赛，获银牌2枚、铜牌1枚，破世界纪录1项；21名佛山籍运动员在第十一届全国残运会上参加7个项目比赛，获金牌6枚、银牌10枚、铜牌7枚、第四名4个，以及第五、七、八名各1个，其中来自南海区的林福荣获6枚奖牌。11月，佛山市组队参加在深圳市举行的广东省男子聋人篮球锦标赛，获亚军。

【残疾人协会及助残组织培育】 2021年，佛山市残疾人联合会推进残疾人专门协会建设，市智力残疾人及亲友协会、市精神残疾人及亲友协会完成注册，市聋人协会完成核名环节。成立助残社会组织培育发展基地，并在广东省残联组联工作会议上作经验交流。截至年底，全市有市级残疾人专门协会5个、村（社区）残疾人协会259个，有区级志愿者助残联络站5个、镇（街道）级志愿者助残联络站32个。

【残疾人证核发管理】 2021年，佛山市残疾人证申办、注销等业务实现“跨省通办”。截至11月20日，全市完成第三代智能化残疾人证换发59889人，换发率80%。开展严重精神障碍患者和疑似残疾孤儿评残办证工作，联合卫生健康部门对全市1.19万名严重精神障碍患者，联合民政部门对139名疑似残疾孤儿进行排查核实，完成疑似残疾孤儿办证121人。开展重度残疾人评残服务，上门评残11次，为82人办证。

【残疾人防疫服务】 2021年6—7月，佛山市对全市46个残疾人定点康复机构和44个社区康园中心采取暂停服务和封闭管理措施。佛山市残疾人联合会持续跟踪残疾人定点康复机构人员及服务对象情况，做好督导检查。在常态化疫情防控工作中，督导各区残联及康复机

2021年8月24日至9月5日，第十六届夏季残疾人奥林匹克运动会在日本东京举行，佛山籍运动员获银牌2枚、铜牌1枚，破1项世界纪录。图为佛山籍运动员及领队合影（市残联 供图）

构、社区康园中心落实人员测体温、验健康码、作登记和工作人员核酸检测等措施，落实防控情况康复机构日统计、康园中心周统计等制度，并强化集训运动队伍防控管理。年内，发动广东狮子会佛山代表处在端午节期间为1000名残疾人发放节日抗疫爱心包，为92个盲人按摩机构赠送防疫口罩数万个。

【扶残助残文化宣传】 2021年，佛山市残疾人联合会聚焦“助残+自强”主体，讲好扶残助残和残疾人自强不息故事，策划“各镇（街道）康园中心残疾人庇护性就业特色”报道7篇、“迎战残奥”报道23篇、“残疾人全国运动会”报道15篇等。结合全国助残日活动等做好主题宣传，推进“粤群通”网宣服务平台搭建。利用新媒体持续推出扶残助残相关宣传，微信公众号推送466篇、官网200篇、微博260篇。其中，入选“学习强国”学习平台23篇，省残联采用微信报道33条，《佛山三水：“梦想之家爱心超市”助残有方法》点击量超29万人次。与佛山日报社、佛山电视台等媒体单位合作，开展扶残助残等宣传。挖掘自媒体宣传资源，自媒体扶残助残等相关报道超500篇。

【社区康园中心建设】 2021年，佛山市有社区康园中心45个，在册残疾人1495人。年内，三水区引入社会资源，在西南街道、乐平镇建设区级示范性康园中心，西南街道康园示范创建被推荐为广东省“我为群众办实事”优秀案例；高明区“残疾人之家”揭牌，为残疾人提供就业培训、康复服务、文体活动等服务。

【佛山市第九届盲人诗歌散文朗诵暨第七届盲人散文创作比赛】 2021年4月16日在佛山市图书馆举行，由佛山市文化广电旅游体育局和佛山市残疾人联合会主办，以“党的光辉照我心”为主题。朗诵比赛收到来自佛山各区及启聪学校的朗诵视频45个，有12名选手到现场展示，南海区关惠仪朗诵的《你的名字》、启聪学校钟光博朗诵的《祖国在我心中》分别获朗诵比赛成人组、少儿组一等奖。散文创作比赛收到作品41篇，付振达作品《给党的一封信》和葛泽宇作品《我心中的共产党》获散文创作比赛一等奖。

【首个区级残疾人辅助性就业机构获授牌】 2021年11月17日，佛山市禅城区朗德万斯照明有限公司获授佛山市禅城区辅助性就业机构牌匾，成为佛山首个区级辅助性就业机构。从2017年起，朗德万斯照明有限公司与残联合作，引进第一批残疾人员工，至2021年底，有在职残疾人员工10人，其中三类残疾人占比70%，60%残疾人员工在该公司工龄超3年。

（吴新来）

2021年11月17日，佛山市禅城区朗德万斯照明有限公司获颁佛山市禅城区残疾人辅助性就业机构牌匾　（朱晓静　摄）

链接

残疾人辅助性就业

残疾人辅助性就业是指组织就业年龄段内有就业意愿但难以进入竞争性劳动力市场的智力、精神和重度肢体残疾人从事生产劳动的一种集中就业形式，在劳动时间、劳动强度、劳动报酬和劳动协议签订等方面相对普通劳动者较为灵活，是解决三类残疾人就业的重要途径。

中国国际贸易促进委员会佛山市委员会

【概况】 2021年，中国国际贸易促进委员会佛山市委员会、佛山市国际商会举办“新征程”促贸线上对接洽谈活动4期，举行洽谈对接活动394场。举办“国际商事大讲堂”培训4期，培训的企业从业人员超1000人次。开展“百企大走访”活动，形成专题报告或意见建议19份。联合佛山电台推出广播节目《国际商事二十二条军规》第三季。主办2021国际建筑材料设计与应用高峰论坛、“2021佛山智造·跨境贸易”峰会，承办第四届“一带一路”地市贸促会联盟年会暨“互联网+”国际贸易研讨会、举办“2021佛山国际贸易年度人物”评选活动。创设“海邦观察”专题资讯栏，联合海邦国际物流公司为外向型企业提供实时海运动态。全年开展商会会长沙龙、小组交流活动4场次。年内，市贸促系统出证认证业务总量9.87万份。

【展会促贸】 2021年，中国国际贸易促进委员会佛山市委员会、佛山国际商

2022年9月25日，“2021佛山智造·跨境贸易”峰会在佛山潭洲国际会展中心举行。图为峰会现场（市贸促会 供图）

会以2021佛山潭洲陶瓷展为平台，主办2021国际建筑材料设计与应用高峰论坛，邀请10名国内外设计界专家、学者进行主题演讲和对话，并通过高峰论坛对接资源，推动陶瓷产业链与设计链双向融合，促进佛山建陶行业高质量发展，增添外贸新优势。同年，以中国（广东）“互联网+”博览会为平台，主办“互联网+”博览会分论坛之一的“2021佛山智造·跨境贸易”峰会，有近500人参会，探索跨境贸易数字化升级新路径，推动佛山外贸企业开拓数字贸易。“互联网+”博览会期间，市贸促会还承办第四届“一带一路”贸促联盟年会暨“互联网+”国际贸易研讨会，15个省份50个地市贸促会相关负责人参会，形成《“一带一路”地市贸促会联盟2021佛山共识》。年内，市贸促会组织超100家企业贸促代表团参加上海中国国际进口博览会、广州中国进出口商品交易会、澳门国际贸易投资展览会、成都中国-欧盟投资贸易科技合作洽谈会等系列经贸交流活动，开展经贸活动24场，促进佛山国际贸易发展。

【涉外商事法律服务】 2021年，中国国际贸易促进委员会佛山市委员会依托佛山市涉外商事法律服务志愿团资源，推出面向广大外贸企业的免费涉外商事法律服务热线，接听企业诉求，解答企业疑问，协助企业化解疑难，全年通过热线协助6家企业解决疑难。发挥佛山市涉外商事纠纷调解员队伍资源优势，为佛山企业涉外商事纠纷提供援助。此外，市贸促会加强线上法治宣传，组织企业参加有关部门组织的经贸形势分析会议、网络课程直播及相关线上专题学习培训活动，帮助企业人员学习商事法律专业知识。

【贸促系统出证认证业务】 2021年，中国国际贸易促进委员会佛山市委员会出证认证窗口运用“互联网+政务服务”工具，实现出口货物出证认证业务的“企业申报、后台审核、企业修改、窗口出证”全流程线上审核和现场即办服务。满足企业需求，配套出口货物原产地证快递寄送服务，企业可以使用“自主打印”功能，足不出户完成证书申领。更新采用带防伪标志的新版式样商事证明书，提升商事证明书的防伪度，增强国际公信力。创新开辟节假日预约服务，确保出证窗口全天候为企业办事。年内，市贸促系统办理出证认证业务9.87万份。其中：一般原产地证7.37万份、离岸价（FOB）货值61.58亿美元；优惠原产地证7352份，离岸价（FOB）货值2.77亿美元，为企业减负1385.65万美元；国际商事证明书1.68万份；代办领事认证896份。全市有效注册签证企业3020家。同年，市贸促会出证认证窗口获行政服务中心“先进窗口”称号，市贸促会获评市政府“市长直通车”平台年度“口碑单位”。

【“新征程”贸促线上对接会】 2021年，中国国际贸易促进委员会佛山市委员会、佛山市国际商会先后举办“新征程”促贸线上对接会四期，其中，第一期是乌克兰农产品、食品加工、酒精饮料进出口专场，第二期是瓷砖、卫浴专场，第三期是海外工程专场和泛家居专场，第四期是非洲站—泛家居专场。四期对接会分别以乌克兰、保加利亚、土

2021年4月8—9日，佛山市贸促会举行“新征程”贸促线上对接会（瓷砖、卫浴专场）。图为中国陶瓷城线上对接会现场（市贸促会 供图）

耳其等欧洲国家，以及非洲、东南亚国家为重点，邀请96名境外客商、90家佛山企业代表进行洽谈对接，举行洽谈对接活动394场。部分参会企业通过洽谈对接活动促成合作订单。

2021年5月29日，广东省首列直达乌克兰的中欧班列从广州市广东广物国际物流运营基地启程。图为首列中乌班列发车揭幕仪式　（市贸促会　供图）

【惠企促贸“春雨行动”】 2021年，中国国际贸易促进委员会佛山市委员会继续开展惠企促贸“春雨行动”，帮助企业开拓市场。联合中国出口信用保险公司广东分公司向680家年出口额300万美元以下的佛山市小微企业赠送出口信用保险保单。向中国出口信用保险公司购买资信服务，为企业免费提供海外目标国家指定产品（HS编码）进口商分析报告。做好企业免费申领海外买家资信报告服务，全年为129家小微企业免费提供海外买家资信报告。

【“国际商事大讲堂”培训活动】 2021年，中国国际贸易促进委员会佛山市委员会、佛山国际商会先后举办“国际商事大讲堂”培训活动4期，邀请海关、税务、外贸办证、法律、外贸经营等领域专家围绕“用好外贸新工具”“构建优质营商环境”“货物通关便利化与退税业务”“跨境电商机遇与风险”4个主题，以商法案例、经验分享、政策介绍、技术传授的形式授课，培训的企业从业人员超1000人次。

【“百企大走访”活动】 2021年，中国国际贸易促进委员会佛山市委员会继续开展“百企大走访”活动，了解常态化新冠肺炎疫情防控时期下企业经营状况和对政府的政策建议，形成19份专题报告或意见建议报送市委、市政府，其中4份获市领导批示肯定。

【直达乌克兰中欧班列贸易通道开辟】 2021年5月29日，广东省首趟直达乌克兰的中欧班列从广物国际物流运营基地发车。班列筹备前期，中国国际贸易促进委员会佛山市委员会为乌克兰中国工业商业协会和广东广物国际物流投资发展有限公司牵线搭桥，促成广物集团与乌克兰企业合作运营的直达乌克兰的中欧班列从广州首发。该趟班列有50个标准集装箱，装载包括大量佛山市产品在内的家具、家电、电子等产品，途经二连浩特口岸出境，运输里程8408千米。该班列比传统海运节省时间近20天。

【佛山市对外数字贸易产业促进会成立】 2021年9月13日，佛山市对外数字贸易产业促进会成立，是中国国际贸易促进委员会佛山市委员会直属协会，是广东首个正式登记备案的数字贸易类协会。该促进会联合佛山数字贸易产业链上的各类企业，为企业提供法律、政策、市场等咨询服务，维护会员企业合法权益，承接政府及相关职能部门授权或委托的有关事项，促进佛山对外数字贸易产业发展。

【“2021年佛山国际贸易年度人物”评选】 2021年9—12月，中国国际贸易促进委员会佛山市委员会、佛山国际商会开展“2021佛山国际贸易年度人物”评

2021年12月20日，“2021佛山国际贸易年度人物”颁奖礼在佛山岭南天地马哥孛罗酒店举行。图为颁奖礼现场嘉宾大合照　（市贸促会　供图）

选活动。该活动评选表彰一批有闯劲、有担当的国际贸易企业家，发挥典型示范和引领作用，促进佛山国际贸易健康可持续发展。李启祥、邹欢喜、刘福贤、吴文博、吴世炜、何紫云、梁智峰、沈耀亮、姚杰、梁礼沛等10人获“2021佛山国际贸易年度人物”称号，梁礼沛、梁智峰分别获“风范奖”及“雄心奖”。

【《国际商事二十二条军规》第三季开播】 2021年11月，中国国际贸易促进委员会佛山市委员会联合佛山电台推出的《国际商事二十二条军规》第三季在佛山电台946频道开播。该季节目以“数字贸易的达芬奇密码”为主题，以实例为导引，依托佛山市涉外商事法律服务志愿团，对数字贸易热点及典型案例进行解析，帮助外贸企业理解和掌握跨境电商等数字贸易新模式，规避国际贸易风险，开拓数字贸易新业务。至年底，该季节目收听数超30万人次。

（苏小娟）

佛山市红十字会

【概况】 2021年，佛山市红十字会下辖禅城、南海、顺德、高明、三水等5个区红十字会，以“人道、博爱、奉献”的红十字精神，继续做好“三救”（紧急救援、备灾救灾、应急救护）、“三献”（无偿献血、遗体和人体器官捐献、造血干细胞捐献）、国际人道援助、志愿服务、红十字青少年，以及依法开展募捐、兴办社会福利事业等工作。通过进机关、进社区（村）、进企业、进学校的方式开展应急救护培训讲座及宣传活动346期。开展救护员培训班590期，培训红十字救护员2.1万人。全年全市无偿献血100%满足临床用血需求，完成捐献造血干细胞17例，有199位志愿者加入中华骨髓库，协调见证37例器官捐献工作，新增登记遗体器官组织捐献志愿者8695人。红十字志愿者全年参加志愿服务时数累积超1.66万小时，组织党员突击队和红十字志愿服务队协助社区开展核酸检测和疫苗接种工作14场次，在检测点开设“红十字救护服务点”，动员志愿服务队参与社区核酸检测工作205人次。

【红十字社会救助】 2021年，佛山市红十字会系统开展“红十字博爱送万家”“佛山市红十字人道救助资金”“小天使基金”“中国光明行·佛山光明行动”等项目活动，慰问和帮助困难家庭1839户，发放慰问金和物资43.15万元。市红十字会对困难长者开展适老化家居改造项目，先后完成适老化改造33户。投入资金25万元对250户受新冠肺炎疫情影响需要帮助的孤寡老人、困难儿童、特困人员、残疾人等特殊群体开展人道慰问和关爱帮扶工作。

【红十字备灾救灾】 2021年，佛山市红十字会建成专业的信息化备灾救灾中心仓库并投入使用，实现备灾救灾物资的规范化、智能化、数字化管理，为备灾救灾物资的快速调拨、转运提供保障；组织救援队员参加“粤桂红十字应急救援力量联合演练”，在现场搭建帐篷、物资分发、受灾群众安置等实地演练，提高应急救援能力，结合演练完善救援方案预案和措施。参加市减灾委主办的防灾减灾宣传活动，向市民群众进行灾害救助、应急救护技能推广和普及。

【红十字应急救护】 2021年，佛山市红十字会系统继续推进应急救护工作，落实佛山市制定的2020—2022年群众性应急救护培训工作实施意见，加快全民应急自救互救知识技能与普及工作。通过进机关、进社区（村）、进企业、进学校的方式开展培训讲座及宣传活动346期，惠及群众超5万人次；全年累计开展救护员培训班590期，培训红十字救护员2.1万人。年内，市红十字会在微信小程序推出“做学校、社区的急救英雄”线上小课堂和直播微课堂，参与市民近10万人次。推动应急救护培训与大学专业课程设置相结合，把红十字应急救护培训课程纳入顺德职业技术学院专业必修课，使佛山市应急救护培训实现从幼儿园到大学的全链条覆盖。年内，联合市医疗急救指挥中心在市内大型公共场所共同安装自动体外除颤器（AED）120台。

【无偿献血·器官捐献·造血干细胞捐献】 2021年，佛山市红十字会及各区红十字会多渠道多形式进行“三献”（无偿献血、遗体和人体器官捐献、造血干细胞捐献）宣传活动，开展“关爱生命·救在身边”人物访谈，邀请无偿献血者代表、造血干细胞捐献者代表、器官捐献受者代表分享“用生命挽救生命”的感人故事，传播佛山市民用生命

2021年4月1日，佛山市红十字会工作人员到顺德职业技术学院为该校学生提供应急救护培训

（市红十字会　供图）

守护生命的感人故事，与佛山电视台“醒目视频”团队合作录制小视频在抖音、微信、快手等网络平台传播，视频累计点击达30万人次，让“三献”捐献者得到社会各界关注和帮助。全年全市无偿献血100%满足临床用血需求。全年协调见证37例器官捐献工作，新增8695名市民登记为有遗体器官组织捐献意愿的志愿者，1名器官捐献协调员获“2020年度省级优秀协调员”称号。全年组织造血干细胞志愿服务活动101场，全市成功捐献造血干细胞17例，199名市民加入中华骨髓库，佛山市连续第四年获全省“造血干细胞捐献工作先进工作站”称号。

【红十字志愿服务】 2021年，佛山红十字志愿服务完善按专业、分领域的志愿服务队伍建设，通过拓宽志愿服务平台、加大志愿者培训力度，提升红十字志愿服务素质和影响力，推动红十字志愿服务发展。造血干细胞志愿服务队为造血干细胞捐献者进行陪护、慰问服务和宣传服务；心理援助志愿服务队采取与党群服务中心、学校、医院等合作的方式，开展主题培训。红十字志愿者全年参加新冠疫情防控、造血干细胞捐献、应急救护培训、防灾减灾宣传、红十字博爱送万家、社区探访慰问、先心病及白血病儿童救助、心理援助志愿者培训等活动志愿服务超150场，开展红十字志愿服务时数累计超1.66万小时。

【红十字会医院学校教学与服务】 2021年，佛山市红十字会博爱医院学校保持疫情防控常态化情况下的教育教学正常运作，用“把爱心送给学生、把信心带给学生、把知识教给学生”的办学宗旨，针对不同学生的身体健康状况和学习差异因材施教，提升课堂效率和学习效率。医院学校全年为883名学生提供免费的教学服务。

【红十字会捐赠】 2021年，佛山市红十字会发动社会各界捐款捐物支持新冠肺炎疫情防控，依法依规完成捐赠款物的接收、登记，以及资金划拨、物资出库、确认签收，做到各项手续齐全、资料完备、台账清晰，实现捐赠款物“快进快出、物走账清”，捐赠工作高效运转。定期公布捐赠情况，在新冠肺炎疫情发生期间，全市红十字系统接受定向用于新冠肺炎疫情的捐款202.58万元，捐赠物资37批次、价值321.36万元。

【红十字会阵地建设】 2021年，佛山市红十字会按照“五有”（有热心红十字事业的带头人、有稳定的会员或志愿者队伍、有规范的管理制度、有稳固的服务平台、有红十字特色的活动）的要求，在街道、社区、学校发展红十字基层组织和志愿服务组织，持续抓好组织建设和阵地建设，发挥其在和谐社区建设、文明校园建设中的作用。年内，佛山科学技术学院成立学校红十字会。禅城区铁军社区红十字会获评全国红十字模范单位、禅城区保安社区成功申报广东省博爱家园项目。佛山市红十字会应急救护培训基地成为广东省内第一个“全国应急救护培训示范基地”。

【无偿献血云表扬大会】 2021年10月28日，佛山市卫生健康局和市红十字会联合举办《中华人民共和国献血法》颁布实施23周年暨无偿献血云表扬大会。近3万人观看线上直播和录播。大会对2020年度佛山市无偿献血先进单位和个人、2018—2019年度全国无偿献血先进单位和个人进行通报表扬。佛山科学技术学院获无偿献血促进奖（2018—2019年度全国无偿献血表彰单位奖），43名优秀学生骨干获佛山市高校“无偿献血服务之星”的通报表扬。

（魏　银）

佛山市关心下一代工作委员会

【概况】 截至2021年底，佛山市有“五老”（老干部、老战士、老专家、老教师、老模范）辅导员213人；各区、镇（街道）、社区建有关爱之家、留守儿童之家160个，有“五老”代理家长129人。全市建有“五老讲师团”197个、关爱团319个、艺术团209个、科技服务团42个，开展主题教育宣讲5万多场次。全市累计建有各级各类青少年教育基地563个。2021年，全市各级关心下一代工作组织筹集资金449.8万元，捐助困境学生达7166人。继续配合推动发展“规范化家长学校实验基地领航工程”，全市建有全国规范化家长学校实践基地1592个，全市家长学校实现“五有”（有组织领导机构、有自编教材、

2021年10月28日，佛山市举办献血让世界继续跳动——庆祝《中华人民共和国献血法》颁布实施23周年无偿献血云表扬大会。图为颁奖仪式　　（市红十字会　供图）

有教员、有信息交流平台、有督查评价机制）。举办佛山市关工委青年创业训练营，项目培育超10名参与青年成功创办企业，孵化20名青年创业，直接带动就业人数超150人。年内，市关心下一代工作委员会获广东省少年儿童践行社会主义核心价值观主题征文活动“优秀组织工作奖”，获“全国青少年普法教育先进集体”称号。全市6人入选广东省“新时代好少年”，1人获全国“最美孝心少年”称号。

【青少年校外实践基地建设】 2021年，佛山市关心下一代工作委员会与各区关工委联动、与镇（街道）社区联动、与企业联动，建成佛山市机关幼儿园、顺德区伦教街道关工委、高明区更合镇合水小学、三水区小农街生态园等关心下一代工作示范点4个，建成佛山市老干部休养所陈列室、南海区狮山镇罗村孝德文化馆、三水孔圣园等青少年教育基地3个。截至2021年底，全市累计建有各级各类青少年教育基地563个，各类青少年教育基地成为青少年校外教育体验与实践大课堂。

【“五老”关爱工程活动及“十百千万”行动开展】 2021年，佛山市关心下一代工作委员会继续联合社会各界爱心团体与企业开展“五老”（老干部、老战士、老专家、老教师、老模范）关爱工程活动。参与中国关工委“十百千万”行动（培育10个全国关心下一代帮扶品牌，培育100个全国优秀儿童之家，在贫困地区培养1000名带头致富、带领群众共同致富的农村青年人才，帮助1万名困境青少年解决实际问题）。市关工委联合高明区关工委、三水区关工委、禅城区关工委开展“关爱成长、助学圆梦”活动，为60名困难学生发放助学金20多万元；全市镇（街道）、社区与企业关工委在稳工稳产、复工复产中做好关爱下一代工作。全年全市各级关工组织依托各企业、爱心团体、行业协会、商会等筹集资金449.8万元，捐助困境学生7166人。截至2021年底，佛山市有268名“五老”参与青少年帮教工作，受帮教2566名青少年中成功转化1325人。同时，联动南方阅读公益基金会帮扶革命老区高明更合镇合水小学建设悦读馆，为孩子们提供优质的阅读环境。

【青少年假日活动组织】 2021年，佛山市关心下一代工作委员会继续以“党委领导、社工支撑、义工参与、关工协同”三工联动工作机制，开展“160工程”活动（指党委、政府相关部门、社会各界组织青少年在寒假、暑假、周末、公休假约160天假期中的活动），将“童心向党”“学雷锋见行动”“关爱明天普法先行”“扶困助学　十百千万工程”“实践养成”等主题教育与社区各类文化教育活动融入“160工程”。面对新冠肺炎疫情停课，全市上下联动、部门联动、社企联动、家校社联动，保障“停课不停学”，并组织青少年到革命纪念场所、党史学习教育阵地等教育基地，开展红色之旅、寻访红色足迹等体验式学习。全市154个假日学校、430学堂、爱心学堂、公益讲堂，508个学校少年宫、乡村（社区）少年宫全面进入运作。“为了明天——青春自护·益起来”青少年安全自护宣传教育系列活动、“永远跟党走·家和万事兴”家庭陶艺书法作品征集活动、“弘扬宪法精神　建设法治佛山”青少年法制宣传活动继续开展。全市各级关工组织单独或联合有关单位开展活动2000场次，参与青少年38万人次。另外，各区依托区域100多个党史国史基地资源开展红色专题教育近1000场次。截至2021年底，全市有“五老”（老干部、老战士、老专家、老教师、老模范）辅导员213人；各区、镇（街道）、社区建有关爱之家、留守儿童之家160个，“五老”代理家长129人。

【朝阳读书活动开展】 2021年，“永远跟党走”佛山市“朝阳读书”活动与庆祝中国共产党成立100周年系列活动同步开展。三水区关工委与区作家协会联合汇编的《三水红色印记》，以及市关工委出版的《朝阳正托起》《晚霞尚满天》等丛书进入校园，成为孩子们喜爱的红色读本。全市中小学生参加的“请党放心，强国有我”演讲比赛，以及参与教育部关工委“新时代好少年·红心向党”主题读书2项活动，上传到中央电视台影音平台的征文2030篇、朗诵视频561个、演讲视频409个，作品数量和质量均名列全省地级市第一。

【佛山规范化家长学校创建】 2021年，佛山市继续配合推动发展“规范化家长学校实验基地领航工程”，建设升级版的“规范化家长学校实践基地”。全市家长学校实现“五有”（有组织领导

2021年4月17日，佛山市关工委、市直机关工委、市围棋协会联合举办佛山青少年围棋文化夏令营。图为参加夏令营的青少年合影　（市关工委　供图）

机构、有自编教材、有教员、有信息交流平台、有督查评价机制)，并体现家长培训普及性、自编教材完整性、培训内容科学性三大特点。佛山创建规范化家长学校保持6个100%，即全市中小学幼儿园100%建有家长学校、100%建立家长委员会、100%创建规范化家长学校、100%通过规范化家长学校验收、100%家长学校采用市教育局自编教材、100%班主任能开展“案例教学”。“云课堂”“微课程”“空中课堂”成为佛山市家庭教育传承红色家风的新载体。联合媒体推出的《佛山空中家长学校》点播量超320万人次，“佛山·家·好声音”总上线人数近28万人次；“家校云课堂”注册人数超31万人，日均浏览量突破10万人次。至年底，佛山市有全国规范化家长学校实践基地1592个。

【青年创业培训】 2021年，佛山市关心下一代工作委员会继续举办佛山市关工委青年创业训练营。上半年重点为甄选的12个较具有发展潜力的创业项目进行更深一步的创业能力提升支持活动。下半年从12个项目中甄选6个成长性好、较具代表性的项目进行进一步针对性的创业支持服务，包括通过佛山电台顺德广播、《珠江商报》等媒体进行一对一宣传，提高企业知名度。经过系统培训，培育超10名参与青年创办企业，孵化20名青年创业，创业行业涉及工业设计、广告策划、机器人研发、生物科技、软件开发、财税服务等，直接带动就业人数超150人。

【关工委“云平台”教育工作创新】 2021年，佛山市关心下一代工作委员会创新“云平台”教育工作，提升和扩大“佛山关工”“佛山关心下一代工作”微信公众号，以及家庭教育“空中课堂”“家长学校工作平台”的传播力和覆盖面。“网上关工委”成为新冠肺炎疫情期间市、区两级关工委联系“五老”(老干部、老战士、老专家、老教师、老模范)、关爱青少年的重要桥梁和纽带。年内，“佛山关心下一代工作”微信公众号组织开展佛山青少年庆祝中国共产党成立100周年红歌视频大赛、佛山青少年红色影视观后感征集活动、爱眼护眼征文征图活动、践行“社会主义核心价值观”征文活动等。

【佛山市关工委成立20周年纪念大会】 2021年3月2日，佛山市关心下一代工作委员会、市文明办联合在市老干部活动中心召开佛山市关心下一代工作委员会成立20周年纪念大会。会议总结市关工委成立20年来工作成绩，对新发展阶段关工委工作作出全面部署。会议公布佛山市获评中国关工委、省关工委关心下一代工作先进集体和先进个人名单，并宣读学习宣传全市关心下一代工作先进集体和先进个人的有关要求，其中，佛山市关心下一代工作委员会获“全国先进集体”奖，吴钟秀、苏元济、邓家声获“全国先进个人”奖。经过20年发展，全市形成1649个关工组织，2.07万人的“五老”(老干部、老战士、老专家、老教师、老模范)骨干队伍，培育出9个具有推广引领作用的基层组织建设示范点，先后有40个单位(集体)获评全省先进单位(集体)、6个单位(集体)获评全国先进单位(集体)，全市企业产业园区、商会、协会、社团等建有关工委272个，顺德东菱集团、三水健力宝集团等企业关心下一代工作示范点挂牌。

(杜致坚)

2021年3月2日，佛山市关工委、市文明办联合在市老干部活动中心举行佛山市关工委成立20周年纪念大会。图为参会人员合影　(市关工委　供图)

佛山市法学会

【概况】 截至2021年底，佛山市法学会有来自全市法学界、法律界等会员1800余人，有市法官协会等团体会员17个。建有佛山市人大地方立法研究评估与咨询服务基地、中共佛山市委党校佛山市市域社会治理实践研究基地、佛山市第十四中学“佛山市法学会法治文化创新基地”等3个基地，依托市中立法律服务社等机构，开展矛盾纠纷化解等工作。会员单位市法官协会、市检察官协会、市警察协会、市律师协会等主办刊物有《佛山审判》《检察官与实践》《佛山警察》《佛山律师》等。2021年，中共佛山市委政法委印发《佛山市学习贯彻中央和省委进一步加强法学会建设意见文件精神工作方案》，推动提升法学会服务党和国家以及全省全市工作大局、服务佛山市法学法律工作者、服务人民群众的能力和水平。年内，市法学会启动法学法律专家人才库组建工作，统筹整合全市高端法治人才资源，首批86名法学法律人才入选，服务领域涵盖地方立法、社会治理、人民调解等六大方面。举办市法学会系统党建暨意识形态安全专题业务培训，并规范意识形态工作责任。全市举办“双百”(百名法学家百场报告会)宣讲活动31场次。市中立法律服务社驻市信访局工作站累计派驻值班人员值班250余天，接访群众600余人次。

【法学研究】 2021年，佛山市法学会委托专家团队开展“佛山商协会创新多元解纷机制问题”专题调研，了解全市商协会调解机制的现状和困境，探索完善多元解纷机制，发挥辅政作用。开展“基层社会治理法治化”专题征文活动，共征集论文、调研报告91篇。组织会员选送29篇论文参加“中立说典事”征文、中国法治论坛（2021）主题征文等各级各类征文活动，其中1篇论文在“第十六届泛珠三角合作与发展法治论坛”主题征文活动中获二等奖，市法学会还获该活动全省“优秀组织奖”。联合禅城区法学会、市法学会行政法专业委员会举办以“行政综合执法改革背景下的新《行政处罚法》施行与传播”为主题的《中华人民共和国行政处罚法》修订实施研讨会，研讨热点难点问题，建言行政执法规范化，推进行政法治。召开市域社会治理专业委员会专题座谈会，系统解读中央关于社会治理政策、法规精神，开展“新阶段佛山市域社会治理新格局”“社会治理与打造一流营商环境”主题研讨，服务市域社会治理现代化试点工作。年内，市法学会会员单位还办有《佛山审判》《检察官与实践》《佛山警察》《佛山律师》等刊物。

【市域社会治理专委会新设5个研究中心】 2021年8月，佛山市法学会市域社会治理专业委员会在原有组织架构的基础上，新组建社会治理政策与法治研究中心、基层治理研究中心、舆情治理研究中心、数字治理研究中心及市域治理评估研究中心等5个研究中心。5个研究中心重点对接社会治理法治化建设、社会风险防控与治理、基层法治理论与实践、社区网格化治理、社会矛盾纠纷多元化解等社会治理与法治建设领域的突出问题和前沿性问题，服务佛山市域社会治理现代化试点城市建设。

【中立法律服务社法律服务】 2021年，佛山市法学会继续完善市中立法律服务社建设，优化驻市信访局工作站运行机制，促进中立法律服务社更好地为群众提供专业化、精细化的法律服务。年内，市中立法律服务社驻市信访局工作站累计派驻值班人员值班250余天，完成专项任务400多项，接访群众600余人次，引导诉访分离200余人次，组织法律专家作为独立第三方参与重大疑难、复杂、敏感案件会商会诊4次。

【“以法兴企”文化沙龙活动】 2021年，佛山市法学会机制性构建政府与企业间信息沟通、交流互动平台，开展“以法兴企”文化沙龙活动，服务佛山民营企业健康、高质量发展，全市举办市级“以法兴企”文化沙龙活动1场，指导各区办“以法兴企”文化沙龙活动12场。其中，由市法学会联合市法官协会、禅城区法学会举办，以“环保行政执法与行政司法”为主题的“以法兴企”文化沙龙活动于11月在禅城区举行，邀请法律专家和职能部门业务骨干现场为企业环保工作答疑解惑，支招解难，从宏观经济政策到地方环保立法，从执法司法行为到环保公益诉讼等全方位为企业做好环保工作提供专业意见和建议，有100多人参加活动。

【法治宣传】 2021年，佛山市法学会开展青年普法志愿者法治文化基层行活动，联合市司法局、团市委印发《佛山市2021年青年普法志愿者法治文化基层行活动实施方案》，推动各区各部门紧密结合“12·4”全国法制宣传日等重大节日，通过法治文艺汇演、法治文化进社区、法治微电影、法治文艺作品等活动载体和平台开展针对性普法宣传。结合宪法宣传周、民法典宣讲等活动，全年组织送法进基层活动10余场。组织“民法典宣讲乡村行”活动，邀请省宣讲专家在佛山市开展送法“进企业、进社区、进村屯、进学校、进单位”活动4场，并依托覆盖全市各区、镇（街道）、村（社区）的“综治视联网”系统，于11月11日采取视频会议方式举办“民法典宣讲乡村行”专题普法讲座，约4000人参加，基层受众覆盖全市村（社区）500多个。

【“双百”暨南粤法治报告会】 2021年，佛山市法学会邀请省“双百”（百名法学家百场报告会）活动宣讲专家、广东工业大学副校长、教授杜承铭为佛山市委理论学习中心组作题为习近平法治思想与宪法实施的辅导报告。推动“双百”活动进基层进学校，邀请华南理工大学法学院教授、博士生导师、副院长夏正林为龙江里海学校全体教师作题为用法律的思维与方式增强培育和践行社会主义核心价值观的自觉性的专题辅导报告。全年指导各区、各部门举办“双百”宣讲活动31场次。

（刘楚欣）

2021年，佛山市法学会开展法治宣传。图为“民法典宣讲乡村行”宣讲活动现场

（市委政法委　供图）

法 治

人大立法

【概况】 2021年，佛山市第十五届人民代表大会常务委员会第六十五次主任会议通过年度立法工作计划，地方立法工作安排正式项目4个，预备项目2个。佛山市第十五届人民代表大会常务委员会第七十二次主任会议对年度立法工作计划进行修改，增加预备项目1个。同年，佛山市人大常委会审议地方性法规4件（通过3件、待续审1件），对26件规范性文件进行备案审查。启动2022—2026年立法规划编制工作。年内，《佛山市住宅物业管理条例》获广东省第十三届人民代表大会常务委员会第二十八次会议批准，《佛山市非户籍人口居住登记条例》获广东省第十三届人民代表大会常务委员会第三十二次会议批准，《佛山市河涌水污染防治条例》获广东省第十三届人民代表大会常务委员会第三十七次会议批准。

【全市立法工作会议召开】 2021年5月27日，佛山市人民代表大会常务委员会召开佛山市2021年立法工作会议。市人大常委会党组副书记、副主任刘珊出席会议并讲话。会议学习贯彻习近平法治思想，传达学习广东省2021年立法工作会议精神，总结佛山市2020年立法工作，部署安排2021年立法任务。会上，举行第三批市人民代表大会常务委员会32个基层立法联系点的授牌仪式。

2021年5月27日，佛山市人大常委会举行佛山市2021年立法工作会议，总结全市2020年立法工作，部署安排2021年立法任务 （徐丽清 摄）

【立法智库作用发挥】 2021年，佛山市人民代表大会常务委员会发挥立法专家、地方立法研究基地、基层立法联系点的智力支撑和桥梁纽带作用，促进科学民主立法。邀请立法咨询专家参与年度立法工作计划论证、立法调研和法规审议修改等活动，组织立法咨询专家参加活动50余次。委托立法基地开展立法专项调研10余次，委托开展规范性文件备案审查10余件。依托基层立法联系点开展立法调研工作，新设基层立法联系点32个，全市基层立法联系点42个，实现“基层镇（街道）全覆盖”的目标，委托基层立法联系点开展立法调研活动100余次，召开座谈会60余场次，收集意见建议1600余条。

【政府规章与规范性文件备案审查】 2021年，佛山市人民代表大会常务委员会优化规范性文件接收、登记、分送、审查和存档的具体流程。全市有关制定机关向市人大常委会报备规范性文件26件，其中市人民政府规章（含修改规章决定）6件、政府规范性文件18件、市中级人民法院规范性文件1件、市检察院规范性文件1件。市人大常委会向省人大常委会报备市地方性法规3件、市人大常委会决议1件。主动审查规范性文件29件，各类规范性文件的报备率、及时率和规范率均为100%。实现市、区两级人大常委会听取和审议年度备案审查工作情况报告制度常态化。

【立法意见建议征集】 2021年，佛山市人民代表大会常务委员会公开征集社会公众立法工作意见2200多条。向在佛山市的全国人大代表、广东省人大代表和市人大代表征集立法意见建议200多条。（详见“佛山市人民代表大会”类目“立法工作”分目）

【广佛协同立法】 2021年，佛山市人民代表大会常务委员会在广东省人大常委会的支持和指导下，在全省率先探索推进广佛协同立法。通过广佛协同立法，整合佛山市和广州市两市立法资源，推进两地重点领域立法，提高立法的协调性和精准度，增强地方立法总体实效，为广州、佛山两市协同发展提供法治保障，加快广佛全域同城化。4月22日，佛山市人大常委会法制工作委员会和广州市人大常委会法制工作委员会签订《关于加强两市协同立法的合作协议》。双方在城市轨道建设管理方面达成协同立法意向，《佛山市城市轨道交通管理条例》作为首个广佛立法协同项目被列入年内立法工作计划。年内，佛山市人大常委会对《佛山市城市轨道交通管理条例》进行2次审议。

【《佛山市扬尘污染防治条例》立法后评估】 2021年4月15日至11月30日，佛山市人民代表大会常务委员会组织开展对颁布施行满2年的《佛山市扬尘污染防治条例》进行立法后评估。（详见“佛山市人民代表大会”类目“立法工作”分目）

【《佛山市住宅物业管理条例》颁布实施】 2021年1月20日，《佛山市住宅物业管理条例》获广东省第十三届人民代表大会常务委员会第二十八次会议批准，自2021年4月1日起实施，是佛山市第八部地方性法规。该条例内容分6章73条，各章依次为总则、业主大会及业主委员会、物业管理及服务、物业的使用和维护、法律责任、附则。该条例结合《中华人民共和国民法典》的立法精神和全市实际需求，针对住宅物业比较集中的“业委会成立难、公共收益监管难、紧急维修落实难”等问题，通过立法规范业主大会筹备工作程序、明确住宅小区内党建引领基层治理的活动规范、规范公共收益收支管理、建立紧急维修制度，保障业主合法权益。

【《佛山市非户籍人口居住登记条例》颁布实施】 2021年5月26日，《佛山市非户籍人口居住登记条例》获广东省第十三届人民代表大会常务委员会第三十二次会议批准，自2021年8月1日起实施，是佛山市第九部地方性法规。该条例内容分5章30条，各章依次为总则、居住信息报送、居住登记服务管理、法律责任、附则。面对全市流动人口基数大，社会管理要求高等情况，条例围绕新冠肺炎疫情防控下关于加强流动人口管理的新需求，通过地方立法解决基层流动人口管理体制机制不顺、主体责任不清、基层力量不足、管理手段缺失等问题。

【《佛山市河涌水污染防治条例》颁布实施】 2021年12月1日，《佛山市河涌水污染防治条例》获广东省第十三届人民代表大会常务委员会第三十七次会议批准，自2022年1月1日起实施，是佛山市第十部地方性法规。该条例内容分5章37条，各章依次为总则、监督管理、水污染防治措施、法律责任、附则。通过立法形式固化全市在河涌水污染防治方面出台一系列文件所获得的成功经验及所取得的成果，为河涌水污染防治提供法律保障。

（陈飞鹤　林　露）

政法委与平安建设

【平安佛山建设】 2021年，中共佛山市委、市政府重视平安建设工作，召开市委平安办主任（扩大）会议2次，研究部署平安佛山建设相关问题。调整设置专项小组8个，发挥领导小组各专项组的统筹协调功能。印发市委平安佛山建设领导小组及其办公室、专项组工作规则和各成员单位职责清单。印发2021年度对各区和市直成员单位平安建设考评办法和标准。组织编制《佛山市市域社会治理“十四五”规划》，印发《关于推进党建引领基层社会治理现代化的实施方案》，召开党建引领基层社会治理现代化现场推进会5场次，培育一批党建引领基层社会治理示范项目和典型案例，初步形成社会治理“风景带”。完成广东省第一期市域社会治理现代化试点中期评估工作。对2个镇（街道）实行为期1年的重点治理，对8个突出问题实行为期半年的挂牌整治。统筹推动全民反诈专项工作，电信诈骗案例环比呈下降趋势。开展村（社区）非法锁车收费问题专项整治行动，非法锁车收费问题基本杜绝。统筹推进社会心理服务体系建设，推动在基层综治中心建成“粤心安”服务站（室）817个。开展严重精神障碍患者排查管控专项行动，统筹推进防控轻生行为专项行动，构建轻生行为现状研究和干预机制。抓实抓细新冠肺炎疫情防控工作，压实社区“三人小组”责任，守好疫情防控“最后一道防线”。完成佛山市综合治理云平台、群众诉求服务信息处置平台、社会治理网格化平台的搭建，制定相关工作规范，深化“群众诉求+网格化”模式，实现社会治理“智治共治”。加快平台对接，完成市诉求服务处置信息平台与市法院诉讼服务系统对接工作，做实“佛山诉求服务”微信小程序、市群众诉求服务平台网站等线上渠道，全年群众诉求服务平台网站访问量3.57万次，受理诉求445件，成功处置386件，处置成功率86.74%。推进“雪亮工程”建设，建成市级视频联网共享平台，综治视联网实现市、区、镇（街道）、村（社区）四级点位全覆盖。“佛山政法”官方微信公众号粉丝数超11万人，比上年增长30%，在全省政法委官方微信公众号中排第四名，广东政法网信息报送量全省第一，视频号4篇内容被中央媒体、省级媒体平台，以及中央政法委、省委政法委平台转载。全年有9人入选全国“平安之星”月度榜单，总量位居全省第三。成立超10万人的平安佛山

2021年10月26日，佛山市"平安之星"进校园宣讲活动在南海区灯湖中学举行。图为宣讲现场
（市委政法委 供图）

观察员联盟，平安H5集平安福活动有53万人次参与，"平安佛山建设"宣传短视频曝光量170万人次。年内，佛山入选首批"全国禁毒示范城市"，南海区信访局获评为2017—2020年度平安中国建设先进集体，南海区狮山司法所获"全国模范司法所"称号。在2021年广东省群众安全感和政法工作满意度调查中，佛山中院工作满意度位列全省法院第一。

【扫黑除恶专项斗争】 2021年，佛山市印发《佛山市常态化开展扫黑除恶斗争巩固专项斗争成果的贯彻落实意见》，深化专项斗争成果，为扫黑除恶专项斗争转入常态化打基础。成立由市委、市政府主要负责人担任的扫黑除恶专项斗争领导小组。召开全市扫黑除恶专项斗争总结会，组织推荐一批全国、全省扫黑除恶专项斗争先进集体和先进工作者。科学谋划常态化各项工作，健全"六项机制"（源头治理的防范整治机制、智能公开的举报奖励机制、打早打小的依法惩处机制、精准有效地督导督办机制、激励约束的考核评价机制、持续推进的组织领导机制），将"扫黑除恶"整体纳入佛山市"十四五"规划（第十四个五年规划，起止时间为2021—2025年）和2035年远景目标纲要，并列入平安建设的重要内容。保持严打高压态势，以信息网络、自然资源、交通运输、工程建设、金融放贷等五大行业领域整治为抓手，对电信网络诈骗、违法用地、货运超载等行业进行重点整治，持续改善行业经营秩序。年内，佛山市打掉涉黑组织3个、涉恶犯罪集团7个、涉恶犯罪团伙6个，破获涉黑涉恶刑事案件114件，刑拘犯罪嫌疑人111人，在追捕"漏网之鱼"行动中，17名在逃目标全部抓捕归案，到案率100%。全市检察机关起诉涉黑涉恶案件12件54人；全市法院一审审结涉黑涉恶案件7件17人，二审审结涉黑涉恶案件6件69人。全年重点对专项斗争期间重点涉黑涉恶案件财产进行依法处置，其中"4·25B"涉黑专案查扣罚没涉黑资产超40亿元，判决赔偿生态环境修复费29.6亿元。立案查处涉黑涉恶腐败和"保护伞"67人，给予党纪政务处分50人，移送司法机关13人。整治软弱涣散村（社区）党组织15个。全年全市破获电诈案件5300余件，比上年增长84.8%，挽回直接经济损失7800余万元，返还3000余万元，止付、冻结涉案账户2.5万个，止付、冻结资金5.5亿元。查处非法采矿案件9件、违法用地1833件，立毁林违建行政案件62件、刑事案件2件。查处客运领域违法案件998件，查处路警路面联合治超案件7710件，全市122处高速公路桥下空间和立交环境问题完成整改。查处未报建先建行为87起，查处违法分包、转包行为9件，妥善处理劳资纠纷线索2576条。打击冒用"银行"名义行为、冒用"金融许可证"行为，开展打击经济犯罪宣传活动。

【法治化营商环境建设】 2021年，中共佛山市委政法委营造一流法治化营商环境，为佛山高质量发展提供法治保障。出台《关于充分发挥党委政法委机关职能作用助力"打造一流营商环境"的实施方案》，将该项工作纳入市委机关"一月三问"和办公会汇报内容当中，定期跟踪落实情况，初步成效被《法治日报》和省委政法委专刊报道。牵头开展看守所周边法律服务市场清理整治专项行动，查处涉嫌违法违规行为14个。开展"以法兴企"文化沙龙活动，以一系列的惠企、暖企举措，为佛山民营企业健康、高质量发展保驾护航。运用多平台并以视频、漫画等方式开展普法宣传，组织"民法典宣讲乡村行"活动，推动"双百"（百名法学家百场报告会）活动进基层进学校，形成尊法、学法、用法、守法的良好氛围。

【政法领域深化改革】 2021年，中共佛山市委政法委统筹协调政法各单位做好省委政法委对佛山市开展的全面深化政法领域改革专项调研，分别从坚持和完善党对政法工作绝对领导、推进员额制改革、构建新型司法权运行机制、加强执法司法权制度监督、健全司法人员职业保障制度、推进以审判为中心的刑事诉讼制度改革、完善矛盾纠纷预防和化解体系、深化政法公共服务改革、健全服务高质量发展法治保障机制、建立健全互联网法院运行机制、完善司法体制改革工作机制等11个方面进行精准评估。

【佛山集体户口管理新规出台】 2021年，佛山市出台《佛山市集体户口管理规定》，共6章30条。该规定规范佛山市集体户口的设立、登记、迁移、注销等管理工作，畅通落户渠道，解决因离婚、房屋所有权发生转移或者工作单位集体户口人员工作变动等造成的户口矛盾，保障群众权益，填补佛山市集体户口服务管理的政策空白。分类细化管理方面，该规定将佛山市的集体户口细分为学校学生集体户口、工作单位集体户口、人力资源公共服务机构集体户口和政府公共集体户口四个类别。明确管理职责方面，该规定要求各区人民政府负责推进设立政府公共集体户口并完善日常管理；作为大中专、技工院校和人力资源市场主管单位的市、区两级教育和人社部门要协同做好学校学生集体户、人力资源公共服务机构集体户的管理。兜底解决难题方面，该规定针对本市户籍居民因离婚、房屋所有权发生转移后户口无处迁移，或者非本市户籍居民符合“积分入户”“稳定居住就业入户”等准入政策但无处落户的难题，通过发挥政府公共集体户口的兜底作用，畅通落户渠道，解决上述户口无处迁移、无处落户的难题。规范日常管理方面，该规定明确集体户口设立单位、集体户口管理人员、集体户口人员各自的权利和义务。

【扫黑除恶专项斗争总结会暨平安佛山建设工作会议】 2021年9月29日，佛山市召开扫黑除恶专项斗争总结会暨平安佛山建设工作会议，总结部署全市扫黑除恶、平安建设和市域社会治理现代化试点工作。中共佛山市委书记郑轲出席会议并讲话，佛山市市长郭文海主持会议。会议提出，提高政治站位，以高度的政治责任感和历史使命感建设更高水平平安佛山。坚持问题导向、目标导向、精准发力，推进平安佛山建设各项工作取得新突破。坚决维护国家政治安全。防范化解各类社会面风险，深化社会矛盾问题专项治理，维护社会大局平安稳定。全面提升公共安全水平，加快建设打、防、管、控一体化的社会治安防控体系，抓好常态化新冠肺炎疫情防控，守住守牢安全生产底线。常态化开展扫黑除恶斗争，坚持打早打小、“一案三查”，严打深挖黑恶势力及其背后“保护伞”，持续用力铲除黑恶势力滋生土壤。以市域社会治理现代化试点为抓手，加强改革创新探索，提高社会治理现代化水平。加强组织领导，坚持把党的领导贯穿平安建设各领域全过程，强化落实各级党委、政府平安建设主体责任，创新完善各方力量协同参与的工作机制，营造共建共治共享社会治理格局，为平安佛山建设提供有力保障。

【南海区信访局获平安中国建设先进集体】 2021年12月15日，在北京举行四年一度的平安中国建设表彰大会上，佛山市南海区信访局被表彰为2017—2020年度平安中国建设先进集体。佛山市南海区群众信访诉求综合服务中心（信访超市）践行新时代枫桥经验，以创新社会治理方式，建设“服务暖心便民、化解多元高效”的群众信访诉求综合服务中心（信访超市）。该中心搭建“一站式接待、一揽子调处、一体化解决”矛盾多元化解平台，建立群众诉求“1公里服务圈”，部门“20分钟响应机制”，实现“群众点菜、部门送餐”即接即办，形成矛盾调处“村居首阵地、镇街主战场、区级终点站、分级分层协同”工作模式，群众就近在该地区反映问题占比达90%，问题受理和办理时间均比规定时间压缩三分之二，群众满意度100%，基本实现“矛盾不上交”和诉求“即接即办”。

（梁瀚斌）

2021年9月29日，佛山市扫黑除恶专项斗争总结会暨平安佛山建设工作会议在市机关小礼堂举行

（市委政法委　供图）

法治政府建设

【概况】 2021年，佛山市统筹推进法治政府建设各项工作。加强党对法治政府建设的领导，制定《佛山市法治政府建设实施纲要（2021—2025年）》，学习宣传《中华人民共和国民法典》等新修订新实行法律法规，组织习近平法治思想系统轮训30余次。推进政府职能转变，优化法治化营商环境，深化工程建设项目审批制度改革，实现开办企业“一网通办”，全国首创24小时智能自助办照，推行企业登记“不打烊”服务，在全省率先编制“跨部门联合双随机”事项清单，运用信用协同监管实现“进一次门，查多项事”。推进科学立法依法决策，提升政府治理规范化、程序化、法治化水平，推动《佛山市城市轨道交通管理条例》等地方性法规立法和地方政府规章制定。完善依法行政制度体系，提升行政规范性文件审查成效，提出审查意见453件次，出台规范性文件236份，并开展行政规范性文件清理工作。推动镇（街道）综合行政执法规范化建设，在全省率先实现行政执法“两平台”（行政执法信息平台和行政执法

2021年9月7日，第三届佛山市法律顾问团成员聘任仪式举行　（市司法局　供图）

监督网络平台）与地方城市大脑管理系统和综合治理云平台的互联互通。完善突发事件应对体系，增强突发事件预防处置能力，组建“城市安全高端智库”，构建以安责险为纽带的安全生产社会化治理新模式。构建多元纠纷化解机制，增强社会矛盾纠纷预防调处化解能力，建立消费纠纷诉调对接机制和消费维权一体化信息平台，建设市、区、镇（街道）、村（社区）四级“信访超市”，推进农民工工资支付保障工作，深化行政复议体制改革。推进行政权力规范透明运行，增强权力监督制约，针对群众反响热烈、部门反映难以推进的问题开展专项督查14次，创新监督方式，在全国首创推出“红橙黄牌”预警监督机制，依托市政府门户网站加大政务公开力度。推进数字政府建设，增强法治政府建设科技保障，启动“市长直通车”平台，5个区同步搭建“区长直通车”平台，建成全市社会综合治理云平台，构建全市统一的网络化管理系统，建成全市政务大数据平台，全面创建省级数字政府示范区，加快推进“城市大脑”建设。聘任19位专家教授和律师为第三届佛山市法律顾问团成员。年内，佛山市创建为全国社会信用体系建设示范区，2020年度全国知识产权快速协同保护工作考核排名全国第一，2020年度法治广东建设考评再获优秀等次。

【党对法治政府建设的领导强化】 2021年，佛山市印发《关于在全市深入开展习近平法治思想宣贯实践活动的工作方案》，举办全市习近平法治思想研讨班暨全面依法治市培训班，全年组织习近平法治思想系统轮训30余次，开展以习近平法治思想为重点内容的学法挑战赛，187万人次参与挑战。全面落实第一议题制度，推动全市各级党组织以党委（党组）会、理论学习中心组学习会等形式，学习习近平法治思想。将落实习近平法治思想与学习贯彻《法治政府建设实施纲要（2021—2025年）》紧密结合。将纲要列入市政府常务会议学法内容，制定《佛山市法治政府建设实施纲要（2021—2025年）》，推动习近平法治思想在佛山取得成效。落实全市各级党委（党组）定期听取法治政府建设工作汇报制度，研究解决法治政府建设存在的问题，全年有20次市委常委会会议共安排32项议题研究法治建设重大问题。全面加强依法行政能力建设，开展《中华人民共和国民法典》《中华人民共和国行政处罚法》《广东省重大行政决策程序规定》等新修订新施行法律法规规章学习宣传贯彻工作，推动行政机关负责人带头遵法学法守法用法，强化法治思维，提升依法行政能力。

【政府职能转变】 2021年，佛山市推进“放管服”改革，推进打造一流营商环境“一号改革工程”。推进工业项目和高新技术项目“拿地即开工”，最快项目拍地后当日取得施工许可证。推进工程建设项目施工许可阶段告知承诺制审批和分阶段办理施工许可证改革工作。推进企业开办全程网上办，实现开办企业“一网通办”，办事环节压至1个，办事时间压至0.5天。全国首创24小时智能自助办照，推行企业登记“不打烊”服务，实现办理营业执照“零见面”“零材料”“全天候”“非接触”。在全国率先推出“一照通行”改革，实现“证照联办、证照合一、一企一照、一照通行”。在全省率先编制“跨部门联合双随机”事项清单，运用信用协同监管实现“进一次门，查多项事”，减轻企业负担。实现市一体化在线政务服务平台上线运行，覆盖全市市、区、镇（街道）三级47个政务服务大厅1981个窗口9254个事项。融合线上线下服务，“一窗通办”率95%，线上可办率99%。推广主题联办、跨省通办、“门口办”等服务，“水电气电视”等民生高频事项平均办事时间压缩50%，实现与北京等13个城市共797个事项“跨省通办”。推动电子证照应用，1644个事项3275项材料实现“免证办”。推行重大重点项目审批代办及交易靠前服务，为佛山市第二人民医院新院区等978个项目累计提供超16万次靠前服务。组建市级公平竞争审查专家人才库，在全省率先开展市区两级公平竞争审查报送制度试点工作。强化知识产权保护，成立国家海外知识产权应对指挥中心佛山分中心。

【法治化水平提升】 2021年，佛山市加强重点领域行政立法，推动《佛山市城市轨道交通管理条例》等地方性法规立法，制定《佛山市生活垃圾分类管理办法》等3部地方政府规章，立法质量、数量居全省地级市前列。突出地方立法特色，推进村级工业园改造立法研究。落实《重大行政决策程序暂行条例》，制定2021年市政府及部门重大行政决策目录。发挥政府法律顾问、公职律师在重大行政决策中的法律论证作用，全年为新建珠海至肇庆高速铁路高明至肇庆东段项目等市委、市政府重大项目和重要战略提供法律审核意见299件，涉及金额2820亿元。注重政策解读回应，全年通过市政府门户网站发布涉及企业发展和民生问题的解读材料170份。强化行政规范性文件合法性审查，促进各项制度出台和改革创新，全年对市、区政府及部门行政规范性文件提出审查意见453件次，出台市、区政府及部门行政规范性文件236份。统筹行政规范性文件清理工作，对《佛山市实施相对集中行政处罚权暂行规定》等50份不适应全面深化改革和经济社会发展要求的规范性文件进行集中清理。在行政规范性文件管理中，推进证明事项告知承诺制，在司法部证明事项告知承诺制典型案例评选活动中，"佛山市社保经办机构推行证明事项告知承诺制　解决参保群众痛点堵点问题"成为广东省唯一获评进入下一步评选的案例。

【执法规范化水平提升】 2021年，佛山市深化行政执法体制改革，制定出台《关于推进镇街综合行政执法规范化建设的工作方案（试行）》，推动镇（街道）综合行政执法规范化建设。加大对行政执法人员教育培训力度，组织开展行政执法资格考试34场，全市168个部门、镇（街道）共2539名行政执法人员参加，通过率97.44%。完善行政执法和刑事司法衔接机制，在全国率先编制市场监管领域涉嫌犯罪移送主要类型与参考标准。创新执法方式，建立水产品质量安全监管体系，主要经验做法获农业农村部专题编发供全国各地参考借鉴。推动科技赋能行政执法，市、区、镇（街道）三级行政执法部门全面上线应用行政执法"两平台"（行政执法信息平台和行政执法监督网络平台），至年底，通过"两平台"累计办理案件1.89万件，产生文书6.3万份。在全省率先实现行政执法"两平台"与地方城市大脑管理系统和综合治理云平台的互联互通，构建智慧执法协同监管新模式。加大重点领域执法力度，常态化推动扫黑除恶专项斗争，立九类涉黑涉恶案件1898件，刑拘涉黑涉恶犯罪嫌疑人2843人；开展2021年民生领域案件查办"铁拳"行动，联合执法751次，立案查办相关案件1323件；完成违法建设治理面积3271.96万平方米，完成治理目标；处置非法集资，防非处非平安建设考核连续两年位居全省第一档次；筑牢食品安全底线，获评"广东省食品安全示范城市"。

【突发事件应对处置能力增强】 2021年，佛山市推动创新隐患风险防控，完成"智慧安全佛山"一期项目建设，组建"城市安全高端智库"。创新现代风险管理制度，构建以安责险为纽带的安全生产社会化治理新模式。加强政策供给对冲疫情，统筹推进新冠肺炎疫情防控和经济社会发展工作。依托政务大数据平台做好疫情防控支撑工作，服务全市更快更好开展大规模人员核酸检测。化解重点领域金融风险，P2P法人网贷机构（指开展点对点互联网借贷业务的一类机构）、借贷余额全部清零。

【矛盾纠纷化解】 2021年，佛山市在全省率先出台知识产权纠纷人民调解工作的意见，实现全市5个区知识产权纠纷人民调解组织全覆盖。建立消费纠

表7　**2021年佛山市人民政府重大行政决策事项一览表**

序号	事项名称	承办单位
1	修订《佛山市产业转移资金管理办法》	市工业和信息化局
2	修订《佛山市人民政府办公室关于深入推进城市更新（"三旧"改造）工作的实施意见》	市自然资源局 市城市更新局

表8　**2021年佛山市人民政府部门重大行政决策事项一览表**

序号	事项名称	承办单位
1	制定《佛山市电动汽车充电基础设施建设市级财政补贴资金管理办法》（暂定名）	市发展改革局
2	编制《佛山市人力资源和社会保障事业发展"十四五"规划》	市人力资源社会保障局
3	制定《佛山市市级美食集聚区评定方案》	市商务局
4	制定《佛山市农贸市场升级改造及星级评定奖励办法》	市市场监督管理局
5	制定《佛山市水利局行政处罚自由裁量权细化标准》和《佛山市水利局关于行政处罚自由裁量权的适用规则》	市水利局
6	制定《佛山市文化广电旅游体育发展"十四五"规划》	市文广旅体局
7	制定《佛山市定点医药机构管理实施办法》	市医保局
8	建设佛山市森林消防综合救援队基地营区	市应急管理局
9	制定《关于加强建设工程合同履约管理的通知》	市住房城乡建设局
10	制定《佛山市机动车驾驶人考场建设规划（2021—2026年）》	市公安局
11	制定《佛山市老年人优待办法实施细则》	市卫生健康局
12	制定《佛山市支持金融人才发展实施办法》（暂定名）	市金融工作局
13	制定《佛山市交通运输局公路工程造价监督管理办法》	市交通运输局

2021年，佛山市与东莞市、中山市以及广州市南沙区建立全国首个劳动争议仲裁区域合作机制。图为佛山—南沙劳动争议仲裁区域合作签约仪式现场合影

（市人力资源社会保障局 供图）

纷诉调对接机制和消费维权一体化信息平台，实现“云调解”“云确认”。建设市、区、镇（街道）、村（社区）四级“信访超市”，相关建设经验得到中央电视台、《法治日报》等主流传媒的报道。深化粤港澳大湾区社会治理合作模式，与东莞市、中山市以及广州市南沙区建立全国首个劳动争议仲裁区域合作机制。推进农民工工资支付保障工作，在省政府保障农民工工资支付考核中，佛山市获评全省“A”级（第三名），获省政府通报表扬。深化行政复议体制改革，挂牌成立佛山市人民政府行政复议办公室。发挥行政复议解决行政争议主渠道作用，全市行政复议申请1960件，发出行政复议建议书、意见书18份，综合纠错率34.59%。加强行政应诉工作，制定《佛山市行政应诉工作规定（试行）》，首次建立败诉行政案件和行政机关负责人出庭应诉年度报告制度。全市行政机关负责人出庭应诉相关案件147件，推动全市各级行政机关负责人出庭应诉制度化、常态化、规范化。佛山市行政机关负责人出庭应诉案例是全省唯一入选最高人民法院发布的相应典型案例。

【行政权力监督制约增强】2021年，佛山市创新监督方式，顺德区在全国首创推出“红橙黄牌”预警监督机制，立足抓早抓小，瞄准干部队伍中存在的3类24种“庸懒散拖乱”问题，向不良工作作风“亮剑”。加大政务公开力度，通过市政府门户网站发布信息1.58万条，新公开规范性文件123份。在省政府办公厅通报2020年度全省政务公开和政府网站与政务新媒体工作第三方评估结果中，佛山市获评“优秀”。强化政府督查工作，针对群众反响热烈、部门反映难以推进的问题，开展专项督查14次。强化审计监督，逐步推进对公共资金、国有资产、国有资源和党政领导干部履行经济责任情况的审计全覆盖。加快推进政务诚信建设，依托“佛山市数字人事系统”建立公务员诚信档案，作为公务员晋升、转任、年度考核、奖励等的重要参考。

【数字政府建设】2021年，佛山市推进数字政府建设，增强法治政府建设科技保障，启动“市长直通车”平台，5个区同步搭建“区长直通车”平台，畅通政府与群众、企业的互动渠道，推动解决群众、企业“急难愁盼”问题。至年底，平台收到企业、群众咨询诉求超160.4万件，办件满意率98.5%。建成全市社会综合治理云平台，构建全市统一的网格化管理系统。建成全市政务大数据平台，归集全市529个系统超340亿条政务数据，共享数据量112亿条，开放数据量20.4亿条。全面创建省级数字政府示范区，南海区加快推进“城市大脑”建设，汇聚数据记录超65亿条。

【佛山市成功创建全国社会信用体系建设示范区】2021年10月25日，国家发展改革委办公厅、人民银行办公厅公布第三批社会信用体系建设示范区名单，其中，佛山市成为广东省唯一入选

链接

全国社会信用体系建设示范区“佛山经验”

1. 全国首创“人工智能+双随机”监管被国务院办公厅列为首批十大“放管服”改革典型案例复制推广。

2. 全国首创政府补助“秒速直达”模式被国务院推进政府职能转变和“放管服”改革协调小组办公室“优化营商环境”工作简报采用并在全国范围内复制推广。

3. “粤信融”佛山分平台促进企业信用融资，破解民营企业融资难题经验做法，获国家发展改革委发文在全国推广。

4. 佛山“智慧执行”助力基本解决执行难题入选2019中国法治蓝皮书。

5. “信用佛山”网站获评国家2021年度“信用示范平台网站”。

6. 佛山印发《佛山市建设人民满意政府行动方案（2014—2020年）》，提出建设“诚信政府”目标，在国内没有经验借鉴的情况下探索创新。

7. 佛山推进省的“信用奖惩一键搞定”试点，健全信用奖惩机制。

地级市。按照信用体系建设示范区创建工作要求和评审标准，国家发改委、人民银行组织对各地方申报的参评地区进行评审，确定34个地区为第三批社会信用体系建设示范区，广东省有广州、深圳、佛山入选。截至2021年，佛山市市、区两级政务服务大厅100%接入市信用平台，实现全部审批事项“一网通办”以及信用全流程监管，开展信用核查739万次，落实信用报告代替无违法违规证明改革，缩短审批时限，为企业减负。同时，佛山在金融、税务、工程建设、交通运输等59个行业细分领域实现信用分级分类监管，评价结果全部共享至信用平台面向政府部门提供查询服务，并推进“信用奖惩、一键搞定”省试点工作，定期更新全国“红黑名单”1005万条数据至“市一体化在线服务平台”等10个综合性业务系统，反馈联合奖惩案例5万余例。按照“数据挖掘信用，信用赋能金融，金融普惠大众”的工作思路，佛山通过建设中小微企业信用信息和融资对接平台，打造地方“信易贷”平台，共享信用信息9000多万条，改善银企信息不对称问题。实现与全国“信易贷”平台的机制化对接，在全国261个地级城市中发放贷款总额排名第二。针对政策资金兑现慢、企业群众获得感不强的问题，佛山在全国首创政府补助“秒速直达”模式，企业只需在“扶持通平台”一键确认信息，平台依据企业的信用状况实现资金申请在线“秒批”、政策资金在线“秒付”，累计发放补贴资金超70亿元。

（陈永阳）

公 安

【概况】 2021年，佛山市公安机关协助完成庆祝中国共产党成立100周年等重大安保任务17项203场次。打击各类突出违法犯罪，全市刑事警情比上年下降5.6%，其中“两抢”（抢夺、抢劫）警情下降39.2%，年内，佛山市入选首批“全国禁毒示范城市”。按照“警力跟着警情走、勤务跟着人流走、管理跟着警力走”的思路，全方位推进巡防体系重塑、力量重组、布局重构，路面见警率、管事率、震慑力和控制力提升。强化基层基础工作，完成4轮校园安全隐患集中排查，整改安全隐患270处；完成全市1759所中小学、幼儿园的紧急报警装置升级改造，“护学岗”设置率100%、“最小应急单元”组建率100%。推进城市“畅通工程”，下半年中心城区交通拥堵指数为3.47，中心城区拥堵等级由“轻度拥堵”改善为“基本畅通”。115个高频预约事项上线“粤省事”，126个高频预约事项上线“佛山政务服务”微信平台，47个事项67类证件、证明材料实现“无证办事”，居住证登记、注销、补换领业务“秒批秒办”，事项时限平均压减率达93.36%，即办业务比率提升至91.46%。落实“平安厅”信箱工作，开通“局长信箱”，解决群众“急难愁盼”问题394个，根据举报线索抓获违法犯罪嫌疑人96人。开展失踪人员排查专项行动，接报失踪人口综合找回率达99.74%。落实隔离场所安保举措，开设流行病学调查专项任务288个。

同年，全市公安机关推进警务机制和勤务制度改革，完成森林公安机构体制调整。深化警务实战蓝军建设，建立红蓝对抗常态化实战练兵长效机制，建成基层所队“微校场”84个。开展政法队伍教育整顿，排查认定并完成整改问题2873项。深化健康警队建设，“E警康”手机应用程序获公安部移动警务应用创新一等奖。围绕《佛山市公安机关警务辅助人员管理办法》，出台佛山市公安机关警务辅助人员的奖励、招聘、考核、培训、违纪违规处理等5个管理细则。

同年，全市公安机关获集体一等功1个、集体二等功18个、集体三等功113个，获个人一等功6人、个人二等功50人、个人三等功465人，获集体嘉奖169个、个人嘉奖1258人、一级嘉奖5人、二级嘉奖67人、三级嘉奖646人、四级嘉奖1839人；被授予“全国公安系统二级英雄模范”荣誉称号2人，获评“全省优秀公安基层单位”2个、“全省特级优秀人民警察”1人、“全省优秀人民警察”4人。

【刑事犯罪侦查】 2021年，佛山市公安机关立刑事案件数比上年上升3.7%，现发刑事案件破案数上升2.7%，现案破案率46.43%。推进“飓风2021”专项行动、扫黑除恶常态化、电信网络诈骗打击治理、失踪人员查找等重点工作。

命案、枪案侦办　全市现发命案破案率100%，侦破命案积案20件，破案数居全省第一，市公安局刑警支队一大队获评“全国公安机关命案积案攻坚行动成绩突出集体”。组织涉枪专案收网行动，缴获各类枪支弹药一批。

电信网络诈骗打击整治　从“打、防、管、控、宣”等方面打击整治电信网络诈骗犯罪。全年全市接报电信网络诈骗警情比上年下降20.85%，立案数下降3.64%。全市破获电信网络诈骗案件数比上年上升84.87%，抓获嫌疑人数量上升74%。

涉黑涉恶犯罪打击治理　组织打掉涉黑团伙3个、恶势力犯罪集团6个，抓捕目标逃犯17人，查处9类涉黑涉恶案件。推进五大行业整治，联合网信部门打掉“裸聊”团伙10个、涉“套路贷”团伙8个，打掉一批涉网络黑客、水军等犯罪团伙。

小案深挖打击　加大盗窃、抢夺等小案的侦破力度，“两抢”（抢夺、抢劫）案件破案率保持100%，“两入”（入室盗窃、入宅盗窃）刑事案件破案率达73.4%，创历史新高。盗抢现案破案率63%，居全省第一位。深挖涉文物违法犯罪线索31条，工作成绩并列全省第一。打击涉抢劫走私冻品犯罪活动，打掉团伙23个。落实“厅、局长”信箱核查反馈机制，解决群众反映问题46个。

“团圆”“护苗”案件侦办　建立DNA（脱氧核糖核酸）寻亲比对绿色通道，侦破涉拐积案2件，开展认亲宣传活动38场。建成未成年人救助专区11个，其中被广东省公安厅列为示范点6个。

【社会治安管理】 2021年，佛山市公安机关开展社会面治安整治，防范化解风险隐患，推进“平安佛山”建设。

治安风险排查管控　开展以流动人口出租屋排查、反诈宣传、管制刀具收缴等多位一体的基层基础现代化精准治理“五合一”专项行动。年内，全市累计排查出租屋346万间次，推广安装“国家反诈中心”手机应用程序582万人，收缴管制刀具759把，电诈警情比上年下降22.57%。

“护校安园”行动　排查掌握全市中小学、幼儿园等机构底数，组织5轮安全大排查，整改隐患697处。强化高峰“防护岗”、“最小应急单元”、“一警多岗”运作和“动中备勤”巡逻模式，完善设置实体屏障、安装高清监控探头、“一键式”紧急报警装置等人防、物防、技防措施，与教育部门建立完善三级联席会议机制，修改完善《佛山市中小学幼儿园校园安全评估办法》，发动辖区力量建立健全“护学岗”“警家校”群防群治工作机制，强化校园安保。

中高风险区域安保　强化涉新冠肺炎疫情“三区三点”（封控区、管控区、防范区、核酸检测采样点、集中隔离点、疫苗接种点）安全保卫工作，常态安排警力进驻全市隔离场所，强化凭证出入、物理隔离、技术防护、闭环管理等管理手段，建立应急响应预案，市、区两级专班落实隐患排查，落实“三区三点”巡防把守。

便民服务　推行户口迁移“跨省通办”试点工作，推进老年人户政业务网上办和自助办、“上门办”等服务，推进新办企业免费刻制印章服务。出台《佛山市非户籍人口居住登记条例》，化解非户籍人口管理中措施缺失、手段疲软等问题。制定《佛山市集体户口管理规定》，明确佛山集体户口管理细则。修订《佛山市见义勇为人员奖励和保障办法》，提高对见义勇为人员的奖励标准，加大对见义勇为人员的保障力度。

信息化基础工作　推动“四标四实”（“四标”指标准地址、标准作业图、标准建筑物编码、标准基础网格；“四实”指实有人口、实有房屋、实有单位、实有设施）工作标准地址的推广应用和维护建设，重点做好标准地址数据库建设，整治问题数据1.8万条，修订印发《佛山市标准地址数据标准》，推进标准地址市分发平台建设。

【经济犯罪侦查】 2021年，佛山市公安机关经侦部门围绕“飓风”“排雷”“利剑”等中心工作，严打各类突出经济犯罪，维护佛山政治安全、经济安全和社会稳定。

专项打击行动　开展“飓风”“利剑”等专项行动，“排雷”“利剑”2个专项行动考核并列全省第一，全年全市立经济案件1004件、破案565件。市公安局经侦支队连续两年获评“全国猎狐工作成绩突出集体”，南海公安分局经侦大队办公室获“全国打击虚开骗税违法犯罪工作成绩突出集体”称号。

经济犯罪预防　全市公安经侦部门发放各类宣传资料1.5万份，接受群众咨询800余人次。组织民警上线佛山电台《110警讯》节目讲解《防范和处置非法集资条例》，发布推广防范经济犯罪普法短视频5条。联合佛山市工商业联合会邀请100家企业代表，开展防范经济犯罪法律知识宣讲活动，收集企业意见建议100多条。落实“厅、局长信箱”，建立“一件一档案、一件一专班”工作机制，办复群众来信241件，信箱信件办结率100%。

【网络安全监管】 2021年，佛山市公安机关网安部门持续打击网络违法犯罪，强化网络安全监管，整治网络生态乱象，防范化解网络安全风险、净化网络空间环境，确保全市网络社会大局持续平安稳定。

网络犯罪打击　组织开展“净网2021”专项行动，重点打击网络“黑灰产”（利用互联网技术实施网络攻击、窃取信息、勒索诈骗、盗窃钱财、推广黄赌毒等网络违法行为）、黑客攻击破坏、侵犯公民个人信息、利用信息网络犯罪等新型网络犯罪，针对网络“黑灰产”物料供应、技术支持、广告推广、支付结算等重要环节，打准打断网络犯罪“生态链”，侦破各类网络犯罪案件148件。

网络安全防护　以线上线下结合的方式组织开展网络安全执法检查行动，检查单位、企业3368个（家）次，发现处置网络安全漏洞1120处，发出限期整改通知书663份，下架违法违规手机应用程序107个，发布网络安全预警通报14次，处置网络安全事件7起。推进“一网式”服务模式，实行网上办理等保定级备案和接收测评回执工作，全年督促全市企事业单位完成775个信息系统等保测评，新增等保备案系统534个。依法查处不落实网络安全措施、不履行信息保护义务的单位企业，办理“一案

2021年10月14日，佛山市开展网络安全宣传周法治主题日宣传活动。图为涉案物品现场展示

（市公安局　供图）

双查”（对网络违法犯罪案件开展侦查调查工作的同时对涉案网络服务提供者法定网络安全义务履行情况进行监督检查）案件42件，从源头上规范网络空间秩序。

网络安全宣传　组织开展2021年佛山市网络安全宣传周法治主题日、国家宪法日、全民国家安全教育日等普法宣传活动，采取线上宣传为主、线下宣传为辅的方式，联合佛山电视台、佛山市人民广播电台开展在线访谈3次，通过公安新媒体账号推送系列普法宣传帖文，利用交通信息提示屏、户外广告屏在高速公路、市区主干道、大型商业超市、地铁车厢滚动播放网络安全警示语和公益动漫短视频，开展进学校、进社区、进企业“三进”现场普法宣传活动96次，提升群众网络安全意识和防护能力。

【公安禁毒】2021年，佛山市公安机关禁毒部门围绕构建具有佛山特色的“六全”（全覆盖毒品预防教育、全环节服务管理吸毒人员、全链条打击毒品犯罪、全要素监管制毒物品、全方位监测毒情监测预警、全层级落实禁毒工作责任）毒品治理体系，深化毒品问题治理，落实对各区、各镇（街道）禁毒工作考评。4月30日，佛山市被命名为“全国禁毒示范城市”（首批）。

禁毒执法　全市公安禁毒部门深化禁毒情报建设，加大对毒品特别是新精神活性物质违法犯罪的打击力度，全年全市破获毒品刑事案件228件，逮捕333人，侦破部目标案件2件、省目标案件15件。

毒品预防宣教　继续以“功夫+禁毒”“网约车+禁毒”“禁毒代言人自拍角”“禁毒+反诈”等形式开展禁毒宣传，并录制禁毒公益歌曲《生命的颜色》。组织开展“禁毒名师TALK‘一堂禁毒课’”作品征集活动，选送作品获全国一等奖。

禁毒社会帮教　发动社会力量投身禁毒公益事业，压实基层社区戒毒社区康复主体责任，实现工作制度化、规范化、常态化，落实吸毒人员分类分级服务管理和“平安关爱”工作措施，全市社区戒毒社区康复执行率保持100%。

【道路交通管理】2021年，佛山市公安机关交警部门以庆祝中国共产党成立100周年交通安保为主线，确保全市道路交通安全顺畅。年内，在广东省2021年道路交通事故预防“减量控大”考评中排名第三。

“畅通工程”行动　把城市“畅通工程”作为开展党史学习教育和“我为群众办实事”实践活动的重要举措，推动“畅通工程”两年行动（2021—2022年），完成公安牵头的25项任务。2021年下半年中心城区交通拥堵指数为3.47，比上年下降0.67，中心城区拥堵等级由“轻度拥堵”改善为“基本畅通”。

交通事故处置　建立道路交通死亡事故党政领导到场工作机制，制定倒查警示问责实施办法，对68宗亡人事故倒查交警部门履职情况，对68起生产经营性道路交通事故进行深度调查，对40家企业实施行政处罚。完成“十大镇街”“十大路段”“十大企业”督办治理。清理逾期重点车辆2.4万辆、重点驾驶人5.9万人。推动交通违法举报，受理线索1.01万条。完成治理省、市、县三级督办隐患路段14处、农村平交路口隐患路段93处、无中央隔离设施100处，在亡人交通事故路段安装警灯180盏。对1.1万家运输企业推送交通安全检查报告4.9万份，在113家企业推广摩电管理“华兴模式”（佛山华兴玻璃有限公司交通安全管理制度）。确立交通事故应急救援定点医院8家、组建交通事故应急救援专家库队伍185人，参与应急救援交通事故1190宗，救治断指儿童、临产孕妇等1261人，全市交通事故送院有效救治率96.13%，救助基金垫付费用2065.5万元，垫付金额排全省第一位。

道路交通秩序维护　开展智能感知建设试点，打造智慧交通警企联创实验室。联合佛山市交通运输局编制《佛山市智能交通发展规划》，完成市级信号配时优化中心项目设计。印发《佛山市交通路口全方向待行区设置指引》等3个规范指引，规范设置路口全方向待行区14处，完成信号灯统一改造1826个。完成交警支队直属铁骑队40人、各区交警铁骑队621人建设。按照“一堵点一方案”，治理交通拥堵点96处，对213处路口实施新型交通组织方式，优化佛山大道—澜石一路路口、佛山市第一人民医院等4个医院片区。升级“佛山事故e处理”平台，全市快处快赔率67.28%。建设10个交通安全主题公园，发动516个单位创建“零酒驾”活动。开展第十个“12·2”全国交通安全日等各类宣传活动526场次。设立电动自行车违法教育点92个，研发上线“佛山e骑士”小程序，累计教育群众60万人次。

道路交通专项整治　开展全市摩电（摩托车、电动自行车）大整治行动，南海区摩电交通安全问题通过广东省道路交通安全工作联席会议办公室“摘牌”验收。完成广东省公安厅督办的高速公路事故预防整改工作，健全“两站两员”（“两站”指在乡镇设立交通管理站，在重要路段、关口设立交通安全劝导站；“两员”指建立乡镇专职交通安全员，行政村聘用交通安全协管员）机制，强化农村“双违”（违法超员、违法载人）专项整治，现场查处农村重点交通违法行为1.1万宗。开展酒驾醉驾夜查整治，全市查处酒驾醉驾违法行为1.9万宗，涉酒交通事故比上年下降6.35%。查处高速公路和国省道大客车、大货车三类重点违法行为1.7万宗，查处严重超载违法行为156宗。开展“猎飚2021”专项行动，查处扰民改装车辆4055辆。

道路交通“放管服”改革　对全市24小时禁货区域和路段进行优化，办理12项改革措施〔试点机动车驾驶证电子化、优化驾驶证考试内容和程序、便利货车在城市道路通行、缓解城镇老旧小区居民“停车难”问题、便利老年人线上线下办理交管业务、便利退役军人换领驾驶证、便利出国（境）人员延期换领驾驶证、试点二手车异地交易登记、推行办理交管业务网上委托、推行机动车抵押信息在线核查、全面推行机动车交强险信息在线核查、试点交通事故证据材料网上查阅〕业务306万宗、24项“上门办”业务〔机动车注销登记（灭失），机动车变更备案登记（住所地址），机动车变更备案登记（身份证明称号、号码变更），机动车共同所有人姓名变更，机动车抵押登记业务，机动车解除抵押登记业务，补发或换发校车标牌，换领机动车登记证书，核发免检标志，恢复驾驶资格，校车驾驶资格许可申请业务，自愿注销机动车驾驶证业务，机动车驾驶证自愿降低准驾车型换证，机动车驾驶证因身体条件变化降低准驾车型，机动车驾驶证转入换证业务，补领机动车驾驶证，驾驶证期满换证，驾驶证损毁换证，变更驾驶人联系方式，核准查询、查阅、复印机动车和驾驶证档案，机动车驾驶证变更考试地，道路运输企业聘用的机动车驾驶人备案，大中型客货车驾驶人实习期满考试（受理），70周岁以上提交身体条件证明〕3.3万宗、10项便民新举措业务〔新车临牌节假日照常办、“取消驾考预约”网上办、24项车管业务上门办、实习期考试一站办、出国（境）人员换领驾照延期办、机动车过户提档一次办、换证业务自助办、老年人车管业务专人代办、货车通行证全程网办、增场次加班次提考能〕25万宗，核发电子驾驶证68.5万个。对全市机动车检测站、服务站开展检查483次，整改问题134个、约谈38次，暂停接受机动车检测站、服务站数据57次。全年全市注册登记电动自行车145.9万辆。梳理15条喇叭噪声扰民重点路段，推动安装探测设备8套、标志牌100块，查处违法行为443宗。

【出入境与往来港澳台管理】 2021年，佛山市公安机关出入境管理部门做好为群众办实事、外国人管理服务、新冠肺炎疫情防控等工作，维护平安稳定的出入境秩序和涉外治安环境。全年全市签发各类出入境证件41.4万人次，办理境外人员临住登记9.8万人次。

出入境群众服务 4月1日起，佛山市落实老年人办理证照“绿色通道”等6项便民新举措，至年底，全市公安出入境管理部门提供老人办证便利服务1.73万人次。年内，“12367”服务平台归并到“12345”热线合作运行，全年接听咨询电话3965个，接通率为87%，群众满意度为98%。编撰《外国人在佛山服务指南》，内容涵盖外国人在佛山跨部门办理涉外政务事项的详细指引、流程导图、法规节选、机构黄页等信息。联合佛山邮政研发“证寄达”微信小程序，开展境外人员签证证件单程和双程速递业务，形成外国人就业申请“一站受理、并联审批、双证同出、双证同寄”的闭环服务。下放外国人无犯罪记录证明开具权限，便利涉外企业和外籍人士。联合组织部、人力资源社会保障、科技、市场监管等部门在市行政服务中心建设佛山市国际人才一站式服务专区，为全市国际人才提供41项政务事项“一站式”咨询和办理服务。利用微信、短信、报纸等媒体以及办证大厅电子显示屏、宣传海报等形式开展出入境政策的宣传引导，强化公民“非必要非紧急不出境”的社会共识，全年劝阻护照申请2800余人次。组织开展全市单程证超时数据“清零”专项工作，批准“夫妻团聚”申请768宗，帮助768个佛港、佛澳家庭团聚。

往来港澳台通行证办理 优化服务港澳台同胞，全年全市公安出入境管理部门办理港澳居民来往内地通行证（回乡证）4085人次、台湾居民来往大陆通行证（台胞证）751人次。

（市公安局）

【出入境边防检查警务】 2021年，佛山出入境边防检查站主要担负佛山三水港口岸出入境人员和交通运输工具的检查管理任务。全年查验出入境船舶1622艘次、船员1.2万人次。完成春节、国庆节、中秋节、全国人大会议和政协会议、中国共产党成立100周年庆祝活动以及中共十九届六中全会等期间的相关安保工作，口岸保持安全稳定畅通。

边检服务 对接三水港“湾区通”三水快线直航航线，跟进禅城区南庄码头、三水区龙岗码头对外开放工作，落实国家移民管理局10项助力新冠肺炎疫情防控服务经济民生措施和广州出入境边防检查总站12项服务粤港澳大湾区建设新举措，保障口岸“7×24小时”出入境通关、船舶出入境手续“一次办妥”。开通绿色通道，助3名受伤患病船员紧急就医。上线运行“12367”出入境管理服务平台，受理群众出入境政策咨询300余次，服务查询出入境记录100余人次。落实“谁执法谁普法”要求，开展“口岸普法行”活动，增强服务对象法治意识。

口岸管控 加强口岸管控维稳，防范、打击各类势力捣乱破坏和非法出入境活动，实施入境船舶100%“三见”（见船、见证、见人）、出境船舶100%轨迹核查措施，维护三水港口岸出入境管理秩序。参与新冠肺炎疫情防控，启动“7+7”独立作战单元勤务模式（“连续上勤7天、居家监测7天”模式），实现疫情防控零输入、零感染、零传播。

警力支援 于3—7月派出16名民警支援云南出入境边防检查总站南伞边境检查站，协助开展中国共产党成立100周年庆祝活动专项边境安保工作，开展边境线巡逻管控、口岸执勤、新冠肺炎疫情防控等。

（刘斯芬）

【户政管理】 2021年，佛山市有户籍人口147.63万户484.13万人（统计时点为11月30日24时）。全年办理居民身份证56.02万张，其中佛山市内42.41万张、省内其他城市5.06万张、省外8.55万张，办理港澳台居民居住证9332张。

【公安执法规范化】 2021年，佛山市公安机关以持续深化执法规范化建设为主线，创新构建“1+3+N”执法新体系，完成刑事案件“两统一”机制改革，提升执法公信力和水平，年度执法质量考评成绩获评全省“优秀”等次。

执法监督管理模式变革 佛山市公安局自主研发的、全省首创的案件智慧管理服务平台聚集“接报案、智能审讯、办案区、取保监居、涉案资金”等执法要素数据，形成“一次采集、全程共享、全域应用”的大数据池，实现从接处警、受立案到案件办结的“人、案、物、卷、场所”全量、全流程、全要素监督管理，标准化电子卷宗随案生成，执法信息在公、检、法跨部门高效流转。此外，民警可通过“案件智慧管理”手机应用程序对自办案件卷宗进行管理及在线阅读。市公安局以该平台为主线，以“三个中心”建设应用（新增智能执法办案区37个，新建区级智能执法办案管理中心2个）为重点，以“受立案、公检法协同办案”等N个执法体系为延伸，构建以“1+3+N”为框架的执法新生态体系，实现执法全量、全要素、全流程闭环管理及公检法办案线上协同，实现执法监督管理模式的重大变革，有效解决涉案财物管理混乱、“有案不受”等受立案堵点、难点问题，促使执法生态形成良性循环。2021年，通过平台，日常评查案件数量比上年上升152%，执法服务场次上升68%。

“谁执法谁普法”责任制落实　佛山市公安局深化“四校长·齐成长”系列活动，实现全市中小学校100%普法全覆盖，年内获评2020—2021年全省国家机关“谁执法谁普法”创新创先优秀项目。整合升级佛山市禁毒教育基地、佛山警察历史博物馆、顺德区局监管大队等三大阵地资源，线下组织不同主题作品巡回展和人偶快闪剧，线上推出“打卡式”全景法治地图和“佛山公安知多D”系列普法小游戏，全市受众超100万人次。

【打击走私综合治理】2021年，佛山市公安机关打私部门继续开展打击走私综合治理工作，打击各类走私违法犯罪行为。开展专项打击行动，佛山市公安局打私支队联合海关缉私、海事、渔政等部门，开展10项联合专项行动与12轮次全市水域统一清查行动。打掉涉走私冻品、敲诈、寻衅滋事犯罪团伙15个。建设首批10个反走私综合治理示范村（社区）和2个示范镇，推进基层一线反走私情报收集、反走私宣传、反走私治理等工作。推进沿岸巡查管控和反走私宣传，组织镇（街道）综治力量加强水域沿岸的巡逻防控，加强对岸线的巡查监控，在沿岸河堤加装限高限宽设施、增设打击走私犯罪警示牌，提升沿岸防控工作成效。

【技防“放管服”改革】2021年，佛山市公安局推进全市技防“放管服”改革，优化技防业务行政审批工作。在全市实行网上受理和审批，推动“无证办事”，多项技防业务减免提交营业执照、从业资格证书等申请资料，将省内单位安全技术防范系统设计、施工、维修资格证核发等事项的办结时限由15个工作日缩短为5个工作日。加强企业监管，对34个技防从业单位开展“双随机、一公开”（在监管过程中随机抽取检查对象，随机选派执法检查人员，抽查情况及查处结果及时向社会公开）检查，依法依规查处违规企业1家。依托市技防办和市公共安全技术防范协会，开展进企业送普法宣传活动，组织开展全市技防审批业务、全市智慧安防公安机关专家培训、全市安防从业人员继续教育等针对性业务培训，加强对技防行业的监管和指导。完成全市1753所中小学幼儿园一键报警建设，完成各区22家公交企业一键报警电话号码在“110”接处警系统中的优先接入。

【森林分局划归市公安局领导管理】2021年3月31日，佛山市公安局森林分局划归市公安局直接领导管理，不再由市自然资源局管理。调整后，市公安局森林分局接受市自然资源局业务指导。市公安局森林分局整建制划归市公安局，为市公安局内设机构，云勇派出所随市公安局森林分局整体划转到市公安局。市公安局森林分局高明派出所调整由市公安局高明分局管理，更名为市公安局高明分局森林派出所，为市公安局高明分局派出机构。

【佛山市获命名为“全国禁毒示范城市”】2021年4月30日，国家禁毒委员会办公室组织召开全国禁毒工作电视电话会议，佛山市获命名为“全国禁毒示范城市”。2018年，佛山被国家禁毒委列入首批全国禁毒示范城市创建名单，至2021年，佛山市实现毒品预防教育示范学校、禁毒教育基地、毒品实验室、社区戒毒社区康复工作站、禁毒协会、吸毒人员分类分级管控和易制毒化学品管理“七个全覆盖”。

【佛山市首个交通安全主题公园启用】2021年9月16日，佛山市首个交通安全主题公园在禅城区南庄镇启用，公园占地面积740平方米，划分有交通标志学习区、交通安全标语展示区、交通出行模拟体验区三大区域。交通标志学习区位于公园入口，展示40余种基础交通标志。交通安全标语展示区位于公园和河堤间。交通出行模拟体验区位于园区中央，划有双向车道、公路标线，设置有红绿灯、机动车导向牌、限速、禁行、礼让行人等标志，供青少年和群众学习体验。

（市公安局）

检　察

【概况】2021年，佛山市检察机关办理各类案件5.8万件，其中审查逮捕案件6426件、审查起诉案件1.64万件、民事检察案件897件、行政检察案件1168件、公益诉讼检察案件1497件、刑事执行检察案件2.19万件，其他法律监督案件9684件。

【刑事检察】2021年，佛山市检察机关受理审查逮捕刑事犯罪嫌疑人1.04万人，批准和决定逮捕6821人，受理审查起诉2.05万人，提起公诉1.35万人。依法严惩严重暴力、“两抢一盗”（抢劫、抢夺、盗窃）等严重影响群众安全感的犯罪案件，起诉2176人。落实适用认罪认罚从宽制度，适用认罪认罚从宽制度刑事犯罪案件1.37万件、1.64万人，总体适用率为89.27%。落实“少捕慎诉慎押”刑事司法政策，对证据不足或不构成犯罪、情节轻微的，不批捕1997人、不起诉5222人；对没有逮捕必要性的，不批捕1643人；对侦查、审判中不需要继续羁押的，通过羁押必要性审查程序建议取保候审619人。完善监检衔接机制，受理监察委移送职务犯罪78人，提起公诉77人。办理的黄某某受贿案入选最高人民检察院典型案例。打击涉疫苗、核酸检测等妨害新冠肺炎疫情防控的刑事犯罪，批捕13人、起诉22人。

【民事检察】2021年，佛山市检察机关受理民事检察案件897件。提出抗诉44件，发出再审检察建议案件30件，抗诉改变数8件，再审改变数28件。对依法不支持监督申请的249件案件当事人开展服判息诉工作。加强民事虚假诉讼专项监督，受理虚假诉讼案件170件，提出抗诉41件，提出检察建议25件，移送犯罪线索4人次，诉讼标的近1亿元。开展对法院指令再审民事案件审判程序违法专项工作，立案监督15件，发出纠正违法检察建议1份，法院回复并采纳。依职权立案办理终本执行监督案件229件，发出检察建议119件，法院均采纳并书面回复。开展“维护她权益”妇女权益保障活动，探索建立保护妇女权益支持体系联动机制，与市妇女联合会共建依法保护妇女权益合作机制，加强涉及妇女权益保护重点领域风险防范机制，全年开展驻点服务活动7场。

【行政检察】 2021年，佛山市检察机关办理行政检察案件1168件，其中行政诉讼监督案件29件、行政非诉执行监督案件1136件、类案监督案件1件、行政诉讼执行监督案件2件。与市中级人民法院签订《加强行政非诉执行司法审查与检察监督促进依法行政、优化营商环境的意见》，创建一体化办案机制，运用多种方式促进行政争议实质性化解112件，全市制发检察建议76份。部署开展土地执法查处领域行政非诉执行专项监督工作，受理涉土地执法领域案件218件。年内，市检察院被广东省人民检察院评为“土地执法查处领域行政非诉执行监督”“学史力行深入推进行政争议实质性化解”2项专项活动优秀组织单位，被最高人民检察院评为“全国行政检察优秀办案团队”。

【公益诉讼检察】 2021年，佛山市检察机关立案办理公益诉讼案件1497件，其中涉及生态环境和资源保护领域案件457件、食品药品安全领域案件380件、国有土地出让及国有财产保护领域案件124件、安全生产领域案件271件、个人信息保护领域案件218件、其他领域案件47件。办理诉前程序案件1253件，行政机关对诉前检察建议的按期回复率及启动整改率均为100%。提起公益诉讼案件54件，办案数量上升。督促职能部门追偿受损国有财产1484.5万元，治理被污染河流60条，治理被非法占用农用地33余公顷（500余亩），追偿修复、治理生态环境费用约30亿元，增殖放流500余万尾鱼苗，恢复林地5.73公顷（86亩）。年内，佛山市检察机关公益诉讼线索数、立案数、诉前程序数等排名全省第一，市检察院公益诉讼检察部门被最高人民检察院评为“全国公益诉讼检察优秀办案团队”。

【刑事诉讼活动监督】 2021年，佛山市检察机关坚持罪刑法定、疑罪从无，对不构成犯罪或证据不足的，决定不捕1997人、不诉547人。纠正有案不立、有罪不究、插手经济纠纷等问题，对侦查违法行为制发各类监督意见1104件次，监督侦查机关立案192件，监督撤案193件，纠正漏捕51人、漏诉45人。强化审判监督，对确有错误的刑事案件提出抗诉12件，被采纳抗诉意见9件，办理的吴某某诈骗案入选“广东省十大刑事抗诉优秀案例”。贯彻“少捕慎诉慎押”刑事司法政策，降低审前羁押率，对没有逮捕必要的，决定不捕1643人，对犯罪情节轻微的，决定不诉4675人。全市两级检察院检察长列席同级法院审判委员会26次，通过发表检察意见，确保法律统一正确适用。

【刑事执行检察】 2021年，佛山市检察机关深化“派驻+巡回”刑事执行监督机制改革，对各区社区矫正机构及南海区看守所巡回检察。加强刑罚变更执行同步监督，办理减刑、假释、暂予监外执行案件3088人次，书面提出纠正意见209件，均被采纳。开展违法违规办理减刑、假释、暂予监外执行案件专项排查整治工作，核查20世纪90年代至2020年期间的“减假暂”（减刑、假释、暂予监外执行）案件15.65万件，针对问题案件提出书面监督意见书71份，建议撤销减刑案件3件7人，撤销不当暂予监外执行案件8件，收监执行9人。开展集中清理犯罪嫌疑人、被告人依法收押和判处实刑罪犯未依法交付执行刑罚专项活动。开展“司法工作人员职务犯罪侦查百日攻坚”专项行动，立案侦查司法工作人员相关职务犯罪案件6件6人。加强非监禁刑罚执行监督，全市提出社区矫正监督书面纠正意见848件，办理财产刑执行书面监督纠正案件521件，其中包括涉黑涉恶财产性监督案件。

【控告申诉检察】 2021年，佛山市检察机关接待群众来访1647批次，办理群众来信1097件，接听群众来电1688次，受理网络信访58次，受理控告申诉案件56件，办理国家赔偿案件51件，国家赔偿复议案件2件，国家司法救助68件。利用“12309”检察服务中心及中国检察网平台，做好群众信访“7日内程序回复、3个月内办理过程或结果答复”工作，到期回复率、答复率、办结率均为100%。开展集中治理重复信访专项工作，对上级检察院和市委政法委交办的41件重复信访案件，通过复查原案卷宗、带案下访、走访、约谈、听证等方法，全部按期高质化解。建立“1+N”（“1”为检察机关，“N”为民政、教育、妇联、退役军人事务等社会力量）司法救助机制，对受害者困难家庭进行联合救助、多元救助108人，发放救助金398万元。年内，市检察院办理的李某某司法救助案入选“广东省司法救助优质案件”，顺德区检察院办理的梁某等人司法救助案入选“广东省司法救助精品案件”和“广东省巩固脱贫攻坚成果 助推乡村振兴十大精品案件”。

【未成年人检察】 2021年，佛山市检察机关加强未成年人综合司法保护。依法惩治侵害未成年人犯罪，批捕成年人侵害未成年人案件216件262人，起诉涉未成年人案件289件359人，其中起诉未成年人犯罪案件72件120人、起诉成年人侵害未成年人案件217件239人。综合运用不批捕、不起诉、附条件不起诉等法律手段，依法惩戒和精准帮教涉罪未成年人，全市涉罪未成年人不捕率66.12%、不诉率65.22%，决定附条件不起诉52.34%。推进未成年人检察业务统一集中办理，对114名涉罪未成年人开展羁押必要性审查，巡回检察24次，提出纠正违法71人，监督社区矫正涉罪未成年人30人。开展“检爱同行，共护未来”未成年人保护法律监督专项行动，涉未成年人公益诉讼立案110件，磋商结案94件，发出诉前检察建议14件。建立“督促监护令”工作机制，制发督促监护令90份，开展家庭教育指导380次。建立强制报告联席会议制度，在密切接触未成年人的行业全面实行入职查询和从业禁止，开展未成年人普法宣传教育活动168次。年内，市检察院获评“全国维护妇女儿童权益先进集体”，禅城区检察院获全国“青少年维权岗”称号。

【检察机关扫黑除恶专项工作】 2021年，佛山市检察机关继续推动扫黑除恶常态化，批准逮捕涉黑涉恶案件5件5人，起（追）诉14件38人。批捕、起诉环节改变侦查机关定性29人。办理上级督办、交办案件1件，核查上级交办线索2条，在办案中移送涉黑涉恶线索1条。坚持加强反洗钱工作。发挥检察监督职能，制发涉黑涉恶案件检察建议3份，涉重点行业领域整治检察建议1份。

【检察环节法治化营商环境建设】 2021年，佛山市检察机关制定《佛山市检察机关服务保障打造一流营商环境十二项工作措施》，营造稳定、公平、透明、可预期的法治化营商环境。从严惩治破坏市场经济秩序犯罪，起诉962人。审慎办理市场主体涉罪案件，不批捕76人、不起诉92人，提出适用缓刑等非羁押刑罚的量刑建议103人。开展企业合规改革试点工作，指导6家涉罪企业建立并执行合规计划，推动对企业违法犯罪行为依法处罚，同时促进企业合规守法、健康发展。坚持打击犯罪和服务保护并重，起诉侵犯知识产权犯罪140人，主动告知被侵权权利人诉讼权利。年内，南海区检察院探索建立涉案企业合规第三方监督评估机制。

【网络综合治理】 2021年，佛山市检察机关依法批准逮捕各类网络犯罪213人，起诉244人。与市中级人民法院联合出台《电信诈骗犯罪案件证据审查工作指引》，加强全链条追诉。推进“断卡”行动（整治涉诈电话卡、物联网卡以及关联互联网账号的行动），起诉非法买卖电话卡和银行卡、帮助提款转账等犯罪245人。依法从严打击泄露公民个人信息被用于诈骗犯罪的行为，起诉48人。加大对利用未成年人、在校学生实施诈骗，以及针对未成年人、老年人诈骗犯罪的打击力度，从重提出量刑建议，确保罚当其罪。坚持预防为主，组织开展反诈进校园、进社区活动，通过法治课、云课堂等形式，提高市民网络安全防范意识。

【知识产权检察保护】 2021年，佛山市检察机关加大对侵犯商标权、商业秘密等知识产权犯罪的惩治力度，受理知识产权审查逮捕案件129件251人，批准逮捕86件154人，不批准逮捕95人；受理知识产权审查起诉案件132件251人，起诉86件140人，不起诉10人，适用认罪认罚113人；已判决101件168人。南海区检察院办理的广州某实业有限公司涉嫌销售假冒注册商标的商品立案监督案入选“最高人民检察院第二十六批指导性案例”。高明区检察院办理的黄某某侵犯著作权案入选“广东检察机关加强知识产权司法保护十大典型案例”。

【反洗钱工作】 2021年，佛山市检察机关在打击洗钱犯罪案件办理过程中加强对侦查机关侦查方向和证据收集的引导，从上游犯罪案件中分析排查洗钱犯罪线索，洗钱案件数量呈上升趋势。全市检察机关移送洗钱犯罪线索22人，批准逮捕4件5人，提起公诉10件12人。其中，市检察院办理的林某等人洗钱案入选最高人民检察院、中国人民银行联合发布的惩治洗钱犯罪典型案例；顺德区检察院办理的陈某林“自洗钱”案为佛山市检察机关提起公诉并成功获判的首例“自洗钱”案件，植某、林某甲、刘某洗钱案为广东省检察机关办理的金额最大的洗钱犯罪案件，谢某甲等人洗钱案被广东省检察院评为打击洗钱犯罪典型案例。

【虚假诉讼专项监督】 2021年，佛山市检察机关提升虚假诉讼监督工作质效。受理相关案件170件，抗诉41件，发出检察建议25份，纠正61件。开展虚假诉讼专项监督行动，建立一体化办案模式，排查重点案件线索49件、一般案件线索1456件，立案审查虚假诉讼系列案40件，推动法院启动再审程序。对虚假仲裁等非诉执行案件开展监督，向广州市人民检察院移送虚假仲裁文书执行监督线索1件，该院向广州市仲裁委发出改进工作检察建议获采纳。

【政法队伍教育整顿】 2021年，佛山市检察机关学习贯彻习近平总书记关于政法队伍建设的重要指示批示精神，开展“六大顽瘴痼疾”专项整治，推进“查改治建”，建立完善制度44项。推进“降低诉前羁押率”专项工作，全市检察机关诉前羁押率为33.74%，比上年下降8.53个百分点，排全省第一名。推进涉案财物专项清理处置，实现应清尽清。结合司法人员职务犯罪侦查百日攻坚行动，落实整治违规违法减刑、假释、暂予监外执行责任，市检察院职务犯罪侦查办案团队获广东省人民检察院集体二等功。整治违反防止干预司法“三个规定”（《领导干部干预司法活动、插手具体案件处理的记录、通报和责任追究规定》《司法机关内部人员过问案件的记录和责任追究规定》《关于进一步规范司法人员与当事人、律师、特殊关系人、中介组织接触交往行为的若干规定》）问题，记录报告292份，超上年3倍。与司法、律师协会、税务、工商等部门建立联动核查机制，排查检察人员违规经商办企业、违规参股借贷、充当司法掮客等问题。强化检察权运行监督，发挥案件评查监督作用，对问题案件启动司法责任追究。组织召开开门座谈会3次，听取群众意见建议，接受群众监督、评判。整改落实中央巡回督导组、广东省驻点指导组反馈问题，梳理形成7个方面26项整改措施，年内全部整改完毕。

【佛山知识产权检察理论研究基地成立】 2021年1月8日，佛山科学技术学院与佛山市人民检察院举行合作框架协议签约仪式，成立佛山知识产权检察理论研究基地，双方共享优质课程，建立调研工作机制，探索人员互聘、短期换岗交流机制，建立检察实习基地，为知识产权检察

2021年9月8日，佛山市人民检察院在佛山华英学校举办法治宣传教育之少年模拟法庭活动
（市检察院 供图）

工作发展提供智力和人才支持。此外，市检察院聘请佛山科学技术学院3名教授为市检察院专家咨询委员会委员。

【林某等人洗钱案入选惩治洗钱犯罪典型案例】 2021年3月19日，最高人民检察院、中国人民银行联合发布6个惩治洗钱犯罪典型案例，佛山市人民检察院审查起诉的林某等人洗钱案入选。被告人林某等人用毒品犯罪所得购买房产、土地、提供其个人银行账户和借用他人银行账户进行资金操作转账和理财等金融业务，并进行投资经营酒行、车行等商业活动，帮助毒品犯罪分子将毒品犯罪所得及收益通过商业活动、金融活动等清洗合法化，其行为符合洗钱罪的犯罪构成。2015年，佛山市人民检察院对该案提起公诉；2016年，佛山市中级人民法院作出一审判决；2019年，广东省高级人民法院二审裁定维持原判。该案是全国首宗上游犯罪为毒品犯罪的洗钱犯罪案件，检察机关在办理毒品案件中深挖毒资毒赃，针对毒资毒赃清洗家族化、团伙化的特点，重点审查家族成员、团伙成员之间资金来往情况，斩断毒品犯罪恶性循环的资金链条，同步审查洗钱犯罪。

【法治宣传教育之少年模拟法庭活动】 2021年9月8日，佛山市人民检察院在佛山华英学校举办法治宣传教育之少年模拟法庭活动。模拟法庭以校园欺凌案件为背景，学生分别扮演审判长、审判员、书记员、公诉人、被告人、辩护人、法定代理人、证人、法警，模拟庭前准备、法庭调查、法庭辩论、被告人最后陈述和当庭宣判等环节，对案情进行展示和审判，引导未成年人树立法治理念，预防未成年人违法犯罪发生。

（刘 杰）

法 院

【概况】 2021年，佛山市有市、区两级法院6个，其中市级法院1个、区级法院5个，全市基层人民法院派出人民法庭30个。全市法院受理各类案件31.45万件，审结27.59万件，法官人均结案379件，比上年增加30件。其中，佛山市中级人民法院受理案件3.34万件，审结3.17万件，比上年分别增长18.4%、20.5%。全市法院案件质效继续向好，法官年人均结案较全省法官年人均多24件，一审判决发改率2.4%，居全省第三位，民商事案件结案平均用时全省最短。

【刑事审判】 2021年，佛山市两级法院依法审结一审刑事案件1.06万件，依法严惩故意杀人、故意伤害、抢劫等严重暴力犯罪案件1026件。审结破坏金融管理秩序罪49件，从重惩治某药业股份有限公司马某某操控证券市场犯罪行为。惩治非法集资、组织、领导传销活动犯罪31件，审结姚某某集资诈骗等网络犯罪案件。严惩走私犯罪48件，审结“飓风”195号专案、陈某某等7人走私普通货物案。审结贪污贿赂、渎职等职务犯罪案件90件。

【民商事审判】 2021年，佛山市两级法院依法审结一审民商事案件12.6万件，比上年增长8.9%。倡导柔性司法，审结婚姻家庭案件3893件。坚持“房住不炒”，审结房产买卖纠纷案件5438件，处理“商改住”“以租代售”等“问题楼盘”纠纷。审结劳动争议案件6732件，引导采取调整薪酬、轮岗调休等方式稳定劳动用工关系。制定《关于推进知识产权民事案件繁简分流的工作指引》，推进知识产权案件“快慢分道”。完善金融审判机制，审结金融借款合同纠纷1.26万件。全年有18家企业通过司法程序重整成功，占全省总数的三分之一，数量居全省第一位。

【行政审判】 2021年，佛山市两级法院审结一审行政诉讼案件1629件，审查行政非诉案件3064件。继续推进行政争议审前和解中心建设，推动行政争议实质化解，全年调撤案件197件，比上年增长42.4%。审结涉村级工业园改造、轨道交通建设、违建别墅整治、保障住房清理等行政案件。推进行政机关负责人出庭应诉常态化、规范化，建立行政机关负责人出庭应诉报告制度，组织行政机关负责人出庭应诉167人次。完善法官分片联系行政机关机制，开展行政机关执法业务专题座谈、法治讲座，组织行政机关工作人员线上、线下集中观摩庭审，强化行政机关工作人员的法治意识和法律思维。

【法院扫黑除恶专项工作】 2021年，佛山市两级法院受理涉黑涉恶及“保护伞”案件12件53人，办结“307”“4·25B”等专案，重大案件审理实现“一案一方案、一案一专班、一案一指导、一案一销号”。广东省扫黑除恶办公室挂牌督办的“4·25B”专案判处被告人限期连带赔偿生态环境修复等费用29.6亿元，是截至2021年底全国判赔数额最高的环境公益诉讼案件。向行业主管部门制发涉黑涉恶司法建议，推动整治重点行业领域突出问题。年内，佛山市中级人民法院执行局被最高人民法院评为“人民法院扫黑除恶专项斗争先进集体”。

【案件执行】 2021年，佛山市两级法院执行案件结收比100.7%，首执案件（第一次向法院申请执行的案件）结收比100.9%，结案平均用时77.7天，比上年减少6.84天。全年执结案件10.11万件，首次执行到位150.2亿元，司法网拍成交金额76.64亿元，发布失信名单2.1万人次，限制高消费8.06万人次。推进涉民生案件快执快结，开展根治欠薪专项执行行动，为劳动者追回欠薪1.78亿元。开展执行案款集中发放日活动，发放执行案款887笔共2.2亿元。探索创新执前督促和解等新机制，执前督促和解案件结案平均用时38天。

【法院普法】 2021年，佛山市两级法院落实“谁执法谁普法”责任制。继续开展普法“六进”（进机关、进乡村、进社区、进学校、进企业、进单位）活动，面向中小学生开展抵制毒品、反校园欺凌、预防性侵和网络犯罪等专题教育。发布知识产权司法保护、行政审判、破产审判等白皮书，提出司法建议162条。全年开展“民法典普法基层行”活动473场，刊发以案释“典”专栏文章542篇。

【诉讼服务】 2021年，佛山市两级法院优化诉讼服务方式，送达、调解、庭审、缴费等实现全流程网上办理，提供诉状自动生成、案件风险评估、在线共享阅卷等智慧服务，完成法律文书集约送达8.99万次，开展线上庭审3886次。网上立案、跨域立案26万件。在中国审判流程信息公开网公开案件16.77万件，案件公开率100%。通过中国裁判文书网公开发布案件裁判文书14.16万件，文书上网结案比为51.4%。在中国庭审公开网直播案件5.58万件，庭审直播案件收结比为32.6%。年内，佛山市中级人民法院诉讼服务中心获评全省诉讼服务示范窗口。

【法治化营商环境建设】 2021年，佛山市两级法院推进审判执行提速降费，民商事案件平均审理周期缩短至79.5天，比全省平均少约20天。加大知识产权保护力度，佛山市中级人民法院发布《关于全面加强知识产权司法保护的实施意见》，提出发挥知识产权审判职能作用、深化知识产权审判工作机制改革创新、延伸审判职能3个方面的举措，发布《佛山市中级人民法院著作权民事案件审判白皮书（2020）》，与市版权局、禅城法院等联合发布《佛山市版权十大案件（2019—2020）》。审结商标、著作权、不正当竞争等案件1.32万件。保障市场主体救治与退出，审结奥特莱斯小镇等20家企业破产重整案，化解负债、盘活资产超1000亿元，重整平均周期从3年缩至288天，办理破产、执行合同业务排名分别居全省地级市第一和第三位。

2021年，佛山市中级人民法院开展执行案款集中发放日活动。图为工作人员为当事人发放执行案款（市法院 供图）

【多元解纷机制建设】 2021年，佛山市两级法院继续强化诉源治理，将法院解纷职能嵌入基层治理网络，“无讼乡村（社区）”示范点实现九成以上的纠纷不出村、不上交，年内1个法庭、2名法官获评全省“最美人民法庭”“最美基层法官”。强化诉前联调，与人民调解组织、商事组织、行业协会等搭建类型化联调平台32个，针对劳动争议、交通事故、银行保险、知识产权等重点领域，与行业协会、相关组织联合设立诉调对接工作室20个，参与“无讼乡村（社区）”建设7个，形成调解优先、诉讼断后的递进式矛盾纠纷分层过滤体系。深化诉前和解中心建设，集中对法院前置分流的民商事、行政诉讼案件进行一站式调解，市、区两级诉前和解中心全年调解登记案件13万件，调解成功6.5万件。

【法院系统司法改革】 2021年，佛山市两级法院深化繁简分流机制，确定“调解为主、速裁支撑、精审兜底”的审判机制改革思路，实现由8.8%的法官审结48.9%的简单案件，由91.2%法官集中精审复杂案件的良性循环。全市法院民事一审案件平均审理时间从上年的91.9天缩短至83.5天，二审平均审理时间从49.6天缩短至47.1天。年内，佛山市中级人民法院诉前和解中心、禅城法院著作权纠纷“一门式”和解机制、顺德法院执行三项机制标准化建设、高明法院“无讼乡村（社区）”示范点建设等9个重点改革项目入选广东省高级人民法院“抓示范促改革惠民生”五大类100个改革培育计划。

2021年4月27日，广东省首个法官校园工作室——晓法姐姐法官工作室在佛山市外国语学校揭牌运行。图为晓法姐姐法官工作室法官为学生讲授法律知识

（市法院 供图）

【申请执行免交生效证明材料制度建立】 2021年3月29日，佛山市中级人民法院印发《关于当事人申请执行法院生效裁决免予提交生效证明材料的通知》，明确当事人可通过“12368”热线查询、接收推送的生效信息，致电承办人及书记员查询案件生效情况；当事人通过线上、线下申请执行立案时，由负责立案的工作人员自行查询综合业务系统，确认案件生效情况。5月，市法院在全省率先印发《关于申请执行免收生效证明的工作规程（试行）》，细化工作要求。截至年底，佛山市两级法院执行免交生效证明材料的案件7.52万件。

【佛山市智汇云破产管理系统及破产清算与重整云图同步上线】 2021年4月9日，佛山市智汇云破产管理系统及破产清算与重整云图同步上线运行。智汇云破产管理系统搭建法银监管平台，融合人脸识别、OCR识别（对文本资料进行扫描，对图像文件进行分析处理，获取文字及版面信息）、区块链、音视频人工智能技术、智能文书生成、电子签章、智能关联检索等技术，实现破产案件流程、时效、资金一体化管控，以及破产案件全过程、全时、集约化线上办理。破产清算与重整云图是禅城区重点改革项目，破产管理系统接入云图后，实现法院、破产管理人、政府相关部门等主体之间的数据共享、实时交互、法律文书投送等在线协作功能。

【晓法姐姐法官工作室建立】 2021年4月27日，广东省首个法官校园工作室——晓法姐姐法官工作室在佛山市外国语学校揭牌运行，佛山市中级人民法院未成年人案件审判庭法官刘景景以“和法律交朋友　做个知法守法的聪明人”为题开展工作室首场法治讲座。工作室开展各类针对学生群体的普法活动，并定期向学校教职工进行法治教育培训，预防各类侵害未成年在校学生案件发生。未成年人审判庭通过工作室了解校园情况，围绕校园安全隐患风险问题及时提出司法建议及意见。法官通过工作室提前了解校园涉及未成年人的刑事、民事案件，为案件妥善解决提供专业指导。此外，工作室对适用缓刑的在校少年犯进行跟踪帮教，为受侵害的未成年学生提供心理帮扶和司法救助。

【“向法而行”普法平台上线】 2021年10月20日，佛山市中级人民法院在顺德创意产业园举行“向法而行”普法平台上线仪式。该平台是利用H5（第五代超文本标记语言）、微信定位、腾讯地图等新媒体技术开发的普法平台，在“佛山市中级人民法院”微信公众号设置专属模块，分为全域普法资源、支部普法足迹、精准普法预约、法治营商献策4个板块，实现共享普法、精准普法和互动普法。群众可通过定制课程功能，预约定制个性化普法课程，并可以在营商环境献策板块留言，为

2021年10月20日，佛山市中级人民法院在顺德创意产业园举行“向法而行”普法平台上线仪式

（市法院 供图）

优化法治化营商环境建言献策。

【执前督促履行及和解机制建立】 2021年6月29日，佛山市中级人民法院出台《执前督促履行及和解工作规程（试行）》。立案庭对符合适用执前和解程序的案件以“执诉前调”案号立案，2日内将案件电子档案上传至调解平台，并把卷宗材料移送至执行局。执行局对义务人发起财产网络查询，3日内向义务人发送《执前督促履行告知书》，根据查询结果决定将案件流转至和解中心，或采取保全措施后流转，或移送立案庭立执行案，防止当事人利用执行和解程序抽逃转移财产。和解中心调解员收案后2日内告知申请人执行和解事项，督促义务人自动履行义务，8名执行法官对调解员进行结对指导，和解工作在30日内完成。无法和解的，调解员1日内移送立案庭立即执行案件。截至年底，佛山市两级法院“督促+和解”处置案件837件，涉及标的4679.45万元，为当事人节省执行成本38.2万元。

（程锡萍）

司法行政

【概况】 2021年，佛山市有地市级司法局1个、区级司法局5个、镇（街道）司法所32个、强制隔离戒毒所1个（佛山市强制隔离戒毒所）。全市有律师执业机构402个，比上年增长8.36%，其中合伙所241个、个人所94个、分所27个、代表处1个、公司机构27个、公职所6个、法援处6个。全市有公证处9个、司法鉴定机构12个、各类人民调解组织1459个、基层法律服务所13个。全市有司法行政机关工作人员940余人。有律师执业人员4193人，其中社会律师3566人、公职律师495人、法援律师51人、公司律师81人。全市有公证员77人、司法鉴定人133人、人民调解员1.17万人、基层法律服务工作者27人。全年办理刑事诉讼案件7385件、民事诉讼案件7.32万件。各法律援助机构办理法律援助案件1.15万件。全市各级公共法律服务实体平台接待群众来访来电网络咨询近21万人次，办理公共法律服务事项12万件次。出台佛山首份促进律师行业发展的扶持政策《佛山市三水区促进律师行业高质量发展扶持办法》，编制国内首个知识产权纠纷调解地方标准——《知识产权纠纷调解服务规范》。组织2021年佛山市国家宪法周暨第三届法治文化嘉年华活动、“送法下基层”活动、第五届“法者荣耀”学法挑战赛等普法宣传活动。年内，顺德区青云中学被确定为第三批（2020年）22个广东省青少年法治教育实践基地之一，全市省级青少年法治教育实践基地增至9个。

【公共法律服务体系构建】 2021年，佛山市服务保障民生，强化公共法律服务。整合全市律师、公证、司法鉴定、仲裁等法律服务资源，820个公共法律服务中心覆盖市、区、镇（街道）、村（社区），全年全市各级公共法律服务实体平台接待群众来访来电网络咨询21万人次，办理公共法律服务事项12万件次。动态调整法律援助经济困难标准，从每月2301元动态调整为每月2394元；对18种情形，申请人只需签署“承诺书”，即可申请法律援助；实行法律援助市域通办，组建法援律师库，为困难群众提供优质法律服务。推动公证服务网络向镇（街道）延伸，全市公证机构设立办证点8个、服务窗口20个，让群众享受到“家门口”公证服务。推出远程视频公证服务，为海外侨胞、港澳同胞及社会各界人士提供远程无接触公证办理服务。推动律师行业发展，在全省率先开展律师远程视频会见试点，出台佛山首份促进律师行业发展的扶持政策《佛山市三水区促进律师行业高质量发展扶持办法》。在全省率先出台调解与公证对接机制的工作意见，编制国内首个知识产权纠纷调解地方标准——《知识产权纠纷调解服务规范》，全年全市调解组织开展矛盾纠纷排查2.8万次，调解各类矛盾纠纷2万多件。开展“一司法所一品牌”创建活动，培育12个法治政府建设、普法宣传、人民调解等方面的司法所品牌，通过典型示范引领，推动全市司法所建设规范化、专业化，为乡村振兴工作提供法治保障。加强社区矫正人员、刑满释放人员、强制戒毒人员等重点人群管控，推动市强戒所AB门、强戒所应急综合楼建设工作。

【社区矫正对象等重点人群管控】 2021年，佛山市接收社区矫正对象4003人，在管社区矫正对象2988人，其中管制1人、缓刑2957人、暂予监外执行16人、假释14人。衔接接收刑释解矫人员2880人，其中解除社区矫正1949人、监狱释放951人，在册安置帮教对象8484人。推动社区矫正机构建设，实现市、区、镇（街道）三级社区矫正委员会全覆盖。落实社区矫正风险研判分析，加强风险点分析预判，强化重点人员监管。全市办理警告240件，提请治安处罚18件，撤销缓刑41件，暂予监外执行收监执行8件。做好社区矫正对象不准出境通报备案、持证信息与出境记录核查工作，开展法定不批准出境人员通报备案及查询出入境证件持证信息2290人，办理边控110人。完成“减、假、暂”排查整治、未收押收监集中清理等专项工作。推行个性化矫治和分类教育，创建特色品牌，推进“精准社矫”建设，年内，开展震撼教育104批次、国学教育110批次，参与4200余人次；向上级报送社区矫正案例15篇，被司法部选用2篇。落实刑满释放人员救治救助政策，落实重点帮教对象“必接必送”的要求。

【人民调解】 2021年，佛山市有镇（街道）调委会32个、村（社区）调委会789个、企事业调委会232个、行业性专业性调委会261个、其他调委会31个、个人调解工作室61个，实现调解组织“横到边、纵到底”，多层次、宽领域、广覆盖。全市广大调解员围绕扫黑除恶专项斗争、市域社会治理、精神文明创建、乡村振兴、村（社区）“两委”〔村（社区）党组织和村（居）民委员会〕换届等重点工作开展各类矛盾纠纷排查3.49万次，预防矛盾纠纷3753件，调解各类矛盾纠纷2.58万件，调解成功2.54万件，成功率98.6%，调解协议涉及金额7.96亿元。

【基层法律服务机构年度检查及人员执业证注册注销】 2021年，佛山市完成2个基层法律服务所“双随机、一公开”（在监管过程中随机抽取检查对象，随机选派执法检查人员，抽查情况及查处结果及时向社会公开）现场检查，审批顺德区新增申请执业基层法律服务工作者4人，办理禅城区4个基层法律服务所和13名基层法律服务工作者、南海区1个基层法律服务所和3名基层法律服务工作者、顺德区2名基层法律服务工作者的执业证注销手续。

【普法宣传】 2021年，佛山市印发《2021年佛山市普法依法治理工作要点》，将法治化营商环境创建工作纳入工作重点。落实“谁执法谁普法”责任制，将各部门普法情况纳入市直机关绩效考核，推动各部门落实普法主体责任。印发《佛山市普法办公室关于组织开展佛山市第五届（2021）国家机关“谁执法谁普法”履职报告评议活动的通知》。组织开展“宪法进军营”暨2021年佛山市“12·4国家宪法日”、第三届“法润人心”法治文化嘉年华活动。开展宪法进企业、进农村、进机关、进校园、进社区、进军营、进网络“七进”活动。开展“送法下基层”活动840余场次，参与群众约6万人。举办第五届“法者荣耀”学法挑战赛，提升全市青少年法律素养，浏览量130.37万人次、访客数63.63万人、答题数186.88万人次。组织全市党政机关和企事业单位工作人员开展线上学法考试活动，参考率99.96%，优秀率96%。组织佛山市全民普法书法大赛，有全国300余个媒体宣传报道，收到有效参赛稿件3.16万份，累计网络投票111.04万张，访问次数208.58万人次。围绕营商主题，开展法治专题调研、开展“普法牵引政务服务水平提升”行动、实施“依法治企兴企”企业家法治培训活动、组建传播体系提升公民法治素养、开通“企业法律问诊直通车”、开展万场法律服务进万企活动等系列主题法治宣传。制作“佛山法治文化公园云地图”，盘活“普法地标”“普法阵地”。借助传统媒体阵地加大普法力度，制作1期《法治佛山》、2期《全民普法》。开展普法工作“三品”（育品类、提品质、创品牌）工作，确立第一期“一部门一项目”品牌40个。年内，佛山市在全省普法依法治理考评排名第一；获全省平安建设和依法行政考评优秀等次。至2021年底，全市有42个村（社区）获评省级“民主法治示范村（社区）”，其中13个村（社区）获评“全国民主法治示范村（社区）”；省级民主法治村（社区）创建率100%，创建成功率97.7%；有省级法治文化公园15个、省级青少年法治教育实践基地9个、省级“法治文化建设示范企业”137家。

【“三品”工程实施】 2021年，佛山市继续推进《佛山市开展普法依法治理“育品类、提品质、创品牌”工作方案（2020—2022年）》实施，落实职能部门普法责任制，推行“一单位一品、一行业一牌”做法。结合各职能部门（行业）工作特性，以受众需求作为普法工作出发点，一个职能部门（行业、企业）推出一个以上普法项目，确立第一期“一部门一项目”品牌40个。开展“一司法所一品牌”创建活动，培育12个法治政府建设、普法宣传、人民调解等方面的司法所品牌。召开“一司法所一品牌”创建工作法治宣传专场现场会，向全市推广南海区里水镇以镇法治文化公园为核心，以法治文化旅游线路为纽带，开通专门公交线路，把“里水镇综合治理普法宣传基地”“贤鲁岛民法典法治阵地”“白岗公园七彩法治长廊”等8个法治文化公园、展馆有机连接，推进普法宣传。

链接

佛山市省级“法治文化主题公园”名单

佛山市唐翠法治文化主题公园　佛山市禅城区南庄法治文化公园　佛山市禅城区祖庙街道兆祥法治文化主题公园　佛山市南海区里水镇法治文化公园　佛山市南海区西樵镇樵园公园法治文化基地　佛山市南海区九江镇法治文化长廊　佛山市南海区丹灶镇金怡公园法治文化主题园　佛山市顺德区法治文化主题公园　佛山市顺德区乐从法治文化公园　佛山市顺德区勒流法治文化公园　佛山市高明区荷城街道华山法治文化公园　佛山市高明区杨和法治文化公园　佛山市三水法治苑　佛山市三水区芦苞镇法治文化公园　佛山市三水区乐平镇法治文化公园

2021年，佛山市开展“一司法所一品牌”创建活动。图为创建工作现场会
（市司法局　供图）

【法律职业资格考试】2021年，佛山考区国家统一法律职业资格考试客观题考试报名人数3801人（比上年增加766人），客观题考试通过人数1049人（占报名人数27.59%）；主观题考试报名人数1644人（比上年增加132人），其中，选择计算机考试报名人数1629人、选择纸笔考试35人，主观题考试通过人数876人（占报名人数53.28%）。

【司法鉴定机构和人员管理】2021年，佛山市成立佛山市公证和司法鉴定行业突出问题专项治理工作办公室，召开全市公证和司法鉴定行业突出问题专项治理动员部署会，开展司法鉴定专项治理工作，发出责令整改通知书6份。向全市司法鉴定机构发出首份规范执业提醒函，加大司法鉴定行业治理薄弱环节的核查整改力度，提高司法鉴定机构及从业人员自律意识，增加执业风险防范能力。编印《佛山市司法鉴定法律文件资料汇编》，规范全市司法鉴定行业执业活动，提高质量和公信力，做实做深司法鉴定行业突出问题专项治理工作。组织全市拟申请登记的司法鉴定人考核，办理司法鉴定人新增、转出、注销、延续期限等行政审批事项62件，送达行政处罚案件2件，送达行政处罚决定预告告知书2件。继续做好司法鉴定投诉处理及行政诉讼应诉工作，全年处理司法鉴定执业活动投诉28件。推进司法鉴定机构和鉴定人全面评查工作，审核司法鉴定机构和司法鉴定人评审材料。组织全市142名司法鉴定人参与（含初次申请执业）司法鉴定全面评查专业技术知识和法律知识考试。全市司法鉴定机构为民办实事155件，其中为符合条件的申请人减免司法鉴定费用7.7万元。

【强制隔离戒毒管理】2021年，佛山市强制隔离戒毒所获调拨省戒毒局管理干部学校原地块及地上附着建筑物，建设应急综合楼取得进展，监管区AB门开工建设，风雨走廊建成使用。坚持党建引领，所党委“四部曲”工作法获市直机关“党组织先进工作法”二等奖，机关第一党支部获市直机关“党支部优秀工作案例”三等奖。开展队伍教育整顿和党史学习教育，开展“学铁军　建铁军”“纪律教育月”等活动。深化社区戒毒（康复）工作经验，抽派18名民警常态对接全市9个镇（街道）工作指导站和10个司法所，协助开展禁毒帮扶等工作，实现从收治入所到延伸帮扶全链条闭环式戒治。年内，市强制隔离戒毒所实现连续28年安全生产无事故，并被司法部评为全国“六无”（无毒品流入场所、无戒毒人员脱逃、无戒毒人员非正常死亡、无所内案件发生、无安全生产事故、无重大疫情和食品安全事件）强制隔离戒毒所，实现连续21年安全“六无”目标。

【佛山市全民普法书法大赛】2021年1月15日，“普及国家民法典，共筑法治中国梦”——佛山市全民普法书法大赛启动仪式在佛山禅城惠景小学、南海石门实验小学、顺德北滘镇林头小学、北外附校三水外国语学校、高明京师时代教科院附属实验学校同时举行。活动由佛山市司法局、佛山市教育局、共青团佛山市委员会、佛山市关工委联合主办，旨在创新佛山市普法工作的形式，将文化与法治融于一体，通过传统书法文化赋能佛山法治文化新内涵，提高学生对《中华人民共和国民法典》的学习。大赛面向全国书法爱好者征稿，分毛笔和硬笔2个项目，每项按照参赛对象分市民（含教师、大学生）组、中学生组、小学生组3个层次。活动持续至6月。活动收到有效参赛稿件3.16万份，累计网络投票111.04万张，访问次数208.58万人次。最终评出毛笔书法类奖项216个、硬笔书法类奖项361个、网络人气奖100名。获奖的书法作品，以《中华人民共和国民法典》宣传为主题，具有较高的法治宣传和艺术欣赏价值。

【佛山市“12·4”国家宪法日活动】2021年11—12月，佛山在全市范围采用主场+主题日+其他重点活动方式进行从市到区、从政府机关到社会团体上下联动，组织开展以宪法为核心的系列法治宣传活动。其中，由佛山市普法办、市司法局联合高明区普法办、区司法局在高明区武警某部举办第三届广东省法治文化节“法润人心”法治文艺作品评选暨佛山市国家宪法日系列宣传启动仪式于12月1日在高明区举行。另外，全市多个部门联合开展宪法宣传教育活动100多项，将宪法等法律法规以群众喜闻乐见、易于接受的形式送到群众身边。

（王　松）

仲　裁

劳动人事争议仲裁

【概况】2021年，佛山市各级仲裁机构立案受理劳动人事争议案件2.03万件，涉及劳动者人数2.76万人。其中10人以上劳动争议案件363件。当期结案2.03万件，年度累计结案率达95.84%，一裁终局率为75.19%。劳动人事争议仲裁结果方面，佛山市当期审结的案件中劳动者胜诉5399件，占结案总数的26.6%；双方部分胜诉9263件，占结案总数的45.63%；用人单位胜诉2553件，占结案总数的12.59%。劳动人事争议仲裁结果与上年相比，各比例基本持平。

【劳动人事争议案发情况】2021年，佛山市的劳动人事争议案件数上涨，比上年增加14.7%，但由于国内新冠肺炎疫情得到控制，以及仲裁监察联动机制、多元化解机制在基层落实，劳动人事争议案件未集中爆发，总案件量增幅低于2019年（31.54%）、2018年（17.58%），未超往年增幅平均值。从2017—2021年案件量变化看，2021年案件总量（4.28万件）比2017年（2.23万件）已翻倍。年内，佛山市劳动人事争议主要争议类型是劳动报酬、解除或终止劳动合同、社会保险争议等。涉及劳动报酬及解除或终止劳动合同争议案件占案件受理总数的61.31%。其中：涉及劳动报酬争议案件7352件，占当期受理案件的36.25%；涉及解除或终止劳动合同争议案件5082件，占当期受理案件的

25.06%。该两类案件主要是由企业经营困难或管理不规范引发。确认劳动关系争议案件3037件，比上年上升42.65%，其中70%案件为补缴社会保险或住房公积金而申请确认劳动关系。涉及建筑工地的案件622件，比上年增长54.34%，占总案件数的3.67%。

【劳动人事争议调解】 2021年，佛山市各级调解组织受理劳动争议案件2.25万件，比上年增加6.82%，涉及劳动者人数3.9万人，当期调解方式结案2.09万件，劳动人事争议调解成功率76.65%。劳动人事争议调解仍是佛山市处理劳动人事争议的主要方式，市各级调解组织坚持加强基层调解和多元化解，推进劳动争议联合调解模式，减轻当事人的诉累。3月9日，禅城区张槎街道劳动争议联合调解中心揭牌，是全市首个区级实体化劳动争议联合调解中心。

【劳动人事争议仲裁效能提高】 2021年，佛山市强化仲裁效能，提升劳动人事争议仲裁办理质量。继续做好巡回仲裁庭工作，发挥巡回庭指导作用，统一类似案件裁决方向。常态化开展案件评查工作，公开仲裁文书，推动案件质量提升。强化部门联动机制，确保案件数量稳定可控。巡回庭全年处理具社会重大影响力或疑难复杂的案件180件，并对各区公开，指导全市仲裁员判案。年内，市人力资源社会保障局印发《佛山市劳动人事争议仲裁案件质量监督评查办法（试行）》，并在年度案件评查工作中随机抽取各区的500份仲裁裁决（调解）书，共检出差错裁决书74份，差错率为14.8%，比上年下降4.4%。5月起，佛山在全市推行互联网公布裁决书，推动仲裁员提升案件质量。年内，市人力资源社会保障局印发《关于加强劳动保障监察执法和劳动人事争议仲裁联动合作机制的通知》，全市劳动人事争议仲裁部门全年向监察部门发出仲裁建议书1100份，监察回复率100%；联合市法院起草《关于审理劳动争议案件若干问题的座谈会纪要》，就新业态裁判方向、女性平等就业权的裁判方向进行统一。

【佛山市首个区级实体化劳动争议联合调解中心建立】 2021年3月9日，佛山市禅城区张槎街道劳动争议联合调解中心揭牌，是全市首个区级实体化劳动争议联合调解中心。调解中心由三方单位委派具备较强调解能力和经验的适格人员，包括律师、法律工作者、仲裁员，调解员等担任调解员，遵循自愿、高效、便民的原则，首先引导当事人选择调解方式化解矛盾纠纷，降低当事人维权的成本，在起始阶段化解矛盾。

（曾凡滨）

商事仲裁

【概况】 2021年，佛山仲裁委员会受理商事仲裁案件1739件，其中银行借款合同（含信用卡纠纷）案件667件、民间借贷案件151件、买卖合同（含商品房买卖合同）案件203件、物业服务合同案件264件、租赁合同案件92件、其他类型案件362件。案件标的额22亿元，涉及50多种案件类型。全年结案1581件，其中裁决结案1235件、调解结案64件、当事人达成和解后撤诉273件、驳回仲裁申请6件、其他仲裁决定3件。裁决结案占比78.12%，调撤结案占比21.32%。至年底，佛山仲裁委员会有在册仲裁员278人、仲裁立案秘书2人、仲裁办案秘书10人。

【仲裁对接机制完善】 2021年，佛山仲裁委员会与市司法局、市调解协会联合印发《关于进一步完善矛盾纠纷多元化解调解与仲裁对接机制的意见》，构建调解组织和仲裁机构积极协同、有效衔接的大调解格局。依托在市知识产权保护中心设立的仲调对接工作窗口，加强商事仲裁宣传，建立常态化知识产权保护仲调对接机制，发挥仲裁在化解知识产权纠纷中的作用，公正、高效地处理知识产权纠纷案件。佛山仲裁委员会全年办理知识产权纠纷案件19件，其中，著作权合同纠纷6件、商标合同纠纷3件、技术合同纠纷3件、特许经营合同纠纷7件，案件总标的金额302万元。

【仲裁服务提升】 2021年，佛山仲裁委员会继续提升仲裁服务水平，结合案件性质和特点，兼顾新冠肺炎疫情防控、当事人及仲裁员的时间，对部分案件根据实际情况需要灵活安排开庭时间。对

2021年，佛山仲裁委员会提升仲裁质量和效率，在立案受理大厅设立“党员先锋岗”，开展共产党员“亮身份、当先锋、讲服务”活动。图为受理大厅党员热情服务群众

（佛山仲裁委　供图）

当事人无法在工作时间参加庭审的案件，安排在夜晚或者周末开庭，以保证商事仲裁案件的时效性，最大限度方便当事人，体现仲裁服务高效、便民的特点。

【仲裁专题培训】 2021年，佛山仲裁委员会加强仲裁队伍建设，开展专题培训3场次。举办2021年仲裁司法监督专题培训会，邀请佛山市中级人民法院法官为仲裁员及办案秘书进行专题授课；与市知识产权保护中心联合开展知识产权保护开放日活动，邀请资深仲裁员、知识产权领域专家邱永清博士为企业代表、仲裁员、调解员代表等进行现场授课；与市司法局、市律师协会联合举办2021年佛山市涉外法律服务人才高级研修班，组织仲裁员、仲裁办工作人员参加培训。

【第七届佛山仲裁委员会第一次全体会议】 2021年1月15日举行，佛山仲裁委员会领导以及各成员单位委员、仲裁办相关工作人员参会。会议介绍委员会换届工作、委员会人员组成等情况；总结第六届委员会在仲裁业务发展、队伍建设、内部管理、品牌建设等方面的工作情况。会议通过审议修订委员会章程及仲裁员管理办法等制度，按照仲裁法规定对第七届委员会仲裁员候选人员条件逐一进行审核，确定续聘、新聘仲裁员名单。第七届佛山仲裁委员会经佛山市人民政府批准成立，经广东省司法厅复核同意，任期五年。

【佛山仲裁案例入选粤港澳大湾区仲裁联盟十大经典案（事）例】 2021年11月23日，在粤港澳大湾区仲裁联盟发布的2021年大湾区仲裁联盟十大经典案（事）例中，佛山仲裁委员会报送的“仲裁高效专业解决新型‘小程序’开发纠纷”案例入选。佛山仲裁委员会大量受理解决新型小程序开发合同纠纷，案件审理过程中发挥商事仲裁低成本解决纠纷的“大优势”，通过指定熟悉互联网及知识产权领域的专家进行办案，较好地权衡处理该类纠纷因社会经营模式、交易方式变革且具有一定专业领域技术含量和商业价值带来的复杂性，对该类新型纠纷案件的妥善处理集中体现商事仲裁的公正、高效、专业服务理念，彰显仲裁制度优势，保障“互联网+”环境下中小企业合法权益，促进法治化营商环境建设。

（梁咏童）

链接

合伙合同纠纷仲裁案件

2019年11月21日，被申请人A女士与申请人B公司签订《XX健康呵护中心禅城店之合伙人合作协议》（简称“合伙协议”），约定申请人以15万元入股被申请人经营的禅城店，占股30%，并且约定按照持股比例于次月15日前对上一月度的盈亏情况进行结算。合伙协议签订后，案涉店铺按照合同约定正常经营。其后，双方当事人就盈利分配问题发生如下争议。

申请人称：被申请人并未按照合同约定每月度与申请人进行核对账目情况，仅在9月底向申请人提供一个自制的2020年6月至2020年9月共4个月度的分红表格，并且不经双方核对账目，单方面认为申请人月度应得分红款6781元。对此申请人提出要求被申请人提供月度报表并且核对账目，但是被申请人提供的月度报表为自制表格，表格内容极为不清晰且有多处与事实不符，被申请人对表格内容亦未能做出合理解释。随后申请人又多次要求被申请人提供账目明细，但是被申请人均找各种理由进行推脱。申请人无法充分了解其投资项目的盈亏情况，故与被申请人协商退股。被申请人虽确认申请人于2020年10月份已经退股，但拒绝向申请人退回股本及相关分红收益。实际上，被申请人并没有与申请人真诚合作的意思表示，只是打着经营美容养生店铺的名义进行非法集资。

被申请人称：一、同意案涉合伙协议于2020年10月1日解除。双方从2019年11月21日起开始合伙经营。2020年10月，申请人以家庭事务急需资金周转为由多次要求被申请人一次性退还15万元出资。但是当时店铺刚起步，经营持续出现亏损，被申请人基于帮助申请人同意其退伙，协商退还的15万元分20个月返还，但申请人不同意，即双方就退还出资款未达成一致意见。二、双方对2020年6—9月经营情况进行对账，店铺不存在盈利情况。但被申请人为帮助申请人，还是先退还6781元。三、被申请人提供的审计报告显示，至2020年9月30日店铺实际亏损415694.29元，申请人应当承担124708元。根据合伙协议约定，申请人应当承担30%亏损，即415694.29元×30%=124708元。因此，被申请人愿意在申请人承担相关亏损前提下向申请人退还出资余额18511元（150000−6781−124708）。四、本案律师费及仲裁费用应由申请人自行承担。

2021年8月6日，经仲裁庭主持调解，双方当事人互谅互让，自愿达成调解协议：（一）双方确认于2019年11月21日签订的《XX健康呵护中心禅城店之合伙人合作协议》已于2020年10月1日解除；（二）被申请人自2021年8月1日起至12月31日止分期向申请人支付出资款以结束双方纠纷，若被申请人依约付款的，申请人自愿放弃本案其他仲裁请求，包括律师费及仲裁受理费由申请人A女士自行承担，双方关于本案的争议终止。仲裁调解书经双方当事人签收后，即发生法律效力。

军 事

佛山军分区

【概况】 2021年，中国人民解放军广东省佛山军分区围绕建军百年奋斗目标，突出首位首要把方向，聚焦应对强敌补短板，着眼全面过硬打基础，坚持从严从紧正作风，做好党管武装、思想政治建设、战备训练、国防动员等工作，开展战备秩序、训练秩序、工作秩序、生活秩序“四个秩序”规范建设，参与驻地新冠肺炎疫情联防联控，并完成三水区白坭镇山火扑救等应急抢险任务。年内，佛山军分区，以及南海区、顺德区、高明区人民武装部分别举行党委第一书记任职大会。

【党管武装】 2021年，中国人民解放军广东省佛山军分区做好党管武装工作，结合地方换届，分别举行军分区及南海区、顺德区、高明区人武部党委第一书记任职大会，召开市委议军会暨2021年度全市人武部党委第一书记党管武装工作述职会议，从机制上理顺、规范基层专职人民武装干部队伍建设，协调加强市直武装部建设。组织市委、市政府领导班子到驻军部队参加“军事日”活动，增强国防观念和忧患意识，促进军政军民团结。

【思想政治建设】 2021年，中国人民解放军广东省佛山军分区围绕庆祝中国共产党成立100周年，突出抓好中共十九届五中、六中全会精神和习近平总书记“七一”重要讲话精神学习宣传及贯彻。落实党委理论学习中心组带机关部队集中学习，举办学习成果交流活动，树立起“两个确立”的政治引领。开展党史学习教育，以及“不忘初心、牢记使命”“传承红色基因，担当强军重任”2项主题教育，整合教育资源集中备课授课，策划组织“四个一”（开展一组参观见学、举办一场书画摄影展、举行一次宣誓仪式、组织一次集体观影）活动。

【战备训练】 2021年，中国人民解放军广东省佛山军分区做好日常战备工作，深化军情和作战问题研究，加快推进军事训练转型，组织基干民兵分队骨干集中轮训以及民兵教练员骨干培训。军地联合开展防汛抢险综合演练和城市人民防空演习。组织全市民兵防汛抗洪专业比武竞赛，在联演联训、实案实训中提高遂行任务能力。

【国防动员】 2021年，中国人民解放军广东省佛山军分区组织市国防动员委员会各专业办公室开展国防动员专业队伍整组和方案预案修订，组织国防动员潜力统计调查，构建完善军地各司其职、密切协同的国防动员新格局。高标准抓好基层武装部规范化建设，在高明

2021年9月13—17日，佛山军分区与市应急管理局联合组织开展民兵防汛抗洪专业救援集训暨比武竞赛
（佛山军分区　供图）

区荷城街道武装部组织召开现场观摩会，在佛山市委党校开展全市专职人民武装干部集训，提高基层自主抓建能力。首次组织市、区两级国防动员委员会和民兵分队全流程参加某战区国防动员专项演练，受到广东省国防动员委员会致函表扬。落实“一年两征”改革要求，发动大学生、大学毕业生应征，超额完成年度新兵征集任务，兵员质量稳步提升。

【“四个秩序”建设】 2021年，中国人民解放军广东省佛山军分区党委筹划和部署“四个秩序”（战备秩序、训练秩序、工作秩序、生活秩序）建设，先后组织实地参观见学4次，组织抓建办人员研究分析《“四个秩序”考评细则》2次，协调佛山市政府投入专项资金新建军情研究室、军事职业教育中心、阅览室等，改造三室两库、文化活动中心等，调整补充部分战备物资器材，同步推进各团级单位“四个秩序”建设。在顺德区人武部召开“四个秩序”抓建示范观摩会，重点示范民兵连应急出动，高质量按节点完成建设任务，推动佛山军分区应急应战能力提升。

【疫情防控支援工作】 2021年，中国人民解放军广东省佛山军分区参与驻地新冠肺炎疫情联防联控，全年出动专职人武干部及基干民兵1700余人次支援各镇（街道）开展全员核酸检测，协助开展现场秩序维持、疫情防控宣传、排查、处置和群众日常生活服务保障等工作。

【市委议军会暨2021年度全市人武部党委第一书记党管武装工作述职会议】 2021年12月23日，佛山市委议军会暨区人武部党委第一书记述职大会召开。会议部署关于加强专职人民武装干部队伍建设工作，研究印发《关于进一步做好镇（街道）人民武装部专职干部配备工作的通知》。会议强调要深入学、思、践、悟习近平强军思想，聚焦备战打仗主责主业，传承弘扬双拥优良传统，强化使命担当和工作落实，加强新时代党管武装工作，提升国防动员和后备力量建设新水平。

【三水白坭镇山火扑救】 2021年9月13日，佛山市三水区白坭镇某楼盘附近山林突发山火，三水区人民武装部组织基干民兵赶赴现场，协助三水区应急管理局、消防大队等部门扑灭山火，消除复燃隐患，保障人民群众生命财产安全。

（林　邦）

2021年5月26日，佛山军分区召开“四个秩序”抓建示范观摩会

（佛山军分区　供图）

武警佛山支队

【概况】 2021年，武警佛山支队党委学习贯彻习近平强军思想，特别是将把握政治建设这个根本、抓住队伍建设这个关键、守住安全稳定这个底线、把住新兵政审这个关口、扭住基层管理这个大头，贯穿到部队建设方方面面，带领官兵统筹推进思想政治建设、实战化训练、“魔鬼周”极限反恐集训、双拥工作等各项工作和遂行多样化任务，部队发展势头良好。武警佛山支队被武警总队评为“执勤正规化优秀支队”，执勤一大队被武警总队表彰为“四铁”先进大队，执勤一中队、南海中队被武警总队评为“执勤正规化标兵中队”，执勤四中队、禅城中队被武警总队评为“执勤正规化先进中队”，1名参谋在武警总队“运筹·2021”参谋业务比武中获得第三名，1名中队长在武警部队“武教头”比武中获评标兵教练员，荣立个人二等功。

【思想政治建设】 2021年，武警佛山支队紧跟习近平强军思想步伐，从增强把关定向的清醒和定力出发，始终把创新理论武装作为第一要务，开展“读原著、学原文、悟原理”和“大学习、深调研、真落实”理论学习活动，以党委中心组带机关辐射基层，深入抓好党的创新理论武装。落实军委和武警部队思想政治教育工作会议精神，统筹推进主题教育和党史学习教育，拓展政治教育群众性参与、网络助力、文化育人、军地共育等模式功能，提升教育质效。抓好新闻报道工作，依托新媒体矩阵加强对先进典型的培塑和宣传，全年有40多篇反映基层官兵教育训练工作的报道在军内外媒体刊载。

【实战化训练】 2021年，武警佛山支队贯彻执勤方针，规范勤务组织实施，推进执勤方式优化改革和“智慧磐石”工程建设，开展执勤隐患治理和教育整顿，执勤正规化水平和执勤能力得到提升，实现固定目标执勤万无一失。以维稳行动为牵引，深入贯彻中央军委主席习近平练兵备战重大战略思想，按照打仗标准严抓值班运行秩序，优化“三种情况第一时间到现场”工作流程，强化精密式和快捷式指挥实践运行，提升应急备战能力。建立特战预备队员培养体系，健全特战队员补入、退出机制，结合基地驻训、极限训练、考核评估等时机，推进特战排实战化军事训练深入开展。

【临时勤务】 2021年春节、国庆等节假日和各重要时期，武警佛山支队出动兵力，协助市公安局完成火车站春运执勤、武装巡逻、武装押解、烈士公祭等各类临时勤务270余起。支队执勤官兵牢记使命，文明执勤，体现高度的责任心、使命感，发扬“特别能吃苦、特别能忍耐、特别能战斗”的优良作风，始终坚守一线，依法处置、文明执勤，以实际行动向社会展示武警部队“威武之师、文明之师”的良好形象，获地方党委、政府和人民群众好评。

【双拥工作】 2021年，武警佛山支队坚持把拥政爱民教育纳入年度政治教育计划，注重经常性的宣传教育引导，打牢官兵拥政爱民的思想根基。着眼维稳大局，服务驻地经济建设，为地方党委、政府和人民群众做好事、办实事、解难事。参加植树造林、义务献血、军营开放、地方公祭、便民服务等各项活动，密切军地融合创新发展联系。

【“魔鬼周”极限反恐集训】 2021年，武警佛山支队贯彻中央军委主席习近平和中央军委备战打仗思想，落实建设一支能打仗、打胜仗的军队要求，提升部队实战化军事训练水平，严密组织特战、反恐人员开展复杂环境下、特殊气候下、特殊时间下的全季度“魔鬼周”极限训练。通过在乡村路、盘山路、土路等各种条件下行军，以及高强度、高难度、高负荷的极限训练，培育“一不怕苦、二不怕死”的战斗精神，塑造一支英勇顽强、血战到底的人民军队。

（谭世泉）

人民防空

【概况】 2021年，佛山市人民防空主管部门加强人民防空制度建设，完善防空方案计划体系，明确市直单位人民防空职责任务，制定居民战时行为指引、人防工程使用指南等。加强人防工程建设和维护，制定规范城市新建民用建筑修建防空地下室的意见，推进人防工程平战转换建设、人防工程用于城市停车等工作，完成早期人防工事整治6处。加强人防信息系统建设，建成融合多种通信手段的人防指挥通信网，推进人防大数据建设和人口疏散关键应用深度融合，以及城市平战一体应战应急指挥信息平台建设。年内，市人民防空工作部门还做好重要经济目标防护、人防宣传教育、人防训练演练、人防“放管服”改革等工作。通过全领域、全环节、全要素补齐人防建设短板，保障市民战时生命财产安全。

【人防工程建设维护】 2021年，佛山市人民防空主管部门全面完成市、区两级指挥工程建设，制定规范城市新建民用建筑修建防空地下室的意见，明确新建民用建筑修建防空地下室项目报建审批变更、分期建设、服务地方经济建设、易地建设等有关事项。加快人防医疗救护工程平战转换，研究新建人防医疗救护工程“零”平战转换方案，并面向各区和有关医院开展人民防空医疗救护工程设计标准培训。开展佛山市人防工程“零”平战转换课题研究，抽取样本开展人防工程平战转换普查，出台人防工程平战功能转换管理规定。推动人民防空地方立法，《佛山市人防工程维护管理办法》作为广东省内首部关于人民防空工程维护管理的地方立法，获十五届佛山市人民政府第108次常务会议审议通过，并确定于2022年5月1日开始实施。拓展疏散地域建设，探索建立城乡结对疏散模式，提升城市战时人口疏散能力。推进人防工程用于城市停车的治理工作，市属公共人防工程地下停车场采用公益出租方式整体租赁，缓解市民在市第一人民医院看病停车难的问题。全年完成早期人防工事整治，封堵洞口（通风井）8个、设置安装（喷涂）警示牌13处、开展安全生产督查248次。

【人防信息化建设】 2021年，佛山市人民防空主管部门以“开放、共享、融

2021年9月18日，佛山市举行“珠三角天盾-2021”暨“佛山天盾-2021”城市人民防空演习。图为人防专业队接受点验 （市人防办 供图）

合”的创新理念，推进人防信息系统数据和重点应用的试点建设，建成融合多种通信手段的人防指挥通信网。推进人防大数据建设和人口疏散关键应用深度融合，并将其纳入佛山市“一网统管”试点建设首批行业专题。建设城市平战一体应战应急指挥信息平台，完善人防战备数据库，实现市人防指挥系统与军分区、市气象局、市委政法委、市公安局等部门有关信息系统的互联互通。新采用顺德广播电视机顶盒、高明“村村响”应急广播系统、市突发预警信息发布系统、地铁电视以及公交车电子显示屏等5个渠道共同发布防空警报信号和试鸣信息，实现防空警报报知多元化。

【人防重要经济目标防护】 2021年，佛山市人民防空主管部门组织重要经济目标单位制订防护方案，完善重要经济目标防护措施，落实重要经济目标清单管理制度；落实成立一个领导机构、编制一个规划、制订一个方案、建立一支专业队伍、预备一套防护措施、预置一批物资、联系一支人防专业队伍、开展一些活动、规定战时的一致行动“九个一”要求。

【人防专业队伍建设】 2021年，佛山市加强人防专业队伍训练，组织市级人防专业队采取线上、线下相结合的方式开展人员点验和战备训练。组织市、区两级人民防空办公室及市人民防空指挥部编成单位相关人员集训，学习人民防空新思想、新理念、基本知识和政策法规。

【人防训练演练】 2021年，佛山市人民防空主管部门开展移动指挥平台组网和“互联网+人防”试点研究，广泛组织人防指挥系统训练演练，全面增强实战化水平。开展城市人民防空演习，20余个党政部门（含镇、街道）、1所学校、3个重要经济目标单位、3个居民小区、15支人防专业队伍、9支民兵队伍，以及40余台套装备、10余架次无人机共同参演，演练15项重要内容。做好2021年“9·18”人防警报试鸣工作，组织机关、学校、企业、社区进行人口疏散演练，参与人数逾2万人。

【人防宣传教育】 2021年，佛山市人民防空主管部门创新人防宣传教育，制作《人民防空为人民》音乐视频，将人民防空的使命任务融入歌词，方便人民群众理解人民防空的内涵。围绕人防基本知识、法律法规、基本技能等宣传教育主题，制作“佛山人防”微信表情包16个，制作人防工程使用和人防警报基本知识系列短视频5集。结合“5·12”全国防震减灾日等时间节点，利用佛山市人民防空办公室门户网站、电子显示屏、报纸、电视、微信等媒介，开展人防法律法规政策宣传教育。

【人防行业管理】 2021年，佛山市人民防空主管部门深化人防“放管服”改革，印发《佛山市人民防空办公室关于佛山市社会投资简易低风险工程建设项目免予办理人防事项操作细则》，明确全市社会投资简易低风险工程建设项目按规定不用修建人民防空地下室和缴纳易地建设费，并免予办理人防有关事项，提升工程建设项目审批效率和服务质量。继续推进人防领域廉政问题专项整治，截至2021年11月，累计追缴易地建设费7366.97万元。做好人防企业监管及服务工作，组织开展联合指导服务，制定人防领域企业安全排查标准，建立安全生产咨询热线，并开展现场培训、网络培训等多种形式的安全生产培训活动14次。

（郭明达）

双拥工作

【双拥工作机制健全】 2021年，佛山市围绕打造“四个体系”（组织领导体系、规章制度体系、双拥活动体系、退役军人服务保障体系），建立完善双拥工作机制。各级党委、政府建立健全双拥工作领导体系，形成“市委领导、政府统筹、部门协调、社会参与”的双拥工作格局，及时研究驻军部队和深化改革之需，帮助部队解决实际问题。各级双拥工作领导小组成员根据机构改革实际情况，适时调整扩充有关职能部门。各级双拥办配齐配强双拥专职工作人员，落实驻军派员到双拥办合署办公。市委、市政府和驻佛山部队执行党委议军会议、军政座谈会议、双拥专题会商、双拥工作领导小组全体会议等制度，把双拥工作纳入经济社会发展总体规划和驻军建设重要内容，列入市、区武装工作专项考核指标体系，强化双拥工作责任落实。

【双拥宣传教育】 2021年，佛山市退役军人事务局开展“最美退役军人”“广东优秀兵支书”学习宣传活动。结合中国共产党成立100周年开展“老兵永远跟党走”主题系列活动，通过微视频展播、青少年进军营、作品征集、老兵进军营、知识竞赛、主题演讲等九大活动，树立现役、退役军人先进典型，形成良好社会氛围。运用电视、广播、报纸等传统媒体，微博、微信等新媒体，以及公交车身等户外广告渠道做好双拥工作日常宣传。印制《佛山双拥画册》，通过派送画册，向部队和市民宣扬双拥工作亮点。参与全国双拥办关于双拥主题文艺作品征集评选活动，佛山市双拥办报送的《军民长相依》公益广告获全国双拥办组织的双拥主题文艺作品征集评选活动三等奖。结合八一中国人民解放军建军节、国庆、春节、空军建军节，因地制宜组织开展以爱国主义教育为核心的双拥宣传教育。在国家公祭日、烈士纪念日，党委、政府举行祭奠革命先烈活动。

【拥军走访慰问】 2021年，佛山市开展系列拥军慰问活动。在春节、八一建军节等节日期间，在市级媒体平台转发全国双拥办《致广大官兵和优抚对象的慰问信》和《致全国双拥模范的慰问信》。通过《佛山日报》等媒体刊发市委、市政府向驻佛山广大官兵和域外共建部队，以及全市退役军人、优抚对象发出《春节慰问信》和《八一慰问信》。市委、市政府向上级军事机关和驻军部队、共建部队拨付慰问金，慰问官兵。开展“情系边海防官兵”等活动，向西藏自治区阿里地区寄送“年货礼包”375份。

【拥军支前】 2021年，佛山市继续做好拥军支前保障工作。配合广东省完善与相关战区的拥军支前军地协调机制，加强拥军支前体系建设，发挥人民战争特有的政治优势和制度优势。建立由双拥办、军分区、双拥成员单位、驻军部队联合组成的双拥工作“双清单”联席会议制度，定期开展“双清单”项目可行性研讨，全年收集协调军地互办实事“双清单”事项13项。

【拥政爱民】 2021年，驻佛山部队开展多种形式拥政爱民活动，主动参加社会公益事业，参与佛山市疫情防控、抢险救灾、维护社会治安等急难险重任务；完善重大突发情况互通、涉军敏感信息掌控、军地联防联治等机制，为佛山经济发展和社会和谐稳定提供保障。佛山军分区及驻军部队全年出动4348人次参与疫情防控、春运执勤、清建查违、治安联防、防空演习、防汛演练等任务。市国防教育讲师团开展“永远跟党走”等主题宣讲，79名讲师为机关、企事业单位和学校讲授国防教育课171场次，宣传军民团结奋斗的光辉历史和优良传统。驻军部队开展乡村振兴、捐资助学、义诊献血等活动，建立挂钩帮扶点7个，帮扶困难群众311户，资助经费、物资3.8万元，消费帮扶97万元。支持地方政府部门开展“军事日”活动、青少年进军营活动、军地青年联谊活动等。

【“老兵永远跟党走，穿越烽火岁月”青少年红色教育活动】 2021年5月16日，佛山市退役军人事务局、团市委、某部队、市青少年宫联合开展“老兵永远跟党走，穿越烽火岁月”青少年红色教育活动，活动设国防体检及红色故事分享会2个环节，组织近100名青少年走进军营，“零距离”体验和感受部队生活，激发青少年爱军、拥军情怀，引导青少年铭记革命历史、传承红色基因，赓续精神血脉。（详见“社会生活”类目“退役军人事务”分目）

（向晶晶）

国防教育

【国防教育宣传宣讲】 2021年，佛山市以“迈向强国新征程 军民共筑强军梦”为主题，举办全民国防教育日活动6场次。开展传统媒体宣传，在《佛山日报》、佛山电台、佛山电视台、《珠江时报》、《珠江商报》等媒体刊播有关信息286条，常态化播放公益广告及短视频2260余次。开展新媒体宣传，在市、区两级国防教育专题网页发布稿件135条，在各区及市国防教育委员会成员单位政务网站、微博、微信公众号等播放公益宣传短视频2263次、发布相关动态信息70条，阅读量超18万人次。开展社会宣传，在各地铁、车站、公交站亭、公园广场、小区楼宇、服务窗口等刊播公益宣传短视频。佛山市国防教育讲师团围绕庆祝中国共产党成立100周年，以“永远跟党走”为主题，面向机关、学校、社区、企业等开展宣讲活动170多场次。

【国防教育阵地建设】 2021年，佛山市开展第二批佛山市国防教育基地推荐命名工作，确定罗登贤事迹展、中共南三花工委旧址、顺德农民自卫军干部学校旧址陈列馆、中共珠江三角洲地方委员会机构驻地旧址、中国人民解放军粤中纵队纪念馆、高明区红色廉政文化教育基地、三水区烈士陵园、三水人民抗日纪念碑等8个基地为第二批佛山市国防教育基地。启动年久失修、濒临毁坏的革命遗址的修缮和展陈提升工作，中共佛山市委宣传部联合市委党史研究室、市财政局、市住房城乡建设局、市文广旅体局、市退役军人事务局印发《佛山市红色革命遗址保护利用行动计划》，明确市、区、镇（街道）三级用3年时间，分批对年久失修、濒临毁坏的重要遗址加以修缮。全市投入资金4088.9万元，完成陈铁军故居、铁军公园、铁军小学、罗登贤事迹展、季华女子小学旧址、中共南三花工委旧址、大沥革命展览馆、珠江纵队第三大队队部等21处革命遗址的修缮和展陈提升。

【涉军美德先进人物推荐宣传】 2021年，佛山市开展涉军美德先进人物推荐宣传，推选退役军人彭立明、廖福昌为2021年第二季度“佛山好人”，并通过佛山市道德模范和身边好人现场交流活动进行广泛宣传。推荐苏志宏、梁德标、母义等3人被中共广东省委宣传部、省退役军人事务厅、省军区政治工作局联合评为“最美退役军人”。

（何伟军）

2021年9月18日，佛山市在高明区荷城街道沛明实验小学开展“迈向强国新征程 军民共筑强军梦”——2021年佛山市全民国防教育日活动　（市委宣传部　供图）

经济管理

发展规划管理

【概况】 2021年，佛山市印发实施《佛山市国民经济和社会发展第十四个五年规划和2035年远景目标纲要》《佛山市交通发展“十四五”规划》《佛山市水利发展“十四五”规划》《佛山市殡葬事业发展“十四五”规划》《佛山市邮政业发展“十四五”规划》《佛山市消防“十四五”规划》等，编制《佛山市科技发展“十四五”规划》《佛山市生态环境保护“十四五”规划》《佛山市农业农村发展“十四五”规划》《佛山市文化广电旅游体育发展“十四五”规划》《佛山市区域卫生“十四五”规划》《佛山市卫生健康事业发展“十四五”规划》《佛山市“十四五”医疗保障事业发展规划》《佛山市应急管理“十四五”规划》《佛山市轨道交通发展“十四五”规划》《佛山市防震减灾“十四五”规划》《佛山高新技术产业开发区“十四五”规划》《佛山市教育事业发展“十四五”规划》《佛山市水生态环境保护“十四五”规划》《佛山市土壤与地下水污染防治“十四五”规划》等规划，统筹协调市专项规划和各区规划加快出台，增强规划实施合力。制定实施2021年佛山市国民经济和社会发展计划，按时向市人大专题报告执行情况。健全“月监测、季分析”工作机制，统筹抓好经济运行监测分析调度，推动全市经济运行高开稳走。

【佛山市“十四五”规划印发实施】2021年，《佛山市国民经济和社会发展第十四个五年规划和2035年远景目标纲要》(简称《规划纲要》)经佛山市第十五届人民代表大会第六次会议审议通过，于4月30日印发实施。《规划纲要》共17个章节，主要明确“十四五”(第十四个五年规划，起止时间为2021—2025年)时期佛山经济社会发展的指导思想、基本原则、发展目标、重大任务和保障措施，并对2035年远景目标进行展望，是“十四五”时期佛山市经济社会发展的宏伟蓝图和全市人民共同的行动纲领。《规划纲要》细化提出八方面主要目标，包括经济发展更加高质量、创新驱动核心地位更加巩固、改革开放成果更加丰硕、大湾区极点功能更加彰显、社会文明素养更加进步、城乡生态环境更加美丽、民生保障更加有效、社会治理效能更加显著。同时量化为经济发展、创新驱动、民生福祉、绿色生态、安全保障五大方面20个具体指标，其中约束性指标7个、预期性指标13个。为确保目标实现，《规划纲要》明确15个方面重点任务，分别为坚持创新驱动发展、加快建设现代产业体系、高水平参与构建新发展格局、深化体制机制改革、实行高水平对外开放、全方位推进区域协调发展、加快建设高品质现代化国际化大城市、全面推进乡村振兴、加快打造文化强市、升级打造一流教育强市、加快建设健康佛山、加快建设美丽佛山、建设更高水平法治佛山、建设更高水平平安佛山。为强化规划实施保障，《规划纲要》提出以加强党的全面领导、加强社会主义民主政治建设、完善规划实施机制、强化要素和项目支撑、加强宣传引导等为保障，确保规划落地见效。《规划纲要》全文还设置15个专栏，确保重大任务基本都有重大改革、重大政策、重大平台、重大项目“四个重大”支撑。其中，佛山将实施“十四五”规划重大建设项目五大类375项，总投资1.6万亿元；“十四五”期间完成投资1.08万亿元，是“十三五”(第十三个五年规划，起止时间为2016—2020年)时期的2.3倍。

【省、市重点建设项目计划的制定与实施】 2021年，佛山市安排重点建设项目380个，总投资1.01万亿元，年度计划投资1100.56亿元。其中：安排省重点建设项目142个，总投资7442.77亿元，年度计划投资631.68亿元；安排市重点建设项目238个，总投资2701.35亿元，年度计划投资468.88亿元。全市重点建设项目完成投资1406.03亿元，完成年度计划投资的127.8%。其中：省重点建设项目完成投资807.4亿元，为年度计划投资的127.8%；市重点建设项目完成投资598.63亿元，为年度计划投资的127.7%。

【市本级政府投资项目计划的制定与实施】 2021年，佛山市安排市本级政府投资项目129个，总投资3394.12亿元，年度计划投资224.79亿元。其中：续建项目67个，总投资1233.11亿元；新开工项目50个，总投资1137.62亿元；预备前期项目12个，估算总投资1023.4亿元。市本级政府投资项目完成投资196.19亿元，完成年度计划投资的87.27%。

【重点项目谋划储备】 2021年，佛山市发展改革局完成佛山市“十四五”规划纲要重大项目清单和2021年重点建设项目计划的编制工作。印发《佛山市2021年市本级政府投资项目计划》，加大市级统筹谋划推进重大基础设施项目、重大平台建设项目力度。争取省级前期工作经费对佛山市项目的支持，做好市本级项目谋划前期工作专项经费设立及分配，重点保障全市教育和医疗等惠民工作。

【重点项目集中开工】 2021年，佛山市安排集中开工重大项目388个，总投资4495亿元，年度计划投资569.98亿元。其中，第一季度安排集中开工重大项目103个、第二季度安排集中开工重大项目101个、第三季度安排集中开工重大项目100个、第四季度安排集中开工重大项目84个。全年实际开工重大项目374个，开工率96.39%；完成投资605.32亿元，完成年度计划投资的106.2%。

【重点项目日常协调督导】 2021年，佛山市强化重点项目日常协调督导，完善日常调度机制。建立每月上旬报进度、中旬现场调研、下旬开协调会的项目协调机制。依托省市两级重大工程建设项目总指挥部制度，加强上下联动，提高问题调度效率。全年参加省重大工程建设项目总指挥部季度调度会4次，并召开市重大工程项目建设总指挥部调度会，协调调度项目问题15个。落实重大项目观察点工作制度，常态化开展项目调研工作，定期赴观察点项目以及部分进度落后的重大项目现场了解实际建设进度以及制约项目建设问题，并分别于5月7日和12月29日联合市委督查室等相关部门赴地铁3号线、季华路西延、塘西大道三期南延线工程、佛山高新区极核——创新灯塔社区等项目现场督导调研，协调解决征地拆迁等问题。

（市发展改革局）

自然资源管理

【国土空间用途管制】 2021年，佛山市出台《佛山市市级统筹土地利用计划指标使用管理工作制度》，明确用林指标的使用规则。做好用地用林报批，全年度用地报批使用各类指标共135宗、557.59公顷（其中使用国家指标98.13公顷、省下达佛山市年度指标355.2公顷、跨省增减挂指标63公顷、拆旧复垦指标11.13公顷、中心城区实施方案指标30.13公顷），涉及用地总面积565.6公顷，办理广东省委托永久占用林地39宗、95.82公顷。保障顺德碧桂园机器人谷、徐工机械、三水海天汽配和邦普三期等一大批意向产业项目用地用林；办理重大交通项目预审选址8宗和用地报批7宗。

2021年，佛山市安排集中开工重大项目388个，实际开工重大项目374个。图为佛山市2021年上半年重大项目集中开工投产活动启动仪式 （市发展改革局 供图）

【耕地保护】 2021年，佛山市购买拆旧复垦指标283.22公顷，取得省级下达自行开展增减挂钩项目周转指标21.78公顷，垦造水田新增形成水田指标211.82公顷，保障一大批重点建设项目实施。

【不动产统一登记】 2021年，佛山市全面上线“互联网+不动产登记”平台和网上办事大厅，基本实现核心业务一般登记1天办结、抵押登记1小时办结的改革目标。出台新版《佛山市不动产登记业务操作指引》和《佛山市不动产登记办事指南（公布版）》。推动“不动产登记+民生服务”，上线水电气网等民生服务事项。在广东省率先开展“交付即交证”工作，累计颁发不动产权证书3632本，解决购房人在户口迁移、子女入学等方面困难，创新服务群众方式。全面开展“房地一体”农村不动产登记发证工作，全市宅基地登记发证率98.72%、集体建设用地登记发证率96.74%。全年全市不动产登记登簿量147.63万份，包括办理不动产权属证书72.99万本、不动产登记证明47.47万份等。

【土地出让】 2021年，佛山市出让国有建设用地使用权196宗，出让面积951公顷，出让金收入990亿元，其中住宅用地出让331公顷、出让收入821亿元，工业用地出让557公顷、出让收入68.7亿元，其他为商业、旅游、娱乐等经营性用地。

【土地节约集约利用】 2021年，佛山市加大批而未供和存量土地处置力度。截至年底，全市处置2009—2018年批而未供土地面积809公顷，处置率20.59%；处置闲置土地142.3公顷，处置率47.61%，处置率均超过部、省考核“处置率16%以上”的考核要求，保障佛山争取新增建设用地指标。

【测绘管理】 2021年，佛山市编制完成并实施《佛山市基础测绘“十四五”规划》，提升基础测绘支撑能力。开展测绘资质复审及换证工作，测绘资质由原甲、乙、丙、丁4个等级改为甲、乙2个等级，全年全市完成80家测绘单位的资质复审及换证。推进地理信息数据共享，通过“市时空信息云平台”向30个部门发布、共享760个地理空间数据服务，服务年度调用1.4亿次，日最大调用165万次。大比例尺地形、高分辨率遥感影像、数字高程模型等基础测绘成果保持全市覆盖并持续更新，成果广泛应用于自然资源基础工作，以及三龙湾、广湛高铁等重点区域、项目的规划建设。市、区两级测绘成果质量保障体系继续完善，全年实施联合测绘项目1600余个，涉及建筑面积4000余万平方米，为工程建设项目行政审批提供图地一致、标准统一的测绘成果。通过3万余宗常规测绘业务，完成约130平方千米地形的动态更新，节省财政资金约1100万元。

【执法监督】 2021年，佛山市土地违法监督动态巡查上线率84.74%，时间8.47万小时，巡查距离90.05万千米，共上报违法用地事件1829宗（含卫片违法），涉及土地面积503.57公顷，其中耕地69.32公顷。全年新增违法用地125.07公顷。年度新增违法用地总面积位列广东省第五（按从少到多排列），整改成效位列全省第五（按从优到劣排列）。

【土地储备开发】 2021年，佛山市出台《佛山市集中成片产业用地储备计划工作方案》《佛山市集中成片工业储备用地市、区共同管理办法》。全年全市新增入库土地1宗，面积2.44万平方米；年末市级储备土地存量56宗，面积166.06万平方米。完成年度666.67公顷集中成片工业用地整理和储备任务，为市重大项目招商引资提供用地保障。

【矿产管理】 2021年，佛山市印发《佛山市绿色矿山建设工作方案（2021—2023年）》，明确“2021年全市在采矿山全部达到绿色矿山建设标准”的建设目标，全年完成省级下达的4.55公顷矿山修复任务，全市在采矿山全部达绿色矿山建设标准。开展矿业权人勘查开采信息公示工作，完成9个开采项目进行信息填报和公示，信息公示完成率100%。开展矿山现场检查，强化对矿山依法依规开采、安全生产、扬尘、货运源头治理等工作的监管，维护良好的矿业开发利用秩序。完成《佛山市矿产资源总体规划（2021—2025年）》编制工作。

（郭　庆）

2021年，佛山市在采矿山全部达绿色矿山建设标准，完成省级下达的4.55公顷矿山修复任务。图为高明区矿山综合治理项目　（市自然资源局　供图）

【水资源管理】 2021年，佛山市用水总量（按最严格水资源考核统计口径）22.49亿立方米，其中工业用水占23.51%、农业用水占26.37%、居民生活用水占29.19%、城镇公共用水占18.98%、生态环境用水占1.95%。全市万元地区生产总值用水量18.51立方米/万元，万元工业增加值用水量8.24立方米/万元。全市全年用水总量、万元地区生产总值用水量降幅、万元工业增加值用水量降幅、农田灌溉水有效利用系数、水功能区水质达标率5个指标值均达广东省最严格水资源考核目标值要求。南海区、顺德区在节水型社会创建基础上以节水型高校和合同节水为突破点，广东轻工职业技术学院（南海校区）和顺德区职业技术学院在年内完成节水型高校创建验收，并实现合同节水管理。三水区、高明区开展县域节水型社会创建工作，2个区共计创建各类节水型载体473个（家、所），其中节水型企业46家、节水型公共机构326个、节水型小区35个、节水型学校66所。

（罗惠栅）

国有资产监督管理

【概况】 截至2021年底，佛山市被纳入监管的国有企业1025家，其中市属企业362家、区属企业663家。全市国有企业资产总额5890.82亿元，比上年增长35.28%；所有者权益总额2566.73亿元，增长26.86%；营业收入807.62亿元，增长43.94%；利润总额56.66亿元，增长6.46%。市属国有企业资产总额2465.25亿元，比上年增长17.34%；所有者权益总额887.32亿元，增长20.1%；营业收入518.64亿元，增长37.81%；利润总额26.01亿元，增长14.34%。

表9　　**佛山市市属一级（直管）国有企业情况一览表**

单位：亿元

序号	公司名称	成立时间	主营业务	主要下属企业	2021年资产总额	2021年营业收入	2021年度企业大事要闻
1	佛山市公用事业控股有限公司	2006年	水、电、气、环保（固废）、智能制造等	佛山市水业集团有限公司、佛山电建集团有限公司、佛山市气业集团有限公司、广东国通物流城有限公司、宝裕发展有限公司、福能东方装备科技股份有限公司、佛山产业投资有限公司、佛山市全流域环境治理有限公司、佛山市新金叶贸易发展公司、佛山市电子政务科技有限公司等72家	589.08	291.73	9月27日，下属佛燃能源集团股份有限公司建设运营的佛山市天然气高压输配系统工程，作为唯一的燃气工程，获中国土木工程建设领域最高荣誉——中国土木工程詹天佑奖
2	佛山市公盈投资控股有限公司	1998年	接受委托对公有资产经营、管理、产权转让、交易等	佛山市新经济投资发展有限公司、佛山市教育产业有限公司、广东佛陶集团股份有限公司、佛山市骏承物业管理有限公司、佛山市恒汇盈资产经营管理有限公司、佛山口岸发展有限公司、佛山市电子口岸有限公司、佛山市大健康产业发展有限公司等	73	3.38	5月19日，下属佛陶集团召开临时股东大会，表决通过新章程，重新组建董事会和监事会。年内，佛陶集团股票收购基本完成，职工集资问题基本解决，佛陶集团近30年的历史问题得到解决
3	佛山市交通投资集团有限公司	2003年	交通基础设施投资建设运营、交通服务、交通科技创新	截至2021年底，交通集团辖下全资企业27家、控股企业9家、实际控制企业4家、参股企业8家。其中有佛山市中策高速公路投资有限公司、佛山市交通发展有限公司、佛山市高速公路营运管理有限公司、佛山路桥资源开发有限公司、佛山市建盈发展有限公司、佛山市交通科技有限公司、佛山市公共交通管理有限公司7家二级企业	858.16	64.25	①10月，佛山市路桥建设有限公司改组为国有资本投资公司，更名为“佛山市交通投资集团有限公司” ②4月，投资建设的广佛肇高速公路佛山段建成通车运营，5条高速建设目标任务完成 ③投资建设的广佛肇高速公路佛山段获“广东省土木工程詹天佑故乡杯奖”；富龙西江特大桥项目获评公路水运工程省级“平安工地”典型项目，获交通运输部首批“平安百年品质工程创建示范项目”称号；获中国图学学会第十届“龙图杯”全国BIM大赛施工组一等奖；广三高速成为省“平安公路”示范道路；下属佛山市交通科技有限公司现浇轻质生态路基成套技术及产业化项目获“广东省科技进步二等奖”；粤港澳大湾区快速干线沥青路面高速化改造关键技术及应用研究项目入选交通运输部重大科技创新项目

续表

序号	公司名称	成立时间	主营业务	主要下属企业	2021年资产总额	2021年营业收入	2021年度企业大事要闻
4	佛山市铁路投资建设集团有限公司	2009年	城市轨道交通项目的投资、建设、运营和资源开发管理	佛山市佛铁实业有限公司、佛山铁投轨道交通培训有限公司、佛山市佛铁投资发展有限公司、佛山市高明区佛铁制氢发展有限公司4家全资企业，同时与中国交建、中国中车四方股份公司、广州地铁等多家大型企业合作，成立佛山轨道交通设计研究院有限公司、佛山市中车四方轨道车辆有限公司等16家控、参股公司	666	2.88	①8月18日，投资建设的南海有轨电车1号线首通段正式开通初期运营 ②12月28日，投资建设的佛山地铁2号线一期开通初期运营
5	佛山市金融投资控股有限公司	2013年	期货、银行、基金管理、不良资产处置、小额贷款、融资租赁、股权投资、产权交易等金融服务	佛山市禅本德资产管理有限公司、佛金香港有限公司、佛山市富思德基础设施投资有限公司、佛山市创新创业投资有限公司4家	198.10	8.05	12月23日，佛山金控及深创投联合管理的佛山市创新创业引导基金入选"投中2021年中国最佳创业投资引导基金TOP20"榜单
6	佛山市建设开发投资有限公司	2012年	产业园区投资运营、建筑建材、城市更新	佛山建投城市建设有限公司、佛山建投城市发展有限公司、佛山建投置地有限公司、佛山建投置业有限公司、佛山市城市建设工程有限公司5家二级企业	247.38	140.23	1月27日，与中国水利水电第十一工程局有限公司合资成立佛山市城市建设工程有限公司。 奖项： ①佛山建装装配式绿色建装基地获"第十三届广东省土木工程詹天佑故乡杯奖" ②广东省建工设计顾问有限公司《干法连接低层全装配式结构关键技术的研究与应用》获"广东省土木建筑学会科学技术三等奖"；《全装配式混凝土配电房的研究与应用》获"广东省土木建筑学会科学技术三等奖"
7	佛山市中力经营管理有限公司	2001年	档案管理、破产清算服务等	佛山市东平资产经营有限公司、佛山市新元资产管理有限公司、佛山市至顺企业清算服务有限公司、佛山市力承企业清算服务有限公司、佛山市华承企业清算服务有限公司、佛山市天启企业破产清算服务有限公司、佛山市档案管理中心有限公司、佛山市资产托管中心有限公司8家二级企业	58.05	0.44	①解决涉及市属国有企业职工宿舍、征地出城人员社会保障等历史遗留问题 ②取得智慧档案库房环境监测管理系统、档案库房环境信息采集系统、档案数字化加工质检软件、国有企业三账合一信息管理系统等11项自主研发信息科技项目软件著作权

续表

序号	公司名称	成立时间	主营业务	主要下属企业	2021年资产总额	2021年营业收入	2021年度企业大事要闻
8	佛山市粮食集团有限公司	2004年	粮食储备、粮食加工和粮食贸易	佛山市粮食集团有限公司南海储备分公司、广东佛山国家粮食储备库有限公司、佛山直属粮食储备库有限公司、佛山市粮油物业有限公司等1家分公司和3家二级企业	15.93	16.23	①粮食仓储设施及小麦应急加工生产线建设项目于12月封顶 ②佛山市粮食集团有限公司南海储备分公司被评为“广东省2021年度AAA级粮库”
9	佛山市规划测信总院有限公司	2020年	国有空间规划，建筑、市政工程设计，城市发展综合研究和咨询服务等	—	—	—	—

注：佛山市规划测信总院有限公司于2020年12月由佛山市城市规划设计研究院和佛山市测绘地理信息研究院两家经营服务类事业单位转制合并组建成立，2021年尚在继续推进事业转企业相关工作

【国有企业投资】 2021年，佛山市市属国有企业累计完成固定资产及股权投资333.13亿元，比上年增长21.54%。其中：完成固定资产投资186.52亿元，比上年下降14.39%；完成股权投资146.61亿元，增长160.69%。市属国有企业全年承担35个省、市重点项目建设，完成投资158.05亿元，为年度计划投资的97.33%。其中，省、市重点项目完成投资额分别为126.08亿元、31.97亿元，分别完成年度投资计划的96.41%、101.12%。年内，佛山地铁2号线一期实现全线试运行，广佛肇高速公路佛山段、番海大桥、佛山“一环”西拓旧路改造、禅西大道南延线全线通车。

【国有企业体制机制改革】 2021年，佛山市人民政府国有资产监督管理委员会印发《佛山市属国企改革行动实施方案》梯次推进国有企业改革。在完善现代企业制度方面，重点规范董事会建设，印发市属企业董事会和外部董事的管理办法，市属二级及以下企业100%完成应建董事会及应实现外部董事占多数，100%重要子企业落实董事会职权，已建董事会的一级企业100%建立董事会向经理层授权管理制度。同时，指导企业开展对标世界一流管理提升工作。在健全市场化经营机制方面，市属企业100%完成经理层成员任期制与契约化管理，3家市场竞争较为充分的企业率先探索职业经理人制度，聘任职业经理人23人；市属企业100%实行公开招聘、全员绩效考核及建立信息公开制度，管理人员开展竞争上岗267人、末等调整和不胜任退出10人；开展中长期激励机制，2家企业实施股权激励，累计激励200人次。在推进混改（国有企业混合所有制改革）方面，市属企业混改比例55%，非国有资本持股比例合计超三分之一的企业数量占比近八成，推进佛山水务环保股份有限公司A股上市；组织一级企业对所出资企业开展混改和中长期激励研究评估，提出实施混改或股权优化的企业名单和路径。

【国有企业科技创新】 2021年，佛山市制定《关于进一步推动市属国有企业创新发展的指导意见》，将科技研发投入强度纳入企业年度经营业绩考核，实施研发费用视同利润加回、国资经营预算奖励、容错纠错机制等保障措施，推动市属企业研发投入增长。市属企业现有高新技术企业38家、公共研发平台39个，全年研发投入强度1.24%，比上年增加0.53个百分点，佛山市公用事业控股有限公司子企业东莞超业精密设备有限公司入选第三批国家级专精特新“小巨人”企业，佛山市铁人环保科技有限公司入选广东省专精特新企业。9月，由佛燃能源集团股份有限公司建设运营的佛山市天然气高压输配系统工程获中国土木工程詹天佑奖，是国内土木工程建设领域最高荣誉。

【国有资本战略性调整】 2021年，佛山市重新核定市属国有企业主责主业，推动实施佛山市属国有资本布局与结构战略性调整，基本完成市国资委直接出资二、三级企业产权关系的优化调整。推动产业布局优化集聚，鼓励企业以股权投资为抓手，向优势产业上下游拓展延伸。加快智能制造、新能源产业布局，整合工程物资供应链上下游资源，参与泛交通产业战略性股权投资，推进城市更新项目，推动绿色建材产业发展，着重园区开发运营板块，培育“一老一小”（养老和托育）产业。加强国资国企联动，与广东省广业环保产业集团有限公司合作，启动“十四五”（第十四个五年规划，起止时间为2021—2025年）佛山各区全流域水环境综合治理。市、区国有企业合资成立佛山市云东海生物港投资开发有限公司，竞得佛北战新产业园启动区7.2公顷地块。强化“央地合作”（中央企业和地方国资合作），推动交通和建筑业发展。加快“两非两资”（非主业、非优势业务，低效资产、无效资产）处置。完成全市165家全民所有制企业公司制改革，解决18家“僵

尸企业”（已停产、半停产、连年亏损、资不抵债，主要靠政府补贴和银行续贷维持经营的企业）出清的后续问题，完成17家规模以下企业清理退出，重点亏损子企业专项治理完成率96%，市属企业亏损面比上年下降10%。启动市属企业低效无效资产处置，提升资产质量。

【国有企业经济社会发展重点领域工作推进】 2021年，佛山市国有企业做好经济社会发展重点领域工作，服务经济社会发展大局。在电气保供稳价方面，佛山市市属发电供气企业稳定电厂存煤量，加强上游气源调度，确保“限电不拉闸、限气不关阀”，保障全市企业、居民用电、用气需求。在民生保障方面，佛山国际健康驿站1856套房间实现交付，开始接收入境隔离人员，服务全市新冠肺炎疫情常态化防控；佛山市医疗废物处置项目投产，年内本土新冠肺炎疫情发生期间实现60吨/日满负荷运作；佛山市生活垃圾资源化处理提质改造项目试运行，垃圾焚烧规模达3000吨/日；白燕市场等5个市内农贸市场实施升级改造，粮食仓储设施及小麦应急加工生产线开工建设。在交通运营方面，确保地铁广佛线、高明区和南海区有轨电车有序运营，推动佛山地铁2号线开通运营，打造全省首个新型高速客服中心，推进罗格收费站、里水立交拥堵点改造，提升通行效率。

【国有企业监管】 2021年，佛山市人民政府国有资产监督管理委员会深化授权经营体制，经佛山市政府同意，将佛山市公用事业控股有限公司、佛山市路桥建设有限公司分别改组为国有资本投资运营公司和国有资本投资公司，额外授予其8个授权事项；调整2020年版市国资委权责清单，回收权限1项、增加授权2项、优化权责12项、下放权限1项，新增事项1项。出台企业负责人高质量发展业绩考核和薪酬管理办法，采用“两利四率”（“两利”即净利润、利润总额，“四率”即营业收入利润率、资产负债率、研发投入强度、全员劳动生产率）和改变考核目标值的方式进行考核。修订《佛山市市属企业资产租赁管理办法》，印发《佛山市市属企业境外国有产权管理暂行办法》，调整剥离代管资产和接管财政性资产的监管权限，授权企业加快资产盘活处置。编制数字国资信息化规划，完成佛山市国资国企在线监管系统建设验收和数据采集上报。组织企业对1个固定投资项目、9个股权投资项目开展项目后评价（对已完成项目或规划的目的、执行过程、效益、作用和影响进行系统的客观的分析），评定结果良好。提高企业风险防控能力，加强企业债务高风险事项分析研判，开展融资性贸易风险、金融衍生业务、投资基金等专项检查。印发《佛山市市属企业合规管理指引》，强化企业违规经营投资责任追究，指导企业监事会依法依规开展监督工作。

（王　娟）

财　政

【概况】 2021年，佛山市地方一般公共预算收入完成808.26亿元，比上年增收54.7亿元，增长7.26%。全市5个区一般公共预算收入实现均衡协调增长，禅城区、南海区、顺德区、高明区、三水区分别比上年增长7.7%、7.53%、7.62%、5.27%、5.6%。全市地方一般公共预算支出完成1072.01亿元，比上年增支68.97亿元，增长6.88%。

【财政收支管理】 2021年，佛山市各级财政部门应对新冠肺炎疫情冲击和经济下行压力加大等不利因素，加强财政收支管理，实现财政平稳运行。

全市财政收入跨越新的百亿大关　加强收入形势研判，强化部门横向联动和市区纵向联动，形成同频共振、齐抓共管的收入组织工作格局，在落实减税降费政策的前提下，多渠道挖掘增收潜力，推动全市一般公共预算收入突破800亿元、继2018年之后跨越新的百亿元大关，为稳定经济社会发展大局提供支撑。

新增专项债等债券获批额度创新高　佛山市获省下达各类债券额度616.36亿元，比上年增加364.28亿元，补充地方财源，其中新增专项债券293亿元、再融资债券323.36亿元。在此基础上，省提前下达佛山市2022年新增专项债额度190亿元，规模位列全省地级市第一。

财政资金盘活力度加大　在落实中央八项规定及其实施细则精神，压减市级公务费、运转类支出的同时，抓支出进度管理，常态化清理收回各类存量资金，统筹用于保障急需的重点支出。全年全市累计消化盘活存量资金153.25亿元，消化率96.33%，消化率比上年提高近10个百分点。

预算编制突出保障大事要事　科学谋划和编制2022年财政预算，对标对表市委“515”（在创新、协调、绿色、开放、共享5个方面发展向高质量快速跃升，在营商环境制度改革等15项重点工作中成为地级市高质量发展领头羊）高质量发展战略目标，全面梳理财政重点支出项目。“515”高质量发展战略方面支出约占市级年初预算支出的七成，在财力安排上更加突出保障大事要事。

【重点领域财政资金保障】 2021年，佛山市各级财政部门落实提质增效、更可持续的积极财政政策，发挥财政资金支持作用，促进经济高质量发展。

创新驱动发展财政资金投入　全市科技支出101.66亿元，支持佛山高新技术产业开发区和三龙湾科技城发展，保障季华实验室、仙湖实验室建设，支持合作共建佛山智能装备技术研究院、广东中科半导体微纳制造技术研究院、香港科技大学（佛山）科技成果转化中心等科研平台，鼓励培育高新技术企业，支持企业加强核心技术攻关，提升科技实力和自主创新能力。

制造业转型升级财政资金投入　全市安排制造业数字化智能化专项资金15.79亿元，综合运用财政奖补、风险补偿、贷款贴息等政策工具，引导制造业企业加快数字化改造、智能化生产。实施“数字贷”工程，打造线上“金融超市”，创新推出“秒担保、秒贴息”服务，截至2021年底，全市有27家银行推出88个“数字贷”产品，448家企业提交728个数字化改造项目备案，涉及投资总额超190亿元，银行向企业授信超10亿元。成立总规模300亿元、首期规模100亿元的广东（佛山）制造业转型发展基金，年内获国家制造业转型升级基金返投。

交通基础设施建设财政资金投入　市财政投入重大交通建设方面资金127.34亿元，支持轨道交通、城市骨干路网等重点交通基础设施建设，保障地铁2号线一期、3号线、广湛高铁，以及佛山一环西拓、季华路西延等项目稳步推进，加快构建更加通达的现代交通网络体系。

帮助企业减负增效财政资金投入　推进减税降费，落实小型微利企业税收优惠、研发费用加计扣除等政策，减轻企业税费负担。加速拓展市融资担保基金业务，深化与商业银行、担保机构合作，拓展“政银担”“政银”业务，推动解决企业融资难、融资贵问题。市融资担保基金规模由3.3亿元增加至8.3亿元，全年通过基金促成合作银行为企业新增授信365.28亿元（累计授信415.44亿元），惠及企业2.38万家，为企业减免担保费用4057.83万元。

乡村振兴工作财政资金投入　全市农业农村方面支出35.16亿元，支持乡村振兴示范村建设，推进农业保险高质量发展。筹集对外帮扶资金23.06亿元，推动佛山市对口支援新疆维吾尔自治区伽师县、西藏自治区墨脱县、贵州省黔东南苗族侗族自治州，以及广东省肇庆、云浮两市驻镇帮镇扶村等工作开展。

激励各区高质量发展财政资金投入　出台《佛山市经济高质量发展贡献奖实施办法（试行）》，设立经济高质量发展贡献奖，对全市5个区按综合得分排名分配奖励资金（2021年总额为5亿元），鼓励各区对标先进、追赶先进、争当先进。

【财政民生保障】 2021年，佛山市在财政收支紧平衡状态下做到民生支出只增不减，保障基本民生，支持办好省、市重点民生实事。

疫情防控和疫苗接种经费保障　全年全市各级财政落实疫情防控资金25.05亿元，确保及时足额满足疫情防控所需，并且将新冠疫苗及接种专项资金7.9亿元上解至省级专户，保障全市疫苗接种工作开展。

兜住兜牢民生底线财政资金保障　提高全市低保对象基本生活保障标准、退役军人优抚保障水平，保障落实孤儿基本生活最低养育标准、残疾人两项补贴、医疗救助资金，对70岁以上的老人发放高龄津贴，支持市颐养院、新社会福利院等公办养老项目建设。

2021年9月15日，广东（佛山）制造业转型发展基金成立仪式在佛山中欧中心举行
（市财政局　供图）

提高基本公共服务水平财政资金保障　全市教育方面支出194.38亿元，重点支持扩大学前教育、义务教育学位供给，推动职业教育提升发展。全市卫生健康方面支出102.69亿元，重点保障市第二人民医院新院区、市第四人民医院公共卫生大楼二期、市中医院改扩建等公立医院重点项目建设，支持医疗卫生人才培养。全市文化体育与传媒方面支出18.07亿元，重点支持佛山市博物馆、佛山粤剧院等公共文体设施建设，支持创建国家公共文化服务体系示范区。全市节能环保方面支出18.31亿元，重点保障开展水环境治理，支持开展污染防治攻坚工作，推动城市生态环境质量改善、加快绿色发展。

【财政管理改革】 2021年，佛山市各级财政部门围绕加快建立现代财税体制，推进重点领域改革，推动财政治理能力水平不断提高。

直达资金改革成为全国经验　依托“佛山扶持通”平台，推进直达资金改革，在全国率先实现政府补助“秒到”企业和个人。截至年底，改革拓展至市、区两级，“佛山扶持通”平台累计发布政策900多项，发放补贴112亿元，注册企业近6万家、个人突破35万人。

全市如期上线省“数字财政”系统　组建超150人的“数字财政”建设团队，通过加强各级“数字财政”专班合作，经过支付联调、业务培训、数据迁移、系统切换，市、区、镇（街道）三级财政于5月如期全面上线省“数字财政”系统，覆盖全市3200多个预算单位，财政业务数据实现横纵互通，佛山市成为全省唯一市、区、镇（街道）三级均实行一级财政管理模式上线的城市。

国有金融资本管理取得成效　通过制定落实委派监事管理办法、重大事项台账沟通制度等，加强和优化对佛山市金融投资控股有限公司管理，建立起“财政出资—金控公司—金融企业”的管理体系。在市财政增资支持下，佛山市金融投资控股有限公司成为新晟期货（2021年12月更名为“佛山金控期货”，并落户佛山）控股股东，在市国有金融资本掌握的金融牌照上实现“零的突破”，填补佛山本地法人期货业态空白。

预算和绩效管理一体化深入推进　研究出台加快全面实施预算绩效管理相关工作方案，促进绩效管理与预算编制执行监督管理一体融合，在抓实事中绩效监控，推动事后绩效评价向大事要事倾斜、向部门整体支出拓展的同时，加大力度开展事前绩效评审，全年市级财政评审99个项目，涉及预算资金32.63亿元，评审核减率超40%，从源头上避免低效、无效支出，提高财政资金配置效率和使用效益。

【佛山在全国首创政府补贴“秒到”企业和个人】2021年，佛山市依托“佛山扶持通”平台，推进政府补助（扶持）资金直达企业个人改革，打造“秒速直达+限时直达”两大改革措施体系，建立财政奖补资金快速拨付机制，在全国率先实现政府补助“秒到”企业和个人，破解惠企利民政策兑现难题。截至2021年底，改革拓展至市、区两级，“佛山扶持通”平台累计发布政策900多项，发放补贴112亿元，注册企业近6万家、个人突破35万人。其中，17.8亿元资金实现“秒到”，推出工业用气补贴、“数字贷”贴息、汽车消费补贴等28项“秒速直达”政策，惠及2.1万家次企业、21.8万人次；推出“限时直达”标准化事项111个，平均兑现时限从原来4个月变为2个月以内，时限压缩率约50%。国务院推进政府职能转变和“放管服”改革协调小组、省委改革办、省政府职转办分别将佛山直达资金改革经验做法先后以简报形式印发给全国、全省学习，国家发展改革委将此项改革作为地方支持民营企业改革发展的典型做法在全国复制推广。

【佛山首只百亿元规模政府投资基金设立】2021年9月15日，广东（佛山）制造业转型发展基金成立仪式在佛山新城中欧中心举行，标志着是佛山市第一只百亿元规模政府投资基金设立。该基金由佛山市、区两级政府和深圳市创新投资集团有限公司作为基石投资人。基金主要投资于制造业龙头企业，核心产业链集群项目，数字化、智能化转型发展项目及重大招商引资项目。该基金促进资本与产业深度融合，服务实体经济，服务企业创新发展，吸引更多国内外优秀企业落户佛山。7月，佛山市制定出台《佛山市推进制造业数字化智能化转型发展若干措施》，提出设立一只总规模300亿元、首期规模100亿元的制造业转型发展基金。8月31日，广东（佛山）制造业转型发展基金在佛山市顺德区完成工商设立登记。同年12月28日，广东（佛山）制造业转型发展基金获批国家制造业转型升级基金地方政府类产业投资子基金，标志着广东（佛山）制造业转型发展基金成为一只由央地政府携手合作的政府投资基金。

（市财政局）

2021年4月23日，在佛山市政府补助“秒到”企业启动会上，企业代表现场体验“秒领”惠企资金

（市财政局　供图）

税　务

【概况】2021年，国家税务总局佛山市税务局完成税费收入2336.6亿元，比上年增长18.1%，其中税收收入1699.0亿元，增长9.2%。剔除海关代征税收后，组织国内税收收入1578.3亿元，比上年增长8.9%；组织社保费和其他费金收入637.7亿元，增长51.0%。国内税收收入中，增值税、企业所得税、个人所得税、土地增值税和契税五大主体税种合计实现收入1369.6亿元，比上年增长8.9%，增收112.3亿元，占全市国内税收的86.8%，占全市国内税收增收额的87.3%。国内税收收入中，第二、第三产业国内税收结构为42.2 ： 57.8。其中：第二产业国内税收收入666.1亿元，比上年增长9.5%，增收42.2亿元；第三产业国内税收收入911.7亿元，增长8.4%，增收70.8亿元。从累计增速看，第二产业国内税收仍保持优势，领先第三产业国内税收增速1.1个百分点。重点行业中，制造业、批发零售业、金融业和房地产业四大行业国内税收收入均保持正增长，合计实现税收1210.8亿元，比上年增长8.2%，增收91.9亿元，贡献76.7%的国内税收总量和71.5%的税收增量。

【税收增收因素】2021年，佛山市社会经济稳步复苏，带动税收逐步增长，地区生产总值比上年增长8.3%，规模以上工业增加值增长9.3%。反映在税收上，全年佛山市国内增值税直接收入稳步增长8.6%。此外，免抵调库收入发挥较大拉动作用，全年免抵调库额创历年新高，累计实现127.3亿元，比上年增长43.2%，约占全年国内税收增量的三成。个人所得税收入137.4亿元，比上年增长16.9%。

其中：工资薪金所得增收11.3亿元，适用10%和20%税率的薪资群体税收增势领先，分别比上年增长38.9%和32.6%。得益于资本市场热度回升，全年自然人股权转让所得增长97.2%，利息、股息、红利所得比上年增长19.0%。依法推进土地增值税清算，全年土地增值税收入117.3亿元，比上年增长4.0%；在房地产业下行和高基数的双重影响下，继续稳定房地产行业税收，促使土地契税入库40.1亿元，增长25.8%；提升房产税、城镇土地使用税入库率，全年“房土”两税合计入库49.8亿元，增长7.7%。

【税收减收因素】 2021年，佛山市房地产业税收随市场调整出现回调。随着房贷利率升高和贷款条件的收紧，佛山市房地产市场呈下行趋势。新建住宅销售面积自9月起累计增速转负，全年新建住宅销售面积下降。市场热度骤降，房地产税收增长乏力。佛山市制造业龙头企业因经营压力出现不同程度减收。收入规模位居制造业首位的电气机械和器材制造业受原材料、国际运输成本上涨影响，行业利润压缩效应明显，比上年小幅增长4.2%；受龙头企业芯片供应短缺和新能源车未能打开销售局面等因素影响，汽车制造业下降14.9%。

【减税降费】 2021年，国家税务总局佛山市税务局统筹抓好减税降费、组织收入、以税咨政等工作，主动融入地方发展大局。落实好支持煤电供热企业纾困、制造业中小微企业阶段性税收缓缴、阶段性减免社会保险费等政策措施，全年为8.1万家次的制造业中小微企业办理缓缴。打造“云退税+退税保”“i惠退”“速退易”等智能退税模式，建立“极速办”出口退税机制，正常退税平均办理时间压缩至5个工作日以内。推动出台全国首份村改税收指引，累计为村改项目减免税近80亿元。联合佛山市农业农村局建立“税收服务乡村振兴”工作机制，推动“税务+农业”深度协作。探索“APA”（预约定位安排）简易程序，帮助外企安心发展。“国际汇税通”“关联申报检测软件”入选国家税务总局“金税四期”国际税收需求方案。

【税收营商环境优化】 2021年，国家税务总局佛山市税务局出台优化税收营商环境23条硬举措，推动佛山市“纳税”指标在全国营商环境评价中排名第十。建成广东省首个纳税服务运营中心，为建立新型纳税服务模式打下基础。在全国首创税务基层政务公开专区，15个专区全年累计服务超36万人次。完善社保费争议处理机制，建成广东省首个社保费征缴争议多元调解中心，佛山市社保举报投诉案件结案率比上年提升79%。推出税务注销预检“双提前”、新办企业“一网通办、一窗通取”、社保业务“一厅联办”等便民举措，在广东省率先上线“广东省税务局非税收入协同工作平台”，实现非税收入申报缴费“零跑动”。在广东省首创电子办税工作机制，佛山市涉税费业务电子渠道平均办理率99.2%，连续数月居广东省第一。创新企业所得税“全链智能式”管理服务机制，累计推送优惠提醒信息2.8万条、风险提示7937户次。承接成品油智能防控系统试点工作，安装率100%。全年新办纳税人参与增值税专用发票电子化试点约2万户。“云呼中心”实现佛山市全覆盖，接听率由40%升至85%。年内，佛山市在全国纳税人满意度调查中获评全国第二。

【纳税服务】 2021年，国家税务总局佛山市税务局落实首批“首违不罚”清单，“智能罚e助手”实现行政处罚智能判、公平判。有序落实个税扣缴专项工作，完成广东省首个自然人个税反避税调查。开展现金税费征缴专项整治，追究执法过错责任155人次。完善“零跑动”远程可视化智能办税系统，实施财产和行为税合并申报，推行不动产登记办税“一窗通办”，出具新税务机构成立以来广东省首份大企业“税收事先裁定意见书”。探索构建纳税遵从评价体系，分类分级管理准确率89.5%。开展纳税评估86户次，推行涉税风险“早知道”服务，推行“慧审易”智能控制体系。推进“智慧税务+数字政府”融合发展，联合佛山市法院构建“智慧法税”体系，明确15项业务协同事项；联合佛山市自然资源、政数、住建等部门落实“交房即办证”工作，全年有3451户纳税人实现在领取新房钥匙的同时领取不动产权证书。辅导美的集团开出全国首张先进制造业“全电”发票（全面数字化的电子发票）。

【全国税务系统首个基层政务公开专区在佛山试运行】 2021年3月4日，全国税务系统首个基层政务公开专区在佛山市南海区税务局桂城办税服务厅试运行。该专区设有“公开为民”“公开便民”“公开惠民”三大板块，集中政府信息查询、税费政策解读、咨询热点问答、办税缴费指引、信息公开申请、意见建议反馈等多项服务功能，展示涉及办税缴费的5个方面23个公开事项，并列明每个事项的公开依据、公开时限、公开主体、公开渠道和载体、公开对象、公开方式、公开层级等，加强对优化税收营商环境、减税降费、“放管服”改革等重点领域政府信息的公开。在该专区，纳税人、缴费人可以“一站式”享受信息公开服务。

【“银税互联”自助办税业务上线邮储银行智能柜员机】 2021年7月15日，国家税务总局佛山市税务局与中国邮政储蓄银行佛山市分行签订“银税互联”自助办税业务合作共建协议，邮储银行佛山市分行29个网点的智能柜员机开通“银税互联”自助办税业务功能，市民可以通过智能柜员机体验高效便利的税务及金融一体化自助服务。“银税互联”自助办税业务包括个税纳税记录、社保费完税证明、参保信息查询等三大类28项税费业务，能减少纳税人办税成本，实现“银行+税务+社会”三方互利共赢。

【全省首个纳税服务运营中心在佛山成立】 2021年7月29日，国家税务总局佛山市税务局整合“零跑动”可视化办税系统、“云呼叫中心”、征纳互动群组等办税缴费新渠道，在顺德区试点成立全省首个纳税服务运营中心——国家税务总局佛山市税务局纳税服务运营中心（顺德）。运营中心汇集原本分散在各实体办税厅的60名后台人员，通过集约管理、规范服务，实现资源有效利用。纳税人、缴费人通过线下办税厅、政务

2021年7月29日，广东省首个纳税服务运营中心——国家税务总局佛山市税务局纳税服务运营中心（顺德）在佛山市顺德区试点成立　（市税务局　供图）

服务点、线上“非接触式”办税平台等申请的业务，都可以汇集到运营中心的“云前台”。通过与税务征管平台进行实时对接，“云前台”会根据业务所属类型触发不同后台技能组，并根据实时业务量智能调度办税服务资源，打造“业务后台集中受理、前台按需自由设置”的立体化纳税服务新模式。

（周　鹏）

金融监督管理

【银行业监管】2021年，中国银行保险监督管理委员会佛山监管分局督促引导辖内银行机构规范业务经营、强化内部管理，促进各项业务保持规范稳健创新发展，辖内没有发生重大案件风险和系统性风险。

银行业风险防控　加强新冠肺炎疫情对银行机构资产质量影响分析，动态监测银行盈利拨备和不良贷款处置能力，佛山银行业全年处置不良贷款超93亿元，截至年底，佛山银行业不良贷款率0.68%，比年初下降0.06个百分点。落实房地产市场调控政策要求和房地产贷款集中度管理要求，组织实施信贷服务高质量发展情况等9项现场检查，开展“内控合规管理建设年”活动，促进辖内银行机构合规经营。成立佛山市银行业消费纠纷人民调解委员会，健全金融消费者权益保护工作机制。落实佛山市金融管理部门联席会议制度，协同市金融工作局、市公安局等部门推进“扫黑除恶”专项斗争，以及打击非法集资、电信网络金融诈骗等工作。

银行业服务实体经济　推进普惠金融发展，联合市金融工作局、人民银行佛山市中心支行印发《关于加强银行业机构首贷户拓展和培育工作的通知》，探索辖区“无贷户—首贷户—战略客户”递进式银行业机构首贷户拓展与培育路径，截至2021年底，佛山银行机构累计向7262家首贷户发放普惠型小微企业贷款超230亿元，普惠型小微企业贷款超1900亿元，高于年初各项贷款平均增速超23个百分点。支持佛山市制造业数字化智能化转型升级，推动银行机构创新推出88款适合制造业转型的专属“数字贷”金融产品，截至年底，制造业贷款余额超2900亿元，比上年增长23%。引导银行机构加强外贸企业金融服务对接，截至年底，佛山银行机构对外贸企业表内外融资余额超1600亿元，比上年增长约11%。支持能源电力稳价保供，佛山银行机构全年对煤电等能源企业发放超68亿元资金支持，保障煤电企业合理用款需求。引导佛山银行机构结合佛山“村改”模式创新“村改贷”金融产品，全年累计向156个村级工业园改造项目授信480多亿元，支持佛山村级工业园改造。

银行业改革发展　推动粤港澳大湾区特色金融业务“跨境理财通”试点落地，佛山有21家银行获“跨境理财通”业务资质，覆盖国有、中小股份制和外资银行。截至年底，全市开立“北向通”账户80个、“南向通”账户369个，资金汇划合计2325万元。推进南海农商行、顺德农商行上市和集团化独立发展，完成民生银行信用卡佛山分中心等6个机构非持牌经营机构整改。支持银行机构业务创新，顺德农商行发行二级资本债35亿元，平安银行佛山分行中小企业征信数据贷（KYB）“税金贷”和农业银行南海分行“链捷贷”入选2021年度“中国银行业普惠金融典型案例集锦”。

【保险业监管】2021年，中国银行保险监督管理委员会佛山监管分局引导辖内保险机构回归实体、防控风险、深化改革创新，推动保险业实现高质量发展。

保险业金融风险防控　整治车险秩序，组织车险专题会议，开展监管约谈，加强行政处罚，车险市场整治查处保险机构3个，查处金额4502.05元，处罚金额252元。落实回溯监管，车险综合费用率、综合成本率均维持较好水平。组织开展互联网保险整治专项工作，指导7家开展互联网保险业务的保险专业中介法人机构和银行类保险兼业代理法人机构开展自查自纠并督促问题整改，推动合规建设。应对群访群诉风险，启动现场核查。

保险业服务实体经济　引导保险机构支持佛山外贸稳定发展，佛山保险机构全年通过出口信用保险、进出口货运保险等为外贸企业提供保险保障金额2300多亿元，比上年增长超25%。加大抗疫保险支持力度，佛山保险机构通过扩展新冠肺炎保险责任、推广专属保险产品等方式为医护人员和各类群众提供新冠肺炎感染、疫苗接种等保险保障，5—6月新一轮新冠肺炎疫情发生期间，有40多个保险机构为3000余人提供保险保障超16亿元。推动保险机构做好针对自然灾害的理赔工作，佛山保险机构对5月末6月初“龙舟水”集中期暴雨引发的754件赔案开通绿色通道，赔偿金额1169万元。

保险机构业务创新　在全国率先开发流转期待宰生猪保险，实现生猪全产业链保险保障。在省内率先完成2021—2023年度农业险招标，满足水产、花卉高额保障需求。全年全市农业险保费收入突破2亿元大关，保费增速和赔付支出增速均居全省第一。推动制定巨灾保险方案，工程质量潜在缺陷保险（IDI）试点工作走在全省前列。佛山市定制型惠民保产品“平安佛医保”在《人民日报》健康客户端、健康时报社主办的“多层次医疗保障优秀案例征集”活动中被评选为全国8大综合创新优秀案例之一。

（佛山银保监分局）

【货币信贷管理】 2021年，中国人民银行佛山市中心支行引导法人银行机构加大信贷投放力度，辖内法人金融机构新增信贷486.87亿元。引导金融机构加大对重点领域的信贷支持力度，发放再贷款再贴现政策资金259.79亿元，金融机构运用政策资金发放贷款和票据融资的加权平均利率均低于全市总体水平，惠及市场主体6863户。落实人民银行联合银保监会等五部委下发的《关于继续实施普惠小微企业贷款延期还本付息政策和普惠小微企业信用贷款支持政策有关事宜的通知》，运用普惠小微贷款延期支持工具和信用贷款支持计划，带动全市银行机构为2.39万户市场主体办理687.61亿元贷款本金延期，向7.24万户市场主体发放374.08亿元普惠小微信用贷款。推进贷款市场报价利率（LPR）改革，推动企业综合融资成本稳中有降，全市金融机构新发放企业贷款加权平均利率4.60%，比上年下降15个基点，降低企业融资成本30.27亿元。全市金融机构年末本外币存款、贷款余额分别为2.06万亿元、1.65万亿元，存款、贷款总量均位居广东省地级市首位。

【货币金银服务管理】 2021年，中国人民银行佛山市中心支行推进顺德农商银行设立人民银行托管业务和代理发行库，并作为全省首个托管库业务于12月运营。开展拒收现金、非法买卖流通人民币专项整治，处理拒收现金投诉30宗，开出省内首单拒收人民币现金行政处罚单。打击非法买卖流通人民币，为453名受骗群众挽回经济损失。推进货币鉴定单位建设试点工作，协助公安机关破获假币犯罪案件4宗，抓获犯罪嫌疑人13人，收缴假人民币90.99万元，收缴金额比上年增长60.88%。

【外汇管理】 2021年，中国人民银行佛山市中心支行指导辖区银行落实资本项目外汇收入支付便利化政策，简化企业资本项目收入支付手续，支付业务审核时间由1小时压缩至5分钟，佛山辖区银行全年为企业办理支付便利化业务474笔，折合金额1.99亿美元。推动落实外债登记改革，全年为佛山辖区企业办理外债一次性登记业务26笔，外债规模99.12亿美元，提款折合12.87亿美元。推广非银行债务人外债注销下放银行改革政策，减轻企业经营负担，降低企业“脚底成本”，佛山辖区银行全年为企业办理外债注销登记业务101笔。落实直接投资项下业务可在广东辖区任一银行办理外汇登记新政，佛山辖区银行全年为113家异地企业办理直接投资外汇登记15笔。落实外债便利化额度试点，使辖区中小企业享受政策红利，缓解融资难融资贵问题，辖区企业全年办理全口径跨境融资签约备案业务49笔，备案金额折合3.77亿美元，提款金额折合3.34亿美元。

【非法金融活动打击】 2021年，中国人民银行佛山市中心支行推动反洗钱监管合作，与市住房城乡建设局签订“佛山市房地产行业反洗钱监管合作备忘录”。联合市相关部门推动反洗钱罪判决工作，推动完成1件全国扫黑办督办案件判决，加大银行外汇业务合规与审慎经营专项检查力度，检查相关银行机构12个次。严厉打击地下钱庄、跨境赌博和电信网络新型违法犯罪等非法金融活动，破获地下钱庄案1宗，对9名地下钱庄交易对手进行立案查处，运用“断卡”行动、“全民反诈”行动等专项工作机制，巩固警银联动协同打击成果。指导银行协助追查银行账户4.2万户，止付2.3万户，止付赃款5.1亿元，切断不法分子资金链条。年内，佛山辖区月均涉案单位银行账户数量比上年下降60.72%。

【货币支付服务】 2021年，中国人民银行佛山市中心支行组织辖区银行机构落

2021年，佛山市辖区银行落实资本项目外汇收入支付便利化政策，简化企业手续，提升营商环境便利化程度。图为建行佛山市分行“关银一key通”项目首发仪式

（中国人民银行佛山市中心支行　供图）

实小微企业和个体工商户减费让利措施，全年为辖区市场主体减免费用8963.47万元，其中规定项目降费5377.83万元、自主项目降费3585.64万元，累计惠及小微企业和个体工商户超45万户。推广适老化支付服务，截至年底，佛山辖区95%的银行机构网点设有老年人服务专区，超65%的银行机构完成智能终端、线上操作界面适老化优化。优化银行账户服务，加强企业账户全生命周期管理。深入推进移动支付示范镇建设，佛山辖区示范镇全年移动支付业务625.59万笔，金额11.04亿元，其中三水区云东海街道移动支付交易规模居全省第一。

（沈婷婷）

【地方金融监管】 2021年，佛山市金融系统坚强地方金融监管，防范化解金融风险，守住不发生系统性区域性金融风险的底线，实现“三个不发生”（不发生系统性区域性金融风险，不发生跨省进京规模性聚集事件，不发生金融领域风险向政治安全和社会稳定领域传导蔓延）工作目标。完成2020年度佛山市34家小额贷款公司“楷模”监管评级（其中银利达小贷、科技小贷公司评级排全省前5名，均被评为“AAA+”级）、7家融资担保公司监管评级，以及14家典当行的年审工作（14家典当行年审全部获通过，其中12家被省金融局评为A类机构，占比85.7%）。继续推动P2P网贷机构（指开展点对点互联网借贷业务的一类机构）退出，6月30日，随着佛山市最后1家停业未退出的P2P网贷机构完成风险出清，佛山市P2P网贷业务全部实现清零。开展融资租赁公司清理排查和分类评级工作，全年全市完成178家融资租赁公司清理排查和分类评级，确定拟纳入首批名单制监管的有8家。推进各类交易场所清理整顿，其中退出1家，规范保留3家，其中桂江农产品交易中心拟变更为广东粤汇金属交易中心有限公司，并引进南海区、大沥镇国资参股，规范和优化业务开展。形成一套法人机构主要数据指标季度报表，为完成小贷、融担、典当、融租、商业保理、交易场所六类机构的行业清理整顿提供数据支撑。开展地方金融组织检查和调研，全年对佛山市地方金融组织进行现场检查和基层调研50次。强化非现场监管，指导小贷、融担、融租、商业保理等机构做好非现场监管新系统的填报工作，定期报送监管月度、季度等报表。处置各类金融信访投诉，全年未发生重大金融风险问题。

（李洪仓）

【金融服务管理】 2021年，佛山市支持企业融资专项资金为2404家企业提供政策性转贷资金420.36亿元，企业数和资金数分别比上年增长25.01%和17.43%，该融资专项资金自2015年成立以来累计为企业提供转贷资金服务1508.98亿元，办理资金业务1.5万笔，惠及8486家企业。发挥政策性小额贷款保证保险助贷作用，让银行信贷摆脱对于抵押物的过度依赖，年内帮助421家企业获得贷款472笔，贷款金额10.51亿元。发挥科技信贷专营机构作用，推动全市科技信贷较快增长，全市21家科技支行全年为3217家次企业发放贷款179.48亿元，比上年增长24.15%，其中为1469家次科技型企业发放贷款92.79亿元，科技型企业贷款占比51.70%，缓解科技型企业融资难问题。通过运用佛山市融资担保基金推动构建政府、贷款机构、担保机构（保险机构）共同分担风险的再担保机制，提升中小微企业金融服务水平，市融资担保基金全年新增放款金额341.76亿元，新增服务中小微企业2.1万家。推进“粤信融”广东（佛山）中小微企业信用信息和融资对接平台升级改造，全面对接市信用信息数据库，在该平台注册的企业增至8.23万家，全年撮合融资3179笔、金额336.46亿元，平均利率4.8%，平均用时16.66天。强化金融培训教育，提升企业运用金融政策和工具的能力，全年开展64场金融培训教育活动，内容涉及资本市场、金融产品、政策工具、企业走出去、监管及风险防范5个方面，培训超3500人次。

（欧颖诗）

【小贷“楷模”监管评级交流会】 2021年7月30日，佛山市金融工作局主办的佛山市小贷“楷模”监管评级交流会在禅城区万科金融中心举行。省、市小贷协会，佛山市市、区金融局（办）及辖区小贷公司代表近90人参加会议。会上，对规范经营、业绩良好、支农支小表现突出及在省“楷模”监管评级中被评为“A”级以上的银利达小贷等14家小贷公司进行表彰和授牌，银利达小贷和科技小贷2家获评为“AAA+”的小贷公司作经验介绍。在2020年度省小贷“楷模”评级中，佛山有34家小贷公司参与，有14家小贷公司被评为“A”级以上，数量在全省各地级市中排名第一；被评为“A”级以上的公司数量占辖区小贷公司家总数的41.18%，占比全省最高。其中，佛山市顺德区银利达小额贷款有限公司排名全省第二、佛山市科技小额贷款有限公司排名全省第五，均被评为“AAA+”级。

（李洪仓）

【金融业发展“十四五”规划】 2021年12月24日，佛山市金融工作局印发《佛山市金融业发展“十四五”规划》。该规划总结“十三五”（第十三个五年规划，起止时间为2016—2020年）时期金融改革发展成绩，梳理金融政策体系，围绕“十二五”以来的佛山金融发展轨迹构建指数模型，分析当前金融业发展的机遇和挑战；提出“十四五”时期佛山金融改革发展的指导思想、基本原则、发展定位和发展目标，并明确“十四五”期间佛山金融业发展定位和具体目标，其中，发展定位包括打造具有区域影响力的产业金融标杆城市、金融支持制造业高质量发展范本城市、现代金融业发展特色城市和金融稳定发展示范城市。该规划还围绕佛山金融业发展定位，从完善金融布局、服务实体经济、深化金融改革、优化金融生态4个部分提出40余项重点任务和措施。该规划还明确增强组织协调联动、完善金融扶持政策、加大资金保障力度、健全规划实施监督和落实机制等保障措施。

【“金融政策进园区”活动】 2021年10月22日，由佛山市金融工作局、中国人民银行佛山市中心支行、禅城区金融工作局主办的“金融大讲堂——金融政策

2021年10月22日，佛山市“金融大讲堂——金融政策进园区”活动在广东新媒体产业园举行。图为“佛山市融资担保基金子项目佛山市‘数字贷’工程风险补偿资金——打造‘数字贷’工程支持制造业数字化转型升级”主题报告现场　（市金融工作局　供图）

进园区”系列活动之佛山新媒体产业园区专场举行，来自佛山新媒体产业园区企业及相关高新技术企业的代表40人参加活动。活动对佛山市市级及禅城区既有金融政策进行全面的梳理，重点对“数字贷”工程风险补偿资金、知识产权质押融资、融资担保基金、债券融资风险缓释基金等市级政策性金融工具进行解读，并对禅城区上市扶持政策、支持企业融资专项资金等进行宣讲，帮助企业全面、深入了解政策性金融工具，为日后拓宽融资渠道、降低融资成本提供新的思路。会上，人行佛山市中心支行对高新技术企业外债便利化额度试点政策进行解读，并由相关金融机构就跨境金融产品进行介绍。

（欧颖诗）

审　计

【概况】 2021年，佛山市审计机关完成审计项目109个，审计查出主要问题金额203.61亿元。其中违规金额24.84亿元、损失浪费金额0.18亿元、管理不规范金额178.59亿元。审计发现非金额计量问题991个，审计期间整改金额9.07亿元。为国家增收节支8.73亿元，减少财政拨款或补贴0.75亿元，归还原渠道资金4.08亿元。审计后挽回（避免）损失0.2亿元。审计移送处理事项60项。出具审计报告和专项审计调查报告135篇，提交信息、审计专题、综合性报告232篇。向被审计单位或有关单位提出审计建议384条，促进建立健全规章制度217项。向社会发布审计结果公告12篇。完成上级审计机关和各级党委、政府及有关部门交办、配合事项64项。

【政策落实跟踪审计】 2021年，佛山市审计机关对国家和省重大政策措施落实情况进行跟踪审计，重点关注粤港澳大湾区建设、乡村振兴、优化营商环境、家电惠民、就业优先、电子警察规划建设等相关政策措施落实情况。审计推动3.44亿元专项资金及时清理盘活、工程项目审批双提醒机制建立、村居推广使用市一体化在线平台增长110%，促进出台深化“放管服”改革、统筹整合涉农资金等制度。

【财政审计】 2021年，佛山市审计机关实行“预算执行+政策跟踪”审计模式，围绕人大预算审查监督新要求，全覆盖审计79个市直部门预算执行和财政收支情况，审计查出问题271个，涉及金额56亿元。财政直达资金专项审计采取大数据审计与现场审计相结合方式，建立审计整改滚动跟踪机制，推动加快0.78亿元应急物资保障体系建设补助资金、0.01亿元困难群众救助中央补助资金分配使用，推动建立和完善救助人员和应急物资管理制度。

【经济责任审计】 2021年，佛山市审计机关对21个单位主要领导干部开展经济责任审计，监督指导村（社区）“两委”〔村（社区）党组织和村（居）民委员会〕换届审计工作，促进领导干部担当作为、依法履职。运用审计结果对市党代会、人大会议、政协会议推荐的约960名人选客观审慎提出意见建议，保护领导干部干事创业积极性。调整市经济责任审计工作联席会议成员及有关人员，发挥联席会议统筹协调和合力监督职能作用。提炼32个镇（街道）74名领导干部经济责任审计成果，推动相关部门堵上机制漏洞、加强管理。

【公共投资审计】 2021年，佛山市审计机关对市第二人民医院新院、市粤剧院、三龙湾大道、高明焚烧发电厂等7个市重点项目的资金筹集使用和建设管理情况进行审计，重点围绕工程质量、安全、工期、造价和政策目标实现等关键环节开展审计，向市政府上报审计专报3份，促进出台规范应用工程建设项目评标定标分离办法的市级指导性意见，督促收回企业代收代管的应急资金约3亿元。

【国有企业审计】 2021年，佛山市审计机关对市公盈投资控股有限公司、市公用事业控股有限公司等11个单位资产负债损益情况进行审计，查出主要问题金额10.14亿元，督促出台“债权债务清理指引”等9项制度。开展全市国有资本经营收益情况专项审计调查，推动完善国企考核机制、加强混合所有制企业管理，促进国有资产保值增值。

【民生资金和项目审计】 2021年，佛山市审计机关开展2020年市级统筹社会保险基金预算执行情况审计，依托大数据技术，实现社会保障资金审计全覆盖。领办“我为群众办实事”市级层面重点民生项目，对基本公共卫生服务、三甲医院医疗改革、城区养老服务业等政策落实情况进行审计调查，推动加强医保基金预算管理、提高医保待遇标准，促使高明区增加养老服务设施50处。

【审计查出问题整改】 2021年，佛山市审计机关对2019年度审计工作反映的220个问题整改落实情况进行核查，核查结果报市人大常委会审议并向社会公告。市审计局通过上缴财政、归还原渠道资金、拨付滞留资金等方式整改问题金额36.49亿元，处理处分30人次，制定完善制度116项。联合市财政局、市机关事务管理局成立整改监督工作组，对市级行政事业单位土地和房产管理审计项目开展整改监督，督促2套商品房完成办证、146项账外房产登记入账、679套拆迁安置房落实整改。

【内部审计】 2021年，佛山市审计机关加强内部审计指导监督，开展内部审计工作调研，指导相关单位编制内部审计项目计划。在审计项目实施中关注被审计单位内部审计报告披露的问题及整改情况，提出意见建议。对内审人员实施专题培训和“以审代训”，通过“带、帮、促”方式，促进内审人员业务能力提升。

【审计理论研究】 2021年，佛山市审计机关出台《佛山市审计事业发展“十四五”规划》，促进审计工作质量和水平提升。加强审计质量控制，出台《佛山市审计机关审计工作报告审核办法》《佛山市审计机关审计质量检查指标》等6项制度。高明区审计局1个审计项目获评审计署优秀审计项目。

（张嘉琪）

统　计

国家统计

【概况】 2021年，国家统计局佛山调查队加强统计调查数据全过程质量管控，落实统计数据质量责任制，强化流程管理，完成各项常规和重点统计调查工作任务。执行国家调查方案和规范化要求，完成一体化住户、农民工监测、低收入居民家庭收支、劳动力调查等多项居民调查的采集、审核及上报工作。执行定时、定点、定人“三定”采价原则，加强对调查规格品、调查企业的核定及调整，做好居民消费价格、低收入价格、工业生产者价格和房地产价格调查。加强与样本企业和调查点的沟通联系，及时查询、反馈、修正企业报表错误，按时准确上报报表，完成主要畜禽监测、粮食畜牧业全面统计、农产量遥感测量、采购经理、新设立小微企业跟踪、服务零售结构调查等多项常规调查。完成基本公共服务均等化公众满意度调查、中央企业全面从严治党民意调查、“粤商通”平台用户体验满意度调查和网购用户专项调查。强化统计数据监测及审核、调查样本管理及优化、统计基层基础建设、统计服务建设、统计新闻宣传和统计法治建设。

【国家统计调查数据监测及审核】 2021年，国家统计局佛山调查队做好各专业报表数据的收集、整理、评估，运用多种手段，加强对数据的审核评估，加大村（社区）、镇（街道）、区、市四级联审力度，提升数据准确性。根据全市电子记账100%的实际，建立电子记账国家住户调查平台实时监管机制，同步推广国家统计局广东调查总队开发的数据监管小程序，实现电子记账数据审核“日审周清月结”，完成全市1000户城乡住户调查、315户农民工市民化调查、160户农民工监测调查、150户城镇低收入居民家庭调查和55户网购专项调查工作的月报、季报及年报。在粮食畜牧业统计和主要畜禽监测调查中，规范源头数据取数、处理和上报流程，完成530户畜禽监测调查季报，实现全年数据零差错。劳动力调查过程中根据报表工作流程，每月督促区级拟好3个关键时点，上报相关工作完成情况，年内完成1072户调查户月报工作。规范细化采购经理调查和小微跟踪调查报表操作规范和上报流程，统一使用自编审核表格、公式，减少基础错误的产生。

【国家统计调查样本管理及优化】 2021年，国家统计局佛山调查队及时掌握和评估调查样本情况，对调查样本实行动态管理和实时维护。劳动力调查工作扩样改革继续推进，扩样后样本数量为原来的3倍，新旧样本数据平稳衔接。消费价格调查在完成基期轮换后，调查期间更换关停调查点6个，删减替换失效规格品345个，增加网络采价规格品数量，全年自有采价点220个，代表规格品1264个。工价调查新增9家调查企业，全年调查企业257家，调查行业大类33个，保证全市规模以上工业行业大类全覆盖。房价调查除每月处理住房城乡建设部门网签数据外，通过问卷调查扩充调查样本，提高样本代表性，调查样本由2020年的20个扩充至26个。

【国家统计调查基层基础建设】 2021年，国家统计局佛山调查队成立统计基层基础工作领导小组，建立工作协调机制。组织召开领导小组协调会议，结合佛山市各专业、各区实际进行研究讨论，明确加强统计基层基础建设的重点任务、创新举措和薄弱点，制定《关于进一步加强统计基层基础建设的实施意见》，对相关责任领导、牵头单位、责任单位和完成时限进行细化，推动统计基层基础工作在各调查专业和区、镇（街道）同步推进，指导镇（街道）、村（社区）、企业制定各项统计调查工作管理制度，提升数据采集、审核、报送、管理质量。组成5个督导组，采取实地督导、座谈会、书面检查等形式，对全市各区及9个镇（街道）贯彻落实文件精神和开展国家调查工作情况进行督导，并与区政府分管领导座谈反馈督导情况，提出有关工作要求和积极性建议。全年各专业召开培训会议20余场次、培训各级统计调查人员1400余人次。推进温馨提示卡制度，制作“住户调查记账指南”“劳动力调查员工作流程一页通”，规范调查员调查意识，提升工作效率。坚持常态化入企、入户、入村走访和电话回访，结合《佛山调查队各专业全周期数据质量核查办法（试行）》，开展数据质量检查和基层走访，梳理工作任务落实进度及落实中存在的难点、堵点，做好任务落实的动态跟踪、节点控制和日常监督，全年各专业开展实地检查和走访调研400余次。

【国家统计调查业务领域统计法治】2021年，国家统计局佛山调查队更新“双随机”（随机抽取检查对象，随机选派执法检查人员）样本库和人员库。成立统计执法检查组赴各区开展统计执法检查，全年检查调查对象29个，其中“双随机”抽查调查对象12个、重点执法检查抽选调查对象8个、“回头看”执法检查抽选调查对象9个；立案并结案企业1家（提供不真实统计资料）、立案经陈述申辩销案1家（提供不真实统计资料）、责令改正5家、公示1家。“双随机”集中执法检查后，发文向各区反馈通报统计执法检查情况并提出整改要求意见。围绕样本轮换和企业统计人员变动情况增发或补发统计法律事务告知书131份。向国家统计局广东调查总队选送案卷，并获评优秀案卷。加强统计调查人员和调查企业的统计信用建档工作，与国家统计局广东调查总队执法监督处联合制作完成统计信用建设原创动漫视频。推动统计法进党校，派员到中国佛山市委党校举办“统计法律法规知识解读”专题讲座。全年开展法治培训32场次，培训1050人次。立足“12·4”全国法制宣传日、“12·8”普法宣传日关键节点，开展统计法“进村居”“进企业”“进高校”专题普法活动。

【经济民生快速调研与课题研究】2021年，国家统计局佛山调查队承接国家统计局广东调查总队和中共佛山市委、市政府办公室的信息约稿任务，围绕减税退税政策落实情况、高校毕业生和农民工等重点群体就业情况、外资企业发展现状与营商环境情况、居民消费升级和教育住房等社会热点主题进行调研，全年撰写统计调查信息135篇，被中共中央办公厅、国务院办公厅、国家统计局、国家统计局广东调查总队、中共广东省委办公厅、广东省人民政府办公厅、中共佛山市委办公室、佛山市政府办公室采用183篇次，获国家统计局领导、省领导、市领导批示30篇。牵头或参与“珠江西岸先进制造业高质量发展的路径研究”“需求侧管理统计指标体系构建研究”“促进居民消费扩容提质研究”等课题研究6项。与第三方统计服务公司合作开展“佛山外资企业发展（产业链布局）趋势研究”“佛山市就业环境评价研究”等专题研究。

【国家统计调查业务领域资料编发】2021年，国家统计局佛山调查队与佛山市统计局联合编印《佛山统计年鉴2021》，联合发布《2020年佛山市国民经济和社会发展统计公报》。独立编印《年定报制度汇编》《佛山市社会经济调查报告》《佛山国家调查》等调查资料，以呈阅件形式将部分重要数据资料专送中共佛山市委、市政府主要领导。通过主流媒体定期对外发布主要调查数据及解读等，年内在新闻媒体发布新闻稿36篇次。实行政务数据公布共享，完善政务网站和政务微博的常态运营与维护，面向社会发布并及时更新居民收支数据、价格数据及解读100余次；在佛山市数据资源共享平台上传主要调查数据，与政府有关部门共享数据信息。粮食畜牧业统计调查等专业在国家统计局广东调查总队反馈全市全面统计数据的基础上，优化分区数据核定方法，做好分区数据核定，及时反馈至相关部门使用。

（许雁雁）

地方统计

【概况】2021年，佛山市统计局完成农林牧渔业、工业、建筑业、批发和零售业、住宿餐饮业、房地产、能源、投资、科技、资源环境、人口、劳动力、社会发展等专业的2020年统计年报和2021年定报报表。完成2021年妇女儿童发展规划监测评估等。继续落实各项“小升规”（小微企业转型升级为规模以上企业）入统（纳入国家一套表统计范围）工作措施。全年新增“四上”企业（指规模以上工业、有资质的建筑业、规模以上批发和零售业、规模以上住宿和餐饮业、规模以上服务业法人单位）3736家，其中新增规模以上工业企业1806家。截至2021年底，全市“四上”企业在库1.81万家，其中工业9150家、批发零售业4754家、住宿餐饮业774家、服务业1846家、房地产开发经营业755家、建筑业802家。

【经济运行监测】2021年，佛山市统计局强化经济监测预警，继续完善统计监测机制。建立重点指标日报制度，统计月报报数期间，对规模以上工业增加值、固定资产投资、商品房销售面积等重点指标执行日报制度，实行“一日一审核、一日一汇总、一日一报告”，加强对统计数据质量监测和评估。强化沟通会商机制，落实佛山市经济运行月监测季分析研判工作制度，全年完成月度经济监测调度会8次和地区生产总值核算指标齐抓共管工作会议1次。

【统计服务产品开发】2021年，佛山市统计局加强分析研究，全年撰写《佛山统计报告》35期、《佛山统计专报》6期，其中《关于我市统计数据外流相关情况的报告》《佛山市“小升规”情况分析报告》《关于2020年佛山市“四上”调查单位退库情况分析的报告》等7份报告获中共佛山市委、市政府主要领导批示，并召开专门会议部署研究具体贯彻落实措施。推进统计资料整理汇编，完成年度资料《2020年佛山市国民经济和社会发展统计公报》《佛山统计概要（2021）》《2021年佛山市统计年鉴》编印工作，其中《佛山统计概要（2021）》为首次编印；完成月度刊物《统计月报》11期，编印月度资料《主要经济指标完成情况》11期；完成《数说佛山“十三五”——迈入高质量发展新时代》图册和《“十三五”时期佛山经济社会发展成就系列分析报告》汇编。落实信息公开和信息发布工作，修订《统计数据公开发布操作指引（试行）》，规范和完善统计数据的公开发布和管理，做好官方网页、微博、微信公众号等政务新媒体的信息发布工作，全年发布各类政府信息290条，其中政务工作动态类信息139条、统计数据类信息88条、统计分析类信息63条。通过政府官方微博“佛山统计”对外发布信息68条，通过官方微信“佛山统计”对外发布信息84条。

【统计基础建设】 2021年，佛山市统计局加强统计名录库建设，推进市、区、镇（街道）三级联动的综合审批及市、区两级专业联审，定期通报入库进度。截至年底，名录库有各类单位29.99万个，其中法人单位27.01万个、产业活动单位2.98万个。到各区开展劳动工资年报统计指导、数字经济活动专题调研、企业研发和创新年报数据质量实地核查、规模以上工业企业生产数据现场核查、统计基层基础建设等相关工作100余次，累计走访基层单位或服务对象超360个，收集基层反映的主要问题62个，其中市统计局推动解决59个、协调各单位联动解决1个、转相应部门解决2个。开展统计基层基础建设情况调研，完成对全市5个区及32个镇（街道）统计基层基础建设情况的调研摸底，并通过组织调研组赴广州市调研考察等，形成《关于全市统计基层基础建设情况的调研报告》报市委、市政府作决策参考。加强业务培训指导，向各级领导干部开展统计法相关知识宣讲2场次，组织各专业科室（中心）负责人到各区开展统计基层基础培训班授课10人次，在中共佛山市委党校举办为期5天的2021年全市统计业务能力提升培训班，邀请省统计局党组书记、局长杨新洪为佛山市委理论学习中心组作《学习贯彻十九届六中全会，以数据多维解构经济社会》的专题辅导报告。

【统计法治】 2021年，佛山市推进习近平总书记关于统计工作的重要指示批示精神和相关统计法律法规纳入各级党委、政府和部门会议学习的重要内容，全市各级党委、政府通过党委常委会、政府常务会议、集中学习等形式专题学习38次，全市42个部门通过党组会、中心组学习等形式组织本部门（领域）学习95次，全市统计系统组织开展专题学习7次。将统计工作纳入中共佛山市委巡察重点内容，把整治统计造假作为整治民生领域侵害群众利益突出问题的重点工作，南海区、高明区完成相关内容巡察。建立健全防范和惩治造假、弄虚作假责任制和问责制，落实防范和惩治统计造假第一责任和主体责任。优化统计执法编制事项和人员配置，推进市统计局增加行政执法编制事项，各区统计部门增加行政执法编制15个。制定整改措施，完成国家统计督察广东反馈意见4个方面15个问题的整改。

【佛山市第二次全国污染源普查结果公布】 2021年4月8日，佛山市生态环境局、佛山市农业农村局、佛山市统计局公布佛山市第二次全国污染源普查主要数据，普查的标准时点为2017年12月31日，时期资料为2017年度，全市普查对象数量7.8万个（不含移动源），包括工业污染源7.6万个、畜禽规模养殖场1187个、生活污染源585个、集中式污染治理设施208个、以行政区为单位的普查对象数量6个。普查摸清各类污染源的基本情况、主要污染物排放数量、污染治理情况等，并建立重点污染源档案和污染源信息数据库。

【《佛山市第七次全国人口普查公报》发布】 2021年5月18日，佛山市统计局、佛山市第七次全国人口普查领导小组办公室在《佛山日报》发布《佛山市第七次全国人口普查公报》，并在佛山市统计局官网、“佛山统计”微信公众号同步推送，公布全市常住人口、地区人口、人口性别构成、人口年龄构成、人口受教育、城乡人口和流动人口等情况。普查结果显示，截至2020年11月1日零时，佛山市常住人口949.89万人，城镇人口比重为95.2%；与2010年第六次全国人口普查相比，常住人口增加230.46万人，增长32.03%，年均增长率2.82%。佛山市第七次全国人口普查工作于2020年11月1日零时启动。2021年，佛山市统计局在2020年工作的基础上，完成长表比对复查、事后质量抽查、行政业编码、人口普查公报发布、近10年数据修正等工作。

（赵培培）

物价管理

【居民消费价格变动】 2021年，佛山市居民消费价格指数（CPI）比上年上涨1.1%，时隔4年涨幅重回“1时代”，为2010年以来最低。其中，食品烟酒价格下降0.5%，非食品烟酒价格上涨1.8%。年内，全国工业企业稳步复工复产，加上原材料价格上涨，佛山工业生产者出厂价格指数（PPI）上涨4.5%，创近3年（2019—2021年）新高。上游涨价效应逐渐传导至消费领域，带动居民消费价格指数中的工业品价格指数上涨2.9%，影响居民消费价格指数上涨0.88个百分点，是推动居民消费价格指数上涨的首要因素。佛山市居民消费价格指数涨幅分别比全国、广东省高0.2个、0.3个百分点；在省内与东莞市、中山市、广州市并列第三位，低于最高的惠州市0.4个百分点，高于最低的珠海市0.3个百分点。总体走势与全国、广东省一致，涨幅在珠三角城市居中。

月环比小幅波动　从各月环比指数看，各月环比小幅波动，平稳运行。1—2月，受春节影响，居民消费活跃，环比分别上涨0.5%和1.3%。3月，随着节后需求回落，环比下降0.3%。4—6月，受广佛地区新冠肺炎疫情局部发生影响，环比连续3个月持平。7—8月，随着局部疫情消除、防控进入常态化，各经营单位复工和暑期消费需求增加，环比分别上涨0.6%和0.1%。9—11月，受开学季食堂消费增加以及猪肉价格反弹、鲜菜价格上涨等多种因素综合影响，环比分别上涨0.1%、0.2%和0.1%。12月，随着蔬菜价格回落以及国际油价下跌，环比下降0.6%。

月同比前低后高　从各月同比看，各月同比呈前低后高走势。1—2月，受2020年同期新冠肺炎疫情带来价格高基数影响，佛山居民消费价格指数月同比分别下降2.3%和1.3%。3—11月，大宗商品等原材料价格上涨逐渐传导至消费领域，引起工业消费品价格上涨，影响居民消费价格指数月同比涨幅从3月的0.3%逐步扩大至11月的3.1%。

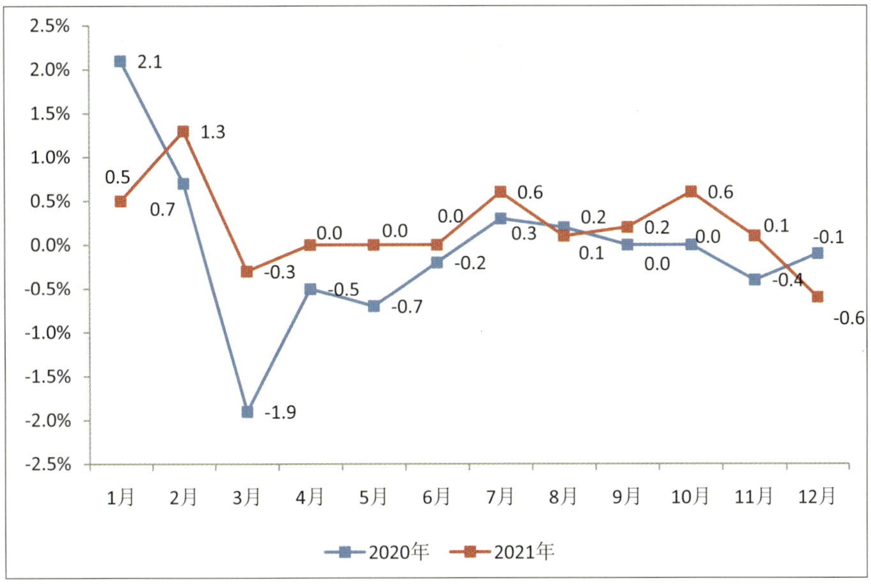

图 1 **2021年佛山居民消费价格指数各月环比与2020年波动对比图**

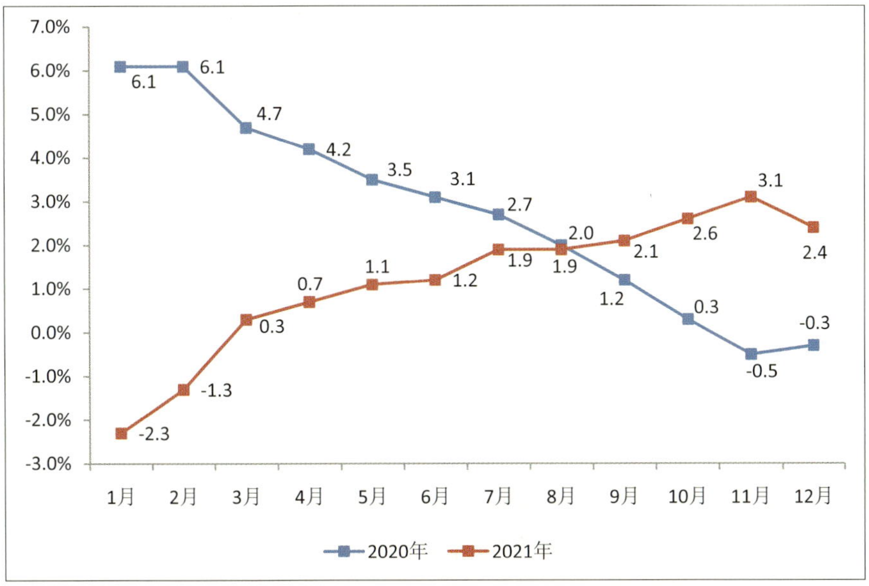

图 2 **2021年佛山居民消费价格指数各月同比与2020年波动对比图**

12月，同比涨幅回落至2.4%。

（许雁雁）

【价格调控】 2021年，佛山市年度价格总水平预期调控目标定为：居民消费价格指数（CPI）涨幅控制在3%左右。为加强和完善价格调控，确保居民消费价格运行在合理区间，市发展改革局制定印发《佛山市2021年度价格总水平预期调控目标实施措施》，将价格调控目标细化为26项具体任务，实行清单管理，逐项明确牵头部门，压实责任，狠抓落实。全年居民消费价格指数累计上涨1.1%，实现年度预期调控目标。因应物价上涨形势，启动低收入群众临时价格补贴与物价上涨联动机制，全年累计发放补贴837.89万元，惠及16.6万人次，缓解物价上涨对低收入群众的负面影响。调研全市砂石行业发展现状，组织编制《佛山市促进砂石行业健康有序发展实施方案》。

【价格监测】 2021年，佛山市对全市疫情防护用品和重要民生商品开展价格监测预警，市区联动，加强对市场、商超、药店的巡视巡查，坚持“日监测日报告周总结”，全年采集报送监测数据23.5万条，撰写价格分析材料178篇，利用官网、多媒体及时发布价格信息，合理引导市场预期。市发展改革局年度价格监测工作在全省质量考核中连续取得满分，被国家发展和改革委员会价格监测中心评为2020—2021年度全国价格监测工作先进单位。

【价格成本调查和监审】 2021年，佛山市开展价格成本调查和监审，对109所民办义务教育学校开展成本调查，重点对12所学校开展成本监审，研究解决核定生均教育培养成本中存在的困难。对全市近60个学科类校外培训机构开展成本调查，掌握其对外收费标准，测算不同班型的培训成本，为科学制定政府指导价提供数据支撑。

（陈嘉文）

【价格收费管理】 2021年，佛山市发展和改革局完善政府定价事项收费管理政策。加强民办义务教育收费定价管理，联合市教育局、市市场监管局出台《关于加强我市民办义务教育学校收费定价管理的通知》，明确民办义务教育的调价申请、定价程序、成本监审要求，强化收费监管，对3种收费行为进行禁止。落实“双减”（减轻义务教育阶段学生作业负担和校外培训负担）政策，按照政府制定价格的规则和上级文件要求，制定佛山市线下学科类校外培训的基准收费标准和浮动幅度。明确全市线下学科类校外培训基准收费标准：10人及以下班型55元/课时·人次、11 ~ 20人班型45元/课时·人次、21 ~ 30人班型40元/课时·人次、31人及以上班型30元/课时·人次，课时时长基准标准为45分钟。培训机构具体收费标准上浮幅度最高不超过基准的10%，下浮幅度不限。因应天然气供应紧张和气源价格快速上涨的情况，10月1日起将非居民管道天然气销售最高限价统一为3.85元/立方米，在一定程度上平衡天然气气源价格上涨给城燃企业和终端用户带来的压力。制定佛山市城市轨道交通2号线一期工程及广州市轨道交通7号线一期工程西延顺德段票价。按照“补偿处置成本、合理盈利”和“谁污染谁付费”的原则，调整医疗废物处置收费标准：固定床位医疗机构的医疗废物处置收费标准由3.50元/床·日（含税）调整为4.30元/床·日（含税）；无固定床位医疗机构的医疗废物处置收费标准在原收费标准基础上下调20%，具体收费标准为1696 ~ 41552元/年不等。

（周　晶）

【价格认证】 2021年，佛山市完成价格认定4596宗，认定标的总额9.65亿元。其中：办理行政执法机关提出的涉刑事价格认定4438宗，认定标的金额9.33亿元；完成涉嫌违纪案件价格认定5宗，认定标的金额557.96万元；完成海关、公安、水利等行政部门提出的行政罚没案件价格认定153宗，认定标的金额2593.48万元。完成价格咨询服务8963宗。

（莫碧青）

【价格监管】 2021年，佛山市市场监督管理局加强价格监管，维护市场价格秩序稳定。开展“治理涉企收费减轻企业负担统一执法月”专项执法行动，联合市自然资源局、市住房城乡建设局、市民政局等部门重点检查中介机构、行业协会、水电气相关企业、港口码头等经营主体115个。开展新冠病毒核酸检测和疫苗接种服务价格“统一执法周”专项行动，采取“双随机”（随机抽取检查对象，随机选派执法检查人员）抽查等形式检查相关医疗机构76个。开展价格监测工作，选取15个监测点27个有代表性的应急防疫和生活用品品类进行每日价格监测。在市内疫情发生期间，出动执法人员查处价格违法案件8件。开展对商业银行、医疗机构等重点行业价格监督检查。全年全市市场监管部门价格类案件立案76件、结案56件，罚没金额110.89万元。

（市市场监管局）

市场监督管理

【概况】 2021年，佛山市新登记市场主体27.6万户，比上年增长39.7%，实有各类市场主体总量111.5万户。继续开展24小时自助智能办照服务，推进“一照通行”改革，构建“主题式”审批模式，推进企业开办“一网通办”智能化、极简化，让市场准入环境更加轻松便捷。运用“人工智能+双随机”监管模式，推进跨部门跨层级数据治理。推进全国质量强市示范城市创建，在广东省2021年度地级以上市人民政府质量工作考核中，佛山市再被评为最高等次“A级”（已连续3年获评“A级”）。深入推进“品质工程”暖企三年行动（2020—2022年），制定22个精准“服务包”，到395家企业开展服务，帮助企业精准解决1034个实际问题和困难。创新开展佛山标准工作，推动制定30项佛山标准，66家企业126个产品通过佛山标准产品评价。在优势产业全面推行企业标准“领跑者”制度，实现全国企业标准“领跑者”中有八分之一来自佛山，在全国继续保持领先。获“广东省食品安全示范城市”命名，全年全市无较大以上食品药品安全事故发生，小作坊集中管理、放心消费肉菜市场“五联创”、食品销售监管领域智慧监管、“互联网+明厨亮灶”等工作走在全省或全国前列。出台农贸市场升级改造和星级评定奖励政府规范性文件，投入超4亿元高标准推进全市农贸市场升级改造。推进零售药店许可“守信快批”新模式，发布《疫苗监管质量管理手册》，出台地市级药品、疫苗安全事件应急预案，实现药品、疫苗应急管理程序化。组织开展工业企业燃气压力管道、叉车等风险较高的特种设备隐患排查，累计治理安全隐患2.82万处，立案查处273件。深化气瓶安全监管改革，安装二维码标签的液化石油气瓶450万只。深化电梯安全监管改革，全市新装电梯全部实现确权。实现全市特种设备安全运行“零事故，零伤亡”。与14家重点行业协会实现“质量共建共治共享”。市级抽查重点工业产品3814批次，对各级监督抽查发现的2009批次不合格产品及其经营者进行后处理。全市未发生区域性、系统性产品质量风险。放心消费工作在全市32个镇（街道）实现全覆盖，推行佛山标准产品“七天线上线下无理由退货+先行赔付+产品质量保险”消费维权模式。全市受理投诉举报咨询22.77万件，比上年增长32.21%。

【商事登记制度改革】 2021年，佛山市推进商事登记制度改革。依托佛山市开办企业一网通办平台，将开办企业涉及的商事登记、印章刻制、发票申领和税

2021年1月21日，佛山“品质工程”暖企行动政策宣讲暨质量共治工作推进会举行。图为佛山市行业协会质量共治启动仪式现场　（市市场监管局　供图）

控设备、员工参保登记、住房公积金企业缴存登记、银行开户等多个事项进行全面整合，实现开办企业全流程“统一认证、一表填报、一次申请、数据共享、即时审批、实时反馈”的智能化、极简化服务模式，办事环节压至1个，办事时间压缩至0.5天内，同时，对新开办企业提供免费刻制印章服务（含电子印章）。该开办企业“智能化、极简化”模式被国家发展改革委列为各地支持民营企业改革发展的典型做法之一，向全国推广。规范各类行政审批事项文书材料，统一实施经营范围规范化。发布《佛山市市场监督管理局食品、药品行政许可提交材料规范、申请文书规范》和《佛山市市场监督管理局生产许可类、计量类、特种设备类行政服务事项提交材料规范、申请文书规范》，通过整合提交材料、优化申请表格、编制材料范本，推进全市相关行政许可规范化、便利化建设。开展食品、药品、医疗器械、化妆品数据治理工作，确保许可系统与上级系统、监管平台、公示平台数据一致性。推进一类医疗器械规范清理工作，提高医械备案形式审查标准。规范国产普通化妆品备案工作，重新规划国产普通化妆品备案工作的形式审查要求。统筹规划医疗器械备案事项全程无纸化办理工作，减少办事群众办事跑动次数，减轻窗口人员工作压力。

【佛山“一照通行”涉企审批服务改革】 2021年，佛山市市场监督管理局将相关涉企审批部门的经营许可事项与营业执照合并办理，通过营业执照归集各类许可信息，把开办企业多个部门多个事项“各跑一次”变为开办企业一件事“只跑一次”。该项改革涉及14个部门的49个许可审批事项，总审批用时压缩70%，提交材料数量压缩50%。深化市场监管系统内部“一照通行”实施范围，在全市实施第二类医疗器械经营备案、第三类医疗器械经营许可、药品经营许可（零售）“一照通行”改革，对药品零售连锁企业实施“守信快批”改革。广东省委全面深化改革委员会把佛山“一照通行”改革列为广东省具有示范推广意义的基层改革创新经验，广东省人民政府印发方案在全省复制推广。

【质量强市战略实施】 2021年，佛山市推进创建全国质量强市示范城市工作，推进“质量强市”战略实施。开展2021年佛山市政府质量奖（第五届）评审，授予科顺防水科技股份有限公司等10家企业2021年佛山市政府质量奖，至此，佛山市政府质量奖获奖企业增至30家。开展细分行业龙头企业认定工作，认定佛山市第五批细分行业龙头企业100家，市细分行业龙头企业数量增至698家。开展佛山市2021年企业质量管理成熟度评价，认定92家企业为佛山市2021年企业质量管理成熟度AAA级及以上企业，其中AAAAA级企业26家、AAAA级企业28家、AAA级企业38家。举办2021年佛山市质量管理成果大赛，评出质量班组类、质量文化类、质量共治类3大类共87个奖项。发布全国首份企业质量文化建设成熟度评价地方标准——《企业质量文化建设成熟度评价规范》。开展“品质工程”暖企三年行动（2020—2022年），全市市场监管部门出动1759人次，上门开展“暖企”服务，共服务企业395家，累计帮助企业解决实际问题和困难1034个。开展产品质量安全“问诊治病”活动，全年全市市场监管部门约谈企业713家，免费培训736家企业的950名管理人员，上门帮扶企业266家，组织“产品医院”对2530家企业进行免费“诊断”，帮助企业提升产品质量水平。推进行业质量共治工作，与市陶瓷行业协会等14家重点行业协会签订“产品质量共治合作协议”。加快构建新型标准体系，全市主导或参与2项国际标准、308项国家标准、75项行业标准制修订，制定发布12项联盟标准、243项团体标准，市级地方标准立项17项、发布14项，1676家企业自我声明公开5942份企业标准，225项企业产品标准“对标达标”提升工作完成，“广东佛山禅城扶持政策实施服务体系标准化试点”等4项国家级和6项省级服务业标准化试点获批建设，15项专利标准化市级标准化试点项目通过考核验收。建立企业标准“领跑者”重点培育库，推行

链接

2021年佛山市政府质量奖获奖企业名单

科顺防水科技股份有限公司　菱王电梯有限公司　广东华兴玻璃股份有限公司　小熊电器股份有限公司　广东简一（集团）陶瓷有限公司　广东中旗新材料股份有限公司　日丰企业集团有限公司　箭牌家居集团股份有限公司　佛山市水业集团有限公司　利泰集团有限公司

表10　**佛山市细分行业龙头企业认定数量情况表**

单位：家

辖　区	第一批	第二批	第三批	第四批	第五批	合　计
禅城区	27	19	13	7	4	70
南海区	52	72	43	30	30	227
顺德区	40	74	46	39	38	237
高明区	18	15	8	6	8	55
三水区	17	36	18	18	20	109
合计	154	216	128	100	100	698

注：数据截至2021年底

企业标准“领跑者”制度，佛山143项企业标准入选2021年国家企业标准“领跑者”名单，佛山入选国家企业标准“领跑者”名单的企业标准累计249项，数量居全国第一。年内，在广东省2021年度地级以上市人民政府质量工作考核中，佛山市继续被评为最高等次“A级”（已连续3年获评“A级”）。美的集团获第四届“中国质量奖”，实现佛山质量最高荣誉“零”的突破。

【国家食品安全示范城市创建】 2021年，佛山市推进国家食品安全示范城市创建工作，全年无较大以上食品安全事故发生，群众食品安全总体满意度86.2%，于3月获评为“广东省食品安全示范城市”。年内，佛山市将食品安全重点工作列入省委、省政府“1+1+9”（第一个“1”指以推进党的建设新的伟大工程为政治保证、第二个“1”指以全面深化改革开放为发展主动力、“9”指推进9个方面重点工作）工作部署任务，市政府工作报告重点任务，市十大民生实事统筹推进。出台“佛山市党政领导干部食品安全责任清单”，完善食品安全责任体系。以“双随机”检查、日常监督检查、食品销售风险分级管理为主要内容，率先实行食品销售监管领域无纸化监管。制定“升级改造+星级评定”标准体系推进农贸市场升级改造，实现管理能力和体系全面升级。推动《集中消毒餐（饮）具卫生安全全链条风险控制规范》团体标准落地实施，建立多方共治的监管新模式。推进学校食堂和养老机构食堂“智慧监管”，实现餐饮服务日常监管电子化。年内，佛山市市场监督管理局“创新信息化手段，在全省率先实现食品销售风险分级动态管理全覆盖”工作入选全国第一届“食品安全智慧监管创新案例”；顺德区市场监督管理局“以追溯为手段，构建食品安全全链条社会共治管理模式”工作入选全国第一届“食品安全智慧监管十大优秀案例”。

【农贸市场和进口冷链食品疫情防控】 2021年，佛山市做好农贸市场和进口冷链食品疫情防控工作，佛山市市场监督管理局作为广东省唯一地级市市场监管局，被评为“全国市场监管系统抗击新冠肺炎疫情先进集体”。开展核酸检测，全年对进口冷链食品相关人员、产品、环境开展新冠病毒核酸检测65.46万例。突出首站拦截，建成2个集中监管仓，全年消杀检测1.39万吨。强化溯源管理，推广应用“冷库通”系统、“随附追溯码”，实现进口冷链食品全链条可追溯，全市累计在“冷库通”系统录入出入库信息80.04万条。落实人员管控，从业人员动态健康检测管理，确保从业人员核酸检测、岗前扫码登记和新冠疫苗接种全覆盖。做好应急处置，编制突发事件应急工作手册，开展进口冷链食品核酸检测阳性产品相关排查29次，守住进口冷链食品疫情防控底线。

【农贸市场升级改造】 2021年，佛山市开展全市农贸市场升级改造工作，将其列为“我为群众办实事”实践活动内容和2021年市政府工作报告重点内容。成立佛山市农贸市场升级改造工作专班，印发《佛山市农贸市场升级改造工作方案》，明确组织架构、改造范围、工作措施、实施步骤、职责分工和工作要求。全市215个农贸市场被纳入市级升改名录，其中禅城区45个、南海区58个、顺德区72个、高明区22个、三水区18个。至年底竣工75个。出台《佛山市农贸市场升级改造和星级评定奖励办法》政府规范性文件，制定《农贸市场升级改造建设规范》《农贸市场星级评定规范》地方标准，引导各区结合本地历史文化，“一场一策”分类实施。开展农贸市场星级评定，综合实施星级的升降、摘牌和公示等信用管理手段，引导农贸市场强化内部管理。融入农贸市场党建元素，推进“小个专”（小微企业、个体工商户、专业市场）党建与农贸市场升级改造工作融合，扩大基层党的组织覆盖和工作覆盖。

【食品小作坊集中管理】 2021年，佛山市开展食品生产加工小作坊提质行动。完成对全市食品生产加工小作坊监督检查覆盖率100%，确保每个季度每个小作坊至少检查1次，实现食品小作坊从事接触直接入口食品工作的从业人员健康证明持有率100%、食品小作坊食品安全管理人员配备率95%以上。启动食品生产加工小作坊提升工程，对提升效果明显的小作坊给予资金扶持，带动全市食品生产环节质量安全提升。创新监管手段，全面推广应用食品生产监管小程序，形成精准的信息化监管模式。全市统一使用监管小程序开展食品生产加工

2021年9月1日，佛山市顺德区龙江镇盈信街市完成升级改造，摊位整齐划一，地面整洁干净

（市市场监管局　供图）

小作坊现场检查工作，全年使用小程序检查食品加工小作坊568家次。

【“阳光餐饮”平台建设】 2021年，佛山市市场监督管理局以推广应用“阳光餐饮”（“互联网+明厨亮灶”）平台为载体，以“政府主导、部门联动、企业自律、舆论监督、社会参与”为原则，升级建设集明厨亮灶、信息公开、公众参与、主体自律、智慧监管以及大数据分析于一体的社会共治信息化系统，推动餐饮食品安全监管法治、自治、智治、共治有机融合，推进餐饮食品安全治理体系和治理能力现代化。佛山市在全省率先实现学校（含托幼机构）食堂和养老机构食堂100%“互联网+明厨亮灶”和“智慧监管”全覆盖。

【疫苗监管体系建设】 2021年，佛山市提升全市疫苗流通和接种环节软硬件建设水平，疫苗接种单位均配备具备扫码功能的智能冰箱，包括疫苗冷链信息和物流信息的各类数据实现疫苗全链条质量安全可控可溯，每针每剂均可追溯到受种者。强化事中事后监管举措，对全市疾控机构、疫苗储运机构及178个预防接种单位进行全覆盖检查、全链条提升。建立和完善各类疫苗监管机制，佛山疫苗监管体系进一步制度化、流程化、系统化。

【零售药店疫情防控“哨点”预警机制建设】 2021年，佛山市市场监管部门压实药店“哨点”预警责任，服务全市新冠肺炎疫情防控工作大局。构建常态暗访机制，压实督导责任，组建督导小组，定期对药店进行暗访检查；构建交叉检查机制，压实网格责任，开展阶段性全覆盖交叉检查；构建购药打卡机制，压实主体责任；构建责任考核机制，压实政府责任；构建联合惩戒机制，压实协同责任。全市零售药店录入购买退热类药品人员信息超1273万条。全年全市关停整改药店1440家，向医保部门通报违规药店768家。

【医疗器械网络销售监管】 2021年，佛山市以被国家药监局确定为医疗器械网络销售监管工作联系点为契机，推进医疗器械网络销售治理工作。开展医疗器械网络销售专项检查、组织召开网络销售监管工作推进会和风险研判分析会、联合第三方对全市医疗器械网络销售企业的经营行为进行监测等一系列工作，全面推进线上线下一体化监管。在联合第三方对全市医疗器械网络销售企业的经营行为进行监测中，在国内主流电商平台网店和辖区内交易类网站中监测出涉嫌医疗器械违法线索41条；通过“双随机”（随机抽取检查对象、随机选派执法检查人员）、“飞行检查”（事先不通知被检查部门实施的现场检查）、日常巡查等方式对1137家医疗器械网络销售备案经营企业进行全面检查，形成“线上排查找线索、线下检查抓重点、同步推进促实施”的医疗器械网络销售监管工作机制，拓宽医疗器械网络销售监测广度和加大整治力度。

【工业产品、食品药品抽检】 2021年，佛山市市场监督管理局组织开展产品质量安全抽检、监测，完成市级工业产品监督抽检4081批次，合格率88.14%。全市各级市场监督管理部门共组织完成食品安全监督抽检、监测6.05万批次，总体合格率97.48%；完成药品（含化妆品、医疗器械、药包材）各级抽检任务1205批次，合格率98.34%。

【工业产品质量监管】 2021年，佛山市市场监督管理局加强全市工业产品质量安全监管工作统筹，加强生产许可证证后监管，组织质量专家对电线电缆、危险化学品、危险化学品包装物容器、化肥、水泥等60家生产许可证获证企业进行技术性监督检查。开展电动自行车、儿童和学生用品、服装、电线电缆、钢筋、水泥、成品油、吸油烟机、照明灯具、家用电器及卫生防护产品等20余类重点工业产品不合格产品专项整治，全市没有发生区域性、系统性产品质量安全事件。开展产品质量安全“问诊治病”活动，全市市场监管部门约谈企业713家，对736家企业的950名管理人员进行免费培训，上门帮扶企业266家，组织“产品医院”对2530家企业进行免费“诊断”，帮助企业提升产品质量水平。

【认证认可监管】 2021年，佛山市市场监督管理局推广质量管理体系认证工作，开展小微企业质量管理体系认证提升行动，全市新增质量管理体系认证证书3097个，累计质量管理体系认证证书1.08万个，累计数比上年累计数增长约6%。推广绿色产品认证工作，对符合条件的34家绿色产品认证企业给予每家5万元的资金扶持，新增绿色产品认证证书154个，累计绿色产品认证证书478个，累计数比上年累计数增长46%。完成对取得资质认定的检验检测机构全覆盖监督检查，全市市场监管系统开展检验检测机构资质认定监督检查747个次，责令改正95个次，立案7件。强化认证监督检查，开展强制性产品获证企业证后监督检查534个次，开展认证活动事中监管186个次，责令改正40个，立案29件。组织召开认证机构负责人约谈宣贯会和检验检测机构负责人和授权签字人约谈宣贯会。做好系统防范化解道路交通安全风险工作，全市市场监管系统检查货车生产和销售单位127个次，检查电动自行车及配件生产、销售单位2098个次，查处违法行为案件43件。出具免予办理强制性产品认证证明462张。

【佛山标准工作】 2021年，佛山市加快推进佛山标准工作。出台佛山标准品牌宣传推广、消费维权保障、产品质量监督和行政执法4个专项工作方案，加快编制《佛山标准产品消费者权益保障资金管理办法》，作为推行“七天无理由退货+先行垫付+产品责任保险”三位一体消费维权保障措施的支撑。强化商标保护，完成专用标识在45类领域的商标注册和版权登记，完成第一批佛山标准产品企业商标授权工作。加快标准制定，发布《风冷式多联式空调（热泵）机组》等24项先进佛山标准，涵盖家电、塑料、铝型材等八大领域。加快佛山标准产品评价，发布第一批佛山标准产品56个、第二批佛山标准产品70个，2批共66家企业126个佛山标准产

表11　　2021年发布“佛山标准”情况表

序　号	标准编号	标准名称	所属产业
1	T/FSS 1-2020	《佛山标准　干压瓷质砖》	陶瓷
2	T/FSS 2-2020	《佛山标准　陶瓷大板》	陶瓷
3	T/FSS 3-2020	《佛山标准　陶瓷坐便器》	卫浴
4	T/FSS 4-2022	《佛山标准　智能坐便器》	卫浴
5	T/FSS 5-2022	《佛山标准　淋浴房》	卫浴
6	T/FSS 6-2020	《佛山标准　房间空气调节器》	家电
7	T/FSS 7-2020	《佛山标准　电饭煲》	家电
8	T/FSS 8-2020	《佛山标准　食具消毒柜》	家电
9	T/FSS 9-2020	《佛山标准　储水式电热水器》	家电
10	T/FSS 10-2020	《佛山标准　电磁灶》	家电
11	T/FSS 12-2021	《佛山标准　铝合金电泳涂漆建筑型材》	铝型材
12	T/FSS 13-2021	《佛山标准　铝合金喷粉建筑型材》	铝型材
13	T/FSS 15-2021	《佛山标准　铝合金隔热建筑型材》	铝型材
14	T/FSS 16-2021	《佛山标准　电水壶》	家电
15	T/FSS 17-2021	《佛山标准　家用燃气灶》	家电
16	T/FSS 18-2022	《佛山标准　吸油烟机》	家电
17	T/FSS 19-2021	《佛山标准　微蒸烤组合型微波炉》	家电
18	T/FSS 20-2021	《佛山标准　循环预热式家用燃气快速热水器》	家电
19	T/FSS 21-2021	《佛山标准　电压力锅》	家电
20	T/FSS 26-2021	《佛山标准　建筑排水用硬聚氯乙烯（PVC-U）管材》	塑料管材
21	T/FSS 27-2021	《佛山标准　冷热水用无规共聚聚丙烯（PP-R）管材》	塑料管材
22	T/FSS 28-2021	《佛山标准　树脂型石英石板材》	人造石
23	T/FSS 29-2021	《佛山标准　食品包装PET瓶吹瓶成型模具装置》	模具
24	T/FSS 30-2021	《佛山标准　风冷式多联式空调（热泵）机组》	商用电器

品，推动约150家企业执行佛山标准指标要求。推广佛山标准品牌和产品，与佛山农商银行、京东物流集团、佛山传媒集团等单位签订战略合作协议，搭建多方合作平台。联合佛山农商银行为佛山标准产品企业提供总授信额度300亿元，单个企业最高1亿元的免抵押、低利率优惠金融服务“佛标贷”；打造京东商城“有家就有佛山造——佛山标准产品馆”，促进产品销售；推进佛山标准“上央视”“上佛山电视台”等系列活动。

【网络市场监管】 2021年，佛山市组织开展2021网络市场监管专项行动，打击网络市场违法行为，集中整治网络市场突出问题，全市累计监测网站及网店10.59万个（家）次，发现涉嫌违法线索225条，查处网络违法案件76件，罚没金额84.79万元。

【广告市场监管】 2021年，佛山市推进佛山市广告智能大监管平台建设，开发并启用互联网广告监测子模块。全年全市监测各类广告200.10万条次，发现涉嫌违法线索1585条次，查处广告案件418件，罚没金额308.75万元。年内，佛山市先后组织开展违法违规商业营销、移动端互联网广告、网络直播营销、弹窗广告等多个专项行动。

【计量监管】 2021年，佛山市市场监督管理局修订《佛山市市场监督管理部门计量监督检查工作规范》，指导全市计量监管人员标准化开展计量监督检查。推进智慧计量监管，建立20个计量监管对象数据库，认领2.35万个监管对象；建成计量监管小程序，实现计量检查事项电子化录入，提升监管效能。推动全市17家集贸市场推行以承诺赔付、失信警示制度为核心的新型集贸市场计量诚信监管新模式。开展“计量守健康惠民生”医疗卫生用计量器具专项检查，加油机、海鲜河鲜酒楼等民生计量专项整治。以“双随机、一公开”（随机抽取检查对象，随机选派执法检查人员，抽查情况及查处结果及时向社会公开）方式检查市场主体1927户次，抽检样品3363批次，检出不合格样品63批次，发现不符合项目58个，检定强检计量器具69.22万台（件）。开展佛山市社会公用计量标准发展现状与发展方向专题调研、压力表计量比对、工业机器人产业计量调研，提升全市计量基础和产业计量服务水平。全年新建市级社会公用计量标准24项、区级社会公用计量标准50项。截至年底，全市累计有社会公用计量标准835项，数量在广东省排名第二；全市有测量管理体系认证企业211家，数量在广东省排名第一、全国第三。

【特种设备安全监管】 2021年，佛山市在册特种设备27.16万台（套），有压力管道825千米、气瓶553万多只，特种设备数量比上年增长9.59%，数量位居广东省地级市首位。年内，佛山市市场监督管理局组织开展特种设备安全隐患排查治理和风险防范，全年全市组织开展特种设备专项整治行动28项，出动检查人员2.77万人次，检查企业1.14万家次，发现并消除安全隐患0.8万余处，立案查处特种设备案件273件，全年特种设备检验机构完成特种设备定期检验14.03万台（套），共发现和整改不合格项目1.8万多个。深化气瓶安全监管改革，完善气瓶质量安全追溯体系和责任保险制度，安装二维码标签的液化石油气瓶数量增至472万只。深化电梯安全监管改革，全市新装电梯全部实现确权，购买责任保险的电梯9.29万台，参保数量位居全省前列。全年全市特种设备安全实现“零事故，零伤亡”。

【市场监管领域扫黑除恶】 2021年，佛山市市场监管部门调整扫黑除恶斗争领导小组及办公室成员，印发常态化开展扫黑除恶斗争实施意见，推动行业乱点乱象根本整治，常态化排查商品交易市场“欺行霸市”，开展民生领域案件查办“铁拳”行动，开展打击食品违法犯罪、“两品一械”（药品、化妆品、医疗器械）、不正当竞争、传销、知识产权、疫情防控期间保供稳价等专项行动，办结各类违法违规案件1.06万件，罚没金额8454.29万元，移送公安机关案件49件，落实整改“三书一函”（监察建议书、司法建议书、检察建议书，公安提示函）2份。针对市场主体发送宣传短信69万余条次，编发工作简报15期，制作横幅和滚动标语264条，在190块电子屏发布，张贴宣传海报6874张，发布显示屏广告1867处，发放宣传单张等3万余份，微博、微信平台发布信息84条次（阅读、转发数量15.25万次）。

【市场监管法治建设】 2021年，佛山市市场监督管理局在全国率先编制市场监管领域涉嫌犯罪移送的主要类型与参考标准，把市场监管领域行政相关法律法规规章的违法情形与刑事法律法规相对应，促进检察机关、公安机关与市场监管部门之间的高效衔接，共同打击市场监管领域违法犯罪行为。举办第二届佛山市市场监督管理法律知识竞赛，全市有715人参加学习答题。在第二届广东省市场监管系统法律知识竞赛中，佛山市代表队获团体一等奖。

【消费维权】 2021年，佛山市市场监督管理局印发《佛山市市场监督管理系统“诉转案”工作规范》，出台《关于建立消费纠纷诉调对接机制的实施办法》，完善诉后体制机制。深化多元化全链条的社会矛盾化解机制，将消费者、企业、市场监管、人民法院等四方远程在线消费调解引入实践。发展培育在线纠纷解决企业，调动企业与监管部门共建共治的积极性，推动矛盾纠纷化解在基层。截至年底，全市新增在线纠纷解决企业135家，受理投诉约8000件，和解成功率超80%。开展放心消费创建工作，全年新增放心消费单位60个，累计1157个。启动“放心消费承诺”“线下七天无理由退货承诺”活动，全市参与“双承诺”活动单位累计超5300个，数量排名广东省第二。创新建立佛山标准产品“优品无忧”保障机制，搭建佛山标准产品消费维权保障平台，为推行“七天线上线下无理由退货+先行赔付+产品质量保险”消费维权模式提供技术支撑。举办“3·15”国际消费者权益日集中宣传、消费维权进社区、放心消费体验行、抖音话题赛等活动，各类视频直播、点播等播放量超1000万次，构建全方位、有特色的消费维权宣传格局。

【“12315”投诉举报】 2021年，佛山市市场监督管理局畅通“12315”投诉举报渠道，通过“12315”热线电话、全国“12315”平台等渠道接收处理市民消费投诉和经济违法行为举报。全年全市市场监管部门接收投诉举报18.01万件，比上年增长39.2%。其中：接收消费投诉12.70万件，为消费者挽回经济损失11709.15万元；接收经济违法行为举报5.31万件，罚没金额163.13万元。结合新冠肺炎疫情防控工作，重点接收处理疫情防控相关的市民消费投诉和经济违法行为举报，全年受理疫情防控相关的投诉举报190件，涉及价格投诉举报39件。其中：口罩价格投诉举报21件，消毒用品、红外线探热器等疫情防护用品投诉举报10件；涉及出售经营野生动物投诉举报10件；涉及餐饮投诉举报116件，涉及食品销售投诉举报25件。

2021年，佛山市市场监管部门组织开展特种设备安全隐患排查治理和风险防范，完成特种设备定期检验14.03万台（套）。图为特种设备安全监督检查现场

（市市场监管局　供图）

【市场监管执法】 2021年，佛山市市场监管部门办结违法违规案件1.06万件，罚没金额8454.29万元，移送公安机关

案件49件，分别比上年增长53.09%、3.81%和75%。有4件案件入选全国典型案例，9件案件入选全省典型案例、优秀案例。组织开展各项市场监管专项执法行动，其中组织开展民生领域案件查办“铁拳”行动，立案1323件、结案1083件，罚没金额2934.28万元，发布典型案例3批次共32个。组织开展“长江禁捕 打非断链”、打击农村假冒伪劣食品、打击肉及肉制品违法犯罪等食品安全整治行动，立案查处食品违法案件2105件，货值749.57万元，罚没金额2615.28万元，移送公安机关案件20件。开展打击疫情防控用医疗器械违法行为、打击互联网制售假劣药品违法行为、中药饮片执法等专项行动，立案查处“两品一械”（药品、化妆品，医疗器械）案件650件，货值2148.46万元，罚没金额951.99万元，移送公安机关案件12件。联合市公安部门查处1件利用网络销售假冒古驰、迪奥、香奈儿等国际知名品牌化妆品案，涉案货值1600多万元。推进反不正当竞争执法，立案47件、结案42件，罚没金额211万元，查处案件数排名全省地级市第一。全市价格类案件立案76件、结案56件，罚没金额110.887万元。查处传销案件2件、结案1件，罚没金额180万元。开展知识产权执法“铁拳”行动，打击侵犯商标、专利、地理标志知识产权等违法行为，查处知识产权案件218件，案值3648.84万元，罚没金额1249.58万元。联合公安部门捣毁假冒耐克、阿迪达斯、彪马等名牌运动服装窝点2个和假冒劳力士、卡地亚等名牌手表及迪奥、普拉达等名牌手提包窝点1个，涉案货值超5300万元。

【佛山获评为“广东省食品安全示范城市”】 2021年3月，佛山市在广东省食品安全委员会组织的广东省食品安全示范城市创建工作评价验收中，以综合得分96.98分通过省级评价验收，被广东省食品安全委员会命名为“广东省食品安全示范城市”。在创建广东省食品安全示范城市过程中，佛山市在广东全省率先建立食品安全“党政同责、一岗双责”责任体系，各级党委、政府将创建国家食品安全示范城市工作纳入“一把手”工程，并将地方政府绩效考核中食品安全工作比重由原来的0.56%提升至3%，实行重大食品安全事故“一票否决”。在广东全省率先推行“证照联办、一照通行”改革，把食品经营、餐饮等许可事项与营业执照合并，创新推行窗口业务“零见面办”，2020年超一半新登记市场主体以“零接触”方式设立登记。在全国首创“人工智能+双随机”精准监管模式，相关做法被国务院办公厅列为全国“放管服”首批十大典型改革项目向全国推广。发布《“顺德鱼生”全产业链管控规范团体标准》，为全国各地方传统特色食品的高食品安全风险监管开辟全新路径。深化“两法衔接”，开展农产品质量安全“百日行动”和“利剑行动”、水产品质量安全专项整治行动，开展打击市场销售长江流域非法捕捞渔获物、肉品、保健食品等专项整治行动，对食品安全违法犯罪行为打击“零容忍”。在全国率先建设“互联网+明厨亮灶”（阳光餐饮）平台，上线数量居广东省第一、全国前列。在全国地级市中首个实现学校食堂和养老机构、托幼机构“互联网+明厨亮灶”100%上线。在广东全省率先出台食品生产加工小作坊集中管理办法，推动食品小作坊园区化建设、集约化发展，治理成效走在全国前列。推行小餐饮“集中经营、集中管理”、食品摊贩“集中经营、备案管理”、食品安全示范街等管理模式，监管成效达到全国领先水平。创新建立水产品“收贩运”质量标准体系，开展农贸市场量化分级管理、放心肉菜体系“五联创”，在广东全省率先使用信息化手段实行食品销售环节风险分级管理，创新推行食品销售领域无纸化监管。通过严格农药监管、深化屠宰行业改革、推进绿色食品标志许可和成立水产品质量安全联盟等系列举措，完善农产品质量安全体系。通过开展交流活动研判风险、加强现场检查识别风险，以及强化检验检测防范风险等一系列举措强化食品安全风险管控，提升风险防范能力。

2021年，佛山市市场监管部门组织开展各项市场监管专项执法行动，全市价格类案件立案76件、结案56件。图为执法队员开展中秋节节前安全监督及价格执法检查
（市市场监管局 供图）

【佛山在全国首推“一照通行”涉企审批服务改革】 2021年3月31日，佛山市首张“一照通行”营业执照发出。佛山在全国首推企业准营“一照通行”改革，企业通过“证照通”系统，可同步办理市场监管部门营业执照和相关部门涉企审批服务事项。这是国务院“照后减证”工作部署在佛山率先落地的重要举措，也是佛山深化商事制度改革的又

一大成果。市场主体可按办事场景申办许可证和执照，由佛山各级行政服务中心的综合服务窗口统一受理，通过信息化系统同步办理相关部门涉企审批服务事项与营业执照。许可审批结果信息全部归集到营业执照二维码上，颁发“一照通行”营业执照，实现“一企一照、一照通行”。2019年，佛山在全省率先推出“证照联办”改革，实行证照同步受理、同步审批、同步发证。2020年，佛山在全国首创“一照通”改革，将市场监管领域的经营许可与营业执照合并办理。2021年，佛山推出“一照通行”改革，将开办企业的多部门多件事整合为一个场景一件事，实现一件事只跑一次，甚至做到全程零跑动。

【“佛山标准”产品发布】 2021年5月12日和12月24日，佛山市分别发布第一批和第二批“佛山标准”产品。在佛山标准工作会议暨第一批佛山标准产品发布会上发布的首批56个“佛山标准”产品涵盖三大领域。其中：家电领域有广东美的制冷设备有限公司的房间空气调节器、广东格兰仕集团有限公司的微蒸烤组合型微波炉等14家企业的23个产品；陶瓷领域有广东新明珠陶瓷集团有限公司的干压瓷质砖等16家企业的21个产品；卫浴领域有箭牌家居集团股份有限公司的陶瓷坐便器等7家企业的12个产品。在佛山市2021年质量大会上发布的第二批41家企业的70个“佛山标准”产品，涉及家电、陶瓷、卫浴、铝型材、塑料管材、人造石、模具等领域。“佛山标准”产品评价有六大指标，包括标准引领、质量水平、创新能力、品牌建设、效益水平、社会责任。佛山市对每个获评“佛山标准”产品给予20万元的资金扶持。

【佛山在全国首推零售药店“守信快批”审批模式】 2021年11月1日，全国首张零售药店“守信快批”许可证（电子证照）在佛山市发出，标志着佛山在全国首推的零售药店“守信快批”审批模式正式落地。该“守信快批”新型审批模式以信用合格为前提、自愿选择为原则、连锁业态为对象、制度创新为保障、流程再造为手段，对开办零售药店申请营业执照及食品、药品、医疗器械经营许可证等事项按照“证照联办、一照通行”改革方案进行一次整体受理、证照联合审批、系统后台发证，将药品经营者“开门准营”的审批时长从56个工作日压缩为1个工作日，破解零售药店“准入不准营”困局。

（市市场监管局）

2021年11月1日，佛山市发出首张零售药店“守信快批”许可证（电子证照），佛山市药品零售连锁企业门店“守信快批”审批服务实施　　（市市场监管局　供图）

知识产权

【概况】 2021年，佛山市专利授权量9.65万件，比上年增长30.62%，数量居广东省第三；发明专利授权量8306件，增长46.96%，数量居全省第四；实用新型专利授权量5.49万件，增长30.70%；外观专利授权量3.33万件，增长26.97%，数量居全省第三；PCT（专利合作协定）国际专利申请量924件；有效发明专利量3.46万件；每万人口发明专利拥有量36.39件，数量居全省第五；有效发明专利五年以上维持率70.46%，居全省第八。截至2021年底，佛山市累计有效注册商标总量超52万件、中国驰名商标163件，数量均位居全省前列、全国地级市首位；有地理标志证明商标7件、地理标志产品7个。佛山市获第二十二届中国专利奖获奖数量68项，数量再创新高，其中中国专利银奖1项、中国外观设计银奖2项、中国专利优秀奖53项、中国外观优秀奖12项。第八届广东专利奖获奖数量19项，其中广东专利银奖8项、广东专利优秀奖10项、广东杰出发明人奖1项。全市累计通过知识产权贯标认证企业1725家、高校2所、科研机构1个。其中佛山科学技术学院为广东省首所通过贯标认证的高校。年内，印发《佛山市知识产权护航工程实施方案》，围绕全面提升知识产权保护水平，实现全市知识产权事业高质量发展目标，从总体要求、重点任务、保障措施三方面提出30项改革创新措施。在全市范围内开展专利侵权纠纷行政裁决示范建设工作，建成市、区两级共同参与、有机协调的专利侵权纠纷行政裁决工作体系，行政裁决制度不断健全，行政裁决职责得到履行，行政裁决能力得到提升。

2021年，佛山市一般作品版权登记量1.36万件，比上年增长20%，居全省第二名。全市有全国版权示范园区（单位）3个、省级版权兴业示范基地11个。年内，佛山市建成全国首个版权综合体佛山版权中心。印发《佛山市创建全国版权示范城市两年行动计划（2021—2022年）》，提出实施版权管理提升、创造提质、运用促进、保护强化、服务优化、形象塑造等六大行动30个工作项目。印发《佛山市版权示范单位、园区和优秀版权作品认定资助办法》，加大资助扶持力度，最高资助金额达100万元，认定资助2021年佛山市版权示范单位（园区）10个和优秀版权作品10件。印发《佛山市版权发展“十四五”规划》，提出至2025年，佛山版权创作、运用、服务、保护等主要指标和整体实力处于省内各地市领先水平，部分领域和项目居全国前列。同年，佛山有2家企业获“全国版权示范单位”称号，3个单位（园区）获“广东省版权兴业示范基地”称号。

（市委宣传部　市市场监管局）

【知识产权质押融资】 2021年，佛山市市场监督管理局（知识产权局）优化知识产权质押融资工作模式，鼓励和支持金融机构开展知识产权质押融资业务，指导广东股权交易中心开展佛山市知识产权保护及质押融资宣传推介活动，建设知识产权服务业集聚区，支持科技企业通过知识产权质押实现融资发展。全年专利商标质押融资登记数量193笔，金额53.33亿元。

【知识产权纠纷多元化解决】 2021年，佛山市建立市、区、镇（街道）三级联调，行政调解、人民调解、司法调解三调联动的知识产权纠纷调解工作机制，发布和实施国内首个知识产权纠纷调解地方标准——《知识产权纠纷调解服务规范》，提高知识产权侵权纠纷处理效能。佛山市司法局、佛山市市场监督管理局、佛山市版权局联合发布《佛山市司法局　佛山市市场监督管理局　佛山市版权局关于全面推进知识产权纠纷人民调解工作的意见》，加强知识产权纠纷人民调解组织建设，引导社会力量参与知识产权纠纷排查化解工作，并在全市实现了市、区两级知识产权纠纷人民调解网络，发挥人民调解工作在化解知识产权纠纷中的重要作用。

【佛山知识产权保护中心绩效考核稳居全国前5位】 2021年，佛山市知识产权保护中心在2021年度知识产权快速协同保护工作绩效考核中获全国第四，连续2年稳居全国前5位。该中心专利预审质量不断提高，预审发明专利授权率79%，预授比从0.7%上升至最高9%，授权周期压缩近10倍，创造发明专利32天最快授权记录，新增“一次性”授权发明专利47件，累计55件。参加第三届全国知识产权快速协同保护业务竞赛获三等奖。全年处理各类知识产权纠纷1353件，其中调解知识产权纠纷304件，协助专利执法52件，维权援助25件，侵权判定26件，电商案件946件。保护促进取得成效，帮助63家备案主体成功认定为国家高新技术企业；培育科创板上市企业1家、国家知识产权示范企业13家、国家知识产权优势企业75家；扶持7个项目获得佛山高新技术进步奖，2件预审发明专利获得第二十二届中国专利优秀奖。协同保护效能增强，新增商标受理、海外纠纷应对指导职能，“一站式”知识产权公共服务网络不断完善。

【知识产权专利导航】 2021年，佛山市市场监督管理局（知识产权局）实施专利导航助推产业创新发展。建立支撑决策、成果共享与靶向引才三大机制，围绕战略性支柱产业和新兴产业，开展智能家居、新材料、集成电路、激光与增材制造、工业机器人、新一代高性能有机电致发光材料共6个产业专利导航，在产业补链强链、创新发展、靶向引才和招商引资等方面提出明确的建议，全年形成50家产业重点企业、396名行业人才、51个科研机构等招商引资和招才引智推荐名单。

【知识产权行政执法】 2021年，佛山市强化知识产权行政执法，开展“铁拳”“蓝剑”等执法行动，严厉查处知识产权侵权假冒案件，震慑侵权违法行为。部署开展专利、商标、著作权、地理标志、商业秘密、植物新品种、知识产权代理服务等领域的专项行动，全年查办各类知识产权侵权案件283件，向公安部门移送涉嫌知识产权犯罪案件8件。建立行政执法与刑事司法衔接工作机制，依托知识产权工作联席会议制度，统筹全市知识产权协同保护工作。其中：市市场监管局（知识产权局）与市人民检察院、市公安局建立跨部门知识产权保护协作机制，共同印发《佛山市市场监管领域移送涉嫌犯罪案件主要类型及参考标准》，明确涉嫌犯罪的知识产权类行政执法案件移送标准；市市场监管局（知识产权局）与市公安局成立联合执法办公室，建立联合执法工作机制，加大对违法犯罪行为的打击力度。建设市知识产权智库平台，同时建立技术调查官制度，为专利侵权纠纷行

2021年5月14日，佛山市战略新兴产业专利导航项目成果发布会在佛山市知识产权保护中心举行

（市市场监管局　供图）

政裁决工作提供技术支撑。截至2021年底，该智库平台共有入库专家238人。年内，佛山市市场监督管理局（知识产权局）依托市知识产权智库平台用38天办结一起专利侵权纠纷行政裁决案件，成为广东首件聘请技术调查官全程参与专利侵权纠纷行政裁决案件办理，协助查明事实并出具侵权判定咨询意见书的知识产权案件；印发《佛山市专利侵权纠纷行政裁决工作规程》，被广东省市场监督管理局作为“好经验、好做法”，转发推广至全省各市市场监管局。年内，全市办理专利侵权纠纷行政裁决案件110件。

（市市场监管局）

【全国版权示范城市创建】2021年，佛山市印发《佛山市创建全国版权示范城市两年行动计划（2021—2022年）》，部署版权管理提升、版权创造提质、版权运用促进、版权保护强化、版权服务优化、版权形象塑造等六大行动30个工作项目。召开佛山创建全国版权示范城市工作推进会，总结2020年全市版权工作成效，对2021年佛山创建全国版权示范城市工作进行部署，推动佛山建设成为全国版权强市。9月，佛山以市政府名义向国家、省版权局申请创建全国版权示范城市验收。

【法治化版权治理体系基本形成】2021年，佛山市优化著作权纠纷“一门式”和解机制，扩大适用范围，开展多地点、多方式调解，以信息手段加快司法确认，缓解法院审判压力，减轻当事人诉累，优化营商环境。全年完成著作权纠纷案件和解7777件，调解率超99%。2020—2021年共调解1.18万件，调解率超95%，和解金额201万多元，为诉讼金额1406万元的14.3%。3月19日，《人民日报》政治版头条刊载《广东佛山市加强多部门联动，优化程序、提升效率——著作权纠纷一门式和解》，报道佛山市著作权纠纷“一门式”和解机制情况。4月20日，佛山市版权局、佛山市中级人民法院等发布《佛山版权十大案件（2019—2020年）》和《2020年著作权民事案件审判白皮书》，展示佛山加强两法衔接（行政执法与刑事司法衔接）、营造版权大保护格局成果。

【软件正版化工作推进】2021年，佛山市推进软件正版化工作，统筹开展党政机关和国有企业软件正版化全覆盖检查。召开全市使用正版软件工作联席会议，迎接省对市的全覆盖检查，确保机关软件正版化率100%，率先分步推进全市卫生健康机构和教育系统使用正版软件，举办各类软件正版化培训班20多场。加大侵权盗版打击力度，全年查办侵权盗版案件10件，刑事处理4人。年内，佛山市版权局、市公安局和市文广旅体局等版权监管执法部门有6个单位（个人）获2020年度全国查处重大侵权盗版案件有功单位和个人表彰，数量居全省地级市首位。

【版权登记保护】2021年，佛山市修订《佛山市版权局作品著作权登记资助办法》和《佛山市版权局市级版权示范单位、园区和优秀版权作品认定资助办法》，版权登记保护扶持力度进一步加大。围绕庆祝中国共产党成立100周年主题，实施“致敬版权大师、培育版权精品”行动，对2021年创作的优秀文艺作品进行统一版权登记和集中展示，举办“致敬版权大师　培育版权精品”成果展，在社会营造良好的尊重版权、尊重创作氛围。参加第八届中国国际版权博览会，单独设立佛山展馆，向社会各界展示佛山版权工作成效和版权精品，推动佛山版权“走出去”。年内，全市一般作品版权登记量1.36万件，比上年增长20%，居全省第二名。广东可儿玩具有限公司、佛山市顺德区孔雀廊娱乐唱片有限公司获评“全国版权示范单位”，“全国版权示范单位”增至3个，数量居全省地级市首位。

【版权保护知识宣传】2021年，佛山市开展“2021年版权宣传月暨绿书签行动”活动，举办“享原创，趣版权”亲子嘉年华，掀起“学版权、同创建”热潮。开展学习宣传贯彻新《中华人民共和国著作权法》“六个一”活动，包括举办一系列版权专题讲座、打造一批版权文艺精品、编印一册版权知识读本、创作一组版权动漫形象、组织同一堂版权主题班会课和策划一辑电视普法栏目，推动版权知识宣传的多形式、广覆盖。开展“版权知识进校园”活动，举办版权知识百校巡展，覆盖全市130多所中小学校，组织90万名中小学生同上一堂版权保护知识主题班会。

【“2020年度佛山版权十件大事”公布】2021年1月4日，佛山市版权局、市版权保护协会联合梳理出2020年度系列版权大事，通过各主流媒体邀请广大市民进行投票评选心目中的“十件版权大事”。1月14日，佛山市版权局公布“国家版权局批复佛山创建‘全国版权示范城市’”等10个事件为“2020年度佛山市十件版权大事”，涵盖机制建设、产业发展、社会服务、案件查办等方面的版权工作成果。

（市委宣传部）

链接

2020年度佛山市十件版权大事

1. 国家版权局批复佛山创建“全国版权示范城市”
2. 佛山获“2020年中国版权金奖”
3. 佛山创意产业园获“全国版权示范园区”称号
4. 佛山一般作品版权登记首次突破10000件
5. 举办第四届中国（佛山）陶瓷设计周
6. 举办2020中国（佛山）童装时尚设计周
7. 佛山开展“致敬版权大师　培育版权精品”行动
8. 广东省“4·26”版权宣传周主题活动在佛山举行
9. 佛山创新推出著作权纠纷“一门式”和解机制
10. 佛山成功查办“6·16”“6·18”侵犯著作权案

【国家海外知识产权纠纷应对指导中心佛山分中心成立】 2021年4月21日，国家知识产权局批准佛山市知识产权保护中心设立国家海外知识产权纠纷应对指导中心佛山分中心。7月15日，国家海外知识产权纠纷应对指导中心佛山分中心在佛山保护中心举行揭牌仪式。佛山市成为全省第三个、地级市首个获批成立国家海外知识产权纠纷应对指导中心分中心的城市。佛山分中心通过组建专家库、开通受理窗口、制定工作规程，建立起早预警、快响应、优指导的工作机制，全年提供海外知识产权纠纷应对指导16件，调解涉外纠纷18件，服务企业47家次，单案最高帮助企业减少损失493万元。

【粤港澳大湾区高价值专利培育布局大赛】 2021年5月28日，2021年粤港澳大湾区高价值专利培育布局大赛在佛山季华实验室启动。大赛由广东省市场监督管理局（知识产权局）、香港特别行政区政府知识产权署、澳门特别行政区政府经济及科技发展局、佛山市人民政府共同主办，佛山市市场监督管理局（知识产权局）和横琴国际知识产权交易中心承办。该大赛共征集到来自全国各地的初审合格项目902个，其中发明初创组553个、发明成长组233个、外观设计和集成电路布图设计组116个。最终评定出金奖项目15个、优秀奖项目20个。金奖项目中，初创组、成长组、设计组各5项，包括“高性能Ⅲ-V族化合物半导体材料与器件及其产业化应用”“高压电缆可交联聚乙烯绝缘材料国产化”“基于高性能Soc平台的RISC-V处理器C910集成电路布图设计”等。佛山作为东道主在大赛上获金奖4项、优秀奖6项，获奖数量排名全省首位。大赛还促成佛山市与广东省科学院化工研究所、瀚润联合高科技发展（北京）有限公司、北京炎黄国芯科技有限公司等15个获奖单位达成合作意向，并签订专利项目落地意向书，涉及专利资产评估2.3亿元，投融资总额3.2亿元。

【粤港澳大湾区首个专利价值度评估团体标准实施】 2021年6月22日，由佛山市知识产权保护中心牵头，华南理工大学、季华实验室、美的集团等40余个单位共同参与起草的团体标准T/FSZSCQ3-2021《专利价值度评估规范》发布，并于2021年7月1日实施。该规范从专利的法律因素、技术因素、经济因素三个维度对专利价值度进行综合评估，还根据专利的获奖情况为其价值度增加附加分。与常见的以价格体现专利价值的评估方式不同，该规范采用数值表示专利的价值度，数值越大则该专利越有价值。同时，评估采用智能评估和专家打分相结合的模式，消除行业误差及系统误差。该规范适用于专利分级、高价值专利初步筛选、高价值专利培育等工作。

2021年7月15日，国家海外知识产权纠纷应对指导中心佛山分中心在中国（佛山）知识产权保护中心揭牌 （市市场监管局 供图）

【专利无效请求与侵权诉讼联合审理】 2021年7月14日，在佛山市知识产权保护中心协调下，国家知识产权局专利局复审和无效审理部与广州知识产权法院就同一专利权的无效宣告请求与专利侵权诉讼在佛山进行联合审理，并当庭作出决定。这一创新探索在广东省内尚属首次，一方面缩短专利侵权纠纷中的确权和维权周期，方便当事人，提高维权效率，节约了维权成本；另一方面为健全知识产权快速协同保护机制、加强行政与司法衔接积累更多经验。

【国家知识产权局商标业务佛山受理窗口启动】 2021年7月20日，国家知识产权局商标业务佛山受理窗口在佛山市知识产权保护中心启动运行。该业务受理窗口对外承办7项商标业务事项，包括：商标注册申请受理工作，商标变更、转让、续展等后续业务申请受理工作，马德里商标国际注册申请受理工作，注册商标专用权质权登记申请受理工作，代发相关纸质商标注册证工作，商标受理相关业务咨询工作，国家知识产权局商标局交办的其他业务工作。10月，广东省市场监督管理局在商标业务佛山受理窗口设立香港特别行政区知识产权问询点，面向公众提供在香港特别行政区申请商标注册、批予专利、外观设计注册相关业务的一般咨询服务。该业务受理窗口的设立，与专利、版权、公证服务窗口共同运作，促进佛山实现专利预审、专利咨询、商标业务受理、知识产权维权援助、海外纠纷应对、版权登记、公证服务等知识产权综合业务“一窗办理”。7—12月，该业务受理窗口受理78个申请主体共283件各类商标业务申请，其中商标注册申请166件、变更名义地址管理规则成员名单申请63件、商标续展申请10件、转让移转申请注册商标申请23件、商标注销申请16件、补发商标注册证申请2件、商标使用许可备案3件；受理商标专用权质权登记类业务3单，其中新办理商标专用权质权登记1单，金额2250万元。

（市市场监管局）

【佛山市版权发展“十四五”规划发布】2021年9月，佛山市版权局印发《佛山市版权发展“十四五”规划》，提出到2025年，佛山版权创作活力持续增强，版权产业发展成效明显，版权服务能力稳步提升，版权保护显著加强，版权“走出去”工作有序推进；到2025年，佛山版权创作、运用、服务、保护等主要指标和整体实力处于省内各地市领先水平，部分领域和项目居全国前列，助力全市形成良好的市场化、法治化、国际化营商环境；到2025年，建成全国版权示范园区（单位）5个，建成省级版权兴业示范基地15个，形成具有一定规模的版权核心产业及相关产业集群或产业园区、版权龙头企业；“十四五”期间，佛山要构建原创内容保护+产品设计开发+授权生产增值于一体的版权交易平台，为版权产品交易、评估、融资提供全方位服务，在核心版权产业的行业协会、核心版权产业集聚区域实现版权基层服务站全覆盖。

【佛山版权中心建成】2021年9月，佛山版权中心竣工，并于10月开始试运营，成为全国首个版权综合体。佛山版权中心设在佛山新城坊塔二层，面积1285平方米，以“为佛山赋能，为中国探路”为主题，设“开物·思想之河”“成器·岭南绽放”“致用·佛山匠心”“探索·中国样本”四大展示区，思维空间、想象空间、案例空间、对话空间、知识空间五大主题空间和儿童世界。佛山版权中心是集宣传教育、社会服务、成果展示等功能于一体的专业性版权工作阵地。

（市委宣传部）

【第二单知识产权证券化产品发布】2021年9月28日，佛山市发行第二单知识产权证券化产品，有15家科技企业融资2.52亿元，票面利率3.6%，创年度广东地区同期限资产证券化产品优先级票面利率最低。佛山知识产权证券化产品采取政府适度补贴的方式控制融资成本，企业融资成本保持在4.5%～5.5%较低水平，激发中小科技企业知识产权的融资功能，实现知识产权与金融资本的精准对接，将企业无形资产转化为看得见的资金，同时也为科创型中小企业融资难问题提供新的解决方案。

（市市场监管局）

【佛山版权产业发展联盟成立】2021年12月30日，佛山市成立版权产业发展联盟，美的、蒙娜丽莎、东鹏、南海区博物馆等100个单位加入佛山版权产业发展联盟，涵盖建筑陶瓷、家纺、服装、影视、美术陶瓷、软件等重点版权产业。佛山版权产业发展联盟将版权产业中的优势企业以及相关院校、律师事务所、协会汇聚起来，构建开放、共享、高效的集版权资源开发、权益维护等为一体的企业服务平台，促进佛山版权资源要素的开发整合及交易运用，服务产业转型升级和高质量发展。

【2021年佛山市版权示范单位（园区）和优秀版权作品发布】2021年12月30日，佛山市版权局公布2021年佛山市版权示范单位（园区）与优秀版权作品名单，广东工业设计城、顺博创意园、广东新媒体产业园、广东金赋科技股份有限公司、佛山市东鹏陶瓷有限公司、广东派的科技有限公司、佛山市猫爸爸服饰有限公司、佛山欧神诺陶瓷有限公司、佛山市高明亿阳塑胶有限公司、佛山市顺德区新华隆纺织装饰有限公司等10个单位被评为版权示范单位（园区），广东金赋科技股份有限公司的计算机软件《金赋智能柜台系统（简称：智能柜台系统）V1.0.1》、祈业（佛山）软件有限公司的计算机软件《精细化工行业智能排程APS系统》、广东腾一科技有限公司的计算机软件《腾一MES云平台软件V1.0》、潘伯林的美术作品《回娘家》、广东蒙创致远新材料科技有限公司的美术作品《梦幻侏罗纪》、禅城区城市管理和综合执法局的美术作品《佛山禅城桶桶超人》、盛慧的文字作品《外婆家》、广东左点广告传媒有限公司的视听作品《幸福中国红》、赖志华的摄影作品《风雨无阻》、佛山市顺德区文化艺术发展中心的戏剧作品《爱的拿铁》10件作品入选优秀版权作品。

（市委宣传部）

海　关

【概况】2021年，佛山市外贸进出口6160.7亿元，比上年增长21.7%，分别高出同期全国、全省增速0.3个和5个百分点。全年受理进出口报关单100.14万份，比上年增长14.6%；口岸进出口商品总值4199.19亿元，增长15%；进出口货运量1283万吨，增长7.5%；税收入库139亿元，增长9.1%。全年通过快速办理机制为进口企业减免税6195.3万元，比上年增长67.13%；签发各原产地证书16.57万份，签证货值157.52亿美元，为企业获得国外关税优惠7.1亿美元；推动地方免除查验费用3558.39万元，惠及企业2.55万家。

【海关税收征管】2021年，佛山海关税收累计入库139.06亿元，比上年增长9.11%，日均入库5562万元，占广州海关比重22.42%。牵头建立支持科技创新产品进口工作专班，支持以季华实验室为代表的科技创新企业开展科研用品减免税进口，推动实现“批得快”“免得对”，提升审批效率和质量，佛山海关通过快速办理机制全年为进口企业实际减免税6195.3万元，比上年增长67.13%。结合“我为群众办实事”实践活动，推进原产地证书全流程线上无纸化办理，最大限度简化原产地证申领手续，同时推广智能审核、自助打印等“智慧海关”建设成果，让企业申领进入“秒通”时代，佛山海关全年签发各原产地证书16.57万份，涉及签证货值157.52亿美元。落实各项税收政策，推广应用预裁定制度，提升预裁定效能，为企业提供归类、原产地、价格预裁定服务，探索“价格提前报备”服务事项，将归类、原产地、价格等疑难问题尽量在通关前解决，优化贸易便利化水平。

【查缉走私】 2021年，佛山海关立刑事案件110件，案值43.89亿元，涉税3.27亿元；一般行政立案3143件，案值17.55亿元，涉税1.41亿元；指导办理“两简”案件（简单案件、简易程序案件）1002件，案值3.73亿元，涉税110万元。打私业务整体情况良好，与海关综合业务基本匹配。缉私工作通过联合地方公安，连续破获多起走私冻品、红油大要案，全链条摧毁多个走私冻品团伙、走私红油团伙。

【海关数据分析研究】 2021年，佛山海关发挥“数据+分析”职能，开展统计分析及政策研究。围绕佛山外贸月度运行情况、“十三五”佛山外资企业进出口情况向地方党政领导报送统计分析11篇，其中3篇获市委、市政府领导批示，分析研究报告《2020年佛山外贸进出口特点与对策建议》获《佛山研究》杂志全文采用。推进政策研究工作，完成广州海关关级课题成果《佛山企业融入国内国际双循环路径研究》。同时，履行广州海关统计小组长职能，跟踪中美经贸、原油进出口、印度疫情等外贸热点问题，完成统计要情撰写与核稿34篇，其中2篇获中央办公厅、国务院办公厅采用，21篇获《穗关综合要情》《穗关统计要情》采用。跟进国家、佛山重点商品进出口情况，承接市委、市政府约稿，形成中国中医药“走出去”情况分析、中国钢材进出口分析、中国粮食进口隐患研究、海运价格上涨对佛山进出口影响等方面多篇分析报告，其中3篇分析报告获国务院办公厅采用。

【海关服务企业工作】 2021年，佛山海关加强关区重点企业调研，掌握企业存在的困难，精准帮扶企业解决问题。发挥属地管理优势，实行“全覆盖宣讲+重点培育+精准辅导”分级培育企业1102家次，开展“线上+线下”“一对一”重点辅导企业303家次。联合地方商会和协会，搭建关企沟通交流平台，加强国家和海关政策宣讲解读，帮扶企业应对全球复杂多变贸易形势。年内，佛山关区培育出高级认证企业125家，是上年的8.3倍，关区高级认证企业增至274家，位居广州海关隶属海关首位。

【海关稽查核查】 2021年，佛山海关办结稽查作业220宗，稽查有效率60%；办结核查作业752宗，核查查发率56.65%，稽查和核查查发率均高于广州海关平均水平。佛山海关稽查条线全年追补税合计2.4亿元，占广州关区20%。全年组织2轮专项稽查行动，完成关区36家固体废物加工企业专项稽查，稽查发现2家企业存在漏报部分仓储费、运杂费等问题，追补税款111.3万元；联合越秀海关对重点再生金属进口企业实施径行稽查（不事先通知企业的稽查），完成75家进口再生金属企业专项稽查工作，稽查发现伪报原产地、低报价格、漏报运杂费、“特殊关系”申报不实等情事16宗，其中移交缉私处置案件线索4条。

【保税监管】 2021年，佛山海关做好关区外加工贸易集中审核和企业管理。实行“不出门、零接触、网上办”，对企业在线申报的手（账）册单证实施集约化、专业化审核，实现当天受理当天办结。全年完成佛山关区区外加工贸易人工审核作业5751票，“五办”（佛山海关驻禅城办事处、驻顺德办事处、驻南海办事处、驻三水办事处、驻高明办事处）及时报核率和及时结案率均达100%。完善与佛山市市场监管部门数据共享协作机制，定期收集佛山市已注（吊）销企业数据，组织各办事处开展数据对碰涉及海关企业498家，及时进行后续处置注（吊）销企业354家。

【海关卫生检疫】 2021年，佛山海关做好与佛山市级疫情联防联控机制建设。全年向市级及各地方专班反馈征求意见稿20份，推送疫情防控政务信息400余条，报送各类统计报表600余份，参加属地联防联控会议130余次。协调做好入境转接人员后续健康管理，全年全佛山地区转接白云机场分流入境人员3.91万人次，未发生一起输入病例导致的本地感染。强化人物同防，加大对“五办”（佛山海关驻禅城办事处、驻顺德办事处、驻南海办事处、驻三水办事处、驻高明办事处）进口商品监管查验过程的监督指导力度，加强冷链及非冷链货物风险管控。对“五办”发送“加强新冠肺炎疫情安全防护工作提醒”7份，牵头对佛山关区口岸疫情防控情况进行调研，完成《佛山口岸疫情防控工作情况调研报告》。年内，佛山关区对进口商品新冠肺炎病毒核酸检测567批次，商品重量1.44万吨，货值3719万美元，总抽样数1.21万个，检出并向地方通报5批次进口冷链货物外包装新冠病毒核酸阳性案例；对进口冷链货物开展预防性消毒144批次，261个标准集装箱，产品外包装28.4万件，货物重量2728吨，货值757万美元。配合加强对跨境司机和作业点的管理，佛山有粤港跨境货物作业点170个，实际发生业务粤港跨境货物作业点64个，佛山联防联控机制全年排查粤港跨境货车司机4.3万人次（跨境司机2.01万人次、内地司机2.29万人次）。加强对口岸检疫处理单位的监管，配合广州海关相关清退工作，派员担任组长对顺德1家消毒单位进行现场资质评审。

【粮食检疫】 2021年，佛山海关加强对进口粮食储备、加工企业监管，防止境外重大疫情传入。落实对辖区内进口粮食储备和加工企业进口粮食的初审、运输、储存、加工和使用等环节检验检疫监督职责。严格进口粮食许可证初审，核查加工企业产能证明、生产加工台账，把控申办进口的粮食数量基本不超2个月实际加工用量，并核对上一批次进口粮的疫情防控、下脚料处理等环节的制度落实情况。严格落实粮食调运联系制度，通过粮食调运系统及时审核加工企业的调运申请、运输路线、拟调入粮食的口岸检疫结果、调入粮食的检验检疫证明等资料，确保调入粮食无疫情风险。督查企业做好调入粮食入库台账记录并到厂随机抽查，调运到加工企业后，对接卸、储存、生产加工各环节防疫措施实施监管。严格后续监管，每月不少于1次到辖区内进口粮加工企业进行后续监管，重点监管企业的卸货、加工、下脚料处理等环节防疫措施落实情况；原料的使用与库存、生产加工能力和时间是否吻合；出入库记录、生产加工和产品销售台账、原料投入与产品产出是否相符。根据日常监管情况分析，辖区内企业能够按照规定要求办理进口粮食初审联系单和调运联系单，进口粮食均存放在企业专用仓库，未发现进口粮食许可量、进口量、出入库量和产能不一致，以及非法流向等问题，进口粮食生产加工过程及下脚料处理均符合相关要求，未发生进口粮食入库、出库、运输和加工等环节粮食疫情扩散风险。

【非洲猪瘟防控】 2021年，佛山海关继续做好非洲猪瘟口岸防疫工作，防止非洲猪瘟疫情输入。加强含猪肉食品出口生产企业非洲猪瘟防控工作，要求相关企业加强猪肉原料的溯源和检测，对于猪肉原料，严格落实进货查验制度，确保来自合格供应商，每批原料必须有“肉类品质检验合格证”“动物检疫证明”且要注明非洲猪瘟的检测结果，进口的猪肉原料必须有“入境货物检验检疫证明”，生产加工过程产生的废弃物、泔水等要统一收集、交于有资质企业处理。强化口岸非洲猪瘟防控，全面落实交通工具检疫查验和消毒处理，严格禁止来自疫区的猪肉产品进境，对于船员自用品，要求船员不要在境外采购猪产品，在境内采购的要索取相关单证；对运输工具上的动植物性废弃物、泔水等，一律在海关监督下作处理；强化疫区国家（地区）进口货物查验，发现有禁止进境的动物、动物产品和其他检疫物的，立即予以封存并严格监督实施销毁处理，作封存或销毁处理。加大对跨境电商等渠道进口猪肉及其制品的监管力度，严格落实跨境电商100%过机要求，对来自非洲猪瘟疫区的跨境电商货物全部实施现场查验、检疫；加大开箱查验力度，由有动物检疫一级或二级现场查验岗位资质的人员联合实施查验，对查获来自非洲猪瘟疫区的猪肉及其制品，全部作退运或销毁处理。

【食品检验检疫】 2021年，佛山海关落实食品安全检验检疫要求，防范重大进出口食品和商品质量安全事件发生。采取“线上”“线下”结合的宣传模式，开展主题为“尚俭崇信，守护阳光下的盘中餐”的食品安全宣传周活动。开展“进口食品‘国门守护’行动”宣传活动，在海关大楼办事大厅、各口岸海关监管现场开展多种形式的进口食品监管政策宣传，制作专题展板15块，张贴宣传画册34张，发放宣传手册280份，播放宣传视频58次。通过组建微信工作群、加强口岸检查等手段，密切与佛山关区各口岸联系，摸清底数，严格要求各口岸有突发情况及时报告，防范重大疫病疫情及食品安全风险。参加佛山市食品安全示范城市省级评价验收，根据《佛山市食品安全委员会办公室关于开展食品安全隐患大排查大整治的通知》的要求，对食品安全隐患实施全面排查整治。

【法定检验商品外进出口商品抽检】 2021年，佛山海关组织开展法定检验商品外进出口商品抽查检验工作。重点选取LED（发光二极管）灯管、儿童三轮车、奶粉盒、洗碗机、文具笔等敏感进出口商品开展抽查检验，实施抽查检验18批次。不合格项目主要包括可溶重金属超标、文具没有中文使用说明、连接插头不符合国标等，检验结果全部录入进出口商品质量安全风险管理系统。

【商品质量安全风险监测】 2021年，佛山海关强化重点商品质量安全风险监测，海关总署卫浴陶瓷与水暖产品质量安全风险一级监测点完成33批进口坐便器、30批进出口智能坐便器、30批进口陶瓷质量安全风险监测，主要不合格项目有产品性能不合格、未加贴中国水效标志；海关总署家电一级风险监测点完成26批次出口厨房电器、50组出口包含激光和强光源的美容护理器具、25批次出口体温计专项风险监测，主要不合格项目有电磁兼容、光学伤害、测量误差超限等。强化重点商品风险信息采集，加强对进出口商品质量安全相关舆情信息、边贸互市贸易信息、跨境电子商务贸易信息及消费者投诉信息的监测，定期收集进出口商品检验、境外通报或召回、抽查检验、科研院所及行业协会通报、技术法规标准、媒体舆情、消费者投诉等风险信息，全年采集商品风险信息840余条，并将其录入进出口商品质量安全风险管理系统。

【技术性贸易措施应对】 2021年，佛山海关发挥“陶瓷”“小家电”“铝型材”三大国家级技术性贸易措施研究评议基地优势，参与技贸应对。家电评议基地支持美的电器股份有限公司等企业应对沙特能效测评、印度空调产品强制性认证新规，协助万和新电气股份有限公司完成绿色新能源产品企业标准和联盟标准的制发，基地提出的3项特别贸易关注在世界贸易组织第84、第85次技术性贸易壁垒会议上被采纳为大会议题。陶瓷评议基地针对坦桑尼亚532号公告面向全国组织开展线上评议，对沙特、菲律宾等国提交特别贸易关注4篇，基地建筑卫生陶瓷检测实验室获菲律宾贸工部标准局（DTI）认可。铝型材评议基地为企业提供技术贸易信息367条，开展技术贸易专项培训3期，定向走访企业30次，面向全国行业开展铝材类技术贸易学术征文收到论文66篇，针对美国铝型材标准更新开展对比研究。

【佛山三水“湾区一港通”首票出口货物放行】 2021年1月，佛山市歌纳进出口有限公司出口的一柜卫浴产品在三水港完成海关通关手续，通过“一港通”平台备案的驳船将货物运抵南沙港后装上大船出口，标志着佛山市三水区“湾区一港通”项目试运行后的首票出口业务完成。自2021年1月起，广州海关全面推进“湾区一港通”项目，在广州、佛山、肇庆、清远、云浮、韶关等港口码头全面推广实施。三水区“湾区一港通”启动后，在三水港完成海关通关手续的出口货物，通过指定驳船运抵南沙即可直接装载大船出口，实现经南沙港转运的出口货物“7×24”小时快速通关。相较于传统的水水联运、国际中转等通关模式，“湾区一港通”为出口企业提供更多更好的出口货运物流资源，缓解出口“一柜难求”的严峻形势，减轻企业的通关成本，加快货物的通关速度。

（高榕璟）

区域发展

粤港澳大湾区建设

广佛全域同城化建设

【概况】 2021年，佛山、广州两市加强广佛全域同城化顶层规划设计，在各自印发的国民经济和社会发展“十四五”规划纲要中对广佛全域同城化工作着重进行部署，共同编制《广佛全域同城化“十四五”发展规划》，筹备成立广佛联合规划委员会。继续推进两市交通基础设施联通，联合印发《广佛两市城市轨道交通互联互通行动细则》，统筹布局两地重大交通枢纽。继续推动两市产业协同发展和优质生活圈提升，两市联合申报共建国家先进制造业集群，共建首批国家燃料电池汽车示范城市群，共同投资发展港航业，联合推进科技创新协作，扩大政务同城通办范围，推动基本公共服务资源共享。

【广佛全域同城化顶层规划设计】 2021年，佛山、广州两市在制定国民经济和社会发展“十四五”规划纲要时保持密切对接，并在各自印发的规划纲要中对广佛全域同城化工作着重进行部署。共同编制《广佛全域同城化“十四五”发展规划》，完成重大行政决策程序。共同筹备成立广佛联合规划委员会，并于年底前完成相关规则制定，推动实现两市规划统一编制、统一实施。共同谋划沿广佛两市边界线共建广佛高质量发展融合试验区，在试验区建设总体规划于2020年印发实施的基础上，继续推进试验区建设总体方案的报审工作，该试验区包括广州南站—佛山三龙湾—荔湾海龙先导区，以及荔湾—南海、白云—南海、花都—三水、南沙—顺德4个分片区。

【广佛交通基础设施联通】 2021年，珠三角枢纽（广州新）机场正式选址佛山市高明区，该机场可与白云国际机场形成联动。佛山西站被纳入广州市“五主四辅”客运枢纽格局。《广佛两市城市轨道交通互联互通行动细则》印发，南沙港铁路、佛山地铁2号线一期（接入广州南站）建成开通，广佛环线佛山西至广州南站段全面完工，佛山、广州两市轨道交通线网更加密集。《广佛两市道路衔接规划修编》完成。广佛肇高速公路全线贯通，清南高速动工建设。番海大桥建成通车，标志着广州市番禺区与佛山市南海区之间又增1条跨河通道。广佛出口放射线二期、广佛大桥系统工程一期等加快建设，促进广州市荔湾区与佛山市南海区的交通衔接更加紧密。年内，开通广佛跨市公交线路95条，基本实现毗邻区域公交全覆盖，两地公共交通乘车码实现互认互通，公交往来更加便捷。

【广佛产业协同发展】 2021年，佛山、广州两市联合申报共建国家先进制造业集群，在工信部于3月公布的25个先进制造业集群决赛优胜者名单中，广佛惠超高清视频和智能家电产业集群、广深佛莞智能装备产业集群入选。共建国家燃料电池汽车示范城市群，由佛山市牵头，联合广州、深圳、珠海、东莞、中山、阳江、云浮、福州、淄博、包头和六安等城市组建的燃料电池汽车示范应用广东城市群于8月由财政部、工业和信息化部、科技部、国家发展改革委、国家能源局五部委联合批复同意，至年底，佛山、广州两地投运的燃料电池汽车1547辆，建成投用的加氢站34座。共同投资发展港航业，由广州、佛山、中山三市合资（占股比为65 ：19 ：16）的南沙港区四期自动化集装箱码头工程加快建设，广州港集团参与投资的佛山港高明港区高荷码头工程开工。联合开展核心技术攻关，华南理工大学、广东工业大学、华南师范大学等广州高校参与2021年佛山市重点领域“揭榜挂帅”科技攻关专项、社会领域科技攻关项目、重点领域科技攻关项目的，揭榜，并进行联合攻关。合作共建创新平台，佛山市与广州高校、科研机构共建的创新平台有11个，与广东省科学院共建的广东省科学院佛山产业技术研究院总部孵化器于12月获评省级科技型企业孵化器，华南理工大学国家大学科技园顺德创新园区获批“粤港澳科技企业孵化器”，粤港澳大湾区高校科技成果转化中心全年促成产学研合作31项。共同用好广佛同城全球联合招商机制，举办佛山投资推介会暨第七届中国广州国际投资年会

2021年12月8日，广东燃料电池汽车示范应用城市群项目举行启动仪式，标志着该城市群进入推动落实示范任务的新阶段　（市发展改革局　供图）

佛山分会。联合推介区域旅游资源，广佛肇旅游联盟先后赴海口市、福州市举办“活力广东·多彩广佛肇”旅游推介会，宣传推介广州、佛山、肇庆三地旅游资源。

【广佛优质生活圈提升】2021年，佛山、广州两市加大广佛跨界河涌保护力度，年内，广佛跨界区域国考平洲水道平洲断面水质为Ⅲ类、西南涌断面水质为Ⅳ类，省考佛山水道横滘断面、西南涌和顺大桥断面均达Ⅳ类标准，均达标。系统开展广佛跨界及共用饮用水水源保护区建设项目清理补偿。推进跨市碧道建设，佛山市全年完成南海区、三水区西南涌碧道建设11.35千米，完成禅城区佛山水道碧道建设14.47千米。继续落实广佛大气污染联防联控机制，开展联合执法、交叉执法行动，广佛两地年内重点针对信访热点区域、交叉边界区域、散乱污多发区域以及家具、铝型材等废气排放重点行业开展联合交叉执法行动6次。扩大政务同城通办范围，广佛两地共同铺设的自助服务终端机达1626台，其中在佛山市铺设的自助终端机有1356台、在广州市铺设的自助终端机有270台，可跨市办理的政务服务事项达2721个。推动基本公共服务资源共享，华南师范大学附属中学、执信中学等教育集团继续在佛山办学，广州市多所高等职业技术院校与佛山市中等职业技术学校继续开展中高职三二分段招生培养〔指在中职学校和高职院校选取对应专业，制定中职学段（三年）和高职学段（二年）一体化的人才培养方案，分段开展教学活动〕工作；广佛电子健康码实现互用，无须重复申领；“公共图书馆广佛通”合作项目继续实施，作为首批文献互通服务点的广州图书馆、佛山市图书馆正常开展文献互通服务；广州“群体通”平台专门继续面向佛山市民提供服务，至年底，在该平台上线佛山体育场馆有145个。开展就业合作，广州市全年向佛山市推送4.6万个就业岗位，佛山市全年向广州市推送3.7万个就业岗位。加强警务合作，共同加强对在广佛间流动的“三非”（非法入境、非法拘留、非法就业）人员管理，共享情报信息。

【广佛签订协同立法合作协议】2021年4月22日，广佛协同立法签约仪式在佛山举行。广州市人大常委会法工委与佛山市人大常委会法工委签订《关于加强两市协同立法的合作协议》。（详见“法治”类目“人大立法”分目）

（市发展改革局）

佛深合作

【概况】2021年，佛山市继续支持深圳建设中国特色社会主义先行示范区，在科技创新、制造业高质量发展、基础设施互联互通等方面推进合作。加强与深圳创新平台的交流合作，加快建设顺深产业城，主动承接深圳电子信息、装备制造、新能源、新材料等产业溢出；在深圳举行招商推介会、安全产业投资推介会等活动，签约一批合作项目；推进大疆无人机、广东天劲新能源等项目建设，为企业拓大发展空间。继续探索“深圳经验+顺德应用”，吸引一批深圳企业参与村级工业园改造，鼓励深圳产业载体运营机构参与“村改”（村级工业园升级改造）项目运营管理。推动深圳金融资源与佛山实体经济对接，加强广东金融高新区与深圳前海深港现代服务业合作区等平台联动，促进更多佛山优质企业在深交所上市融资。主动对接深圳“保险创新发展试验区”。在佛山西站枢纽新城动工建设深圳科技园佛山科创园，打造“佛山+深圳”合作标杆。与深圳市深商总会合作，完成“广东省粤港澳大湾区产业协同发展联合会”注册登记并落户佛山，成为全省首家以“粤港澳大湾区”冠名的产业协会。加快对接深中通道、南沙大桥等，推动一环南线东延高速、佛山至中山高速、广珠西线高速对接中山东部外环高速规划建设，畅通佛山和深圳的快速联系，加快形成佛山“1小时经济圈”。

【佛山与深交所签订战略合作框架协议】2021年4月29日，佛山市人民政府与深圳证券交易所在深圳签订《战略合作框架协议》，佛山市与深圳证券交易所进入更深层次的合作阶段。根据协议，双方将围绕为重点企业提供改制上市、兼并重组、发行公司债等金融服务，开展全面、深入、长期的合作，建立稳定的合作机制。同日，广东炬申物流股份有限公司在深圳证券交易所上市，是深圳主板和中小板合并后佛山第一家主板上市企业。至年底，佛山市在深圳证券交易所上市企业39家。

【佛山科创园首期项目动工建设】 2021年8月8日，深圳科技园佛山科创园项目动工仪式在佛山西站枢纽新城举行。该项目由深圳科技工业园（集团）有限公司规划建设和运营管理，总规划占地22.67公顷，计划总投资50亿元。该项目立足于佛山制造业产业优势和深圳科创优势，发挥佛山西站高铁主枢纽的轨道交通优势，承接深圳的科创、专业服务、高端人才等资源外溢，推进先进制造业和现代服务业融合创新发展，重点引进新一代信息技术、人工智能、工业互联网、检验检测、研发与设计等战略性新兴产业。

（市发展改革局）

佛港澳合作

【概况】 2021年，佛山市围绕粤港澳大湾区建设，把“打造粤港澳大湾区极点城市”作为佛山经济社会发展目标定位之一，深化与港澳及其他湾区内地城市合作，推动构建全面开放新格局。完善“香港+佛山”“澳门+佛山”合作机制，以“一事一议”工作模式与香港驻粤办联合策划开展“扬帆佛山　筑梦同行”香港青年研学行。以“任务清单”工作模式与澳门政策研究和区域发展局协调推动两地涉及医疗、科技、文化、青年交流等20个合作项目落地实施。澳门特区行政长官贺一诚到访佛山，与佛山市主要领导就加强两地中医药产业、文化、旅游、科技等领域合作达成共识；佛山市主要领导与澳门特区行政长官通过书信加强沟通，支持两地轨道交通高级专业人士交流，促进澳门融入国家发展大局。香港驻粤办主任陈选尧到访佛山，考察佛山港资企业和内地港人有关情况，发展及促进佛山、香港两地经贸关系。

（市发展改革局）

【佛港澳青年交流合作】 2021年，佛山市加强台港澳青年交流，佛港澳台融合发展进入新阶段。佛山港澳青年创业孵化基地主园区二期正式运营，并引入专业运营团队，链接粤港澳大湾区创业资源，至年底，引进港澳青年初创项目17个，涵盖生物医药与健康、节能环保、人工智能等前沿领域。同时，依托顺德港澳台交流促进中心建设顺德分园区，依托南海·青创家建设南海分园区，该2个分园区均投入使用，共同形成佛山港澳青年创业孵化基地“一主两翼”的格局。推荐佛山市香港青年微纪录片《创业在湾区——入“煮”凤城》入选中央广播电视总台大湾区之声，讲好港澳青年创业故事。举办2021年第十届中国创新创业大赛（广东·佛山赛区），组织参加澳门大学—佛山市人才驿站、第十九届中国国际人才交流大会、2021中国海外人才交流大会暨第二十三届中国留学人员广州科技交流会、BEYOND国际科技创新博览会等活动。

禅城区成立禅港澳青年交流（石湾、南庄）基地。南海区成立港澳台及留学青年创新创业服务中心及基地，通过“1中心+N基地”的运作模式，为港澳青年等提供优质、贴心、精准的管家式服务。顺德区以粤港澳协同发展合作区建设为契机，成立顺德港澳城港澳青年创新创业基地、港澳台交流促进中心，为港澳青年等提供“一站式”服务。高明区、三水区相继设立港澳青年交流基地，为港澳青年交流提供优质空间环境

（市发展改革局　市委台港澳办）

【佛港澳科技合作】 2021年，佛山市深化佛港澳科技合作，印发《佛山市推进粤港澳大湾区国际科技创新中心建设2021年工作要点》，推进粤港澳大湾区国际科技创新中心建设向纵深发展，继续深化科技开放合作，对接“广州—深圳—香港—澳门”科技创新走廊。

佛山与港科大科技合作　佛山市香港科技大学LED-FPD工程技术研究开发中心〔LED（发光二极管）、FPD（平板显示）〕建成6个高端实验室，拥有70台关键设备，LED中心主任李世玮教授获授2021年阿夫拉姆·巴尔·科恩纪念奖。香港科技大学（佛山）科技成果转化中心完成全部场地建设，累计引进科创项目9个。2021年港科大百万奖金（国际）创业大赛佛山赛区赛事举行，赛事设立“博智林—智能制造专区”，并特设“智造超新星”奖项，124个项目参赛。佛山市香港科技大学产学研合作专项组织29个港方团队申报，对接港科大科研团队和佛山市企业，推进应用技术创新成果在佛山产业化。

佛山与澳门科技合作　广州中医药大学顺德医院与广州中医药大学、澳门科技大学、香港浸会大学联合建设粤港澳（顺德）中医药转化医学研究中心，推进制剂技术等成果转化。以北京科技大学顺德研究生院为依托，国家材料腐

2021年5月10日，顺德港澳台及留学青年创业交流基地揭牌仪式在佛山市顺德区恒基国际金融大厦举行，该基地可为在顺德的港澳青年提供全方位服务

（市委台港澳办　供图）

蚀与防护科学数据中心与澳门发展质量研究所合作共建联合实验室，开展工程失效问题检测及腐蚀工程技术研究，与“一带一路”沿线国家开展腐蚀防护材料与技术业务对接。佛山市科恒博环保技术有限公司等多家企业与澳门大学合作研发，各单位申报2022年度粤港澳科技合作专题。

【佛港澳金融合作】 2021年，佛山市加强与香港贸发局、香港投资推广署、环球香港商业协会等机构的交流协作，就离岸贸易合作事项进行深入探讨，组织佛山市企业参加广东省支持新型离岸贸易业务发展政策宣讲会，在既有的香港、佛山两地展会、对外投资、服务贸易等业务合作基础之上进一步挖掘合作潜力，拓宽合作领域。落实与香港贸发局共同签订的《“佛山民企国际化服务计划”合作协议》，利用香港贸发局资源对接香港法律、会计、咨询、金融、设计、行销、品牌管理、物流、资讯科技等领域的优质服务供应商，共同为外贸企业“走出去”提供专业服务，提升企业“走出去”信心。全年全市新增赴香港直接投资企业16家，比上年增长6%，佛山方面投资额3732万美元，增长45%。落实《关于“香港+佛山”面向全球携手打造粤港澳大湾区合作备忘录》《合作备忘录补充协议》等，组织佛山企业参加香港国际采购汇（网上展）、香港秋季电子产品线上展、2021粤澳名优商品展览会等重点展会。

（市发展改革局）

【佛港澳合作平台建设】 2021年，佛山市继续完善佛山与香港、澳门合作机制，做大做强粤港澳大湾区极点城市功能，落实三地官方高层达成的各项共识，推动各项工作落地落实。配合推进南海区、顺德区重点港澳合作平台建设，《佛山顺德粤港澳协同发展合作区建设方案》于2月经广东省推进粤港澳大湾区领导小组审议通过，佛山顺德粤港澳协同发展合作区被纳入全省推进粤港澳大湾区建设重点平台。完善“佛山+澳门”合作机制，以“任务清单”工作模式与澳门政策研究和区域发展局协调推动两地涉及医疗、科技、文化、青年交流等20个合作项目落地实施。4月，香港科技大学（佛山）科技成果转化中心试运营，有11支团队入驻，其中7支团队的项目技术来源于香港。

【佛港澳新冠肺炎疫情联防联控】 2021年，佛山市推进在佛山的港澳同胞疫苗接种，通过增设定点、集中预约、开设专场等方式，确保港澳同胞愿接尽接。配合省港澳办做好某澳门旅行团涉疫情在佛山市隔离安置和应急处置工作。通过微信公众号发布《致在佛山港澳台同胞的一封公开信》，提醒在佛港澳同胞及企业配合全市联防联控工作，传递人文关怀。在佛山港澳资企业、同胞主动担起社会责任，到社区开展捐赠抗疫物资、慰问一线抗疫人员、核酸检测志愿服务等活动，开展志愿服务300多人次。

（市委台港澳办）

粤港澳重点合作平台

【南海粤港澳合作高端服务示范区】 佛山南海粤港澳合作高端服务示范区是粤港澳大湾区特色合作平台之一，核心区面积74平方千米，重点围绕三龙湾（南海片区）科创极核、千灯湖金融极核，发展佛山西站枢纽新城片区、大沥国际商贸片区和南三合作智慧物流片区，构建“两核三片区”的空间格局，实现“港澳服务+佛山制造”有机融合。2021年，示范区“两核三片区”分别重点发展科研创新和文化创意、金融后台和产业金融、信息服务和总部经济、国际贸易和展会展览、多业态物流和供应链服务。

千灯湖金融极核　2021年，千灯湖金融极核重点发展金融后台和产业金融。金融产业链条加速完善，集聚银行、保险、证券、期货、信托、典当、担保、金融租赁、公募基金、私募创投、小额贷款、融资租赁、金融科技、服务外包等前后台高端服务业态。全年新引进项目278个，新增注册资本超515亿元，至年底，累计有项目1302个，投资规模超2095亿元，有金融、科技人才超6万人，其中中科沃土基金、佛山金控期货2个金融持牌机构的进驻填补该类机构全市招商空白。港澳项目集聚汇丰、东亚、恒生、大新、澳门国际等港澳资本背景金融前台项目，友邦金融中心承载友邦保险亚太地区后台服务业务总部及友邦广东分公司前台运营业务。汇丰环球营运中心是汇丰集团中国地区后台服务基地，至年底，吸纳超5500人就业。构筑资本对接平台，深交所佛山（南海）服务基地在千灯湖创投特色小镇揭牌，千灯湖创投特色小镇集聚私募基金类机构超1000个，募集与投资资金规模超1400亿元，延续1个工作日入驻资本超1亿元的良好态势，其中投向佛山市项目263个，金额超100亿元。发展“区块链+”金融科技，引进中山大学深圳研究院运营“区块链+”金融科技研究院，“区块链+”金融科技产业集聚基地进驻金融科技企业超80家，涵盖智能零售、供应链管理、绿色环保、区块链安全监测等应用场景。

三龙湾（南海片区）科创极核　2021年，三龙湾（南海片区）科创极核重点发展科研创新和文化创意。深化与港澳科技创新合作，香港科技大学（佛山）科技成果转化中心落户南海区禾仰广场并启动运营，来自香港、深圳、广州等12个科技项目入驻孵化。国际创智园的广深港澳企业占比达78%，三山科创中心的广深港澳企业占比38%。与国家发改委中国信息协会共建“中国（粤港澳大湾区）先进制造与数字经济融合创新试验区”，引进欢聚产业互联总部、虎牙全球研发总部、利泰集团、移远通信佛山研发中心、富士康工业富联佛山智造谷、北京交控湾区总部等一批企业总部或研发中心，推动人造肉先锋企业澳门联盈生物落户投产。加快集聚港澳现代服务业，香港城项目有序施工建设，计划引入包括香港的教育、医疗、商业和产业元素等区。澳门城项目建设加快，计划引入澳门中医药、电影制作、人工智能等科创型和文创型产业。粤港澳大湾区影视产业展示招商服务中心建成投入使用。强化与港澳教育合作，推动香港理工大学（佛山）建设，由香港资汇资本打造国际艺术高中和国际艺术

2021年，佛山市南海区港澳台及留学青年创新创业服务中心下设的“南海·青创家”“南海·青创工合空间”2个基地合计吸引港澳个人会员109人，港澳创业团队94个。图为“南海·青创家” （南海区发展和改革局　供图）

预科学院——辰美国际学校首批毕业生毕业并获牛津大学等多家英国大学录取通知书。推动港澳青年创新创业，南海区港澳台及留学青年创新创业基地（南海·青创家）、粤港青年创新创业基地（南海·青创工合空间）2个基地有港澳个人会员109人，港澳创业团队94个。

佛山西站枢纽新城片区　2021年，佛山西站枢纽新城重点发展信息服务和总部经济。推进国家“两业融合”（先进制造业与现代服务业）试点先导区发展，通过轨道交通优势，承接香港国际化服务资源、深圳科创资源、广州人才资源，推动广深港溢出优势产业与佛山制造业在佛山西站枢纽新城融合创新。其中，腾讯工业互联网粤港澳大湾区基地有序运营，对接服务佛山企业超200家；深圳科技园佛山科创园项目动工建设，计划引入不少于90家产业企业；佛山西站枢纽新城会展中心成为深圳国际会展中心的战略合作项目，以科技为主题，以会带展，推动深圳-佛山两地会展业的联动发展。自2017年8月开通运营至2021年底，佛山西站累计到发旅客4155万人次，日均开行列车200列，开通直达香港西九龙的高铁列车，往来香港、深圳等城市实现“1小时+零换乘”。

大沥国际商贸片区　2021年，大沥国际商贸片区重点发展国际贸易和展会展览。至年底，大沥国际商贸片区形成包括有色金属、五金装饰、布匹内衣、日用商品、家具材料等各类专业市场46个，年交易额超6000亿元。发展展会业，南海国际会展中心会展A馆开馆运营，规划建设为中国安全应急产业大会永久会址和安全产业展贸中心。推动电子商务发展，发布电子商务扶持政策，大沥电商产业园正式开园，引入字节跳动公司的火山引擎、巨量引擎两大服务中心，与阿里巴巴集团合作建设新外贸示范镇和天猫商城佛山旗舰店，电商生态圈加快成型。依托大沥国际商贸服务联盟大沥推介会及大沥凤池铝门窗建筑装饰博览会等展会，推动城市更新、商贸转型。

南三合作智慧物流片区　2021年，南三合作智慧物流片区重点发展多业态物流和供应链服务。做好国家物流枢纽建设，出台市、区两级推进佛山生产服务型国家物流枢纽建设的实施方案，重点发展多业态物流、供应链管理和在岸离岸贸易综合服务。推动片区重点项目建设，一汽-大众铁路专用线加快建设，促进佛山汽配及整车产业快速发展；佛山国际陆港项目取得进展，广东省政府同意筹建佛山国际陆港保税物流中心（B型），并实现“拿地即开工”；广珠铁路官窑货场物流园项目（一期）被纳入广东省2021年重点建设正式项目。

（邓栩峰）

【佛山三龙湾高端创新集聚区】 2021年2月，广东省推进粤港澳大湾区建设领导小组印发《佛山三龙湾高端创新集聚区发展总体规划（2020—2035年）》，该高端创新集聚区正式被纳入广东省推进粤港澳大湾区建设重点平台。佛山三龙湾高端创新集聚区（佛山三龙湾科技城）规划面积130平方千米，范围包括禅城区石湾镇街道，南海区桂城街道，顺德区北滘镇、陈村镇、乐从镇部分区域，东至陈村水道，西至佛山大道，南至顺德水道，北至平洲水道，范围覆盖中德工业服务区和粤港澳合作高端服务示范区。其中，禅城区部分1.95平方千米，南海区部分30.3平方千米，顺德区部分98.14平方千米。（详见“开放型经济”类目“佛山三龙湾高端创新集聚区”分目）

（马　力）

【顺德粤港澳协同发展合作区】 2021年2月，广东省推进粤港澳大湾区建设领导小组印发《佛山顺德粤港澳协同发展合作区建设方案》，该合作区正式被纳入广东省推进粤港澳大湾区建设重点平台。合作区规划面积约100平方千米，包括顺德港和均安2个组团。顺德港组团面积约20平方千米，以南方智谷为载体搭建一批科技成果转化平台，推动港澳科技成果与顺德产业精准对接，合作开展集成电路、人工智能等关键技术攻关，发展供应链金融、工业设计等现代服务业，建设港澳青年创新创业和职业教育合作基地。均安组团面积约80平方千米，依托顺德新港发展对外贸易和现代物流，围绕李小龙文化打造功夫特色小镇，加强粤港澳美食等特色文化交流，结合水乡岛屿生态发展高端康养产业，建设现代化主题产业园区和创意生活街区，加快产城融合发展。

产业协同发展　2021年，顺德粤港澳协同发展合作区推动广深港澳科创走廊技术成果供给侧与顺德制造业转型升级需求侧对接，促进港澳科技成果快速产业化、市场化，促进顺德制造业加快向全球价值链中高端发展。通过村级工业园改造保障粤港澳大湾区产业空间，至2021年底，顺德区382个村级工业园有510个项目启动改造，累计完成改造整理土地7500.67公顷，推进复垦复绿599.27公顷，新建建筑面积2105万平方米，累计检查封停整改落后风险企业3.37万家次。通过“工改工”（对旧厂房实施拆除重建、微改造等，建设新的工业厂房，提高工业用地利用效率、拓展产业发展空间）主要改造方向以及连片规划建设现代主题产业园，有博智林机器人、海天华南总部基地等重大项目落户合作区，并带动一批优秀本土企业加大在顺德投资发展力度。推进重点产业项目建设补强粤港澳大湾区产业链条，顺深产业城规划面积32平方千米，通过“深圳创新+顺德制造”合作模式对接深圳创新资源。推动跨境科技创新与应用合作，广州中医药大学顺德医院与澳门科技大学、香港浸会大学、广州中医药大学合作建立“粤港澳（顺德）中医药转化医学协同创新平台”，专门针对转化医学和临床医学进行研究实验，至年底，完成设备采购和环境装修，两地医学实验人员开展基础交换研究；北京科技大学顺德研究生院联合澳门发展及质量研究所、国家材料腐蚀与防护科学数据中心共同建设“国家材料腐蚀与防护科学数据中心澳门发展及质量研究所联合实验室”，计划开展腐蚀寿命评估和耐蚀新材料研发。

现代服务业协同发展　2021年，顺德粤港澳协同发展合作区着重加强美食服务、跨境贸易、产业金融、知识产权保护和运用、工业设计等领域合作，推动先进制造业和现代服务业融合。推动顺德科技质量服务集聚区建设，该集聚区总规划面积约600公顷（9000亩），于6月举办规划发布暨招商推介会，规划建设集工业设计集聚、数据应用开发、质量标准推广、知识产权保护、创新研发服务、湾区创新协作等六大功能的生产性服务业园区，香港国际语文集团在集聚区内完成办公场地扩充（总就业岗位在150人以上），中国检验检测学会科技服务（广东）站、外语服务产业学院揭牌落户集聚区，顺企知识产权保护服务中心获评2021年度国家知识产权信息公共服务网点。提升跨境贸易便利化水平，《顺德临港经济区总体概念规划》编制工作完成，综合保税区申报加快推动；顺德新港获批全市第二个市场采购贸易指定申报口岸，开通韩国直航并与深圳结成组合港，二期码头岸线获国家主管部委批复同意。强化产业金融服务能力，与国家开发银行广东省分行签订战略合作协议，对顺德村级工业园改造“头号工程”、新型基础设施、重大产业集群、交通基础设施和生态文明等领域的重点项目，提供贷款、投资、债券、租赁、证券等各类综合金融服务。推进“顺德金凤凰产融集聚区”建设，进驻的金融、类金融机构达138个，其中4家企业共154人获高端金融人才收入补助。

人文协同发展　2021年，佛山顺德粤港澳协同发展合作区营造生活便利、文化繁荣的人居环境，推动与港澳人文交流融合。以标准引领粤菜粤厨文化的传承、发展和创新，联合餐饮行业协会和专业技术机构、粤港澳三地粤菜大师和餐饮企业，在顺德传统美食中制订“湾区标准”，至年底，有5项美食标准经审定，接近全省首批发布总数的50%。赴澳门举行2021澳门顺德投资环境及顺德粤港澳协同发展合作区推介会，澳门葡语系国家地区酒类及食品展示展销中心等多个项目签约，粤港澳大湾区旅游教育培训基地（顺德合作中心）揭牌成立，推动顺德区创新发明协会与澳门创新发明协会联手在合作区设立澳门创新发明协会顺德办事处，整合粤港澳大湾区内创新资源助推产业发展。探索发展医养结合新模式，顺德区均安镇构建东南西北4个医养结合服务中心。推动顺德客运港整体升级改造，顺德客运港岸线审批和口岸出境免税店审批按计划推进，针对顺德客运港站进行TOD（以公共交通为导向的开发）综合开发，研究开通至香港机场的水上客运航线。

青年协同发展　2021年，顺德粤港澳协同发展合作区对接港澳青年成长发展需求，为港澳新生代青年到顺德学习交流、创业就业、寻根访亲提供多元平台和配套服务。推进港澳青年创新创业基地建设，至年底，合作区有新能源汽车小镇、顺科置业大厦、拔萃科技大厦3个顺德港澳城港澳青年创新创业基地，基地的港澳企业和社团有24家（个）。设立专门的港澳台交流促进中心，为有意向进驻双创基地的港澳企业，提供免费性质的临时办公空间（半年），以及企业服务、交流分享、政策推介等服务，该交流促进中心获评粤港澳大湾区港澳青年创新创业基地（属佛山市“一基地两园区”）。深化国际职业教育合作，粤港澳大湾区旅游教育培训基地（顺德合作中心）落户，顺德区大湾区办与澳门旅游学院、顺德职业技术学院联合开展澳门职业技能认可基准（MORS）证书培训、澳门知名酒

2021年4月9日，粤港澳大湾区旅游教育培训基地（顺德合作中心）在佛山市顺德区顺德职业技术学院揭牌成立　　（顺德区发展和改革局　供图）

店（金沙与美高梅）实习、美高梅中西饮食文化交流等人才实训与美食交流活动。开展青少年多元化文化交流活动，组织100多名澳门青年企业家、澳门大学生及高中生到顺德开展为期2天的创新创业之旅、文化体验之旅，考察营商环境和品味美食文化；举办第三届“滋味湾区·梦想家园”青少年美食文化大赛和首届创业顺德港澳专场活动。

（顺德区大湾区办）

区域协作

【对口支援新疆伽师县】 2021年，佛山市对口支援新疆维吾尔自治区伽师县工作继续按计划推进。佛山市援疆干部人才168人进疆开展援建工作，其中党政干部17人、专业技术人才60人、“组团式”教育援疆人才67人、柔性援疆人才24人。另外，驻伽师县工作队还有惠州市、肇庆市援伽师县党政干部各4人。驻伽师县工作队获评“2021年喀什地区民族团结进步模范集体”“2021年伽师县支持教育工作先进集体”。

项目建设　广东省统筹后投入援建伽师县资金6.41亿元，其中佛山市筹集资金2.21亿元，实施援疆项目22个，安排涉及民生项目援疆资金5.95亿元，占援疆资金总额的92.83%，安排涉及基层项目援疆资金6.18亿元，占援疆资金总额的96.39%。至年底，项目完成率和资金拨付率实现“两个百分百”。

产业发展　安排产业支援促进就业项目6个，投入援疆资金1.05亿元。驻伽师县工作队帮助伽师县引进项目67个（其中卫星工厂30个），计划总投资23.85亿元（其中卫星工厂5495万元），至年底到位资金12.22亿元（其中卫星工厂5495万元），带动就业8000多人（其中卫星工厂1910人）。依托伽师县是全国新梅主要产区的产业优势，规划建设集交易、分拣、保鲜、冷藏、包装为一体的国内新梅加工标杆工业园区——粤伽新梅产业园，引进京东、百果园、金安达等知名企业，建成塑料包装厂、特色林果分拣包装生产线、冷库保鲜库等，园区带动就业3000多人。促成陕西美农网络科技有限公司与新粤馕城合作并在陕西省武功县建设伽师馕生产基地。

民生事业　安排保障改善民生项目19个，投入援疆资金5.95亿元。教育方面，安排教育类援疆项目4个，投入援疆资金1.18亿元；选派援疆教师81人次，包括专业技术人才11人次、“组团式”教育支教67人次、柔性教师3人次，与伽师县252名教师形成结对师徒关系，培训伽师县骨干教师5600余名，协助伽师县75名教师赴广东参加各类学习培训；与伽师县签订职业教育对口支援协议，推动伽师职校、技校建设服装设计、汽修等专科；捐赠图书121.25万册、图书款61.9万元。医疗方面，安排医疗类援疆项目2个，投入援疆资金1.22亿元；选派21名医生赴伽师县人民医院、伽师县维吾尔医医院和伽师县疾病预防控制中心开展援建，参与诊治病人4000余人次，主刀手术220余台，开展各类培训讲座（含床旁带教）250余次，直接带教36名骨干人才，带领开展新技术新项目18个，帮助成功申报地区级新技术、新项目11个。深入实施文化润疆工程，继续推进旅游兴疆战略，推动伽师县文旅局组织开展引客入喀、引客入伽活动。

2021年9月23日，新疆维吾尔自治区伽师县“引客入伽”旅游专列在佛山火车站出发，开往新疆伽师县。图为乘坐专列的旅客们在车站前拍照留影（市发展改革局　供图）

【对口支援西藏墨脱县】 2021年，佛山市对口支援西藏自治区林芝市墨脱县工作继续按计划推进。佛山市派出22名援建干部人才赴西藏自治区林芝市开展援建工作，其中支援墨脱县党政干部4人、专业技术人才4人，赴林芝市经开区管委会援建2人、林芝第二小学支教教师4人，赴墨脱县柔性援藏人才11人。另外，驻墨脱县工作组还有潮州市援墨脱县党政干部1人。佛山市各区、相关部门等组织16批次100人次到墨脱县开展多形式、多领域的帮扶活动，捐赠资金物资合计507万元。9月，中共佛山市委书记郑轲随广东省党政代表团赴西藏林芝市对接交流，实地考察林芝市经济社会发展和广东对口支援工作情况，参加两省（区）对口支援工作座谈会；中共佛山市委常委、副市长郑海涛率佛山市党政代表团赴西藏林芝市墨脱县对接交流，考察佛山援藏项目建设情况，与当地政府召开“佛山·墨脱对口支援工作座谈会”，共同谋划“十四五”（第十四个五年规划，起止时间为2021—2025年）期间对口支援工作。年内，“100年廿七载　粤藏心连心”西藏林芝民族文艺交流演出在佛山琼花大剧院举行。佛山市驻墨脱县工作组党支部获评“广东省援藏工作队模范党支部”“墨脱县先进基层党组织”。

项目建设　广东省统筹后投入援建

墨脱县资金3750万元，其中佛山市财政筹集5603万元，实施援藏项目5个，截至年底，项目完成率和资金拨付率实现“两个百分百”。

产业发展　安排发展产业支援促进就业项目1个，投入援藏资金900万元。重点发展墨脱县水产养殖业、茶产业和旅游业。水产养殖业方面，由广东省农业龙头企业广东何氏水产提供技术支持的墨脱县工厂化水产养殖项目于5月试点养殖，首批投放的20万尾对虾以及18000尾鱼苗于10月上市销售。茶产业方面，佛山市驻墨脱县工作组引进广东省农业龙头企业潮州市天下茶业有限公司于3月进驻墨脱，对凤凰单丛茶示范茶园进行种植技术指导、收购、加工和销售，并制作出第一批墨脱单丛茶；墨脱县政府与佛山市市场监管局、华南农业大学园艺学院联合制定包括5个大类48项子体系的墨脱茶叶产业标准化体系。至2021年底，墨脱全县茶叶种植面积1280公顷，全年采摘茶青22.57万千克，促进农牧民人均增收1859元，茶园开发区群众人均增收1.57万元。旅游业方面，继续推动“三香一链”（指雅江茶香、稻香、果香旅游经济带和雅江特色农业产品珍珠链）农旅融合发展，促成嘎玛康桑公司投资背崩汽车营地和林芝全璟旅游文化产业发展有限公司合作开发拉贡景区，按计划推进果塘“一心两翼大环线”项目。

民生事业　安排保障和改善民生项目4个，投入援藏资金2850万元。教育方面，实现墨脱中小学“智慧课堂”全覆盖，常态化开展佛墨两地“空中课堂”“双师课堂”。选派3名优秀校长分别到墨脱县中小学担任副校长，协助墨脱县从佛山科学技术学院等高校引进36名优秀大学生开展支教。12月，墨脱县七乡一镇所有中小学与佛山市区、镇中小学实现全面结对帮扶。医疗方面，推进墨脱县人民医院创“二甲”医院，新成立中医科、疼痛科、康复理疗科，选派佛山中医院3位中医技术人才支援墨脱县人民医院工作，远程会诊医疗中心和技能操作培训中心竣工投入使用，可进行24小时高清远程视频会诊、培训；佛山援藏医疗队进驻墨脱县藏医院，新建“藏医治未病专科”门诊及住院部并成功申报林芝市重点专科，开展“拥军强边”中医康复技术推广培训班，带教培训24名驻地部队卫生员和10名县人民医院、藏医院医生。12月，墨脱县七乡一镇所有医院与佛山市区、镇卫生院实现全面结对帮扶。

【对口支援四川省甘孜州】　2021年，佛山市对口支援四川省甘孜藏族自治州乡城县、得荣县工作继续按计划推进。佛山市在四川省甘孜藏族自治州援建干部3人，其中2名处级干部于2018年起分别在乡城县、得荣县开展为期3年的援建，1名教师于2020年起赴甘孜州开展为期1年支教。2021年3月，四川省政协副主席、甘孜州委书记刘成鸣率甘孜州党政代表团赴佛山市开展感恩致谢和对接交流；3月31日，脱贫攻坚感恩致谢群众文艺交流演出在佛山琼花大剧院举行。2021年6月，佛山市完成对口支援四川省甘孜藏族自治州乡城县、得荣县工作任务。

2021年，佛山市对口支援西藏自治区林芝市墨脱县保障和改善民生项目4个，投入援藏资金2850万元。图为由第九批佛山援藏工作组实施援建墨脱县的公共足球场

（市发展改革局　供图）

项目建设　按照省工作安排，2021年继续推进对口支援四川省甘孜藏族自治州乡城县、得荣县的在建援建项目。根据乡城县、得荣县请求，佛山市以“交支票”形式，增加支持乡城县200万元用于建设乡城县公安局指挥中心信息化建设项目，增加支持得荣县200万元用于建设得荣县社会治理现代化建设项目。

产业发展　乡城县苹果酵素饮料厂项目、青德镇农旅融合示范区建设项目接近竣工。引进广东山行物语文化有限公司投资建设的高档休闲度假酒店项目开展项目设计。得荣县瓦卡镇水源地保护、垃圾回收处理等环保设施建设项目，以及得荣县汉麻综合检测平台建设项目竣工投入使用。

民生事业　佛山市慈善会向乡城县城关小学捐赠10万元用于课室维修。2021年3月，“佛山市通济慈善基金会、佛山市政协委员捐赠松麦镇冉绒村困难家庭助学款发放仪式”在得荣县举办，向3户困难家庭4名学生捐赠第二期助学善款12.5万元。4月，广东技术师范大学佛山校友分会和《七十二家房客》剧组爱心服务队赴得荣县开展对接交流活动，向得荣县茨巫乡中心校捐赠“爱心助学金”2万元。

【佛山市与双鸭山市对口合作】　2021年，佛山市与黑龙江省双鸭山市对口合作工作继续按计划推进。市级以上领导带队互访交流3次，召开联席会议2次，举行签约活动3次。两市达成重点合作项目24个，其中民生项目10个、产业项目11个、其他合作项目3个。

干部交流交融人才培训　中共佛山市委党校承接双鸭山市委组织部举办的双鸭山乡村振兴培训班，共培训50人。佛山市举办远程可视招聘活动，向双鸭山市推送84家优质企业的岗位信息8749条，至2021年底，双鸭山市在佛山市务工人员566人。

深化改革经验学习交流　支持双鸭山市创新推行“综合窗”服务模式改革，至年底，双鸭山市非涉密政务服务事项中可网上办理事项占比97.6%，该模式被纳入黑龙江省典型案例综合汇编并推广。对佛山市南海区无偿提供给双鸭山市使用的信息化智慧养老综合服务管理平台的管理人员进行培训，帮助双鸭山市实现养老服务机构和人员分层管理。

支持民生基础设施建设　继续推进佛山市2018—2020年支持双鸭山市3.8亿元建设的10个民生及基础设施项目。至2021年底，完工项目有四方台区南环路、四方台区连接路、四方台区背街巷路改造、四方台区污水处理厂提标改造、四方台区紫云岭科普园、饶河县季华健康公园等6个项目，建设中的项目分别为四方台区紫云岭公益性公园一期和二期、双鸭山城市科技馆、双山全民健身中心项目等4个项目。

深化农业粮食产销合作　推动佛山康丰农业有限公司与双鸭山市饶河县达成双佛合作饶河县农业产链投建项目，开展订单农业、农产品加工、品牌建设与推广等。推动10多家佛山企业先后与双鸭山市建立长期产销对接关系。至年底，佛山市通过“832”平台（脱贫地区农副产品网络销售平台）采购双鸭山农副产品订单172笔，交易金额114.36万元。

文旅教育科研合作　文旅方面，组织佛山市新闻媒体代表赴双鸭山市对接交流，两地电台直播连线宣传推介“两山”（佛山市和双鸭山市）文化和旅游信息；邀请双鸭山市参加在海口市和福州市举行的广佛肇旅游联盟推介会，推介双鸭山特色旅游资源和项目；双鸭山市2支文创产业队伍在佛山市举办的“展翅——佛山市初创文创企业扶持行动”微路演决赛中获得发展扶持资金。教育方面，新增佛山市南海实验中学实验小学部与双鸭山市四方台区育红小学结对；两市共建的微课资源互动专区开设理念理论、制作技术、应用实践及课题研究方法等课程，远程教育培训双鸭山市超600名教师。科创方面，中国科技开发院双鸭山孵化中心帮助双鸭山市新增5家高新技术企业、20家中小型科技企业入库，累计在库分别17家、48家；佛山市三水区高新创业中心与双鸭山市宝清县合作的宝清县省级高新园区建设策划项目完成方案设计。

（市发展改革局）

【粤桂黔滇高铁经济带合作】 2021年，佛山高新技术产业开发区管理委员会统筹推进粤桂黔滇高铁经济带合作试验区（广东园）建设。推进佛中人才创新灯塔社区项目建设，通过建设一批研发总部、孵化平台、科研中心、人才公寓等高端载体，发挥“极核”示范引领作用，集聚新技术新产业新动能，辐射引领粤桂黔滇高铁经济带合作试验区（广东园）高质量发展。成功申报省级生物医药与医疗器械特色产业园，慧泉科技园升级为国家级科技企业孵化器，签订佛山西站枢纽新城会展中心项目战略合作协议，深圳科技园佛山科创园项目动工建设，带动更多相关产业要素向粤桂黔滇高铁经济带集聚。经佛山市人民政府批准，佛山高新技术产业开发区管委会、佛山高新技术产业开发区南海园管理局、广东省科学院新材料研究所三方共建佛山桃园先进制造研究院，佛山桃园先进制造研究院作为广东省科学院新材料研究所技术创新和成果转化的重要平台，围绕国家、广东省和佛山市重大工程、重点行业需求，专注于现代材料表面涂层技术研发、成果对接、转移孵化，为粤桂黔滇高铁经济带以及珠江西岸先进装备制造产业带的相关传统装备制造及新材料行业提供技术支撑。

（佛山高新区管委会）

【省内脱贫攻坚对口帮扶湛江、云浮市交接收队】 2021年上半年，佛山市开展对口帮扶湛江、云浮两市254个脱贫村交接工作，主要开展防返贫监测、需要接续推进的工作、扶贫资金、扶贫资产、产业扶贫和资产收益项目、办公财务资产、扶贫档案台账等方面的交接工作。在帮扶单位与对口帮扶村、各区与对口帮扶县（市、区）交接完成的基础上，佛山市乡村振兴局与湛江、云浮两市乡村振兴局分别召开交接座谈会，确认交接工作完成。各级交接会议形成会议纪要，明确相关事项。在全面完成

2021年7月23日，佛山市在省内脱贫攻坚对口帮扶湛江市、云浮市工作完成交接，正式收队。图为对口帮扶的湛江市遂溪县黄略镇深沟村大棚蔬菜种植场

（市农业农村局　供图）

交接流程手续后，7月23日，佛山市乡村振兴局印发《关于脱贫攻坚对口帮扶湛江、云浮援派干部队伍正式收队的通知》，明确援派干部队伍正式收队。年内，佛山市通过广东省扶贫开发领导小组开展的脱贫攻坚验收考核，获评最高等次“好”等次。年内，包括佛山市省内脱贫攻坚对口帮扶湛江、云浮市等脱贫攻坚工作相关集体和个人获省、市表彰。其中：3月26日，广东省扶贫开发办公室向佛山市6个集体、10名个人授予“2020年广东省消费扶贫突出贡献单位”“2020年广东省消费扶贫突出贡献个人”称号；6月22日，广东省扶贫开发领导小组向佛山市191个集体、298名个人授予“广东省2019—2020年脱贫攻坚突出贡献集体”“广东省2019—2020年脱贫攻坚突出贡献个人”称号；6月23日，佛山市21个集体、31名个人获“广东省脱贫攻坚先进集体”“广东省脱贫攻坚先进个人”表彰；6月29日，佛山市扶贫开发领导小组授予全市555个集体、137名个人“佛山市2019—2020年脱贫攻坚突出贡献集体”“佛山市2019—2020年脱贫攻坚突出贡献个人”称号。

【省内驻镇帮镇扶村结对帮扶肇庆、云浮市】 2021年，佛山市启动省内驻镇帮镇扶村结对帮扶肇庆、云浮两市53个重点镇工作，其中肇庆32个镇、云浮21个镇。有关工作有序开展。

组织领导　4月29日，中共佛山市委书记鲁毅、佛山市市长朱伟率党政代表团到肇庆市对接结对帮扶工作并召开联席会议。7月13日，肇庆市党政代表团到佛山对接并召开联席会议。在省下达任务后，7月16日，佛山市副市长葛承书带队到肇庆、云浮两市召开联席会议对接帮扶工作。8月11—12日，中共佛山市委书记郑轲、佛山市市长郭文海率佛山党政代表团前往肇庆、云浮两市交流对接。年内，佛山市委、市政府研究部署对口帮扶工作13次。

人员选派　佛山将结对帮扶肇庆、云浮两市53个镇的任务分解压实到各区和市直275个帮扶单位。成立驻肇庆、云浮帮扶指挥部，12个驻县（市、区）帮扶工作组，53个驻镇帮镇扶村工作队，合计选派314名帮扶干部（驻镇265人、驻市驻县49人），7月16日全部进驻到位，驻镇帮扶工作队队长按规定在当地挂任镇委副书记，每个驻镇帮镇扶村工作队其中2名队员兼任驻村第一书记。中国农业银行佛山分行另派出43名金融助理（其中肇庆32人、云浮11人）。

资金支持　佛山市按时拨付省规定配套驻镇帮镇扶村财政帮扶资金7.51亿元（肇庆5.28亿元、云浮2.23亿元），并额外追加3000万元（肇庆、云浮各1500万元）财政资金用于驻镇帮镇扶村工作，市级财政支持资金合计7.81亿元。全市各级帮扶单位累计筹集社会资金1225万元。

防止返贫监测帮扶　结对帮扶53个镇确定防返贫监测户共660户2428人（其中肇庆351户1192人、云浮309户1236人），开展帮扶慰问活动，投入帮扶资金729.9万元，巩固脱贫攻坚成果。

产业、消费、就业帮扶　引导71家企业在结对帮扶镇投资扩产约42亿元，吸纳脱贫户劳动力就业512人。鼓励帮扶单位及佛山消费帮扶“三专”（消费扶贫专柜、专馆、专区）经营主体采购结对镇的农特产品，帮助销售各类农特产品5000多万元。联合肇庆、云浮两市各级政府部门举办就业技能培训班18场，培训农村劳动力1429人，帮助228名脱贫户劳动力实现就业。

社会帮扶　落实“万企兴万村”行动要求，帮扶53个镇实现学校结对13对、医院结对14对、村企结对213对。佛山还率先启动“法治护航、所队共建”活动，发动佛山10家律师所党支部结对10个驻镇工作队，提供专业法律服务。

【东西部扶贫协作四川省凉山州交接收队】 2021年，佛山市开展东西部扶贫协作四川省凉山彝族自治州交接收队。4月23日，广东佛山·四川凉山东西部协作工作交接会在四川省凉山彝族自治州举行，佛凉双方签订《佛山市人民政府凉山彝族自治州人民政府关于东西部扶贫协作工作交接备忘录》，明确继续落实投资奖补、劳务协作、中职学校免费就读等主要政策措施，44名医生、教师继续帮扶至协议时间9月撤离凉山。经过双方完成交接确认有关资料档案等程序，历时5年的佛山市东西部扶贫协作凉山州画上句号。5月17日，佛山市·凉山州东西部扶贫协作感恩佛山答谢座谈会、凉山州与佛山知名企业座谈会分别在佛山召开，两地互赠东西部扶贫协作纪念品，总结佛山企业在凉山帮扶情况，谋求两地合作发展新机遇。同日，在广州市举行的粤川深化战略合作座谈会上，佛山市与凉山州签订协议书，正式缔结为友好城市，延续两地在东西部扶贫协作中结下的深厚情谊。年内，佛山市通过国家扶贫开发领导小组开展的东西部扶贫协作考核，获评最高等次“好”等次。年内，包括佛山市东西部扶贫协作四川省凉山彝族自治州等脱贫攻坚工作相关集体和个人获国家级表彰。其中：2月25日，在北京举行的全国脱贫攻坚总结表彰大会上，佛山市3人获评“全国脱贫攻坚先进个人”，广东（佛山）对口凉山彝族自治州扶贫协作工作组获评“全国脱贫攻坚先进集体”；6月8日，在人力资源和社会保障部、国家乡村振兴局召开表彰大会上，佛山市1人获评“全国乡村振兴（扶贫）系统先进个人”。

【东西部协作贵州省黔东南州】 2021年，佛山市启动新阶段东西部协作结对帮扶贵州省黔东南苗族侗族自治州15个脱贫县工作。2月，佛山市安排干部到黔东南州开展前期对接；3月26日，印发明确区县结对关系的通知；4月26日，组织第一批16名干部进驻帮扶。

组织领导　全年中共佛山市委常委会会议、市政府常务会议、市扶贫开发领导小组会议共11次研究东西部协作议题。9月7日，两地党委主要领导签订《佛山市黔东南州“十四五”时期东西部协作框架协议》。9月22日，中共佛山市委书记郑轲、佛山市市长郭文海率党政代表团赴黔东南州调研对接，召开东西部协作联席会议并举行项目签约仪式。年内，佛山市政府分管领导到黔东南州调研对接3次，广东省委常委叶贞琴对佛山东西部协作工作批示1次。

资金支持　佛山市向黔东南州拨付财政援助资金7.96亿元（协议数7.5亿元），动员企业、社会组织和个人向黔东南州投入帮扶资金7438万元（计划数5000万元），其中捐款5545万元、捐物折款1893万元。两地联合制定《佛山市黔东南州东西部协作项目与资金管理暂行办法》，对援助资金严格规范管理。

干部人才选派　佛山市向黔东南州派出党政干部37人（协议数33人），黔东南州向佛山市派出党政干部36人（协议数15人）。佛山市向黔东南州选派专业技术人才189人（协议数44人），黔东南州向佛山市派出专业技术人才53人（协议数33人）。佛山市投入财政援助资金1874.2万元，举办乡村振兴干部培训班66期，培训干部5431人次；举办乡村振兴专业技术人才培训374期，培训教师、医生等专业技术人才1.85万人次。

产业协作　全年新增引导落地黔东南州并投产企业139家，实际到位投资额37.60亿元。引导企业吸纳黔东南州农村劳动力就业5222人，其中脱贫劳动力1844人。共建产业园区20个，其中农业产业园区15个。引进入驻黔东南州园区企业51家，实际到位投资额10.75亿元，吸纳黔东南州农村劳动力就业2855人，其中脱贫劳动力891人。通过出资、引导企业入驻、帮助销售、开展培训、奖励优秀员工等方式援建帮扶车间107个，吸纳黔东南州农村劳动力就业4815人，其中脱贫劳动力1727人。

消费协作　全年累计采购和帮助销售贵州省农畜牧产品和特色手工艺品29.79亿元（协议数9.5亿元）。

劳务协作　佛山市赴黔东南州对接劳务协作工作，通过提供岗位、就业培训、组织输转、帮助稳岗等方式帮助黔东南州农村劳动力稳定就业3个月以上4.19万人，其中脱贫劳动力2.48万人（协议数农村劳动力9000人、脱贫人口700人）。全年举办劳务协作培训班216期，培训黔东南州农村劳动力1.04万人次（计划数3500人），其中脱贫劳动力7971人次。帮助黔东南州农村学生到广东省就读职业学校421人。

结对帮扶　佛山市5个区与黔东南州15个脱贫县开展区县结对帮扶（计划内），南海区与凯里市结为友好城市（计划外）。佛山市组织15个镇（街道）结对帮扶黔东南州15个乡镇（计划数为不少于15对），56个村（社区）结对帮扶黔东南州55个村（计划数为不少于45对），371家企业结对帮扶黔东南州421个村、113个社会组织结对帮扶黔东南州97个村（计划数为村企、社会组织结对不少于45对），55所学校结对帮扶黔东南州53所学校（计划数为不少于30对），组织31家医院结对帮扶黔东南州35家医院（计划数为不少于15对）。

（赖永逸）

市域统筹

【市域统筹招商】2021年，佛山市印发《佛山市人民政府关于进一步促进重大产业项目招商引资工作的若干意见》，通过优机制、强统筹、聚资源、凝合力，构建"市级统筹、区为主体、部门协同、市区联动"工作机制新格局。印发《中共佛山市委办公室佛山市人民政府办公室关于成立佛山市招商工作领导小组的通知》，成立书记、市长双组长制的佛山市招商引资工作领导小组，负责领导统筹全市招商工作，并抽调市发展改革局（重点项目工作局）、市工业和信息化局、市商务局、佛山高新区等单位专业能力突出、长期从事招商工作的人员进行集中办公，整合力量开展招商引资工作。制定《佛山市投资指南》，发布《构建佛山"益晒你"企业服务体系打造一流营商环境的行动方案》（2022年度版）（"益晒你"为粤方言，意为所有好处都给你），实现市、区两级招商办的密切沟通。完善议事协调机制，定期召开市招商办工作会议、召集市招商工作领导小组全体会议，沟通在谈项目信息。突出市级统一部署，特别是重大在谈项目的跟进和流转方面发挥市招商办的统筹协调作用。谋划构建市信息化项目管理系统，计划实现招商政策查询、项目流转跟踪、产业载体地图、信息报送统计等功能，提升项目的管理效率。

（市招商办）

【市域五区交通互联互通】2021年，佛山市加快高等级公路和城市快速路建设，完善市域骨干道路，打通"断头路"，优化城市空间布局。启动《佛山市中心城区道路网规划修编》《佛山市断头路与封闭道路梳理规划及三年行动计划》专项规划编制工作，对全市尤其中心城区的路网进行统筹规划和道路网络布局，重塑市域道路体系结构。推进龙翔大桥及引道工程、富龙西江特大桥工程、季华路西延线、塘西大道三期及其南延线、禅西大道南延线、金石大道

2021年，串联佛山市禅城、南海、三水、高明4个区的交通大动脉——季华路西延线建设工程加快推进。图近处为建设中的季华路西延线金白线节点（龙池立交）工程，远处为建设中的富龙西江特大桥

（佛山日报社　供图）

西延等一批跨区、跨组团骨干道路规划建设，优化城市道路网结构。印发《佛山市“断头路”连通两年攻坚行动计划（2021—2022年）》，提出推进“断头路”连通工作，计划打通“断头路”71条（2021年打通35条，2022年打通36条），提升路网连通性和可达性，进一步畅通微循环，提升交通出行效率。6月30日，文华北路北延线完工通车，加强大沥组团与禅桂中心组团的交通联系。12月30日，禅西大道南延线建成通车，佛山市中心城区再增一条南北向通道，缓解中心城区西南门户的交通拥堵状况。年内，2021年度城市“畅通工程”工作完成，全市共打通“断头路”35条。

（姚　洁）

【高新区“一区五园”统筹发展】 2021年，佛山高新技术产业开发区管理委员会深化“一区五园”统筹协同发展体制机制，提升园区企业服务质量与效能。开展重大产业项目招商引资，全年佛山高新区引入超1亿元重点产业项目27个，其中超10亿元项目9个，计划投资总额302.67亿元。纳入高新区招商项目库项目主要集中在智能装备、大健康、新材料、人工智能等产业领域。推动市级审批事权灵活、高效延伸到各园区。佛山高新区“一区五园”全年受理业务件数726件，其中办结业务708件、在办业务18件，办结率97.5%；发出审批结果物（证件、批复类）206个（份），其中发出电子证照（含电子章签章）196个，占审批结果物总数的95.15%。科技金融服务促进“金科产”良性互动，统筹“一区五园”科技金融资源，印发《佛山高新技术产业开发区“十四五”金融发展规划（2021—2025）》，搭建“广东省中小企业融资平台”佛山高新区专区，参与开展知识产权质押融资、融资担保基金服务，设立高新区“一区五园”产投基金，缓解轻资产企业融资难、融资贵问题。

（邓国燊）

【三龙湾工作统筹推进】 2021年，佛山三龙湾高端创新集聚区（佛山三龙湾科技城）落实“市统筹、区建设、齐分享”的体制，统筹推进禅城区、南海区、顺德区相关片区建设发展工作。强化规划引领，全年累计承接和启动各类规划项目29个，包括《广佛高质量发展融合试验区先导区建设方案》《佛山三龙湾建设发展“十四五”实施方案》《三龙湾新城片区立体慢行系统专项规划》等。统筹项目建设，出台《三龙湾统筹重点建设项目管理办法（修订版）》，全年为12个项目拨付扶持资金2.39亿元。加快推进三龙湾碧道、潭洲水道夜景亮化以及奇槎社区体育中心等一批民生项目建设。陆续打通会展片区荷岳南路、工展中路、工展东路等11条道路。强化招商引资及宣传推广，实行“管委会—片区局—镇（街道）三级联动”方式，全年新签约产业项目14个，总计划投资金额349.46亿元。全年策划并举办20场招商及对德交流活动，启用佛山三龙湾国际人才客厅，举办德国（欧洲）企业人才座谈会。推动潭洲会展发展，全年举办展览及会议活动87场，比上年增长85.11%；展会规模达67.95万平方米，增长28.62%；专业观众93.02万人次，增长138.52%，签约引进全新展会16场。

（马　力）

【市域五区就业服务同城化】 2021年，佛山市就业登记、失业登记、“就业创业证”申领三大基础事项实现免证办、免申请材料，系统通过数据比对自动审核，材料精简率66.67%，办结时限提速50%。对接社保卡系统，上线佛山市“就业创业证”电子证，群众利用电子社保卡登录佛山市人力资源和社会保障局公共服务平台、佛山人才网微信公众号等端口，可自助查询就业失业登记相关信息，全年全市共办理“就业创业证”4.14万个，同步自动生成“就业创业证”电子证4.14万个。佛山市港澳青年创业孵化基地以及顺德分园、南海分园投入运营，形成“一基地两园区”格局。推动建设电子用工合同服务平台，提高政府各部门间业务协同、信息共享，探索全市单位用工合同“一键通”、“无纸化”、随时随地签署，提高合同管理效率，减少劳动纠纷。

（曾凡滨）

【南海结对三水、顺德结对高明紧密协作机制】 2021年11月，佛山市第十三次党代会报告提出：进一步优化产业空间布局、资源要素配置，建立健全南海结对三水、顺德结对高明紧密协作机制，东、西、南、北、中互动发展。年内，市发展改革局开展《关于建立南海结对三水、顺德结对高明紧密协作机制总体方案》编制工作，该方案于年底前经佛山市政府第105次常务会议审议通过，待上报市委常委会审议。早在2019年，南海区与三水区共建的南三产业园启动建设，为南海、三水两区合作打下基础。

（市发展改革局）

【基本医疗保障市级统筹】 至2021年底，佛山市基本医疗保险参保人632.19万人，其中职工参保人395.69万人、居民参保人236.5万人。基本医疗保险基金收入（含生育）180.74亿元，完成预算的106%，其中职工医保收入136.15亿元、居民医保收入44.59亿元；基金支出（含生育）172.21亿元，完成预算的98%，其中统筹基金支出132.31亿元、个人账户支出39.9亿元；基金当期结余8.53亿元；基金累计结余238.16亿元，其中统筹基金结余237.47亿元、个人账户结余0.69亿元。2021年，佛山市提升门诊特定病种医疗保障水平，门诊特定病种扩增至62个，政策范围内费用报销比例不低于75%，最高可达95%。优化家庭病床医疗保障政策，扩大病种范围，降低政策门槛，优化保障结构。成立佛山市医疗保障协会，推动医疗慈善捐赠等创新探索。提升异地就医直接结算水平，健全参保人赴外地就医所有诊疗方式政策，全市115家开通异地就医住院费用直接结算的医疗机构，100%同步开通异地就医门诊费用直接结算。提升医疗救助水平，新增2家罕见病医疗救助机构，将遗传性血管消肿等4种罕见病纳入救助范围，药品、治疗性食品从131种增至155种。上线国家医保信息平台，推出配套手机应用程序（App），覆盖全市216家定点医药机构。按期完成国家15项医疗保障信息业务编码贯标工作，实现医保信息业务编码互认、信息互通、数据共享。

（市医保局）

开放型经济

综　述

【概况】 2021年，佛山市继续推进开放型经济发展，优化营商环境，促进形成全面开放的新格局。出台《佛山市进出口公平贸易专项资金管理办法》《佛山市推进粤港澳大湾区建设2021年工作要点》等，提升市场开放水平，提高商贸服务效能，促进通关便利化改革。全年新批外商投资企业668家，涉及合同外资110.91亿元，实际使用外资33.54亿元。全年外贸进出口值6160.7亿元，比上年增长21.7%。新增对外投资企业（项目）46家（个），比上年增长55%，中方投资额为5.5亿美元。对“一带一路”沿线国家及地区投资总额达8077万美元，比上年增长1.7倍。年内，2021年广东省营商环境评价报告发布，佛山市跨境贸易指标得分88.2分，排全省第三位。

【营商环境优化】 2021年，佛山市出台《佛山市进出口公平贸易专项资金管理办法》，重点对参与国际贸易摩擦应对研究的企业给予支持，并规定优先对参与行业损害抗辩的企业给予扶持，引导企业维护国家和行业利益，形成企业“抱团”应诉的良好应对氛围，维护企业出口正当权益。同年10月，该举措被国家发展改革委列为地方支持民营企业改革发展的典型做法之一，并向全国推广。推动重点平台创建取得突破，顺德区装备制造基地获认定为国家外贸转型升级基地，佛山市国家级外贸转型升级基地数量增至6个；禅城区岭南天地、创意产业园和顺德区华侨城欢乐海岸获评“省级示范商圈（步行街）”。佛山市获评“中国服务外包示范城市”，享受现有示范城市的支持政策。

【开放合作空间拓展】 2021年，佛山市将广佛高质量发展融合试验区建设方案、支持港澳青年创新创业、影视产业合作试验区建设等纳入年度要点进行重点跟进，出台《佛山市推进粤港澳大湾区建设2021年工作要点》，谋划7个方面43项工作要点。承接上级外交任务，发挥国家形象展示窗口的重要作用，借助高层互访促进经贸合作与人文交流，扩大国际友好城市交往。年内，组织协调“一带一路”沿线国家驻华使领馆重要团组18批次112人次开展交流合作。4—5月，协调中国意大利商会拜访三龙湾管委会、顺德区经促部门、佛山科学技术学院和北京外国语大学佛山研究生院等，就中意文化交流、品牌设计、美食文化以及语言培训、高校学生实习、就业等领域进行交流合作。

【对外开放能级提升】 2021年，佛山市畅通经贸合作渠道，开创协同发展新局面。抓住“双区”建设（深入推进粤港澳大湾区建设和支持深圳建设中国特色社会主义先行示范区）机遇，利用香港贸易发展局资源对接优质服务供应商，加强与澳门贸易投资促进局等澳门贸易投资机构的机制对接，举办葡萄牙语国家及澳门产品推介及商机对接会等活动，支持企业“走出去”参与全球竞争与合作。推动服务外包产业高质量发展，年内获评“中国服务外包示范城市”。申报建设佛山综合保税区、广东自由贸易试验区佛山联动发展区。继续复制推广自贸区改革创新经验，促进佛山先进制造业与自贸区先进服务业融合。

（李明静）

参与“一带一路”建设

【概况】 2021年，佛山市将“一带一路”合作延伸至物流、科技、人文等领域，完善服务保障机制，拓展开放合作空间，深化国际经贸合作。支持开拓新兴市场，加强家电、陶瓷、五金器材等传统产业的经贸往来，在集成电路、环境保护、矿产资源等新兴领域开展经贸合作，如格兰仕集团在新加坡设立集成电路实验室，广东邦普循环科技有限公司在印度尼西亚开展金属回收业务，广东吉瑞科技集团有限公司在印度尼西亚收购镍矿等。年内，佛山对“一带一路”沿线国家及地区投资总额达8077万美元，比上年增长1.7倍。新增对外投资企业（项目）46家（个），比上年增长55%，中方投资额为5.5亿美元，增长75%。

【“一带一路”沿线物流联通】 2021年，佛山市推动顺德区北滘港、南海区九江港、佛山高明珠江货运码头至深圳市蛇口"组合港"(粤港澳大湾区组合港)业务开通，支持推进三水港、顺德港与广州市南沙港的"湾区一港通"业务。与深圳市盐田港集团有限公司对接，探索推动与盐田港开展组合港模式的可行性。协助国际物流联通，布局新业态，借助5月开通的粤港澳大湾区首列乌克兰班列(往返广州市大朗村与乌克兰敖德萨市)，稳住和提升佛山产品在"一带一路"沿线国家的份额，降低企业的国际物流成本，帮助佛山制造业产品销往乌克兰和其他欧洲国家。

【"一带一路"经贸合作】 2021年，佛山市强化服务，推动"一带一路"国际经贸合作。做好涉外商事法律风险防范，推动实施"春雨行动"方案，通过自有媒体发布国别、行业和海外重点买家的风险动态、风险案例及风险防范建议，全年推送相关资讯近40条；发动企业注册"平安丝路"平台，让企业及时接收"一带一路"沿线国家及地区安全形势、预警提示、风险评估、项目动态、安保知识、企业安保经验及全球疫情动态等资讯。强化线上推广，推动优势产业出口，保障佛山企业参加新冠肺炎疫情以来首场线下广交会(中国进出口商品交易会)，并组织企业参加线上广交会，提高海外订单数量，全市有参加线上展企业450家，参加线下展企业190家，参加线下展企业共设置展位646个。

【"一带一路"科技交流合作和人才对接】 2021年，佛山市继续推进对外科技交流合作和科技人才对接。广东省科学院佛山产业技术研究院发动各区和各科研机构、科技型企业参加在佛山潭洲国际会展中心举办的第二十五届全国发明展览会——"一带一路"暨金砖国家技能发展与技术创新大赛。与"一带一路"沿线国家或地区建立稳定合作关系，中德工业服务区、中欧科技合作产业园、佛山高新区海外创新中心等国际合作平台继续得到发展，建立的境外科技园区达8个，在白俄罗斯、美国、意大利等国家设有技术转移中心机构20多个。举办中国创新创业大赛港澳台赛、海外人才创新创业大赛项目对接活动等特色创新赛事、活动，拓展招才引智渠道，加强与新加坡等"一带一路"科技发达地区和国家交流，开展项目孵化、成果转化等合作，营造创新创业氛围，促进科技项目和人才落地。

【"一带一路"人文交流合作】 2021年，佛山与港澳地区学校开展结对交流活动，推广"世界美食之都"和"厨出佛山"的佛山城市形象。组织协调人员参加第九届澳门国际旅游(产业)博览会活动，并在以"感受澳门·荟宴时刻"为主题的创意城市"美食之都"厨艺节上，现场展示佛山美食制作技艺，传播粤菜文化，以美食带动文化旅游发展。外事、文广旅体等多个部门联合策划制作"外国人在佛山"系列电视栏目，讲述佛山故事，推动在佛山的外国人与城市共同发展。

【"一带一路"经贸交流服务保障机制优化】 2021年，佛山市发布《关于疫情防控常态化下外国人来华工作许可及相应的来佛申请办理流程的通知》，优化外国人来华审批工作，配合建设国际人才一站式服务专区。召开外商投资企业外籍人员入境政策宣讲会，为18家企业在办理签证时遇到的问题进行答疑解惑。对需要办理延期、注销、变更等业务的用人单位，受理环节采用"承诺制"进行网上受理。加大各区外国人来华工作许可事项(短期来华许可)委托下放力度，提高企业办事便利度。出台《佛山市进出口公平贸易专项资金管理办法》，重点对参与国际贸易摩擦应对研究的企业给予支持，维护企业出口正当权益。

【第六届"一带一路"泛家居产业发展与国际合作论坛】 2021年10月17日在佛山市中国陶瓷总部产业基地举行。论坛围绕碳关税、限电停产、区域全面经济伙伴关系协定(RCEP)、海运、市场开拓等行业热点，探讨企业的发展与机遇。佛山各级政府代表、院校专家、行业协会代表、企业代表等参加论坛。论坛期间，还举行中国五矿化工进出口商会"行业企业星榜指数"平台发布仪式，该平台具有为企业"评星""打分"等功能。最后，论坛邀请蒙娜丽莎集团股份有限公司、惠达卫浴股份有限公司等6家建筑陶瓷行业领军企业的主要负责人进行圆桌式交流，就建筑陶瓷产业发展方向、"老"企业如何保持生机、中小企业如何从创新中求发展等议题进行交流和讨论。

【第二十五届全国发明展览会——"一带一路"暨金砖国家技能发展与技术创新大赛】 2021年12月10日在佛山市举行。大赛包括无人机装调与编程应用、新型碳中和能源管控技术及应用、人工智能-协作机器人技术与应用、人工智能机器人应用技术、新能源汽车创新制作、机器学习与大数据、数据分析与可视化运用、移动应用开发等10个竞赛项目，有136支队伍参赛，专家、选手、领队等400人参与有关活动。活动现场，"一带一路"暨金砖国家技能发展与技术创新培训中心揭牌。(详见"群众团体"类目"佛山科学技术协会"分目)

(李明静)

招商引资

【概况】 2021年，佛山市新批外商投资企业668家，涉及合同外资110.91亿元，实际使用外资33.54亿元。制造业实际外资13.13亿元，比上年增长20.78%。重点国家、地区继续保持对佛山的投资，其中日本对佛山实际投资为2.96亿元、新加坡、毛里求斯对佛山实际投资分别为4.43亿元、1.72亿元，比上年大幅增长。引进三赢科技成像模组生产、中兴新智能制造产业基地、长春捷翼汽配、隆深·川崎合资公司等项目。年内，佛山市印发《佛山市人民政府关于进一步促进重大产业项目招商引资工作的若干意见》《中共佛山市委办公室　佛山市人民政府办公室关于成立佛山市招商工作领导小组的通知》，组建市招商工作领导小组办公室，统筹开展招商工作。先后举办2021佛山市新能源产业发展与合作交流会暨2021跨国公司投资广东年会佛山分会、中日先进技术交流对接会、2021

佛山市全球招商大会等重点招商活动。全年签约引进1亿元或1000万美元以上项目388个，签约投资总额2979.8亿元。其中重大产业项目（10亿元或1亿美元以上）68个，签约投资总额1877.7亿元。

（市商务局　市招商办）

【外资企业服务】 2021年，佛山市提高利用外资质量，继续落实国家及省稳外资、减税降费等支持企业稳定发展的系列政策，落实《佛山市进一步扩大对外开放实现利用外资高质量发展若干政策措施（2020年修订）》，加大对外资优惠政策宣传力度，在用地、人才引入、融资、税务办理、科技研发、投资流程给予支持和便利，统筹推进新冠肺炎疫情防控和利用外资发展工作，提升佛山竞争力。加强服务，落实市利用外资工作联席会议制度，服务好、保障好重点外资项目落地、经营，推进利用外资提质增效。完善重点外资企业联系服务机制，对梳理的重大外资企业及重点外资项目建立台账，对接企业诉求，加强与市场监管、外汇等部门的协调沟通联动，及时解决企业在投资、落地、运营上遇到的问题。持续关注企业外籍人员入境情况，协助提供出入境、停居留便利及防疫服务。推进对外开放和优化外商投资环境，加强事中事后监督管理，保障外商投资企业依法平等适用各项惠企政策。执行外商投资准入前国民待遇加负面清单管理制度，放宽外商投资准入限制，在负面清单之外领域，按照内外资一致原则，实行“非禁即入”，推动全面开放新格局形成。协助佛山市外商投资企业协会完成换届工作，发挥协会衔接政府、服务外企作用。

（罗　环）

【重点项目招商】 2021年，佛山市印发《佛山市人民政府关于进一步促进重大产业项目招商引资工作的若干意见》《中共佛山市委办公室　佛山市人民政府办公室关于成立佛山市招商工作领导小组的通知》，成立书记、市长双组长制的佛山市招商引资工作领导小组，负责领导统筹全市招商工作，并迅速抽调市发展改革局（重点项目工作局）、市工业和信息化局、市商务局、佛山高新区等单位工作人员进行集中办公，整合力量开展招商引资工作。制定《佛山市投资指南》，发布《构建佛山“益晒你”企业服务体系打造一流营商环境的行动方案》（2022年度版）（“益晒你”为粤方言，意为所有好处都给你）。年内，举办2021佛山市新能源产业发展与合作交流会暨2021跨国公司投资广东年会佛山分会、中日先进技术交流对接会、2021佛山市全球招商大会等重点招商活动。全年全市签约引进1亿元或1000万美元以上项目388个，签约投资总额2979.69亿元，含内资项目362个，签约投资总额2847.18亿元；外资项目26个，签约投资总额18.46亿美元。其中重大产业项目（10亿元或1亿美元以上）68个，签约投资总额1877.64亿元，含内资项目61个，签约投资总额1801.85亿元；外资项目7个，签约投资总额11.73亿美元。年内，市委军民融合办、市发展改革局（重点项目工作局）、市科技局、市工业和信息化局、市商务局、市国资委、佛山高新区、中德工业服务区、市工商联、市贸促会协同五区引进项目31个。

（市发展改革局）

【“发现·新佛山”——2021佛山投资推介会暨广州国际投资年会佛山分会】 2021年3月30日在广州越秀国际会议中心举行，是佛山、广州两市商务局签订《关于建立广佛同城全球联合招商工作机制的战略合作框架协议》后的首次落地实践。会上，佛山三龙湾高端创新集聚区以“创智新区，广佛未来”为主题开展投资营商环境推介，佛山市城市更新局进行“以城市更新大攻坚，助推佛山高质量发展”城市更新主题分享。大会现场，8个落户佛山的项目签约，签约金额超70亿元，签约项目主要分2类，一类是契合城市更新的载体项目，包括万洋科创园项目、联东U谷·桂城总部经济港项目、佛深科创产业合作基地一期项目、鸿创电商综合产业园项目等；另一类是契合佛山高质量发展的产业项目，如氪基金战略合作项目、广东欧文特电气有限公司项目、清能万台大功率燃料电池系统及空冷电堆研发生产基地项目、长江烘焙及速冻食品项目等。

【外资适用政策与跨境金融服务政策宣讲会暨“政银企”对接活动】 2021年4月20日在佛山市举行，现场解读《佛山市进一步扩大对外开放实现利用外资高质量发展若干政策措施（2020年修订）》、跨境人民币政策、贸易投资便利化政策等，超50家重点外商投资企业参与活动。还邀请中国人民银行佛山市中心支行、国家外汇管理局佛山市中心支局和中国农业银行佛山分行分别就跨境人民币便利化、跨境投融资便利化、FT（自由贸易账户）业务以及服务实体

2021年12月4—5日，2021佛山市全球招商大会暨湾区经济论坛在佛山市举行。图为2021佛山市全球招商大会重点项目签约仪式

（市档案馆　供图）

企业的融资产品进行宣导与讲解。

【2021佛山市全球招商大会暨湾区经济论坛】 2021年12月4—5日在佛山市举行，主题为“智造高地·共创未来”。会上，139个重大项目完成签约或达成投资意向，涉及投资额3838.58亿元，涵盖智能制造、泛家居、电子信息智能制造装备及机器人产业等重点领域。此外，佛山发布《构建佛山“益晒你”企业服务体系打造一流营商环境的行动方案》（2022年度版）（“益晒你”为粤方言，意为所有好处都给你），出台122项改革举措。湾区经济论坛以“产业无国界协同创未来”为主题，与会人员围绕产业转型、创新驱动、绿色发展、消费升级等当下经济社会发展热点话题，为粤港澳大湾区建设发展建言献策。

（罗　环）

对外贸易

【货物贸易】 2021年，佛山市外贸进出口值6160.7亿元，比上年增长21.7%，较同期全国外贸、广东省外贸增速分别高出0.3个和5个百分点。外贸进出口值首次突破6000亿元关口，增速在广东省进出口规模前四地市（深圳、东莞、广州、佛山）中位列第一，在珠江三角洲九市（广州、深圳、佛山、东莞、惠州、中山、珠海、江门、肇庆）中位列第四。其中，一般贸易进出口3904.4亿元，增长26%，占全年外贸进出口值63.4%，比重比上年提升2.1个百分点；加工贸易方式进出口1137亿元，增长21.6%。

【贸易伙伴】 2021年，佛山市外贸市场稳固发展，对东盟进出口1072.7亿元，比上年增长12.2%；对美国进出口993.8亿元，增长37.4%；对欧盟进出口830.8亿元，增长31.4%。对东盟、美国和欧盟进出口合计占同期佛山进出口总值47%，比重比上年提升1.3个百分点。全市对“一带一路”沿线国家和地区、RCEP（区域全面经济伙伴关系协定）其他成员国、中东欧国家分别进出口1995.7亿元、1731.3亿元、119.3亿元，分别增长15.7%、13.4%、39.4%。

【国际市场开拓】 2021年，佛山市组织企业参加“粤贸全球”线上展会，其中根据佛山优势产业特点将中国－东南亚（印度尼西亚）国际贸易数字展览会、中国（阿联酋）贸易博览会等29场展会列为佛山市重点推荐国际展会，对企业参展费用给予补助。组织佛山企业参加线上、线下中国进出口商品交易会（广交会），抢抓海外订单，450家企业参加交易会线上展部分、190家企业参加交易会线下展部分。参加线下广交会企业共设646个展位，其中品牌展位462个、一般性展位184个。组织广东石湾酒厂集团有限公司、佛山市海天调味食品股份有限公司等16家企业（共设19个展位）参加2021年粤澳名优商品展展销，并组织13家企业到展会现场进行采购。香港展会方面，全年全市组织40多家次企业参加香港国际采购汇（网上展）、香港贸发局香港国际秋季灯饰展、香港贸发局香港秋季电子产品展。此外，还组织企业参加其他线上、线下国际性展会，帮助企业在新兴市场建立优势，提升开拓国际市场实效。

【市场采购贸易试点建设】 2021年，佛山市商务局探索市场采购集聚区扩展，印发《佛山市市场采购贸易试点集聚区扩展工作方案的通知》，明确支持佛山试点市场集聚区扩展范围。增开市场采购制定申报口岸，推动佛山市场采购贸易试点第二个指定申报口岸落地顺德新港。5月，顺德新港获海关总署同意，继勒流港之后新增成为佛山市场采购贸易试点第二个申报口岸。加大宣传力度，推动市场采购贸易试点政策普及，吸引更多佛山企业参与市场采购，其中包括举办多场政策宣讲沙龙、政策宣讲会，并在中国（广州）国际家具博览会等展会现场以投放广告形式开展专业市场的对口宣传。

【外贸转型升级基地建设】 2021年，广东省佛山市顺德区国家外贸转型升级基地（装备制造）获批设立，佛山市国家级外贸转型升级基地数量增至6个，分别是广东省佛山市国家外贸转型升级基地（建筑陶瓷）、广东省佛山市国家外贸转型升级基地（金属型材）、广东省佛山市顺德区国家外贸转型升级基地（家电）、广东省佛山市顺德区国家外贸转型升级基地（家具）、广东省佛山市顺德区国家外贸转型升级基地（五金制品）和新批准设立的广东省佛山市国家外贸转型升级基地（装备制造）。支持市内企业通过基地抱团参展，帮助中小企业获得更多国际性展会参展机会，其

2021年5月，顺德新港获批成为佛山市第二个市场采购贸易指定申报口岸。图为顺德新港

（顺德区发展和改革局　供图）

中：广东省佛山市顺德区国家外贸转型升级基地（家电）组织数十家中小型家电企业首次以专区展示的形式参与第一百三十届广交会，提升优势产业外销能力；广东省佛山市顺德区国家外贸转型升级基地（家具、五金制品）组织企业参加2021年广东21世纪海上丝绸之路国际博览会，重点展示智能家居和传统家居的融合发展。举办2021佛山市外贸转型升级基地系列线上对接交流会巴基斯坦（陶瓷行业）及土耳其（陶瓷、金属型材、五金行业）专场，支持各外贸转型升级基地企业开拓新兴市场。

【自由贸易试验区改革创新试点经验复制推广】 2021年，佛山市印发《关于做好中国（广东）自由贸易试验区第七批改革创新经验复制推广工作的通知》，明确复制推广税务注销“智能预检”、建立出口退税快速直达市场主体服务机制等12项改革创新经验。此外，推广自由贸易试验区第四批18个“最佳实践案例”和广东自贸试验区第五批43个制度创新案例，其中包括投资便利化方面的“为企业提供插电式服务实现拿地即开工”“‘一区一厅一中心’跨境税费智能联办新模式”等9个，贸易便利化方面的“国际商品B2B在线交易平台上线”“跨境电商9610银行收汇”等5个，以及金融开放创新、深化粤港澳合作、优化营商环境等3个方面的29个制度创新案例，供各区各部门在深化改革和扩大开放过程中参考借鉴。

【2021佛山智造·跨境贸易峰会】 2021年9月5日在佛山潭洲国际会展中心举行。峰会由中国国际贸易促进委员会佛山市委员会、佛山国际商会主办，佛山市对外数字贸易产业促进会承办，超300名佛山外贸企业、商协会代表参会。峰会上，佛山市工业和信息化局有关负责人作《佛山市推进制造业数字化智能化转型发展若干措施》政策解读；来自物流、跨境平台、数字营销等领域的行业专家，围绕数字化转型、数字贸易等话题进行交流，探索跨境贸易数字化升级新路径。峰会活动现场，还举行领聚数字佛山运营中心和蜂俱网佛山运营中心揭牌仪式，2个运营中心可为佛山外贸企业提供精准服务及对接平台，帮助佛山外贸企业实现跨境贸易数字化升级。

（黄俊杰　曾垂勇）

对外经济合作

【对外投资】 2021年，佛山市新增对外投资企业（项目）46家（个），比上年增长55%，中方投资额为5.5亿美元，增长75%。其中，新增中方投资额为4.7亿美元，比上年增长31.4%；企业对外增资8234万美元，增长3倍。年内，佛山市对“一带一路”沿线国家及地区投资项目15个，总额8077万美元，比上年增长1.7倍；对区域全面经济伙伴关系协定（RCEP）国家投资总额4.4亿美元，增长16倍。

【企业“走出去”】 2021年，佛山市“走出去”的业态从传统优势产品的贸易逐步转向优势产业上下游链条的优质资产布局。海外并购资产涉足新能源、集成电路、高端光学装备等战略性新兴产业的多个领域。海外并购的项目达21个，约占整体对外投资项目总数的50%，海外并购中方投资额为4亿美元，占海外投资的中方投资额的71%。

【对RCEP国家经济合作】 2021年，佛山市商务局推动佛山与区域全面经济伙伴关系协定（RCEP）国家的经贸合作关系，与佛山市税务局共同举办“佛山市服务RCEP‘走出去’企业座谈会”，宣讲佛山市对外投资政策，解答企业的疑问，指导企业对外投资工作。联合江泰投资贸易服务（深圳）有限公司举办线上培训，指导企业如何在RCEP和中欧投资协定的签署下做好对外投资。年内，佛山对RCEP国家投资总额达4.4亿美元，比上年增长16倍。

【《佛山市促进对外经济合作专项资金管理办法》印发】 2021年7月22日，佛山市商务局印发《佛山市促进对外经济合作专项资金管理办法》，对在佛山市内登记注册并依法经营、未被列入“全国失信被执行人名单”的法人和其他组织进行专项资金扶持，资金支持范围根据市商务部门对外经济合作的职能及每年的工作重点决定，包括但不限于以下方面：用于境外投资企业开办费补助专项；对佛山市企业赴境外建设境外经济贸易合作区进行扶持，引导合作区不断提升；用于配套广东信用保险统保平台保险及担保费配套补助，补足省级资金补助的剩余部分；用于商协会和企业参加对外经济合作促进活动补助专项；用于为全市“走出去”公务、商务人员购买佛山市赴境外公务、商务差旅人员安全保障综合服务；用于购买其他有关推动企业对外投资合作的服务，包括但不仅限于购买第三方专业中介服务为企业提供法律、咨询、会计、调研、考察等方面的服务；用于其他有利于促进佛山市企业“走出去”事项。该办法还对有关支持额度、补助比例，以及资金申报、资金审批、资金拨付、监督检查、绩效评价等事项作出规定。该促进对外经济合作专项资金旨在促进佛山企业“走出去”对外投资合作的数量和质量持续稳定增长。

（翁羽东）

口岸建设与管理

【概况】 2021年，佛山市有经国务院批准对外开放的一类口岸3个，分别是顺德港客运口岸（自2020年1月30日起暂停营运所有往返香港航线）、高明港客运口岸（自2020年1月30日起暂停营运所有往返香港航线）、南海港口岸三山港区（客货运口岸）。有经广东省政府批准对外开放的二类货运口岸12个。佛山铁路客运口岸经国务院批准，自2021年12月22日起关闭，该口岸在2019年已经国家口岸办批准于同年7月10日起临时关闭。佛山市货运口岸码头共开设54条集装箱外贸班轮航线，连接香港、深圳、南沙等枢纽港。2021年，佛山港完成集装箱吞吐量370.73万国际标准箱（TEU），比上年下降8.45%，其中外贸集装箱吞吐量198.98万TEU，比上年下降12.79%。

（欧阳璇）

【口岸监管】2021年，佛山海关各口岸受理进出口报关单100.14万份，比上年增长14.6%；口岸进出口商品总值4199.19亿元，增长15%；实际进出口货运量1283万吨，增长7.5%；监管集装箱220.3万箱次，下降6.7%；监管进出境船舶2.28万艘次，下降7.4%；监管快件268万件，下降14.4%。年内，佛山海关继续推进业务改革压缩整体通关时间，统筹深化“提前申报”“两步申报”“两段准入”等改革，依托“智慧海关”“智慧码头”平台推广将进口货物“船边直提”和出口货物“抵港直装”作业方式复制到九江、三山和顺德新港等多个码头，为企业提供更多可选择的通关模式。优化通关流程加快物流运转效率，稳步推进“湾区一港通”“顺德–蛇口组合港”，促进关区口岸深度融入大湾区口岸群建设，提升物流运转效率，并与佛山市市场监督管理局就食药同源商品进口监管协调制度达成一致意见。加快推进口岸信息化建设，丰富“智慧海关”“智慧码头”项目功能，加大口岸“5G”应用程度，支持自动化码头建设，支持和推广智能卡口、智能理货、辅助机器人、货物智能识别等技术应用，扩大智能审图商品范围，同时在场所巡查、审核单证等业务领域通过机器辅助人工等方式加强智能化监管。年末，佛山关区进口整体通关时间14.88小时，比2017年的90.52小时压缩83.56%；出口整体通关时间0.51小时，比2017年的10.62小时压缩95.2%。

（高榕璟）

【“智慧码头”建设】2021年，佛山市有9个口岸码头的作业系统通过佛山“智慧码头”公共服务系统完成与海关信息的互联互通，通过佛山“智慧码头”系统下发查验指令4.7万条、放行指令67.08万条，接收各码头的集装箱动态数据共238.37万条、散货动态数据共16.79万条，实现海关对物流链条的实时监控，将海关放行、查验指令与码头的移柜等信息实时交互，加强海关对监管场所内进出口货物的管理，提高通关效率。

【国际贸易“单一窗口”业务推广】2021年，中国（广东）国际贸易“单一窗口”佛山分平台的货物报关、水运舱单及水运运输工具等主要业务申报总量共187.01万票，居广东省第三位，“货物申报”“运输工具”“舱单申报”“税费办理”等标准版核心功能的业务覆盖率100%。全年举办国际贸易“单一窗口”相关培训14场，参与人员超420人次，推广国际贸易“单一窗口”标准版监管证件申领、出口退税（金三版）、全国口岸收费及服务信息发布系统应用、企业资质办理、税费支付等功能。

【口岸收费目录清单公示制度落实】2021年，佛山市商务局继续推进“单一窗口”全国口岸收费及服务信息发布系统的推广应用工作，完成港口、船代、理货公司企业线上公示，并将全国口岸收费及服务信息发布系统推广至报关企业等所有口岸收费领域。开展口岸收费自查自纠工作，会同佛山市发展改革局、市交通运输局、市市场监管局、佛山海关、佛山海事局等相关部门赴禅城区佛山进出境车辆检查场、南海区九江装卸点、三水区三水港装卸点开展口岸收费公示专项检查。

【“组合港”“湾区一港通”模式应用推广】2021年，佛山市推进“湾区一港通”“组合港”（粤港澳大湾区组合港）物流模式改革，通过水路运输实现货物在枢纽港和珠江流域内河码头间快速流转。北滘港、南海区九江港、高明珠江码头与深圳市蛇口港开通“组合港”物流新模式（顺德新港–深圳蛇口“组合港”已于2020年11月启动），7.7万标箱通过该模式申报进出口。北滘港、三水港与广州市南沙港开通“湾区一港通”项目。截至年底，美的集团通过“组合港”“湾区一港通”物流模式出口超5.4万国际标准箱。通过一体化平台建设，推动跨关区码头数据互联共享、统一调度，加快跨关区货物流转、在途监控，减少货物港口停留时间，整体物流时长由原来5 ~ 7天缩短至2天。

【《佛山市进一步优化口岸营商环境促进跨境贸易便利化若干措施》出台】2021年10月13日，佛山市政府印发《佛山市进一步优化口岸营商环境促进跨境贸易便利化若干措施》，从优化通关作业流程、简化单证办理需求、规范口岸收费降成本、提升口岸软硬件设施、优化跨境贸易服务环境5个方面提出22项措施，优化佛山市口岸营商环境，协同提升跨境贸易便利化水平，保障外贸稳增长。

（欧阳璇）

产业园区

佛山高新技术产业开发区

【概况】佛山高新技术产业开发区是1992年经国务院批准建设的首批国家级高新区之一，是佛山市科技创新和产业升级的主要引擎，是珠三角国家自主创新示范区的主体园区、粤桂黔高铁经济带合作试验区（广东园）的主要载体，也是国家创新型特色园区、国家知识产权试点园区、科技部企业创新积分制试点园区、广东省金融科技产业融合创新综合试验区、珠江西岸装备制造产业创新基地。实行“市统筹、区建设、齐分享”的管理体制和“一区五园、统一规划、分园管理、创新服务”的管理模式，园区管理面积470.72平方千米，下辖禅城园、南海园、顺德园、高明园、三水园5个园区。2021年，实现园区生产总值1942.85亿元，比上年增长14.85%；纳统（纳入统计，作为统计部门的统计调查对象）企业实现工业总产值5016.75亿元，增长13.15%，营业收入5999.23亿元，增长15.03%。2021年，佛山高新区综合排名位列全国高新区第29，佛山智能家居产业集群入选科技部2021年度创新型产业集群试点，佛山高新区人工智能产业园入选广东省工信厅公布的第三批广东省人工智能产业园名单。

【产业升级】2021年，佛山高新技术产业开发区出台《关于促进招商引资的若干措施》，支持符合产业规划方向的项目在高新区各园区落户，新项目落户最高奖励3000万元，重大项目奖励“一事一议”。以战略性新兴产业为重点建立招商项目库，组建招商服务中心，年内引入超1亿元产业项目27个，计划总投资额302.67亿元。高标准规划打造佛北战新产业园和佛山人才创新灯塔产业园两大现代产业园区，加快推进建设禅城园聚锦科创园、南海园千亩产业加速器、顺德园西海二支机器人园区（大族机器人）、高明园鑫创智谷、三水园大同湖科技产业园等产业地标。研究编制《佛山高新区场景创新三年行动计划》，评选出19个前沿技术应用场景试点示范扶持项目，加快推动制造业数字化、智能化升级。美的微波炉顺德工厂入选世界经济论坛（WEF）2021年度首批灯塔工厂名单，成为广东省2021年唯一入选的工厂。

【创新驱动】 2021年，佛山高新技术产业开发区先后引进建设广东省创新药转化医学研究院、有研（广东）新材料研究院、佛山四维时空信息大数据创新中心、禅迪精准医学实验室等一批科技创新研发平台，截至2021年底，园区内有国家级孵化器24家、科技部备案的众创空间17家、国家级研发机构27个、省级以上重点实验室17家、省级及以上新型研发机构19家。第三年承办科技成果直通车（佛山站）活动，举办路演对接活动4场，征集佛山市内企业个性需求51项，促成意向合作7项。承办中国创新挑战赛、粤港澳大湾区高价值专利培育布局大赛、清华校友三创大赛集成电路与物联网全国总决赛等。深入开展专利合作协定（PCT）国际专利调研辅导服务，成立龚麒天法官工作室。依托广州知识产权法院佛山巡回审判法庭建成全省首个知识产权主题创意园区。

【企业培育】 2021年，佛山高新技术产业开发区开展全国企业创新积分制试点工作，建立完善企业创新积分指标体系，引导政策资源集聚到“好苗子”企业，20家企业入选科技部首批试点国家高新区“创新积分500”名单，制造业企业上榜数排名全国第三。举办高新技术企业宣讲培训超70场次，覆盖超2000家（个）园区内企业及科技机构。全年净增1472家企业通过高新技术企业认定，占全市43.6%；高新技术企业存量达3602家，占全市（7100家）50.7%；备案科技型中小企业数量2121家，比上年增长47%。培育认定高成长企业154家，包括“瞪羚企业”84家、制造业“单打冠军”企业65家、潜在“独角兽企业”1家、种子“独角兽企业”4家。广东阿达智能装备有限公司成为佛山全市首家潜在“独角兽企业”。

2021年12月7日，全国优秀法官龚麒天工作室在佛山高新技术产业开发区揭牌

（佛山高新区　供图）

【人才引进】 2021年，佛山高新技术产业开发区发布《佛山高新区高技术产业化创业团队专项引导资金实施办法》（2021年修订版），评选出26个高层次人才团队项目，扶持金额9400万元，引入128名高层次人才（其中硕士或副高级职称以上人才占80%）。《人民日报》刊登《广东佛山高新区：构筑人才高地　加快产业聚集》，中央电视台先后对佛山高新区人才团队政策、高新区三水园作专题报道。全年建设海外创新平台10个，打造“海外孵化”+“佛山加速”新模式，全年举办路演活动33场，推动海外项目落户佛山9个。

【科技金融】 2021年，佛山高新技术产业开发区出台《佛山高新技术产业开发区“十四五”金融发展规划（2021—2025）》，发起成立佛山高新区高鑫科技产业投资基金、广东猎投三期创业投资合伙企业基金，带动社会资本加入投资战略性新兴产业和高技术含量的科技型中小企业，2只基金完成投资项目9个，投资总额7100万元。在广东省“中小融”平台开辟佛山高新区服务专区，举办13场科技金融推介、路演活动，推出“高成长企业科技贷”“科技型企业融保通”“佛山高新区融担贷”等一系列具有高新特色的金融产品。

【瀚海（佛山）国际创新中心获确定为广东首家国际化众创空间】 2021年1月11日，广东省科技厅公布2020年度广东省科技企业孵化载体名单，瀚海（佛山）国际创新中心作为唯一一个孵化载体入选“2020年度国际化众创空间名单”，也是广东省确定的首家国际化众创空间。瀚海（佛山）国际创新中心由佛山高新区与瀚海控股集团共同成立，实行一芯多地，国内位于佛山高新区南海园，国外位于美国硅谷、洛杉矶和波士顿，国内外协同创新，与海外10多个服务机构建立合作关系，包括滑铁卢大学、北美人才库、猎聘北美等，相互建立推送项目、人才的渠道。

【佛山智能家居产业集群入选国家级创新型产业集群试点】 2021年8月9日，科技部火炬中心公布2021年度创新型产业集群试点（培育）名单，佛山高新区申报的佛山智能家居产业集群入选试点（培育）名单，是广东省4个入选的产业集群之一。佛山家居产业通过加大技术创新及研发投入力度，并通过发展数字经济加快转型升级，逐渐从传统优势产业集聚转型为智能家居特色产业集群，衍生出小熊电器、云米电器、林氏木业、汇泰龙等一批智能家居产业企业。截至2021年，佛山高新区形成以家电、陶瓷卫浴、家具为支柱产业，智慧照明、智能门锁、智能安防监控等为特色产业，科研院所、工业互联网平台、智能制造服务平台为配套的特色创新型产业集群。

【第六届中国创新挑战赛（广东·佛山）】 2021年7月6日至11月4日在佛山市举行。赛事由科学技术部火炬高技术产业开发中心、广东省科学技术厅主办，佛山高新区管委会承办。赛事组委会收集到地方企业技术创新需求122项，发布需求91项，并为企业技术需求匹配来自中山大学、华南理工大学、广东工业大学、季华实验室、佛山（华南）新材料研究院等30多个技术团队。经过综合评选，大赛匹配出广东华智芯电子科技有限公司提出的“芯片热沉片散热工艺提升研究”等7项技术创新需求及苏州盛光材料有限公司等7个提供最优对应解决方案进入现场赛路演环节。11月4日举行的现场赛中，需求方与技术方团队代表、技术专家、投融资机构代表等近60人参加现场赛活动。现场赛还邀请专家对路演方案进行点评，为项目提供有价值的指导和建议。活动最后，赛事组委会为广东工业大学ACTCC团队、季华实验室微纳制造团队等优胜技术团队与单位颁发证书和奖金支票，为广东华智芯电子科技有限公司、广东美的暖通设备有限公司等单位颁发优秀合作单位证书。

2021年7月6日至11月4日，第六届中国创新挑战赛（广东·佛山）在佛山市举行。图为挑战赛的现场赛
（佛山高新区 供图）

【高新区禅城园】 佛山高新技术产业开发区禅城园实际管理范围15.7平方千米，涵盖面积4平方千米的城南园（北至魁奇路，西至岭南大道，东南以东平大道为界）、面积11.7平方千米的城西园（东至佛山大道，西至季华北路，南至魁奇西路，北至汾江河）。另有面积8.1平方千米的拓展区南庄绿岛湖片区（东至东平水道，南至季华西路，西至紫洞路，北至紫洞大桥）。2021年，禅城园实现地区生产总值163.27亿元，营业收入478.1亿元（其中高新技术产品收入276.7亿元），工业总产值312.4亿元，上缴税费19.2亿元。高新技术企业存量423家，比上年增长30.15%。禅城园创业载体约占佛山高新区的1/3，拥有科技企业孵化器17家，其中国家级5家；众创空间10家，其中国家级2家；省级及以上产业技术创新战略联盟4个，其中国家级2个；博士后科研工作站9个，其中国家认定7个；省级以上工程技术研究中心62个。

重点项目 2021年，禅城园重点建设战略性新兴产业集聚区，围绕数字经济、新材料、电子信息、生物医药等战略性新兴产业形成主题园区，引入高端项目资源。年内，禅城园与央企有研科技集团有限公司共同建设有研（广东）新材料技术研究院，选定总部办公、展示及研发场地、实验中试场地，资产运营管理公司广东炬盈创新科技发展有限公司完成工商注册。与广东省生产力促进中心共同建设佛山国家高新区（拓思）未来企业孵化中心，引进企业51家，入驻率60.5%，签约面积2.4万平方米。华南科技装备产业园二期封顶，三期加速建设。聚锦科创园大江片区、三技精密智能装备产业园推进工程桩基施工。广东省（佛山）软件产业园二期启动开发改造。顺盈嘉智能科技产业园、蓝箭半导体封装测试扩建项目启动建设。

企业培育 2021年，禅城园管理局举办“服务进园区”系列惠企政策宣讲及高新技术企业培育推进会4场。印发《关于申报辅导2021年度高新技术企业的工作方案》，对支持禅城园内企业通过2021年高新技术企业认定的各科技型中介服务机构给予资金奖励。截至2021年底，禅城园存量高新技术企业423家，比上年增长30.15%。其中，规模以上高新技术企业169家。支持企业认定佛山高新区“瞪羚企业”4家，认定佛山高新区“单打冠军”企业8家，获2020年高成长性企业配套扶持资金314.06万元，认定佛山高新区前沿技术应用场景试点示范项目1个，申请佛山高新区企业海外商标补助3家。年内，禅城园内佛山市国星光电股份有限公司等17家企业入选佛山高新区企业创新积分百强榜单，佛山市铁人环保科技有限公司等21家企业入选佛山市专精特新企业库。

人才引进 2021年，禅城园管理局印发《佛山高新区高技术产业化创业团队专项引导资金（禅城园）配套扶持实施办法（试行）》，推进高层次人才团队招引和政策配套。动员5家企业申报2021年佛山市科技创新团队项目，5个项目进入区级评审。对火炬统计企业开展摸查，建立《佛山市高新区禅城园高端人才名录》，掌握园区内博士等高层次人才情况。

形象提升　2021年，禅城园建成位于季华路与华宝路交叉口处的佛山高新技术产业开发区禅城园核心区门楼景观工程，完成佛山国家高新区（拓思）未来企业孵化中心LED（发光二极管）标识工程，落实高新区统一形象及氛围营造工作。与佛山电台合作推出系列宣传节目超30期，加强高新区形象展示。

【高新区南海园】 佛山高新技术产业开发区南海园的管理范围267.2平方千米，分3个片区：狮山、丹灶片，面积183.6平方千米；桂城、大沥片，面积45.2平方千米；里水片，面积38.4平方千米。南海园管理范围覆盖佛山“一环创新圈”上南海区范围内的创新节点，包括三龙湾高端创新集聚区（南海）、广东金融高新区、里水电子信息产业园、和桂工业园、仙湖氢谷等重要创新资源集聚的区域。2021年，南海园实现地区生产总值1246.31亿元，增长13.05%；纳统（纳入统计，作为统计部门的统计调查对象）企业实现营业收入1611.64亿元，增长6.80%；出口总额191.15亿元，增长21.82%；净利润81.38亿元，下降6.17%；实际上缴税费67.29亿元，增长11.98%。

招商引资　2021年，南海园优化招商协调机制，系统梳理产业发展图谱，编制重点行业、重点企业和重点项目招商指导目录以及扶持政策覆盖目录，建立与佛山高新区管委会、市招商办、南海区经促局、南海区科技局、南海区招商办、南海区各镇（街道）等招商团队建立沟通协作机制，面向智能装备、电子信息、新能源、生物医药等领域开展精准招商，支持南海平谦国际等优势企业加快建成一批高水平科技产业园区，推动南海高端产业集聚发展，提高项目落地效率。

重点项目　2021年，南海园共引进项目13个，总计划投资额30多亿元，其中超10亿元项目1个。与省重点项目南海平谦国际智慧产业园建立协作招商机制，引进华智新材料、千江高新材料、鼎准智能装备、F5未来商店等多个项目。引入昇辉新能源项目（氢能），项目注册资金4亿元。引入佛山国际陆港项目，占地13.33公顷，通过建设智慧供应链服务平台、海关口岸查验区、跨境电商产业园等功能，完善佛山国家级物流枢纽的功能配置。

科技创新　2021年，南海园与广东省科学院新材料研究所、佛山高新区管委会三方共建佛山桃园先进制造研究院，与瀚蓝环境合作建设瀚蓝环境研究院及孵化器，与佛山科学技术学院、上海环境工程设计研究院有限公司、广东省科学院中乌焊接研究所、华中科技大学等签署战略合作协议，打造“科创+产业”全链条生态体系建设。

人才引进　2021年，佛山高新区认定的26个高技术产业化创业团队中，第一名的广东汇芯半导体有限公司团队及与中科院苏州纳米院所共建的车规级MEMS（微机电系统）气体传感项目团队等15个项目团队落户南海园。

高新技术企业培育　2021年，南海园成功申报省级生物药与医疗企业特色产业园，慧泉科技园升级为国家级科技企业孵化器。全年有47家企业通过“瞪羚企业”认定，29家企业通过“单打冠军”企业认定，3家企业通过种子（潜在）“独角兽企业”认定，5个佛山高新区前沿技术应用场景项目率先在南海园试点示范。南海园与第三方服务机构合作，对园内12家众创空间、19家孵化器及各产业园区开展高新技术企业政策宣讲、辅导，发动1200多家企业进行高新技术企业申报。

【高新区顺德园】 佛山高新技术产业开发区顺德园总面积84.49平方千米，形成北部、西北部和东部三大片区，以智能制造、智能家电、机器人、机械装备四大产业为主，辖区范围包括大良街道、容桂街道、北滘镇、陈村镇、杏坛镇5个镇（街道）。2021年，顺德园纳入统计企业643家，其中规模以上企业457家，实现工业总产值2429.34亿元，增长28.9%；营业收入3034.75亿元，增长29.3%；出口总额783.7亿元，增长45.4%；净利润169.46亿元，增长11.7%；实际上缴税费80.95亿元，增长0.7%。

基础设施　2021年，顺德园升级交通路网，重点推动德美路二期、顺盈路东段延长线、顺创路西段、顺水路等项目建设。加强园区的日常基建、道路、绿化、水电等各方面的设施维护与监管。大良子园区完善市政配套，全面开展人居环境提升治理工作，完成四小园建设，开始建设14千米人行道。

招商引资　2021年，顺德园重点推进战略性新兴产业招商，推进腾讯云启创新中心、汽车激光雷达、深圳速联项目等互联网及战略性新兴产业项目的落户服务工作。推进机器人产业集聚，中大力德华南高端智造产业项目、广东隆崎机器人项目、埃斯顿机器人项目等相继入驻园区，协同美的库卡等已投产项目，推动千亿级产业集群加速成型。延续“基金+产业招商”模式，顺德园国资公司顺盛公司新增总规模1亿元的创新产业股权投资基金，重点投向智能制造、新一代信息技术、医疗器械、半导体、新能源产业链等领域，以扶持中早期项目为主。实施佛山高新区首个产业扶持政策——《顺德园拓展区经济高质量发展扶持办法》，并完成资金拨付，支持园区战略性新兴产业发展，提升企业孵化载体水准，增强创新能力和创业活力。

重点项目　2021年，顺德园签约落户重大项目29个，总投资额169亿元，其中20亿元以上项目2个、10亿元以上项目3个，涵盖机器人、智能制造等多个领域。包括总投资38亿元的华智科创中心项目、总投资25亿元的陈村中集智能装备及终端产业园项目、总投资15亿元的中大力德华南高端智造产业项目。

园区生态建设　2021年，顺德园加强维护管养、河涌保洁工作，加强园区日常管理、工地防尘整治、企业安全生产巡查，全年检查企业452家次。推动绿色、生态园区建设，服务顺德区打造“水韵风城”。重点推动堤围景观带一期工程、蒲海涌景观绿化工程、容奇大道北侧景观工程、水利河涌-5#渠工程项目建设，正式启动商业休闲公园工程项目建设。容桂子园区建成并启用党建文化公园；陈村子园区强化碧道规划、保护、治理和利用，对全部主干河涌进行生态护岸改造，以水为纽带打造文海河龙舟公园等一批连续贯通、岸绿景美的亲水公共空间，落实“治水兴城”行动，突出抓好水污染防治、水景观打造，清拆河道生态控制线范围内违章建筑，重构河道两岸绿线空间。

科技创新　2021年，顺德园有高新技术企业945家，“四上”企业（规模以上工业企业、资质等级建筑业企业、限额以上批零住餐企业、规模以上服务业企业）979家；上市企业26家，“专精特新”企业46家（其中国家级9家），孵化器8家，其中国家级5家。众创空间6个（科技部备案），其中国家级3个。大学科技城1个。省级以上企业技术中心43个，其中国家级6个。省级以上工程技术研发中心123个。博士后科研工作站16个、院士工作站13个。全年有103家企业获佛山高新区扶持政策奖补，奖补金额共4442.79万元。

事权改革　2021年，顺德园印发《佛山高新技术产业开发区顺德园管理局承接市级下放事权工作方案（试行）》，建设顺德园审批服务平台，与顺德区职能部门共同组建行政审批专班，确保下放事权“放得下、接得住、管得好”。优化行政审批，通过线上系统、窗口导办、24小时自助服务厅等方式，全年办理市、区、镇（街道）三级投资建设类、经营许可类、民生许可类等“一门式”综合窗口业务，以及商事登记业务、税务涉企业务等2500余宗。

【高新区高明园】 佛山高新技术产业开发区高明园总面积18.33平方千米，包括沧江工业园核心区12.2平方千米和富湾工业园6.13平方千米。2021年，高明园火炬纳入统计企业规模以上工业总产值389.45亿元，营业收入400.90亿元，实际上缴税费总额25.03亿元，总资产利润率25.54%，净利润率15.75%。

基础设施　2021年，高明园加强基础设施建设，开展“美丽园区”行动，更新园区环境形象，截至年底，共排查并整治黑点275处，建立改造示范点4个。推进园区EPC（工程总承包）基础设施建设项目，1至5号路通车，6号路在既有施工面上开展雨水管道施工。打通一批企业间“烦心路”，联合矿产南侧支路、登宇洁具南侧支路、新天地北侧支路、长城金属南侧支路、仙村南侧支路均达通车条件。园区整体形象提升工作有序开展，其中海天大道提升整治工程年内完成工程总量85%，三和路形象提升整治项目完成方案设计，上良片区路网环境整治工程完成招标，园区环境面貌得到提升。

招商引资　2021年，高明园引入项目26个，总投资额40.41亿元，其中超10亿元项目2个、超1亿元项目8个，主要涵盖装备制造、新能源、电子电器等行业。其中，在电子设备制造业方面，引进深圳市汉清达科技有限公司高明智造基地项目，主要从事电子雾化器研发制造和销售，项目总投资6.5亿元。在电子商务方面，引入总投资10亿元的乐华鸿远电商产业园项目，该项目是高明园推行低效产业用地改造的典范，标志着高明园实现电商产业园“零的突破”。

重点项目　2021年，高明园有注册企业1621家，其中“四上”企业197家、规模以上工业企业151家、高新技术企业73家。高明区首个人工智能科技展厅建成开放。鑫创AI国际科创智谷展示中心3000平方米产业示范空间、超3万平方米商务写字楼、独栋办公载体有序建设中，引进广东省电子信息行业协会、广东高校科技成果转化中心、启迪之星（佛山）孵化器等项目。

科技创新　2021年，高明园激发企业创新发展活力。梳理拥有研发机构、拥有专业技术人才、拥有一个或以上专利的企业名单，精准挖掘潜在准高新技术企业作为高新技术企业培育的后备梯队，建立高新技术企业后备库，并联合高明区高新技术协会、中介服务机构点对点进行服务，为企业申报高新技术企业创造有利条件，年内走访企业超60家，有50家企业成功通过高新技术企业认定。加强对佛山高新区扶持政策的宣贯，为企业提供政策申报服务，协助企业申报佛山高新区各类科技创新政策，全年新增中车四方轨道车辆有限公司、欧艺钢数控设备有限公司、普能达电子有限公司3家“瞪羚企业”，新增安华陶瓷洁具有限公司、顺成陶瓷有限公司2家“单打冠军”企业。新投产企业广东泰极动力科技有限公司被认定为2021年佛山高新区种子“独角兽企业”，获扶持金额100万元，是高明区首家种子“独角兽企业”。

人才服务　2021年，高明园出台《佛山高新区高明园高技术产业化创业团队专项配套资金实施办法》，填补高明园人才团队配套政策空白。引进创新团队——广东明珠生物技术有限公司谢水林团队，该团队被评为佛山高新区产业化创新B类团队。协助泰极动力有限公司首次引入博士人才1人。协助园区内8家企业共53名员工子女申请学位，解决员工子女入学难的问题。

【高新区三水园】 佛山高新技术产业开发区三水园位于三水区工业重镇乐平镇，东邻广州市花都区，南接佛山市南海区，西临西江，北联佛山市三水区芦苞镇，规划控制面积85平方千米。三水园形成智能装备制造、智能家居、电子电器、新能源新材料、汽车整车及零配件五大重点产业。有中国火炬计划自动化机械及设备产业基地、中国医疗器械（三水）产业基地等4个国家级产业基地，以及广东光伏产业基地、广东省智能制造示范基地2个省级产业基地。三水园内的大同湖科技产业园被纳入广东省2021年重点建设项目。

招商引资　2021年，三水园引进邦普电动汽车用正极材料、天元汇邦新材料智能制造产业总部项目等优质项目40个，总投资超160亿元。其中，超10亿元项目6个，投资额约占所有新引进项目投资额的80%，大项目招引取得新突破。截至2021年底，三水园累计引入国内外500强企业投资的项目44个。

创新驱动　2021年，三水园科创智慧中心项目落地，“摘星楼”科创基地正式运营。新增国家高新技术企业32家，存量达216家；新增省市级工程技术研究中心9个。16家企业通过佛山高新区“瞪羚企业”和“单打冠军”企业认定。授权专利1122项，增长24.39%。广东邦普科技循环有限公司获评国家技术创新示范企业。日丰企业（佛山）有限公司、佛山市恒力泰机械有限公司、广东爱旭科技有限公司获省科技进步二等奖。

产业转型升级　2021年，三水园内的联合广东富士电梯有限公司获批佛山市首笔“数字贷”，打造数字化智能化示范工厂3家、示范车间3个，新增机器人应用280台（套）。103家企业技改备案共投资36.4亿元。4家企业6项产品获批“佛山标准产品”。佛山欧神诺陶瓷有限公司等3家企业获中国专利奖嘉奖。新增广东银洋环保新材料有限公司等3个国家级专精特新“小巨人”企业。天元汇邦总部项目签约落户，兴发铝业总部实现搬迁，促进总部经济加快集聚。

载体建设　2021年，三水园推动大同湖科技产业园扩容提质并纳入佛北战新产业园规划建设。完成村级工业园改造114.38公顷。继续促进低效工业用地优化提升，至2021年底累计盘活提升低效用地107.66公顷。

基础设施　2021年，三水园加快完善交通路网。广佛肇高速（佛山段）建成通车，基本完成全民休闲健身步道、电商园片区配套道路等12个道路工程项目建设，启动乐平大道综合改造、西乐大道改造等14个主干道路工程项目，全年完成交通基础设施投资额3.58亿元。推进现代服务业发展，嘉州广场商业综合体封顶。完成盘龙区、南边市场片区2个老旧小区改造。在三水区率先试点设置跨市公交线路联通广州地铁，建立“网约巴士”新形态。推进特色小镇建设，广府印象小镇纳入广东省清单管理。优化园区环境，完成51.4千米管网清淤、3.5千米管网修复。加强“三沿一口”（高速公路、铁路、省国道沿线和高速公路出入口）整治，完成261个国省道沿线村（厂）口改造。修复齐力大道、新城路等9条重点道路破损路面，平整复绿土地近2万平方米。完成中油大道景观提升工程。完成151个路口机非分离改造。以点带面推进15个标杆示范单位生活垃圾分类。

生态建设　2021年，三水园加快完善实施主干支涌水质提升工程，完成18条黑臭水体整治，重点河涌考核断面全部达标。范湖工业园区“污水零直排区”加速建设。全年新建污水管网10千米。空气优良天数比例达89.9%。加强土壤污染风险管控，打击固体废物非法转移和违法倾倒。配合完成中央环保督察工作。

（邓国燊）

佛山三龙湾高端创新集聚区

【概况】 佛山三龙湾高端创新集聚区（佛山三龙湾科技城）位于佛山东南部，规划面积130平方千米，范围包括禅城区石湾镇街道、南海区桂城街道、顺德区北滘镇、顺德区陈村镇、顺德区乐从镇部分区域，规划范围覆盖中德工业服务区和粤港澳合作高端服务示范区。其中，禅城区1.95平方千米、南海区30.3平方千米、顺德区98.14平方千米。2021年，《佛山三龙湾高端创新集聚区发展总体规划（2020—2035年）》由广东省推进粤港澳大湾区建设领导小组正式印发，成为三龙湾建设发展的行动纲领，确定三龙湾代表佛山市成为粤港澳大湾区重要发展平台，并写入《广东省国民经济和社会发展第十四个五年规划和2035年远景目标纲要》。佛山市第十三次党代会提出，三龙湾科技城要突出“聚”和“领”，集聚高端创新创意资源要素，加强创新策源能力建设，在知识产权、科技创新、产业创新等方面发挥引领作用。年内，佛山三龙湾科技城签约产业项目14个，总计划投资金额349.46亿元；为12个重点建设项目拨付扶持资金2.39亿元；举办展览及会议活动87场，展会规模达67.95万平方米，专业观众93.02万人次；深化对德合作，策划举办20场招商及对德交流活动，举办中德工业城市联盟第十次全体会议系列交流活动、2021佛山三龙湾中欧文化周系列活动，引进德国（欧洲）项目11个。

【规划编制】 2021年，佛山三龙湾科技城累计承接和启动项目29个，包括开展规划建设研究类项目25个、其他建设项目及活动4个。深化总体战略规划，优化《广佛高质量发展融合试验区先导区建设方案》，编制《佛山三龙湾建设发展“十四五”实施方案》初步成果，强化三龙湾科技城行动方案，《三龙湾城市总体规划》编写成果被纳入市国土空间总体规划，明确三龙湾范围作为佛山市中心城区。强化专项规划研究，编制三龙湾综合交通规划、市政设施（包括综合管廊）、优质供水、环境卫生、内河水系建设等系列基础设施专项规划，建立三龙湾高标准建设体系，其中《三龙湾住房发展规划》实施指标被纳入《佛山市“十四五”住房发展规划》。重

2021年，佛山三龙湾高端创新集聚区（三龙湾科技城）乐从片区俯瞰图

（佛山三龙湾管委会　供图）

视重点区域规划，印发《三龙湾高端艺术社区功能策划与空间统筹规划研究》，研究成果进一步推动佛山市深化实施省委“1+1+9”（第一个“1”指以推进党的建设新的伟大工程为政治保证、第二个“1”指以全面深化改革开放为发展主动力、“9”指推进9个方面重点工作）工作部署。

【重点项目】 2021年，佛山三龙湾科技城围绕重点区域，推动交通成网。围绕佛山新城国际合作高端商务区、科技研发与成果转化基地两大核心区域，重点推动广佛高质量发展融合试验区先导区启动区、佛山新城及会展片区路网建设。其中启动区3条道路动工、佛山新城2条主干道受阻路段通车、会展片区11条主干道路打通。加大统筹协调力度，推进市级项目建设，推进三龙湾大道等跨市跨区门户主干道路提升工程、潭洲会展中心周边绿化景观提升工程。协调启动三龙湾片区重要门户节点提升工程等4个市政建设项目。建设高端配套，提升城市品质，加快统筹推进三龙湾碧道、潭洲水道夜景亮化以及奇槎社区体育中心、三山森林公园二期等一批民生项目建设。年内，出台《三龙湾统筹重点建设项目管理办法（修订版）》，建立三龙湾重点建设项目储备库入库和扶持资格审查机制、日常管理和审批机制，全年为12个项目拨付扶持资金2.39亿元。

【产业发展】 2021年，佛山三龙湾科技城新签约产业项目14个，总计划投资金额349.46亿元，其中超10亿元项目3个（含超20亿元项目2个）。总部经济项目取得新突破，引进包括欢聚集团产业互联总部、德国LUQOM集团亚洲总部、宏旺集团总部、中大力德机器人核心零部件华南区域总部、德利康医疗器械项目5个总部项目。先进制造项目有新进展，推动包括埃斯顿机器人华南产业基地、中大力德机器人华南产业基地、中设机器人华南智能制造产业基地、飞利浦水健康智能家电智造基地、中城新润慧科技园等项目落户。对德招商有新进展，全年累计新引进德国（欧洲）项目11个，包括德国LUQOM集团亚洲总部、克鲁斯焊接机器人系统集成应用研发中心、德利康医疗器械等项目。全年策划并举办20场招商及对德交流活动。开展人才服务工作，启用佛山三龙湾国际人才客厅，举办德国（欧洲）企业人才座谈会。

【会展业发展】 2021年，佛山三龙湾科技城发布潭洲会展行动计划，围绕四大方面15个目标，制定30项措施。优化营商环境，出台专项扶持政策，推动会展业特色化差异化发展，全年为22个展会项目累计发放扶持资金1722.6万元。全年举办展览及会议活动87场，比上年增长85.11%；展会规模67.95万平方米，增长28.62%；专业观众93.02万人次，增长138.52%。举办工业展会17场，展览面积42.36万平方米，工业展会数量占全年展会数量的80.95%，工业展会面积占总面积的78.33%。其中，佛山潭洲陶瓷展规模亚洲第一、世界第二；“互联网+”博览会与广东（佛山）工博会双展联动，形成“互联网+工业”的会展平台，促成意向交易5.3亿元。广东（佛山）工博会获UFI（全球展览业协会）认证，成为佛山首个国际认证展会；全国博士后创新创业大赛为中国博士后制度实施以来举办的规模最大、层次最高、覆盖面最广的全国性博士后创新创业赛事。年内，佛山中德工业服务区获“2020年度中国十佳会展名区”称号；在10月发布的《2020年城市会展业竞争力指数报告》中，佛山会展业位列地级市会展业发展第一梯队；在《2021年度中国展览数据统计报告》中，佛山地级市排名升至第二。

【三龙湾高端创新集聚区发展总体规划发布】 2021年2月2日，广东省推进粤港澳大湾区建设领导小组印发《佛山三龙湾高端创新集聚区发展总体规划（2020—2035年）》。佛山三龙湾高端创新集聚区位于广州市和佛山市接壤区域，与广州南站一河之隔，规划面积130平方千米，三龙湾规划范围包括禅城区石湾镇街道、南海区桂城街道、顺德区北滘镇、顺德区陈村镇、顺德区乐从镇部分区域，东至陈村水道，西至佛山大道，南至顺德水道，北至平洲水道，规划范围覆盖中德工业服务区和粤港澳合作高端服务示范区。该规划明确，到2022年，三龙湾框架基本成型，起步区建设基本完成；到2025年，三龙湾创新集聚能力显著增强；到2035年，三龙湾全面建成粤港澳大湾区重要发展平台和珠江西岸创新极核。

【三龙湾入选2020中国十大最具投资价值园区】 2021年4月2日，《中国城市投资吸引力指数报告》在由人民日报社指导、环球时报社主办，于北京市举行的首届环球城市招商引资推介大会暨2020中国城市投资吸引力指数发布会上发布，佛山三龙湾高端创新集聚区等10个园区获评“2020中国十大最具投资价值园区”。佛山三龙湾高端创新集聚区（佛山三龙湾科技城）是佛山市推进粤港澳大湾区建设的核心平台，是做大做强广佛极点、推进两地深度融合发展的重要支撑区，是粤港澳大湾区建设国际科技创新中心的重点创新平台。

【2021佛山中德工业服务区城市品牌推介会】 2021年9月27日在上海市举行。该推介会由广东省商务厅、佛山市人民政府指导，佛山中德工业服务区（三龙湾）管理委员会主办，中国德国商会协办。推介会以“走进大湾区·中德下一站”为主题，企业家、专家等近200人参会。会上发布“德企华南发展陪伴计划”，为入驻德企提供贴心、专业的服务与支持。该活动是佛山三龙湾科技城举办的规模最大的招商推介活动，也是德国（欧洲）企业参与人数最多的一次活动。

【三龙湾获评年度最佳经济功能区】 2021年11月9日，在第五届广东省投资发展论坛暨2021广东省营商环境创新实践评选活动颁奖仪式（在广州市举行）上，佛山三龙湾高端创新集聚区（佛山三龙湾科技城）获颁“年度最佳经济功能区”奖座。2021广东省营商环境创新实践评选活动对营商环境活动中最关键的经济功能区、产业园、招商服务团队三类主体实施评价，由40位来自知名跨国公司、行业领军企业、顶级专业机构和省级及以上产业平台的负责人以及知名专家、学者和主流媒体负责人组成独立的评审委员会，经过4个多月的筛选评审，评出年度最佳经济功能区、年度最佳产业园、年度最佳招商服务团队等。

【佛山三龙湾国际人才客厅启用】 2021年12月10日，佛山三龙湾国际人才客厅启用，并迎来人才客厅首场活动——德国（欧洲）企业人才座谈会。三龙湾进驻德国（欧洲）企业代表、国际高层次人才代表等近80人参加当天活动。三龙湾国际人才客厅占地约400平方米，设置“服务、展示、交流”三大专区，配备一支“会外语、懂业务”的专业服务团队，配备市民之窗自助终端机等智能化咨询服务设备，还附设国际人才智能图书馆。三龙湾国际人才客厅除为人才、企业提供全方位政策解读、咨询及资源对接服务平台外，还不定期举办人才创业分享会、各类专题培训座谈会及企业家论坛、博士论坛、技能人才论坛等多元的国际化社群活动。三龙湾国际人才客厅是三龙湾科技城为服务佛山打造粤港澳大湾区国际人才高地、营造国际一流营商环境而设立的国际人才一站式服务门户，也是三龙湾科技城建设赋能佛山制造的“人才友好之城”的一项重要举措。

【三龙湾科技城禅城片区】 佛山三龙湾科技城禅城片区作为佛山市禅城区“东大门”，规划范围为佛陈桥以东、魁奇二路以南、桂澜路以东、东平河堤围合区域，规划面积约2平方千米。禅城片区以超100亿元的投入，引导近400亿元的城市建设规模，先行先试，探索将村级工业园改造成城市经济转型新平台，谋划布局“两区一带”（三龙湾禅城片区—广佛深合作示范区、三龙湾禅城高端科技创新区以及三龙湾禅城文体休闲产业带）。2021年，三龙湾科技城禅城片区推进奇槎地下综合管廊及道路工程、体育中心及停保场、华兴公园、三龙湾——红星天桥项目共4个项目，总投资额12.89亿元，优化人居环境。年内，深圳鹏瑞集团竞得三龙湾禅城片区河湾地块，计划建设鹏瑞·三龙湾壹号广场，是禅城区年内引进的首个超百亿级重大项目。鹏瑞·三龙湾壹号广场计划建成28万平方米的产业总部集聚区，引入金融、保险、医疗等战略性新兴企业总部或区域性总部进驻。

【三龙湾科技城南海片区】 佛山三龙湾科技城南海片区，整体规划面积30.3平方千米，是粤港澳合作高端服务示范区“一区双核”中的重要“一核”（另一核是千灯湖金融高新区），也是广佛高质量发展融合试验区的重要组成部分。三龙湾南海片区以科创作为发展核心和方向，整体产业布局为“一轴一带三极”（“一轴”指沿港口路形成南北向的广佛科创中轴；“一带”指沿三龙湾大道东西向的智造产业带；“三极”指文翰湖板块、林岳南板块、三山北板块三大极点）。2021年，三龙湾科技城南海片区融入粤港澳大湾区建设，对标对表全国一流营商环境，优化完善“一轴一带三极”产业布局，做好做实“畅达三山、美丽三山、智慧三山、科技三山、人文三山”五大品牌，加速释放区位、产业、空间、功能、人文、生态六大优势，激发城市和市场活力。全年引进重点招商项目11个，计划总投资额超50亿元。欢聚集团、宏旺集团摘牌进驻，润慧科技园“拿地即动工”，中铁九局三公司落户。片区内有载体产业项目超20个，在建产业载体总面积超100万平方米。泓胜科技研发总部、广州银行电子结算中心等项目动工，宜安科创园一期等项目封顶。“科创大脑”季华实验室人才队伍总人数1458人、科研团队41个，实验室设计研制的卫星“佛山一号”升空。三龙湾收费站、番海大桥主线、佛山地铁2号线正式通车，南海有轨电车1号线首通段试运营。“智慧三山”建设行动计划、“人文三山”三年行动计划发布。

【三龙湾科技城顺德片区】 佛山三龙湾科技城顺德片区规划面积为98平方千米，包括陈村、北滘、乐从3镇，位于广（州）佛（山）同城发展核心区域。三龙湾顺德片区以佛山新城、会展片区及周边为发展基础，建设新时代具有国际竞争力的三龙湾科技城。2021年，三龙湾科技城顺德片区以公开交易模式取得用地的产业项目8个，计划投资额92亿元，涵盖机器人、生物医药以及智能家居等领域，其中超20亿元项目2个、超10亿元项目3个。片区内新竣工通车道路14条。随着会展片区道路相继通车，会展场馆周边道路持续完善，东西可直达佛山新城、广佛环线，由“孤岛”走向联通，会展南片区各大产业交通畅通无阻，由零散走向整合，拉动周边17宗超千亩土地空间融合发展。

（马　力）

广东金融高新技术服务区

【概况】 广东金融高新技术服务区于2007年7月由广东省人民政府授牌成立，位于南海区千灯湖畔，是广东金融强省战略七大基础性平台之首，定位为“国际金融后台基地”和“现代产业金融中心”。截至2021年底，广东金融高新区核心区有中国人保南方信息中心、中国工商银行集约运营中心、广发金融中心、友邦金融中心、汇丰环球营运中心、毕马威全球共享服务中心、海晟金融租赁、中科沃土基金、佛山金控期货等1302个（家）金融机构及知名企业落户，总投资规模超2095亿元，涵盖银行、保险、证券、期货、金融租赁、公募基金、小额贷款、典当、担保、私募创投、融资租赁、金融科技、服务外包等金融及类金融业态，成为国内功能齐全、内涵丰富的国际金融后台基地以及辐射亚太的金融大数据中心，是珠三角金融、科技、产业创新和“城产人”融合发展标杆，吸引金融、科技人才数量6万多人。广东金融高新区抢抓粤港澳大湾区建设机遇，重点推进千灯湖创投特色小镇、“区块链+”金融科技产业集聚基地建设，打造粤港澳大湾区金融服务新高地、产业融合新枢纽、金融·科技·产业融合示范区，成为珠江三角洲制造业与全球资本、技术、人才、项目合作的对接平台，广东金融资源集聚和产业转型升级的典型示范区。

【招商引资】 2021年，广东金融高新技术服务区克服新冠疫情影响，强化招商洽谈，首次引入持牌金融机构（中科沃土基金管理有限公司、佛山金控期货有限公司），填补佛山在公募基金和期货领域法人机构的空白，进一步丰富区域金融业态；引进广东粤民投新材料产业投资合伙企业（有限合伙）、广东恒健贰号新能源产业投资合伙企业（有限合伙）等基金类项目，年内新引进278个项目，新增投资规模超515亿元。加强与省、市有关部门和行业协会交流，参加“2021年中国国际服务贸易交易会”等专业展会，研究探索新的产业动向，储备多个在谈项目。截至年底，广东金融高新区核心区有项目1302个，累计投资规模超2095亿元。落户金融高新区的广东省中小企业融资平台有788个金融机构入驻，累计服务企业101万家，累计实现融资5.1万笔，累计实现融资金额779亿元。

【千灯湖创投特色小镇发展】 2021年，千灯湖创投特色小镇依托粤港澳大湾区的重大发展机遇和佛山雄厚的产业基础，通过产业链、创新链与资金链“三链融合”的创新路径，引导金融资源向科技领域配置，构筑粤港澳大湾区创新创业创投的高地，成为创投机构集聚、创投氛围突出、创投业务活跃的特色基金小镇和创投人宜居宜业的家园。年内，中科沃土基金管理有限公司在千灯湖创投特色小镇正式开业，是全国第一家落户地级市的公募基金管理公司；位于千灯湖创投特色小镇的广东希荻微电子股份有限公司获中国证监会同意在科创板首次公开发行股票注册。截至2021年底，千灯湖创投特色小镇注册成立的私募基金类机构有1096个，募集资金总额超1445亿元；小镇内的私募基金类机构投资项目1063个，实际投资额累计764亿元，其中投向佛山地区金额超100亿元。年内，千灯湖创投特色小镇先后入选“广东省级特色小镇建设工作优秀小镇”“2020—2021年度中国最佳基金小镇”“2021中国创新创业突出贡献奖基金小镇TOP30”“2021最佳基金小镇TOP10”。

【“区块链+”金融科技产业集聚基地发展】 2021年，广东金融高新技术服务区推动“区块链+”金融科技产业集聚基地发展，利用金融科技手段促使金融更好地服务于实体经济。依托出台产业扶持政策、建设产业集聚基地、搭建产业孵化中心、引导设立产业发展基金、设立专项专家库、筹建金融科技研究院等措施，截至年底，产业集聚基地金融科技企业增至90家，其中38家企业被认定为广东金融高新区“区块链+”金融科技企业，项目涵盖智能零售、供应链管理、区块链安全检测、绿色环保、知识产权保护等应用场景。年内，“区块链+”金融科技产业园区举办“数字湾区　智瞰未来2021数字经济创新发展高峰论坛”，论坛围绕粤港澳大湾区数字经济高质量发展、数字产业生态建设、实体产业转型升级等行业热切关注话题开展研讨。中国电子信息产业发展研究院和赛迪区块链研究院2021年联合发布的《2020—2021中国区块链产业园发展白皮书》显示，广东金融高新区“区块链+”金融科技产业园区2020年、2021年连续两年进入全国区块链产业园前15强。

【广东金融高新区重点项目落地及战略合作签约】 2021年5月13日，广东金融高新技术服务区在千灯湖创投特色小镇举办重点项目落地及战略合作签约仪式。有19个重点项目签约落户广东金融高新区，涵盖期货、公募基金、私募股权投资基金、私募证券投资基金等金融业态，投资管理规模超300亿元。其中：杭州司南股权投资有限公司等8个重点基金机构入驻千灯湖创投小镇，投资管理规模近150亿元；粤财私募股权投资（广东）有限公司等9个基金机构的基金成为南海区创新创业投资引导基金第四期合作子基金，该次落户的子基金规模近30亿元。活动中，中科沃土基金管理有限公司举行落户揭牌仪式，正式进驻千灯湖创投特色小镇。

【广东金融高新区投融资对接洽谈会】 2021年7月22日在千灯湖创投特色小镇举行，金融机构、投资机构以及企业代表100多人参加会议。会上，南海区人民政府、国家开发银行广东省分行、南海农商银行共同签订支持南海制造业高质量发展合作协议，南海区金融业发展办公室与银行代表签订重点上市后备企业和引导基金已投本地项目投贷联动战略合作协议，中科招商集团、南海农商银行、安齿生物科技有限公司签订投贷联动战略合作协议，广东猎投基金管理合伙企业（有限合伙）、浦发银行佛山分行、精铟海洋工程股份有限公司签订投贷联动战略合作协议。

（陈敏仪）

2021年12月3日，中科沃土基金管理有限公司在千灯湖创投小镇核心区开业

（刘贝娜　摄）

数字经济

综　述

【概况】2021年，佛山市继续推进实施数字经济发展战略，完善数字基础设施，加快培育新业态新模式，推进数字产业化和产业数字化取得成效。

数字经济核心产业发展　佛山数字经济核心产业全年营业收入1727.07亿元（统计口径为规模以上企业，统计产业范围依据国家统计局印发的《数字经济及其核心产业统计分类》确定），比上年增长9.0%，其中数字产品制造业全年营业收入1298.08亿元，增长6.5%；数字产品服务业全年营业收入25.17亿元，增长7.9%；数字技术应用业全年营业收入224.24亿元，增长10.8%；数字要素驱动业全年营业收入179.58亿元，增长28.5%。

数字基础设施建设　佛山新建5G基站超4600座，累计1.37万座，基本实现佛山主城区、一般城区、百强镇核心区域信号连续覆盖。全市固定宽带用户326.1万户，家庭千兆光纤网络覆盖率位列全省前列。继续完善云计算基础设施，全市有登记在用的数据中心8个，建有机架数9430个，其中投入使用的机架数6707个；有在建数据中心7个，折合标准机架数6.3万个。

数字产业化　加速推进数字产业化，加快发展软件和信息技术产业，规模以上企业全年完成营业收入224.24亿元，比上年增长10.81%。继续推动电子信息制造业发展，电子信息制造业全年实现产值828.9亿元，比上年增长2.2%。加快培育超高清视频显示产业集群，广佛惠超高清视频和智能家电产业集群入围国家先进制造业集群首批培育对象；佛山、广州、惠州三地政府签订战略合作协议，成立集群建设工作领导小组，初步建立“市场+政府+社会组织”的集群共治共建模式。推进半导体及集成电路产业发展，半导体及集成电路战略性新兴产业集群全年实现总产值67.58亿元，比上年增长30%，规模以上企业89家。加快培育发展智能制造装备及机器人产业，全市机器人工业企业超240家，全年培育认定市级机器人制造和系统集成骨干企业9家，遴选认定数字化智能化改造标杆示范项目25个。软件产业发展方面，全市涉软企业超250家，受新冠肺炎疫情影响，全市软件和信息技术服务业从业人员有所减少，但软件研发人员大幅增长，主要集中在信息技术服务类企业，全年全市软件业务收入总额169亿元。

产业数字化　出台《佛山市推进制造业数字化智能化转型发展若干措施》及配套操作细则，投入100亿元，从制造业转型、金融支持、服务供给能力、人才培养、公共服务5个方面加快推进制造业数字化、智能化转型发展，全年培育认定数字化、智能化示范工厂22家、示范车间64个，450多家企业获省“上云上平台”服务券补贴，奖补金额和企业数量位居全省前列。加快发展工业互联网，遴选市级工业互联网标杆示范项目28个，“工业互联网·广东省佛山市”入选第十批国家新型工业化产业示范基地，美云智数工业互联网平台家电行业典型应用项目入选工信部特色专业型工业互联网平台方向试点示范，美的集团入选福布斯“2021年度中国十大工业数字化转型企业”并囊括全省3个“灯塔工厂”中的2个工厂。建立完善工业互联网产业生态供给资源池，全年新增11家企业入选广东省工业互联网产业生态供给资源池（累计44家），遴选40家企业进入市级资源池。

【数字化发展环境优化】2021年，佛山市继续优化数字化发展环境，促进数字化发展。

“数字佛山”政策体系完善　印发《“数字佛山”建设总体规划——佛山市智慧城市和数字政府改革建设（2021—2025）》，提出从“数字+科创”“数字+兴业”“数字+惠民”“数字+智城”“数字+优政”5个方面高起点、高标准谋划推进“数字佛山”和智慧城市综合改革试点建设，为佛山加快数字化发展奠定制度基础。

营商环境优化　把打造一流营商环境作为“一号改革工程”，围绕深化商事制度、金融服务、行政审批、政府采购等领域改革，出台专项行动方案，构建“益晒你”企业服务体系（“益晒你”为粤方言，意为所有好处都给你）。“益企通”企业综合服务平台、“市长直通车”平台上线，“佛山通”城市综合服务平台全面应用，推出政务服务“秒批秒办”事项227项，在全国首创政府补助资金“秒速直达+限时直达”改革。“证照联办、一照通行”系列改革经验获全国推广，企业开办实现“一个环节全办理、半天内办结、零成本”。工程建设项目审批改革全省领先，工业项目和高新技术项目初步实现“拿地即开工”。不动产一般登记实现1天内办结，抵押登记1小时内办结。成为全国社会信用体系建设示范区。国企改革三年行动深入推进，完成165户公司制改革。27家企业主营业务收入超100亿元，7家企业上榜中国民营企业500强。获批中国服务外包示范城市，完成境外中方协议投资额35.1亿元。

科技创新环境改善　出台《佛山市重点领域科技攻关实施细则（试行）》等政策措施，加大创新激励力度、拓宽覆盖范围。推动科技金融深度融合，通过科技支行、科技型中小企业信贷风险补偿基金、知识产权质押融资风险补偿资金、数字贷等创新工具加大对佛山市科技型中小企业的信贷支持力度，年内为2448家次企业发放贷款137.42亿元，知识产权质押融资风险补偿资金为全市136家企业提供融资额10.35亿元，数字贷为8家企业提供融资额1.17亿元。

人才引育环境完善　鼓励企业家培训和数字化智能化人才队伍建设，发动全市企业开展2021年佛山市创新领军人才、创业领军人才和青年拔尖人才选拔申报，鼓励企业引进培育制造业数字化智能化人才，2021年新增引进数字化智能化人才4人，其中“领军人才”1人、“高等教育骨干人才”1人、“博士博士后人才”2人。引进省级科技创新团队11个，获经费资助2.34亿元；市级科技创新团队184个，资助金额超10亿元，撬动社会资本投入超20亿元。出台《佛山市制造业紧缺人才目录（2021版）》，收录20个战略性产业集群216条紧缺岗位信息，为促进人才开发与产业发展深度融合提供决策参考。修订《佛山市关于实施粤港澳大湾区个人所得税优惠政策财政补贴管理办法》，全市有454名境外人才获补贴，涉及金额2.47亿元，补贴金额居全省第三。

（市发展改革局　市工业和信息化局）

数字基础设施建设

【概况】2021年，佛山市加快推进数字基础设施建设。全年新建5G基站超4600座，累计1.37万座，基本实现佛山主城区、一般城区、百强镇核心区域信号连续覆盖。全市固定宽带用户326.1万户，家庭千兆光纤网络覆盖率位列全省前列。继续完善云计算基础设施，全市登记在用的数据中心8个，建有机架数9430个，其中投入使用的机架数6707个；在建数据中心7个，折合标准机架数6.3万个。提速推进数字经济新型基础设施建设，发挥新型基础设施重大项目建设专项指挥部协调指挥作用，统筹推进全市新型基础设施重大项目的谋划和建设。全年被纳入新型基础设施重大项目建设专项指挥部重点调度项目清单的项目47个，总投资534.47亿元，年度计划投资57.2亿元，全部项目全年完成投资56.85亿元，完成年度投资计划的99.38%。

【新型基础设施建设】2021年，佛山市落实《佛山市推进新型基础设施建设行动方案（2020—2022年）》，加快推进新一代信息基础设施建设，建设高水平创新基础设施，推进融合基础设施建设。健全完善新基建专项指挥协调机制，发挥新型基础设施重大项目建设专项指挥部协调指挥作用，统筹推进全市新型基础设施重大项目的谋划和建设。制定覆盖信息基础设施、创新基础设施、融合基础设施的“新基建”重点调度项目清单，年内将47个项目纳入新型基础设施重大项目建设专项指挥部重点调度项目清单，其中信息基础设施项目26个、创新基础设施项目5个、融合基础设施项目16个，项目总投资534.47亿元，年度计划投资57.2亿元。47个项目全年完成投资56.85亿元，完成年度投资计划的99.38%，其中32个正式项目完成投资49.66亿元，完成年度投资计划的114.07%，超额完成年度投资计划。

【5G基础设施建设】2021年，佛山市推动基础信息网络建设，加强5G基站规划布局建设，高质量建设5G网络。全年新建5G基站超4600座，累计1.37万座，基本实现佛山主城区、一般城区、百强镇核心区域信号连续覆盖，全市固定宽带用户达326.1万户，家庭千兆光纤网络覆盖率位列全省前列。推进5G基站直供电改造，完成4338个站址的供电改造工作，降低5G用电成本。加快推进互联网协议第六版（IPv6）网络建设，全市支

2021年，佛山市推进基础信息网络建设，加强5G基站规划布局建设。图为技术人员对基站进行维护
（佛山电信　供图）

2021年10月27日，在第四届“绽放杯”5G应用征集大赛标杆赛上，佛山电信与美的集团联合打造的“基于5G工业互联专网的美的集团世界灯塔工厂”项目获金奖及决赛一等奖。图为颁奖现场（佛山电信　供图）

持IPv6终端数超58万台，完成光纤到户（FTTH）网络新增覆盖4.3万户。推动5G产业发展，落实《佛山市加快推进5G发展行动计划（2019—2022年）》等政策措施，培育一批5G元器件、天线以及终端配件企业，拥有一批芯片设计、研发制造、封装测试等发展潜力好的企业项目。

【云计算基础设施布局建设】 2021年，佛山市继续优化云计算基础设施布局建设，推进大数据和云计算基础设施项目建设。重点推进开普勒华南数据中心相关项目、佛山顺德五沙（宽原）大数据中心、腾龙湾区数据中心、润泽（佛山）国际信息港（一期）、“国际数据传输枢纽”粤港澳大湾区节点（顺德金融云）项目、佛山蓝湾云计算产业项目等数据中心项目建设。加强数据中心能耗效率（PUE）管理，推动本地数据中心云化。实施千兆5G和千兆光网“双千兆”工程，发展新型智能化计算设施，构建低时延、高速率、广覆盖、安全可靠的高质量公共网络，为佛山推动制造业数字化智能化转型发展、企业上云上平台以及数字经济建设提供支撑。

（吴家伟）

【工业互联网建设】 2021年，佛山市以制造业数字化智能化为抓手，加快全市工业互联网建设。建立完善工业互联网产业生态供给资源池，建设工业互联网平台，集聚海尔卡奥斯、徐工汉云、工业富联、美云智数等多家工业互联网平台商和67家工业互联网服务商。创兴精密、葆德等佛山装备制造企业相继成立工业互联网公司对外赋能，加速制造业服务化延伸。美的、长天思源等企业分别牵头建设完成工业互联网标识行业节点，夯实万物互联的技术基础。中国移动佛山分公司与美的集团签订战略合作协议，搭建5G联合创新实验室，联合打造的洗消5G智慧工厂入选工业和信息化部工业互联网试点示范项目。佛山电信联合天翼物联公司、华为公司，完成美的集团5G比邻定制网业务的网络割接工作，实现佛山市首个5G比邻定制网商用。广东兴发铝业有限公司的“基于工业互联网的铝型材生产管控标杆示范项目”、日丰企业集团有限公司的“塑料管道智能制造工业互联网标杆示范项目”等17个项目获评2021年佛山市“工业企业工业互联网应用标杆”项目，美的洗涤电器牵头的“电子车间及厂区安防的5G试点应用”项目、顺威精密塑料的“顺威股份5G+工业互联网+人工智能化工厂示范项目”2个项目获评2021年佛山市“5G+工业互联网应用标杆”项目。在第四届“绽放杯”5G应用征集大赛标杆赛上，佛山电信与美的集团微波和清洁事业部顺德工厂联合推出的“基于5G工业互联专网的美的集团世界灯塔工厂”项目，获金奖及决赛一等奖。

（陈　枫）

【中航云电信“顺德金融云”项目落地佛山顺德】 2021年1月5日，中航云电信“国际数据传输枢纽”粤港澳大湾区节点（顺德金融云）项目启动仪式在佛山市顺德区北滘镇举行。该项目总投资约10亿元，占地面积1.67万平方米，规划建设3000个机柜的数据中心、跨境金融数据服务区、工业互联网与人工智能创新中心，以及配套孵化基地，计划2022年第四季度投入使用。该项目是广东省重点项目，旨在建设全球海缆网络多位一体化“金融+数字”云生态产业链总部，促进顺德区形成具有国际竞争力的数字产业集群，并辐射“一带一路”沿线国家及粤港澳大湾区。

【欢聚集团产业互联总部落户佛山】 2021年2月8日，欢聚集团以7.05亿元竞得佛山市南海区三龙湾文翰湖国际科创小镇面积为7.77万平方米的商服地块（用于商业、服务业的地块），计划建设集团产业互联总部，投资总额不少于23亿元。欢聚集团成立于2005年，2012年在纳斯达克上市，是全球首个富集通信业务运营商，中国最大的互联网语音平台提供商之一。文翰湖国际科创小镇是佛山三龙湾重点打造的以互联网、物联网、5G技术、人工智能等为代表的新经济产业板块。

（吴家伟）

【佛山（开普勒）华南数据中心二期奠基】 2021年3月30日，中国电信佛山（开普勒）华南数据中心二期项目在佛山市禅城区的开普勒华南数据综合产业园举行奠基仪式，项目总建筑面积约3万平方米，规划机架2550个。佛山电信为该项目提供直连骨干网络，计划建设成为从技术到服务全方位超五星标准的标杆数据产业基地，为粤港澳大湾区的信息技术和新兴产业提供优质的互联网环境，推动云计算、大数据、物联网、人工智能等业务和实体经济深度融合发展。

（季　轩）

2021年5月17日，2021年大湾区工业数字化高峰论坛在佛山市举行。图为论坛期间举行的新一代工业互联网通信技术研发中心揭牌仪式　（佛山移动　供图）

【2021年大湾区工业数字化高峰论坛】 2021年5月17日在佛山市举行。大会在佛山市政府、市工业和信息化局的指导下，由佛山移动、广东省科学院佛山产业技术研究院、佛山市信息协会联合主办，以“5G启航　创变未来　工业互联　集群赋能”为主题。大会邀请国内工业互联网、5G、人工智能等领域的400多位专家学者，围绕数字化转型、智能制造、大数据等热点话题进行探讨。论坛活动现场，举行新一代工业互联网通信技术研发中心揭牌仪式并发布该中心的首款产品——工业黑盒。论坛活动现场，佛山移动与佛山泛家居（陶瓷）产业集群联合体单位共同举行佛山泛家居（陶瓷）产业集群启动仪式，佛山移动还与中国工商银行股份有限公司佛山分行等20家合作伙伴签订“5G+工业互联网”战略合作协议。

（吴家伟）

数字产业化

【概况】 2021年，佛山市加快做大数字产业化，强化制造业数字化转型支撑。电子信息制造业稳步发展，电子信息制造业实现产值828.9亿元，比上年增长2.2%。推进半导体及集成电路产业发展，半导体及集成电路战略性新兴产业集群年内实现总产值67.58亿元，比上年增长30%，规模以上企业89家。拥有蓝箭电子、国星光电等重点企业，以及希荻微电子、华特气体、联动科技等一批发展潜力较好的企业。加快培育发展智能制造装备及机器人产业，全市机器人工业企业超240家，年内培育打造市级机器人制造和系统集成骨干企业9家，遴选认定数字化智能化改造标杆示范项目25个。全年全市软件业务收入总额169亿元。全市涉软企业超250家。加快培育超高清视频显示集群，广佛惠超高清视频和智能家电产业集群入围国家先进制造业集群首批培育对象。

【数字化智能化供给能力增强】 2021年，佛山市继续提升数字化智能化供给能力。开展市工业互联网产业生态供给资源池入池及在池企业产品更新入库评审，至年底，初步评出市工业互联网产业生态资源池企业67家。在公布的2021年第一批和第二批“广东省工业互联网产业生态供给资源池”入池企业名单中，佛山市入池企业分别为5家和11家。发布涵盖制造全流程的超130个工业软件产品目录。开展工业互联网公共服务项目的申报和评审工作，评选出工业互联网公共服务项目15个。美云智数入选福布斯“2021年度中国十大工业互联网企业”。工业和信息化部评选的15个国家跨行业、跨领域工业互联网平台中，落户佛山的达6个，分别是海尔卡奥斯物联生态科技有限公司的卡奥斯COSMOPlat工业互联网平台、江苏徐州信息科技股份有限公司的汉云工业互联网平台、富士康工业互联网股份有限公司的富士康FiiCloud工业互联网平台、深圳市腾讯计算机系统有限公司的腾讯WeMake工业互联网平台、阿里云计算有限公司的阿里云supET工业互联网平台、用友网络科技有限公司的用友精智工业互联网平台。美云智数“家电行业工业互联网平台”入选工业和信息化部面向重点行业的特色型工业互联网平台。

【集成电路产业发展】 2021年，佛山市集成电路实现产值12.02亿元，相关规模以上企业7家。佛山集成电路相关企业主要集中在设计领域，开展芯片研发的企业包括美的集团、格兰仕集团、希荻微电子等企业。在集成电路生产制造环节佛山基本处于空白状态，仅国星半导体技术有限公司生产LED（发光二极管）外延材料和芯片。在封测领域，佛山拥有蓝箭电子、国星光电等重点企业。季华实验室重点对半导体材料和集成电路制造领域的核心设备与关键零部件开展技术攻关，累计争取国家及省部级重大项目12个，2019—2021年半导体团队研发投入经费达3.34亿元。中国科学院苏州纳米技术与纳米仿生研究所广东（佛山）研究院规划建设成为纳米技术、半导体等领域产业源头技术与系统集成的重要基地。佛山还拥有一批发展潜力较好的集成电路企业。其中：希荻微电子专注于各种模拟以及数模混合集成电路设计，是国内能实现进口替代的芯片公司；华芯微特专注于32位MCU研发设计，客户涵盖电机控制、TFT-LCD控制、白色家电、智能控制和工控仪表等领域；芯珠微电子专注于提供高清晰视频图像处理和实时传输的解决方案；华特气体是率先打破大规模集成电路、新型显示面板等领域气体材料进口制约的国产气体厂商；联动科技是国内领先的半导体分立器件测试系统供应商，其半导体分立器件/集成电路测试系统、工业激光打印设备、机器视像检测系统等三大系统产品性能均达国际同类产品的先进水平。

【超高清视频显示集群培育】 2021年，佛山市广佛惠超高清视频和智能家电产业集群入围国家先进制造业集群首批培育对象，成为全国首个跨区域跨领域建设的先进制造业产业集群。集群主导产业产值近9000亿元，产业规模稳居国内前列，带动粤港澳大湾区相关产业规模超1万亿元，成为全国产业规模最大、品类最多的超高清视频与智能家电产业集聚区。佛山市深化与广州市、惠州市的超高清视频产业合作，联合共建广佛惠超高清视频和智能家电产业集群，共同编制集群培育实施方案。佛山、广州、惠州三地政府签订战略合作协议，成立集群建设工作领导小组，并创新建立以广州超高清视频产业促进会为依托的粤港澳大湾区全域联动一体化发展工作机制，初步建立“市场+政府+社会组织”的集群共治共建模式。在国家资金基础上，省、市联动共建资金池，为集群培育提供资金保障。同时，佛山市电视整机制造能力进一步提升，全市拥有电视制造业相关企业13家，涌现出朝野集团、奥康电器、通和电子、希普科技等制造能力突出的电视生产企业。朝野集团是全球专业的家用电视生产厂家，拥有家用电视、商用显示器、小家电、医疗科技四大核心板块，产品销往110多个国家和地区，在非洲、东南亚、俄罗斯等市场占有率长期第一。奥康电器电视机半散装件的年生产配套能力可达350万台/套，可年产显像管电视和电子显示屏电视各100万台。通和电子是全球领先的电子显示屏电视、液晶显示屏电视套料和整机的制造商和供应商，拥有5条电视整机组装线以及16条配件生产线，年产能达570万台。

【软件产业发展】 2021年，佛山市软件业务收入总额169.17亿元，比上年增长10.86%。全市软件企业实现营业收入总额728.89亿元，软件业务收入占营业收入总额的比例23.21%。全市166家涉软企业提交2021年度软件和信息技术服务业统计年报且数据有效，其中，禅城区23家、南海区95家、顺德区31家、高明区3家、三水区14家。全市约90%的软件收入集中在顺德区和南海区。年内，佛山市取得软件能力成熟度模型（CMM）I5级认证的企业有5家，取得软件能力成熟度模型（CMM）I3级认证的企业有4家，取得国家高新技术企业资质的涉软企业64家。全年佛山市获授权软件著作权4284件，获授权的专利4577件，其中获授权发明专利1048件。全年佛山市参与制修订国家及国标标准82项。

【佛山首个5G数字产业应用示范中心启动建设】 2021年9月3日，佛山市首个5G数字产业应用示范中心落户禅城智慧新城佛山广电网络大厦并启动建设。该中心是佛山中伟兴科技投资有限公司联合5G虚拟世界产业应用头部企业广州大西洲科技有限公司等行业龙头企业建设的佛山数字视听科技园的首期项目。该中心可作为产业基地规划展示、行业应用示范展示及产业基地招商窗口，对接佛山具有数字化智能化转型应用需求的企业、投资机构以及各级政府部门，推动佛山乃至粤港澳大湾区企事业单位数字化智能化转型升级。

（陈　枫）

产业数字化

【概况】 2021年，佛山市出台《佛山市推进制造业数字化智能化转型发展若干措施》及配套操作细则，计划投入100亿元，从制造业转型、金融支持、服务供给能力、人才培养、公共服务5个方面，加快推进制造业数字化智能化转型发展。年内，佛山培育省级制造业数字化转型标杆示范项目9个，遴选认定市级数字化智能化示范工厂22家、示范车间64个、标杆示范项目62个。累计450多家企业获省“上云上平台”服务券补贴，奖补金额和企业数量位居全省前列。评出2021年佛山市“工业企业工业互联网应用标杆”示范项目17个，牵头企业包括兴发铝业、日丰、联邦家私、国星半导体、九江酒厂、华特气体、小熊电器、万和新电气、箭牌家居等；评出2021年佛山市“5G+工业互联网应用标杆”示范项目2个项目，分别是美的洗涤电器牵头的“电子车间及厂区安防的5G试点应用”项目、顺威精密塑料的“顺威股份5G+工业互联网+人工智能化工厂示范项目”，入围项目可获专项资金扶持，其中最高额度是300万元。2021年，佛山市推进电子商务发展，全年交易额1.23万亿元，比上年增长12.06%。B2B（企业对企业）交易额7725.56亿元，约占总交易额的62.79%；网络零售交易额3731亿元，约占总交易额的30.32%；O2O（线上到线下）、C2B（消费者到企业）、B2G（商家到政府）等其他模式市场交易额为847.42亿元，约占总交易额的6.89%。举办“助农云购年桔花　云赏佛山花会”网上迎春花市等活动，组织电商参加ICBE2021（广州）国际跨境电商交易博览会，分享佛山跨境电商综试区建设经验。年内，中国（佛山）跨境电子商务综合试验区·佛山国际贸易港园区、中国（佛山）跨境电子商务综合试验区·佛山口岸跨境电商物流园园区在佛山市禅城区挂牌成立。

（陈　枫　游雅静）

【制造业数字化智能化全周期奖补实施】 2021年，佛山市针对制造业数字化智能化转型发展阶段特征，推出全周期奖补措施。在单点应用阶段，实行“上云用云”和数字化智能化改造奖补，拓宽数字化智能化应用广度，精准解决生产痛点。全年“上云用云”项目94个、改造项目超600个，如创兴精密通过数字化改造解决订单零散、跟单难等问题，订单准交率从年均63%提高到87%。在局部优化阶段，实行标杆示范项目奖补，拓展数字化智能化应用深度，优化制造流程管理。全年新增62个标杆示范项目，如泰源印染通过生产协同管理系统集成优化采购、生产、仓储等业务，染色一次成功率从75%提至85%。在体系融合阶段，实行示范车间和示范工厂奖补，打造数字化智能化标杆企业，涌现新型制造模式。新增的22个数字化智能化示范工厂和64个示范车间，实现制造全要素连接与整合，涌现出个性化定制、柔性化生产、服务化延伸等制造新模式。在生态重构阶段，实行产业集群转型奖补，推动产业链供应链协同，制造能力实现质的飞跃。“链主”企业通过构建数据互联互通、生产深度协同、资源柔性配置的产业链供应链，在品质控制、自主创新等方面实现飞跃。如在数字化的支撑下，美的集团获第四届“中国质量奖”，广东科达液压技术有限公司解决国之重器盾构机核心动力“卡脖子”技术。

【制造业数字化智能化全额贷款贴息实施】 2021年，佛山市印发实施《佛山市制造业企业数字化智能化转型发展项目贷款贴息实施细则》，对使用“数字贷”等金融产品开展数字化智能化转型的制造业企业给予100%全额贴息，单个企业每年最高获3000万元贴息金额，最高贴息期限3年。依托“佛山扶持通”开设线上“金融超市”服务专区，启用“数字贷”备案系统，实现企业申报、各区审批、银行放贷、贴息发放全流程在线办理，提高企业申报效率。年内，“数字贷”申报投资总额超100亿元，拉动年度工业技术改造新增备案项目1828个，备案总投资额478.27亿元、比上年增长22.53%。美的集团、联塑集团等大企业加快数字化智能化转型，一大批中小企业也加快数字化智能化，其中，赛恩特2021年起投入5000多万元建设数字化智能化示范工厂，葆德科技按工业4.0的标准建设数字化智能化产业园。

【产业集群数字化智能化转型】 2021年，佛山市以制造业数字化智能化为抓手，建立完善工业互联网、智能制造及机器人供给资源池，建设工业互联网平台，加快数字产业集聚。有海尔卡奥斯、徐工汉云、美云智数等多家跨行业、跨领域平台，240多家机器人制造企业，超80家省级智能制造及工业互联网供给企业。涵盖制造全流程的超130个工业互联网产品目录发布。广佛惠超高清视频和智能家电、广深佛莞智能装备2个产业集群均入围25个重点培育的国家先进制造业集群。美的厨电、新宝电器、威灵电机等龙头企业发挥“头雁效应”，带动上下游中小企业深度互联，形成高效协同的产业链供应链体系。以中小企业为主的塑料加工、纺织印染等产业集群“抱团”转型，谋划形成集群数字化智能化通用解决方案，构建中小企业适用的工业互联网行业平台，至年底，5个入库产业集群数字化转型项目按计划推进实施。

【数字化智能化示范工厂评选】 2021年，佛山市工业和信息化局组织开展市级数字化智能化示范工厂认定及奖励，开展佛山首批数字化智能化示范工厂评选。经评审，有5家企业入选一级数字化智能化示范工厂、7家企业入选二级数字化智能化示范工厂、10家企业入选三级数字化智能化示范工厂。其中，广东威特真空电子制造有限公司、广东联塑科技实业有限公司、广东美的厨房电器制造有限公司、佛山市海天（高明）调味食品有限公司、佛山市顺德区美的洗涤电器制造有限公司5家企业获评“一级数字化智能化示范工厂”，分别获得2000万元奖金；科达制造股份有限公司、佛山维尚家具制造有限公司等7家企业分别获得1500万元奖金；广东葆德科技有限公司、广东伊之密精密机械股份有限公司等10家企业各获得1000万元奖金。

（陈　枫）

链接

数字化智能化示范工厂，是指制造企业内外部通过对数字化工作流、信息流、物流和资金流的有效管理，实现资源共享和工作高度协同，构建一个全新的数字化规划、决策、执行智能制造体系，从而实现工厂全部业务流程一体化运作，在生产、经营、设计、决策、产品以及物联网、大数据、云计算、信息安全等方面有较突出的示范作用的企业。

【农业数字化】 2021年，佛山市围绕水产、花卉、水稻和畜牧等优势产业的数字化转型，加快推动智能化、数字化技术在农业生产经营中的应用，全市省级农业产业园中涉及数字农业的建设项目共20个，投资预算8600万元，其中财政资金约3800万元。南海区以“5G+水产种业”示范项目为抓手，推进建设九江鱼花产业数字化平台，引进5G信息传输智能监测与控制技术，建立和应用遗传育种信息管理系统、5G智慧渔场管理系统，实现水质监测、饲料精准投喂、一塘一码、养殖管理可视化监测、池塘养殖人工智能识别等功能，建设国内领先的5G+水产种业示范基地。顺德区均健水产公司与珠江水产研究所和佛山科学技术学院建立产学研合作平台，开展高品质草鱼的生态养殖，通过对鱼类生产记录全程进行“电子化”管理，为每一批鱼建立透明的“身份档案”，可以通过生产溯源管理系统查询到鱼的数量、种类，以及每日投喂的饲料、饲料成分、重量、疾病防治等信息。南海区花卉园艺产业园5G+数字农业云平台项目整合大数据可视化平台、种植生产管理系统、农业信息登记普查监管系统、病虫害监测系统，以及5G技术加虚拟现实技术应用，可随时采集产业园区内多家花卉农企的多个物联网传感器数据，实时监测生产加工环境数据，实现花卉生产数字化、标准化。碧桂园农业公司投资建设的三水区南山镇万亩无人农场占地约160公顷，初步建立无人化农场智慧农业系统和智控管理云平台，可实现无人驾驶农机“耕种管收运”全过程田间作业试验。高明新广农牧公司与中国农科院北京畜牧兽医研究所建立育种数据管理云平台，实现自动表型收集和整理、系谱整理和育种值评估，提高遗传选择的准确性和效率，培育的“广明2号”白羽肉鸡配套系通过国家审定，填补国内白羽肉鸡育种空白。

【农村管理数字化】 2021年，佛山市农村数字化管理平台建设。禅城区全面上线“乡村大脑”项目，推动农业农村的标准化和可视化管理、智能化监管和便利化服务，内容涵盖农村党建、宅基地、集体经济、项目管理、人居环境、农业执法、招商引资等领域，初步实现“以图管人、以图管财、以图管物、以图知事、以图指挥”。南海区依托城市大脑建成“智慧三农”领导驾驶舱，与“三资”（资金、资产、资源）管理平台、种植养殖资源管理系统、宅基地信息化管理系统和“互联网+执法”综合管理平台实现数据互通，形成多领域发展、高应用效益的新格局。顺德区黄龙村建成“智慧黄龙”数字乡村管理平台，在综合安防智能分析、出租屋安全管控、单元网格主动排查、村容村貌人工智能巡查等方面实现数据可管、运营可视、管理可控。南海区和顺德区开发区级宅基地信息管理系统，基于电子表单、带图审批、电子签名等技术服务，构建“联审联办”的审批模式，实现“网上办”“掌上办”“带图审”，以及从规划审批到使用流转的宅基地全生命周期管理。

（尹　卿）

【文化产业数字化】 2021年，佛山市推进文化和旅游消费数据监测分析体系建设，完成数据监测平台建设方案，并在佛山市政务服务数据管理局立项，“文化和旅游消费数据平台建设”项目申报2021年度全省文化和旅游消费重点项目。与银联商务股份有限公司广东分公司开展佛山市文旅消费数据监测分析共建工作，进行月度、节假日、年度佛山市消费数据监测，开展佛山市旅游消费及变动情况、各行业旅游消费、各行业最受欢迎商户、游客来源地、酒店餐饮偏好、佛山市居民本地消费及佛山市居民出游消费等方面的分析。把电竞产业作为重点培育、加快引进的新业态，推动形成粤港澳大湾区电竞产业集聚区域，电竞直播头部企业虎牙直播全球研发总部落户南海；推动佛山数字视听科技园项目招商落地，整合政府、社会和市场资源，成立数字视听科技园工作专班，统筹协调解决科技园建设过程重点、难点问题，形成具有行业引领意义的数字视听科技园建设方案，推动网络视听全产业链发展。全年全市有88个（部）广播电视与网络视听行业节目、栏目、作品获省部级以上奖项，6部网络视听作品入选广东省“十四五”广播电视和网络视听节目重点选题和省原创网络视听精品项目库。推动广播电视媒体融合，佛山电台构建垂直类新媒体矩阵、布局“新电商”“新政务”“新文旅”，开发以移动互联网为主的新产品、新服务，各种自办平台、账号用户数和下载量累计近3000万人次。其中“花生FM”全年收听量超4000万人次，年互动量达1000万人次，“畅驾”手机应用程序入选第二批国家广播电视和网络视听产业发展项目库。佛山电视台投入1208万元购买4K分辨率的设备，以“5G+4K”技术搭建“短视频+直播”新传播生态，利用“醒目视频”客户端，制作短视频超10万条，内容包括新闻资讯、文化教育、娱乐综艺、美食财经等，全网粉丝量超2000万人。截至年底，“小强热线”微信公众号阅读次数超3000万人次，抖音号点赞数超2000万人次，阅读量近20亿人次；快手号阅读量13.12亿人次，视频号点赞数590万人次，阅读量超7亿人次。

（麦文婷）

2021年2月1日，中国（佛山）跨境电子商务综合试验区·佛山国际贸易港园区揭牌仪式

（市商务局　供图）

【“助农云购年桔花　云赏佛山花会”网上迎春花市活动】 2021年1月23日，为期1个月的“助农云购年桔花　云赏佛山花会”网上迎春花市活动启动仪式在佛山市顺德区陈村花卉世界展览中心举行，超1000户陈村镇桔农参与。活动派发300万元年桔消费券，消费者可通过“云赏陈村花会”微信官方商城、“抖音小店”购买年桔年花。活动对接顺丰、德邦等大型物流公司，打通物流配送环节，引导包括“抖音”平台在内的电商直播平台企业与佛山市传统花卉种植业进行对接，推进传统花卉产业实现数字商务新零售，开拓数字助农新模式，实现助农惠农。

【2家中国（佛山）跨境电子商务综合试验区线下园区挂牌】 2021年2月1日，中国（佛山）跨境电子商务综合试验区·佛山国际贸易港园区和中国（佛山）跨境电子商务综合试验区·佛山口岸跨境电商物流园园区在佛山市禅城区挂牌。佛山国际贸易港园区位于佛山市禅城区源海·未来城（原佛山国际家居博览城），总面积超10万平方米，项目第一期占地面积1.31万平方米，由佛山国际贸易港、中国（佛山）跨境电子商务综合试验区、禅城区外贸服务基地等组成。佛山口岸跨境电商物流园即佛山跨境电商清关中心，位于禅城区五峰路，是佛山口岸发展有限公司的经营项目，园区计划推进一条从佛山到乌克兰

的中欧班列线路，以跨境电商为主，逐步从佛山辐射到珠江三角洲地区。

【“佛山跨境优品”合作备忘录签订】 2021年5月19日，佛山市商务局与阿里巴巴天猫进出口事业群签订“佛山跨境优品”合作备忘录，并在禅城区、南海区和顺德区设立3个佛山跨境优品区域运营中心，为企业提供就近创业孵化、商家服务、人才培训、海外直播和跨境物流等方面的跨境电商生态服务。天猫进出口事业群计划在每月及大促活动前定期举办行业趋势分享交流活动，帮助中小企业将优质外销出口商品低成本集中上线平台，快速进入全球消费市场。同时，建设出口商品线上孵化器，通过天猫淘宝海外平台加入万亿元跨境电商出口市场，利用三维立体图形、虚拟现实等技术搭建实景样板屋，促销期间在重点海外地区开设线下家装生活馆或主题快闪店，提升品牌国际影响力和销售额。

（游雅静）

【广东省制造业数字化智能化转型现场会在佛山举行】 2021年7月5日，由广东省人民政府主持召开的全省制造业数字化转型现场会在佛山市举行。会上，佛山市、广州市花都区狮岭镇总结数字化转型推广经验，华为技术有限公司、美的集团股份有限公司、科达制造股份有限公司等7家来自全省多个城市的制造业企业代表分享推动数字化转型的经验和建议。会议指出，广东数字经济规模、软件和信息技术服务业综合发展指数等多项指标位居全国第一，全省继续以深化新一代信息技术与制造业融合发展为主线，以工业互联网创新应用为着力点，从供给侧、需求侧、环境侧一齐发力，推动制造业数字化向更高水平跃升。

【首届粤港澳大湾区（佛山）数字化智能化转型高峰论坛】 2021年9月18日在佛山市南海区举行。活动由佛山市工业和信息化局、工业富联（富士康工业互联网股份有限公司）主办，以“数字创新、智能引领”为主题，探讨制造业尤其是佛山制造业数字化智能化转型新路径。约300名专家学者和企业界代表参与论坛活动。活动中，工业富联与腾讯云、中国移动、华数机器人、坚美铝业等知名企业签订佛山数字化生态合作伙伴协议，支持佛山创建粤港澳大湾区（佛山）数智化转型标杆城市。

（陈　枫）

通信产业

【佛山电信】 中国电信股份有限公司佛山分公司（简称“佛山电信”）主要经营基础电信业务、增值电信业务、网络电视（IPTV）传输服务，以及与通信、信息业务相关的综合信息业务。2021年，佛山电信实施“云改数转”战略，围绕数字产业化和产业数字化主线，发挥5G、云计算、大数据、物联网、网络安全、灾备等领域的核心技术和完善的产业生态链整合能力，推动数字经济广泛融入全市经济社会发展各领域，建有佛山规模最大的宽带互联网络和技术领先的移动通信网络，具备为广大客户提供跨地域、全业务的综合信息服务能力和客户服务渠道体系，打造服务型、科技型、安全型企业，服务佛山本地千行百业“上云用数赋智”，实施数字化转型升级。年内，佛山电信联合天翼物联公司、华为公司，完成美的集团5G比邻定制网业务的网络割接工作，实现佛山市首个5G比邻定制网商用。在第四届“绽放杯”5G应用征集大赛标杆赛上，佛山电信与美的集团微波和清洁事业部顺德工厂联合推出的“基于5G工业互联专网的美的集团世界灯塔工厂”项目，获金奖及决赛一等奖。在佛山口碑榜活动中，佛山电信获评“公共服务最佳口碑单位”，选送的“千兆宽带为民，尽享信息新生活”服务案例入选“为民办实事”最佳口碑服务案例榜。至2021年底，佛山电信各类服务网点超3500个，手机用户超280万户，宽带用户超160万户，2021年主营业务收入超50亿元。

“三千兆+”服务升级　2021年，佛山电信进行“三千兆+”服务升级发布，在原有“三千兆”（千兆5G、千兆宽带、千兆Wi-Fi）基础上，围绕智慧家庭、数字乡村、智慧政企、满意服务四大领域，推出FTTR（全光组网）、智慧社区、全屋智能、数字乡村、云网融合应用、满意服务举措、爱心翼站等一系列产品及服务，让市民享受智慧新生活并赋能各行业数字化转型。

“数字乡村”建设　2021年，佛山电信通过集团公司自主研发的天翼“数字乡村”综合平台，以云网融合、集成交付、自主研发的优势为传统的模拟监

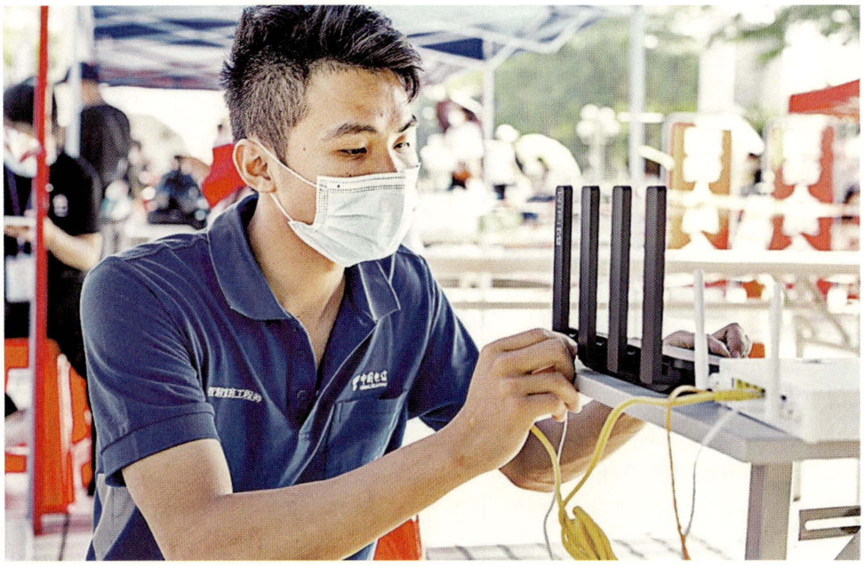

2021年，佛山电信进行“三千兆+”服务升级。图为电信技术人员在安装电信通讯设备

（佛山电信　供图）

2021年9月10日，佛山电视台自办频道高清、标清信号入网电信网络电视。图为佛山电视正式入网广东IPTV暨新服务新传播发布会现场（佛山电信　供图）

控赋能，推进信息化新技术在农业农村各领域、各环节深度融合应用，为乡村全面振兴提供数字化支撑。数字乡村智慧大屏除汇聚传统的视频监控画面外，还增加乡村地图、辖区人口、房屋及党建等管理信息，通过“云广播”“乡镇电视”“智能监控”“靶向短信”等综合信息管理与发布功能，实现乡村治安防控全覆盖，构建展现村容村貌、高效治理成果的一站式服务平台。

佛山本地电视节目入网电信网络电视　2021年9月10日，佛山电视台自办频道高清、标清信号入网电信网络电视，包括佛山公共频道、综合频道、影视频道、南海频道、顺德频道等5个频道，解决佛山70余万电信网络电视用户无法收看本地电视节目的难题，确保党和政府的声音及时传达至千家万户。

疫情防控通信保障　2021年佛山本土新冠肺炎疫情发生期间，佛山电信配合全市新冠肺炎疫情防控大局，在保障全网通信畅通的前提下，将全市各镇（街道）核酸检测点、疫苗接种点、各级医院、疾控中心等纳入重点保障范围，组织全市超1600名智慧社区（家庭）工程师待命，7×24小时确保疫情防控通信网络稳健畅通，并借助大数据、云计算、5G等新技术协助疫情防控工作。

（李　轩）

【佛山移动】 中国移动通信集团广东有限公司佛山分公司（简称“佛山移动”）于1999年1月注册成立，是中国移动通信集团广东有限公司在佛山设立的分支机构。截至2021年底，通信客户超720万户，家庭宽带用户超130万户，电视客户超75万户，物联网连接数超700万户，服务企业规模超10万家。2021年，中国移动佛山分公司持续加快5G等新型基础设施建设，加强5G应用推广，赋能加速数智化转型升级，年业务收入75亿元。

5G+新型基础设施建设　2021年，佛山移动围绕“连接+算力+能力”，系统构建高速泛在、天地一体、云网融合、智能敏捷、绿色低碳、安全可控的智能化综合性数字信息基础设施。至年底，5G基站规模8272个，占全市总量近60%，覆盖20条重要道路、36个核心商业圈；光纤千兆小区超8000个，家庭和企业宽带覆盖用户超600万户，专线厚覆盖楼宇园区超2600个；大数据中心4个，机架3400个，数据中心出口带宽超8TB。

5G+服务社会民生　2021年，佛山移动持续推进5G套餐优惠办理，降低5G换机门槛，5G客户达320万户，客户平均每户每月上网流量14GB。打造千兆领先口碑，搭建“1+2+N”〔千兆连接1个，“和家亲”手机应用程序（App）和家庭综合网管2个入口，生态应用和丰富的场景应用套装N个〕全屋智能产品体系，家庭用户超130万户，电视用户超75万户。发挥5G技术优势服务疫情防控，通信保障覆盖核酸检测点1116个、疫苗接种点827个、小区3.9万个，向医疗、交通等单位提供5G健康码监测系统设备、蜂巢热力图服务等。

5G+赋能产业转型升级　2021年，佛山移动推动5G+技术赋能佛山制造转型升级，融入村改攻坚大局，打造智慧制造示范标杆。高标准参与大良华腾科技园、美的乐从上华产业园、龙江万洋众创园等多个园区改造。与美的集团签订战略合作协议，搭建5G联合创新实验室，联合打造的洗消5G智慧工厂入选工业和信息化部工业互联网试点示范项目。与联塑集团打造国内首个管材5G智慧工厂，项目入选广东省促进经济高质量发展专项资金制造业数字化转型标杆示范项目库，获工业和信息化部“绽放杯”5G应用全国二等奖。与广东博智林机器人有限公司等联合创建5G+边缘云解决方案，获工业和信息化部“绽放杯”智慧城市决赛三等奖。与广东志高暖通设备股份有限公司合作建设空调5G+云应用，为企业提效30%以上。与金意陶陶瓷集团合作打造数字化工厂，赋能陶瓷产业集群。

5G+产业生态涵养培育　2021年，佛山移动联合广东省科学院佛山产研院等举办2021年大湾区工业数字化高峰论坛，成立佛山产研院新一代工业互联网通信技术研发中心。联手海尔卡奥斯、华工能源等服务商组建产业联合体，形成泛家居（陶瓷）、泛能源、模具管理等行业解决方案。开展垂直应用研发，与省科学院佛山产研院发布“工业黑盒”，与工商银行搭建工业互联网金融服务平台等。与中国移动上海研究院、粤港澳大湾区创新研究院、北京猫眼视觉科技有限公司等单位达成战略合作，联合佛山美云智数科技有限公司等超170家双跨平台商、服务商，与当地商企、产学研机构加强融合赋能，共建数智生态圈、提速转型升级进程。

（袁冰逸）

【佛山联通】 中国联合网络通信有限公司佛山市分公司（以下简称“佛山联通”）作为中国联通在佛山地区设立的唯一分支机构，是中国联通重点地市分公司，广东联通一类分公司，拥有覆盖全省、结构合理、技术先进、功能强大的现代通信网络，主要经营移动通信业务，国内、国际固定电话网络与设施（含本地无线环路），语音、数据、图像及多媒体通信与信息服务，电信增值业务，网络电话业务等国家批准的其他业务，以及与通信及信息业务相关的系统集成等业务。2021年，佛山联通公司发展定位明确为“数字信息基础设施运营服务国家队、网络强国数字中国智慧社会建设主力军、数字技术融合创新排头兵”，战略升级为“强基固本、守正创新、融合开放”。截至2021年底，佛山联通有自有营业厅83个、社区精品门98个、渠道营业网点2674个，移动用户规模超249.5万户，服务企业超3000家。

信息基础设施建设 2021年，佛山联通在移动网方面深化“网络强国”战略，构筑中国联通5G核心竞争力，2019年至2021年累计投资超17亿元，完成近6000个站点建设，室外覆盖实现93%，基本达到与4G相同水平，为用户提供“上网更快、覆盖更广、体验更好”的5G移动互联应用与服务，同时为新冠肺炎疫情防控扫码亮码提供网络服务。佛山联通全网具备5G独立组网能力，开通公众用户网络和物联网专用网络；实现IPRAN2.0智能城域网全市覆盖，为5G网络提供“大带宽、灵活、可靠、智能化”承载网络，支撑5G网络切片技术的应用，为“智慧城市”便民服务提供基础通信服务支撑。固网方面，以“智慧生活新生态”工程重塑南方宽带联通品牌，将1000个住宅小区、1000栋商务楼宇升级打造成千兆宽带网络；建成投产SD-OTN政企精品专网，并入粤港澳大湾区一体化的全光网络，为客户提供“超大带宽，极低时延，极致可靠，自主服务”四大领先服务。算力网方面，完成佛山联通本地MEC建设及能力部署，由MEC平台和分流网关构成MEC边缘云架构，通过分层级部署，满足不同业务对网络时延的需求，与多个龙头企业开展产业升级应用研究，边缘云平台IaaS层、PaaS层基础能力及典型SaaS应用基本具备商用部署能力。创新能力方面，佛山联通成立创新管理委员会和创新管理办公室，成立4个创新工作室，构建创新工作季度推进机制，科技创新体系进入全省前列，研发投入超1000万元，专利受理25件、授权5件。

5G应用推广 2021年，佛山联通持续“产业互联网运营专家”品牌的战略运营，提升5G和行业融合能力，推动行业升级转型。聚焦数字政府、智慧城市、工业互联网、医疗健康、智慧教育、智慧金融等重点行业领域，打造5G灯塔项目签约规模超3500万元。服务佛山市政务大数据平台建设，打造市政务区块链基础平台，为政务服务、民生服务、企业服务上链提供重要信息服务基础。在工业互联网方面，强化5G与产业深度融合，推广5G+MEC的5G专网模式并深度嵌入工业数字化项目中去，打造海天、美的、维尚、坚美和溢达等省级“5G+工业互联网”标杆项目以“5G+智慧医疗”应用服务，打造全省首个5G远程探视服务平台，为佛山市第一人民医院等多家医院建成并投入使用。

客户服务及通信保障 2021年，佛山联通全面实施“高品质服务行动计划”，提升业务质量及服务水平。以“解决客户问题”为根本，深化服务数字化转型、加强服务前置化管理，建立分群分类服务保障体系，实现用户满意度提升；推进5G建设和套餐资费优化，截至2021年底，4G/5G用户户均流量17.5GB，比上年增长10.1%，超200万户用户享受提速降费实惠；推出特色化服务举措，针对老年人提供“10010”热线直达人工服务、设立营业厅爱心通道及提供助老优惠套餐；针对佛山在外地用户提供异地亲情付、全国“一家亲”、异地补卡、异地交费服务；定期举办客户俱乐部沙龙，并开展客户服务日活动。

服务“数字政府”建设 2021年，中国联通广东云数据中心佛山三龙湾基地启动规划建设，佛山市信息技术自主创新基地完成交付，联通云佛山骨干云池建设规划启动。打造“佛山新市民服务通”手机应用小程序，为新市民积分入户、入学、入住提供数据验真服务，达到“四免”（免提交、免填写、免用实物印章、免签名）目标，同时在“粤省事”和“居住通”手机应用小程序上线积分制服务、网办居住证服务事项，扩大流动人口的服务渠道和应用范围，推动政务服务革命性流程再造。开展的佛山市“智慧工地”项目解决住建部门信息化建设工作中存在多头采集、重复录入、项目数据采集不全、诚信体系难以建立等问题，为佛山智慧城市和新型基础设施建设提供支撑。同年，新版协同办公平台二期项目基于佛山市政务外网应用，依托用户服务、运维保障、联合攻关和数据管理等平台，通过汇集全市现有协同办公平台应用过程中涉及软硬件操作指南、运维管理、业务应用、故障解决方案和技术成果等数据，形成“知识共享、智能提效”的新版协同办公平台。

（张舒玮　杨　芳　谢永健）

数字社会建设

【概况】 2021年，佛山市出台《“数字佛山”建设总体规划——佛山市智慧城市和数字政府建设（2021—2025年）》，推动“数字佛山·善政智城”建设。继续推进数字政府基础建设，政务云、政务网及大数据中心能力扩容升级。推进政务数据共享开放，累计为各区各部门共享数据超96亿条。优化提升政务服务能力，政务服务事项“一窗通办”率95%，网上可办率99%，上线秒批秒办政务服务事项227个。印发《佛山市首席数据官制度试点工作实施方案》，开展首席数据官制度试点，至年底，市、区各级各部门共设立首席数据官151人。年内，推进智能交通，开展粤港澳大湾区ETC（电子不停车收费系统）智慧城市应用先行示范区研究，建设货运配送公共信息服务平台，开发上线“跨境货运疫情防控系统”，实现闭环防疫管理。

从基础建设、数据运营、智能化应用等方面深化推进智慧新警务建设，融合应用视频云、大数据、无人机、5G等科技手段服务新冠肺炎疫情防控和各项公安工作。推进智慧城管建设，开展佛山市智慧化城市管理总体方案研究，深化佛山市环卫车辆智能管理平台应用，纳入市环卫车辆智能管理系统智能化监控的环卫企业118家、环卫车辆1637辆；建筑垃圾处置智能化管理，全市3804辆新型建筑垃圾运输车实现“两点一线”智能化监控；建立数字城管智慧监测系统，实现数字城管业务统一监测。推进卫生健康信息化，建成佛山市卫生健康综合监管平台，实现国家电子健康码全市公立医疗卫生机构全覆盖，累计发放量达750万人。推动教育信息化向智能化发展提升，制定《佛山感知教育2025行动计划》，探索信息化课堂教学新模式，建成全市教育资源公共服务平台。推进智慧安全佛山建设，完成“智慧安全佛山”一期项目，建成“三中心”（监测中心、研究中心、指挥中心）体系，整合全市35个单位7493.1万条基础数据，形成城市安全大数据资源池。实施智慧环保工程，建设水污染防治挂图作战管理系统，实现指挥调度的环保监管全流程管理，全方位监控环境质量。推进社会救助信息平台建设，实现社会救助信息互联互通、资源共用共享，实现佛山市社会救助信息平台与广东省统一身份认证平台对接。

2021年10月21日，佛山市首批首席数据官参观南海区智慧城市运行管理平台
（市政务服务数据管理局　供图）

【数字政府基础建设】 2021年，佛山市级政务云平台服务支撑能力继续得到提升，资源池有8982核物理中央处理器、130.93太字节（TB）的物理内存、3545TB的物理存储空间、1.13拍字节（PB）的物理备份空间，支撑685个业务系统的运行。市级电子政务外网优化升级，接入政务网线路526条，千兆（重点保障单位万兆）政务网线路接入单位342个；上联双千兆政务网线路到广东省政务服务数据管理局、下联双万兆政务网线路到佛山市各区政务服务数据管理局（区级延伸至村、社区基层），省、市、区三级采取分级管理原则，各级各自设计、规划、管理、运维，提供本级互联网出口共3.2千兆位/秒（Gbps）。通过“粤盾-2021”广东省数字政府网络安全攻防演练，获“地市优秀防守单位”称号。推动成立佛山市电子政务协会，搭建佛山市数字化发展协同创新实验基地、佛山市“互联网+政务”联合创新实验室，整合多方资源为佛山数字化转型提供专业支撑。

【政务数据共享开放】 2021年，佛山市围绕公共数据资源管理涉及的市区一体化、编目、共享、治理、数据质量、安全等方面划分管理规则与指南，构建起涵盖39份标准的规范框架。部署广东省大数据平台佛山市分节点，归集105个部门530个系统数据量达408亿条。打通省、市、区三级数据通道，提升数据共享效能，累计为各区各部门共享数据超96亿条。推动华南（广东）国际数据交易有限公司完成注册落户佛山，印发《佛山市首席数据官制度试点工作实施方案》，组建首席数据官队伍，推进公共数据资源开发利用、公共数据资产凭证登记与评估试点工作，数据要素市场化配置改革取得成效。

【政务服务能力提升】 2021年，佛山市建立综合政务服务窗口3641个，政务服务事项“一窗通办”率、网上可办率分别为95%、99%，全市51个部门1.08万个预约服务事项被纳入统一管理。全面推进佛山市一体化在线政务服务平台应用，覆盖全市各级47个大厅、787个村（社区）服务点。“粤省事”佛山专版共上线62个部门1039个民生服务；“粤商通”注册商事主体81万个，上线40个部门422项企业服务；“佛山通”城市服务手机应用程序（App）上线“秒批秒办”服务227个；配合构建佛山“益晒你”企业服务体系（“益晒你”为粤方言，意为所有好处都给你），建成上线“佛山益企通”企业综合服务平台。升级“12345”热线为“市长直通车”平台，各区同步启动“区长直通车”平台，强化“接诉即办”工作机制，同时开通“企业服务专线”。市、区两级设立“疑难事项”办理窗口，回复率100%。市、区、镇（街道）三级行政服务中心统一设立企业综合服务窗口（证照联办窗口），全市14个部门49个许可审批事项实现企业登记与经营许可“主题式”联办。推进“跨省通办”，外地可办理佛山“跨省通办”专窗服务事项237个，佛山可办理南昌、贺州、海口等城市服务事项533个。启用市政府网融媒体创新中心，优化政务网站和政务新媒体运维管理工作。

【佛山市首席数据官制度试点工作】2021年，佛山市印发《佛山市首席数据官制度试点工作实施方案》，明确到2021年年底，在各区和市重点涉及数字化管理部门试点建立首席数据官制度；到2022年6月底前，佛山全面总结推行实施首席数据官制度工作，形成可复制、可推广的经验做法。试点范围包括佛山市教育局、市工业和信息化局等23个部门和各区政府，以及有条件的镇（街道）和区级政府部门。首席数据官主要负责推进数字政府建设、统筹数据管理和融合创新，组织制定数据治理工作的中长期发展规划及相关制度规范、实施常态化指导监督，协调解决本级政府或本部门信息化项目建设中的重大问题。至年底，市、区各级各部门共设立首席数据官151人。

（市政务服务数据管理局）

【智能交通】2021年，佛山市完成《佛山市智能交通发展规划》编制，梳理谋划“十四五”（第十四个五年规划，起止时间为2021—2025年）期间智能交通接续发展新路径。加强新技术与道路基础设施数字化、道路管理业务信息化融合，编制《佛山市数字道路建设指南》，为数字道路建设提供技术依据。推进粤港澳大湾区电子不停车收费系统（ETC）智慧城市应用先行示范区研究。在禅城区探索实施ETC城市典型应用场景示范项目，通过建设电子不停车收费系统路侧设备实时采集动静态交通流数据，应用于交通拥堵治理。运用数字化监控手段纠正驾驶员不安全驾驶行为，全市2.15万辆重型货车安装使用智能视频报警装置。布设科技治超网络，印发实施《佛山市一体化科技治超监测点布局规划》，建成科技治超点56个。建设货运配送公共信息服务平台，扶持城市配送新能源发展。推动智慧停车信息系统建设，整合停车资源，提高停车位使用效率。运用科技手段精准防控新冠肺炎疫情，开发上线“跨境货运疫情防控系统”，系统整合“粤康码”、核酸检测、跨境货车全球定位系统等数据，实现闭环防疫管理，降低疫情输入风险。

（姚　洁）

【智慧新警务】2021年，佛山市公安局在三年智慧新警务建设成果的基础上，启动全市公安大数据智能化“春耕行动”，从基础建设、数据运营、智能化应用等方面深化推进智慧新警务建设。建立数据监测和治理闭环，发布《佛山公安大数据资源白皮书》，推动关键警务信息治理工作，实现全局数据“量”和“质”双提升。推动“雪亮工程”建设，联网整合全市视频图像采集设备，全年接入量比上年增长35%，提升城市智能感知能力。持续提升警务云、大数据、视频云等智能化应用基础能力，推动多维数据融合，科技赋能公安机关社会治理体系和治理能力现代化建设。全市各级公安机关融合应用视频云、大数据、无人机、5G等科技手段服务新冠肺炎疫情防控和各项公安工作。“警事捷”手机应用程序获2021年“智慧公安我先行”全国公安基层技术革新专项活动二等奖。

（市公安局）

【智慧城管】2021年，佛山市城管执法局提升城市管理规范化、智能化和精细化，推进智慧城管建设。做好“智慧城管”顶层设计，开展佛山市智慧化城市管理总体方案研究，分析管理现状及存在问题，运用互联网、物联网、人工智能、大数据技术，探索新思路、新办法，加快推进全市城市管理规范化、智能化和精细化升级。深化佛山市环卫车辆智能管理平台应用，在全市各区32个镇（街道）投入使用，已纳入市环卫车辆智能管理系统智能化监控的环卫企业118家、环卫车辆1637辆、作业标段213个、作业道路3676条，全年作业里程755.1万千米，全部实现精细化作业和智能化管理。推进建筑垃圾处置智能化管理，构建建筑垃圾运输企业及车辆、建设工地、消纳场等基础数据库，实现“一张图”管理。全市3804辆新型建筑垃圾运输车实现“两点一线”智能化监控。全年发现各类违法违规问题4331个，“智慧监管，智治增效”得到体现。佛山市建筑垃圾智能管理信息系统在第十六届中国电子政务论坛暨首届数字政府建设峰会上作为优秀案例交流展示。建立养犬管理服务系统，实行养犬备案、免疫和行政处罚等信息化管理，市民可线上办理犬只备案，实现养犬备案事项“指尖办”。建立数字城管智慧监测系统，建立受理、立案、结案等数据辅助指标，建立涵盖信息采集、案件处置、综合考评在内的安全评估数据模型，展示全市概况及核心数据，实现数字城管业务统一监测。佛山市被住建部列为全国首批新型城市基础设施建设试点城市，按照佛山市政府关于佛山市开展新型城市基础设施建设试点工作方案的部署，2021年10月25日启动“佛山市城市综合管理服务平台”项目建设。2021年，佛山市城市管理智慧工作经验作为优秀典型在第五届中国智慧城市大会上作经验交流。

（关秋平）

【卫生健康信息化】2021年，佛山市卫生健康局加强信息化基础设施建设，丰富“互联网+医疗健康”便民惠民内涵，提升服务管理水平。建成佛山市卫生健康综合监管平台，利用信息化手段对医疗服务进行事前提醒、事中审核、事后监管的全过程监管。“佛山市卫生健康综合监管平台的创新实践”案例被评为首届CHITEC“英特尔杯”数字医疗健康创新服务优秀案例大赛全国一等奖。健全卫生健康信息化标准规范体系建设，进一步提高卫生健康信息化建设应用标准化和规范化。从数据归集、综合应用、共享协同、便民惠民等维度提升平台建设应用水平，促进各领域信息互联互通，实现电子健康档案向公众开放，构建基于全民健康信息平台的“省—市—区”卫生健康数据互通共享通道。实现国家电子健康码全市公立医疗卫生机构全覆盖，累计发放量达750万人。年内，国家发布卫生健康信息化发展指数，佛山市获地级市卫生健康信息化建设水平全国第一、卫生健康信息化应用水平全国第三、卫生健康信息化发展指数综合评价全国第三的成绩。

（市卫生健康局）

【教育信息化】2021年，佛山市推动教育信息化向智能化发展提升，制定《佛山感知教育2025行动计划》，发挥大数据、人工智能等技术优势，逐步建成“可诊断、可干预、可决策、可自愈”的智能化教育感知新生态系统。以信息技术应用项目为载体，开展跨学科融合创新课题研究，举办各类信息素养竞赛和活动，探索信息化课堂教学新模式，提升师生信息技术应用融合创新能力和水平。创新信息化教学成功经验与成果共享模式，推进义务教育数字教材规模化应用全覆盖。推进政务电子化，建成全市教育资源公共服务平台，启动教育数据银行建设，完善教育地理信息系统。建立网络安全预警三级机制，完善网络安全服务体系，确保网络安全有序，营造健康文明的校园网络环境。

（王蓉丹）

【社会治理信息化】 2021年，佛山市加大社会治理智能化建设投入力度，以智能化信息系统为支撑，赋能镇（街道）综治中心提升基层社会治理水平。推广视频联网应用，实现全市32个镇（街道）综治中心综治视联网、公共安全视频联网应用全覆盖；加大人脸感知设备建设投入，覆盖各大汽车站、公园、商业区等重点区域，构建广覆盖智能感知防控网，构建全息融合的视觉轨迹综合应用平台。推广应用诉求服务处置信息平台，各镇（街道）综治中心通过使用具备3个核心7个中心功能的佛山市群众诉求服务处置信息平台，实现群众诉求服务一体化运作，确保各类矛盾纠纷、群众诉求等快速流转、快速处置，年内，该平台网站访问量3.57万次，受理诉求445件，成功处置386件，处置成功率86.74%。探索一体化社会治理智治工作模式，推进市域治理智能化建设，探索创建“五个一”（一体指挥、一网统管、一格共治、一号通服、一码通办）模式，构建新时代共建共治共享的社会治理格局。

（戴建雨）

【应急管理信息化】 2021年，佛山市推进智慧安全佛山建设，完成“智慧安全佛山”一期项目，构建城市重点安全领域全域覆盖的感知网络和物联网大数据资源池，建设佛山市城市安全运行监测中心，具备全面快速感知、综合风险评估、实时监测预警、数据汇聚展示、综合研判分析和应急辅助决策的能力。建成“三中心”（监测中心、研究中心、指挥中心）体系，组建50人的专业运营团队，落实24小时值班值守，整合全市35个单位7493.1万条基础数据，形成城市安全大数据资源池。构建桥梁、燃气、消防等9大监测专项，布设前端传感器1.31万套，实现全市7座桥梁、204.7千米燃气管网地下相邻空间、78平方千米易涝区域、10个消防重点单位、35家高风险企业、21.5千米地铁保护区、100部重点监管电梯的24小时在线监测和自动预警，平均每月处置各类报警565起。搭建“事故灾害一线、现场指挥部、后方指挥中心”三级联动的指挥通信系统，配备融合通信装备，解决“三断”（公网中断、电力中断、道路中断）等极端条件下的应急通信保障难题，创新实现“一网纵观全局、一网感知态势、一网研判预警、一网指挥调度、一网协同共治”的管理模式。年内，佛山市应急管理局被中共广东省委党校确定为17个现场教学示范点之一，佛山市被确定为国家城市安全风险综合监测预警平台建设试点城市，40家国家、省、市媒体同时对佛山市智慧安全城市项目进行报道。

（周结华）

2021年，佛山市以智能化信息系统为支撑，提升基层社会治理水平。图为佛山市社会共治智云平台控制室

（市委政法委　供图）

【环保信息化】 2021年，佛山市生态环境工作部门实施智慧环保工程，加快建设环境质量监控体系，覆盖空气、水、声、辐射环境质量等领域。围绕机动车排气、非道路移动机械监管等方面开展移动源污染防治方式探索。推动建设水污染防治挂图作战管理系统。推进智慧环保工程，提升环保领域数据应用及分析能力，实现指挥调度的环保监管全流程管理，全方位监控环境质量。

生态环境监测网络应用　广东省佛山生态环境监测站有生态环境业务系统12个，有已优化调整在用业务信息系统6个，覆盖空气、水、声、辐射环境质量等领域，实现自动及手工监测数据采集、预警预报、应急处理、监测管理、数据上报整理及污染源污染物排放数据分析与统计、环境质量信息发布等功能，为生态环境管理科学决策提供技术支持。

移动源污染智慧防治　市生态环境工作部门将智慧环保工程应用到机动车排气、非道路移动机械监管等方面。利用机动车动态排气污染防治信息系统，拓展路网机动车动态排放分析与决策应用，实现佛山市主干路网交通出行及其污染排放的动态更新、展示与分析，为大气环境污染防治提供实时动态的机动车污染源排放清单数据。建成黑烟车抓拍、机动车遥感监测及重型柴油车车载自诊断系统（OBD）远程在线监控等系统，实现智能监测高污染、高排放车辆上路行驶行为。建成非道路移动机械编码登记平台，实现非道路移动机械环保编码登记，解决机械底数不清、流动性大、排放状况不明等问题。

生态数据应用探索　市生态环境局推动建设佛山市水污染防治挂图作战管理系统，以该系统为平台汇聚水生态环境管理各要素，提升水污染防治的信息化水平。实时掌握佛山市水质现状，每月开展国控、省控、市控考核断面、主干内河涌水质监测。

土壤污染防治信息化管理　市生态环境局开发建设佛山市土壤环境管理信息系统，开发用地管理、清单管理、样品库管理、重点行业企业用地、重点监管单位、从业单位、专家管理、一张图8个板块。

（周欢年）

【就业服务信息化】 2021年，佛山市人力资源公共服务中心推进人力资源服务改革，精简办事材料、压减办理环节、减少办事时限。网办事项由原来的12个增加至19个，网办率100%，其中网办深度四级事项有14个，占比近80%。新增13个事项办理免提交身份证、社保证明等证件和资料；新增7个事项办事时限进一步压缩，平均压缩率57%，总体即办率74%。此外，失业登记实现“秒批秒办”；在毕业生接收报到和人才引进落户工作中，依据档案记载出具相关证明、档案接收、档案转出等业务实现全程网办；档案材料的收集、鉴别和归档，档案借阅、档案查阅、毕业生改派等现场办理事项采用线上预约、预审等方式，实现即来即办，当事人最多只需跑一次；升级改造佛山市职业技能培训公共服务平台，打造集“我有技能”“我有岗位”“我要参训”“我要参赛”“我要查询”5个栏目于一体的“技能超市”。年内，佛山市人力资源公共服务中心获人力资源和社会保障部授予“全国人力资源社会保障系统优质服务窗口”称号。

（曾凡滨）

【社会救助信息化】 2021年，佛山市推进社会救助信息平台建设，实现社会救助信息互联互通、资源共用共享。佛山市社会救助信息平台（二期）建设项目完成并申报三期建设项目，加快对社会救助业务办理全流程电子化、无纸化办理及建立资金监管机制。佛山市社会救助信息平台与广东省统一身份认证平台对接，实现管理人员、经办人员登录系统时进行统一身份认证功能，进一步提升系统数据安全性。与佛山市一体化在线政务服务平台对接，实现佛山市社会救助信息平台的办件事项、办件过程、办件材料、办件评价等业务数据围绕政务中台进行流转应用，提升全市一体化在线政务服务能力，方便群众办事。

（陈　瑶）

【5G+机器人云控视平台上线】 2021年1月28日，佛山市妇幼保健院联合中国联通佛山市分公司、广东超倬科技有限公司创新研发的5G+机器人云控视平台上线应用。该平台依托中国联通5G网络，通过有线摄像枪、无线摄像枪和智能机器人等设备，提供多场景（NICU、ICU、移植仓）全覆盖，实现在线咨询、远程探视、随访管理、预约复诊等一系列智慧医疗服务，实现患者和亲属的“面对面”远程探视。同时，医生可以合理有序地安排连线探视时间，更好地与家属进行“一对一”的沟通交流。同年9月3日，该平台入选工信部、国家卫健委联合发布的“5G+医疗健康应用试点项目”名单。

（张舒玮　杨　芳　谢永健）

【佛山成为全国ETC智慧停车城市建设试点城市】 2021年2月9日，交通运输部办公厅发布《关于开展ETC智慧停车城市建设试点工作的通知》，选定包括广东省的深圳、佛山、韶关、中山4个城市在内的27个城市作为试点城市，先期开展ETC智慧停车试点工作。佛山市的试点主题是“数字赋能产业融合”，试点内容为：结合“新基建”，通过大数据、人工智能、5G等与ETC（电子不停车收费系统）技术的融合应用，强化“ETC+互联网”产业融合，打造ETC+物联网感知、ETC+智能网联通讯、ETC+大数据平台、ETC+静态交通管理、ETC+车主服务等ETC+产业链，形成数据驱动的管理服务新模式，实现与本地相关平台互联互通、信息共享，增强协同应用能力，推动城市停车服务提质增

2021年1月28日，佛山市妇幼保健院与中国联通佛山市分公司、广东超倬科技有限公司创新研发的“5G+机器人云控视平台”上线。图为发布会现场　（佛山联通　供图）

效。年内，佛山在全国率先开展ETC进城，以禅城区东平路作为试点，实现交通智慧化。

（姚　洁）

【佛山量子密钥分发平台发布】 2021年3月26日，在2021广东（佛山）数字创新大会上，佛山量子密钥分发平台发布。量子通信的核心技术是量子密钥分发（量子密码），关键功能是利用量子不可测量、不可克隆、不可区分的特性制备密钥，实现通信间“量子级”加密。佛山量子密钥分发平台与传统通信网络相结合，促进佛山基于量子安全技术高等级的城市安全网络建设，加强佛山政务、能源、金融、教育等行业的信息安全保护，为佛山市民提供高质量的安全网络服务。

（李　轩）

【佛山市电子政务协会成立】 2021年10月10日，佛山市电子政务协会第一届第一次会员大会召开，佛山市电子政务协会正式成立。会议表决通过《佛山市电子政务协会章程》等文件，选举产生第一届会长、副会长、理事单位及监事单位。该协会是由市内从事或关注电子政务工作的单位和个人自愿组成的非营利性社会团体法人，主管部门为佛山市政务服务数据管理局。协会的宗旨是发挥桥梁与纽带作用，搭建政产学研用沟通协作和创新实践平台，促进资源能力和人才力量整合融通，构建全市电子政务发展的生态圈，推进“数字佛山”建设尤其是数字政府改革和智慧城市建设。协会首届会员单位共56个，包括广东省广播电视网络股份有限公司佛山分公司、佛山市国信数字技术应用研究院等机构、企事业单位。

【“数字佛山”建设总体规划印发】 2021年11月22日，佛山市印发《“数字佛山”建设总体规划——佛山市智慧城市和数字政府建设（2021—2025年）》，共7大类28章72节，提出以数字引领融合创新为主线，实施以“数字+科创”引领数字创新新引擎、以“数字+兴业”引领产业转型新格局、以“数字+惠民”引领为民服务新体验、以“数字+智城”引领城市运行新模式、以“数字+优政”引领营商环境新优势“五+”引领，统筹“高规格强化提升组织领导能力”“高水准统筹建设数字基础设施”“高起点精心打造数字智能中枢”“高标准建立完善标准规范体系”“高要求筑牢织密安全保障体系”五大支撑，推动城市数字化发展和营商环境优化，建设“数字佛山·善政智城”。该规划周期为5年，按照夯基础、强能力、优应用的数字化发展路径，共分为3个阶段。提出到2025年，“数字佛山”建设基本实现打造一流营商环境走在前列、制造业数字化转型发展水平走在前列、数字经济发展水平走在前列、政务服务水平继续走在前列、民声诉求响应能力走在前列、市域社会治理水平走在前列、数字基础设施和支撑保障能力走在前列、数据治理和深度应用能力走在前列、城市体征感知能力走在前列、政府整体运行效能走在前列“十个走在全国前列”。

【佛山参与主办数字社会创新专题论坛】 2021年11月26日，2021（第十六届）中国电子政务论坛暨首届数字政府建设峰会在广州市举行，活动中，广东省科技厅、广东省政务服务数据管理局、佛山市人民政府联合主办2021（第十六届）中国电子政务论坛暨首届数字政府建设峰会数字社会创新专题论坛。数字社会创新专题论坛以“数字社会　共创共享”为主题，围绕数字技术加速发展趋势下的社会公共服务、社会治理、智慧城市、数字乡村、全民数字化能力等内容，邀请全国有关政府部门领导、权威专家学者、企业领军人物为加快推进数字社会创新建言献策，分享研讨数字社会创新的实践与经验。在与中国电子政务论坛和数字政府建设峰会同期举办的数字政府建设成果发布展览上，佛山市有数字政府建设改革总体成果、佛山市一体化在线政务服务平台、佛山市社会综合治理云平台、佛山市建筑垃圾智能管理信息系统、佛山市南海区数字政府城市大脑平台、生态网格——数字赋能禅城基层治理、城市安全管理系统、智慧顺德、“佛山通”城市服务手机应用程序（App）、扶持通、市长直通车、佛山市工程建设项目审批制度改革、公共资源交易监管平台等13项优秀成果案例，以及瀚蓝环境股份有限公司、广东柯内特环境科技有限公司、广东金赋科技股份有限公司、广东广宇科技发展有限公司等4家佛山企业参展。同日，华南（广东）国际数据交易有限公司落户佛山市南海区并揭牌。

（市政务服务数据管理局）

【“人工智能+双随机”智慧监管模式在全省全国推广】 2021年11月和12月，佛山市市场监督管理局申报的“全国首创‘人工智能+双随机’，开创市场领域事中事后监管新局面”和“以‘人工智能+双随机’，提升智慧监管、精准监管，促企业开办更便利”分别入选第一批“广东省法治政府建设示范项目”、中国工商出版社“第四届市场监管领域社会共治优秀案例”，相关经验和做法在全省和全国推广。2020年起，佛山市将人工智能技术与“双随机、一公开”监管相结合，在全国首创将人工智能深度学习技术、大数据分析运用到监管实践，构建起协同、风险、智能、精准的智慧监管新模式，通过信用风险分类模型研判风险程度高的重点地域、重点行业和重点市场主体，并以此为靶向开展差异性抽查，实现监管效能最大化、监管成本最优化。改革前，识别全市高风险市场主体的任务，需要1000名监管人员连续工作超100天才能完成；改革后，通过构建风险研判模型，监管人员只需一键点击，即可自动完成筛选识别工作，且违法发现率由之前的17.6%提升到86%，监管效能发生裂变式提升。同时，“人工智能+双随机”监管模式通过靶向式抽查，减少对市场主体正常生产经营活动的干扰，提升监管的精准性，实现对守法诚信者“无事不扰”；基于大数据技术赋能的创新模式，既能对全库监管对象进行自动分类研判，还能随着主题数据量、数据类别的增加而不断自我优化，做到全量自动监控，实现“无处不在”。

（市市场监管局）

民营经济

综　述

【概况】2021年，佛山市有私营企业41.55万家，增长15.4%。有个体工商户65.86万户，比上年增长20.82%。根据佛山市433家中小企业12月向“中国中小企业生产经营运行监测平台”报送的生产经营监测数据，佛山市中小企业2020年工业生产保持较快增长，工业总产值412.31亿元，比上年增长26.13%；有从业人数6.8万人，用电量14.79亿千瓦时。重点民营企业队伍扩大，全市新增规模以上工业企业1305家；全市年末在库市级“专精特新”企业832家，广东省“专精特新”中小企业214家，工业和信息化部“专精特新”“小巨人”企业34家，其中12家入选“建议支持的国家级‘专精特新’‘小巨人’企业名单”。由佛山市企业联合会、佛山市企业家协会“2021年佛山企业100强”“2021年佛山制造业100强”榜单中，入榜民营企业分别为93家和87家。在广东省企业联合会、广东省企业家协会“2021广东企业500强”榜单中，佛山有42家企业入围，其中民营企业占比接近90%。在全国工商业联合会“2021中国民营企业500强”“2021中国民营企业制造业500强”“2021中国民营企业服务业100强”3个榜单中，佛山市入选企业数量分别有7家、7家和3家。

【企业用能成本降低】2021年，佛山市工业和信息化局开展降低企业用电成本和用气成本两方面工作。用气补贴方面，印发《2020年降低企业用气成本工作方案》，2020年工业企业用气成本补贴采用“秒报秒批秒付”方式开展申领。市工业和信息化局组织佛燃能源集团股份有限公司、佛山市南海燃气发展有限公司梳理审核符合申领条件的企业清单，经佛山扶持通平台依托大数据比对，形成工业企业用气补贴“秒报秒批秒付”名单。企业只需线上进行补贴信息的确认即可完成资金申报流程，全程“零材料”“零跑腿”“零接触”。全市2021年完成资金申领的用气企业1275家，发放用气补贴超1.6亿元。用电补贴方面，印发《2020年降低企业用电成本工作方案》，对规模以上工业企业按照2020年新增用电量每千瓦时0.08元给予补贴，每家企业补贴额最高不超过200万元。对符合条件的大工业企业，按照企业2020年全年交纳基本电费总额不超过12%的比例给予补贴，每家企业补贴额最高不超过200万元。全市2021年完成资金申领的用电企业3144家/次，共发放用电补贴超2.2亿元。

【企业融资系列补贴】2021年，佛山市工业和信息化局开展企业设备融资租赁贴息，继续落实《佛山市2019—2021年促进制造业企业设备融资租赁工作方案》，继续设立佛山市制造业企业设备融资租赁专项资金，对通过直接租赁方式进行设备更新的佛山市行政区域内的制造业企业，按融资租赁合同设备投资额（且不超过实际利息发生额）的5%给予贴息。2021年支持企业444家，发放资金3444.77万元。开展应收账款融资奖励，继续落实《佛山市2019—2021年应收账款融资奖励办法》，继续设立佛山市应收账款融资奖励专项资金，按奖励主体帮助佛山市中小微企业实现应收账款融资年化金额的1%予以奖励。2021年应收账款融资奖励项目支持企业7家，发放奖励资金783.39万元。

【企业暖春行动】2021年3月1日，中共佛山市委办公室、市政府办公室印发《佛山市2021年“企业暖春行动”工作方案》。暖春行动由市委、市人大常委会、市政府、市政协相关负责人分别带领工作组，到企业走访调研，与企业负责人面对面交流，传达宣贯各级党委、政府支持企业发展的有关政策措施，收集并研究解决企业的困难和问题。全年各工作组共走访调研企业113家，收集企业问题279个。工作组对企业问题及时作出回应，未能现场解决的问题，由各负责单位跟进研究，提出工作措施。需长期推进解决的问题，及时给予企业合理答复，确保企业满意，同时做好政策宣贯，引导企业健康发展，务必确保企业问题“件件有落实”。截至5月底，“暖春行动”中收集的有关问题全部办结。

（陈　枫）

民营骨干企业发展

【概况】2021年，佛山市继续深化“放

管服”改革，不断优化营商环境，针对性出台各项惠企政策，加快培育一批具有国际竞争力的大型骨干企业，全市新增超100亿元企业3家（其中民营企业占3家），总数达29家（其中民营企业占25家），其中制造业企业13家（其中民营企业占12家），全市规模以上大型工业企业完成工业增加值2091.37亿元。由佛山市企业联合会、佛山市企业家协会发布的“2021年佛山企业100强”“2021年佛山制造业100强”榜单中，民营企业占绝对主体，入榜民营企业分别为93家和87家，其中入榜“2021年佛山企业100强”的93家民营企业总营业收入1.63万亿元，占全部入榜企业总营业收入的96%。在广东省企业联合会、广东省企业家协会发布2021广东企业500强系列榜单中，佛山有42家企业入围“2021广东企业500强”，其中民营企业占比接近90%；11家企业入围“2021广东民营企业100强”，其中碧桂园控股有限公司、美的集团股份有限公司进入榜单前十；13家企业入围“2021广东制造业企业100强”，其中美的集团股份有限公司进入前十。在全国工商业联合会发布的“2021中国民营企业500强”“2021中国民营企业制造业500强”“2021中国民营企业服务业100强”榜单中，分别有7家佛山企业入围“2021中国民营企业500强”、7家佛山企业入围“2021中国民营企业制造业500强”、3家佛山企业入围“2021中国民营企业服务业100强”。

（陈　枫）

表12　佛山市入围“2021中国民营企业500强”榜单企业一览表

单位：亿元

企业名称	排　名	所属行业	营业收入
碧桂园控股有限公司	7	房地产业	4628.56
美的集团股份有限公司	16	电气机械和器材制造业	2857.10
美的置业集团有限公司	182	房地产业	524.84
宏旺投资集团有限公司	234	黑色金属冶炼和压延加工业	430.13
佛山市兴海铜铝业有限公司	247	批发业	407.12
广东联塑科技实业有限公司	388	橡胶和塑料制品业	280.73
广东格兰仕集团有限公司	464	电气机械和器材制造业	246.46

【碧桂园控股有限公司】 碧桂园控股有限公司总部位于佛山市顺德区，成立于1992年，是一家以房地产为主营业务，涵盖建筑、装修、物业管理、酒店开发，以及管理、教育等行业的综合性企业集团，是中国房地产十强企业。辖有国家一级资质建筑公司、国家一级资质物业管理公司、甲级资质设计院等专业公司。20年多来，碧桂园直接提供就业岗位5万多个，间接创造就业岗位逾20万个。2021年9月，全国工商联发布《2021年中国民营企业500强报告》，碧桂园控股有限公司以4628.56亿元的营业收入排第七名。

【美的集团股份有限公司】 美的集团股份有限公司成立于1968年，总部位于佛山市顺德区。主营业务包括以厨房家电、冰箱、洗衣机及各类小家电为核心的消费电器业务，以家用空调、中央空调、供暖及通风系统为核心的暖通空调业务，以库卡集团、美的机器人公司等为核心的机器人及自动化系统业务，以安得智联为集成解决方案服务平台的智能供应链业务。至2021年底，美的在全球拥有子公司约200家、研发中心35个和主要生产基地35个，员工超16万人，业务覆盖200多个国家和地区。其中，在海外设有研发中心20个和主要生产基地18个，涉及10多个国家，海外员工约3万人，结算货币达22种，同时美的集团是全球领先机器人智能自动化公司德国库卡集团最主要股东（约95%）。2021年9月，美的集团凭借“‘5全5数’智能质量管理模式”获第四届中国质量奖，是该届中国质量奖广东省唯一获奖单位，也是佛山企业首次获中国质量奖。同月，全国工商联发布《2021年中国民营企业500强报告》，美的集团以2857.10亿元的营业收入排第十六名。

【美的置业集团有限公司】 美的置业集团有限公司是美的控股有限公司属下企业，是香港联合交易所上市企业、中国上市房地产企业24强、广东省百强民营企业、领先的智慧地产制造商，股票被纳入恒生港股通等七大指数成分股。公司成立于2004年，是一家以房地产开发为主，涉足高端住宅、精品写字楼、五

链接

佛山市入围“2021广东省百强民营企业”榜单企业名单

碧桂园控股有限公司（第四名）　美的集团股份有限公司（第六名）　美的置业集团有限公司（第三十一名）　宏旺投资集团有限公司（第三十六名）　佛山市兴海铜铝业有限公司（第三十九名）　广东联塑科技实业有限公司（第五十一名）　广东格兰仕集团有限公司（第五十八名）　利泰集团有限公司（第六十二名）　佛山市海天调味食品股份有限公司（第六十三名）　广东正圣金属有限公司（第七十一名）　盈峰控股集团电子设备制造业有限公司（第七十七名）　佛山市兴美资源科技有限公司（第八十名）　广东华晖再生资源有限公司（第九十一名）　广东新宝电器股份有限公司（第九十五名）　广东万和集团有限公司（第九十七名）

星级酒店、专业高尔夫球会经营、物业管理、高档餐饮、园林绿化、建筑施工等领域的综合性现代化企业。美的置业业务主要涉及珠三角、沪苏、浙闽、长江中游、北方和西南六大核心经济区，布局350个项目，进驻上海、广州、天津、重庆、成都、郑州、武汉等国家中心城市，以及杭州、南京、长沙、合肥、昆明、石家庄、南昌、贵阳等省会城市。2021年9月，全国工商联发布《2021年中国民营企业500强报告》，美的置业集团有限公司以524.84亿元营业收入排第一百八十二名。

【宏旺控股集团有限公司】 宏旺控股集团有限公司（曾用名：宏旺投资集团有限公司）下辖肇庆宏旺金属实业有限公司、四川宏旺不锈钢有限责任公司、河南宏旺金属材料有限公司、福建宏旺实业有限公司、山东宏旺实业有限公司、阳江宏旺实业有限公司、湖南宏旺新材料科技有限公司、宏旺科技服务有限公司、广东宏旺金属材料有限公司、无锡宏旺不锈钢有限公司等子公司，是专业生产冷轧不锈钢卷板和彩钢精加工产品的企业集团，总部位于佛山市南海区。宏旺拥有专业技术人员2000余人，装备有国内先进的四尺和五尺五连轧、三机架和四机架连轧连退酸洗联合机组、850六连轧机组、二十辊冷轧等生产设备，以及拥有自主知识产权的整卷磨砂、8K、黑钛、无指纹等精加工设备。核心产品为200系、300系、400系冷轧不锈钢卷板，以及整卷、平板彩钢精加工产品，广泛应用于餐饮厨具、医疗器械、家用电器、汽车配件、建筑装潢等领域。2021年9月，全国工商联发布《2021年中国民营企业500强报告》，宏旺投资集团有限公司以430.13亿元营业收入排第二百三十四名。

【佛山市兴海铜铝业有限公司】 佛山市兴海铜铝业有限公司成立于2003年，总部位于佛山市南海区，主要从事铜、铝、锌等有色金属的国内、国际贸易，业务覆盖全球。公司是中国有色金属工业协会的理事单位、佛山市工商联执委会常委和南海区工商联合会的执委企业，连续多年获“重合同守信用单位”“VIP优良客户”等称号。公司在佛山市、清远市等地拥有国际先进水平的铜材、铝材和不锈钢型材生产基地，产品远销海外。公司与广州商品交易所等单位合资建设广东有色金属交易平台，专注铝、铜、锡、铅、锌等有色金属大宗基础原材料现货电子交易，以及提供供应链金融、仓储、物流、质检等各项交易服务。2021年9月，全国工商联发布《2021年中国民营企业500强报告》，佛山市兴海铜铝业有限公司以407.12亿元营业收入排第二百四十七名。

【广东联塑科技实业有限公司】 广东联塑科技实业有限公司创建于1986年，是中国最大的塑胶管道及塑料挤出生产设备的制造企业之一。公司国内总部位于佛山市顺德区，建有先进生产基地超30个，厂房面积超80万平方米，有国际领先水平的管材挤出生产线及注塑机600多台。年塑料加工生产能力25万吨，塑料机械生产能力150多台（套）。有各类科研人员1000多人、国家高新技术企业10家，建有国家认定企业技术中心1个、博士后科研工作站2个、中国合格评定国家认可委员会（CNAS）认可实验室5个、广东省塑料成型加工技术企业重点实验室1个和广东省塑料管道产业技术创新联盟1个。2021年9月，全国工商联发布《2021年中国民营企业500强报告》，广东联塑科技实业有限公司以280.73亿元营业收入排第三百八十八名。

【广东格兰仕集团有限公司】 格兰仕集团发展始于1978年，总部位于佛山市顺德区，是一家国际化综合性健康家电和智能家居解决方案提供商，是中国家电业具有广泛国际影响力的企业之一。格兰仕在美国、加拿大、智利、英国、俄罗斯、德国、日本等国家和地区成立子公司。格兰仕相关品牌在全球150多个国家和地区注册。格兰仕产品和服务从中国广东供应到全球近200个国家和地区。2021年5月，格兰仕成员企业成为惠而浦（中国）股份有限公司的控股股东。2021年9月，全国工商联发布《2021年中国民营企业500强报告》，广东格兰仕集团有限公司以营业收入246.46亿元排第四百六十四名。

（市工商联）

中小微企业发展

【概况】 2021年，佛山市促进小微工业企业上规模工作，全市有近4000家企业纳入全市“小升规”重点企业后备库，全年新增规模以上工业企业1801家，净增1435家。全市在库的市级“专精特新”企业达832家，广东省“专精特新”

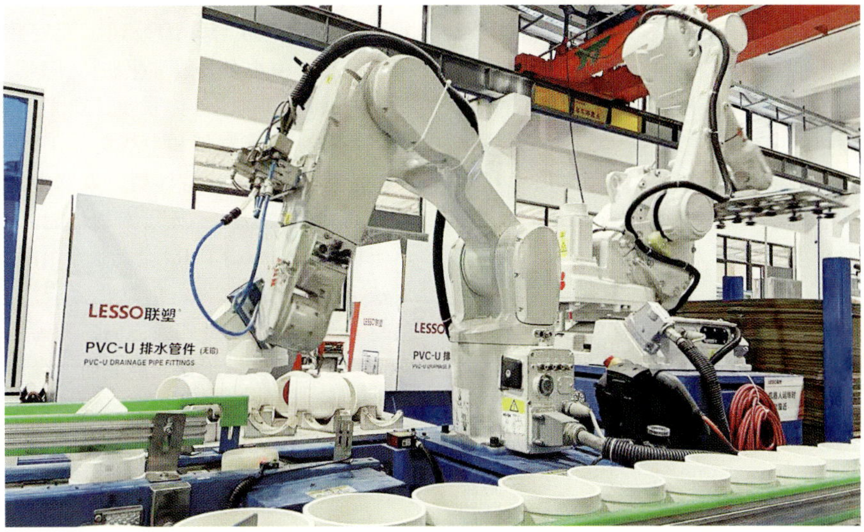

广东联塑科技实业有限公司“无人看管”的现代化塑胶管件生产线（2021年）

（佛山日报社　供图）

中小企业214家，工业和信息化部“专精特新”“小巨人”企业34家。

【小微工业企业上规模】 2021年，佛山市发掘、培育企业，促进全市小微工业企业上规模。全年全市新增规模以上工业企业1801家，净增1435家，超额完成省下达新增500家指标任务，同时完成市人民政府下达的新增1500家、净增750家任务指标。年内，制定“小升规”（中小微企业规范升级为规模以上企业）奖励分配方案，落实2020年新升级为规模以上企业奖励。完成市级奖励资金发放工作，向1166家企业发放1.17亿元；开展省级资金项目入库工作，向1962家企业发放1.96亿元。建立并滚动修编后备企业库，实施精准培育。定期收集全市工业企业信息，根据企业营收情况建立并滚动修编“小升规”后备企业库，通过动态跟踪库内后备企业的生成经营情况，及时调整工作重点。2021年全市有近4000家企业纳入全市“小升规”重点企业后备库。实施动态跟踪，掌握“小升规”工作进度状况。

【“专精特新”企业培育】 2021年，佛山市继续开展各级“专精特新”企业的挖掘培育工作。包括推荐工信部第三批“专精特新”“小巨人”企业、重点“专精特新”“小巨人”企业、2021年广东省“专精特新”中小企业，征集“专精特新”“小巨人”企业典型案例，并完成2021年佛山市“专精特新企业”的入库遴选工作。至年底，全市在库的市级“专精特新”企业832家，广东省“专精特新”中小企业214家，工业和信息化部“专精特新”“小巨人”企业34家，其中12家入选“建议支持的国家级‘专精特新’‘小巨人’企业名单”。

【“创客广东”佛山市中小企业创新创业大赛】 2021年，佛山市工业和信息化局以“创客佛山　智汇制造”为主题举办2021年“创客广东”佛山市中小企业创新创业大赛，以大赛为平台，提升创客与制造业高质有效联动。大赛的项目征集围绕培育发展战略性支柱产业集群和战略性新兴产业集群，经1个预选赛和5个区域赛，以及6个渠道评选，晋级项目72个，最终在12强项目中评选出大赛一等、二等、三等奖及优胜奖，并将12强项目推荐给“创客广东”组委。“创客广东”大赛设置现金奖励，政策扶持、跟踪服务（融资对接、产业对接、落地对接等）等系列奖励，并对参赛及获奖企业分别给予融资、产业、落地对接、培训辅导的系列支持。

【战略性产业集群融资服务对接“专精特新”企业专场活动】 2021年5月26日，佛山市工业和信息化局举办2021年战略性产业集群发展融资服务对接活动（“专精特新”企业专场）。该对接活动主要针对“专精特新”企业，推动企业更快速有效地获得金融机构融资支持。根据2020年12月3日广东省工业和信息化厅与工商银行广东省分行、中国银行广东省分行、建设银行广东省分行、浦发银行广州分行、光大银行广州分行、农业银行广东省分行签订的《培育发展战略性产业集群战略合作框架协议》，佛山市工业和信息化局加强与属地银行沟通协调，不定期交流战略性产业集群企业名单，召开工作交流座谈会等，推动相关工作落实。截至4月底，为全市4241家次企业提供164.07亿元的融资支持。

（陈　枫）

【“中小企业数字化扶持计划”发布】 2021年8月4日，中国电信股份有限公司佛山分公司联合华为公司、天安数码城发布“中小企业数字化扶持计划”，推出“臻FAST”服务体系及“臻光网”服务品牌，实施宽带和专线提速工程。“中小企业数字化扶持计划”发挥中国电信“网、云、智、安”体系化能力，基于华为Business FTTR（全光企业组网）解决方案，从臻光网、信息化云应用、信息安全、终端服务四大方向，为佛山中小企业提供高性价比、高品质、高可靠的全球领先的信息化服务，促进中小企业提质增效。

（季　轩）

【“专精特新”企业·服务机构服务对接活动】 2021年12月13日，佛山市工业和信息化局举办2021年佛山“专精特新”企业·服务机构服务对接活动，来自全市5个区的国家级“小巨人”企业和省级“专精特新”中小企业代表，及获2021年中央财政资金支持“专精特新”中小企业服务项目支持的服务机构参加。活动通过“线上直播+线下”结合的方式，为“专精特新”企业、服务机构等搭建起信息沟通的桥梁，加大对“专精特新”企业的政策支持和精准服务力度，助推佛山“专精特新”中小企业高质量发展。

（陈　枫）

个体私营经济

【个体经济】 2021年，佛山市新登记个体工商户18.47万户，比上年增长46.46%。截至年底，佛山市有个体工商户65.86万户，比上年增长20.82%。全市个体工商户行业分布：农、林、牧、渔业共3238户，制造业6.4万户，建筑业2170户，批发零售业38.21万户，交通运输、仓储和邮政业6313户，住宿餐饮业9.83万户，信息传输、软件和信息技术服务业6256户，房地产业1520户，租赁和商务服务业3.09万户，科学研究和技术服务业3720户，居民服务、修理和其他服务业4.36万户，教育739户，文化、体育和娱乐业6104户，其他1770户。

【私营经济】 2021年，佛山市新登记私营企业8.47万家，比上年增长26.44%。至年底，佛山市有私营企业41.55万家，比上年增长15.4%。全市私营企业行业分布：农、林、牧、渔业2277家，制造业8.86万家，建筑业1.76万家，批发零售业15.07万家，交通运输、仓储和邮政业9103家，住宿餐饮业7377家，信息传输、软件和信息技术服务业1.12万家，金融业1916家，房地产业1.27万家，租赁和商务服务业3.98万家，科学研究和技术服务业4.93万家，水利、环境和公共设施管理业2971家，居民服务、修理和其他服务业8233家，教育1550家，文化、体育和娱乐业1.03万家，其他288家。

（市市场监管局）

农 业

综 述

【概况】2021年，佛山市农作物总播种面积6.25万公顷，实现种植业产值135.93亿元。全市粮食作物播种面积9238.5公顷，比上年增加202.1公顷；总产量4.86万吨，增加1393吨。其中水稻种植面积6635.9公顷，总产量3.71万吨。全市蔬菜（含菜用瓜）播种面积3.38万公顷，油料作物播种面积781公顷，水果种植面积1960.26公顷。水产养殖面积3.55万公顷，水产品总产量75.78万吨，渔业产值170.8亿元。新认定市级“菜篮子”基地10个，市级“菜篮子”基地增至70个，有省级“菜篮子”基地21个、粤港澳大湾区“菜篮子”基地14个、“佛味鲜生”优质粤菜食材供应基地45个。全年新增绿色食品6个、地理标志产品1个、“粤字号”农业品牌产品34个，顺德草鲩入选全国名特优新农产品，有“一村一品、一镇一业”国家级专业村2个、省级专业镇10个、省级专业村43个。新增4个省级现代农业产业园，省级现代农业产业园增至10个。有省级农业公园5个，数量位居全省第一。新增认定国家级农业龙头企业2家，国家级农业龙头企业增至5家，有省级农业龙头企业66家（包含国家级5家）、市级农业龙头企业131家（包含除佛山市海天调味食品股份有限公司、广东宏隆生物科技有限公司和佛山市三水祥盛西南耕牛市场有限公司外的其余63家省级农业龙头企业）。有家庭农场2.13万个。在2021年开展的2019—2020年度广东省“菜篮子”市长负责制考核中，佛山市获评“优秀”等次，继2020年后再获该考核最高等次。年内，佛山市获“中国加州鲈之都”称号。南海区获评2021年国家级水产健康养殖和生态养殖示范区，南海区九江镇获授“中国加州鲈之乡”“中国淡水鱼苗之乡”牌匾，广东梁氏水产种业有限公司的全雌鳜鱼“鼎鳜1号”水产新品种通过全国水产原种和良种审定委员会鉴定。高明区新广农牧有限公司入选第一批国家级动物疫病净化场名单。三水区西南街道青岐村被认定为2021年全国乡村特色产业亿元村。

表13　佛山市农产品地理标志登记情况一览表

序号	产品名称	注册人	批准单位及公告文号	登记时间	质量控制技术规范编号	划定的地域保护范围
1	三水黑皮冬瓜	佛山市三水区农业技术推广中心	农业部（第2468号公告）	2016年	AGI2016-03-1972	三水区白坭镇、西南街道、乐平镇、芦苞镇、大塘镇、南山镇6个镇（街道），地理坐标为北纬22° 58′ ~ 23° 34′，东经112° 46′ ~ 113° 02′
2	顺德国兰	顺德区国兰协会	农业农村部（第40号公告）	2018年	AGI2018-02-2415	顺德区大良街道、容桂街道、伦教街道、勒流街道、陈村镇、北滘镇、乐从镇、龙江镇、杏坛镇、均安镇10个镇（街道）205个行政村（社区）。地理坐标为北纬22° 40′ ~ 23° 01′，东经113° 00′ ~ 113° 23′
3	陈村年桔	顺德区陈村花卉协会	农业农村部（第62号公告）	2018年	AGI2018-03-2492	顺德区大良街道、容桂街道、伦教街道、勒流街道、陈村镇、北滘镇、乐从镇、龙江镇、杏坛镇、均安镇10个镇（街道）205个行政村（社区）。地理坐标为北纬22° 40′ ~ 23° 01′，东经113° 00′ ~ 113° 23′

续表

序号	产品名称	注册人	批准单位及公告文号	登记时间	质量控制技术规范编号	划定的地域保护范围
4	顺德鳗鱼	佛山市顺德水产商会	农业农村部（第62号公告）	2018年	AGI2018-03-2493	佛山市顺德区所辖大良街道、容桂街道、伦教街道、勒流街道、陈村镇、北滘镇、乐从镇、龙江镇、杏坛镇、均安镇共计10个镇（街道）205个行政村（社区）。地理坐标为北纬22°40′～23°01′，东经113°00′～113°23′
5	陈村蝴蝶兰	佛山市顺德区陈村镇蝴蝶兰协会	农业农村部（第378公告）	2020年	AGI2020-02-3232	佛山市顺德区所辖大良街道、容桂街道、伦教街道、勒流街道、陈村镇、北滘镇、乐从镇、龙江镇、杏坛镇、均安镇共计10个镇（街道）205个行政村（社区）。地理坐标为北纬22°40′～23°01′，东经113°00′～113°23′

注：资料截至2021年底

【农产品稳产保供】 2021年，佛山市新增建成高标准农田面积2013.33公顷，启动建设面积1520公顷，高标准农田建设工作获通报表扬。全年完成粮食种植面积9240公顷，核查1公顷以上撂荒耕地面积1286.66公顷，完成撂荒耕地复耕复种面积553.33公顷。年末生猪存栏量62.6万头。

【农业重点项目引进及建设】 2021年，佛山市市、区两级引进或动工建设超1亿元农业投资项目14个，总投资超160亿元。其中，新增签约碧桂园万亩农业智慧园项目、何氏水产智慧渔业园区项目、三水乐平现代花卉农业园项目、广东蝴蝶兰时花大世界项目4个重大产业招商项目，总投资45.6亿元。首次引入碧桂园集团、联塑集团等上市企业跨界进入农业领域。5个大型生猪工厂化养殖项目按计划推进。

【农业生产提质增效】 2021年，佛山市受污染耕地安全利用率在90%以上，耕地分类管理和受污染耕地安全利用工作获广东省通报表扬。农膜回收、秸秆综合利用及畜禽粪污资源化利用各项指标均达广东省要求。“生猪价格保险+期货产品”项目创新推出，政策性农业保险保费收入2.27亿元，同比增速和赔付率位居全省第一。“广明2号”白羽肉鸡配套系通过国家审定，成为全国首批自主培育的白羽肉鸡品种之一。佛山市政府、南海区政府与中国农科院合作共建佛山鲲鹏现代农业研究院，佛山市第一家国家级农业大院成功落地。农业机械化及农民培育初见成效，全市水稻耕种收综合机械化率在79%以上，全年完成农业从业人员培训2.32万人次。水产品质量安全监管做法得到农业农村部肯定并推广。高明区智慧农业科技园区率先开展无人农机示范推广应用，获“广东省农业科技园区”称号。佛山市农科所获国家授权实用新型专利10项。顺德区北滘镇农产品质量安全四级网格化监管体系经验做法在全省推广。年内，佛山市还在全省率先开展连片池塘标准化改造面积666.67公顷，首创红火蚁基层防控创新机制，率先探索整市推进农药包装废弃物回收和信息化管理、推进食用农产品严格管控区划定、建立市级耕地土壤环境监测网络等。

【农业执法监管】 2021年，佛山市加强农业执法监管，完善农业行业管理和行政执法体系。在打击私屠滥宰和渔船安全生产领域，创新建立市、区、镇、村四层级立体执法监管网格，全年组织开

2021年，佛山市农业机械化初见成效，全市水稻耕、种、收综合机械化率在79%以上。图为高约4米的无人谷物联合收获机收割稻谷现场 （市农业农村局 供图）

展专项执法行动179次，开展各项执法检查4266次，更新改造渔船800余艘，行政处罚案件办理、渔船更新改造工作走在全省前列。组织开展“农机安全月普法”等普法专场活动，市农管办开展全员培训10期，加强农产品质量安全水平稳中向好，食用农产品承诺达标合格证实施主体数量、农药电子台账入网合格率均居广东省第一，生产和屠宰环节农产品质量安全总体监测合格率为第三年保持在99%以上。

（杜山川）

种植业

【概况】 2021年，佛山市农作物总播种面积6.25万公顷，实现种植业产值135.93亿元，比上年下降0.2%。全市粮食作物播种面积9238.5公顷，比上年增加202.1公顷；总产量4.86万吨，增加1393吨。其中：水稻种植面积6635.9公顷，比上年增加144.3公顷；水稻总产量3.71万吨，增加988吨。全市蔬菜（含菜用瓜）播种面积3.38万公顷，比上年减少93.13公顷；油料作物播种面积781公顷，增加16.2公顷；园林水果种植面积1960.26公顷，比上年减少91.27公顷；花卉种植面积1.16万公顷。年内，佛山市继续推进“菜篮子”基地建设，“菜篮子”基地产品监测信息系统得到继续完善。新认定市级“菜篮子”基地10个，市级“菜篮子”基地增至70个。有省级“菜篮子”基地21个、粤港澳大湾区“菜篮子”基地14个、“佛味鲜生”优质粤菜食材供应基地45个。推进高标准农田建设，全市高标准农田建设面积1520公顷，全部完工。

【粮食作物种植】 2021年，佛山市粮食作物播种面积9238.5公顷。主要粮食作物有水稻、玉米，以及薯类、豆类等。全市水稻种植区域分布及产量：高明区种植面积5446.07公顷，产量30226吨；三水区种植面积862.07公顷，产量4923吨；南海区种植面积327.8公顷，产量1946吨。全市豆类种植分布：高明区种植面积31.66公顷，产量86吨；三水区种植面积67.53公顷，产量197吨；顺德区种植面积1.2公顷，产量2吨。全市薯类种植分布：高明区种植面积855公顷，产量3417吨；三水区种植面积476.4公顷，产量2251吨；南海区种植面积172.13公顷，产量666吨；顺德区种植面积13.26公顷，产量32吨。

【蔬菜（含菜用瓜）种植】 2021年，佛山市蔬菜（含菜用瓜）播种面积3.37万公顷。其中：禅城区蔬菜（含菜用瓜）种植面积132公顷，产量3131吨；南海区蔬菜（含菜用瓜）种植面积1.27万公顷，产量29.69万吨；顺德区蔬菜（含菜用瓜）种植面积4799.13公顷，产量8.69万吨；三水区蔬菜（含菜用瓜）种植面积8243.53公顷，产量28.86亿吨；高明区蔬菜（含菜用瓜）种植面积7927.6公顷，产量17.7亿吨。年内，佛山市在蔬菜（含菜用瓜）种植中推广应用水肥一体化、滴喷灌技术。截至年底，佛山市有市级“菜篮子”基地70个，“菜篮子”基地产品监测信息系统继续得到完善。

【油料作物种植】 2021年，佛山市油料作物播种面积780.26公顷。主要油料作物是花生。种植区域分布及产量：三水区种植面积286.53公顷，产量914吨；高明区种植面积493.73公顷，产量1573吨。

【水果种植】 2021年，佛山市水果种植面积1960.26公顷。水果种植品种主要有香（大）蕉、龙眼、荔枝、火龙果等。种植区域分布及产量：南海区水果种植面积83.26公顷，产量3538吨，其中香（大）蕉种植面积26.46公顷（产量1720吨）；顺德区水果种植面积225公顷，产量8486吨，其中香（大）蕉种植面积202.66公顷（产量8261吨）；三水区水果种植面积873.26公顷，产量23943吨，其中香（大）蕉种植面积403.26公顷（产量19334吨）、龙眼种植面积301.2公顷（产量489吨）；高明区水果种植面积778.73公顷，产量11302吨，其中香（大）蕉种植面积158.8公顷（产量4287吨）、龙眼种植面积191.73公顷（产量670吨）、荔枝108.6公顷（产量495吨）、火龙果82.73公顷（产量787吨）。

【花卉种植】 2021年，佛山市花卉种植面积1.16万公顷，其中鲜切花1073.33公顷、盆栽观赏植物（包括盆景）3653.33公顷、观赏苗木6673.33公顷、草坪草皮196.33公顷、其他园艺苗木17.67公顷。南海区花卉种植面积4960公顷；顺德区花卉种植面积2740公顷；三水区花卉种植面积1153.33公顷；高明区花卉种植面积2760公顷。

（范忠武）

2021年，佛山市水果种植面积1960.26公顷。图为高明区杨和镇万亩坚果园

（市农业农村局　供图）

林 业

【概况】2021年，佛山市有林业用地6.41万公顷，森林覆盖率21.42%，森林蓄积518.25万立方米。全市完成造林与生态修复任务2504.6公顷，完成高明凌云山529.8公顷火烧迹地的造林和抚育工作。全年全市林业产值892.16亿元。佛山市主要经济林木品种有澳洲坚果、荔枝、龙眼、茶叶、金花茶等。有佛山市云勇林场、佛山市高明区鹿洞山林场、佛山市三水区大南山生态公益林场等国有林场3个。年内，佛山市三水云东海国家湿地公园、梦里水乡百花园成功申报2021年广东省自然教育基地。

【自然保护地保护】2021年，佛山市有自然保护地48个（经自然保护地整合优化后），基本满足国家提出的“保护面积不减少、保护强度不降低、保护性质不改变”的要求。其中，广东云东海国家湿地自然公园已基本完成国家湿地公园试点建设任务，同时开展周边水环境综合整治提升工程、推进科普宣教系统和标识系统建设，结合乡村振兴提升周边环境。南海金沙岛国家湿地公园已完成园区主体建设并向市民开放，并加快推进科普展馆建设等国家湿地公园试点建设任务，开展生态监测。佛山海景省级森林公园以佛山植物园建设为契机，加快推进园区扩面提质，已完成项目总体规划、方案设计、初步设计等前期工作，并初步完成园区西门外1.8公顷土地的征地工作。佛山高明合水桫椤地方级自然保护区提升保护站设施，并充实保护区内管护队伍力量。佛山禅城王借岗地方级森林自然公园于2021年全面完成王借岗森林公园二期—沙口生态园部分工程以及王借岗森林公园三期建设，营建成为以火山遗址景观、滨河

表14　2021年度佛山市自然保护地一览表

序　号	名　称	序　号	名　称
1	佛山高明泰康山地方级森林自然公园	25	佛山高明西坑地方级森林自然公园
2	广东西樵山国家风景名胜区	26	佛山南海三山地方级森林自然公园
3	佛山禅城王借岗地方级森林自然公园	27	佛山南海狮山地方级森林自然公园
4	佛山三水九道山地方级森林自然公园	28	佛山南海西岸地方级森林自然公园
5	佛山高明皂幕山地方级森林自然公园	29	佛山南海象岗山地方级森林自然公园
6	佛山三水南丹山地方级森林自然公园	30	佛山南海展旗岗地方级森林自然公园
7	佛山高明合水桫椤地方级自然保护区	31	佛山三水大南山地方级森林自然公园
8	佛山西江外滩地方级湿地自然公园	32	佛山三水地方级森林自然公园
9	佛山高明飞雁山地方级森林自然公园	33	佛山顺德翠湖地方级森林自然公园
10	佛山南海文头岭地方级森林自然公园	34	佛山顺德都宁岗地方级森林自然公园
11	佛山三水油金山地方级森林自然公园	35	佛山顺德锦屏山地方级森林自然公园
12	佛山三水中洞山地方级森林自然公园	36	佛山顺德勒流地方级森林自然公园
13	佛山禅城海心沙地方级湿地自然公园	37	佛山顺德龙峰山地方级森林自然公园
14	佛山三水北江地方级湿地自然公园	38	佛山顺德马岗地方级森林自然公园
15	佛山顺德鲤鱼沙地方级湿地自然公园	39	佛山顺德马宁山地方级森林自然公园
16	佛山云勇国家级森林自然公园	40	佛山顺德顺峰山地方级森林自然公园
17	佛山三水龙山地方级森林自然公园	41	广东金沙岛国家湿地自然公园
18	佛山高明茶山地方级森林自然公园	42	广东云东海国家湿地自然公园
19	佛山高明虎房地方级森林自然公园	43	佛山高明海滨地方级湿地自然公园
20	佛山高明凌云山地方级森林自然公园	44	佛山高明智湖地方级湿地自然公园
21	佛山高明鹿洞山地方级森林自然公园	45	佛山南海桑基鱼塘地方级湿地自然公园
22	佛山高明明阳山地方级森林自然公园	46	佛山三水芦苞涌地方级湿地自然公园
23	佛山高明南蓬山地方级森林自然公园	47	佛山三水三江汇地方级湿地自然公园
24	佛山高明三洲地方级森林自然公园	48	佛山海景地方级森林自然公园

湿地景观、综合公园景观于一体的特色公园。

【云勇林场扩面提质】 2021年，佛山市云勇生态林养护中心完成扩面二期造林701公顷，完成森林抚育930公顷，开展林场辖区约3000公顷林地的监测防治管理，将主要林业有害生物成灾率控制在4‰以下，维护自然生态平衡。全年完成造林701.33公顷、造林成活率达90%，超额完成年初设定的466.67公顷造林任务。自2020年12月国家林业和草原局批准佛山市云勇林场设立广东云勇国家级森林公园，2021年4月，佛山市云勇林场举行“广东云勇国家森林公园”揭幕仪式。10月，中国林场协会授予佛山市云勇林场“森林康养林场”称号。2021年，佛山市云勇林场实现零火情，延续43年无山火纪录。

【林长制改革】 2021年，佛山市出台《佛山市关于全面推行林长制的实施方案》，成立佛山市全面推行林长制工作领导小组，建立市、区、镇（街道）、村（社区）四级林长名录，初步建立全面推行林长制的制度体系、组织体系和责任体系。

（郭　庆）

畜牧业

【概况】 2021年，佛山市生猪饲养量144.88万头，比上年增长90.26%；存栏量62.60万头，增长19.24%；出栏量82.28万头，增长247.91%。家禽饲养量8051.36万只，比上年下降9.03%；存栏量1636.49万只，下降9.01%，出栏量6414.87万只，下降9.04%。

【生猪复产】 2021年，佛山市按照“一手抓短期保供应、一手谋划中长期稳生产”原则推动生猪复产。短期保供应方面，印发《佛山市2021年生猪稳产保供应急补助方案》，按每头生猪80元的标准，安排4872万元财政资金补助至各区，鼓励生猪复产。同时，政府分管领导加强督导检查，工作专班做好定期调度，推动生猪复产。年内，全市生猪产能逐步恢复，年末有生猪存栏的养殖场803家，完成年度生猪存栏目标任务。谋划中长期稳生产方面，加快生猪产业智能化转型升级，推进6个大型多层现代化养猪养殖项目建设，截至年底，有3个项目完工、3个项目建设中，全市生猪规模养殖比例提升至约九成。

【畜禽养殖废弃物资源化利用】 2021年，佛山市以畜禽养殖标准化推进畜禽养殖业转型升级，实现绿色优质发展。推行标准化规模养殖，认定省级畜禽养殖标准化示范场11个，推广节水、节料等清洁养殖工艺和干清粪、微生物发酵等实用技术，实现畜禽养殖提质增效和污废物资源化利用。坚持种养结合，按照资源化、减量化、无害化原则，对源头减量、过程控制和末端利用各环节进行全程管理，提高粪污综合利用率和设施装备配套率。佛山市畜禽粪污综合利用率89.92%，规模养殖场粪污处理设施配套装备率99.78%，大型规模养殖场粪污处理设施配套装备率100%，3项指标均达上级绩效延伸考核要求。

【饲料生产管理】 2021年，佛山市饲料、饲料添加剂总产量452.15万吨，饲料工业总产值180.24亿元。年内，佛山市强化饲料行业管理，完成全市饲料生产企业（共103家）现场检查全覆盖，全市出动检查人员592人次、专家20人次、发现问题742个，均督促企业限时完成整改；完成省委托的饲料生产许可证核发工作，核发饲料生产许可证18个、饲料添加剂产品批准文号核发4件、委托生产备案28件。市级组织开展饲料质量安全风险预警监测，抽检饲料、饲料添加剂、饲料标签73批次，产品质量抽样合格率87.67%；开展饲料质量安全监督抽查，抽检饲料39批次，产品质量抽样合格率97.44%。

【“广明2号”白羽肉鸡新品种通过国家审定】 2021年12月1日，农业农村部发布，由佛山高明区新广农牧有限公司和中国农业科学院北京畜牧兽医研究所联合培育的“广明2号”白羽肉鸡新品种通过国家畜禽遗传资源委员会审定，标志着中国白羽肉鸡自主育种实现“从0到1”的突破，打破中国白羽肉鸡种源完全依赖进口的被动局面，解决白羽肉鸡种源“卡脖子”难题，对提高国家畜禽核心种源自给率，保障国家粮食安全和重要农产品有效供给具有重要的战略意义。同时，也代表佛山市企业真正掌握白羽肉鸡育种核心技术。“广明2号”具有生长速度快、饲料转化率高等生产性能特点，40 ~ 42日龄出栏体重2.8千

2021年12月1日，农业农村部发布，“广明2号”白羽肉鸡新品种通过国家畜禽遗传资源委员会审定，成为全国首批自主培育的白羽肉鸡品种之一　（市农业农村局　供图）

克，适合生产分割鸡肉，方便制作快餐、团餐及深加工制品。其主要生产性能与国际同类品种持平，饲料转化效率和肉品质具有一定优势。12月8日，“广明2号”白羽肉鸡新品种发布会在广东和北京同步举行。

（李为群）

水产养殖业

【概况】 2021年，佛山市水产养殖面积3.55万公顷，其中鱼塘养殖面积3.53万公顷。优质鱼养殖面积1.56万公顷，占鱼塘养殖面积的44.1%。水产品总产量75.78万吨，比上年增长0.7%；渔业产值170.8亿元，占全市农林牧渔业产值的43.3%。主要养殖品种有草鱼、鲫鱼、鳙鱼、加州鲈、黄颡鱼、长吻鮠、鳗鱼、乌鳢、鳜鱼等。年内，佛山市如期完成国家第一次水产种质资源普查工作。全年全市开展增殖放流活动7场，放流各种鱼类2046万尾。南海区入选首批国家级水产健康养殖和生态养殖示范区。广东梁氏水产种业有限公司的全雌鳜鱼“鼎鳜1号”水产新品种通过全国水产原种和良种审定委员会鉴定。南海区九江镇获授“中国加州鲈之乡”“中国淡水鱼苗之乡”牌匾，佛山市获“中国加州鲈之都”称号。

【塘鱼市场交易】 2021年，佛山市塘鱼供应充足，交易总量下降。交易量方面（据南海盐步环球水产交易市场数据）：全年塘鱼交易量27.49万吨，比上年下降4.09%；交易额30.64亿元，上涨0.39%；市场平均交易价11.15元/千克，上涨4.34%。交易价格方面（综合各地反馈信息）：黄颡鱼（150克以上）塘头价21.18元/千克，比上年下跌4.74%；长吻鮠塘头价24.98元/千克，上涨26.78%；草鱼（1千克以上）塘头价11.76元/千克，上涨2.47%；鲫鱼塘头价（400克以上）18.45元/千克，上涨8.06%；菜鳗（统级）塘头价为7.95万元/吨，下跌4.65%；加州鲈塘头价23.72元/千克，上涨4.49%；鳜鱼塘头价61.38元/千克，上涨19.26%；乌鳢（统级）塘头价17.99元/千克，上涨15.82%；鳙鱼塘头价10.06元/千克，下跌6.80%。

【渔业资源保护】 2021年，佛山市加强渔业资源保护。有序开展增殖放流活动，全年全市开展增殖放流活动7场，放流各种鱼类2046万尾。其中，于6月、7月分两场在南海区九江镇举行2021年广东省（佛山）江河增殖放流活动，共投放鱼苗超1500万尾。继续深化鼋保育工作，万绿源公司的鼋种群个体增至900只，并获批为国内唯一的“农业农村部佛山鼋人工繁育基地”和珍贵濒危水生动物增殖放流苗种供应单位。采取线上线下等形式开展水生野生动物保护科普宣传，举办2021年水生野生动物保护科普宣传月活动，首次对公众展示鼋，派发各类宣传资料超2500份。

【水产良种发展】 2021年，佛山市生产各类种苗3458亿尾，满足佛山市养殖生产需求，并供应珠江三角洲乃至国内外市场。全市有省级水产良种场4个、市级水产良种场23个、区级良种场31个，并在水产良种选育和新品种人工孵化等方面取得较大突破。年内，广东梁氏水产种业有限公司和中山大学联合育种的全雌翘嘴鳜“鼎鳜1号”经全国水产原种和良种审定委员会鉴定为水产新品种，并在第二届中国水产种业博览会暨首届鳜鱼产业链创新论坛上举行新品种推介会。首届中国加州鲈产业链年会在佛山市南海区九江镇举行。九江镇获授“中国加州鲈之乡”“中国淡水鱼苗之乡”牌匾。佛山市获“中国加州鲈之都”称号。

【智慧农业水产养殖智能监测服务平台】 2021年，佛山供电局研发的“渔保姆”智慧农业水产养殖智能监测服务平台在三水区上线运行，建设广东电网首个绿色环保的智慧农业生态养鱼示范点。该平台应用云平台、无线通讯、智能设备、自动控制等技术，实现鱼塘用电质量和养殖环境的全天候自动监测，自动预警“增氧机未开启”“溶氧量过低”等报警信息，提高供电可靠性。此外，该平台为用户提供天气预报、养鱼产业、停电计划等产业全资讯，支持手机应用程序（App）一键联络供电维保专家和养鱼专家，实现线上交流或线下现场技术服务，助力提高养殖产量和产品质量，为用户提供多样化的智慧能源增值服务。

【首届中国加州鲈产业链年会暨第四届中国加州鲈产业论坛华南站】 2021年3月17日在佛山市南海区九江鱼花产业园区举行。该活动由中国水产前沿展、《水产前沿》杂志社、佛山市南海区九江水产协会联合主办，科研院所、水产

2021年，佛山市生产各类种苗3458亿尾，满足佛山市养殖生产需求，并供应珠江三角洲乃至国内外市场。图为南海区九江鱼花产业园　（市农业农村局　供图）

协会和水产企业的代表参会，共同探讨加州鲈全产业链发展策略。会上，科研院所和企业代表立足自身领域，分别以“如何有效提高加州鲈养殖产量”“加州鲈良种选育最新进展及鱼类育种方法简介”“加州鲈养殖盈利模式的探讨”等为主题作专题报告10场。大会同期还举行“2020中国加州鲈产业年度榜”颁奖典礼，包括佛山市内企业佛山市吉裕润达渔业科技有限公司、广东鱼兴港水产有限公司在内的12家企业被评为“最具成长性企业”。

【佛山市获“中国加州鲈之都”称号】2021年7月29日，中国水产品流通与加工协会授予佛山市“中国加州鲈之都”称号。佛山加州鲈养殖有39年历史，截至2020年，佛山加州鲈养殖面积超6667公顷，并成为行业内公认的加州鲈产业龙头；年产苗量约150亿尾，种苗供应量约占全国的60%；成鱼年产量25万吨，约占全国总产量的50%。佛山已形成集科研、苗种、养殖、饲料、加工、流通、餐饮于一体的加州鲈全产业链，产业总产值近150亿元。2021年7月，经由中国水产流通与加工协会资料审查、实地考察、汇报质询、学界研讨、社会公示等流程后，佛山市正式被授予“中国加州鲈之都”特色称号。另外，2021年7月，佛山市南海区九江镇被授予“中国加州鲈之乡”牌匾。

【全雌翘嘴鳜“鼎鳜1号”水产新品种获农业农村部审定】2021年7月28日，农业农村部公布2021年审定通过的11个水产新品种，佛山市的广东梁氏水产种业有限公司和中山大学联合育种的全雌翘嘴鳜“鼎鳜1号”在列，品种登记号为“GS-04-001-2021”。全雌翘嘴鳜“鼎鳜1号”是以2009—2010年从湖南省水产原种场引进后经以生长速度为目标性状的4代群体选育获得的翘嘴鳜选育系雌鱼（XX）为母本，以性别控制技术诱导翘嘴鳜全雌子代〔通过性别控制技术诱导翘嘴鳜选育系产生的生理雄鱼（XX′）与同期培育雌鱼交配获得〕获得的生理雄鱼（XX′）为父本，经交配繁殖获得的F1，即全雌翘嘴鳜“鼎鳜1号”。在相同养殖条件下，与未经选育的翘嘴鳜相比，7月龄鱼生长速度平均提高18.7%；雌性率较高，平均雌性率97.0%以上。适宜在广东、江西、湖北和江苏等省人工可控的淡水水体中养殖。

【珠三角百万亩池塘升级改造暨全省水产养殖业转型升级绿色发展现场会】2021年9月14日在佛山市召开，部署开展珠三角百万亩池塘升级改造三年行动（2021—2023年），以“小切口”带动“大变化”，推动渔业转型升级，实现绿色发展。会议指出，珠江三角洲地区要通过三年行动，率先完成6.67万公顷池塘的升级改造绿色发展，五年完成总面积的60%；东西两翼沿海地区共有池塘10.6万公顷，要按照2021年完成10%、三年完成30%、五年完成50%的进度，进行池塘标准化改造。池塘升级改造行动的基本目标是实现减排养殖污水、减少养殖用药、减小养殖密度，提升农产品质量安全水平和水环境质量，确保水产品出塘安全，尾水排放达标。更高目标是要增加渔民收入和重建岭南特色的桑基池塘。会上，佛山市代表等在现场作池塘升级改造工作情况交流。与会人员还现场参观佛山市南海区西樵镇何氏美丽渔场、渔耕粤韵美丽渔场等。

（庄宇君）

农田水利

【概况】2021年，佛山市有水库120座，总库容1.14亿立方米，其中中型3座、小（1）型21座、小（2）型96座，全部水库基本具备灌溉蓄水功能。全市在运行的装机容量50千瓦以上的泵站469座，总装机容量37.26万千瓦；有水闸562座，总过闸流量每秒1.63万立方米。

【农村水利工程管理】2021年，佛山市基本实现通过购买社会服务开展堤围绿化养护、闸站群控系统维护、机电设备维护、高压线路巡查、堤防险段监测等，并通过补充基层专业管理人才力量，提升养护质量和效率。完成沙口泵站、南海区官山泵站和大岸电排站3座泵站标准化规范化管理达标单位的试点创建工作，沙口泵站于年底前通过广东省第一批省级标准化规范化管理示范泵站名单公示。推进小水电清理整改工作，印发《佛山市小水电清理整改工作实施方案》，明确全市12座小水电分为退出、整改两类。其中，退出类电站包括高明区大水坑一站、大水坑二站、平岭电站、石坎电站、三石电站、香山电站、旺田电站、黄金坑电站、榄坑电站、飞马山电站以及顺德区甘竹滩洪潮发电站11座；保留高明区峰江水电站，按计划完成生态流量泄放设施改造等整改工作。年内完成退出类11座水电站退出工作。

【灌溉蓄水调水】2021年1—4月，佛山市平均累积雨量218.8毫米，较常年同期（1991—2020年，371.7毫米）下降41%。其间，高明区最高峰时有19座小型水库接近死水位，其余各区均无水库出现死水位。5月起降雨逐渐增多，旱情基暂时缓解。下半年，受降雨偏少以及上游来水流量偏低等因素影响，佛山市供水用水形势严峻。市水利部门提前研判分析，引导指挥各区抢抓降雨有利时机蓄水，台风“查帕卡”和“狮子山”来临期间力争防汛防风和抗旱保水两手抓，并科学复核调整50座小型水库汛限水位，提高水库蓄水能力，保证水库调蓄效益。自9月起，佛山市实施水库后汛期运行水位动态调整措施，在确保安全的情况下科学蓄水保水，严禁弃水放水，做好水库汛末安全回蓄工作，一系列蓄水调水措施落地，保障冬春灌溉等用水需求。

（罗惠栅）

【高标准农田水利工程建设】2021年，佛山市继续推进高标准农田建设，配套建设高标准农田水利工程，工程项目主要分目在南海区、顺德区、高明区和三水区。全年疏浚沟渠15.34千米、灌排农渠5.37千米，新修干管2.24千米，新修泵站2座、蓄水池2座、分水阀34座、放水口32座，完成涵管17处、农桥10座、涵洞22处，以及修建一批渠系建筑物、田间道配套设施等。

（范忠武）

工 业

综 述

【概况】 2021年，佛山市工业经济运行稳中向好，全年完成规模以上工业总产值2.68万亿元，比上年增长6.6%，实现“十四五”（第十四个五年规划，起止时间为2021—2025年）良好开局。佛山工业经济实力排名全国第六，仅次于上海、苏州、深圳、北京、重庆。全市完成规模以上工业增加值5442.1亿元，比上年增长9.3%，规模以上工业增加值占地区生产总值（1.22万亿元）比重44.8%，比上年下降0.7个百分点。规模以上工业增加值增幅略高于全省（9.0%）0.3个百分点。年内，禅城区、南海区、顺德区、高明区、三水区规模以上工业增加值分别为375.9亿元、1463.6亿元、2017.9亿元、720亿元、864.8亿元，占比分别为6.9%、26.9%、37.1%、13.2%、15.9%。全年全市完成固定资产投资4299.06亿元，比上年增长7.6%，全市安排重点建设项目380个，总投资1.01万亿元，年度计划投资1100.56亿元。其中，安排省重点建设项目142个，总投资7442.77亿元，年度计划投资631.68亿元；安排市重点建设项目238项，总投资2701.35亿元，年度计划投资468.88亿元。全年全市重点建设项目完成投资1406.04亿元，为年度计划投资的127.8%，超额完成全年投资计划任务，其中，产业项目投资额789.22亿元，占到总投资的一半以上，其次分别为基础设施项目（468.2亿元）、民生保障项目（148.62亿元）。加强重点企业培育，由广东省制造业协会、暨南大学产业经济研究院等机构联合发布的“2021年广东制造业500强企业名单”中，佛山入选企业79家，其中100强名单中，佛山有14家。

【战略性支柱产业集群发展】 2021年，佛山市工业领域主要形成新一代电子信息产业集群、绿色石化产业集群、智能家电产业集群、汽车制造产业集群、先进材料产业集群、现代轻工纺织产业集群等6个战略性支柱产业集群（2020年《广东省人民政府关于培育发展战略性支柱产业集群和战略性新兴产业集群的意见》提出重点发展新一代电子信息、绿色石化、智能家电、汽车、先进材料、现代轻工纺织、软件与信息服务、超高清视频显示、生物医药与健康、现代农业与食品“十大战略性支柱产业集群”）。新一代电子信息产业集群方面，有规模以上企业270家，有6家企业年营收规模超10亿元，其中群志光电营收规模超100亿元，全年全市新一代电子信息产业集群实现产值828.9亿元。绿色石化产业集群方面，有规模以上企业1052家，集群主要涵盖石油加工、化学原料及制品、橡胶和塑料制造等领域，该集群全年实现工业总产值2703.5亿元，其中精炼石油产品制造实现产值134.0亿元、化学原料及化学制品（含化学纤维）制造实现产值1143.0亿元、橡胶和塑料制品实现产值1376.5亿元。绿色石化产业集群拥有季华实验室、佛山市功能高分子材料与精细化学品专业中心、佛山（华南）新材料研究院等创新平台，拥有高富中石油燃料沥青、德美精细化工、英力士苯领高分子材料（佛山）、创莱纤维（佛山）、联塑集团、佛塑科技、日丰集团等龙头企业，保立佳化工、惠福科创、塑兴母料、德冠薄膜等“隐形冠军”企业，该集群上市企业共3家。智能家电产业集群方面，有规模以上企业936家，有15家企业年营收规模超10亿元，其中美的、海信、格兰仕、万和集团、新宝电器等5家企业营收规模超100亿元，全年全市智能家电产业集群实现工业总产值5196.9亿元。汽车制造产业集群方面，有规模以上企业218家，其中规模以上零部件企业203家，有16家企业年营收规模超10亿元，一汽-大众、本田汽车零部件等2家企业营收规模超100亿元，全年全市汽车制造产业集群完成工业总产值1259.8亿元。先进材料产业集群方面，有规模以上企业1953家，全年全市先进材料产业集群实现工业总产值5671.4亿元，拥有武汉理工大学佛山南方材料工程研究院、清华大学材料学院华南研究院、中国科学院苏州纳米技术与纳米仿生研究所广东（佛山）研究院等一批载体及创新平台，同时，拥有兴发铝业、凤铝铝业、坚美铝业、联塑科技、日丰集团、蒙娜丽莎、欧神诺等龙头企业，精达里亚特种漆包线、深达美特种铝合金、炜林纳新材料等“隐形冠军”企业，集群内上市企业5家。现代轻工纺织产业集群方面，有规模以上企业2834家，集群产业链完善，从产品设计、生产、销售到原辅材料的供应齐备，主要由家具、纺织服装等产业组成，该集群全年实现工业总产值6657.8亿元，其中纺织服装业实现产值1320.4亿元、家具行业实现产值662.7亿元，拥有溢达纺织、维尚家具等龙头企业，联邦家私、必得福、天进新材料、远华新材料、骆驼服饰等“隐形冠军”企业。

【战略性新兴产业集群发展】 2021年，佛山市工业领域主要形成高端装备制造产业集群、智能机器人产业集群、软件与信息服务产业集群等3个战略性新兴产业集群（2020年《广东省人民政府关于培育发展战略性支柱产业集群和战略性新兴产业集群的意见》提出重点发展半导体与集成电路、高端装备制造、智能机器人、区块链与量子信息、前沿新材料、新能源、激光与增材制造、数字创意、安全应急与环保、精密仪器设备“十大战略性新兴产业集群”）。高端装备制造产业集群方面，集群围绕上中游原材料、零部件配套，下游通用设备、专用设备、交通运输设备等整机产品研制，布局形成较为完整的产业链条，集群有规模以上企业1195家，集群全年实现规模以上工业总产值1.38万亿元，拥有工业泵、机床、激光设备等细分领域“隐形冠军”企业，陶瓷、塑料等专用设备领域发展国际国内领先，环保专用设备领域逐渐发展壮大，机器人、无人机等高端装备领域逐步形成规模。智能机器人产业集群方面，有机器人研发生产企业超110家，“机器人”企业与相关机构数量超3000家，基本形成“核心零部件—机器人本体—机器人系统集成—机器人应用”的产业链，集群有规模以上企业23家，该集群全年实现工业总产值35.9亿元，比上年增长138.8%。软件与信息服务产业集群方面，全市计算机软件著作权登记1.09万件，全市规模以上软件和信息技术服务业营业收入实现高速增长，1—11月增长61.3%。

【优势传统产业发展】 2021年，佛山市规模以上优势传统产业完成工业增加值2502.3亿元，比上年增长9.3%，与全市规模以上工业增加值增速持平，占规模以上工业增加值的比重为46.0%，全市优势传统产业规模以上工业增加值均实现不同程度的增长，其中食品饮料、金属制品业、建筑材料实现增长超10%，分别增长10.9%、11.4%、11.6%，家用电力器具制造业增加值增长7.6%，纺织服装以及家具制造行业走出新冠肺炎疫情影响困境，实现正增长，分别增长7.1%、3.4%。年内，佛山市出台推进制造业数字化智能化转型发展的25项措施，深化企业生产管理变革，推动佛山优势传统产业向中高端发展。

【制造业重点项目招商】 2021年，佛山市推动制造业重点项目招商，新引进瑞浦能源华南生产基地、飞利浦水健康及智能机器人全球研发制造基地、嘉士伯啤酒生产基地等10亿元（或1亿美元）以上重大产业项目68个，签约投资总额1878亿元，推动彩虹集团新能源汽车零部件总部基地、中设机器人华南智能制造产业基地、中城新润慧科技园等先进制造项目布局。加强重大制造业项目跟踪服务，加快推动广东美的机电工业4.0项目、徐州建机广东塔式起重机投资建设项目、海天华南工业区暨华南总部项目（一期）等一批重大项目动工建设，尽快形成新的产能，总部经济项目取得新进展，欢聚集团产业互联总部项目、蓝胖子机器人研发及运营总部等5个总部项目相继落户佛山。

【制造业数字化智能化转型发展】 2021年，佛山市加快制造业升级步伐，出台《佛山市推进制造业数字化智能化转型发展若干措施》及配套操作细则，投入100亿元，从制造业转型、金融支持、服务供给能力、人才培养、公共服务五个方面，加快推进制造业数字化智能化转型发展。年内，培育打造数字化智能化示范工厂22家、示范车间64个，累计450多家企业获广东省“上云上平台”服务券补贴，奖补金额和企业数量位居全省前列。加快培育发展智能制造装备及机器人产业，全市机器人工业企业超过240家，年内培育打造市级机器人制造和系统集成骨干企业9家，遴选认定数字化智能化改造标杆示范项目25个。

（陈 枫）

新一代电子信息产业集群

【概况】 2021年，佛山市新一代电子信息产业集群有规模以上企业270家，有6家企业年营收规模超10亿元，其中群志光电营收规模超100亿元。全年全市新一代电子信息产业集群实现产值828.9亿元。在电子信息整机领域，计算机制造实现增加值6.3亿元，通信设备制造实现增加值8.7亿元，非专业视听设备制造实现增加值13.9亿元，广播电视设备实现增加值1.6亿元，智能消费设备制造实现增加值1.2亿元。全年生产电子元件32.6亿只、半导体分立器件1105.2亿只、光电子器件993亿只，其中光电子器件占全省光电子器件产量（6559.2亿只）的15.1%。集群拥有佛山南海电子信息产业

表15 2021年佛山市主营业务收入超10亿元新一代电子信息企业一览表

2021年主营业务收入	企业名称
100亿元及以上（1家）	佛山群志光电有限公司
20亿～50亿元（4家）	佛山市国星光电股份有限公司
	佛山市顺德区顺达电脑厂有限公司
	广东昇辉电子控股有限公司
	全亿大科技（佛山）有限公司
10亿～20亿元（1家）	腾龙光学（佛山）有限公司

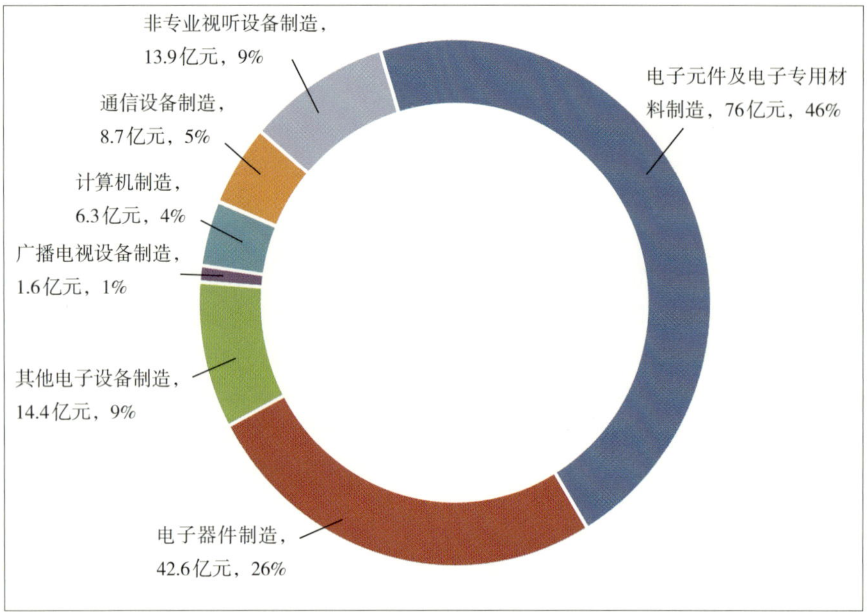

图 3　**2021 年佛山市新一代电子信息产业集群细分领域增加值及占比情况图**

园、佛高区云东海电子信息产业园、中南高科高明智汇城、华南高能激光产业园（佛山光城）、华南（三水）智能网联车载电子集成产业园、顺芯城（容桂）高端芯片产业园、顺德开源芯片产业城、华腾芯城等一批产业载体，拥有以群志光电、昇辉电子、国星光电、顺达电脑、全亿大科技、瑞德智能、腾龙光学等为代表的龙头企业，以及盛路通信、蓝箭电子、航天柏克、朝野科技等“隐形冠军”企业，集群上市企业有13家。

【新一代电子信息产业集群区域布局】
2021年，佛山市新一代电子信息产业集群规模以上企业主要分布在顺德区和南海区。顺德区主要为电子元器件制造企业，作为顺德区的家电企业的上游配套。至年底，佛山拥有佛山光电显示产业基地、佛山物联网和云计算产业基地、顺德OLED产业基地、顺德物联网技术及应用示范产业基地等4个省市共建战略性新兴产业基地（高端新型电子信息）。佛山南海电子信息产业园、佛山电子通信产业园（三水）成为全市5G等新一代信息通信发展的重点园区载体。

【新一代电子信息企业上市】 2021年，佛山市推动新一代电子信息科技创新型企业上市，借助资本市场实现快速发展。其中：广东希荻微电子股份有限公司是国内领先的电源管理及信号链芯片供应商，是首个获美国高通全球参考设计认证的中国企业，获批上海证券交易所科创板IPO（首次公开募股）注册，通过上市融资实现营收比上年增长76.6%，利润比上年增长4040.7%；广东莱尔新材料科技股份有限公司是电子元器件功能性胶膜材料及其应用领域的领先企业，在上海证券交易所科创板上市，募集资金布局新材料与电子领域高新技术产业化基地、晶圆制程保护膜产业化、高速信号传输线（4K、8K、32G）产业化等项目；广东富信科技股份有限公司是全产业链半导体热电技术解决方案提供商，其“高性能热电材料快速制备与高效器件集成制造新技术及应用”项目曾获国家科技进步二等奖，在上海证券交易所科创板上市，募集资金加快半导体热电器件及系统产业化升级、半导体热电整机产品产能扩建及研发中心建设。

【新一代电子信息产业重大项目招商】
2021年，佛山市推动新一代电子信息行业领域龙头重大项目招商，通过“链主”招商驱动产业裂变，补强全市新一代电子信息产业链关键环节。与世界500强富士康集团下属企业信扬科技（佛山）有限公司签约，投资100亿元建设成像模组生产基地项目，建设月产能约5000万颗成像模块的生产线，加强佛山市消费类电子产品领域关键环节。中科诺集团投资100亿元在佛山建设总部及生产基地，整合产业链资源，导入集团上下游企业进驻，布局消费电子类、数码类、智能穿戴和智能家居类、高端

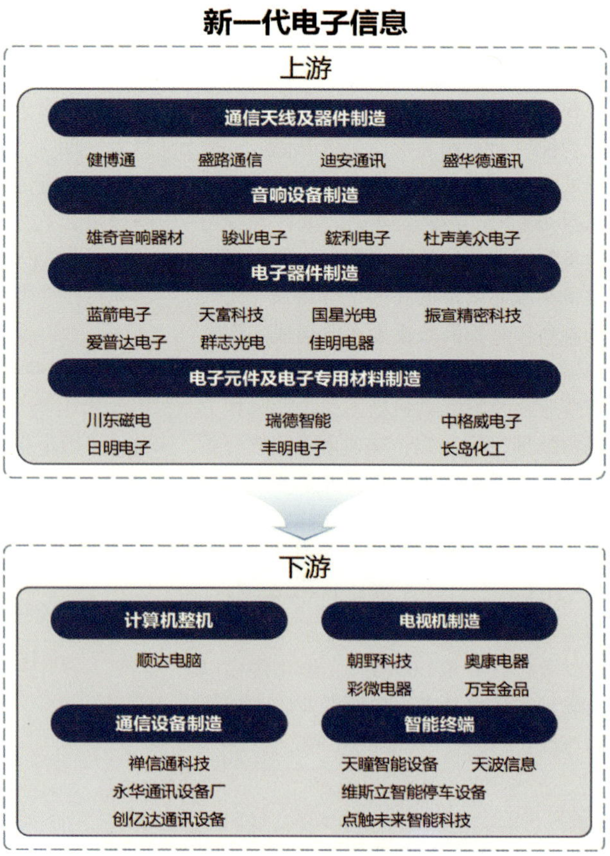

图 4　**2021 年佛山市新一代电子信息产业集群产业链情况图**

和智能装备制造类等产业。中兴新通讯有限公司整合旗下智能制造业务资源，投资50亿元在佛山建设“中兴新智能制造产业基地项目”，构建5G产业链及下一代信息通信产业链为核心的上下游关键项目，并以此作为中兴新未来智能制造板块上市主体。此外，飞荣达通信集成大湾区生产基地项目、德珑磁电上市总部及高端制造基地项目、丰广（三水）智能制造产业项目等项目落地，提升佛山在通信集成热管理和电磁屏蔽、半导体设备开发、半导体智能传感器和集成电路芯片（MCU）、电子磁元器件、高性能电子新材料、医疗影像器械等领域嵌入产业链关键环节的深度。

【新一代电子信息中小企业竞争力提升】2021年，佛山市新一代电子信息中小企业加快发展，细分产品领域具备较强市场竞争优势。其中：广东赛昉科技有限公司发布全球首款基于Linux操作系统的RISC-VAI单板计算机，具备台式机所有可扩展性功能，凭借Linux与RISC-V的相融合，降低RISC-V开发者的使用门槛及便捷度；佛山弘视智能信息科技有限公司是国内最早从事视频图像识别的人工智能算法公司之一，长期为公安部定制涉专业级行为分析算法，市场占有率高达80%；广东福顺天际通信有限公司专注无线通信领域技术研究，以龙伯透镜技术为核心实现低介电常数超材料研发和制造，是国内首家发布龙伯透镜天线商业化应用的企业；广东微电科技有限公司聚焦半导体磁传感器件设计，磁传感芯片、磁开关芯片、姿态传感器、核磁共振铁物质探测器等系列产品，在精确度、稳定性上做到可直接替代国外同类产品；佛山市顺德区创格电子实业有限公司专注于薄膜电容器制造，拥有电容器领域48项专利，15个系列产品获广东省高新技术产品认定，产品市场占有率居全省前列；佛山市尼博微电子有限公司专业从事芯片设计开发，MOSFET研发设计水平国内排名前列，SiC MOSFET产品电能损耗、耐高温、开关损耗、散热等性能优异，SGT MOSFET产品具备新工艺、尺寸小、良品率高等优势。

（陈　枫）

绿色石化产业集群

石油化工产业

【概况】2021年，佛山市有规模以上石油化工企业411家，有7家石油化工制造企业年营收规模超10亿元，其中，科顺防水科技股份有限公司营收规模超50亿元。全年全市石油化工产业实现工业增加值223.6亿元，实现工业总产值1277亿元，其中，化学原料和化学制品制造业实现产值1143亿元（占全市石油化工产业产值比重90%）、精炼石油产品制造实现产值134亿元。全市化学原料和化学制品制造业主要集中在三大领域：涂料、油墨、颜料及类似产品制造（增加值83.5亿元），合成材料制造（增加值31.0亿元），以及专用化学产品制造（增加值75.6亿元）。其中涂料年产量165.1万吨，占全省涂料产量（537.4万吨）的30.7%。佛山市石油化工企业主要分布在南海区、顺德区和三水区。三水区大塘工业园为广东省四大化工专区之一，也是全市唯一的化工专区，大塘镇是“广东（三水）日化产业基地”。

【精细化工企业技术研发】2021年，佛山市精细化工企业通过技术研发进入新材料领域，衍生出一批先进材料产品。其中：华运通达科技集团有限公司研制的“高韧静音型同步摊铺超薄沥青磨耗层GT-8，常规实施厚度为0.8 ~ 1.2厘米，刷新业内沥青最薄纪录，且目标寿命超8年，具有远超常规沥青混合料的抗裂性能，可直接应用与水泥混凝土

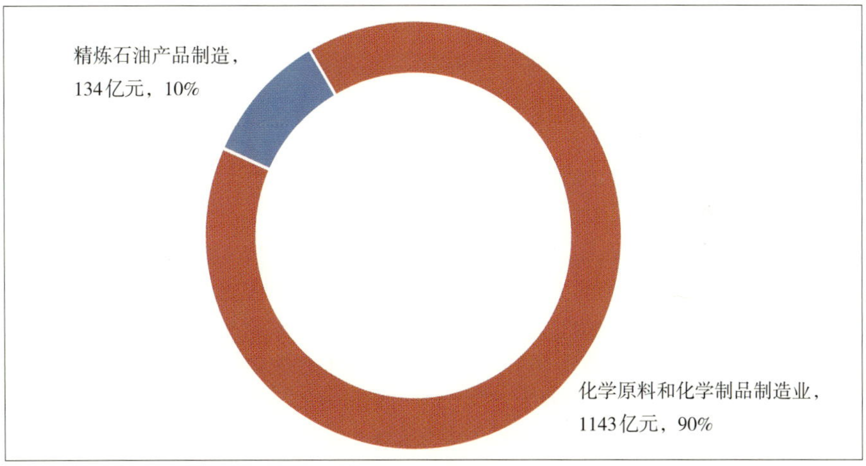

图5　2021年佛山市石油化工产业细分领域产值及占比情况图

表16　2021年佛山市主营业务收入超10亿元石油化工企业一览表

2021年主营业务收入	企业名称
50亿 ~ 100亿元（1家）	科顺防水科技股份有限公司
20亿 ~ 50亿元（3家）	佛山高富中石油燃料沥青有限责任公司
	创莱纤维（佛山）有限公司
	英力士苯领高分子材料（佛山）有限公司
10亿 ~ 20亿元（3家）	广东德美精细化工集团股份有限公司
	佛山市顺德区巴德富实业有限公司
	广东米高化工有限公司

路面的加铺；广东美涂士建材股份有限公司于年内推出行业首家能抗甲醛的艺术漆，通过强效抗菌、双引擎净味、白竹炭微循环等技术应用，开创艺术涂料也能抗甲醛的行业先河，产品通过美国绿色卫士UL金级国际环境认证和法国VOC标签A+级认证。

【顺德艺术涂料产业联盟成立】 2021年5月31日，顺德艺术涂料产业联盟在佛山市顺德区成立，由佛山市顺德区涂料商会发起，40家艺术涂料及相关产品企业组成，是集艺术涂料的产品研发、生产制造、营销、设计、涂装施工服务等于一体，由相关上下游企业自愿组成的，以共同进步、共同发展为目的的产业集群组织。联盟于同年7月首次采用组团形式参加第二十三届中国（广州）国际建筑装饰博览会，受到行业关注。

（陈　枫）

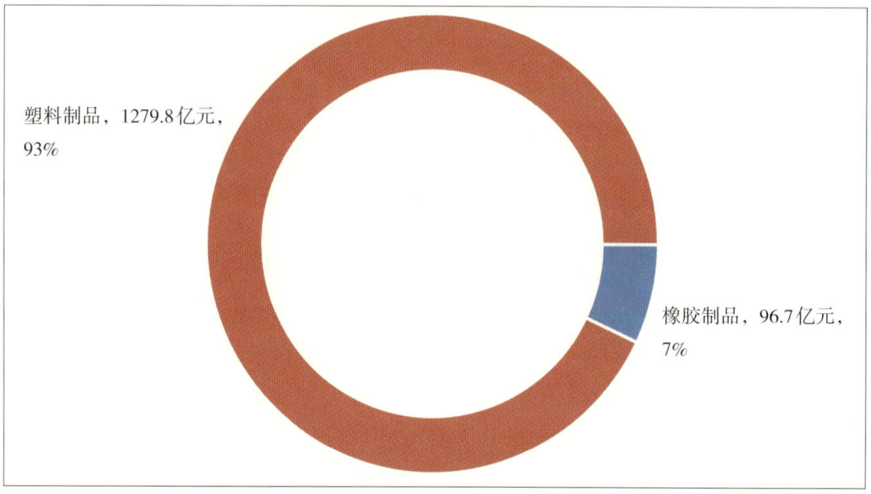

图6 2021年佛山市橡胶和塑料制品业细分领域产值及占比情况图

表17　2021年佛山市主营业务收入超10亿元橡胶和塑料制造企业一览表

2021年主营业务收入	企业名称
100亿元及以上（1家）	广东联塑科技实业有限公司
20亿～50亿元（2家）	日丰企业（佛山）有限公司
	广东顺威精密塑料股份有限公司
10亿～20亿元（1家）	广东雄塑科技集团股份有限公司

橡胶和塑料制造业

【概况】 2021年，佛山市有规模以上橡胶和塑料制造业企业641家，有4家企业年营收规模超10亿元，其中广东联塑科技实业有限公司营收规模超100亿元。全年全市橡胶和塑料制造业实现工业增加值257.9亿元，实现工业总产值1376.5亿元。其中，塑料制品业实现产值1279.8亿元（增加值239.4亿元），占全市橡胶和塑料制造业产值比重93.8%，橡胶制品业实现产值96.7亿元（增加值18.5亿元）。全市塑料制品业年产量577.5万吨，占全省塑料制品产量（1510.1万吨）比重38.2%。规模以上橡胶和塑料制造业企业主要分布在南海区、顺德区和三水区。

【橡胶和塑料制造企业技术研发】 2021年，佛山市橡胶和塑料制造骨干企业以提高技术水平和附加值为核心，研发新技术及新产品。其中：日丰企业（佛山）有限公司在日丰管、日丰玻璃胶等品类的基础上，结合新冠肺炎疫情衍生的抗菌健康需求，加大抗菌、健康产品研发力度，适时推出系列抗菌管材、健康饮水管道系统、舒适地暖管道系统等解决方案；广东顺威精密塑料股份有限公司为全球规模、市场占有率、研发实力均位于前列的空调风叶生产厂家，企业加快部署建设5G+贯流AI视觉检测系统，以机器视觉检测代替人工检测，提高质检效率及产品合格率；佛山市德联邦盛光电科技股份有限公司是国内新型光学材料PS改性技术领域领先者，专注于发光二极管微纳米结构导光板与扩散板研发，企业研制出行业首创0.5毫米的PS超薄扩散板；佛山伟利信电子材料有限公司研发、生产出上百款用于不同领域的PET保护膜、离型膜等产品，拥有客户超200家，服务

图7　2021年佛山市橡胶及塑料制品产业链情况图

于苹果、华为等企业；佛山市南海新兴利合成纤维有限公司通过转型升级成为亚洲最大的索带生产企业，再度成长为亚洲最大的塑钢带生产厂家，其生产的塑钢带占据国内行业市场超60%的份额、省内行业市场85%的份额；佛山市中技烯米新材料公司瞄准高性能膜材料、纳米材料等领域开展研究，发展成为国内高端集流体的领军企业，其在石墨烯集流体方面的研发，填补国内新能源材料的空白，2019—2021年的营业收入年均增长13.25%以上；佛山市大为科技有限公司完成从高分子材料设计、纳米浆料配方研发到超薄涂布技术等核心技术的研发与应用，解决国产涂碳铝箔的技术痛点。

【2021（广东·佛山）国际塑料产业展览会举行】 2021年3月10—12日，2021（广东·佛山）国际塑料产业展览会在佛山潭洲国际会展中心举行，展会由北京国威国际展览有限公司主办，广东省塑料工业协会、河南省塑料协会等20个省级行业协会协办，展会设标准摊位800余个，展出面积3万余平方米，观众数量超8万人次，其中橡塑包装印刷企业被视为优质外贸平台，海外观众占30%。展会响应国家环保号召，特增添生物降解材料展区。展会同期举办降解塑料高峰论坛。

（陈 枫）

智能家电产业集群

【概况】 2021年，佛山市智能家电产业集群有规模以上企业936家，有15家企业年营收规模超10亿元，其中美的、海信、格兰仕、万和集团、新宝电器5家企业营收规模超100亿元。全年全市智能家电产业集群实现工业总产值5196.9亿元，包括家用电力器具完成产值3171.8亿元、燃气及类似能源家用器具制造实现产值327.6亿元、照明灯具制造实现产值237.5亿元等。全年全市空调产量1768.6万台，占全省空调产量的26.3%；家用洗衣机产量375.5万台，占全省家用洗衣机产量49.6%；家用电冰箱产量403.7万台，占全省家用电冰箱产量19.3%；电饭锅产量3568.3万台，占全省电饭锅产量34.5%；微波炉产量6095.5万台，占全省微波炉产量66.7%。

【清洁电器加快发展】 2021年，佛山市家电企业加快布局清洁电器。美的集团提出建立全屋清洁产品规划，针对整个家庭的地面清洁、厨卫清洁、布艺清洁等，建立一整套完整解决方案，美的清洁电器涵盖吸尘器、洗地机、蒸汽产品、除螨仪及新型家用清洁产品等七大类产品，成为清洁电器行业品类最齐全的企业之一。格兰仕集团先后推出GZ20空气消毒机和超薄滚筒洗衣机U1，超薄滚筒洗衣机U1

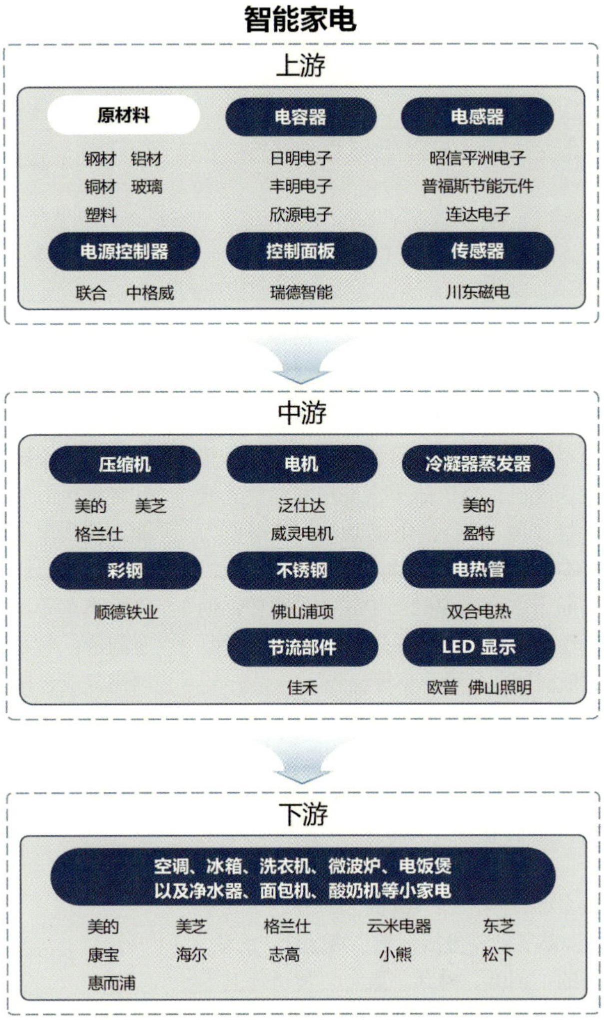

图8 2021年佛山市家电制造产业链情况图

表18 2021年佛山市主营业务收入超10亿元家电企业一览表

2021年主营业务收入	企业名称
100亿元及以上（5家）	美的集团股份有限公司
	海信家电集团股份有限公司
	广东格兰仕集团有限公司
	广东万和集团有限公司
	广东新宝电器股份有限公司
20亿～50亿元（8家）	佛山市顺德海尔电器有限公司
	佛山市云米电器科技有限公司
	小熊电器股份有限公司
	佛山海尔滚筒洗衣机有限公司
	广东万家乐燃气具有限公司
	广东开利暖通空调股份有限公司

续表

2021年主营业务收入	企业名称
20亿~50亿元（8家）	广东松下环境系统有限公司
	东芝家用电器制造有限公司
10亿~20亿元（2家）	广东康宝电器股份有限公司
	广东惠而浦家电制品有限公司

将高温蒸汽杀菌的领先技术应用到洗衣机，实现通过高温除菌技术和巴氏除菌技术除菌消毒。广东新宝电器股份有限公司旗下“摩飞”品牌计划发布绿色智能洗地机、自清洁蒸汽地拖和轻量无线除螨仪等3款清洁电器新品，其中作为进军清洁电器的首款产品，智能洗地机不同于主流品牌的气尘式技术路径，创新性地采用水尘循环技术，具备重量轻、续航时间久、噪声小等优势。

【2021佛山（顺德）家电博览会】 2021年3月10—12日，2021佛山（顺德）家电博览会在佛山潭洲国际会展中心举行，展会由顺德家电商会、慧聪拿货商城主办，顺德燃气具商会协办，参展企业400多家，包括万和、格兰仕、海信、美的、创维、帅邦、康宝、神州厨卫等众多家电品牌，展出近1万款产品，3天展期观展客户3万多人次，现场交易额超10亿元。展会直接接通供应链与市场的环节，推动家电行业的交流与发展。

（陈　枫）

汽车制造产业集群

【概况】 2021年，佛山市汽车制造产业集群有规模以上企业218家，其中规模以上零部件企业203家，有16家企业年营收规模超10亿元，一汽-大众、本田汽车零部件2家企业营收规模超100亿元。全年全市汽车制造产业集群完成工业总产值1259.8亿元，其中一汽-大众产值306.1亿元，为全市最大的整车生产企业。全市汽车制造业实现工业增加值269.0亿元，比上年增长5.9%，占全省该行业增加值（2052.1亿元）13.1%。从细分领域看，汽车零部件及配件制造增加值264.3亿元，改装汽车制造增加值1.2亿元，汽车车身、挂车制造增加值3.5亿元。汽车制造企业主要分布在南海区和顺德区。年内，佛山市新能源汽车产业加快集聚发展，新能源汽车全产业链布局基本形成。一汽-大众、北汽福田、飞驰汽车等汽车整车企业布局新能源汽车制造；东方精工、金辉高科、科力远、国鸿氢能、德方纳米等企业致力于动力系统研发生产；中研能源、帕克新能致力于研发生产建设充电装置；季华实验室、先进能源科学与技术广东省实验室佛山分中心（佛山仙湖实验室）、广东省武理工氢能产业技术研究院等平台加快建设及完善。新能源汽车示范推广方面，截至年底，全市累计推广应用新能源汽车6.04万辆，其中氢能源汽车1487辆。新能源汽车应用基础设施建设方面，全市建有加氢站28座，建有充电站240座、充电桩7244个（不含私人充电桩）。

【佛山企业跨界进入新能源汽车行业】 2021年，佛山市企业跨界进入新能源汽车行业。美的集团旗下北京合康新能科技股份有限公司在新能源汽车动力总成及关键零部件上与国内多家主流车厂形成配套关系，美的威灵汽车计划投资110亿元打造安庆威灵新基地。海信家电集团斥资214亿日元完成对全球领先的汽车空调压缩机和汽车空调一级制造商三电株式会社的并购，通过三电控股的新一代电动压缩机、综合热管理系统和汽车空调产品，实现向新能源汽车产业的拓展。盈峰集团旗下广东天枢新能

表19　2021年佛山市主营业务收入超10亿元汽车制造企业一览表

2021年主营业务收入	企业名称
100亿元及以上（2家）	一汽-大众汽车有限公司佛山分公司
	本田汽车零部件制造有限公司
20亿~50亿元（3家）	广东浦项汽车板有限公司
	爱信精机（佛山）车身零部件有限公司
	佛山市丰富汽配有限公司
10亿~20亿元（11家）	广东德联集团股份有限公司
	广东东亚电器有限公司
	北汽福田汽车股份有限公司佛山汽车厂
	丰田合成（佛山）汽车部品有限公司
	佛山东海理化汽车部件有限公司
	广东东箭汽车科技股份有限公司
	市光法雷奥（佛山）汽车照明系统有限公司
	佛山市科霸新能源汽车动力电池有限责任公司
	佛山顺德矢崎汽车配件有限公司
	广东时利和汽车实业集团有限公司
	法雷奥发动机冷却（佛山）有限公司

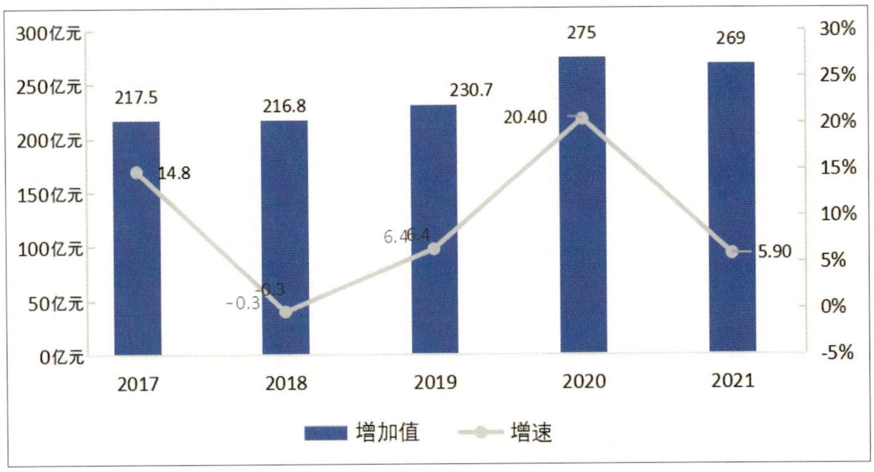

图9　2017—2021年佛山市汽车制造业增加值及增速情况图

源科技有限公司联合广汽集团旗下广州巨湾技研有限公司共建超充网络，依托天枢的全功率柔性智能分配充电堆、液冷超充终端、异桩环网柔性同充技术，以及广州巨湾的超级快充动力电池技术，实现最快8分钟可充电80%，让充电像加油一样快。佛山电器照明股份有限公司深化车用照明领域布局，扩大车用照明板块生产规模，与东风柳汽、东风日产、吉利、福特等多家主机厂达成合作，切入国内乘用车LED（发光二极管）照明整车供应市场，新能源汽车领域为“理想One”汽车提供照明产品解决方案累计14万辆。

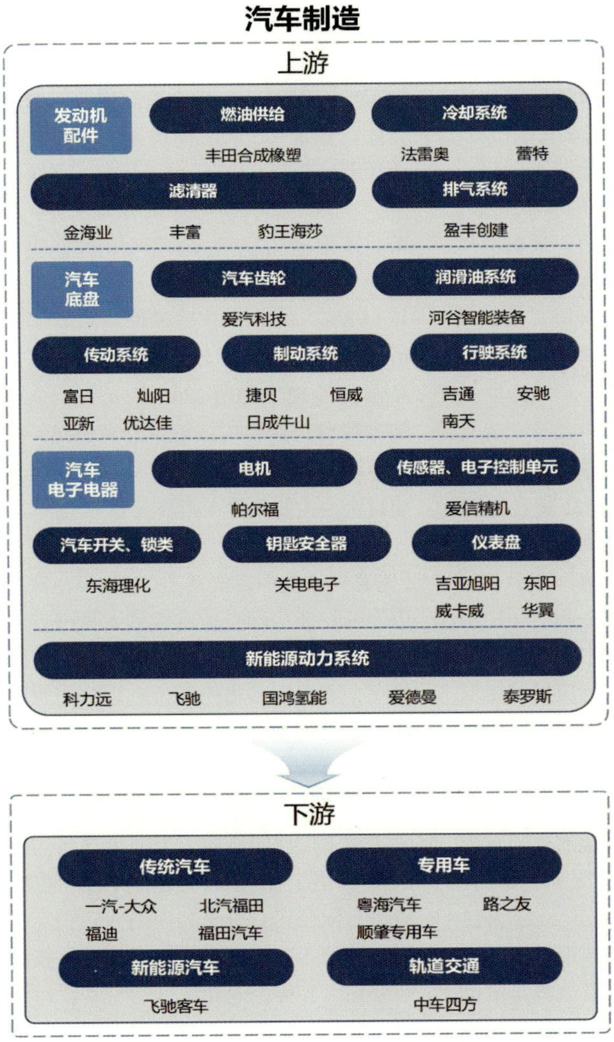

图10　2021年佛山市汽车制造产业链情况图

【氢能汽车产业发展】 2021年，佛山市完善氢能产业生态，推动氢能汽车产业发展。由中石化旗下恩泽基金与康明斯公司共同出资成立的康明斯恩泽制氢科技有限公司签约落地仙湖氢谷，将生产质子交换膜（PEM）电解水制氢设备，一期具备年产500兆瓦能力，后续产能可扩大到1000兆瓦级，同时将为制氢市场提供多种产品系统解决方案，应用于加氢站及工业制氢等多元化应用场景。仙湖实验室、佛山仙湖氢电科技有限公司联合陕西同力重工股份有限公司共同研发总重达100吨的绿色“巨无霸”氢燃料电池重型卡车，是全国首台氢燃料电池非公路宽体自卸车。广顺新能源动力科技有限公司是国内唯一一家具备生产氢燃料电池压气机等核心部件能力、唯一能生产无油润滑压缩机的精密制造企业，生产规模位居全球第三，国内氢燃料电池压气机等零部件市场占有率70%～80%，与上汽集团、长江EV、五龙客车、中通、宇通、五洲龙等多家整车厂形成合作关系。国内首个氢能叉车应用整体解决方案在佛山落地，由蒙娜丽莎集团股份有限公司提供应用场景，英飞腾（佛山）氢能源科技有限公司联合合力叉车、中集安瑞科、联悦气体等供应商提供从供氢、加氢，到氢能叉车租赁的一揽子解决方案，打造氢燃料电池场内应用范例。

【新能源汽车产业配套服务提升】 2021年，佛山市提升新能源汽车相关产业配套服务能力。广东泓胜科技股份有限公司布局交通安全产业链上游，自主研发机动车检测系统、机动车监测联网系统、5G智能交通系统的制造及工艺技术、算法技术等核心技术，以增强公司机动车检测及监测联网系统、智慧交通系统产品的研发及制造能力。广东能芯半导体科技有限公司建设国内首个基于德国体系和标准的可靠性测试实验室，着手布局新能源汽车关键半导体零部件检测、整车检测等业务。佛山绿色发展创新研究院承担国家技术标准创新基地（氢能）的建设运行，研发的氢气质量快速检测仪，数秒内实现氢气质量现场快速分析，填补国内国际空白。

（陈　枫）

【新能源汽车推广】 截至2021年底，佛山市累计推广新能源汽车6.04万辆，比上年增加超3万辆。其中，累计推广氢能源汽车1487辆（公交车1000辆、物流车478辆、客车9辆），氢能有轨电车5列，车辆安全运行达千万千米，佛山市成为国内交通领域氢能终端应用推广规模最大的城市之一。全市在运营的6952辆公交车更新为新能源公交车，实现新能源公交应用100%。全市建有加氢站28座，建有充电站240座、充电桩7244个（不含私人充电桩），为新能源汽车推广应用提供支撑。

【新能源汽车创新平台建设】 2021年，佛山市推进新能源汽车科研平台搭建，推动新能源汽车产业创新发展。加快推动季华实验室、先进能源科学与技术广东省实验室佛山分中心（佛山仙湖实验室）、广东省武理工氢能产业技术研究院等科研平台建设和完善。其中，国家技术标准创新基地（氢能）通过国家市场监督管理总局验收，完成标准创新服务、技术研发服务、检测认证服务、数据信息服务、国际交流合作、高端人才智库等六大平台建设。新能源汽车大数据服务与管理华南中心启动运行，是华南地区接入企业最多、接入数量最多、接入车型最全的第三方新能源汽车信息平台。年内，国家技术标准创新基地（氢能）、国家汽车质量监督检验中心（广东）、燃料电池及氢源技术国家工程中心华南中心、佛山绿色发展创新研究院、佛山环境与能源研究院、佛山（华南）新材料研究院、氢能标准化创新研发中心、佛山（云浮）氢能产业与新材料发展研究院、广顺联合研发中心等氢燃料电池产业研发平台正常运营。

【佛山市首座加氢充电光伏发电综合能源站投入试运行】 2021年1月18日，由佛燃能源集团股份有限公司打造的佛山市首座集加氢、充电、光伏发电功能于一体的顺德区顺风加氢站进入试运行。顺风加氢站是在原顺风加气站基础上改建而成的三级加氢站，该站具有功能集约、旧站改造再利用、建站快、可复制性强的优点，模式可在佛山现存闲置压缩天然气（CNG）加气站、液化天然气（LNG）加注站上推广。顺风加氢站总投资超1300万元，其加氢能力为每天1000千克，每天可为80辆氢燃料电池公交车提供加氢服务。该站配套有光伏发电装置及充电桩，光伏发电电量优先用于站内自用及充电桩，多余部分电量将上传至国家电网。顺风加氢站的投入运行，缓解区域氢源短缺现状，完善佛山市加氢站网络格局。

【一汽-大众华南基地成为国内电动车项目率先采用绿色电力整车厂】 2021年1月起，一汽-大众华南基地实现MEB电动车项目100%采用绿色电力资源，成为国内汽车行业电动车项目率先采用绿色电力的整车厂，树立绿色环保新标杆。一汽-大众华南基地自2018年6月全面建成投产以来，致力于绿色工厂的打造。一汽-大众华南基地先从节能降耗入手，将一系列提高能效和资源利用率、绿色环保的技术，如太阳能路灯照明、污水处理和再利用、“三明治”板材等，应用于工厂建设中。同时从生产环节所需的能源，到办公场所的能源需求，再到厂区公共区域运营所需能源，找准环境能源优化点，包括5项管理节能、2项设备更新、13项技术节能，推动减少二氧化碳排放。为平衡不可避免的二氧化碳排放，特别是厂区生产生活以及涂装车间烘干炉等设备设施所必须排放的二氧化碳，基地计划使用森林补偿项目，通过植树造林，依靠绿植吸收空气中的二氧化碳，对该部分的二氧化碳进行吸收，从而达到平衡。2020年实现MEB项目电力消耗排放二氧化碳为“零”。

【广东燃料电池汽车示范应用城市群启动】 2021年12月8日，2021联合国开发计划署氢能产业大会在佛山市南海区举行。会上，广东燃料电池汽车示范应用城市群各示范城市代表一起启动广东燃料电池汽车示范应用城市群工作，标志着广东燃料电池汽车示范应用城市群进入推动落实示范任务的新阶段，示范期至2025年。2021年8月，财政部、工业和信息化部、科技部、国家发展改革委、国家能源局五部委联合批复同意由佛山市牵头，联合广州、深圳、福州、珠海、东莞、中山、阳江、云浮、包头、六安和淄博等省内外城市组建的广东城市群为首批国家燃料电池汽车示范城市群。广东燃料电池汽车示范应用城市群是3个首批启动的示范应用城市群中，区域跨度最大、示范城市数量最多的城市群。广东燃料电池汽车示范应用城市群计划到示范期末实现电堆、膜电极、双极板、质子交换膜、催化剂、碳纸、空气压缩机、氢气循环系统等八大关键零部件技术自主可控，并具备自主知识产权的产品配套应用，推广超1万辆燃料电池汽车，形成超46万吨的氢气供应体系，建成200座以上加氢站，降低氢气售价至35元/千克以下（省内30元/千克以下），构建完善的燃料电池汽车政策体系等目标。

（市发展改革局）

先进材料产业集群

陶瓷建材产业

【概况】 2021年，佛山市有规模以上陶瓷建材企业679家，有10家陶瓷建材企业年营收规模超10亿元，其中，蒙娜丽莎、华兴玻璃、新明珠陶瓷等3家企业营收规模超50亿元。全年全市陶瓷建材行业实现增加值658.5亿元，比上年增长11.6%，包括非金属矿物制品业实现增加值381.9亿元，建筑、安全用金属制品制造实现增加值276.2亿元等。全市陶瓷建材行业实现产值3017.4亿元，全年生产墙地砖面积9.73亿平方米。陶瓷建材企业主要聚集在南海区和三水区。

【陶瓷行业集中度提高】 2021年，佛山市陶瓷行业头部企业继续做大做强，陶瓷行业集中度提高。陶瓷行业出现并购热潮，蒙娜丽莎集团股份有限公司收购江西普京陶瓷有限公司；广东天安新材料股份有限公司成功竞买鹰牌集团4家子公司66%股份；广东宏宇集团有限公司旗下广西宏胜陶瓷有限公司收购广西新中陶陶瓷有限公司；广东东鹏控股股份有限公司全资子公司山西东鹏新材料有限公司收购山西金世家陶瓷科技有限公司。头部企业相继开启资本营运模式，箭牌家居集团股份有限公司发布预披露招股说明书，拟在深圳证券交易所

表20 **2021年佛山市主营业务收入超10亿元陶瓷建材企业一览表**

2021年主营业务收入	企业名称
50亿～100亿元（3家）	蒙娜丽莎集团股份有限公司
	广东华兴玻璃股份有限公司
	广东新明珠陶瓷集团有限公司
20亿～50亿元（2家）	佛山欧神诺陶瓷有限公司
	恒洁卫浴集团有限公司
10亿～20亿元（5家）	箭牌家居集团股份有限公司
	佛山市高明安华陶瓷洁具有限公司
	佛山市汇江混凝土有限公司
	佛山科勒有限公司
	佛山海螺水泥有限责任公司

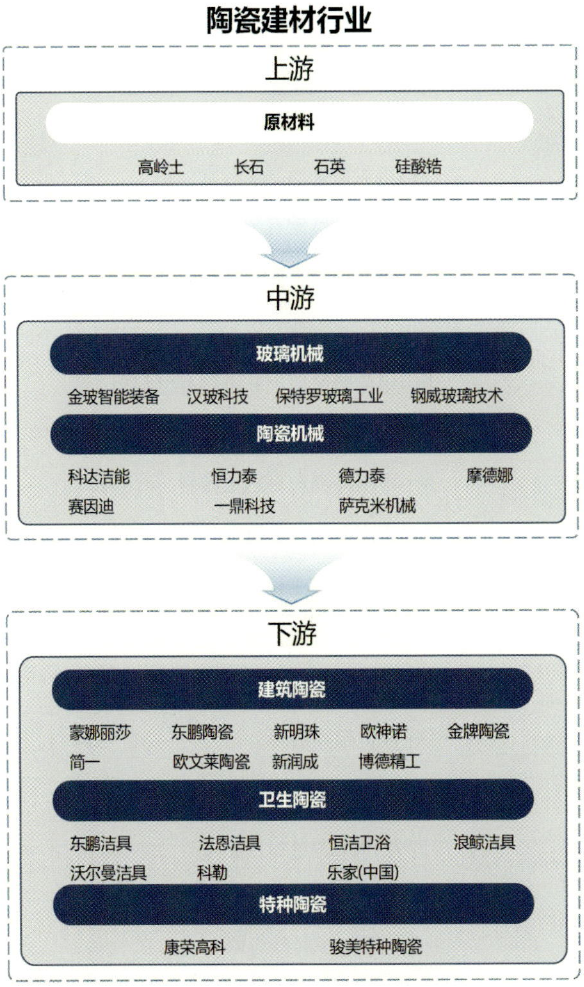

图11 **2021年佛山市陶瓷建材产业链情况图**

主板上市；新明珠集团更名"新明珠集团股份有限公司"，正式启动首次公开募股（IPO）辅导；顺成陶瓷集团举行IPO启动会。龙头企业继续投资扩张，广东东鹏控股股份有限公司投资50.8亿元建设江西丰城智能陶瓷家居产业园9条智能岩板生产线和年产260万件智能整装卫浴等项目；广东宏宇集团有限公司与广西藤县政府签订协议，投资20亿元建12条生产线，达产后瓷砖产量1.32亿平方米以上；新明珠集团签约重庆市永川区，打造"西南绿色智能生产基地"。

【建材行业发展】 2021年，佛山市建材行业继续开拓高端市场，门窗企业实现从制造业企业向生产性服务商转型。其中：广东华兴玻璃股份有限公司继续引领国内小口压吹轻量化发展，率先在国产行列机小口压吹轻量化产品生产技术上取得突破，获国内外众多知名品牌关注，与可口可乐、百威、雀巢、海天、老干妈等知名品牌企业建立长期合作关系；广东亿合门窗科技有限公司成为技术标准输出者，为其他门窗制造企业提供工厂系统、人才培训和工厂托管服务，从输出产品到输出制造能力，实现从制造业企业向生产性服务商转型。

【装配式建筑与绿色建筑发展】 2021年，佛山市探索开展全国绿色建材试点，引导企业发展装配式建筑、绿色建筑。印发《佛山市推广绿色建材促进建筑品质提升试点工作实施方案》，制定佛山标准，编制《佛山市绿色建材基本要求》《佛山市绿色建材产品进入目录工作指引》，加快推进建立佛山绿色建材目录，共发布14批来自95家企业的建材产品827项。规范绿色建材试点项目实施，制定《佛山市绿色建材试点项目应用绿色建材技术指引》《佛山市绿色建材试点项目实施指引》等一系列配套政策，确定70个绿色建材试点项目，259万平方米，总投资额168亿元。举办2021中国绿色建材与装配式建筑展、绿色建材及装配式建筑观摩会等。全年全市新建装配式建筑面积960万平方米，占新建建筑面积24.26%，完成绿色建筑评价项目170个，建筑面积1686.33万平方米。

（陈 枫）

金属制品业

【概况】 2021年，佛山市有规模以上金属制品业企业1185家，有36家企业年营收规模超10亿元，其中，兴发铝业、凤铝铝业等2家企业营收规模超100亿元，富华机械、浦项钢材、精艺金属等3家企业营收规模超50亿元。全年全市金属制品业实现增加值635.8亿元，比上年增长11.4%，其中建筑、安全用金属制品制造实现增加值276.2亿元，结构性金属制品制造实现增加值129.4亿元，金属制日用品制造实现增加值56.5

亿元。佛山市金属制品业增加值占全省该行业增加值（1839.1亿元）的34.6%。全市金属制品业实现产值3342.2亿元，全年生产不锈钢日用制品13.2万吨，占全省不锈钢日用制品产量（98.6万吨）的13.4%。

【金属制品业二区域布局】 2021年，佛山市规模以上金属制品企业主要集聚在南海区和顺德区。南海区丹灶镇素有“中国日用五金之都”称号，聚集一批日用五金企业，涵盖灯饰五金、厨卫五金、五金配件等多个领域；以铝型材生产为主的有色金属加工业是大沥镇的支柱产业，其中建筑用铝型材加工业全国闻名，是“中国铝材第一镇”“中国有色金属名镇”“中国再生金属物流加工基地”“广东省有色金属产业集群升级示范区”。顺德区乐从镇钢铁贸易的仓储、分拨、集并、理货、配送等全流程完善，为全国钢铁行业储能最大、配套最完善的钢铁物流仓储基地，同时也是全国最大的钢铁贸易集散中心；勒流街道的家居五金产业是国内规模最大的中高端家居五金产业集群，五金制品占亚洲五金制品市场的50%、占国内家居五金制品市场的60%，是“中国家居五金之都”“小五金专业镇”“创新示范专业镇”“中国滑轨产业基地”“中国铰链产业基地”等。

【金属制品业标准体系构建】 2021年，佛山市金属制品业推动标准化、技术创新及应用拓展，通过骨干企业带动产业转型升级。构建标准体系推动产品、装备质量提升，广东华昌集团有限公司实现连续3年获全国企业标准“领跑者”称号，年内成为同行业唯一入选国家级消费品标准化试点的企业，铝合金建筑型材-隔热型材等3个产品被列入佛山标准产品。广东兴发铝业有限公司“铝型材生产关键工艺装备及智能化优化技术与应用”项目成果获2021年度广东省科学技术奖科技进步二等奖。广东坚美铝型材厂（集团）有限公司自主研发的新型高强韧结构铝型材新能源乘用车车体，强度高、质量轻、耐腐蚀性能好、易加工成形、焊接性能好，应用于一汽解放、

表21　2021年佛山市主营业务收入超10亿元金属制品企业一览表

2021年主营业务收入	企业名称
100亿元以上（2家）	广东兴发铝业有限公司
	佛山市三水凤铝铝业有限公司
50亿～100亿元（3家）	广东富华机械集团有限公司
	浦项（钢材）加工有限公司
	广东精艺金属股份有限公司
20亿～50亿元（18家）	广东精达里亚特种漆包线有限公司
	佛山市诚德新材料有限公司
	佛山市天奇铜业有限公司
	广东东泰五金精密制造有限公司
	广东华昌铝厂有限公司
	广亚铝业有限公司
	广东坚美铝型材厂（集团）有限公司
	广东伟业铝厂集团有限公司
	佛山市祥盈盛金属实业有限公司
	佛山市盈特金属制品有限公司
	广东雄峰特殊钢有限公司
	广东锭海神针金属科技有限公司
	佛山市广成铝业有限公司
	佛山市高明基业冷轧钢板有限公司
	奥瑞金（佛山）包装有限公司
	佛山市南海创利有色金属制品有限公司
	佛山市南海华友金属制品有限公司
	佛山市三英铝业有限公司
10亿～20亿元（13家）	广东电缆厂有限公司
	广东川红实业有限公司
	广东澳美铝业有限公司
	佛山津西金兰冷轧板有限公司
	广东威奇电工材料有限公司
	佛山市华鸿铜管有限公司
	亚洲电器电缆科技有限公司
	广东合和建筑五金制品有限公司
	广东耀银山铝业有限公司

续表

2021年主营业务收入	企业名称
10亿～20亿元（13家）	佛山市三水振鸿钢制品有限公司
	广东中联电缆集团有限公司
	佛山华鹭自动控制器有限公司
	佛山市南海区全喜金属有限公司

比亚迪、长城、东风、小鹏、吉利、本田、特斯拉等汽车品牌。在工业材料方面，广东坚美铝型材厂（集团）有限公司自研产品在手机、电脑等电子设备、特高压电力设备、5G通信基站、航空航天装备、轨道交通装备、文教体育器材等细分领域使用。广东诺米家居智能科技有限公司是全国高端功能五金领军品牌，拥有较强的研发能力与精工制造基础，倡导全屋五金定制概念，整合五金产业服务链，带动五金产业转型升级。

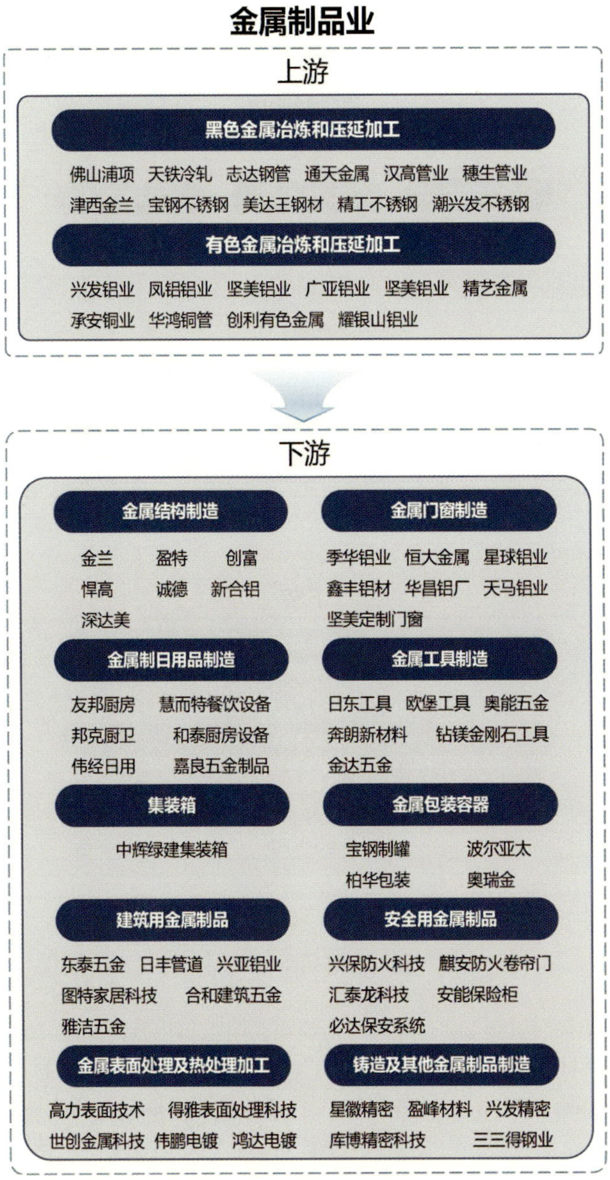

图12　2021年佛山市金属制品产业链情况图

【佛山铝业企业注册量位居全国首位】2021年，佛山市形成以铝型材、全铝家居、铝门窗、门窗五金等相关配套产业为核心的大型专业市场，铝材产业生态圈基本建立。全国铝业相关企业2.38万家，从城市分布来看，佛山以2590家铝业相关企业居企业数量首位，其次是郑州市、苏州市等。

（陈　枫）

新材料制造业

【概况】2021年，佛山市有规模以上新材料制造企业1185家，全市新材料制造业实现增加值322.7亿元，实现产值1589.5亿元。其中，钢压延加工实现产值663.5亿元，塑料板、管、型材制造实现产值323.4亿元，塑料薄膜制造实现产值275.9亿元，塑料零件及其他塑料制品制造实现产值326.7亿元。

【新材料产业发展】2021年，佛山市推动新材料产业发展，出现一批“隐形冠军”企业，在多领域技术领先。其中：佛山市南海新兴利合成纤维有限公司是亚洲最大的塑钢带生产厂家，拥有4条“一机出十带”全自动生产线，日产量80吨，塑钢带占据国内市场超60%、省内市场85%的份额。广东亿固壁安粘贴技术有限公司是国内最早从事陶瓷辅料的企业之一，以高强韧性背胶、超声乳化混合、成套材料铺贴技术和瓷砖施工系统综合解决方案成为陶瓷辅料行业的领头羊。广东天安新材料股份有限公司

图13　2021年佛山市新材料产业链情况图

收购浙江瑞欣装饰材料有限公司，获除臭不燃板领域的技术积累，在新材料技术上取得突破，产品应用从家居向大型船只（游轮）、医院内墙装饰、净化室、高铁动车、酒店内饰等公共设施及外墙等领域拓展。佛山华智新材料有限公司专注芯片散热衬底领域，大功率射频功率芯片散热衬底产品市场占有率全国第一。广东粤科新材料科技有限公司热喷涂和真空镀膜、激光制造、冷喷涂等涂层技术达国内领先水平，高性能涂层能使高端装备关键部件使用寿命提高几倍甚至10倍。

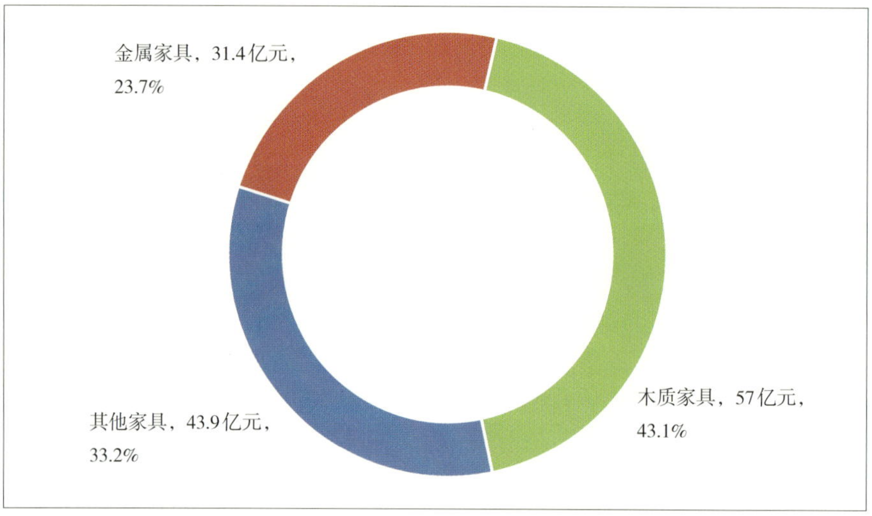

图14　2021年佛山市家具行业细分领域增加值及占比情况图

【佛山（华南）新材料研究院搬迁】2021年6月17日，佛山（华南）新材料研究院进行整体搬迁，由瀚天科技城迁至盐步产业园区。新园区启用2栋独立办公楼，高7层，建筑总面积近3万平方米。该研究院将其中面积2.4万平方米场地提供给研究院各研究中心和孵化的项目公司使用，开展科研和产业化工作。该研究院是由佛山市人民政府、清华大学材料学院和南海区人民政府共同建设的新型研发机构，以5G电子信息材料、新能源材料、智能制造材料、环境功能材料和生物医用材料五大产业研究板块为方向，开展针对新材料行业发展需求的关键技术攻关和产业化应用，推动新材料领域技术成果向地方产业转化。至年底，该研究院有研究中心6个，研发人员超160人。

（陈　枫）

现代轻工纺织产业集群

家具行业

【概况】2021年，佛山市有规模以上家具行业企业469家，有4家企业年营收规模超10亿元。全年全市家具行业实现增加值132.3亿元，比上年增长3.4%，其中木质家具实现增加值57亿元（占全市家具全行业增加值43.1%）、金属家具实现增加值31.4亿元。全市家具行业增加值占全省该行业增加值（528.1亿元）25.1%。全市家具行业实现产值662.7亿元，全年生产家具4836.9万件，占全省家具产量（22661.4万件）21.3%。

图15　2021年佛山市家具行业产业链情况图

【家具行业区域布局】2021年，佛山市家具制造业规模以上企业主要集聚在顺德区和南海区。顺德区龙江镇是省级家具行业的专业镇，325国道乐从镇至龙江镇一带被称为“十里家具长廊”，产品远销全球50多个国家和地区，顺德家具占广东省40%市场份额、国内20%市场份额。南海区九江镇拥有较完整的家具产业链，拥有家具制造企业超1000家，相关商贸企业超400家，从上游木材等原材料供应商到下游分销商，产业关联性强。

【家居产业数字化发展】2021年，佛山市推进家居产业数字化发展。广东联邦家私集团有限公司加快对“数字化综合体系”的建设，与电信运营商共建“5G智慧工厂”，构建数据中心平台，利用数字化技术在多个端口推行组织在线、业务在线、营销在线、服务在线，从响应市场，到设计、打样、生产、上线，家具最快的上线速度只需30天，快速应对市场需求，改变家具行业业态。电商

表22　2021年佛山市主营业务收入超10亿元家具企业一览表

2021年主营业务收入	企业名称
20亿～50亿元（2家）	佛山维尚家具制造有限公司
	广东林氏家居股份有限公司
10亿～20亿元（2家）	大自然家居（中国）有限公司
	佛山市欧康家具有限公司

起家的广东林氏家居股份有限公司（林氏木业）以数字化系统提升用户满意度，提升物流效率，降低损耗，该公司搭建DSR评分管理系统（卖家服务评级系统），高度关注订单取消率、消费者购买体验、收货时效性，安装配送后端服务的时效性和质量等数据，实现数字化管理，提升用户选购、交付、售后的体验满意度，在2021年“双11购物节”中，该公司全网（天猫及淘宝）“双11”成交额超15.46亿元，比上年增长27.56%，连续第九年排名淘宝及天猫平台住宅家具行业销量第一，以及阿里巴巴住宅家具类目全网第一。佛山维尚家具制造有限公司围绕家居数字化转型，基本完成定制家具生产全流程的数字化，通过重构装修服务链条，构建全屋设计仿真—虚拟装配—智能供应链—装修施工调度和作业平台等，实现装修全流程数字化、标准化、透明化；对标佛山市一级工厂的要素条件，开展包括信息化中心平台功能完善、5G+MEC+制造场景优化、定制家具产线数字孪生场景构建等工作，获评“2021年佛山市数字化智能化示范工厂”。

【国际龙家具展会和亚洲国际家具材料博览会】2021年9月13—14日，第四十一届国际龙家具展览会和第三十一届亚洲国际家具材料博览会在佛山市顺德区龙江镇举行，2个展会的整体展览面积超15万平方米，分玛奥汇展、米兰汇家具展贸中心、前进汇展中心等3个会场，参展企业超1000家。活动还同步举行“云端家博会”，为展商设立云展厅，实现所有参展商线下、线上的同步参展。

（陈　枫）

纺织服装业

【概况】2021年，佛山市有规模以上纺织服装企业812家，有4家企业年营收规模超10亿元，其中广东溢达纺织有限公司的营收规模超50亿元。全年全市纺织服装业实现增加值279.7亿元，比上年增长7.1%。其中，纺织业实现增加值169.4亿元（占全市纺织服装行业增加值的60.6%），纺织服装、服饰业实现增加值91.1亿元，化学纤维制造业实现增加值19.19亿元。佛山纺织服装业增加值占全省该行业增加值（1194.8亿元）的23.4%。全市纺织服装业实现产值1320.4亿元，全年生产布匹4.8亿米，占全省布匹产量（25.8亿米）的18.6%。

【纺织服装业区域布局】2021年，佛山市纺织服装规模以上企业主要集聚在南海区和顺德区。在产业载体空间集聚方面，市内纺织服装产业集群主要有三水大塘印染、南海盐步内衣和顺德均安服装，有一批省级专业镇，分别为禅城区张槎街道（针织业）、禅城区祖庙街道（童装）、南海区西樵镇（纺织服装）、南海区里水镇（袜业）、南海区大沥镇（内衣）、南海区桂城街道（鞋业）、顺德区均安镇（牛仔服装）。

【纺织服装企业转型】2021年，佛山市骨干纺织服装企业应对发展压力，加快转型步伐。溢达旗下企业被美国列入所谓“实体清单”叠加新冠肺炎疫情影响的广东溢达纺织有限公司，进行原有的组织架构和决策流程的大变革，纺织服装业务上，该公司2021年内贸占比从2年前不足2成增长至近5成，并与无印良品公司合作开发抗菌家纺业务，2021年合作业务增长10%～20%。广东溢达纺织有限公司旗下自有品牌“十如仕”年销售额比上年增长125%。广东溢达纺织有限公司设立创投部门，组建创投团队，“溢达创投”甄选项目10多个，涉及互联网运营平台、新零售供应链、纺织

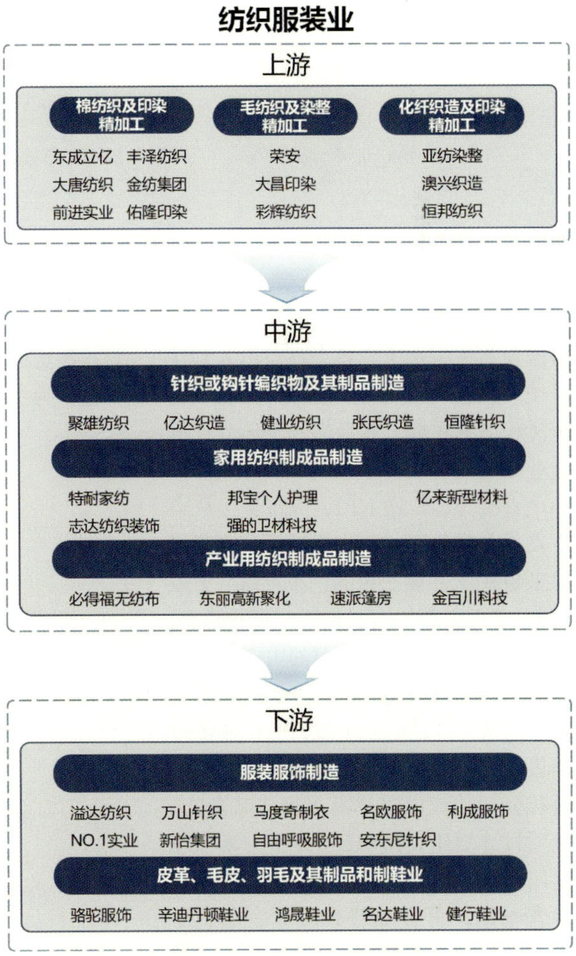

图16　2021年佛山市纺织服装产业链情况图

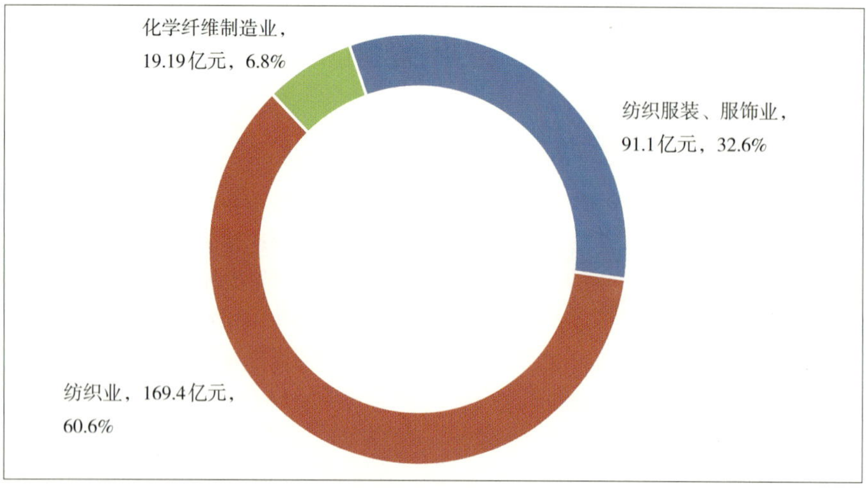

图17　**2021年佛山市纺织服装业细分领域增加值及占比情况图**

表23　**2021年佛山市主营业务收入超10亿元纺织服装企业一览表**

2021年主营业务收入	企业名称
50亿～100亿元（1家）	广东溢达纺织有限公司
20亿～50亿元（2家）	佛山市顺德区前进实业有限公司
	创莱纤维（佛山）有限公司
10亿～20亿元（1家）	佛山市智布互联纺织有限公司

服装软件开发、新能源及储能、元宇宙概念新型企业等。东成立亿集团在前端销售搭建电商平台，线上、线下缩短获客流程，在中端生产各个环节引入ERP系统（企业资源计划系统），实现产品全流程信息在握，在后端物流环节打造企业自营物流团队，在染厂新建仓储，小单直接为客户送上门，大单直接从染厂发货，多角度减少物流耗时，实现将原来超10天才能完成的色布产销，缩短到3～5天。新怡内衣集团以研发健康、舒适、智能、环保、轻薄的内衣新产品为目标，负氧离子、智能型、按摩型文胸等新系列产品研制上线，为企业带来销售、利润增长，企业与广东新秀网络科技公司达成内赏优品项目战略合作，该项目计划建设面积超3万平方米物理空间，作为新秀内赏优品内衣直播平台运营场地，可容纳超1000家企业、品牌入驻，同时配套面积超1.5万平方米仓储物流空间，构建更完整的内衣直播生态链条。

【时装艺术国际展】 2021年7月17—21日，“时装艺术国际展·中国西樵”在佛山市南海区西樵镇樵山文化中心举行。该次展览以“虚实之间——生命、自然、科技”为主题，围绕“时装与材料共生，艺术与科技共谋，生命与自然共振”，展出来自13个国家和地区135名艺术家的近200件作品。展览期间，名杰纺织、致兴纺织、德耀纺织和立笙纺织等西樵企业在现场设展。同期，举办中国纺织工程学会时装艺术专业委员会工作会议。

（陈　枫）

高端装备制造产业集群

通用设备制造业

【概况】 2021年，佛山市规模以上通用设备制造企业558家，有10家企业年营收规模超10亿元，其中，美芝制冷、美芝精密2家企业的营收规模超50亿元。全年全市通用设备制造业实现工业增加值334.9亿元，比上年增长7.7%，其中金属加工机械制造实现增加值43亿元，泵、阀门、压缩机及类似机械制造实现增加值133.7亿元。佛山通用设备制造业增加值占全省该行业增加值（1388.4亿元）的24.1%。全市通用设备制造业实现工业总产值1848.5亿元。通用设备制造企业主要分布在南海区和顺德区。

【佛山通用设备制造企业登上《大国重器》】 2021年，佛山市通用设备制造骨

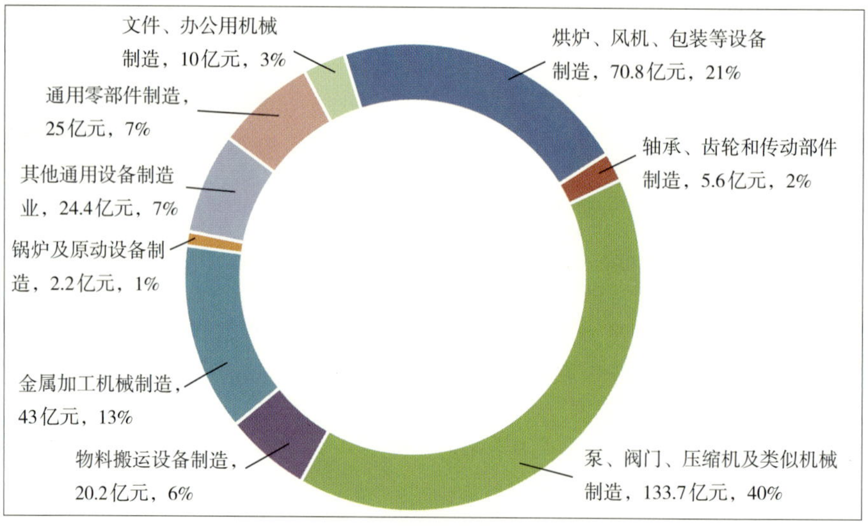

图18　**2021年佛山市通用设备制造业细分领域增加值及占比情况图**

干企业研制的部分核心部件获中央电视台大型工业纪录片《大国重器》摄制组关注，并到相关企业取景录制。佛山登奇机电技术有限公司是国内伺服电机性能领先，种类全、规格多的生产企业，创新设计电机铁心结构，使用全新的线圈槽口，可容纳更多的铜线，降低20%的磁能损耗的同时提高电机的精度，其伺服电机以“小身材、大功率”为特点，功率密度每立方米3.906兆瓦，处于世界领先水平。佛山市南海中南机械有限公司是国内柴油机电喷系统关键部件“柴油共轨单元”的唯一供应商，打破国外厂商的垄断，产品应用在国产大飞机、中国最大极地科考船“雪龙号”、万吨级油轮上；联手中海油服造“大国重器”挺进石油勘探领域，生产石油钻探设备关键机械零部件，帮助国家在钻井技术领域突破“限速”，跻身世界前列，为该技术大规模产业化应用铺平道路。

表24　**2021年佛山市主营业务收入超10亿元通用设备制造企业一览表**

2021年主营业务收入	企业名称
50亿～100亿元（2家）	广东美芝制冷设备有限公司
	广东美芝精密制造有限公司
20亿～50亿元（5家）	安德里茨（中国）有限公司
	广东东方精工科技股份有限公司
	库卡机器人（广东）有限公司
	佛山市宏石激光技术有限公司
	广东开利暖通空调股份有限公司
10亿～20亿元（3家）	广东申菱环境系统股份有限公司
	顺特电气设备有限公司
	广东星星制冷设备有限公司

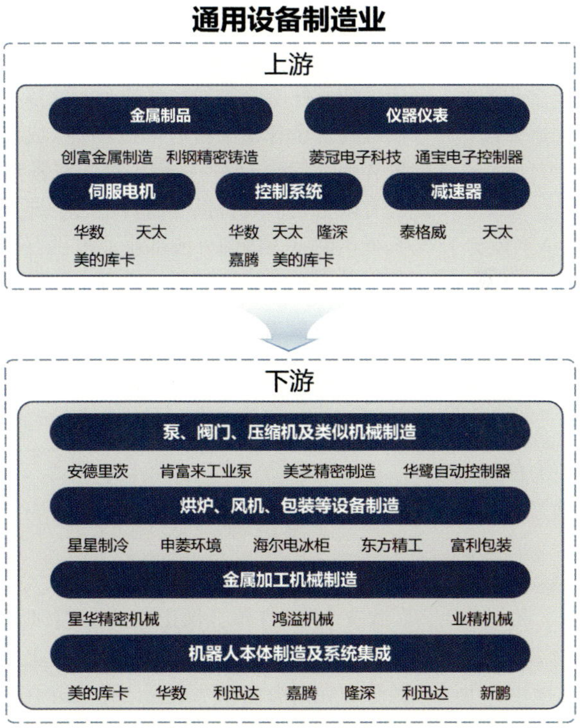

图19　**2021年佛山市通用设备制造产业链情况图**

【通用设备制造企业技术升级】 2021年，佛山市通用设备制造产业细分技术领域继续取得突破，研发一批高技术装备。季华实验室联合耕宇牧星（北京）空间科技有限公司研制的“超高比功能柔性卫星”成功发射，在空间微型高分辨率成像相机技术方面取得突破，最高可提供分辨率达0.5米的超高清遥感图像产品，达到同等功能下体积最小，是全球首颗100千克重、0.5米分辨率光学成像卫星。广东星联科技有限公司发布国际首创“ERE连续法胶粘剂生产系统”，由中国工程院院士瞿金平研发，技术突破传统间歇性生产方式，可实现热熔胶自动连续挤出，且使胶粘剂生产、应用涂覆一体化成为可能，获得中国专利金奖、国家科技进步二等奖。佛山德玛特智能装备科技有限公司致力于为中高端设备制造商提供直驱电机核心部件及直驱系统技术解决方案，主打产品直驱数控转台打破垄断，在产品性能指标上完全取代进口产品，在宁德时代、比亚迪、蜂巢能源等企业的电池设备上批量使用，并在半导体真空镀膜线、晶圆切割、晶圆减薄、芯片分选等设备上提供高精度直驱解决方案。

（陈　枫）

专用设备制造业

【概况】 2021年，佛山市有规模以上专用设备制造企业475家，有4家企业年营收规模超10亿元，其中，科达制造股份有限公司的年营收规模超50亿元。全年全市专用设备制造业实现工业增加值213.0亿元，比上年增长16.9%。其中，化工、木材、非金属加工专用设备制造实现增加值67.3亿元，印刷、制药、日化及日用品生产专用设备制造实现增加值54亿元，环保、邮政、社会公共服务及其他专用设备制造实现增加值25.3亿元，医疗仪器设备及器械制造实现增加值19.5亿元。佛山专用设备制造业增加值占全省该行业增加值（1389.7亿元）的15.3%。全市专用设备制造业实现工业总产值1033.8亿元。

【专用设备制造业区域布局】 2021年，佛山市规模以上专用设备制造企业主要分布在南海区和顺德区。专用设备制造企业依托陶瓷、家具、纺织服装等泛家居产业而生，产业间协同合作密切，因此专业设备制造企业布局多选择陶瓷、

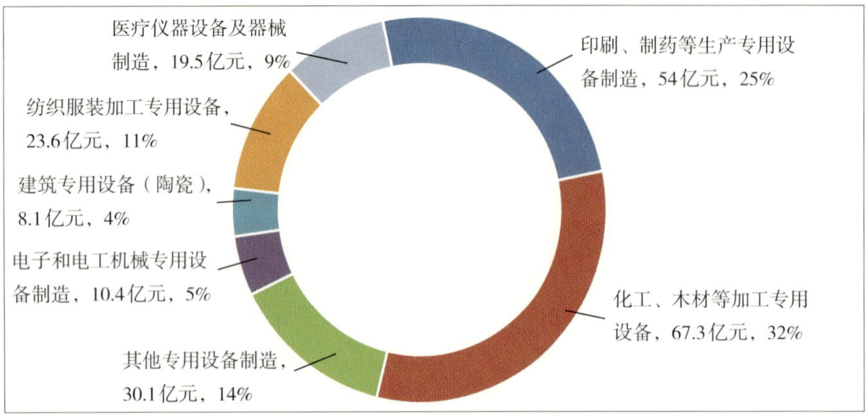

图20　2021年佛山市专用设备制造业细分领域增加值及占比情况图

表25　2021年佛山市主营业务收入超10亿元专用设备制造企业一览表

2021年主营业务收入	企业名称
50亿～100亿元（1家）	科达制造股份有限公司
50亿～100亿元（1家）	广东伊之密精密机械股份有限公司
10亿～20亿元（2家）	广东瑞德智能科技股份有限公司
	广东爱旭科技有限公司

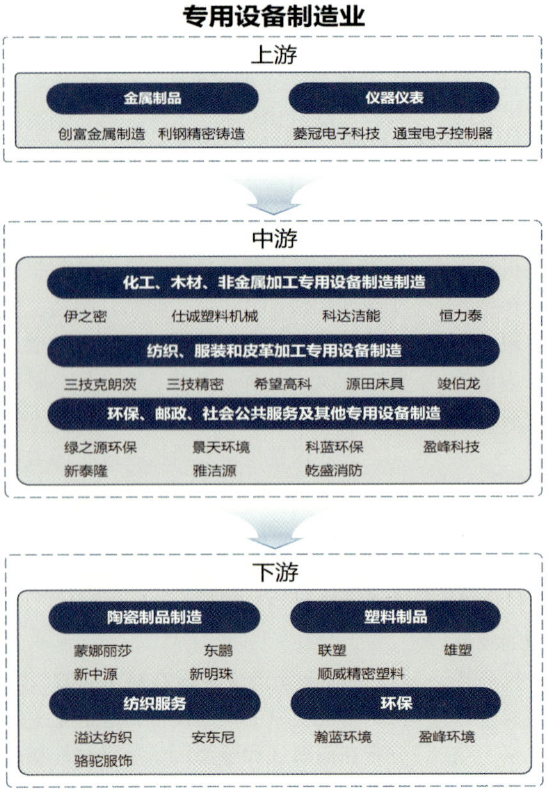

图21　2021年佛山市专用设备制造产业链情况图

家具、纺织服装等相关下游产业集中区域，其中陶瓷、纺织印染等装备制造企业多集中在三水区，家具设备生产企业多集中在南海及顺德区的产业园区周边。

【专用设备制造技术攻关】2021年，佛山市专用设备制造业加强核心技术攻关，工业母机领域取得成果。广东原点智能技术有限公司聚焦数控机床的研发与制造，激光数控磨削机床效率可达到传统磨削加工中心的20倍以上，可以做到粗糙度小于0.3微米，轮廓度小于5微米；五轴激光机床采用专用激光加工软件，融入3D建模与加工轨迹自动规划功能，可实现复杂曲面一次加工成型，刃口尺寸精度≤±3微米，粗糙度≤0.2微米，刃口尖锐边缘尺寸＜5微米。广东一鼎科技有限公司自主研发的窑后绿色智能整线工程和陶瓷原料绿色制浆系统为实现绿色生产、集智能制造、柔性生产、节能环保、5G应用技术于一体的工业母机，入选国家节水产品目录。广东伊之密精密注压科技有限公司组建由高级工程师和华南理工大学研究团队组成的研发小组，集中力量突破超大型高端注塑成型装备关键技术瓶颈，推进额定锁模力8500吨、最大锁模力可达9000吨的超大型高端注塑成型装备研发。

【专用设备细分领域“隐形冠军”企业培育】2021年，佛山市加快专用设备细分领域创新，培育多个世界级“隐形冠军”。其中：广东仕诚塑料机械有限公司在应用于食品软包装行业的“多层共挤流延膜生产装备”完全替代进口设备，面向全国和海外60多个国家进行销售和服务，国内市场占有率领先，高端宽幅的CPP/CPE多层共挤流延膜生产线产销量世界总量第一；广东星联精密机械有限公司成为国内首家开发出144腔注塑模具的企业，填补国内市场空白，细分行业市场占有率全国第一、全球第二，是可口可乐、百事可乐、达能、怡宝、康师傅、娃哈哈等知名品牌企业的核心供应商，全球市场占有率达20%，成为世界级“隐形冠军”；佛山慧谷科技股份有限公司从装备供应商转型为系统方案提供商，为国内外头部企业提供石材或陶瓷的智能制造整体解决方案，智能石英石生产线在全球市场份额超40%，占国内市场份额65%，“立体补胶线”占国内市场份额83%。

（陈　枫）

交通运输设备制造业

【概况】2021年，佛山市有规模以上交通运输设备制造业企业53家，企业主要分布在南海区和顺德区，有佛山中车四方轨道车辆有限公司1家交通运输设备制造企业年营收规模超10亿元。全年全市交通运输设备制造业实现工业增加值17.1亿元，比上年下降14.1%。其中，摩托车制造实现增加值11.9亿元，自行车和残疾人座车制造实现增加值2.2亿元。佛山市交通运输设备制造业增加值占全省该行业增加值（227.3亿元）的7.5%。全年全市交通运输设备制造业实现工业总产值113.1亿元。

【交通运输设备制造业发展】2021年，佛山市产业配套齐全，推动交通运输设备制造产业发展。佛山中车四方轨道车辆有限公司按照“佛山车、佛山造、佛山配套”的目标，加大对佛山相关企业的扶持和培育力度，共同构建轨道车辆制造产业链，实现地铁的内装、金属构件的加工、焊接以及成品的当地配套，生产速度可达1天1辆，满足南海有轨电车、高明有轨电车、广佛地铁、佛山地铁2号线、广州地铁7号线西延线、佛山地铁3号线的轨道车辆需求。上海凤凰佛山工厂及佛山金川科力远科技有限公司为共享单车品牌“哈啰出行”提供OEM（原始设备制造商）整车生产，扎根广东供应链的生产模式，车辆重要部件轮毂锁等全部由佛山生产制造，2个生产基地的年产能6万～7万辆，占哈啰出行全国的1/5以上，1辆单车从车架上组装线到完成整车组装生产只需32秒左右，1辆单车最快2分钟即可完成下线。

（陈　枫）

智能机器人产业集群

【概况】2021年，佛山市智能机器人产业集群机器人研发生产企业超110家，“机器人”企业与相关机构数量超3000家，基本形成“核心零部件—机器人本体—机器人系统集成—机器人应用”的产业链。集群有规模以上企业23家。全年全市智能机器人产业集群实现工业总产值35.9亿元，比上年增长138.8%，全年生产工业机器人2.35万套，占全省工业机器人产量（12.4万套）的18.9%。集群拥有隆深机器人、嘉腾机器人、华数机器人、库卡机器人、沃顿装备、埃斯顿等龙头企业，蓝胖子、天太机器人、三扬科技、博智林机器人、星光传动、科凯达智能机器人等“隐形冠军”企业，集群内有上市企业2家。拥有佛山市南海区广工大数控装备协同创新研究院、佛山智能装备技术研究院、中国（广东）机器人集成创新中心、佛山中国空间技术研究院创新中心等创新平台载体。

【智能机器人平台建设】2021年，佛山市推进智能机器人产业平台建设，工业机器人生产形成规模。美的库卡智能制造基地、顺德机器人谷、中国（广东）机器人集成创新中心、华工顺德创新园区、军民融合创新产业园等一批以机器人产业为重点的产业园加快建设。佛山高新区人工智能产业园入选广东省第三批人工智能产业园，以“一区五园”（“一区”指佛山高新技术产业开发区，“五园”指禅城园、南海园、顺德园、高明园、三水园）为载体，重点做好人工智能+机器人示范区、人工智能+先进制造示范区的总体规划及建设。博智林机器人创研中心项目、盈合机器人全球研发及产业应用示范基地项目投资超100亿元。全市智能制造（人工智能）领域省级以上工程技术研究开发中心657个，季华实验室、清华大学佛山先进制造研究院、广工大数控装备协同创新研究院等一批重大产业创新平台正常运营。全年全市工业机器人产量突破3.1万台，占全国比例8.6%。

【智能机器人产业招商引资】2021年，佛山市加快引进知名智能机器人及核心零部件企业项目落户佛山。国产机器人第一品牌企业埃斯顿（南京埃斯顿自动化股份有限公司）在佛山布局建设大湾区总部及CLOOS焊接机器人（华南）技术中心，埃斯顿创建于1993年，2015年于深圳证券交易所上市，是国内高端智能装备核心控制功能部件领军企业及具有自主技术和核心零部件的国产机器人企业。宁波中大力德智能传动股份有限公司机器人核心零部件华南区域总部项目落户佛山，建设以华南地区为核心，具备科研、智造、销售三大功能的高端智造中心，提高在驱动器、伺服电机、精密RV减速器等核心零部件的研发设计和生产制造基础及一体化集成的能力。蓝胖子机器人研发及运营总部项目落户佛山，深圳蓝胖子机器智能有限公司是服务全球的自主研发物流场景整体解决方案的智能机器人企业，自2015年聚焦智能物流，客户包括全球知名快递物流承运商美国联合包裹运送服务公司（UPS）、敦豪航空货运公司（DHL），跨国化工企业巴斯夫公司，中欧班列重要物流服务商铁士物流公司，长青集团等。

【智能机器人新技术新产品研发】2021年，佛山市智能机器人领域新技术新产品研制取得成果。佛山隆深机器人有限公司具备成熟的膜电极（MEA）生产及检验小试、中试、整线设备交付能力，同时在双极板生产、电堆装配等方面的设备开展研究开发，可提供质子交换膜燃料电池整线解决方案，在膜电极设备领域，该公司解决浆料的分散粒径、稳定性，质子交换膜两面直接涂布，柔性切割，膜电极五合一卷对卷贴合，高效的瑕疵检测、气密性检测等难题。广东嘉腾机器人自动化有限公司研制出差速20吨自动导引运输车（AGV）驱动单元，属国内首创，20～100吨负载的重载自动导引运输车可应用在航天、大型基建工程、船舶制造、军工行业、冶金行业或工程机械等行业，可替代港口、机场、飞机制造、铁路机车检修及制造、造纸印刷等行业大量人力劳动。佛山兴颂机器人科技有限公司的激光雷达在移动机器人的避障防护、机械设备运行的区域防护、移动机器人的路径导航等领域实现应用案例。佛山供电局探索建立以“机器人+BIM+装配式”为支撑的智慧建造体系，将建筑机器人与装配式建筑、建筑信息模型（BIM）技术全面融合，降低高空坠落、物体打击等作业风险，解决人员短缺困境、缩短建设周期。盈峰环境科技集团股份有限公司研制出搭载氢动力和5G应用技术的全球第一款氢动力环卫作业机器人，集即时信息交互、超长作业时间等优势于一身。

（陈　枫）

软件与信息服务产业集群

【概况】2021年，佛山市规模以上软件和信息技术服务业营业收入实现高速增长，1—11月比上年增长61.3%。随着粤港澳大湾区建设推进，广（州）佛（山）同城进入全域同城化新阶段，佛山市软件研发迎来更多发展机遇。全市软件登记总体呈现出登记数量规模提升、省内排名稳固、登记区域聚集、多类别软件增长快、企业创新主体地位凸显等特点。年内，佛山市出台《佛山市版权发展“十四五”规划》，印发《创建全国版权示范城市两年行动计划》，成立“佛山版权产业发展联盟”，推动新一代人工智能、新一代信息通信、大数据、物联网、云计算和智能终端的发展。全年全市计算机软件著作权登记1.09万件，位居全省地级市首位，在全国软件著作权登记城市排名中排第三十三。佛山市新兴领域软件增速明显高于其他类别软件，其中物联网软件共登记381件，2020年和2021年两年平均增长31.3%，是增长最快的软件类别，云计算软件、虚拟现实（VR）软件增速均超20%，人工智能软件、大数据软件增速超15%。

【软件与信息服务企业发展】2021年，佛山市通过加快制造业数字化转型，推动软件与信息服务企业加速集聚。卡奥斯COSMOPlat工业互联网平台、汉云工业互联网平台、富士康FiiCloud工业互联网平台、阿里云supET工业互联网平台、WeMake工业互联网平台等国家级跨行业、跨领域平台商加速向佛山市集聚，软件与信息服务企业瞄准佛山制造业数字化转型的机遇迅速成长。美云智数科技有限公司作为美的工业互联网平台对外输出服务的载体，承建工业和信息化部工业互联网标识解析二级节点（家电行业应用服务平台）以及“广东省工业云制造业创新中心”，推动佛山家电产业数字化转型。广东精工智能系统有限公司专注于数智工厂解决方案，为国内近1000家中小企业数智化转型升级提供可落地的解决方案，在个性化定制、网络协同开发、云制造、电子商务等新业态开展试点示范，完善企业网络平台功能，加强企业大数据能力、资源配置能力、信息基础保障能力。广东腾一科技有限公司是一体化制造运营MOM（制造运营管理系统）平台服务商，为制造企业提供一体化的数字化转型解决方案，通过“MES+WMS+轻量级ERP+BI+SRM+客户协同”的一体化产品体系，为企业实现生产透明化、数据可视化、流程线上化、人员去经验化。佛山市南海天富科技有限公司聚焦纺织印染行业数字化解决方案，以多系统（ERP、MES、PCS）之间的数据无缝对接，高效率低成本维护服务，帮助印染企业实现数字化智能化生产，推动纺织印染行业整体技术进步。

（陈　枫）

食品饮料业·生物医药及高性能医疗器械业

食品饮料业

【概况】2021年，佛山市有规模以上食品饮料企业197家，有10家企业年营收规模超10亿元，其中，海天味业的营收规模超100亿元。全年全市食品饮料行业实现增加值273.1亿元，比上年增长10.9%。其中，食品制造业实现增加值133.4亿元，占全市食品饮料全行业增加值的49%，酒、饮料和精制茶制造业实现增加值71.6亿元，农副食品加工业实现增加值68.1亿元。佛山市食品饮料行业增加值占广东省该行业增加值（1513.1亿元）的18.1%。全年全市食品饮料行业实现产值1211.3亿元。

【食品饮料业区域布局】2021年，佛山市有食品饮料规模以上工业企业197家，企业主要集聚在南海区、顺德区和三水区。佛山市三水区及其西南街道分别是中国饮料之都和广东省饮料食品技术创新专业镇。三水区聚集健力宝、百威啤酒、可口可乐等饮料品牌企业，有制罐、包装、物流等配套企业入驻，集生产、销售、原材料、制罐、包装、物流等全环节的饮料产业链在水都基地成形。高明区依托国内调味品行业第一品牌企业佛山市海天调味食品股份有限公司，是全国乃至全世界最大的调味品生产集聚基地。顺德区通过完善水产品加工产业链，形成苗种培育、养殖、加工、销售、饲料及添加剂等配套完善的产业链，成为国内知名的鱼类罐头生产基地。佛山是粤酒产量最高的产区，有九江酒厂、顺德酒厂和石湾酒厂等三大酒厂。

【预制菜产业发展】2021年，佛山市继续推进“粤菜师傅”工程和链长制，加强粤菜优质食材基地建设，推动农业生

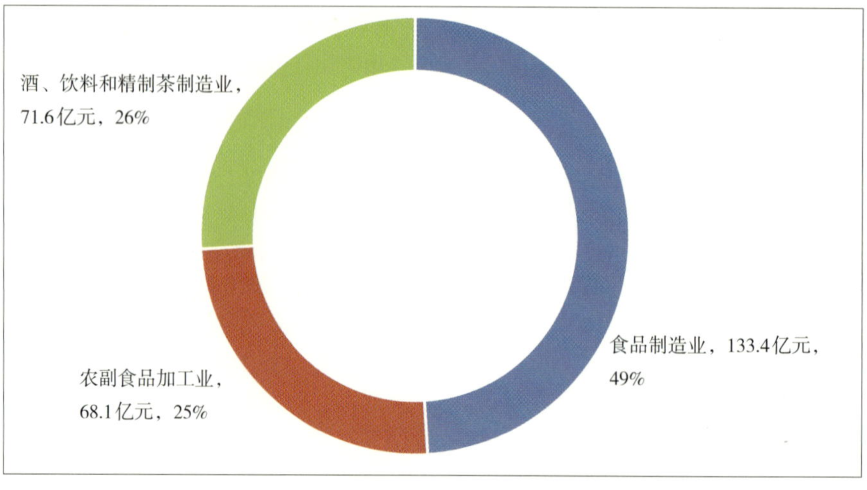

图22　2021年佛山市食品饮料业细分领域增加值及占比情况图

表26　2021年佛山市主营业务收入超10亿元食品饮料企业一览表

2021年主营业务收入	企业名称
100亿元以上（1家）	佛山市海天（高明）调味食品有限公司
20亿～50亿元（3家）	广东南兴天虹果仁制品有限公司
	广东红牛维他命饮料有限公司
	百威（佛山）啤酒有限公司
10亿～20亿元（6家）	广东健力宝股份有限公司
	佛山市顺德区利宝饲料有限公司
	佛山市海航饲料有限公司
	佛山市麦点食品有限公司
	广东白燕粮油实业有限公司
	广东通威饲料有限公司

产企业的强强联手，全市有国家级农业龙头企业5家、省级现代农业园10个。全市有上规模的预制菜企业12家，年产值约25亿元，加上在建、拟建的上规模企业13家，全部达产之后全市预制菜年产值可达300亿元。其中，预制菜骨干企业何氏水产于2019年开始布局预制菜行业，先后推出“何氏蹦蹦鱼”“何鲜氏”等品牌，2021年预制菜产量超1万吨，产值达3亿元，预制菜业务占企业营收约30%。

【“佛山老字号”中食品饮料及餐饮品牌占比高】 截至2021年底，佛山市认定2批共56家“佛山老字号”，其中顺德酒厂、李禧记、新雨润、海天味业等本土食品饮料企业被认定，加上粤鸿餐饮、日日新饮食等餐饮企业，共53家食品饮料及餐饮企业被认定为“佛山老字号”，食品饮料及餐饮品牌占“佛山老字号”总数的94%。

（陈　枫）

生物医药及高性能医疗器械产业

【概况】 2021年，佛山市有规模以上生物医药及高性能医疗器械企业119家，一方制药、环球制药2家企业年营收规模超10亿元，其中，广东一方制药有限公司的营收规模超50亿元。全年全市生物医药及高性能医疗器械实现增加值83.4亿元，比上年增长19.6%。全年全市生物医药及高性能医疗器械实现工业总产值385.1亿元，其中医药制造业实现产值304.4亿元、医疗仪器设备及器械制造实现产值80.7亿元。按细分领域，中成药生产实现产值176.7亿元，卫生材料及医药用品制造实现产值48.0亿元，中药饮片加工实现产值21.9亿元，化学药品原料药制造实现产值21.3亿元，医疗诊断、监护及治疗设备制造实现产值14.5亿元。生物医药及高性能医疗器械产业主要分布在南海区。建有广东（南海）生物医药产业化基地、暨南大学生物医药产业园、联东U谷·顺德生态医药科技创新园等一批产业园区载体。

【生物医药及大健康领域产业载体及平台发展】 2021年，佛山市继续推进重点区域生物医药及健康产业布局，完善生物医药及大健康领域专业产业载体、重点平台。禅城区建有华南生命科学园（以大健康产业为核心主题的综合性园区）、三龙湾（奇槎）生命科学产业园（大健康产业孵化型园区），以及主要从事创新药研发阶段从临床前到临床的技术转化系统性研究、转化医学技术研究、搭建临床前研究协作平台的广东省创新药转化医学研究院。南海区建有广东（南海）生物医药产业化基地（生物医药专业性园区）、佛山安捷健康产业园（由南海区政府与广州呼吸健康研究院共同建设集孵化、加速、产业及公共服务于一体的生物医药产业园）、中国中药健康产业园（包括中医药博物馆、冯了性药材饮片、一方制药厂保健品、煲葆宝中央工厂及中央厨房等项目），以及季华生物医学工程技术研究所、中山大学孙逸仙纪念医院精准临床免疫转化创新中心、华南遗传工程小鼠资源共享平台。顺德区建有顺德（乐从）生物医药产业园，并与暨南大学合作共建暨南大学生物医药产业园，从中孵化出佛山病原微生物研究院（筹建动物生物安全三级实验室）。三水区规划建设生物医药产业园区——佛高区云东海国际生物港，至年底，有广东医谷·云东海生命科学园项目落户。

【生物医药部分前沿领域研发成果】 截至2021年底，佛山市有获批的二类医疗器械728个、三类医疗器械80个，有23个药物开展临床试验，其中1类新药临床试验数量3个，有通过、补充一致性评价的药品数量8个。从研发结果看，佛山瑞迪奥医药有限公司研制中国首个核医学肿瘤显像诊断1类新药99mTc-3PRGD2，该药也是国际上第一个用于SPECT显像诊断的广谱肿瘤显像剂，并于2021年完成临床Ⅲ期试验；广东欧谱曼迪科技有限公司自主研发的4K极清荧光导航内镜系统达到全球领先水平，产品市场占有率超40%并排名国内行业第一，上榜2021年第四届粤港澳大湾区生物科技创新企业50强榜单；广东昭泰细胞生物科技有限公司自主研发的第四代CAR-T细胞（嵌合抗原受体T细胞），在治疗晚期胰腺癌和晚期肝癌的临床研究取得较好疗效；广东一方制药有限公司研制的国内首个治疗新冠肺炎临床试验批件的中药新药“化湿败毒颗粒”于同年3月获新药注册批件以及发明专利授权4件。

（陈　枫）

建筑业

综　述

【概况】 2021年，佛山市建筑业总产值880.15亿元，比上年增长23.9%；新报建项目2456个，增长16.45%；建筑面积4664.23万平方米，增长11.78%；工程总造价1438.51亿元，增长43.38%。全市有预拌混凝土企业50家，全年生产混凝土总产量1309.61万立方米。全市新建装配式建筑面积960万平方米。截至年底，全市在监房屋建筑工程项目4821个，建筑面积1.05亿平方米。全市全年建筑工程项目竣工验收1938个，一次性验收合格率100%。年内，佛山市有2个建筑工程项目获鲁班奖，1个项目获詹天佑土木工程奖，1个项目获詹天佑故乡杯奖，另有5个项目获广东省建设工程金匠奖、7个项目获省建设工程优质奖、30个项目获佛山市建设工程优质奖。

（劳毅燕）

【建筑业新技术应用】 2021年，佛山粤剧院项目、季华实验室二期建设项目等24个项目申报为2021年度广东省建筑业新技术应用示范工程（立项），博智林机器人创研中心综合楼等3个项目通过广东省住建厅组织的新技术应用示范工程专项验收。年内，佛山推进工程建设BIM（建筑模型信息化）技术应用，编制建筑信息模型技术标准，发布《佛山市民用建筑信息模型施工图设计标准》《佛山市民用建筑信息模型施工图审查标准》《佛山市民用建筑信息模型施工图数据交付标准》。

【绿色建筑】 2021年，佛山市完成绿色建筑评价项目170个，建筑面积1686.33万平方米，超额完成1000万平方米的年度工作任务。全市城镇竣工绿色民用建筑面积1520.77平方米，占城镇竣工民用建筑面积的70%。年内，制定一系列配套政策强化绿色建筑监督管理，规范行业管理，明确参建单位责任，并从源头上落实绿色建筑有关政策，在土地前置要素会议、规划部门地块规划要点及控规调整中提出绿色建筑相关政策要求。

【全国绿色建材试点】 2021年，佛山市印发《佛山市推广绿色建材促进建筑品质提升试点工作实施方案》，强化绿色建材顶层设计。制定佛山标准，编制《佛山市绿色建材基本要求》《佛山市绿色建材产品进入目录工作指引》，加快推进建立佛山绿色建材目录，发布绿色建材目录共14批产品，包含来自95家企业的建材产品827项。规范绿色建材试点项目实施，制定《关于支持绿色建材试点项目有关工程计价事项的通知》《佛山市绿色建材试点项目应用绿色建材技术指引》《佛山市绿色建材试点项目实施指引》等配套政策，确定70个绿色建材试点项目，共约259万平方米，总投资额约168亿元。举办2021中国绿色建材与装配式建筑展、绿色建材及装配式建筑观摩会等，营造良好行业市场氛围。

（张海东）

建筑勘察设计

【概况】 2021年，在佛山市建筑诚信评价体系管理平台登记注册的勘察设计企业1767家，其中市外1584家，市内183家，注册从业人员6040人。

【勘察设计管理】 2021年，佛山市完成江海路E地块保障房项目、伦教中学初中部扩建工程等65项大中型建设工程初步设计审查，办理顺德高新区文化展览及服务业综合体项目、保利天珺秀台等17项超限高层建筑工程抗震设防审批工作。编制并发布《危险性较大分部分项工程设计专篇》《危险性较大分部分项工程审查深度技术指南》。印发《关于调整社会投资简易低风险工程施工图审查模式的通知》，优化社会投资简易低风险工程审图模式，提升社会投资简易低风险工程审批服务质量。将在佛山市开展施工图审查业务的市外施工图审查机构纳入诚信管理，截至年底，在佛山市已办理诚信登记的市外施工图审查机构32个。全年完成施工图线上审查7933件，办结7364件，办结率92.83%。统筹推进重要公共建筑物加固工作，开展佛山市中小学校、幼儿园、医院重要公共建筑物抗震性能调查、鉴定、加固工作，截至年底，完成排查重要公共建筑物5427栋，列入加固改造计划建筑物398栋，完成加固建筑物85栋。

【佛山天然气高压输配系统工程获詹天佑奖】 2021年9月27日，中国土木工程学会2021年学术年会暨第十八届中国土木工程詹天佑奖颁奖大会在湖南省长沙市召开。会上对第十八届中国土木工程詹天佑奖获奖工程进行表彰，佛山市天然气高压输配系统工程作为唯一的燃气工程获该奖项。该工程由佛燃能源集团股份有限公司建设运营，于2005年11月开工建设，2017年7月竣工，总投资近14亿元，建成160多千米天然气高压管网、4座天然气接收门站、2座液化天然气储配站、12座高中压调压计量站，在东南西北4个方向各接入一大管道气源。该工程超前设计4.4兆帕超高压城市天然气输配系统，压输配系统的可靠性、可扩展性和经济性都处于业内领先水平。该工程管网的单位长度年供气能力位居全国前列。

【佛山季华实验室一期工程项目获鲁班奖】 2021年12月14日，中国建筑业协会发布《关于颁发2020—2021年度中国建设工程鲁班奖（国家优质工程）的决定》，佛山季华实验室一期工程项目获鲁班奖。佛山季华实验室一期工程项目由广东省六建集团有限公司总承包施工，于2018年12月28日开工，2020年6月29日竣工，工程项目主要包含科技孵化楼、通用实验室、科研辅助楼、管理支撑楼4个单体，总建筑面积10.45万平方米。

【凤城变电站获鲁班奖】 2021年12月14日，中国建筑业协会公布，南方电网广东佛山供电局500千伏凤城变电站获中国建设工程鲁班奖（国家优质工程奖）。凤城变电站主体工程于2018年12月28日开工，2019年12月25日投产，是国内同类型占地最小的变电站，也是首批采用"中国芯"的变电站之一。在工程建设过程中，邀请中国电力建设企业协会专家开展全过程指导，并结合以往工程设计经验，采用技术成熟的新材料、新设备等先进技术，本着资源节约和环境友好的绿色理念，突破创新、节约用地、控制各种污染物排放，并建设智能辅助控制系统与机器人智能巡检系统，可实现无人值守模式。该工程取得省部级及以上质量控制成果8项，省级施工方法成果2项；获得发明和实用新型专利共计19项，省部级科技进步奖9项。

（张海东）

2021年12月，佛山季华实验室一期工程项目获2020—2021年度"中国建设工程鲁班奖"。图为季华实验室外景

（佛山三龙湾管委会　供图）

工程定额与计价

【概况】 2021年，佛山市建设工程施工合同管理信息系统新增注册企业（单位）1218家（个），累计注册企业（单位）6447家（个），全年完成网签合同1454份，变更或补充协议330份。佛山市工程合同与造价监管信息平台完成设计概算价备案209项、最高投标限价备案230项、合同价备案75项、结算价备案6项、业绩备案230项，诚信系统对造价咨询企业奖励登记98项、不规范登记22项。年内，原"佛山市造价咨询与招标采购协会"更名为"佛山市全过程工程咨询管理协会"。

（邹　锦）

【建设工程造价管理】 2021年，佛山市住房和城乡建设局出台重大决策类部门规范性文件《关于加强房屋建筑和市政基础设施工程合同履约管理的通知》，发布《佛山市典型住房户内装修工程造价指标（2020）》，进一步划分装修工程标准模块，整理各标准模块数据，调整相应人工、主材价格，形成当前价格水平的模块综合指标。完善计价依据发布机制，调查、收集和监测主要建材市场价格信息情况，形成主要建材月指数、环比指数（年指数）及趋势图予以发布。佛山市建设工程施工合同管理信息系统完成计价依据解释、合同造价纠纷调解等书面复函69项，现场咨询解答18次，电话咨询453余次，并组织协调会、现场调研及专家会审等。推进网上办理调解建设工程造价纠纷工作，在佛山市工程合同与造价管理服务信息平台下增设佛山市调解建设工程造价纠纷系统，并与省造价纠纷受理系统对接，于年底前投入试运行。

（周国亮）

【工程造价改革】 2021年8月13日，佛山市住房和城乡建设局印发《佛山市工程造价改革实施方案》，提出采取"市场化计价体系研究+项目实施"试点任务内外结合、协调并进的方式，通过研究制定改革配套试行政策、计价规则和方法指引，研究建立工程造价数据库和指标指数计价体系，选择部分国有资金投资的房屋建筑、市政公用工程和房地产开发项目试点实施，到2023年底，基本建立适应市场化要求的新型计价机制；在2025年底前，完成改革任务，取得可复制可推广的改革成果。为推动佛山市工程造价改革开展，市住房城乡建设局先后确定2批共10个造价改革试点项目，并编制《工程造价改革试点项目最高投标限价编制方法》，推广采用现行计价依据改进法和造价指标指数计价法替代定额计价编制最高投标限价，自2021年11月1日起执行，有效期3年。

（周国亮　邹　锦）

【佛山市建设工程项目管理咨询委员会成立】 2021年11月9日，佛山市建设工程项目管理咨询委员会成立。该委员会的职能主要包括：为工程管理咨询行业的改革发展、规划计划提供政策、经济、技术研究和咨询服务；为住建部门和行业协会开展的各项活动提供法规政策咨询保障服务；为住建部门和行业协会处置重大、应急、突发事件，提供顾问咨询和技术协调服务；为行业发展争取外部宽松政策环境和创造内部良好的运行环境，提供智力支持和经验帮助；为行业协会开展的各类教育培训提供智力支持和经验帮助。委员会成员41人，其中方案与设计咨询方面9人、合同与造价咨询方面25人、政策与管理咨询方面7人。

（刘　嘉）

建筑施工与安装

【概况】 2021年，佛山市研究出台扶持本地区建筑业发展的激励政策，挖掘佛山市建筑业市场发展潜力，全年全市新增入库建筑企业83家，其中具备施工总承包一级资质的企业28家。全年全市建筑业总产值880.15亿元，比上年增长23.9%；新报建项目2456个，增长16.45%；建筑面积4664.23万平方米，增长11.78%；工程总造价1438.51亿元，增长43.38%。全市有预拌混凝土企业50家，全年生产混凝土总量1309.61万立方米。全市新建装配式建筑面积960万平方米，占新建建筑面积的24.26%。

（陈　楷）

【装配式建筑构件生产】 2021年，佛山市PC构件（混凝土预制件）产能达40万立方米，可满足600万平方米以上装配式建筑建设需求。装配式建筑预制构件生产基地主要分布在南海区、顺德区和三水区，包括佛山建装建筑科技有限公司、佛山筑友智造科技有限公司、佛山市顺德区联皓科技开发有限公司、广东碧鸿腾建材科技有限公司等。为推进装配式建筑发展，佛山市装配式混凝土建筑推广应用竖向承重结构现浇、水平向结构叠合、水平向结构叠合结构体系。

（张海东）

【预拌混凝土与预拌砂浆生产】 2021年，佛山市有预拌混凝土企业50家，全年生产混凝土总产量1309.61万立方米，预拌砂浆（湿拌）使用量86.17万吨。有通过预拌混凝土企业绿色生产星级评价的企业29家，其中一星级8家、二星级13家、三星级8家。

（官　权）

【装配式建筑】 2021年，佛山市新建装配式建筑面积960万平方米，占新建建筑面积的24.26%，其中禅城区新建装配式建筑面积占新建建筑面积的27.06%、南海区新建装配式建筑面积占新建建筑面积的25.73%、顺德区新建装配式建筑面积占新建建筑面积的25.18%、高明区新建装配式建筑面积占新建建筑面积的26.49%、三水区新建装配式建筑面积占新建建筑面积的15.30%。全年28个地块出让项目落实出让条件限制性实施装配式建筑，建筑面积约350万平方米。扩大装配式建筑推广区域范围，南海区新增大沥镇、里水镇为装配式建筑推广重点区域范围，限制性实施装配式建筑；顺德区除装配式建筑推广重点区域外，将其余镇（街道）列为装配式建筑推广区域，商品住宅用地、划拨政府投资项目的土地实施装配式建筑面积占比不低于50%。印发鼓励建筑业提质创优指导意见，继续在优化商品房预售许可等方面扶持佛山市新型建筑工业化的发展。开展标准图集及技术指引编制工作，印发实施《关于优化装配式建筑实施范围的通知》《佛山市装配式标准厂房建设技术指引》《佛山市装配式混凝土高层住宅建筑图集》等文件。开展佛山市装配式建筑专家库2021年度专家推荐入库和更新工作，更新后的专家库有在库专家126人。

【2021中国绿色建材与装配式建筑展在佛山举行】 2021年11月27—29日，由广东省建设工程绿色与装配式发展协会、佛山市装配式建筑协会、广东鸿威国际会展集团有限公司共同主办的2021中国绿色建材与装配式建筑展在佛山·华艺（国际）装饰博览城举行。展

2021年11月27—29日，2021中国绿色建材与装配式建筑展在佛山市举办。图为佛山市绿色建材目录证书颁证仪式

（市住房城乡建设局　供图）

会以“绿色建设、中国先行”为主题，展出围护结构及混凝土类、门窗幕墙及装饰装修类、防水密封及建筑涂料类、超低能耗绿色建筑类、绿色建筑建材服务类、绿色建筑施工类等绿色建材，以及装配式建筑设计类、装配式建筑结构类、装配式建筑机械设备类、绿色装配式房屋等装配式建筑产品和服务项目。中建三局、博智林机器人、万科置业、佛山建投、东方雨虹等大型企业在展会设置展位。同期举办广东省建设工程绿色与装配式发展协会建筑机器人与装配式专业委员会成立大会、佛山市绿色建材目录产品与试点项目供需对接交流会、第一届中国国际健康装饰家居博览会暨产业数字化转型升级高峰论坛、绿色建材助推行业绿色低碳发展论坛、佛山万科金域水岸绿色建材及装配式建筑观摩会、中建壹品鄂旅投东湖学府项目观摩会、保利大源村项目智能建造装备观摩会等活动。

（张海东）

建筑行业监管

【概况】 2021年，佛山市建筑诚信评价体系管理平台登记注册的监理类企业532家。全年全市建筑业新报建项目2456个，比上年增长16.45%。全市建筑行业建设单位均聘请监理单位加强对项目质量安全、工期和造价的全过程管理，保障项目顺利建设。年内，佛山市2个建筑工程项目获鲁班奖，分别为季华实验室一期、佛山500千伏凤城（顺德Ⅱ）变电站工程；1个项目获詹天佑土木工程奖，为佛山市天然气高压输配系统工程；1个项目获詹天佑故乡杯奖，为佛山建装装配式绿色建筑基地。另有5个项目获广东省建设工程金匠奖、7个项目获省建设工程优质奖、30个项目获佛山市建设工程优质奖。

【建筑工程质量安全管理】 2021年，佛山市加强建筑工程质量安全监管，全年出动4.59万人次，检查工程项目1.72万个次，查处违法行为194宗，涉及企业98家，涉及个人96人，共处罚金638.47万元。开展全市检测机构随机抽查，2次组织全市检测机构进行水泥物理性能、建筑钢材机械性能、钻芯法检测混凝土强度和混凝土抗压强度比对，并通报抽查及比对结果，促进各检测机构业务能力提高。开展违规使用海砂专项检查，涉及预拌混凝土生产企业50家，工程项目813个、建筑面积2560万平方米，未发现企业有违规使用未经处理合格的海砂情况。

【结建式人防工程质量监督】 截至2021年底，佛山市（不含顺德区）结建式人防工程报建项目108个，竣工验收项目110个。全市结建式人防工程质量均达合格标准，总体质量水平可控。

【监理单位履职监管】 2021年，佛山市住房城乡建设部门加强对工程项目监理单位的履职监管和建筑工程质量安全监管，全年对监理单位进行行政处罚20宗，罚款29万元，促进全市监理市场规范有序发展。

【建筑市场管理】 2021年，佛山市强化对全市建筑市场的监督管理，严厉打击市场违规乱象，抓好建筑领域欠薪治理，营造开放统一、公平公正，健康有序的建筑市场环境，推动全市建筑业平稳健康发展。加强和优化建筑行业诚信体系建设，强化诚信监管，发挥诚信管理对建筑行业企业的正向激励和反向约束作用，增进行业自律，用诚信评价引导市场选择，鼓励企业坚持诚信经营，支持企业争先创优、做大做强，全年全市各级住建系统对建筑企业良好行为实施诚信加分5788宗，总加分值4.05万分；对企业不良行为、不规范实施进行诚信扣分3605宗，总扣分值2.3万分；被列入佛山市建筑行业“红名单”的建筑企业344家，被列入“黑名单”建筑企业27家。纳入佛山市建筑行业诚信管理平台登记的监理企业559家，其中市内监理企业96家，市外监理企业463家；强化标后建筑市场行为监管，依法查处建筑市场各类违法违规行为，全年全市住建系统查处房屋和市政类工程建设领域未报建先施工行为为87宗，涉及企业57家，涉及个人37人，处罚款金额773.24万元；查处违法分包、转包行为9宗，涉及企业8家，涉及个人2人，处罚款金额186.05万元；开展对建筑行业企业资质许可后的专项检查，对1家不合格的企业依法撤回其建筑企业资质；做好建筑领域欠薪治理工作，以实名制系统为依托，加强信息化监控预警，跟进建筑领域欠薪线索处理工作，对排查发现和投诉举报的欠薪线索，立即跟进处置，实施动态清零，按时限100%完成办结所有涉及住建领域的线索，最大限度遏制欠薪问题发生，最快速度解决欠薪纠纷，切实保障农民工权益，促进建筑领域劳动关系稳中向好。

（陈　楷）

【房屋安全鉴定】 2021年，佛山市住房和城乡建设局指导市勘察设计协会组织编写《佛山市房屋安全鉴定员练习题汇编》，以房屋安全鉴定、建筑工程检测内容为基础，依据相关标准和规范，旨在给鉴定员通过大量练习实操题目的方式掌握专业技术要求。强化佛山市房屋建筑工程鉴定监督管理，规范房屋安全鉴定行为，提升房屋安全鉴定质量和水平，支持和服务佛山市房屋安全排查整治工作，市住房城乡建设局组织编制《佛山市房屋建筑工程鉴定工作技术指南（试行）》。

（张海东）

【2021年佛山建筑行业质量宣传月系列活动启动】 2021年9月17日，2021年佛山建筑行业质量宣传月系列活动启动，活动持续2天。该活动由佛山市住房和城乡建设局主办，佛山日报社承办。各区住房城乡建设部门、市建筑业协会及建筑相关企业400余人参加活动。活动设置3个现场观摩交流项目：华侨城云禧北园项目、怡尚公馆项目、中建四局映湖悦府项目。活动现场进行“红旗工地”授旗和省、市建设工程优质奖颁奖。中建四局卫国东路安置房项目、佛山方直珑玥苑项目、三水学林府项目等8个项目获评佛山市住房城乡建设领域2021年“红旗工地”。

（劳毅燕）

商贸服务业

综　述

【概况】 2021年，佛山市投入1977.62万元扶持商贸流通业发展，全年实现社会消费品零售总额3556.66亿元，比上年增长8.1%。全市实现商品零售额3298.25亿元，比上年增长7.4%。年内有11家餐饮业企业获评省级“粤菜名店”，28个菜品获评省级“粤菜名品”。全年拍卖成交额约8亿元，比上年下降1.57%；拍卖571场次，增长70.45%。全年安排展会超40场，展览规模超95万平方米。全年主要港口完成货物吞吐量9341万吨，其中港口集装箱吞吐量371万国际标准箱。全年全市粮食总供给734.59万吨，总消费729.63万吨，全市供销合作社系统完成销售总额157.53亿元，比上年增长807.02%；利润总额749.65万元，比上年增长69.91%。广东省盐业集团佛山有限公司全年食盐总销量6.23万吨，实现营业收入8878万元。全市有烟草专卖零售户3.74万户，全年办理烟草专卖零售许可业务1.97万宗。全市有成品油流通领域经营者（加油站、点）451户，无成品油生产企业。

【市场建设】 2021年，佛山市各类专业市场和农贸市场继续规范化和规模化发展。佛山是“中国陶瓷名都”，形成有中国陶瓷城、中国陶瓷总部基地、国际陶瓷展览中心、石湾置业陶瓷批发市场、南庄华夏陶瓷博览城、瓷海国际陶瓷交易中心等多个大型陶瓷批发零售市场，每年举办的国际陶瓷展吸引众多海内外参展商参加，4月18—21日举办的第36届佛山（国际）陶瓷及卫浴博览交易会，有超800家国内外参展商布展。顺德区乐从镇和龙江镇分别是“中国家具商贸之都”和“家具名镇”，有乐从国际家具城、南华家具城、盐步家具城、龙江国际家具城等大型家具批发零售市场，其中乐从国际家具城由佛山乐从红星美凯龙、佛山罗浮宫家具博览中心、佛山皇朝家私有限公司、佛山顺联家具城北区等商场组成，为全球最大的家具市场。禅城区的张槎镇是“中国针织名镇”、南海区西樵镇和大沥镇分别是“中国面料名镇”和“中国内衣名镇”、顺德区均安镇是“中国牛仔服装名镇”，形成有张槎玉带针织城、西樵轻纺城、顺德富安国际牛仔城等纺织服装批发零售市场，位于南海区大沥镇的盐步国际内衣城有内衣生产及相关联企业500多家，满足国内内衣市场需求，并出口美国、欧盟、韩国、日本等30多个国家和地区。顺德区乐从镇是“中国塑料商贸之都”“中国钢铁专业市场示范区”，形成有乐从德富塑料城、乐从钢铁世界等集聚度较高的塑料和钢铁专业市场，其中乐从钢铁世界年促成钢材贸易总量超2000万吨。此外，佛山市还有顺德陈村花卉世界、顺德伦教保发珠宝产业中心、南海平洲玉器街、南海环球水产批发市场等各类特色专业市场。全年全市215个农贸市场被纳入市级升改名录，其中禅城区45个、南海区58个、顺德区72个、高明区22个、三水区18个，至年底竣工75个。

【高品质消费商圈街区建设】 2021年，佛山市商务局联合多部门组织开展区域性消费中心城市培育建设试点调研工作，牵头编写《佛山市建设区域性消费中心城市行动计划（2021—2024）》。通过建设高品质消费商圈街区，加强商业网点规划与城市空间规划、城市轨道交通规划、产业规划及其他专项规划衔接，引导城市商圈街区合理化、差异化布局，打造一批高品质商圈和特色街区。出台《佛山市市级示范商圈（步行街）认定方案》，并组织评选认定。经推荐、考察评估，市商务局从14个项目中筛选8家企业入围市级示范步行街（商圈）推荐名单。年内，佛山岭南天地步行街商圈、佛山创意园步行街入选首批广东省级示范特色步行街（商圈）名单，佛山市顺德区华侨城欢乐海岸入选第二批省级示范步行街（商圈）名单。

（李明静）

批发零售业

【概况】 2021年，佛山市商品零售额3298.25亿元，比上年增长7.4%。从限额以上批发零售业商品零售分类看，粮油、食品类零售额下降5.7%，服装、鞋帽、针纺织品类零售额增长11.9%，日用品类零售额下降12.4%，家用电器和音像器材类零售额增长8.4%，中西药品类零售额增长5.5%，家具类零售额增长17.4%，石油及制品类零售额增长19.8%，汽车类零售额增长4%。

【汽车消费市场转型升级】 2021年，佛山市商务局制定《佛山市2021—2022年支持汽车销售企业扩大销售规模及促进新能源汽车消费工作方案》，从2020年“国六”（国家第六阶段机动车污染物排放标准）汽车促消费，调整为对消费者购买新能源车进行补助，推动新能源汽车消费。对汽车销售企业扩大销售规模进行扶持奖励，其中汽车销售企业销售比上年增长15%、销售达5亿元的，最高奖励100万元。截至2021年底，全市受理1.33万笔新能源汽车购车补助申请，累计发放补助1.32亿元。

【扩内需促消费活动】 2021年，佛山市组织发动各区商协会、金融机构和平台开展“春夏秋冬”各类主题的促消费活动，超2万户商户报名参加，累计132万人观看直播活动。举办广东（佛山）“家520”汽车消费节暨第二届南海汽车美食嘉年华活动，通过汽车生活和餐饮消费的推广，促进汽车品牌更新换代和新消费。举办2021年佛山夜间消费节活动，消费者可通过“云闪付”手机应用程序享受到银联补贴、商家让利、银行优惠3重福利，补贴优惠超1000万元。举办“佛山市2021年88盛夏乐购狂欢月”活动，通过金融机构、商家双重优惠促销的叠加，全市有1.1万户商户参加活动。开展粤贸全国·云购佛山暨2021佛山市冬季促消费活动，利用元旦、春节两大传统节日，举办多种形式的促消费活动，联合相关金融机构及电商平台，线上线下同步进行。

【2021年佛山夜间消费节】 2021年5月21日至7月30日，佛山市举办2021年佛山夜间消费节，活动涵盖全市5个区重点商圈及大型综合体，超1000户商户参与。活动围绕“夜宴”“夜游”“夜赏”“夜购”“夜旅”“夜演”“夜健”“夜品”“夜读”“夜宿”等生活消费领域，通过发放消费券、推出红包补贴等方式促进“夜佛山”消费。活动期间，消费者通过“云闪付”手机应用程序领取银联补贴、商家让利和银行优惠，补贴超1000万元。

【2021年佛山市88盛夏乐购狂欢月】 2021年8月8日，佛山市启动为期1个月的2021年佛山市88盛夏乐购狂欢月活动，在全市范围内以同一活动名称、同一主题、同一标识开展，涵盖银企联动购物节、银联家居家装节、品佛山美食节、汽车乐购节四大特色主题活动。佛山市商务局联合银联商务、中信银行、招商银行、顺德农商银行、支付宝等金融机构和电商平台，在零售、批发、餐饮、家居等行业推出折扣优惠券、代金券、满减券等，叠加大型商业综合体、大型商超、电器专卖店、餐饮企业等商家零售促销资源。全市超1.1万家商户报名参加活动，覆盖各区重点商圈及大型综合体。

（李明静）

住宿餐饮业

【概况】 2021年，佛山市餐饮收入258.41亿元，比上年增长18.8%，评定市级美食集聚区9个。住宿和餐饮业行业总产值增长14%，行业外商直接投资合同外资金额48.56亿元，实际使用外资金额121万元。有顺德华侨城旅游度假区1个省级旅游度假区；旅游星级饭店35家，其中五星级8家，分别为佛山宾馆（佛山皇冠假日酒店）、保利洲际酒店、金太阳酒店、高明碧桂园凤凰酒店、绿湖温泉度假酒店、恒安瑞士大酒店、财神酒店、顺德铂尔曼酒店；四星级14家，三星级13家。全年接待过夜游客1596.86万人次。年内，佛山市有11家餐饮业企业获评省级“粤菜名店”，28个菜品获评省级“粤菜名品”；有74家餐厅获省级“文明餐厅”称号、26家餐厅获省级“文明诚信示范餐厅”称号。年内，佛山评出藏花土猪、吊丝丹笋、灵芝鸡等12种2021年最受市民喜爱的“佛味鲜生”优质佛山本地粤菜食材。9—12月，佛山市举办“岭南味·佛山品”——2021年金秋文旅消费惠民季活动，岭南天地、东方广场、皇冠假日酒店推出美食、住宿等多项惠民优惠，市文广旅体局联合旅游景区、酒店民宿等，组织策划200多项惠民活动和消费惠民措施。

（李俊彦）

表27　2021年佛山市省级“粤菜名店”一览表

地　区	粤菜名店	申报单位
南海区	新世纪大酒店	佛山市南海区新世纪大酒店有限公司
顺德区	乐从荔园酒家	佛山市顺德区乐从供销集团荔园酒家有限公司
顺德区	新君悦酒店	佛山市顺德区陈村镇新君悦酒店
顺德区	顺德渔村（大良金桂花园总店）	佛山市顺德渔村饮食集团有限公司
顺德区	东海一族鱼翅海鲜酒楼	佛山市顺德区容桂东海一族鱼翅海鲜酒楼
顺德区	味可道美食坊（容桂第一分店）	佛山市顺德区容桂味可道美食坊
顺德区	朗晴居海鲜酒家	佛山市顺德区朗晴居海鲜酒家有限公司
顺德区	公交饭店	佛山市德和信公交餐饮有限公司
顺德区	南国渔村	佛山市顺德南国渔村餐饮管理服务有限公司
顺德区	龙江人人酒店	佛山市顺德区龙江镇人人酒店
三水区	华厦酒店	佛山市三水中旅集团有限公司华厦酒店

表28　　2021年佛山市省级“粤菜名品”一览表

地　区	粤菜名品	申报单位
禅城区	瑞雪藏龙	佛山碧桂园酒店有限公司希尔顿酒店管理分公司
禅城区	脆皮石岐乳鸽皇	佛山市纳一空间茶业有限公司
禅城区	金牌叉烧	佛山市彩福餐饮服务有限公司禅城分公司
禅城区	首创有米金猪	佛山市桃园一品饮食有限公司
禅城区	招牌膏蟹鲜虾粥	佛山市五仁餐饮管理有限公司文华里分公司
南海区	尚竹阁冬瓜盅	佛山市尚竹阁餐饮服务有限公司
南海区	芝士牛柳包	佛山市南海区新世纪大酒店有限公司
顺德区	和味明炉烧鹅	佛山市顺德香云纱园林酒店有限公司
顺德区	乐从鱼腐	佛山市顺德区乐从供销集团荔园酒家有限公司
顺德区	金牌双皮奶蛋挞	佛山市顺德区容桂味可道美食坊
顺德区	欢姐伦教糕	广东顺德梁桂欢伦教糕食品有限公司
顺德区	蜜汁叉烧	佛山市东园餐饮有限公司
顺德区	鸡油花雕蟹陈村粉	顺德陈村黄但记品味饮食店
顺德区	均安大板桥蒸猪	佛山市顺德区均安镇大板桥农庄食店
顺德区	顺德无骨鱼	广东德云居餐饮有限公司
顺德区	鸡仔饼	佛山市马冈园食品有限公司
顺德区	家乡煎酿大肠	顺德区容桂根哥天天有喜饭店
顺德区	蜂巢炸芋角	佛山市顺德区一壶餐饮管理有限公司
顺德区	鱼冇鳞刺	广东顺德叹世界酒店管理策划有限公司
顺德区	银杏猪肚汤	佛山市顺德区猪肉婆私房菜有限公司
顺德区	拆丝咸鸭粥	佛山市顺德区伦教香江饭店
顺德区	赖布鳝	佛山市大快活饮食有限公司
顺德区	荷塘月色	佛山市顺德区骏景酒店有限公司
顺德区	煎焗鱼嘴	佛山市顺德区北滘镇聚福山庄饮食有限公司
高明区	酸菜炒簕菜	佛山市高明杨和园林美食城有限公司
高明区	蛋散	佛山市高明杨和园林美食城有限公司
三水区	萨琪玛	佛山市西酒饮食有限公司
三水区	臭屁醋火锅（祛湿锅底）	佛山市三水区西南街大醋情小食店

【住宿业倍增计划】 2021年，佛山市重点推进住宿、影视、体育健身等行业小升规（小微企业规范升级为规模以上企业）工作，印发《实施文化、体育、娱乐和住宿业产业倍增计划》，其中明确2021年全市完成住宿业50家升规入库倍增指标及各区目标任务。全年全市住宿业新增申报入库企业61家，超额完成2021年倍增计划企业小升规任务。

（市文广旅体局）

【餐饮业品牌建设】 2021年，佛山市餐饮业通过组织参加省级粤菜名店、粤菜名品评选，组织开展优质佛山市本地粤菜食材评选、加州鲈烹饪技能邀请赛暨品鉴宴等市级、区级饮食评选和活动，推动全市餐饮业品牌建设，促进全市餐饮业品质提升。在广东省首批“粤菜名店”和“粤菜名品”评选中，佛山市有11家餐饮业企业获省级“粤菜名店”称号，28个菜品获省级“粤菜名品”称号。在广东省商务厅开展的2020—2021年度“文明餐厅”“文明诚信示范餐厅”评选中，佛山市有74家餐厅获省级“文明餐厅”称号、26家餐厅获省级“文明诚信示范餐厅”称号。市有关单位组织2021年最受市民喜爱的“佛味鲜生”优质佛山本地粤菜食材评选，评出吊丝丹笋、藏花土猪、灵芝鸡、均安草鲩等12种食材；举办首届佛山市“粤菜师傅”加州鲈烹饪技能邀请赛暨品鉴宴，评选出3道优胜加州鲈菜品。各区分别举办各种饮食评选和活动，其中，禅城区评出“禅城名菜”“禅城名点”各12道、顺德区评出星级餐厅15家，南海区评出“南海十大名宴”等。

【餐饮场所燃气管理】 2021年，佛山市住房和城乡建设局、佛山市商务局、佛山市应急管理局、佛山市市场监督管理局联合印发《关于落实我市餐饮等行业的生产经营单位安装使用可燃气体报警装置的通知》。到12月底前，全市范围内使用管道天然气、瓶装液化石油气的餐饮等行业用气场所，要加快安装可燃气体报警装置，要做好餐饮行业燃气设施、燃气燃烧器具和可燃气体报警装置的维护、更新，各区要加快实施燃气安全智能化监管，完善瓶装液化石油气安全监管信息系统和二维码系统，实现餐饮企业燃气安全实时监控、报警信息远程传送。

【2021“品味佛山”餐饮促消费活动】 2021年3—6月，佛山市举行2021“品味佛山”餐饮促消费系列活动。活动期

表29 2020—2021年度佛山市省级“文明诚信示范餐厅”一览表

地　区	文明诚信示范餐厅	申报单位
禅城区	东灶鱼头火锅（佛山禅城店）	东灶鱼头火锅
禅城区	丽轩砂锅粥店（佛山禅城）	佛山市五仁餐饮管理有限公司
禅城区	南椰尚味·正嘢椰子鸡	深圳市南椰世家餐饮管理有限公司（万科金融中心分店）
禅城区	顺德杨廷记	佛山市杨廷记餐饮服务有限公司
南海区	新作之茶（佛山南海怡丰城店）	广州萌茶茶餐饮管理有限公司
南海区	南椰尚味（中建分店）	深圳市南椰世家餐饮管理有限公司南海大道北分店
南海区	聚豪园林美食（丹灶店）	佛山市南海区聚豪餐饮服务有限公司
南海区	旺阁名苑	佛山市南海区桂城旺阁名苑餐饮服务有限公司
南海区	原味园	佛山市贡珍餐饮有限公司
三水区	三水中旅集团华厦酒店	佛山市三水中旅集团有限公司华厦酒店
三水区	碧发喜宴	佛山市三水区新动力餐饮服务有限公司
三水区	金太阳酒店	佛山市金太阳酒店有限公司
顺德区	顺德渔村（佛山顺德大良店）	顺德渔村
顺德区	顺德渔村（佛山顺德均安店）	顺德渔村
顺德区	东灶鱼头火锅（佛山顺德乐从店）	东灶鱼头火锅
顺德区	龍院老火锅（佛山顺德乐从店）	东灶鱼头火锅
顺德区	味可道美食坊（佛山顺德容桂福基路店）	佛山市顺德区容桂味可道美食坊
顺德区	味可道宴席酒楼（佛山顺德容桂泰安大厦店）	广东顺德味可道宴席酒楼有限公司
顺德区	东海一族鱼翅海鲜酒楼（佛山顺德容桂）	佛山市顺德区容桂东海一族鱼翅海鲜酒楼
顺德区	顺德陈村黄但记	顺德陈村黄但记品味饮食店
顺德区	珍之宝酒楼（容桂店）	广东顺德享粤轩餐饮管理有限公司
顺德区	珍之宝酒楼（杏坛店）	广东顺德汇厨餐饮管理有限公司
顺德区	龙悦湾酒家	佛山市顺德区龙悦湾饮食有限公司
顺德区	东逸湾酒店	佛山市顺德区东逸湾酒楼有限公司
顺德区	陈村顺峰山庄	佛山市顺德区陈村顺峰饮食有限公司
顺德区	南国渔村（果然居）	佛山市顺德南国渔村（果然居）餐饮管理服务有限公司

间，商家进驻佛山电视台的“醒目购”手机应用程序开设店铺，上架2道菜牌价格不低于39.9元的菜品，限量100份，消费者以9.9元的价格抢购该菜品在餐店消费。此外，消费者通过支付宝平台领取“品味佛山”优惠券进行线下消费，参与活动餐饮经营单位自愿设置商家自身让利的优惠券（优惠券不低于9折），消费者领取商户优惠券后可与支付宝优惠进行叠加使用。

【全省首项餐饮行业新冠肺炎疫情防控团体标准发布】 2021年6月12日，佛山市南海区发布全省首项餐饮行业新冠肺炎疫情防控团体标准——《餐饮行业新冠肺炎疫情防控指南》，填补该领域团体标准的空白。该指南从餐饮行业新冠肺炎疫情防控的基本要求、营业场所环境要求、服务提供要求、人员管理、营业场所管理、设备设施管理、采购进货管理、外卖和应急处置等各环节、各方面提供建议和指导，推动餐饮行业疫情防控标准化、规范化

【大良寻味顺德小镇入选中国特色小镇50强】 2021年7月，国家发展改革委规划司城乡融合发展处委托杭州数亮科技股份有限公司会同业内权威机构和专家学者联合编制的《中国特色小镇2021年发展指数报告》由人民出版社出版，佛山市有3个特色小镇（禅城区岭南文荟小镇、顺德区大良寻味顺德小镇、三水区白坭镇文创古镇）入选该报告列出的中国特色小镇50强榜单。其中，顺德区大良寻味顺德小镇以82.86的指数排在第十三位。报告指出，大良寻味顺德小镇在“宜游”上表现较好。大良寻味顺德小镇位于佛山市顺德区大良东部片区，处于顺德中心城区，以欢乐海岸PLUS、苏岗旧寨及顺峰山公园桂畔湖湿地公园为核心片区，规划用地面积4.7平方千米。2020年8月，大良寻味顺德小镇被纳入广东省特色小镇培育库，是以美食体验、文旅游乐为核心，集都市美食、乡土美食体验于一体的文旅美食小镇。截至2021年6月，大良寻味顺德小镇累计完成投资36.1亿元，占小镇总投资63.4%；2021年13项重点投

资项目已有11项开工；核心区华侨城欢乐海岸总客流量超1500万人次，有超80家顺德及世界各地知名餐饮店进驻。

【2021年最受市民喜爱的“佛味鲜生”优质佛山本地粤菜食材公布】 2021年11月25日，“佛味鲜生”优质粤菜食材建设工程三年收官暨网络展厅启动活动举行，公布全市大评选——2021年最受市民喜爱的“佛味鲜生”优质佛山本地粤菜食材，包括藏花土猪、吊丝丹笋、佛山鸽、广东鲂、合水粉葛、三水黑皮冬瓜、九江加州鲈、均安草鲩、灵芝鸡、三洲黑鹅、顺德鳗鱼、谭边苦瓜等12种食材。

（李俊彦）

拍卖业

【概况】 2021年，佛山市拍卖成交额约为8亿元，比上年下降1.57%；拍卖场次571场次，增长70.45%。从拍卖标的分类看，其他类拍卖成交额最高、占比最多，成交额3.94亿元，占总成交额的49.25%；从拍卖委托部门来分，其他机构委托为拍卖业务的主要来源，成交额6.59亿元，占总成交额的82.38%；从拍卖场次来看，其他机构委托、政府部门委托（包括自然资源管理部门、海关、公安部门、工商管理部门、税务部门、检察院等）、个人委托占部门委托拍卖场次的前3位，分别为261场次、133场次、127场次。

【司法委托拍卖】 2021年，佛山市司法委托拍卖业务为零成交额、零拍卖场次。受司法拍卖政策影响，法院委托拍卖业务的成交额、拍卖场次从2016年之前的拍卖业务主要来源，逐渐变为边缘、真空地带。法院委托拍卖的成交额、拍卖场次，自2019年至2021年，连续3年均为0。

【个人委托拍卖】 2021年，佛山市个人委托拍卖127次场，比上年增长101.59%；成交额0.64亿元，下降275%。个人委托拍卖的物品主要集中在房地产、文化艺术品、债权和股权。其中，个人委托拍卖中的房地产成交额0.57亿元，占比89.06%。

（余　炯）

会展业

【概况】 2021年，佛山市有佛山潭洲国际会展中心、佛山国际会议展览中心、中国陶瓷城、龙江前进汇展中心、顺联国际机械博览中心、佛山顺德罗浮宫国际家具博览中心、南海国际会展中心等会展场馆，有佛山成展展览服务有限公司、佛山市慧聪展览有限公司、佛山市运高展览有限公司等办展机构。其中，佛山潭洲国际会展中心为年内会展举办主要场地，全年安排展会约40场，展览规模95万平方米，主题涵盖纺织工业、家居家电、塑料橡胶、木工机械、陶瓷建材等，其中超八成为工业类展会。年内，佛山市举办2021佛山潭洲陶瓷展，是亚洲规模最大的专业陶瓷展、岩板全产业链第一展、新型陶瓷材料第一展。举办第一届全国博士后创新创业大赛，是全国博士后制度实施以来举办的规模最大、层次最高、覆盖面最广的全国性博士后创新创业赛事。举办第三十六届佛山（国际）陶瓷及卫浴博览交易会、第二十五届全国发明展览会——“一带一路”暨金砖国家技能发展与技术创新大赛、2021第十一届佛山汽车工业博览会等展会。

【重点市外国内、国际展会组织及推荐】 2021年，佛山市支持佛山企业拓展国内市场，宣传佛山城市、产业和品牌形象。开拓国际市场，推动企业抢抓出口订单。年内，市商务局发布上半年重点推荐并组织的线上国际展会12场，上半年重点组织的市外国内展会项目计划9个；下半年重点推荐并组织的线上及线下国际展会17场，下半年重点组织的市外国内展会项目计划17个。

【《佛山市重点品牌展会认定扶持办法》印发】 2021年3月5日，佛山市商务局印发《佛山市重点品牌展会认定扶持办法》，培育佛山市品牌展会，规范品牌展会认定工作，引导佛山会展业向品牌化、专业化、市场化、国际化发展。办法自4月8日起施行，有效期3年。佛山定期举办具有一定规模，符合国家、省产业发展鼓励方向，并与佛山支柱产业、优势产业、特色产业、战略性新兴产业发展关系密切，能有效推动和引领产业和经济发展，具有较强影响力和代表佛山会展业形象的展会，包括展览会、博览会、交易会、展销会等展销为主的专业展会，符合认定条件即可申报，通过评审后获扶持。扶持内容包括：在佛山市各有关宣传推介环节中予以重点宣传；市级财政每年安排专项资金对其上一年度举办展会的场地租金和宣传支出等费用按一定的比例进行扶持；在对外宣传时可冠名使用佛山市重点品牌展会称号；优先推荐申请国家级、省级财政资金扶持。

【第三十六届佛山（国际）陶瓷及卫浴博览交易会】 2021年4月18—21日在陶瓷城、陶瓷总部和佛山国际会议展览中心三大展馆举办，以“新·动”为主题，展会面积36.5万平方米，设置9个主题展区，超800家国内外参展商布展，展出包括岩板、大板、厚板、健康陶瓷、发热陶瓷灯等超2万款新品，集中展示无限连纹、工艺面、数码釉等新工艺与花色，并发布2021陶瓷行业最新流行趋势。

【2021佛山国际汽车工业博览会】 2021年5月1—4日，以“智引科技，质领生活”为主题的2021佛山国际汽车工业博览会·春季在佛山潭洲国际会展中心举行，汇聚80个汽车品牌、800款热销车型，有13万人次观展，比上年同期春季展增长130%，销售新车7200辆，增长71.4%。10月1—5日，2021佛山国际汽车工业博览会·秋季举行，同期举办“汽车高品质发展论坛”及“潭洲架控体验之旅”试驾活动，展会有130多个品牌、230家展商，首发新车40辆，展出800款车型，销售1.32万辆，销售额30亿元。

【2021佛山潭洲陶瓷展】 2021年7月20—24日在佛山潭洲国际会展中心举

行，是亚洲规模最大的专业陶瓷展、岩板全产业链展、新型陶瓷材料展。展会展览面积12万平方米，特装展位面积占97%，特装展位数量占74%。参展的400多家陶瓷企业中，佛山企业占比56%，外地企业占比44%，其中产品展参展企业150多家、装备材料展参展企业250多家。从产区看，包括广东省佛山市、广西壮族自治区藤县、福建省晋江市、四川省夹江县、江西省高安市、江西省景德镇市、河北省高邑县、湖北省当阳市等中国主要陶瓷产区，以及意大利、西班牙等国际陶瓷产区。展会集中展示陶瓷全产业链新产品、新装备、新材料、新技术、新工艺。展会现场，新明珠、冠珠、新中源、蒙娜丽莎、萨米特等品牌企业均推出岩板新品，也有不少中小企业品牌进行岩板产品展示。展会同期举办2021佛山（潭洲）国际陶瓷与卫浴展览会和2021佛山国际陶瓷装备与材料展览会。展会期间，举办故宫研究院前院长单霁翔主题分享会、景德镇陶瓷大学吕品昌校长艺术赋能产业专题展览等活动。为期5天的展会进场观众超15万人次。

【首届南海区泛家居产业推介会】 2021年10月15—18日，以“天下家居看南海”为主题的首届南海区泛家居产业推介会在佛山市南海区大沥镇举办，是全国首个泛家居题材专业展，200多家泛家居企业参展，吸引5万人次观展。现场设置“十大功能体验展区”和“泛家居产业专业展区”两大展区，展示铝型材、家具、陶瓷、照明、家用纺织品、红木、家电等16个行业的产品。泛家居产业推介会展商内部关联性较强，涵盖金属加工及制品业、家具制造业、纺织业、非金属矿物制品业、电气机械和器材制造业等主要产业领域。

（李俊彦）

物流业

【概况】 2021年，佛山市交通运输、仓储和邮政业增加值210.49亿元；公路水路完成货运量2.71亿吨；公路水路完成货物周转量295.92亿吨千米；主要港口完成货物吞吐量9341万吨，其中港口集装箱吞吐量371万国际标准箱。截至2021年底，佛山市有A级物流企业18家，其中AAAAA级1家、AAAA级13家、AAA级4家，主要开展大宗运输、汽车物流、冷链物流、电商物流、快递物流等专业物流业务。有3星级冷链企业1家，为佛山市鼎昊冷链物流有限公司。冷链物流企业以广东何氏水产有限公司、佛山市鼎昊冷链物流有限公司、佛山顺德国通物流城有限公司、佛山市南海区大沥桂江冷库储存配送有限公司等为代表，其中广东何氏水产有限公司属于商务部认定的“农产品冷链流通标准化试点企业”。有德邦物流、南储仓储、南海国际货柜码头、广东何氏水产、国通物流城、吉宝物流、佛汽集团、小冰火人网络等一批第三方物流企业。第三方物流企业利用全球定位（GPS）和射频识别技术（RFID）等互联网、物联网创新经营模式和优化管理流程，开展电子商务物流、跨境物流、冷链物流、现代仓储、物流信息平台交易管理等新业态。此外，九江港口物流基地、官窑货场物流园区、顺德区国通冷链物流基地、大沥广佛物流园、易运物流基地等一批布局合理、产业集聚、功能集成的物流园区，为城市配送提供节点布局。

表30 **佛山市A级物流企业一览表**

序　号	企业名称	等　级
1	广东欧浦钢铁物流股份有限公司	AAAAA
2	佛山市佛航物流集团有限公司	AAAA
3	南储仓储集团管理有限公司	AAAA
4	广东精准德邦物流有限公司	AAAA
5	佛山市汽车运输集团有限公司	AAAA
6	广东国通物流城有限公司	AAAA
7	佛山顺丰速运有限公司	AAAA
8	广东何氏水产有限公司	AAAA
9	佛山市顺德区澳沪物流有限公司	AAAA
10	佛山市南海金叶物流有限公司	AAAA
11	广东炬申物流股份有限公司	AAAA
12	一汽物流（佛山）有限公司	AAAA
13	佛山市跨越速运有限公司	AAAA
14	广东鸿景物流集团有限公司	AAAA
15	佛山市运输有限公司	AAA
16	广东盛丰物流有限公司	AAA
17	佛山市华信长城物流运输有限公司	AAA
18	佛山市鼎昊冷链物流有限公司	AAA

注：资料截至2021年底

【商贸流通业资金政策扶持】2021年，佛山市重新整合完善商贸流通资金支持方向及细则，加大对促消费及促转型升级等方面的支持力度。经企业申报、各区初审推荐、第三方机构组织专家评审及复审，最终评审核定建议扶持的项目218个，扶持金额1977.62万元。出台《佛山市促商贸流通业高质量发展若干措施》，从支持商贸流通企业做大做强、搭建促消费平台、激发居民消费潜力、促进出口转内销、推动内贸流通企业创新发展、优化市场流通环境、落实工作保障措施等七大方面提出18项措施支持商贸流通企业发展。

【农村物流】2021年，佛山市区、镇（街道）、村三级物流节点100%覆盖，基本形成城乡连接、村村互通、安全便捷的农村公路交通网络，打通农产品进城的"最后一公里"。有农村邮政自办营业场所48个、委托代办营业场所61个。有农村快递服务网点397个、农村电商站点374个、村级"邮乐购"站点351个，快递服务建制村通达率实现100%，在全省率先实现行政村快递服务网点全覆盖，基本实现佛山城乡快递服务均等化。

【全市商贸流通企业家专场座谈会】2021年3月22日，佛山市商务局召开全市商贸流通企业专场座谈会，听取并收集商贸流通企业发展中的问题困难，全市20家大型商贸流通企业代表参加座谈会。会上，企业代表主要提出企业在创新发展、转型升级、用人需求、品牌宣传、新冠疫苗接种等方面遇到的困难和需求。针对企业提出的问题和意见建议，市商务局回应会梳理问题、建好台账，能马上落实的事立即办，暂时不能落实的列出计划，拿出方案，同时提出要形成常态化听取企业意见建议机制和建立企业意见建议跟踪督办机制等。

【2021年商贸流通领域"安全生产月""安全生产万里行"系列活动】2021年6月1—30日，佛山市举行商贸流通领域"安全生产月"活动，6月1日至12月31日举行商贸流通领域"安全生产万里行"活动。佛山市商务局成立"安全生产月""安全生产万里行"活动领导小组，在"安全生产月"活动中面向商贸流通企业开展安全生产主题教育，进入企业普及安全知识和防灾避险技能，组织商贸流通企业参与6月16日的全市安全生产咨询日活动。在"安全生产万里行"活动期间，围绕商贸流通领域安全生产专项整治三年行动（2020—2021年）集中攻坚工作，推动高危企业主要负责人及安全生产管理人员100%完成培训并取得相关证书，特种作业人员100%完成培训并持证上岗。

（李俊彦）

粮食流通

【概况】2021年，佛山市粮食总供给量734.59万吨，粮食总消费729.63万吨。全年全市粮油市场总体平稳，粮源充足，没有出现断供断档、抢购粮食现象。全市已建立应急供应网点132个，应急加工企业25家，应急配送中心8个，应急储运企业7家。

（市发展改革局）

【粮油保供】2021年，佛山市5个区均建立大米和食用植物油等成品储备，建立起较为完整的储运、配送、供应网络，有能力及时投放成品粮油到居民消费网点。印发《佛山市新冠肺炎疫情局部暴发生活必需品保供应急工作预案》，明确佛山市部分区域因新冠肺炎疫情导致大规模封控管控情况发生时生活物资保供应工作的应急工作机制及应急处置措施。佛山市生活物资保障组动员有条件的企业成为保供企业，增加保供企业数量和库存，增强保供能力。疫情发生期间，市生活物资保障组保障全市5个封控区域、13个管控区域28万人的生活物资。

（钟家楠）

【粮食流通监督检查】2021年，佛山市围绕安全储粮和安全生产"两个重点"，守住粮食储备安全底线。按照"管行业必须管安全，管业务必须管安全、管生产经营必须管安全"的要求，有效传导压力、落实责任，抓好粮食行业安全生产工作。市、区两级粮食部门加大对粮食流通各环节违法违规行为的查处力度，特别是对涉及政策性粮食库存、严重侵害国家利益、扰乱正常粮食流通秩序的重大违法、违规行为进行重点查处。全年开展监督检查行政执法活动127次，出动人员546人次，检查企业277家次。加强部门间联合执法，确保粮油市场供应稳定。在佛山市进口粮食疫情联防联控机制下，佛山海关、市发展改革局、市市场监管局、市卫生健康局和市农业农村局等加强部门协调联动，通过"大排查、大走访"方式加大对市场粮油价格、质量安全等日常巡查和动态监测力度，打击哄抬粮价、非法垄断和操纵粮食价格、价格欺诈及超标粮食进入口粮市场等违法行为，保持价格平稳和口粮安全。

（市发展改革局）

供销合作

【概况】2021年，佛山市供销合作社系统有市级供销社1个、区级供销社2个（禅城区1个、高明区1个）、镇（街道）级供销社17个（禅城区4个、南海区2个、顺德区2个、高明区9个）、村（社区）级供销社4个（均在高明区）。佛山市供销合作社系统完成销售总额157.53亿元，比上年增长807.02%；利润总额749.65万元，比上年增长69.91%；社会贡献总额2277.84万元，比上年增长81.51%；所有者权益5020.69万元，比上年增长15.94%。

【全市最大农机服务队伍组建】2021年，佛山市供销系统在高明区更合镇成立佛山市新供销禅明农机服务专业合作社，组建农机专业服务队伍。该农机服务队伍有大型拖拉机、旋耕机、高速插秧机、无人机、采摘机器人、智能服务

2021年，佛山市供销系统组建农机专业服务队伍，实现粮食生产全程“一站式”服务。图为高明供销社农机服务队农业机械 （市供销社 供图）

机器人、无人喷雾机、六轴无人机等农用机器94台（套），有从业人员14人，其中考取农机专业方面资格证6人、其他专业资格证8人，是佛山市拥有农机数量最多、专业从业人员最多、服务功能最完善的农业机械化全程服务的专业队伍。该农机服务队伍可开展土地流转、代耕、代种、代管，实现粮食生产全程“一站式”服务。截至2021年底，为周边农户提供代耕代种服务343.33公顷（5150亩），“统防统治”（对农业生产中某种普遍发生的虫害或病害进行统一防治）服务4166.67公顷（62500亩），社会化服务合计9020公顷次（13.53万亩次）。该农机服务队伍通过承接土地托管，开展农业社会化服务，把分散经营的农户土地集中起来规模化、集约化、机械化生产，推动农业经营方式转变。

【供销公共型农产品冷链物流基础设施骨干网建设】 2021年，佛山市印发《佛山供销公共型农产品冷链物流基础设施骨干网建设方案》，确定禅城区的粤港澳大湾区民生保障冷链物流园为重点项目，由省、市、区三级合作建设。项目总规划用地面积约6.67公顷（100亩），总建筑面积10.51万平方米，总投资8.65亿元。

【“无人水稻农场”应用示范项目建设】 2021年，佛山市高明区供销社与广东省智慧农业研究院、广东若铂智能机器人有限公司、广东高明创新产业研究院、高明区吉田村委会签约共建国内首个商用“无人水稻农场”应用示范项目，由中国工程院院士罗锡文团队提供技术支持。年内，“无人农场”示范项目开始委托厂家定做机械设备，并开始筹建5G基站。项目土地平整、灌溉水利工程于年内完成，早造水稻旱直播试验工作于年内取得相关实验数据。

（曾 嘉）

食盐经营

【盐产品销售】 2021年，广东省盐业集团佛山有限公司主要开展食盐销售，全年食盐总销量6.24万吨，包括小包装食盐2.92万吨、食品加工用盐3.32万吨；全年实现营业收入8878万元；食盐合格率（监管部门抽检）100%。

（市盐业公司）

【食盐储备】 2021年，佛山市的政府食盐储备3293吨，全部由广东省盐业集团佛山有限公司承储，能满足佛山正常情况下30天食盐平均消费需求，为应对各类突发事件，维护食盐市场稳定提供物资保障。佛山市的政府食盐储备实行动态储备，每半年至少全部轮换1次。轮换期间，政府食盐库存量最低不能低于年度储备计划数的70%，轮换期限不超1个月，并要获得第三方质量检验检测机构出具的质量合格证明。

（市发展改革局）

2021年4月26日，佛山市发展和改革局检查广东省盐业集团佛山有限公司高明基地政府食盐储备情况 （市发展改革局 供图）

【食盐安全监管】 2021年，佛山市场监管部门依法加强食盐安全监管，将食盐作为重点产品列入年度监督抽检计划，包括省内和省外食用盐生产企业生产的食用盐产品。加强食盐销售单位监督检查，以索票索证、食品安全自查等各项制度落实、环境卫生、销售过程控制、人员管理、标签标识等为重点进行全项目检查，全面排查食盐销售单位食品安全主体责任落实、食品安全风险隐患等情况。经检查，没有发现食盐销售违法违规经营行为。

（市市场监管局）

烟草专卖

【概况】 2021年，佛山市有烟草专卖零售户3.74万户。佛山市烟草专卖局加强烟草专卖零售许可证管理，全年全市办理烟草专卖零售许可业务1.97万宗，其中新办7293宗、延续6209宗、变更379宗、补办55宗、停业771宗、恢复营业662宗、歇业4322宗。年内，市烟草专卖局修订并印发实施《佛山市烟草制品零售点合理布局规定》，引导中小学、幼儿园周边存量客户迁移，发放“禁止向未成年人售卖卷烟（电子烟）”警示标语5000多份；会同公安机关、市场监管部门侦破“3·23”“12·8”等制售假烟案件。

【烟草市场监管与执法】 2021年，佛山市加强涉烟案件的精准研判，提高涉烟违法行为打击效率。佛山市烟草专卖局、市公安机关、市市场监管部门开展联合行动，侦破“3·23”案件，捣毁假烟包装窝点2个、半成品烟支仓库1个、辅料商标仓库1个，现场查获假烟及半成品烟支等涉案物品一批，涉案总金额超500万元。侦破“12·8”案件，该案件跨佛山市、云浮市、茂名市，是含烟机生产、包装、仓储、运输、销售全链条的案件，行动中捣毁机器制假等涉案窝点4个，起获卷接机1台、烟丝8210千克、半成品烟支等涉案物品1批，涉案金额超1亿元。

【烟草制品零售点布局规划】 2021年，佛山市烟草专卖局召开烟草制品零售点合理布局规定听证会，全市零售户、申请人、消费者代表，以及市教育、市场监管、卫生健康、工业和信息化等相关部门代表50多人参加会议。市烟草专卖局根据听证代表的意见和建议，修订《佛山市烟草制品零售点合理布局规定》，并于6月1日印发实施。该规定以街道、乡镇作为最小市场单元，综合量化分析市场单元内人口密度、持证零售户密度、人口持证率、零售户平均日订烟量等指标，将辖区市场单元分为A、B、C三类，分别确定单元内烟草制品零售点间距标准：A类市场单元烟草制品零售点间距不少于30米，B类市场单元烟草制品零售点间距不少于40米，C类市场单元烟草制品零售点间距不少于50米。不满足间距要求的，不予设置烟草制品零售点。

【违法烟草专卖品公开销毁】 2021年1月7日，佛山市烟草专卖局举行打击涉烟违法犯罪“蓝剑”行动成果展示暨公开销毁违法烟草专卖品现场会，销毁一批总价值1.47亿元的违法烟草专卖品，其中包括各类罚没卷烟1.77亿支、罚没烟丝2.09万千克。

（王莎莎）

成品油销售

【概况】 2021年，佛山市有建档成品油仓储企业10家、成品油流通领域经营者（加油站、点）451户，无成品油生产企业。

【成品油销售监管】 2021年，佛山市市场监督管理局印发《佛山市市场监督管理局开展成品油行业专项整治工作方案》，加强成品油生产流通领域质量监管。组织对全市生产、仓储、流通领域证照齐全的经营者（除中石化、中石油、中海油等3家公司外）的成品油实施监督抽查，组织各区市场监管局开展不合格油品及经营者的后处理工作。对全市164座民营油站进行100%覆盖监督抽查，抽查油品432款，发现6座油站销售的6款油品不合格，抽查合格率98.6%。开展联合督导检查，市市场监管局联合市税务局、广州海关佛山缉私分局组成督导组，对三水区专项整治工作情况进行督导检查。开展专项整治行动，全市市场监管部门出动执法人员2159人次，调查核实问题线索34条，对3家销售不符合国家标准成品油产品的经营者进行立案查处，涉案货值7.9万元。开展加油站民生计量专项整治，对108座加油站的加油机进行检查，没有发现违法违规行为。加强成品油价格行为监管，对174座加油站开展价格检查，没有发现违法行为。

（市市场监管局）

【成品油运输及安全监管】 2021年，佛山市多部门联合开展成品油专项整治行动。佛山市交通运输局通过路面执法与企业检查相结合、执法整治与源头治理相结合的方式，推进成品油货物道路运输全链条监管、全要素覆盖。利用科技手段辅助执法，在佛山市交通综合行政智能执法平台新增开发“两客一危”（从事旅游的包车、三类以上班线客车和运输危险化学品、烟花爆竹、民用爆炸物品的道路专用车辆）辅助研判平台，利用运政视频卡口、科技治超点等数据，综合分析全市危运重点监管车辆成品油运输行为。查处货运站场、港口码头成品油经销企业违规运输行为，督促企业落实道路运输车辆动态监控和电子运单等工作制度，防范化解成品油道路运输环节安全风险，成品油专项整治行动期间，查处涉成品油运输违法违规案件79件。佛山市各级消防救援队伍全年开展加油站“六熟悉”（熟悉交通道路、水源情况，熟悉重点单位的分类、数量及分布情况，熟悉主要灾害事故处置的对策及基本程序，熟悉建筑物使用及重点部位情况，熟悉内部的消防设施情况，熟悉其消防组织及灭火救援任务分工情况）和加油站消防演练223次。

（姚　洁　吴海碧）

新兴服务业

法律服务

【概况】 截至2021年底，佛山市有律师所402家（个），其中合伙所241家、个人所94家、分所27家、代表处1个、公职所6家、法援所6个、公司机构27个；律师4193人，其中专职律师3520人、兼职律师38人、公职律师495人、法援律师51人、公司律师81人、港澳居民律师8人。佛山市发挥律师在法律咨询、法律服务（调解）、法治宣传教育方面的专业作用。全年办理刑事诉讼案件7385件、民事诉讼案件7.32万件、行政诉讼案件2329件、非诉讼法律事务1.2万件、仲裁业务2649件、咨询和代书6944件。

【法律援助】 2021年，佛山市各法律援助机构办理法律援助案件1.15万件，其中刑事法律援助案件3076件、民事法律援助案件8389件、行政法律援助案件46件，提供法律咨询服务4.23万人次，维护困难群众和当事人的合法权益，促进法治佛山建设。全市各法律援助机构继续做好新产业工人、老年人、残疾人、妇女儿童、军人军属等群体的法律援助工作，开通绿色通道，维护特殊群体合法权益，全年办理农民工法律援助案件7944件（为农民工讨薪挽回经济损失1.15亿元）、老年人法律援助案件248件、残疾人法律援助案件102件、妇女法律援助案件3242件、未成年法律援助案件734件、军人军属法律援助案件5件。全市各级法律援助机构加强法律援助宣传工作，先后在南海区桂城街道、顺德区大良街道近良社区、禅城区张槎街道纯阳社区、南海区西樵镇崇北社区开展设摊咨询、文艺晚会、宣传论坛等形式的宣传活动，同时通过微信公众号、报纸等媒体宣传法律援助工作。

2021年，佛山市发挥律师在法律咨询、法律服务（调解）、法治宣传教育方面的专业作用。图为4月17日“送法下基层”系列活动现场　　（市司法局　供图）

【律师服务】 2021年，佛山市发挥律师在法律咨询、法律服务（调解）、法治宣传教育方面的专业作用。全年办理刑事诉讼案件7385件、民事诉讼案件7.32万件、行政诉讼案件2329件、非诉讼法律事务1.2万件、仲裁业务2649件、咨询和代书6944件。全市村（社区）有法律顾问469人，其中主办律师308人、协助律师161人，实现一村（社区）一法律顾问全覆盖。年内，全市一村（社区）一法律顾问服务对象10.39万人次，提供服务总数2.71万件次，其中诉讼19件次、非诉讼2.71万件次。非诉讼服务包括接访咨询2.1万件次、审查合同（含审查民规民约）708件次、法律意见书288件次、代书354件次、谈判18件次、调解纠纷607件次、参与法律援助12件次、处理敏感案件2件次、协助选举33件次、上法治课及开展法律培训（含普法宣传）3105件次、其他949件次。

【公证服务】 2021年，佛山市加强调解与公证对接机制，佛山市公证协会与新建立的佛山市司法局、佛山市人民调解协会联合出台《关于进一步完善矛盾纠纷多元化解调解与公证对接机制的通知》，完善调解与公证对接机制。建立市、区两级调证业务对接沟通小组，链接调解与公证服务的需求与供给，实现常态化便利化沟通。推动公证机构为民办实事，岭南公证处创新远程视频公证服务方式，为海外侨胞、港澳同胞及社会各界人士提供远程无接触公证办理服务；禅城公证处进驻基层，为简村80多名村民解决历史遗留问题；市司法局领导带领市司法局公法科、岭南公证处、南海公证处代表参加佛山市电视台《对话民生》节目，与市民网友交流沟通解答公证问题。推动公证服务“提速增效”，全市各公证机构推行“一小时出证”“一网通办”等公证服务，推出“最多跑一次公证事项”，进驻粤省事等线上平台。推动“减证便民”，执行《广东省公证事项办理材料清单（试行）》，一次性告知申请人申请材料及注意事项，其中：顺德公证处与区房管部门沟通协调，开通端口，由公证处直接查询房产信息，减轻申请人举证压力；三水公证处和高明公证处针对部分公证事项试行“告知承诺制”。推动“降费惠民”，通过政府购买公证法律服务承接不动产继承业务，每年为市民群众减轻因办理继承的经济负担数千万元，其中，顺德公证处为80周岁以上老人免费办理遗嘱公证346件，为现退役军人、军人烈士遗属提供公证服务80余人次。

【司法鉴定服务】 2021年，佛山市有司法鉴定机构12个、司法鉴定人133人。全市司法鉴定机构业务总量16923件，其中法医病理鉴定312件，法医临床鉴定5231件，法医精神病鉴定481件，法医物证鉴定2018件，法医毒物鉴定2999件，文书鉴定184件，痕迹鉴定5645件，录音鉴定13件，电子数据鉴定18件，图像鉴定22件，鉴定业务收费数额4251万元。年内，全市有142名司法鉴定人参与（含初次申请执业）司法鉴定全面评查专业技术知识和法律知识考试。全市司法鉴定机构为民办实事155件，其中为符合条件的申请人减免司法鉴定费用7.7万元。

（王　松）

【佛山首个远程公证平台上线】 2021年8月，由佛山市归国华侨联合会与市司法局、市岭南公证处合作推出的“佛山远程公证平台”小程序上线运行，试点开展海外远程视频公证，以“零接触”形式解决海外侨胞无法回国亲自办理业务的难题。该小程序运用身份识别、人脸对比、视频录制、数字签名、实时远程视频等现代信息技术，以及通过承办公证员与当事人事前、事中、事后沟通，确保远程视频公证事项真实、合法。有关房屋购买委托等签署类公证事项，不涉及转移、放弃权利的声明，无犯罪记录公证，结婚公证等超40项公证业务可通过远程平台办理。截至年底，市岭南公证处通过该平台办理线上远程公证业务94件。

（石越男）

科技服务业

【概况】 2021年，佛山市有205家科技服务企业，全年新增49个科技服务机构通过创新券服务机构入库备案，累计备案入库263个。全市有高新技术企业7100家，有省级工程技术研究中心812个、市级工程技术研究中心1421个、区级工程技术研究中心1325个（其中禅城区28个、南海区747个、顺德区223个、高明区146个，三水区181个）。有省重点实验室30个，数量排全省第二名。季华实验室有引进及组建的科研团队40余个，有全职中国科学院院士1人、双聘院士15人、领军人才38人、正高级职称115人，总体科研人员规模达1450人，有包括国家和省各类重大项目在内的科研项目69个，项目总经费6.5亿元。仙湖实验室全年通过“全职+双聘”方式引进科研人员112人，其中中科院院士1人、中国工程院院士1人、教授42人。有科技企业孵化器115家、众创空间86家，孵化总面积267万平方米，在孵企业3279家。年内，佛山市推出加计扣除研发项目前置技术鉴定服务，全市4870家企业享受优惠，加计扣除额达129.28亿元，为企业减免税额超10亿元。截至2021年底，佛山市“双创”（创新创业）基金总规模达101亿元，放大倍数为11.5倍；投资项目145个、投资总额接近77亿元。

【工业设计发展】 2021年，佛山市新增国家级工业设计中心3个（均为企业工业设计中心），国家级工业设计中心总数达7个（企业工业设计中心6个、工业设计企业1家）；新增省级工业设计中心26个（家）（企业工业设计中心25个、工业设计企业1家），省级工业设计中心总数达54个（企业工业设计中心45个、工业设计企业8个、工业设计基地1个）。有广东工业设计城、顺德创意产业园、陶谷小镇、广东泛家居设计谷、广东大门设计创新产业园、鹰创园等一大批具有集聚效应的工业设计产业园区。有省级工业设计研究院1家，为2019年广东省第一批省级工业设计研究院之一的广东省省级（家电）工业设计研究院，该研究院由佛山市顺德区星火设计研究有限公司运营。有专业工业设计机构近1000个，从业人员近5万人。佛山“市长杯”工业设计大赛举办至第七届。年内的第七届佛山“市长杯”工业设计大赛有170家企业单位和148所院校参赛，征集到设计作品（项目）3580件（个），其中产品设计组作品1303件、概念设计组作品2542件、产业设计组项目5个，作品涵盖家具家电、陶瓷卫浴、智能装备、数字技术等领域，最终评选出最佳设计（创意）作品2件、杰出设计（创意）作品6件、优秀设计（创意）作品24件、优秀创新项目（产业）2个、类别创新作品100件等。其中，产品设计组最佳设计项目（作品）由广东美的制冷设备有限公司的“AIR NEXT空气主机”摘得，概念设计组最佳创意项目（作品）由广东东方麦田工业设计股份有限公司的“脑洞立方”获得，产业设计组优秀创新项目（作品）则分别由广东金绿能科技有限公司的“发泡陶瓷材料产业化应用”、广东顺德欧治子厨业有限公司的“立足中国厨师之乡，打造合中国人手的高品质厨房铁器”获得。该届大赛中已实现产业化的作品共有1303件，年销售额可超100亿元。

表31　　佛山市省级以上工业设计中心一览表

名　称	类　型	申报单位	首次认定时间和批次	通过复核情况
国家级工业设计中心（认定单位为工业和信息化部）				
美的集团股份有限公司工业设计中心	企业工业设计中心	美的集团股份有限公司	2013年，第一批	2015年和2019年分别通过复核
广东美的制冷设备有限公司工业设计中心	企业工业设计中心	广东美的制冷设备有限公司	2019年，第四批	—
广东新宝电器股份有限公司工业设计中心	企业工业设计中心	广东新宝电器股份有限公司	2019年，第四批	—
广东东方麦田工业设计股份有限公司	工业设计企业	—	2019年，第四批	—
创意电器工业设计中心	企业工业设计中心	小熊电器股份有限公司	2021年，第五批	—
全屋定制家具设计创新中心	企业工业设计中心	佛山维尚家具制造有限公司	2021年，第五批	—
海信容声（广东）冰箱有限公司创新设计中心	企业工业设计中心	海信容声（广东）冰箱有限公司	2021年，第五批	—
省级工业设计中心（第一和第二批认定单位为省经济和信息化委员会，第三和第四批认定单位为省工业和信息化厅）				
陶瓷工业设计中心	企业工业设计中心	广东金意陶陶瓷有限公司	2015年，第一批	2020年通过复核
新宝工业设计中心	企业工业设计中心	广东新宝电器股份有限公司	2015年，第一批	2020年通过复核
广东顺德东方麦田工业设计有限公司	工业设计企业	—	2015年，第一批	2020年通过复核
佛山六维空间设计咨询有限公司	工业设计企业	—	2015年，第一批	2020年通过复核
广东工业设计城	工业设计基地	广东同天投资管理有限公司	2015年，第一批	2020年通过复核
兴发铝业工业设计中心	企业工业设计中心	广东兴发铝业有限公司	2017年，第二批	2020年通过复核
全屋定制家具设计创新中心	企业工业设计中心	佛山维尚家具制造有限公司	2017年，第二批	2020年通过复核
鹰牌陶瓷工业设计中心	企业工业设计中心	佛山石湾鹰牌陶瓷有限公司	2017年，第二批	2020年通过复核
广东万家乐燃气具有限公司工业设计中心	企业工业设计中心	广东万家乐燃气具有限公司	2017年，第二批	2020年通过复核
海信容声（广东）冰箱有限公司工业设计中心	企业工业设计中心	海信容声（广东）冰箱有限公司	2017年，第二批	2020年通过复核
佛山市青鸟设计股份有限公司	工业设计企业	—	2017年，第二批	2020年通过复核
美的空调工业设计中心	企业工业设计中心	广东美的制冷设备有限公司	2019年，第三批	—
蒙娜丽莎工业设计中心	企业工业设计中心	蒙娜丽莎集团股份有限公司	2019年，第三批	—
安华工业设计中心	企业工业设计中心	佛山市高明安华陶瓷洁具有限公司	2019年，第三批	—
新明珠当代陶瓷研究院工业设计中心	企业工业设计中心	广东新明珠陶瓷集团有限公司	2019年，第三批	—
法恩莎智能卫浴工业设计中心	企业工业设计中心	佛山市法恩洁具有限公司	2019年，第三批	—
东鹏建筑陶瓷砖工业设计中心	企业工业设计中心	佛山市东鹏陶瓷有限公司	2019年，第三批	—

续表

名　称	类　型	申报单位	首次认定时间和批次	通过复核情况
小熊创意电器工业设计中心	企业工业设计中心	小熊电器股份有限公司	2019年，第三批	—
箭牌全屋定制工业设计中心	企业工业设计中心	广东乐华家居有限责任公司	2019年，第三批	—
东鹏洁具卫生陶瓷工业设计中心	企业工业设计中心	佛山东鹏洁具股份有限公司	2019年，第三批	—
佛山电器照明股份有限公司工业设计中心	企业工业设计中心	佛山电器照明股份有限公司	2019年，第三批	—
美容与健康电器工业设计中心	企业工业设计中心	广东艾诗凯奇智能科技有限公司	2019年，第三批	—
悍高智能五金家居工业设计中心	企业工业设计中心	佛山市顺德区悍高五金制品有限公司	2019年，第三批	—
成型容器及容器成型装置工业设计中心	企业工业设计中心	广东星联精密机械有限公司	2019年，第三批	—
佛山市柏飞特工业设计有限公司	工业设计企业	—	2019年，第三批	—
佛山市顺德区宏翼工业设计有限公司	工业设计企业	—	2019年，第三批	—
广东永爱养老产业有限公司	工业设计企业	—	2019年，第三批	—
广东顺德潜龙工业设计有限公司	工业设计企业	—	2019年，第三批	—
星徽精密金属连接件工业设计中心	企业工业设计中心	广东星徽精密制造股份有限公司	2021年，第四批	—
科顺防水工业设计中心	企业工业设计中心	科顺防水科技股份有限公司	2021年，第四批	—
美的洗涤工业设计中心	企业工业设计中心	佛山市顺德区美的洗涤电器制造有限公司	2021年，第四批	—
菱王电梯工业设计中心	企业工业设计中心	菱王电梯有限公司	2021年，第四批	—
日丰新型塑料管道系统工业设计中心	企业工业设计中心	日丰企业集团有限公司	2021年，第四批	—
汇泰龙工业设计中心	企业工业设计中心	广东汇泰龙科技股份有限公司	2021年，第四批	—
广东美的暖通设备有限公司工业设计中心	企业工业设计中心	广东美的暖通设备有限公司	2021年，第四批	—
科凯达特种机器人工业设计中心	企业工业设计中心	广东科凯达智能机器人有限公司	2021年，第四批	—
驱动系统及电梯部件工业设计中心	企业工业设计中心	佛山市顺德区金泰德胜电机有限公司	2021年，第四批	—
昱升设计中心	企业工业设计中心	广东昱升个人护理用品股份有限公司	2021年，第四批	—
美的新生活工业设计中心	企业工业设计中心	佛山市顺德区美的电热电器制造有限公司	2021年，第四批	—
佛山市毅丰电器实业有限公司工业设计中心	企业工业设计中心	佛山市毅丰电器实业有限公司	2021年，第四批	—
美的厨电工业设计中心	企业工业设计中心	广东美的厨房电器制造有限公司	2021年，第四批	—
云米全屋智能家居工业设计中心	企业工业设计中心	佛山市云米电器科技有限公司	2021年，第四批	—
泛仕达智能风机工业设计中心	企业工业设计中心	泛仕达机电股份有限公司	2021年，第四批	—

续表

名　称	类　型	申报单位	首次认定时间和批次	通过复核情况
美的饮水机工业设计中心	企业工业设计中心	佛山市顺德区美的饮水机制造有限公司	2021年，第四批	—
广东必达保安系统有限公司工业设计中心	企业工业设计中心	广东必达保安系统有限公司	2021年，第四批	—
低压风机系统工业设计中心	企业工业设计中心	广东顺威精密塑料股份有限公司	2021年，第四批	—
空气环境监测系统工业设计中心	企业工业设计中心	佛山市南华仪器股份有限公司	2021年，第四批	—
广东东方精工科技股份有限公司	企业工业设计中心	广东东方精工科技股份有限公司	2021年，第四批	—
恒洁卫浴家居产品工业设计中心	企业工业设计中心	恒洁卫浴集团有限公司	2021年，第四批	—
德尔玛智能小家电工业设计中心	企业工业设计中心	广东德尔玛科技股份有限公司	2021年，第四批	—
阅生活工业设计中心	企业工业设计中心	广东阅生活家居科技有限公司	2021年，第四批	—
优坐家具工业设计中心	企业工业设计中心	佛山市优坐家具有限公司	2021年，第四批	—
九洲普惠环保节能降噪风机工业设计中心	企业工业设计中心	佛山市南海九洲普惠风机有限公司	2021年，第四批	—
广东泓胜科技股份有限公司	工业设计企业	—	2021年，第四批	—

注：资料截至2021年底

【科技创新券实施】 2021年，佛山市扩大科技创新券服务机构征集范围，吸引国内外科技服务机构，特别是中国香港、澳门地区优质的科技服务机构入库，引导优质科技创新资源向科技型中小企业开放共享服务，实现“全国使用，佛山兑换”。全年新增通过备案科技服务机构49个，累计备案入库科技服务机构263个。组织创新券申领和兑付工作，创新券的最高额度达20万元，企业的兑付比例最高达50%。全年向319家佛山科技型中小企业发放创新券额度1502.91万元，并开展兑付工作，降低企业创新创业成本，激发中小企业创新活力。

【科技企业“暖春行动”】 2021年，佛山市组织开展“企业暖春行动”实地调研，了解新冠肺炎疫情防控期间企业的经营情况，向企业收集需要协调解决的重点事项，现场回应扶持政策到期、人才招聘难度大、员工子女学位不足等问题，利用信息化手段开展高新技术企业认定、研发费用税前加计扣除、科技型中小企业入库评价等政策宣讲、辅导和审核，协调解决企业复工复产和研发工作中存在的问题和困难。

【科技政策制订】 2021年，佛山市科技工作部门对接全市205家科技服务企业，完成佛山市禾才科技服务有限公司、佛山市国星光电股份有限公司等30余家行业代表企业的深调研，加强经济指标数据研判，掌握行业发展动态，制定《佛山市关于促进科技服务业发展的工作方

2021年，佛山市继续开展技术经纪特派员征集活动。图为技术经纪特派员聘任颁证现场
（市科技局　供图）

案（2021—2023年）》，明确9个市直部门作为联动部门，齐抓共管，发展科技咨询、研发、科技推广与技术转移、创业孵化服务，培育一批具有市场影响力的科技服务企业。修订《佛山市在新时代进一步推进科技创新实现高质量发展若干措施》，推动产业创新和科技创新协同发展，破解创新资源分散、重复、低效等问题，提高科技成果转化效率和科技投入产出效益比。

【技术合同登记行业管理】 2021年，佛山市完善技术合同登记点动态考评制度，对全市12个二级登记点实施日常检查，全年预警提醒技术交易成交单量过低登记点4次。开展2021年技术经纪特派员征集，对新增的109名技术经纪特派员开展培训。开展2020年技术经纪特派员考核评估，79名技术经纪特派员通过考评。

【佛山市研发公共服务平台成立】 2021年9月26日，佛山市博士联谊会会员大会在佛山市季华实验室召开，佛山市研发公共服务平台签约成立。该服务平台由佛山科学技术学院联合佛山市季华实验室、佛山市仙湖实验室、广东中科半导体微纳制造技术研究院等多个科研机构共建，为博士群体提供大型的仪器设备共享、平台共享、组建联合研发团队等服务，推进"卡脖子"技术的科研攻关。

（董梦蝶　陈卓一）

会计业

【概况】 截至2021年底，佛山市有会计师事务所63家，其中有限责任制23家、普通合伙制33家、特殊普通合伙制7家；有执业会员447人、非执业会员775人，行业从业人员2800多人。全市有代理记账机构1228个。2021年，全市会计师事务所收入4.5亿元，出具报备报告2.8万份。代理记账机构代理客户9.08万户，业务总收入5.94亿元，其中代理记账业务收入4.18亿元。

【会计专业技术资格考试】 2021年，佛山市有4.99万人报名参加全国会计专业技术资格考试，其中初级报考人数3.2万人、中级报考人数1.77万人（比上年增长23.66%）、高级报考人数214人。初级考试通过人数6763人，中级考试通过人数1930人，高级考试通过人数77人。

【会计专业技术人员继续教育】 2021年，佛山市继续开展会计专业技术人员继续教育工作，要求会计专业技术人员参与继续教育累计完成不少于90学分，其中专业科目60学分、公需科目30学分。学分计量标准按照《会计专业技术人员继续教育规定》第十三条计算，如采用培训方式完成，面授学习时间不少于3天，远程在线学习时间不少于24小时。继续教育专业科目学分统一在广东省会计信息服务平台进行登记确认。2021年通过佛山市财政局备案的会计专业技术人员继续教育施教机构有15个，其中远程施教机构13个、面授施教机构2个，全年完成继续教育9.27万人。

【会计行业"放管服"改革】 2021年，佛山市财政局深化会计领域"放管服"改革，加强会计师事务所和代理记账行业规范化管理，提高会计行业整体服务质量。创新"互联网+会计服务"便民举措，优化审批流程，精简办事材料、畅通网上办事渠道，为企业开通全网化、无纸化、零跑腿的网上办事"绿色通道"，缩减业务办理时间，提高办事效率，提高企业群众的幸福感和满意度。对会计师事务所分支机构和代理记账执业许可审批实行告知承诺制改革，以信用承诺的方式压减审批时间，让符合条件的企业更快投入经营。推进会计行业"电子证照"的制发和推广应用，进一步简政放权和优化营商环境，激发会计行业发展活力。

【会计行业监管】 2021年，佛山市财政局开展会计师事务所规范化整治，借助工商部门网站核实比对企业登记信息和经营许可信息，全面摸清28家"有照无证"会计师事务所名单；向"有照无证"的会计师事务所下达整改通知，提供服务指引，明确整改期限和要求，责令依法办理相关手续，并将逾期不改正的列入重点监管范围和按照有关规定进行处理。此外，佛山市注册会计师协会开展注册会计师挂名执业行为整治工作，通过核查社保个税记录、实地走访调查、现场检查等形式，对注册会计师执业资格挂靠行为进行专项整治，核实排查150多人次，清理整顿注册会计师近30人。

【注册会计师行业诚信建设】 2021年，佛山市注册会计师协会加强党建与业务相互融合，推广党员示范岗设置，覆盖党员近80人，让党员亮身份、做表率，促进行业诚信建设。通过在行业内开展诚信法规培训班、诚信自律签约活动、新任合伙人和新批注册会计师诚信宣誓仪式等，将诚信建设分层次覆盖到各会员单位，提升注册会计师在执业过程中的诚信意识，营造良好诚信执业氛围。

（市财政局）

检验检测业

【概况】 2021年，佛山市有国家级资质认定检验检测机构2个、省级资质认定检验检测机构315个，国家检验检测中心13个、省检验检测站11个，每年出具中国计量认证（CMA）报告近400万份，行业从业人员近2万人。涉及检验检测领域的机构：机动车安全技术检验机构115个，建设工程质量检测机构98个，产品质量检验机构80个，环境检测机构62个，疾病预防控制机构51个，农林（水、畜、渔）质量安全检测机构39个，食品检验机构27个，防雷装置检测机构9个，消防检测机构7个，公安刑事鉴定机构6个，其他领域机构5个。年内，佛山市推动检验检测认证互联互通互认公共服务平台建设，为佛山企业提供专业化、一体化的检验检测认证服务。

【检验检测平台建设】 2021年，佛山市推动检验检测认证互联互通互认公共服务平台建设。佛山市质量计量监督检测中心新增检测类资质认定标准117项、实验室认可标准67项，新增计量类授权检定项目9个、校准项目13个。截至年底，市质量计量监督检测中心中国计量认证（CMA）资质认定授权标准累计6709项，中国合格评定国家认可委员会（CNAS）实验室认可检测标准累计4789项、认可校准项目累计444个，获得授权检定项目累计386个、校准项目累计486个、定量包装项目累计6个，在绿色建材、电动汽车等新兴领域初步形成检测能力。市质量计量监督检测中心参与制订并发布《陶瓷砖胶粘剂技术要求》（GB/T 41059-2021）、《外墙砖用弹性胶粘剂》（GB/T 41156-2021）、《陶瓷砖填缝剂技术要求》（GB/T 41081-2021）、《水性油墨废水的处理处置方法》（HG/T 5969-2021）等国家标准、行业标准共10个，制定《浴室柜》（T/FSWA 01-2021）、《铝合金阳光房》（T/FSNZ 10-2021）等团体标准8项。举办铝合金门窗、工业和商用电热电动食品加工设备等行业产品质量分析会和新标准宣贯会，为中小微企业详细了解行业质量状况及新标准要求提供服务。

【特种设备检测】 2021年，佛山市在册特种设备27.16万台（套），另有压力管道825余千米、气瓶553万多只。截至2021年底，广东省特种设备检测研究院佛山检测院中国计量认证（CMA）资质认定授权项目256个，承担佛山行政辖区内（不含顺德区）特种设备检验工作，所承担的特种设备按检测院数据库统计的特种设备总量20.83万台（包括在用设备、停用设备、报废设备、注销设备等）。其中在用设备14.61万台，占70.14%。在用设备中：锅炉965台，占0.65%；压力容器3.17万台，占21.43%；压力管道1665.74千米，占1.13%；电梯7.08万台，占47.89%；起重机2.64万台，占17.9%；厂车1.63万台，占11%。年内，广东省特种设备检测研究院佛山检测院成立佛山市城镇燃气管道检验与风险评价工程技术研究中心、佛山市氢能储运装备检测工程技术研究中心和研究生联合培养示范点，带动和培养整个检测工作的人才队伍，为佛山市特种设备检测工作奠定技术基础。

【食品药品化妆品检验检测】 截至2021年底，佛山市食品药品检验检测中心具备食品、药品、化妆品、医疗器械等各类检验检测资质共7629项，比上年增长7.8%，其中检验检测机构中国计量认证（CMA）资质5759项，中国合格评定国家认可委员会（CNAS）资质1646项，农产品质量安全检测（CATL）资质224项，同时具备实验动物使用许可证和动物试验资质。市食品药品检验检测中心食品、药品和化妆品三大类中国计量认证（CMA）常规检项能力参数覆盖率分别达91.0%、107.1%、97.6%。

（市市场监管局）

【农产品检验检测】 2021年，佛山市完成市级食用农产品例行监测总量4402批次，包括风险监测4071批次、监督抽检331批次。其中，开展种植业类样品中有机磷、菊酯、有机氯和氨基甲酸酯类农药残留定量检测1404批次，畜禽类样品中β-受体激动剂、氟喹诺酮类药物、氯霉素等药物残留定量检测和水分含量测定1244批次，水产类样品及养殖水、沉积物中孔雀石绿、硝基呋喃类代谢物、氟喹诺酮类、氯霉素等残留定量检测1754批次。各区、镇（街道）完成各类农产品风险监测（含速测）173万批次，全市农产品质量安全形势平稳，风险总体可控。

（市农产品质量安全监督检测中心）

【工业产品质量检验】 2021年，佛山市质量计量监督检测中心加强质量管理和能力建设，组织资质认定（CMA）扩项评审2次，检测能力范围扩大345项，获批N类汽车、机动车外部照明及光信号装置3C认证指定检测实验室资质。加强质量内部控制和监控，实施质量监控344项，对业务受理、抽样、样品管理、检验检测及报告发放等环节实施质量监督活动963次，组织完成培训291次，培训人数2620人次。组织广东省燃气灶具、陶瓷卫浴企业问诊治病“康复”活动，以实现产品质量问题“清零”。开展佛山市重点产品（行业）质量提升工作，对南海区铝合金型材、禅城区不间断电源、高明区薄膜人造革合成革及三水区化妆品行业进行国内外标杆产品的质量对比研究、分析质量提升方法、摸清产品质量安全隐患，助推产业集群向产业链中高端转型升级。全年完成各级监督抽查检验和市场主体委托的燃气用具、建筑陶瓷、卫浴产品、家具制品、化工产品、纺织服装、电子电器、金属材料、建筑门窗等工业产品的质量检验任务6.2万批次，服务佛山市3700多个市场主体，为佛山市工业发展提供技术支撑。

【计量检定校准】 2021年，佛山市质量计量监督检测中心加强计量校准实验室的质量管理和能力建设，建立社会公用计量标准20项，能力建设投入886万元，新增计量标准设备86台（套），截至2021年，累计建立社会公用计量标准338项，其中工作计量器具强制检定用计量标准40项。开展检定项目397个，校准项目463个。加强和规范仪器设备管理，加强质量内部控制和监控，实施质量监控23项，完成培训22次，培训人数63人次，对业务受理、抽样、送检仪器管理、检定校准活动及证书发放等环节实施质量监督活动191次。市质量计量监督检测中心内的广东省医疗卫生计量监督检定站全年为省内225个医疗卫生单位提供检定服务，检定医疗卫生计量仪器4.33万台（套）。市质量计量监督检测中心内设的广东省铝型材产业计量测试中心发挥计量在质量提升、节能减排和推动自主创新中的基础支撑和引领作用，帮助企业建立计量标准52项，为企业解决建标中存在的问题25个；帮助2家企业完善测量管理体系，培训企业计量专业技术人员18人次，全年为73家铝型材企业开展计量器具检定校准工作，检定校准计量仪器数量3233台（套）。年内，佛山市质量计量监督检测中心为4041个企事业单位开展计量器具检定、校准工作，检定校准计量器具29.05万台（件）。

（市质量计量监督检测中心）

【机动车检验检测】 2021年，佛山市落实交通运输部货运车辆“三检合一”

〔道路货运车辆（不含危货运输车辆）在检测机构只需1次上线检测，就可以同时出具综检、安检、环检3份报告〕改革，简化和便利道路运输车辆技术等级评定，加快推进佛山道路运输车辆检验检测信息平台、道路运输车辆检验检测机构数据与省级道路运输车辆检验检测信息平台联网对接。截至年底，全市有已联网的车辆综合检测站58个，其中禅城区8个、南海区22个、顺德区18个、三水区6个、高明区4个，全年全市检测量为3.94万辆次，初检合格率为60%。年内，市市场监督管理局、市公安局、市生态环境局、市交通运输局联合开展佛山市机动车虚假检验检测专项整治行动，强化对佛山机动车安全性能检验机构、机动车尾气排放检验机构的监管，打击机动车检验伪造数据、弄虚作假等违法行为。

（姚　洁）

养老服务业

【概况】 截至2021年底，佛山市在民政部门登记、备案的各类养老机构共87个，其中，公办养老机构42个、公办民营机构4个、民办机构41个；有养老床位1.93万张（不含其他涉老机构的床位）；入住养老机构的老人1.1万人；养老机构工作人员3500人。

【老年人服务】 2021年，佛山市新增医养结合床位800张，有3个社区被评为全国示范性老年友好型社区，有17个医疗机构通过省级老年友善医疗机构评审，均安镇社区卫生服务中心入选全省首批医养结合示范机构。全市民政登记备案的养老机构87个，养老床位1.93万张。其中，医养结合机构49个，医疗床位2231张、医养结合床位7619张。医养结合机构入住老年人6145人（失能半失能老人占比81.2%），入住率80.7%。全市31家二级以上综合性医院（含中医院）设置老年医学科，占比70%。年内，佛山市印发实施《佛山市提高康复医疗服务能力工作方案》《佛山市推广社区康复护理实施方案》，加强康复能力建设，完善保障机制，促进形成“小病在社区，大病进医院，康复回社区”的合理就医秩序，佛山市第一人民医院同济康复医院、健翔护理院等机构形成佛山市基层医院专业康复、护理特色。开展基本公共卫生老年健康与医养结合服务，全市老年人健康管理率达73.45%。全市有40个试点医疗机构开展“互联网+护理服务”工作，依托互联网等信息技术，以“线上申请、线下服务”的模式为主，为出院患者或罹患疾病且行动不便的特殊人群提供护理服务。全市“互联网+护理服务”试点医疗机构开展护理项目43个，平台用户注册数量约50万人，平台注册护士1329人，“互联网+护理服务”上门服务量7万多例次。市卫生健康局联合市民政局、市发改局、市医保局等9个部门出台《佛山市提升基层医疗卫生机构医养结合能力试点实施方案》，提出加快完善基础设施建设、强化提升医养结合服务能力、充实人才队伍、建立医养结合长效服务机制、打造老年健康服务特色品牌5个方面共13个重点项目建设。

2021年，佛山市第一人民医院同济康复医院、健翔护理院等机构形成佛山基层医院专业康复、护理特色。图为健翔护理院　（市卫生健康局　供图）

【医疗护理员培养】 2021年，佛山市卫生健康局加强医疗护理员培养，增加护理服务供给。其中，动员全市各医疗机构推选优秀的医疗护理员132人参加市卫生健康局、市人力资源社会保障局等4个行政部门联合举办佛山市第一届“南粤家政”综合类技能大赛暨广东省“南粤家政”技能大赛佛山选拔赛，以赛促培。经过选拔赛，最后32人进入总决赛，15人获奖。

【全国示范性老年友好型社区创建】 2021年，佛山市推进全国示范性老年友好型社区创建工作，成立专家评审组，组织各区开展全国示范性老年友好型社区申报工作。委托广东省现代文化研究会（医养文化专家委员会）开展“佛山市创建老年友好型社区5年行动规划”编制工作，完善佛山市友好社区建设体系。年内，佛山市推荐的禅城区石湾镇街道惠景社区、南海区大沥镇沥东社区、顺德区大良街道顺峰社区3个社区获评2021年全国示范性老年友好型社区。

（市卫生健康局）

家庭服务业

【概况】 截至2021年底，佛山市有家庭服务业企业635家，其中养老服务企业89家，年度营业额100万元以上企业59家，有家庭服务业从业人员约2万人。年内，佛山市认定8家佛山市家政服务龙头企业、8个佛山市家政服务培训示范基地。佛山市育苗母婴保健培训中心被认定为2020年度“省级家政服务培训示范基地”。

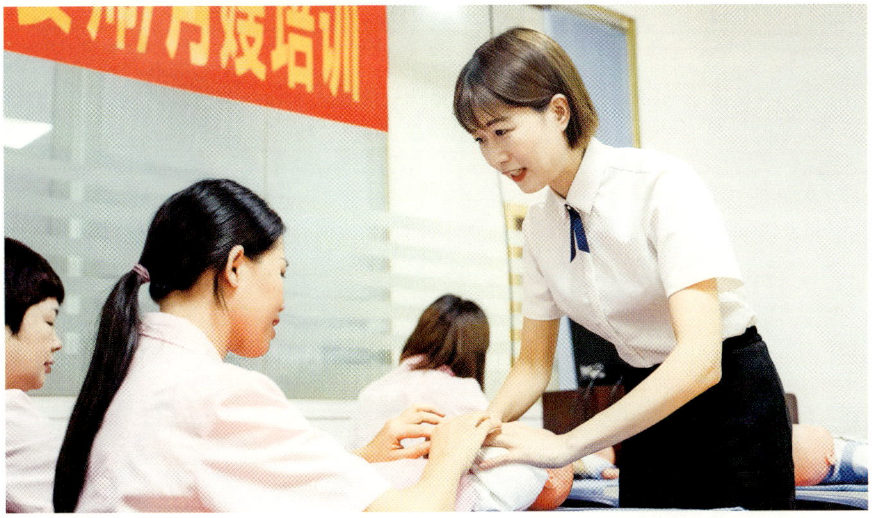

2021年，佛山市组织1.31万人次参加“南粤家政”职业技能培训。图为南海区某职业培训学校教师在对学员进行护理培训　　（佛山日报社　供图）

【“南粤家政”工程】 2021年，佛山市组织1.31万人次参加“南粤家政”职业技能培训，系统内发放补贴122.9万元，惠及1419人次，带动就业2.6万人。将“南粤家政”工程导入省际帮扶，开展佛黔（佛山市和贵州省黔东南苗族侗族自治州）家政服务对接活动20期，培训883人次，与黔东南苗族侗族自治州共建“南粤家政”综合服务站（“南粤家政”服务培训基地），搭建帮扶平台载体。发布《家政服务从业人员规范》等6项标准，明确从业人员的体检要求，提出整理收纳、宠植物照料相关服务要求等，填补国内标准空白。截至2021年底，佛山市建有37个“南粤家政”基层服务示范站，佛山智享家“南粤家政”综合服务平台有92家家政企业入驻，家政从业人员超3500人。年内，举办第一届佛山市“南粤家政”综合类技能大赛，500多名家政服务人员报名参加。组织8位选手参加广东省第一届“南粤家政”技能大赛，总决赛中2人获一等奖、1人获二等奖、2人获三等奖、3人获优秀奖，是全省获奖数量最多的地级市。

【第一届佛山市“南粤家政”综合类技能大赛】 2021年4—5月举行。大赛设置母婴、居家、养老、医护四大项目，育婴员主要考核生活照料、保健与护理等，家政服务员（家务服务员）主要考核制作家庭餐、洗烫收纳衣物等，养老护理员主要考核基础照护、康复服务等，医疗护理员主要考核饮食照护、排泄照护等。比赛形式为个人实操考核，按项目分组比赛，500多名家政服务人员报名，128人通过初赛进入决赛，最终评出各项目冠、亚、季军共24人，佛山市技术能手16人，优秀奖36人。

【“南粤家政”服务标准化指导性文件印发】 2021年9月9日，佛山市人力资源和社会保障局印发《佛山市“南粤家政”服务标准化指导性文件（试行）》，包括《家政服务机构经营规范（试行）》《家政服务从业人员规范（试行）》《母婴服务规范（试行）》《居家服务规范（试行）》《居家养老服务规范（试行）》《医疗护理服务规范（试行）》6份“南粤家政”服务标准化规范，明确从业人员的体检要求，系统化为家政服务行业提供规范化指引，填补全市、全省乃至全国家政服务众多领域的标准空白。佛山成为全省率先推出“南粤家政”服务标准的地级市。

（曾凡滨）

资产评估业

【概况】 截至2021年底，佛山市有资产评估机构38个，从业人员1400多人；符合信息备案要求的机构38个，通过年检的执业人员226人。全市评估机构收入超2亿元（含房地产土地评估收入）。

【资产评估行业监管】 2021年，佛山市财政局联合市资产评估协会按照“双随机、一公开”“每5年内至少接受一次质量检查”以及“回头看”等监管要求，对佛山市4个资产评估机构进行业务质量检查。联合检查组对资产评估机构的内部管理和质量控制、报告质量、会计信息质量等方面进行检查，检查结果整体良好。协会就检查过程中发现的业务风险与评估机构沟通，促进提升评估机构的风险意识和执业质量水平。

【评估机构及执业人员服务】 2021年，佛山市资产评估协会转变工作方式，借助互联网数据平台，开展线上学习、线上会议及线上培训，做到疫情防控和服务会员工作两不误。对全市资产评估机构的会费给予优惠减免，并延长会费交纳期限，减轻资产评估机构负担，全年会费优惠减免近100万元。在疫情期间，配合广东省资产评估协会搭建线上服务平台，推荐专家服务团成员免费为受疫情影响的企业提供专家咨询服务。开展资产评估执业人员年检工作，全年全市通过年检的执业人员226人。协助做好广东省2021年资产评估机构综合评价工作，指引资产评估机构参与评价，佛山市有7家资产评估机构进入综合排名前80名。开展资产评估机构单位会员信息报备工作，对2020年12月31日前经省财政厅备案的资产评估机构及分支机构开展机构年度报备、首席评估师备案工作，佛山市符合信息备案要求的机构38个。

【资产评估行业诚信建设】 2021年，佛山市资产评估协会加强对资产评估机构履行行业自律公约的监督，遏制低价竞争，提高行业公信力，推动佛山市资产评估行业的健康发展。协助广东省资产评估协会开展资产评估机构有关工时收入数据的报送工作，核算出全省各地市资产评估机构开展资产评估业务的合理工时成本水平，为治理行业竞争环境等工作提供数据支持。

（市财政局）

金融业

综　述

【概况】2021年，佛山市有银行机构47个、保险机构80个、证券期货机构154个。有地方类法人金融机构99个，其中融资性担保公司7家、小额贷款公司33家、融资租赁公司23家、典当行28家、商业保理公司4家、各类交易场所4个。全年全市实现金融业增加值632.1亿元，比上年增长4.2%；金融业增加值占地区生产总值比重为5.2%，比上年提高0.1个百分点。金融机构本外币各项存款余额2.06万亿元，比上年增长7.5%，增速较上年下降5.6个百分点，分别低于全省平均水平（9.5%）及珠江三角洲地区平均水平（9.9%）2.0个和2.4个百分点。本外币各项贷款余额1.65万亿元，比上年增长13.6%，增速较上年下降5.6个百分点，与全省平均水平（13.6%）持平，较珠江三角洲地区平均水平（13.8%）低0.2个百分点。金融机构本外币存款余额和贷款余额均居全省地级市首位。全年全市保费收入593.6亿元，比上年增长6.3%。其中：人身险保费收入469.4亿元，比上年增长7.6%；财产险保费收入124.2亿元，比上年增长1.8%。全年全市证券交易成交总额（不含权证）6.65万亿元，比上年增长16.1%，成交总额在广东省（含深圳市）排名第三。

【普惠金融服务体系建设】2021年，佛山加大普惠金融服务体系建设力度，缓解中小企业融资难融资贵等问题。印发《佛山市“数字贷”工程风险补偿资金实施细则》，实行“数字贷”工程，包括企业数字化智能化项目贷款的全额贴息和风险补偿，支持制造业数字化智能化转型发展。依托佛山扶持通平台，开设线上金融超市服务专区，方便银企融资对接。各家合作金融机构的“数字贷”等金融产品通过备案后上架“金融超市”，有贷款需求的企业自主选择合适的金融产品，在企业提出贷款申请后，平台直接将贷款需求信息推送至合作金融机构，为广大制造业企业开启融资“直通车”。截至年底，全市有27家银行推出88个“数字贷”金融产品并上线“金融超市”服务专区。用好用活再贷款再贴现货币政策工具，加强政策资金投向和利率管理，促进金融资源直达民营小微、科技创新、绿色发展等政策支持的重点领域，推动实现结构引导、精准滴灌的目标，带动重点领域贷款量增价降。年内，人行佛山市中心支行发放再贷款再贴现政策资金259.79亿元，惠及市场主体6863户，其中投向普惠领域和小微企业的政策资金241.27亿元，占比92.87%。引导拓展和培育“首贷户”，推动普惠金融服务下沉。印发《关于加强银行业机构首贷户拓展和培育工作的通知》，鼓励金融机构在业务拓展、授信管理、考核激励等八大方面加快制造业小微企业从“无贷户”向“有贷户”有效转化，促进金融支持制造业高质量发展，并动态跟踪“首贷户”拓展情况，召开座谈会对制度落实情况进行后评估。年内，佛山银行机构累计向7262户“首贷户”新发放普惠型小微企业贷款230.53亿元。

【金融改革创新】2021年，佛山市金融系统深化金融改革创新，丰富金融组织体系，加快金融资源集聚。深化党建对地方金融工作的全面领导，在上年成立佛山市地方金融行业促进会的基础上，成立佛山市地方金融行业党委，成为全省第四个成立地方金融行业党委的城市。系统编制金融业发展“十四五”规划，确保规划与国家、省、市规划充分衔接。落实佛山市《关于贯彻落实金融支持粤港澳大湾区建设意见的工作方案》，重点推进38项创新试点任务工作，其中28项创新试点工作落地、10项试点任务按时间节点推进。区域特色金融加速集聚，广东金融高新区核心区全年引进项目278个，新增注册资本515亿元；千灯湖创投小镇进驻的私募基金类机构增至1053个，募集与投资资金规模超1412亿元；保险发展示范区获批设立，全年引进重点金融项目13个，新增投资2.74亿元；顺德区桂畔海产融生态小镇有进驻金融和类金融机构138个。年内，佛山市推进金融招商引资工作，引入的中科沃土和新晟期货2个持牌机构，填补佛山市公募基金和期货公司法人机构的空白；广州银行总行后台数据中心、粤港澳大湾区绿色技术银行等项目落地，促进中兴保险经纪、中信证券佛山分公司、合众财险佛山分公司等金融项目落户佛山。

【粤港澳金融市场互联互通】2021年，佛山市金融系统参与粤港澳大湾区金融改革创新，沟通推动粤港澳金融市场互联互通。开展服务贸易便利化试点，试点范围由货物贸易拓展至服务贸易。推进贸易外汇收支便利化试点政策，截至2021年底，佛山市办理贸易外汇收支便利化业务1.38万笔，金额84.4亿美元。落实资本项目外汇收入支付便利化政策，银行机构简化企业资本项目收入支付手续，支付业务审核时间由1小时压缩至5分钟。推动落实外债登记改革，截至2021年底，累计为辖区企业办理6笔一次性外债登记业务，外债规模18.25亿美元。拓宽企业境外融资渠道，辖区企业办理49笔全口径跨境融资签约备案业务，备案金额3.77亿美元。为粤港澳大湾区优质企业跨境人民币结算提供便利化服务，佛山有80余家企业为优质试点企业，可享受便利政策，全年全市人民币跨境结算总额累计1688.5亿元。实现交易指令电子化，银行凭收付指令，直接为企业办理货物贸易、服务贸易结算，以及直接办理人民币资本金、全口径跨境融资及境外上市募集资金调回等人民币收入在境内支付的依法合规使用。推动“跨境理财通”业务落地，10月19日，“跨境理财通”业务落地首日，佛山实现开门红，办理“北向通”投资资金入账5笔，涉及金额超100万元，开立“南向通”投资户77个，汇出投资资金8笔，涉及金额超90万元。搭建从境外融入低成本资金的通道，年内，佛山市顺德区奥丰弹簧有限公司办理3000万元外债便利化融资额度，为辖内首笔高新技术企业外债便利化额度试点业务。

【金融风险防控】2021年，佛山市金融系统开展防非处非（“非”指非法集资）工作，做好金融风险防控，守住不发生系统性区域性金融风险的底线。市金融工作局、市市场监管局共同建立重点关注和监管企业及人员名单库，完善源头阻断环节、广告治理环节、行刑衔接、可疑资金监测等各职能部门联合会商机制。市金融工作局印发《佛山市非法集资举报奖励实施办法（2021年修订）》，鼓励群众提供非法集资线索。市金融工作局、市农业农村局、人行佛山市中心支行、佛山银保监分局和建行佛山市分行共同开展为期4个月的“建初心·行征途——红色精神进美丽乡村”系列活动，在20个乡村、社区开展防范非法集资宣传教育。市金融工作局制定《佛山市2021年涉众金融领域涉稳问题专项治理工作方案》《2021年佛山市涉非涉稳风险专项排查整治工作方案》，针对“租金贷”“现金贷”“长租公寓”、大学生互联网消费贷款、经营用途贷款违规流入房地产等高风险领域开展风险专项排查，全面摸排重点领域风险隐患。年内，佛山金融系统开展处非宣传月活动，分别针对养老服务、校园贷等重点领域制作防非处非宣传手册，全市开展“七进”宣传活动超5000场次，参与群众超80万人次。

（陈世纬）

银行业

【概况】截至2021年底，佛山市有银行业金融机构45个，其中政策性银行1家、国有大型银行10家（包括交行和邮储在内）、股份制银行11家、城商行5家、外资及港澳资银行9家、农商行和村镇银行7家、非银行业机构2个。银行业机构网点1777个，银行业从业人员31144人。2021年，佛山市金融机构新增存款1452.62亿元。截至2021年底，佛山市金融机构本外币各项存款余额和各项贷款余额均位居珠三角地级市首位。2021年，佛山市金融机构增加贷款1988亿元。

（佛山银保监分局）

【货币政策】2021年，中国人民银行佛山市中心支行指导辖内8家法人银行机构下调人民币存款准备金率2次，共下调1个百分点，释放资金56.96亿元，保障金融机构流动性合理充裕。引导法人银行机构加大信贷投放力度，辖内法人金融机构新增信贷486.87亿元。引导金融机构加大对重点领域的信贷支持力度，发放再贷款再贴现政策资金259.79亿元，惠及市场主体6863户。做好两项新工具延期落实工作，运用普惠小微贷款延期支持工具和信用贷款支持计划，带动全市银行机构为2.39万户市场主体办理687.61亿元贷款本金延期，向7.24万户市场主体发放374.08亿元普惠小微信用贷款。推进贷款市场报价利率（LPR）改革，推动企业综合融资成本稳中有降。全年全市金融机构新发放企业贷款加权平均利率比上年下降15个基点，降低企业融资成本30.27亿元。

【货币流通】2021年，佛山辖区现金投回工作平稳有效运行，全年发行基金投放413.27亿元，回笼227.44亿元，净投放185.83亿元，确保佛山现金供应。中国人民银行佛山市中心支行合理调配人民币结构，调入11.44亿元20元券以下小面额及零币，满足群众对小面额人民币的日常生活需求。加快残损人民币回笼进度，回笼各券别残损人民币97.97亿元，提高流通中人民币整洁度。执行现金投放回笼预测周报、月报制度，掌握金融机构现金库存和需求情况，提高佛山现金分析预测工作水平，预测准确率排名位于全省前列。

【银企融资】2021年，中国人民银行佛山市中心支行探索基于主数据管理的金融业综合统计数据治理模式。参与“数字央行”基层信息化项目建设工作，组织开展金融数据融合应用试点，鼓励金融机构开展信息技术创新运用。推进广东省中小微企业信用信息和融资对接平台（“粤信融”平台）服务功能升级改造，在广东省内率先探索实现“粤信融”平台与保险机构等金融机构的对接。截至年底，“粤信融”平台有注册企业17.2万家，撮合银企融资对接2.21万笔、金额2420.23亿元，其中信用贷款572.59亿元。拓展“粤信融”平台稳企业保就业重点支持企业信息库，通过平台下发2021年重点支持企业名单超1万家。年内，佛山“建设数字金融服务平台”“健全民营企业融资增信支持体系”等14个支持民营企业改革发展典型做法入选国家发展改革委“地方支持民营企业改革发展典型做法”，并在全国推广。

【跨境金融服务】 2021年，中国人民银行佛山市中心支行推进跨境人民币业务创新发展，提升跨境流通使用便利度。推动粤港澳大湾区“跨境理财通”创新业务落地运行，佛山辖区14家银行获相关业务资格，为佛山和港澳投资者提供跨境金融服务，全年开立“北向通”账户80个、“南向通”账户369个，资金汇划合计2325万元。引导企业强化“本币优先”和汇率避险意识，推进提升本币结算占国际收支比例，佛山辖区全年跨境人民币结算规模1689亿元，比上年增长18.8%，本币结算占比回升至29.2%。

【绿色金融发展】 2021年，中国人民银行佛山市中心支行率先将工业和信息化部绿色供应链企业认定标准和示范企业名单纳入再贴现重点支持对象，创新办理家电行业绿色供应链企业再贴现业务。支持国内首个“碳中和”社区——氢能进万家智慧能源示范社区在佛山市南海区投入运行。组织辖区2个地方法人金融机构开展环境信息披露，其中1个机构的试点成果作为全省唯一地级市试点机构试点成果，在粤港澳大湾区绿色金融联盟年会上交流。牵头出台《佛山市金融支持碳达峰碳中和目标工作方案》，组织银行机构与氢能产业链企业开展融资对接，支持绿色低碳发展，全年全市41家企业获授信22亿元，新发放贷款4.8亿元。引导佛山辖区法人银行机构实现绿色贷款增速不低于各项贷款增速，全市金融机构年末绿色贷款余额549亿元，比上年增长100.5%，高于各项贷款增速86.9个百分点。

【金融消费权益保护】 2021年，中国人民银行佛山市中心支行探索建立常态化、阵地化金融教育宣传网络，打造辖区金融教育实践基地新模式。年内，指导金融机构开展金融知识进课程活动156次，受众8000余人。联合市人力资源社会保障局举办2021年佛山市金融消费权益保护工作职业技能大赛，并选送3名优秀选手参加全省半决赛、决赛，其中2名选手分别获省总决赛第二名和获评省优秀金融讲师。建立辖区小额纠纷快速解决机制，全年受理调解案件969件，成功调解686件，司法确认11件，涉案金额6821.07万元。打造南海区县域“1+N”多元化解纠纷模式（通过设立一个金融纠纷一体化处理中心+N个分中心的金融纠纷化解模式），形成司法机关、金融管理部门、调解组织及金融机构多方合力化解金融纠纷工作模式。

【国有大型商业银行选介】

中国银行佛山分行　2021年，中国银行佛山分行发挥特色业务优势，提升跨境金融服务水平。首批落地粤港澳大湾区“跨境理财通”创新业务，全年实现资金汇划113万元。加大重点领域信贷支持力度，助力地方民营企业转型升级，2021年末，民营企业贷款在授信余额中占比66.16%。推出“中银数字贷”专属融资服务方案，全年提供“中银数字贷”授信支持0.4亿元，助力佛山制造业数字化智能化转型升级。围绕地方特色产业加大涉农信贷支持力度，依托“中银惠农通宝”全年提供授信支持9.67亿元。与南海区政府、东方农道文化产业集团三方签订《乡村振兴战略合作框架协议》，探索打造全省乡村振兴示范样板。

中国建设银行佛山市分行　2021年，建行佛山分行支持联信5G科技城、佛山地铁3号线、佛山地铁4号线等重大项目建设，基础设施贷款余额169亿元，比年初增加37亿元。全年为南海区里水镇东部工业园改造、禅城区鲤鱼沙地块城市更新项目、顺德区中集智城·国际智能产业社区等重点城市更新项目投放金额近12亿元。建行佛山分行将服务制造业作为核心工作，支持制造业数字化转型。截至2021年末，建行佛山分行有信贷余额的制造业客户5150户、贷款余额150亿元。年内，建行佛山分行与佛山市政府签约成为首批“数字贷”合作银行，联合佛山市市、区两级政府为超1000家企业开展政策宣讲和融资对接。推进普惠金融不动产互联网登记模式，通过互联网登记平台为3508家小微企业办理抵押登记，总授信金额超55亿元，提升普惠金融对接效率，通过落实“延期还本付息”纾困政策和“减费让利”助企政策，截至2021年末，累计为6984家小微企业提供纾困服务，涉及贷款余额37.79亿元。截至2021年末，建行佛山分行累计服务小微企业超5万家，普惠金融贷款余额超200亿元。建行佛山分行聚焦农民、农业、农村三大领域，服务佛山乡村振兴。截至2021年末，乡村振兴类授信总额197.2亿元。

2021年11月26日，建行佛山市分行与佛山市农业农村局续签乡村振兴战略合作协议，服务佛山乡村振兴
（中国人民银行佛山市中心支行　供图）

中国工商银行佛山分行　2021年，工行佛山分行与佛山市农业农村局、各区农业农村局及农企代表签订《金融服务乡村振兴全面合作协议》，为佛山乡村振兴提供一揽子金融服务，为辖内现代农业产业园、特色乡村、村级工业园、重点农业企业、涉农小微企业、家庭农场以及农户等提供专项信贷支持，授信总额不低于人民币500亿元，全面助力佛山实施金融支持乡村振兴攻坚行动，助推乡村经济实现高质量发展。创新推出“生猪贷”“粮油贷”“渔业贷”等产品，截至2021年末，该行涉农贷款余额57.09亿元，比年初增加29.45亿元，增幅106.53%。

中国农业银行佛山分行　2021年，农行佛山分行加大对佛山重点建设项目、乡村振兴、小微企业、专精特新等领域的支持力度，扩大金融供给的覆盖面。截至2021年末，农行佛山分行本外币各项存款余额1000.43亿元、本外币各项贷款余额819.82亿元，均居“四大行”首位。

中国农业银行南海分行　2021年，农行南海分行围绕中心工作，服务实体经济发展，截至2021年末，农行南海分行人民币法人实体贷款余额359亿元。发展制造业贷款，绿色信贷等信贷业务，截至2021年末，农行南海分行普惠贷款余额92亿元。支持乡村振兴，创新“乡融、乡惠、乡智、乡建、乡助”五乡服务模式，开展百行百村深耕农村活动，落地农村集体经济组织贷等新产品，年末涉农贷款余额179亿元。截至2021年末，农行南海分行本外币各项存款余额1622亿元，本外币各项贷款余额986亿元。

中国农业银行顺德分行　2021年，农行顺德分行全面做好乡村振兴金融服务。在广东省农行与顺德区政府签署3年期300亿元战略合作协议基础上，该行与4个镇（街道）政府签署50亿元战略合作协议，联合顺德区政府、镇（街道）举办5场乡村振兴暨普惠惠农业务宣讲会；推广“村改贷”特色产品，助力政府“头号工程”，截至2021年末，投放贷款23.7亿元，全年村（社区）公开招投标项目中标率58.3%；推广乡村振兴产业贷、惠农e贷等特色产品，涉农贷款增量29.7亿元；推广数字社区和数字乡村平台，并以缴费中心、党费云平台为依托，为村（社区）提供线上缴费服务；参与广东省农行“千人驻镇”行动，选派30名金融助理，为肇庆、云浮等区域的镇村地区提供金融服务。

中国邮政储蓄银行佛山市分行　2021年，中国邮政储蓄银行佛山市分行聚焦绿色金融建设，完善信贷政策、制度和流程，明确绿色信贷的支持方向和重点领域，以专属低利率绿色金融综合服务方案支持广东大唐国际佛山热电冷联产项目的建设，全年实现投放资金1.13亿元。

【股份制银行选介】

平安银行佛山分行　2021年，平安银行佛山分行落实人民银行和外汇局关于引导企业坚持风险中性的有关精神，梳理重点客户名单与业务情况，为重点客户提供个性化汇率风险管理方案，协助企业提升汇率风险管理意识和水平，成效良好。汇率避险全年签约金额4.06亿美元，比上年同期增长827%。其中，分行企业客户案例入选国家外汇管理局“风险中性”优秀案例，该企业为佛山出口标杆企业，主营陶瓷、洁具等泛家居产品，通过办理分行比率远期结汇等结构化产品，该企业的出口外汇收入套保比例近50%，较上年10%的套保比例大幅提升。

招商银行佛山分行　2021年，招商银行佛山分行坚持市场导向、客户至上、科技驱动、专家治行，推动社会经济持续进步。截至2021年末，招商银行佛山分行各项存款余额646.75亿元，各项贷款余额613.38亿元，存贷款市场份额位列全市股份制银行第一。8月，招商银行云证平台作为首批银行系供应链平台直联接入票交所，推动云证平台供应链票据业务，实现核心企业、金融机构、供应商在“云证”平台全线上互联互通。在为中小企业数字化转型赋能方面，招商银行创新推出“薪福通”一站式数字化企业经营服务平台，全市超5000家企业开通注册该产品，有效助力企业实现降本增效。

广发银行佛山分行　2021年，广发银行佛山分行落实“应贷尽贷”“应延尽延”要求，执行差异化信贷政策，全年累计落实延期还本贷款金额4.6亿元，惠及普惠小微客户115户。支持实体经济降低成本，全年为各类企业减费让利1.2亿元；引导辖内符合标准的11家企业在惠企平台申请贴息，涉及贷款金额2亿元，累计可为企业减免利息约44万元。出台《广发银行“乡村振兴贷”系列产品方案》，与佛山市农业农村局签订《金融服务乡村振兴全面战略合作协议》，与中国人寿财产佛山中心支公司、南海区农业农村局签订南海区“政银保”合作农业贷款项目合作协议，构建“政府+银行+保险”的助农合作模式。加大乡村振兴服务力度。截至2021年末，广发银行佛山分行涉农贷款余额20亿元，对比年初增长2.6亿元；普惠型涉农贷款余额2.4亿元，对比年初增长7400万元。

【城市商业银行选介】

佛山农商银行　2021年，佛山农商银行加大制造业领域信贷投放力度，新增制造业贷款47.27亿元，制造业领域贷款增速21.79%；利用直达实体经济的货币政策工具，全年为2338家受困小微企业的贷款实施“应延尽延”，涉及金额115.09亿元；率先推出“数字贷”“融担贷”等特色产品，丰富“订单贷”供应链金融服务场景，首批上线市财政“佛山扶持通”和各区“数字财政”系统，助力佛山制造业高质量发展。推进网格化营销和整村授信，推进农村金融（普惠）户户通工作，支持乡村振兴。

顺德农商银行　2021年，顺德农商银行支持地方经济发展，与国家开发银行广东省分行、广东顺银产融投资有限公司签订三方专项合作协议，建立企业与金融集团在顺德区村级工业园改造项目的新型战略合作关系。开发并推出“村改贷”“村改通”“租融贷”等支持工业园升级改造的专属产品和服务；搭建工业厂房供需对接平台；启动“智慧园区”综合配套服务项目，运用大数据、物联网等手段，实现园区的精细化管理和精准化运营。截至2021年末，该行跟进工业园改造项目236个，审批项目贷款115个，审批金额306.4亿元，投放金额125.81亿元。2021年，顺德农商银行获“顺德区村改攻坚先进单位”称号。

【外资及港澳资银行选介】

汇丰银行佛山分行 2021年，汇丰银行佛山分行开通跨境理财通业务，为“北向通”客户提供31只风险等级为R1-R3的内地证券投资基金，其中包括23种债券型基金，6种混合型基金以及2种货币型基金。该行的“南向通”合作银行汇丰香港为客户提供89个低至中度风险的投资产品，包括50只单位信托基金、28种债券、11款外币存款。客户均可以通过浏览两地的理财通专属网页，了解产品的具体信息。

澳门国际银行佛山支行 2021年，澳门国际银行佛山支行重点加大对支柱产业和重点行业的支持力度，扶持的企业类型分布在家电制造、智能装备、新材料、新能源电池等多个行业领域，并以“赴澳发债”“投贷联动”“跨境”等特色产品体系帮助佛山企业融通境内外资金，累计为佛山企业提供贷款30亿元。

（沈婷婷）

【银行业风险防范】 2021年，中国银行保险监督管理委员会佛山监管分局履行对辖内银行机构的监管职责，守住辖内不发生重大案件风险和系统性风险的底线，督促引导辖内银行机构规范业务经营、强化内部管理，促进各项业务保持规范稳健创新发展。加强新冠肺炎疫情对银行机构资产质量影响分析，动态监测银行盈利拨备和不良贷款处置能力，全年佛山银行业处置不良贷款超93亿元，截至年底，佛山银行业不良贷款率为0.68%，比年初下降0.06个百分点。落实房地产市场调控政策要求和房地产贷款集中度管理要求，组织实施信贷服务高质量发展情况等9项现场检查，开展“内控合规管理建设年”活动，促进辖内银行机构合规经营。成立佛山市银行业消费纠纷人民调解委员会，健全金融消费者权益保护工作机制。坚持佛山市金融管理部门联系会议制度，协同市金融工作局、市公安局等部门推进扫黑除恶专项斗争及打击非法集资、电信网络金融诈骗等工作。

（佛山银保监分局）

链接

“数字贷”金融产品

根据2021年9月出台的《佛山市“数字贷”工程风险补偿基金实施细则》，“数字贷”金融产品是指各类金融机构为支持佛山市制造业数字化智能化转型发展而专门定制或匹配，符合佛山市制造业企业数字化智能化转型发展方向，并获管理机构（即佛山市金融投资控股有限公司）备案通过的金融信贷产品。“数字贷”的贷款对象为在佛山注册、具有独立法人资格且贷款项目通过佛山市制造业数字化智能化转型发展项目贷款备案的制造业企业。单个企业在“数字贷”工程风险补偿资金项下贷款总金额原则上不超5亿元，贷款期限最长不超5年，贷款利率不超同期贷款市场报价利率（LPR）加150个基点。为支持风险补偿资金发放，佛山设立规模为10亿元的专项资金池。“数字贷”产品采用风险补偿机制，通过备案通过的“数字贷”产品，其背后的金融机构就成为风险补偿对象。当合作金融机构发放的“数字贷”贷款项目被认定为风险项目后，补偿资金就对该项目应偿还而未偿还的贷款本金部分给予风险补偿（不包括贷款利息、罚息、违约金等），风险分担也即补偿比例根据企业累计贷款总额分档确定，最高为50%。

【“数字贷”工程开始实施】 2021年9月，佛山市有关部门相继出台《佛山市推进制造业数字化智能化转型发展若干措施操作细则》《佛山市“数字贷”工程风险补偿基金实施细则》《佛山市金融支持制造业数字化智能化转型行动方案》等，依托“粤信融”平台和“佛山扶持通”平台设立“数字贷”产品专区和“金融超市”服务专区，合力打造全国首个“秒担秒贴”“数字贷”工程，促进佛山制造业数字化智能化转型升级。9月16日，中国农业银行佛山三水支行向广东联合富士电梯有限公司贷出1笔“数字贷”，成为佛山市首笔成功发放的“数字贷”。该笔资金用于广东联合富士电梯公司智能电梯装备工业互联网云平台建设。截至年底，佛山市“数字贷”工程准入银行27家，推出数字贷产品88个，已审核认定的数字化改造项目涉及企业242家，贷款需求55亿元。2021年，佛山市制造业贷款比上年增长18.5%，超各项贷款增幅4.9个百分点。

（沈婷婷）

【佛山市银行业消费纠纷人民调解委员会挂牌成立】 2021年10月13日，佛山市银行业消费纠纷人民调解委员会挂牌成立。该调解委员会是在佛山银保监分局的推动下，由佛山市银行业协会牵头并依托于佛山市银行业协会组建，经向司法行政部门备案成立的专业人民调解组织，具有投诉处理、纠纷调解、推进行业自律等功能。调解委员会以调解自愿、依法公正、应调尽调为原则，依照法律法规和协会章程开展银行业消费纠纷人民调解工作。达成的调解协议，协议双方当事人可向人民法院申请司法效力确认，人民法院依法确认调解协议有效后，一方当事人拒绝履行或者未全部履行的，对方当事人可以向人民法院申请强制执行。

（佛山银保监分局）

保险业

【概况】 2021年，佛山市新增财产险公司2家。全市保险机构增至79个，其中人身险公司45家、财产险公司34家。有保险服务网点484个，其中财产险公司网点287个、人身险公司网点197个。

有保险从业人员5.39万人。全年全市保险业实现保费收入561.82亿元，位居广东省内地级市首位，比上年增长6.16%。其中财产险公司保费收入136亿元，比上年增长5.31%；人身险公司保费收入425.82亿元，增长6.44%。全年全市保险赔付支出138.30亿元。

（佛山银保监分局）

【电动自行车保险】 2021年，佛山市保险行业协会配合市交警部门落实电动自行车保险项目，形成“保险+服务”机制，为全市电动自行车用户提供投保便捷的惠民型保险产品，促进社会治理和道路安全建设。全年全市投保意外险的已登记电动自行车41.87万辆，投保率73.85%，风险保障金额394.48亿元。

【平安佛医保】 2021年，佛山市“平安佛医保”保费缴费标准保持185元/年，保障内容和服务全面提升，为市民提供更全面的基础医疗补充，帮助参保人解决重大疾病负担过重问题，降低因病致贫因病返贫风险。在医保目录范围内，个人负担医疗费用补偿保障责任起付标准下降1.5万元，起付线标准包含大病保险1.5万元起付线；在医保目录范围外，个人自费的费用补偿保障责任起付标准下降0.5万元。恶性肿瘤自费药补偿责任保额翻倍，报销范围从1万～15万元提升至1万～30万元；恶性肿瘤自费药补偿保障责任的药品品种从原来的15种提升至25种，并扩大用药适应证范围。年内，“平安佛医保”赔付金额1.02亿元，赔付7669人次，人均赔付1.95万元，人均减负率39.64%。

【安全生产责任险】 2021年，佛山市继续推进“服务主导型”的安全生产责任险体系建设。创建安责险事故预防服务示范点，结合市安全生产专项整治三年行动（2020—2022年）和工业园（区）改造，在全市各区中选择至少7个镇（街道）作为首批示范点单位，并从其中各选取1～2个工业园区和部分重点行业领域作为示范点，开展安责险“服务+监管+推广”为一体的综合试点。由保险机构聘请专业的技术服务力量，帮助企业建立健全安全管理体系，提升园区整体风险管控水平，探索建立一套以保险服务助力基层、企业、园区安全生产的良性机制。年内，佛山市安全生产责任险投保企业1.32万家次（比上年增长42.64%），覆盖企业从业人员32.11万人次（增长14.47%）。安全生产责任险承保机构为4478家企业提供事故预防风控服务，合计完成事故预防风控服务6219次。自2016年开始推广至2021年底，佛山安全生产责任险项目保费累计6.9亿元，风险保障金额累计6613.59亿元，全市参保安全生产责任险企业3.39万家次、覆盖企业从业人员115.12万人次，累计为企业提供事故预防风控服务1.84万家次，累计赔付金额3.22亿元。

【大病保险】 2021年，佛山保险业继续参与社会保险体系建设，发挥保险业风险管理技术和网点人员等优势，为政府和人民群众提供大病保险经办服务。至年底，大病保险经办服务覆盖全市295家驻院医管办、440家定点医院，保障人群约2860万人，赔款总额5.63亿元，理赔38.42万人次。

【保险消费者权益保护】 2021年，佛山市保险纠纷人民调解委员会接到保险类纠纷咨询及投诉1107件。其中：受理咨询234件，已全部处置完毕；受理投诉840件，处置成功408件；受理调解33件，调解成功26件。市保险行业协会派出14名专职人民调解员分别在禅城、南海、高明、三水4个区的4个道路交通事故损害赔偿纠纷一体化处理中心10个调解点驻点，为道路交通事故当事人提供调解服务。年内，禅城、南海、高明、三水4个区的一体化处理中心有效受理道路交通事故纠纷5905件，调解成功4071件，成功率68.94%，调解成功总金额2.28亿元。

【轻微道路交通事故快处快赔服务】 2021年，佛山市保险行业协会继续与佛山市公安局交通警察支队合作开展“事故e处理”快处快赔服务，各个轻微道路交通事故快处快赔服务网点运作正常。年内，快处快赔服务中心接处指引轻微道路交通事故23.96万宗，完成快处快赔8万宗。

【全国首批生猪价格保险+期货产品落地佛山】 2021年1月7日，佛山市某生猪养殖企业收到中华财险佛山中心支公司和光大期货公司联合出具的保单，标志着全国首批生猪价格保险+期货产品创新项目率先在佛山市落地。该产品由中华财险佛山中心支公司与光大期货公司联合打造，按照产品设计，当养殖企业向保险公司购买生猪价格指数保险产品后即进入保障周期。其间，由于生猪价格下跌产生的损失，企业可以根据结算价格和合同约定的目标价格的差额获得赔付。与此同时，保险公司向期货公司购买场外看跌期权转移风险，形成风险对冲机制，降低生猪价格保险的经营风险，提升保险公司开展此类产品的可持续性，提高养殖场（户）的投保覆盖率。另外，由于养殖企业经营风险降低，将增加其获得信贷的可得性和降低融资成本，有利于扩大生产规模和技术改造，促进多方共赢局面形成。

【政策性农业保险市级创新险种推出】 2021年8月12日，佛山市农业农村局、市财政局、市金融局、佛山银保监分局、市气象局联合印发《2021—2023年佛山市政策性农业保险市级创新险种实施方案》，推动佛山农业保险高质量发展，防范自然灾害和市场变动等对佛山农业、农村和农民“三农”带来的风险。该方案覆盖生猪全产业链、水产鱼病、花卉苗木、农业大棚等领域，涉及生猪菜篮子供应保险、生猪价格指数保险、能繁母猪完全成本保险、生猪（含仔猪、育肥猪）完全成本保险、猪饲料成本指数保险、淡水水产养殖保险、花卉苗木天气指数保险、农业大棚保险等8个创新险种。年内，佛山保险业为全市农户提供风险保障83.98亿元，全年理赔给付金额5534.27万元。

【现代保险营销产业学院签约】 2021年10月15日，佛山市禅城区人民政府、佛山职业技术学院、佛山市保险行业协会签约共建现代保险营销产业学院。该学院重点开设保险产业企业订单班、冠名班，并开展保险产业从业人员的学历、技能、素养培训服务，探索“现代保险文化、产品线上博物馆”“保险营销净化教育服务团队”“保险人才柔性服务机制”“数字保险营销产、学、研”等创新服务，推动以禅城区保险示范基地为核心的保险企业营销人员转型和产业升级，促进保险营销文化与服务技能传承与创新。

（刘莹莹）

资本市场服务

【证券业】 截至2021年底，佛山市有证券机构136个，其中地区分公司19家、省级分公司2家、综合类证券营业部64个、轻型营业部51个。2021年，佛山市证券交易成交总额（不含权证）6.65万亿元，比上年增长16.1%。佛山市证券成交总额在广东省（除深圳市）排名第三，占全省（除深圳市）比重为12%，占比与2020年同期持平。禅城区证券交易总成交金额2.44万亿元，增长30.3%，占佛山市场总成交金额的36.7%；南海区证券交易总成交金额1.85万亿元，比上年增长8.1%，占佛山市场总成交金额的27.9%；顺德区证券交易总成交金额2.09万亿元，增长10.1%，占佛山市场总成交金额的31.4%；高明区证券交易总成交金额727亿元，增长2.5%，占佛山市场总成交金额的1.1%；三水区证券交易总成交金额1990亿元，增长12.9%，占佛山市场总成交金额的3%。佛山市证券机构全年手续费含佣金收入21亿元，比上年增长5%。佛山市证券业手续费含佣金收入占全省（除深圳市）证券机构手续费含佣金收入的14%，占比与2020年同期持平。

【证券期货行业交流学习】 2021年，佛山市证券期货行业协会通过亲子植树活动、召开座谈会分析总结行业发展形势机遇与瓶颈、举办金融人才专场招聘会、加强行业金融综合素质培养培训等活动，多方面促进业内交流，提升行业

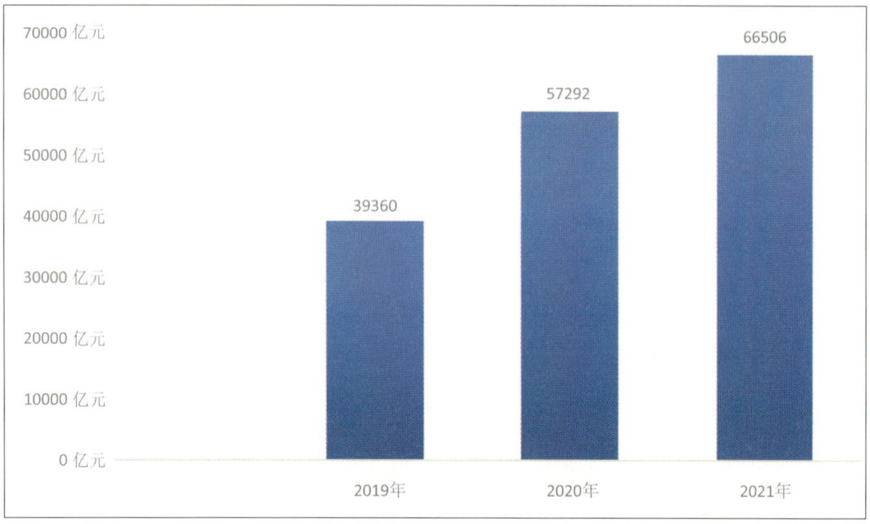

图23　2019—2021年佛山市证券交易量图

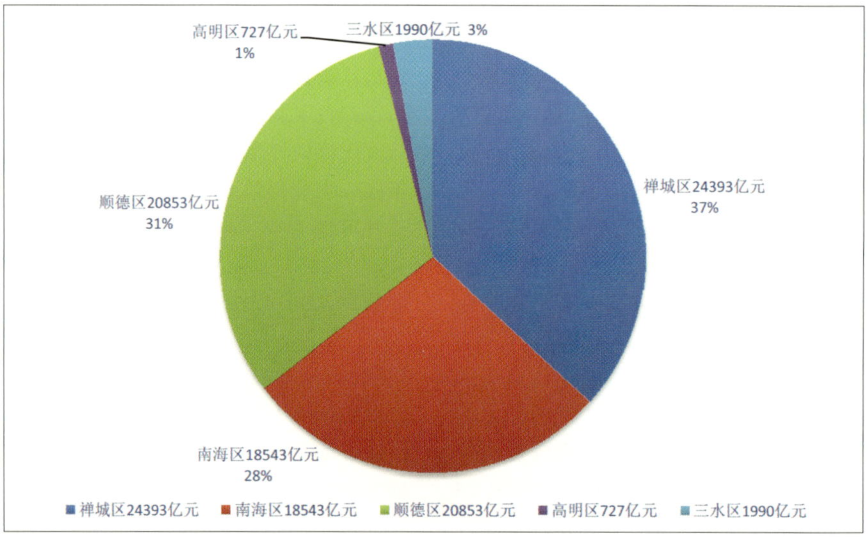

图24　2021年佛山各区证券交易量及占比图

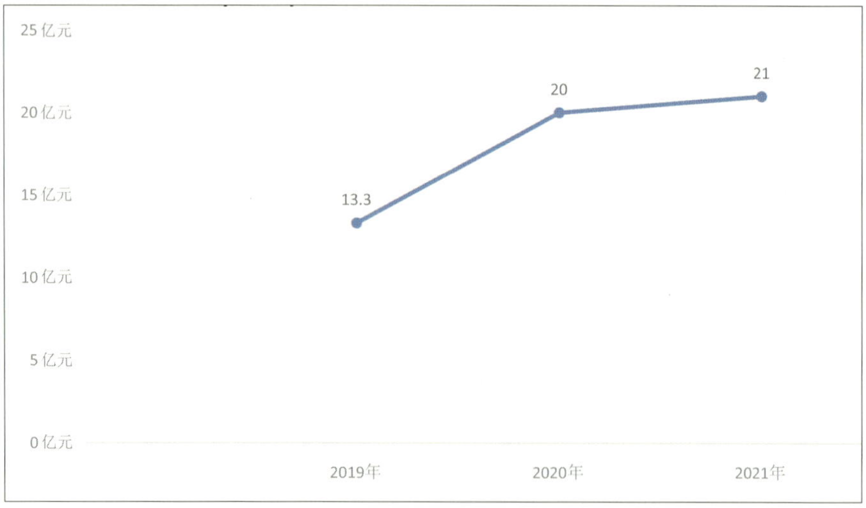

图25　2019—2021年佛山市证券手续费及佣金收入趋势图

从业人员专业水平能力。与南海区上市促进会、基金业协会多次举办走进上市公司活动，通过组织投资者走进瀚蓝环境股份有限公司、华特气体股份有限公司、南风股份有限公司参观展厅、生产车间以及存储车间等，了解企业发展历程及企业在产品信息、技术创新等方面的现状和未来规划，并就投资者关心的企业远近期发展问题与企业进行交流。

（张晶晶）

【多层次资本市场发展】 2021年，佛山市新增上市企业7家，境内外上市企业累计70家，上市企业数在广东省地级市中排名第一。佛山市境内外上市公司总市值1.6万亿元，位居全省地级市第一。全年全市新增首次公开募股（IPO）申报企业10家，证监局辅导备案企业20家。“添翼行动”上市后备企业从上年底的100家增加至232家。

新三板　截至2021年底，佛山市新三板挂牌企业73家，占全省新三板挂牌企业数量（1042家）的7%，其中创新层挂牌企业9家，比年初增加5家。

债券市场　2021年，佛山市有18家非金融企业发行债券，金额396.53亿元，非金融企业发债利率区间为0.3%～6.3%，加权平均利率3.6%。

区域性股权交易市场　截至2021年底，佛山市在广东股权交易中心挂牌的优质中小微优质企业385家，注册展示企业3772家，累计融资额883.76亿元。孵化培育6家企业首次公开募股（IPO）、38家企业登陆新三板，孵化首次公开募股企业数量为全省第一。

证券市场　2021年，佛山市证券交易成交总额（不含权证）6.02万亿元，比上年增长16.22%，证券交易成交总量位居全省地级市第一。

私募基金行业　2021年，佛山市新增私募基金类机构278个，新增注册资本及募资规模375亿元。截至2021年底，佛山市私募基金类机构1263个，募集与投资资金规模超1485亿元。在中国证券基金业协会备案登记的私募股权投资、创业投资管理人67家，比年初增加10家；备案的私募股权投资基金、创业投资基金173只，比年初增加59只；管理净资产规模149.52亿元，比年初增加42.09亿元。私募证券管理人60家（比年初增加6家），私募证券基金产品306只（比年初增加96只），管理净资产规模52.49亿元，比年初增加26.78亿元。

（徐轶奕）

表32　佛山市上市公司一览表

企业名称	股票代码	上市日期	所属行业	所属区域	上市地
中国中药有限公司（原盈天医药）	HK.00570	1993年4月7日	生物医药	禅城区	香港主板
美的集团股份有限公司	000333	1993年11月12日	电气机械	顺德区	深圳主板
佛山电器照明股份有限公司	000541（B200541）	1993年11月23日	电气机械	禅城区	深圳主板
威灵控股有限公司	HK.00382	1993年12月20日	白色家电	顺德区	香港主板
广东万家乐股份有限公司	000533	1994年1月3日	白色家电	顺德区	深圳主板
海信科龙电器股份有限公司	000921	1999年7月13日	橡胶和塑料制品	顺德区	深圳主板
佛山佛塑科技集团股份有限公司	000973	2000年5月25日	白色家电	禅城区	深圳主板
佛山华新包装股份有限公司	B200986	2000年7月6日	造纸和纸制品业	禅城区	深圳主板
瀚蓝环境股份有限公司	600323	2000年12月25日	燃气水务	南海区	上海主板
中国兴业控股有限公司	HK.00132	2001年9月28日	酒店、餐饮	南海区	香港主板
广东科达洁能股份有限公司	600499	2002年10月10日	专用设备制造业	顺德区	上海主板
南方包装集团有限公司	T77	2004年11月12日	工业设计	南海区	新加坡
广东德美精细化工股份有限公司	002054	2006年7月25日	化学原料和化学制品制造	顺德区	深圳中小板
广东雪莱特光电科技股份有限公司	002076	2006年10月25日	电气机械	南海区	深圳中小板
碧桂园控股有限公司	HK.02007	2007年4月20日	房地产	顺德区	香港主板
兴发铝业控股有限公司	HK.00098	2008年3月31日	金属	禅城区	香港主板
德奥通用航空股份有限公司	002260	2008年7月16日	白色家电	南海区	深圳中小板
志高控股有限公司	HK.00449	2009年7月13日	白色家电	南海区	香港主板
星期六股份有限公司	002291	2009年9月3日	纺织服装	南海区	深圳中小板

续表

企业名称	股票代码	上市日期	所属行业	所属区域	上市地
广东精艺金属股份有限公司	002295	2009年9月29日	有色金属冶炼	顺德区	深圳中小板
南方风机股份有限公司	300004	2009年10月30日	专用设备制造业	南海区	深圳创业板
德宝地产开发有限公司	K2M	2010年4月12日	房地产	南海区	新加坡
中国联塑集团控股有限公司	HK.02128	2010年6月23日	建筑材料	顺德区	香港主板
广东盛路通信科技股份有限公司	002446	2010年7月13日	通信设备制造业	三水区	深圳中小板
佛山市国星光电股份有限公司	002449	2010年7月16日	光学光电子	禅城区	深圳中小板
开易控股有限公司	HK.02011	2011年1月12日	服饰配件	南海区	香港主板
广东万和新电气股份有限公司	002543	2011年1月28日	白色家电	顺德区	深圳中小板
大自然地板控股有限公司	HK.02083	2011年5月26日	建筑材料	顺德区	香港主板
广东东方精工科技股份有限公司	002611	2011年8月30日	专用设备制造业	南海区	深圳中小板
广东德联集团股份有限公司	002666	2012年3月27日	化学原料和化学制品制造	南海区	深圳中小板
广东国盛金控集团股份有限公司	002670	2012年4月16日	电气机械	顺德区	深圳中小板
广东顺威精密塑料股份有限公司	002676	2012年5月25日	橡胶和塑料制品	顺德区	深圳中小板
中国集成金融集团控股有限公司	HK.03623	2013年11月13日	金融	禅城区	香港主板
广东新宝电器股份有限公司	002705	2014年1月21日	白色家电	顺德区	深圳中小板
欧浦智网股份有限公司	002711	2014年1月27日	仓储物流	顺德区	深圳中小板
佛山市海天调味食品股份有限公司	603288	2014年2月11日	食品制造业	禅城区	上海主板
广东伊之密精密机械股份有限公司	300415	2015年1月23日	专用设备制造业	顺德区	深圳创业板
佛山市南华仪器股份有限公司	300417	2015年1月23日	仪器仪表制造业	南海区	深圳创业板
广东星徽精密制造股份有限公司	300464	2015年6月5日	金属制品业	顺德区	深圳创业板
中国顺客隆控股有限公司	HK.00974	2015年9月10日	商业零售	顺德区	香港主板
中盈盛达融资担保投资股份有限公司	HK.01543	2015年12月23日	金融	禅城区	香港主板
节能元件有限公司（广东普福斯节能元件有限公司）	HK.08231	2016年10月7日	半导体	顺德区	香港创业板
煜荣集团控股有限公司（佛山市顺德区莱利达工程设备有限公司）	HK.01536	2017年1月11日	专用设备制造业	顺德区	香港主板
广东雄塑科技集团股份有限公司	300599	2017年1月23日	橡胶和塑料制品	南海区	深圳创业板
佛山市金银河智能装备股份有限公司	300619	2017年3月1日	专用设备制造业	三水区	深圳创业板
广东新劲刚新材料股份有限公司	300629	2017年3月24日	金属制品业	南海区	深圳创业板
博实乐教育集团（广东碧桂园教育投资管理有限公司）	BEDU	2017年5月18日	教育服务	顺德区	美国纽交所
佛山市顺德区万成金属包装有限公司	HK.08291	2017年7月18日	建筑建材	顺德区	香港创业板

续表

企业名称	股票代码	上市日期	所属行业	所属区域	上市地
广东天安新材料科技股份有限公司	603725	2017年9月6日	橡胶和塑料制品	禅城区	上海主板
广东海川智能机器股份有限公司	300720	2017年11月6日	仪器仪表制造业	顺德区	深圳创业板
佛山市燃气集团股份有限公司	002911	2017年11月22日	燃气生产和供应业	禅城区	深圳中小板
蒙娜丽莎集团股份有限公司	002918	2017年12月19日	非金属矿物制品业	南海区	深圳中小板
广东伊戈尔电气股份有限公司	002922	2017年12月29日	电气机械和器材制造业	南海区	深圳中小板
美的置业集团有限公司	HK.03990	2018年10月11日	房地产	顺德区	香港主板
科顺防水科技股份有限公司	300737	2018年1月25日	非金属矿物制品业	顺德区	深圳创业板
广东文灿压铸股份有限公司	603348	2018年3月14日	通用设备制造业	南海区	上海主板
碧桂园服务控股有限公司	HK.06098	2018年6月18日	物业服务业	顺德区	香港主板
佛山市云米电器科技有限公司	VIOT	2018年9月25日	互联网零售	顺德区	美国纳斯达克
小熊电器股份有限公司	002959	2019年8月23日	家用电器	顺德区	深圳创业板
广东华特气体股份有限公司	688268	2019年12月26日	化工	南海区	上海科创板
松德智慧装备股份有限公司	300173	2011年2月1日	机械设备	禅城区	深圳创业板
蚬壳电业有限公司	HK.02381	2020年6月2日	家用电器	顺德区	香港主板
中奥到家集团有限公司	HK.01538	2015年11月25日	物业服务业	顺德区	香港主板
广东顺控发展股份有限公司	003039	2021年3月8日	环保	顺德区	深圳主板
广东富信科技股份有限公司	688662	2021年4月1日	电子	顺德区	上海科创板
广东莱尔新材料科技股份有限公司	688683	2021年4月12日	电子	顺德区	上海科创板
广东东箭汽车科技股份有限公司	300978	2021年4月26日	交运设备	顺德区	深圳创业板
广东炬申物流股份有限公司	001202	2021年4月29日	交通运输	南海区	深圳主板
广东申菱环境系统股份有限公司	301018	2021年7月7日	机械设备	顺德区	深圳创业板
广东中旗新材料股份有限公司	001212	2021年8月23日	建筑材料	高明区	深圳主板

注：资料截至2021年底，松德智慧装备股份有限公司2019年迁址到佛山市，中奥到家集团有限公司2020年迁址到佛山市

【交易场所】 截至2021年底，佛山市有各类交易场所3个（禅城区2个、南海区1个），注册资本3000万元。2021年，佛山市金融工作局推进交易场所清理整顿，其中退出1家、规范保留3家。保留的3家中，桂江农产品交易中心变更为广东粤汇金属交易中心有限公司，并引进南海区、大沥镇国资参股，规范和优化业务开展。年内，3家正常运营的交易所挂牌项目1725个，挂牌金额104亿元；成交项目741个，成交金额43.07亿元；营业收入1587.17万元，净利润143.99万元。

（李洪仓）

【期货业】 截至2021年底，佛山市有期货分支机构15个。期货客户总量2.85万户，占全省（不含深圳市）期货客户总量的11%，其中产业和机构客户数量767户，约占全省（不含深圳市）总量的10%。2021年，佛山市期货交易成交总额19105亿元，比上年增长31%。佛山市期货成交总额占全省（不含深圳市）比重8.3%。年内，佛山金控期货有限公司落地广东金融高新区，标志着佛山市期货公司法人机构实现零突破。年内，佛山市钢铁和有色金属行业加大精细化运营投入，参与期货套期保值业务，部分大型钢铁和有色金属企业整体销售利润率上升。

（张晶晶）

【佛山发布证券期货纠纷诉调对接工作方案】 2021年9月，佛山市中级人民法

院与市证券期货协会联合印发《关于开展证券期货纠纷诉调对接工作的方案》。方案提出创新证券期货纠纷化解机制，为行业纠纷调解形成"专业化调解+专业化审判"的新格局。同时，完善有机衔接、协调联动、高效便民的证券期货纠纷多元化解机制，增强佛山证券期货纠纷化解的法律效果和社会效果。多元化解纠纷范围包括因资本市场业务产生，且依法应由市法院及各基层人民法院管辖的自然人、法人和非法人组织之间因证券、期货等资本市场投资业务产生的纠纷。

【佛山金控期货有限公司落户广东金融高新区】 2021年12月6日，新晟期货有限公司更名为佛山金控期货有限公司，于12月21日正式落户广东金融高新区。佛山金控期货有限公司是经中国证监会批准，从事商品期货经纪、金融期货经纪、期货投资咨询业务、资产管理业务的专业化金融机构，是佛山国有资本掌握的第一张期货金融牌照，填补佛山市金融领域法人期货业态空白。佛山金控期货有限公司注册资本1.2亿元（国有全资），是国内三大商品期货交易所，以及中国金融期货交易所、上海国际能源中心会员，设有南海、汕头、南宁、福清、顺德、广州等6家营业部及佛山、深圳2家分公司。2021年2月1日，中国证监会正式批复核准新晟期货有限公司股权变更，同意佛山市金融投资控股有限公司成为新晟期货的控股股东，持有新晟期货51%股权。3月1日，新晟期货有限公司完成工商变更手续，佛山市金融投资控股有限公司正式成为新晟期货的控股股东。12月6日，新晟期货有限公司更名为佛山金控期货有限公司。12月21日，佛山金控期货有限公司举行迁址庆典，正式落户广东金融高新区。

（张晶晶）

其他非银行类金融机构

【概况】 截至2021年底，佛山市已纳入监管正常经营类地方金融机构有132个（小额贷款公司33家、融资性担保公司7家、典当机构29个、融资租赁公司45家、商业保理公司13家、交易场所4个、区域性股权市场1个），其中法人机构99个（小额贷款公司33家、融资担保法人机构7个、融资租赁公司23家、典当行28家、商业保理公司4家、各类交易场所4个）、分支机构33个。佛山市有企业集团财务公司1家（美的集团财务有限公司），金融租赁公司1家（佛山海晟金融租赁股份有限公司）。

【供应链金融】 2021年，佛山市内的顺德区美的家电实业有限公司和广东顺银产融投资有限公司在2020年入选广东省第一批供应链金融"监管沙盒"试点企业的基础上，推进供应链金融"监管沙盒"试点工作，并分别于3月24日和3月30日注册成立广东美的供应链金融有限公司和广东国通顺银供应链金融服务有限公司。年内，佛山市推动另外4家供应链金融企业（广东南海供应链服务有限公司、广东耀达供应链金融、广东兴海供应链金融、广东海天供应链金融）平台试点资格申请工作。

【融资租赁】 截至2021年底，佛山市有融资租赁法人机构23个（禅城区6个、南海区11个、顺德区5个、三水区1个），从业人员281人。全市融资租赁法人机构总注册资本60.8亿元，资产总额115.8亿元；融资租赁合同余额82.4亿元，比上年增长20.23%，不良率9.04%；总收入7.35亿元，缴纳税收8395.42万元，净利润2亿元。年内，全省启动首批融资租赁名单管理工作，按照"补短板、严监管、防风险、促规范"原则，佛山市压实属地监管责任，规范企业经营行为，在从严核查基础上，坚持扶优限劣、正向引领，实现行业分类处置、名单管理，佛山有8家机构被纳入全省第一批融资租赁监管名单（全省地级市有11个机构被纳入该名单），数量位居全省地级市第一，占比72%。

【融资担保】 截至2021年底，佛山市有持证融资担保法人机构7个（禅城区3个、顺德区2个、高明区1个、三水区1个），分支机构1个（住所地在顺德区）；从业人员269人；注册资本总额24.95亿元，资产总额40.9亿元，净资产31.4亿元；在保余额67.14亿元，比上年上升31.76%，放大倍数2.36倍，下降20.27%；融资性担保代偿金额2.94亿元，代偿率2.73%；担保业务收入3.33亿元，上缴所得税1321.16万元，净利润0.6亿元。年内，各融资担保机构注重发展市内、区内业务，创新业务品种及模式，为佛山产业转型升级提供金融支持。广东中盈盛达融资担保投资股份有限公司根据园区各自特点，配套相应的融资担保服务，以租金质押、收益权质押等形式服务村级产业园区快速转型升级。广东顺高投融资担保有限公司获顺德区容桂、陈村等镇（街道）政策支持（由该公司提供融资担保的中小微企业可获政府给予1.5% ~ 2%的担保费补贴），创新推出"知识产权质押担保贷""镇街专项担保贷""复工复产担保贷"等特色产品，服务中小微企业转型升级。年内，中盈盛达融资担保投资股份有限公司和顺高投融资担保有限公司融资担保基金业务发生规模合计29.47亿元，比上年增长160%，担保年化费率低至1%，累计减免担保费用3000万元，有效破解困扰中小微企业的融资难、融资贵问题，并均在全省政府性融资担保机构2020年度绩效考核中获评"优秀"等级。

【小额贷款】 2021年，佛山市推动辖区内小额贷款公司稳健经营，逐步优化股权结构，继续完善风控机制，其中2家无实际经营的小贷公司被注销试点资格。截至2021年底，佛山市有小额贷款公司33家，其中禅城区3家、南海区18家、顺德区10家、高明区1家、三水区1家。全市小额贷款公司总注册资本49.18亿元；贷款余额48.9亿元，比上年下降12.1%；累计投放金额86.92亿元，比上年增长19.12%；实现净利润1.46亿元。小额贷款行业不良贷款余额6.65亿元，不良贷款率13.58%，分别比上年下降23.56%和13.5%。在剔除欧浦小贷、

2021年7月30日，佛山市小贷“楷模”监管评级交流会在禅城区万科金融中心举行。银利达小贷公司和科技小贷公司在省小贷“楷模”监管评级中获评为“AAA+”等级

（市金融工作局　供图）

和谷盛泰小贷等“僵尸企业”的不良贷款后，佛山市正常运营的小贷公司不良贷款余额1.69亿元，不良贷款率3.45%。全市小额贷款公司累计为地方中小微企业、个体工商户和“三农”（农业、农村、农民）投放贷款6557笔86.9亿元（包括涉农贷款5.3亿元、中小微贷款61.5亿元），比上年增加14亿元，增长19.2%。

【典当】 截至2021年底，佛山市有典当机构29个，其中法人机构28个（禅城区5个、南海区9个、顺德区10个、高明区2个、三水区2个），分支机构1个（南海区）；注册资本5.74亿元，从业人员184人；典当余额4.39亿元，比上年下降2.66%；利润总额1674万元，净利润总额1546万元；典当总额14.65亿元，上升42.65%，其中涉动产典当总额4.25亿元、涉房地产典当总额8.59亿元、涉财产权利典当总额1.81亿元。业务主要集中于涉房地产典当，占58.63%，涉动产典当中的民品典当相对较少。年内，广东省地方金融监督管理局抽取佛山市14家典当行进行年审，其中12家被评为A类、2家被评为B类，通过率100%。

【商业保理】 截至2021年底，佛山市有商业保理法人机构4个（顺德区3个、禅城区1个）。全市商业保理法人机构总注册资本3.5亿元，资产总额6.16亿元；年内发放保理款本金金额10.95亿元，商业保理融资款本金5.09亿元，比上年增长3.75%，商业客户726家；年内发放保理融资款本金4.56亿元，受让应收账款余额5.34亿元，净利润108.07万元。年内，广东省地方金融监督管理局发布《关于广东省（不含深圳市）第一批拟纳入监管商业保理企业名单的公示》，佛山市商业保理公司均被纳入第一批监管白名单。

（李洪仓）

【企业集团财务公司】 截至2021年底，佛山市辖内有1家财务公司，为美的集团财务有限公司。美的集团财务有限公司是经原中国银监会批准设立的非银行金融机构，成立于2010年6月，隶属美的集团股份有限公司，注册地在佛山市顺德区。美的集团财务有限公司立足财务公司定位，发挥集团资金归集、集团资金结算、集团资金监控、集团金融服务四大功能，为集团成员单位及产业链上下游企业转型升级提供资金支持，推动资金与实体经济需求有效对接。截至年底，美的集团财务有限公司资产总额超320亿元，整体实现稳健运营。

【金融租赁公司】 截至2021年底，佛山市辖内共有1家金融租赁公司，为佛山海晟金融租赁股份有限公司。佛山海晟金融租赁股份有限公司是经原中国银监会批准设立的非银行金融机构，成立于2016年6月，是广东金融高新技术服务区唯一的金融租赁公司。海晟金融租赁公司由广东南海农村商业银行股份有限公司联合广东省广晟集团控股有限公司、广东伊之密精密机械股份有限公司、广州御银科技股份有限公司、佛山市金融投资控股有限公司、佛山市南海承业投资开发管理有限公司和佛山市南海中南机械有限公司共同发起设立，注册资本20亿元。佛山海晟金融租赁股份有限公司围绕国家“一带一路”“互联网+”等战略构想，依托地处珠江西岸先进装备制造产业带的区位优势，以智能制造设备为突破口，以智能制造产业机械设备和高端产品，以及服务于智能制造产业的基础设施、物流网络等的建设为抓手，致力于金融产品创新与科技的有机融合，助力推进工业制造业的转型升级。截至年底，佛山海晟金融租赁股份有限公司资产总额超249亿元。

（佛山银保监分局）

【绿金租赁获Ge-1绿色企业认证】 2021年9月22日，广东绿金融资租赁有限公司通过评级机构中诚信国际信用评级有限责任公司企业主体绿色评级，获评“Ge-1级绿色企业”等级，为企业主体绿色认证最高等级，是佛山市首家获Ge-1认证的融资租赁企业。该评级从业务表现、环境表现、社会表现、公司治理等方面综合评价，广东绿金融资租赁有限公司获认定为业务表现能力出色、环境贡献值和社会贡献值高。广东绿金融资租赁有限公司是中国兴业附属公司，公司业务覆盖河道污水处理、工业污水处理、餐厨垃圾及建筑废弃物处理、危险废弃物处理、污泥处理等领域，为环保企业提供优质金融服务。

（李洪仓）

旅游业

综　述

【概况】 佛山市是中国重要的制造业基地、国家历史文化名城、珠三角地区西翼经贸中心和综合交通枢纽；毗邻港澳，与广州市共同构成“广佛都市圈”，是“粤港澳大湾区”“珠江-西江经济带”的重要组成部分。佛山市河网密布，生态环境优美，是独具特色、历史悠久的岭南水乡，有丰富的旅游资源，行、游、住、食、购、娱等旅游基础设施配套完备，是中国优秀旅游城市。2021年，佛山市有国家A级旅游景区34个，其中国家AAAAA级景区2个、AAAA级景区15个、AAA级景区17个。有顺德华侨城旅游度假区1个省级旅游度假区。有旅游星级饭店35家，旅行社151家，持证导游员3753人。全年接待游客3882.43万人次，比上年增长8.64%。接待过夜游客1596.86万人次，比上年下降9.12%。其中，外国游客1.87万人次，下降24.76%；香港、澳门和台湾游客6.71万人次，下降17.9%。全年旅游收入333.55亿元，比上年增长2.62%。2021年，佛山市旅行社组团境内游客91.7万人次，无组团出境游。

表33　佛山市AAA级及以上旅游景区一览表

序　号	景区名称	等　级	等级公布时间	类　型
1	佛山市西樵山风景名胜区	AAAAA	2013年	自然景观
2	佛山市长鹿旅游休博园	AAAAA	2014年	度假休闲
3	佛山市祖庙博物馆	AAAA	2012年	历史文化
4	佛山市南风古灶旅游区	AAAA	2009年	历史文化
5	佛山市南海湾（西岸）森林生态园	AAAA	2011年	自然景观
6	平洲玉器街	AAAA	2014年	工业旅游
7	中央广播电视总台南海影视城	AAAA	2016年	其他
8	佛山市南海梦里水乡景区	AAAA	2018年	乡村旅游
9	佛山市清晖园	AAAA	2007年	历史文化
10	佛山市（顺德区）陈村花卉世界	AAAA	2012年	其他
11	佛山市顺德罗浮宫国际家具艺术博览中心景区	AAAA	2012年	工业旅游
12	佛山市乐从国际会展中心景区	AAAA	2014年	工业旅游
13	史努比缤纷世界	AAAA	2018年	主题公园
14	佛山市皂幕山旅游风景区	AAAA	2012年	自然景观
15	佛山市广东盈香生态园	AAAA	2014年	度假休闲

续表

序　号	景区名称	等　级	等级公布时间	类　型
16	佛山市三水荷花世界	AAAA	2006年	主题游乐
17	佛山市三水森林公园	AAAA	2006年	自然景观
18	佛山市禅城区柏林艺术馆	AAA	2016年	文博院馆
19	佛山市九江双蒸博物馆	AAA	2017年	文博院馆
20	佛山市顺德区南国丝都丝绸博物馆	AAA	2016年	乡村旅游
21	佛山市顺德区杏坛逢简水乡	AAA	2015年	乡村旅游
22	佛山市顺德区周大福珠宝文化中心	AAA	2014年	其他
23	碧江金楼	AAA	2018年	历史文化
24	陈太吉酒庄	AAA	2019年	文博院馆　工业旅游
25	容桂渔人码头景区	AAA	2019年	文化创意
26	紫南文化园	AAA	2020年	文博院馆
27	百威（佛山）啤酒工业旅游体验园	AAA	2020年	工业旅游
28	佛山市佛罗伦萨小镇景区	AAA	2020年	其他
29	佛山市顺德区岭南和园景区	AAA	2021年	其他
30	佛山市高明区娅米的阳光城堡景区	AAA	2021年	工业旅游
31	佛山文创古镇景区	AAA	2021年	古村古镇
32	佛山创意园文化旅游景区	AAA	2021年	文化创意
33	佛山市顺德欢乐海岸PLUS景区	AAA	2021年	主题游乐
34	佛山市三水区南丹山森林王国景区	AAA	2021年	休闲度假

注：资料截至2021年底

表34　**佛山市三星级及以上旅游饭店一览表**

序　号	饭店名称	星　级	标牌（证书）编号	序　号	饭店名称	星　级	标牌（证书）编号
1	佛山宾馆（佛山皇冠假日酒店）	五星	4450012	10	佳宁娜大酒店	四星	4440073
2	保利洲际酒店	五星	4450108	11	中恒金都酒店	四星	4440079
3	金太阳酒店	五星	4450109	12	凯迪威酒店	四星	4440227
4	高明碧桂园凤凰酒店	五星	4450111	13	仙泉酒店	四星	4440077
5	绿湖温泉度假酒店	五星	4450122	14	碧桂园度假村	四星	4440069
6	恒安瑞士大酒店	五星	4450130	15	碧桂花城大酒店	四星	4440070
7	财神酒店	五星	4450072	16	福盈酒店	四星	4440076
8	顺德铂尔曼酒店	五星	4450124	17	鹿茵酒店	四星	4440071
9	金城大酒店	四星	4440014	18	君莱酒店	四星	4440204

续表

序　号	饭店名称	星级	标牌（证书）编号	序　号	饭店名称	星　级	标牌（证书）编号
19	君豪酒店	四星	4440203	28	恒威大酒店	三星	4430328
20	骏景酒店	四星	4440205	29	百盛达商务酒店	三星	4430690
21	皇帝酒店	四星	4430322	30	中旅华厦酒店（原三水华侨大厦）	三星	4430346
22	顺德保利假日酒店	四星	4440253				
23	石湾宾馆	三星	4430325	31	恒福星际酒店	三星	4430337
24	金银酒店	三星	4430537	32	三水阳光假日酒店	三星	4430737
25	登喜来大酒店	三星	4430757	33	世纪星酒店	三星	4430545
26	西樵山大酒店	三星	4430343	34	容莲宾馆	三星	4430329
27	南海迎宾馆	三星	4430320	35	百盛达君玉酒店	三星	4430860

注：资料截至2021年底

【全域旅游发展】 2021年，佛山市编制《佛山市全域旅游发展规划（2021—2030）》，推动建设休闲湾区旅游目的地名城、国家级全域旅游示范区。修订《佛山市文化广电旅游体育局全域旅游发展扶持办法》，明确扶持范围、项目和标准。评审通过2020年度扶持项目164个，发放2020年度佛山市促进全域旅游发展扶持项目扶持资金2617万元。

【黄金周旅游】 2021年春节期间（2月11—17日），佛山市举办“岭南味·佛山品——我在佛山过大年”文旅体惠民系列活动，接待游客260.51万人次，旅游收入超13亿元，红色游、公园游、乡村游、非遗游、博物馆游、亲子游、研学游成为亮点。五一劳动节假期期间，佛山市接待游客320.34万人次，旅游收入18.41亿元。国庆黄金周期间，佛山市接待游客453.28万人次，旅游收入17.78亿元。

（招卓亭）

旅游资源

【概况】 佛山市河网密布，生态环境优美，是独具特色、历史悠久的岭南水乡，有丰富的旅游资源，行、游、住、食、购、娱等旅游基础设施配套完备，是广东省著名的旅游胜地，中国优秀旅游城市。2021年，佛山市有国家A级旅游景区34个，其中国家AAAAA级景区2个，分别为西樵山景区、长鹿旅游休博园；AAAA级景区15个，分别为祖庙博物馆、南风古灶旅游区、南海湾森林生态园、平洲玉器街、中央广播电视总台南海影视城、南海梦里水乡景区、清晖园、陈村花卉世界、罗浮宫国际家具艺术博览中心景区、乐从国际会展中心景区、史努比缤纷世界、皂幕山旅游风景区、盈香生态园、三水荷花世界、三水森林公园；AAA级景区17个，分别为柏林艺术馆、九江双蒸博物馆、南国丝都丝绸博物馆、杏坛逢简水乡、周大福珠宝文化中心、碧江金楼、陈太吉酒庄、容桂渔人码头景区、紫南文化园、百威（佛山）啤酒工业旅游体验园、佛山市佛罗伦萨小镇景区、佛山市顺德区岭南和园景区、佛山市高明区娅米的阳光城堡景区、佛山文创古镇景区、佛山创意园文化旅游景区、佛山市顺德欢乐海岸PLUS景区、佛山市三水区南丹山森林

佛山市顺德区杏坛镇逢简水乡（2021年）　（市农业农村局　供图）

王国景区。有顺德华侨城旅游度假区1个省级旅游度假区。有岭南天地（东华里）、佛山梁园、佛山国际家居博览城、康有为故居、国艺影视城、南国桃园、渔耕粤韵文化园、美的·鹭湖森林度假区、大旗头古村、烟桥古村、三水温泉度假村、九道谷自然生态旅游区等有较大影响力的非等级评定文化旅游景点。

【西樵山景区】 国家AAAAA级景区。西樵山位于佛山市南海区西南部，是广东四大名山之一，也是国家级风景名胜区、国家森林公园、国家地质公园，有“珠江文明的灯塔”“南粤理学名山”“南狮发源地”“黄飞鸿故里”之称。2021年，景区加快西樵山客运索道的改造提升，推进山下立体停车楼的智能化管理系统建设，提升交通接驳能力。以石牌古村及白山古村作为试点村庄，启动山上民宿核心区建设项目，打造特色旅游产业和西樵山民宿品牌。加快山上观光车站场及人行步道改造提升，完善山上交通设施和旅游配套设施。年内，西樵山景区共接待游客132万人次，旅游总收入5003万元。

【长鹿旅游休博园】 国家AAAAA级景区。位于佛山市顺德区伦教街道三洲建设东路，毗邻珠江干流。截至2021年底，有长鹿尖叫岛、童话动物王国、长鹿度假村、长鹿农庄、矿洞海洋馆、长鹿冰雪世界、长鹿柯伊伯科技馆、水世界、长鹿侏罗纪探秘、军事主题公园十大主题区。有海底酒店、洞穴酒店、火车酒店等主题酒店，主题餐厅超50个，可容纳超万人用餐。休博园集吃、住、玩、赏、娱、购于一体，是大湾区大型旅游度假综合体，是市民休闲娱乐、旅游度假、商务会议、户外拓展、科普教育的场所。2021年，长鹿旅游休博园推出线上全预约系统，方便游客提前规划游玩行程，减少排队等候时间，降低游玩的疲劳度。对园区的设施设备进行升级改造，提升游客体验感。长颈鹿、狐猴、黑熊等动物幼崽相继出生。全年游客接待量近180万人次，比上年增加11.47%。

【祖庙博物馆】 国家AAAA级景区。位于佛山市禅城区祖庙路，占地面积3.02万平方米，是国家二级博物馆、广东省爱国主义教育基地、广东省中华文化传承基地、广东省文明旅游景区示范点，是一座以祖庙古建筑群为核心，集岭南明清古建筑艺术、真武北帝道教文化、佛山传统民俗文化为一体的综合性民俗博物馆，致力于保护与传承佛山地区传统优秀文化遗产。祖庙博物馆辖区包括祖庙古建筑群、孔庙、黄飞鸿纪念馆、叶问堂等。2021年，完成原集雅堂加固等工程。持续优化景区旅游服务质量和水平，推动景区数字信息化建设，升级微信购票系统，简化购票流程。优化文创产品和旅游产品线上购物体验，拓宽旅游市场，推进研学旅行和文创产品开发，推出“狮舞岭南”雪糕等文创产品。景区全年接待游客81.52万人次，门票收入1258.96万元。

【南风古灶旅游区】 国家AAAA级景区。位于佛山市禅城区石湾镇街道，内有南风古灶和高灶，是全国重点文物保护单位、“国家工业遗产”。有保存完好的明清古建筑群，是集旅游、研学、购物、美学空间于一体的文化创意产业园区。2021年，景区获评广东省非遗工作站、首批广东省工业遗产、佛山市第二批“佛山老字号”等。年内，景区对南风堂展馆进行环境提升改造，增加景区内展览场地；与市文联书法家联合题写景区工作室招牌；根据石湾民间传说故事，完成创作多幅陶板壁画，展现石湾镇街道深厚的陶文化历史。景区全年接待游客超30万人次。

【南海湾（西岸）森林生态园】 国家AAAA级景区。位于佛山市南海区，是以道教文化为底蕴、养生文化为特色，森林生态、水文化资源为优势，集“古、雄、清、幽、秀”于一身的自然养生休闲度假风景区。以银溪二十七潭、十里茶山森林风光、庆云洞道观为主。有南天福地牌坊、天下第一福、绿水潭、石门水帘、三流飞泻、碧流泻玉、庆云瀑布等景点。其中庆云洞道观建于清光绪二十四年（1898年），时逾百年，周围共有108座山峰、36条山涧。2021年，“森林之彩”项目创下“最大规模的3D（三维）彩绘石景观”世界纪录，成为景区地标。全年接待游客26.8万人次，总营业收入1103万元。

【平洲玉器街】 国家AAAA级景区。位于佛山市南海区桂城街道永安路，是中国珠宝玉石首饰特色产业基地、全国最大的缅甸翡翠集散地、中国四大玉器市场之一。此外，是全国三大缅甸翡翠玉器加工生产、批发基地之一，是全球最大的光身玉器加工批发基地，有“玉镯之乡”的称号。2021年，玉器街接待旅游团、游客（散客）预约导赏约6000人次。

【中央广播电视总台南海影视城】 国家AAAA级景区。位于佛山市南海区狮山镇南国桃园旅游度假区，是中央广播电视总台直属影视摄制基地，集休闲旅游、影视拍摄、户外拓展、研学教育、婚纱摄影和品牌展示于一体，占地100公顷。由天朝宫殿区、江南水乡区、港澳文化区和休闲游乐区组成，2021年，影视城成为《中学生报》研学实践基地，被广东省景区行业协会评为2021年“公益惠民　促进消费　积极贡献奖单位”。策划推出的“‘粤武传承’岭南非遗文化游学旅”研学课程，获佛山市特色研学旅行课程优秀奖。全年接待游客39.13万人次。

【南海梦里水乡景区】 国家AAAA级景区。位于佛山市南海区里水镇南部，里水河一河三岸约9千米水岸贯穿其中，总面积10万多平方米，有郁水园、富寿园、书香园、龙情园、艺术河畔五大主题园区，以岭南水乡游船观光为游览亮点，是里水镇建设全域旅游小镇的核心区和示范区。景区内软硬件配套设施完善，旅游服务到位，以“文化+生态+休闲”为核心理念，是广佛乃至珠三角的精品旅游目的地。2021年，景区接待游客35.9万人次。

【清晖园】 国家AAAA级景区。位于佛山市顺德区，是中国十大名园之一、广东四大名园之一。2021年3月，清晖园博物馆研究推广服务部获评“全国巾帼文明岗”。11月，“清晖学堂”项目获评广东省“终身学习品牌项目”。年内，在确保文物安全、生产安全的前提下，引入智慧票务系统和智慧智能导览系统，改造卫生间，新增“爱心妈妈小屋”，打造顺德区新时代文明实践点，提升景区配套设施和游客参观体验感，打造国际文旅新地标。全年征集文物45件（套），修复藏品87件（套）。年内，清晖园博物馆进馆人数为105万人次。

【陈村花卉世界】 国家AAAA级景区。位于佛山市顺德区，是大型花卉交易市场，集花卉生产、销售、科研、培训、信息、进出口、物流、展览、园林绿化设计、旅游等功能于一体。建成面积333.33公顷，吸引600多家花商及相关企业进驻，引入资金30多亿元，有台资企业60多家。2021年接待游客41万人次。

【罗浮宫国际家具艺术博览中心景区】 国家AAAA级景区。位于“中国家具商贸之都”佛山市顺德区乐从镇，建筑面积达38万平方米，是集创意设计、家具研发、商场运营、五星级酒店运营、商贸旅游于一体的全球化、综合性家居集团。2021年接待游客182.05万人次。

【乐从国际会展中心景区】 国家AAAA级景区。位于佛山市顺德区乐从镇家具城、广佛经济核心商圈，邻近港澳、珠三角交通枢纽中心，是集家具投资、营商，以及购物、旅游观光等一体的旅游景区。乐从国际家居会展中心（IFEC）是国际化家具商城，有A、B两座商城，乐从国际旅游风情街位于A、B两座商城间，两边有商铺、银行、超市、餐厅。风情街周围绿荫繁茂，生态环保，有浓郁的东南亚风情。2021年，游客接待以国内游客为主，接待量8.76万人次。

【史努比缤纷世界】 国家AAAA级景区。是由香港花生漫画公司授权、广东史努比缤纷乐园有限公司经营管理的文旅项目，位于佛山市顺德区大良街道中心城区，园内有多个主题场馆、机动游戏、奇趣演艺区、摊位游戏、教堂草坪婚礼区、欢乐水天地、商品购物区、中式餐饮以及香港查理布朗咖啡专门店等，满足游客“吃”“行”“游”“购”“娱”等一站式体验。2021年，景区推出“启萌部落”萌宠乐园项目，为游客增加游园趣味性和互动性，吸引大批游客入园游玩。全年接待游客25.8万人次，旅游总收入922.79万元。

【皂幕山旅游风景区】 国家AAAA景区。地处佛山市高明区杨和镇南部，占地面积1333.33公顷，其主峰海拔804.5米，被誉为“佛山第一峰”，2002年底被评为佛山新八景之一。皂幕山旅游风景区生物资源丰富，野生植物及珍稀保护植物种类繁多，有乡土植物781种，其中国家级保护植物4种。园内有直通山顶的5.7千米的旅游车道和4.3千米的步行道。公园内有桃花园、长寿泉、仙人洞、观瀑亭、佛山第一梯、山顶观景平台等景观。2021年，景区推进地质灾害整治和消防水池修建，对山顶观景平台、樱花峪等进行升级改造。全年接待游客约4万人次。

【广东盈香生态园】 国家AAAA级景区。位于佛山市高明区凌云山麓下，占地面积200公顷。有国家AAAA级旅游景区、国家旅游服务业标准化试点、全国休闲农业与乡村旅游示范点、中国乡村旅游金牌农家乐、广东省“守信用重合同”企业、广东省中小学生研学实践教育基地、广东省环境教育基地、AAAA广东农业公园、广东省自然教育基地、广东省人文社会科学普及基地等100多项荣誉或资质。2021年，接待游客超130万人次。

【三水荷花世界】 国家AAAA级景区。位于佛山市三水区云东海街道，全园占地面积66.67公顷，由荷花生态休闲区、荷花奇境水天地、魔法空间、商业步行街四大区域组成。其中，荷花生态休闲区是世界上规模最大、品种最丰富、技术最先进的荷花培育基地，种植超400个荷花品种。荷花奇境水天地占地6.67公顷，设有造浪池、大喇叭、极速竞赛滑道等大型水上设施，以及儿童戏水池、儿童组合滑梯和小水寨等家庭项目。魔法空间占地6.67公顷，由魔幻穿梭等12个主题项目以及VR（虚拟现实）体验、AR（增强现实）互动、5D（五维）电影等科技项目组成，是一个以互动体验为特色，将欢乐与高科技相融合的奇幻亲子游乐主题区。2021年，景区接待游客24.78万人次，营业收入952.89万元。

【三水森林公园】 国家AAAA级景区。位于佛山市三水区城区北郊，面积224.4公顷。三水森林公园是一个景点众多、风光独特的大型综合风景区，被称为珠

高明区广东盈香生态园玻璃栈桥（2021年） （高明区 供图）

三角“魅力绿洲”。景区内旅游资源丰富，配套设施完善，有众多的山塘湖泊和大面积的茂密丛林，设有华南地区最大的孔圣园，有国内首座以本焕长老名字命名的寺院——本焕寺，以鳄鱼为主题的动物园——鳄鱼湖，以及合称“爱情三部曲”的友情谷、鸳鸯湖、宣言广场等众多旅游景点。公园还配套酒店、会务中心、卡丁赛车场等场地设施，打造成集食、住、行、游、购、娱于一体的旅游度假胜地。2021年，三水森林公园加大投入，对孔圣园、鳄鱼湖等项目的硬件设施进行提升改造，全年游客接待量55万人次。

【顺德华侨城旅游度假区获评广东省旅游度假区】 2021年5月26日，广东省文化和旅游厅发布省级旅游度假区名单，佛山市顺德华侨城旅游度假区入选。该度假区以打造“全域旅游，城央度假”为概念，提供文化体验、展演和综合服务三大功能。度假区面积4.8平方千米，有锦绣中华、中国民俗文化村、世界之窗、欢乐谷4个大型文化主题公园，有美术馆、艺术中心、旅游学院、公益性休闲公园、体育俱乐部、大型购物广场等20多项设施。

（招卓亭）

旅游业态

【历史文化旅游】 2021年，佛山市在岭南味·佛山品——2021年金秋文旅消费惠民季发布会上，发布8条国庆假期金秋游精品线路，其中包括“革命礼赞，砥砺前行之旅”线路，推荐游客沿清晖园博物馆（启明居纪念馆）、龙江甘竹滩洪潮发电站历史展示馆、顺德中心沟围垦工程历史展示馆线路；顺德北滘广东工业设计城、佛山古镇历史风貌展示馆、珠三角工匠精神展示馆线路游玩。年内，广东省文化和旅游厅、省自然资源厅、省住房和城乡建设厅联合发布广东省第二批粤港澳大湾区文化遗产游径，佛山市有康有为故里、佛山古镇商埠、河口百年商埠、佛山粤剧故乡4条游径入选，是入选数量最多的地级市。

【美食旅游】 2021年，佛山市有省级“粤菜名店”11家、省级“粤菜名品”28个。以高铁沿线城市为脉络，用城市推介和户外路演等方式，集中展示佛山丰富的文旅资源和特色美食，宣传佛山城市旅游品牌形象，组织到贵阳市、郑州市等地举办“岭南味·佛山品”寻味顺德世界美食之都全国路演活动。推出“舌尖味蕾，寻味佛山之旅”美食旅游线路，推荐游客沿桂城千灯湖商业圈、佛山创意园（林记、功夫鱼宴等）、祖庙、佛山岭南天地（毋米粥宴等）线路，逢简水乡（顺德乡村美食）、顺德区清晖园博物馆（顺德双皮奶等）、顺德华侨城欢乐海岸PLUS（猪肉婆私房菜等顺德特色餐饮）线路，高明盈香生态园（金牌濑粉宴）、美的鹭湖森林度假区对川问茶（特色茶宴）、沙滘美食街品尝西江河鲜线路，胥江祖庙、芦苞长岐古村、芦苞镇河鲜美食街、芦苞温泉度假区线路游玩。

【民俗旅游】 2021年，佛山市推出“岭南宿醉，民俗文化之旅”旅游线路，推荐游客沿南海影视城（第四届国庆功夫美食嘉年华活动）、梦里水乡景区、里水贤鲁岛线路，佛山祖庙博物馆（南国青瓷——唐代水车窑展览）、佛山梁园、南风古灶旅游区、紫南文化旅游区（阿农湾梦幻光影艺术节、非遗火花秀、全民“惠玩节”）、西樵松塘古村（翰林文化节）线路，岭南方言文化博物馆、岭南和园（国庆岭南潮艺荟）、顺德区清晖园博物馆（第一届“清晖园林节”活动）线路，高明灵龟公园（灵龟塔、高明唐代龙窑遗址、高明钱币博物馆、高明无界国产照相机博览馆）、沙滘村、高明区红色廉政文化教育基地、谭平山故居线路游玩。春节期间，佛山市各景区、文博场所推出春节假日系列主题活动，包括南风古灶“2021喜见古灶”活动、岭南天地舞龙舞狮贺新春表演、梁园梁氏龙窑柴烧釉彩精品展、里水镇“梦里水乡花月夜”活动、南海影视城新春影城桃花会、国艺影视城梅花桩舞狮、南丹山樱花山花节等。

【乡村旅游】 2021年，佛山市开展首批市级文化和旅游特色村评选认定，评出首批佛山市文化和旅游特色村13个。推出“红色足迹，醉美乡村之旅”旅游线路，推荐游客沿紫南村、西樵山红色文化长廊、南海博物馆线路，松塘村、区梦觉生平事迹展陈馆（区梦觉故居）、渔耕粤韵文化旅游园、南海九江镇烟桥古村、鹭鸟天堂、吴家大院线路，白坭创意良仓、江根村、广三铁路革命斗争事迹学习教育基地、大旗头古村（中共南三番工委旧址）、三水森林公园线路，南丹山森林王国景区、九道谷生态旅游度假区线路游玩。年内，广东省乡村旅游协会组织省内旅游规划和乡村旅游领域专家组成调研组，分批赴佛山市30个乡村旅游特色村落进行深调研，并策划推出“岭南味·佛山品——佛山市乡村旅游高质量发展专题调研系列报道”专题宣传。针对调研所发现的制约各乡村发展旅游业的普遍与突出问题，佛山市组织举办2021年佛山市乡村旅游培训班，参训人员涵盖市、区、镇（街道）三级文广旅体、住房城乡建设、农业农村部门以及文旅特色村落代表，提升佛山市乡村旅游从业人员服务技能和经营管理水平。年内，禅城区紫南村、罗南村，南海区仙岗村，顺德区龙眼村，高明区小洞村，三水区大旗头村入选第二批广东省文化和旅游特色村。

【工业旅游】 2021年，佛山市工业旅游种类主要有现代智慧（观光）工厂类、新技术新业态类、新型工业基地类、特色产业园区类、匠心制造企业类、工业文化载体类等。有南风古灶（AAAA级）、罗浮宫国际家具艺术博览中心景区（AAAA级）、平洲玉器街（AAAA级）、陈太吉酒庄（AAA级）、柏林艺术馆（AAA级）、九江双蒸博物馆（AAA级）、周大福珠宝文化中心（AAA级）、海天·娅米的阳光城堡（AAA级）等一批工业游景区。年内，佛山市认定南风古灶国际创意园、佛山市南海区九江双蒸博物馆、蒙娜丽莎工业创新基地、周大福珠宝文化中心、广东罗浮宫家具博览中心、海天·娅米的阳光城堡、百威（佛山）啤酒工业旅游体验园7个工业旅游点为首批佛山市工业旅游示范点。向广东省工业信息化厅、省文化旅游厅推荐佛山市陈太吉文化发展有限公司等15个工业旅游资源点，其中13个工业旅游资源点被纳入广东省工业旅游培育资源库作为培育对象。推出佛山南海家居与环保工业之旅、佛山九江双蒸与陶艺珠宝工业之旅2条工业旅游精品线路，并向省文化旅游厅推荐，均被认定为“广东省工业旅游精品路线”。此外，各区结合自身产业特点推出“工业+研学+乡村”旅游线路，如禅城区的“佛山陶、石湾酒”体验游线路、南海区的垃圾分类深度体验研学游线路、三水区的水都魅力工业游、高明区围绕娅米的阳光城堡推出“走近乡村旅游，品味山水高明”路线等。

【研学旅游】 2021年，佛山市推出“探索知识，研学亲子之旅”旅游线路，包括高明盈香生态园（濑粉美食节）、海天·娅米的阳光城堡、美的鹭湖森林度假区（爱丽丝庄园风车节）线路；南海湾森林生态园、国艺影视城、岭南功夫文化体验馆、西樵观心小镇线路；西樵山风景名胜区（“樵荟”2021西樵山贺国庆文化展）、南海博物馆、紫南文化旅游区（阿农湾梦幻光影艺术节+非遗火花秀、全民“惠玩节”）线路。举办2021年度佛山市特色研学旅行课程征集大赛，有145门研学课程申报，69门通过专家初选。举办佛山市特色研学旅行线路征集大赛，有41条研学线路申报，23条通过初选。

（招卓亭）

【夜间旅游】 2021年，佛山市继续推动夜间文化和旅游消费集聚，佛山创意产业园在年内入选文化和旅游部公布的首批国家级夜间文化和旅游消费集聚区名单，该园每年举办消夜节、全国美食节、音乐节等大型活动及其他小型活动，吸引各地游客体验佛山各类夜间旅游活动。举办2021年佛山夜间消费节，活动涵盖全市5个区重点商圈及大型综合体，超1000家商家参与，补贴超1000万元。三龙湾游船自5月28日起短时间暂停运营后，于7月8日起恢复营业，该游船项目是佛山市十大夜间经济项目之一，夜游路线以“水韵画廊诗意佛山”为规划理念，集岭南传统文化、都市现代生活、城市璀璨景观于一体，划分岭南春色、人文韵律、工业之光、时代畅想、宜居佛山五大主题分区，途经灯笼沙生态岛、水杉林等自然景观，世纪莲体育中心、坊塔、信保广场等夜景地标，近距离观赏东平大桥、华阳特大桥、陈北大桥及工业码头等建筑。年内，禅城区印发《佛山市禅城区推动夜间经济发展实施方案》，并于年内建成岭南新天地商圈、季华路创意商圈2个市级高品质夜间经济集聚区，以及20处区级夜间经济示范点；顺德区继续开展“顺德之夜”系列活动，演出当代杂技剧《化蝶》、舞剧《岭南秋雨》、粤剧《谯国夫人》等一批优秀舞台作品。年内，中国文旅夜游（佛山）论坛在佛山市南海区千灯湖酒店举行，提出围绕发展数字经济、推动数据经济和实体经济深度融合，做好城市夜景照明系统建设工作，促进城市夜间经济的快速发展，培育城市发展新动能、增强社会活力新元素。

（佛山年鉴社）

【红色旅游】 2021年，佛山市遴选“佛山十大红色文化名片”和“佛山优秀红色文化名片”。制作佛山红色旅游宣传手册，整理精选20个接待条件比较完善的红色旅游点，对每个点进行详细的内容采集、图文整理和短视频拍摄，将旅游点分为六大主题，推出6条红色旅游精品线路，线路设计涵盖革命类博物馆、纪念馆、陈列馆、革命遗址、爱国主义教育示范基地等多处红色地标，同时融入历史文化游径、自然生态、乡村田园、都市风情等特色资源，向市民游客宣传推广。举行佛山红色文化E地图打卡活动，与高德地图合作，建立综合性的佛山红色景区页面，制作“红色地图”，市民、游客可在地图上进行地点收藏、打卡等互动，了解佛山的红色故事。年内，佛山市珠三角工匠精神展示馆入选“奋进大湾区·逐梦新时代”精品线路，该展示馆位于南海金融公园内，总占地面积约2万平方米，包括主展区与佛山品牌制造文化街区，集展示、科普、体验、互动、招商洽谈等功能于一体。

（招卓亭）

旅游市场开拓

【概况】 2021年，佛山市继续以食为媒，宣传带动佛山旅游市场开拓，同

2021年12月4—6日，佛山市组织企业参加以“科技强赋能，文旅新赛道”为主题的2021年广州国际旅游展览会。图为佛山市展位 （市文广旅体局 供图）

时在OTA（空中下载）平台和央视媒体上加大宣传推广力度，持续推广佛山城市文化旅游。举办系列旅游推介活动，包括“岭南味·佛山品”——留在佛山过大年春节惠民系列活动、2021年佛山文旅惠民点亮徽章活动、2021年畅游佛山五一文旅惠民活动发布会、第二届“我邀游”5·19旅游消费惠民活动暨佛味全席发布会、2021年金秋文旅消费惠民季发布会。开展“山河粤秀　相约黔行——见证幸福中国梦，佛山人游黔东南”主题活动，组织赴武汉市、襄阳市参加2021年广东文化和旅游主题推介活动，携同双鸭山市赴海口市、福州市举办“活力广东　多彩广佛肇”2021广佛肇旅游推介会，组织企业参加2021中国-东盟博览会旅游展、第九届澳门国际旅游展和2021年广州国际旅游展览会。向游客推出6条佛山红色旅游精品线路，持续开发粤港澳旅游线路。

【美食旅游推广】 2021年，佛山市联合中国烹饪协会组织美食业界专家举办佛味全席专家评审会，评出108道“佛味全席”美食菜单，其中菜肴69道、汤羹9道、点心小吃30道。制作推出“佛味江湖”系列美食短视频168条，在“佛味江湖108”腾讯视频号、醒目视频，以及“佛味江湖108”同名抖音号、快手号、微博号等多个平台同步更新，总阅读量超4000万人次，点赞量超900万次，转发量超500万次。举办“岭南味·佛山品”寻味顺德世界美食之都全国路演活动，以高铁沿线城市为脉络，用城市推介和户外路演等方式，集中展示佛山文旅资源和特色美食，打造佛山城市旅游品牌形象。

【文旅宣传推广】 2021年，佛山市在中央电视台第一、第四、第九、新闻频道和凤凰卫视中文台投放佛山市城市旅游形象广告宣传片。拍摄并在央视平台播放纪录片《体育中国行》。开通“佛山文旅通”小程序，推荐佛山市吃、住、行、游、娱、购等相关信息。在百度平台上线佛山超级“城市旅游名片”；携手马蜂窝平台对佛山优质旅游资源进行系统梳理与整合，梳理创建、完善景点信息页面90个，累计45.94万人次使用，佛山在TPI（在线旅游资产指数）国内城市综合榜上升至第二十一位。编印文旅宣传资料，联合广东旅游出版社出版发行2021版的佛山旅游交通图，为游客提供出游咨询；出版《佛山洋像》文创书籍，推动佛山城市品牌形象宣传；编制《佛味全席》文创书籍，推广108道佛山特色美食；联合市社科联发布《佛山市旅游产业发展蓝皮书（2020）》。

【系列旅游精品线路推荐】 2021年，佛山市推出“不忘初心、牢记使命”之旅、“革命精神，精武传承”之旅、“革命老区，红色高明”之旅、“红色印记，绿水青山”之旅、“红色足迹，醉美乡村”之旅和“革命礼赞，砥砺前行”之旅6条佛山红色旅游精品线路。继续提升文化遗产游径建设、传承和活化利用水平，年内，高明乡村生态文化游、南海里水“水乡花园”之旅和南海西樵乡村美食游3条线路入选2021年的广东省乡村旅游精品线路。佛山康有为故里游径、佛山古镇商埠游径、佛山河口百年商埠游径和佛山粤剧故乡游径4条游径入选粤港澳大湾区文化遗产游径（第二批）名单。推动文化旅游融合发展和文化遗产成果共享，开拓文化旅游市场。

【粤港澳旅游线路开发】 2021年，佛山市设计推广粤港澳大湾区“一程多站”精品旅游线路。根据各地的差异化旅游资源，有针对性地打造适合大湾区游客、体现佛山独特魅力的精品旅游线路，如魅力岭南、工业之光、美丽乡村、龙舟美食游、亲子研学游、家庭休闲游，以及“不忘初心、牢记使命”之旅等精品旅游线路。同时，整合景区、酒店等资源，与香港大航假期旅行社等大湾区旅行社签约合作，优化旅游产品，建立信息共享、客源互送常态化机制。年内，举办“岭南文化　佛山功夫”——2021年粤港澳青年文化之旅，邀请70多名粤港澳三地大学生走进澳门、佛山两地，参与“时尚、寻味、创新、爱国、传承、文明”等不同主题文化体验活动。

【岭南味·佛山品——第二届“我邀游”“5·19”旅游消费惠民活动暨佛味全席发布会】 2021年5月19日在西樵旺阁渔村举行。活动展示“佛味全席”品牌108道佛山名菜，其中有69道菜肴、9道汤羹和30道点心小吃。发布会现场，主办方设置主题展区，以实物、展板、

2021年5月19日，佛山市举行“岭南味·佛山品”——第二届“我邀游”“5·19”旅游消费惠民活动暨“佛味全席”发布会。图为“佛味全席”特色餐饮名店获颁奖牌

（市文广旅体局　供图）

视频、非遗美食体验等多种形式，展现“佛味全席”的品牌内涵。活动现场发布系列旅游消费惠民活动，包括酒店客房、景区门票和餐饮等优惠。

【“活力广东　多彩广佛肇”广佛肇旅游推介会】 2021年5月25日，由广东省文化和旅游厅主办，广州市文化广电旅游局、佛山市文化广电旅游体育局、肇庆市文化广电旅游体育局承办的“活力广东　多彩广佛肇”广佛肇旅游推介会在海口市举行。广佛肇三市文旅部门组织旅行社、酒店、景区景点相关负责人参加推介活动，与海口市的旅游同行进行交流，推介“粤语粤菜粤剧粤风情”，并宣传暑假旅游产品，吸引海南省游客到广佛肇游玩。

【岭南味·佛山品——2021年金秋文旅消费惠民季活动】 2021年9月25日，岭南味·佛山品——2021年金秋文旅消费惠民季发布会在岭南天地举行，启动以“走进诗和远方，惠享美好生活”为主题的佛山市2021年金秋文旅消费惠民季。此次惠民季聚焦吃、住、行、游、购、娱六要素，市文广旅体局联合各区、各镇（街道）、旅游景区、酒店民宿、旅行社、文化场所、商业街区等，组织策划200多项惠民活动和消费惠民措施，并结合惠民主题活动，推出“革命礼赞，砥砺前行之旅”“红色足迹，醉美乡村之旅”“岭南宿醉，民俗文化之旅”“舌尖味蕾，寻味佛山之旅”“探索知识，研学亲子之旅”“绿色氧吧，森林康养之旅”“悠然时光，休闲风情游之旅”“精彩无限，欢乐亲子之旅”8条国庆假期金秋游精品线路。活动持续至12月，岭南天地、东方广场、皇冠假日酒店推出美食、住宿等多项惠民优惠；中央广播电视总台南海影视城在国庆期间举行功夫美食嘉年华活动；长鹿旅游休博园、顺德欢乐海岸PLUS、清晖园博物馆、岭南和园、周大福珠宝文化中心等景点举办大型的主题活动或展览；美的鹭湖森林度假区推出爱丽丝庄园风车节等。

（招卓亭）

2021年9月25日，以“走进诗和远方，惠享美好生活”为主题的岭南味·佛山品——2021年金秋文旅消费惠民季发布会在岭南天地举行　（市文广旅体局　供图）

旅游行业监管

【旅游行业疫情防控与复工复产】 2021年，佛山市文广旅体部门完善常态化新冠肺炎疫情防控举措，全市旅游行业疫情防控实现零感染、零疑似、零确诊。加强与卫生健康、公安、应急管理、市场监管等部门沟通协调，持续对A级旅游景区、星级饭店、旅行社等旅游企业开展日常检查和随机抽查，督促落实“限量、预约、错峰”开放要求，落实“四强化一提倡”（强化进门扫码测温、强化人员流量管控、强化场所清洁通风消毒、强化员工健康管理和防控知识培训，提倡无现金支付）等疫情防控措施，落实员工日常健康监测和管理。督促指导旅行社及在线旅游企业落实《旅行社新冠肺炎疫情防控工作指南（第三版）》有关要求，暂停经营出入境团队旅游和“机票+酒店”业务和经营旅游专列业务，对出现中高风险地区的省（自治区、直辖市）实行“熔断”机制并立即暂停旅行社及在线旅游企业经营该省的跨省团队旅游和“机票+酒店”业务。推进旅游行业复工复产，市文化广电旅游体育局根据《佛山市促进全域旅游发展扶持办法》政策要求，对通过评审的125家企业、164个项目进行扶持，扶持对象包括旅行社、A级旅游景区、星级饭店、民宿、特色旅游项目、旅游专线、旅游集散中心、旅游厕所建设、旅游人才等项目，共发放扶持资金2617万元。按照《文化和旅游部关于用好旅游服务质量保证金政策进一步支持旅行社恢复发展的通知》要求，落实旅行社暂退旅游服务质量保证金扶持政策，办理全市129家旅行社申请暂退质保金业务，暂退4130万元。

【旅游行政审批】 2021年，佛山市印发《佛山市“证照联办、一照通行”改革实施方案》，将“经营国内和入境旅游业务旅行社设立审批”和“旅行社分社设立备案”2个审批事项纳入首批实施“证照通”主题事项。按照“一个标准、一窗办理、一个系统、一档通办、同步流转、同步审批、同步发证”的模式，将经营许可事项与营业执照合并办理，各审批部门的许可事项信息以二维码的形式集中展示在营业执照上。年内，市文化广电旅游体育局审批“经营国内和入境旅游业务旅行社设立审批”业务13宗、“旅行社经营许可证事项变更备案”业务38宗，审核完成“导游证申请”“导游变更旅游局申请”“导游变更所在机构申请”“满3年到期换证”等电子导游证业务539人次。

【旅游行业执法监督】 2021年，佛山市文化广电旅游体育局组织开展佛山市旅游市场“利剑2021”暨未经许可经营旅行社业务专项整治行动，该专项整治行动被中共佛山市委党史学习教育领导小组办公室确定为佛山市党史学习教育“我为群众办实事”市级层面重点民生项目，重点整治未经许可经营旅行社业务、不合理低价游、“黑导”、“黑车”、“黑店”等违法违规经营行为，清理整治涉旅乱象，打击涉旅游黑恶势力，规范旅游市场经营秩序。年内，佛山市1个旅游案例被国家文化和旅游部遴选为2021年文化市场综合执法规范化课件课题，是广东省两个入选旅游案例之一；7个旅游案例入选省文化和旅游厅通报表扬案例名单，其中3个旅游案例入选专项整治指导案例，排全省第二名。佛山市文化市场综合执法全年出动检查人员1.5万人次，检查各类文广旅体市场经营单位4953个次。全年市、区文化广电旅游体育局受理旅游投诉580宗，均办结，退赔款214万元；立案查处案件14件，罚款23.1万元，没收违法所得1.44万元。

【旅游安全监管】 2021年，佛山市旅游行政主管部门为强化落实旅游行业安全生产责任，制定印发佛山市文化广电旅游体育局年度安全生产和消防工作要点，把安全工作与业务工作同谋划、同落实、同督办，采取“一个局长包一个区，一个科室包一个景区”的形式，构建市、区、镇（街道）、村（社区）、企联动机制，确保各项安全管理工作推进。推进攻坚安全生产专项整治三年行动（2020—2022年），集中开展旅游领域安全专项整治，抓好道路交通安全专项整治，督促指导旅行社落实安全生产主体责任，推行旅行社包车“五不租”（不租用未取得相应客运经营许可的经营者车辆、未持有效道路运输证的车辆、未安装卫星定位装置的车辆、未投保承运人责任险的车辆、未签订包车合同的车辆）制度，配合公安部门督促旅游企业开展相关车辆检验、报废和驾驶人监管。开展全市旅游行业管道燃气安全情况排查，消除行业企业燃气安全使用隐患。开展平安景区创建工作，推动文广旅体系统平安建设全覆盖。加强重大节假日以及特别防护期、汛期、暑期、台风等重点时期旅游安全督导，采取企业自查、部门联合督查、巡查暗访等形式，开展行业领域安全风险隐患排查，按照《佛山市安全风险分级管控办法实施细则（试行）》要求，对全市旅游行业危险源、风险点摸清底数，实施分级分类管控。将安全管理纳入旅行社、旅游景区、度假区、全域旅游、乡村旅游、星级旅游饭店、文化主题旅游饭店等等级评定的前置条件和约束性指标，推动旅游领域安全规范的运营，提高景区安全管理水平和服务质量。年内重要节假日期间，全市文化旅游市场秩序良好，没有发生旅游安全事故或突发应急事件。年内，全市旅游行业未因台风和汛期影响发生旅游事故或旅游投诉。

【旅游应急管理】 2021年，佛山市旅游行政主管部门结合机构调整和文广旅体行业实际，制定印发《佛山市文化广电旅游体育局突发事件应急预案》，加强旅游应急管理，提高旅游应急救援能力。指导监督企业开展应急管理保障工作，制定完善企业生产安全事故综合应急救援预案、专项应急救援预案和现场处置方案，组织开展应急预案、应急知识、自救互救和避险逃生技能培训，并针对行业实际组织开展2021年佛山市旅游安全应急救援演练，提高预案可行性实操性，提升行业整体应急处置能力。开展全市旅游行业消防安全大宣传、大培训、大警示活动，结合新冠肺炎疫情防控实际，组织全行业开展线上安全生产培训，强化行业从业人员安全意识，促进旅游行业有序复工复产。推进佛山景区视频云平台建设，利用智慧化手段提高对突发事件的处理能力。

【文明安全旅游宣传】 2021年，佛山市举办“永远跟党走·忆峥嵘岁月稠”文明旅游主题活动、“佛山市导游志愿者服务队走进南海影视城”、“岭南味·佛山品——2021年畅游佛山五一文旅消费惠民活动发布会”等活动，向市民派发文明安全旅游宣传册。举办新版安全生产法培训、佛山文旅服务质量提升培训、演出行业自律和管理培训、旅行社安全管理培训、导游安全培训、行业禁毒培训，对旅游行业从业人员开展专题教育，普及安全生产法、消防知识、禁毒知识和新冠肺炎疫情防控知识。利用《佛山日报》、佛山电台、佛山电视台等媒体，各级管理部门网站、微信、微博，以及景区、星级饭店、公共文化体育场馆等场所、企业电子屏、板报等宣传阵地，借助“安全生产月”和“安全生产万里行”教育活动以及国际消费者权益日、全国安全咨询日、“5·19”中国旅游日等活动平台，在全市文广旅体系统开展文旅体行业疫情防控、安全生产理性消费活动，普及行业疫情防控和安全生产知识。

（梁　艺）

旅游公共服务

【旅游集散中心】 截至2021年底，佛山市建有旅游集散中心5个，分别是高明区客运站旅游集散中心、南海区大沥客运站旅游集散中心、高明区美的麓湖旅游集散中心、三水区旅游集散中心（三水汽车站）和佛山西站旅游集散中心。

【旅游厕所建设】 截至2021年底，佛山市建有旅游厕所426座，其中A级旅游厕所47座、AA级旅游厕所47座。2021年，佛山市旅游厕所建设任务数25座（新建17座、改建8座），其中禅城区2座、南海区3座、顺德区10座、高明区6座、三水区4座，全年全市完成旅游厕所建设30座，任务完成率120%，排全省第六位。推进旅游厕所电子地图标注工作，全市旅游厕所电子地图应标注426座，实际完成标注425座，标注率99.77%，排全省第三位。推进示范性旅游厕所建设，建设示范性旅游厕所2座。开展旅游厕所建设与管理暗访，完成旅游厕所暗访120座。开展2020年旅游厕所等级评定，评出A级旅游厕所8座、AA级旅游厕所24座，共发放扶持资金265万元。推进《佛山市促进全域旅游发展扶持办法》（2021—2023年）编制，提出达国家A级或AA级标准的旅游厕所，新建的每个给予10万元的一次性扶持资金，改扩建的每个给予5万元的一次性扶持资金；达国家AAA级标准的，新建的每个给予15万元的一次性扶持资金，改扩建的每个给予8万元的一次性扶持资金。旅游厕所建设过程中，市文广旅体局将旅游厕所的建设、管理、百度地图的标注作为对各区年度考核的重要指标，将旅游厕所建设和管理作为推荐创建A级旅游景区、星级旅游饭店、乡村旅游点等的重要指标；对旅游厕所建设和管理情况进行不定期检查，并聘请第三方对旅游厕所的建设、管理情况进行调查，及时向各有关单位反馈检查情况，并督促落实整改工作，确保全市旅游厕所管理达标；结合佛山实际，将岭南文化元素融入旅游厕所的设计建设中，使用和推广厕所生态、环保等新技术运用；推动广东长鹿旅游休博园农家乐公共洗手间、绿岛湖（中心湖）作为2021年佛山公厕示范性旅游厕所，坚持“先示范后推广、先集中后分散、改一个成一个”的“旅游厕所革命”路线。

【旅游公共交通】 2021年，国庆黄金周期间，佛山西站加开21趟车次，增加运力满足市民假期的出行需求。年内，佛山市首条“百里芳华”辅助公交旅游专线开通运营。9月，南海区举行公交出行宣传周暨旅游公交专线启动仪式，推出3条旅游公交专线。此外，“活力畅游”辅助公交专线于国庆期间上线，该线路途经南海体育馆、千灯湖体育公园、南海全民健身体育公园等站点，10月3—5日供游客限时免费搭乘。至年底，佛山市有旅游专线或旅游辅助公交线路10条。

【佛山市首条“百里芳华”辅助公交旅游专线开通运营】 2021年1月23日，佛山市首条“百里芳华”辅助公交旅游专线开通运营。线路公交车辆沿“百里芳华”乡村振兴示范带行驶，往返禅城区南庄镇紫南村、三水区西南街道江根村，途经阿农湾农耕文化园、罗南村、松塘村、康园、仙岗村等9个站点，线路为双向对开，班次间隔1小时，单程行驶时间约2小时。市民可通过“佛山农业农村”“佛山交通”“佛山公交“辅助公交”等公众号购票，也可在站点、公交车现场扫码购票。

【三水区旅游集散中心（三水汽车站）启用】 2021年1月28日，依托三水汽车客运站设立的三水区旅游集散中心（三水汽车站）启用。该集散中心位于三水汽车站售票大厅，是综合性旅游咨询公共服务平台，为游客提供一站式旅游服务。集散中心内设旅游咨询处、旅游宣传册展示台、手信销售区，提供义务讲解、购物休闲等服务，旅客在咨询和办理旅游相关业务之外还可乘坐旅游公交或大巴直达三水区内及周边区县的景点。

（卢嘉敏）

表35 2021年佛山市旅游专线或旅游辅助公交线路一览表

序号	旅游专线或旅游辅助公交线路名称	所属区	途经景点或重要节点名称
1	109路旅游公交专线	禅城区	南风古灶、中国陶瓷城、创意产业园、明珠体育馆、祖庙、旋宫酒店（仁寿寺）、梁园、中山公园、火车站
2	南海万科广场至花都融创城	南海区	万科广场、南海影视城
3	广州旅游集散中心（芳村站）至西樵山	南海区	芳村客运站、国艺影视城、西樵山景区
4	滘口客运站至南海影视城	南海区	滘口客运站、南海影视城、梦里水乡百花园
5	南山（九道谷、南丹山）至禅城	三水区	九道谷旅游区、南丹山风景区、大旗头古村
6	661路旅游公交专线	三水区	新动力广场、三水广场、万达广场、荷花世界、芦苞温泉、大旗头古村、新昌奥特莱斯广场
7	662路旅游公交专线	三水区	文化公园、三水广场、万达广场、荷花世界、宝苞农场、芦苞温泉、新昌奥特莱斯广场、长岐古村
8	663路旅游公交专线	三水区	大润发广场、森林公园、侨鑫生态园、芦苞祖庙
9	664路旅游公交专线	三水区	三水广场、万达广场、荷花世界、宝苞农场、芦苞温泉、新昌奥特莱斯广场、南丹山、九道谷
10	665路旅游公交专线	三水区	新动力广场、三水广场、万达广场、荷花世界、侨鑫生态园、大旗头古村、新昌奥特莱斯广场

房地产业

综　述

【概况】 2021年，佛山市房地产市场总体平稳。全市新建商品房上市面积2107.53万平方米，比上年增长3.69%；成交面积1871.75万平方米，增长5%。其中新建商品住房上市面积1202.36万平方米，比上年下降5.61%；成交面积1152.06万平方米，下降11.96%。新建商品房成交面积排名广东省第一，商品住房成交面积排名全省第二。新建商品住房成交均价17409.6元/平方米，比上年上升13.87%。全市商品房库存面积比2020年12月末上升，非商品住房去库存仍是重点。全年商住、商服用地溢价率16.52%，比上年下降3.87个百分点。

【土地市场】 2021年，佛山市国有建设用地使用权成交196宗，总成交面积951.46公顷。其中：住宅用地成交56宗，成交面积331.44公顷；商服用地成交15宗，成交面积41.93公顷；工业用地成交122宗，成交面积556.91公顷；其他用地成交3宗，成交面积21.18公顷。

【房地产投资】 2021年，佛山市固定资产投资比上年增长7.6%，其中房地产开发投资增长2.3%，低于全市固定资产投资5.3个百分点，除高明区、三水区外，禅城区、南海区、顺德区均呈正增长。房地产开发投资占固定资产投资比重54.5%，比上年同期下降2.8个百分点。

【房地产金融】 2021年，佛山市房地产贷款额6888.1亿元，余额比上年增长12.3%，占各项贷款余额的41.8%。其中，个人住房贷款余额5360.5亿元，比上年增长13.1%，77.2%的个人住房执行首套房贷政策，首套房平均首付比例为36.4%，总体保持平稳。

【房地产市场政策】 2021年，佛山市继续实施房地产局部限购政策。1月起，在全市范围推行房屋交易网签合同电子签名，要求国有土地上新建商品房、存量房交易合同中的各方主体签订合同，包括自然人签名、法人和非法人组织盖章，均使用电子签名；同月，市人力资源社会保障局调整优粤佛山卡T卡申领政策，进一步明确优粤佛山卡T卡申领对象条件，其中，学历条件范围由“中专学历或大专学历”调整为“全日制大专学历”；10月，佛山市推行购房资格线上核验，依托佛山市智慧房产综合平台，在“佛山通”手机应用程序（App）和房地产开发企业端开通购房资格线上核验渠道。年底，佛山市印发《佛山市住房发展“十四五”规划》，提出“十四五”期间住房发展“行稳致远，包容宜居”的目标定位，并计划筹建各类实物住房71万套。

（桂　菲）

房地产开发

【概况】 截至2021年底，佛山市有房地产开发企业1663家。其中，一级资质企业6家、二级资质企业25家、三级资质企业75家、四级资质企业1010家、暂定资质企业547家。2021年，佛山市房地产开发投资2342.88亿元。全年新建商品房新上市面积2107.53万平方米，其中新建商品住房新上市面积1202.36万平方米。全年住宅用地成交56宗，成交面积331.44公顷，成交价款821.19亿元，成交面积比上年下降34.37%，成交价款下降34.72%。年末房地产开发贷款余额1287.3亿元，比上年末增长7.8%（增速比上年同期下降1.1个百分点），比年初增加93.2亿元，比上年同期少增4.2亿元。全年有157个房地产项目上市销售，发出1187个商品房预售许可证和329个现售备案证。

【新建商品房上市】 2021年，佛山市新建商品房新上市面积2107.53万平方米，比上年增长3.69%。其中新建商品住房新上市面积1202.36万平方米，比上年下降5.61%。禅城区、南海区、顺德区、高明区、三水区的新建商品住房上市量占全市新建商品住房上市量的比例分别为16.26%、28.58%、32.44%、9.11%、13.61%。各区新建商品住房上市量差异较大。截至2021年12月底，全市新建商品房月末累计可售面积3267.06万平方米，比上年上升40.38%；去化周期20.81个月，比上年增加5.14个月，库存量增加，去化周期偏长。其中：新建商品住房月末累计可售面积1355.98万平方米，去化周期14.04个月；新建非商品住

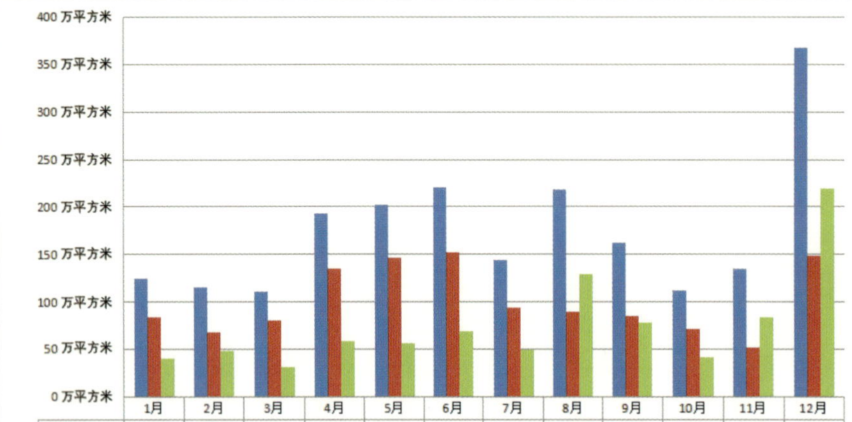

	1月	2月	3月	4月	5月	6月	7月	8月	9月	10月	11月	12月
商品房	124.57	115.69	111.47	192.86	202.32	220.58	143.87	218.49	162.57	112.43	134.72	367.95
商品住房	83.87	67.37	79.83	134.47	146.31	151.51	94.17	89.41	84.35	71.1	51.25	148.71
非商品住房	40.7	48.32	31.64	58.39	56.01	69.07	49.7	129.08	78.22	41.33	83.47	219.25

图26　2021年佛山市新建商品房上市情况图

房月末累计可售面积1911.08万平方米，去化周期31.67个月。

（桂　菲）

【共有产权住房建设】 2021年，佛山市继续开展共有产权试点工作，市住房城乡建设局会同市场监督管理局联合制定《佛山市共有产权住房预售合同示范文本》《佛山市共有产权住房现售合同示范文本》《佛山市共有产权住房买卖合同示范文本》3份文件，为推进共有产权政策探索试点工作提供规范和指引。2021年省下达佛山市共有产权住房任务1000套，全年全市实际筹集1000套，任务完成率100%。

（黎健莹）

房地产经营

【概况】 截至2021年底，在佛山市房地产行业信用信息管理平台建立信用信息档案的房地产经纪企业（含分支机构）3974家、房地产价格评估企业82家。2021年，佛山市房地产市场交易总量分别为商品房2682.73万平方米、商品住房1805.38万平方米、非商品住房877.35万平方米。新建商品住房销售面积占商品住房总量的63.81%，存量商品住房销售面积占商品住房总量的36.19%。新建非商品住房销售面积占非商品住房总量的82.03%，存量非商品住房销售面积占非商品住房总量的17.97%。

（桂　菲）

【房地产规划报建】 2021年，佛山市推进工程建设项目审批制度改革。通过"一次征询"、并联审批等措施，加快推进建设项目落地，为企业赢得领跑先机，打造一流营商环境。全面落实"放管服""应放尽放"的改革要求，将房地产类建设项目规划许可行政审批事权下放至各区行使，加快审批效率。全年办理建设工程规划类许可证（建筑类）核发业务5966宗，其中禅城区355宗、南海区1474宗、顺德区957宗、高明区482宗、三水区1474宗；办理建设工程规划条件核实合格证核发业务2203宗，其中禅城区318宗、南海区993宗、顺德区303宗、高明区208宗、三水区381宗；办理建设工程验线业务2370宗，其中禅城区253宗、南海区1173宗、顺德区443宗、高明区233宗、三水区217宗。年内，印发《佛山市工程建设项目工程规划许可阶段一次征询的工作指引》，明确由自然资源部门牵头通过市工程建设项目审批管理系统平台发起征求意见，实现"一家牵头、一次征询、会审会商"的联合审查模式，改变原来多部门"接力跑"的审批程序，破解企业审批过程须重复提交材料、审批时间过长等难题。

（郭　庆）

【新建商品房市场】 2021年，佛山市新建商品房新上市面积2107.53万平方米，比上年增长3.69%。其中，新建商品住房新上市面积1202.36万平方米，比上年下降5.61%。新建商品房销售面积1871.75万平方米，比上年增长5.00%；销售金额2510.76亿元，比上年上涨5.62%；销售均价13413.99元/平方米，比上年上涨0.58%。其中：新建商品住房销售面积1152.06万平方米，比上年下降11.96%；销售金额2005.70亿元，比上年上涨0.25%；销售均价17409.60元/平方米，比上年上涨

2021年4月28日，佛山新城某楼盘发布88~111平方米三至四房产品。图为该楼盘销售中心

（佛山日报社　供图）

13.87%。新建非商品住房销售面积719.69万平方米，比上年增长51.82%；销售金额505.07亿元，比上年上涨34.10%；销售均价7017.88元/平方米，比上年下降11.67%。截至2021年底，佛山市新建商品房库存面积3267.06万平方米，去化周期20.81个月，比上年同期的15.67个月增加5.14个月；新建商品住房库存面积1355.98万平方米，去化周期14.04个月，比上年同期的9.70个月增加4.34个月；新建非商品住房库存面积1911.08万平方米，去化周期31.67个月，比上年同期的32.14个月减少0.47个月。

【新建商品住房市场】 2021年，佛山市新建商品住房上市面积1202.36万平方米，比上年下降5.61%。其中，禅城区新建商品住房上市面积195.52万平方米，比上年增长3.29%；南海区新建商品住房上市面积343.60万平方米，比上年增长19.14%；顺德区新建商品住房上市面积390.05万平方米，比上年下降2.08%；高明区新建商品住房上市面积109.54万平方米，比上年下降31.48%；三水区新建商品住房上市面积163.65万平方米，比上年下降31.22%。

年内，佛山市新建商品住房销售量各区分布情况为：禅城区新建商品住房销售面积168.93万平方米，比上年下降7.59%；南海区新建商品住房销售面积313.21万平方米，下降12.56%；顺德区新建商品住房销售面积380.47万平方米，增长2.23%；高明区新建商品住房销售面积112.07万平方米，下降22.09%；三水区新建商品住房销售面积177.39万平方米，下降29.47%。年末佛山市新建商品住房库存量各区分布情况为：禅城区新建商品住房库存面积142.25万平方米，占全市库存总量的10.49%；南海区新建商品住房库存面积403.28万平方米，占全市库存总量的29.74%；顺德区新建商品住房库存面积427.86万平方米，占全市库存总量的31.55%；高明区新建商品住房库存面积196.73万平方米，占全市库存总量的14.51%；三水区新建商品住房库存面积185.86万平方米，占全市库存总量的13.71%。年内，佛山市新建商品住房价格区间分布情况为：在售商品住房中低于每平方5000元的在售商品住房占总量的1.50%，每平方米5000元至1万元的在售商品住房占总量的18.90%，

表36

2021年佛山市新建商品房运行情况表

类 别	区 域	上市面积		成交面积		成交均价	
		面积（万平方米）	比上年增长（%）	面积（万平方米）	比上年增长（%）	均价（元/平方米）	比上年增长（%）
商品房	佛山市	2107.53	3.69	1871.75	5.00	13413.99	0.58
	禅城区	281.44	-0.82	249.29	-1.19	16498.87	3.58
	南海区	550.55	19.34	500.79	-0.62	16930.82	2.86
	顺德区	898.16	18.90	751.05	30.94	12608.74	-3.94
	高明区	154.82	-20.94	135.27	-15.84	7970.86	-5.48
	三水区	222.56	-33.80	235.35	-19.40	8361.25	-5.16
商品住房	佛山市	1202.36	-5.61	1152.06	-11.96	17409.60	13.87
	禅城区	195.52	3.29	168.93	-7.59	20123.89	9.89
	南海区	343.60	19.14	313.21	-12.56	23007.25	15.84
	顺德区	390.05	-2.08	380.47	2.23	17931.00	12.21
	高明区	109.54	-31.48	112.07	-22.09	8519.35	-2.34
	三水区	163.65	-31.22	177.39	-29.47	9439.15	1.36
非商品住房	佛山市	905.17	19.32	719.69	51.82	7017.88	-11.67
	禅城区	85.92	-9.05	80.36	15.65	8878.41	-8.05
	南海区	206.95	19.69	187.58	28.71	6784.86	-16.26
	顺德区	508.11	42.31	370.58	83.98	7144.40	-9.03
	高明区	45.28	25.92	23.20	37.28	5321.95	-10.77
	三水区	58.91	-40.04	57.96	43.14	5062.57	-11.68

每平方米1万～1.5万元的在售商品住房占总量的24.88%，每平方米1.5万～2万元的在售商品住房占总量的20.04%，每平方米2万～2.5万元的在售商品住房占总量的15.93%，每平方米2.5万～3万元的在售商品住房占总量的11.10%，高于每平方米3万元的在售商品住房占总量的7.65%。年内，佛山市商品住房销售10.28万套，其中：90～144平方米商品住房7.69万套，占销售总量的74.79%；90平方米以下的商品住房1.96万套，占销售总量的19.07%；144平方米以上的商品住房6311套，占销售总量的6.14%。

【存量房市场】 2021年，佛山市存量商品房销售面积810.98万平方米，比上年下降3.25%；销售均价9876.18元/平方米，比上年下降2.74%。其中：存量商品住房销售面积653.32万平方米，比上年下降1.55%；销售均价11159.97元/平方米，比上年下降2.13%。

【存量商品住房交易】 2021年，佛山市禅城区存量商品住房销售面积80.74万平方米，比上年下降5.41%；销售均价13636.55元/平方米，上涨0.63%。南海区存量商品住房销售面积215.44万平方米，比上年下降11.12%；销售均价15282.06元/平方米，上涨3.16%。顺德区存量商品住房销售面积288.06万平方米，比上年增长11.55%；销售均价8377.92元/平方米，下降5.54%。高明区存量商品住房销售面积24.05万平方米，比上年下降19.86%；销售均价6168.03元/平方米，下降3.83%。三水区存量商品住房销售面积45.03万平方米，比上年下降5.35%；销售均价7460.32元/平方米，上涨5.67%。

（桂　菲）

房地产中介服务业

【概况】 截至2021年底，在佛山市房地产行业信用信息管理平台建立信用信息档案的房地产中介企业3974家，在佛山市数字房地产行业发展平台建立自律档案的房地产中介企业683家。在佛山市数字房地产行业发展平台实名登记的佛山市房地产中介从业人员1.75万人，其中1.32万人通过考核领取“佛山市房地产中介从业人员执业工作牌”并挂牌上岗。

【房地产中介行业管理】 2021年，佛山市房地产业协会加强全市房地产企业及从业人员的行业自律管理，规范房地产企业经营行为，维护房地产市场秩序，促进房地产行业自律工作。制定《佛山市房地产行业自律评分评定办法》，从行业自律角度开展行业服务质量检查，对违反自律公约和严重失信的中介企业和从业人员，按照情节轻重做出警告、行业内通报批评、公开曝光、记入诚信档案、向有关部门通报等惩戒措施。同时，对房地产从业人员进行分级评分，及时向市、区住建管理部门反馈评分情况。制定《房地产经纪服务规范》团体标准，引导会员企业采用团体标准，用标准支撑服务质量，规范房地产中介机构和从业服务人员的服务流程、服务要求及透明收费，保障消费者权益。制定《房地产销售公示示范单位评选细则》，在全市范围内开展房地产销售公示示范单位评选活动，邀请符合条件的企业参与评选。年内，佛山市房地产业协会巡查工作小组对全市房地产中介代理机构门店进行检查，参与检查人员1104人次，检查中介代理机构门店372个，佛山市总体市场秩序良好，安全管理和疫情防控管理执行到位，未发现涉及黑恶乱等行为，但存在公示资料不齐全、未能提供中介机构备案证和相关委托代理销售不规范等问题。年内，佛山市房地产业协会公布佛山市第四批房地产中介行业红名单企业3家，公布挪用、侵占客户房地产交易资金或机构资金的佛山市房地产中介从业人员第二、三批行业黑名单2人。

（桂　菲）

【房地产中介从业人员带客进小区看房行业规范实施】 2021年2月2日，佛山市房地产业协会印发《佛山市房地产中介从业人员带客进小区看房行为规范》，维护物业服务企业保障小区与业主安全和秩序职责。房地产中介从业人员带客进小区开展看房业务时，向物业服务企业从业人员出示个人执业工作牌和真实委托码或纸质委托书，物业服务企业从业人员应认真查验并确认房地产中介从业人员持证信息、联系方式、带看人数、带看物业地址及套数、进出时间等信息，登记确认后放行。此外，还规范中介从业人员看房时间、带看次数等。

（市房地产业协会）

【房协行业调处中心成立】 2021年11月，佛山市房地产业协会成立“行业调解处

2021年11月，佛山市房地产业协会成立行业调解处理中心。图为调解员接受市民咨询

（市住房城乡建设局　供图）

理中心”。该中心由专业业务骨干及律师团队开展投诉调解处理服务，接受市民关于房地产方面（含物业服务）的咨询、评价或投诉，做好社会舆情监测预警，调解并全程记录企业处理投诉的响应速度及解决过程，必要时启动危机公关处理预警方案，及时处理企业危机。投诉案例知识库同步建立，归纳贴合市民提问习惯的“问题关键字”及问答案例，引导市民理性消费，将矛盾化解在萌芽状态之中。同时，定期梳理投诉重点，找出源头，通过案例分享的方式加强行业宣传教育，引导行业健康发展。

（桂　菲）

物业服务业

【概况】 截至2021年底，佛山市实有物业服务企业878家，其中规模以上企业179家（禅城53家、南海56家、顺德60家、三水6家、高明4家），物业服务企业从业人员5.78万人。全年全市物业服务企业主营业务收入22.61亿元，企业利润0.57亿元。佛山市实有物业服务项目2317个，其中住宅项目1939个、非住宅378个；物业服务项目面积2.75亿平方米，其中住宅项目面积2.31亿平方米、非住宅项目面积4373万平方米。佛山市住宅项目成立业主大会789个，成立率为40.69%。全市商品住宅专项维修资金年末归集219.05亿元，年内使用2.07亿元，年末增值29.76亿元，年末账面余额246.74亿元。

【物业管理培训】 2021年，佛山市加大对物业管理行业的培训力度，由佛山市房地产业协会牵头建立佛山市物业管理行业培训师资库，聘用范成彬等21人（其中一级讲师5人、二级讲师6人、三级讲师10人）为佛山市房地产业协会物业管理行业培训师资库讲师，为物业从业者培训提供便捷的“菜单式”教学服务。举办2021年度广东省物业管理从业人员培训（佛山）班，其中项目经理培训班有65人，发放培训证书65份；物业管理培训班有74人，发放培训证书74份。

【佛山市“美好家园”“红旗小区”评选】 2021年7月，佛山市住房和城乡建设局在全市范围内开展“美好家园”“红旗小区”评选活动，由市住房城乡建设局组织党建工作专家对物业小区的精神文明建设党建引领落实情况进行考察评分，由市房地产业协会组织物业管理行业专家对物业小区管理运营情况进行实地考察评分，最终评选出“美好家园”小区20个、“红旗小区”8个、“最受佛山市民喜爱小区”3个。市住房城乡建设局从中择优选择9个项目向广东省推荐参评“红色物业”试点单位。

【佛山市物业管理示范项目考评】 2021年，佛山市房地产业协会主办2021年度佛山市物业管理示范项目考评，考评活动从2021年1月启动报名，于10月完成验收公示并对外公布考评结果。考评内容涵盖基础管理，房屋管理与维修养护，共用设施设备管理，保安、消防、车辆管理，环境卫生管理，绿化管理，精神文明建设，管理效益等方面。结果公布认定兴发大厦、依云华府等19个项目为2021年度“佛山市物业管理示范住宅小区（大厦）”。

（佘晓帆）

【“佛山市智慧物业服务平台公示牌”挂牌】 2021年，佛山市开展全市住宅物业“佛山市智慧物业服务平台公示牌”挂牌工作。公示牌由佛山市住房和城乡建设局统一设计、制作，并由物业企业在各自在管的住宅物业项目、步梯出入口、电梯轿厢内等显著位置张贴。业主扫描公示牌上的二维码可获取小区物业服务收费内容和标准、电梯维保情况、共有部分的经营情况以及业委会信息等信息。此外，设立专人跟进智慧物业平台“投诉建议”途径收集的各项投诉、建议。

（市房地产业协会）

【《佛山市住宅物业管理条例》实施】 2021年1月20日，《佛山市住宅物业管理条例》经广东省第十三届人民代表大会常务委员会第二十八次会议批准，于2021年4月1日起实施。该条例规定，属于业主共有的停车场、游泳池、篮球场等共用设施经营收入，以及小区出入设施、电梯间等广告收入属于公共收益，为全体业主所有。另外，该条例规定，发生危及房屋使用安全和人身财产

链接

2021年度佛山市“美好家园”小区获奖名单（20个）

保利翠雅花园　绿地璀璨家园　融创湖滨曦园　融创望江府　怡景丽苑　南海颐景园　万科金域蓝湾　中海金沙里花园　中海千灯湖1号　中海万锦东苑　北滘雅居乐花园　嘉信城市花园五期　金桂花园　美的御海东郡　明日华府　万科缤纷四季　万科美的西江悦花园　三水保利中景花园　三水雅湖半岛　三水雅居乐花园

2021年度佛山市“红旗小区”获奖名单（8个）

绿地璀璨家园　融创望江府　南海颐景园　中海千灯湖1号　明日华府　依云水岸二期　万科美的西江悦花园　三水雅湖半岛

2021年度“最受佛山市民喜爱小区”（网络评选）获奖名单（3个）

万科金域蓝湾　金桂花园　美的简岸

安全的紧急情况时，可以依法使用住宅专项维修资金进行应急维修，并明确应急维修的情形和使用流程。

【《住宅物业服务品质分级规范》发布】 2021年12月28日，佛山市住房和城乡建设局联合市市场监督管理局发布《住宅物业服务品质分级规范》，这是佛山市物业管理行业第一个地方标准。该标准全面考虑兼顾到各个物业管理项目收费标准不同的实际，由高到低制定各级的物业服务标准。该标准还独创性地把物业设备设施管理中的三大重点“消防系统、电梯和发电机”列为一票否决项，给物业企业划定“红线”，保证在物业管理服务过程中最重要的“良心”工作设备设施管理放到首要的高度。此外，该标准还推动企业参与“红色物业”创建、小区党支部建设等工作。

（杨志荣）

房地产行业监管

【房屋征收管理】 2021年，佛山市各区共发出国有土地上房屋征收决定7宗，涉及征收建筑面积14.10万平方米，征收户数290户。完成征收项目3个，涉及征收建筑面积1.19万平方米，征收户数128户。申请法院强制执行户数2户，法院裁定准予强制执行户数2户，实际强制执行户数2户。市住房城乡建设局进一步完善管理制度，指导各区依法依规落实征收程序，促进征收工作顺利推进；督导各区住建局做好国有土地上房屋征收相关的信息公开工作，处理征收信访和信息公开案件，做好房屋征收的咨询、政策解释和回复等工作，确保征收程序合法、补偿合理、结果公开公正，保障被征收人的合法权益。

（仇国强）

【房屋使用安全管理】 2021年，佛山市住房和城乡建设局推进城镇危旧房屋的治理工作，从周密部署、加强业务指导、完善管理制度、强化检查督导、开展工作考核、推进信息化管理等六方面，开展治理。截至年底，全市累计排查出城镇疑似危房3004栋，累计消疑3002栋，危房消疑率99.93%。随着为期两年的城镇危旧房屋治理改造工作任务的完成，相关工作转入“动态性、常态化”管理。

（方志勇）

【房屋租赁管理】 2021年，佛山市在完成全国住房租赁试点工作的基础上，继续加大工作力度，培育、完善和规范佛山市住房租赁市场，全年筹集租赁住房10102套，完成任务额的1.02%。完成《佛山市企业自持商品房屋租赁管理实施有关问题的通知》等3份文件的修订，规范住房租赁行业管理，完善住房租赁市场监管制度。组织各区编制2021年房屋租赁市场指导租金标准，开展住房租赁行业检查，加强住房租赁市场秩序整治。印发《佛山市加快发展保障性租赁住房工作方案》和《佛山市住房发展“十四五”规划》，进一步明确佛山市保障性租赁住房的工作目标和工作要求，增加供给，缓解新市民、青年人等群体住房困难问题，其中，《佛山市住房发展“十四五”规划》提出，佛山市计划于“十四五”期间通过盘活存量房、存量地、集体土地建设、产业园区配建等渠道发展不少于7.5万套保障性租赁住房。年内，佛山市共筹集保障性租赁住房4029套。

（黎健莹）

【全国首个氢能进万家智慧能源示范社区项目在佛山投运】 2021年11月22日，全国首个氢能进万家智慧能源示范社区项目在佛山市南海区丹灶镇丹青苑投入运行。该项目计划总投资80亿元，借鉴东京奥运会氢能社区和氢能场馆的规范标准，将2030—2040年的氢能社区以示范的形式组织建设出来，推出全国首座氢能进万家智慧能源示范社区一期、二期工程。该项目集中、日、韩先进的技术装备于一体，以建设未来国家“氢能社会”的解决方案为蓝图，探索总结科学的氢能住宅和建筑国家标准及规范，为国家“减碳”社区和“碳中和”社区建设提供标准化实施路径。该项目标志着佛山市南海区在氢能产业于民用市场的应用进一步拓宽。该项目获得多个全国首创：全国首个燃料电池热电联供设备进入家庭，全国首个燃料电池热电联供设备进入商业化运营，全国首个风、光、气、电等多种能源储能、供能、用能一体化智慧能源互联互通社区工程，全国首个氢能进万家智慧能源社区国家标准研发中心等。

（张海东）

2021年11月22日，全国首个氢能进万家智慧能源示范社区项目在佛山市南海区丹灶镇丹青苑投入运行。图为丹青苑全貌

（珠江时报社　供图）

交通·邮政

交通综述

【概况】 2021年，佛山市抓住“双区”（建设粤港澳大湾区和支持深圳建设中国特色社会主义先行示范区）和珠海市横琴粤澳深度合作区、深圳市前海深港现代服务业合作区建设的机遇，构建外联内畅、互联互通的综合立体交通网，促进区域间资源要素加速流通。推进城市“畅通工程”，以交通基础设施网络的高质量发展引领佛山城市形象和功能品质提升。全年完成交通基础设施投资305.58亿元。年内，《佛山市交通发展“十四五”规划》《佛山市高快速路网规划（2021—2035年）》印发实施。番海大桥、广佛肇高速全线年内完工通车。2021年度城市“畅通工程”完成，打通文华北路北延线、海五西路等35条“断头路”，治理交通拥堵点96个，建设自行车及电动自行车专用道600千米。截至年底，佛山市域内公路通车总里程5526千米，其中高速公路553.4千米、一级公路1939千米。城市道路总长7141千米。港口货物年吞吐量9340.89万吨。全年公路水路运输生产总体平稳增长，完成公路水路客运量2000.17万人次、客运周转量18.76亿人千米；全年完成公路水路货运量2.71亿吨、货运周转量295.92亿吨千米。

2021年2月1日，连接佛山市南海区和广州市番禺区的番海大桥主线通车。图为番海大桥

（市交通运输局 供图）

【综合交通运输体系规划】 2021年，佛山市印发《佛山市交通发展“十四五”规划》，以打造“便捷开放、高效共享、经济协调、绿色品质、安全友好”的综合交通运输体系为目标，谋划“十四五”（第十四个五年规划，起止时间为2021—2025年）时期佛山交通发展方向。同步印发《佛山市高快速路网规划（2021—2035年）》，规划布局佛山“十纵十三横”高速公路网（“十纵”指肇明高速+广明高速西南段+高恩高速；珠三角环线高速西南段；清远至高明高速；广州绕城高速西段；佛清从高速；佛开高速；佛中高速；佛江高速+佛江高速北延线；许广高速+广州西环高速+广珠西线高速+中山东部外环高速；东新高速。“十三横”指珠三角环线高速北段；惠州至肇庆高速；增佛高速；广佛肇高速；二广高速+广佛高速；广昆高速及东延；佛肇云高速；广明高速+广明高速城区段；南海至新会高速+广明高速+广台高速及支线；广州绕城高速南段；南沙至高明高速；江肇第二高速+广中江高速；深岑高速）和“十纵十二横”快速路网〔“十纵”指省道S528；碧云路+三水二桥公路+梅西大道+金白线+杨西大道+省道S272（支线：金白线+河岗大道）；省道S118+塘西线+塘西大道及南延线+樵金路+南九路；国家生产服务型物流枢纽连接线+南象路+官华路+虹岭路+禅西大道及南延；禅炭路+佛山大道；乐龙路+同兴路（支线：百安公路）；桂和路+南海大道（桂澜路）+华阳路及南延；伦桂路及北延、

南延线；广珠公路（G105）；港口路+碧桂路及北延线。“十二横”指三花公路（G324）；西乐大道+幸福路；东西二线+汇景路；广云路+建设大道；广佛新干线；桂丹路+海八路；季华路+金府路连接线（接肇庆）；魁奇路+三龙湾大道；佛陈路；高明至机场快速路+平山大道+吉利大道+三乐路；龙洲公路；合和大道+高明大道+龙高路（G324）+高富路+红旗路（支线：南国路+南国东路）〕，支撑城市发展格局。优化完善《佛山港总体规划（修订）》编制成果，为全市港口航运发展重塑发展空间。编制完成《佛山市轨道交通近期通车线路交通接驳体系规划研究》，促进轨道交通与公交、慢行等其他交通方式融合，完成佛山地铁2号线一期16个轨道站点交通接驳设施建设，新增公交线路8条，通过加密站点优化线路34条，通过路由（路线走向）变化优化线路10条。结合珠三角枢纽（广州新）机场的前期工作开展情况，推进《珠三角枢纽（广州新）机场综合交通集疏运体系规划》详细阶段的研究工作。年内启动《交通强国背景下佛山市交通发展战略规划研究》《佛山市中心城区道路网规划修编》《佛山市断头路与封闭道路梳理规划及三年行动计划》《“碳达峰碳中和”背景下佛山市交通发展政策及实施方案研究》等专项规划。

【区域交通一体化建设】 2021年，佛山市主动融入全省交通网络，围绕珠三角枢纽（广州新）机场建设谋划完善路网配套设施，对接跨珠江口通道，服务深圳市前海深港现代服务业合作区、珠海市横琴粤澳深度合作区建设，加强与广州市及其他周边城市交通基础设施互联互通。印发《佛山市高快速路网规划（2021—2035年）》，提出佛山市与每个周边地市规划高速通道超3条（其中清远方向4条、肇庆方向7条、云浮方向3条、江门方向4条、中山方向4条、广州方向11条），中心组团与外围组团高快速通道均超4条，珠三角枢纽（广州新）机场与中心城区规划高快速通道4条，佛山与广州白云机场、南沙港等区域交通枢纽实现多通道高速联系格局，实现“343”〔与周边相邻城市高速公路通道不少于3条（其中与广州高速公路通道不少于10条）；中心组团与外围组团高快速通道不少于4条；珠三角枢纽（广州新）机场与中心城区高快速通道不少于3条〕通道目标。完善广佛极核（粤港澳大湾区规划中提出要建设的港深、广佛、澳珠三个极核之一）综合交通网络，2月1日，番海大桥主线实现通车，是打通广州、佛山两地路网“断头路”的重要节点。年内，推进广佛同心桥及海北沿江路、沉香大桥、广佛大桥系统工程（一期）等一批广佛同城重点项目前期工作及工程建设。

【交通固定资产投资】 2021年，佛山市交通固定资产计划总投资301.58亿元，其中省属15.24亿元、佛山负责项目286.34亿元。全年实际完成投资（含省）305.58亿元，完成年度计划的101.3%，其中佛山实施项目实际完成投资287.67亿元，完成年度计划的100.5%。

【城市“畅通工程”】 2021年，佛山市印发《佛山市城市“畅通工程”两年行动方案》，市交通运输部门启动“断头路”连通两年攻坚行动（2021—2022年）和交通拥堵点综合治理两年行动（2021—2022年），年内，全市打通“断头路”35条，治理交通拥堵点96个，建设自行车及电动自行车专用道600千米，新增公交场站12.21万平方米，排查整改交通标志标线1282处，城市畅通能力继续提升。年内，文华北路北延线开通，缓解佛山大道、桂和路等南北干线的交通压力；顺德区环湖路南段全线贯通，连通顺德新城区与南方智谷，完善区域路网。佛山大道家博城路口通过采取封闭路中带、优化周边交通组织等措施，路口车辆排队时间减少约50秒，路口通行效率提高50%以上；佛山市实验学校片区交通治理项目通过采取智慧潮汐车道、限时单行、护学通道、增设停车场等措施，早高峰期间学校周边交通秩序得到改善。

【基础设施建管养水平提升】 2021年，佛山市国家级、省级干线公路路况继续得到提升，全年完成新改建工程23.6千米，实施安全生命防护工程345千米。继续推进“桥长制”“路长制”，1074座公路、城市道路桥梁落实“桥长制”，农村公路“路长制”深入推进。完成省、市、县三级督办的道路交通安全高风险路段整治10处，加固改造危旧桥5座。推进交通廊道、高架桥下等景观提升，开展905千米重点路段及51个出入口的环境整治提升工作，整治和利用桥下空间环境，美化道路环境。推进“平安工地”“品质工程”创建活动，富龙西江特大桥工程项目入选交通运输部“平安百年品质工程”第一批创建示范项

2021年，佛山市对交通廊道、高架桥下进行景观提升。图为改造后的佛山“一环”广佛江珠高速公路桂城段桥底

（市交通运输局　供图）

目。年内，佛山市入选全国“四好农村路”市域示范创建突出单位名单（“四好农村路”指建好、管好、护好、运营好的农村公路），并被评为广东省“四好农村路”省级示范市（首批）。高明区井皂公路入选广东省“十大最美农村路”。

【交通运输综合执法】 2021年，佛山市开展交通运输执法领域突出问题专项整治行动，提升执法队伍素质和履职尽责能力。将专项整治行动与党史学习教育结合，推广说理式执法，推行轻微违法免罚，注重教育示范引导。开展重点领域专项执法行动，打击客货运行业乱象，整治公路路域环境、港口水路市场秩序，强化《中华人民共和国安全生产法》在交通执法领域的应用。推进高速公路出入口治超执法工作，全市135个重点货源单位建设源头治超系统并联网运行，构建“路面+源头+科技”全链条治超监管体系。

【2021年春运】 2021年春运期间（1月28日至3月8日），佛山市累计发送旅客1864万人次（含地铁），日均46.6万人次。公路、铁路、航空客流与2019年相比降幅达46.4%。其中，机场客流量下降38.8%、佛山火车站客流量下降60.7%、佛山西站客流量下降44.9%、公路客流量下降46.5%、地铁客流量下降3.9%。群众出行方式以地铁和私家车为主，地铁客流量占全市客流量90%。全市运输行业未发生旅客滞留现象，未发生重大交通运输安全事故、严重服务质量投诉事件、治安案件，未出现大范围、长时间的交通拥堵情况。全市累计出动交通执法人员5684人次，查处各类违法违规案件570件。其中，查处客车非法营运10件、客运班车违法违规案件145件、包车违法违规案件22件、出租车（网约车）违法违规案件45件。

（姚　洁）

公路运输

【概况】 截至2021年底，佛山市域内公路通车总里程5526千米，其中高速公路553.4千米、一级公路1939千米。城市道路总长7141千米。2021年，佛山市交通运输业恢复性增长势头良好，其中全市公路运输总周转量比上年增长22.86%。2021年春运期间发送公路旅客133.96万人次。全年全市完成国家级、省级干线公路新、改建工程23.6千米，实施安全生命防护工程345千米，1074座公路、城市道路桥梁落实“桥长制”。打通“断头路”35条，治理交通拥堵点96个。修订公路工程造价管理办法，完善公路工程施工标准化体系。年内，佛山市入选全国“四好农村路”市域示范创建突出单位名单（“四好农村路”指建好、管好、护好、运营好的农村公路），并被评为广东省“四好农村路”省级示范市（首批）。高明区井皂公路入选广东省“十大最美农村路”。

【道路网络建设】 2021年，佛山市加快建设内联外通、高效衔接的道路交通基础设施网络。加强与周边城市对接协调，开展高速公路国土空间规划及前期工程可行性研究工作，推动《佛山市高快速路网规划（2021—2035年）》中新增的高速公路通道项目落地。推进广州市至佛山市第二高速公路及广佛新干线快速路复合通道工程（广昆高速东延线）、三乐路东延线复合通道工程（广台高速公路支线）、惠肇高速公路（白云至三水段、三水至封开段）、佛肇云高速公路（南海至高要段）、增佛高速公路、佛中高速公路、南沙至高明高速公路、清远至高明高速公路、南海至新会高速公路、江肇第二高速公路、台山至新机场高速公路等高速通道前期工作。完善市域快速路和主次干道网络，推动禅西大道南延线、龙翔大桥及引道工程、广佛新干线快速化、金石大道西延线、新均榄路二期工程、佛山新机场大道等一批工程建设，支撑城市空间布局优化、重大产业园区发展和综合交通枢纽接驳，强化城市内外道路交通联系。实施“断头路”连通攻坚行动，全年打通35条“断头路”。实施农村公路路况提升工程、“百里芳华”乡村振兴示范带公路主游览线路路面提升工程、窄路基改造工程及桥梁维修加固等65个“四好农村路”（建好、管好、护好、运营好的农村公路）建设项目，提升农村公路路网服务能力。

【重点路段及出入口环境整治】 2021年，佛山市部署开展高速公路、国道、省道及重要出入口的环境整治提升工作，建设环境整洁、景观优美、管理有序的城市对外窗口和景观通道。全市915千米

佛山市三水区西南街道“四好农村路”示范路——洲竹线（2021年）

（佛山年鉴社　供图）

重点路段（其中高速公路路段345千米）及56个重点出入口被纳入整治提升范围，通过每季度检查评比方式，推动全市路域环境提升。

【客运企业运输服务】 2021年，佛山市引导巡游出租车企业适应出行需求多元化发展，推动智能计程计时车载终端技术应用。推广佛山出租车统一电召台应用，完成顺德区出租车电召台接入佛山统一电召台工作。开展出租车行业文明服务提升行动，在中考、高考期间，组织232辆出租车组成爱心服务车队开展“爱心护考”行动，对困难考生提供免费接送服务；在新冠肺炎疫情防控期间，引导出租车企业派出防疫应急先锋车队配合开展核酸样本转运工作，同时为全市医护人员开展点对点免费接送服务1600余次；引导市出租车协会开展行业自律监督检查行动，提高出租车行业文明服务形象，提升行业服务质量；指导市出租车电召台提供全年“7×24”小时电召服务，全年提供电召服务1万余次。开展道路客运招呼站规划与管理研究，启动招呼站试点建设，探索提供多层次、差异化运输服务。

【绿色货运配送全国示范城市创建】 2021年，佛山市以完善城市货运配送基础设施、推广应用新能源物流车辆、优化配送车辆通行便利政策、推广先进组织模式、推进信息互联共享和落实支持政策及保障措施为重点，开展绿色货运配送示范城市创建工作。完善绿色货运配送发展资金投入机制，推动城市配送新能源货运车辆运营、城市配送信息平台建设、城市配送中心建设等专项扶持资金使用可行性研究及资金管理办法的出台。出台促进城市绿色货运配送发展政策文件，印发《关于促进城市绿色货运配送高质量发展的实施意见》。鼓励企业申报城市绿色货运配送示范企业，7家企业获评绿色货运配送示范企业。开展物流园区、配送中心、快递末端网点建设，全市绿色货运枢纽体系增至7个、城市绿色货运公共配送中心体系增至11个、快递末端网点增至1836个。新能源货车保有量稳定增长，全年新增新能源货车1378辆，全市充电站增至227个、公共充电桩增至6722个，划定城市配送车辆专用停车位209个。加快培育运作高效、服务规范的专业城市配送企业，全市有AAA级（含）以上物流企业18家。

【营运车辆保有量】 2021年，佛山市有在册营运货车4.36万辆69.2万吨位。在册营运客车2073辆8.67万客位。其中：班车客运客车365辆1.32万客位，旅游、包车1708辆7.35万客位。有城市公交车辆6949辆，公交线路686条，运营线路总长度1.5万千米，年客运量3.2亿人次；出租汽车2768辆，年客运量2541.2万人次。

【道路运输经营业户及从业人员】 2021年，佛山市有在册经营道路客运业户53户，从业人员0.88万人；道路货运业户3622万户，从业人员4.06万人；道路运输相关业务经营业户7010户，从业人员9.47万人。道路运输相关业务经营业户中，机动车维修业户6980户，其中汽车维修业户6173户（一类107户、二类674户、三类5392户）、摩托车维修业户885户。

【驾驶培训行业管理】 2021年，佛山市有机动车驾驶员培训业户64户，其中一级15户、二级17户、三级32户；教学车辆7274辆；教练员9020人；训练场总面积265.16万平方米。2021年共完成招收培训学员27.04万人次，比上年增长7.64%。

【道路客货运输量】 2021年，佛山市道路运输客运量完成1994.74万人次，比上年同期增长38.14%；旅客周转量完成18.76亿人千米，增长13.64%；道路货运量完成2.23亿吨，增长14.35%；货物周转量完成174.79亿吨千米，增长22.97%。

【客货运站场】 2021年，佛山市共有经营性客、货运站场19个，等级客运站场14个、其他客运站5个，平均日发车1053班次。

【营运汽车综合性能检测站及检测量】 2021年，佛山市共有营运汽车综合性能检测站44个，全年完成检测量14.51万辆次，等级评定检测3.3万辆次。

【沙口大桥通车】 2021年1月25日，佛山市禅城区季华北路北延线工程（沙口大桥）通车，是连接禅城区、南海区的跨区快速通道，从禅城区张槎街道到佛山西站车程仅需20分钟左右，比以往缩短一半。沙口大桥起于禅城区季华北路与张槎西路交叉口，向北跨越汾江河，终点与南海区光明大道相接，远期计划与南海区工贸大道相接。项目全长约1.33千米，主线按一级公路兼城市道路标准建设，双向八车道，设计速度为80千米/时。

【番海大桥主线通车】 2021年2月1日，连接佛山市南海区和广州市番禺区的番海大桥主线通车。大桥呈东西走向，起于佛山三龙湾大道（原魁奇路东延线）与港口路交叉口（南海区三山新城南侧），跨越陈村水道，止于广州市番禺区钟三路，与南大干线相接，主线全长1.293千米，其中佛山市南海区范围内长800米，广州番禺区范围内长493米，承担佛山中心商务区和广州中心城区、西江组团之间的快速联系，最快5分钟内从广州南站到达佛山市南海区的三龙湾高端创新集聚区。

【文华北路北延线通车】 2021年6月30日，佛山市文华北路北延线完工通车。文华北路北延线工程为新建道路，起于文华北路与海八路交叉南侧，往北跨越海八路、佛山水道后，下穿广茂铁路、贵广铁路，最后跨越广佛高速、广佛新干线，接竹基南路，路线全长3.96千米，总投资为17.98亿元。项目为城市主干道，标准路基宽39米，采用沥青混凝土路面结构。主线双向六车道，设计车速为60千米/时，辅道和匝道设计车速为30千米/时。全线有特大桥1座（沥桂特大桥，长947.5米），大桥1座（广佛高速跨线桥，长905.5米），隧道1座（下穿广茂铁路隧道，长586米），互通立交1处（大沥城南立交），设置中桥2座和涵洞5道，改移现状河涌10条。

【广佛肇高速佛山段获省詹天佑故乡杯奖】 2021年7月27日，广佛肇高速公路广州石井至肇庆大旺段佛山段获第十三

2021年4月25日，广佛肇高速公路全线建成通车，是一条东西向高速公路通道。图为广佛肇高速公路北江大桥段 （市交通运输局 供图）

届广东省土木工程詹天佑故乡杯奖，是广东省土木建筑工程科技创新领域的最高荣誉奖。该项目由佛山市路桥建设有限公司投资建设，全长37.8千米，其中佛山“一环”改造段长16.7千米，新建段长21.1千米（桥梁占比100%），设置特大桥5座、大桥1座、中桥2座、互通立交10处（其中枢纽互通3处）。于2021年4月25日全线建成通车，是一条东西向高速公路通道。

【禅西大道南延线通车】 2021年12月30日，佛山市禅西大道南延线通车仪式举行，标志着禅西大道南延线正式通车。禅西大道南延线位于禅城区南庄镇及顺德区乐从镇，全长4.1千米。起点接禅西大道二期与旧樵乐路交叉口，自北向南依次下穿旧樵乐路、上跨新樵乐路、富兴路、罗沙北上工业大道，终点接入广台高速辅道。道路为一级公路兼城市道路功能，主路采用双向8车道，辅路采用双向4车道，设计速度为80千米/时（辅路50千米/时）。项目于2019年10月开工，于2021年12月完成主线及辅道工程。禅西大道南延线是佛山市打通禅西大道“断头路”的重点工程项目。通车后，与虹岭路、禅西大道已建成路段、佛山大道一起构成佛山市中心城区重要的南北向通道，缓解中心城区西南门户交通拥堵，减轻佛山大道交通压力，改善群众出行环境。

（姚　洁）

水路运输

【概况】 2021年，佛山市有生产用码头泊位285个，码头泊位长度19.15千米，泊位年通过能力1.2亿吨。全市通航河流78条，市辖内河航道通航里程1075千米。全年全市水路完成货运量4828万吨，比上年增长12.9%；货运周转量121.12亿吨千米，增长25.1%。水路客运量完成5.43万人次，增长57.9%；客运周转量69.59万人千米，下降67.2%。

【船舶保有量】 2021年，佛山市有水路运输机动船舶361艘，总吨16.50万吨位，功率25.35万千瓦。包括客船7艘，载客量1019客位；货船349艘，总吨16.42万吨（包括集装箱船74艘、总吨1.77万吨位、14131个国际标准集装箱位）；等等。

【港口吞吐量】 2021年，佛山港完成货物吞吐量9340.89万吨，比上年增长0.61%。进出港货物主要为钢铁、矿建材料、煤炭及制品、石油天然气及制品。外贸货物吞吐量2041.21万吨。其中，出口主要货物为机械设备电器、木材、化工原料及制品，进口主要货物为钢铁、矿建材料、煤炭及制品等。集装箱吞吐量370.73万标箱，比上年下降8.45%。

【港口污染防治】 2021年，佛山市91个在运营的港口码头完成自建船舶污染物接收设施（含简易接收设施）。生活污水每日最大接收能力464.64立方米，含油污水每日最大接收能力315.9立方米。基本形成“固定接收为主，移动接收为辅”的格局，船舶污染物接收能力达省部署要求。

【港航管理】 2021年，佛山市督促港口企业加快推进船舶与港口污染物防治设施建设。开展危险货物港口安全生产重点难点专项整治，组织开展全市18个危险品码头、12家危险品水运企业隐患大排查大整治，重点检查企业安全生产主体责任落实情况。“5·21”深圳盐田港新冠肺炎疫情期间，组建佛山市口岸码头疫情防控工作专班，出台《佛山市口岸码头高风险人员“两点一线”闭环管理工作指引》《佛山市口岸码头疫情防控消毒工作指引》，人物同防，落实各项防控措施。

【内河船舶LNG动力改造】 2021年，佛山市推进内河LNG（液化天然气）动力船舶应用工作，制定出台配套补贴政策，走访企业开展政策宣贯，引导适改船舶参与LNG动力改造。截至年底，共16艘船舶签订LNG动力改造合同，其中11艘船舶完成入库申请，8艘在建船舶完成开工审核并进厂改造，完成省下达佛山市2021年底前进厂3艘的改造任务。

【高荷港码头动工建设】 2021年6月29日，佛山港高明港区高荷港码头项目动工建设。该项目是广东省重点项目之一，计划建成珠江口西岸地区一个智能、绿色、高效的综合性公共码头。高荷港码头岸线总长276米，陆域面积17.07万平方米，建设4个2000吨级内河集装箱泊位，满足2艘3000吨级海轮集装箱船同时靠泊要求，码头结构按5000吨级集装箱船预留设计。高荷港码头设

2021年6月29日，佛山港高明港区高荷港码头项目动工建设，该工程是广东省重点项目之一。图为高荷港码头项目施工现场　（市交通运输局　供图）

计任务吞吐量为50万标箱，码头年设计通过能力为52万标箱。

（姚　洁）

铁路运输

【概况】 2021年，佛山市区域内有已开通运营的国铁城际线路8条，分别是广茂铁路（客货两用铁路，设三眼桥站、奇槎站、佛山东站、佛山站、街边站、罗村站、上柏站、小塘站、小塘西站、走马营站、三水站和三水西站，其中佛山站和三水站为客货两用车站，其他站点均为货运站）、广珠铁路（货运铁路，设丹灶站、官窑站）、南沙港铁路、武广铁路客运专线（未设站）、贵广铁路（设佛山西站、三水南站），南广高铁（设佛山西站、三水南站）、广珠城际（设碧江站、北滘站、顺德站、顺德学院站、容桂站）、佛肇城际（设佛山西站、狮山站、狮山北站、三水北站、云东海站）。中国铁路佛山局管内铁路营业里程330.62千米，其中城际铁路运营里程77.35千米、地方铁路运营里程62.48千米、佛山高铁运营里程190.79千米，2021年全年完成旅客发送量587.35万人次。有在建国铁城际线路4条（段），分别为广湛高铁、广佛环城际（佛山西站至广州南站段）、珠肇高铁（珠三角枢纽机场至江门段，项目与深南高铁在佛山境内共线）、珠肇高铁（高明至肇庆东段）。有筹建国铁城际线路3条（段），分别为广佛环线（佛山西站至广州北站段）、佛山经广州至东莞城际、广州南至广州站联络线。有规划国铁城际线路3条（段），分别为柳广铁路、肇顺南城际、广佛江珠城际。有在运营地铁线路2条，为佛山地铁1号线（即地铁广佛线佛山段。地铁广佛线线路东起广州沥滘站、西至佛山新城东站，全长32.16千米，其中佛山段21.5千米，设金融高新区站、千灯湖站、礌岗站、南桂路站、桂城站、朝安站、普君北路站、祖庙站、同济路站、季华园站、魁奇路站、澜石站、世纪莲站、东平站、新城东站15座车站），佛山市城市轨道交通2号线一期。有在建地铁线路2条，分别为佛山市城市轨道交通3号线、广州地铁7号线西延顺德段。纳入佛山市城市轨道交通第二期建设规划地铁线路3条，分别为佛山市城市轨道交通2号线二期、4号线一期和11号线，其中佛山市城市轨道交通4号线一期工程项目可行性研究报告和初步设计取得批复，计划2022年开工建设。

【城市轨道交通在建项目建设】 2021年，佛山市有城市轨道交通3号线、广州地铁7号线西延顺德段2个在建城市轨道交通项目。

城市轨道交通3号线项目　年内完成投资约55.26亿元，全线34个车站主体结构封顶、2个车站进行土方开挖。全线36个区间中25个双线洞通。首通段除北滘新城至高村区间外，所有区间均实现双线短轨通，共完成铺轨84.13千米，完成率94.97%。首通段车站设备安装及装修进度超65%。弱电系统安装基本完成。夏园、岳步、博爱路3座主变电所完成投产送电。首通段35千伏电通，接触网总完成率72%。“一段两场”（狮山车辆段、逢沙停车场、北滘停车场）综合楼封顶，逢沙停车场完成首列电客车接入，北滘停车场实现运营进驻，狮山车辆段生产维修楼及物资库机电安装完成。2辆蓄电池工程车、21列电客车完成出厂验收，其中6列电客车到段。

广州地铁7号线西延顺德段项目　年内完成投资21.43亿元，实现“短轨通”“长轨通”“电通”“试运行”等重大节点目标，全线车站、区间实现“三权移交”（调度指挥权、属地管理权、设备使用权移交），通过单位工程验收、项目验收及初期运营安全预评估，计划2022年上半年开通初期运营。

【佛山西站运营】 2021年，佛山西火车站开行列车7.6万列，到发旅客907.61万人次，其中发送448.41万人次、到达459.2万人次。日均开行列车208列，比上年增长2.4%，其中日均始发终到车25对；日均到发旅客2.48万人，比上年增长5.5%。春运期间，佛山西站到发旅客99.37万人次，其中到达旅客52.16万人次、发送旅客47.21万人次，2月28日为到达客流高峰（到达客流2.61万人次），2月6日为发送客流高峰（发送客流1.74万人次）。

【城市轨道交通运营】 2021年8月18日，佛山市南海有轨电车1号线首通段开通初期运营。12月28日，佛山地铁2号线一期开通初期运营。截至2021年底，佛山市开通运营的城市轨道交通项目（含有轨电车）总里程约69.9千米，其中地

2021年8月18日，南海有轨电车1号线首通段开通初期运营（市轨道交通局　供图）

铁广佛线佛山段21.5千米、佛山地铁2号线一期32.4千米、高明现代有轨电车示范线6.5千米、南海有轨电车1号线首通段9.5千米。佛山市全年城市轨道交通发送旅客数量共5280.77万人次，运行安全无事故。其中广佛地铁（佛山段）全年客运量5081.47万人次，日均客运量13.92万人次。佛山地铁2号线一期运送旅客36万人次，开行2000列次，安全运行27.1万车千米；高明现代有轨电车示范线运送旅客20.6万人次，开行2.2万列次，安全运行43.3万车千米；南海有轨电车1号线首通段运送旅客142.7万人次，开行3.6万列次，安全运行94万车千米。全年未发生责任行车事故、设备事故、火灾事故，有效保障乘客出行安全。

【轨道交通项目固定投资】 2021年，佛山市轨道交通项目16个，总投资2387.55亿元。其中：正式项目9个，总投资1195.11亿元；预备项目7个，总投资1192.44亿元。全年全市重大轨道交通项目完成投资116.2亿元，完成年度计划投资101.57%。9个正式项目包括6个市、区轨道项目（佛山地铁2号线一期、佛山地铁3号线、广州地铁7号线西延顺德段、南海区新型公共交通系统试验段、南海一汽大众铁路专用线、南海区有轨电车里水示范段）和3个省管项目（广湛高铁、广佛环城际佛山西站至广州南站、南沙港铁路）。7个预备项目中3个为佛山市城市轨道交通第二期建设规划项目（佛山地铁2号线二期、4号线、11号线）。

【《佛山市城市轨道交通第二期建设规划（2021—2026年）》获批复】 2021年1月，国家发展和改革委员会批复《佛山市城市轨道交通第二期建设规划（2021—2026年）》，其中3条（段）线路总计115.8千米（含广州段里程），包括佛山市城市轨道交通2号线二期、4号线一期、11号线。

【城市轨道交通4号线一期工程项目工可报告及初步设计获批复】 2021年7月15日，《佛山市城市轨道交通4号线一期工程项目可行性研究报告》获广东省发展和改革委员会批复，4号线一期起点为北江大道，终点至港口路，全线长55.21千米。同年9月8日，该项目初步设计取得批复，先行段计划于2022年1月开工建设。

【南海有轨电车1号线首通段开通初期运营】 2021年8月18日，南海有轨电车1号线首通段举行初期运营开通仪式。首通段全长9.5千米，途经蠕岗站、华翠路站、夏西站、夏东站、康怡公园站、平西站、平南站、玉器街站、中区站、三山新城北站10个站点，其中地下站4个、地面站1个、高架站5个。票价按里程分段计价，与广佛地铁线网基本票价保持一致，起步价格4千米以内2元，4至12千米范围内每递增4千米加1元，12至24千米范围内每递增6千米加1元，24千米以上每递增8千米加1元。

【佛山地铁2号线一期开通运营】 2021年12月28日，佛山地铁2号线一期工程开通运营，是佛山市自主规划、建设、

2021年12月28日，佛山地铁2号线一期工程开通运营，是佛山市第一条自主规划、建设、运营的地铁线路。图为列车在佛山地铁2号线运行　（市轨道交通局　供图）

运营的第一条地铁线路。线路起于佛山市禅城区南庄镇，止于广州市番禺区广州南站，呈东西走向，途经佛山市禅城区、南海区、顺德区以及广州市番禺区，全长32.4千米，设17个车站，林岳车辆段及湖涌停车场各1个，花卉世界和石湾主变电所2个。开通初期运营后，全程运行时间约45分钟。全线设多座换乘站，可与广佛地铁线及广佛环线城际换乘。

（陆贻菁）

航空运输

【佛山沙堤机场运营】 2021年，佛山沙堤机场开通航线21条，分别飞往昆明、大兴、温州、福州、浦东、武当山、石家庄、上饶、泉州、襄阳、铜仁、重庆、阜阳、合肥、淮安、铜仁、芜湖、汉中、南昌、三亚、湛江等城市。全年安全保障航班起落6168架次，创历史新高。旅客总吞吐量58.02万人次，其中出港旅客30.72万人次、进港旅客27.3万人次。年内，佛山市有关部门对沙堤机场及周边环境进行综合治理提升，提升美化机场周边环境。根据新冠肺炎疫情防控及市场情况，佛山沙堤机场从6月12日到7月5日取消相关航班，暂停运营，7月6日起开始恢复大兴、上饶航班，7月8日起所有航班恢复运行。

【城市候机楼运营】 2021年，佛山市内共设置城市候机楼9处，其中禅城区1处（澜石候机楼）、南海区4处（大沥候机楼、西樵候机楼、桂城候机楼、大沥名都酒店候机楼）、顺德区2处（大良候机楼、陈村候机楼）、高明区1处（高明候机楼）、三水区1处（三水候机楼），实现全市各区均能快速联通白云机场。全市机场快线日均班次约85次，日均往返客流约730人次。12月18日，广州白云国际机场乐从（罗浮宫）城市候机楼启用。

（姚　洁）

【珠三角枢纽（广州新）机场前期筹建工作推进】 2021年，珠三角枢纽（广州新）机场选址获得中国民航局批复。机场工程和三大配套工程（空管工程、供油工程、航空公司基地工程）预可研报告不断完善。“机场高压输电线路迁改项目”和“机场大道一期工程项目”2个先行工程动工。交通规划继续完善，引入广湛高铁和深南高铁，规划肇顺南城际铁路和机场快线，均是正线进入机场并在紧邻航站楼与综合交通中心正下方设地下车站，构建空铁联运体系和现代化综合交通枢纽；规划“五横五纵”高速公路网和“六横六纵”对外快速路网络，推动机场与周边地区实现快速联通。

【珠三角枢纽（广州新）机场选址获批复】 2021年3月5日，中国民航局正式批复珠三角枢纽（广州新）机场选址，同意将佛山市高明区更合北场址作为珠三角枢纽（广州新）机场的推荐场址。更合北场址位于佛山市西部，场址距离佛山市中心城区56千米，与白云机场直线距离95千米。珠三角枢纽（广州新）机场定位为“广州国际航空枢纽的重要组成部分、珠三角西部枢纽机场”，同时还承担着“珠江西岸的现代综合交通枢纽、区域高质量发展的新动力源”的功能，在《广东省综合交通运输体系“十四五”发展规划》的全省“3+4+8”〔“3”即广州白云国际机场、深圳宝安国际机场、珠三角枢纽（广州新）机场等3个国际航空枢纽机场，“4”即珠海金湾机场、揭阳潮汕机场、湛江吴川机场、惠州平潭机场等4个地区性枢纽机场，“8”即梅州梅县、韶关、阳江、云浮、肇庆怀集、清远连州、河源、汕尾等8个支线机场〕运输机场布局中被列为三大国际航空枢纽之一。

（刘可欣）

【广州白云国际机场乐从（罗浮宫）城市候机楼启用】 2021年12月18日，广州白云国际机场乐从（罗浮宫）城市候机楼投入运营。候机楼位于佛山市顺德区325国道乐从路段罗浮宫国际家具博览中心，距白云机场70千米，车程约1小时30分钟，营业时间为8：00～20：00。候机楼提供“行李直挂”服务，旅客在候机楼办理国内航班行李托运服务后，其行李由工作人员运送至机场值机柜台办理后续手续。此外，候机楼还提供航班机票询价、航线推荐、退改签等服务。乐从（罗浮宫）城市候机楼是白云机场在粤港澳大湾区区域建有的第三十三处城市候机楼。

（姚　洁）

邮　政

【概况】 2021年，佛山市邮政行业业务总量完成144.12亿元，比上年增长38%；业务收入完成171.93亿元，增长26%。其中：快递业务量完成14.23亿件，比上年增长49%；快递业务收入完成159.71亿元，增长31%。全市邮政行业从业人员超4万人，承载货值超3000亿元商品流通。有邮政营业场所185个。其中：城市自办营业场所45个、委托代办营业场所31个；农村自办营业场所48个、委托代办营业场所61个。有电子化作业邮政营业场所185个。有办理国际及港澳台邮件业务的邮政营业场所48个。年内，佛山市邮政管理局联合市文明办、市总工会、市快递协会开展首届佛山市“最美快递员”推荐宣传活动，评选出17名“最美快递员”。

【邮政行业监管】 2021年，佛山市邮政管理部门加强邮政行业监督管理，推动行业高质量发展。

邮政行业政策保障　印发《佛山市邮政业发展“十四五”规划》，推动出台《佛山市促进邮政快递业加快发展实施方案》，在扶持壮大市场主体、加强区级履职能力建设、加大总部招引力度、强化用地规划布局、促进产业联动发展等方面提出措施。联合市商务局、市生态环境局印发《佛山市邮政快递业生态环境保护工作方案》，推动行业绿色生态发展。会同市交通运输局出台城市绿色货运配送办法和城乡物流配送专项扶持政策，推动城乡配送降本增效、节能减排。协调交通运输、公安部门解决市中心邮政快递车辆停靠难问题，在

2021年3月，佛山市邮政管理局联合市文明办、市总工会、市快递协会开展首届佛山市“最美快递员”推荐宣传活动，评选出17名“最美快递员”。图为颁奖仪式

（市邮政管理局　供图）

全市设立邮政快递配送车辆专用停车位207个。

邮政快递放心消费工程　全年处理邮政快递行业消费者申诉8600份，为消费者挽回经济损失237万元，消费者对邮政管理部门申诉处理工作满意率为96%。年内，佛山市邮政业安全中心揭牌成立。

邮政行业从业人员权益保障　开展各类“暖蜂行动”，筹集20万元专项经费用于开展业务旺季快递员关爱工作。开展保障快递员合法权益培训，推动快递从业人员参加单项工伤保险。督促快递企业落实末端派费调整、加强涉快递员投诉甄别、遏制对快递员“以罚代管”，保障快递员权益。上线佛山电台《党风政风行风热线——民生直通车》节目，呼吁社会关心关爱快递从业人员。成立佛山市快递行业工会联合会，推动快递行业工会联合会建设成为快递行业职工的“职工之家”。成立共青团佛山市快递行业工作委员会，开展快递行业共青团和青年发展工作。联合市总工会出台《关于落实习近平总书记关爱“快递小哥”重要指示精神加强全市快递行业工会建设的实施意见》，提出“关爱快递小哥八条措施”。联合团市委、市人力资源社会保障局印发《佛山市推动高质量发展形势下青年快递员队伍建设的实施方案》及《关于加强快递从业人员职业技能提升工作的通知》，推进快递从业人员职业技能提升培训、等级认定和竞赛，强化快递人才队伍建设。年内，邮政行业2名青年团员获评“佛山市优秀共青团员”，1人获评佛山市“最美异地务工人员”，行业3名员工分别被推荐为市、区人大代表或区政协委员。17人被评为佛山市“最美快递员”。

【邮政普遍服务】 2021年，佛山市有邮政营业场所185个，总体数量与上年持平。有办理国际及港澳台邮件业务的邮政营业场所48个，确保全市各县级行政区内不少于1个开办国际及港澳台邮件业务的邮政营业场所。

邮政服务民生　服务全市政务服务“最多跑一次”改革，通过自办营业场所与进驻相结合的方式开展邮政服务政、警、医、税等工作，支持邮政企业推广“出生证邮寄到家”便民服务，政务项目邮政业务完成385万件。推动“文创+红色”主题邮局建设，“奋斗百年路，启航新征程”红色主题邮局和顺德逢简水乡主题邮局开业。

邮政营业场所审批备案　受理邮政企业撤销普遍服务场所申请1个，受理邮政企业提交的邮政普遍服务营业场所备案申请147个。推动邮政网点委代办改自办，完成7个网点改制。

邮政普遍服务监管　全年检查邮政营业场所166个，组织987人次开展法定业务专项检查、扫黄打非、网点安全、收寄验视、机要通信、邮票发行等普服业务监督检查，下达责令整改通知书2份、约谈通知书1份。推动住宅信报箱验收项目纳入佛山市工程建设综合审批系统和佛山市工程建设效能监督平台，新建住宅楼信报箱安装率达100%。年内，市邮政管理局机关1人获评广东省“扫黄打非”先进个人。

【快递市场】 2021年，佛山市有独立许可快递企业155家，分支机构333个，快递末端网点4622个（组），其中包括丰巢快件箱2634组。

快递市场准入　全年完成23家独立快递许可企业申请现场协查。完成18个快递分支机构增设、变更业务。办理888个快递末端网点备案。

寄递渠道安全管理　开展邮政快递领域新冠肺炎疫情常态化防控，并开展收寄投递、分拣运输、消防安全、汛期预防、“四不”（企业设备设施不达标、现场管理不到位、员工着装不规范、作业操作不合规）治理等专项工作。持续开展邮政快递业安全生产现场督导工作，深入各区开展现场检查并召开督导会，对发现传送带连接缝隙处未加装隔离保护设备、未实现人车分流等情况的，依照有关规定责令限期改正，对拒不执行的，责令停产停业整顿，坚决防范遏制作业场地安全生产亡人事故发生。佛山市禁毒办、市公安局、市邮政管理局联合开展寄递渠道禁毒“百日攻坚”行动，做好寄递渠道反恐、“扫黄打非”、涉枪涉爆和危化品整治等工作。禁毒百日攻坚活动期间，全市邮政管理执法部门出动执法人员49人次，检查企业19个，责令整改12份，立案处罚8宗，协助公安、禁毒部门破获全市寄递物流涉毒案件6起。开展邮政快递业系统防范化解道路交通安全风险工作，落实行业电动三轮车通行安全规范化管理，全年全市邮政业安全生产形势稳定，未发生重特大安全生产事故。

快递市场执法检查　全年出动快递市场检查执法人员241人次，检查企业和场所109家（个），下达责令改正通知书25份，办理行政处罚案件21件，罚款40.75万元。

【寄递服务绿色转型升级】 2021年，佛山市邮政管理局探索建立佛山绿色包装地方标准和行业标准，参与编制《快递企业包装回收指南》国家标准。印发《佛山市邮政业发展"十四五"规划》，明确绿色发展目标、任务和重点工程。落实"2582"工程〔开展重金属和特定物质超标包装袋与过度包装专项治理；可循环快递箱（盒）使用量达500万个；电商快件不再二次包装率达80%；新增2万个设置标准包装废弃物回收装置的邮政快递网点〕目标任务，组织开展专题培训，发放绿色环保宣传海报和手册。全年全市寄递企业"瘦身胶带"封装比例达97%，电商快件不再二次包装率达95%，循环中转袋使用率达92%，新增设置标准包装废弃物回收装置网点超350个，购置或租赁新能源车520辆。

【行政村快递服务网点省内率先实现全覆盖】 2021年，佛山市推进"快递进村"工作，因地制宜推动"邮快"（邮政和快递）、"快电"（快递和电信）、"交快"（交通和邮政）、"快快"（快递和快递）、"快商"（快递和电商）合作和驻村设点等多模式并进，加强农村电商快递服务支撑。截至2021年底，建有农村快递服务网点397个、农村电商站点374个、村级"邮乐购"站点351个，快递服务建制村通达率实现100%，在全省率先实现行政村快递服务网点全覆盖，基本实现佛山城乡快递服务均等化。

表37　　2021年佛山市"最美快递员"名单

序号	姓名	所在单位
1	杨兆忠	中国邮政速递物流股份有限公司佛山市分公司
2	黄志泉	中国邮政速递物流股份有限公司佛山市分公司
3	梁方剑	佛山市顺丰速运有限公司
4	冯国安	佛山市顺丰速运有限公司
5	孙海金	广东精准德邦物流有限公司
6	黄剑锋	杭州百世网络技术有限公司佛山分公司
7	郭朝霞	佛山市强强物流有限公司
8	陈裕耀	广东京邦达供应链科技有限公司
9	郑少林	佛山市南海同顺业快递有限公司
10	王利明	佛山市申通快递有限公司
11	董民海	佛山市联皓速运有限公司
12	林东	联邦快递（中国）有限公司佛山分公司
13	汪颂春	广东精准德邦物流有限公司
14	刘振武	佛山市顺德区韵达速递服务有限公司
15	赵柱博	佛山市全通快递有限公司
16	梁齐棉	佛山市顺德区良丰快递有限公司
17	贾永强	佛山市速旗尔速递有限公司

【首届"最美快递员"评选活动】 2021年3月，佛山市邮政管理局联合市文明办、市总工会、市快递协会开展首届佛山市"最美快递员"推荐宣传活动，评选出17名"最美快递员"，并在佛山主流媒体进行线上、线下同步宣传发布，推动全市快递员队伍良好道德风尚的传播。

【佛山市快递行业工会联合会成立】 2021年4月13日，佛山市快递行业工会联合会揭牌成立，并召开第一次会员代表大会，选举产生第一届委员会、经费审查委员会和女职工委员会。市快递行业协会秘书长李长庚当选为市快递行业工联会主席。市快递行业工会联合会依托市快递行业协会，采用联合制、代表制方式组建，作为快递行业职工会员利益的代表，以维护职工会员合法权益作为基本职责。自此，佛山快递行业职工有了"娘家"。

【共青团佛山市快递行业工作委员会成立】 2021年11月18日，由佛山市邮政管理局和中国共产主义青年团佛山市委员会牵头的共青团佛山市快递行业工作委员会揭牌成立，是广东省首个快递行业团工委。市快递行业团工委、市快递行业品牌企业负责人及快递员代表40余人参加揭牌仪式。市快递行业团工委旨在发挥桥梁纽带作用，联系、团结、服务快递行业青年，调动快递行业青年主动性和积极性，引领青年快递员在畅通经济循环、推动消费升级、助力佛山高质量发展等方面发挥生力军和突击队作用。

【"奋斗百年路，启航新征程"红色主题邮局开业】 2021年6月，佛山市首个红色主题邮局在中国邮政集团公司佛山市禅城区石湾支局挂牌成立。禅城区石湾支局将邮政传统业务转型升级，通过宣传红色历史和文化传承，结合警医邮政务服务和集邮文化展示等方式，将邮政普服局所变成红色文化的宣传窗口，并结合庆祝中国共产党成立100周年等活动，开展“奋斗百年路，启航新征程”主题宣传。

【佛山市首个“快递小哥红色驿站”启用】 2021年7月1日，佛山市首个“快递小哥红色驿站”在中国邮政朝安驿站揭牌启用，驿站内配置桌椅、书刊、空调、饮水机、微波炉、充电桩等设施，具备宣传教育、休闲娱乐、举办交流活动和快递员意见收集等功能，保障快递员“休息有书读，渴了有水喝，热了能乘凉，冷了能取暖”。此外，驿站还向快递员提供授课、技术职称（资格）申报、人才政策咨询、资金申领及电动车上牌等服务。年内，佛山市建成“快递小哥红色驿站”21个。

【顺德逢简水乡主题邮局开业】 2021年9月29日，佛山市顺德区杏坛镇逢简村的水乡邮局开业。逢简水乡主题邮局位于逢简水乡旅游景区，依托邮政自身资源优势，借助地域特色，将邮政产品和逢简水乡文化结合，打造传统邮政服务与文化创意相结合的创新平台，提供“书信传递+文创产品+水乡特色”一站式服务，让游客在逛逢简水乡时也能感受佛山文化魅力。

【邮政业安全中心揭牌成立】 2021年7月26日，佛山市邮政业安全中心以事业单位登记设立方式获批成立，由佛山市邮政管理局领导和管理，负责全市邮政业安全和应急管理体系的组织建设和日常运行管理，承担市邮政业运行安全、服务质量、绿色发展等监测、分析和预警，为全市邮政业禁毒、反恐、“扫黄打非”等安全监管专项工作提供技术支撑、宣传教育、申诉处理等相关保障工作。12月16日，佛山市邮政业安全中心揭牌运营。

（李晓敏）

【佛山邮政公司业务发展】 中国邮政集团有限公司佛山市分公司经营范围包括邮政基础业务（函件、机要通信、包裹汇兑、报刊发行、集邮）、邮政增值业务（邮购、电子信函、直递邮件、电子商务）、特快专递业务（由中国邮政速递物流股份有限公司佛山市分公司经营）和邮政储蓄业务（由中国邮政储蓄银行股份有限公司佛山市分行经营）。截至2021年底，全市有邮政普遍服务网点185个（自办网点93个、代办网点92个），寄递网点74个（投递道段1482条），金融网点103个（一类网点29个、代理金融网点74个）。2021年，佛山邮政企业、邮储分行共完成业务收入19.28亿元，获“2020年中邮保险长期期交‘双百亿工程’百团争先奖”，辖下2个营业部获评“2020年全国邮政最佳投递服务质量劳动竞赛最佳投递网点”，1人获评“2020年全国邮政‘营销争先’劳动竞赛优秀营销员”。

邮务业务　2021年，佛山邮政公司收寄函件1036.67万件，其中国内函件869.96万件、国际函件166.71万件，收寄国内普通包裹10.83万件，收寄机要邮件3.09万件。市集邮协会有会员1.24万人，全市有校园邮局119个、全国青少年集邮示范基地4个，全年全市报刊征订用户11.21万户。通过推进普遍服务网点转型，加快场景建设和业务叠加，全市农村电商站点增至352个。

寄递业务　2021年，佛山邮政公司提升网运生产能力，全年处理邮件1.62亿件。落实佛山邮区中心改革及设备升级改造，投资建设佛山前置集包中心和南海直投中心，全市日均出口邮件处理能力提升至60万件。加快自提网络建设，推进网格化作业，增强投递力量，合作、自建的活跃自提点增至4220个，快包邮件自提率67.8%。推动国内特快业务发展，拓展警邮“上门办”业务种类，持续挖潜公安交管委托代办业务，推出各区法院集约送达服务，全年收寄政务邮件633万件。推动快递包裹业务发展，拓展行业头腰部客户及电商产业集群市场，轻小邮件占比达82.7%。

邮储金融业务　2021年，邮储银行佛山市分行净增普惠型小微贷款23.98亿元，增加454户。推动信贷下沉覆盖小微企业融资供给“空白地”，推广“极速贷”“小微易贷”“邮E贴”等线上业务，全年新发放小微贷款5665户，金额136.8亿元。加强政银合作，与市、区人力资源社会保障部门开办创业担保贷款业务，通过政府基金资金、贴补利息等政策破解创业、就业融资难题，年内发放中小企业创业担保贷款1.84亿元。开拓法人按揭市场，年内授信8.53亿元，发放法人按揭贷款9932万元。开展网点微整治工程，22个网点更换室外标识，8个网点场地实施布局优化和设施更新。

（邹俊华）

2021年7月1日，佛山市首个“快递小哥红色驿站”在中国邮政朝安驿站揭牌启用。图为该驿站内部环境

（市邮政管理局　供图）

城市建设

城市规划

【概况】 2021年，佛山市加速推动广佛同城化，打造粤港澳大湾区中轴。完成与广州市联合编制《“1+4”广佛高质量发展融合试验区建设总体规划》，并经广州和佛山两市政府同意联合印发实施。取得《佛山市工业用地红线划定》编制阶段性成果，划定54片工业集聚区，保障450平方千米的工业用地。完成与广州市联合编制《广佛两市道路衔接规划修编》，优化和完善广佛两市道路交通衔接发展规划，支撑广佛两市城市空间和产业高度融合发展，并经广佛两市政府同意后由两市自然资源部门联合印发实施。开展《佛山大型产业聚集区（佛北战新产业园）国土空间规划》编制工作。推进《佛山市“三旧”改造专项规划》编制（“三旧”指旧城镇、旧厂房、旧村庄），做好空间上的顶层设计，建立存量空间的宏观调控和系统性纠偏机制。《佛山市城市更新专项规划》完成中期成果，探索片区统筹改造机制，统筹划定片区公益设施底线和开发容量上限。至2021年底，全市已批控规（控制性详细规划）面积1727.02平方千米，控规覆盖率78.75%。

【《“1+4”广佛高质量发展融合试验区建设总体规划》印发实施】 2021年1月29日，由广州、佛山两市携手编制的《“1+4”广佛高质量发展融合试验区建设总体规划》，经广州和佛山两市政府同意联合印发实施。规划突出“高质量”和“融合”2个关键词，提出总体规划布局和生态、交通、产业、城市更新、文化特色、社会治理六大建设支撑体系，明确具体项目，创新实施机制，为试验区后续规划建设提供指导。提出合力建设包括“1个先导区和4个片区”的高质量发展融合试验区，推动两市在各个领域实现全面互联和深度融合，逐步实现广佛全域同城化。1个先导区和4个片区，分别是广州南站—佛山三龙湾—广州荔湾海龙先导区、花都—三水试验区、白云—南海试验区、荔湾—南海试验区、南沙—顺德试验区。

【《广佛两市道路衔接规划修编》正式公布】 2021年1月，由佛山和广州两市按照“共编、共商、共审”工作模式携手编制的新一轮《广佛两市道路衔接规划修编》，经佛山和广州两市政府同意由两市自然资源部门联合印发实施。新一轮规划沿广佛两地197千米接壤边界共规划布局80条衔接道路，促进广佛两市中心区实现30分钟互达、重点地区与主要枢纽60分钟通达，同时保障广佛中心城区2小时快速通达粤港澳大湾区主要城市，推动广佛道路基础设施全面互联和深度融合，为实现广佛全域同城化奠定基础。

【佛山发布全国首个村级工业园改造标准化规划】 2021年10月14日，在佛山市2021年世界标准日宣传活动上发布《村级工业园升级改造标准体系规划与路线图（2021—2025年）》，是全国首个村级工业园改造标准化规划。该规划由佛山市市场监管局和佛山市自然资源局联合编制，规划全面梳理村级工业园改造相关标准和法律法规，绘制村级工业园改造标准化工作蓝图。从村级工业园升级改造项目的实施推进流程出发，该规划提出分通用基础（JC100）、改造策划（GC200）、改造实施（GS300）、服务与监督（FJ400）4个子体系，拟编制标准76项，其中地方标准23项、团体标准53项，包括《村级工业园升级改造工作指南》《村级工业园升级改造　主题产业园建设规范》等一批关键标准。

（郭　庆）

市政建设

【城市供水】 2021年，佛山市有供水龙头企业3家，其中佛山市水业集团有限公司主要负责禅城、高明和三水区的供水服务，瀚蓝环境股份有限公司主要负责南海区的供水服务，广东顺控发展股份有限公司主要负责顺德区的供水服务，城市自来水普及率100%。佛山新城优质水厂是采用“活性炭+浸没式超滤膜”深度水处理工艺的优质水厂，规模为1.5万立方米/日；其余20家城镇自来水厂均是采用常规净水工艺，总设计供水规模526.7万立方米/日，管径75毫米以上供水管道1.27万千米，全年供水量

2021年，佛山市有国家级水质监测站1个、省级监测站2个，均具备《生活饮用水卫生标准》出厂水106项指标的检测能力。图为东平新城小区二次供水优质供水设施

（市水利局　供图）

14.93亿立方米。市内有国家级水质监测站1个、省级监测站2个，均具备《生活饮用水卫生标准》（GB5749-2006）出厂水106项指标的检测能力，并通过计量认证；区级供水企业均具备超42项指标的检测能力。年内，佛山市对主要水厂的出厂水和管网水的45项水质指标进行检测，并实行月度公布45项、年度公布106项水质检测数据，监测指标合格率100%。

（罗惠栅）

【城市供电】 2021年，佛山电网运行正常，电力供应充裕。完成供电量768.75亿千瓦时，比上年增长10.99%；完成售电量749.35亿千瓦时，增长11.19%；综合线损率2.52%。全市全社会用电量780.79亿千瓦时，比上年增长9.92%，增速较上年同期（1.09%）增加8.83个百分点。全社会用电量中，第一产业31.95亿千瓦时，第二产业478.37亿千瓦时，第三产业152.51亿千瓦时，第一、第二、第三产业分别比上年增长3.36%、6.85%、18.76%，第一、第二、第三产业所占总电量比重分别为4.09%、61.27%、19.53%。居民用电量117.97亿千瓦时，比上年增长14.23%。年内，佛山市全面推进优化用电营商环境工作，其中“获得电力”指标在国家评价中排全国前20名。加强政企联动，将用电营商环境优化融入政府整体优化营商环境工作，将“获得电力”工作纳入《佛山市营商环境改革方案》、综合改革工作要点中。推进流程优化，促请市政府工程建设项目并联审批平台上线，实现与供电系统对接，提高办电效率。推进“互联网+用电”融合，应用南方电网在线功能，互联网业务办理比例99.95%。利用政企数据共享，实现用户在线直接获取和验证营业执照、身份证件、不动产登记等用电报装信息，客户办电实现“零证”“一次都不跑”。加强业扩（供电业务扩展）前端服务，优化潜在用电需求管理流程，建立业扩工单逐单管控机制，年内，佛山市高压单电源、低压非居民业扩报装平均用时分别为21.05个工作日、1.56个工作日。发布营商环境“获得电力”的“佛山E（易）来电”服务品牌。建立政府主导的有序用电机制，推动政府出台顶峰电量财政补贴政策以及出台电厂贷款贴息政策；严格按照“四保”（保民生、保公共服务、保社会稳定、保电网安全）要求梳理超计划限电序位表，可限负荷占最高负荷比例19%，名列全省前列；建立有序用电内部协同运转机制，试点推进精准实施有序用电工作，用足用好网供指标，5—10月错峰日的错峰指标平均执行率101.56%，网供指标平均使用率98.59%，减少错峰用电对社会经济的影响。

（赵　岚）

【城市供气】 2021年，佛山市新增天然气管网482千米，累计建成天然气管道6222千米。全市高压输配系统建成运行的LNG（液化天然气）储配站9座，调压站11座，门站4座（包括南庄门站、明城LNG门站、芦苞门站、杏坛门站）。全市天然气通气居民用户146万户，比上年增加30万户。管道天然气普及率为52.02%。全市瓶装液化石油气企业23家，液化石油气储配站23座，瓶装液化石油气供应站307座，全年全市液化石油消费量52万吨。全市有投产使用的汽车加气站13座，其中禅城区1座、南海区5座、顺德区4座、高明区2座、三水区1座。全市有建成的车用加氢站28座，其中禅城区7座、南海区11座、顺德区5座、高明区2座、三水区3座。

（伦泳霞）

【城市园林绿化】 2021年，佛山市优化城市绿色空间布局，推进园林绿化增绿提质。以“300米见绿，500米见园”为标准，推进大型公园、社区（体育）公园、口袋公园建设，微小空间提升和桥梁立体绿化建设，完善公园绿地配套服务设施，强化城市管理与文化融合，打造开放共享、安全舒适、实用和更有魅力的绿化空间。推进18个“千亩公园”建设，以“三山森林公园、高铁公园、三山文翰湖公园”为核心的三山“千顷生态公园”，以及王借岗森林公园二期、三期等一批“千亩公园”向市民开放。全年公园绿地建设162项，新增公园绿地面积189.4公顷，改造公园绿地面积160.88公顷；社区体育公园建设34项，面积87.15公顷；口袋公园建设49项，面积3.32公顷；“边角位”微绿地建设41项，面积0.05公顷；完成道路绿化建设40项，新增道路绿化面积53.93公顷，改造道路绿化面积264.31公顷。加强立体绿化建设，完成桥梁及隧道立体绿化

2021年，佛山市推进18个“千亩公园”建设，王借岗森林公园二期、三期等一批“千亩公园”向市民开放。图为王借岗森林公园（市城管执法局 供图）

28座，单侧长度8.98千米；完成学校、行政机关、商业综合体等屋顶绿化和市政公用设施立体绿化面积超2万平方米。

（姚钰慧）

【地下综合管廊建设】 2021年，佛山市规划建设新增地下综合管廊10千米，完成地下综合管廊建设10.07千米，超额完成年度任务。其中禅城区新增1.91千米、南海区新增2.7千米、顺德区新增2.75千米、三水区新增2.71千米。佛山市在建的综合管廊包括禅城区奇槎片区规划八路工程、南海区里水镇横三路工程、顺德区美的大道站周边市政配套工程、三水区虹岭路段工程等8个项目。至年底，全市地下综合管廊形成廊体长度76.68千米，历年累计投入地下综合管廊建设资金42.59亿元。

（陆宏栅）

【海绵城市建设】 2021年，佛山市继续推进系统化海绵城市建设工作。从2015年佛山市启动海绵城市建设至2021年，全市累计完成建设项目648个，合计面积87.98平方千米；全市累计消除易涝点170处，205条城乡黑臭水体全部通过整治验收。年内，全市海绵城市建设达标区域面积41.37平方千米，城市建成区海绵城市达标面积占26%。

（黄凤萍）

【城市内涝治理】 2021年，佛山市通过全面清疏城市排水管网、改造老旧坏损管网、新铺设排水接驳管网、加强执法巡查杜绝偷排泥浆水等举措，维护排水防涝设施运行正常，对全市56处城市易涝点（禅城15处、南海15处、顺德12处、高明2处、三水12处）落实治理措施，完成整治42处，剩余14处易涝点均落实整治或应急处置措施。全年检查、清疏、维护排水管网898千米，同时，配备大型龙吸水抽排抢险车11辆、抢险车和工程车85辆、高压冲水车64辆、大功率抽水泵184台，组建区、镇级以上应急队伍47支（总人数1027人），针对易涝点、城区主干道路、下沉隧道和部分市域内交通部门管辖省（国）道等建立64个自动监测站点，提高内涝预警和应急处置水平。

【城市生活污水处理】 2021年，佛山市投入45.4亿元建设资金完善污水处理厂配套管网，建设污水管网768.8千米，其中禅城区75.8千米、南海区322.6千米、顺德区308.9千米、高明区19千米、三水区42.5千米。全市污水管网总长度8290.2千米，其中雨污合流管3190千米、分流管5100.2千米，城镇污水管网平均密度达8千米/平方千米，中心城区密度接近10千米/平方千米，总体处于广东省较高水平。全年全市扩建城镇生活污水处理厂3家，停运1家，新增处理能力7.5万立方米/日。至年底，全市有投入运营的污水处理厂60家，设计污水处理总规模282.4万立方米/日，其中52家污水处理厂出水水质达到国家一级A标准，除总氮指标外，其余检验指标基本达地表水Ⅳ类水标准。全市污水年处理总量9.4亿立方米，比上年提升8.1%。城镇污水集中处理率97.61%，建制镇污水处理设施覆盖率达100%。年内，佛山市继续推进落实排水管理“三个一体化”（排水设施建管一体化、厂网一体化、城乡一体化），各区住建水利局或排水公司统筹实施新立项城镇市政污水管网建设，各区排水公司负责新建成污水处理厂运营、监管原有污水处理厂运营并参与管网项目联合验收，“三个一体化”改革基本完成。

（罗惠栅）

表38 佛山市污水处理厂运行情况表

名 称	污水处理能力（万吨/日）	2021年度处理量（万吨）	名 称	污水处理能力（万吨/日）	2021年度处理量（万吨）
镇安污水处理厂	25	8576.36	南庄污水处理厂	2.5	954.94
东鄱污水处理厂	16	5059.9	城北污水处理厂	10	3252.23
沙岗污水处理厂	7	1903.83	平洲污水处理厂	22	7207.33

续表

名　称	污水处理能力（万吨/日）	2021年度处理量（万吨）	名　称	污水处理能力（万吨/日）	2021年度处理量（万吨）
三山污水处理厂	2	614	北滘污水处理厂	9	3457.47
大沥城南污水处理厂	1.5	546	龙江污水处理厂	6	2412.96
大沥盐步污水处理厂	20	6280.91	乐从污水处理厂	6	2424.13
大沥城西污水处理厂	5	1891.94	陈村污水处理厂	5	1936.25
松岗污水处理厂	4	1246.56	勒流污水处理厂	9	3649.42
小塘北江污水处理厂	4	629.36	杏坛污水处理厂	6	1539.51
官窑污水处理厂	1	359.64	均安污水处理厂	4	726.83
狮山西北污水处理厂	2.5	854.45	群力围污水处理厂	3	883.41
里水城区污水处理厂	4	1292.74	高明区中心城区第一污水处理厂	10	3021.33
和顺城区污水处理厂	2	638.15	高明区中心城区第二污水处理厂	4	1218.46
里水禹门污水处理厂	2	755.49	高明区中心城区第三污水处理厂	3	1222.39
西樵汇之源污水处理厂	7	2497.79	富湾污水处理厂	2	761.55
西樵樵泰污水处理厂	2	700.27	杨和第一污水处理厂	1	388.38
丹灶城区污水处理厂	1.5	472.89	明城污水处理厂	2	327.44
丹灶金沙城北污水处理厂	1	427.95	更合污水处理厂	0.5	37.77
丹灶横江污水处理厂	1.3	379.34	更合第二污水处理厂	0.6	180.34
九江污水处理厂	5	1908.74	驿岗污水处理厂	10	3514.91
里水大石污水处理厂	2	745.85	广东商学院三水校区污水处理厂	0.5	108.03
西樵西岸污水处理厂	0.5	149.47	大塘镇大布沙生活污水处理厂	0.4	114.72
和桂工业园污水处理厂	0.5	201.65	乐平镇生活污水处理厂	0.5	160.08
新东南污水处理厂	7	2063.69	芦苞镇生活污水处理厂	0.5	122.12
大门污水处理厂	11	4064.31	南山镇生活污水处理厂	0.2	49.22
五沙污水处理厂	1.5	553.19	江南新区南部污水处理厂	0.5	51.97
逢沙污水处理厂	5	1645.79	乐平南边污水处理厂	1.5	391.22
伦教污水处理厂	7	2804.91	乐平范湖污水处理厂	1.5	252.15
容桂第一污水处理厂	8	2931.5	白坭汇金污水处理厂	0.5	169.58
容桂第二污水处理厂	3	1060.94	乐平镇生活污水处理二厂	1.5	406.39

【垃圾分类】 2021年，佛山市有2619个公共机构、257家市直以下国有企业办公区和11个街道4234个产生源基本实现垃圾分类覆盖。全年全市居民区建立专职指导队伍1213人，"到户宣传"覆盖居民区1588个。全市安装垃圾分类亭2623座，配套分类收运车2118辆，其他垃圾、厨余垃圾、有害垃圾、可回收物分类收运车分别1913辆、168辆、18辆、19辆。生活垃圾焚烧能力1.05万吨/日。厨余垃圾资源化处理能力1162吨/日。已备案的再生资源回收企业461家。年内，审议通过《佛山市生活垃圾分类管理办法》，明确不分类拒收、楼层撤桶、桶边督导、定时定点

投放等举措。印发《佛山市“4个100”生活垃圾分类标杆示范单位创建指引》，全市打造100家公共机构、100个餐饮机构、100所特色学校、100个居民区标杆单位。巩固提升公共机构建立“培训教导+检查督促+通报排名+督查督办+整改验收”五项常态化检查督导机制，开展市直公共机构全覆盖检查。推进垃圾分类“进校园、进课堂、进教材”，打造佛山市垃圾分类学习教育综合服务平台，上线垃圾分类教育读本及电子课程，覆盖全市600多所中小学，注册人数6.9万人。印发《佛山市推进居民区生活垃圾分类激励工作方案》，安排约4800万元激励资金对成效显著的居民区实施激励。各级财政落实13.56亿元建设完善生活垃圾收运处置设施，其中垃圾分类专门经费1.77亿元。强化信息化管理，上线“南海分类”小程序，搭建“佛山市环卫车辆智能管理平台”“南海区餐厨垃圾智能收运管理系统”，南海固废处理环保产业园与阿里云公司合作打造环境治理行业首个人工智能“数字大脑”，推进全链条信息化整合。利用主流媒体、新媒体开展多层次矩阵式宣传。发挥佛山市生活垃圾分类志愿服务总队和佛山市志愿者学院生活垃圾分类培训作用，并依托广东i志愿服务平台组织开展生活垃圾分类志愿服务活动。挂牌成立6个垃圾分类宣教培训基地，对外开放参观学习，其中南海区瀚蓝垃圾分类教育培训基地为全国第一批垃圾分类示范基地。全年全市开展垃圾分类志愿服务活动3646场次，参与志愿者3.31万人次；开展主题宣传活动3834场次；开展培训活动2691场次，培训18万人次；在报刊、电视、广播等主流媒体宣传8785条次，发放垃圾分类海报、单张、手册207万张（册）。

【垃圾处理】 2021年，佛山市编制《佛山市生活垃圾处理“十四五”规划》，强化生活垃圾收集、运输、处理全过程全链条建设和监管，构建城市生活垃圾现代化管理体系。在疫情防控背景下加强特殊生活垃圾收运处置，建立专班收集队伍，对特定区域生活垃圾实行“专人、专车、专运、专处”工作机制。推进佛山市“4个100”生活垃圾分类标杆示范单位创建工作，建立居民区生活垃圾分类激励机制，建设佛山市环卫车辆智能管理平台、南海区餐厨垃圾智能收运管理系统等。至年底，全市运行21座大件垃圾处置设施及21座园林绿化垃圾处置设施，实行建筑垃圾排放—运输—消纳利用“两点一线”监管。全年全市接收处理生活垃圾409.72万吨，城乡生活垃圾无害化处理率保持100%。全市生活垃圾焚烧发电处理能力达1.05万吨/日，生活垃圾焚烧处理比例超90%，基本实现“焚烧处理为主，填埋处理为辅”的生活垃圾无害化、资源化处理格局。

（雷婉宇）

2021年11月25日，佛山市生活垃圾资源化处理提质改造项目建成运营

（市城管执法局　供图）

城市更新

【概况】 2021年，佛山市加大市级统筹力度，继续完善“三旧”（旧城镇、旧厂房、旧村庄）改造工作机制，强化政府统筹和规划引领，转变发展理念，搭建起“纲领性政策+配套细则+操作指引”三级管理体系，围绕村级工业园改造促产业转型升级、以中心城区形态提升促空间格局优化两大主题，启动村级工业园升级改造总攻坚三年行动（2021—2023年），继续实施城市更新（“三旧”改造）三年行动（2019—2021年），推进东平河水轴线建设，全面推进土地供给侧结构性改革，创新“三旧”改造市场化运作机制，加快推动“三旧”改造取得突破性进展。全年全市新增实施改造面积938.05公顷，其中“工改工”（对旧厂房实施拆除重建、微改造等，建设新的工业厂房，提高工业用地利用效率、拓展产业发展空间）新增实施改造面积779.52公顷；完成改造面积732.14公顷，其中“工改工”完成改造439.35公顷，超额完成广东省自然资源厅下达的“三旧”改造任务。全年完成标图建库备案项目104宗，面积1869.3公顷。受理“三旧”用地报批件46宗，面积210.82公顷；批复43宗、面积208.5公顷。受理“三旧”项目改造方案报批5宗，改造面积62.26公顷，全部批复。

【“三旧”改造专项规划与政策完善】 2021年，佛山市推进《佛山市“三旧”改造专项规划》编制，做好空间上的顶层设计，建立存量空间的宏观调控和系统性纠偏机制，研究确定14个重点镇（街道）460平方千米内涉及“三旧”（旧城镇、旧厂房、旧村庄）改造的改造策略、改造要求，划定重点片区，建立规划统筹机制。规范旧村居改造，出台《佛山市城市更新局关于推动拆除重建类旧村居改造项目实施的指导意见》。完善“三旧”改造政策体系，加快《佛山市“三旧”

改造管理办法》和《佛山市“三旧”改造项目地价计收及补偿办法》编制。

【审批管理】 2021年，佛山市自然资源局健全管理机制，统一“三旧”改造项目改造实施流程。优化“三旧”改造审批流程，印发《佛山市拆除重建类城市更新（“三旧”改造）项目全流程管理实施指引》，明确“三旧”改造“单元计划—单元规划—实施方案—监督实施”4个阶段的工作组织和工作内容，制订项目申报、审批管理详细操作指引，将各阶段工作规范化、标准化、公开化、透明化，解决“三旧”改造对口门类多、业务流程长的问题；推行并联审批和容缺预审，促进提质增效。全面梳理项目实施流程，允许耗时较长的控制性节点工作同步申请、同时审查、先后审批。如将用地报批、改造方案报批与用地批复申报同步进行，市政府签批一次即可直接印发批复文件。简政放权，全面支持顺德区建设省高质量发展体制机制改革创新实验区和南海区建设省城乡融合发展改革创新实验区。参照顺德区、南海区做法，向禅城区、高明区、三水区下放涉及村级工业园改造项目的7个事项审批权及优化“三旧”改造2个内部审批权。

【中心城区城市更新和形态提升】 2021年，佛山市继续推进实施城市更新三年行动（2019—2021年）。中心城区108个市级重点推进项目中，实质性启动项目77个，年度新增实质性启动项目27个，禅城区城北片区、果房新村、周记地块，南海区夏北永胜村、爱车小镇，顺德区小布旧钢铁市场等项目改造取得实质性进展。城中村旧社区改造工作有突破性进展，年内新增引进前期服务商旧村居改造项目10个，涉及面积327.4公顷；新增选定市场改造主体旧村居改造项目2个，涉及面积128.06公顷。至年底，城中村旧社区改造项目中，有43个旧村居改造项目正式引进前期服务商，涉及面积1133.33公顷；有9个选定市场改造主体，涉及面积280.47公顷，其中2个已动工。深入推进东平河水轴线建设，年内新增十大滨水段细化分解项目动工项目21个。至年底，十大滨水段中，有星耀石湾、鱼鹭洲尾、城市秀台等8个滨水段实质性启动；8个实质性启动滨水段细化分解的92个项目中，有79个项目启动、佛山新港改造等44个项目动工。

【村级工业园升级改造】 2021年，佛山市开始实施村级工业园区升级改造总攻坚三年行动计划（2021—2023年），在全省率先实施村级工业园升级改造总攻坚行动。以“村改”（村级工业园升级改造）促进生态环境保护和提升，推动高质量发展。年内，完成“村改”拆除4045.2公顷，至年底，累计完成“村改”拆除8950.3公顷。开展“村改”“工改工”（对旧厂房实施拆除重建、微改造等，建设新的工业厂房，提高工业用地利用效率、拓展产业发展空间）推进情况调研，明确坚持以“工改工”为主推动“村改”，按照“以增定改”原则，实现产业用地“只增不减”，为制造业的发展提供空间保障；加大力度推进“工改工”和连片改造，推进破碎、分散的工业用地逐步向产业集聚区腾挪集中，全市通过“村改”打造33个“千亩产业园区”（以“村改”为主形成的成片工业用地），形成示范和带动效应。33个“村改”“千亩产业园”共5666.67公顷，至年底，园区完成地上物拆除1346.67公顷，完成清退低端落后企业2258家，完成落户或签约企业350家。总结顺德、南海“村改”模式、政策和经验做法，印发《佛山市低效产业用地改造升级若干方式》，为全市“村改”提供指导、借鉴；印发《村级工业园升级改造标准体系规划与路线图（2021—2025年）》，该文件被推荐成为省级地方标准制修订计划项目。

（郭　庆）

【城镇老旧小区改造】 2021年，佛山市编制《佛山市城镇老旧小区改造规划（2021—2025年）》，安排各年度改造任务。年内，全市开工改造老旧小区189个，涉及改造面积500.79万平方米、改造户数4.66万户、改造楼栋6208栋。在全省率先开展城镇老旧小区改造工作考评，印发《佛山市人民政府办公室关于印发佛山市城镇老旧小区改造工作考评办法（试行）的通知》，进行季度考核和年度评定。至年底，全市2020年开工的123个老旧小区全部通过考评验收，2021年开工的189个老旧小区全面开工，其中5个小区项目完工，184个小区被纳入考评，141个小区通过考评验收。年内，开展“宜居佛山　共同缔造”和城镇老旧小区改造工作，引入社会资本参与，探索“设计—施工—运营一体化”模式推进改造；推动老旧小区改造后引

2021年8月6日，佛山市召开村级工业园升级改造工作推进会

（市自然资源局　供图）

入专业化物业管理服务，让改造成果持续巩固发展，南海区桂城街道桂一社区成为全省首个通过居民投票引入专业化物业管理服务的老旧小区；推动运营商牵头按照国标开展老旧小区“三线”（弱电）整治，解决老旧小区“蜘蛛网”顽疾。南海区桂城街道桂一社区被列入住建部“我为群众办实事联系点”，并在全国住房城乡建设系统视频会上介绍经验。佛山市城镇老旧小区工作取得的成效，以及工作机制的建立健全和探索“EPC+O”（设计施工总承包单位+商业运营）模式的工作思路，为全省提供可借鉴可复制的经验和模式，获国家发改委认可并全国推广。

（陈钻欣）

【佛山市村级工业园升级改造总攻坚启动】 2021年2月19日，佛山市村级工业园升级改造总攻坚现场会在南海区举行。会议对全市村级工业园升级改造总攻坚工作进行全面动员、部署。会上发布《佛山市村级工业园升级改造总攻坚三年行动计划（2021—2023年）》，提出到2023年累计完成村级工业园升级改造2.45万公顷，其中，全面改造类园区1.41万公顷（拆除形态破旧、产能落后、安全隐患集中的工业园区），综合整治类园区1.04万公顷，三年内按不低于40%、40%、20%的比例完成整治提升任务。其中，禅城区改造2033.33公顷、南海区改造1.26万公顷、顺德区改造9000公顷、高明区改造273.33公顷、三水区改造513.33公顷。

【佛山首个“毛地”入市项目地块成功交易】 2021年8月31日，佛山市南海区大沥镇沥北湖马工业区改造项目地块成功交易，该项目是佛山全市首个通过“毛地”入市〔“毛地”入市是指未达到手续齐全（有集体所有权证，没集体使用权证）或土地上盖建构筑物租约未到期的农村集体建设用地，允许上平台招商〕政策上平台公开竞投引入投资开发商、实现村级工业园连片开发改造的“工改工”（对旧厂房实施拆除重建、微改造等，建设新的工业厂房，提高工业用地利用效率、拓展产业发展空间）项目。该项目由佛山市星中创驷弘项目投资有限公司投得，项目规划总建筑面积30万平方米，以先进制造、高端装备、新材料新能源产业领域为核心，建设产业化、多样化、高端化、集体化、区域化的现代科技产业园。

（郭　庆）

城市公共交通

【概况】 2021年，佛山市继续开展公交都市示范城市创建，深化全市公交统筹改革，推动公交服务供给侧结构性改革，提升公共交通服务能力。强化公交基础设施保障，挖潜加密公交场站配建，推进公交专用道建设，保障公交路权优先。升级交通服务供给，优化公交线网体系，丰富常规公交运营方式，增加辅助公交供给，推出需求响应式公交服务，推动佛山、广州两市公共交通“一码通乘”。开展绿色出行创建行动，基于佛山城市特点开展公交社区建设项目研究，加强“轨道+公交+慢行”一体化换乘设施衔接，推动共享电动车规范发展，开展绿色出行和公交出行宣传活动。至年底，全市有常规公交线路686条，线路长度超1.5万千米；地面公交车辆6943辆，年客运量3.3亿人次。年内，佛山市各区先后开通网约巴士服务，根据市民需求提供行车路线、班次定制服务。

【公交基础设施建设】 2021年，佛山市加强公交场站建设，全市新增公交站场12.21万平方米，禅城区璀璨天城、佛山市妇幼保健院新院区等公交场站配建项目建成投入使用。全市公交场站增至710处，总面积111.5万平方米，公交车均场站面积154.7平方米/标台，公共汽车进场率100%。加强公交专用道建设，开展《佛山市公交专用道设置标准和设计指引》修订工作，明确公交专用道及公交专用进口道的设置原则、标准、类型，年内新增公交专用道3.7千米。至年底，全市公交专用道总长185.6千米，初步形成公交优先运行网络；高峰时段的公交专用道公交平均运行速度20.18千米/时，比上年中心城区公交路网（17.33千米/时）提速16.4%。推进“四好农村路”（建好、管好、护好、运营好的农村公路）公交站亭建设，全年更新“百里芳华”乡村振兴示范带公交站亭168座、乡村振兴示范点公交站亭30座。推进公交场站厕所建设，针对公交场站厕所数量不足、设施简陋、管理缺位等问题，印发《佛山市公交场站厕所2021—2022年建设行动方案》并制定行动清单，年内新建公交场站厕所23座，另有2个场站通过协调第三方借用解决，缓解公交首末站枢纽站“如厕难”问题。

2021年，佛山市各区先后开通网约巴士服务，为市民提供出行定制服务。图为佛山绿岛湖片区的网约巴士

（市交通运输局　供图）

【公交轨道站点接驳建设】2021年，佛山市强化公共交通引导城市发展战略，推动《佛山市轨道交通近期通车线路交通接驳体系规划研究》实施，梳理轨道接驳线路特点，优化调整公交线网，系统构建公交地铁接驳线路层次，确保每个轨道站不同方向出入口至少1对公交站接驳，地铁站口与公交站接驳距离不超200米，实现公交地铁无缝衔接。启动《佛山市城市轨道2号线一期公交接驳线路调整方案》研究，印发《佛山市城市轨道交通2号线一期工程应急公交接驳实施预案（试行）》，推动公交地铁“双网融合”发展。年内，完成城市轨道交通2号线一期16个轨道站点交通接驳设施建设，新增基本公交线（湖景社区地铁接驳线）1条、辅助公交线7条，优化10条公交线路路由（线路走向），增加地铁口站点停靠公交线路34条，加上既有接驳的公交线路，全市有97条线路与轨道站点实现接驳。

【广佛“一码通乘”】2021年，佛山市与广州市共同制定《广佛两市公共交通一卡通二维码整合技术路径指引》等相关技术文件，推动佛山、广州两市公共交通“一码通乘”。佛山市印发《佛山市公共交通一卡通整合提升工作方案》，明确推行一卡通整合提升工作的目标、原则、任务、责任单位、时间节点、资金安排等相关事项，开展相关系统开发以及支付终端升级改造工作，提升市内公共交通一体化、智能化服务水平，解决城市公交和轨道交通二维码支付互不兼容问题。至年底，完成全部公交车辆、城市轨道交通线路支付终端及后台系统升级改造，全市公交、城市轨道交通领域实现“部标”（交通运输部统一标准）交通一卡通实体卡、虚拟卡和二维码应用全覆盖；完成公共交通乘车码应用程序开发，实现全市公交、城市轨道交通“一码通乘”。在与广州市公共交通系统对接方面，于年内完成与广州市公共交通系统对接，实现广州、佛山两市公共交通一卡通实体卡、虚拟卡和二维码全面互认互通。

【公交服务】2021年，佛山市结合客流和道路通行条件配置公交车型，优化公交车辆结构，更新公交车辆，探索公交小型化路径。将需求响应式公交与公交小型化发展相结合，在需求响应公交前期试运营经验基础上，优化辅助公交系统算法，拓展应用场景。9月公交宣传周期间，分别在禅城区绿岛湖、南海区千灯湖、高明区西江新城、三水区乐平镇工业园区及佛山新城片区探索推出可线上线下支付、电召下单的响应式公交。通过推出“一车多校、一线多校、多校联运”等运营模式，推动学生上下学交通服务向专业化、集约化方向发展，全年新开通校园定制专线82条。

链接

响应式公交

响应式公交是一种新型的公交运营模式，以满足乘客需求为导向，由乘客决定起点、终点、方向和时间，为乘客提供门到门的出行服务。运营方式比较灵活，是介于传统公交与出租车之间的公交服务。

【智慧公交工程】2021年，佛山市继续推进智慧公交电子站台建设，至年底，全市有智慧公交电子站台257座，其中禅城区77座、南海区107座、顺德区65座、三龙湾智慧大道8座，基本覆盖主要热门公交站点，提供路面公交信息实时查询、语音提示等服务。推进公共交通多元电子支付，全市实现轨道交通、公交、出租车100%支持支付宝、微信、银行卡支付，实现交通运输部统一标准实体卡、虚拟卡和二维码应用全覆盖，使用“佛山交通e码”乘坐公交地铁可“无感换乘”。全年全市公交IC卡（集成电路卡）刷卡量1.51亿次，二维乘车码5990万次，NFC（近场通信）等移动支付22万次，公交刷卡率超90%。

【公交安全管理】2021年，佛山市做好公交安全生产监督管理，开展常态化教育培训，规范驾驶人员管理，全市23家公交运营企业建立并落实“一日一排查、一日一教育”制度。建立安全演练机制，提升应急管理水平，强化应急处置意识，全年全市公交行业组织安全演练319次，主要覆盖防恐防暴、车辆交通事故、火灾事故、充电事故、恶劣天气应急等场景；举行安全培训1392场次，12.73万人次参加。加强对公交车辆的技术安全管理，维护和强化车辆一键报警技术，实现驾驶区防护隔离设施全覆盖。落实公交领域新冠肺炎疫情防控工作，做好车辆站场消毒、车辆通风工作，因应疫情防控要求调整公交线路运营，在“5·21”疫情发生期间调整公交线路90条（含广州、佛山跨市公交线路29条）、临时开通广佛接驳线路2条。将老年人优待证与“粤康码”进行数据关联匹配，实现老年人优待证“刷卡识码”功能。提升公交乘车溯源能力，广佛跨市512辆公交车的车载监控升级为高清摄像头，推动广佛通、岭南通票卡绑定超10万人，扩大实名乘车范围。

（姚　洁）

城市管理

【市容市貌整治】2021年，佛山市重新调整《佛山市城市管理考核评比暂行办法》项目考核权重，发挥考评“指挥棒”作用，着重提高环境卫生和市容管理项目的权重占比，环境卫生管理权重从原来15%上调至25%，市容管理权重从原来的12%上调至15%，于2021年10月开始实施。同时将考评重点调整向环境卫生方面倾斜，增加环卫、垃圾分类方面考评小组数量，加大考评力度。12个考评小组对全市32个镇（街道）的市容、环卫、绿化、户外广告、市政、工地、村（居）、垃圾分类等方面共计完成32轮暗检、4轮明检。通过第三方机构进行全市测评，得出市民对城市管理的满意度全年平均分85.61分。全年市容实地检查录入案件2442宗，针对市容管理工作中的突出问题采取督办方式，发出督办函8份，动态监督各区、镇（街道）市容管理方面的变化状况和全市市容管理难点堵点。随机抽检全市各区的沿街商铺或单位《市容和环境卫生责任书》(《门前三包责任书》)的签订情况，至年底，全市《市容和环境卫生责任书》签订率46.87%。开展2021年互联网租赁自行车停放秩序专项整治工作，督促解决互联网租赁网自行车乱停乱放、损毁绿化等影响市容市貌问题；规范互联网租赁自行车企业主动加强停放秩序管理，并合理规划和建设互联网租赁自行车集中停放场所、区域。通过专项整治，解决城市管理中的难点问题，促进全市市容管理的精细化发展，提升城市形象。

（卢嘉仪）

2021年，佛山市开展1968场“一站式”犬只备案活动，进社区、进村现场提供犬只免疫、线上备案、发放犬牌服务。图为三水区西南街道“一站式”犬只备案活动现场

（市城管执法局　供图）

【养犬管理】2021年，佛山市犬只备案总申请数4.02万只，开展养犬管理执法行动4551次，劝导、教育不文明遛犬行为5014宗，处理涉犬投诉1311宗，立案查处违法养犬行为58宗。开展1968场“一站式”犬只备案活动，进社区、进村现场提供犬只免疫、线上备案、发放犬牌服务，实现全市789个村（社区）养犬管理“一站式”服务全覆盖。“开展‘一站式’犬只备案上门服务”获2021年度佛山口碑榜“为民办实事”最佳口碑服务案例。制定犬只禁入标识和《文明养犬公约》，全年设置犬只禁入区域2694个，避免犬只在特定的公共场所对市民群众造成滋扰。优化佛山市养犬管理服务系统，将犬牌补发、注销功能的办理时长由原来的10个工作日缩短为即刻办理，实现“秒批秒办”，提高广大犬主申办业务的便利性。

（成懿琪）

【数字城管建设】2021年，佛山市城管执法系统受（处）理案件34.4万件，其中教育纠正33.12万件、立案1.28万件，罚款7699万元。全市数字城管系统立案127.69万件，日均处置案件3498件，办结率99.59%。其中全年公众投诉立案18.7万件，办结率97.86%，全市公众投诉案件办理满意率96.48%，促进城市管理各类问题解决。强化数字城管考评，实行案件抽查考核制度，对案件的基本信息、办理结果等进行严格抽查，提高案件办理质量，全年全市数字城管考评成绩98.83分，总体情况良好。组织12轮36批次案件抽查，检查案件5.04万件，审核申诉案件2537件（组）。对市民重复投诉的119个涉及施工扰民、生活噪声、无照经营游商等问题进行督办。健全数字城管运行机制，完成考评标准第八次修订，编印《佛山市数字城管信息系统分析（运行监测）报告》8期，建立公众投诉案件办理跟进机制，以每月专题形式在“佛山城管执法”微信公众号通报各区典型案例。推进信息采集工作，加强采集人员在线、在岗、日采集任务量等智能化、精细化管理，全市全年信息采集立案105.74万件，办结率99.56%。开展窨井盖安全管理，印发专项治理工作方案征求意见稿，对各成员单位反馈的意见进行整理、研讨。年内，佛山市完成“12319”热线与“12345”热线归并整合。

（杨新霞　关秋平）

【违法建设治理】2021年，佛山市违法建设治理目标任务3250万平方米，实际完成治理面积3271.96万平方米，其中拆除2841.93万平方米，拆除比例为86.86%。

（阳洪军）

【建筑垃圾运输车辆整治】2021年，佛山市建筑垃圾运输车辆及工地扬尘专项整治工作出动联合执法人员4.99万人次、执法车辆3.23万辆次。建筑垃圾运输车辆及工地扬尘专项整治工作行动中，检查工地4.34万个次，处罚违规工地562个，处罚金额1307.7万元，并对43个房建工地的违规行为进行诚信扣分；检查建筑垃圾运输车辆1.47万辆，处罚违规车辆823辆。另外，处罚违规建筑垃圾运输企业199次，对未经核准的消纳场立案23件。市联合督导检查组全年移交案件116件。

（赵书军）

城市水利

【概况】佛山市主要河流及分支包括西江、北江、顺德水道、潭洲水道、陈村水道、佛山水道、容桂水道、高明河、芦苞涌、西南涌等，主要江河长度774.72千米。西江主流在佛山区域长69.1千米，有支流河道11条。北江主流在佛山市区域长100.2千米，有主要支流河道13条。至2021年底，佛山市有水库120座，总库容1.14亿立方米。全市在运行的装机容量50千瓦以上的泵站469座，总装机容量37.26万千瓦；有水闸562座，总过闸流量1.63万立方米每秒；有水电站12座，其中11座已于年内完成退出，保留在运行水电站1座，装机容量1740千瓦。

【水利市场管理】 2021年，佛山市推进水利建设市场信用秩序的建立，提高水利建设诚信经营氛围。全市1425个市场主体及2.29万名从业人员，均在水利工程建设管理系统上办理登记备案，形成完善的水利建设市场主体信用信息基础数据库。市、区两级水利主管部门会同水利工程质量监督部门、项目法人、行业协会等有关部门采取“工程项目随机、巡查专家随机，巡查结果公开”的方式，对市内水利工程开展建设管理巡查，按照市每季、区每月、项目法人每周一次的频率，对全市各类水利工程进行随机抽查，并对巡查发现的不良行为进行通报及扣分处理。

【水利工程建设】 2021年，佛山市实施水利基建项目119个，完成年度投资32.88亿元。其中，25个重点民生实事项目被纳入省委“1+1+9”（第一个“1”指以推进党的建设新的伟大工程为政治保证、第二个“1”指以全面深化改革开放为发展主动力、“9”指推进9个方面重点工作）战略和乡村振兴重点项目，总投资25.57亿元。年内，大沙二站重建工程、沧江堤围达标加固工程（崇步段）完成；沧江水利枢纽重建工程一期主体工程完成；西樵太平排涝泵站工程、沧江水利枢纽重建工程获评为2021年度广东省水利建设工程文明工地。年内，佛山市组织完成三水区西南涌北段综合整治工程、禅城区丰年一站扩建工程、沙口水利枢纽除险加固工程、南海区太平排涝泵站工程等各类工程项目验收110个次，解决工程防洪排涝应急需要和一批历史遗留工程问题。

【水利工程安全监管】 2021年，佛山市水利部门组织全市水利行业开展水利工程安全生产监督、地下涉水工程安全生产监督、水利工程运行安全监督以及农村饮水安全专项监督等专项行动。市、区两级水利行政部门出动执法人员3297人次，检查在建工程和水利生产经营单位1012个次，辨识排查出危险源235个，建立危险源清单并针对性开展风险防范和管理工作，另外，全市111个小型水库全部完成安全生产标准化建设。组织对全市24个在建水利工程项目开展质量监督飞检，出动检测人员49人次，检测项目176个次，绝大部分被检项目达到规程规范和设计标准。组织开展对包括三水区鸡陵岗泵站工程等5个项目的稽查工作，各被稽查项目质量目标明确，安全生产责任制落实和质量安全管理措施到位。组织开展水利工程危险源辨识与管控工作及安全生产监督培训，制作新《中华人民共和国安全生产法》宣传片、安全生产宣传标语、宣传海报等印刷品发至各区各水管单位。高明区沧江水利枢纽重建工程等重点水利工程结合自身风险特点开展安全生产应急演练，提高应急处置能力。全年全市水利建设领域未发生生产安全事故，全市水利领域安全生产形势总体平稳。

2021年，佛山市南海区西樵太平排涝泵站工程获评2021年度广东省水利建设工程文明工地。图为该工程的主体工程于2021年11月封顶　（市水利局　供图）

【水政执法】 2021年，佛山市各级水利部门开展“打击河道非法采砂”“打击侵占河湖行为”“集中打击非法洗砂洗泥”“打击蚂蚁搬家式河道非法采砂”等专项行动，维护西、北江佛山段等干流河道正常水事秩序。全年开展水政监察执法巡查770余次，出动执法人员2607人次，出动执法车船987辆（艘）次，实现水域巡查监管全覆盖。佛山市水政监察队伍保持打击涉水违法行为高压态势，立案查处各类水事违法案件15件，其中河湖案11件（违法采、运砂案件5件）、水资源案件2件、水土保持案件1件，其他案3件，共处罚款16万元，没收河砂4861.3立方米。佛山市水利部门牵头组织公安、生态环境、自然资源、海事等部门开展联合执法行动8次，联合肇庆市水利局开展西、北江联合执法行动2次。

【佛山市水利发展“十四五”规划发布】 2021年12月20日，佛山市印发《佛山市水利发展“十四五”规划》。该规划落实“节水优先、空间均衡、系统治理、两手发力”治水思路，把握“水利工程补短板，水利行业强监管”水利改革发展总基调，统筹“水资源、水安全、水环境、水生态、水文化、水经济”，提出“十四五”时期佛山水利发展的总体思路、目标指标、重点补短板项目、重要强监管任务和改革举措等。至2025年，佛山水利发展目标是建成与社会主义现代化进程相适应的水安全保障体系，率先形成高质量发展的水利监管体系，防洪（潮）和供水安全基本满足经济社会发展需求，节约用水水平明显提高，水生态环境质量得到标志性改善，绿色生态水网、平安生态水系基本建成，高质量的碧道成为生态文明建设靓丽名片，智慧水利框架基本成型，水利行业管理能力稳步提高，治水管水软实力显著增强，防范、应对、化解水资源风险能力显著提升。

（罗惠栅）

乡村振兴

产业发展

【概况】 2021年，佛山市全面推动现代都市农业创新发展，发展创意农业、认养农业、都市农业等新业态，以陈村花卉世界、禅乡渔歌农业公园、盈香生态园、大湾区现代都市农业综合示范基地等为示范点，打造具有生态保育、农业生产、休闲旅游等功能的农业公园。农业产业结构继续优化，渔业占比45%，种植业占比35%，畜牧业占比12%，其他占比8%。其中，佛山市淡水养殖面积3.55万公顷，年产量75.8万吨（约占全省19%），产值181.07亿元（占全省26%），均位居全省前列。全年全市改造提升鱼塘3.47万公顷，推行高质量零排放养殖模式。

2021年，佛山市禅城区南庄镇紫南村获评2021年中国美丽休闲乡村。图为紫南村鸟瞰图

（市农业农村局　供图）

【休闲农业】 2021年，佛山市继续贯彻落实《佛山市创建省级休闲农业和乡村旅游示范项目三年行动计划（2020—2022年）》，以创建省级示范项目为抓手，建设一批生态优、环境美、产业强、机制好、示范带动能力强的精品项目，引领全市休闲农业和乡村旅游持续健康发展。南海区九江镇、三水区白坭镇入选省级休闲农业与乡村旅游示范镇，禅城区阿农湾农耕文化园、南海区九江镇海寿村、南海区梦里水乡百花园、高明区更合镇小洞村、广东劲农生态农业观光园入选省级休闲农业与乡村旅游示范点。至年底，全市建有休闲农业与乡村旅游全国示范点3个、省级示范镇7个、省级示范点18个、全国奶业休闲观光牧场1个。禅城区南庄镇紫南村获评2021年中国美丽休闲乡村，全市中国美丽休闲乡村增至2个（顺德区杏坛镇逢简村2020年获评中国美丽休闲乡村）。

【都市农业】 2021年，佛山市都市农业有新进展。粤港澳大湾区现代都市农业综合示范基地获省授牌，佛山市现代渔业科技园开园。益农信息社增至310个，碧桂园无人农场等一批数字农业示范项目加快建设。全年新增4个省级现代农业产业园，省级现代农业产业园增至10个，总数在珠三角地区排第二位，实现鱼、花、水稻等主导产业全覆盖。有省级农业公园5个，数量位居全省第一。新增认定国家级农业龙头企业2家，国家级农业龙头企业增至5家。新增中国美丽休闲乡村1个，省级休闲农业与乡村旅游示范镇1个、示范点3个，休闲农业与乡村旅游全国示范点增至3个、中国美丽休闲乡村增至2个，休闲农业与乡村旅游省级示范镇增至5个、示范点增至14个。举办第十五届佛山市农业良种良法展示推广月活动，超10万人次进场参观。

【新型农业经营主体】 至2021年底，佛山市有家庭农场2.13万个，其中省级示范家庭农场1个、市级示范家庭农场10个（包含省级示范家庭农场）；农民专业合作社381个，其中省级农民专业合作社示范社22个、市级农民专业合作社示范社15个；国家级农业龙头企业5家，省级农业龙头企业66家（包含国家级5家），市级农业龙头企业131家（包含除佛山市海天调味食品股份有限公司、广东宏隆生物科技有限公司和佛山市三水祥盛西南耕牛市场有限公司外的其余63家省级农业龙头企业）。年内，全市完成高素质农民培训23164人次，其中农业从业人员培训22443人次，高素质农民培育721人；完成在广东省精勤农民网络学院注册并参加线上培训课程1.3万人。

【农业电商发展】 2021年，佛山市推动各类农产品电子商务平台建设，其中，顺德陈村花卉世界信息公司建设的花卉B2B2C盆栽交易平台为众多花店提供独立小程序的整套模板，全国各地的花卉批发商可直接采购广东盆栽生产基地的盆栽产品。建设云上花市，2021年春节期间全市销售年花1.68亿盆，线上销售订单总额超4100万元，带动线下销售近25亿元，其中高明区旺林园艺产品的线上销量占总销量的40%以上。顺德区品珍科技公司推出"御鲜锋"预制菜品牌并通过电商直播形势推向全国市场，品珍电商"6·18"年中大促活动当晚直播销售总额超2300万元，在天猫生鲜行业支付金额排行榜中排名第一。

【省级现代农业产业园创建】 2021年，佛山市继续推进现代农业产业园建设，4个农业产业园入选2021年省级现代农业产业园建设名单，分别为顺德区优质加州鲈产业园、高明区富硒丝苗米产业园、三水区渔业加工与物流产业园、三水区粤港澳大湾区现代都市农业综合示范产业园，4个产业园均属于珠三角自筹资金建设产业园。全市列入省级现代农业产业园建设名单的农业产业园增至10个（2019年获批创建4个，分别为南海区花卉园艺产业园、顺德区花卉产业园、高明区花卉产业园、三水区渔业产业园；2020年获批创建2个，分别为南海区九江鱼花产业园和顺德区优质草鲩产业园），实现涉农区至少一区一园的布局。

（杜山川）

【佛山南华现代农业研究院三方共建协议签订】 2021年3月12日，中国农业科学院与佛山市政府、南海区政府在北京签订战略合作关系协议，共建佛山南华现代农业研究院（暂定名），推动佛山农业农村现代化建设，服务佛山乡村实现全面振兴。研究院选址佛山高新区力合科技园，设2个中心：绿色健康养殖研究中心，破解生猪种业"卡脖子"技术难题，实现"良种猪、放心肉"目标；中药组学研究中心，结合佛山"南药之都"定位，突破中药质量瓶颈，实现"道地药、精准方"目标。研究院重点在畜禽育种、中医药等领域开展研发，开展"良猪计划""中药组学"研究，培养相关领域前沿科技人才，推动科技成果转移转化。

【"粤港澳大湾区现代都市农业综合示范基地"获授牌】 2021年11月23日，"科技赋能 都市农业"粤港澳大湾区现代都市农业综合示范基地授牌仪式在佛山市三水区南山镇举行。广东省农业农村厅向佛山市三水区授予"粤港澳大湾区现代都市农业综合示范基地"牌匾。作为粤港澳大湾区现代都市农业综合示范基地标杆项目的南山镇万亩智慧农业园占地面积666.67公顷，由碧桂园农业有限公司投资建设，计划总投资5亿元，规划建设无人化农场实验区、设施农业及农产品加工示范区、生态智慧渔业示范区、农耕文化旅游示范区等四大功能区。

（尹　卿）

农村改革

【农村承包地改革】 2021年，佛山市探索开展农村集体承包地整村流转、打包流转试点，支持鼓励土地集约化、规模化经营，并列入2021年市政府工作报告重点任务事项。各区根据实际落实安排试点项目，取得阶段性成效。禅城区南庄镇"万亩千亩公园"项目谈妥流转承包地总面积384.4公顷，其中182.4公顷签合同并支付租金，202公顷完成表决；南海区西樵镇山根社区何氏水产养殖基地建成美丽渔场，成为全省现场会参观点；高明区凌云花谷、明丰农业和三水区大塘镇莘田片区试点项目全部完成承包地流转，并落实农村第一、第二、第三产业融合发展用地优惠政策。

【农村宅基地改革】 2021年，佛山市出台指导性文件《佛山市人民政府关于全面推进农房管控和乡村风貌提升的实施意见》，在完善农村宅基地管理制度方面提出指引和一系列工作任务。南海区坚持"稳慎推进"原则，以示范项目、试点村居推进改革实践，桂城街道夏北社区利用千灯湖板块的区位优势，推进整村改造，将村民原有分散的宅基地及住宅，置换为改造后国有土地上的商品房和集体物业收益分配权利，实现居住方式的城乡一体化，既提升土地利用效率，又保障集体和村民的长远收益；狮山镇罗村片区在村庄住宅用地短缺，无法继续分配单家独院式宅基地的背景下，尊重农民意愿，建设集约型社区示范项目，利用集体建设用地建设社区公寓，实现村民户有所居。全年各区共收到农村宅基地申请1.01万宗，审批9561宗，批准面积86.17公顷。

【乡村治理示范创建】 2021年，佛山市继续开展2021年度省级乡村治理"百镇千村"示范村镇创建活动，南海区狮山镇、里水镇，顺德区陈村镇、均安镇，三水区芦苞镇等5个镇被评为2021年度省级乡村治理示范镇，禅城区南庄镇东村村等28个村（社区）被评为2021年度省级乡村治理示范村。南海区九江镇入选全国乡村治理示范乡镇；禅城区张槎街道下朗村、顺德区北滘镇黄龙村、三水区乐平镇源潭村3个村入选全国乡村治理示范村。截至年底，佛山市有全国乡村治理体系建设试点示范县区1个、全国乡村治理示范乡镇2个、全国乡村治理示范村5个，示范单位总数居广东省各市第三位〔清远市1县（区）1镇8村；广州市1县（区）1镇7村〕。

【农村集体产权制度改革】 2021年，佛山市继续推进农村集体经济组织登记赋码。至年底，全市4868个集体经济组织完成登记发证，其中组级4224个、村级636个、镇级8个。开展农村集体经济组织成员信息汇集、整理和报送工作，全面完成农村集体经济组织成员身份确认备案，全市获确认农村集体经济组织成员身份人数231.63万人。年内，高明区继续推进经营性资产股份合作制改革，推进土地股份合作制改革工作。至年底，高明区完成股份合作制改革的农村集体经济组织718个，其中完成经营性资产股份合作制改革的212个、完成土地股份合作制改革的506个。

【农村集体资产管理】2021年，佛山市农业农村部门针对《中华人民共和国民法典》中“租赁期限届满，房屋承租人享有以同等条件优先承租的权利”的规定，做好农村集体资产交易管理工作和新修订法律相关规定的衔接，组织对原有合同范本格式进行全面检查，修改与房屋承租人优先承租权规定冲突的合同条款内容，保障好房屋承租人的合法权益；在涉及房屋租赁的农村集体资产交易管理流程中，补充确认优先承租权人的程序，建立证明材料审核规范，防止发生优先承租权人资格纠纷。开展农村集体资产年度清查，全面建立农村集体资产信息化台账和动态管理机制。全年全市村（社区）、组（社）两级农村集体资产达1265亿元（不含土地作价），农村集体经济总收入275亿元，人均股份分红5195元。

（何懿子）

村镇建设

【中心镇建设】2021年，佛山市有中心镇10个，分别是南海区里水镇、西樵镇，顺德区北滘镇、龙江镇、乐从镇，高明区明城镇、更合镇、杨和镇，三水区乐平镇、芦苞镇。中心镇镇域总面积1649.86平方千米，镇域户籍人口110.18万人，镇域常住人口203.59万人；建成区面积132.23平方千米，建成区户籍人口44.94万人，建成区常住人口90.24万人；村镇建设管理人员462人，其中专职人员325人。

【城镇村庄建设】2021年，佛山市设建制镇21个、行政村329个。已编制村庄规划的行政村261个，占全部行政村比例的79.33%。建制镇镇域面积29.08万公顷，镇域户籍人口261.72万人，常住人口485.69万人。其中，建成区面积3.46万公顷，建成区户籍人口138.96万人，常住人口293.55万人。村镇建设管理人员816人，专职人员612人。

【宜居城乡建设】2021年，佛山市有城市社区190个，其中禅城区87个、南海区24个、顺德区49个、高明区16个、三水区14个。年内，佛山市以原“广东省宜居社区”为基础，全面启动绿色社区创建行动。建立党建引领的基层治理机制，践行共同缔造理念，结合城镇老旧小区改造，补齐社区基础配套设施短板，培育社区绿色文化，全年全市完成62个绿色社区的创建。至年底，佛山市有广东省“宜居示范城镇”11个、“宜居示范村庄”78个、“宜居社区”225个，有“中国人居环境范例奖”项目1个、“广东省宜居环境范例奖”项目18个；有佛山市“宜居城镇”19个、“宜居村庄”314个、“宜居社区”385个（含村改居社区）；有被住房和城乡建设部评定的“绿色村庄”9个，有佛山市“绿色村庄”282个。

（郑柔敏）

【特色小镇建设】2021年，佛山市发展改革局会同各区政府，动员各特色小镇进行自查，并牵头组织第三方机构进行实地考察，在全市范围内开展特色小镇清理工作，引导特色小镇规范健康发展。全市特色小镇均按要求规范命名，各区政府组织辖区内特色小镇修编特色小镇创建方案。佛山特色小镇清理工作得到省的认可，佛山有31个特色小镇被纳入广东省特色小镇管理清单，有5个小镇（石湾陶谷特色小镇、千灯湖创投特色小镇、白坭文创特色小镇、西樵岭南文旅特色小镇、水都特色小镇）获评优秀，数量均居全省各市首位。印发《2021年特色小镇重点项目计划》，推进特色小镇项目建设，梳理全市特色小镇重点项目424个，总投资1675.39亿元，全年完成项目投资258.43亿元，比上年增长48.17%。截至年底，全市特色小镇有已开工（含完工）项目395个，开工率为93.16%；有已完工项目215个，完工率为50.71%。打造佛山特色小镇品牌，推动代表佛山特色小镇建设先进水平的小镇成为国家和省的典型案例，并争取向国家和省有关部门上报佛山特色小镇建设经验，同时进一步盘活传统文化资源，挖掘“特色文化”资源，谋划在国家级和省级媒体上扩大宣传。年内，在《中国特色小镇2021年发展指

2021年，佛山有31个特色小镇被纳入广东省特色小镇管理清单，石湾陶谷特色小镇、白坭文创特色小镇等5个特色小镇获评“优秀”。图为白坭文创特色小镇

（市农业农村局　供图）

数报告》评选的“中国特色小镇50强”中，广东有8个特色小镇入选，佛山入选的特色小镇有3个，数量居全省第一。其中：大良寻味顺德特色小镇集都市美食、乡土美食体验于一体，并通过宣传推广逐渐形成佛山文化旅游品牌；白坭文创特色小镇发展“文创+旅游”“文创+农业”“文创+艺术”“文创+服务”四大“文创+”特色产业，成为闻名遐迩的旅游目的地；佛山古镇特色小镇依托深厚的历史文化底蕴、发达的现代商业，以及实力雄厚的总部企业科研、高端人才资源，推动老城焕发出新的活力。

（市发展改革局）

【古村落活化升级】 2021年，佛山市将古村落活化升级工作纳入市政府重点工作任务，是佛山市实施乡村振兴战略重点工作。年内，开展第五批30个古村落活化升级工作，有活化项目340个，总投资3.77亿元，至年底，第五批20个非重点古村活化升级工作全部达验收标准，完成活化项目204个。加大古村落扩面提质普查力度，有217个古村落被纳入市项目库。从2014年启动古村落活化升级工作至2021年，全市分五批次共完成70个古村落活化升级工作任务，累计完成活化项目720多个。

（李　剑）

【农村基础设施建设】 2021年，佛山市继续推进农村基础设施建设。推行农村公路“路长制”，全年完成通自然村窄路改造40条、县道（乡道）提档升级34千米，实施路况提升工程12项，建设公交站亭168座。实现自然村内道路面硬化、集中供水、光纤宽带网络、4G网络、社区卫生服务、社会工作服务、基层综合性文化服务中心、全民健身设施和公共法律服务全覆盖。健全养老健康服务网络，养老服务设施增至922个、星光老年之家增至1063个。继续推进农村“雪亮工程”建设，实现城乡视频监控一体化。解决剩余101个村民小组的集中供水问题，启动212个农贸市场升级改造和星级评定，推进“百园万站”（广东省全省农村电商“百园万站”行动方案提出，3～5年时间在全省122个县区或中心镇均建1个农村电商产业园，在全省19732个行政村均建1个农村电商示范站，打通农村电商“人、品、网、店”全链条）专项行动，建成农村电商示范站61个。年内，佛山市获评“四好农村路”省级示范市，高明区杨和镇的乡道Y651线（井皂公路）入选全省“十大最美农村路”，禅城区张槎街道下朗村入选全国村级文明乡风建设典型案例，顺德区杏坛镇入选广东省乡村振兴大擂台“六强镇”。

【农村公共服务】 2021年，佛山市继续提升公共服务水平。实行城乡居民享受基本医疗保险同等待遇，完善城乡居保退休待遇正常调整机制，推进城乡低保制度统筹发展，全年全市农村低保金支出1.34亿元。落实孤儿、事实无人抚养儿童最低生活养育补贴、困难残疾人生活补贴和重度残疾人护理补贴发放。全年完成高素质农民、粤菜师傅、广东技工、南粤家政等技能培训4.5万人次，获乡村工匠职称评定127人，促进农民就业。全市驻村（社区）法律顾问469人，全年开展文化惠民活动600余场。佛山市常住人口规模4000人以上的行政村实现规范化普惠性幼儿园全覆盖。

（杜山川）

【特色美丽乡村】 2021年，佛山市探索工业化城市的美丽乡村建设之路，把推进美丽乡村建设作为推动高质量发展的攻坚点。建立健全长效机制，加快村级工业园改造提升等核心工程进度，全年村级工业园改造新增拆除4045.2公顷。补强环境短板，厕所革命、村庄保洁、村道硬化等基本实现全覆盖。推动一批乡村品质大提升，推进“百里芳华”乡村振兴示范带建设，投入资金118.7亿元，建设项目84个。

（朱志祥）

【佛山入选全省首批“四好农村路”省级示范市名单】 2021年7月23日，广东省交通运输厅、广东省财政厅、广东省农业农村厅、广东省乡村振兴局联合发布2021年“四好农村路”省级示范市名单（“四好农村路”指建好、养好、护好、运营好的农村公路）。佛山市、江门市、梅州市被命名为2021年度广东省“四好农村路”示范市。在“四好农村路”工作推进过程中，佛山市由市政府牵头推行农村公路“路长制”，通过采取“一路一长”的方式，明确各级路长责任，建立覆盖区、镇（街道）、村（社区）的三级路长管理体系，形成权责清晰、齐抓共管、高效运转的农村公路管理养护长效机制。同时，将“四好农村路”工作列为全市乡村振兴工作的重要组成部分，出台建设“四好农村路”三年行动计划（2018—2020年）。佛山市通过“四好农村路”把农村居民点、风景旅游资源、历史文化资源、红色革命教育基地和农业产业园等重要节点有效串联起来，通过交通改善促进乡村振兴载体的发展。至2021年底，佛山全市在册农村公路3952千米，其中县道510千米、乡道2157千米、村道1285千米，公路密度104千米/百平方千米，三级及以上等级公路比例72.8%，优、良、中等路率89%，超珠江三角洲地区平均水平。

【高明井皂公路入选全省“十大最美农村路”】 2021年10月8日，广东省交通运输厅公布2021年度广东省“十大最美普通国省干线公路”“十大最美农村路”名单。其中，佛山市高明区的井皂公路入选全省“十大最美农村路”，成为全市首条省级“最美农村公路”。井皂公路位于高明区杨和镇石水村委会辖内，全长5.89千米，连通井头村、石坎村、横坑村、坑美村等多个自然村及皂幕山风景区。2019年10月起，井皂公路作为通景公路和“四好农村路”（建好、管好、护好、运营好的农村公路）建设省级决胜攻坚任务之一，以“农村公路+全域旅游”理念进行改造，至2021年3月全面改造完工。改造后的井皂公路全线均为沥青混凝土路面，路基宽10米、路面宽7.5米，公路技术等级为三级，沿途有石坎彩虹桥、横坑亲水平台、坑美观光梯田等乡村休闲点，还配套有旅游风景道、绿道碧道、骑行专线、交通驿站等公共休闲设施，线路通行环境实现“畅、安、舒、美”。

（杜山川）

乡村治理

【概况】 2021年，佛山市将乡村治理作为实施乡村振兴战略的重要工作内容，分工协作，上下联动，全面加强自治、法治、德治“三治融合”的乡村治理体系建设。印发《2022年佛山市农村人居环境整治提升工作要点》《佛山市田间窝棚整治攻坚方案》等文件，提升农村人居环境风貌。开展村庄清洁行动春夏秋冬系列战役，全部行政村均达到干净整洁村标准，农村垃圾收运处理体系和村庄环卫保洁覆盖率、农村无害化卫生户厕普及率均达100%，农村村内道路硬化率99%以上。推进美丽田园建设，全年新增村庄绿化面积9.02万平方米，建设“乡村振兴碧道环”15千米。推进乡村振兴示范村建设，市财政投入6亿元，推动建设60个市级乡村振兴示范村。

【农村人居环境整治专项检查】 2021年，佛山市继续逐个季度开展农村人居环境整治专项检查，并逐个季度对检查结果进行通报，以及对在明检和暗检中成绩排前5名的10个村（社区）分别给予财政资金奖励100万元。第一季度全市农村人居环境整治专项检查中，通报表扬的区为高明区、三水区，无通报批评的区；通报表扬的镇（街道）为顺德区乐从镇、三水区大塘镇、顺德区伦教街道。第一季度获100万元财政资金奖励的村（社区）分别为：禅城区南庄镇溶洲村；南海区大沥镇大镇社区；顺德区乐从镇上华村、乐从镇沙边村、伦教街道荔村村、北滘镇莘村村；高明区明城镇石塘村、杨和镇清泰村、荷城街道庆洲社区；三水区大塘镇永丰村。第二季度全市农村人居环境整治专项检查中，通报表扬的区为高明区、三水区，无通报批评的区。通报表扬的镇（街道）为南海区狮山镇、南海区九江镇、高明区明城镇。第二季度获100万元财政资金奖励的村（社区）分别为：禅城区南庄镇湖涌村；南海区西樵镇爱国社区、狮山镇谭边社区、狮山镇象岭村、九江镇西桥村；顺德区陈村镇绀现村、伦教街道熹涌村；高明区明城镇苗迳村；三水区西南街道河口社区、乐平镇新旗村。第三季度全市农村人居环境整治专项检查中，通报表扬的区为高明区、禅城区，无通报批评的区；通报表扬的镇（街道）为高明区更合镇、南海区狮山镇、三水区西南街道。第三季度被通报表扬并获100万元财政资金奖励的村（社区）分别为：禅城区张槎街道村头村、南庄镇杏头村；南海区桂城街道凤鸣社区、狮山镇上柏社区、狮山镇南浦村、九江镇海寿村；顺德区乐从镇新隆村；三水区西南街道董营村；高明区更合镇平塘村、更合镇版村村。第四季度全市农村人居环境整治专项检查中，通报表扬的区为高明区、禅城区，无通报批评的区；通报表扬的镇（街）为高明区更合镇、禅城区南庄镇、高明区明城镇。第四季度被通报表扬并获100万元财政资金奖励的村（社区）分别为：禅城区南庄镇龙津村、张槎街道海口村、南庄镇紫洞村；南海区桂城街道中区社区、狮山镇华涌村、西樵镇岭西村、里水镇文教村；三水区乐平镇湖岗村；高明区更合镇大幕村、明城镇明南村。

【农村“三清三拆三整治”】 2021年，佛山市深入开展村庄清洁行动春夏秋冬系列战役，开展“三清三拆三整治”（“三清”指重点清理村巷道及生产工具、建筑材料乱堆乱放，清理房前屋后和村巷道杂草杂物、积存垃圾，清理沟渠池塘溪河淤泥、漂浮物和障碍物；“三拆”指拆除危旧房、废弃猪牛栏及露天厕所茅房，拆除乱搭乱建、违章建筑，拆除非法违规商业广告、招牌等；“三整治”整治垃圾、整治污水、整治畜禽污染），形成农村人居环境整治热潮，大批影响农村人居环境的卫生黑点、脏乱差问题得到有力整治。开展破旧泥砖房清拆整治行动，2019—2021年累计清理整治农村破旧泥砖房1.73万间。推进“四小园”建设，2020—2021年累计新建提升农村“四小园”1.7万个。农村人居环境整治3年行动（2018—2020年）收官时，全市全部行政村均达到干净整洁村标准，农村垃圾收运处理体系和村庄环卫保洁覆盖率100%，农村无害化卫生户厕普及率100%，农村村内道路硬化率99%以上。

【美丽田园建设】 2021年，佛山市继续以“三沿一口”（高速、高铁、省国道沿线的出入口）沿线为重点，整治田间地头乱搭乱建现象，推进“美丽田园建设”。统筹推进“美丽田园”“美丽廊道”等行动，排查交通干线整治问题544处，全年新增村庄绿化面积9.02万平方米，完成建设15千米“乡村振兴碧道环”，新启动100千米重点段碧道建设。

【乡村振兴示范村建设】 2021年，佛山市推进乡村振兴示范村建设，拓展乡村风貌提升精品点、精品线。市财政投入6亿元，推动60个市级乡村振兴示范村建设，禅城区南庄镇紫南村、南海区里丹灶镇仙岗村、顺德区乐从镇上华村、三水区白坭镇富景社区、高明区更合镇小洞村等第一批乡村振兴示范村成为全市风貌整体提升的示范样板。强化市级统筹和推进重点项目建设，推进“百里芳华”乡村振兴示范带建设，加快推进各类资源要素向示范带加快聚集。禅城区“禅乡城韵”、南海区“有为水道”、顺德区“水韵凤城”、高明区“凤鸣朝阳”、三水区“西江十里画廊”5条示范带精华段连线连片效果初步显现，示范带动作用逐步增强。

【佛山市1个镇、3个村入选全国乡村治理示范村镇名单】 2021年10月29日，中央农村工作领导小组办公室、农业农村部、中共中央宣传部、民政部、司法部、国家乡村振兴局公布第二批全国乡村治理示范村镇名单，认定100个乡（镇）为第二批全国乡村治理示范乡镇，994个村（嘎查）为第二批全国乡村治理示范村。佛山市有1个镇、3个村入选第二批全国乡村治理示范村镇。其中：南海区九江镇入选全国乡村治理示范乡镇；禅城区张槎街道下朗村、顺德区北滘镇黄龙村、三水区乐平镇源潭村3个村入选全国乡村治理示范村。至年底，佛山市有全国乡村治理体系建设试点示范县区1个、全国乡村治理示范乡镇2个、全国乡村治理示范村5个，示范单位总数居广东省各市第三位。

（朱志祥）

教　育

综　述

【概况】 2021年，佛山市有各级各类学校1770所，其中幼儿园1058所、小学417所、初中162所、普通高中66所、中等职业学校（含省属中等职业学校和技工学校）41所、特殊教育学校7所、普通高校（含省属驻佛山高校校区、民办高校）13所、成人高校6所。全市教职工和学生182万人，其中教职工14万人、学生168万人。佛山市教育经费总投入353.83亿元，比上年增加44.7亿元，其中国家财政性教育投入232.47亿元，国家财政性教育经费占教育总投入比例达65.7%。年内，顺德职业技术学院学生梁荣浩被中央宣传部、教育部表彰为2021年“最美大学生”。

【教育发展成效】 2021年，佛山市推动各级各类教育高质量发展。巩固“5080”攻坚（《广东省促进学前教育普惠健康发展行动方案》提出到2020年，全省公办幼儿园在园幼儿数占比要在50%以上，公办幼儿园和普惠性民办幼儿园占比在80%以上）成果，增加普惠性学前教育资源，新增公办学位及普惠性民办学位1.82万个，其中公办学位1.27万个，完成率分别达144.79%、195.65%。推动义务教育优质均衡发展，全市完成新（改、扩）建幼儿园45所、义务教育阶段学校40所、普通高中2所，分别新增学位1.8万个、4.47万个、3500个。落实政府主体责任，出台实施方案，规范民办义务教育发展，通过新（改、扩）建、民转公、购买民办学位等方式，推进义务教育公民办结构调整。加快完善优质资源共建共享机制，评出市级优质教育集团培育对象20个、省级优质基础教育集团培育对象7个；全市义务教育大班额实现“零增量”，控辍保学工作完成率100%；全市普通高中第一轮分类创建收官；残疾儿童少年义务教育入学安置率100%；全市困难家庭学生接受资助4.95万人次，补助资金1.06亿元。推动“双减”（减轻义务教育阶段学生作业负担和校外培训负担）工作取得阶段性成效，全市义务教育学校校内课后托管工作实现“两个全覆盖”（义务教育学校全覆盖、有需求的学生全覆盖），制定线下学科类校外培训机构基准收费标准（每人每学时30 ~ 55元）和浮动幅度，全市学科类校外培训机构“营转非”（营利转非营利）比例和预收费资金被纳入监管的机构比例100%。推动高等教育高质量发展，佛山科学技术学院进入软科世界大学学术排名1000强，入选广东省新一轮“冲补强”（冲一流、补短板、强特色）提升计划高水平大学建设计划（重点学科建设高校）；广东财经大学、南方医科大学、华南师范大学佛山校区建设推进。深化职业教育产教协同育人，创新现代学徒制人才培养模式，完善职业教育人才培养质量评价机制，引导中等职业学校紧贴企业用人要求动态完善人才培养方案，年内，中等职业学校获2021年全国中等职业学校技能大赛一等奖4个，获省中等职业学校技能大赛一等奖73个，成绩居全省榜首。

【德育工作】 2021年，佛山市深化德育体系建设，把社会主义核心价值观教育融入教育教学全过程，开展“崇文佛山　书香岭南”全民阅读、寻找“最美南粤少年”、“明礼仪、守法规”等系列主题活动，组织庆祝中国共产党成立100周年系列活动、“百万师生同上一节思政课”活动，推进大中小幼德育一体化，健全全员全过程全方位育人的体制机制，形成学校、家庭、社会互相配合的德育体系，提升学生思想素质和道德品质。德育工作2项案例入选教育部《中小学德育工作指南》典型案例。推进体育、美育和劳动教育，确保学生每天锻炼一小时，增强学生体质，推进“一校一品”建设，打造学校体育特色品牌，探索“教体融合”路径，举办各类学生体育赛事，培养体育后备人才。推进近视防控工作，建立防控儿童青少年近视工作联防联控机制，开展宣传教育和学校采光照明抽检，全市5所中小学校成为2021年度儿童青少年近视防控示范校。开展艺术教育特色学校、优秀传统文化艺术传承学校评选和粤剧进校园等活动，提高学生审美水平与人文素养，“一校一品”“一校多品”创建率95%以上。出台加强中小学劳动教育的行动计划，将劳动教育融入学生日常学习和生活，多渠道建立和拓展劳动教育实践场所，佛山市入选全国中小学劳动教育实验区，劳动教育经验做法入选全国中小学劳动教育典型案例。加强中小学生心理健康教育服务体系“十个一”（一个把学生心理健康教育和生命教育放在首要位置的共识、一个学生心理健康教育服务目标体系、一个学生心理健康教育服务和心理危机识别干预工作专班、一个学生心理健康专门人才培养体系、一个学生心理危机大数据筛查系统、一个学生心理危机三级预警制度、一个学生心理危机联防联控体系、一个校外学生心理健康社会化服务平台、一个学生心理健康政府投入保障机制、一个学校学生心理健康督导考核机制）建设，成立政府工作专班，加强学校心理健康教育力量建设。推进家校协同育人，建设规范化家长学校“领航工程”示范点，建设有佛山特色的“空中家长学校”，构建家校合作、线上线下并重、高水平开展家庭教育指导工作的家长学校新模式，形成家校育人合力。利用《中华人民共和国家庭教育促进法》公布契机，开展宣传活动，倡导家长树立科学育儿观念、提高亲子陪伴质量。开展校园文明建设，加强教育引导，实施校园生活垃圾分类，开展塑料污染治理。年内，广东省教育厅组织开展2021—2023年创建广东省文明校园先进学校申报工作，佛山市有1所高校和15所中小学校入选。

链接

2021—2023年佛山市创建广东省文明校园先进学校名单

佛山科学技术学院　佛山市禅城区张槎中学　佛山市南海区石门中学　佛山市顺德区乐从中学　佛山市顺德区罗定邦中学　佛山市高明区第一中学　佛山市三水区云东海学校　佛山市铁军小学　佛山市禅城区玫瑰小学　佛山市南海区桂城街道南海中心小学　佛山市南海区桂城街道桂江小学　佛山市南海区大沥实验小学　佛山市顺德区大良街道顺峰小学　佛山市顺德区乐从镇东平小学　佛山市高明区第一中学附属小学　佛山市三水区白坭镇中心小学

【教师队伍建设】 2021年，佛山市加强新时代师德师风建设，将当年确定为“师德专题教育年”，引导广大教师提高政治站位、明确师德要求、遵守师德规范、严守师德底线。推进基础教育人才引育及布局计划，壮大高层次人才规模，全市有基础教育领域国家“万人计划”教学名师、省“特支计划”（广东省高层次人才特殊支持计划）教学名师、省名师名校长、正高级职称教师、省特级教师、市基础教育杰出人才、领军人才、“三名人才”〔名校（园）长、名班主任、名教师人才〕等高层次人才662人。提升教师专业发展水平，各区建成教师发展中心并投入使用，市教师发展中心建设项目持续推进。将教师培训经费列入财政预算，学校按照教师工资总额的2%安排教师培训经费，全市投入教师培训及“强师工程”资金1.79亿元。优化培养模式，建立国家、省、市、区、校五级梯式培训体系，推进研训一体、线上线下混合式研修。全市专任教师参加培训113万人次，人均培训12.52次。优化教师资源配置，开展教师和校长轮岗交流，引导名优校长和骨干教师向教育相对薄弱地区和学校流动，超额完成省交流轮岗任务。完善教师绩效考核评价制度，注重能力素质和业绩贡献，突出考核教师师德表现、工作绩效和能力水平与岗位要求的匹配度。建立教师工资福利待遇与公务员福利待遇同步增长机制，基本实现教师工资收入待遇“两个不低于”（教师平均工资收入水平不低于或高于当地公务员平均工资收入水平，农村教师平均工资收入水平不低于或高于城镇教师平均工资收入水平）。年内，佛山市机关幼儿园教师组获评“全国青年文明号”，特殊教育教师陈燕梅获全国道德模范提名奖。

【教育科研和教学研究】 2021年，佛山市推动特色精品教师专业发展机构建设与教研工作转型和管理机制创新，深化教师教育和教学科研融合发展，打造教研“尖兵”，促进学校内涵发展和教师专业发展。加强教研工作引领和服务，强化市、区、镇（街道）、校四级教研队伍建设，落实新课标要求，创新教育教学模式和方法，推动教研贯穿、融入教育教学全过程各环节，提高课堂教学质量。研究学生学习和成长规律，提高学生综合素质，突出全面育人研究，强化学科整体育人功能。发挥全市13个省级学科教研基地、81个基地校的示范引领作用。促进校长和教师专业成长，推动全市校长队伍和名校长工作室建设。分层分类开展高水平特色化教育家型校（园）长、青年教师科研骨干、学前教育科研骨干和市、区两级教师发展中心研训人员培训，学习借鉴先进教育理念，提升校长办学治校能力和教师科研水平。开展基础教育重大课题研究，39个科研项目获国家和省级课题立项。

【平安校园建设】 2021年，佛山市教育系统安全形势总体平稳有序。对曾发生典型校园安全问题、校园安全基础设施相对薄弱、安全管理不到位的学校进行大约谈，消除校园安全隐患。加强与公安等部门协同联动，对校园视频监控设施、一键式报警装置进行升级联网，保证重点时段学校门口“见警察、见警车、见警灯”。加强校园刀具管制，防止师生携带管制刀具进入校园。以食品、消防、实验室、校车等安全工作为重点，做好日常安全管理。加强校园安全隐患大排查大整治，成立校园安全工作专班，制定专项行动方案，排查存在涉稳安全隐患和各类重点人员，严防社会矛盾转化为校园安全隐患。加强师生安全教育，围绕铁路安全、预防溺水、校车安全、反电信诈骗、校园防暴恐、防性侵等内容，制作宣传片和视频，提升学校和社会关注学生安全的意识。开展禁毒名师培训，拍摄制作禁毒课程20余个，参与全国禁毒课程竞赛，1名教师获评“国家禁毒明星教师”。开展防范中小学生欺凌专项治理行动，化解隐患。加强校园及周边治安综合治理，常态化开展校园扫黑除恶工作，重点排查“五类”（刑释解教、社区矫正、吸毒、精神病患者、信教）重点人员。

【民办教育】 2021年，佛山市有基础教育民办学校674所，其中民办幼儿园559所、民办小学38所、民办初中57所、民办普通高中19所、民办中等职业学校（含省属中等职业学校，不含技工学校）1所。基础教育阶段民办学校在校学生43.32万人，其中民办幼儿园在园幼儿18.24万人、民办小学15.55万人、民办初中6.7万人、民办普通高中2.83万人。基础教育阶段民办学校专任教师近3万人，其中民办幼儿园专任教师1.45万人、民办小学专任教师9218人、民办初中专任教师5061人、民办普通高中专任教师2246人。深化民办教育改革，强化民办义务教育规范管理，督促各区落实规范民办义务教育发展重点工作任务，起草规范民办义务教育发展的实施方案。完成义务教育民办学校摇号招生工作，建设招生信息管理和数据共享平台，成立技术支持小组，加强与政数、公安、网信等部门合作，监测系统运行，同时，坚持义务教育民办学校摇号录取工作公平公正公开，对各区摇号录取做出明确要求和指引，实行摇号码分配和抽取"双随机"，摇号过程全程录像，公证人员、纪检人员、人大代表、政协委员、新闻媒体代表和学生家长代表全程监督。

【民族班设立】2021年，佛山市继续举办西藏班，有佛山市第一中学、南海区艺术高级中学、佛山市实验中学、顺德区江义初级中学4所学校开办西藏班，其中2所学校举办初中班、2所学校举办普通高中班。全市有西藏班学生536人，学生主要来自林芝、拉萨、日喀则、山南、阿里、昌都、那曲等地区，有藏族、门巴族、珞巴族、僜人、夏尔巴人等少数民族学生。

（王蓉丹）

2021年4月29日，佛山市举办幼儿园保教质量评估员培训班。图为佛山科学技术学院学前教育系主任钟媚博士解读《佛山市幼儿园保教质量评估方案》

（市教育局　供图）

学前教育

【概况】2021年，佛山市有幼儿园1058所，其中民办幼儿园559所；有在园幼儿35.85万人，其中民办幼儿园在园幼儿18.24万人；有幼儿园教职工5.19万人，其中民办幼儿园教职工2.79万人；有幼儿园专任教师2.73万人，其中民办幼儿园专任教师1.45万人。全市完成新（改、扩）建幼儿园45所，新增学位1.8万个。对第四十一批、第四十二批申报"广东省规范化幼儿园"的幼儿园进行督导验收，共26所幼儿园通过验收。举办佛山市幼儿园保教质量评估员培训班，规范保教质量评估工作。年内，佛山市禅城区明珠幼儿园教育集团、佛山市南海区西樵镇中心幼儿园教育集团2个幼儿园教育集团成为省级优质教育集团培养对象。

【学前教育普惠发展】2021年，佛山市围绕学前教育公益普惠基本方向，巩固"5080"（《广东省促进学前教育普惠健康发展行动方案》提出到2020年，全省公办幼儿园在园幼儿数占比要在50%以上，公办幼儿园和普惠性民办幼儿园占比在80%以上）攻坚行动成果，通过接收城镇小区配套幼儿园并办成公办幼儿园，推动国有资产集体资产举办民办幼儿园转制回收等方式，增加普惠性学前教育资源，新增公办学位及普惠性民办学位1.82万个，其中公办学位1.27万个，完成率分别达144.79%、195.65%，居全省第一位。以"名园办新园、名园带弱园"方式开展集团化办学，佛山市禅城区明珠幼儿园教育集团、佛山市南海区西樵镇中心幼儿园教育集团2个幼儿园教育集团成为省级优质教育集团培养对象。推动学前教育内涵式发展方向，加强幼小衔接研究，提高科学保教水平。用好政策性财政资金杠杆，实施差别化的星级普惠性幼儿园生均拨款制度，市级财政设立幼儿园建设专项经费，增强财政投入的针对性，激励幼儿园提升办园质量。

【2021年佛山市学前教育宣传月】2021年5月20日至6月20日，佛山市教育局举办主题为"砥砺十年　奠基未来"的2021年佛山市学前教育宣传月活动。活动期间，市教育局在佛山市教育信息网开设《学前教育改革发展十年巡礼》专栏，组织网络巡展，开展"我与学前教育改革这十年"主题征文活动以及举办专题讲座。启动仪式上，邀请高校教授、幼儿教育专职干部、公办及普惠民办园园长、家长代表进行学前教育访谈。

【广东省学前教育"新课程"科学保教示范项目佛山市启动仪式暨市县市属项目开题报告会】2021年3月10日在佛山市图书馆举办，全市幼儿教师1.3万人次参与线上活动。活动邀请广东省教育研究院教师刘景容、华南师范大学教授郑福明、蔡黎曼，佛山科学技术学院教授钟媚、谢中元，佛山市教师发展中心主任舒悦担任评审专家。会上，41个省、市学前教育“新课程”科学保教示范项目获颁发立项证书，3个项目立项单位举行联合开题报告会，华南师范大学教授郑福明开展广东省“新课程”政策解读与项目建设指引专题讲座。

（王蓉丹）

义务教育

【概况】 2021年，佛山市有小学417所，在校学生66.43万人，小学毕业升学率100%；初中162所，在校学生26.02万人，初中毕业升学率99.28%。有义务教育阶段教职工6.31万人、专任教师5.6万人。义务教育阶段学校基础教育设施五年提升行动计划延伸2年，年度动工或完工新（改、扩）建义务教育阶段学校40所、新增义务教育学位4.47万个，超额完成年度目标任务4705个。年内，佛山市33人入选省中小学名教师、名校（园）长、名班主任工作室主持人。

【义务教育均衡发展】 2021年，佛山市提高义务教育公办学校生均公用经费标准，从小学每生每年1150元、初中每生每年1950元，提高到小学1500元、初中2300元。推进义务教育公民办结构调整，落实政府主体责任，通过新（改、扩）建、民办转公办、政府购买学位等方式，确保完成2022年义务教育公民办结构调整任务。规范推进义务教育阶段“公民同招”（公办、民办学校同步招生）入学工作，查处一批违规办学行为，规范招生工作秩序和维护教育公平。完善优质资源共建共享机制，7个教育集团被评选为省级优质基础教育集团培育对象。保障特殊群体受教育权利，2021年秋季学期，全市进城务工人员随迁子女入读公办学校（含政府购买民办学位）占比为89.89%。全市义务教育大班额实现“零增量”，控辍保学工作完成率100%。全年全市各级各类学校学生获资助4.95万人次，补助资金1.06亿元。健全残疾儿童入学安置机制，义务教育入学安置率保持100%。

【中考】 2021年，佛山市有6.91万名考生报名参加中考，报考人数与上年基本持平。普通高中和中等职业学校差距继续缩小，普通高中和中等职业学校招生规模大体趋于相当，基本完成省、市下达的招生计划。艺术类考试人数增幅较大，有4777人参加面向全市招收体艺特长生的考试。中考录取6.5万人，录取率为94.12%，录取率比上年增加3.09个百分点，普通高中和中等职业学校录取比例69 ∶ 31。

【义务教育“双减”工作】 2021年，佛山市21个成员单位组成工作专门协调机制，推动“双减”（减轻义务教育阶段学生作业负担和校外培训负担）工作取得阶段性成效。全市义务教育学校校内课后托管实现“两个全覆盖”（义务教育学校全覆盖、有需求的学生全覆盖）。明确教师保障措施，减轻教师工作负担。建立“双减”工作作业管理半月报机制，加强作业和考试管理，指导各学校提高作业设计和考试命题水平。加强教研指导和教学视导，提高课堂教学质量，让学生在校内学足学好。按照先易后难、先学科后非学科、先义务教育阶段后其他教育阶段的思路，推进校外培训机构治理。10个部门联合印发校外培训机构专项治理的行动方案，公布培训机构监督举报电话，联合做好有关培训机构退费难、“卷款跑路”等问题的防范和处置工作。明确全市线下学科类校外培训机构基准收费标准（每人每学时30 ~ 55元），上浮幅度不得超10%。

【中小学生心理健康教育】 2021年，佛山市加强中小学生心理健康教育服务体系“十个一”建设（一个把学生心理健康教育和生命教育放在首要位置的共识、一个学生心理健康教育服务目标体系、一个学生心理健康教育服务和心理危机识别干预工作专班、一个学生心理健康专门人才培养体系、一个学生心理危机大数据筛查系统、一个学生心理危机三级预警制度、一个学生心理危机联防联控体系、一个校外学生心理健康社会化服务平台、一个学生心理健康政府投入保障机制、一个学校学生心理健康督导考核机制），成立政府工作专班，加强学校心理健康教育力量建设，推进心理健康教育月等活动，做好学生心理健康教育服务和心理危机识别干预工作，保障学生身心健康成长。加强心理健康教育专职教师队伍建设，提高中小学专职心理健康教育教师配置率。10月，举办全市中小学心理健康学科青年教师教学能力大赛，评选出3名教师参加第三届广东省中小学青年教师教学能力大赛中小学心理健康学科的决赛。

【中小学劳动教育】 2021年，佛山市推进义务教育阶段学生劳动教育，佛山市教育局报送的“努力构建佛山市全面优质的中小学劳动教育体系”入选全国中小学劳动教育典型案例，是全省唯一入选的案例。顺德区罗沙小学、顺德区京师励耘实验学校、高明区启慧学校、三水区西南街道第十二小学以及华南师范大学附属中学南海实验高级中学5所学校获认定为广东省中小学生劳动教育特色学校。佛山市被教育部认定为全国中小学劳动教育实验区。年内，2021年广东省中小学劳动教育现场观摩研讨活动（佛山专场）在顺德区西山小学、顺德区罗沙小学举行，活动设劳动教育成果展示环节，佛山市第十四中学、南海区星辉学校、三水区乐平镇中心小学等展示特色劳动教育课程。

【实验教学创新】 2021年，佛山市试行初中物理、化学、生物实验操作考试，推动“智慧+实验操作考试”技术方案落地。全年培养教育创客导师、中小学实验教学人才、图书馆创新人才超200人，形成“双减”（减轻义务教育阶段学生作业负担和校外培训负担）实践背景下“装备育人、场馆育人、实践育人”案例超100个。其中，“基于STEM教育装备的中小学创新型学习环境建设与应用研究”案例成果在中国教育装备行业协会城市教育装备工作委员会主办的首届全国实验教学创新案例评选活动中获一等奖。年内，佛山市教育局在2021年广东省教育装备工作会议上作专题报告，并获广东省自制教具大赛优秀组织奖。此外，佛山市的中小学实验精品课、学科常规实验与创新技能展演等综合成绩居全省前列，中小学实验教学说课活动的一等奖数量和获奖总数居全省第一位。

【佛山市11所学校获评广东省中小学教师校本研修示范学校】 2021年4月15日，广东省教育厅公布《广东省中小学教师校本研修示范学校和示范培育学校名单》，佛山市有11所学校获评广东省中小学教师校本研修示范学校，分别是：佛山市南海区南海实验中学、佛山市第一中学、佛山市南海区大沥实验小学、佛山市南海区南海中学、佛山市南海大沥布鲁森国际实验幼儿园、佛山市顺德区西山小学、佛山市顺德区容桂实验学校、佛山市禅城区石湾镇街道明珠幼儿园、佛山市顺德区第一中学、佛山市禅城区张槎中心小学、佛山市机关幼儿园。涵盖幼儿园、小学、初中和高中。广东省中小学教师校本研修示范学校建设届满时间为2025年12月30日。

【《佛山市义务教育民办学校招生工作实施方案》公布】 2021年5月8日，佛山市教育局公布《佛山市义务教育民办学校招生工作实施方案》，明确招生方式、招生范围、招生流程等，有效期4年。义务教育民办学校招生实行全市统一招生平台、统一招生范围、统一招生对象、统一招生方式、统一招生时间、统一招生流程，各学校主要面向所在区招生，符合条件的区辖学校经批准可预设不超过普通招生计划的10%（含）作为区外招生计划，同步面向区内、区外学生报名，学生按限额确定顺序选报志愿。各区辖学校特殊人才子女直招计划原则上不超过招生总计划5%（含）。年内新办民校报名人数若超计划数，需进行摇号录取，其中：如果新设立学校在统一报名时已取得办学许可证，与其他学校同步填报志愿、同时摇号；招生启动后至8月15日（含）前取得办学许可证的学校，通过招生平台进行征集志愿录取，报名人数超招生计划的实行电脑随机摇号录取；8月15日（含）前未取得办学许可证的，当年不得招生。

【2021年佛山市中小学人工智能教学成果展示活动】 2021年11月23—24日，佛山市举办全市中小学人工智能教学成果展示活动，在市教育局设立主会场，各区设立分会场。全市94支队伍188名学生参加活动，活动项目包括图像识别、大数分解、数据耦合等。以线上线下相结合的形式开展，参加队伍根据主题进行程序设计，由专家遴选优秀队伍进入在线答辩。活动评出一等奖20人、二等奖29人、三等奖37人。

（王蓉丹）

普通高中教育

【概况】 2021年，佛山市有普通高中66所，其中民办普通高中19所；有在校学生13.38万人，普通高中毕业升学率97.91%；有教职工1.6万人、专任教师1.05万人。全市普通高中第一轮分类创建收官，通过开展中考招生制度改革、办学体制机制改革、搭建市区两级招才引智平台和载体、设置特聘教师和兼职教师、制定分类创建指标指引和创建办法等举措，推进普通高中优质多样特色发展，全市普通高中特色项目错位发展体系、多元化人才培养机制，办学质量和育人水平，学校高端学科建设、拔尖创新人才培养能力和整体育人水平得到完善和提升，基本形成普通高中优质多样特色发展新格局。年内，佛山市普通高考人数5.49万人，比上年减少158人，录取5.13万人，其中本科录取3万人、专科录取2.13万人，录取率93.29%。

【普通高中招生】 2021年，佛山市教育局出台一系列重要政策文件，包括《佛山市教育局关于进一步推进我市高中阶段学校考试招生制度改革的实施意见》《佛山市2021年高中阶段学校招生考试工作意见》《佛山市教育局关于进一步加强普通高中招生管理工作的实施意见》《关于做好2021年佛山市高中阶段学校招生录取工作的通知》。健全公民办学校同步招生机制，公办民办普通高中按市、区教育局统一批准的招生计划、范围、标准和方式同步招生；招生计划统一录入中考信息管理平台，民办学校与公办学校同平台录取。安排跨区域招生计划，佛山市第一中学的全部招生计划面向全市招生；佛山市第二中学等8所区属公办普通高中学校，除指标生面向所在区招生外，其他招生计划面向全市招生；佛山市第四中学等19所公办普通高中20%的普通生招生计划面向全市招生。强化监督检查，推进“阳光招生工程”，教育部门、各区政府、招生考试机构落实主体责任，签订工作责任书，加大信息公开力度，完善公开透明的招生工作机制。

【高考】 2021年，佛山市高考报考人数54940人，比上年减少158人，录取人数

2021年6月9日，佛山市高考结束。图为南海区九江中学考生开心走出考场

（梁　平　摄）

51254人，录取率93.44%，其中本科录取29984人、专科录取21270人，分别比上年增加512人和减少2836人。全市有27人被清华大学、北京大学录取，“双一流”（世界一流大学和世界一流学科）高校录取人数创历史新高，全市本科以上上线人数保持高位增长，普通高中呈现均衡发展态势。高考期间，全市启用学校普通考点31个，普通考场1438个，备用隔离考场33个（主要提供给新冠肺炎疫情中风险区域、管控区域非密接及黄码、发热等68名考生）。另外，启用备用学校隔离考点3个（南海开放大学、盐步职业技术学校、胡锦超职业技术学校）、备用隔离考场6个（主要提供给密接、次密接和因道路封闭影响的24名考生）。

（王蓉丹）

中等职业教育

【概况】 2021年，佛山市有中等职业院校27所，其中省属学校4所、民办学校1所。中等职业学校在校学生6.63万人，其中省属学校在校人数6399人。中职学校教职工5111人，其中省属学校教职工265人。中职学校专任教师3829人，其中省属学校专任教师185人。年内，举办2021年佛山市职业教育活动周，开展170多项活动。

【中等职业教育扩容提质】 2021年，佛山市出台《佛山市中等职业学校学位扩容指导意见》，增加中等职业学校学位供给。探索职业教育混合所有制改革，创新现代学徒制人才培养模式，完善职业教育人才培养质量评价机制，引导中等职业学校紧贴企业用人要求动态完善人才培养方案，提高人才培养质量。规范企业兼职教师管理机制，提升企业兼职教师队伍教学综合能力。年内，佛山市三水区理工学校承办全国职业院校技能大赛中职组电气安装与维修赛项。佛山市中等职职业学校获全国中等职业学校技能大赛一等奖4个，获广东省中等职业学校技能大赛一等奖73个，成绩居全省第一位。

【“中职学生职业能力评测”现场展示暨省特等奖教学成果推广活动】 2021年5月26日在佛山市顺德区中等专业学校举行，以网络直播方式进行，71.65万人在线收看。活动以数控技术应用、汽车运用与维修、高星级饭店运营与管理3个专业的“学生职业能力评测”过程展示，以及政、校、行、企嘉宾对展示内容的介绍、解说、点评和交流为主线，推广2019年省职业教育特等奖教学成果《“行业主导　以岗定标　比对量才”的中职学生职业能力评测研究与实践》，推动职业院校深化行业企业主导的第三方考核评价模式改革，提升职业教育人才培养质量。

2021年5月21日，2021年佛山市职业教育活动周启动。图为2020年全国职业院校教学能力比赛佛山代表队获奖单位在仪式上领奖
（市教育局　供图）

【全市首批中职学校“双精准”示范专业验收】 2021年9月11—23日，佛山市教育局在全市组织开展首批中等职业学校“双精准”（校企精准对接、精准育人）示范专业验收工作，对佛山市华材职业技术学校等13所学校的19个专业展开验收。验收工作的专家团队以高职院校和企业专家为主，通过网络评审、集中答辩、进校验收3个步骤，重点验收建设项目的完成情况、项目管理、经费落实、资金使用和建设期间取得的标志性成果等。9月12—13日进行集中答辩，就财政资金使用状况、专业建设管理规范、师资队伍建设、建设成果的推广应用等方面要求汇报学校进行答辩。9月15—21日，市教育局有关负责人和专家组进行现场听课、评课、勘验、评审，重点验收省、市财政支持的实训室及实训设备，并针对存在问题提出整改意见。

【全市第二批中等职业学校示范专业验收】 2021年10月25—29日，佛山市教育局组织全市第二批中等职业学校示范专业进校验收，验收范围包括佛山市各中等职业学校国家示范专业、第二批省“双精准”（校企精准对接、精准育人）立项专业、第二批市“双精准”立项专业17个，主要针对网上材料审查中发现的问题进行现场考察，同时进行专业课听课评课、实训场室建设运行情况检查等。

【2021年佛山市中等职业学校技能大赛】 2021年11月15—21日，佛山市举办全市中等职业学校技能大赛。大赛设27个赛项，全市22所中等职业学校的1096名选手参赛。大赛对标“省赛”“国赛”，围绕职业教育国家教学标准，对接真实工作过程、任务和要求，重点考查选手的职业素养、实践动手能力、规范操作程度、精细工作质量、创新创意水平、应变能力、工作组织能力和团队合作精神，紧贴佛山市经济发展和技能人才储备需求。

（王蓉丹）

普通高等教育

【概况】 2021年，佛山市有普通高等学校13所，其中市属本科高校1所、市属高等职业院校2所、省属本科高校5所（含3所共建校区）、省属高等职业院校5所。全市普通高等教育全日制在校生14.83万人。年内，佛山科学技术学院进入软科世界大学学术排名1000强，入选广东省新一轮“冲补强”（冲一流、补短板、强特色）提升计划高水平大学建设计划（重点学科建设高校）。

【高等学校建设】 2021年，佛山市推进高等学校建设，完成广州美术学院佛山校区第一期校园建设方案，推进广东财经大学、南方医科大学、华南师范大学佛山校区建设，签订华南师范大学工学部协议。推进高等教育重点项目建设，推进北京科技大学、北京外国语大学、东北大学3所部属高校佛山研究生院发展，提高人才培养、科学研究、地方服务等方面的水平。截至2021年底，东北大学佛山研究生院获批国家重点研发计划（青年科学家）项目、粤佛联合基金项目、广东省自然科学基金面上项目等18个，合计900万元；与企业签订科研项目4个，合计483万元；布局先进陶瓷实验室、环境功能材料与应用实验室、医疗服务机器人实验室等研究平台。北京科技大学顺德研究生院累计获批科研项目经费1.2亿元，与多家企业签订科研合同金额达1600万元，已建或在建实验室40余个。

链接

佛山市普通高等学校名单（含省属普通高校、校区、民办高校）

佛山科学技术学院　广东东软学院　佛山职业技术学院　顺德职业技术学院　广东职业技术学院　广东环境保护工程职业学院　南方医科大学顺德校区　广东财经大学佛山三水校区　华南师范大学南海校区　广州工商学院三水校区　广东轻工职业技术学院南海校区　广东舞蹈戏剧职业学院　广东理工职业学院南海校区

【高校科技成果转化】 2021年，佛山市针对高校科技成果与企业技术需求的对接难题，组建具备企业研发经验和高校科研经验的复合型技术经理人团队，提供科技猎头服务，促成产学研合作31项，落地金额3456.2万元；深入100余家佛山制造企业，帮助企业解决生产工艺、材料应用、“降本增效”等问题。培育高校团队创业孵化，引入高校技术培育产业发展增长点，培育51家科技型企业，市场估值超10亿元。举办第五届广东高校科技成果转化对接大会和第四届广东高校科技成果转化路演大赛，激发佛山市企业对产学研的合作需求，营造良好的高校科技创新氛围。

【2021中国影视艺术高峰论坛暨中国高等教育学会影视教育专业委员会第二十三届年会】 2021年9月25—26日在佛山市举办，与会人员围绕粤港澳大湾区影视产业发展以及国内外电影工业热点话题，开展专题报告及研讨。来自北京大学、南京大学等全国数十所高校、科研机构以及教育、影视专家学者共同探讨高校影视教育和人才培养中的热点问题。会上，中国高等教育学会影视教育专业委员会与中共佛山市委宣传部签订《粤港澳大湾区影视产业发展智库战略合作协议》，推动佛山市创建粤港澳大湾区影视产业合作试验区。

【“佛山市高校精品思政课（慕课）”大赛决赛】 2021年10月29日在佛山传媒集团举行，来自佛山科学技术学院、顺德职业技术学院、佛山职业技术学院、广东财经大学等佛山高校的参赛者围绕“党史学习教育”“小康社会”等主题，结合情景剧、朗诵、歌曲、舞蹈表演、弹唱等形式，演绎15分钟的慕课课堂。决赛最终评出一等奖2个、二等奖3个、三等奖5个、优秀奖20个，其中佛山科学技术学院的吴新奇以及广东财经大学的郝一峰获决赛一等奖。

（王蓉丹）

【佛山科学技术学院教育教学】 2021年，佛山科学技术学院有仙溪、江湾、河滨3个校区（分别位于南海区和禅城区），总占地面积147.07公顷，总建筑面积60多万平方米。截至2021年底，学校设有研究生学院和16个二级学院，有招生专业53个。有硕士学位授权一级学科点7个和硕士专业学位授权类别10个。有教职工1864人，其中高级职称617人、博士学位741人。学校全日制在校本科生1.89万人、硕士研究生1719人、联合培养博士39人。年内，学校进入软科世界大学学术排名（ARWU）前1000强。

学科专业建设　学校工程学学科首次进入基本科学指标数据库（ESI）全球排名前1%。氢能材料与装备学科获批广东省教育厅“高等教育‘冲一流、补短板、强特色’提升计划（2021—2025）年新增重点建设学科”，畜牧学、光学工程学科进入“2021软科中国最好学科排名”全国前50%。有国家级特色专业2个、国家级一流专业建设点3个、省级特色专业14个、省级重点专业6个、省级一流专业建设点11个。年内新增新能源材料与器件本科专业。完成光源与照明、电气工程及其自动化专业的中华工程教育学会（IEET）工程专业认证。

科研　学校科研到账经费1.67亿元。全年获国家自然科学基金立项36项、国家社会科学基金项目立项2项、广东省自然科学基金项目立项22项、广东省自然科学基金粤佛联合基金重点项目立项7项。学校技术与创新支持中心（TISC）获国家知识产权局授牌。年内，主持、参与的5个项目获广东省科技进步二等奖。

（徐银燕）

【佛山职业技术学院教育教学】 2021年，佛山职业技术学院有全日制在校生1.05万人，教职工560人。设有智能制造学院、电子信息学院、汽车工程学院、新能源与节能环保工程学院、经济管理学院、文化旅游创意学院、马克思主义学院等7个二级学院。有42个专业，包括国家骨干专业4个、省级重点专业5

个、省级品牌专业9个、省级高水平专业群5个。有2个国家级公共实训中心、1个国家级虚拟仿真实训中心、11个省级实训基地、14个省级校外实践教学基地，教学设备总值2.32亿元。

思想政治建设 开展党史进校园系列活动，组织“青年大学习·一起学党史”网上主题团课，参学比在佛山市高校中排第一名。开展“我为群众办实事”实践活动，组织完成4个市级层面、12个校级层面的民生重点项目。落实立德树人根本任务，获第二届全国高校思想政治理论课教学展示暨优秀课程观摩活动二等奖，被评为“全国易班优秀共建高校”“广东省高校十佳易班发展中心”。

教学与科研 学校2本教材在2021年国家教材委员会组织的全国首届教材建设奖评选中获全国优秀教材（职业教育与继续教育类）二等奖。机电工程学院电气自动化教学团队入选国家级职业教育教师教学创新团队。学校教师的科研成果获2020年度广东省科技进步奖二等奖。学校教师在2021年第十二届IIIC国际创新发明竞赛中获金奖，在2021（第四届）广东高校科技成果转化路演大赛职教赛道总决赛中获金奖，在第二十五届全国发明展览会上获金奖2个、银奖10个。

校企合作 加强工业互联网平台建设，申报成为工业互联网“1+X”（学历证书+若干职业技能等级证书）技术技能证书的考点，并增设工业互联网技术专业和工业互联网应用专业。年内，学校成为国家示范性职业教育集团（联盟）培育单位和国家级高技能人才培训基地。海尔卡奥斯工业互联网平台培训中心、徐工工业互联网培训中心、佛山高新区智能化数字化培训基地落户学校。

学校基础设施建设 获市委、市政府投入2.8亿元支持开展第二期学生宿舍（6栋）和饭堂（1栋）项目建设，推动办学规模扩大；投入3300万元支持完成校园环境及绿化提升建设项目，提升校园环境。

（王宜玮）

【顺德职业技术学院教育教学】 2021年，顺德职业技术学院设有11个二级学院，有59个备案专业，全日制在校学生1.93万人。设有继续教育学院和创业培训学院，成人学历教育在读学生3014人，非学历培训31万多人次。有教职工1086人，其中专任教师878人。教职工队伍中副高级职称以上265人。有国家教学（创新）团队2个、国家技能大师工作室2个，主持建设国家级职业教育资源库项目2个，有国家教学名师2人、全国优秀教师（教育工作者）2人、广东省教学名师9人、“广东特支计划”教学名师5人、南粤优秀教师（教育工作者）14人。全年实际录取新生6180人，广东省内计划完成率100%；毕业生就业去向落实率99.3%。

学校重点项目建设 推进“双高”（中国特色高水平高职学校和专业）建设，年度建设任务总体完成率超95%。推进学校举办本科层次职业教育，完善各项本科层次职业教育办学条件。推动广东-亚琛工业4.0应用研究中心建设，年内完成研究中心大楼主体建设工程验收，建成“美的数字化转型示范厅”与“数字化转型应用超市”2个数字化展示厅。依托广东-亚琛工业4.0应用研究中心申报佛山市糖尿病无创检测工程技术中心，获佛山市科技局认定。

教育教学质量建设 建设高水平专业群，新增省级高水平专业群2个，省级专业群增至9个。继续探索“平台+模组”课程体系设置机制、赋予“课程模块（工作情境）”学分的教学资源建设机制、模块化师资队伍管理机制、科研项目转化为课程教学资源的运作机制等，推动人才培养从“专业”向“专业群”转型。开展26个“1+X”证书（学历证书+若干职业技能等级证书制度）试点，获“十四五”（第十四个五年规划，起止时间为2021—2025年）职业教育国家规划教材书目教材等国家级项目立项2个、广东省深化新时代教育评价改革试点校和单项试点项目等省级项目立项8个。在第七届中国国际“互联网+”大学生创新创业大赛总决赛中，获银奖2个、铜奖1个，是参加该项赛事的历史最好成绩。落实立德树人根本任务，学生梁荣浩被中央宣传部、教育部授予全国“最美大学生”称号，是全国高等职业学校、广东省高等学校中唯一获此称号的学生，此外，梁荣浩还获“全国技术能手”“第一届全国职业技能大赛珠宝加工项目冠军”“广东青年五四奖章”等称号。强化实践教学管理和职业能力培养，教师参加广东省首届美育教师教学基本功比赛，获一等奖1个、二等奖5个；师生参加广东省第二届职业技能大赛，获优胜奖5个。年内，学校校内校级实践教学基地立项13个、推荐省级项目6个，校外校级实践教学基地立项38个、推荐省级项目7个，产业学院校级立项11个、推荐省级项目4个，企业工作室校级立项19个。师资队伍建设加大人才引进力度，第一批招聘博士26人，其中博士后人才14人，聘请崔仁辉为学校客座教授。加强存量人才培养，建立教职工在职攻读博士相关制度，25人报考2021年第二批博士研究生。推进高层次人才项目建设，学校食品质量与安全教学团队入选国家级职业教育教师教学创新团队，陈燕舞、余华明获评2021年“广东省高等学校（高职高专）教学名师”，温建良获评“全国技术能手”，牛俊英获评“南粤优秀教师”。推进中层换届工作，完成学校中层干部正职同职级调整及选拔任用工作。年内，学校技能大师工作室立项13个，高层次技能型兼职教师立项4个，教学创新团队立项12个，第一批教师发展分中心建设单位立项7个，18名教师赴企业实践锻炼。

科研竞争力提升 健全学术委员会工作机制，加强学术委员会自身建设，保障学校学术事务正常开展。做好知识产权申请，全年知识产权申请357项，其中发明专利申请123项、实用新型专利申请89项、外观设计专利申请127项、软件著作权申请18项；知识产权授权192项，其中发明专利授权35项、实用新型专利授权90项、外观设计专利授权54项、软件著作权登记13项。推进专利成果转让，全年14项知识产权技术成果获转让，转让金额到账84.3万元。开展标准化制定工作，主导或参与技术标准制定9项，其中国家标准制定3项、主导或参与团体标准6项。组织2021年度广东省教育科学规划各类专项申报与2021年度广东高校科研平台和项目等申报，各级各类纵向项目立项数量及获得资助金额继续保持增长。横向科研项目

2021年12月22日，墨子文化馆在顺德职业技术学院开馆

（顺德职业技术学院 供图）

保持增长，获企事业单位委托科研项目279个，到账经费2539.5万元。

社会服务工作推进　落实“粤菜师傅”工程，继续开展“粤菜师傅”培养培训，先后被广东省教育厅和教育部认定为“广东省2021年继续教育质量提升工程终身教育品牌项目”和“全国终生学习品牌项目”。深化校企合作，共建美的物业培训基地、均安优质草皖产业园检测中心、广东省产业就业培训基地3个基地平台。开展企业科技服务，完成各类项目申报及维护412个、知识产权申请类361个，服务148家企业。推进区域权威农产品中心建设，均安镇农产品质量安全实验室及高效液相色谱质谱联用仪投入使用。配合顺德科技质量服务集聚区建设，推进广东-亚琛工业4.0应用研究中心的各项建设工作，提升区域数字化转型能力。完成对学校在建的省级工程技术研究中心中期检查，协调高层次人才融入平台建设。

国内国际合作与交流　加强国际化技术平台建设，继续推进卢旺达涂料研究院与职业培训中心、马来西亚职业教育国际交流平台、老挝制冷技术培训中心、顺德摩洛哥王国驻中国防水涂料研发中心、澳门国际师资发展中心的建设工作，继续推进“海外惠侨工程——中餐繁荣基地”平台等国际合作项目。与澳门大学达成“葡萄牙语学习与文化交流培训中心”的合作运营意向，为粤港澳大湾区91名教师开展骨干教师教学方法与教学模式改革创新学术研修班培训，并获澳门大学颁发证书。与澳门旅游学院开展2期澳门职业技能认可基准（MORS）培训。开展“粤港澳泛家居产教合作创新联盟”等项目工作。年内，粤港澳大湾区旅游教育培训基地（顺德合作中心）在顺德职业技术学院揭牌，推动顺德区与澳门在旅游和教育等领域开拓新合作。

校园文化及环境建设　开展校园文体艺术活动，学校艺术团舞蹈队作品《盛世华章》在广东省高校艺术作品征集展活动中获一等奖，校团委在该活动中获优秀组织奖。推进绿色学校创建工作，年内入选省教育厅认定的第二批“广东省绿色学校”。12月22日，墨子文化馆在校内开馆，是学校宣传展示墨子职业教育文化和学校特色文化的重要载体。

（肖道东）

成人教育

【成人高等教育】 2021年，佛山市有成人高等教育学校6所，在校生2.71万人，教职工250人，其中专任教师150人。以“庆建党百年华诞　谱终身学习新篇”为主题，开展2021佛山市全民终身学习活动周，活动周期间免费向市民提供学习资源1229项。

（王蓉丹）

【佛山开放大学教育教学】 2021年，佛山开放大学有教职员工86人，其中教授、副教授15人。年内，学校主要面向职工开展中等职业教育专科、专科升本科学历继续教育，针对社工、志愿者、新市民、校外青少年、外来工子女、第三年龄人群（老年人）等开展公益性社会教育培训，面向行业、企业开展包括财务、会计、外语、管理、计算机、低压电工、无人机等领域的职业技能培训，同时提供公共考试服务。

开放教育　学校各类学历教育全年招生3733人，涵盖电子商务、数字媒体设计与制作、学前教育等28个专业。至2021年，累计培养本科、专科毕业生4万余人。年内，学校全面建成“上级平台+线上直播+线下课堂”混合式教学模式，19门课程开展“线上教学+线下教学的虚实同步课堂”试点。教师在国家开放大学首届经管类专业课程思政教学设计大赛中获三等奖、政法类专业课程思政说课大赛获二等奖；在广东开放大学“互联网+”大学生创新创业大赛获三等奖；在广东开放大学体系2021年经济管理类“课程思政”教学大赛中获一等奖、二等奖各1项；在2021年佛山市高校精品思政课比赛中获三等奖。学校的“构建新时代促教育共享的教学生态实践”“岗位能力培养导向的室内设计专业实践教学体系建设”等2项教学成果获2021年广东开放大学教育教学成果奖。教学团队被广东开放大学认定为2021年课程思政改革示范团队。学校学员在全国第十一届残疾人运动会暨第八届特殊奥林匹克运动会上获奖项13项。

社区教育　学校第三年龄教育全年招生487人，开设课程班级26个。年内，学校推出“佛山终身学习”网站和手机应用程序。拍摄制作《老年人如何出示粤康码》《老年人如何使用手机微信发定位》等系列微课程视频。组织开展第一届佛山市“开放大学杯”青少年公益羽毛球公开赛。学校承接市志愿者服务学院委托开展的志愿者舞蹈素养培训班第一期开班。学校教师成果《“活力社区·羽动全城”：终身学习品牌项目创新的佛山实践》《聚合多方之力量，共建学习型城市：“全民终身学习活动周”佛山模式的探索与实践》获2021年佛山市职业教育教学成果奖二等奖。

职业培训　学校与市环卫清洁行业协会签订战略合作框架协议，并继续与其他有关单位合作开展行业人才培训及职业技能培训，举办“佛山市环卫清洁行业协会安全生产培训班”“项目经理和项目主管培训班”等行业培训班12期。整体家居设计、Python技术应用、电商数据分析、大数据应用开发4个项目获批为市人力资源社会保障局职业技能培训课程项目，全年开展培训项目19个，为政府机关和企事业单位培训学员5946人。承接政府机关主办的社会考试20场次，服务各类社会考试人员4.2万人次。

科研成果　学校在国家数字化学习资源中心佛山分中心资源库上传资源117件，教师作品《好饿的毛毛虫》在国家数字化学习资源中心举办的第六届NERC杯全国社区教育优秀微课评选活动中被评为优秀作品，《学会呼吸——中老年声乐入门》在2020年国家数字化学习资源中心优秀资源评选中获“优秀教学视频”三等奖。组织申报广东省教育厅继续教育质量提升工程项目13个。在佛山市社会科学界联合会、广东开放大学、校内课题及各类协会的科研立项项目25个，全年科研项目结题16个。与市科技局、南海统区计局等签订横向课题协议并于年内结题。

合作办学　学校先后与顺德区北滘职业技术学校等4所学校教育机构签订合作办学协议，至年底，有合作办学机构7个。

（刘春水）

【2021佛山市全民终身学习活动周】2021年11月16日在佛山市南海区灯湖中学开幕。学习活动周以“庆建党百年华诞　谱终身学习新篇”为主题，由佛山市教育局和南海区人民政府主办，佛山市成人教育协会和南海区教育局承办，佛山开放大学、南海开放大学、南海区桂城街道教育发展中心、桂城灯湖中学共同协办。开幕式上举办2021年佛山市社区教育成果展，并举行“非遗文化进校园”学生体验活动，佛山陶艺、佛山剪纸、咏春拳、南海藤编、九江灯谜等11项非遗文化的传承人走进校园，让学生现场感受非遗文化的魅力。活动周期间，佛山市各区和市直单位免费向市民提供1229项学习资源。此外，活动为2个2021年全国“终身学习品牌项目”、1个“百姓学习之星”；5个2021年广东省“终身学习品牌项目”、4个“全民学习之星”；14个2021年佛山市“终身学习品牌项目”、12个“百姓学习之星”、13个“社区教育先进集体”、13个“社区教育先进工作者”颁发奖项。

（王蓉丹）

2021年，佛山开放大学开展行业人才培训及职业技能培训，举办行业培训班12期。图为佛山开放大学联合市环卫清洁行业协会举办的企业培训师培训班（佛山开放大学　供图）

特殊教育

【概况】2021年，佛山市有特殊教育学校7所，其中市直属2所，5个区各1所。特殊教育学校在校生1596人；教职工442人，其中专任教师398人。

【特殊教育入学评估与安置】2021年，佛山市落实教育部下达的残疾儿童少年（6～18岁）年度分类安置入学任务，健全残疾儿童入学安置机制。建立佛山市残疾人教育专家委员会工作制度，成立市残疾儿童入学评估与安置工作小组，义务教育入学安置率保持100%。加强融合教育师资培训，组织1857名普通中小学教师完成64个学时的线上融合教育理论课程，组织153名“种子教师”完成特殊教育评估专项培训，完成专业特殊教育评估队伍组建。

【佛山市启聪学校】佛山市启聪学校由佛山市政府于1992年9月兴办，是一所集视障、听障、智力残疾三类障碍儿童、青少年为教育对象，涵盖学前教育、义务教育、中等职业技术教育，特殊教育体系完整的综合性特殊教育学校。截至2021年底，学校占地面积1.77万平方米，建筑面积2.31万平方米，有学生职业教育楼、学前教育楼、教学楼和综合楼，内设与教育教学相配套的多种专用场室以及各类生活用室，包括茶艺室、律动室、陶艺室、美工室、烹饪室、面点室、美容美发室、居家饮食室、客房服务室、手工皂室、物流室等。2021年，佛山市启聪学校有教学班34个，在籍学生318人，教职工126人。举办2021年佛山市启聪学校职业教育展示与体验开放日、第二十六届体育节、主题师德教育等活动。10月，学校举办校企协就业推介会，佛山市残疾人协会向家长和学生推荐部分就业资源，帮助特殊学生实现就业。年内，学校获“广东省五一劳动奖状”。

（王蓉丹）

科学技术

综　述

【概况】2021年，佛山市获评“国家创新型城市”，科技创新综合竞争力居全国地级市第四位。企业创新主体地位继续强化，全市有高新技术企业7100家，建有科技企业孵化器115家、众创空间86家，有重大科技创新平台41个，建有省重点实验室30个、省工程技术研究中心812个、市工程中心1421个。高水平科技创新平台建设继续强化，季华实验室在首批省实验室考核评估中获评“优秀”等次，仙湖实验室科研条件逐步完善并在氢能领域产学研合作成效初显。年内，佛山市推出加计扣除研发项目前置技术鉴定服务，全市4870家企业享受优惠，加计扣除额达129.28亿元，为企业减免税额超10亿元；开展“秒报秒批秒付”改革，3294家企业享受高企研发补助款2.41亿元，2259家企业享受高企认定补助款2.25亿元。年内，佛山一号“超高比功能柔性卫星”实现发射。

【创新创业生态优化】2021年，佛山市优化创新创业生态，围绕传统产业转型升级和战略性新兴产业培育，编制科学技术发展“十四五”规划。印发《佛山市创新创业引导基金管理办法（修订版）》《佛山市创新创业引导基金投资决策委员会议事规则》，细化“双创”（创新创业）基金的组织管理架构、投资运作流程、议事操作规则等，确保“双创”基金运作规范有序。印发《佛山市科技创新团队资助办法（2021年修订）》，面向高端装备制造、前沿新材料、新能源、生物医药与健康等战略性新兴产业领域进行靶向引才。

【“科创中国”试点城市建设】2021年，佛山市获中国科学技术协会确定为“科创中国”试点城市并有序推进试点工作。市科学技术协会完成《“科创中国”佛山试点城市建设专项资金管理办法（征求意见稿）》编制。市人民政府办公室印发《佛山市“科创中国”试点城市建设方案》，提出在“十四五”（第十四个五年规划，起止时间为2021—2025年）期间与100个以上的国家级学会和国际学术技术机构达成合作，建立10个以上产业技术创新联盟，新建10个以上院士专家工作站，推广应用100项以上先进技术等；提出要根据佛山产业发展实际情况和需求，梳理全市“2+2+4”产业集群（第一个“2”是指装备制造等2个超万亿元产业集群，第二个“2”是指汽车及新能源等2个超5000亿元产业集群，“4”是指智能制造装备及机器人等4个超3000亿元产业集群）在关键技术、关键基础材料、核心零部件、工艺装备等方面的关键瓶颈和薄弱环节，选取重点行业进行研究，推进深层次产学研资用合作，解决佛山制造业“卡脖子”技术难题；提出在调研、收集、分析整理企业创新发展需求的基础上，建立企业创新瓶颈问题需求库、核心技术攻关项目库，接入“科创中国”平台，促进线上技术需求与供给的对接；明确支持佛山中国发明成果转化研究院、广东博智林机器人有限公司、佛山仙湖实验室等创新载体申报中国科协海智基地，支持佛山中德工业服务区（三龙湾）、力合科技园有限公司、佛山播恩生物科技有限公司、华南智能机器人创新研究院等创新载体建设广东省科协海智工作站，吸引海外高层次人才到佛山创新创业，推动国际科技交流合作和科创项目落地佛山。9月17日，2021年“科创中国”智能制造产学融合高峰论坛暨第二届广东省制造业高质量发展高峰论坛在佛山开幕，“科创中国”联合体理事长周济为佛山市“科创中国”试点城市授牌。

（董梦蝶　陈卓一）

科学平台建设

【概况】2021年，佛山市有企业类省重点实验室30个，数量排全省第二位；有省级工程技术研究中心812个、市级工程中心1421个、区级工程中心1325个（其中禅城区28个、南海区747个、顺德区223个、高明区146个、三水区181个）。有科技企业孵化器115家，其中国家级23家、省级10家，孵化总面积达267万平方米，在孵企业3279家；众创空间86家，其中国家级22家、省级12家。年内，佛山市继续推进重大创新平台建设，推动佛山智能装备技术研究院、华南新材料研究院等创新平台开展产学研合作，截至年底，全市建有科技创新平台41个。

表39　　**佛山市省级以上孵化器一览表**

序　号	孵化器名称	运营单位	认定级别	认定时间
1	佛山国家火炬创新创业园	佛山火炬创新创业园有限公司	国家级（23家）	2013年
2	南海瀚天科技企业孵化器	佛山市创智汇投资发展有限公司		2013年
3	佛山新媒体产业园国家级科技企业孵化器	广东新媒体产业园发展股份有限公司		2014年
4	广东工业设计城	广东同天投资管理有限公司		2014年
5	南海生物医药科技企业孵化器	中国科学院南海生物医药科技产业中心		2015年
6	广东物联天下科技企业孵化器	广东物联天下产业园有限公司		2015年
7	芯光源孵化器	佛山市南海光明智汇新光源投资发展有限公司		2015年
8	深圳清华大学力合（佛山）科技园	广东力合创智科技有限公司		2015年
9	德美新材料创新科技园	广东德运创业投资有限公司		2015年
10	广工大研究院	佛山市南海区广工大数控装备协同创新研究院		2015年
11	顺德创意产业园	广东顺博创意产业孵化器有限公司		2016年12月
12	广东省（佛山）软件产业园	佛山市盈赛投资发展有限公司		2016年12月
13	佛山创意产业园	佛山创意产业园投资管理有限公司		2016年12月
14	佛山市三水高新创业中心	佛山市三水高新创业中心有限公司		2017年12月
15	东软华南IT创业园	广东睿道共创科技有限公司		2017年12月
16	SKG硅谷孵化园	广东艾诗凯奇智能科技有限公司		2017年12月
17	高明沧江工业园科技企业创业中心孵化器	佛山市高明区科技创新创业中心		2017年12月
18	顺德创客中心科技企业孵化器	佛山市聚客家园投资有限公司		2019年12月
19	中峪智能机械智能装备孵化中心	广东中南机械智能孵化器有限公司		2019年12月
20	力合星空·728创域（丹灶）	佛山南海力合星空孵化器管理有限公司		2019年12月
21	佛山科学技术学院大学科技园	佛山科学技术学院大学科技园有限公司		2019年12月
22	车载电子信息产业孵化园	佛山好帮手知行科技有限公司		2020年12月
23	慧泉科技园	佛山市南海慧泉投资有限公司		2020年12月
24	C时代南海互联网产业园	佛山市凯泰创展科技园有限公司	省级（10家）	2015年11月
25	佛山东星陶瓷科技企业孵化器	佛山东星陶瓷产业总部基地发展有限公司		2015年11月
26	佛山泛家居电商创意园	佛山石湾贝丘投资有限公司		2016年9月
27	中欧科技创新转化中心	佛山新城投资发展有限公司		2017年9月
28	慧聪城市创新基地	广东慧聪家电城投资有限公司		2017年10月
29	瀚蓝环保产业孵化器	广东瀚蓝环保科技有限公司		2018年11月

续表

序号	孵化器名称	运营单位	认定级别	认定时间
30	粤港澳科技企业孵化器	广东博智林机器人有限公司	省级（10家）	2020年3月
31	佛山工合空间粤港澳孵化器	佛山市工合科技有限公司		2020年3月
32	华南理工大学科技园顺德创新园	佛山市顺德华工科技园有限公司		2020年12月
33	瀚海（佛山）国际创新中心	佛山瀚海华美投资管理有限公司		2020年12月

注：资料截至2021年底

表40　佛山市省级以上众创空间一览表

序号	众创空间名称	运营单位	认定级别	认定时间
1	工匠创客汇	佛山市南海区广工大数控装备协同创新研究院	国家级	2015年
2	广东工业设计城.创客空间	广东同天投资管理有限公司		2015年
3	易客工场	佛山市易客商业投资管理有限公司		2015年
4	广东创业工场（顺德）	广东顺德创业工场信息技术有限公司		2015年
5	顺德创客汇	广东物联天下产业园有限公司		2015年
6	智造佳众创空间	广东广佛智城商业地产投资有限公司		2015年
7	纳米空间	高明沧江工业园科技企业创业中心		2015年
8	顺德创意产业园.创意文化艺术街	广东顺博创意产业孵化器有限公司		2015年
9	德美众创邦	广东德运创业投资有限公司		2015年
10	顺德创客中心	佛山市聚客家园投资有限公司		2015年
11	广东3D打印应用技术创新中心众创空间	佛山市中科高新增材制造产业创新中心		2015年
12	创业18mall	广东东软学院		2015年
13	广东省青年创新创业试验区-U+inno创业中心	广东力合创智科技有限公司		2016年9月12日
14	Medical-X众创空间	广东顺德南方医大科技园有限公司		2016年9月12日
15	英诺创新空间	佛山市厚德众创科技有限公司		2017年12月1日
16	乐孵众创空间	佛山创意产业园投资管理有限公司		2017年12月1日
17	T+SPACE创客大本营	佛山天安科技企业孵化器管理有限公司		2017年12月1日
18	佛山极客社区	广东新媒体产业园发展股份有限公司		2017年12月1日
19	华南IT创业园	广东睿道共创科技有限公司		2017年12月1日
20	广东智造创新工场	广东三水合肥工业大学研究院		2020年3月1日
21	北大数研航遥园区	广东北大数研园区运营管理有限公司		2020年3月1日
22	揽月一号众创空间	佛山揽月一号科技有限公司		2020年3月1日
23	创业南方	佛山市创业南方信息技术管理咨询有限公司	省级	2017年9月1日
24	怡和中心	佛山市怡欣投资有限公司		2017年9月1日

续表

序号	众创空间名称	运营单位	认定级别	认定时间
25	SKG众创空间	广东艾诗凯奇智能科技有限公司	省级	2017年9月1日
26	珠江西岸橙子众创空间	华南智能机器人研究院		2017年10月26日
27	森城创客空间	佛山市三水区乐平镇产业服务创新中心		2018年11月1日
28	佛山创客邦	佛山创邦孵化器有限公司		2020年12月29日
29	中科卡卡松堡众创空间	佛山市中科卡卡松堡企业孵化器有限公司		2020年12月29日
30	阿里云创新中心（佛山）	佛山蜂巢创新企业管理有限公司		2020年12月29日
31	云炬众智众创空间培育	佛山众知科技服务有限公司		2020年12月29日
32	佛山市筑梦之星众创空间	佛山市筑梦之星科技有限公司		2020年12月29日
33	国科慧龙科创基地	广东国科慧龙科技服务有限公司		2021年12月17日
34	商+众创空间	广东省穗商创业孵化器有限公司		2021年12月17日

注：资料截至2021年底

【实验室建设】2021年，佛山市有企业类省重点实验室30个，数量排全省第二位。

季华实验室有引进及组建的科研团队40余个，有全职中国科学院院士1人、双聘院士15人、领军人才38人、正高级职称115人，总体科研人员规模达1450人。年内，季华实验室围绕大功率微波电源、射频电源等“卡脖子”技术开展攻关，并于年底实现生产；研发出国内首台套轻量化水平及跟瞄精度综合领先的设备——“墨子号”量子密钥高精度跟瞄地面轻量化收发系统，发射全国首台商业化高分辨率、轻型化、低成本卫星图像详查相机“佛山一号”；牵头筹划显示制造装备技术攻关，规划半导体装备零部件产业集群创新示范区，在半导体和新型显示领域打造信息装备产业园，推动佛山泛半导体产业和泛零部件产业集群发展。年内，季华实验室在首批省实验室考核评估中获“优秀”等次。截至2021年底，季华实验室有包括国家和省各类重大项目在内的科研项目69个，项目总经费6.5亿元，申请发明专利563件，其中授权155件。

先进能源科学与技术广东省实验室佛山分中心（佛山仙湖实验室）全年通过“全职+双聘”方式引进科研人员112人，其中中科院院士1人、中国工程院院士1人、教授42人。其中：引进中国工程院院士、中国汽车工程学会秘书长李骏教授及团队，依托李骏院士工作站成立智能氢复合动力车辆技术研究院，推动新能源重型卡车发动机技术的创新并实现产业化；全职引进程一兵教授及团队，推动碱水电解、质子交换膜纯水电解、固态氧化物水电解等可再生能源制氢的研发与产业化。年内，仙湖实验室开展核心技术攻关，面向海内外自主立项1.84亿元科研课题，重点攻关可再生能源制氢、燃料电池关键材料及核心部件系统自主工程化技术、多种新能源动力系统智能网联集成技术和氢燃料电池测试与安全技术，牵头承担2021年度广东省重点领域（新能源汽车）研发计划——全氟磺酸树脂质子交换膜研发项目，首次获批国家自然科学基金项目。仙湖实验室全年获准立项各级科研项目19个，自主立项项目12个，投入经费2.1亿元；发表SCI（科学引文索引）论文151篇，申请发明专利48项。

佛山仙湖实验室（2021年） （市科技局　供图）

【科技创新平台建设】 2021年，佛山市继续深化与中国科学院、中国工程院、清华大学、香港科技大学等高校、科研院所产学研合作，推进解决“卡脖子”技术问题，促进新兴产业培育和传统产业转型升级。截至2021年底，全市有科技创新平台41个，平台共创办和孵化科技企业678家，累计产值达57.51亿元，服务企业2.01万家，获国家、省级项目经费9.2亿元，获国家和省级科技奖25项。推动广东省科技厅、佛山市政府、禅城区政府、有研科技集团有限公司签订四方合作战略框架协议，共建有研（广东）新材料技术研究院，推进地方传统有色金属产业结构升级，以及粤港澳大湾区微电子、光电子、新能源等战略性新兴产业的发展。围绕创新药物创制转化方向，引进孙勇奎院士团队启动新药创制与转化重大科技平台建设，开展科研攻关和成果孵化，集聚和培育一批新药创制上下游企业，优化提升区域创新药物产业生态，年内开展场地施工、设备招投标等工作，引入科研人才60余人。发动企业申请省级、市级工程中心、省实验室认定，修订市工程技术研究中心管理办法和市重点实验室管理办法，引导企业建立健全科研体系，推出加计扣除研发项目前置鉴定服务、高企研发费补助等举措，引导企业加大科技研发投入。

【智能氢复合动力车辆技术研究院成立】 2021年1月28日，智能氢复合动力车辆技术研究院在佛山仙湖实验室第一届理事会第四次会议上揭牌成立。研究院依托李骏院士工作站建设，定位于研发具有自主知识产权的、达到国际领先水平的、能实现产业化的“智能氢复合动力系统及车辆技术”，建设国内氢能与燃料电池领先的创新技术研究、产品工程化开发与孵化应用基地。研究院下设氢复合动力系统研发实验室、电控系统实验室、辅件系统实验室、整车集成实验室，形成技术研发平台、试验测试平台和产业化服务平台，聚焦智能氢复合动力及整车技术研究、应用开发及相关产品工程化，这些技术可应用在重型车辆、船舶、飞机上。

【深圳科技园佛山科创园项目动工】 2021年8月8日，深圳科技园佛山科创园项目动工仪式在佛山西站枢纽新城举行。该项目占地面积226.73公顷，以涵盖研发、办公功能的独栋和多层产业大厦为主，计划建设为现代化生产性服务业智慧园区。项目计划聚集新一代信息技术、人工智能、工业互联网、检验检测、研发与设计、科技成果转化、电子商务服务、新技术与创新创业服务等战略性新兴产业，引入不少于150家产业链上下游企业和2个国家级产业服务平台。项目动工仪式当日，佛山市南海区（深圳）产业服务中心举行远程揭牌仪式，南海区面向深圳产业企业的双向窗口启用，该中心位于深圳科技园佛山科创园核心区的金融科技大厦，面积超2000平方米，集展示、参观、接待、服务、路演五大功能于一体，对接深圳的科创产业、专业服务、高端人才等资源外溢。

【药物代谢研究与评价重点实验室揭牌】 2021年9月27日，由南方医科大学与顺德区药品检验所联合申请成立的药物代谢研究与评价重点实验室在佛山市顺德区揭牌，是全国药物代谢监管体系首个国家级重点实验室。该实验室依托南方医科大学，以南方医科大学药学院及南方医院药物临床试验质量管理规范（GCP）中心、顺德区药品检验所为核心组成单位。计划通过开展创新药物的药物代谢研究与评价，同时针对肝、肾功能损伤等特定人群，提供药物代谢和药物相互作用等方面评价服务，指导药品生产企业完善临床前和临床药物代谢相关数据，弥补药品监管中的盲点和不足，服务于国家的药物监管与用药安全。

（董梦蝶　陈卓一）

科技创新

【概况】 2021年，佛山市获科技部认定为“国家创新型城市”，科技创新综合竞争力居全国地级市第四位。制定《佛山市重点领域“揭榜挂帅”科技攻关工作方案》，鼓励开展技术攻关和产业化应用研发。年内，佛山市区域创新能力增强，佛山国家高新技术产业开发区形成装备制造、智能家居和光电3个产值超1000亿元的产业集群，以及生物医药、新材料和新能源3个产值超100亿元的产业集群；三龙湾科技城对接广深港澳科技创新走廊，引进飞利浦水健康智能家电制造基地、虎牙全球研发总部等一批优质科技企业。至年底，全市有高新技术企业7100家、标杆高新技术企业130家。年内，佛山市获2020年度广东省科学技术奖一等奖2个、二等奖7个。

【科技创新人才引进】 2021年，佛山市重点推进人才引进政策实施、人才载体建设和人才服务管理，全年引进全职院士3人，省“珠江人才计划”团队11个、领军人才4人。截至2021年底，全市有研发人员7万人；有市科技创新团队184个，其中兼职院士32人、国家杰出青年24人、高级职称602人；有省“银龄人才”12人，省外籍高层次人才13人，省企业科技特派员89人；全市持有效外国人工作许可证共2620人，其中A类高端人才445人、B类专业人才1989人、C类技能人才186人。人才结构不断优化，全市有博士4575人、硕士4.15万人，高级职称专业技术人才3.2万人。年内，制定《关于实施“佛山有为英才”计划的意见》《佛山市高层次人才及团队引进三年行动计划（2021—2023年）》，激发各类人才创新活力。

【高新技术企业发展】 2021年，佛山市推进高新技术企业培育和规模化发展三年行动（2020—2022年），印发《佛山市2021年度高新技术企业培育和规模化推进实施方案》和《佛山市2021年高新技术企业培育和规模化发展工作要点》，全年全市认定3批4069家高新技术企业，高新技术企业数量增至7100家，标杆高新技术企业保持130家，科技型中小企业评价入库企业保持5024家，示范带动全市高新技术企业发展。发布2021年佛山市高新技术企业创新联盟培育项目申报指南，发动具备较完善产业链、产业集群的企业群、科研机构等多个独立法人和高校等单位申报高新技术企业创新联盟项目，引导和支持创新要素集聚开展技术合作，激发科技创新活力，年内成立包括由广东汇博机器人技术有限公司牵头的佛山市智能机器人关键技术与应用高新技术企业创新联盟、广东一方制药有限公司牵头的佛山市中药外源性有害物质安全性评价高新技术企业创新联盟等6个创新联盟，提供资助共300万元。

【孵化载体建设】 2021年，佛山市有科技企业孵化器115家（其中国家级23家、省级10家），众创空间86家（其中国家级22家、省级12家），孵化总面积267万平方米，在孵企业3279家。推进科技企业孵化育成体系建设，开展2020年度佛山市科技创新载体后补助及运营绩效评价项目，对佛山科学技术学院大学科技园等15个科技孵化载体给予市科技创新载体后补助，补助金额78.546万元。对佛山市南海区广工大数控装备协同创新研究院等34个孵化载体给予运营绩效评价资助，资助金额330万元。开展2019—2020年度科技企业孵化器资质认定后补助资金申请工作，对慧泉科技园等3家国家级科技企业孵化器给予每家200万元后补助，对粤港澳孵化器华南理工大学科技园顺德创新园区给予资质认定后补助100万元，补助资金共700万元。

【核心技术攻关】 2021年，佛山市推进重点领域科技攻关，制定《佛山市重点领域“揭榜挂帅”科技攻关工作方案》，面向全市企事业单位征集关键核心技术需求80多项，筛选出“大型多维复杂曲面激光切割加工关键技术”等9项企业需求公开发榜，吸引清华大学等单位参与揭榜。择优立项“大型多维复杂曲面激光切割加工关键技术研究及应用”等6个项目，立项金额2750万元。围绕佛山产业发展和社会民生的关键领域和重点环节，突出先进制造、人工智能、低碳节能、医药健康等重点领域，鼓励开展技术攻关和产业化应用研发，拟定“制造业数字化智能化”等3个产业发展专题方向和“绿色低碳与污染治理”等3个社会民生专题方向，面向重大需求开展科技攻关，年内，季华实验室围绕高端装备核心部件开展攻关，自主启动83个科研项目。

【科学技术奖评选】 2021年，佛山市完成第三届佛山高新技术进步奖评选，“家用蒸烤烹饪电器的高温蒸汽发生技术研究及应用”等59个项目获“佛山高新技术进步奖”，52名优秀个人以及153家优秀企业获表彰。开展佛山市2021年度科技先锋奖评选，“北斗海聊——基于北斗卫星短报文的多模全覆盖移动应用通信解决方案”等10项优秀成果获2021年度科技先锋奖科技进步奖，高永坚等9名优秀个人获2021年度科技先锋奖创新创业奖。截至2021年底，全市累计评选出佛山高新技术成就奖11个、佛山高新技术进步奖117个、科技先锋奖51个。年内，佛山市获2020年度广东省科学技术奖一等奖2个、二等奖7个。

【佛山一号卫星发射】 2021年4月27日，佛山一号卫星、齐鲁一号卫星和齐鲁四号卫星作为3颗主星在太原卫星发射中心通过长征六号遥五运载火箭以“一箭九星”的方式发射，进入预定轨道。佛山一号“超高比功能柔性卫星”由佛山季华实验室联合耕宇牧星（北京）空间科技有限公司设计研制，设计寿命3年，具有整星快速机动、高速数据传输能力以及视频、凝视拍照和条带拍照等多种工作模式，分辨率指标优于0.7米，最高可提供分辨率达0.5米的超高清遥感图像产品。同时，该卫星通过一体化设计、柔性平台、大口径超轻量化相机等手段，达到同等功能下体积最小，是全球首颗100千克重、0.5米分辨率光学成像卫星，可在国土资源调查、环境保护、防灾减灾、资源开发利用、功能区划等领域发挥作用。

【第十届中国创新创业大赛（广东·佛山赛区）暨2021年“南海农行杯”佛山创新创业大赛】 于2021年6月30日启动，并于10月12日举行总决赛。大赛围绕新一代信息技术、生物医药、高端装备制造、新材料、新能源、新能源汽车和节能环保七大行业领域，有260家企业参赛，206家企业进入初赛，35家企业进入总决赛（含新一代信息技术企业17家、高端装备制造企业8家、新材料企业7家），评出总决赛一等奖、二等奖、三等奖获奖企业32家。其中：华运通达（广东）道路科技有限公司、广东粤科新材料科技有限公司分别获新材料领域成长组、初创组第一名；佛山市坦斯盯科技有限公司、佛山市华道超精科技有限公司分别获高端装备制造成长组、初创组第一名；广东芯华微电子技术有限公司、季华恒一（佛山）半导体科技有限公司分别获新一代信息技术领域成长组、初创组第一名。此外，大赛在总决赛现场设置金融服务专区、政策服务专区、技术对接服务专区、企业风采展示区等，并举行投融资对接会，组织佛山、广州等地近10个投融资机构与参赛企业进行交流。通过第十届中国创新创业大赛（广东·佛山赛区）选拔，25家佛山企业晋级省赛，最终12家佛山企业晋级国赛。

【第六届中国创新挑战赛（广东·佛山）】 2021年7月6日至11月4日举行。大赛发布需求91项，为企业技术需求匹配30多个技术团队，最终评选出广东华智芯电子科技有限公司提出的“芯片热沉片散热工艺提升研究”等7项技术创新需求及苏州盛光材料有限公司等提出的7个最优对应解决方案进入路演环节。广东工业大学ACTCC团队、季华实验室微纳制造团队等优胜技术团队与单位获颁证书和奖金支票。（详见“开放型经济”类目“产业园区”分目“佛山高新技术产业开发区”次分目）

【第一届全国博士后创新创业大赛】 2021年12月18—20日在佛山市举行，由人力资源和社会保障部、广东省人民政府共同主办，4个组别共产生57个金奖、91个银奖、125个铜奖。（详见“社会生活”类目“劳动就业”分目）

（董梦蝶　陈卓一）

科技转让

【概况】 2021年，佛山市技术合同认定登记2683项，合同成交金额13.41亿元，技术交易额9.72亿元。全年新增技术经纪特派员109人。新增49个科技服务机构通过创新券服务机构入库备案，累计备案入库263个。修订《佛山市在新时代进一步推进科技创新实现高质量发展若干措施》，推动产业创新和科技创新协同发展，破解创新资源分散、重复、低效等问题，提高科技成果转化效率和科技投入产出效益比。季华实验室推进国家重大需求技术转化，围绕大功率微波电源、射频电源等“卡脖子”技术开展攻关，并于年底实现生产，实验室年内获授权发明专利155件。佛山仙湖实验室成立智能氢复合动力车辆技术研究院，推动新能源重型卡车发动机技术的创新并实现产业化；推动碱水电解、质子交换膜纯水电解、固态氧化物水电解等可再生能源制氢的研发与产业化。

【技术转让】 2021年，佛山市推进技术合同认定登记工作，开展年度技术合同资助，其中技术交易资助869.79万元、技术合同登记点资助267.38万元、科技成果转化平台资助558.59万元。全年全市技术合同认定登记2683项，合同成交金额13.41亿元，技术交易额9.72亿元。

【科技创新券实施】 2021年，佛山市扩大创新券服务机构征集范围，全年新增通过备案的科技服务机构49个，累计备案入库科技服务机构263个。组织创新券申领和兑付工作，全年向319家佛山科技型中小企业发放创新券额度1502.91万元，并开展兑付工作。（详见“新兴服务业”类目“科技服务业”分目）

【第四届广东高校科技成果转化路演大赛在佛山举行】 2021年9月24日，2021年（第四届）广东高校科技成果转化路演大赛启动仪式暨项目签约活动在佛山市南海区千灯湖创投小镇举行，并于9月24—28日进行小组路演竞赛。广东高校科技成果转化路演大赛是广东省教育厅主办，广东高校科技成果转化中心承办的省级赛事。小组路演竞赛分为高教主赛道（含先进制造组、电子信息组、环保新材料组、生物医药组）和职教赛道（含先进制造及电子信息组、环保新材料及其他组）2个组别共6个小组，来自清华大学、中山大学、香港科技大学、华南理工大学等高校的122个项目进行小组路演竞赛。通过小组路演竞赛，高教主赛道24个项目和职教赛道12个项目入围路演大赛总决赛。12月10—11日，举行路演大赛总决赛和“产教融合　科创赋能”2021年广东高校科技成果转化对接大会，并在对接大会现场举行2021年（第四届）广东高校科技成果转化路演大赛颁奖仪式。路演大赛总决赛评出高教主赛道和职教赛道获奖项目各6个。其中：南方医科大学珠江医院的“组合型生物人工肝拓展系统”项目和中山大学的“类视网膜‘仿生’图像传感器芯片模组及应用”项目分别获高教主赛道特等奖和金奖；佛山职业技术学院的“基于纯国产区块链操作系统的智慧实验平台”项目获职教赛道金奖。对接大会现场举行2021年落地孵化项目和校企产学研合作项目签约仪式，中山大学、暨南大学等14所高校签约。此外，对接大会还举行广东高校科技成果转化工作站授牌仪式，西安交通大学、清华大学深圳国际研究生院等8个2021年在佛山市新建的广东高校科技成果转化工作站获授牌。

【2021火炬科技成果直通车（佛山站）硬科技成果专场】 2021年11月25日在佛山千灯湖创投小镇举行。专场活动上，佛山国家高新技术产业开发区组织外资企业，以及北京、香港、澳门等地企业的科技成果进行线上和线下路演，15个科技成果项目将其产品带到现场进行展示，4个合作项目成功签约，其中，5G+AI边缘计算智能视觉系统的研发及产业化团队与佛山云瑞博科技有限公司签订供需合作协议，国科慧龙科创基地与佛山微奥云生物技术有限公司、海创人才南方服务中心与佛山宜视智联科技有限公司、碧桂园新能源汽车小镇与杭州指南车机器人科技有限公司分别签订项目落地协议。

【博士后人才交流与科研成果转化对接活动】 2021年12月18—20日在佛山市举行的第一届全国博士后创新创业大赛总决赛设置近9000平方米的博士后工作成果展示专区，并举办博士后人才交流与科研成果转化对接活动。博士后人才交流活动提供超2000个岗位，达成工作意向近1000人次。200多家企业和40余个创投机构参加技术交易对接，692个成果转化项目“一对一”洽谈对接，现场签约项目54个，意向合作金额11.27亿元。

（董梦蝶　陈卓一）

2021年12月10—11日，佛山市举行“产教融合　科创赋能”2021年广东高校科技成果转化对接大会。图为2021年（第四届）广东高校科技成果转化路演大赛高校优秀组织奖颁奖仪式

（市科技局　供图）

科技合作与交流

【概况】 至2021年，佛山市与高等院校、科研机构在智能制造、电子信息、新材料、生物医药等领域合作组建各类创新平台41个，累计引进培养各类研发和管理人员近1万人，获国家、省和市各级科技计划项目超800个，发明专利申请或授权超1800个，孵化培育科技型企业450家，初步形成涵盖基础研究、应用研究、产业技术、测试认证、成果转化、技术咨询、成果交易、人才引进、培训培养等创新平台载体框架体系。年内，佛山市被纳入由省、市联动组织实施的2021—2022年度粤澳科技创新联合资助项目试点城市。

【产学研合作】 2021年，佛山市科学技术局协助清华大学佛山先进制造研究院组织5批次清华大学专家教授到各区进行产学研合作对接工作，搜集整理6个清华大学产业化项目与各区科技管理部门和招商部门对接，其中2个项目落地南海区。继续实施清华-佛山产学研合作协同创新专项，截至2021年底，累计立项121个，有3个项目在佛山注册成立公司。推进佛山（华南）新材料研究院建设，集聚人才250人，全年获批科技部国家重点研发计划“战略性科技创新合作”重点专项1个、获批国家自然科学基金面上项目2个、获批广东省基础与应用基础研究基金联合基金重点项目1个。推进佛山智能装备技术研究院二期建设，拟定《佛山智能装备技术研究院2021—2025年建设方案》，对其2021—2025年发展进行详细规划。截至2021年底，佛山智能装备技术研究院建有国家级工程中心佛山分中心4个、省级工程中心及平台5个、关键技术研究室7个、企业孵化中心1个、国内首家机器人云服务平台1个，机器人产业五大核心零部件中除减速机外，其余均实现自主研发，核心自主创新占比超80%，在控制器、伺服驱动、伺服电机和机器人本体方面形成核心自主知识产权300余项。

2021年，佛山（华南）新材料研究院集聚人才250人，举办第一届“粤港澳大湾区新材料青年博士论坛”，推进佛山产学研合作

（市科技局 供图）

【粤港澳大湾区国际科技创新中心建设】 2021年，佛山市科学技术局制定《佛山市推进粤港澳大湾区国际科技创新中心建设2021年工作要点》，根据重点任务和责任分工，会同各部门推进粤港澳大湾区国际科技创新中心建设发展，推动与香港科技大学合作项目。推进粤澳科技创新联合资助项目试点工作（年内，佛山市被纳入省、市联动组织实施的2021—2022年度粤澳科技创新联合资助项目试点城市），结合佛山产业发展和粤澳科技合作的需求，发布《2021—2022年度粤澳科技创新联合资助项目申报指南》，组织开展2021—2022年度粤澳科技创新联合资助项目申报，发挥佛山市产业优势与澳门高校科研力量优势互补，促进两地产学研合作。推动科技项目合作，香港科技大学（佛山）科技成果转化中心完成孵化场地建设投入试运营，年内，有来自粤港澳大湾区的11个科技项目入驻成果转化中心进行孵化。联合市人力资源社会保障局、佛山科学技术学院、季华实验室等单位赴澳门开展“澳门大学-佛山市人才驿站”人才资源对接活动，介绍佛山市创新团队引进和产学研合作政策，并与澳门大学进行项目需求对接。组织季华实验室、瀚蓝环境股份有限公司、佛山中发科创科技服务有限公司等6家企业报名参加广东省科学技术厅组织的内地与澳门产学研合作项目路演活动。

【港科大百万奖金（国际）创业大赛佛山赛区赛事】 2021年5—9月，港科大百万奖金（国际）创业大赛佛山赛区赛事活动举行。佛山赛区赛事活动由香港科技大学主办，佛山市香港科技大学LED-FPD工程技术研究开发中心、香港科技大学（佛山）科技成果转化中心及香港科技大学佛山智能制造研究院联合承办。大赛围绕佛山市重点发展的新兴产业、促进传统产业转型升级的技术领域，于5月底启动报名，收到124个参赛项目，经过资格审查、初赛评审、半决赛评审，有10个项目进入于9月12日举行的决赛。决赛中，10个项目进行公开路演展示及答辩，最终评出冠军、亚军、季军和3项优胜奖，广东海聊科技有限公司的“北斗之眼-新型时空智能服务平台”项目获冠军。冠军项目和获亚军的佛山市华道超精科技有限公司的“高端制造装备刚柔耦合超精密运动平台”项目、获季军的艾感科技（广东）有限公司的“低功耗低成本半导体智能气体传感器”项目均获港科大百万奖金（国际）创业大赛全国总决赛参赛资格。

（董梦蝶　陈卓一）

【佛山市首届开发者大赛暨2021年佛山市职工职业技能大赛制造企业数字化转型信息技术开发者技能竞赛】 2021年8月7日举行。大赛由佛山市科学技术协会和市总工会主办，市信息协会、市CIO联盟承办，旨在通过技术分享，推进制造业企业数字化转型信息技术开发人才队伍建设，挖掘企业数字转型前沿技术创新和加大优秀人才选拔与培养力度，优化具有佛山特色的制造业企业数字化技术开发生态环境。大赛以“技术、创新、交流、分享”为主题，分为前端开发、后端开发、架构设计、应用等4个专题，共42名选手参赛。最终评选出“佛山市首届开发者大赛”“前端开发专题”金奖获得者1名（何万安）、银奖获得者2名（陈焕乾、蚁秀燕）、铜奖获得者3名（旷成、徐瑞宏、陆广行）；“后端开发专题”金奖获得者1名（霍健淳）、银奖获得者2名（陈亚洲、胡尧辉）、铜奖获得者3名（梁荣森、马云峰、夏忠和）；“架构设计专题”金奖获得者1名（陈杰）、银奖获得者2名（龚兆祥、石春晓）、铜奖获得者3名（王小刚、孙志伟、林冠华）；“应用专题”金奖获得者1名（孙智宇）、银奖获得者2名（莫理锋、薛志聪）、铜奖获得者3名（方雨薇、陈显基、陈灏生）；优胜奖获得者18名。大赛被纳入2021年度佛山市职工劳动和技能竞赛范围，对决赛总分排名第一名的霍健淳（广东德尔玛科技股份有限公司）由佛山市总工会授予“佛山市职工技能竞赛技术状元”称号；对决赛总分排名第二名至第十一名的何万安（广东澳美铝业有限公司）等11名选手授予“佛山市职工技能竞赛技术能手”称号。

【2021“科创中国”智能制造产学融合高峰论坛暨第二届广东省制造业高质量发展高峰论坛】 2021年9月17日在佛山市举行，有来自全国各地智能制造领域的院士、专家、企业家围绕佛山市优势产业和重点领域科技创新开展讨论和对话。该次论坛是“科创中国”联合体成立以来首次智能制造高峰论坛，也是广东省制造业高质量发展领域品牌活动。中国工程院院士、“科创中国”联合体理事长周济在论坛上作“以智能制造为主攻方向，坚定不移建设制造强市”主旨报告。论坛设置主题为“高端对话：智能制造人才的需求与培养”的圆桌论坛环节。论坛活动中，还举行佛山市“科创中国”试点城市授牌仪式和佛山智能制造发展中心揭牌仪式。

【2021纺织行业数字化发展暨节能（节水）技术论坛】 2021年9月28日举行。论坛在佛山皇冠假日酒店设置主会场并开启同步直播，采用线上线下方式进行，佛山市及省内行业代表线下到会110人，收看线上直播人数300人次。该论坛是广东省科技活动月系列活动之一，由佛山市科学技术协会主办，佛山市纺织丝绸学会、广东省纺织协会、广东省纺织工程学会、广东纺织职业教育集团共同承办，广东职业技术学院、广东省数字化纺织服装工程技术研究中心、佛山市嘉谦纺织有限公司共同协办。论坛上，来自广东省各地纺织行业7名专家进行专题报告发言。其间，广东职业技术学院纺织学院教师与行业企业专家共同探讨纺织行业数字化发展的路径，并就相关节水节能技术成功应用案例进行分享。该论坛旨在增进产业跨界融合和行业技术人员的交流，促进纺织企业、纺织行业的从业者数字化转型升级。

【数字化转型助力制造业高质量发展论坛】 2021年10月19日在佛山市举行。该论坛由中国仪器仪表学会、佛山市科学技术协会支持，中国仪器仪表学会智能制造推进工作委员会主办，佛山市蓝箭电子股份有限公司承办。佛山市企业代表80余人参加论坛。论坛分别围绕“以智能制造为主攻方向推进企业数字化转型”“智能制造的实践与探讨”“学会助力工程技术人才评价的研究与实践”“质量管理的数字化协同”等4个主题作报告。论坛同期特设“智能制造能力成熟度对标诊断”主题培训，邀请专家做智能制造能力成熟度模型标准解读。同时，组织专家与佛山市蓝箭电子股份有限公司进行现场技术交流对接，了解企业现状，进行技术座谈。

（汪元龙）

【第一届粤港澳大湾区新材料青年博士论坛在佛山举行】 2021年10月23日，第一届粤港澳大湾区新材料青年博士论坛在佛山（华南）新材料研究院报告厅举行。论坛由佛山（华南）新材料研究院主办，邀请清华大学研究生院副院长、电机系副主任、教授、博士生导师肖曦，西南交通大学材料科学与工程学院教授、博士生导师李琦等5名专家作主旨报告，广东工业大学王详见、华南师范大学赵锦柱等20名青年博士做课题分享。与会人员围绕材料领域的前沿问题、研究现状和发展趋势开展多方位、多角度的战略性与前瞻性研讨，从战略层面探讨材料行业的发展方向和路径，推动粤港澳大湾区新材料产业结构改革和高质量发展。

（董梦蝶　陈卓一）

气象科学

【概况】 2021年，佛山市提高极端天气精准监测预报预警能力，以龙卷风等致灾雷暴大风研究为切入点，做好公共气象服务，全年发布天气预报、气象科普等信息5100条。推进气象人才队伍建设，加强技术攻关，其中“龙卷风险识别系统V1.0”获软件著作权。编制《二十四节气》《佛山市自然灾害安全自救图册》等科普校本教材，推动气象科普知识宣传。佛山市全年天气气候特征：气温明显偏高，高温日数为有气象记录以来最多；降雨量偏少，极端短时强降水频发；初台终台偏晚，台风风雨影响明显；年初年末强冷空气来袭，降温幅度大；天气持续干旱，森林火险等级高。全市年平均气温24.2℃，较常年（统计年份为1991—2020年，下同）明显高1.2℃，为1957年有气象记录以来最高；年内高温日数62天，较常年多33天，为有气象记录以来最多；低温日数2.7天，与常年基本持平。年降雨量1404.9毫米，较常年少约20%。年内降水时间分布极不均匀，龙舟水期间累积降水量229.8毫米，较常年同期少25%。初台、终台偏晚，全年有“狮子山”“圆规”“雷伊”3个台风明显影响佛山。

【气象监测】 2021年，佛山市建立“城市精细化短时强天气监测预警系统”和“龙卷风灾害监测系统”，开展龙卷风潜势预报和强对流临近预报预警指标研究，制定扁平化的龙卷风和致灾雷暴大风临近预警业务流程，逐步实现科研成果向业务转化。搭建雷达定量降水估测模型，将观测数据转化为强对流短时临近预报的参考，开展智能网格预报检验工作，预报质量评分排全省第三位。初步形成中小尺度灾害性天气监测网，提升综合监测能力，三水区、南海区实现村（社区）自动气象站全覆盖。

【气象服务】 2021年，佛山市气象部门向市及各区政府部门发布《重大气象信息快报》50份、《天气报告》10份、各类《气象服务专报》311份，全市各区共发布气象灾害预警信号739次、气象短信2378条。“佛山天气”微博、微信粉丝近97万人，全年发布天气预报、气象科普等信息5100条，完成7次重大活动的气象服务保障工作，“佛山天气”官方微信入选“2020年度佛山政务微信服务号十强”名单。年内，佛山市气象局预报质量评分在全省排第三名，比上年提高6个名次。

【气象科学研究】 2021年，佛山市推进气象人才队伍建设，全年招纳广东省气象局气象领军人才1人、青年英才及县级气象技术带头人3人。推进“院士专家工作站”项目建设，与中国科学院院士戴永久签订合作协议，引进佛山市领军人才、谢义炳青年气象科技奖获得者1人。推进龙卷风监测预警研究，加强先进探测设备的建设，完成3部X波段相控阵雷达建设。“龙卷等致灾雷暴大风精细化探测及机理研究”项目申报为佛山市政府“院士专家工作站”项目。参与《龙卷风强度等级》国家标准编制，该国标于12月1日实施。年内，佛山市气象部门成功申报中国气象局大气探测重点实验室和灾害天气国家重点实验室科研项目2个、市社会领域科技攻关项目1个、广东省气象局科研项目7个。以第一作者或通讯作者发表学术论文11篇，其中SCI（科学引文索引）论文3篇、一级核心期刊6篇。参与龙卷风等强风现场灾害调查8次，确认龙卷风10个，收集全国范围龙卷风案例104个。“龙卷风险识别系统V1.0”获软件著作权。

【生态文明气象保障】 2021年，佛山市气象、生态环境部门深化会商及联动机制，新增辐射数据共享业务，市气象局与市生态环境局等部门召开空气质量月度分析会4次，编制《2020年佛山市生态气象监测公报》上报佛山市政府。年内，市气象局发布空气质量气象条件专报、月报125期，联合市生态环境局发布《佛山月度空气质量潜势预报》28期。

【气象科普】 2021年，佛山市气象部门搭建气象防灾大讲堂，构建“12345”科教模式（用好1个气象主题公园、2个科普展厅、3种讲堂，组建“彩虹”“小飞象”“繁星”志愿队和教师宣教团4个科普宣教队，用好5个气象监测基地），建设校园气象站，编制《二十四节气》《佛山市自然灾害安全自救图册》等科普校本教材。举办佛山“气象小主播”大赛，联合市教育部门开展开学第一课《什么天气预警信号学校将停课》，将气象科普覆盖到每个学生家庭。年内，佛山市公共气象服务满意度排全省地级市前3名。

【佛山市首个气象主题公园开放】 2021年12月9日，佛山市气象局举行气象科普知识宣传活动，佛山市首个气象主题公园免费开放。该气象主题公园位于佛山新城东平河滨河景观带，核心区域占地7000平方米，分设气象科普区、观花树物候观测区、果树物候观测区3个区域，集气象观测仪器设备展示、气象科技探秘、防灾减灾科普等功能为一体。其中，气象科普区分气象模型区和科普观测场2个部分，展示天气雷达、气象卫星数据接收站、风云四号气象卫星模型等装置，以及风塔、百叶箱、酸雨监测仪、路面温度观测仪、能见度观测仪、翻斗式雨量计、风动仪等多种仪器设备。此外，人造彩虹装置在固定时间开放，每次20分钟。观花树物候观测区、果树物候观测区种植华南地区主要的观花树和果树，可供市民观察各类植物在不同季节及气候条件下的生长情况。

（郑启康　罗　环）

地震科学

【概况】 2021年，佛山市地震形势总体稳定，无发生明显震感的地震，无市

2021年12月9日，佛山市首个气象主题公园在佛山新城免费开放。图为佛山市气象局办公大楼及气象主题公园
（市气象局　供图）

民咨询相关情况。年内，市地震局将包括测震、预警、地下流体和电磁波系统等的地震监测数据与业务系统纳入佛山市城市安全运行监测中心，实现系统对接、数据共享，为全市自然灾害风险应对和防范提供数据支撑。

【地震监测预报和台网建设】 2021年，佛山全市46个地震监测台站、75个监测站点运行状态良好，测震台网、预警台网、地下流体台网、电磁波台网、地倾斜等年均数据有效率均超95%，总体情况安全、高效、稳定。市地震局开展4次全覆盖式地震监测台站设施和观测环境现场巡查和保护工作，对各台站和中心检查、设备维护保养284次。全年完成1个台站迁址、1个台站网络专线改造、2个台站供电线路改造、3个台站基础设施维护改造、12个台站周边环境改造。南海区新建1个地震深井综合观测站（井深400米），计划建设测项包括测震、强震、地下流体和地倾斜，年内完成强震测项建设并通过专家验收。

【地震安全评估】 2021年，佛山市地震局组织召开佛山市2021下半年地震趋势分析会议，达成佛山市2021年下半年地震趋势分析意见，呈报市政府。参加2022年度珠江三角洲地区地震趋势会商会，汇报佛山市2021年地震趋势会商报告。定期向广东省地震局汇报佛山市地震观测资料分析情况。监测人员24小时密切监视地震观测资料动态变化，对有突出物理参量变化的异常及时组织市、区地震部门赴现场调查核实，并立即向广东省地震局报告。年内，全市地球物理观测场资料无明显异常情况。

【民用住宅建筑减隔震技术首应用】 2021年3月，佛山市高明区公租房项目3号楼启动隔震垫安装工作。该项目是佛山市首个应用减隔震技术的民用住宅建筑，建筑面积约5600平方米，共15层，有82套住房，整栋建筑安装30个隔震垫，其中首层26个、电梯井4个，使用寿命达60年。此外，市地震局选定佛山市第一中学新建宿舍楼、南海区罗村高级中学等作为试点工程，推广减隔震技术应用。

【国际减灾日暨地震预警科普宣传活动】 2021年10月20日，佛山市地震局、市民政局、市慈善会在三水区乐平镇保安小学举办主题为“构建灾害风险适应性和抗灾力”的2021年国际减灾日暨地震预警科普宣传活动。活动组织全校师生预演地震预警警报发出后疏散撤离、搜救、伤员救助。此外，还开展地震模拟、消防灭火、烟道逃生、大巴车逃生、心肺复苏等防灾减灾科普体验及地震预警科普展板参观学习等。

（郑永麟）

2021年7月13日，佛山市地震局工作人员到南海区罗村中心小学进行台网巡查维护

（市地震局　供图）

科学技术普及

【概况】 2021年，佛山市新增广东省科普教育基地4个、佛山市科普教育基地46个。截至年底，全市有省级以上科普教育基地32个，各区以及部分科普教育基地建有科技志愿服务队伍，有科技志愿者3000多人。年内，佛山市举办“大手拉小手——科普报告希望行”活动、全国科普日暨第三届佛山科普嘉年华系列活动、青少年科技创新大赛等活动。

【佛山科学馆运营】 2021年，佛山科学馆开展“我为群众办实事”实践活动，做好科普服务工作，全年接待游客约32万人次，接待学校、政府机构、社会公益组织以及同行考察团队46批次，开展科普活动13次。年内，佛山科学馆获评佛山市市直机关模范机关创建先进单位。

与季华实验室共同举办全国科普日暨第三届佛山科普嘉年华活动，向公众介绍佛山的航天科研成果。举办佛山市科协科普教育基地研学活动暨“佛山科学馆送科普进校园”活动，向白燕小学师生展示“机甲大师机器人”“穿针引线”等多个展项。到云浮市郁南县宋桂镇中心小学、茆岭小学开展科普活动，现场展示航空模型、四足机器狗、3D卡通煎饼打印机等多个科普展品。举办“惟改革者进，惟创新者强，惟改革创新者胜”全国发明精选项目展，现场展出航天交会对接模型、工业无人直升机、智能四足机器人、太阳能分类垃圾箱等展品，超3万人次观展。

探索策划实验体验课程，年内开设“变色精灵——紫甘蓝”“疯狂的发明家——红外感应留言机”“3D打印初体验”“‘筑梦航天’3D打印”等实验课程；融入传统节日的文化元素，举办“妙笔绘花灯，一起畅享中秋花灯DIY亲子趴”

活动，培养青少年儿童的动手和创作能力。对外开放球幕影院，采用激光放映设备，结合摄像机采集数据和计算机视觉算法等技术，为观众讲解宇宙太空、生物、地理、远古时代等科学知识，影院储备电影有《飞行之梦》《迷失白垩纪》《系外行星》3部电影，全年接待观影1.2万人次。

（董梦蝶　陈卓一）

【科协科普】 2021年，佛山市科学技术协会发挥科普优势，推进科学技术普及工作，促进全民科学素质提高。

公众科普活动　组织各区科协，以及市级医学类学会、协会、研究会的科技工作者开展新冠肺炎疫情防控、防护知识和防护技能培训，回应民众关切的防控热点问题。承办在高明区荷城街道盈香生态园举办的广东省“全国科技活动周、防灾减灾日”暨“全省科技进步活动月”主场活动，有43家单位参加科普知识展示和互动活动，参与活动的群众有2000多人。联合市科技局、季华实验室以及市各全民科学素质工作联席会议成员单位，在佛山科学馆举办2021年全国科普日暨第三届佛山科普嘉年华系列活动，活动采取线上线下相结合的方式开展，线下主会场活动分为“蓝天遨游”“宇宙探索”“虚拟世界”“AI舞台”“微型展品”5个板块，线上推出网红主播与民“云游”活动现场、无人机科普系列讲座直播等网络科普活动，开展《广东省科学技术普及条例》知识网络答题等活动，佛山各区及各科普教育基地同步开展系列活动，总参与人数近40万人次。组织开展全市初级、中级职称评审继续教育专业课免费培训49场次，来自全市生产一线的基层科技工作者3009人次参加培训。举办技术创新暨职称政策宣讲培训班6期，参与培训的基层一线专业技术人员约680人次。举办2021年科技志愿服务队伍建设暨“i志愿”系统使用专题培训班，推进全市科技志愿服务队伍建设，各区科协、市各级科普教育基地以及2021年新申报的市级科普教育基地单位负责科技志愿服务的代表等70余人参加，培训采取以线上直播为主、“线上+线下”相结合的方

表41　2021年佛山市省级以上科普教育基地一览表

序号	基地名称	广东省科普教育基地示范期	全国科普教育基地示范期
1	佛山市南海区广工大数控装备协同创新研究院	2018—2022年	—
2	佛山市南海区里水消防科普公园	2018—2022年	—
3	佛山市高明泰康山旅游开发有限公司	2019—2023年	—
4	广东北大数研园区运营管理有限公司	2019—2023年	—
5	佛山市南海绿电再生能源有限公司（瀚蓝南海固废处理环保产业园）	2019—2023年	—
6	佛山科学馆	2020—2024年	2015—2019年
7	佛山市云勇生态林养护中心	2020—2024年	—
8	广东职业技术学院	2020—2024年	—
9	广东电网有限责任公司佛山顺德供电局	2020—2024年	—
10	广东环境保护工程职业学院	2020—2024年	—
11	佛山市地震局	2020—2024年	—
12	南国丝都丝绸博物馆	2020—2024年	—
13	广东佛山市三水侨鑫高科技农业发展有限公司	2020—2024年	—
14	佛山市源田床具机械有限公司	2020—2024年	—
15	佛山市南海丝厂有限公司	2020—2024年	—
16	佛山市南海区食品药品监督管理局桂城分局	2020—2024年	—
17	佛山市禅城区南庄镇经济和科技促进局	2020—2024年	—
18	佛山三水供电局电力节能展厅	2020—2024年	—
19	广东史努比缤纷乐园有限公司	2020—2024年	—
20	佛山市高明区鹏鹄农业发展有限公司	2020—2024年	—
21	佛山市南海区联合广东新光源产业创新中心	2020—2024年	—
22	佛山市禅城区祖庙街道专职消防队	2020—2024年	—
23	佛山市消防支队三水区大队	2020—2024年	—
24	佛山市顺德区容桂海立方旅游文化发展有限公司	2020—2024年	—
25	广东万顷洋农业发展有限公司	2020—2024年	—
26	佛山市海天（高明）调味食品有限公司娅米的阳光城堡	2020—2024年	2015—2019年
27	广东盈香生态园有限公司	2020—2024年	2015—2019年

续表

序　号	基地名称	广东省科普教育基地示范期	全国科普教育基地示范期
28	佛山市林业科学研究所	2020—2024年	2012—2016年
29	广东顺德大地园林环境工程有限公司顺德新地农场	2021—2025年	—
30	北京同仁堂佛山连锁药店有限责任公司	2021—2025年	—
31	广东长鹿旅游休博园有限公司	2021—2025年	—
32	佛山市小农生态科技有限公司	2021—2025年	—

注：资料截至2021年底

式进行。截至2021年，各区以及部分科普教育基地建有科技志愿服务队伍，有科技志愿者3000多人。

青少年科普工作　邀请中国科学院老科学家科普演讲团8名专家举办“大手拉小手——科普报告希望行”活动，在佛山市中、小学校举办科普报告会64场次，内容涵盖天文、地理、物理、航天科技、材料科学等，线上视频直播观看超5.4万人次。举办第三十七届佛山市青少年科技创新大赛，参与学校872所、师生2.77万人，参赛项目超1万个。与团市委、市教育局、市青少宫联合举办2021年佛山市青少年航空模型、航海模型、车辆模型和建筑模型4项科技体育竞赛活动。组织佛山代表队参加第三十六届广东省、全国青少年科技创新大赛等国内青少年科技活动大赛，佛山市代表队获一等奖8个、二等奖19个、三等奖18个、专项奖6个。组织参加在广州市举办的第二十一届广东省青少年机器人竞赛，佛山市南海外国语学校学生梁睿朗、彭乐逸，佛山市顺德区罗定邦中学学生江明哲、傅嘉辉，佛山市荣山中学学生李博文、杨振东、赵殷昊7人获金牌；佛山市顺德区罗定邦中学学生杨效辉、张励智获银牌。组织参加在广州市举办的第九届广东省青少年科技创新实践成果交流活动，佛山市获小学组二等奖1个、三等奖5个，初中组二等奖3个、三等奖5个，高中组三等奖3个。选拔推荐数学、物理、化学、生物、计算机5个学科60名学生参加2022年广东省“英才计划”遴选，南海区石门中学学生徐画等8名佛山高中学生入选2022年广东省“英才计划”。

科普基础设施建设　指导符合条件的单位申报广东省科普教育基地及全国科普教育基地，推进科普教育基地建设，年内新增广东省科普教育基地4个和佛山市科普教育基地46个。广东盈香生态园有限公司科普教育基地入选广东省科协、省科技厅联合评选出的2022年度广东省十佳科普教育基地。加强对佛山市全国科普示范区创建单位的指导和支持，发挥创建单位在区域内的科普示范引领作用，佛山市禅城区和高明区入选中国科协确认的2021—2025年度第二批全国科普示范县（市、区）创建单位。

（汪元龙）

【2021年佛山市文化科技卫生“三下乡”暨顺德区科普进社区主题活动】 2021年7月31日在佛山市顺德区容桂街道举行，活动以“科普活动进社区，提倡文明新生活”为主题，设置科学实验秀、机器人表演、科普知识问答等环节，邀请佛山市中医院，以及部分科普教育基地、顺德区相关职能部门等单位现场开设20余个科普摊位，涵盖专家义诊、中医、食品安全、防震减灾、消防安全、禁毒教育、视力保护、口腔卫生等内容，向群众宣传科普知识，发放科普资料，开展健康知识讲解等。

【2021年全国科普日暨第三届佛山科普嘉年华活动】 2021年9月11—12日在佛山科学馆举行。活动由佛山市全民科学素质行动计划纲要办公室、佛山市科学技术协会、佛山市科学技术局主办，以“百年再出发，迈向高水平科技自立自强”为主题，包含“蓝天遨游”“宇宙探索”“虚拟世界”“AI舞台”“微型展品”等多个板块，设有航空飞行器模型的飞行表演、创客机器人互动、虚拟现实（VR）体验、微型模型等展项，现场展示“佛山一号”卫星、“墨子号”量子接收激光跟踪仪等产品模型，向公众介绍佛山市的航天科研成果。

（董梦蝶　陈卓一）

2021年9月11—12日，佛山科学馆举办2021年全国科普日暨第三届佛山科普嘉年华系列活动。图为市民体验虚拟现实设备

（市科协　供图）

文 化

公共文化

【概况】 2021年，佛山市有6个区级以上公共图书馆，均为国家一级馆。截至2021年底，佛山市联合图书馆共有成员馆391个，公共图书馆藏书量1463.73万册，人均公共藏书1.53册。其中佛山市图书馆及所属成员馆藏书量348.44万册、禅城区图书馆及所属成员馆藏书量301.44万册、南海区图书馆及所属成员馆藏书量328.96万册、顺德区图书馆及所属成员馆藏书量267.68万册、高明区图书馆及所属成员馆藏书量66.24万册、三水区图书馆及所属成员馆藏书量134.7万册。全市有已建及在建博物馆（含纪念馆、名人故居）149个（已建120个、在建29个），美术馆（艺术馆）98个（已建96个、在建2个），总数共247个，比上年增加9个。有5个国家级博物馆，比上年增加2个，有6个区级以上文化馆，均为国家一级馆。全市32个镇（街道）文化站均为省特级站，全市建有村（社区）综合性文化服务中心783个，村（社区）综合性文化服务中心覆盖率100%。全市公共文化设施室内总面积144万平方米，万人均拥有公共文化设施室内面积1516平方米。

【公共文化设施建设】 2021年，佛山市开展公共文化设施建设攻坚做强行动，南海樵山文化中心、三水文化馆新馆、三水小明星纪念馆等重点文化设施建成投入使用。推进博物馆之城建设，市博物馆新馆主体建筑完成整体验收。全市建有及在建博物馆、美术馆共247个。全市公共图书馆、文化馆均为国家一级馆，32个文化站均为省特级站，784个基层综合性文化服务中心覆盖各行政村（社区）。实施公共文化设施“效能革命”专项行动，市级发出督办函2份，

表42 2021年佛山市国家一级文化馆一览表

单位：平方米

序号	名称	地址	建筑面积
1	佛山市文化馆	佛山市顺德区乐从镇华康道	26003
2	佛山市禅城区文化馆	佛山市禅城区同济路	3022.56
3	佛山市南海区文化馆	佛山市南海区桂城街道南新一路	4832.74
4	佛山市顺德区文化艺术发展中心（佛山市顺德区文化馆）	佛山市顺德区大良街道碧水路 旧馆：大良街道凤山东路5号（钟楼岗）	27417
5	佛山市高明区文化馆	佛山市高明区荷城街道西江新城滨湖路	12028.4
6	佛山市三水区文化馆	佛山市三水区云东海街道荷湖南路	8250

表43 2021年佛山市国家一级图书馆一览表

单位：万册

序号	名称	地址	馆藏图书数量
1	佛山市图书馆	佛山市顺德区乐从镇华康道	348.44
2	佛山市禅城区图书馆	佛山市禅城区石湾榴苑四街	117.24
3	佛山市南海区图书馆	佛山市南海区桂城街道天佑三路	120.9
4	佛山市顺德图书馆	佛山市顺德区大良碧水路	166.7
5	佛山市高明区图书馆	佛山市高明区荷城街道文昌路	34.4
6	佛山市三水区图书馆	佛山市三水区云东海街道荷湖南路	37.82

表44

佛山市登记备案博物馆一览表

序 号	名 称	所属区	地 址	级 别	是否免费
1	佛山市博物馆	禅城区	禅城区汾江中路	无级别	是
2	佛山市祖庙博物馆	禅城区	禅城区祖庙路	二级	否
3	佛山市禅城区博物馆	禅城区	禅城区松风路先锋古道	无级别	否
4	广东粤剧博物馆（佛山市禅城区博物馆分馆）	禅城区	禅城区兆祥路兆祥公园内	无级别	是
5	佛山鸿胜纪念馆（佛山市禅城区博物馆分馆）	禅城区	禅城区福宁路祥安街	无级别	是
6	佛山市南海区博物馆	南海区	南海区西樵镇西樵山南门东侧	二级	是
7	佛山市高明区博物馆	高明区	高明区荷城街道沧江路	无级别	是
8	佛山市三水区博物馆	三水区	三水区云东海街道纪元路	三级	是
9	佛山市顺德区博物馆	顺德区	顺德区大良街道新城区碧水路	二级	是
10	佛山市顺德区清晖园博物馆	顺德区	顺德区大良街道清晖路	无级别	否
11	广东石湾陶瓷博物馆	禅城区	禅城区石湾镇街道高庙路	三级	是
12	佛山市岭南酒文化博物馆	禅城区	禅城区石湾镇街道太平街	无级别	是
13	佛山市禅城区知隐博物馆	禅城区	禅城区华远西路	无级别	是
14	佛山市禅城区同庆石湾公仔博物馆	禅城区	禅城区石湾镇街道东风路	无级别	是
15	佛山市南海区九江双蒸博物馆	南海区	南海区九江镇沙口工业区惠民路	无级别	是
16	佛山市南海区玄憬龙博物馆	南海区	南海区九江镇梅圳中和村正路坊	无级别	是
17	佛山市南海区福厚博物馆	南海区	南海区西樵镇樵高路	无级别	是
18	凯仕乐医疗保健器械养生博物馆	南海区	南海区九江镇奇腾路	无级别	是
19	佛山市高明区世纪钱币博物馆	高明区	高明区沿江路灵龟公园门口	无级别	是
20	南国丝都丝绸博物馆	顺德区	顺德区大良街道新城区观绿路	无级别	是
21	佛山市南海区九江侨乡博物馆	南海区	南海区九江镇人民路	无级别	是
22	广东大观博物馆	南海区	南海区桂城街道灯湖西路	无级别	是
23	佛山市岭南金融博物馆	南海区	南海区桂城街道灯湖西路	无级别	是
24	佛山市南海区汤南私塾博物馆	南海区	南海区里水镇和顺汤村汤南古村	无级别	是
25	佛山市顺德区茂和钱币博物馆	顺德区	顺德区伦教街道三洲居委会678文化古街文明西路	无级别	是
26	顺德区阁瓷博物馆	顺德区	顺德区大良街道万科新城湾畔9号	无级别	是
27	禅城区知行博物馆	禅城区	禅城区张槎四路东鄱小学校园内	无级别	是
28	高明区昆仲相机博物馆	高明区	高明区灵龟公园内	无级别	是
29	佛山市顺德区（华侨城）美食博物馆	顺德区	顺德区华侨城欢乐海岸内	无级别	是
30	佛山市东鹏明善陶瓷博物馆	禅城区	禅城区绿岛湖广东东鹏陶瓷股份有限公司总部大楼内	无级别	是

注：资料截至2021年底

处理群众反馈意见100余条。市、区出动1200多人次，检查各类文化设施780余家次，13个重点整治单位全部完成整改。该行动入选2021“佛山之治”城市治理榜和2021年度佛山口碑榜，被评为“年度先进示范案例”和“最佳口碑服务案例”。

【公共文化管理运行】 2021年，佛山市成立国家公共文化服务体系示范区创新发展领导小组，统筹推进国家、省级示范区创新发展。全市公共文化设施室内面积144万平方米，万人均公共文化设施室内面积1516平方米，联合图书馆成员馆发展至391个，公共图书馆藏书量1463.73万册，人均公共藏书1.53册。推进产业园区公共文化服务体系建设，首家“企业文化家”落户一汽-大众佛山分公司，建有在园区或企业的智能图书馆9个、智能文化家6家。推动公共文化服务地方立法，《佛山市公共图书馆管理办法》于2021年5月1日起施行。强化公共文化服务实践与研究，“文化馆（站）发展历程及趋势”研究项目获文化和旅游部全国公共文化发展中心立项并结题，“面向未来　赋能成长”——佛山市图书馆与佛山市青少年文化宫双体系战略合作项目和“图书馆+学校”馆校联盟建设项目获评全省公共文化服务优秀案例、“民国书舍”粤书吧项目获评全省“粤书吧”建设最佳实践案例、紫南村文旅公共服务机构功能融合发展项目获评全省“两中心融合”建设最佳实践案例。

【公共文体惠民活动】 2021年，佛山市举行“永远跟党走”佛山全民综艺大舞台暨“佛山韵律·舞动全城”第五届广场舞展演活动，有超2000个节目报名，全市范围内开展近40场海选及晋级赛活动。开展“百千万”〔百个优秀企业（园区）、千场志愿服务活动、万名产业工人〕产业工人发声行动，“永远跟党走”红色故事汇活动共收到全市300多个企事业单位及学校的2300多份投稿作品，为超5000名产业工人及产业工人子女开展语言艺术培训活动。举办“园区七点半”活动，服务企业员工近1000人。举办“雅游佛山”文旅融合惠民活动，依托“粤书吧”“两中心融合点”（基层综合性文化服务中心与旅游服务中心融合发展试点）及景区等开展文旅展演汇3场、文旅类活动28场，服务超3000人次。开展2021文化艺术体育公益夏令营活动，采用“线上+线下”的形式，为外来务工子女及城市低保家庭子女提供阅读、绘画、声乐、书法、手工等基础课程以及“粤曲星腔”“侠家拳”等特色非遗课程的学习。开展全民阅读系列活动暨世界读书日系列活动，组织招募红色领读者和红色展演者215人，推荐红色书籍100多本，举办展览、讲座、故事会、电影赏析等红色文化活动191场。成立“艺心为民　以文塑城”佛山市文艺社团联盟发展中心并启动“文艺进万家”活动。

【公共文化创新发展】 2021年，佛山市邻里图书馆和“祠堂+文化”成为省级公共文化服务体系示范项目，截至2021年底，邻里图书馆发展至1322个，服务家庭超1.3万户次，向邻里亲朋转借图书达13.1万册次，自主开展各类文化活动1697场，服务读者5.3万人次；入选中央宣传部《宣传思想文化工作案例选编（2021年）》。“祠堂+文化”30个示范点成为新的乡村“网红打卡地”，乡村文化志愿服务队伍发展壮大。文旅融合发展取得成效，年内，紫南村通过国家验收成为国家级文化和旅游公共服务机构功能融合试点单位，全年全市新增4家省级“粤书吧”和5个省级“两中心融合”单位，全市省级“粤书吧”达10家、省级基层综合性文化服务中心与旅游服务中心融合单位达15个。创新推进数字化发展，市图书馆推出“易本书”家藏图书共享服务，为市民提供线上线下联动服务，是国内首个实现家藏图书、公共图书馆馆藏全社会流通的公益性、综合性资源共享平台。“佛山文化云”启动第三期平台升级，完善预约、微信H5等功能。市图书馆与市青少年文化宫开展“青葵图书馆”“青葵营地”“青葵讲坛”和文创板块合作，首批建设的“青葵图书馆”包括佛山市青少年文化宫实验宫和丹灶翰林宫，探索馆宫双体系跨界融合。市文化馆与广东职业技术学院等机构联合成立青年艺术普及体验中心，并在校园建立“文化志愿者”服务队。禅城区实施“馆校联盟”三年行动（2019—2021年），52所学校图书馆被纳入“馆校联盟”体系，146万余册图书被纳入公共图书馆藏书系统进行流通。

【博物馆数字化建设】 2021年，佛山市加快虚拟博物馆建设，开发基于5G技术的增强现实（AR）数字博物馆系统，全市22个博物馆建成虚拟数字展厅，形成佛山市AR数字博物馆新互联平台，市民可在手机端随时随地参观。鼓励博物馆通过数字化手段拓展服务空间，举办“看万山红遍——佛山革命文物展”线上展览、2021佛博坊之成长体验营线上活动、佛博坊之乐享中国节“月满盼团圆　彩灯映中秋”自己动手制作（DIY）小灯笼等线上体验活动，为市民提供优质文化服务。

【博物馆之城建设】 2021年，佛山市继续推进“博物馆之城”建设。在5月18日国际博物馆日，发布《佛山市博物馆之城规划》，是全国首部“空间+事业”博物馆之城规划。规划提出，佛山“博物馆之城”计划打造成为“岭南文化的活态展示城”“佛山制造的创新博览城”“乡村振兴的全域体验城”，以城产人文融合为思路，衔接国土空间规划，分区分片布点博物馆、美术馆，提出博物馆建设与活化特色路径。市文广旅体局与市教育局联合开展2021—2025年佛山市中小学校利用博物馆资源教育教学五年计划，搭建博物馆与中小学教育教学的桥梁，发挥博物馆社会教育功能。推进市博物馆新馆建设，完成市博物馆新馆土建及室内初装修，基本完成外围道路铺砌、绿化等工程，并于8月26日举行新馆馆体移交仪式，完成三方移交。完善新馆陈列大纲，推进文物库房、图书档案库房、博物馆安防系统、新馆智慧博物馆、新馆办公家具等项目。截至2021年底，全市有已建及在建博物馆（纪念馆、名人故居）149个（已建120个、在建29个），美术馆（艺术馆）98个（已建96个、在建2个），总数共247个，比上年增加9个。有5个国家级博物馆，比上年增加2个，其中，市祖庙博物馆、南海区博物馆、顺德区博物馆为国家二级馆，三水区博物馆、广东石湾陶瓷博物馆为国家三级馆。推进佛山市东鹏明善陶瓷博物馆、顺德华侨城美食博物馆、高明区昆仲相机博物馆等民办博物馆备案工作，非国有博物馆已备案数量居全省第二位。年内，25个博物馆、美术馆或项目获300万元补助。

【《佛山市公共图书馆管理办法》施行】 2021年5月1日，佛山市施行《佛山市公共图书馆管理办法》，是佛山文化领域第一部行政规章，也是《中华人民共和国公共图书馆法》实施后第一部市级层面的公共图书馆立法。该办法设置6章、58条条文，以有效衔接上位法、结合地方实践进行适当细化及延伸为基本前提，保障社会公众的阅读权益，提出加大经费投入，解决区域发展不平衡的短板；设定定量指标，让法规可衡量、可落地；重视事业专业化、标准化，保障可持续发展；设立佛山全民阅读月，联合各界共同推广全民阅读关注特殊群体阅读需求，促服务均等化；建立地方文献出版物交存制度，保存和传承地方文化；强调社会力量参与，构建多元主体的文化治理体系；倡导文旅融合、区域协作，参与人文湾区建设；等等。

【全国首个省级实体语言类博物馆在佛山开馆】 2021年9月10日，岭南方言文化博物馆在佛山市图书馆新馆开馆，是全国首个省级实体语言类博物馆。该博物馆由广东广播电视台与佛山市委宣传部、佛山市文化广电旅游体育局三方历时4年建设，是省、市联合推动的重点项目。该博物馆通过方言点读、电子屏触屏互动、戏剧歌曲以及特色展品呈现广东三大方言及其文化，共收录粤方言语音357条、客家方言语音203条、闽方言327条、广东地方特色典藏书籍237份、民曲专辑159份、地方戏剧系列107套，还展示语言学家詹伯慧主编的岭南方言发音电子词典以及民间音乐研究学者莫日芬捐赠的珍藏专辑。

（卢嘉敏）

【佛山市文化馆】 佛山市文化馆新馆于2017年12月23日建成对外开放，位于佛山市顺德区乐从镇佛山新城华康道15号，建筑面积2.6万平方米。2021年，市文化馆开展群众文艺演出、展览、辅导培训（含公益讲座）等各类线下活动1205场次，参与人数超15万人。全年活动场地预约1156场次，服务群众3.42万人次，服务效能比上年翻一番。

阵地文化服务 2021年，市文化馆以增加夜间培训、提供错峰错时服务、丰富内容等形式加大服务力度。开展夜间艺术公益培训班，设有电钢琴、古筝、语言艺术、舞蹈、声乐5个门类，培训人数约1600人次；开展青少年暑期公益培训，开设语言艺术、古筝、钢琴、舞蹈、剪纸、魔方、跆拳道等9个门类课程，培训人数约2200人次。策划开展名人大师课，开设林星云戏剧工作室，完成第一期戏剧表演培训班，为期3个月，共8节课16个课时，招收学员25人。

数字文化服务 2021年，市文化馆制作特色短视频，内容涵盖打卡红色地标、讲好红色故事、音乐短片、变装、舞蹈、摄影、手绘动漫、杯子舞等，全网平台浏览量突破250万人次。市文化馆全年推送公众号推文469条，阅读人数52.96万人次；微信视频号发布视频191个，浏览人数22.07万人次；在哔哩哔哩、抖音、头条、西瓜视频、快手等平台发布视频936个，阅读人数97.79万人次。

优秀文化传承推广活动 2021年，市文化馆联合“广东共青团”B站官方共同推广《广东粤剧动漫》，累计观看人数约67万人次。完成《岭南剪纸艺术坊》《太极》2个慕课拍摄剪辑。完成佛山木雕和粤曲2个项目的省、市两级非遗专项保护资金申报。开展广东音乐、木鱼书、南音、粤讴、龙舟项目的档案收集整理工作，并完成佛山市粤剧文献目录编制。围绕粤曲传承发展，全年举办3期培训、2个讲座、5场粤韵中心台展演。

文化精品活动 2021年，市文化馆举行2021年佛山市群众戏剧曲艺花会，有5个优秀节目入选2021广东省群众艺术花会（戏剧曲艺）决赛。举办2021年度佛山市群众文艺作品评选活动，选送20件作品参加2021年度广东省群众文艺作品评选。开展“开心广场·百姓舞台”公益流动演出、流动展览活动，全年完成演出16场、完成流动展览7场。开展“佛山韵律”系列活动、“筑梦佛山”文化艺术公益夏令营活动等。

2021年5月1日，《佛山市公共图书馆管理办法》开始施行。图为4月22日举行的颁布实施仪式

（市图书馆　供图）

2021年5月8日，广东省第十四届“百歌颂中华”歌咏活动佛山选拔赛暨“佛山韵律·和声飞扬”佛山市第五届群众合唱展演在佛山琼花大剧院举行　（市文化馆　供图）

创新惠民工程　2021年，市文化馆集合全市各社区中资质好、水准高的文化艺术培训机构，成立佛山市文艺社团联盟发展中心，以“文艺进万家”工程为依托，开展全民艺术普及工作，让群众在家门口就能享受便利、多元的文艺服务。12月，启动“文艺进万家”工程，“文艺进万家”工程实践基地发展理事单位33个和艺术培训机构30个。

（张　丽）

【佛山市图书馆】 佛山市图书馆有主馆和祖庙路分馆2个馆舍，总建筑面积5.3万平方米，馆藏图书300多万册、中外报刊近1500种、电子图书112万册，有多个大型数据库，以及3000个阅览座位、200多台读者使用终端，无线网络覆盖范围100%，为市民提供智能化、数字化、网络化的多维阅读体验。2021年，进馆读者170.36万人次。佛山市图书馆理事会换届组建第二届理事会。佛山市公共文化促进会开始筹建。佛山市图书馆获评2019—2020年节约型公共机构示范单位、2020年度佛山市创建全国文明城市突出贡献单位。

制度建设　2021年，佛山市图书馆推进制度建设。《佛山市公共图书馆管理办法》于2021年5月1日正式颁布实施。《智慧·融合·跨越：佛山市图书馆2021——2025年发展规划》于2021年4月10日面向社会发布并启动实施。地方规章《佛山市公共图书馆管理办法》于2021年5月1日正式颁布实施。地方标准《联合图书馆体系建设管理规范》完成编制。地方标准《邻里图书馆建设及服务规范》入选2021年佛山市地方标准制度修订计划。《佛山市联合图书馆体系“十四五”发展规划》完成编制并发布。

资源建设　2021年，佛山市图书馆采购纸质图书20万册、期刊1399种、报纸169种、音像1224盒、电子图书112万种、电子期刊2.1万种、电子报纸208种、各类型数据库20个，新增纸质文献24.22万册，累计馆藏纸质文献348.44万册。全年采购各类型数据库20个。佛山非遗、佛山制造、漫画佛山名人等7个自建数据库上线。开展图书馆自动化管理系统、佛山文化云平台、邻里图书馆系统的等保测评。优化应用软件系统，完成佛山市联合图书馆系统功能扩展及升级；推进邻里图书馆、“易本书”小程序上线运行；完成进馆预约、捐赠芳名录、馆藏调拨等新应用开发。制定智能立体书库运营服务需求方案，规划图书网借平台。

体系建设　2021年，佛山市联合图书馆成员馆有普通成员馆86个、智能图书馆286个、民宿图书馆13个、“粤书吧”11个、馆外新书借阅点3个。市联合图书馆全年新增读者证办证量20.20万个，累计办证量171.49万个；全年新增文献190.60万册，累计馆藏纸质文献1463.73万册；全年文献流通量693.45万册次。市联合图书馆数字资源共建共享平台拥有外购商业数据库24个，自建数据库20个，试用数据库15个，资源容量达251太字节。数字资源共建共享平台点击量约37万人次，各数据库累计下载、浏览量为1051万篇次。文化信息共享工程建有市支中心1个、区支中心5个、基层服务点1130个，实现城乡全覆盖。年内，市图书馆构建“图书馆+”体系发展模式，与市青少年文化宫合作建设青葵图书馆；打造企业新型阅读空间——“企业文化家”，建成开放一汽大众佛山分公司和三水水都食品基地示范点；新建4家各具特色的民宿图书馆，完成3个智能文化家和6个智能图书馆建设，实现全市5个区全覆盖目标；成功申报4家“粤书吧”试点，其中梁公馆民国书舍粤书吧入选2021年度广东省“粤书吧”建设最佳实践案例。邻里图书馆成员馆发展至1330家，通过广东省公共文化服务体系示范项目终期验收。

阅读推广　2021年，佛山市图书馆开展各类线上、线下阅读推广活动2230场，参与读者93.3万人次。推出庆祝中国共产党成立100周年系列阅读活动。主导成立佛山市图书馆学会阅读推广委员会，统筹各区公共图书馆开展佛山市首届全民阅读月系列活动、邻里图书馆三周年嘉年华活动。参与2021年“品读湾区”9+2城市悦读之旅活动。与广州图书馆合作开展2021“广佛同城共读”活动。与佛山市青少宫合作开设“青葵讲坛”。与特殊教育学校合作开展“阅读温暖”困境儿童阅读帮扶等活动。与中小学共建馆外阅读推广基地。开展研学游及特色点单式服务。开展“E探究竟”“先睹为快”系列数字资源推广活动。开展“书道·阅读有方”阅读推广活动。邻里图书馆全年举办活动1731场，累计服务读者5.7万人次。

读者服务　2021年，佛山市图书馆文献流通量263.86万册次。全年新增读者证办证13.54万个，累计办证量66.65万个。推出国内首个实现家藏图

2021年7月29日，佛山市图书馆党史学习中心获命名为佛山市直机关党员活动阵地
（市图书馆 供图）

书、公共图书馆馆藏图书同平台流通的公益性、综合性资源共享项目——“易本书”，使用量为5万人次，市民上传家藏图书1.9万册，藏书流通订单4488单，入选2021年度佛山市社科联社会组织活动资助项目。为党政部门提供决策信息日报2种143期，周刊产品4种193期，月刊产品4种43期，专题、定题、课题服务260项，“两会”（人大会议、政协会议）信息专报9期，舆情类信息产品7种55期。佛山市图书馆志愿者服务队新增队伍2支，新增注册志愿者297人，线上注册志愿者1260人，志愿者总数达5600人，开展活动1038场，受益读者超19万人次。

文献研究　2021年，佛山市图书馆征集红色主题地方文献440种1188册。筹备出版《盛世琼花——佛山粤剧粤曲群英录》《佛山历史文献版本目录》。完成《佛山人物志·战国至明代卷》《佛山人物志·清代卷》审校和统稿。参与上海图书馆《1949年以来中国家谱总目》项目，完成馆藏家谱目录编撰675条。参与广东省立中山图书馆《粤剧文献总览》编纂工作。启动佛山武举史料整理与研究工作。提供面向个人、团体的古籍寄存托管服务。开展文史展览、沙龙35场，参与读者9100人次。启动“佛山中医药文化馆”建设项目。由中共佛山市委宣传部、市文化广电旅游体育局主建的岭南方言文化博物馆于2021年9月10日在佛山市图书馆五楼建成开放。

科研成果　2021年，佛山市图书馆专业技术人员发表论文26篇，其中核心期刊论文13篇，会议获奖及入选论文13篇；结项课题7项，立项课题7项。市图书馆在“2021图书馆学术能力排名”中名列全国公共图书馆第五名。

（柯　静）

【新华书店】2021年，佛山市新华图书发行有限公司（增挂“佛山市新华书店”）有职工90人，下辖惠景书城、石湾书店、报刊发行部3个图书销售门店，总营业面积8700平方米，卖场陈列图书、报纸期刊、电子音像出版物10万种。主要经营项目：销售图书、报纸、杂志、音像制品、文化体育用品、工艺美术品、集邮票品、多媒体电脑软件；对青少年儿童开展文化、教育、音乐、艺术培训业务。全年销售出版物387.4万册，其中，一般图书、音像88.82万册，教材教辅300.26万册，期刊2.5万册。受新冠肺炎疫情影响，全年图书总销售金额比上年下降15.3%。

教材教辅图书发行　配合广东新华发行集团佛山新华书店有限公司做好区内中小学教材教辅读物发行工作，按佛山教育部门的要求送书到学校，确保教材保质准时发到每位师生，做到“课前到书、人手一册”。全年为禅城区内9所高中、23所初中、81所小学征订、配送教材、教学辅导用书300.26万册，出动汽车391辆次、快递6批，出动人力778人次。

一般图书销售　哲学、社会科学类1.57万种34.98万册，文化教育类1.73万种29.33万册，文学艺术类2.63万种12.67万册，科学技术类7975种3.72万册，少儿读物2.61万种11.5万册，中小学课本151种4759册，音像制品1117种2875册，其他出版物397种1253册。

政治读物及重点出版物发行　继续以中央宣传部、国家新闻出版署公布的重点主题出版物和其他重点出版物作为销售必备目录，在卖场突出位置设立专柜专架陈列，做好展示展销。发挥已在惠景书城运营至第二年的“学习强国”线下体验空间作用，通过加强宣传推广工作，更新丰富读物展示的品种内容，吸引更多单位和读者个人在体验空间参观、学习、交流互动。年内，该体验空间陈列的主要图书种类有习近平新时代中国特色社会主义思想系列著作、党史、国史、党建读物等约2万册，接待学习体验的读者近1万人次，其中包含单位组织党员开展主题党日学习交流活动。借助《佛山日报》、佛山电台、佛山发布、“佛山+”新闻客户端、佛山电视台等主流媒体对新发行的政治读物、重点图书向读者宣传报道25次，其中党史学习教育系列书籍、中国共产党成立100周年、学习贯彻中共十九届六中全会精神文件和辅导读物等主题专架陈列的书籍在《佛山日报》头版宣传。全年各类政治读本及重点主题读物销售2787种39.09万册，比上年增长54.48%，其中《论中国共产党历史》销售5.51万册、《中国共产党简史》销售5.21万册、《习近平新时代中国特色社会主义思想学习问答》销售4.83万册、《毛泽东邓小平江泽民胡锦涛关于中国共产党历史论述摘编》销售4.76万册、《社会主义发展简史》销售8829册、《改革开放简史》销售8699册、《百年扬帆1921—2021/粤学党史粤爱党·打卡广东红》销售4067册、《学习贯彻习近平新时代中国特色社会主义思想　打赢新冠肺炎疫情防控人民战争总体战阻击战案例》销售3597册、《新征程面对面——理论热点面对面2021》销售3508册、《论中国共产党历史.大字本》销售2598册。

读者服务　通过各种媒体以及微信订阅号、服务号、网站为读者提供新书和畅销书荐读、各类重点图书出版信息和书单推介。至年底，佛山市新华书店微信公众号（订阅号）粉丝1.26万人，发出微信410条；服务号粉丝5500人，发出微信34条；腾讯视频号发出宣传推广视频95条，最高一条视频观看人数3万人次。继续为佛山市图书馆在惠景书城开设图书免费借阅点（已连续开放11年），做好具体服务工作，全年上架图书7550种2.27万册，借出图书7180种2.15万册，还回图书1.57万种4.7万册，其中，包括协助佛山市联合图书馆收还书8480种2.54万册、借阅1.08万人次、新办读者借书证650个。配合佛山市图书馆完成图书加工服务5.57万册。全年开展流动售书活动5次，销售图书2680册；对356个机关、事业单位、厂矿企业客户开展图书征订和送书上门服务，供应图书6.59万册。此外，配合中共佛山市委宣传部对禅城区和南海区的3家创新建设的农家书屋进行图书更新，配送图书1680册。举办第十六届中小学生“我读一本好书”征文活动和第四届禅城区初中英语读书笔记和创意故事手抄报比赛活动。其中参与征文活动的学校95所（其中小学63所、初中24所、高中8所），收到征文4.12万篇，评选出一等奖3745篇、二等奖3792篇；参与手抄报比赛的学校有初中和高中学校共27所，收到稿件5000份。全年举办主题图书推荐专架、展销促销活动54场次，作家直播阅读讲座28场。

（梁金旺）

【佛山市博物馆】　佛山市博物馆成立于1959年，占地面积2.55万平方米，包括祖庙、孔庙、黄飞鸿纪念馆、叶问堂，同时管辖广东粤剧博物馆、佛山鸿胜纪念馆等文物保护单位。佛山市博物馆新馆于2021年8月26日举行馆体移交仪式，开始场馆二次装修。2021年，市博物馆藏品以地方文物为主，有瓷器、陶器、玉器、字画、木雕、端砚、钱币，以及佛山地方民俗文物等3.14万件（套），其中珍贵文物6293件（套）。

市博物馆新馆建设　2021年，市博物馆新馆完成项目三方移交，场馆二次装修工作全面展开。陈列展览一层和二层分别完成招标，设计方案基本定稿进入施工图制作阶段。库房门项目完成施工并通过专家验收。图书档案设施设备项目施工进入收尾阶段，安防系统建设项目、智慧博物馆信息化项目、办公区配套设施改造、办公家具采购、新馆空气环境治理、公共空间导示，以及整体视觉形象（VI）项目、办公室搬迁项目等项目稳步推进。

文化遗产活化　2021年，岭南风物——佛山木版年画精品展在河北省武强年画博物馆展出，为期5个月，参观人数3.6万人。春和景明——佛山木版年画精品展在四川省绵竹年画博物馆展出。非遗过大年——佛山年俗文化展在佛山市祖庙博物馆展出，观众12.8万人，网上平台观众2.59万人。珍宝纷呈——佛山馆藏精品展在佛山市祖庙博物馆展出，观众2.43万人。另外，保护城市根脉·推动文化繁荣——佛山市非物质文化遗产图片展和守望祥和家园——佛山木版年画图片展在佛山市实验学校、城南小学、桂江一中等学校展出，累计参观人数1万多人。市博物馆组织传承人开展非遗展演8场，包括佛山彩灯、佛山剪纸、香云纱染整、佛山狮头、西樵大饼、佛山蔡李佛功夫推拿、顺德洪拳等，覆盖粤港澳大湾区，以及上海市、新疆维吾尔自治区等地。协助举办“遇见·非遗”佛山非物质文化遗产体验交流活动，有5个国家领事馆的官员及其家属近30人体验石湾陶艺、佛山咏春拳等非物质文化遗产项目。

文物征集与藏品管理　2021年，市博物馆向社会征集27批次750套994件文物藏品。文物类别主要有古代瓷器、书画、石湾窑陶塑、铁器、地方文献资料、通草画、剪纸（包括铜凿剪纸）等。其中：金钧窑玫瑰紫釉碗，造型规整，釉色生动自然，保存良好，对钧窑研究有重要意义，被评定为二级文物；元釉里红玉壶春瓶，造型秀雅，胎质细腻，釉色匀净，对研究元代釉里红瓷器有重要意义，被评定为三级文物。另有“清嘉庆至民国广东万成户及佛山邝留耕堂相关文献”一批98件，涉及佛山地区的清代及民国时期田契、账簿、收据、货单等地方文献资料，以及清光绪三十三年（1907年）高明县禁烟执照，都是研究和展示地方历史文化的重要实物资料。年内向社会征集的文物藏品

2021年，佛山市博物馆新馆完成项目三方移交，场馆二次装修工作全面展开。图为佛山市博物馆新馆大楼

（佛山年鉴社　供图）

中，接受捐赠的有10批次486套559件藏品资料，包括佛山市民间艺术社捐赠的书画，佛陶集团捐赠的现代及当代石湾陶艺作品、书画作品和证书书籍类物品，一批佛山首批援疆青年捐赠的20世纪50年代至20世纪80年代在新疆工作和生活的实物等有价值的文物和资料。市博物馆全年完成铁器文物修复170件，装裱木鱼书439页、书画246件、地方文献125页。开展文物定级工作，对馆藏的书画、陶瓷、杂项三大类文物开展鉴定定级，评定二级文物5件，其中绘画1件、瓷器1件、杂项3件；三级文物336件（套），其中书画112件（套）、陶瓷94件（套）、杂项130件（套）。

“佛博坊”系列活动　2021年，市博物馆在国庆节期间开展“小手拉大手　大城小工匠”2021佛山秋色赛会，开设佛山秋色、石湾陶塑、石湾艺术釉、大良鱼灯、南海灰塑、高明龙舟文化6个非物质文化遗产课程，有120组亲子家庭参与学习体验。继续举办“乐享中国节”活动，全年举办8期，结合庆祝中国共产党成立100周年活动和春节、端午节、七夕、中秋节传统节俗，以线上线下相结合形式开展写春联、印年画，以及制作香囊、藤编、小灯笼等活动，有200多组家庭体参与。利用寒暑假举办“成长体验营”16期，共250组家庭参与学习体验活动。在佛山市实验学校、佛山市城南小学、禅城区霍藻棉小学举办“传统文化进校园”活动17场，有2万名学生在国家级非遗项目的传承人与民间艺术家的辅导下制作非遗手工艺品。在书店、中小学校、企业举办“博物论坛”讲座23场。

非遗保护　2021年，佛山咏春拳项目成为国家级非遗项目，上元舞火龙等18个项目入选第八批省级非物质文化遗产代表性项目。市博物馆协助制定《佛山市非物质文化遗产保护办法》《佛山市非物质文化遗产管理办法》。保障非物质文化遗产保护资金扶持，26个非物质文化遗产项目保护单位、12个传承基地、2个传习所以及197名市级以上传承人共获市级财政资金补助317万元。完成佛山木版年画国家级传承人冯炳棠、剪纸（广东剪纸）国家级传承人陈永才、佛山秋色国家级传承人何信3个大师工作室展示提升工作。推进国家级传承人的抢救性记录工作，完成“佛山秋色”国家级代表性传承人何信、“龙舟说唱”国家级代表性传承人陈振球、“佛山十番”国家级代表性传承人何汉沛、“佛山彩灯”国家级代表性传承人杨玉榕4名国家级代表性传承人的口述历史篇及传承教学篇的拍摄记录工作。配合省非物质文化遗产保护中心完成咏春拳（叶问宗支）省级代表性传承人叶准的抢救性记录，完成对叶准及其弟子先后6次近7小时的访谈，并完成对访谈内容8万余字的核对修正工作。

2021年4月2日，佛山市博物馆在南海区罗村中心小学举办“博物论坛——佛山龙舟文化”讲座
（市博物馆　供图）

文博学术研究　2021年，市博物馆完成《佛山非遗》（2020年刊）、《佛山非物质文化遗产名录图典（二）》、《佛山文化遗产论丛2021》、《行通济》、《佛山文化符号》（建筑篇）的编印。编撰《馆藏文物精粹图录》，完成图录186件文物条目编写、部首撰写，推进统稿及图片拍摄工作。完成《佛山文化符号》（馆藏文物、非遗篇）绘图、审核、修改及定稿工作。

（邝倩华）

【祖庙博物馆】 佛山市祖庙博物馆成立于1959年，位于禅城区祖庙路21号，占地面积3.02万平方米，包括祖庙古筑建群、佛山祖庙历史文化陈列展览馆、孔庙、黄飞鸿纪念馆、叶问堂等建筑，其中祖庙始建于北宋元丰年间（1078—1085年），现存古建筑建于明洪武五年（1372年），是全国重点文物保护单位。祖庙博物馆是国家二级博物馆、国家AAAA级旅游景区、广东省爱国主义教育基地、广东省中华文化传承基地、广东十个文明旅游景区示范点之一。祖庙博物馆馆藏文物以道教文物及佛山地方民俗文物为主，基本陈列展示佛山祖庙历史文化、道教文化、武术文化、佛山民间工艺等。2021年，祖庙博物馆售出门票79.8万张，门票收入比上年增长7.6%。年内，祖庙博物馆获评“佛山口碑榜”公共服务最佳口碑单位。

古代建筑维护与文物安防　2021年，祖庙博物馆重点完成全国重点文物保护单位佛山祖庙保护规划、佛山祖庙灵应牌坊修缮工程设计方案、古洛芷兰牌坊修缮工程及节孝流芳牌坊保养维护工程方案的编制和上报工作。相继完成佛山市祖庙博物馆可移动文物预防性保护、藏珍阁二层文物库房加固工程等6项工程项目。取得国家知识产权局授权实用新型专利2项，分别是“一种文物建筑外墙清洗修复装置”和“一种文物建筑的白蚁监测诱杀装置”。此外，祖庙博物馆还全面实施“馆藏文物预防性保护”项目，建成投入使用馆藏文物预防性保护空气环境监测平台和馆藏文物保存环境调控系统。

文物保护修复　2021年，祖庙博物馆开展纸质类修复项目7项，开展修复、维修、制作木质类项目6项，开展陶器类修复项目4项，编写纸质类、木质类、陶器类文物保护修复方案及档案9项。重点完成“灵应祠”青铜仪仗修复保护项目（包括二级文物4件、三级文物5件）修复工作，启动馆藏漆朴神像修复保护项目（国家二级文物15件）工作，完成馆藏木雕挂屏、座屏修复保护项目（国家二级文物3件）2项修复工作。11月，祖庙博物馆联合广东省博物馆、广州美术学院等单位主办“流动博物馆+修复学堂”暨“存真传承——文物艺术品保护修复巡回展（佛山站）”。

博物馆数字信息化建设　2021年，祖庙博物馆推动建设藏品信息管理系统前期基础工作，包括文物藏品卡片的基本信息录入和平面信息采集。利用数字技术、虚拟现实（VR）技术和增强现实（AR）技术将展览内容展示出来。“统握元枢——道教真武文物展”搭建扫码观看重点文物的数字平台，游客可扫码通过图片浏览、文字介绍、听取语音获取更多文物展品信息。“看万山红遍——佛山革命文物展”搭建增强现实（AR）数字展厅，以增强现实（AR）数字建模形式结合图文展示、语音介绍等方式，还原实景展览环境及获取展品更全面的信息，增强观众立体观展效果。祖庙博物馆微信公众号粉丝超43万人，全年对外发布推文150多条，阅读量总计超40万人次。

文博展览　2021年，祖庙博物馆推出临时展览11个，包括自主策划展览3个。其中，围绕佛山道教历史文化，对照国家一级博物馆的要求，自主策划的“统握元枢——道教真武文物展”，展出祖庙博物馆文物精品114件，并借展他馆国家珍贵文物18件。承办“看万山红遍——佛山革命文物展”，该展览入选广东省弘扬社会主义核心价值观主题展览和广东省庆祝中国共产党成立100周年精品展览。启动“佛山状元文化展”专题馆前期工作，完成展陈大纲初稿，开展佛山状元文化相关文物展品初步遴选和征集工作。

社会教育活动　2021年，祖庙博物馆结合“统握元枢——道教真武文物展”和“看万山红遍——佛山革命文物展”，推出13期专题社会教育活动，近2000人参与。联合禅城区妇联、禅城区教育局等单位开展“和美家园·童心向党　红色故事我来讲”——禅城区“小小导赏员”大赛。为禅城区妇联的公益品牌项目“爱心学堂”开展10期课堂教学活动。开发具有祖庙历史文化特色的“祖庙稚趣乐Fun享”课程，在市机关幼儿园开展10期教学，受惠学童近400人。

特色旅游服务　2021年，祖庙博物馆为6157名学童举行开笔礼，比上年增长155%。全年为市民游客提供免费演出836场，其中武术醒狮演出720场、粤剧演出116场。全年有25款文创作品投入生产。文创作品“穆桂英挂帅”人物故事陶塑瓦脊系列入选佛山（禅城）文创产品IP资源库，狮舞岭南文创雪糕成为祖庙博物馆网红文创产品，文创产品“祖庙音乐宫灯”入选首届全国文化创意产品推介活动“全国百佳文化创意产品”。

（唐丽婵）

2021年3月14日，佛山市祖庙博物馆在藏珍阁举行“统握元枢——道教真武文物展”社教活动。图为参与活动的父母和孩子共同制作《真武流辉》活动手册

（祖庙博物馆　供图）

文化遗产保护

【概况】 2021年，佛山市有已建及在建博物馆（纪念馆、名人故居）149个（已建120个、在建29个），美术馆（艺术馆）98个（已建96个、在建2个），总数共247个，比上年增加9个。有村史馆101个。有国家级非遗项目15个、省级项目50个、市级项目131个（子项目142个）；有市级（含）以上代表性传承人226人，其中，国家级代表性传承人15人、省级代表性传承人58人。全市有全国重点文物保护单位8处、省级文物保护单位54处、市级文物保护单位291处。年内，佛山市经省核定公布全市首批不可移动革命文物34处。完成第八批省级非物质文化遗产代表性项目推荐，南风古灶“石湾陶艺工作站”获“省级非物质文化遗产工作站”称号。完成佛山木版年画老铺、佛山秋色传承人工作室、广东剪纸传承人工作室等非遗展览提升工程，将工作室或门店转化为集展示、培训、制作、商务于一体的展示馆。年内，咏春拳（佛山咏春拳）入选第五批国家级非物质文化遗产代表性项目名录（扩展项目）。

表45

佛山市全国重点文物保护单位一览表

序 号	名 称	地 址	文物形成或建造时间	类 别
1	佛山祖庙	禅城区祖庙街道祖庙路21号	明代、清代	古建筑
2	南风古灶、高灶陶窑	禅城区石湾镇街道高庙路6号	明代	其他
3	东华里古建筑群	禅城区祖庙街道福贤社区福贤路	清代—民国时期	古建筑
4	康有为故居	南海区丹灶镇银河社区苏村敦仁里	清咸丰八年（1858年）	近现代重要史迹及代表性建筑
5	古椰贝丘遗址	高明区荷城古椰村鲤鱼岗侧	新石器时代	古遗址
6	清晖园	顺德区大良清晖路23号	清代	古建筑
7	顺德糖厂早期建筑	顺德区大良街道顺峰社区沙头村	1935年投产	近现代重要史迹及代表性建筑
8	西樵山采石场遗址	南海区西樵镇西樵山	明代、清代	古遗址

注：资料截至2021年底

表46

佛山市省级文物保护单位一览表

序 号	名 称	地 址	文物形成或建造时间	类 别
1	河宕贝丘遗址	禅城区石湾镇街道雾岗路	新石器时代	古遗址
2	梁园	禅城区祖庙街道先锋古道93号	清代	古建筑
3	简氏别墅	禅城区祖庙街道臣总理17号	清代—民国时期	近现代重要史迹及代表性建筑
4	兆祥黄公祠	禅城区塔坡社区福宁路95号兆祥公园内	民国时期	近现代重要史迹及代表性建筑
5	林家厅及古民居群	禅城区石湾镇街道高庙路6号	清代	古建筑
6	霍氏古祠建筑群	禅城区石湾镇街道石头西便村东街三巷13号南侧	明代—清代	古建筑
7	文会里嫁娶屋	禅城区祖庙街道兰桂社区祖庙大街文会里36、38、40号	清代	古建筑
8	西樵山遗址	南海区西樵镇西樵山	新石器时代	古遗址
9	北涌亭	南海区里水镇新联村沿江公园东	明弘治十八年（1505年）	古建筑
10	鱿鱼岗遗址	南海区西樵镇百西村水边村鱿鱼岗	新石器时代	古遗址
11	崔氏大宗祠	南海区九江镇万安社区民康路3号对面	明嘉靖四十四年（1565年）	古建筑
12	绮亭陈公祠	南海区西樵镇简村幼儿园东侧	清光绪十三年（1887年）	古建筑
13	曹氏大宗祠	南海区大沥镇滘北村一巷6号	明崇祯九年（1636年）	古建筑
14	慈悲宫牌坊	南海区九江镇下西村翘南村新龙路探花公园旁	明万历年间	古建筑
15	良二千石牌坊	南海区九江镇下西村大稔村北边	明万历二十六年（1598年）	古建筑
16	云泉仙馆	南海区西樵镇西樵山白云洞风景区白云峰西北麓	清乾隆四十二年（1777年）	古建筑

续表

序　号	名　称	地　址	文物形成或建造时间	类　别
17	平地黄氏大宗祠	南海区大沥镇平地村新市大街三号	清乾隆二十年（1755年）迁建	古建筑
18	象林塔	南海区西樵镇西樵山白云洞风景区	清康熙五年（1666年）	古建筑
19	九江吴家大院	九江镇儒林社区人民路40号	清光绪十三年（1887年）至1927年	近现代重要史迹及代表性建筑
20	方献夫墓	南海区丹灶镇孔边村孔边岗	明代	古墓葬
21	钟边村钟氏大宗祠	南海区大沥镇钟边村钟边大道11号侧	清代	古建筑
22	西华寺遗址	南海区里水镇草场社区石门山南麓西华村西华街13号	五代至清代	古遗址
23	四峰书院遗址	佛山市南海区西樵镇西樵山寺边村	明代	古遗址
24	仙迹丹泉	佛山市南海区丹灶镇仙岗社区	明代、清代	古建筑
25	烟桥何氏大宗祠	佛山市南海区九江镇烟南村	清代	古建筑
26	金楼及古建筑群	顺德区北滘镇碧江社区泰宁路6号	明代—清代	古建筑
27	右滩黄氏大宗祠	顺德区杏坛镇右滩村新村社五巷1号	始建于明代，清咸丰和同治年间、1931年、2005年重修	古建筑
28	明远桥	顺德区杏坛镇逢简村潭头坊	宋代	古建筑
29	九列故居	顺德区杏坛镇北水村新基大街2号	清道光十七年（1837年）	近现代重要史迹及代表性建筑
30	沙滘陈氏大宗祠	顺德区乐从镇沙滘南村沙滘小学旁	清光绪二十一年（1895年）	古建筑
31	沙边何氏大宗祠	顺德区乐从镇沙边村沙边大街28号	清康熙四十九年（1710年）	古建筑
32	西山庙	顺德区大良街道文秀路西山山麓	始建于明嘉靖二十年（1541年），清光绪二十一年（1895年）、1985年重修	古建筑
33	青云塔	顺德区大良街道神步岗上	始建于明万历三十年（1602年），清道光十一年（1831年）、光绪十四年（1888年）重修	古建筑
34	贞女桥	顺德区龙江镇世埠社区长路村	南宋嘉定四年至八年（1211—1215年）建桥，明嘉靖二十八年（1549年）建牌坊	古建筑
35	尊明苏公祠	顺德区北滘镇碧江村泰兴大街	始建于明嘉靖年间，清代重修	古建筑
36	报功祠	顺德区北滘镇桃村桃源大道22号	始建于宋末，明天顺四年（1460年）、清康熙四十年（1701年）、道光十九年（1839年）、光绪八年（1882年）仲夏、1947年冬季重修	古建筑
37	冯氏贞节坊	顺德区北滘镇林头社区始平巷牌坊街7号前	清康熙三十七年（1698年）	古建筑

续表

序 号	名 称	地 址	文物形成或建造时间	类 别
38	逢简刘氏大宗祠	顺德区杏坛镇逢简村根大街9号	明永乐十三年（1415年）建，明天启年间、清嘉庆年间、2002年均有重修	古建筑
39	七乡蟠龙水闸	顺德区乐从镇良村村河涌口的河道上	清道光二十八年（1848年）	古建筑
40	真武庙	顺德区容桂街道红星社区狮山东路大神庙街6号	明万历九年（1581年）重建，清乾隆十四年（1749年）重修	古建筑
41	聚奎阁	顺德区容桂街道振华社区文塔公园内	清乾隆五十九年（1794年）	古建筑
42	梅庄欧阳公祠	顺德区均安镇仓门村华庙街	清光绪八年（1882年）重建	古建筑
43	冰玉堂	顺德区均安镇沙头村鹤岭大街29-2	1950—1951年	近现代重要史迹及代表性建筑
44	察院陈公祠	顺德区龙江镇新华西村北华村华楼路	清代	古建筑
45	大街苏氏大宗祠（杏坛苏氏大宗祠）	顺德区杏坛镇杏坛社区大街24号右侧	明代	古建筑
46	千里驹故居	顺德区伦教街道三洲社区	民国时期	近现代重要史迹及代表性建筑
47	胥江祖庙	三水区芦苞镇	始建于南宋嘉定年间，历经元、明、清各代多次修葺	古建筑
48	白坭银洲贝丘遗址	三水区白坭镇银洲村	新石器晚期	古文化遗址
49	大旗头村古建筑群	三水区乐平镇大旗头村	清光绪年间	古建筑（群）
50	梁士诒墓	三水区白坭镇岗头村九亩墩	1933年	近现代重要史迹及代表性建筑
51	魁岗文塔	三水区河口魁岗村	明万历三十年（1602年）	古建筑（塔）
52	大岗山窑址	高明区荷城街道沿江路283号	唐代	古遗址
53	谭平山故居	高明区明城镇明阳村	清光绪十二年（1886年）	近现代重要史迹及代表性建筑
54	灵龟塔	高明区荷城街道沿江路283号	明代	古建筑

注：资料截至2021年底

表47

佛山市市级文物保护单位一览表

序 号	名 称	地 址	文物形成或建造时间	类 别
1	祖庙大街店铺	禅城区祖庙街道恩光社区祖庙大街麒麟社1号之二	清代	古建筑
2	龙塘诗社	禅城区祖庙街道恩光社区文明里68号	清代	古建筑
3	孔庙	禅城区祖庙街道恩光社区祖庙路21号	清代	古建筑
4	花王庙	禅城区祖庙街道福贤社区燎原路粥头街38号	清代	古建筑

续表

序　号	名　称	地　址	文物形成或建造时间	类　别
5	忠诚当铺	禅城区祖庙街道福贤社区福贤路禄丰大街53号	民国时期	近现代重要史迹及代表性建筑
6	仁寿寺塔	禅城区祖庙街道沙塘社区祖庙路5号	民国时期	近现代重要史迹及代表性建筑
7	李可琼故居	禅城区祖庙街道沙塘社区莲华巷15号	清代	古建筑
8	莲花巷土府	禅城区祖庙街道沙塘社区莲花巷4号	明代	古建筑
9	基督教赉恩堂	禅城区祖庙街道沙塘社区莲花路27号	民国时期	近现代重要史迹及代表性建筑
10	李众胜堂祖铺	禅城区祖庙街道恩光社区祖庙大街18号	清代	古建筑
11	隔塘霍氏家庙建筑群	禅城区祖庙街道恩光社区隔塘大街85、86号	清代	古建筑
12	傅氏家庙	禅城区祖庙街道恩光社区隔塘大街28号	清代	古建筑
13	黄祥华如意油祖铺	禅城区祖庙街道恩光社区祖庙大街文明里77号	清代	古建筑
14	简照南佛堂	禅城区祖庙街道兰桂社区祖庙大街文会里51号	民国时期	近现代重要史迹及代表性建筑
15	陈铁军故居	禅城区祖庙街道恩光社区福贤路善庆坊6号	清代	古建筑
16	莪园	禅城区祖庙街道纪纲社区福贤路居仁里139号、福贤路131号	民国时期	近现代重要史迹及代表性建筑
17	居仁里土府	禅城区祖庙街道福贤社区居仁里38号	明代	古建筑
18	蓝田冯公祠	禅城区祖庙街道纪纲社区六村正街29号	明代	古建筑
19	区家庄	禅城区祖庙街道纪纲社区福贤路居仁里区巷1-20号	清代	古建筑
20	石路巷古民居群	禅城区祖庙街道纪纲社区福贤路纪纲街石路巷1-16号	明代—清代	古建筑
21	季华女子小学旧址（铁军小学）	禅城区祖庙街道沙塘社区田心里17号	民国时期	近现代重要史迹及代表性建筑
22	泰和当铺	禅城区祖庙街道福贤社区福贤路石巷37、39号	民国时期	近现代重要史迹及代表性建筑
23	适安里古建筑群	禅城区祖庙街道培德社区松风路适安里19、22、24、26号	清代—民国时期	古建筑
24	培德里古建筑群	禅城区祖庙街道培德社区松风路培德里40-50号	清代—民国时期	古建筑
25	高庙	禅城区石湾镇街道忠信社区忠信巷10号	清代	古建筑
26	叶家庄	禅城区祖庙街道永安社区市东上路宝善坊6-20号	清代	古建筑

续表

序 号	名 称	地 址	文物形成或建造时间	类 别
27	任围	禅城区祖庙街道燎原社区乐安里23-48号、任映坊1-17号	清代	古建筑
28	国公庙	禅城区祖庙街道莺岗社区福宁路新安街46号	清代	古建筑
29	太上庙	禅城区祖庙街道塔坡社区福宁路祥安街15号	明代—清代	古建筑
30	塔坡庙和井	禅城区祖庙街道福宁路塔坡社区京果街2号	唐代—清代	其他
31	中山公园（含中山公园牌坊、亦乐亭、李氏牌坊）	禅城区祖庙街道升平社区中山路12号	民国时期	近现代重要史迹及代表性建筑
32	佛山精武体育会会址	禅城区祖庙街道升平社区中山路12号	民国时期	近现代重要史迹及代表性建筑
33	华英中学旧址	禅城区祖庙街道文沙北社区文沙路25号市一中内	民国时期	近现代重要史迹及代表性建筑
34	青云街当楼	禅城区祖庙街道快子社区筷子路向前街3号	民国时期	近现代重要史迹及代表性建筑
35	李大夫家庙	禅城区祖庙街道普君南新风路33号	清代	古建筑
36	秀岩傅公祠	禅城区祖庙街道莺岗社区卫国路86号第三中学内	民国时期	近现代重要史迹及代表性建筑
37	经堂古寺	禅城区祖庙街道普君南社区新风路49号市委党校内	清代	古建筑
38	苏氏私塾	禅城区祖庙街道普南社区庆源坊69号	清代	古建筑
39	吴勤烈士陵园	禅城区祖庙街道普西社区岭南大道北57号	现代	近现代重要史迹及代表性建筑
40	沙岗张氏大宗祠	禅城区石湾镇街道沙岗村镇中路沙岗文化中心西侧	清代	古建筑
41	丰宁寺	禅城区石湾镇街道莲峰社区镇中二路北侧	清代	古建筑
42	莲峰书院	禅城区石湾镇街道莲峰社区镇中二路北侧	清代	古建筑
43	大雾岗遗址	禅城区石湾镇街道莲峰社区大雾岗	唐代	古遗址
44	海口庞氏大宗祠	禅城区张槎街道海口村南新村1号侧	明代—清代	古建筑
45	谭仙观	禅城区张槎街道大富村小布东街16巷1号侧	清代	古建筑
46	绿瓦亭	禅城区石湾镇街道黎冲村黎冲上村绿瓦亭公园内	民国时期	近现代重要史迹及代表性建筑
47	状元井	禅城区石湾镇街道黎冲村黎涌上村排坊三巷3号北侧	南汉时期	其他

续表

序号	名称	地址	文物形成或建造时间	类别
48	黎涌陈氏大宗祠	禅城区石湾镇街道黎冲村藜涌下村大宗公园内	清代	古建筑
49	邓群岗遗址	禅城区南庄镇吉利村邓群村邓群岗	新石器晚期	古遗址
50	陈盛故居	禅城区祖庙街道莺岗社区衙旁街39号	清末	近现代重要史迹及代表性建筑
51	鸿胜祖馆	禅城区祖庙街道莺岗社区衙旁街15号	清末	近现代重要史迹及代表性建筑
52	酒行会馆	禅城区祖庙街道恩光社区祖庙大街22号	清代	古建筑
53	李广海医馆	禅城区祖庙街道朝东村忠义路平政桥侧	清末	近现代重要史迹及代表性建筑
54	集贤坊古民居群	禅城区祖庙街道同安社区红风大街3、5、7、9、21号，勤俭街21、23、25、27号	清代—民国时期	古建筑
55	隆庆陈氏宗祠及古官道	禅城区南庄镇罗南村隆庆村隆新大街七巷口	清代	古建筑
56	三华罗氏大宗祠	禅城区南庄镇紫洞村三华村	明代—清代	古建筑
57	廖家围	禅城区石湾镇街道和平社区建国路建国二巷1、2、4号	清代	古建筑
58	康宁聂公祠	禅城区石湾镇街道深村村东升村大街3号	明代—清代	古建筑
59	平兰陈公祠	禅城区石湾镇街道湾华村西华村大忠村2号	清代	古建筑
60	石梁梁氏家庙	禅城区石湾镇街道石梁村石梁二街1号	明代—清代	古建筑
61	永新社学	禅城区张槎街道弼唐村西便村13号侧	清代	古建筑
62	张槎仙槎书院古建筑群	禅城区张槎街道张槎村	清代	古建筑
63	张槎东岳庙	禅城区张槎街道张槎村上南村大街张槎中学北侧	清代	古建筑
64	大江罗氏宗祠	禅城区张槎街道大江村罗联村	明代—清代	古建筑
65	大沙杨氏大宗祠	禅城区张槎街道大沙村弘农大道3号内	清代	古建筑
66	叶生生堂	禅城区祖庙街道快子社区快子路12号	清末民国	近现代重要史迹及代表性建筑
67	众义国术体育馆旧址	禅城区祖庙街道快子社区筷子路44号	民国时期	近现代重要史迹及代表性建筑
68	褒宠牌坊	禅城区祖庙路23号内	明代	古建筑
69	中共溶洲支部旧址（溶洲招氏五世祠）	禅城区南庄镇溶洲村	清光绪十年（1884年）	近现代重要史迹及代表性建筑
70	廖锦涛故居	禅城区南庄镇龙津村	1914年	近现代重要史迹及代表性建筑

续表

序号	名称	地址	文物形成或建造时间	类别
71	探花桥	南海区九江镇下西村翘南村新龙路探花公园旁	始建于明万历四十七年（1619年），清代重修	古建筑
72	魁星塔	南海区九江镇下北村铁滘村东南方	清嘉庆五年（1800年）	古建筑
73	冯氏家族墓	南海区九江镇水南村迎安大道东边	宋代	古墓葬
74	玉廪峰、大科峰、金鼠塱摩崖石刻组	南海区西樵镇西樵山	明代、清代	石窟寺及石刻
75	大石桥	南海区里水镇洲村村里横路东侧	清道光二十八年（1848年）	古建筑
76	中共南三花工委旧址	南海区里水镇北沙村沈村村沈五五巷	1945—1949年	近现代重要史迹及代表性建筑
77	蔡道可、蔡子华墓	南海区里水镇逢涌村文头岭西麓	宋代	古墓葬
78	文头岭窑址	南海区里水镇逢涌村文头岭南麓	唐代—宋代	古遗址
79	李子长墓	南海区西樵镇西樵山云路村云路峰下	明嘉靖五年（1526年）	古墓葬
80	翠岩摩崖石刻	南海区西樵镇西樵山碧云村翠岩景区	清代	石窟寺及石刻
81	泗源郑公祠	南海区里水镇贤僚村西一村文明一街13号	清光绪年间重修	古建筑
82	遁叟江公祠和江头江氏宗祠	南海区桂城街道叠南村江头村	清代	古建筑
83	黄少强故居	南海区狮山镇群岗村小江二村九巷	1901—1942年	近现代重要史迹及代表性建筑
84	古岗桥	南海区狮山镇永安村古岗村	明代	古建筑
85	七甫陈氏宗祠	南海区狮山镇七甫村铁网坊南侧	明弘治十二年（1499年）	古建筑
86	福星桥	南海区狮山镇大榄村大榄涌上	清宣统元年（1909年）重修	古建筑
87	中共南海县委旧址	南海区狮山镇显纲村显纲村中和里234号	1927年	近现代重要史迹及代表性建筑
88	通窿岩采石遗址	南海区狮山镇石泉村南国桃园平顶岗通窿岩	明代、清代	古遗址
89	珠江纵队独立第三大队队部旧址	南海区狮山镇黄洞村东一区一号	1945年1—9月	近现代重要史迹及代表性建筑
90	伦文叙墓	南海区罗村街道芦塘村长安墓园棋子岭西南麓	明代	古墓葬
91	义民纪念碑	南海区狮山镇狮中村陈洞村旧村东南方	1947年	近现代重要史迹及代表性建筑
92	树本善堂	南海区狮山镇狮北村银岗狮山一小旁	清光绪十四年（1888年）	近现代重要史迹及代表性建筑
93	奇石窑址	南海区狮山镇新境村奇石村、西门村	唐代—宋代	古遗址
94	华平李氏大宗祠	南海区狮山镇狮西村华平村	清嘉庆年间	古建筑
95	邹特夫墓	南海区大沥镇泌冲村后海村长青墓园内	清同治八年（1869年）	古墓葬

续表

序 号	名 称	地 址	文物形成或建造时间	类 别
96	叶正简夫人墓	南海区狮山镇黎岗村豸下村后山	宋代	古墓葬
97	陈宁墓	南海区狮山镇黎岗村豸下村梅花地	北宋	古墓葬
98	骆秉章墓	南海区罗村街道芦塘村雅三村东面山岗	清同治六年（1867年）	古墓葬
99	联星江氏宗祠	南海区罗村街道联星村上三村吉祥巷1号北侧	清光绪三十年（1904年）重建	古建筑
100	三山三眼桥	南海区桂城街道东区村禾仰村	清嘉庆二年（1797年）	古建筑
101	奎光楼	南海区西樵镇樵园西樵山白云洞风景区	明万历年间	古建筑
102	白云古寺	南海区西樵镇樵园西樵山白云洞风景区	明正德二年（1507年）	古建筑
103	字祖庙	南海区西樵镇樵园西樵山白云洞风景区	清乾隆四十二年（1777年）	古建筑
104	第弌洞天牌坊	南海区西樵镇樵园西樵山白云洞风景区	清乾隆年间	古建筑
105	湖山胜迹门楼	南海区西樵镇樵园西樵山白云洞风景区	清咸丰三年（1853年）	古建筑
106	小云亭	南海区西樵镇樵园西樵山白云洞风景区	清咸丰八年（1858年）	古建筑
107	光分亭	南海区西樵镇樵园西樵山白云洞风景区	清道光二十八年（1848年）	古建筑
108	枕流亭	南海区西樵镇樵园西樵山白云洞风景区应潮湖旁边	清乾隆五十四年（1789年）	古建筑
109	白云洞摩崖石刻	南海区西樵镇樵园西樵山白云洞风景区	明代—中华人民共和国	石窟寺及石刻
110	龙母庙	南海区西樵镇樵园西樵山蟠龙洞内	1938年	近现代重要史迹及代表性建筑
111	吉水窦	南海区西樵镇西樵村吉水大道牌坊前	清光绪二十年（1894年）重建	古建筑
112	泮阳李公祠门楼	南海区罗村街道罗村村寨边村村前街八巷1号	明代	古建筑
113	张浚家族墓	南海区狮山镇大榄村大榄林场大旗岭	宋代	古墓葬
114	娥媚坑竹西岗汉墓群	南海区桂城街道林岳村娥媚坑竹西岗	汉代	古墓葬
115	叶正简墓	南海区大沥镇颜峰村人和村葫芦岗	宋代	古墓葬
116	方道隆墓	南海区丹灶镇良登村孔边村孔边岗	元代	古墓葬
117	通心岗遗址	南海区丹灶镇良登村良登村	新石器时代	古遗址
118	三元桥	南海区九江镇儒林社区船栏街侧	清道光年间	古建筑
119	朱子襄墓	南海区九江镇下西村太平村龟岗西南麓	清光绪八年（1882年）	古墓葬
120	李卓峰墓	南海区九江镇南方村忠良岗	1926年	近现代重要史迹及代表性建筑
121	破排角遗址	南海区九江镇沙口文昌路沙口社区卫生站对面	南宋	古遗址
122	凤池曹氏大宗祠	南海区大沥镇凤池村凤西村凤西公园旁	清代	古建筑
123	大沥“二·七”革命纪念碑	南海区大沥镇沥苑沥园路大沥文化公园内	1958年	近现代重要史迹及代表性建筑

续表

序　号	名　称	地　址	文物形成或建造时间	类　别
124	吴氏八世祖祠	南海区大沥镇沥东村荔庄村东区一巷1号	清代	古建筑
125	阴骘井	南海区丹灶镇仙岗村苏坑村村尾	宋代	古建筑
126	贞烈牌坊	南海区丹灶镇仙岗村苏坑村村口	清康熙年间	古建筑
127	颜氏大宗祠	南海区大沥镇河西村颜边村新街76号	清道光十三年（1833年）重修	古建筑
128	傅氏山庄	南海区西樵镇西樵山碧云村	1932年	近现代重要史迹及代表性建筑
129	朝议世家邝公祠	南海区大沥镇大镇村四中村	明代、清代	古建筑
130	邝氏始祖墓	南海区大沥镇大镇村四中村北侧	宋代	古墓葬
131	铁屎墩冶炼遗址	南海区西樵镇百西村大地村	清代	古遗址
132	三眼桥	南海区大沥镇河东村穗盐路	明代	古建筑
133	杜氏大宗祠	南海区大沥镇白沙村白沙村中心路涌边1巷12号侧	清乾隆五十九年（1794年）	古建筑
134	潡表李氏宗祠	南海区大沥镇黄岐村潡表村环村东路	清代始建，1921年重建	古建筑
135	黄岐梁氏大宗祠	南海区大沥镇黄岐村岐南村岐西大街65号侧	清代	古建筑
136	冯夏威墓	南海区西樵镇樵园蟠龙洞洞口	清光绪三十一年（1905年）	近现代重要史迹及代表性建筑
137	九龙岩摩崖石刻	南海区西樵镇西樵山寺边村九龙岩景区	明正德十二年（1517年）	石窟寺及石刻
138	西樵山抗日阵亡将士暨死难同胞纪念碑	南海区西樵镇东碧社区碧玉洞内	1947年	近现代重要史迹及代表性建筑
139	松塘东山祖祠	西樵镇上金瓯松塘村文昌圩22号侧	清代	古建筑
140	松塘甘井	西樵镇上金瓯桂阳坊42号侧	宋代	古建筑
141	松塘汇川家塾	西樵镇上金瓯松塘村桂香坊13号	清代	古建筑
142	松塘见五大夫祠	西樵镇上金瓯桂香坊	清光绪七年（1881年）	古建筑
143	松塘六世祖祠	西樵镇上金瓯松塘村桂香坊	清代	古建筑
144	松塘培元书舍	西樵镇上金瓯松塘村忠心坊4号B侧	清代	古建筑
145	松塘翘秀园	西樵镇上金瓯松塘村华宁坊1号	清代	古建筑
146	松塘区氏宗祠	西樵镇上金瓯松塘村桂香坊	明代	古建筑
147	松塘世大夫家庙	西樵镇上金瓯松塘村文昌圩22号侧	清代	古建筑
148	松塘司马第	西樵镇上金瓯松塘村桂香坊126号	晚清	古建筑
149	松塘太史第	西樵镇上金瓯松塘村华宁坊59号侧	清光绪三十二年（1906年）	古建筑
150	松塘塘西六世祖祠	西樵镇上金瓯松塘塘西坊61号侧	清光绪二十一年（1895年）	古建筑
151	西樵山百步云梯	西樵山石牌村金钗峰北麓	明正德十二年（1517年）	古建筑
152	西樵山无叶井	西樵镇西樵山碧云村村口	明代、清代	古建筑

续表

序号	名称	地址	文物形成或建造时间	类别
153	西樵山紫姑井、仙姑亭	西樵镇西樵山寺边村九龙岩景区	清代	古建筑
154	西樵山蟹眼泉	西樵镇西樵山碧云村翠岩风景区	清代	古建筑
155	百西潘氏大宗祠	西樵镇百西社区幼儿园侧	清乾隆二十六年（1761年）	古建筑
156	禄舟万寿堂	西樵镇岭西村禄舟村20号	1784年	古建筑
157	信存何公祠	桂城叠北东胜坊东约	清道光年间	古建筑
158	东联吴氏大宗祠	丹灶镇东联社区水口村村前街西二十巷1号侧	清代	古建筑
159	南沙陈氏宗祠	丹灶镇南沙社区新村街十四巷1号	清代	古建筑
160	恒德徐公祠	丹灶镇西联社区五甲村五巷1号	清光绪八年（1882年）	古建筑
161	沙水翰林步头	丹灶镇劳边村居会沙水村西街坊南乔公祠前	明代	古建筑
162	荔庄泰岭书舍	大沥镇沥东社区荔庄村东区一巷1号	清代	古建筑
163	区梦觉故居	西樵镇上金瓯华宁坊69号	1906年	近现代重要史迹及代表性建筑
164	上东岑局楼	九江镇上东村上东沙村红旗421-422号	1932年	近现代重要史迹及代表性建筑
165	民乐窦	南海区西樵镇民乐社区	明代	古建筑
166	下北石塘闸	南海区九江镇下北村	清光绪十五年（1889年）	古建筑
167	冼光墓	顺德区乐从镇大罗村北万松原	明代	古墓葬
168	何彦墓	顺德区杏坛镇西登村小金山北端	明代	古墓葬
169	陈岩野墓	顺德区大良街道北区社区观光市场内	清道光、咸丰年间、民国二十二年、1987年冬重修	古墓葬
170	连氏始祖古墓群	顺德区勒流街道富裕村沙富岗山麓沙富环山路旁	清道光十八年（1838年）	古墓葬
171	北街古村落	顺德区杏坛镇桑麻村北街	清代	古建筑
172	黎氏家庙及民居群	顺德区杏坛镇昌教村昌教小学右侧	清代	古建筑
173	南村牧伯里民居群	顺德区乐从镇沙滘社区南村牧伯里	清代	古建筑
174	西村低地民居群	顺德区乐从镇沙滘社区西村低地中街	清代	近现代重要史迹及代表性建筑
175	龙江石龙里民居	顺德区龙江镇龙江社区石龙里	清代	古建筑
176	克勤堂古民居群	顺德区龙江镇仙塘村朝阳农场朝阳大街	清代	古建筑
177	碧江泰兴大街祠堂群	顺德区北滘镇碧江社区泰兴大街	清代	古建筑
178	碧江村心祠堂群	顺德区北滘镇碧江社区村心大街	清代	古建筑
179	莘村曾氏大宗祠	顺德区北滘镇莘村武城街七号	明代、清光绪十五年（1889年）	古建筑

续表

序 号	名 称	地 址	文物形成或建造时间	类 别
180	莘村梁大夫祠	顺德区北滘镇莘村文学街2号、3号	清代	古建筑
181	桃村袁氏大宗祠	顺德区北滘镇桃村怡谋街3号	清代	古建筑
182	林头郑氏大宗祠	顺德区北滘镇林头社区粮站街42号前	康熙五十九年（1720年）	古建筑
183	广教杨氏大宗祠	顺德区北滘镇广教社区林港路西	清代	古建筑
184	宋参政李公祠	顺德区杏坛镇逢简村名园塘头街1号	清代	古建筑
185	漱南伍公祠	顺德区杏坛镇古朗村世祖巷1号	明代、清代	古建筑
186	北水尤氏大宗祠	顺德区杏坛镇北水村北昌东	清雍正三年（1725年）	古建筑
187	杏坛梁氏大宗祠	顺德区杏坛镇光华村德彦大道牌坊边	清代	古建筑
188	豸浦胡公家庙	顺德区均安镇鹤峰社区豸浦玉堂街54号	清乾隆年间	古建筑
189	上村李氏宗祠	顺德区均安镇鹤峰社区上村大街	清光绪五年（1879年）	古建筑
190	星槎何氏大宗祠	顺德区均安镇星槎村兴隆小组天市街	清同治三年（1864年）	古建筑
191	南浦李氏家祠	顺德区均安镇南浦村天期路	清光绪年间	古建筑
192	良教祠堂群	顺德区乐从镇良教村	清代	古建筑
193	路州黎氏大宗祠	顺德区乐从镇路州村东头坊	始建于明崇祯十三年（1640年），清同治六年（1867年）和宣统元年（1909年）重修	古建筑
194	路州周氏大宗祠	顺德区乐从镇路州村塘边大街4号	清光绪十三年（1887年）	古建筑
195	大墩梁氏家庙	顺德区乐从镇大墩村玉堂北便街5号	清代	古建筑
196	梅氏大宗祠与陈氏宗祠	顺德区龙江镇陈涌社区小陈涌路2号	清代	古建筑
197	张氏九世祠	顺德区龙江镇坦西社区坦田大街	清同治、光绪年间	古建筑
198	大良罗氏大宗祠	顺德区大良街道文秀社区蓬莱路本原幼儿园内	清代	古建筑
199	月池何公祠	顺德区伦教街道羊额村连州街	清初	古建筑
200	松庄仇公祠	顺德区陈村镇石洲村隔基坊路	始建于清康熙四十年（1701年），清光绪九年（1883年）重建	古建筑
201	桃村报功祠古建筑群（含金紫名宗、黎氏三世祠）	顺德区北滘镇桃村上街6号	始建于明代，清乾隆四十三年（1778年）重修	古建筑
202	冯氏六世祖祠	顺德区容桂街道马冈村江佩直街41号	清道光九年（1829年）	古建筑
203	扶闾廖氏宗祠	顺德区勒流街道扶闾村社祥街	清光绪三年（1877年）	古建筑
204	锦岩庙	顺德区大良街道北区社区锦岩公园内	明代、清代	古建筑

续表

序号	名称	地址	文物形成或建造时间	类别
205	绿榕古庙	顺德区容桂街道容里社区华容三路六巷51号	清光绪二十一年（1895年）	古建筑
206	众涌天后庙（天后宫）	顺德区勒流街道众涌村高巷大街2号	清代	古建筑
207	福善堂	顺德区乐从镇腾冲村海边坊海边大街5号	清光绪三十年（1904年）重修	古建筑
208	龙母庙（孝通殿）和五龙庙	顺德区杏坛镇龙潭村圩庙前大街5号	始建于南宋咸淳元年（1265年），明嘉靖年间，清乾隆四十四年（1779年）和道光五年（1825年）重修	古建筑
209	巨济桥	顺德区杏坛镇逢简村逢简圩入口处	1929年重建	近现代重要史迹及代表性建筑
210	金鳌桥	顺德区杏坛镇逢简村根小组大地街	清康熙三十六年（1697年）	古建筑
211	爱日桥	顺德区杏坛镇龙潭村古粉牌坊前200米	明代	古建筑
212	跃龙桥	顺德区杏坛镇上地村前街	清代	古建筑
213	洛阳桥	顺德区容桂街道四基社区大市沿河路旁	宋代、明代、清代	古建筑
214	广孝桥	顺德区勒流街道黄连社区基尾	明弘治四年（1491年）	古建筑
215	见龙桥	顺德区勒流街道西华村见龙门牌坊旁	清康熙年间	古建筑
216	德云桥	顺德区北滘镇碧江社区民乐公园	清代	古建筑
217	垂虹桥	顺德区陈村镇旧圩社区水沆基路段	清咸丰元年（1851年）重修	古建筑
218	御波桥	顺德区伦教街道三洲社区文明东路	始建于清咸丰年间，清光绪十一年（1885年）重修	古建筑
219	百岁坊	顺德区杏坛镇古朗村天市街卫生站侧	清乾隆十七年（1752年）	古建筑
220	节孝坊	顺德区杏坛镇古朗村排牙坊	清嘉庆三年（1798年）	古建筑
221	昇平人瑞坊	顺德区杏坛镇上地村石狮巷4号左前方	清同治六年（1867年）	古建筑
222	简竹居牌坊、六角亭	顺德区北滘镇北滘社区简岸路北侧	1934年	近现代重要史迹及代表性建筑
223	马姓回甦井	顺德区乐从镇水藤村先扬马巷	元代	古建筑
224	漱玉泉	顺德区龙江镇沙富村长流大街	明代、清代	古建筑
225	周鉴井	顺德区大良街道苏岗社区太平山麓	明代	古建筑
226	麦孟华、麦仲华故居	顺德区杏坛镇吉祐村爱日名关二巷4号	民国时期	近现代重要史迹及代表性建筑
227	伍宪子故居	顺德区杏坛镇古朗村竹林二巷2号	民国时期	近现代重要史迹及代表性建筑
228	李小龙祖居	顺德区均安镇鹤峰社区上村大街小龙巷12号	民国时期	近现代重要史迹及代表性建筑

续表

序 号	名 称	地 址	文物形成或建造时间	类 别
229	罗家树民宅	顺德区均安镇沙浦村海珠巷1号右侧	民国时期	近现代重要史迹及代表性建筑
230	梁廷枏故居	顺德区伦教街道常教社区藤花巷聚星里4号	清代	古建筑
231	鸣石花园	顺德区伦教街道羊额村丰埠坊	民国时期	近现代重要史迹及代表性建筑
232	刘氏宅第	顺德区乐从镇腾冲村掘涌大街25号	1933年	近现代重要史迹及代表性建筑
233	冯立夫祖宅	顺德区龙江镇旺岗村大树里6号	民国初期	近现代重要史迹及代表性建筑
234	钟楼	顺德区大良街道文秀社区钟楼公园内	始建于明嘉靖三年（1524年），清代重修	古建筑
235	更楼	顺德区乐从镇葛岸村教德坊	1925年	近现代重要史迹及代表性建筑
236	昌教乡塾	顺德区杏坛镇昌教村昌教村旁	始建于清同治五年（1866年），光绪二十四年（1898年）重建	古建筑
237	合兴当铺	顺德区杏坛镇龙潭村内	清代	古建筑
238	西海抗日烈士陵园	顺德区北滘镇西海村	1980年	近现代重要史迹及代表性建筑
239	四基天主教堂	顺德区容桂街道四基社区新圩路清波直街9号	清代、民国时期	近现代重要史迹及代表性建筑
240	大光明碾米厂	顺德区龙江镇龙江社区隔海桥旁海边街3号	民国时期	近现代重要史迹及代表性建筑
241	人民礼堂	顺德区大良街道文秀社区文秀路梯云岗上	1958年	近现代重要史迹及代表性建筑
242	龙潭水闸	顺德区杏坛镇龙潭村齐杏联围顺德支流涌口	清道光二十年（1840年）	古建筑
243	北水水闸	顺德区杏坛镇北水村齐杏联围顺德支流北水涌口	清道光二十一年（1841年）	古建筑
244	龙江新闸	顺德区龙江镇龙江社区东海河道上	民国时期	近现代重要史迹及代表性建筑
245	太平塔	顺德区大良街道苏岗社区太平山上	始建于明代，清道光十一年（1831年）、光绪十四年（1888年）重修	古建筑
246	七层文塔	顺德区勒流街道勒北村	始建于清乾隆二十九年（1764年），清道光二十四年（1844年）重修	古建筑
247	傅氏墓碑	顺德区勒流街道黄连社区基尾石龟一巷	明弘治四年（1491年）、明正德元年（1506年）	古建筑

续表

序 号	名 称	地 址	文物形成或建造时间	类 别
248	左滩见龙桥	顺德区龙江镇左滩村	明代、清代	古建筑
249	黄有权故居	顺德区均安镇沙头社区东壁大街19号	1917年	近现代重要史迹及代表性建筑
250	朗锦祠堂群	高明区更合镇朗锦村	明代—清代	古建筑
251	深水古民居群	高明区明城镇深水村	清代	古建筑
252	艺能严氏宗祠	高明区荷城街道塘肚村	明代	古建筑
253	文昌塔	高明区明城镇明七路	清代	古建筑
254	梁发故居	高明区荷城街道西梁村	清代	古建筑
255	西梁梁氏宗祠	高明区荷城街道西梁村	清代	古建筑
256	高明县立三小旧址	高明区更合镇北水桥头	民国时期	近现代重要史迹及代表性建筑
257	陈汝棠故居	高明区更合镇高村	清代	近现代重要史迹及代表性建筑
258	谭天度故居	高明区明城镇岗头村七社村	清代	近现代重要史迹及代表性建筑
259	海口塔	高明区荷城街道海口村	民国时期	近现代重要史迹及代表性建筑
260	文选楼	高明区更合镇小洞村塘角村	清代	近现代重要史迹及代表性建筑
261	蛇塘村农民协会旧址（蛇塘村阮氏大宗祠）	高明区更合镇蛇塘村	清光绪七年（1881年）	近现代重要史迹及代表性建筑
262	高明人民抗日游击队第三大队、高明县第二区人民行政委员会成立旧址（军屯村梁氏宗祠）	高明区更合镇军屯村	清代	近现代重要史迹及代表性建筑
263	“倒钟”运动指挥部旧址（平塘村黄氏大宗祠）	高明区更合镇平塘村	清代	近现代重要史迹及代表性建筑
264	小洞革命烈士纪念堂	高明区更合镇小洞村	1973年	近现代重要史迹及代表性建筑
265	把门岗贝丘遗址	三水区白坭镇周村管理区莘村	新石器晚期	古文化遗址
266	郑绍忠墓葬	三水区乐平镇大旗头村老虎岗	清光绪二十二年（1896年）	古墓葬
267	何维柏墓	三水区金本镇芹坑村罗盘岗西北坡	明万历十五年（1587年）	古墓葬
268	梁鹤鸣墓	三水区白坭镇龙池乡的东村	明万历十六年（1588年）	古墓葬
269	范湖邝氏大宗祠	三水区乐平镇范湖片赤东村	清光绪二十年（1894年）	古建筑
270	绿堂	三水区芦苞镇大宜岗村	清光绪年间	古建筑

续表

序 号	名 称	地 址	文物形成或建造时间	类 别
271	洪圣庙	三水区芦苞镇独树岗村	始建于明万历四十五年（1617年），清嘉庆五年（1800年）重修	古建筑
272	居德林公祠	三水区大塘镇六和深坑村蒲坑村民小组	清光绪年间	古建筑（近现代重要史迹）
273	奉正大夫家庙	三水区大旗头村古建筑群的南面	清光绪年间	古建筑
274	裕仁郑公祠	三水区乐平镇大旗头村南一区	清光绪年间	古建筑
275	郑大夫家庙	三水区乐平镇大旗头村北一区	清光绪二十二年（1896年）	古建筑
276	西南武庙	三水区西南镇岭海路	清嘉庆十三年（1808年）	古建筑
277	南边宝月堂（又称六祖庙）	三水区南边镇宝月圩	始建于唐龙朔元年（661年）以前，历代重修	古建筑
278	昆都山五显古庙	三水区金本昆都山脚	清道光十九年（1839年）重建	古建筑
279	芦苞关夫子庙（关帝庙）	三水区芦苞范街，现刘寨管理区南侧	始建于清嘉庆初期，清光绪二十一年（1895年）、民国初期两次重修	古建筑
280	西村陈氏大宗祠	三水区西南镇西村	清代建筑	古建筑
281	陈金釭起义旧址	三水区乐平镇范湖圩	清咸丰二年（1852年）	近现代重要史迹及代表性建筑
282	邓培故居	三水区西南镇石湖洲邓关村	清同治年间	近现代重要史迹及代表性建筑
283	三水烈士陵园	三水区西南森林公园纪元塔右后侧	20世纪50年代	近现代重要史迹及代表性建筑
284	海天书屋（梁士诒生祠）	三水区白坭镇岗头村	民国初年建（1913年竣工）	近现代重要史迹及代表性建筑
285	横涌村头厅农民协会旧址	三水区西南镇上横涌村的榕荫厅供销合作社	1926年	近现代重要史迹及代表性建筑
286	半江桥	三水区西南镇河口片北岸	1936年	近现代重要史迹及代表性建筑
287	杜之英母墓（李氏）	三水区白坭镇周村	1931年前后	近现代重要史迹（墓葬）
288	芦苞水闸旧址	三水区北江下游左岸芦苞涌口	1921年动工，1923年完成	近现代重要史迹及代表性建筑
289	广三铁路三水站	三水区西南镇河口内	清光绪二十九年（1903年）	近现代重要史迹及代表性建筑
290	三水旧海关大楼	三水区河口街北江边	清宣统元年（1909年）	近现代重要史迹及代表性建筑
291	古灶胡氏宗祠及门楼	三水区乐平镇古灶村	明代、清代	古建筑

注：资料截至2021年底

表48　　**佛山市市级以上非物质文化遗产代表性项目一览表**

级别	批次	项目名称
国家级（5批共15项）	第一批（6项）	粤剧、剪纸（广东剪纸）、佛山木版年画、石湾陶塑技艺、狮舞（广东醒狮）、龙舟说唱
	第二批（7项）	彩扎（佛山狮头）、香云纱染整技艺、庙会（佛山祖庙庙会）、十番音乐（佛山十番）、龙舞（人龙舞）、灯彩（佛山彩灯）、中秋节（佛山秋色）
	第三批（无）	
	第四批（1项）	锣鼓艺术（八音锣鼓）
	第五批（1项）	咏春拳（佛山咏春拳）
省级（7批共50项）	第一批（8项）	粤剧、剪纸（广东剪纸）、佛山木版年画、石湾陶塑技艺、狮舞（广东醒狮）、龙舟说唱、中秋节（佛山秋色）、庙会（佛山祖庙庙会）
	第二批（11项）	十番音乐（佛山十番）、龙舞（人龙舞）、灯彩（佛山彩灯）、彩扎（佛山狮头）、香云纱染整技艺、八音锣鼓、粤曲星腔、佛山木雕、佛山春节习俗、行通济、乐安花灯会
	第三批（4项）	石湾玉冰烧酒酿制技艺、九江双蒸酒酿制技艺、官窑生菜会、陈村花会
	第四批（13项）	高明花鼓调、藤编（大沥、里水）、石湾龙窑营造与烧制技艺、金箔锻造技艺、中医养生（源吉林甘和茶）、蔡李佛拳、咏春拳（佛山、叶问宗支）、赛龙舟（九江传统龙舟）、中医传统制剂方法（冯了性风湿跌打药酒）、端午节（盐步老龙礼俗）、粤绣（广绣）
	第五批（4项）	粤曲（市直）、庙会（大仙诞庙会）、真步堂天文历算、民间信俗（观音信俗）
	第六批（5项）	粤曲（南海、顺德）、糕点制作技艺（九江煎堆制作技艺）、民间信俗（关帝侯王出游）、端午节（龙眼点睛习俗）
	第七批（5项）	鹰爪拳（佛山鹰爪拳）、奶制品制作技艺（双皮奶制作技艺）、洪拳（顺德洪拳）、中医正骨疗法（佛山伤科正骨）、庙会（胥江祖庙庙会）
市级（7批共131项）	第一批（29项）	木鱼书、三字经、广东音乐、佛山十番、八音锣鼓柜、岗雕乐（高明花鼓调）、广东醒狮、人龙舞、粤剧、龙舟说唱、南音、粤讴、粤曲星腔、赛龙舟、佛山木版年画、佛山剪纸、石湾陶塑技艺、佛山木雕、佛山狮头、佛山彩灯、佛山海天酱料制作技艺、刺绣、佛山铸造技艺、香云纱、佛山秋色、行通济、祖庙北帝诞、官窑生菜会、乐安花灯会
	第二批（18项）	佛山水乡农谚、花鼓调、大头佛、蔡李佛拳、龙形拳、白眉拳、南海灰塑、石湾玉冰烧酒酿制技艺、佛山盲公饼制作技艺、九江双蒸酒酿制技艺、民间竹编、冯了性风湿跌打药酒、源吉林甘和茶、佛山春节习俗、大仙诞庙会、陈村花卉习俗、高明濑粉节、龙舟说唱（南海、扩展项目）
	第三批（13项）	三山咸水歌、岭南古琴艺术、咏春拳、九江传统龙舟、石湾龙窑技艺、佛山饼印、九江煎堆制作技艺、南海藤编、西樵传统缫丝技艺、金箔锻造技艺、上元舞火龙习俗、盐步老龙礼俗、广东醒狮（禅城、扩展项目）
	第四批（9项）	麦边舞龙、粤曲、南海竹编、三水龙舟制作、三水玉雕、蔡李佛鸿胜功夫推拿、华光诞、胥江祖庙庙会、广东醒狮（市直、扩展项目）
	第五批（10项）	佛山少临南家拳、佛山鹰爪拳、佛山酝扎猪蹄制作技艺、佛山砖雕、香云纱（坯纱）织造技艺、西樵大饼制作技艺、佛山伤科正骨、佛山伤科制药技艺、佛山祖庙春秋谕祭、大江龙舟习俗
	第六批（22项）	九江灯谜、丹灶葛洪炼丹传说、佛山十番（同乐堂十番）、龙形拳、熊氏少林大易筋经、华岳心意六合八法拳、叠滘弯道赛龙船、岭南盆景（佛山）、高明花灯、高明扎狮、石湾琉璃瓦制作技艺、龙舟制作技艺（三水洲边）、佛山酱料制作技艺（西南抽油）、石湾艺术釉（三水南山五彩）、佛山红模铸造工艺（高明）、扒草艇（湖涌）、祠堂祭祖（平地黄氏冬祭）、黄岐龙母诞、北村生菜会、烧番塔（松塘）、烧番塔（仙岗）、赤山跳火光习俗

续表

级 别	批 次	项目名称
市级（7批共131项）	第七批（30项）	粤曲（顺德）、洪拳（顺德）、洪拳（南海）、黄连龙虱游艺、侠家拳、岭南书法艺术（佛山）、广绣（石）、唢呐制作技艺、广式家具制作技艺、平洲传统玉器制作技艺、九江传统鱼花技艺、均安蒸猪制作技艺、礼饼制作技艺（顺德伦教）、伦教糕制作技艺、大良鱼灯制作技艺、顺德红米酒酿造技艺、牛乳制作技艺（顺德大良）、陈村粉制作技艺、煎堆制作技艺（顺德龙江）、萨琪玛制作技艺（三水）、ㄙ家菜制作技艺（三水）、佛山纸扑、奶制品制作技艺（双皮奶制作技艺）、龙潭龙母诞、黄连仓沮信俗、扒龙舟（高明）、真步堂天文历算、民间信俗（观音信俗）、端午节（龙眼点睛习俗）、民间信俗（关帝侯王出游）

注：截至2021年底，国家级、省级、市级项目分别为5批、7批、7批

表49　**佛山市市级以上非物质文化遗产项目代表性传承人一览表**

级 别	批 次	传承人	
		名 称	姓 名
国家级（5批共15人）	第一批（2人）	佛山木版年画	冯炳棠
		石湾陶塑技艺	刘泽棉
	第二批（2人）	龙舟说唱	伍于筹
		龙舟说唱	尤学尧
	第三批（4人）	剪纸（广东剪纸）	陈永才
		灯彩（佛山彩灯）	邓 辉
		彩扎（佛山狮头）	黎 伟
		香云纱染整技艺	梁 珠
	第四批（3人）	石湾陶塑技艺	黄松坚
		石湾陶塑技艺	廖洪标
		灯彩（佛山彩灯）	杨玉榕
	第五批（4人）	佛山十番	何汉沛
		龙舟说唱	陈振球
		广东醒狮	黄钦添
		佛山秋色	何 信
省级（6批共58人）	第一批（21人）	十番音乐（佛山十番）	何汉然
		狮舞（广东醒狮）	关润雄
		八音锣鼓	梁兆帝
		龙舞（人龙舞）	苏求应
		龙舟说唱	伍于筹
		龙舟说唱	尤学尧
		粤曲星腔	李月友
		剪纸（广东剪纸）	陈永才

续表

级别	批次	传承人	
		名称	姓名
省级（6批共58人）	第一批（21人）	佛山木版年画	冯炳棠
		佛山木雕	何耀辉
		灯彩（佛山彩灯）	邓　辉
		灯彩（佛山彩灯）	陈棣桢
		灯彩（佛山彩灯）	杨玉榕
		石湾陶塑技艺	刘泽棉
		石湾陶塑技艺	黄松坚
		石湾陶塑技艺	廖洪标
		香云纱染整技艺	梁　珠
		香云纱染整技艺	黄田胜
		彩扎（佛山狮头）	黎　伟
		彩扎（佛山狮头）	黎婉珍
		中秋节（佛山秋色）	何　信
	第二批（6人）	狮舞（广东醒狮）	黄钦添
		龙舞（人龙舞）	林普宣
		剪纸（广东剪纸）	何　燕
		石湾陶塑技艺	梅文鼎
		石湾陶塑技艺	钟汝荣
		中秋节（佛山秋色）	何洁桦
	第三批（8人）	十番音乐（佛山十番）	何汉沛
		龙舟说唱	陈振球
		蔡李佛拳（佛山）	黄镇江
		灯彩（佛山彩灯）	梁达光
		酿造酒传统酿造技艺（九江双蒸酒酿制技艺）	何松贵
		酿造酒传统酿造技艺（石湾玉冰烧酒酿制技艺）	郭　波
		石湾陶塑技艺	潘柏林
		中医传统制剂方法（源吉林甘和茶）	陈云鹄
	第四批（12人）	咏春拳（叶问宗支）	叶　准
		蔡李佛拳（佛山）	梁伟永
		赛龙舟（九江传统龙舟）	朱石明
		剪纸（广东剪纸）	饶宝莲

续表

级 别	批 次	传承人	
		名 称	姓 名
省级（6批共58人）	第四批（12人）	佛山木版年画	冯锦强
		藤编（大沥）	梁灿尧
		石湾陶塑技艺	刘国祥
		石湾龙窑营造与烧制技艺	蒙文德
		金箔锻造技艺	吴深龙
		端午节（盐步老龙礼俗）	邵钜熙
		粤绣（广绣）	阮贤娥
		真步堂天文历算	蔡伯励
		锣鼓艺术（八音锣鼓）	黄干洪
		龙舞（人龙舞）	林惠宣
		狮舞（广东醒狮）	何狄强
		粤剧	李淑勤
	第五批（8人）	粤曲	沈曼梨
		石湾陶塑技艺	刘 炳
		中医传统制剂方法（冯了性风湿跌打药酒传统组方及工艺）	谭 珍
		中医传统制剂方法（源吉林甘和茶）	杨雄辉
		狮舞（广东醒狮）	夏志成
	第六批（3人）	石湾龙窑营造与烧制技艺	苏乃灌
		糕点制作技艺（九江煎堆制作技艺）	胡伯伦
市级（6批共222人）	第一批（62人）	佛山十番	何汉然 何汉耀 何汉沛 何汉镐 何庆良 马达明
		八音锣鼓	梁兆帝 麦牛冠 周途科
		广东醒狮	关润雄 黄桂平 黎念忠 张志华 黄钦添 吴向荣 陈幼民 夏志成 易孝安 何狄强 梁伟永 刘汉庭 梁泰豪
		人龙舞	苏求应 林普宣
		粤剧	李淑勤
		龙舟说唱	伍于筹 尤学尧 梁桂芬 陈振球
		粤曲星腔	李月友
		佛山木版年画	冯炳棠 冯锦强

续表

级 别	批 次	传承人	
		名 称	姓 名
市级（6批共222人）	第一批（61人）	佛山剪纸	陈永才 何 燕
		佛山木雕	何耀辉
		佛山狮头	黎 伟 黎婉珍
		石湾陶塑技艺	刘泽棉 廖洪标 黄松坚 梅文鼎 钟汝荣 潘柏林 黄志伟 梅晓山 刘雪玲 刘健芬 刘国祥 冼艳芬
		佛山彩灯	邓 辉 陈棣桢 杨玉榕 林润深 唐洁容 辛丽贤 梁达光 杨小燕
		香云纱染整技艺	梁 珠 黄田胜 陈伟明
		佛山秋色	何 信 何洁桦
	第二批（21人）	大头佛	邓波棠 邓炽棠 关辉洪
		蔡李佛拳（佛山）	黄镇江 梁伟永
		佛山剪纸	吴子洲 邓春红
		佛山彩灯	陈荣昌 林燕华 黄宏宇
		南海联表灰塑	关劲荘
		广绣	招惠珠
		石湾陶塑技艺	刘 炳 霍家荣 潘振辉 杨锐华
		石湾玉冰烧酒酿制技艺	郭 波 谢 敏
		九江双蒸酒酿制技艺	何松贵 崔汉彬
		源吉林甘和茶	陈云鹄
	第三批（29人）	岭南古琴艺术	梁 球
		广东醒狮	陈汝安
		粤剧	梁智理
		咏春拳	郭伟湛 叶 准
		蔡李佛拳（佛山）	黄文佳 梁旭勇
		龙形拳	马国辉
		白眉拳	黄新健
		九江传统龙舟	刘永成 朱石明
		佛山剪纸	茹新梅 饶宝莲 赵丽达
		石湾陶塑技艺	庞文忠

续表

级 别	批 次	传承人	
		名 称	姓 名
市级（6批共222人）	第三批（29人）	石湾龙窑技艺	苏乃灌　陈　钊　蒙文德
		佛山饼印	杨海成
		民间竹编	曹健荣
		传统缫丝技艺	黎雪芬
		南海藤编（里水）	何日成
		南海藤编（大沥）	梁灿尧
		金箔锻造技艺	吴深龙
		九江煎堆制作技艺	邹珍珠
		源吉林甘和茶	钱碧坤
		冯了性风湿跌打药酒	邬威尧
		大仙诞庙会	冯腾飞
		盐步老龙礼俗	邵钜熙
	第四批（21人）	广东醒狮	朱绍英　梁启钊　庞兆升
		麦边舞龙	张志华
		粤剧	莫增平
		曲艺	沈曼梨
		咏春拳	梁伟志　姚忠强
		蔡李佛拳（佛山）	何焯华　吴伯泉
		九江传统龙舟	朱贤勤
		佛山彩灯	罗志环
		佛山剪纸	陈嘉彦
		佛山木版年画	郑太昌
		南海藤编（里水）	何丽容
		刺绣	劳惠然
		南海竹编	甘惠玲
		三水玉雕	钱贵根
		源吉林甘和茶	杨雄辉
		冯了性风湿跌打药酒	谭　珍
		盐步老龙礼俗	邵灿贤
	第五批（31人）	广东醒狮	邓伟杰　叶仲铭　谢伯森
		蔡李佛拳（佛山）	李伟峰　潘成光

续表

级别	批次	传承人	
		名称	姓名
市级（6批共222人）	第五批（31人）	咏春拳	梁湛声　麦耀明　钟伟华
		佛山少临南家拳	梁伟焯
		佛山鹰爪拳	曾　坤　陈健志
		剪纸（广东剪纸）	邓燕平
		灯彩（佛山彩灯）	吴光钜　李文涛　陈志棠
		佛山木雕	罗荣操　黄卓浩
		佛山木版年画	刘钟萍
		南海藤编	陆凯文
		佛山铸造技艺	庞耀勇
		石湾玉冰烧酒酿制技艺	何国良
		刺绣（广绣）	陈新妹
		佛山砖雕	张汉泉
		石湾陶塑技艺	霍然均
		金箔锻造技艺	吴炜全
		西樵大饼制作技艺	陈柱卫
		九江煎堆制作技艺	胡伯伦
		香云纱（坯纱）织造技艺	张绍锦　张绍景
		三水龙舟制作（新沙）	关群苏
		中秋节（佛山秋色）	梁凤英
		九江灯谜	陈品良
	第六批（58人）	佛山十番	何绍烽
		佛山十番（同乐堂十番）	李洪金
		佛山十番（同乐堂十番）	李洪练
		高明花鼓调	曾秉常
		高明花鼓调	曾志强
		高明花鼓调	曾铁坚
		广东醒狮	胡应培
		粤剧	李江林
		粤剧	何丰仪
	第六批（58人）	龙舟说唱	梁成坡
		龙舟说唱	刘仕泉

续表

级 别	批 次	传承人	
		名 称	姓 名
市级（6批共222人）	第六批（58人）	粤曲	郑艳芬
		蔡李佛拳	夏汉广
		蔡李佛拳	禤志晖
		洪拳（顺德）	蔡景盛
		华岳心意六合八法拳	黄启泰
		龙形拳	罗荣强
		侠家拳	刘浩荣
		佛山鹰爪拳	何 健
		咏春拳	黄顺昌
		咏春拳	梁满枝
		佛山彩灯	刘文珊
		佛山剪纸	陈小杰
		佛山剪纸	陈用伟
		高明花灯	黄燕琼
		粤绣（广绣）	曾剑仑
		粤绣（广绣）	曾剑琴
		蔡李佛鸿胜功夫推拿	黄文佳
		蔡李佛鸿胜功夫推拿	梁旭勇
		佛山酱料制作技艺（西南抽油）	龙志麟
		佛山酝扎猪蹄制作技艺	卢凤莲
		佛山酝扎猪蹄制作技艺	孙 恩
		佛山纸扑	何雅欣
		高明扎狮	谭志明
		均安蒸猪制作技艺	李耀苏
		礼饼制作技艺（顺德伦教）	何雪芬
		龙舟制作技艺（三水洲边）	李保安
		伦教糕制作技艺	梁桂欢
		南海竹编	黎景生
		萨琪玛制作技艺（三水）	钱桂生
		三水玉雕	钱景笙
		石湾琉璃瓦制作技艺	黄启先

续表

级别	批次	传承人	
		名称	姓名
市级 （6批共222人）	第六批（58人）	石湾琉璃瓦制作技艺	黄新强
		石湾琉璃瓦制作技艺	梁航毓
		石湾陶塑技艺	封伟民
		石湾陶塑技艺	刘桂芳
		石湾陶塑技艺	刘兆津
		石湾艺术釉（三水南山五彩）	杨英才
		石湾玉冰烧酒酿制技艺	范绍辉
		顺德红米酒酿造技艺	萧永坚
		西樵大饼制作技艺	陈绍钊
		冯了性风湿跌打药酒	霍嘉茵
		佛山伤科正骨	陈逊文
		佛山伤科制药技艺	陈渭良
		平地黄氏冬祭	黄冠勋
		平地黄氏冬祭	黄汉威
		烧番塔（仙岗）	陈建强

注：截至2021年底，国家级、省级、市级传承人分别为5批、6批、6批

【革命文物保护利用】 2021年，佛山市完善革命文物基础保护，完成全市革命遗址普查，为356处革命遗址建档立账。经省核定公布全市首批不可移动革命文物34处。完成谭平山故居、陈汝棠故居、高明县立三小旧址等7处革命文物修缮工程。将廖锦涛故居等7处未定级革命文物升级为市保单位。开展革命文物消防安全“风险自知、安全自查、隐患自改”工作，进行专项排查。加强基础研究及知识普及，出版《佛山红色地图》《佛山市革命遗址普查成果通览》等论著。推荐佛山市珠三角工匠精神展示馆入选文化和旅游部“建党百年红色旅游百条精品线路”。上线佛山网上红色展馆，运用虚拟现实（VR）、基于位置的服务（LBS）等前沿技术和语音导览、视频展播、真人讲解等手段，聚合展示佛山红色地标。开展革命文物里的“板凳课堂”活动，到革命旧址进行党史学习教育宣讲，在革命情景现场加深学员对建党精神、革命传统的认识。在条件成熟的革命旧址设立思政课基地，开展“革命场馆中的思政课”系列活动，通过多模态教学增强爱国主义教育实效。通过讲座、文旅活动、走进社区等方式推出红色主题文博活动，举办“看万山红遍——佛山革命文物展”〔同时上线增强现实（AR）数字化展览〕，展出革命文物与资料150件（套），包括文本证章、衣物服饰、军事武器、瓷杂器物和金融货币等，2.17万人次到现场参观。南海区、三水区到学校和社区举办“南粤沃土铸伟业——中国共产党在广东图片展”；顺德区博物馆举办“红色记忆——顺德区庆祝中国共产党成立100周年图片展”，并开展“顺博讲堂”活动；高明区博物馆设置“谭平山生平专题展”，与区红色文化教育服务中心联合推出“追寻红色足迹　赓续百年初心”打卡地标学党史活动，并成立“青春心向党　红色润心田”——红色文化志愿服务队。年内，“看万山红遍——佛山革命文物展”和“谭平山生平专题展”被中共广东省委宣传部、广东省文化和旅游厅列入广东省庆祝中国共产党成立100周年精品展览推介名单；“看万山红遍——佛山革命文物展”被广东省文物局列入2021年广东省弘扬社会主义核心价值观主题展览。

【非物质文化遗产传承保护】 2021年，佛山市修订《佛山市文化广电旅游体育局非物质文化遗产保护专项资金管理办法》，加大扶持力度，其中，市级及以上非遗传承人补助款调整至每人每年1万元，年内共197名非遗传承人、12个非遗传承（生产性保护）基地、26个非遗项目、2个非遗传习所获补助资金。完成佛山市非物质文化遗产专家库换届。开展4个国家级非遗代表性传承人抢救性记录，完成2021年度国家级非物质文化遗产代表性传承人评估。承办由

文旅部主办的“物以载道——中国与科威特非遗数字展”，佛山组织24个非遗项目参与展览。开展佛山市2021年“文化和自然遗产日”线上活动，市、区文博单位及非遗保护单位通过网络图文展示、短视频、云课堂等方式推出各项线上活动及服务，包括启动佛山市非物质文化遗产数据库（非遗传承人和非遗项目）第一期网上查询功能、出版《佛山非物质文化遗产名录图典（二）》。组织石湾美陶、佛山艺术社、佛山黎家狮、石湾玉冰烧企业店、西酒饼家官方店等5家非遗店铺参与由省文旅厅主办的“第二届非遗购物节”——广东非遗云墟市。组织佛山11名国家级、省级、市级非遗代表性传承人共16件非遗代表作，涉及石湾陶艺、佛山彩灯、佛山剪纸、香云纱等项目作品，参加“百年百艺·薪火相传”中国传统工艺邀请展。此外，还举办2021“遇见·非遗”佛山非遗体验交流活动、2021佛山秋色赛会“小手拉大手　大城小工匠”活动等。

【文物保护与旅游资源化利用】 2021年，佛山市组织专家到各区开展文物安全专项巡查超400次。组织市、区、镇（街道）、村（社区）四级文物一线工作人员，开展“文物安全暨在城乡建设中加强历史文化保护传承”培训，提升各级的文物法治意识与知识。加大文化遗产保护力度，完成第十批广东省文物保护单位申报工作，9处市保单位参加申报。完成第六批市级文物保护单位评定工作。完成国家文物局对国家历史文化名城文物保护评估复核工作。保障考古工作开展，配合省文物考古研究所考古队对南海大沥青峰岭进行考古发掘，发掘清理墓葬64座，其中汉墓7座、明清时期墓葬57座，出土一批重要文物。年内，佛山4条游径入选广东省粤港澳大湾区文化遗产游径（第二批）。

【“非遗过大年”——佛山年俗文化展】 2021年2月5日至3月1日在佛山市祖庙博物馆藏珍阁举行，展出来自佛山各区与“年文化”有关的非遗保护项目，以及清代罗阳“元旦图”中堂、清代“佛山广兴店造”鸭型锡制盖盘等馆藏珍品共176件（套）。同时，通过微信公众号，根据年俗相关节点，结合展览内容进行分期推送。展览共接待观众12.8万人次，线上展览观看2.48万人次。

【2021年“5·18”国际博物馆日暨第二届佛山博物馆文化周】 2021年5月18日在佛山市开幕，同日，佛山市祖庙博物馆举办“珍宝纷呈——佛山馆藏精品展”，首次大规模集中展示全市25个国有及非国有博物馆藏品，包括陶瓷、书法、绘画、玉器、古钱币及竹木杂项等。第二届佛山博物馆文化周期间，全市文博场馆展出馆藏精品，开展包括“雅意·闲趣——顺德区博物馆馆藏器物纹饰展”“三水博物馆馆藏书画精品展”等。6月21日至8月29日期间在祖庙博物馆藏珍阁举办“看万山红遍”——佛山革命文物展。

【佛山咏春拳入选国家非遗扩展项目名录】 2021年5月24日，国务院公布第五批国家级非物质文化遗产代表性项目名录，佛山市申报的“咏春拳（佛山咏春拳）”被列入国家级非物质文化遗产代表性项目名录（扩展项目），类别为“传统体育、游艺与杂技”。至此，佛山国家级非物质文化遗产代表性项目增至15个。佛山咏春拳于2012年入选广东省非物质文化遗产名录，佛山市于2019年启动佛山咏春拳申报国家级非物质文化遗产代表性项目工作，至2021年，佛山咏春拳有省级代表性传承人1人、市级代表性传承人8人。

（张紫琳）

文艺创作

【概况】 2021年，佛山市围绕中国共产党成立100周年、全面建成小康社会、岭南风情、弘扬优秀传统文化等重大主题，制定并印发《2021年佛山市文广旅体局重点文艺创作项目规划》，确定创

链接

佛山咏春拳

佛山咏春拳是南拳著名拳种，是清同治年间由梁赞综合南派功夫整理定形，集快拳、短刀、长棍和近打于一体的南派实用武术。2012年列入广东省第四批非物质文化遗产代表性项目名录；2021年列入第五批国家级非物质文化遗产代表性项目名录。佛山咏春拳地域特色明确，思想哲理丰富，在佛山经历数代传承，枝繁叶茂，传人遍布佛山、广州、鹤山、中山、香港、澳大利亚、欧美及东南亚各地，名家辈出，成为世界上广泛流行的武术之一，习练者达数百万人。

佛山咏春拳特点是近身搏击，短桥窄马，招式灵活，以快打慢，借力打力，以柔制刚。主要套路徒手有小念头、寻桥、标指，常用器械有八斩刀和六点半棍法。木人桩法和黐手是对练的方式，训练短桥的感知反应，运用“寸劲”连消带打，攻防兼备。咏春拳讲究手、腰、马、心、意、劲整体合一，擅长借力打力，以横消直，力求迅速制敌，平息斗争，蕴含着止戈为武的传统智慧。

佛山市有多个咏春拳专题纪念馆。叶问堂位于国家级文物保护单位佛山祖庙内，面积800多平方米，由两大核心、8个单元组成，是国内首个展示叶问支系咏春拳展览馆；叶问纪念馆位于南海区狮山镇罗村联星村，占地800平方米，有叶氏宗祠、叶问故居和广场等系列配套设施。此外，顺德马东村陈华顺纪念馆和陈氏大宗祠等，均有佛山咏春拳相关名师名人史迹展陈。

至2021年，佛山市咏春拳协会登记拳馆共193家，拳馆场所面积合计1.9万平方米。郭氏咏春拳馆、咏春拳伟志拳馆、姚才姚祺咏春拳馆、阮奇山咏春堂拳馆等市级非遗传承基地，主要开展咏春拳传承传播活动。

作重点清单，进行作品创作。推动群众文艺创作，选送作品在2021广东省群众艺术花会中获2个金奖、2个银奖、1个铜奖，在2021广东全民才艺总决赛中获1个金奖、1个铜奖，在省第十四届“百歌颂中华”歌咏活动中获1个金奖、2个银奖。推动民间文化艺术之乡建设，年内，石湾镇街道（陶艺）、西樵镇（醒狮）获2021—2023年度“中国民间文化艺术之乡”称号。

【红色主题美术与雕塑创作】 2021年，佛山市组织开展中国共产党成立100周年主题美术展作品的征集和创作，委托创作作品18件。组织“铁血丹心永向党——佛山革命志士纪念雕塑创作工程”集体创作，运用革命浪漫主义和现代写实主义雕塑手法表现革命志士的感人故事，第一批创作选取陈铁军、陈铁儿、区夏民、陈若克、梁桂华、吴勤、罗登贤、黄甦、廖锦涛、伍仲文（蔡博真）、邓培、邓熙农、谭植棠、谭天度、罗志等16名革命志士为表现对象，创作12件（组）雕塑作品。

【文学与戏剧创作】 2021年，佛山市本土文化创作取得进展，《大湾的乡愁——粤港澳大湾区古村落文化寻根》完成初稿12万字、粤菜文化经典读本《粤菜记》完成初稿15万字、《水乡纪事》完成初稿大纲、《红棉永绽放——佛山先烈故事选》完成初稿。盛慧散文集《外婆家》先后入选《中国青年报》中青阅读2020年度十大好书、《中国新闻出版广电报》2020年度优秀畅销书排行榜文学分榜，其有声版在人民文学出版社官网上线，散文集的散文《外婆家》入选人民文学出版社《21世纪年度散文选：2020散文》。此外，盛慧作品《不速之客》获中央人民广播电台中国之声《朝花夕拾》栏目推荐，长篇小说《风叩门环》在文学刊物《十月》上发表。廖雪林创作的童话《神笔马骝仔》获首届小花城（江门）童话征文大赛优秀奖。周崇贤的长篇小说《石头说话》入选2019—2020佛山市文联重点文学工程。5月18日，反映佛山对口凉山脱贫攻坚一线故事和人物的长篇报告文学《朝着小康奔跑》由广东人民出版社出版，为市文广旅体局重点文学创作项目，获新华社、《中国文化报》、《南方日报》等媒体重点报道，并获佛山市第一届文学榜最佳报告文学奖。

【影视剧创作】 2021年，佛山市推进粤港澳大湾区文化合作项目粤剧电影《白蛇传（粤剧）》的拍摄工作，该电影是佛山粤剧传习所继戏曲电影《小周后》《小凤仙》之后的第三部戏曲电影，主角由李淑勤和罗家英（香港）担纲，在拍摄过程中，佛山粤剧传习所与罗家英在粤剧艺术创新、表演技艺、影片制作等方面相互交流佛山、香港两地经验，是粤港澳大湾区文化深度合作的典范。音乐剧剧本《放牛娃的春天》完成创作。

【剪纸艺术创作】 2021年，佛山市剪纸作品《红船精神》《刑场上的婚礼》《时代辉煌》《时代飞跃》4幅作品参加深圳非遗中心“百年回眸　剪纸艺像——庆祝中国共产党成立100周年”展览。剪纸作品参加“百年芳华　千秋伟业”——佛山市庆祝中国共产党成立100周年民间工艺展。

【文化与文艺理论研究】 2021年，佛山市7部红色题材作品完成集体创作，为邓熙农、李广海、陈铁儿、陈若克、罗登贤、冯成修等革命志士立传。理论研究人员完成论文17篇，撰写小说，以及在国内报刊发表学术论文、文艺评论、作家访谈等37项，其中历史人物小说《西江清流——区大相》《十二邀：广东作家访谈录（第二辑）》《红棉永绽放——佛山先烈故事选》3部书获出版。编辑出版《佛山艺文志》4期。文艺创作者全年发表文学评论、散文、随笔、书评10篇。

【大型粤剧《将军令》创排】 2021年，佛山粤剧传习所推进功夫粤剧《将军令》的创排工作，完成文学剧本的编写，组建主创团队，4月启动排演，11—12月先后在禅城（首演）、南海、顺德演出共3场。该剧通过讲述钱维方、梁桂华、吴勤等共产党员以生命保护党组织和其他党员安全的事迹，以佛山革命英烈事迹为纽带，将“功夫”与“粤剧”2张佛山文化名片有机融合。

【《佛山韵律文学艺术丛书》（2020年卷）出版】 2021年7月，《佛山韵律文学艺术丛书》（2020年卷）由花城出版社出

2021年11月11日，大型粤剧《将军令》在佛山琼花大剧院首演

（市文广旅体局　供图）

版。该丛书是佛山重要出版项目，每年出版一卷，包括小说、散文诗歌、剧本、文艺评论、美术、摄影、书法、民间工艺8册，2020年卷是第四卷。

【“重走革命路　再绘革命情”庆祝中国共产党成立100周年佛山市美术作品展】 2021年8月6日在佛山市高明区文化中心举行。该展览收到400多幅作品，经专家评委评审，最终展出作品100幅。展览以中国画、油画、水彩、版画等形式，呈现佛山市的人文历史、城市风光、城市发展、红色文化及时代新貌。

【2021第一届佛山城市艺术季】 2021年9—12月在佛山市演艺中心、佛山大剧院举行。艺术季由佛山市文化广电旅游体育局、中国对外文化集团旗下中演演出院线发展有限责任公司指导，佛山市演艺中心、佛山大剧院联合主办，以“点亮城市艺术之光”为主题。开幕式上，上海歌舞团上演经典舞剧《朱鹮》开启艺术季。艺术季分为戏剧之光、聚星行动、闪亮剧星、星光之城、艺星聚雅以及特别单元“星”陪伴计划六大单元板块，举办系列戏剧展演、名家论坛、人才孵化、艺术活动、美术展览、公益项目等活动。

【佛山市文艺社团联盟发展中心挂牌成立】 2021年12月12日，佛山市文艺社团联盟发展中心在佛山市文化馆挂牌成立。该发展中心由市文化馆牵头成立，集合全市重点群众文艺协会、文艺学会或团体、优秀文艺社团或文艺工作室、艺术院校、文化艺术培训机构等组成的公益性文艺联合体。佛山市作家协会、佛山市美术家协会、佛山市书法家协会等33个文艺团体为第一批理事单位，佛山书法家李小如任理事长。此外，发展中心与市文化馆联合启动“艺心为民　以文塑城”——文艺进万家工程，李潭戏剧工作室、辰威国际艺术教育、贝倍嘉国际美校等30个艺术培训机构为首批实践基地。

（郑　蔚）

新闻出版

【概况】 2021年，佛山市有出版物发行单位633个，出版物销售总额5.87亿元。营业面积达200平方米的实体书店有55家，达1000平方米的书城有16家，达5000平方米的大型书城有2家。共有印刷企业2261家，数量居全省第二。新闻出版业工业总产值265.34亿元，其中5000万元以上规模印刷企业83家。全年发放印刷经营许可证101个、出版物经营许可证132个、连续性内部资料出版物准印证15个、一次性内部资料出版物准印证52个。全年全市查办“扫黄打非”案件61件，建设“扫黄打非”工作融入新时代文明实践中心试点43个、校园“护苗”工作站33个。年内，举行“奋斗百年路　启航新征程——2021年度佛山市全民阅读系列活动”，“南国书香节佛山分会场”活动以及“连环画里的红色百年”主题展览等。

【出版业管理】 2021年，佛山市组织开展2021年印刷企业年报工作，全市有印刷企业2261家，居全省第二；工业总产值265.34亿元，居全省第四，其中5000万元以上规模印刷企业83家，居全省第四。组织开展2021年出版物发行单位年度核验工作，全市有出版物发行单位633个。开展2020年全市出版情况摸查统计工作，2020年全市策划出版各类图书59种。开展版本资源征集工作，全市征集版本资源3561条。开展印刷复制发行业专项检查，对重点区域重点企业全覆盖检查，出动检查人员5400多人次，检查经营单位（场所）1748个。举办全市印刷业管理暨“扫黄打非”专题培训，全市区、镇（街道）“扫黄打非”办公室和出版物印刷企业负责人100多人参加培训。做好出版物鉴定审读工作，建立每月重点阅评机制，强化报刊、内部资料的导向和主题审读，围绕新冠肺炎疫情防控、庆祝中国共产党成立100周年、党史学习教育等主题，审读报刊、连续性内部资料及电子网络出版物30多种，形成审读报告46份，编印审读简报5期，鉴定非法出版物643种。

【“扫黄打非”】 2021年，佛山市查办“扫黄打非”案件61件，2件案件获全国“扫黄打非”办公室、公安部联合挂牌督办，其中，“风楼”网络平台传播淫秽物品牟利案抓获涉案人员55人，涉案资金超3000万元。开展“正道”“新风”集中行动，部署开展18个专项行动，累计出动检查执法人员4.59万人次，检查各类经营场所1.45万个次，查缴各类非法出版物和印刷品8.8万件，处置各类有害音视频及信息近5万条。“扫黄打非”进基层方面，南海区丹灶镇创新基层“扫黄打非”培训体系，构建完善基层“扫黄打非”工作平台，被全国“扫黄打非”办评选为全国“扫黄打非”进基层示范标兵单位。“扫黄打非”融入基层重点工作平台建设方面，建设“扫黄打非”工作融入新时代文明实践中心试点43个、校园“护苗”工作站33个。

【2021年“书香岭南”全民阅读系列活动】 2021年，佛山市围绕庆祝中国共产党成立100周年，结合党史学习教育“我为群众办实事”实践活动，举办“奋斗百年路　启航新征程——2021年度佛山市全民阅读系列活动”。活动包括发布2020佛山阅读报告及佛山市民最喜爱10本好书、十大特色阅读空间、十大书香家庭评选结果；启动“第三届广佛同城共读活动”，公布广佛同城共读书单；发布、解读《佛山市公共图书馆管理办法》；推出“‘5个100’庆祝中国共产党成立100周年”系列阅读活动，即100名“红色领读者”述好佛山英雄故事，100场红色文化活动凝聚红色力量，100名青少年展演红色文化，100部党史好书推荐共读红色经典，100场红色电影、音乐赏析传承红色基因。举办“南国书香节佛山分会场”活动，在全市5个区设置10个分会场开展主题出版物展销。在分会场及全市各级联合公共图书馆建立45个党史阅读专区，举办“连环画里的红色百年”主题展览，展出连环画图书1000册，用图画讲述百年党史，举办名家讲座和“红

2021年，佛山市举办全民阅读月系列活动。图为活动期间市民在市图书馆阅读

（市文广旅体局　供图）

色故事青年说”活动。近20万人次走进各分会场，图书及其他文化用品销售总额350万元。

【《佛山历史文化丛书》（第六辑）及中英文版（第二辑）发行】 2021年12月24日，由中共佛山市委宣传部指导、《佛山历史文化丛书》编委会编、广东人民出版社出版的《佛山历史文化丛书》（第六辑）首发，包括《南粤星火——中共佛山早期党组织的创建和革命活动》《佛山先秦考古与岭南文明》《明清南海县志研究》《三水红头巾史略》《佛山桑园围史》《广三铁路史稿》《佛山“铺”历史研究》《顺德自梳女历史足迹》《佛山华侨华人史》《佛山石头霍氏研究》等10种书目。同日，由广州出版社出版的《佛山历史文化丛书》中英文版（第二辑）发行，包括《中国佛山粤剧文化》《中国佛山陶艺文化》。

（雷郎才）

【佛山传媒集团】 2021年，佛山传媒集团旗下有佛山日报社、佛山人民广播电台、佛山电视台、珠江时报社、珠江商报社、佛山新闻网有限公司、佛山珠江传媒印务与发行有限公司、佛山期刊出版总社等单位。传统媒体方面，集团旗下有《佛山日报》《珠江时报》《珠江商报》《珠江青少年》《佛山文艺》等报纸、期刊，有佛山电视台及所属分台共5个电视频道，有佛山电台及所属分台共6个广播频率。新媒体方面，集团旗下有由佛山新闻网、各媒体网站、官方微博、微信公众号，以及“佛山+”“醒目视频”“花生FM”“畅驾”等移动客户端组成的新媒体矩阵，共有新闻类网络传播平台达380个，总粉丝量超5000万人。总体上形成覆盖报、台、网、端的全媒体传播体系。佛山传媒集团在职员工2887人，35岁及以下员工1224人、大学本科以上学历1862人、具有专业技术资格人员1221人。年内，佛山传媒集团完成庆祝中国共产党成立100周年、党史学习教育等系列重大主题宣传。

庆祝中国共产党成立100周年报道　佛山传媒集团统筹下属各媒体围绕庆祝中国共产党成立100周年主线，结合党史学习教育，推出“潮涌佛山100年”融合传播项目等，刊播系列重磅宣传报道及融媒产品，《佛山日报》在7月1日推出特刊《领航》100版，佛山电台推出“佛山红色地标”系列音频，佛山电视台推出“潮涌佛山100年”4K高清系列纪录片，《珠江时报》《珠江商报》结合南海、顺德区域特色，分别推出《“永远跟党走”主题特刊》《百年征程　奋进顺德——庆祝中国共产党成立100周年特刊》。佛山传媒集团组织下属各媒体在新媒体产品全面发力，以全媒体形式做好重大主题宣传报道，推出《百年风华·佛山相册》大型系列融创视频、《百年奋进　南海力量》手绘长卷、“老马讲党史”系列短视频、党史知识小游戏等。佛山传媒集团下属各媒体全年发稿2.13万篇，累计阅读量超8018.2万人次。佛山传媒集团策划和主导的“穿越百年看佛山”融创产品，超217万人参与线上打卡，全网流量超2700万人次。

正能量宣传　佛山传媒集团统筹下属各单位围绕社会主义核心价值观、宪法宣传、创文宣传等主题，各媒体“两微一端”等新媒体平台开设《佛山好人》《文明佛山》《正能量在身边》《时代楷模》等专题专栏，并刊载公益广告，传播佛山好人好事，弘扬正能量。年内，佛山传媒集团旗下各媒体有6690件作品获“学习强国”广东学习平台转发，有273件作品获“学习强国”学习平台全国平台转发。

城市形象宣传　佛山传媒集团从佛山打造一流营商环境的成效入手，围绕高端制造业发展、城市精细化管理、优美的人居环境、深厚的传统文化等主题，开展佛山城市形象宣传。佛山电视台向中央电视台报送稿件并获中央电视台播发关于佛山的报道138条次，其中《新闻联播》11条，新闻报道《顺德：以科技赋能　打造高端制造业新高地》在《新闻联播》头条播出。佛山电视台推出的栏目《外国人在佛山》（第一季），以及由佛山传媒集团指导、佛山新闻网策划制作的10集人文城市外宣微纪录片《I’m in Foshan我在佛山》，通过记录外国人在佛山的个人经历、生活状态和人生故事，展示岭南文化，向世界讲述佛山故事。节目视频通过微信视频号等国内外新媒体平台发布。其中：《外国人在佛山》（第一季）国内平台总点击量超792万次，单集播放量最高160万次；《I’m in Foshan我在佛山》获得新华社海外媒体平台、今日广东国际频道、南方英文网等中央媒体、省级媒体推荐，其中有6期被“学习强国”学习平台采用。

媒体深度融合　佛山传媒集团加快推进区级融媒体建设，探索融合发展新模式，位于港口路的禅城融媒体中心新址启用，在服务禅城区党委、政府中心工作上发挥更大作用。举办“融·合”——2021年佛山传媒集团新传播力发布会，推介集团新平台、新业态、新模式，以及对城市政治、经济、文化、民生等方面新的服务能力。与市政务服务数据管理局开展战略合作，做深做透“佛山通”手机应用程序（App）项目，并成立佛山通融媒科技有限公司，拓展“新闻+政务服务”业务，提升服务城市能力。支持拓展文化产业，与康佳集团合作推出佛山传媒K-PARK文化创意产业园项目，以“媒体+产业”融合的新模式汇聚新业态，截至年底，该园区加固工程完成。

融媒传播新矩阵构建　佛山传媒集团推动媒体深度融合，打造新型主流媒体矩阵。集团新闻类网络传播平台中，粉丝超100万人的网络平台13个。佛山日报社、珠江时报社、珠江商报社继续推进“佛山+”手机应用程序（App）平台建设，截至年底，“佛山+”平台下载量突破247.8万人次，平均日活量6万人次，日活峰值21万人次，是佛山主流权威新闻客户端。佛山电台形成“快手”项目、“佛山通”（政务服务类手机应用程序，注册用户255万人）、“花生FM”（下载量1300万人次）、“畅驾”手机应用程序（App，下载量240万人次）四大100万级平台新阵列。佛山电视台的“醒目视频”全年下载量867.6万人次，全年发粤语视频超10万条，网络直播超1万场。佛山传媒集团各媒体单位孵化出“咩啊”、“醒目视频”抖音号、“飞跃924”抖音号等16个粉丝超100万人的短视频品牌账号。

体制机制改革　佛山传媒集团指导旗下企业佛山期刊出版总社、广东珠江音像出版社完成公司制改革工作，赋予企业独立的法人财产权，实现国有资产的保值、增值。佛山传媒集团以母子公司为架构的经营管理体系基本形成。

刊播安全管理　佛山传媒集团发挥正面宣传和舆情引导双功能，营造主流舆论强势。印发《2021年中共佛山传媒集团委员会落实党委意识形态工作责任制工作方案》《2021年中共佛山传媒集团委员会落实网络意识形态工作责任制工作方案》等文件，落实安全刊播制度。开发建设网络新媒体平台风险预警系统，通过信息化手段对各平台内容存在的风险进行预警，保障意识形态安全和刊播安全。佛山传媒集团各重要节点各媒体全年未出现意识形态安全事件。

“我为群众办实事”实践活动　佛山传媒集团利用品牌栏目和知名主持人等资源，推出“媒政解难”项目、“走进革命老区”项目、“心声热线”项目等，联合“市长直通车”平台，与全市各级党委、政府合作，针对民生领域重点工作和群众“急难愁盼”的突出问题，找症结、出点子，帮助职能部门解决一批涉及市民直接现实利益的实事。截至年底，办理民生实事390件，收集市民、企业诉求2600条并提交到市长直通车平台。

（佛山传媒集团）

2021年3月25日，佛山传媒集团举办“融·合”——2021年佛山传媒集团新传播力发布会，推介佛山传媒集团新平台、新业态、新模式　（佛山传媒集团　供图）

【《佛山日报》】 前身为《珠江人民报》，创刊于1949年11月29日，是中共佛山市委机关报，佛山传媒集团的主报。2021年，《佛山日报》日均16版，主要栏目有《要闻》《政务》《深读》《理论周刊》《经济》《民生》《教育周刊》《健康周刊》《城市生活》《文苑》等。年内，《佛山日报》有4件作品获广东新闻奖，其中二等奖2件；50多件作品分别获中国城市党报新闻奖、中国地市报新闻奖、广东省报纸副刊作品年赛奖项、广东省新闻摄影作品年赛奖项等多个奖项。

主题宣传报道　2021年，佛山日报社围绕中国共产党成立100周年重大主题报道推出《领航》大型特刊、专题报道、大型系列融创视频等。在佛山市第十三次党代会期间推出主题特刊《奋进的号角》及系列与党代会相关的融创产品，相关报道全网阅读量超600万人次。组织“扬帆‘十四五’　跨省大调研”活动，围绕产业转型、科技创新、产业链培育、高新区发展、智慧城市、工业互联网、临空经济、夜间经济等热点话题，从内容、理念、形式、方法、技术上融合创新，推出全新的党报主题报道，获中共佛山市委主要领导肯定。以全媒体方式开展“两会”（人大会议、政协会议）及市委全会报道，推出热点主题报道、快讯海报、一图读懂、H5等形式丰富的融创产品，获社会各界好评。组织策划“营商环境大家谈”大讨论活动，形成《佛山市营商环境调研报告》并提交给中共佛山市委。全方位、全媒体做好“营商好环境　佛山益晒你”系列报道，创新推出“佛山益晒你E本通”等融创

2021年春节假期刚过，《佛山日报》在要闻版以跨版形式推出"扬帆'十四五' 跨省大调研"系列报道。图为系列报道第一篇《泉州 一座把佛山追得最紧的城市》截图

（佛山日报社 供图）

产品，推动打响"益晒你"品牌（"益晒你"为粤方言，意为所有好处都给你）。组织策划第一届全国博士后创新创业大赛宣传报道，通过报纸版面、快讯、海报、长图、短视频、图集等方式，多层次、多角度展现大赛情况。此外，推出"双减"（减轻义务教育阶段学生作业负担和校外培训负担）政策落地、"畅通工程共建共享"等系列主题报道。完成《佛山历史文化丛书》（第六辑）暨丛书中英文版第二辑的编撰出版工作，推动佛山历史文化传承与对外交流合作。

媒体融合发展　2021年，佛山日报社推出虚拟主播孵化项目，通过二维情景短剧动画和三维虚拟主播新闻播报短视频开展融媒体宣传和新闻报道，吸引更多年轻受众关注，提高新媒体播报的传播力、引导力、影响力。如：首次推出庆祝佛山市第十三次党代会召开虚拟无人机表演视频，观看量超200万人次；推出"东平知政"品牌专栏，打造移动优先、融合传播时代政经新闻类深度观察报道品牌栏目，得到各级领导肯定；面向基层宣传阵地，打造"瑶瑶打卡禅城""小崔跑南海""记者路帅"等一批网红记者短视频账号、品牌栏目。推进自主可控平台"佛山+"客户端建设，截至2021年底，"佛山+"手机应用程序下载量超247万人次，平均日活量6万人次，日活峰值21万人次，成为佛山主流权威新闻客户端。

（唐岭梅）

【《珠江商报》】 前身为《顺德报》，创刊于2004年7月29日，是佛山市顺德区的主流媒体。2021年，《珠江商报》日均8版，主要栏目有《要闻》《今日顺德》《评论》等，日均发行量4.4万份，在职员工158人。

宣传报道　2021年，《珠江商报》围绕中国共产党成立100周年做好宣传报道，先后推出《奋斗百年路 启航新征程——学党史 悟思想 办实事 开新局》《百年征程 奋进顺德》《为群众办实事》《为党旗添光彩》《红色游 打卡地》《党建引领促发展》等专栏。宣传党委、政府中心工作，推出《向村改发起总攻》《党旗引领 决战村改》《众志成城 打赢疫情防控硬仗》《以水美城 以水兴城》《高质量发展 看经彩顺德》《标杆高新技术企业》《专精特新小巨人创新发展》《营商好环境 佛山益晒你——来顺德一定得》《数智转型 顺德示范》等专栏报道，刊发各类稿件1000篇。

媒体融合　2021年，珠江商报社继续推进融媒转型。在疫情防控特殊时期，在各平台开设"我是健康守护人"疫情防控专题专栏，结合开学、节假日防疫、不同人群疫苗接种等不同主题，利用新媒体海报、条漫、动画、短视频等方式，全年制作原创新媒体产品超280个，同时发布防疫科普以及疫苗接种知识，做好疫情防控常态化宣传。在党代会，以及人大、政协"两会"等重要节点，制作推出海报、短视频、H5等系列融媒产品，围绕政府中心工作，展示顺德建设高质量发展先行示范区成绩。全年有1200篇稿件被"学习强国"广东学习平台采用，有25篇稿件被"学习强国"全国平台采用，其中《广东佛山顺德创建科技质量服务集聚区》《佛山顺德均安新华社区：新兴产业渐集聚 华丽蝶变现雏形》2篇稿件被"学习强国"全国平台首页《推荐》栏目采用。

（陈嘉宁）

【《珠江时报》】 创刊于2004年5月12日，是整合原《南海日报》《佛山晚报》出版的都市类综合性日报。珠江时报社旗下有《珠江时报》纸媒、网站、微博、微信、手机移动客户端以及创意传播部、视频部、舆情部、智媒研究中心等全媒体业态。2021年，《珠江时报》日均8版，有《要闻》《经济》《镇街》《文化》《教育》《映像》《深度》《网红》等栏目，以及《新时代南海家书》月刊和《南商周刊》《品读狮山》《大沥观察》等周刊，日均发行4万份，其中《新时代南海家书》月刊全年发行120万份。《珠江时报》入选2021（第九届）传媒中国年度头部区域报·综合影响力十强。

宣传报道　2021年，珠江时报社做好庆祝中国共产党成立100周年、习近平总书记"七一"重要讲话精神、中共十九届六中全会精神等宣传报道，开设《学习"七一"重要讲话精神》《牢记初心使命 争取更大光荣》《学习贯彻进行时》《学习贯彻党的十九届六中全会精神》等专栏，全媒体报道500多篇。做好党史学习教育主题宣传报道，开设《奋斗百年路　启航新征程》总专栏，以及《学党史、悟思想、办实事、开新局》《我为群众办实事》《永远跟党走》《牢记初心使命　争取更大光荣》《百年记忆　红色南海》《中国共产党人的精神谱系》等子专栏，全媒体发稿3000篇。做好疫情防控宣传，开设《众志成城打赢疫情防控硬仗》《一线党旗飘》《留佛山过端午》等专栏专版，在5月27日至7月5日疫情期间刊发全媒体报道1900篇（条），全网点赞超10万人次的稿件12篇（条），疫情防控相关报道被“学习强国”学习平台采用42篇（条）。做好中共佛山市委、南海区委中心工作宣传报道，开设《营商好环境　佛山益晒你》《数智转型　南海先行》等专栏，刊播报道400篇（条）。通过深度报道、特刊、短视频等形式报道南海创建广东省城乡融合创新发展改革实验区、探索开展全域土地综合整治试点等工作，刊播报道700多篇（条）。在中共佛山市党代会、南海区党代会期间，运用新媒体技术生产出大批可视、可听、可互动的融媒体产品，推送文图、视频、海报、长图、H5、思维导图等全媒体报道1277篇（条），全网点击量超1585万人次。弘扬正能量，刊发正面报道103篇，宣传60人次。向《人民日报》、新华网等中央媒体以及“学习强国”学习平台等平台推送稿件，2100多篇（条）作品被“学习强国”学习平台采用，其中60多篇（条）被“学习强国”全国平台采用，5篇获“学习强国”全国平台首页推荐。《微微的光——致敬最美白衣天使》专题音乐短片被“人民日报”客户端、“新华网”客户端、中国文明网首页头图栏目采用。

媒体融合　2021年，珠江时报社继续强化移动优先战略，构建全媒体传播体系，通过“佛山+”主平台发稿1.3万篇（条）。改革采前会、编前会，形成重大报道“新闻海报预告引流、‘佛山+’快速发布、政策或规划一图解读、短视频展示、总结专题深度观察提升影响力”的运作模式，报道形式实现从单一纸媒转向全面融媒。重点构建“珠江时报”视频号新闻短视频传播新矩阵，推出《时报映像》《学在南海》《医在南海》《我们是编辑》《好玩到镇》等短视频栏目，生产短视频超620条。结合《新时代南海家书》制作音频节目，推出超50条音频在南海区7个镇（街道）和南海区230所中小学的广播站播出，近30条音频被“学习强国”平台采用。利用新媒体技术开展融合创新，互动传播实现游戏化3D化，全年推出超500个H5、漫画、海报、长图等新媒体产品。

2021年，《珠江时报》开设《奋斗百年路　启航新征程》等专栏，党史学习教育主题宣传报道发稿3000多篇。图为该社组织的听老党员讲革命故事活动（珠江时报社　供图）

提升媒体智库型服务水平，佛山传媒舆情研究院一期、二期建设完毕，全网信息监测日均信息采集数量2.5亿条，通过舆情监控、课题研究、案例分析、数据库建设、数据云屏等系列项目，构建在佛山市具有权威和影响力的复合型舆情智库。

（林星泉）

【《佛山文艺》】 创刊于1972年（由当时佛山地区文化局群艺馆一份内部刊物改为公开出版物而正式创刊），曾历经从杂志改为小报、再由小报改为期刊的过程。1989年起，《佛山文艺》改为月刊，以杂志形式出版。2020年，《佛山文艺》变更为佛山传媒集团旗下的佛山期刊出版总社主管主办、编辑出版。2020年4月起，《佛山文艺》变更为半月刊。2021年，《佛山文艺》出版发行26期，全年发表小说111篇、散文316篇、诗歌252首、评论18篇、艺术访谈22篇。全年纸质刊加电子刊销售20万册。

栏目设置策划　2021年，《佛山文艺》上半月刊主要栏目有《两性空间》《人间万象》《众生一族》《青春E线》《佛山人文》《佛山报告》《百味人生》《诗格里拉》《文艺三重奏》《文艺评论》等。为庆祝中国共产党成立100周年，《佛山文艺》策划并邀请部分作家和历史学者重访革命遗址、遗迹，撰写展现革命英烈坚贞不屈、为国捐躯的感人事迹的文章，在《佛山文艺》上半月刊2021年第6期到第12期增设《丰碑志》专栏，连续刊登文章9篇。《佛山文艺》下半月刊有《小说天地》《散文随笔》《诗歌海洋》《散文诗笺》《书画作品》等主要栏目。

区镇文艺拓展　2021年，《佛山文艺》以下半月刊或增刊为阵地，拓展与区、镇合作范围，联合高明区、南海区、顺德区，以及大沥镇、狮山镇的文联、作协、文化服务中心，编辑出版《高明文艺专辑》4期、《南海文艺专辑》4期、《顺德文艺专辑》3期、《大沥文艺专辑》2期、《狮山文艺专辑》1期。

新媒体探索与突破　2021年，佛山期刊出版总社成立新媒体工作室，布局新华号、“佛山+”客户端、《佛山文艺》公众号、《佛山文艺》视频号、博看网电子刊等新媒体矩阵。摄制的视频作品《佛山文艺为你读诗》，于2021年春节期间在视频号连续15天播出；摄制的视频作品《南庄杯庆祝中国共产党成立100周年诗歌大赛获奖作品》，于2021年国庆期间连续播出10天；举办的“佛山文学榜”颁奖盛典采用网络直播、H5、短视频等一系列融创产品及通过新媒体宣传推广，促进宣传推广效果提升。

佛山悦读荟活动 2021年，佛山期刊出版总社继续举办“佛山悦读荟”，先后对诗人高世现（长诗《酒魂》）、作家梁德荣（散文集《西江故事》）、诗人冯雪颜（诗集《总有一个地方让你停留》）作品展开品鉴。

首届“佛山文学榜”颁奖盛典 2021年12月31日，佛山期刊出版总社主办，佛山文艺杂志社承办的“佛山文学榜”2021年度盛典（首届）在佛山市图书馆举行。公布小说榜、散文榜、诗歌榜、报告文学榜、文学评论榜、文学新人榜等六大榜单，16名本地作家获奖。活动现场网络同步直播，约8万人线上观看，活动后，国内主流媒体平台推送的活动录播视频线上观看人数超100万人次。活动当日，以集合、展示、销售佛山作家作品为主的“佛山文艺书苑”小程序正式上线。

（麦敏琪）

广播影视

【佛山人民广播电台】 1988年9月28日正式开播。2021年，佛山人民广播电台有佛山人民广播电台综合广播（FM94.6）、佛山人民广播电台音乐广播（FM98.5）、佛山人民广播电台南海广播（FM92.4）、佛山人民广播电台顺德广播（FM90.1）、佛山人民广播电台高明广播（FM88.3）、佛山人民广播电台三水广播（FM90.6）6套调频广播频率，全年播出时长5.26万小时。年内，佛山人民广播电台4件作品获2020年度广东省新闻奖，26件作品获2020年度广东省广播影视奖，公益宣传片《锔瓷的秘密：惜物惜福》《绣花功夫里藏着幸福秘密》分别获2021中国广告业大奖——黄河奖铜奖和优秀奖。

主题宣传 2021年，佛山人民广播电台继续完善“时政新闻融媒工作室”建设，形成网上网下一体，内宣外宣联动的主流舆论矩阵。围绕中国共产党成立100周年重大主题，制作推出“100个红色地标”系列融媒新闻产品，浏览量超1000万人次。通过数字技术集结佛山红色资源，打造“佛山网上红色展馆”，让受众足不出户便可“参观”佛山红色地标，上线“打卡”人数超100万人次。创作《佛山青年说》系列融媒产品，邀请市青联委员探访佛山红色地标并分享感受，该作品被“学习强国”学习平台全国平台推荐，浏览量超10万人次。推出《歌声中的百年》栏目，挑选反映中国共产党百年历史进程的优秀歌曲作品，以“党史讲述+创作故事+歌曲展播”的形式，制作140条音视频作品在广播端和新媒体平台展播，学习宣传党史。推播“聚焦佛山市第十三次党代会系列述评”“党代会代表系列访谈”“营商环境大家谈”“营商好环境　佛山益晒你”“市长直通车”“全国博士后创新创业大赛”等系列主题宣传策划，做好中共佛山市委、市政府中心工作宣传。

服务基层群众 2021年，佛山人民广播电台通过《民生直通车》《对话民生》《政风行风热线》等政民互动栏目，针对民生领域重点工作和群众“急难愁盼”的突出问题，找症结、出点子，促进问题解决。全年有30个政府职能部门负责人先后上线上述栏目节目，累计接听市民群众各类热线电话2000个，收集意见2300条，回复率100%，解决群众具体问题980个。开展疫情防控舆论宣传引导，以“佛山通”直播平台为基础，率先推出全市各社区核酸检测和疫苗接种实时资讯，及时发布各类权威防控信息和科普知识。针对5月的新一轮本土疫情，佛山人民广播电台有针对性地推出心理疏导融媒体产品，向南海区、禅城区、三水区的封闭封控社区、小区业主群的6万人精准推送，提供心理疏导和人文关怀。年内，佛山人民广播电台《今夜情为证》栏目组联合市红十字会心理援助志愿服务队、市第三人民医院等专家资源，开设“心声热线”，为青少年、社会人士开展心理健康疏导，服务群众2500人次。该项目入选2021年市级层面重点民生项目清单。

传播途径探索 2021年，佛山人民广播电台从粤语音频社会化协同生产体系入手，探索车载粤语视听产业新路向。以自主客户端“花生FM”为主平台，从创作者共享、质量评估、内容审核、用户数据赋能等方面入手，建立“UGC+PUGC”社会化协同生产机制，

2021年12月31日，“佛山文学榜”2021年度盛典（首届）在佛山市图书馆举办，有16位佛山本地作家获奖。图为获奖作家合影　　（《佛山文艺》编辑部　供图）

初步建立由电台内外50人组成的声音录制团队，共同参与电台粤语音频作品的制作。全年制作包括《广东小康叙事》《古书是本故事书》《格列佛游记》《海底两万里》《绿野仙踪》等1400集有版权的节目专辑和广播剧，上传花生FM、喜马拉雅平台开展付费收听。启动"城市音乐广场"项目，举办佛山首个以"民谣"为主题的2021城市民谣大赛，并相继推出"《汀见》音乐地标""西江民歌采风行""歌乐点亮城市"系列活动。2021城市民谣大赛邀请民谣音乐人卢中强、骆兵创作主题曲《给你的歌谣》，有来自全国各地100支演唱创作团队参加大赛。"《汀见》音乐地标"利用佛山岭南水乡河网密布的景色特点，与"乡村振兴""城市品质"内容提升相结合，创造性设立"音乐+场景"，全网传播量1200万人次。

讲好佛山故事　2021年，佛山人民广播电台有34篇稿件被中央广播电视总台中国之声、大湾区之声、人民日报湾区声音、央广网等媒体采用；有336篇稿件被广东广播电视台采用；有1118篇稿件被"学习强国"学习平台广东平台采用，其中54篇被"学习强国"学习平台全国平台采用。以"花生FM"客户端为海外宣传阵地，发布《佛山印象——伦教糕》《佛山印象——中山公园》《佛山印象——莲塘醒狮》等60个原创视频作品，并向澳大利亚悉尼2ac华人电台输出《佛山一家人》《粤食粤精彩》《万福》《钟南山：苍生在上》等19部400集节目专辑音频作品，宣传佛山改革开放发展新风貌，推动佛山文化走出去。

"有家就有佛山造"线上线下融合项目推出　2021年，佛山人民广播电台借助原有的"快手佛山创新发展中心"平台资源优势，策划推出"有家就有佛山造"线上线下融合项目。该项目通过打造"有家就有佛山造—快手馆"，在佛山城市中心落地"潮玩佛山制造"交互装置，建立营运佛山制造"城市客厅"等，为佛山的家电、家具、家纺、陶瓷卫浴、五金服饰等制造业企业产品提供线上集约展销与线下实地体验相结合平台，促进佛山制造企业产品销售。

电台主持人短视频账号集群培育　2021年，成立"超粤传播MCN（多频道网络）"机构，支持全台内容生产人员在各互联网平台开设垂直类账号，推动主持人品牌账号集群孵化。累计开通短视频账号140个，全网粉丝2000万人，逐步发展成为佛山拥有百万粉丝账号最多的多频道网络媒体，孵化出"咩啊""快看佛山""飞跃924"等百万粉丝短视频品牌账号。

（钟　毅）

2021年，佛山人民广播电台策划推出"有家就有佛山造"线上线下融合项目，促进佛山制造企业产品销售。图为在佛山岭南天地建成的"潮玩佛山制造"交互装置

（佛山电台　供图）

【佛山电视台】　佛山电视台成立于1987年。2021年，佛山电视台有市、区、镇三级电视机构，有综合频道、公共频道、影视频道3个地级台电视频道，管辖南海频道、顺德频道、高明频道、三水频道4个县级综合频道以及全市22个镇（街道）广播电视站，有从业人员1042人。年内，佛山电视台围绕新传播、新技术、新业态，探索建立"新闻+政务服务商务"运营模式，推动平台升级、内容升级、产业升级、服务升级，完善和优化经营结构，全年播出时长3.27万小时，全年经营总收入2.74亿元，其中广告收入6787万元。佛山电视台纪录片工作室获"全国新闻出版广播影视系统先进集体"称号。李建军、杨生、张健被认定为佛山市文化英才。

新传播技术应用　2021年，佛山电视台推进传播体系和传播能力建设，打通电视大屏、手机小屏、公共服务屏，实现三屏联动发展。佛山电视台在2021城市广电新闻融合的大小屏综合指数、移动新媒体指数均排名全国前十名；在"TV地标（2021）"中国电视和网络视听综合实力大型调研中，佛山电视台"醒目视频"客户端入选年度优秀广电新媒体客户端。自主可控平台——"醒目视频"客户端在下载用户突破860万人次的基础上，发挥短视频内容社交媒体平台的优势，制定新战略、新服务，"醒目视频"4.0版全新上线，升级短视频社交矩阵的服务。"醒目视频"短视频孵化中心继续保持在抖音"广电MCN2021年度优质内容机构榜单"前十名，旗下的全网短视频账号超300个，全网粉丝量超2000万人。头部账号"醒目视频"（抖音号、快手号、微信视频号等）总粉丝超500万人，成为佛山本地媒体第一大账号矩阵。佛山电视频道接入广东网络电视平台，并上线可提供点播、互动等全方位多功能服务的精品内容"佛山专区"，与有线电视网络优势互补，实现佛山电视用户320万户全覆盖，使群众享受到更优质、更便捷的公共文化服务。

节目创新创优　2021年，佛山电视台推动节目创新创优。在广东省广播影视奖评选中，获广东省广播影视奖作品

27件（含一等奖2件、二等奖9件、三等奖16件），获广东新闻奖作品3件（含一等奖1件、二等奖1件、三等奖1件）。参与创作摄制的中央广播电视总台政论专题片《摆脱贫困》、与佛山市传媒集团联合制作的纪录片《伽师瓜出疆记》分别获评中国电视艺术家协会主办的第二十七届中国纪录片学术盛典“系列片和长片”好作品。策划并制作的视频短片《好人老米》《再·见》《宋洪涛：刀锋战士　守护光明》入选第五届社会主义核心价值观微电影（微视频）大赛广东优秀作品，短视频《网恋谍影》获第三届广东省法治文化节“视法·风尚”普法新媒体精品评选金奖。年内，佛山电视台近90个作品分别在中央电视台探索之旅频道、广东电视国际频道等播出，其中，传承乡土情怀、挖掘祠堂文化、展现中国家文化的3集系列纪录片《家在顺德》于12月8日起连续3天在中央电视台中文国际频道黄金时段首播。

品牌活动　2021年，佛山电视台发挥策划执行活动项目和综艺晚会的专业优势，承办党委、政府主推项目和主办品牌活动，包括承办第一届全国博士后创新创业大赛开幕式，“永远跟党走”——佛山市庆祝中国共产党成立100周年红色领航主题影展、优秀原创歌曲发布仪式，广东省2021年乡村振兴惠农节目展播活动启动仪式等活动。继续开展“全民综艺大舞台”群众文化品牌项目活动，承办佛山市道德模范与身边好人现场交流活动。

主题报道　2021年，佛山电视台围绕中国共产党成立100周年主题，在新闻栏目和网络视听平台“首页首屏”推出《奋斗百年路　启航新征程》《我为群众办实事》《我们的美好生活》等专栏；重点推出大型系列纪录片《潮涌佛山100年》《大美佛山乡村行》《决胜——脱贫攻坚第一线》《家在顺德》等。同时，做好疫情防控宣传，采用移动优先策略，运用短视频和网络直播传播正能量，突出做好疫情防控工作中的先进典型事迹报道，挖掘一线战“疫”故事，常态化普及疫情防控和健康知识。围绕佛山市争当地级市高质量发展领头羊目标，重点突出优化营商环境“一号改革工程”，推出融媒体系列产品，其中，移动端时事评论节目《醒世龙言》获中央媒体、省级媒体平台采用，在“学习强国”学习平台、《人民日报》、央视新闻等客户端发布。致力创作国际传播精品，策划并制作佛山纪实性融媒体系列节目——《外国人在佛山》。

（丁红兵）

2021年10月26日，佛山电视台摄制组在贵州省黔东南苗族侗族自治州雷山县拍摄系列纪录片《大美佛山乡村行》。图为拍摄现场　（佛山电视台　供图）

【影视产业】　截至2021年底，佛山市有影视及相关企业1750家，其中影视制作企业1430家。影视制作企业与南方影视中心建设前的65家相比，增加1365家。全市规模以上影视企业达75家。2021年，全市拥有影院159个，全年观影人数1616.3万人次，票房4.98亿元。票房排名前3位的电影是《长津湖》《你好，李焕英》《唐人街探案3》。票房前5位的影院是佛山市万达影城南海店、佛山市三水万达影城、佛山市越界思哲影城三水店、英皇UA电影城佛山映月湖环宇城店、英皇UA电影城佛山岭南站店。全市有10个影视产业园，有公益电影放映队13支，组织开展农村电影放映4117场次，观影57.9万人次。

粤港澳大湾区影视产业合作试验区创建　完善《佛山市建设粤港澳大湾区影视产业合作试验区实施方案》，粤港澳大湾区影视产业合作试验区被纳入省“十四五”（第十四个五年规划，起止时间为2021—2025年）规划纲要文化建设重点工程。粤港澳大湾区影视展示招商服务中心建成投入使用，构建专业的影视众创空间和公共服务平台。组织修订影视产业政策，形成《佛山市关于促进影视产业高质量发展的十条政策》。引入博纳影业南方总部，广东博纳影业文化传媒有限公司落户佛山。盘活并投资建设佛山珠影星光城项目，推动影视文化产业创新发展。

影视精品打造　制定《2021年度佛山市文艺精品专项资金申报指南》，创新开展“省市区镇四级联动”“广佛共创”“市区联动”等合作模式，重点扶持、推动打造弘扬粤药、粤剧、粤菜文化的电视连续剧《郁郁葱葱》、红色革命题材电影《暴风》《邓小平小道》。参与出品的首部4K全景声粤剧电影《白蛇传·情》夺得中国影史戏曲电影票房冠军。重点推出佛山红色基因与功夫文化有机融合的粤剧《鸿胜馆》、面向世界讲好中国故事的纪录片《家在顺德》、刻画基层党建工作的话剧《盖德皓做好人》、原创红色舞台剧《风起蔗林》等一批反映时代精神、体现岭南特色的现实题材作品。

影视产业发展扶持　统筹影视产

业资源“一盘棋”，推动影视产业活力竞发。以项目为抓手推动影视资源的升级优化，推动首批30项重点项目落地，配合影视制作中心落户佛山。依托粤港澳大湾区影视展示招商服务中心做好招商孵化工作，打造佛山影视标志性载体，推动电影文化融入市民日常生活。搭建影视产业资源聚集高地，总结前3届功夫电影周成功举办经验，争取申办中国（佛山）大湾区功夫电影节，打造大湾区影视品牌。落实安全生产和疫情防控责任制，加强全市电影行业的监督管理，确保大事喜事之年电影放映安全。开展全市农村公益电影放映和光影服务下基层工作，优化电影公共服务体系。

影视产业人才培养　政校企共建广东财经大学湾区影视学院，加强专业人才培养。设有数字媒体艺术、动画、编导、播音与主持艺术、编剧等5个专业，在校本科生1053人。通过人才培育孵化，佛山涌现出一批新锐影视代表人物。其中新生代女演员黄尧在第二届平遥国际电影展摘下费穆荣誉最佳女演员奖，成为佛山本土诞生的新生代“影后”。

【2021中国影视艺术高峰论坛】 2021年9月25—26日，2021中国影视艺术高峰论坛暨中国高等教育学会影视教育专业委员会第二十三届年会在佛山市举行。该活动由中国高等教育专业委员会主办，中共佛山市委宣传部、佛山市南方未来电影创新研究院承办，佛山文化发展投资管理有限公司、季华实验室协办。论坛分别围绕当下影视科技与创作，电影理论、批评、文化与产业，纪录片与影视教育三大主题展开研讨，来自北京大学等高校、科研机构和影视领域的专家学者参加，共同探讨高校影视教育和人才培养中的热点问题，探讨中国影视发展新趋势、新路径。会上发布《2021中国高等影视教育倡议书》，呼吁全国影视高校加强道德规范和社会责任教育。中国高等教育学会影视教育专业委员会、中共佛山市委宣传部共同签订《粤港澳大湾区影视产业发展智库战略合作协议》，推动佛山创建粤港澳大湾区影视产业合作试验区。

【“影载中华情　圆梦新丝路”2021国际优秀影片展映活动】 2021年12月24—26日，“影载中华情　圆梦新丝路”2021国际优秀影片展映暨庆祝广东省与波兰西滨海省结好20周年活动在佛山市举行。活动由中国电影家协会指导，中国文联电影艺术中心、广东省文联、佛山市委宣传部主办，广东省电影家协会、广东省电影创作培训基地、佛山市文化发展投资管理有限公司承办，广东省电影家协会评论与交流委员会协办。活动主要由开幕式、影片展映、研讨交流会三部分组成，包括波兰电影戏院协会银电影票奖作品《盗走达芬奇》、第八十七届奥斯卡金像奖最佳外语片《修女艾达》在内的6部波兰影片在佛山进行展映。业内专家通过线上、线下会议为佛山影视产业高质量发展“把脉”，佛山本土影视项目也在该活动中展示。

【“红色领航”主题观影活动】 2021年3月26日，佛山市启动“红色领航”主题观影暨“千场公益电影下基层”志愿服务活动，首场展映电影《红星照耀中国》在三水区云东海街道石湖洲村南山书舍广场放映，数百名群众观影。“红色领航”主题观影活动期间，佛山市成立五区电影放映志愿服务队，在全市各镇（街道）、村（社区）、学校、产业园区等免费放映《古田会议》《南征北战》《半条被子》《战狼》《红海行动》《我和我的家乡》等65部党史学习教育系列影片1000余场次。中央电视台电影频道、广东电视台、“南方+”手机应用程序（App）等中央和省媒体对活动情况进行报道。

（雷郎才）

网络媒体

【概况】 2021年，佛山市有网民600余万人，全市有备案网站近5.5万个（其中政务网络阵地1200多个），有涉佛山新浪微博号超50万个、微信公众号2.45万个。推进“正能量”工程和“同心圆”工程，继续构建以“网信佛山”“佛山网讯”“E网同心”等为主窗口的三位一体网络正能量传播体系，全年佛山网络正能量综合展示传播平台收到稿件1.2万篇，“纷享佛山”新媒体矩阵总阅读（播放）量超11亿人次。通过党建统领打造互联网“红色引擎”，截至年底，建立互联网党建联系点39个，开展“E网同心汇”活动27场。形成“1+2+3+N”模式（完善一套体系、发挥两个作用、建设三大支撑、拓展N种功能），推动党委、政府、协会、网企等多方党建力量深度融合，推动互联网行业党建“两覆盖、双提升”。启动佛山红色文化E地图打卡活动，推动全市100个红色地标点上线“红色电子地图”。举行首届红色主播培育及红色文化采风行动，有200余名讲解员、志愿者、网络主播、青年学生等参与，相关网络话题及内容的网上浏览量超1500万人次。举办年度网络正能量总结分享会，评选出“六个十”〔十大网络正能量传播单位、十大网络正能量活动（案例、项目）、十大网络文化精品、十大网络正能量榜样、十大“最佛山”自媒体、十大互联网党建先锋〕优秀项目或作品。年内，中共佛山市委网信办获2021年广东省“网络传播精品工程”效果评估优秀组织奖，佛山人民广播电台创作的《老艺·新意》获2021年广东省“网络传播精品工程”二等奖。

【网络正能量总结分享会】 2021年1月19日，“决战决胜　启航2021”——2020年度佛山市网络正能量总结分享会在佛山市政府新闻发布厅举行。会上发布2020年佛山市网络正能量指数报告，并公布十大网络正能量活动（案例、项目）、十大网络文化精品、十大网络正能量榜样、十大“最佛山”自媒体、十大互联网党建先锋、十大网络正能量传播单位等六大榜单，以及第一批“E网同心”佛山市互联网行业党建工作示范点。

【红色文化E地图打卡活动启动】 2021年3月23日，在佛山市互联网行业庆祝中国共产党成立100周年暨党史学习教育系列工作发布仪式上，启动佛山红色文化E地图打卡活动。该活动探索以电子地图带动红色文化资源网上活化新路径，在“佛山红色文化E地图”电子地图中嵌入全市100个红色地标点的地点、图文简介、音视频、红色故事等信息，市民通过手机扫一扫“佛山红色文化E地图”即可探索佛山红色地标点，线上学习党史知识，感受红色文化。

【佛山市红色主播培育行动】 2021年4月29日至9月30日，佛山市全市红色主播培育行动举行。活动面向全市各红色景区景点、爱国主义教育基地等专兼职讲解员及互联网内容创作者人士，通过线上线下“培训+比赛”，培育一批讲好传播红色文化、佛山红色故事的网络主播。该系列活动突出红色主题，共举办线上、线下培训40场次，200名讲解员、志愿者、网络主播、青年学生等参与，相关网络话题及内容的网上浏览量超1500万人次。

【网络文明宣传季发布】 2021年7月30日，“纷享佛山·共建网络文明”2021佛山市网络文明宣传季发布仪式举行。活动上，市互联网行业党委与新华网、高德地图合作开发的“佛山网上红色展馆 打卡佛山红”微信小程序和高德地图专题页正式上线。活动推介红色主播培育及红色文化采风行动，发布虚拟主播“佛山小E”作为佛山红色主播形象大使。同日，“佛山通”城市服务平台和蚂蚁森林项目团队举行“纷享佛山”网络公益林共建签约仪式，向全市网民发出绿色出行号召，以实际行动贡献绿色能量、服务佛山市“畅通工程”。

（谢汉强）

社会科学

政策咨询和发展研究

【“佛山红色文化基因的挖掘与传承”研究】 2021年5月，佛山科学技术学院胡庆亮的“佛山红色文化基因的挖掘与传承——庆祝中国共产党建党100周年”研究项目获2021年度佛山市社科规划项目“重大项目”立项，12月完成结项，项目鉴定等级为良好。该研究项目的调研报告围绕“佛山红色文化基因的挖掘与传承”主题，立足佛山实际，以红色文化资源（主要是指在革命、建设、改革年代与中国共产党人、先进分子和人民群众相关的、蕴含丰富的革命精神和厚重红色内涵的场所或旧址以及在此基础上建立的楼堂馆所，包括革命历史遗迹、博物馆、党史馆、纪念馆、展览馆、烈士公墓等）为主要对象，以红色宣传、红色教育为主要内容，从现状、问题、对策3个方面加以论述和论证。报告提出佛山红色资源保护利用的具体措施，包括：完善名录和档案库，规范红色文化资源的资料管理；打造红色产业链（旅游专线），发挥红色革命遗址的品牌效应；与党建相融合，建立有影响力的基层党建示范点；加大宣传和研究力度，强化红色革命遗址传播；加强学校思政课建设，发挥传播红色文化的主渠道作用；加快人才培养，打造专兼职结合的红色从业队伍；加强红色志愿服务队伍，充分发动社会各界积极参与红色志愿服务行动；科学设计展陈，增强红色资源的情感体验；加强考核评比，提升红色文化资源的管理和服务水平；“走出去，引进来”，提升红色资源的内涵和影响；等等。

【“‘双区’建设背景下，如何加强深圳、佛山产业和科技合作”研究】 2021年5月，广东财经大学林仲豪的“‘双区’建设背景下，如何加强深圳、佛山产业和科技合作”研究项目获2021年度佛山市社科规划项目“重大项目”立项，12月完成结项，项目鉴定等级为良好。该研究项目运用理论与实证相结合、历时性与共时性相结合、比较分析与案例分析相结合等方法，分析佛山全力支持深圳先行示范区建设、全方位加强与深圳产业、科技对接合作、协同融合所取得的成效、存在的不足和发展潜力，并与纽约湾区、东京湾区和旧金山湾区等城市群的产业和科技协同合作进行比较，提出佛山与深圳产业科技合作的战略思路和对策建议。项目主要提出10项对策建议，包括：构建多层次多向度的产业和科技合作机制；发挥深圳和佛山的比较优势，协同打造“佛—广—莞—深科技创新走廊”；构建高速泛在的5G等新基建设施，打造佛山深圳高密度网络共同体；建设高质量立体化智能化交通网络，形成“深佛1小时经济圈”；组建佛山深圳科技产业合作基金，优化布局创新链和产业链；抢抓“前海合作区”“湾区通”工程等重要平台机遇，推进二市高端要素资源自由便捷高效流动和配置；打造“无事不扰、有事必到”的一流营商环境高地；做强深圳证券交易所佛山服务站，培育辅导佛山优质企业上市融资；佛山深圳共建高科技产业园，合作打造高科技产业集群；共建两市人才交流与服务平台、共享人才红利。

【“‘十四五’期间，佛山打造‘2+2+4’世界级先进制造业集群路径探索”研究】 2021年5月，华南师范大学周怀峰的“‘十四五’期间，佛山打造‘2+2+4’世界级先进制造业集群路径探索”研究项目获2021年度佛山市社科规划项目“重大项目”立项，12月完成结项，项目鉴定等级为良好。该项目研究以多个世界级先进制造业集群及其参照，调查研究佛山市“2+2+4”（第一个“2”是指装备制造等2个超1万亿元产业集群，第二个“2”是指汽车及新能源等2个超5000亿元产业集群，“4”是指智能制造装备及机器人等4个超3000亿元产业集群）先进制造业发展状况，提出佛山培育世界级先进制造集群的路径和措施，包括培育世界一流先进制造大企业引领集群、培育“链主式”本土大企业和链式招商引资、培育具有产业链整合能力和创新能力的行业龙头企业、鼓励大企业向高端延伸产业链、引进国际先进制造业巨头和央企制造项目集群式落地、集中建设先进制造业孵化器、改善为中小微企业的公共服务条件、做好先进制造业集群用地保障工作、支持先进制造业中小微企业与大企业协作配套发展、鼓励中小制造企业向“专精特新”发展、实施重点工程带动先进制造业企业集群、重组设立专门的产业集群管理机构负责规划和管理、促进先进制造业集群品牌建设等。

（曹嘉欣）

社科研究

【概况】 2021年，佛山市社科规划项目申报收到市内外30个单位社科工作者通过“佛山市社科规划项目申报与评审系统”提交的申报材料737份，最终对186个项目进行立项。其中，对“佛山红色文化基因的挖掘与传承——庆祝中国共产党建党100周年”等3个项目以“重大项目”进行立项，对“‘大招商，招大商’背景下，佛山打造宜商环境的机遇和挑战”等9个项目以“重点项目”进行立项，对“文化记忆理论视角下佛山城市文化品牌建构路径研究”等28个项目以“青年项目”进行立项，对“佛山籍无产阶级革命家对马克思主义中国化的贡献研究”等146个项目以“共建项目”进行立项。立项项目均围绕市委、市政府中心工作和基础理论研究方向，注重实用性、可操作性和对策性。基础研究课题注重哲学社会科学各学科的基础理论，以及前沿性、创新性。项目内容涉及哲

表50　2021年佛山市社会科学专著出版情况一览表

序　号	著作名称	第一作者	出版单位	出版时间
1	新零售实践——智能技术驱动下的零售业转型之路	徐瑞萍	电子工业出版社	2021年1月
2	晚明布衣修史现象研究	单磊	郑州大学出版社	2021年1月
3	英美文学的哲理诠释和错译矫正研究	罗长斌	河南人民出版社	2021年1月
4	文化传承与现代文学研究	田频	吉林出版集团股份有限公司	2021年3月
5	中国制造业转型升级之佛山实践	吴彩容	九州出版社	2021年4月
6	双向直接投资与经济增长的互动研究	靳娜	九州出版社	2021年4月
7	佛山经济转型升级中的人才高质量发展研究	李远辉	九州出版社	2021年4月
8	社会治理创新：地方实践与共同体构建	朱盼玲	九州出版社	2021年5月
9	我国房地产宏观调控政策效果研究	牛静敏	九州出版社	2021年5月
10	城市公共基础设施投资效益优化模型与评价方法研究	黄慧霞	九州出版社	2021年5月
11	像孩子一样感知：童年与儿童文学	李露	中国少年儿童出版社	2021年6月
12	学术与治事——陈建《学蔀通辨》及其经世思想研究	柳向忠	陕西人民出版社	2021年7月
13	工业化先行地区经济增长的动能转换——佛山样本	罗锋	九州出版社	2021年7月
14	极限穿越	王刚军	中国社会出版社	2021年7月
15	价值投资素养	孙得将	经济科学出版社	2021年8月
16	佛山石头霍氏研究	周肖、任建敏	广东人民出版社	2021年11月
17	三水红头巾史略	吴彩容	广东人民出版社	2021年11月
18	制造业信息化的演进与运营管理的挑战	王昕	中国财富出版社有限公司	2021年11月
19	区块链与产业新机遇	刁生富	电子工业出版社	2021年12月
20	区块链与民生服务	刁生富	电子工业出版社	2021年12月
21	农业技术选择与供给效率评价——基于广东新型农业经济主体视角	刘丽辉	九州出版社	2021年12月
22	明清之际岭南诗坛研究	李婵娟	中山大学出版社	2021年12月

学、经济学、法学、教育学、文学、历史学、管理学、艺术学等学科门类。完成结项185个，结项率99%；结项鉴定为优良等级的项目93个，占比50%。

【征文宣传与理论研究阐释】 2021年，佛山市社会科学界联合会联合佛山科学技术学院人文与教育学院、佛山岭南文化研究院开展“庆祝中国共产党成立100周年”主题征文活动，收到投稿文章539篇，选出优秀理论文章20篇、先进事迹小故事10篇，汇编成《佛山市“庆祝中国共产党成立100周年”征文活动入选作品集》，供交流参考。

召开“庆祝中国共产党成立100周年”征文活动专家座谈会，入选作品作者代表结合红色理论作为时代精神内涵的象征、广泛开展红色教育、弘扬红色文化精神，以及革命文物保护利用的实际做法等内容发言。联合中共佛山市委宣传部在《佛山日报》的《理论周刊》，以及中共佛山市委党校与市社科联联合主办的《佛山研究》上开设深入宣传研究阐释习近平总书记“七一”重要讲话精神相关专栏，并开展深入宣传研究阐释习近平总书记“七一”重要讲话精神征文活动。其中《佛山日报》的《理论周刊》累计收到投稿40余篇，刊登文章29篇；《佛山研究》刊发专栏2期，刊登文章4篇。召开佛山社科理论界学习宣传贯彻党的十九届六中全会精神座谈会，邀请市委党史研究室、市委党校、佛山日报社评论部以及各有关高校社科专家代表分享学习体会等。会后，组织全市社科理论专家学者研究阐释党的十九届六中全会精神，形成《“决”百年历史，“议”百年经验，“志”千秋伟业》等一批有分量有针对性的研究成果。

【社科学报编辑与出版】 2021年，《佛山科学技术学院学报（社会科学版）》出版正刊6期，发文62篇；增刊1期，发文24篇。该刊创刊于1983年，是经国家新闻出版署批准，由佛山科学技术学院主管、主办，国内外公开发行的社会科学学术期刊，是全国高校社科特色栏目期刊、历届全国优秀社科学报、全国期刊网全文收录期刊、中国学术期刊影响因子年报统计源期刊、中国学术期刊综合评价数据库来源期刊、中国核心期刊（遴选）数据库全文收录期刊。该刊主要栏目有《广府文化研究》《科技文化研究》《产业转型发展研究》《社会治理与乡村振兴研究》《哲学研究》《马克思主义与党建研究》《语言学与文学研究》《经济学与管理学研究》《法学研究》《教育学研究》《历史学研究》等栏目，其中《广府文化研究》为全国高校社科特色栏目，《科技文化研究》为广东省高校学报品牌栏目。截至2021年5月，该刊累计刊出文献3800余篇、总下载70.34万次、总被引9700余次，（2021版）复合影响因子为0.203、综合影响因子为0.137。

《顺德职业技术学院学报》2021年出刊4期，发文67篇。该刊创刊于2003年，是由广东省教育厅主管、顺德职业技术学院主办，国内外公开发行的综合性学术期刊，是万方数据—数字化期刊群全文收录期刊、CNKI中国期刊全文数据库收录期刊、中国核心期刊（遴选）数据库收录期刊、中文科技期刊数据库（全文版）收录期刊、中国期刊网全文收录期刊、中国学术期刊（光盘版）全文收录期刊、中国科技论文在线收录期刊等。该刊主要栏目有《科技与应用》《经济与管理》《高职教育研究》《英语园地》《文·史·哲研究》《珠三角研究》等。该刊每期90页，采稿率为7.8%。

【《区块链与产业新机遇》出版】 2021年12月，佛山科学技术学院刁生富、冯桂锋、吴选红共著的《区块链与产业新机遇》由电子工业出版社出版。该书主要围绕区块链在产业发展新机遇中的应用展开，在简要阐释区块链的概念、特征、发展过程与应用价值的基础上，集中探讨区块链在智能制造、交通、物流、新零售、金融、医疗、教育、人力资源、娱乐等具体领域的应用价值、成功案例、现存问题、应对策略和未来方向。

（曹嘉欣）

地方志

【概况】 2021年，佛山市有市、区地方志工作机构6个，其中市级1个、区级5个。公开出版市、区地方综合年鉴6部。佛山市人民政府地方志办公室完成《资政参考》13篇，拍摄制作《佛山方志影像·美丽乡村》微视频10集，公开出版佛山第一部地域性医学通史《佛山中医药简史》。《佛山年鉴（2020）》获评全国

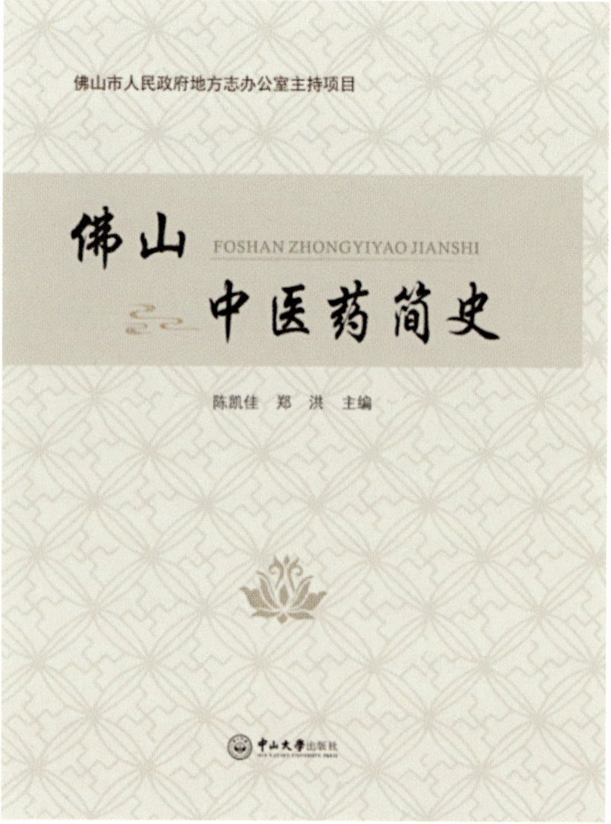

2021年11月，佛山市第一部地域性医学通史《佛山中医药简史》公开出版发行
（市地方志办 供图）

特等年鉴、全省一等年鉴，《南海年鉴（2020）》《顺德年鉴（2020）》《禅城年鉴（2020）》均获评全省一等年鉴并分别获评全国一等年鉴、全国二等年鉴、全国三等年鉴。《佛山年鉴（2021）》获省地方志办推荐参加“中国年鉴精品工程”创建工作。市地方志办、禅城区地方志办、南海区地方志办、高明区地方志办获广东省2021年多彩乡村主题教育实践活动“优秀组织单位”称号。

【志书编修】 2021年，佛山市南海区、禅城区继续推进中国名镇志、名村志文化工程相关志书的编修工作，《松塘村志》提交中国地方志指导小组审核，《紫南村志》启动编修，《西樵镇志》完成初审。顺德区继续推进第三轮修志试点工作，编印13期《档案史志工作交流》《顺德市志资料长编（第2辑）》《修志工作手册（二）》，制定《承协修单位利用修志资料管理要求》《修志文件资料归档工作指引》。年内，南海区《南海建置志》启动编修，三水区《芦苞镇志》公开出版。

【方志馆建设】 2021年，佛山市南海区成立“南海档案史志图书馆”（南海地情文献中心）并加入佛山联合图书馆体系，建成南海人才主题方志馆，南海风物方志馆立项建设。顺德区地方志办联合顺德区文广旅体局、区精神文明办启动顺德地情文化服务体系建设。禅城区、高明区实现基层方志文化场馆“零”的突破。截至2021年底，佛山市建有市级方志馆1家，区级方志馆2家（顺德区、三水区），地方志工作部门与相关镇、部门共建的镇级方志馆3家、主题方志馆5家、方志驿站23个，地情文献阅览区1个，方志文献阅览角3个，地情体验点28个。

【自然村落普查成果开发利用】 2021年，佛山市地方志办组织拍摄制作《佛山方志影像·美丽乡村》微视频10集，被纳入全市党史学习教育重点项目，并被纳入省地方志办“我为群众办实事”重点民生项目成果“广东省情百集微视频”在各大媒体平台展播。禅城区地方志办制作《禅城多彩乡村》微视频5集，举办“十大人气魅力古村”授牌仪式，“寻找最美乡愁——禅城十大人气魅力古村评选”项目入选“禅城最强音·2020年度宣传创新项目”榜单。南海区地方志办联合佛山电视台制作《岭南印记》微纪录片。顺德区地方志办完成10个镇（街道）共282本族谱的数字化和修裱工作。高明区地方志办编印《高明区自然村落历史人文概况》。利用“佛山档案方志”“南海档案史志”“顺德档案史志”微信平台，全面推介佛山乡村。在广东省2021年多彩乡村主题教育实践活动中，佛山市提交各类参赛作品310个，其中，地方志系统共有12件作品获奖，包括一等奖2件、二等奖4件、三等奖3件、优秀奖3件。

【年鉴编纂】 2021年，佛山市人民政府地方志办公室印发《佛山市地方综合年鉴编纂业务指引（试行）》，加强全市地方综合年鉴编纂规范化建设。年内，全市公开出版地方综合年鉴有6部，分别为市级的《佛山年鉴（2021）》和区级的《禅城年鉴（2021）》《南海年鉴（2021）》《顺德年鉴（2021）》《高明年鉴（2021）》《三水年鉴（2021）》。组织全市综合年鉴质量评价活动，推荐《佛山年鉴（2020）》《禅城年鉴（2020）》《南海年鉴（2020）》《顺德年鉴（2020）》参加广东省地方志优秀成果（年鉴类）评选活动，全部获评省一等年鉴；在全国年鉴评选活动中，《佛山年鉴（2020）》获评特等年鉴，《南海年鉴（2020）》获评全国一等年鉴，《顺德年鉴（2020）》获评全国二等年鉴，《禅城年鉴（2020）》获评全国三等年鉴。《佛山年鉴（2021）》获省地方志办推荐参加“中国年鉴精品工程”。

【地方志资料整理】 2021年，佛山市人民政府地方志办公室推进《红树室随笔》整理项目和《佛山历代诗人诗歌选》编纂项目，编印《悦方志 品佛山》《佛山旧影》《佛山人物》《佛山乡情》地情宣传册以及《佛山史志》2期。南海区地方志办完成《谢韦庵诗词抄》编印项目，公开出版《道光〈南海县志〉校注》。顺德区地方志办编纂《顺德家谱族谱提要及书影》，重印《顺德县志（清咸丰·民国合订本）》，公开出版首部介绍顺德方言的专著《广府方言 顺德话》。

【地方志数字化建设】 2021年，佛山市市、区两级地方志工作机构开设的新媒体平台（微信公众号4个、微博1个、视频号1个）平稳运行，其中，“佛山档案方志”微信公众号全年发布信息48期153条，在全省地级以上市地方志微信公众号排行榜排名第二。南海区开通“南海档案史志”视频号，年内发布视频43个，阅读量13.5万人次。全市地方志部门推进轻量化产品巩固提升，拍摄制作各类微视频50多个，录制“方言讲古”音频30条。市地方志办联合市民政局制作地名漫画15个。顺德区地方志办录制“顺德红声”音频10条、顺德话之绕口令广播剧1条。市地方志办搭建数字地方志资源库，年报资料实现在线报送审核。截至2021年底，全市存量志鉴图书实现入库100%。

【地方志资政服务】 2021年，佛山市地方志部门围绕党委、政府重要部署和领导关注的重大问题及社会热点问题，发挥地方志“智库”作用，全年编写资政参考文章20篇。其中，市地方志办围绕佛山红色文化资源开发利用、国有工业企业体制改革、中医药文化发展、乡村振兴等专题，编撰《资政参考》13期。南海区、顺德区、高明区分别围绕活化历史文化资源、“水与城”、文旅强区和经济、社会、文化和谐发展等主题撰写资政报告。

【地方志文化宣传】 2021年，佛山市地方志部门联动省地方志办开展佛山宣传月活动，在“学习强国”广东学习平台、“方志广东”微信公众号、腾讯视频、腾讯新闻等宣传平台推出专文30篇，总传播量超40万人次。市地方志办开展“红色传承”小课堂宣讲活动，被纳入全市党史学习教育重点项目，并摄制“红色传承”微党课。至年底，累计开展宣讲活动14场次，参加人数约450人次。南海区地方志办在方志馆群举办

2021年8月11日，佛山市地方志办工作人员走进佛山传媒集团，开展“红色传承”小课堂宣讲活动 （市地方志办　供图）

“微党课”等交流活动。顺德区地方志办在《珠江商报》开设“顺德史话”栏目。高明区地方志办在《佛山日报·今日高明》开展“家风、家训”高明地情文化报道。

【《佛山中医药简史》公开出版发行】 2021年11月，佛山市第一部地域性医学通史《佛山中医药简史》公开出版发行。该书由佛山市人民政府地方志办公室与广州中医药大学合作编纂，由中山大学出版社公开出版发行。全书分为“佛山中医药发展概说”“古代的佛山中医药（上古至1840年）”“近代的佛山中医药（1840—1949年）”“新中国成立后的佛山中医药（1949—2020年）”4章，记述佛山中医药起源、形成与发展过程。书后附佛山中医药大事编年表。全书44.5万字。

（市地方志办）

文化产业

【概况】 截至2021年底，佛山市共有规模以上文化企业527家，国家级夜间文化和旅游消费集聚区1个、省级文化旅游融合示范区1个；市级以上文化产业示范园区11个，其中市级园区3个、省级园区8个；市级以上文化产业示范基地24个，其中市级基地20个、国家级基地4个。2021年，佛山市通过创建国家文化和旅游消费试点城市、实施文体娱乐业和住宿业倍增计划、落实扶持政策、创新金融服务、建设九大文化产业集聚区、打造文化创新创业平台等举措，推动全市文化产业发展。

【国家文化和旅游消费试点城市建设】 2021年，佛山市推进国家文化和旅游消费试点城市建设，佛山创意产业园入选首批国家级夜间文化和旅游消费集聚区；推进文化和旅游消费数据监测分析体系建设，完成数据监测平台建设方案；成立佛山市文旅消费商家联盟，联盟成员包括但不限于演出、影（剧）院、书店等文旅体行业在佛山注册的法人单位。全年全市发放各类文化和旅游消费券4541.46万元，其中直接补贴消费者689.19万元、对市场主体以奖代补3852.27万元。

【文体娱乐业和住宿业倍增计划实施】 2021年，佛山市重点推进影视、住宿、体育健身、歌舞娱乐行业“小升规”（小微企业规范升级为规模以上企业）工作，印发《实施文化、体育、娱乐和住宿业产业倍增计划》《佛山市文化广电旅游体育局关于开展企业走访工作的通知》，建立领导干部包区包企工作制度、月例会制度和考核制度，明确2021年全市完成住宿业50家、文化体育和娱乐业70家升规入库倍增指标及各区目标任务，共组织召开3次工作会议，通报工作进展，督促工作落实。年内，全市文化体育娱乐业和住宿业新增申报入库企业共134家，其中，文化体育娱乐业新增申报入库企业73家，住宿业新增申报入库企业61家，超额完成2021年“倍增计划”120家企业“小升规”任务。

【文化产业专项扶持】 2021年，佛山市文化广电旅游体育局印发《2020年度佛山市文化产业扶持资金考核类项目申报指南》，开展2020年度佛山市文化产业发展专项扶持资金项目申报工作，共118个项目申报，最终95个项目通过审核，共获1037.9万元资金扶持。继续开展初创文创企业扶持行动，提升“展翅行动”影响力，丰富活动内涵，邀请凉山彝族自治州等9个城市的文创企业代表走访调研佛山文创企业，加强合作交流，举办4场超级导师训练营和2场路演活动，选出佛山市10家优秀初创文创企业，每家给予5万元资金扶持。与市财政局、教育局等7个部门联合印发《关于应对疫情影响帮扶文旅体企业纾困减负若干措施的通知》，纾解文化旅游体育领域市场主体面临的阶段性困难，推动行业复苏与高质量发展。

【文旅体产业金融服务】 2021年，佛山市发挥金融对文旅产业发展支持作用，加大对受新冠肺炎疫情影响的文旅企业的金融支持力度。组织“稳企业　保就业　促纾困”佛山文旅体行业银企对接会，深化2020年疫情防控期间与中国人民银行佛山中心支行建立的重点企业名单对接机制，常态化推送文广旅体系统梳理的需重点支持的企业名录及其融资需求，全年收集推送有融资需求的企业41家，17家企业共实现融资1.06亿元。鼓励文化企业积极对接资本市场，年内，对在广东股权交易中心挂牌的5家企业发放36万元扶持资金。截至2021年底，佛山有357家文旅体企业在广东股权交易中心注册挂牌。

【九大文化产业集聚区建设】 2021年，佛山市推进建设以石湾中国陶谷为中心的陶瓷创意产业集聚区、以张槎新媒体产业园为中心的数字文化产业集聚区、以平洲玉器街为中心的玉器产业集聚区、以西樵国艺影视城为中心的影视旅游产业集聚区、以顺德华侨城为中心的休闲旅游产业集聚区、以三龙湾高端艺术社区为中心的文旅体休闲娱乐产业集聚区、以南海电竞产业园为中心的粤港澳大湾区电竞文创产业集聚区。九大文化产业集聚区的6个建设项目在年内完成，分别是石湾陶瓷博物馆改造提升工程、8号艺术码头、平洲玉器城原石交易场外立面改造、广东工业设计城改造、顺德华侨城购物中心、非遗文化数字化资产服务平台。禅城区举办第五届中国（佛山）陶瓷“云上”创意周、第三届佛山南风古灶柴烧营活动、佛山（禅城）首届文化创意产品展征集活动、数字文化产业产学研合作及国际化合作活动等；南海区举办2021平洲玉器珠宝小镇“琢越杯”雕刻评选活动、2021和平精英新势力联赛S2赛季总决赛、国艺影视城影视旅游主题活动等；顺德区举办华侨城粤星赏星级粤菜评选、美食文化周系列活动、华侨城寻味顺德小镇——2021年“从心出发，让爱留下”春节活动、北滘广东工业设计城工业设计类活动等。

【文化产业园区和基地管理】 2021年，佛山市修订《佛山市文化广电旅游体育局文化体育产业示范基地（园区）管理办法（征求意见稿）》，开展2020年佛山市文化产业示范园区和基地考核工作，5个市级文化产业示范园区、20个市级文化产业示范基地考核合格。年内，广东新媒体产业园通过省级文化产业示范园区验收，被认定为省级文化产业示范园区，发挥园区集聚效应和基地示范带动效应。

【文旅展会参展】 2021年，佛山市利用大型展会平台，加强佛山文旅企业宣传推广。全年组织80多家企业参加深圳文博会、广东旅博会、内蒙古文旅博览会、广交会、东莞文采会等大型展会，向国内外推广展示佛山文化企业，展销文旅产品，展现佛山文旅形象。深圳文博会上，佛山馆以“珠宝名镇，云纱故里”为主题，把伦教珠宝和伦教香云纱文化及产品以静态与动态、互动与体验的形式进行展示；广东旅博会上，佛山24家参展企业共获150个合作意向，佛山市文化广电旅游体育局获优秀组织奖。

【樵山文化中心启用】 2021年4月30日，佛山市南海区樵山文化中心启用仪式暨签约发布会在南海区西樵镇举行。樵山文化中心位于西樵山下、听音湖南侧，占地面积6.67公顷，建筑面积约10万平方米，有A、B、C3个独立场馆，其中A馆和C馆具备展览、会议等多功能用途，B馆为演出专用剧院场馆，以发展成为佛山西部的高端会议展览中心、文化艺术培训中心以及精品剧目展演中心为目标定位。签约仪式上，佛山市光合作用展览有限公司、佛山市众乐展览策划有限公司、广东锦泰会展服务有限公司等8家企业签约落户，与樵山文化中心开展会展、文旅活动合作。

2021年4月30日，佛山市南海区樵山文化中心启用　　（佛山年鉴社　供图）

【2020届“展翅——佛山市初创文创企业扶持行动”微路演决赛】 2021年10月21日在佛山泛家居创意园举行。该路演由佛山市文化广电旅游体育局主办，活动于2020年12月至2021年6月30日接受报名，有近500家（个）佛山初创文创企业、创客、大学生创业团队参与，项目涵盖艺术创意、非遗活化、陶艺、文旅空间、主题博物馆、网红直播、互联网内容营销、场景游戏、木艺、主题图书店、服装设计、3D文创、主题KTV、动漫设计、动漫影视、粤语文创等多个文创类别。决赛当日，佛山市15支队伍和2支黑龙江省双鸭山市队伍同台比拼文化创意，比赛分为项目展示、评委互动2个环节，围绕文化创意、项目可行性、竞争分析、市场价值、管理团队、演讲表现等六大维度开展评分，最终决出佛山10强选手以及双鸭山市优秀选手，其中，佛山市拾部次元动漫有限公司获第一名。

（麦文婷）

文化行业监管

【概况】 2021年，佛山市文化行业领域安全生产形势保持稳定，新冠肺炎疫情防控成果得到巩固。佛山市文化广电旅游体育局加强组织领导和统筹协调，建立完善共同责任体系，落实图书馆、文化馆、博物馆、影剧院、互联网上网服务营业场所、歌舞娱乐场所和游戏游艺娱乐场所等各类密闭文化场所的常态化疫情防控工作。加强巡查检查，以人员密集型文化娱乐场所为重点，采取日间排查、夜间突击执法等形式，对全市文化市场经营单位进行全覆盖监管。推动行业复苏与高质量发展，及时兑现文化产业扶持资金，在税收、金融、就业、促消费、旅游保证金改革、购买服务、研学活动等领域推出7项支持措施，纾解文化旅游体育领域市场主体面临的阶段性困难，保障经济循环畅通、加快恢复。

【文化市场疫情防控和复工复产监管】 2021年，佛山市加强文广旅体行业新冠肺炎疫情防控，市、区文化广电旅游体育部门按照属地原则落实行业管理责任，对公共文化场馆开放条件进行评估，按照“一场馆一策”，合理设置承载量，分区域、分项目、分时段细化防控举措。对已复工的场馆，加强体温检测，落实健康码管理，确保全程人员流动可追溯。年内，全市文广旅体系统无人感染、无人确诊、无区域出现问题。制定《关于应对疫情影响帮扶文旅体企业纾困减负若干措施》，纾解文化旅游体育领域市场主体面临的阶段性困难。组织开展融资对接活动，不定期向银行推送有融资需求的文旅体行业企业名单，鼓励银行等金融机构开发专门针对文旅体行业的金融产品。开展“文旅有礼　春暖花开”佛山市新春文旅消费季活动，采取政府出资、企业让利的方式，发放在酒店、民宿、景区、旅行社、书店、影剧院、网吧、歌舞娱乐场所、餐饮、手信店、文创店等行业使用的消费券，营造良好的促消费氛围。

【平安文化市场建设】 2021年，佛山市文化广电旅游体育局深化“平安文化市场”建设。制定《佛山市2021年“平安文化市场”建设工作方案》，细化工作项目，明确工作要求和责任单位。落实文化意识形态工作领域“八个关口”（指干部队伍言行规范关、安全播出关、行政审批监管关、新闻出版审批监管关、文化阵地监管关、文化内容审核关、文化市场监管执法关，以及扫黄打非、扫黑除恶、“新闻宣传、网站、双微”审核发布关）。加强对包括文化工作部门和文化行业协会在内的各级文广旅体部门、各文旅行业协会指导管理，落实意识形态工作主体责任。规范互联网上网服务营业场所的安全生产和经营管理秩序，开展专项整治行动，健全完善互联网上网服务营业场所管理长效机制。加强重大节假日、重要时间节点期间行业监管，开展文广旅体系统防汛防风安全隐患排查，加强疫情防控、安全生产和消防安全宣传教育。联合市场监管、消防、公安、交通、卫健、应急等相关部门开展督查专项行动，加密巡查检查频次，消除安全隐患，建立健全防汛防风风险隐患排查和整治台账，加强防灾风险管理。推进“黑名单”制度落实，建立包括文化行业企业在内文广旅体企业经营服务不良信息记录和公示等制度。拓宽举报受理途径，结合平安建设及扫黑除恶宣传工作，向社会公布“12318”“12345”24小时举报投诉热线，以及网站、电子邮箱等，实行专人受理、跟进、回复市民群众举报投诉。

【文化市场执法】 2021年，佛山市文化广电旅游体育局统筹推进文化市场综合执法改革，印发《佛山市人民政府关于开展文化市场综合行政执法工作的公告》，将文化、旅游、文物、广播电视、电影、出版、体育七大领域行政执法职责由文化市场综合执法机构统一行使，集中执法权限，避免多头执法。修订《佛山市文化广电旅游体育局行政处罚案件办理流程》《佛山市文化市场综合执法文书制作规范指引》以及《佛山市文化广电旅游体育局重大行政执法决定法制审核和集体讨论目录清单》，增强执法的规范性，包容审慎执法，对27项初次发生、情节轻微、能及时纠正、没有造成危害后果或后果轻微的违法违规经营行为，不予行政处罚。打击查处文化市场各类违法违规经营行为，组织开展“两节两会”（“两节”指元旦和春节，“两会”指全国人大会议和全国政协会议）期间文化市场集中整治行动、文化市场查处无证无照经营专项整治行动、校园周边文化市场专项整治行动、“扫黄打非”、打击侵犯知识产权和制售假冒伪劣商品等专项行动。全年全市文化市场综合执法累计出动检查人员1.5万人次，检查经营场所4953个次，立案109件，发出处罚决定书106份，办结90件，移送公安部门3件，处罚金额85万余元，没收违法所得3万余元，没收非法出版物（含半成品）及印刷品22万余册（张），没收印刷机5台，没收其他非法物品约150千克。年内，“万某侵犯著作权案”专案组获评国家版权局2020年度查处侵权盗版案件有功单位，案件入选广东省版权局发布的“2020年度广东省版权十大案件”。3件版权案件入选“佛山版权十大案件（2019—2020）”，2件版权案件入选“佛山市2020年度知识产权行政执法十大典型案例”。

【文化市场行政审批制度改革】 2021年，佛山市印发《佛山市人民政府办公室关于印发佛山市“证照联办、一照通行”改革实施方案的通知》，其中“娱乐场所从事娱乐场所经营活动审批”和“申请从事互联网上网服务经营活动审批”2个审批事项被纳入首批实施“证照通”主题事项。按照“一个标准、一窗办理、一个系统、一档通办、同步流转、同步审批、同步发证”的模式，将经营许可事项与营业执照合并办理，各审批部门的许可事项信息以二维码的形式集中展示在营业执照上。全年全市办理“举办涉港澳和在歌舞娱乐场所进行的涉外营业性演出”审批业务81宗，变更审批4宗；艺术品进口审批业务4宗，境内涉外商业性艺术品展览审批6宗；中外合资经营、中外合作经营企业申请从事娱乐场所经营活动审批1宗，中外合资经营、中外合作经营企业申请从事娱乐场所经营活动变更1宗，中外合资经营、中外合作经营企业申请从事娱乐场所经营活动延续2宗；设立经营性互联网文化单位变更1宗，设立经营性互联网文化单位延续1宗。业务全部符合法定要求提前或按时办结，全市文化市场行政审批实现“零投诉”“零警告”。

（梁　艺）

卫生健康

综　述

【概况】 2021年，佛山市有卫生机构2532个，包括医院类机构136个（三级甲等医院12家）、基层医疗机构2349个等。有床位3.99万张，包括医院类机构床位3.69万张、基层医疗机构床位545张等，全市每千常住人口床位数4.19张。全市有在民政登记备案的养老机构87个，养老床位1.93万张。有妇幼保健机构4个，其他助产机构49个。有中医（含中西医结合医院）医院13家，中医床位（含中西医结合科床位）6521张。有19个国家级胸痛中心、5个国家级高级卒中中心、2个高级卒中中心建设单位、3个国家级房颤中心。卫生机构在岗职工7.51万人，其中卫生技术人员6.41万人，含执业（助理）医师2.3万人、注册护士3.01万人，全市每千常住人口执业（助理）医师数、注册护士数分别为2.39人、3.13人。全市诊疗量7817.54万人次，出院量125.61万人次。全市常住人口961.26万人，出生人口9.3万人，出生人口性别比114.75，出生率9.85‰，自然增长率7.15‰。全市重点人群家庭医生签约覆盖率81.54%。

表51　2021年佛山市三级甲等医院一览表

序　号	机构名称	初次评定时间
1	佛山市第一人民医院	1991年
2	佛山市第二人民医院	2011年
3	佛山市中医院	1993年
4	佛山复星禅诚医院	2012年
5	广东省中西医结合医院	2009年
6	佛山市南海区人民医院	2011年
7	广州中医药大学顺德医院	2014年
8	南方医科大学顺德医院	2011年
9	佛山市三水区人民医院	2013年
10	佛山市妇幼保健院	2011年
11	佛山市南海区妇幼保健院	2011年
12	广东医科大学顺德妇女儿童医院	2011年

【卫生健康发展规划】 2021年，佛山市开展“十三五”（第十三个五年规划，起止时间为2016—2020年）终期评估，以问题为导向，分析“十四五”（第十四个五年规划，起止时间为2021—2025年）期间面临形势与挑战，精准提出发展策略和解决方案，突出体现佛山特色和比较优势，并编制《佛山市卫生健康事业发展“十四五”规划》《佛山市区域卫生“十四五”规划》《佛山市医疗机构设置“十四五”规划》，高位推动佛山卫生健康事业发展。修订印发《佛山市高水平医院建设“登峰计划”实施方案》，加快推进“登峰计划”实施。

【卫生健康服务体系建设】 2021年，佛山市加快推进“登峰计划”实施，修订完善佛山市高水平医院建设“登峰计划”实施重点项目，委托第三方会计师事务所对绩效进行全程管理评价。组织“十三五”（第十三个五年规划，起止时间为2016—2020年）市级医学重点（特色）专科验收并全部通过。开展全市“十四五”（第十四个五年规划，起止时间为2021—2025年）医学重点专科建设项目评审，佛山市第一人民医院获评为“广东省高水平医院”，市第一人民医院麻醉科获评为国家临床重点专科建设项目。完成佛山市医疗急救指挥中心建设，该中心于11月20日启用，成为全省首个实现跨系统平台网络数据互联互通的120指挥中心。推进负压救护车采购及洗消中心建设，全年新增负压救护车42辆，全市有救护车300辆，其中负压救护车84辆。推进“五大救治中心”建设，全市有19个国家级胸痛中心、5个国家级高级卒中中心及2个高级卒中中心建设单位，3个国家级房颤中心。推进传染病救治体系建设，加快市第四人民医院二期工程新大楼建设，市第一人民医院、市第四人民医院完成传染病救治网络建设项目任务（平战可转换传染病普通床位600张，平战可转换传染病重症监护床位188张），选址南方医科大学第七附属医院和顺院区建设市应急医院。完善康复体系建设和提升康复服务能力，全市二级及以上综合医院均设置康复医学科，市第五人民医院获批成为佛山市职业病治疗、康复定点医院并启动康养项目，广东省第二荣军医院调整定级为二级康复医院。

【卫生应急能力建设】 2021年，佛山市印发《佛山市新冠肺炎本地疫情应急处置方案（2021年版）》，做好疫情应急处置准备工作。推进全市卫生应急队伍规范化建设，建成市级突发急性传染病防控类卫生应急队伍2支、区级突发急性传染病防控类卫生应急队伍5支，在全省率先建成广东省突发中毒事件卫生应急队伍（佛山）和广东中毒急救分中心（佛山）。依托市第一人民医院、市中医院、市妇幼保健院建设规范化的市级紧急医学救援卫生应急队伍，各区建设1支规范化紧急医学救援卫生应急队伍。常态化开展应急处置演练，全年开展应急演练800多场次，参演4.9万人次。经常性开展防控培训，组建由卫健、疾控等21名骨干组成的市级培训讲师团，分赴各区、各单位开展宣讲培训，邀请省疾控中心专家向全市208个市直单位授课，全年全市开展疫情防控知识培训3000多场次，培训约88万人次。

【公立医院综合改革】 2021年，佛山市加强公立医院党建工作，全市有31家公立医院（含7家市属公立医院）实行党委书记和院长分设，49家公立医院制定党委会议、院长办公会议等议事决策规则。完善医院内部管理机制，制定医院章程并报登记管理机关备案的公立医院有35家，医院质量安全管理、财务管理、绩效评价、信息公开等制度逐步完善。推进现代医院管理制度试点工作，组织召开2021年深化医改暨建立健全现代医院管理制度试点工作经验交流会，通报全市医改工作进展情况，分享学习推进公立医院高质量发展、建立健全现代医院管理制度试点、深化医养结合等工作情况，研究讨论全市公立医院财政投入、医疗服务价格动态调整等问题。总结全市公立医院综合改革成效及做法，在全省公立医院高质量发展培训班上作经验交流发言。

【平安医院创建】 2021年，佛山市继续推进平安医院创建。印发《关于进一步落实医院安全检查工作的通知》，推动全市49个二级（含）以上医疗机构“三防”系统达标率100%（100%建立医院安防相关工作制度和应急预案，100%安装视频监控系统，100%配置保卫人员、保安人员），同时推进台账式管理医院安防系统建设工作。建立警医联动机制，市卫生健康局联合公安局印发《佛山市卫生健康局　佛山市公安局关于印发佛山市警医联动工作方案的通知》，成立市级警医联动机制工作领导小组，建立三级警医联动联席会议制度。

【粤港澳医疗卫生合作】 2021年，佛山市加强粤港澳大湾区卫生健康合作，搭建粤港澳大湾区医疗卫生合作平台。推动“香港中文大学医学院－佛山市第一人民医院创新医学联盟”“粤港澳护理研究及知识转移联盟”研究合作，佛山市妇幼保健院与澳门科技大学合作中医药质量研究国家重点实验室科研项目——岭南道地中药研究，广州中医药大学顺德医院与澳门科技大学和澳门大学临床、药理科研合作等科研合作。召开粤港澳大湾区卫生健康交流合作调研会议，市卫生健康局与市委台港澳办共同研讨推进湾区卫生健康合作，深化“澳门＋佛山”合作机制，推动佛澳交流合作。组织佛山市第一人民医院和辖区内4个港澳资本医疗机构，申报粤港澳大湾区药品医疗器械监管创新发展首批内地指定医疗机构。建设广州中医药大学顺德医院粤港澳医学转化平台，广州中医药大学顺德医院与广州中医药大学、澳门科技大学签订第三届粤港澳大湾区中医药传承创新发展大会合作项目协议。派代表与中药质量研究国家重点实验室（澳门科技大学）主任刘良院士签约，共建粤港澳（顺德）中医药转化医学协调创新平台。深化广佛卫生健康战略合作，市卫生健康局主要领导带队到广州市卫生健康委交流，双方就广佛两地卫生健康合作进行探讨，并达成加强加深合作的共识。

（市卫生健康局）

【疾病诊断相关分组（DRG）付费改革国家试点】 2021年，佛山市继续推进疾病诊断相关分组（DRG）付费改革国家试点工作，推动医院自主提质增效。市内各医院加强医疗成本控制，

2021年4月，广州中医药大学顺德医院与广州中医药大学、澳门科技大学签订第三届粤港澳大湾区中医药传承创新发展大会合作项目协议　　（市卫生健康局　供图）

增加使用临床路径，提升内部精细化管理水平。全市医院编码人员超250人，比改革之前翻8倍。2021年第一季度广东省卫生健康委通报，佛山市病案首页数据质量综合排名全省第一，首页报送综合评分100.14分，病案质量得分99.73分。在2021年完成的上年度疾病诊断相关分组（DRG）付费清算中，111个定点医疗机构有99个实现医保基金结余留用，比例89.19%，比上年增长32%，结余金额4.12亿元。至年底，佛山市有开展住院业务的定点医疗机构114个，全部纳入疾病诊断相关分组（DRG）付费改革，其中三级医院22家、二级医院43家、一级医院29个、未定级医疗机构20个。在国家医保局召开的医保支付方式改革试点工作推进会电视电话会议上，佛山作为“进度较快、效果较好”的试点城市受到国家医保局表扬。

【医药服务项目价格改革】 2021年，佛山市医疗保障局印发《2021年佛山市公立医院部分基本医疗服务项目价格调整方案》，落实取消药品、医用耗材加成的价格补偿政策，支持公立医院高质量发展。完善医疗服务价格管理机制，建立科学的医疗服务价格动态管理机制，统一规范全市非营利性医疗机构的7467个医疗服务价格项目，优化调整重症监护等400个基本医疗服务项目价格。其中：价格调升项目347个，主要是技术难度大风险高、技术劳务成本占比高的项目，如护理、经血管介入、手术治疗类等项目；价格调降项目53个，主要是检查检验类项目。总体价格调升幅度为24%，可为全市受取消加成政策影响的二级以上公立医院增加年收入2.39亿元，取消药品和医用耗材加成的医疗服务价格补偿率提高至94.6%，达到政策规定的补偿标准，更好地体现医护人员技术劳务价值，为群众提供更有价值、更有效率的医疗服务。由于佛山市通过落实药品和医用耗材集采政策降低药品和医用耗材价格，腾出调价空间，该次调价总体上不会增加患者医药费用负担。年内，佛山市推动先进诊疗技术临床应用共申报新增医疗项目57个，对264个新增基本医疗服务项目进行定价，促进医疗机构新技术发展，使佛山市民就医更有保障。

（市医保局）

疾病防控

【概况】 2021年，佛山市法定传染病报告发病率743.20/10万，死亡率0.44/10万；无甲类传染病报告；报告乙类传染病15种、2.21万例，发病率232.59/10万，死亡率0.44/10万；报告丙类传染病4.85万例，发病率510.62/10万，无死亡病例报告。全年传染病疫情总体平稳可控，公共卫生、重大疾病防治、重大传染病防控等机制进一步健全，监测网络进一步完善规范，流行病学调查队伍建设继续得到加强。慢性病综合防控示范区建设进一步巩固，严重精神障碍服务管理工作走在全省前列。全人群新冠疫苗免疫接种工作按计划推进，全市群体免疫屏障逐步建立。

【传染病防控】 2021年，佛山市加强公共卫生与重大疾病防治工作的组织领导和统筹协调，成立佛山市公共卫生与重大疾病防治工作领导小组，由市政府主要领导担任组长，着重研究拟订对严重危害人民健康、影响公共卫生安全问题的干预措施和防控政策，定期研判重大疾病风险，统筹协调和指导各区、各相关部门落实各项防治措施。强化新冠肺炎等重大传染病防控网底支撑，印发实施《佛山市全面推进村（居）民委员会公共卫生委员会建设工作方案》，提升基层公共卫生服务能力。加强登革热、H7N9禽流感、手足口病、诺如病毒感染性腹泻、艾滋病、结核病等传染病的监测预警和综合防控，全年传染病疫情总体平稳可控。做好急性传染病防控工作，加强重点传染病疫情监测，每周开展分析研判和风险评估，为疫情防控工作提供科学有效的参谋。投入疾控能力提升专项资金1.6亿元，加强疾病预防控制体系现代化建设，全面优化疾控机构设施设备条件，提升市、区两级疾控中心实验室检测能力。加强流行病学调查队伍建设，建立完善三级流调梯队，共有122支流调队伍，有流调队员904人。加强登革热、流感、诺如病毒感染等重点传染病防控工作，全市发挥联防联控机制作用，开展相关疫情处置，组织全市多部门联合督导，对各区学校、托幼机构、养老机构以及福利院等重点单位进行重点督导检查。创新医防结合工作模式，疾控机构与社会组织合作增强，实现在重点人群艾滋病、性病宣传干预和病例随访管理等方面的有机结合和优势互补；完善艾滋病监测检测网络，全市93间艾滋病检测实验室和检测点通过审核评估，病例发现能力显著提高，艾滋病抗病毒治疗覆盖率、治疗有效率等关键指标完成情况保持全省前列。性病、麻风病防治取得成效，性病发病率显著下降，麻风病患病率低于国家控制指标。推进新冠病毒疫苗接种工作，在上半年全市面临本土疫情防控巨大压力的情况下，全市克服困难，提前5天，全省第一个完成省下达的上半年接种目标任务；全年全市全人群全程接种覆盖率排名全省第三，加强免疫完成率排名全省第二，3 ~ 11岁人群全程接种率排名全省第二，12岁以上人群全程接种率排名全省第五，新冠病毒疫苗接种工作取得阶段性成果，全市群体免疫屏障得到有序建立。依托各级结核病防治机构、各级各类医疗机构和社区卫生服务机构优化和完善“三位一体”的结核病分级诊疗服务体系和综合防治管理模式，采取因地制宜、稳步推进的原则，探索和建立科学、规范、有序的结核病防治体系，健全政府主导，部门协作、社会参与的肺结核联防联控工作机制，优化结核病预防和救治服务体系。推进“智慧”结核病防控信息化服务体系建设，自主开发并推广应用佛山市结核病监测管理平台，实现信息数据、重点指标、结核病疫情实时监测，实现综合医院报告转诊、结核病防控机构诊断和治疗、社区医院病人管理的互联互通。强化结核病诊疗质量，成立佛山市结核病诊疗质量控制中心，完善工作制度、质控标准及评定办法。全年全市肺结核的报告发病率37.87/10万，优于国家“十三五”规划（第十三个五年规划，起止时间为2016—2020年）指标58/10万的标准水平。

【慢性病防控】 2021年，佛山市巩固慢性病综合防控示范区建设，深入推进慢性病综合防控示范区建设工作，从政策发展、环境支持、“三减三健”（减盐、减油、减糖，健康口腔、健康体重、健康骨骼）专项行动、体系整合、健康教育与健康促进、慢性病全程管理监测评估等方面抓落实、促提升，不断挖掘创新项目、总结亮点工作、归纳宝贵经验，为慢性病综合防控工作赋能增效。在南海区国家级慢性病综合防控示范区基础上，禅城、顺德、高明、三水4区成功建设为省级慢性病综合防控示范区，慢性病综合防控示范区实现全市全覆盖，达到佛山市规划目标要求。组织各区、各相关单位开展实施《广东省慢性病中长期规划（2017—2025年）》中期评估，并完成自评报告，完成慢性病中长期评估工作。推动癌症早诊早治能力建设取得进展，组织禅城区、高明区、三水区各遴选1家具备肿瘤专科能力的综合医院建立区级癌症防治中心，建立健全市、区两级癌症防治体系。推进佛山市慢性非传染性疾病信息管理系统建设，通过佛山市慢性非传染性疾病信息管理系统自动化处理及分析，改变以往手工登记、人工查重、邮件报告等低效的工作方式，实现肿瘤随访登记、心脑血管事件监测、伤害监测、死亡补发、慢病协同等业务信息化管理。

【精神病防控】 2021年，佛山市加强严重精神障碍患者服务管理，患者管理治疗工作综合评分534.59分，全省排名第四。患者规范管理率97.03%，面访率91.93%，服药率95.99%，规律服药率92.22%，精神分裂症患者规律服药率89.69%，在册患者体检率66.52%。其中，在册患者规律服药率、精神分裂症患者规律服药率和在册患者体检率均排全省第一名，规范管理率排全省第二名。年内，全市推广精神分裂症患者应用长效针剂治疗项目，市卫生健康局联合市委政法委、市公安局、市民政局、市财政局、市医保局、市残联共同制定并印发《佛山市严重精神障碍患者应用第二代长效针剂治疗项目实施方案》，推广佛山市精神分裂症患者免费应用第二代长效针剂治疗。同时，为推动长效针剂治疗项目落地落实落细，以佛山市严重精神障碍患者救治救助工作领导小组办公室的名义下发《关于推进实施严重精神障碍患者应用第二代长效针剂治疗项目的通知》，要求尽快出台本辖区精神障碍患者应用长效针剂治疗项目实施方案，多渠道筹集项目经费，争取尽可能多的精神分裂症患者享受免费使用第二代长效针剂治疗，确保完成年度平安建设考评指标任务。全年全市有281名精神分裂症患者应用第二代长效针剂进行治疗，任务完成率102%。加强培训，提高基层精神卫生服务能力与水平，举办严重精神障碍管理治疗工作业务培训和基层精神科医师转岗培训班，采用“3+9”模式，学员在市第三人民医院进行为期3个月的全脱产学习，回原单位进行为期9个月的社区管理实习，完善全市精神卫生服务体系，壮大基层精神病防控医师队伍。推进社会心理服务体系建设，佛山市组建社会心理服务培训师资专家组，并按照省、市关于做好2021年高考工作的相关政策要求，成立2021年高考心理危机干预队伍，突出人文关怀，打造“暖心高考”，及时帮助考生化解不良情绪，避免心理危机事件发生。组织实施佛山市居民心理健康调查项目，制定印发《佛山市居民心理健康调查工作方案》，从总体上掌握全市居民心理状态特征，提升居民心理健康素养。

（市卫生健康局）

基层医疗卫生

【概况】 2021年，佛山市有全科医师2674人，每万人全科医生2.81人，公立基层医疗卫生机构卫生技术人员6219人。全市居民健康档案电子建档率92.9%，0～6岁儿童健康管理率97.1%，老年人健康管理率73.4%，高血压和糖尿病患者基层规范管理服务率分别为76.9%和75.2%，严重精神障碍患者规范管理率97%，肺结核患者管理率99.1%，老年人和0～36个月儿童中医药健康管理率分别为69.5%和74.3%。传染病疫情报告率和突发公共卫生事件相关信息报告率均为100%。

【家庭医生】 2021年，佛山市统筹做好常态化新冠肺炎疫情防控和日常医疗卫生服务，发挥家庭医生健康“守门人”作用，落实落细签约履约服务。全年重点人群签约覆盖率81.54%，综合满意度88.24%，重点人群签约获得感评价75.24%。在全面实施家庭医生签约服务制度的基础上，优化家庭病床服务管理，将家庭病床医保准入病种从8个增加至14个，对于照护需求高的人群提高15%的结算标准。实施《佛山市基本医疗保险门诊特定病种管理办法》，将高血压和糖尿病患者门诊特定病种与家庭医生签约联动管理，签约后“两病”报销比例提高10%～20%，达到95%，实行打包付费、结余留用政策。加强全科医生队伍建设，落实《佛山市改革完善全科医生培养与使用激励机制工作方案》，接受全科培训医生在上级政策补贴基础上，再给予每月3000元补助，定向为基层输送优质全科人才，年内全市有全科医师2674人，比上年增长28.25%。继续推进家庭医生团队骨干培训，实现全市家庭医生团队培训全覆盖，并通过“滚雪球”和“家庭医生沙龙”等方式进行团队成员轮训。推进基层医疗信息化建设，完成社区体检系统和家庭医生管理平台上线应用，促进老年人、慢病患者体检、诊疗信息互通共享。推进家庭医生签约服务包项目库建设，配置基本服务包11个，各区、各基层医疗卫生机构配置个性化服务包240个，初步实现签约服务信息化管理，逐步优化签约居民健康档案开放渠道。做好涉疫重点区域重点人群健康管理，在本土新冠肺炎疫情期间，在封控区、管控区设立临时医疗救助点，发挥家庭医生紧密联系居民的优势，为老年人、慢病患者等重点人群提供在线问诊、送医送药上门等健康随访服务，保障重点人群医疗服务需求。开展老年人和慢病患者新冠疫苗接种健康筛查，建立村与社

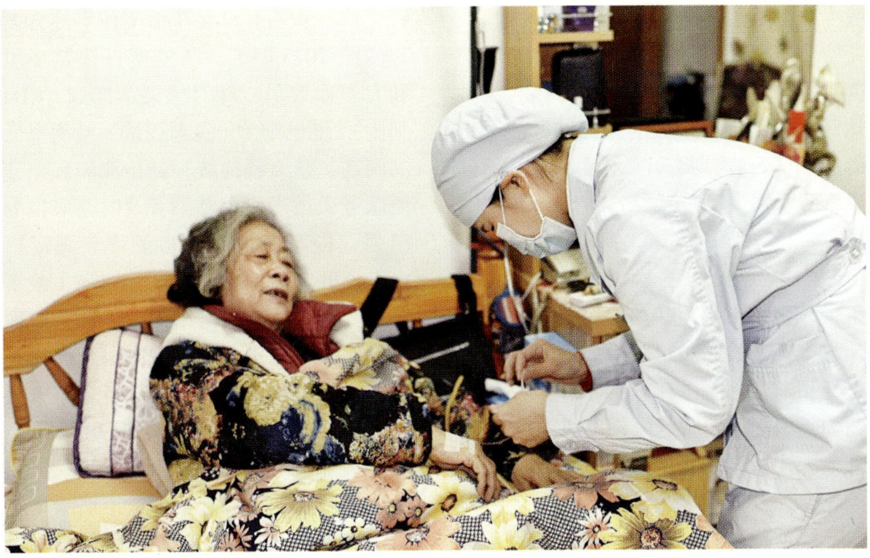

2021年，佛山市为老年人、慢病患者等重点人群提供在线问诊、送医送药上门等健康随访服务，保障重点人群医疗服务需求 （市卫生健康局 供图）

区卫生服务站家庭医生对接的健康筛查评估机制，依托签约居民体检结果和健康随访评价，分级分类安排、发动老年人和慢病患者接受新冠疫苗接种，保障疫苗接种安全。发挥签约评价导向作用，从签约居民与家庭医生的联系紧密度、居民对签约服务优惠的知晓度、居民接受健康评估和指导的有效率等多个维度，委托第三方开展签约履约服务情况评价，并将评价结果纳入医改考核，推进构建全科—专科医防融合签约服务体系，促进签约、履约服务出实效。

【基层医疗卫生政策】 2021年，佛山市印发《关于做好2021年基本公共卫生服务项目工作的通知》，明确基本公共卫生服务项目年度绩效目标，分配各区慢病管理任务数。保障资金及时拨付和规范支出，2021年人均基本公共卫生服务补助经费79元，按照《关于印发广东省基本公共卫生服务补助资金管理实施细则的通知》要求，规范资金使用，强化绩效评价、监督检查及责任追究机制。做好基层常态化新冠肺炎疫情防控工作，发挥基层机构“哨点”作用，推进新冠病毒疫苗接种工作。加强电子健康档案务实应用，及时更新健康档案，提高档案规范性和准确性。推进基层慢病管理医防融合，推进基层医疗卫生机构基本医疗和基本公共卫生融合服务，明确家庭医生团队成员具体服务，建立按照工作量实行绩效分配的激励机制，推进双向转诊系统应用。加强老年人健康管理，优化老年健康服务，推动医养结合。落实项目绩效评价，加强项目实施效果和居民感受评价，发挥绩效评价导向作用，强化绩效评价结果应用。印发《佛山市2020年度国家基本公共卫生服务项目绩效评估实施方案》，实施2020年度原12类基本公共卫生服务绩效评估工作，评估内容包括组织管理和资金管理工作情况，以及健康档案管理、预防接种、孕产妇保健、儿童保健、老年人健康管理、高血压和糖尿病患者健康管理等主要项目执行情况，同时进行服务对象感知情况调查。采用查阅台账、实地走访、数据复核、档案核查和电话访谈等方式，对28个指标进行核实评估，同时对部分指标区级考核结果进行误差复核，全年抽取1300多份居民档案对其有效性、规范性和真实性进行核查，全市平均分91.71分，抽查居民知晓率65.39%，满意度85.77%。

【基层医疗卫生能力建设】 2021年，佛山市出台《佛山市社区卫生服务中心配备便携式B超民生实事项目实施方案》，明确B超的技术标准和质量标准，市财政投入800万元，为没有便携式B超的22个社区卫生服务中心和卫生院配备便携式B超，实现全市公立社区卫生服务中心、卫生院便携式B超全覆盖。举办基层医疗机构超声能力培训班，对全市社区卫生服务中心（卫生院）从事或拟从事超声诊断的工作人员开展便携式B超技能培训，通过理论授课和实操演练的形式，对学员进行基础理论、常见部位病变临床应用、打图示范演练等培训，解决基层医疗卫生机构超声诊断能力薄弱的问题。出台《佛山市基层医疗卫生机构设施设备提升实施方案（2021—2025年）》，在基层医疗卫生机构标准化建设的基础上，按照填平补齐原则，加快基层医疗卫生服务设施设备提档升级，利用3～5年时间，提升设施设备配置，加强儿童保健、慢病管理、抢救急救、全科宣教等能力建设，优化就诊环境和服务流程，改善服务品质，改善群众就医体验，增强基本医疗和基本公共卫生服务能力。印发《关于做好2021年“优质服务基层行”活动工作的通知》，推进“优质服务基层行”创建活动，明确工作任务、创建标准、活动流程。举办推荐标准创建指导培训，邀请省评审专家方小衡进行服务能力标准和评价指南现场辅导培训，重点解读推荐标准评价指南。年内全市公立社区卫生服务中心（卫生院）达到基本标准，其中达到国家推荐标准6个，全年基层诊疗量占比34.1%，比上年提高3.5个百分点。举办2021年基本公共卫生服务职业技能市级竞赛，分别进行社区卫生服务中心（卫生院）管理人员、从事基本公共卫生服务的全科医生、公共卫生医师、护理人员、乡村医生或社区卫生服务站职业助理医师5个组别比赛，经过综合笔试和技能竞赛，选拔佛山代表队参加首届广东省基本公共卫生服务职业技能竞赛并获团体二等奖。

（市卫生健康局）

妇幼卫生

【概况】 2021年，佛山市孕产妇死亡率9.42/10万，婴儿死亡率1.61‰。全市常住人口961.26万人，出生人口9.3万人，出生人口性别比114.75，出生率9.85‰，自然增长率7.15‰。全市有53个助产机构（含妇幼保健机构），其中妇幼保健机构4个、其他助产机构49个。有4个产前诊断机构，49个产前筛查机构，4个人类辅助生殖机构，2个新生儿疾病筛查中心，1个市级出生缺陷管理中心，5个区级出生缺陷综合防控中心。有9个危重症产妇救治中心和6个危重症新生儿救治中心，各区均有分布。有广东省孕产期保健、更年期、新生儿保健特色专科建设单位各1个。

【妇幼卫生服务体系建设】 2021年，佛山市推进妇幼保健机构规范化建设，佛山市妇幼保健院绩效考核成绩位列全省第三，顺德区妇幼保健院绩效考核成绩位列全省第九，顺德区妇幼保健院通过三级妇幼保健机构复审。促进妇幼保健特色专科建设，佛山市妇幼保健院被省卫生健康委确定为2021年广东省孕产期保健和更年期保健特色专科建设单位。支持顺德区建立片区妇幼专科联盟，以区妇幼保健院组建辖区妇幼保健管理组，开展对口帮扶，加强技术协作和技术培训，推进“双向就诊”等方式同时成立区级妇幼保健协会，开拓行业社会组织参与辖区管理新模式。加快顺德区妇幼保健院新院和南海区妇幼保健院儿科住院大楼项目建设。三水区妇幼保健院建成小儿呼吸诊治中心，财政投入1268万元，增加床位28张，配备儿童呼吸专科特色主题病房以及儿童呼吸机、儿童支气管镜、儿童鼻咽镜、儿童肺功能仪等系列医疗设备，与南方医科大学珠江医院、佛山市妇幼保健院开展紧密的医联体合作，提升三水片区的妇幼健康服务水平。

【出生缺陷综合防控】 2021年，佛山市出台《佛山市出生缺陷综合防控项目管理方案（2021—2023年）》，在原有的先天性甲状腺功能减低症、苯丙酮尿症、葡萄糖-6-磷酸脱氢酶缺乏症和先天性肾上腺皮质增生症的基础上增加免费唐氏综合征及其他严重致死致残染色体异常、严重致死致残结构畸形、新生儿听力筛查等出生缺陷免费筛查项目，产前筛查的免费服务对象扩大至广东省户籍及持有广东省居住证的流动孕产妇；新生儿听力和早产儿视网膜筛查突破“广东省户籍”限制，延续佛山市原新生儿代谢性疾病筛查政策，服务对象直接扩大为“佛山市助产机构出生的所有新生儿”。全年全市为7万多名孕产妇提供免费产前检查，为8万多名新生儿提供免费新生儿疾病筛查，为1300名筛查阳性孕妇提供产前诊断。统筹推进免费婚前孕前保健工作，实行孕前和婚前检查“二检合一”，统一婚育健康医学健康场所、婚前孕前“健康礼包”的设置标准。完善艾滋病、梅毒和乙肝母婴阻断管理，出台《艾滋病感染孕产妇所生儿童重点案例评审方案》《消除艾滋病、梅毒和乙肝母婴传播工作实施方案（2021—2023年）》，调整项目领导小组和专家库成员。针对感染孕产妇“CD4细胞+T淋巴细胞+病毒载量”检测率低的问题，建立便捷统一的检测流程，方便医务人员送检及感染者及时获取检测结果，提高该项目的检测率。制定梅毒、乙肝实验室管理制度，加强实验室质量控制，保障检测结果准确性；梳理人权保护、性别平等、社区参与等相关法律法规及政策，保护感染者权益。召开人权、实验室、信息管理组工作会议，指导助产机构开展消除“艾滋病、梅毒和乙肝”项目。实现全市消除艾滋病、梅毒和乙肝母婴传播项目的核心指标全达标，为消除艾滋病、梅毒和乙肝母婴传播认证做好准备。

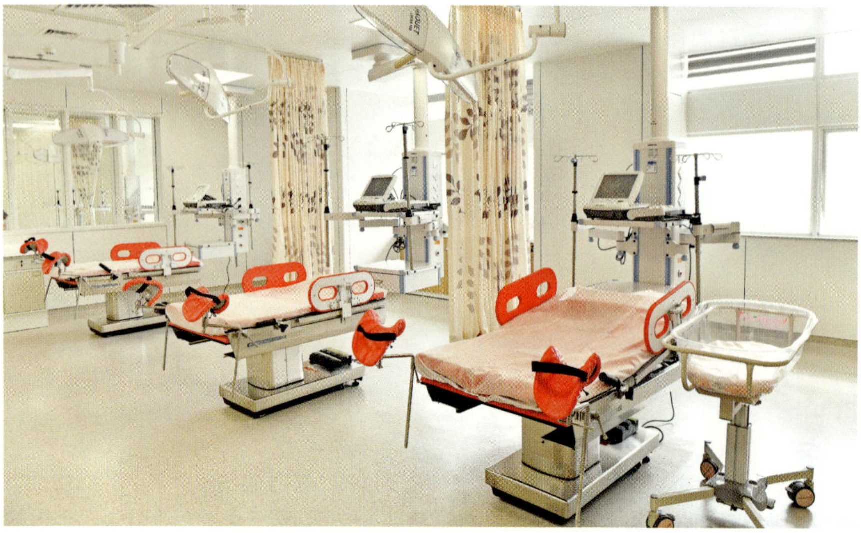

佛山市妇幼保健院的现代化产房（2021年） （市卫生健康局 供图）

【母婴安全保障】 2021年，佛山市推动助产服务同质化。制定《佛山市助产技术培训规划（2021—2025年）》，计划利用5年时间培养一批优质助产服务队伍。针对佛山市助产水平不均衡的实际，依托佛山市妇幼保健院（市助产培训基地），制定规范统一的培训教材，从各区挑选若干助产技术骨干，培养成为助产培训师资，负责所在辖区的助产岗前培训和在岗复训工作并定期接受基地的培训，推动助产同质化管理，年内完成结业的岗前师资38人、复训师资56人，各区均完成年度助产技术岗前培训和复训工作。出台《佛山市高危、危重孕产妇管理工作方案》，明确卫生健康行政部门、助产机构（妇幼保健机构）、社区卫生服务机构及孕产妇危重症救治中心的职责，指定专人（指定高年资医生）、专组（指定专业医疗组）负责高危孕妇的孕期全程管理；对于红色、橙色、紫色风险的孕产妇以及拒绝入院、病情严重但坚决要求出院等特殊情况孕产妇实行上报制度，及时了解重点孕产妇情况，确保重点孕产妇安全。完成孕产妇、新生儿危重症和死亡评审，提升孕产妇、新生儿救治水平。促进危重症救治中心建设，制定符合佛山市实际的危重孕产妇、新生儿救治中心的督导评估标准，对全市9个孕产妇救治中心、6个新生儿救治中心进行现场督导，从设备、设施、人员配备、组织结构、制度流程落实等多方面对危重中心进行评估和指导，促进危重症救治中心的标准化和规范化建设。

【妇儿全生命周期管理】 2021年，佛山市出台《佛山市妇女“两癌”免费检查项目实施方案》，举办妇女“两癌”（宫颈癌、乳腺癌）筛查技术规范化培训班，开展免费妇女“两癌”项目市级督导，规范筛查工作管理。落实国家基本公共卫生服务项目，在公交站、商场等人流众多的地方开展基本避孕药具宣传，借助佛山市居民健康素养监测项目平台开展免费药具服务的知晓率调查，育龄人群服务知晓率75.4%。出台《佛山市适龄女生人乳头瘤病毒（HPV）疫苗免费接种工作方案（2022—2024年）》，部署佛山市适龄女生HPV疫苗免费接种工作。

【妇幼行业监督管理】 2021年，佛山市规范出生医学证明管理，制定《佛山市出生医学证明管理细则（试行）》。开展出生医学证明管理和人类辅助生殖技术全面排查整治，规范行业监管。开展规范实施妇幼保健机构绩效考核，制定《佛山市二级及以下妇幼保健机构绩效考核指标评分细则（2021年版）》，开展二级妇幼保健机构绩效考核。落实产前诊断机构监管工作，对南海区妇幼保健院开展产前诊断机构进行现场校验，开展复星禅诚医院产前诊断中心筹建前专家论证会。出台《佛山市托幼机构卫生保健管理工作实施方案（试行）》，对全市托幼机构进行卫生保健督导工作2次，督导托幼机构18个。

（市卫生健康局）

职业健康管理

【概况】 2021年，佛山市共报告职业病新诊断病例147例（其中6例为肺尘晋级病例），比上年增长15.75%，病种涵括《职业病分类和目录》中的6类职业病——尘肺病、职业性耳鼻喉口腔疾病、职业性化学中毒、物理因素所致职业病、职业性传染病和职业性眼病。其中：尘肺病78例，占53.06%；职业性耳鼻喉口腔疾病54例，占36.73%；职业性化学中毒7例，占4.76%；物理因素所致职业病6例，占4.08%；职业性传染病和职业性眼病分别1例。全年全市完成职业病危害因素检测1.56万项，比上年增长12%；全市完成职业病危害现状评价441项，增长80%。全年全市完成建设项目职业病防护设施“三同时”（指建设项目职业病防护设施与主体工程同时设计、同时施工、同时投入生产和使用）823项（含职业卫生“三同时”531项，全省第一），比上年增长34%，其中南海区244项、顺德区229项、高明区167项、禅城区98项、三水区85项。佛山市职业健康工作在全省职业健康工作年度综合评价中位列全省第二。

【职业病危害项目申报】 2021年，佛山市职业病危害项目新增申报企业数1.48万家，占广东省新增申报数的54.4%，比上年增长25%，全省排名第一。其中南海区新增8338家，占全市新增申报数的56.5%。截至年底，全市完成职业病危害项目网上申报的企业2.85万家（初次申报审核通过数），其中高明区1284家（申报率57%）、南海区1.53万家（申报率47%）、三水区1299家（申报率32%）、顺德区8875家（申报率32%）、禅城区1766家（申报率27%）。

【重点人群职业健康管理】 2021年，佛山市开展职业健康检查的企业2.71万家次（包括上岗、在岗、离岗和应急职业健康检查），职业健康检查37.26万人次，比上年增长27%。

全市有放射诊疗机构537个（放射诊疗许可证持证率100%），其中开展放射治疗或核医学服务的医疗机构7个。全市放射诊疗机构使用放射性元素有16种，其中密封源5种11个、非密封源11种，有射线装置1159台。放射工作人员2483人，全部按要求开展个人剂量监测；放射诊疗场所1129个，全部完成放射防护监测。全市金属制品加工、电子制造、制鞋及箱包制造等皮革制品制造、铅蓄电池制造、陶瓷制造、石材加工、化工、金属冶炼、人造宝石加工等10类重点行业用人单位4365个，全部完成工作场所职业病危害因素定期检测、职业病危害项目申报、在岗期间职业健康体检和管理人员职业卫生培训，各项指标完成率均为100%。

【职业病防治重点监测项目】 2021年，佛山市按计划开展职业病防治重点监测项目监测工作。

重点职业病监测　全市收集重点职业病职业健康检查个案（含上岗、在岗和离岗）数据信息近26万条，比上年同期上升18.2%。完成尘肺病主动监测300人，超出任务数100人，完成率150%。

职业性放射性疾病监测　对全市469个放射诊疗机构职业健康管理情况进行调查、数据上报。对15例超调查水平的放射工作人员开展调查和随访。完成对24个医疗机构所有从事介入放射学诊疗的工作人员（共615人）开展双剂量计监测，均未超过相应的限值。

工作场所职业病危害因素监测　全市完成242个用人单位的危害因素监测工作，并对242份监测数据进行线上审核。其中，组织市质控组对各区共49个监测用人单位监测档案进行现场复核（超量完成，完成率102.1%），对8个监测用人单位开展现场复核。年度监测工作在县区覆盖率、任务完成率、申报率、重点行业占比、小微企业占比、市级方案手册制定率、培训率、线上审核率、现场复核率等9项重点考核指标均达到或高于省工作方案的要求。

放射性危害因素监测　医疗卫生机构医用辐射防护监测方面：对佛山市469个放射诊疗机构（含牙科诊所）进行调查表收集和系统上报，超额完成省下达任务；对全市各区11个放射诊疗机构共29台放射诊疗设备（含6台CT）开展医用辐射防护监测，并对全市开展放射治疗的5个医疗机构共6台放射治疗设备进行放射防护监测和场所监测，监测率100%。非医疗机构放射性危害因素监测方面：对全市工业放射主要包含工业探伤、行包检测、核仪表、非医用加速器、非密封源放射性工作场所和其他类型（液位检测仪）等7家工业放射企业开展哨点监测，种类覆盖全市全部类型，监测数量超额完成。

【职业病防治与管理】 2021年，佛山市各级卫生监管部门对用人单位职业健康违法违规行为行政立案161件，比上年增长127%；罚款219万元，增长49%。推进职业病危害源头治理，开展重点职业病危害治理、预防急性职业中毒、噪声和粉尘专项整治、职业病危害隐患排查、防范乙酸甲酯中毒等专项治理，成立市级联合督导组，分别由市卫生、人社、医保、民政和总工会的分管领导带队，分5组对各区开展3轮督导。结合中央生态环境督察迎检工作，开展为期1个月的放射专项整治行动，市、区、镇三级完成全市放射卫生专项全覆盖检查。建立职业病防护设施监管推进机制，通过职业病防治工作部门间联席会议建设项目信息抄送工作机制，从各部门调取建设项目名单并部署各区、各镇（街道）卫生健康部门推进落实。完成尘肺病防治攻坚任务，依法处理161家存在职业病防治违法违规企业。推进放射诊疗机构放射防护卫生监管，开展放射防护管理专项整治工作，对放射诊疗机构和工业放射用人单位进行监督检查，对82个医疗机构放射诊疗违法违规行为实施行政处罚和医疗机构不良执业行为记分管理，罚款金额18.27万元。通过专项督查各医疗机构对核医学项目布局不合理、核素出入登记和操作管理不规范、放射诊疗场所危害告知和警示标志不完善等问题进行整改。规范建设尘肺病康复站点，优先保障劳动者健康权益，全市投入190余万元，截至年底，验收通过的尘肺病康复站有8个，佛山市尘肺病康复站建设作为先进典型多次受到上级领导的肯定和表扬。实施信用监管“黑名单”制度，倒逼企业落实主体责任，累计上报63家职业病预防控制措施不达标企业名单，有32家企业被纳入不达标企业名单，其中南海区13家、顺德区17家、三水区2家。顺德区依托企业职业健康信用监管平台，构建完善守信联合激励失信联合惩戒机制，依据信用等级评价结果，开展分类服务、管理和奖惩，全面实施诚信分级管理。

【职业病防治宣传教育】 2021年，佛山市加强职业健康宣传教育，提高职业病防治意识和水平。市、区联合主办佛山市《中华人民共和国职业病防治法》宣传周活动。南海区卫健局与区司法局联动开展《职业病防治法》宣传周微信学法大赛。顺德区通过收集典型案例，结合工作重点和产业特色，编制《职卫警示》。市级选送作品《拒做“聋”的传人》《职业健康版星辰大海》分别获国家第二届职业健康传播作品征集活动图文类作品一等奖和视频类作品一等奖。市卫生健康局、市人力资源社会保障局、市总工会联合举办全市工伤预防职业病防治暨职业健康达人知识竞赛，有77人被评为“职业健康达人”，其中南海区27人、顺德区20人、禅城区10人、高明区10人、三水区10人。全市有49家企业获广东省“健康企业”确认，数量位居全省第一，其中南海区17家、禅城区16家、顺德区10家、高明区3家、三水区3家。

（市卫生健康局）

2021年4月26日，2021年佛山市《职业病防治法》宣传周活动启动

（市卫生健康局　供图）

老龄健康

【概况】 2021年，佛山市在民政登记备案的养老机构87个，养老床位1.93万张。其中，医养结合机构49个，医疗床位2231张、医养结合床位7619张（2021年新增医养结合床位800张）。医养结合机构入住老年人6145人（其中失能半失能老人占比81.2%），入住率80.7%。全市31家二级以上综合性医院（含中医院）设置老年医学科，占比70%。年内，全市有3个社区获确定为全国示范性老年友好型社区，17个医疗机构通过省级老年友善医疗机构评审，顺德区均安镇社区卫生服务中心成为广东省首批10个医养结合示范机构之一。

【老年人卫生健康管理】 2021年，佛山市加强康复能力建设，完善社区康复护理服务。推动实施《佛山市提高康复医疗服务能力工作方案》《佛山市推广社区康复护理实施方案》，以加强社区康复医疗护理工作为切入点，加强康复能力建设，完善保障机制，促进形成“小病在社区，大病进医院，康复回社区”的合理就医秩序，市第一人民医院同济康复医院、健翔护理院等机构形成全市基层医院专业康复、护理特色。全面推进基层医疗卫生机构标准化建设和服务能力建设，全年全市新建社区卫生服务中心36个、卫生院6家、社区卫生服务站354个，健全15分钟医疗圈，方便老年人就医。开展基本公共卫生老年健康与医养结合服务，全市老年人健康管理率73.45%。

【老年人医疗】 2021年，佛山市完善老年人医疗服务优待体系，解决老年人就医在智能技术方面遇到的困难，营造老年友好医院浓厚氛围。全市有设置老年人“绿色通道”的二级以上综合医院数量38家，施行“一站式”服务的二级以上综合医院数量27家，配备符合规范的无障碍设施的二级以上综合医院数量40家，有17家市直和区属医院通过省卫健委老年友善医疗机构的专家评审。开展“互联网+护理服务”服务工作，督促指导试点医疗机构针对“互联网+护理服务”制定配套管理制度和服务规范，保障医疗质量安全，规范服务对象全面综合评估的护理记录单及知情同意书，完善风险防控和安全评估方面的个人诚信档案、护士准入、退出制度等机制，确保“互联网+护理服务”安全、有效、有序开展，保障护士执业和人身安全。全市有40家试点医疗机构中开展“互联网+护理服务”服务工作，依托互联网等信息技术，以“线上申请、线下服务”的模式为主，为出院患者或罹患疾病且行动不便的特殊人群提供护理服务。全市试点医疗机构开展护理项目43个，平台用户注册数量约50万人，平台注册护士1329人，“互联网+护理服务”上门服务量7万余例次。

【医养结合】 2021年，佛山市以强化提升基层医养结合能力为抓手，探索“家门口医养结合”创新发展，通过新建、改建、扩建医养结合机构和设置医养结合床位，为全市低收入失能失智老年人提供“健康安居普惠服务”，取得初步实效。市卫生健康局联合市民政局、市发改局、市医保局等9个部门出台《佛山市提升基层医疗卫生机构医养结合能力试点实施方案》，形成全市提升基层医养结合能力部门责任联动机制，提出加快完善基础设施建设、强化提升医养结合服务能力、充实人才队伍、建立医养结合长效服务机制、打造老年健康服务特色品牌5个方面共13个重点项目建设，计划3年增设医养结合床位5000张。

2021年11月24日，在2021年广东省医养结合现场会上，佛山市顺德区均安镇“家门口医养结合”改革创新经验获向全省推广
（市老龄办 供图）

禅城区石湾镇街道惠景社区、南海区大沥镇沥东社区、顺德区大良街道顺峰社区3个社区获评为2021年全国示范性老年友好型社区。顺德区均安镇“家门口医养结合”改革创新经验被广东省委深化改革委在全省推广，顺德区均安社区卫生服务中心入选全省首批医养结合示范机构。

【老年人心理关爱项目试点】 2021年，佛山市继续推进国家老年人心理关爱项目试点工作（首批两个试点为禅城区普南社区和三水区沙头社区）。在禅城区、顺德区、高明区开展国家老年人心理关爱项目试点，关怀老年人心理健康，提升老年心理健康服务质量，促进老年人心理健康。全市心理关爱项目完成调查问卷358人次，录入系统358人次，其中一般人群314人次（占88%）、临界人群33人次（占9%）、高危人群11人次（占3%）。服务高危老人8人、临界老人16人、重点人员7人，提供心理咨询服务98人次，尚无转诊情况。

【银龄安康行动】 2021年，佛山市继续推进“银龄安康行动”。全市财政统保保费1430万元，覆盖率100%；自付费加保人数13.5万人，覆盖率26.8%，比上年提升0.5百分点。政府统保保费、自付费加保人数均位居全省前列。南海区银龄安康关爱慈善基金为2621名五保（保吃、保穿、保住、保医、保葬）、“三无”〔无劳动能力、无收入来源、无法定赡养（抚养、扶养）〕和低保等特困老人赠送加保意外险，顺德区在新容奇医院完成保险理赔直付建设并率先投入使用，广州中医药大学顺德医院和勒流医院推进系统建设，提高特殊老年群体抵御各种意外风险的能力。

（市卫生健康局）

医学科研与卫生健康人才培养

【概况】 2021年，佛山市各级各类医学科研单位共获医学科研项目602个，获基金资助1754.74万元。其中：获国家级科研项目27个，获资助738万元；省科技厅项目21个，获资助210万元；省卫生健康委项目40个，获资助14.5万元。年内，佛山市认定的首批30名“佛山名医”专项扶持资金900万元全部完成发放；全市申报卫生系列高级专业技术资格实践能力考试3616人；报名参加卫生专业技术资格考试（中、初级）6648人，通过3711人，通过率55.82%；报名参加护士执业资格考试853人，通过425人，通过率49.82%。市直医疗卫生机构新引进博士人才63人，柔性引进国家级领军人才3人。在SCI（科学引文索引）收录期刊发表中医药相关文章7篇，在国内核心期刊发表文章114篇，科研项目负责人独立完成专著2本。

【医学科研】 2021年，佛山市修订并印发《佛山市卫生健康局医学科研项目管理办法》，加强财务、涉及人的伦理审查管理。升级市级科研管理系统，优化市级医学科研项目流程，落实“放管服”，最大限度实现无纸化业务办理。加强医学科研监管，依托“医学研究登记备案信息系统”落实涉及人的生物医学研究备案，全年备案1450项。贯彻落实《广东省医学科研诚信与作风学风建设专项教育整治活动实施方案》，开展全面整治工作，加强科研诚信意识和科研作风学风建设。申报各级科研项目立项，全年医学科研单位共获医学科研项目602个，获基金资助1754.74万元。其中：获国家级科研项目27个，获资助738万元；省科技厅项目21个，获资助210万元；省卫生健康委项目44个，获资助14.5万元。全年收到69个单位共670个市级医学科研项目申报，经过评审公示，最终确定项目483个。在中医药科研方面，全年全市各医疗卫生机构共获国家、省、市中医药科研立项193个，获批科研经费共147.6万元，其中，获国家级科研立项4个、省科技厅科研立项2个。全市各医疗卫生机构共申请中医药专利51项，获授权专利42项，其中发明专利3项、实用新型专利39项。

【卫生健康人才培育】 2021年，佛山市有国家级住院医师规范化培训主基地6个、协同基地12个，其中新增的佛山复星禅诚医院、广东省中西医结合医院、广州中医药大学顺德医院3个国家住院医师规范化培训主基地实现首年招生。全年全市各基地（含中医类）在培医师数1356人，其中2021年新招西医类住院医师423人。强化结业考核，有344人参加本年度住院医师规范化培训结业考核，其中330人考核合格。提升基地教学质量，佛山市第一人民医院在医院住院医师规范化培训基地在2020年度全国住培业务水平测试中全国排名第二十七、广东排名第十。组织做好省全科医生转岗培训结业考核，全年全市有37名考生参加考试。提升人才素质，全年派出1472人次，其中国外进修3人次、省外102人次、省内外市854人次。调整医师资格考试领导小组，组织2021年医师资格考试佛山考点考生报名、资格复核、收费等工作，全年有1618人参加考试。出台《佛山市2021年医师资格考试实践技能考试工作方案》，完善佛山市中医院中医类别国家基地建设。

【高水平医院建设】 2021年，佛山市推动高水平医院建设“登峰计划”工作。规范信息定期报送要求，每季度督导工作落实情况和重点项目推进情况。组织市直单位“登峰计划”工作一对一面谈会，到市第一人民医院、市第四人民医院现场调研座谈工作。召开工作及资金使用推进会议。修订并印发《佛山市高水平医院建设“登峰计划”实施方案》和重点项目。研究佛山市第一人民医院立项建设佛山质子治疗与临床研究中心事项。组织制定市直医院绩效目标表，组织第三方会计师事务所开展事中绩效评估，以自评和现场评审相结合的方式对市直单位2019年及2020年的目标完成情况进行全面评估，市中医院获评“优秀”，市第一人民医院、市妇幼保健院和市第二人民医院获评“良好”，市第三人民医院和市第四人民医院获评“达标”。佛山市第一人民医院被入选第二期广东省高水平医院。

【重点专科建设】 2021年，佛山市卫生健康局组织专家团队对市级“十三五”（第十三个五年规划，起止时间为2016—2020年）医学重点（特色）专科评估验收，全部重点（特色）专科通过验收。开展“十四五”（第十四个五年规划，起止时间为2021—2025年）市级重点专科建设项目评审工作。印发《佛山市“十四五”医学重点专科建设方案》《佛山市卫生健康局关于申报佛山市“十四五”医学重点专科建设项目的通知》，通过推动和促进医学重点专科科学、规范、健康、有序的发展，提高全市医疗服务技术水平和综合竞争力。支持医院申报国家、省级重点专科，佛山市第一人民医院麻醉科获评为国家临床重点专科建设项目。

【佛山市第一人民医院成为广东省高水平医院建设单位】 2021年4月22日，广东省高水平医院建设推进会暨第二期高

2021年11月5日，佛山市第一人民医院麻醉科被确定为国家临床重点专科建设项目发布会举行。图为麻醉科门诊揭牌仪式
（市卫生健康局　供图）

水平医院签约仪式在广州市举行。省卫生健康委代表与第二期20家高水平医院代表签署目标管理责任书，并颁发“广东省高水平医院”牌匾。佛山市第一人民医院院长陈国强代表医院签署广东省高水平医院目标管理责任书，佛山市第一人民医院签约成为广东省高水平医院建设单位。省政府有关领导，省直有关部门、高校及50家高水平医院主要负责人出席活动。自2018年以来，广东省委、省政府推动高水平医院建设，先后分2期遴选50家高水平医院进行重点建设，省财政统筹安排投入150亿元予以支持。

【佛山市第一人民医院麻醉科获评国家临床重点专科建设项目】 2021年11月5日，佛山市第一人民医院麻醉科获国家临床重点专科建设项目发布会举行，佛山市第一人民医院麻醉科入选国家和省卫健委发布的“十四五”（第十四个五年规划，起止时间为2021—2025年）首批临床重点专科目录，成为佛山市唯一的国家临床重点专科，是佛山市首个国家级的西医类重点专科，填补佛山医疗界的空白，实现佛山市医学临床学科建设历史性突破。国家临床重点专科是由国家卫健委评估产生的医疗专科，代表着全国医疗技术和服务管理的最高水平。

（市卫生健康局）

爱国卫生运动

【概况】 2021年，佛山市印发《佛山市第33个爱国卫生月活动方案》，组织以“三个一”（开展一次“文明健康始于心”科普活动，策划一次“低碳环保践于行”群众实践活动，组织一次“绿色家园齐守护”共建活动）为重点的爱国卫生月专项活动。市卫生健康局、市教育局、市爱卫办、市文明办联合在佛山科学技术学院实验小学举行爱国卫生月活动，进行“文明健康始于心”健康知识科普宣传。结合季节性病媒生物防制特点和疫情防控工作需要，从6月开始在全市开展以防蚊灭蚊为重点的夏秋季爱国卫生运动，并于6月15—21日在全市开展以“四个整治一个宣传”（人员集中场所环境整治、重点场所综合整治、机关团体企事业单位环境整治、社区村庄环境清理，以及开展科普宣传和群众动员活动）为主要内容的“爱国卫生运动周活动”。印发《关于开展秋季爱国卫生运动为常态化疫情防控营造健康环境的通知》，以卫生城市（镇）复审为契机，动员各区、各镇（街道）及市爱卫会各成员单位开展环境卫生综合整治，并于9月13—26日开展孳生地清除及统一灭蚊灭鼠行动和于9月20—26日在全市开展迎国庆爱国卫生运动周活动。

【国家卫生城市复审迎检】 2021年，是佛山市国家卫生城市复审年。市委、市政府先后召开3次市政府主要领导或分管领导主持的动员部署会、整改会、攻坚会，形成行政推动合力。建立覆盖市、区、镇（街道）、村（社区）四级工作网络，建立完善督导反馈、信息报送、“巩卫”（巩固国家卫生城市）“红黑榜”评比等工作机制。编印《国家卫生城市复审重点工作手册》，掌握迎检标准要求。强化部门联动，全面开展人居环境综合整治，重点围绕主次干道、背街小巷、农贸市场及周边、城中村和城乡接合部等重点场所，市、区、镇（街道）、村（社区）四级联动，统筹推进，集中解决一批环境卫生顽疾，整改一批环境卫生脏乱差问题，全面提升城中村和农贸市场整体面貌。创新“巩卫”宣传方式方法，首次在“巩卫”宣传中使用“视觉识别系统”的概念，设计制作“巩卫”微信H5打卡宣传小程序、全市统一设计制作6期健康教育宣传栏目及10个版式的宣传海报、设计制作10个“巩卫”宣传教育短视频、创作《洗洗刷刷》佛山爱卫主题歌及拍摄制作MV、制作《群策群力　共筑健康佛山》“巩卫”宣传片并多次在佛山电视台播出等，营造“巩卫”工作“全民动员、人人参与”的氛围。

【病媒生物防治】 2021年，佛山市对省媒介伊蚊通报出现中高风险点的镇（街道）开展全覆盖督导，媒介伊蚊中高风险点数量由上年360个减少至26个，减少334个，中高风险点占比由上年20.42%下降至1.44%，总体处于安全水平。年内，佛山市通过国家卫生城市病媒生物防制效果评价，佛山市城区鼠、蟑、蝇、蚊密度控制水平分别达到国家标准的B级、B级、C级、B级。

【卫生镇卫生村创建】 2021年，佛山市继续加强卫生镇、卫生村创建和巩固工作。组织市级卫生创建暗访组对14个镇（街道）创建（巩固）国家卫生镇工作进行市级暗访，并组织开展市级初审。

2021年7月28日，佛山市召开迎接国家卫生城市（镇）复审攻坚动员大会，对复审迎检相关工作进行再动员、再部署

（市卫生健康局　供图）

完成226个省级卫生村的市级评审工作，并报送省审定。高明区更合镇通过广东省“国家卫生镇”创建工作技术评估，并上报全国爱国卫生运动委员会。至年底，佛山市有省级卫生村1831个（三水区、高明区以自然村为单位创建），佛山市省卫生村人口受益率98%。

【“健康细胞”创建】 2021年，佛山市加快推进健康佛山建设，推动实施“健康佛山行动”专项行动，继续开展“健康细胞”创建工作，组织市级工作组对各区“健康细胞”创建工作进行考核评估。全年全市新创建健康村84个、健康社区3个、健康医院3家、健康学校15所、健康机关3个、健康家庭2.12万户，累计有不同星级健康村488个、健康社区157个、健康单位1035个、健康家庭15.26万户。开展省级无烟单位创建工作，全年全市有684个单位（其中无烟机关180个、无烟学校243所、无烟卫生计生机构57个、其他无烟单位204个）基本达到广东省无烟单位标准要求，并向省卫生健康委员会提出申报确认。在全省率先开展健康企业创建，在周大福顺德匠心智造中心举行以“爱国卫生齐参与　健康佛山我行动”为主题的健康企业建设工作启动仪式，全年有49家企业创建为“健康企业”。

（市卫生健康局）

卫生监督

【概况】 2021年，佛山市卫生监督机构有卫生监督执法人员编制222人，其中市卫生监督所29人、禅城区卫生监督所46人、南海区卫生监督所55人、顺德区卫生监督所43人、高明区卫生监督所18人、三水区卫生监督所41人，禅城、南海、三水3个区还内设卫生监督镇（街道）分所（执法中队）。全市卫生监督专业人员占比84%，全市卫生监督协管员631人。全年全市卫生监督被监督单位2.33万个，总监督4.21万户次，总监督检查率92.9%，查处案件1257件，罚款金额681万元。年内，完成国家双随机（随机抽取检查对象，随机选派执法检查人员）抽查被监督单位监督任务2617个，完结率100%。市卫生监督部门创新开展公共场所卫生跨部门、跨区域协同监管，开展打击非法行医、医疗美容等重点领域专项整治，推进医疗机构信用监管制度建设，推动监督执法工作提质增效。

【卫生监督执法体系建设】 2021年，佛山市实施卫生监督执法事权下放、队伍下沉，推进建立健全权责明确、程序规范、执行有力的执法机制。明晰市、区、镇（街道）行政执法事权清单。实施镇（街道）综合行政执法改革，区级行政执法事权分批下放至镇（街道）。推动卫生监督执法工作重心下沉，各级卫生监督机构开展事权划分调整后镇（街道）行政执法传帮带工作。推动执法规范化，规范执法文书、执法程序、执法行为。落实“行政执法公示、全过程记录和重大执法决定法制审查”三项制度，落实行政许可和行政处罚信息上网公开制度，确保“双公示”信息上报及时。组建卫生案件评查专家库保障办案质量，聘请专业法律顾问指导执法业务。建设高素质卫生监督执法队伍。举办公共场所、学校与饮用水卫生监督、医疗服务监管等培训班7期，组织收看国家卫生监督中心、省卫生监督所网上培训15次，举办所内业务讲课比赛8期。举办佛山市职工职业技能大赛卫生健康监督执法技能竞赛，评出技术状元1人、技术能手10人。举办全市卫监系统“学党史、强卫监、护健康”演讲比赛。在市法治办举办的行政执法案卷评查中，市卫生健康局获市直第一类执法单位第三名。禅城区“某妇产医院有限公司未遵守预防接种工作规范开展预防接种案”入选全国卫生行政执法优秀典型案例，市卫生监督所、顺德区卫生监督所承办的案件被评为年度广东省卫生行政处罚优秀案例。

【卫生监督执法】 2021年，佛山市实施以“双随机、一公开”监管和“互联网+监管”为基本手段、以重点监管为补充、以信用监管为基础的新型监管机制。全市各级卫生监督机构出动卫生监督员11.4万人次，检查医疗机构1.53万个次、公共场所（含车站等）3.14万个次，其中，密闭场所2.95万个次，消毒产品生产、经营单位404个次，生活饮用水供水单位1690个次，学校及托幼机构1113所（个）次，工矿企业（包含涉水产品企业和其他企业）653家次，餐饮具集中消毒单位33个次，其他场所980个次，集中隔离医学观察点942个次，共发出卫生监督意见书2.72万份，发出巩固国家卫生城市宣传资料1.24万份。开展打击非法行医等专项整治行动，印发《佛山市严厉打击非法行医专项行动方案》，出动执法人员1.25万人次，检查医疗卫生机构5502个次、生活美容场所1968个次，查处案件175件。其中，查处无证行医案件42件。对开展放射治疗或核医学的医疗机构、各区专项整治工作开展情况进行督查。全市持有效卫生许可证的集中式供水单位（水厂）22个（家），全部被纳入集中式供水单位卫生监督量化分级管理，其中A级19个（家）、B级3个（家）。开展居民小区现制现售饮用水自动售水机监督抽查，抽检小区236个，自动售水机274台，抽检水样193份，检查结果为171份合格，抽检合格率88.6%。

【医疗服务监管】 2021年，佛山市推动形成“机构自治、行业自律、政府监管、社会监督”的多元化医疗服务综合监管格局，佛山市医疗机构信用监管等创新方式走在全省前列。继续推行医疗机构信用评价制度，全市评定2096个医疗机构信用等级，其中“优秀”473个、“良好”1273个、“合格”320个、“差”30个，评价覆盖率100%。组织推广应用广东省依法执业自查系统，全市注册该系统的医疗机构有2269个，定期开展日常检查、专项检查，上传自查报告。督促落实医疗机构依法执业承诺书向社会公示。发挥市医学会医事法务委员会行业指导作用，指导市美容美发协会强化依法执业。全市对存在不良执业行为的247个医疗机构进行记分，合计记分873分，约谈医疗机构5个。年内，各级卫生监督机构对全市111个医疗美容机构进行全覆盖监督检查，发出卫生监督意见书84份，责令23个医疗机构开展整改，查处违法案件16件，罚款16.24万元，吊销1个医疗美容机构医疗美容科目。开展医疗机构医用织物清洗消毒工作专项调研、医疗机构麻精药品等特殊药品管理、医疗机构药械管理、人体器官捐献与移植、人类辅助生殖技术和出生医学证明发放管理、不合理医疗检查等专项整治行动，规范执业行为。

【传染病防治监督】 2021年，佛山市开展医疗卫生机构传染病防治分类监督综合评价和医疗卫生机构传染病防治监督检查、消毒灭菌效果监测，全市需评价医疗卫生机构2488个，完成评价2298个，其中优秀单位756个、合格单位1540个、重点监督单位2个。查处违法案件166件，共罚款14万元。加强餐饮具集中消毒单位监督和抽检，顺德区卫生监督所参与完成的国内首部《集中消毒餐（饮）具卫生安全全链条风险控制规范》于2021年4月实施，服务全市创建食品安全示范城市，构建从消毒服务单位源头到餐饮服务单位终端的集中消毒餐饮具全链条卫生安全控制体系，实现政府、消毒企业、行业协会、餐饮服务经营者多方共治、群众参与食品安全监督的治理格局。规范消毒产品生产经营项目，开展消毒产品生产企业分类监督试点工作，全年评价企业60家，其中优秀单位13家、合格单位47家。年内办理消毒产品生产企业卫生许可136个，审查通过137个消毒产品备案，查处消毒产品企业违法行为4家。

【公共场所卫生监督】 2021年，佛山市创新开展公共场所卫生监督“跨部门执法”“跨区域联动”新模式。全市公共场所1.41万个，完成量化分级的场所1.37万个，量化分级覆盖率96.6%，其中A级单位541个。坚持创新监管方式和手段，应用“佛山市市场监管服务信息化平台”跨部门“双随机”（随机抽取检查对象，随机选派执法检查人员）监督抽检工作，减少对市场主体正常经营活动的干扰。对20家旅馆业、影剧院等开展“双随机”联合执法检查，落实“综合查一次”制度。创新开展“跨区域联动”，签订《广佛清城际轨道交通卫生监管联动协议》，启动广佛清轨道交通联动检查，增进粤港澳大湾区城市同质化监管。

【学校卫生监督】 2021年，佛山市需进行学校卫生综合评价的学校680所，其中普通中小学628所、中等职业学校35所、普通高校17所，全部完成评价。其中卫生等级A级（优秀）学校77所、B级（合格）学校596所、C级（不合格）学校7所，A级学校比例11.32%，A级、B级合计占98.97%。对218所学校进行水质抽检，抽检直饮水设备出口水样品数235份，合格233份、不合格2份，合格率99.15%。

【卫生健康普法】 2021年，佛山市落实国家工作人员学法制度，结合岗位职责，加强民法典、基本医疗卫生与健康促进法、传染病防治法等法律法规、规范标准和党内法规学习、考核，加强行政执法技能培训。加强重点人群普法，举办医疗机构放射卫生、公共场所、涉水产品生产企业等管理人员培训班，向被监督对象宣传相关法律法规，提高群众法治观念。针对不同案情释法说理，落实处罚和教育相结合。加强社会普法宣传，引导群众知法守法，制作动漫普法视频作品，网络直播执法过程、报道执法动态，组织普法进社区、进学校、进医院、进企业，打造“以案释法”普法品牌，普及公共卫生安全、疫情防控相关法律法规，提高群众风险防控意识。开展疫情防控法律知识微信有奖问答宣传活动，市民群众5万余人次参与。发布微信科普11篇和短视频2期，其中放射诊疗防护等5篇宣传报道被“学习强国”学习平台采用。市卫生监督所被评为“广东省卫生监督优秀通讯单位”。三水区卫生监督所《卫生普法“三进”活动》获评佛山市健康教育技能竞赛健康促进优秀实践案例。

（市卫生健康局）

【佛山上线国家医疗保障信息平台】 2021年5月20日，佛山市医保业务正式上线国家医疗保障信息平台。该平台系统运行稳定、待遇结算准确，在业务高峰期，门诊结算耗时仅0.5秒，住院结算耗时仅1.2秒，出入院办理不到2秒。佛山市医保业务在该平台上线为佛山市医保业务办理标准化、监督管理智能化、公共服务便捷化、决策分析精准化提供有力支撑，标志着佛山市医保信息化工作迈入标准化、集约化、一体化新阶段，为深化医疗保障“放管服”改革，实现“数据多跑路，群众少跑腿”奠定基础。

（市医保局）

2021年5月20日，佛山市上线国家医疗保障信息平台　（市医保局　供图）

中医药事业

【概况】 2021年，佛山市有中医（含中西医结合医院）医院13家（其中公立6家），全市中医床位（含中西医结合科床位）6521张（其中公立5286张），占全市医院床位总数17.68%。全年全市中医总诊疗人数1424.4万人次、出院人数19.21万人次。佛山市中医类医疗卫生机构363个，比2018年翻一番；全市其他医疗卫生机构中医类临床科室2296个，比2018年增长31.5%。全市中医类别执业（助理）医师3688人，占全市执业（助理）医师总数16.06%。全市中医类别全科医生769人。年内，佛山市印发《佛山市中医药强市行动计划（2021—2023年）》，明确重点工作任务，并制定《佛山市中医治未病方案项目管理办法》《佛山市中医药高端人才培养计划》《佛山市中医药康复服务能力提升工程工作方案（2021—2025年）》《佛山市中医药健康文化宣传活动方案》等各项配套文件，推进佛山中医药强市建设和各项工作任务落地生效。

【中医药服务体系建设】 2021年，佛山市中医药服务体系继续得到完善，服务能力继续提升，全市所有乡镇卫生院和社区卫生服务中心均设有中医馆，实现100%乡镇卫生院和社区卫生服务中心能够开展常见病多发病基本中医药医疗和预防保健服务。继续推进高水平中医医院建设，禅城区推进公立中医医院建设，省中西结合医院通过三级甲等中西医结合医院复评，南海区通过全国基层中医药工作先进单位复审，佛山市中医院三水医院治未病服务通过省中医药局专家评审（评级结果为“AAAA”级），佛山市中医院开展申报国家中医特色重点医院项目建设单位工作。推进中医类别执业医师考试基地建设，佛山市中医院考试基地通过复评，成为全省第四个中医类别国家医师资格考试实践技能考试基地，首次启用即完成2000多名中医类医师资格考试实践技能考核工作。

【中医医疗机构监管】 2021年，佛山市开展大型中医医院巡查工作，成立巡查工作组，对佛山市中医院和广州中医药大学顺德医院开展大型中医医院巡查，形成巡查情况反馈报告；组织各区和市中医院对照巡查情况整改并报送整改报告。组建市中医医疗质量控制中心专家组，对各中医医疗质量控制中心加强管理，加强对全市中医医疗工作质量监管。开展对中医质控中心2021年度工作绩效考核并公布考核结果。组织推动全市三级、二级公立中医医院绩效考核工作，督促做好公立医院绩效考核管理平台、中医医疗服务监测系统、公立医院满意度调查系统等数据上报工作。

【中医专科建设】 2021年，佛山市有国家临床重点专科（中医专业）2个，国家中医药局重点专科5个，省高水平临床重点专科6个，省“十三五”（第十三个五年规划，起止时间为2016—2020年）中医药重点、特色专科建设项目23个。佛山市中医院成为华南地区区域中医诊疗中心（骨伤）建设单位，中医骨伤科获省中医“名科”称号。全市有省级及以上中医类重点专科和特色专科48个。年内，佛山市开展全市“十四五”（第十四个五年规划，起止时间为2021—2025年）中医重点专科、特色专科和专病评审，收到全市各级各类医疗机构申报材料168份，经专家评议，评选出佛山市“十四五”中医重点专科45个、中医特色专科建设项目30个、中医特色专科培育项目7个、中医专病建设项目22个、中医专病培育项目10个。

【中医药人才培育】 2021年，佛山市出台《佛山市中医药高端人才培养计划》，全面铺排培养高水平中医药领军人才、中医药骨干人才及杰出青年中医药人才不少于100人。依托佛山市中医院建设全市中医护理培训基地，开展中医护理技术骨干培训。创建中医类重点（特色）专科群，组建市级中医专科联盟27个，市级中医医疗质量控制中心10个，提升全市中医医疗服务质量。举办佛山市首届中医护理技术培训，全市21家医院的32名护理骨干脱产1个月学习中医基础理论及灸法、罐法、砭法、按摩法等12项普适性广、易学、易推广的中医适宜技术。推进中医类别全科医生培训工作，全年全市新增233人参加中医类别全科医生培训，173人通过全省中医类别全科医生考试。全市中医类别全科医生769人，提前达每万常住人口0.8人的目标要求。组织向省推荐全国名中医人选2人、青年岐黄学者人选1人、岐黄学者人选3人和全国中医护理骨干培训对象1人，推荐第七批全国老中医药专家学术经验继承工作指导教师2人和

2021年8月2日，佛山市举行首届中医护理技术培训活动。图为中医护理技术培训现场
（市卫生健康局　供图）

继承人4人；报送并获省认定薪火工程指导教师6人、继承人4人。

【中医药文化宣传】 2021年，佛山市加强中医药健康文化科普宣传，弘扬中医药文化，认定121名中医药健康文化科普宣传专家。继续在佛山电台设立“名中医讲堂”节目，全年播出54期108次。组织开展佛山市中医药健康文化“五进”（进机关、进学校、进企业、进社区、进村居）活动，受益群众1100余人。中医正骨疗法（佛山伤科正骨）入选第七批省级非遗项目，全市有5个省、市级中医药类非遗项目。

【佛山市中医院联合科技企业建设智慧中医示范基地】 2021年1月22日，佛山市中医院与深圳市联新移动医疗科技有限公司签订战略合作协议，双方共同探索并建成具有中医特色的智慧病房，并基于各自专业领域的资源与优势，共建“广东省人工智能与物联网临床应用工程技术研究中心智慧中医示范基地”。该示范基地依托佛山市中医院在中医药领域的沉淀积累以及联新公司的技术优势，围绕智能医疗设备和中医应用场景的融合创新，促进产学研医深度结合；探索建设中医药健康医疗大数据应用体系，发挥大数据业务关联、挖掘分析、趋势预测、异常提示等功能，提高疾病诊断和治疗效率，为精准医疗服务提供数据支撑和决策支持，推动中医诊疗创新技术的研制、标准制定、临床应用研究和示范推广。示范基地还计划推动中药材全产业链中的大数据应用，依托医院诊疗过程所产生的药品消费数据、区域病情监测数据等，以佛山市中医院制剂中心为载体，推动中医药产业链转型升级。

【一方智慧中医全球抗疫医学志愿者联盟成立】 2021年1月23日，“一方智慧中医全球抗疫医学志愿者联盟”成立大会在佛山市南海区广东一方制药有限公司和顺厂举行。该联盟由中国广东省中医药学会、广东省中西医结合学会、广东一方制药有限公司、广东健康产业促进会与德国中医学会、中东欧中医药学会联合会、美国中医药针灸学会、瑞士瑞华中医研学会、马来西亚中医总会、比利时王国仁济医药中心等共同发起筹建，广东一方制药有限公司承办。借助“一方智慧中医全球抗疫医学志愿者联盟”平台，中医全球抗疫医学志愿者以线上名医会诊等方式开展中医志愿服务，参与服务的志愿者每月提供中医志愿服务不低于4小时，向世界各地推广中医中药抗疫经验。来自中国、德国、匈牙利、波兰、比利时、加拿大、马来西亚7国的42名教授志愿者参与该联盟。

【广东省中西结合医院通过“三级甲等中西医结合医院”复评】 2021年6月，广东省中西医结合医院（原南海区中医院）通过国家中医药管理局“三级甲等中西医结合医院”复评，并于7月8日举行“三级甲等中西医结合医院”揭牌仪式。通过复评后的“三级甲等中西医结合医院”的等级资格有效期为2021年6月至2025年6月。复评检查过程中，专家组考察广东省中西医结合医院门急诊、骨伤科、肺病科、脑病内科、脾胃内科、心血管内科、泌尿外科、产科、重症医学科、皮肤科等33个临床科室和10个医技科室的建设情况，根据三甲医院建设要求对医疗服务要求、设施设备进行检查，并最终同意广东省中西医结合医院通过“三级甲等中西医结合医院”复评。广东省中西医结合医院始建于1993年，前身是佛山市南海区中医院，1996年创建为二级甲等中医医院，2007年在南海区中医院的基础上加挂“广东省中西医结合医院”，2009年创建为三级甲等中西医结合医院，2016年医院通过全国重点中西医结合医院验收。

（市卫生健康局）

药品管理

【概况】 2021年，佛山市推动市内各级医疗机构贯彻落实国家基本药物制度，定期报送基本药物制度执行情况，常态通报落实情况。督促各医疗机构优先合理配备和使用国家基本药物，提高国家基本药物采购品种数占比、基本药物配备使用金额占比。印发《关于调查核实院内营利性药店等情况的通知》，对全市公立医疗机构院内营利性药店情况进行整治清理、限期整改。成立佛山市药事管理质量控制中心，促进合理用药管理向更加专业化方向发展。重点开展麻精药品监督检查和全市麻精药品表格的统一工作。组织精神药品和麻醉药品管理专项整治行动。要求各定点医疗机构定期报送国家组织药品耗材集中采购医保资金结余的管理和使用情况，确保结余资金拨付到位、管理严格、使用合理。定期组织对使用中选药品耗材相关的医疗服务开展评估，严格处方审核和处方点评，推进中选药品耗材高质量使用。

【麻醉药品、精神药品管理】 2021年，佛山市加强医疗机构麻醉药品和精神药品管理工作，在保证临床合理用药需求的同时，防止麻精、非药用类麻精等国家管制目录的药品和易制毒药品等从医疗机构流入非法渠道，全年开展麻精药品专项整治行动2次，要求全市所有使用麻精药品的医疗机构，按照麻精药品管理相关规定开展自查整改。各区卫生健康行政部门对辖区内的医疗机构开展督促指导，范围涵盖各级各类医疗机构，三级、二级、基层医疗机构现场抽查不少于1个、2个、4个。市级检查组织市卫生监督所、市药事管理质量控制中心专家，组成市级督促指导组对全部市直医疗机构进行检查。要求各医疗机构严格落实麻精药品等特殊药品管理的主体责任，加强麻精等特殊药品使用量大、管理环节多的科室医务人员、管理人员的教育培训，加强日常巡查和管理，定期开展法纪法规和医德医风教育。组织全市持有“印鉴卡”的各级各类医疗卫生机构麻醉药品系统操作的主要负责人（采购人员）参加麻醉药品和第一类精神药品购用印鉴卡电子化管理培训班，全市160余人参加培训，全市相关医疗机构全面启用电子印鉴卡系统，实现麻精药品采购工作电子化管理。

【药品临床应用监测】 2021年，佛山市加强药品临床应用监测，做好抗菌药品临床应用，提高抗菌药物合理应用能力和科学管理水平。组织全市二级、三级医疗机构加入国家抗菌药物临床应用监测网，每季度对全市公立二级、三级医疗机构抗菌药物使用情况进行监测。完成全部二级以上医疗机构抗菌药物监测网、细菌耐药监测网双网入网申请。

（市卫生健康局）

【药品和医用耗材集中采购】 2021年，佛山市医疗保障局常态化、制度化开展药品和医用耗材集中采购及使用。年内，5批次共217个国家集中采购药品价格平均降幅约55%，全年节约采购费用2.68亿元。组织冠脉支架、扩张球囊、人工晶体等医药耗材集中带量采购工作，与广州市建立跨区域集团采购联盟，全年节约采购费用2.62亿元。落实结余留用政策，明确因使用中选药品而形成的结余费用全部留给医疗机构，分2批次划拨医院结余留用资金6333万元。率先打通医保谈判药品“双通道”，“双通道”药店增至12家，实现市内5个区全覆盖，保障药品增加至81种，病种范围增至23个，提升门诊特殊疾病患者购药的便利性。落实国家、省新版医保药品目录，全年新增17种抗癌药，另外，医保诊疗项目和医保医用耗材目录于8月15日起开始由排除法改为准入制。发挥医保杠杆作用扶持中医药传承创新发展，出台支持中医医疗服务体系建设、医保支付、价格形成和推广应用等四方面共12项具体措施。

（市医保局）

【佛山市“国基药粤健康”临床合理用药技能竞赛】 2021年9月16号，由佛山市卫生健康局、佛山市总工会主办，佛山市药事管理质量控制中心承办的2021年佛山市医疗卫生机构“国基药粤健康”临床合理用药技能竞赛在佛山市中医院举行。20个医疗机构参赛，参赛的每支队伍由中西医师及中西药师组成。比赛内容涵盖合理用药基础知识、用药教育、处方点评等。最终，广州中医药大学顺德医院获医院团体一等奖，广东省中西医结合医院王艳获个人一等奖。比赛选出广州中医药大学顺德医院作为优胜队伍参加省级复赛。

（市卫生健康局）

医政管理

【概况】 2021年，佛山市组织佛山市第一人民医院和辖区内4个港澳资本医疗机构，申报粤港澳大湾区药品医疗器械监管创新发展首批内地指定医疗机构。全市“120”话务与“110”联合平台实现网络数据互联互通，佛山市医疗急救指挥调度系统上线运行。全市有高级卒中中心5个、高级卒中中心创建单位2个，卒中急救地图启用。佛山市第一人民医院附属高明医院、佛山市第一人民医院三水医院挂牌。市级医疗质量控制中心增至30个（专家队伍30支），基本覆盖产科、新生儿科、重症医学科、医院感染管理科等重点专科。佛山市第一人民医院获批神经血管介入诊疗技术、脊柱内镜诊疗技、鼻科内镜诊疗技术、咽喉科内镜诊疗技术、妇科内镜诊疗技术等5项“限制临床应用医疗技术”培训基地。全市实现“临床用血100%来自无偿献血、无偿献血100%来自自愿无偿献血”的双百目标，实现连续8次获全国“无偿献血先进市”称号、连续7次获全省“无偿献血先进城市”称号。

2021年9月16日，佛山市关于开展DRG（疾病诊断相关分组）付费和药品耗材采购情况调研会议在佛山市第一人民医院举行

（市医保局 供图）

【社会办医管理】 2021年，佛山市新注册社会办医疗机构271个、医疗消毒供应中心2个。全市有港资独资医疗机构4个、在册港澳台医师短期行医7人。全年审核医疗广告申请560份，其中审核通过172份、网上申请预受理不予通过388份；完成医师执业注册许可375宗、医疗机构执业许可19宗（其中医疗机构校验4宗）、麻精药品印鉴卡核发许可2宗。

【医疗废物处置】 2021年，佛山市完成新建医疗废物处置项目建设并投入使用，全市新增医疗废物高温焚烧处置能力25吨/天，全市医疗废物高温焚烧实际处置能力37吨/天（含旧焚烧线12吨/天实际处置能力），另备高温蒸煮处置能力20吨/天（应急用），保障全市医疗废物处置需求（尤其疫情防控期间）。指导绿健公司完成建设医疗废物处置项目二期工程的项目论证。完成第三方监管公司的驻场监管服务招标。在省内率先探索开展19张床位以下医疗机构智能化医疗废物收集。

【医疗质量管理】 2021年，佛山市组织召开全市质控中心工作会议和2021年度市级质控中心绩效考核。市级医疗质量控制中心和专家队伍增至30个，全年开展医疗专业质量控制培训86场。邀请省级第三方机构开展第一轮3家公立医院巡查。印发《佛山市"民营医院管理年"活动实施方案》《佛山市开展不合理医疗检查专项治理行动实施方案》，组织开展加强医疗安全管理和风险防范专项检查。组织开展全市医政医务管理能力提升培训班。开展全市二级以上医院医务科长能力系列培训。加强医疗技术管理，将《医疗技术临床应用管理办法》落实情况纳入卫生监督部门日常卫生监督、国家医疗卫生"双随机、一公开"（随机抽取检查对象，随机选派执法检查人员，抽查情况及查处结果及时向社会公开）、医疗机构信用监管、医疗机构不良行为记分等工作的重点内容。印发《佛山市人体器官捐献与移植专项整治工作方案》《佛山市卫生健康局关于进一步加强人体器官捐献与移植管理工作的通知》，加强器官捐献和移植管理。组织做好2020年度人体器官捐献与移植部分数据核查工作，组织报送全市人体器官移植技术临床应用设置需求，组织市第一人民医院做好器官移植服务能力评估工作。印发《佛山市卫生健康局关于加强医疗机构病历管理工作的通知》《佛山市医疗机构病历管理自查表》，加强病历书写管理，开展病历管理和书写学习活动和归档病历自查。组织全市二级以上医疗机构参加2021年电子病历系统功能应用水平分级评价。组织对全市病原微生物实验室生物安全管理工作开展现场督导检查，对全市40多个单位进行现场督导检查，规范病原微生物实验室生物安全管理。组织开展全市《中华人民共和国生物安全法》宣传贯彻和实验室生物安全管理培训班。

【护理管理】 2021年，佛山市强化市护理质控中心各项工作，定期组织中心成员开展研讨，组织完善护理质量管理工作标准及督导工作。落实护士执业注册，全市护士电子化注册99.98%。开展第二批"互联网+护理服务"试点，全市40个家医疗机构实施"互联网+护理服务"试点工作（含第一批22个）。开展佛山市第四届"最美天使"评选活动，发布护士节公益广告、纪念护士节片段播音、《致全市护理工作者的一封信》，组织开展护士节亮灯活动。

【医疗服务管理】 2021年，佛山市印发《佛山市进一步落实便利老年人就医举措的实施方案》，提出便利老年人就医10项举措，开展老年友善医疗机构创建。保障临床用血需求，年内全市无偿献血全血3908.6万毫升，血小板1.1万个治疗量。全市实现"临床用血100%来自无偿献血、无偿献血100%来自自愿无偿献血"的"双百"目标。采集储备新冠肺炎康复者恢复期血浆，治疗重症、危重症患者2例。修订完善血液管理工作标准，加强采供血机构疫情防控工作督导。开展无偿献血临床用血费用直接减免服务试点工作，为939名献血者及其亲属报销303.95万元。组织开展"6·14世界无偿献血者日"亮灯活动，举办全市无偿献血"云表扬"大会，通报表扬佛山市年度无偿献血先进单位和个人。完善市级疾病应急救助资金专家库，做好疾病应急救助。全年使用下拨资金783.1万元，补助医疗机构13个次，补助患者363人次。

（市卫生健康局）

【异地就医直接结算实现两个"全覆盖"】 2021年1月和6月，佛山市先后印发《佛山市基本医疗保险门诊特定病种管理办法（暂行）》《佛山市医疗保障局 佛山市社会保险基金管理局关于做好门诊医疗费用异地直接结算工作的通知》，明确普通门诊和门诊特定病种医疗费用异地直接结算政策，在2010年实现住院费用异地就医直接结算的基础上，进一步实现佛山参保人赴外地就医所有诊疗方式（住院、门诊特定病种、普通门诊）直接结算"全覆盖"。同时，对外地参保人在佛山市就医直接结算方面，全市115家开通异地就医住院费用直接结算的医疗机构，100%同步开通异地就医门诊费用直接结算，实现所有三级定点医疗机构"全覆盖"。外地参保人在佛山就医无须"垫支"医保报销的医疗费用即能"一站式"结算，为新市民在佛山安心工作和创业提供保障。佛山实现异地就医直接结算2个"全覆盖"，标志着佛山市比国家要求提前一年半时间完成。

【基本医疗保险家庭病床管理办法实施】 2021年7月1日，《佛山市基本医疗保险家庭病床管理办法》开始实施。该办法扩大家庭病床收治病种等范围，新增家庭病床收治病种从11种增至14种，扩宽可开展家庭病床业务的定点医疗机构范围，不再仅限于一类医疗机构；简化家庭病床申请流程，参保人因长期瘫痪卧床且无法提供5年内二级及以上医疗机构相关住院或门诊诊疗记录的，参保人或其家属提出申请后可由家庭病床定点医疗机构根据参保人病情实际进行认定并建档备查；优化家庭病床医保待遇标准，取消结算起付线，明确同时可享受门诊特种疾病病种待遇，明确照顾5级建床参保人的床日平均定额结算标准原则上在照顾4级基础上提高15%、照顾6级建床参保人的床日平均定额结算标准原则上在照顾5级基础上提高15%；提升家庭病床建床便利性，取消原政策一年4次申请限制，推行年度内不限建床次数新政策，明确家庭病床每一建床周期最长为90天，期满后需继续治疗的，期满前可按相关规定重新申请下一周期；鼓励医疗机构开展居家上门服务，明确年度医保结算额度的可结余留用部分由10%最高提高到30%，同时增加医疗服务比和居家服务比结算考核指标。

（市医保局）

【佛山市医疗急救指挥中心启用】 2021年11月20日，佛山市医疗急救指挥中心启用仪式举行。该医疗急救指挥中心位于禅城区汾江南路惠景一街1号，调度系统采用的是国内应急体系最专业的"120"院前急救调度系统，可以实现实时获取报警位置、一键填充报警地址、辅助调度就近车辆、自动规划最优路线、同步推送车载导航等功能。该医疗急救指挥中心主要承担全市"120"急救呼叫受理和指挥调度，协调指挥全市院前急救，协助构建全市立体化院前急救网络。该医疗急救指挥中心是全省首个实现跨系统平台网络数据互联互通的"120"指挥中心。

（市卫生健康局）

体　育

综　述

【概况】 2021年，佛山市有体育场地2.2万个，体育场地面积2617万平方米，人均体育场地面积超2.6平方米；全市有足球场地975块，万人拥有足球场地数量1块。推进全市社区体育公园建设，全年新建和改建社区体育公园200个。佛山市运动员参加2020年东京奥运会（受新冠肺炎疫情影响，延期至2021年举办）获2枚银牌，在苏迪曼杯、尤伯杯和羽毛球世锦赛中获3枚金牌，在第十四届全运会获15枚金牌、6枚银牌、9枚铜牌，在广东省青少年锦标赛中获70枚金牌、79枚银牌、114枚铜牌。全市有被广东省体工队吸收的体育人才10人，输送到广东省体校的体育人才20人，到广东省体工队集训的体育人才36人；达健将水平6人、一级运动员水平72人、二级运动员水平282人；纵歌曼等青年选手入选国家集训队。全年全市举办各类群众体育赛事259项，组织参加全国性以上的群众体育赛事与活动25项，参加各类全国群体赛事获第一名13个、第二名5个、第三名4个。

【“功夫之城”建设】 2021年，佛山市完成105个“功夫角”的建设，并装上标识牌，绘制佛山“功夫角”地图，统一组织和管理全市“功夫角”的训练和展演等活动。在全市180多所学校、89个村（社区）、43家企业、20个机关开展武术进学校、进社区、进乡镇、进企业、进机关、进军（警）营的武术“六进”活动，推动武术进入全市警营，推进佛山功夫融入平安佛山建设。南海区西樵镇成功申报为粤港澳大湾区武术文化交流中心。举办武术名人评选活动，为评选的30名候选佛山武术历史名人编写《佛山武术历史名人录》。利用新媒体平台，加强武术文化宣传，通过马蜂窝、微博、微信等平台宣传推广，吸引游客到佛山体验美食、功夫；在微博“广东人游佛山”和“推广大使带你玩转佛山”话题榜中介绍佛山功夫体验的相关内容，阅读宣传量分别为5800万次和2700万次，提升“功夫之城”品牌影响力。

【体育公共服务】 2021年，佛山市推进全民科学健身服务进机关、企业和社区，为市民提供体质健康检测，全年为6600名市民进行体质测定。组织开展健身知识普及、健身技能传授等活动，在全市开展线上全民健身大讲堂8场、线下4场；完成2021年《国家体育锻炼标准》达标测试活动任务，204人参加测试，达标率76%。开展二级社会体育指导员培训175人，三级社会体育指导员培训2266人。推进佛山市体育场馆上线“群体通”全民健身公共服务平台，截至2021年底，“佛山群体通”上线惠民社会场馆135个，覆盖5个区，包括羽毛球、足球、篮球、网球、乒乓球、游泳6个运动项目。

【体育行业安全监管】 2021年，佛山市文化广电旅游体育部门继续开展公共体育场馆、群众体育活动和高危险性项目经营活动安全生产监督检查，加强对风险点、危险源排查管控，印发《佛山市文化广电旅游体育局关于加强安全培训教育工作的通知》《佛山市文化广电旅游体育局2021年查处无证无照经营行为工作方案》《2021年全市公共体育场馆、群众体育活动和高危险性体育项目经营活动安全生产监督检查工作方案》《佛山市文化广电旅游体育局2021年安全生产和消防工作要点》《佛山市文化广电旅游体育局关于开展2021年“安全生产月”和“安全生产万里行”相关活动的通知》及公共体育场所及活动安全整治、高危险性体育项目经营活动安全整治、重大赛事安全整治等专项实施方案，要求督促各场所经营单位负责人学习《中华人民共和国体育法》《全民健身条例》《经营高危险性体育项目许可管理办法》《广东省高危险性体育项目经营活动管理规定》等法律法规及相关要求，履行企业安全生产主体责任。针对汛期、暑期重点时段，市、区、镇（街道）各级体育部门对公共体育场馆和游泳场所进行大排查，重点查看场所落实新冠肺炎疫情防控措施工作情况、安全方案、应急预案和安全制度，疏散通道、消防器材、安全标识、火灾自动报警系统、电器电线线路、是否有专职人员、游泳池的硬件和软件设施、员工上岗前安全培训和游泳救生员持证上岗等情况，督促企业落实安全生产主体责任，加大应急救援预案的演练及相关工作人员的安全培训力度，加大安全隐患的排查力度，杜绝各种安全事故发生。通过电视、公众号、“学习强国”等媒体平台播出《溺水警钟时常鸣 安全时刻记心中》动画宣传片，利用《佛山日报》、市文广旅体局官网和微信发布高危体育项目安全提示提醒。2021年安全生产整治专项行动期间，佛山市文广旅体系统出动检查人员537人次，检查公共体育场馆、高危险性体育项目经营活动场所218个次。

（杜永佳 黎 康 梁 艺）

群众体育

【概况】2021年，佛山市有体育场地2.2万个，体育场地数量前5位依次是篮球场7783个、乒乓球场地2904个、羽毛球场地1991个、足球场975个、游泳场地881个，有全民健身路径3150条。全市体育场地面积2617万平方米，人均体育场地面积超2.6平方米；万人拥有足球场地数量1块。全年新建和改建社区体育公园200个。全市各区及市直属学校向社会公众开放的学校有242所，全市公共体育场馆免费或低收费开放率100%。全年举办群众体育赛事259项。组织参加全国性以上的群众体育赛事与活动25项，参加全国群体赛事获第一名13个、第二名5个、第三名4个。全市8个单位、7名个人入选国家体育总局“2017—2020年度全国群众体育先进单位和先进个人名单”。

【全民健身活动】2021年，佛山市在南海区举行第十届运动会群众体育组比赛，设乒乓球、羽毛球、网球、健身气功、门球、龙舟、体育舞蹈、武术套路、舞龙舞狮、棋类10个项目，有1600多名运动员参赛，历时3个月。开展全民健身月系列活动，线上开展全民健身VLOG（视频日志）、PLOG（图片日志）打卡大赛，以及“全民健身达人”评选活动。组织举办佛山市第八届镇（街道）男子篮球超级联赛，全市32个镇（街道）参赛，举行比赛62场次，参赛率100%，该赛事成为佛山影响力最大的篮球标杆赛事。举办村（居）际男子篮球赛选拔赛和总决赛，有420个村（社区）队伍组队参赛，举行比赛817场次，总参赛人数近5800人。

【社会体育组织发展】2021年，佛山市有市级体育团体60个、区级社会组织193、镇（街道）社会组织194个，全市32个镇（街道）均有5个以上晨练点和晚练点。扶持市级社会组织发展，佛山市太极拳协会、佛山市健身气功协会、佛山市木兰拳协会、佛山市铁人三项运动协会、佛山市武术协会5个体育类协会获市专项扶持资金。

【佛山市首届自由搏击公开赛决赛】2021年1月15日，佛山市举办首届自由搏击公开赛决赛，该公开赛于2020年12月5日开赛，是佛山首次大规模组织全市搏击俱乐部（武馆）参加的正式自由搏击赛事，经1个月的多轮对决，有8名选手获决赛资格，参赛选手来自佛山28个搏击俱乐部（武馆）。马强、王先景、杨建民、沈一帆分别获57千克、60千克、65千克、70千克级别的金腰带。决赛通过网络进行直播，吸引超1900万人次观看。

【2021珠三角龙舟友谊赛容桂站】2021年5月1日，珠三角龙舟友谊赛容桂站（总第15站）在佛山市顺德区容桂街道眉蕉河内河段举行，来自珠江三角洲各地的68支龙舟队伍参赛。珠三角龙舟友谊赛系列赛事由顺德区龙舟文化传承协会组织发起，2017年起举办14站比赛。2021年的容桂站（总第15站）赛事有来自广州、深圳、东莞、中山、惠州、江门、揭阳、佛山等珠三角城市的68支龙舟队伍参赛，参赛选手800人。该站赛事分3轮，进行51场（每场4支龙舟队）300米直道竞速比赛。比赛产生金杯组前12名，金碟组、银杯组、银碟组前16名及女子组前8名。

【第三届粤港澳大湾区乒乓球联赛佛山分赛】2021年7月31日在岭南明珠体育馆举行，全市各乒乓球俱乐部、训练基地等近200名乒乓球爱好者参加比赛。该联赛由广东省粤港澳合作促进会文化传播委员会等联合主办，设置男团、女团和少儿混合团体3个项目，分别在全省21个市和港澳地区进行分站赛，是广东省参与人数最多的乒乓球赛事，分赛区各组别冠军队伍自动获总决赛的比赛资格。

【佛山市第八届镇（街道）男子篮球超级联赛】2021年9月10日至11月17日，佛山市举办第八届镇（街道）男子篮球超级联赛，全市32支代表队参加。是佛山市内覆盖范围最广、篮球水平最高的篮球品牌赛事。小组赛分8个小组在佛山各区进行，每个小组前2名出线晋级淘汰赛阶段。淘汰赛在佛山国际体育文化演艺中心副馆进行。11月17日，在高明体育中心进行冠军赛，顺德大良队以79比

2021年9月10日—11月17日，佛山市举办第八届镇（街道）男子篮球超级联赛。图为11月17日在高明体育中心进行的冠军赛现场 （市文广旅体局 供图）

63的比分胜南海里水队获冠军，成为首支卫冕成功的镇（街道）联赛冠军球队。顺德大良队队员李俊波获总决赛最有价值球员（MVP）。赛事期间，观众可通过“篮球客”手机应用程序（App）观看赛事直播。

【2021年佛山市“全民健身日”活动】 2021年8月8日，佛山市启动以“全民健身与奥运同行”为主题的2021年佛山市“全民健身日”活动。活动持续2个月时间，由佛山市文化广电旅游体育局主办，以市、区联动，以及线上线下结合的方式开展。启动仪式上公布佛山全民健身达人名单和最受市民喜爱的十大运动场所名单。活动期间，全市135个体育场馆免费开放，8月8—14日举办第二期全民健身日免费券抽取活动，获免费券的群众可选择在全市超80个体育场馆享受1～2小时的免费订场服务。线上活动持续到10月，开展线上健身突击大课堂公益性健身教学、“奔跑吧·少年”儿童青少年主题健身暨“粤运动·越健康”线上运动健身活动等。

（杜永佳）

学校体育

【概况】 2021年，佛山市继续推进《佛山市学生体质健康三年提升方案（2020—2022年）》，确保学生每天锻炼1小时，增强学生体质。推动全市学校体育新一轮改革，提升学生体质健康水平，强化课外体育锻炼，促进全市学生“体魄强健、身心健康”。推行“小学兴趣化、初中个性化、高中专项化”体育特色课程，全市659所学校均开设特色体育课，95%学校实现“一校一品”向“一校多品”方向发展。

【中考体育】 2021年，佛山市中考体育考试有《国家学生体质健康标准》成绩、体育课运动技能评价和体育项目考试3个项目，分值为60分，分数计入高中阶段学校招生录取总分，必考科目为800米跑（女）、1000米跑（男），选考科目12个，包括投掷实心球、三级连续蛙跳、立定跳远、一分钟跳绳、推铅球、一分钟仰卧起坐、篮球半场来回运球上篮、一分钟篮球投篮、一分钟排球对墙传球、一分钟踢毽子、足球25米绕竿运球、100米游泳。4月24日至5月20日，全市有7.4万名考生参加考试。

【校园体育赛事】 2021年，佛山市组织运动员代表广东省参加第十四届全国学生运动会，其中武术、健美操、跳绳3个代表队获9枚金牌、3枚银牌、4枚铜牌，进入赛事前8名的运动员有33人，占全省38.8%。组织学生参加各项广东省中学生体育赛事，乒乓球、篮球、武术、田径、足球等项目在省赛中均发挥出色，其中狮山高中的田径、勒流中学的武术获省中学生团体第一名。举办佛山市第六届中学生运动会，各区代表团约2000名选手参赛，决出600多枚奖牌，选出运动队代表佛山参加广东省第十三届中学生运动会。全年全市举办乒乓球、篮球、足球、排球、毽球、校园定向、健美操啦啦操锦标赛等9项校园体育赛事，各区及市直学校参赛人数4300人次。

【体育强师工程】 2021年，佛山市继续实施体育强师工程，以课题为引领，培育学校体育名师。组织开展2021年学校体育专项课题结题，全市65个学校体育专项研究课题分2批进行结题，结项率90%，提升体育教师科研业务能力。举办佛山市初中体育科组长、健美操、校园篮球专项骨干教师培训班，邀请名师授课，为体育教师提供专项核心素养课程。

【佛山市第六届中学生运动会】 2021年5—7月，佛山市举办以“精彩中运，悦动佛山”为主题的第六届中学生运动会，设田径、游泳、篮球、足球、排球、乒乓球、毽球、武术、健美操、校园定向共10个大项151个小项。全市各区运动队超2500人参加运动会，其中参赛运动员1666人、教练员250人、领队及队医183人、比赛监督员35人、裁判员459人。运动会历时近3个月，有14名运动员、4支队伍打破15个佛山市中学生运动会田径、游泳纪录22次，决出金牌156枚、银牌158枚、铜牌150枚。运动会期间，同步举行全市体育教师技能大赛和科学论文报告会。

（王蓉丹）

竞技体育

【概况】 2021年，佛山市有被广东省二沙体育训练中心吸收的体育人才10人，输送到广东体育职业技术学院的体育人才20人，到广东省二沙体育训练中心集训的体育人才36人；达健将水平6人、一级运动员水平72人、二级运动员水平282人，纵歌曼、付俊立等青年选手入选国家集训队。佛山市运动员在苏迪曼杯、尤伯杯和羽毛球世锦赛中获3枚金牌，在第十四届全运会上获8枚金牌、5枚银牌、7枚铜牌，在田径、游泳、摔跤等34项省青少年锦标赛中获70枚金牌、79枚银牌、114枚铜牌。年内，佛山市举办市第十届运动会，承办2021中国网球巡回赛佛山站、第十四届全运会女子足球B组资格赛等4项赛事，2021中国网球巡回赛CTA500佛山站被评为“最佳赛区”，推动粤港澳大湾区体育赛事名城建设。推进第十六届省运会备战工作，组织田径、游泳等34项1720人次运动员参加广东省青少年锦标赛。加强运动员、裁判员等级管理，全年审核申报健将3人、申报一级运动员58人，审批二级运动员282人、三级运动员5人；核查2013至2020年1531名二级运动员授予情况，完成运动员技术等级清理整顿，未发现违规审批情况。完善政策激励机制，印发《佛山市参加重大体育比赛奖励办法》规范性文件和《佛山市引进优秀体育后备人才实施办法》制度，深化体教融合，加强青少年体育后备人才培养，提高青少年身体素养和健康水平。

【省级以上体育赛事参赛】 2021年，佛山市输送的运动员参加各项国际大赛，在2020年东京奥运会中获2枚银牌、1个前8名，在苏迪曼杯、尤伯杯和羽毛球世锦赛中获3枚金牌。组织运动员参加全国性赛事，70名运动员参加第十四届全运会竞体项目21个大项57个小项，21人（25人次）获8枚金牌、5枚银牌、7枚铜牌。组织田径、游泳、摔跤等34项共1720名运动员参加省青少年锦标赛，获70枚金牌、79枚银牌、114枚铜牌，总分6870分，排全省第四名。

【体育竞赛活动组织】 2021年，佛山市举办市第十届运动会，完成赛事组织、场地保障、交通组织、安全管理、新冠肺炎疫情防控等工作，实现“精彩、活力、健康、文明、节俭”的办赛目标，全市5012名运动员历时4个月完成全部15个项目比赛，实现检验体育水平、选拔体育人才、备战省运会的目标。组织省级以上大型赛事，举办2021中国网球巡回赛·佛山站暨佛山网球公开赛、第十四届全运会女子成年足球B组资格赛广东赛区、广东省青少年羽毛球、柔道锦标赛4项赛事，推动佛山市高水平赛事发展。促进青少年赛事发展，指导协会举办“李宁杯”佛山市第一届体操公开赛暨后备人才选拔赛、2020—2021佛山市第二届佛山小篮球联赛等赛事，拓宽青少年参与面，促进青少年参与体育运动。承接第十四届全国运动会竞体组女子成年篮球、武术套路、霹雳舞和群体组太极拳、足球等7个项目比赛。

【竞技体育后备人才培养】 2021年，佛山市加强青少年体育后备人才培养。推进体教融合实施，发挥82所市级传统校、19所网点校及篮球、足球等特色校示范作用，加强学校高水平运动队建设，提升训练质量。推进青少年体育促进计划，市文广旅体局联合市教育局开展青少年体育冬夏令营校园活动，线下参与2.6万人次，指导协会举办“李宁杯”佛山市第一届体操公开赛暨后备人才选拔赛等3项赛事，拓宽青少年参与面，促进青少年参与体育运动。提升培养单位办训办学质量，推进高水平基地建设，开展创建2021—2024周期的国家高水平体育后备基地申报工作，组织全市6个单位完成台账资料收集上报。完成全市7个体育培养单位申报单位自评、地市复评、省局统评，佛山市体育运动学校和禅城区体校、南海区体校、顺德区体校、三水区体校、市实验中学5个区级后备人才培养单位分别进入全省地市级和县区级综合、人才质量、人才效益排名前23名，其中南海区体校居全省县区级人才质量第一名，顺德区体校居全省县区级综合、人才效益前3名，提升培养单位工作水平，规范办学办训管理。壮大青少年体育从业队伍，选派116人参加2021年广东省线上教练员培训班、全国各级各类体校教练员通识知识更新轮训班等10个培训班，提升全市教练员、管理人员、体育教师的业务、管理水平。年内，审核申报健将3人、申报一级运动员58人，审批二级运动员282人、三级运动员5人，有被广东省二沙体育训练中心吸收的体育人才10人、输送到广东体育职业技术学院的体育人才20人、到广东省二沙体育训练中心集训的体育人才36人，纵歌曼、付俊立等青年选手入选国家集训队。截至年底，全市达健将水平6人、一级运动员水平72人、二级运动员水平282人。

【裁判员培养与管理】 2021年，佛山市举办武术套路、田径等6个项目二级、三级裁判员培训班，发展三级裁判员101人、二级裁判员83人，选派游泳、乒乓球等146人次参加省级以上赛事，提升裁判队伍水平。推进足球、篮球等项目二、三级裁判员管理、认证职权转移工作，优化竞赛环境。

【省运会备战】 2021年，佛山市推进定于2022年在清远市举办的第十六届广东省运会的备战工作。组织市体校、各区、各相关协会等30个训练单位在网上首次注册运动员4233人、确认运动员8621人，组织省外户籍运动员参加骨龄拍摄512人和参加文化考试运动员1721人，与广州市、深圳市在乒乓球等11个项目的示范基地联培运动员29人，交流引进手球、花样游泳等9个项目运动员55人，选齐配强参赛队伍。

【《佛山市引进优秀体育后备人才实施办法》印发】 2021年7月16日，佛山市文化广电旅游体育局印发《佛山市参加重大体育比赛奖励办法》。该文件明确引进的优秀体育后备人才是指在佛山市外培养并经佛山市体育运动学校医务科研部门评定，达国家体育总局规定的选材标准，参加国家、广东省比赛获相应成绩并符合引进要求的体育后备人才。办法适用于佛山市体育行政主管部门正式建队的项目，或广东省运动会设项的项目。明确每名引进的优秀体育后备人才只能由所在训练单位一次性申报最高档次的引进经费，不得重复申报。该文件还明确引进运动员成绩、支持标准等。其中，获全国青年运动会前8名、全国青年锦标赛前6名、全国少年儿童比赛前3名、广东省运动会前2名、广东省青少年锦标赛第一名成绩的运动员、广东省体工队正式队员按A档给予每人7万元资金支持；获全国青年锦标赛第七至第八名、全国少年儿童比赛第四至第六名、广东省青少年锦标赛第二至第三名、广东省运动会第三至第四名成绩的运动员按B档给予每人4万元资金支持；获全国少年儿童比赛第七至第八名、广东省青少年锦标赛第四至第六名、广东省运动会第五至第六名成绩的运动员按

表52 **2021年佛山市获体育世界冠军情况一览表**

姓 名	性 别	比赛名称	比赛组别	项 目	名 次
陈清晨	女	2021年世界羽毛球汤尤杯（丹麦）	世界锦标赛、世界杯总决赛	羽毛球女子团体	冠军
陈清晨	女	2021年苏迪曼杯（芬兰）	世界锦标赛、世界杯总决赛	羽毛球混合团体	冠军
陈清晨（搭档贾一凡）	女	2021年世界羽毛球锦标赛	—	女子双打	冠军

2021年7—11月，佛山市举办以“活力佛山，精彩市运”为主题的佛山市第十届运动会。图为群众体育组健身气功比赛现场 （市文广旅体局 供图）

C档给予每人1万元资金支持，以上支持资金含税。

【佛山市第十届运动会】 2021年7—11月，佛山市举办以“活力佛山，精彩市运”为主题的佛山市第十届运动会，各区有5012名运动员参赛，是历届市运会中参加人数最多、项目覆盖最广的一届。运动会上，有1人、1次打破1项佛山市最高纪录，决出竞技体育组634枚金牌、546枚银牌、620枚铜牌，群众体育组145枚金牌、109枚银牌、108枚铜牌。南海区代表团获代表团金牌奖第一名、群众体育组团体总分奖第一名和竞技体育组团体总分奖第一名。赛事期间，近100个市场主体通过参与市运会获超3000万元的经济收益。全市通过28个线上平台实时直播赛事27场，总观看量超2690万人次。

【《佛山市参加重大体育比赛奖励办法》印发】 2021年7月23日，佛山市文化广电旅游体育局、市教育局、市残疾人联合会、市财政局、市人力资源社会保障局联合印发规范性文件《佛山市参加重大体育比赛奖励办法》。该文件明确重大体育比赛是指奥运会、残奥会、亚运会、亚残运会、全运会、全国残运会、省运会、省中运会、省残运会9类比赛；明确全运会、全国残运会以上重大体育比赛奖励对象为佛山市运动员、输送教练员，省运会、省中运会、省残运会奖励对象为佛山市运动员、教练员、（输送教练员）、保障人员等。该文件还明确运动员成绩奖励标准等。其中，参加奥运会、残奥会的运动员按以下标准进行奖励：个人及2人项目获前8名的每名运动员分别奖励100万元、60万元、30万元、12万元、10万元、8万元、6万元、4万元；2人（不含2人）以上项目（含球类集体项目）获前8名的每名运动员按个人及2人项目运动员所获名次奖励资金的50%奖励；破纪录的运动员按个人项目运动员所获名次奖励资金的20%增发，在同一个项目中，多次破纪录的，只按最高的一次给予奖励；获多项名次的运动员按照运动员获得名次（含破纪录）奖励资金进行累计；领跑（骑）员按照运动员的奖励标准给予奖励，可获所领跑（骑）运动员的奖励资金总和。

【2021中国网球巡回赛佛山站】 2021年11月20—21日，2021中国网球巡回赛·佛山站暨“维品诺”佛山网球公开赛在佛山市世纪莲体育中心网球场举行。该站赛事为中国网球巡回赛精英级CTA500赛事（中国网球巡回赛精英赛中最高级别赛事），吸引第十四届全运会网球项目广东男双冠军成员毛亮、女团冠军成员赵梦娅，2021中国网球巡回赛CTA 500宁波站男单冠军黄哲皓、混双冠军苏晋亿、女单冠军陈奕如，2019CTA年终总决赛女单冠军杨颖怡等140多名来自全国各地的网球选手参赛。通过比赛，玉苏普艾力·艾则孜获男单冠军，罗熙获女单冠军，苏晋亿、余星翰获男双冠军，苑天缘、郭嘉淇获女双冠军，王介甫、唐好辰获混双冠军。赛事获中巡赛运营公司及参赛各方认可，在澳门举行的赛事总结会上，佛山在14个承办城市中脱颖而出，被评为“最佳赛区”。

（黎　康）

体育产业

【概况】 2021年，佛山市体育产业实现总产出695.78亿元，创造增加值212.46亿元，体育产业增加值占同期地区生产总值1.75%。佛山市有国家体育产业示范基地1个、国家体育产业示范单位1个、省级体育产业示范单位3个、省级体育产业示范项目6个。有高危险性体育项目经营场所778个，其中游泳场所767个、攀岩10个、潜水1个、无滑雪场所，全年公共体育场馆、群众体育活动和高危险性体育项目无重大安全事故发生。发展体育产业，推动体育与文化、旅游、科技、健康、金融等产业融合发展。年内，体育彩票销量18.07亿元，比上年增长40.85%。

【体育产业园区和基地建设】 2021年，佛山市修订《佛山市文化广电旅游体育局文化体育产业示范基地（园区）管理办法（征求意见稿）》，发挥园区集聚效应和基地示范带动效应。组织申报国家级、省级体育产业示范基地、单位及项目，发挥优质体育产业单位、项目在特定领域中的示范作用。年内，佛山中奥广场管理有限公司（岭南明珠体育馆）被评为国家体育产业示范单位，广东森海运动用品有限公司被认定为广东省体育产业示范单位，广东华体武术项目、佛山市南海武术龙狮项目2个项目被认定为广东省体育产业示范项目。

【体育与相关产业融合发展】 2021年，佛山市推动体育与文化、旅游、健康等产业融合发展。继续开发佛山功夫历史文化游径（鸿胜纪念馆—功夫铁打医药—叶问堂、黄飞鸿纪念馆—仁寿寺—梁园非遗展厅功夫展示—佛山精武体育会会址）、佛山老城武术文化游径（兆祥黄公祠—黄祥华如意油祖铺—叶问堂—黄飞鸿纪念馆）。此外，佛山鸿胜堂作为挖掘、传承、发展佛山蔡李佛鸿胜文化的一个专门机构，在年内继续开发功夫推拿康复和保健医药业务。

【全民健身与体育产业相互促进】 2021年，佛山市印发《佛山市社区体育公园建设实施方案（2021—2023年）》，推动新建、改造社区体育公园。推进“世界功夫之城”建设，完善工作领导小组机构，推进佛山功夫角建设，完成100个“广场武”式佛山功夫角建设。筹办第十届佛山市运动会、市第一届体操公开赛、市第十二届跆拳道公开赛、第二届佛山篮球联赛总决赛等赛事。年内，佛山市文化广电旅游体育局在“佛山群体通”平台面向全市派发体育优惠券24万张，适用于全市各区超80家体育场馆，使用补助98.51万元，带动体育订场消费支出103万元，超50万人次受惠。

【电竞产业】 2021年，佛山市把电竞产业作为重点培育、加快引进的新业态，推动粤港澳大湾区电竞产业集聚区域建设。南海区出台电竞产业专项扶持政策，涵盖头部企业招商、赛事引进、电竞场馆建设、职业俱乐部落户、电竞教育培训、人才引进等方面的奖补；成立南海区电子竞技运动协会；举办“三龙湾南海片区电竞产业峰会”，开展电竞行业招商引资，探索和推动电竞产业与城市发展相融合。电竞直播头部企业虎牙直播全球研发总部、欢聚集团（YY）产业互联总部、王者荣耀职业俱乐部佛山GK落户南海区，推动电竞产业链落地、带动常态化高水平职业电竞赛事落地、直播培训以及电竞线下消费业态。推动建设电竞产业载体，包括粤港澳大湾区电竞文创产业中心、大湾区电竞青训基地、电竞场馆等，加快电竞产业集聚发展。推进社会力量投资建设电竞综合场馆，包括大湾区电竞文创产业中心电竞馆、南海体育中心。引进品牌赛事，培育电竞文化土壤，在南海区飞鸿馆举办2021和平精英新势力联赛S2赛季总决赛。市、区宣传、文体部门与腾竞、腾讯等电竞头部企业搭建良好的合作关系，推进更多更高规格赛事引进，培育和推动电竞产业良性发展。开展电竞新文创，推动优秀传统文化跨界融合，南海区推动国潮品牌HEA与QQ炫舞推出联名设计款，并打造线下主题快闪店。

【体育彩票销售】 2021年，佛山市体育彩票销量18.07亿元，比上年增长40.85%，销售额排全省第四名，其中，禅城区销售3.73亿元、南海区6.23亿元、顺德区5.84亿元、三水区1.13亿元、高明区1.14亿元，超额完成全年13.62亿元体育彩票销售目标任务。代扣个人所得税4649.42万元，为国家筹集体育彩票公益金4.48亿元，其中为全市筹集体彩公益金1.28亿元（包括市本级2606.85万元、禅城区1829.57万元、南海区3138.07万元、顺德区4160.29万元、三水区561.71万元、高明区553.30万元，不含弃奖公益金）。全市有在售体育彩票销售网点1051个，提供2000多个就业岗位，全年开出1000万元以上大奖6个、500万～1000万元大奖6个、100万～500万元大奖10个、20万～100万元大奖99个。

【佛山“百战”电子竞技联赛】 2021年5月21日至12月12日，佛山市举办佛山“百战”电子竞技联赛，是佛山首个本土电竞赛事IP（知识产权），近100支战队报名参赛，其中包括50多支企业战队。联赛分为前置赛和百企赛，采用王者荣耀“5V5征召”模式比赛。决赛中，元赫战队三比一战胜机堂战队，获该届比赛冠军。

【中体佛山“国家体育产业示范单位”揭牌】 2021年8月12日，在岭南明珠体育馆内，佛山中奥广场管理有限公司（简称“中体佛山”）举行“国家体育产业示范单位”揭牌仪式。中体佛山是广东省唯一一个入选2020年国家体育产业基地的单位。中体佛山是中体产业集团旗下的场馆运营项目公司，也是佛山岭南明珠体育馆的运营单位。承接运营佛山岭南明珠体育馆后，中体佛山不仅创办特色IP赛事“P3三人篮球赛”，活跃佛山市篮球氛围，还推出中体教育资源平台，实现资源一体化。同时，中体佛山还推动全民健身，运营的岭南明珠体育馆实行全年365天对外开放，每周免费向市民开放羽毛球、足球、篮球等场地，实现每年超100万人次到馆健身。此外，中体佛山还致力于培养青少年，为区、市输送优秀的青少年运动人才，截至2021年底，中体佛山俱乐部在册学员近4000人，涉及项目包括羽毛球、跆拳道、篮球、足球、拳击等。中体佛山年产值3800多万元。

（麦文婷）

2021年12月11—12日，佛山市在南海区飞鸿馆举办2021和平精英新势力联赛S2赛季总决赛。图为各参赛队伍亮相

（市文广旅体局　供图）

社会生活

人口家庭

【概况】 2021年，佛山市户籍人口总户数147.63万户（统计时点为11月30日24时），增长2.13%。全市户籍人口484.13万人，比上年增长2.19%，其中城镇人口452.93万人、乡村人口31.20万人。全市户籍人口中，男性234.04万人，女性250.09万人。全年全市出生登记5.52万人、死亡注销2.52万人，人口自然增长率为6.28‰；迁入9.04万人，迁出1.69万人，人口机械增长率为15.34‰。

（市公安局）

【妇女·儿童】 根据佛山市第七次全国人口普查公报（标准时点为2020年11月1日零时），佛山市常住人口中，女性人口为433.50万人人，占45.64%；有0～14岁人口143.47万人，占15.11%。2021年，佛山市有妇女儿童权益维权工作站38个、“妇女之家”〔含镇（街道）、村（社区），以及企业、农业园区、产业园社区、专业合作社等其他领域“妇女之家”〕956个、儿童活动园地790个、“佛山融爱”家庭服务中心及其同类社会服务机构（含小候鸟驿站）41个、“佛山融爱”妇女创业创新基地11个、“粤港澳大湾区（广东）妇女创新创业基地”1个。全市适龄儿童全部免费接受义务教育，有幼儿园1058所，招生11.81万人，在园幼儿35.85万人，学龄儿童毛入园率139%；小学417所，招生11.57万人，在校学生66.43万人，小学毕业升学率100%。佛山市2011—2020年妇女儿童发展规划终期监测118项可量化指标中，达标114项，总达标率96.61%，高于省总达标率91.87%的水平。涉及儿童发展的52个主要监测指标，全部达标。

（莫宏谦）

2021年10月，佛山市开展广东省第四期“妇女之家”示范点建设项目中期评估工作。图为评估人员开展现场评估　（市妇联　供图）

【青年】 截至2021年底，佛山共青团覆盖团员总人数25.8万人，团支部1.24万个。2021年，中国共产主义青年团佛山市委员会组织青年代表参加“共青团与人大代表、政协委员面对面”议题座谈会，畅通青少年沟通渠道，促进青少年参政议政，维护青少年合法权益。继续落实《粤港澳大湾区发展规划纲要》关于“推动青年人交往交流、交心交融，支持港澳青年融入国家、参与国家建设”要求，推动佛港澳三地交流活动，开展佛港澳青年交流20多场次。办好创青春·第八届佛山市青年创新创业大赛，促进创业青年发展，推荐1名创业青年获“中国青年创业奖”和3名创业青年获评“中国青年创业导师”。召开2021年度佛山市青年工作联席会议，听取市青年工作联席会议办公室和试点地区的工作汇报，部署下一阶段工作，要求各成员单位同心推动全市中长期青年发展规划落细落实。

（林玥廷）

【老年人】 2021年，佛山市60岁以上老人97.1万人（占比10.3%）、65岁以上老人70.4万人（占比7.5%）。截至2021年底，全市民政登记备案的养老机构87个，养老床位1.93万张。其中，医养结合机构49个，医疗床位2231张、医养结合床位7619张。医养结合机构入住老年人6145人（其中失能半失能老人占比81.2%），入住率80.7%。全市有31家二级以上综合性医院（含中医院）设置老年医学科，占比70%，老年人健康管理率达73.45%。全年老年人“银龄安康行动”全市财政统保保费1430万元，覆盖率100%；自付费加保人数13.5万人，自付费覆盖率26.8%，比上年提升0.5%。政府统保保费、自付费加保人数均位居全省前列。

（市卫生健康局）

【残疾人】 2021年，佛山市残疾人25.78万人（根据第二次全国残疾人抽样调查佛山市残疾人占户籍总人口5.8%的比例推算）。年末全市持二代残疾人证的残疾人7.5万人。市及各区均设有残疾人联合会。全市有市级残疾人专门协会5个、区级残疾人专门协会25个、村（社区）残疾人协会259个。区、镇（街道）均有志愿者助残联络站，区级5个，镇（街道）级32个。年内，佛山市依据《佛山市残疾人参加城乡居民社会养老保险补贴办法》《佛山市人民政府关于转发广东省城乡居民基本养老保险实施办法的通知》等政策文件，对符合条件的重度残疾人和精神智力残疾人财政代缴基本养老保险费，代缴参保残疾人2.04万人；依据《佛山市基本医疗保险管理办法》等政策文件，对全市符合条件的重度残疾人财政代缴基本医疗保险费，代缴参保残疾人1.64万人。佛山市残疾人主要享受的补贴有：残疾儿童康复训练补助（全日制康复训练补助每人每月3000元、非全日制康复训练补助每人每月2000元）；残疾津贴（一级残疾每人每月津贴不低于150元、二级残疾每人每月津贴不低于100元、三级残疾每人每月津贴不低于80元、四级残疾每人每月津贴不低于50元）；残疾人两项补贴标准（困难残疾人生活补贴每人每月250元、重度残疾人护理补贴每人每月300元）。全年全市有残疾人康复定点服务机构69个，有康复服务需求且得到精准康复服务的残疾人6519人，康复服务率达99.18%，辅具适配率99.49%。残疾人少年儿童通过特殊教育学校就读、普通学校随班就读等方式接受义务教育，义务教育阶段残疾学生2839人，其中特殊教育学校在校生1266人、随班就读学生1028人、接受送教上门服务对象545人。有就业年龄段残疾人2.95万人，通过分散按比例、集中安置、社区就业、辅助性、支持性等多种形式实现就业1.12万人，其中城镇新增就业376人、农村新增就业342人。

（吴新来）

【流动人口】 2021年，佛山市登记在册的流动人口543.3万人，比上年上升3.4%；禅城、南海、顺德、高明、三水5个区的流动人口分别为64.2万人、232.6万人、196.7万人、16.8万人和33万人。年内，开展流动人口出租屋、反诈宣传、管制刀具收缴等基础工作。全市累计排查出租屋346万间，推广安装“国家反诈中心”手机应用程序578万人，收缴管制刀具758把。流动人口核实率居全省第一位，电诈警情数量下降21%，预警核查和流动人口变动数量分别提升22%、29%。

（市流管办）

【新产业工人】 2021年，佛山市有产业工人300多万人，技能人才有118万人，其中高技能人才33万人，占全市产业工人数的11%。从年龄层面看，以“90后”“00后”为主的年轻人成为产业工人队伍的主要力量。成立佛山市推进产业工人队伍建设改革领导小组，并印发《新时期佛山市产业工人队伍建设改革实施方案》，推进新时期产业工人队伍建设。举行“佛山市产业工人非遗打卡游”活动，首场活动组织50名产业工人看酱油制作、做木版年画，体验佛山非遗项目；开展产业工人寻迹红色之旅活动，市重点项目工地及企业的产业工人走进罗登贤事迹展览馆、紫南村、罗南生态园和南海博物馆参观学习；全年全市投入200万元专项资金带动各级工会开展各项劳动和技能竞赛活动182场次，带动300多万名产业工人加强学习提升技能，培养各级职工技术状元、技术能手、创新标兵、高级工、技师等高技能人才3184人；投入150万元开展“工匠式职工技能人才队伍培育计划”行动和“求学圆梦”学历提升行动，向获得中级工、高级工、技师、高级技师、工程师、高级工程师证书以及完成学历教育的职工，发放技能补贴和学历补贴。

（曾蔚雯）

【家庭文明建设】 2021年，佛山市妇女联合会开展一系列家庭文明创建活动，推动全社会形成注重家庭、注重家教、注重家风的共识，构建起弘扬良好家风、建设文明家庭、促进和谐社会氛围。举办“传承优良家教家风，建设幸福和谐家庭”——佛山市第八届家庭文化节，开展2021年佛山寻找“最美家庭”“文明家庭”活动，评出佛山市“最美家庭”90户、佛山市“文明家庭”10户。举办“颂党恩　传家风”2021年佛山“最美家庭”访谈活动，传播家庭正能量，引领更多的家庭崇德向善、见贤思齐。年内，佛山市苏永善、赖明建家庭获2021年全国“最美家庭”称号，李建华家庭获2021年广东十大“最美家庭”称号，杨英才家庭、宋文亭家庭、麦少梅家庭、陈汉文家庭、严淑玲家庭、张冬瑜家庭、黄光鉴家庭等7户家庭获2021年广东百户“最美家庭”称号，伍光玉家庭获第十六届广东“十大优秀书香之家”称号。

链接

2021年佛山市“文明家庭”名单

黎　明家庭	李庆德家庭
关文珍家庭	李顺乾家庭
谭国深家庭	李建华家庭
张冬瑜家庭	杨英才家庭
付　强家庭	宋文亭家庭

【“佛山融爱”家庭服务中心项目】 2021年，佛山市有由妇联主导的“佛山融爱”家庭服务中心及其同类社会服务机

构41个，包括禅城区3个（含张槎街道妇女儿童之家和张槎海口村家庭服务中心）、南海区26个（含小候鸟驿站7个）、高明区4个、三水区8个，服务覆盖209个村（社区），服务总人数208.53万人，其中常住人口120.95万人、流动人口87.58万人。各中心全年跟进服务个案184件，服务791人次；开展小组活动145场次，服务7343人次；开展社区活动1880场次，服务10.01万人次；组织培训活动262场次、督导440次。

2021年9月29日，“颂党恩 传家风”2021年佛山“最美家庭”访谈活动在市儿童活动中心举行。图为访谈活动现场 （市妇联 供图）

【2021年佛山寻找“最美家庭”“文明家庭”活动】 2021年，佛山市妇女联合会联合市委宣传部、市文明办在2020年底启动2021年佛山寻找“最美家庭”“文明家庭”活动的基础上，继续推进该活动开展，活动持续至2021年11月。其间，通过社会征集、单位推荐，有154户家庭成为佛山“最美家庭”候选家庭，综合候选家庭事迹、政审情况、专家评审意见以及网络专题评选，评出2021年佛山市“最美家庭”90户、佛山市“文明家庭”10户。并于9月29日举办“颂党恩 传家风”2021年佛山“最美家庭”访谈活动，通过访谈“晒家庭幸福生活，谈良好文明家风，讲家庭和谐故事，展家庭文明风采，秀家庭未来梦想”，传播家庭正能量。“最美家庭”访谈活动中，佛山市“文明家庭”称号和“最美家庭”称号获得者李庆德家庭再获颁“2021年网民最喜爱的最美家庭”称号。

（莫宏谦）

链接

2021年佛山市“最美家庭”名单

（一）禅城区

黎　明家庭　吴敦锋家庭　黄嘉键家庭　孙志聪家庭　李庆德家庭
陈斌锋家庭　何　炜家庭　陈宜喜家庭　吴宝桐家庭　胡爱华家庭
易旭如家庭

（二）南海区

叶燕芳家庭　张文丽家庭　苏定生家庭　张艳坤家庭　麦少梅家庭
邓锦玲家庭　梁注多家庭　李谏容家庭　谭念发家庭　邹燕婷家庭
耿　艳家庭　岑少珠家庭　朱雪芳家庭　杨侣娥家庭　刘友好家庭
陈鉴添家庭　张桂芳家庭　赵金瑞家庭　关文珍家庭

（三）顺德区

李顺乾家庭　黄志前家庭　胡素雯家庭　孙信英家庭　何志恒家庭
曾祥林家庭　钟　华家庭　何焕平家庭　陈汉文家庭　周剑烽家庭
陈世泽家庭

（四）高明区

张刚勇家庭　何倬光家庭　伍　艳家庭　黎玉针家庭　谭国深家庭
黄朝辉家庭　杨冬烂家庭　王嵩林家庭　杨艳红家庭　李海萍家庭
严淑玲家庭　李建华家庭　区美霞家庭　苏彩云家庭　冯素华家庭
李　萍家庭　孙俊聪家庭　黄家文家庭　黄秋霞家庭

（五）三水区

杨英才家庭　张冬瑜家庭　黄光鉴家庭　林楚妍家庭　邓燕玲家庭
黄晓丹家庭　谭爱清家庭　莫文杰家庭　关志昌家庭　卢卓敏家庭
余衍开家庭　潘兆灵家庭　罗彩英家庭　李玉珍家庭　李静雯家庭
刘银辉家庭　黄　鋆家庭　蔡桂广家庭

（六）市直单位

付　强家庭　温玉洁家庭　王　恒家庭　王海涌家庭　罗大强家庭
宋文亭家庭　罗小蓉家庭　郭　静家庭　于东枫家庭　霍丽明家庭
王妙婷家庭　姚剑坤家庭

劳动就业

【概况】 2021年，佛山市城镇新增就业10.52万人、失业人员再就业4.11万人、就业困难人员实现就业7018人，均超额完成省下达目标任务，年末城镇登记失业率2.4%，控制在3%的目标范围内。佛山市生源离校未就业高校毕业生就业率为92.9%，完成省人力资源社会保障厅下达90%的就业目标任务。全年促进创业8749人，带动就业3.16万人。全年发放创业担保贷款582笔，发放金额5.76亿元。

【招聘服务】 2021年，佛山市各级公共就业服务机构举办公益性招聘会513场。其中：市内现场招聘会311场，参加企业1.07万家，提供岗位25.6万个；市外招聘活动57场，参加企业1017家，提供岗位6.66万个；网络招聘会145场，参加企业6161家，提供岗位14.34万个。

【高校毕业生就业】 2021年，佛山市生源毕业生4.63万人，比上年增长7.24%。佛山市加大高校毕业生就业服务力度，制定促进2021年离校未就业高校毕业生就业的工作方案，为离校未就业高校毕业生提供“一对一”跟踪服务，全年全市提供职业指导、岗位推介、职业培训、就业见习等服务2.2万人次。加强就业见习服务，开发就业见习岗位1093个，实际到岗见习853人。全市生源离校未就业高校毕业生就业率92.9%，完成省人力资源社会保障厅下达90%的就业目标任务。

【就业困难人员就业】 2021年，佛山市每月开展1次针对辖区内登记失业人员、就业困难人员的跟踪调查服务。开展就业跟踪帮扶，完善失业人员分级分类帮扶机制，将失业人员及时纳入就业援助范围，建立“一对一”跟踪服务机制。开展“就业帮扶，真情相助”就业援助月活动，帮助实现就业236人，其中残疾人登记失业18人，通过公益性岗位安置6人。在第三十一次全国助残日期间开展就业帮扶活动，服务残疾人635人次。

【对口黔东南苗族侗族自治州劳务协作】 2021年，佛山市、区两级人力资源社会保障部门与黔东南苗族侗族自治州各级人力资源社会保障部门签订劳务协作协议，在佛山建立黔东南州劳务协作联络站17个、劳务接收基地31个，形成劳务帮扶机制。先后组织501家佛山企业到黔东南州各县市，以及贵州电子信息职业技术学院、黔东南民族职业技术学院等地等开展招聘活动29场次，提供岗位5.03万个，初步达成意向2641人，其中开展针对易地搬迁就业安置专场招聘会6场。

【创业带动就业】 2021年，佛山市促进创业8749人，带动就业3.16万人。全年发放创业担保贷款582笔，发放金额5.76亿元。截至2021年底，全市有经人力资源社会保障部门认定的创业孵化基地73个，其中包括国家级示范性创业孵化基地1个、省级示范性创业孵化基地4个、市级示范性创业孵化基地11个。年内，组织佛山市创业孵化示范基地及佛山港澳青年创业孵化基地入驻创业项目参加2021年广东“众创杯”技能工匠争先赛，6个项目分获广东技工主赛道企业组及粤菜师傅专项赛金奖2个，银奖、铜奖各1个，优胜奖2个。

【年度薪酬调查与人工成本监测】 2021年，佛山市完成1184家薪酬调查样本企业的数据填报审核工作，数据涵盖6个职业大类60个职业中类225个职业小类375个职业细类，涉及职工26.94万人，并最终形成佛山市2021年人力资源市场指导价位。完成部级86家企业、省级700家企业人工成本监测数据的审核报送，填报指标涉及利润总额、从业人员平均人数，成本费用总额、人工成本总额、从业人员劳动报酬总额等内容。

【“粤菜师傅”工程】 2021年，佛山市组织1.15万人参加“粤菜师傅”技能培训。开展“粤菜师傅”大师工作室申报评审工作，全年全市新评定5个市级“粤菜师傅”大师工作室。截至2021年底，累计支持建立39个省市级“粤菜师傅”培训基地和大师工作室，给予配套建设奖补3210万元。培养2名省级“五星名厨”、12名省级“四星名厨”、30名佛山市粤菜名厨。7所技工院校开设“粤菜师傅”工程相关专业，2所院校参与人力资源和社会保障部“粤菜师傅”教材编制工作。

【社会化职业技能等级认定】 2021年，佛山市在全国水平评价类技能人员职业资格全部退出国家职业资格目录后，推行社会化职业技能等级认定。市、区人力资源社会保障部门通过召开政策宣讲会、上门服务等多种方式，组织龙头企业、技工院校和培训机构申报职业技能等级认定资质，开展技能等级认定活动。2021年全市完成技能等级认定备案企业104家、职业院校（含技工院校）26所、第三方社会培训评价组织2个，发放技能等级证书5.47万人次。

2021年11月2—3日，佛山市人力资源和社会保障局组织人员参加第四届粤港澳大湾区“粤菜师傅”技能大赛暨粤菜产业文化交流活动。图为闭幕式上获奖人员合影

（市人力资源社会保障局　供图）

【职业技能竞赛】 2021年，佛山市组织开展包括有关“三项工程”（“粤菜师傅”工程、“广东技工”工程、“南粤家政”工程）技能竞赛活动在内的市级以上职业技能竞赛49场，其中679名参赛者获高级职业资格及技能等级认定证书，150多名参赛者获“佛山市技术能手”称号。组织佛山技能人才参加各类省级技能竞赛，在第一届广东省“南粤家政”职业技能竞赛中，获金奖2个、银奖1个、铜奖2个、优秀奖3个，是全省获金牌及奖牌总数最多的地级市；在第四届粤港澳大湾区“粤菜师傅”技能竞赛中，获一等奖1个、二等奖1个、三等奖2个、优胜奖1个。

【劳动监察】 2021年，佛山市各级劳动保障监察机构检查用人单位4.25万个，比上年增长79.01%，办理欠薪案件73件，为611名劳动者追发劳动报酬638.89万元；以涉嫌拒不支付劳动报酬罪向公安部门移送案件45件，在“信用佛山”平台上公布欠薪“黑名单”企业6家，向社会公布重大欠薪违法案件32件。全年全市劳动保障违法案件呈大幅下降趋势，没有发生影响社会秩序的群体性事件和重大恶性事件。组织开展工程领域联合执法、劳务中介专项整治、清理整顿人力资源市场、安全生产重点企业高温天气劳动保护、超时加班问题集中排查化解、企业遵守劳动用工法律法规、女职工产假等权益保护等专项行动，出动检查人员2443人次，检查用人单位6558个，对发现的劳动保障违法行为进行查处。完善工程建设领域执法机制，在全省率先建立工程建设领域责任落实联合执法机制。制作欠薪政策宣传动漫小视频《奋斗侠》，加大《保障农民工工资支付条例》等法律法规的宣传力度。

【“政企银”创业担保贷款新模式】 2021年，佛山市推进“政企银”创业担保贷款，相继印发市级管理办法（《佛山市人力资源和社会保障局　佛山市财政局　佛山市金融工作局　中国人民银行佛山市中心支行关于创业担保贷款担保基金和贴息资金管理办法》）和有关实施细则、业务手册等政策文件，明确创业担保贷款审批、贴息、公示等流程及相关材料，细化各业务环境的操作规范；提出“预付代偿款”概念，细化明确重点扶持对象人数计算公式，创新多部门同步审批流程，建立风险控制制度，形成全面覆盖“政策纲领、实施细则、业务经办”3个层面的政策框架。年内，佛山市发放创业担保贷款582笔5.76亿元，其中个人贷款399笔1.09亿元，小微企业贷款183笔4.67亿元。年度贷款发放贴息资金1577.17万元。

【人社服务直通车暨百名干部联千企活动】 2021年，佛山市人力资源社会保障部门开展人社服务直通车暨百名干部联千企活动，组成市、区两级人社服务队，选取全市具有代表性的1000家企业和7个具有影响力的行业协会开展联络服务活动，形成100%常态化联络机制。全年走访企业525家，接收反馈问题702个，协助企业解决634个、推进解决68个。发动重点企业参加线上、线下招聘活动62场，提供岗位超2万个次。结合重点企业报送紧缺岗位要求，全年联系3737名求职人员，为253家重点企业推荐1095份简历。

【佛山港澳青年创业孵化基地运营】 2021年，佛山港澳青年创业孵化基地引进21个港澳青年初创项目，涵盖生物医药与健康、节能环保、人工智能等前沿领域。依托顺德港澳台交流促进中心、南海·青创家分别建设的顺德分园区、南海分园区投入运营，全市形成“一基地两园区”新格局。截至年底，佛山市港澳青年创业孵化基地主园区、顺德分园区、南海·青创家累计引进台港澳项目88个，带动就业人数273人。同年8月27日，佛山港澳青年创业孵化基地二期开园，建筑面积约4000平方米，可容纳超30家港澳青年初创企业入驻办公。年内，佛山市港澳青年创业孵化基地入选广东省首批粤港澳大湾区港澳青年创新创业基地。

【“最美异地务工人员”“最美高校毕业生”评选】 2021年，佛山市人力资源和社会保障局、佛山市总工会联合举办2021“我为佛山代言”系列活动，报名人选来自智能制造、机械化工、大数据应用、文化创意、民生消费等行业，产业工人推荐比例超50%。10月，经推荐、投票评议等环节评选出王凯等“最美异地务工人员”10人、占迪专等“最美高校毕业生”10人，另外，石醒欣等10人获网络投票“最具人气奖”。

【广东“众创杯”创业创新大赛之技能工匠争先赛】 2021年6—11月在佛山市举行。767个项目进入初赛，其中“广东技工”主赛道企业组223个、团队组410个、“粤菜师傅”专项赛69个、“南粤家政”专项赛65个。36个项目进入决赛，其中“广东技工”主赛道企业组12个、团队组12个、“粤菜师傅”专项赛和“南粤家政”专项赛各6个。通过决赛，佛山市港澳青年孵化基地“稳固新型环保建材装饰构件应用及发展”项目获“广东技工”主赛道企业组金奖，广州市公用事业技师学院的“趣乡村——乡村民俗文化内涵与盲盒经济的创新融合”项目获团队组金奖，佛山市的广东利华智能科技有限公司“基于生态模拟的水产智能运输解决方案”项目获“粤菜师傅”专项赛金奖，佛山市的“智清杰A9家电、软装、管道智能清洗设备创业计划书”项目获“南粤家政”专项赛金奖。

【佛山市第七届大众创业交流会】 2021年8—12月举行。交流会期间，在各区创业孵化载体开展双创参观体验和交流论坛活动10场。12月10日，在广州工商学院三水校区举行主题为“汇聚新动能，双创新发展”的佛山市第七届大众创业交流会暨三水区2021年创业创新大赛，活动现场上线佛山市“1+5+N”（港澳青年）一网式数字化双创服务平台，构筑佛山“1+5+N”（即1场启动仪式、5场区专题活动、N场特色活动）创业孵化体系，活动现场还为佛山市中国陶瓷总部陶配中心创业孵化基地、广东顺德易客工厂创业孵化基地、广东顺德华地互联网创业孵化基地、顺德区More方创业孵化基地、佛山市高明区犀头创意产业园、好帮手知行创业孵化基地、揽月一号双创基地7个市级创业孵化基地授牌。

【第一届全国博士后创新创业大赛在佛山举行】2021年12月18—20日，以“博采科技精华 创新引领未来”为主题的第一届全国博士后创新创业大赛在佛山市举行，大赛由人力资源和社会保障部、广东省人民政府主办，是全国博士后制度设立以来首次举办的全国性博士后创新创业赛事。大赛以关注前沿科技领域、面向国家战略和市场需求、“赛展会”有机结合、线上线下同步为亮点。大赛设创新赛、创业赛、海外（境外）赛和揭榜领题赛4个组别，线下现场赛和线上“云参赛”相结合，约1400个项目以路演和答辩为主要形式进行展示，最终产生57个金奖、91个银奖、125个铜奖。大赛设置近9000平方米的博士后工作成果展示专区，各省、区、市和部分高校、科研院所、重点实验室、博士后创新平台参会设展，借助VR（虚拟现实）技术同步线上布展，吸引1.8万人次参观。此外，大赛期间还举办博士后人才交流与科研成果转化对接活动，提供超2000个优质岗位，超1000人次达成工作意向。200多家企业和40多个全国创投机构参加技术交易对接，692个成果转化项目洽谈对接，现场签约项目54个，意向合作金额11.27亿元。

（曾凡滨）

收入与消费

【居民人均可支配收入】2021年，佛山市居民人均可支配收入持续增长，实现“十四五”（第十四个五年规划，起止时间为2021—2025年）良好开局。城乡收入差距持续缩小，居民消费支出恢复增长态势，消费结构继续改善。佛山居民人均可支配收入61700元，比上年增长9.7%。

全体居民人均可支配收入首次突破6万元　全体居民人均可支配收入首次突破6万元，比上年增长9.7%，比全国增速高0.6个百分点，分别比全国、全省高26572元和16707元。与珠江三角洲九市相比，绝对值排在深圳（70847元）、广州（68908元）、东莞（62126元）之后，居第四位；增幅排在肇庆（10.5%）、江门（10.1%）、东莞（9.9%）、中山和珠海（9.8%）之后，居第六位。从两年（2020年和2021年）平均增速看，两年平均增长6.8%，分别比全国、全省低0.1、0.6个百分点。

城乡收入差距进一步缩小　城镇居民人均可支配收入62942元，增长9.6%；农村居民人均可支配收入37067元，增长10.8%，农村居民人均可支配收入增速高于城镇居民1.2个百分点，城乡居民人均可支配收入比由2020年的1.718缩小至2021年的1.698，城乡收入差距持续缩小。

构成居民人均可支配收入的四大类全面提升　构成居民人均可支配收入的四大类项目——工资性收入、财产净收入、转移净收入和经营净收入比上年均有所增长。其中：居民人均工资性收入37780元，比上年增长8%，占人均可支配收入比重超60%，对人均可支配增长贡献率达51.3%，拉动可支配收入增长5个百分点；居民人均经营净收入7101元，比上年增长12%，占人均可支配收入比重为11.5%，对可支配收入增长的贡献率为14%，拉动可支配收入增长1.4

表53　2021年珠三角九市居民人均可支配收入对比情况表

地　区	全体居民人均可支配收入		城镇居民人均可支配收入		农村居民人均可支配收入	
	绝对值（元）	增速（%）	绝对值（元）	增速（%）	绝对值（元）	增速（%）
广州市	68908	8.9	74416	8.9	34533	10.4
深圳市	70847	9.2	70847	9.2	—	—
珠海市	61390	9.8	64234	9.8	34394	10.5
佛山市	61700	9.7	62942	9.6	37067	10.8
惠州市	43351	9.1	49243	8.3	27580	10.7
东莞市	62126	9.9	63740	9.8	43188	11.2
中山市	57901	9.8	60323	10.2	41750	10.9
江门市	37068	10.1	43622	9.3	23376	10.6
肇庆市	30394	10.5	37791	8.7	22689	10

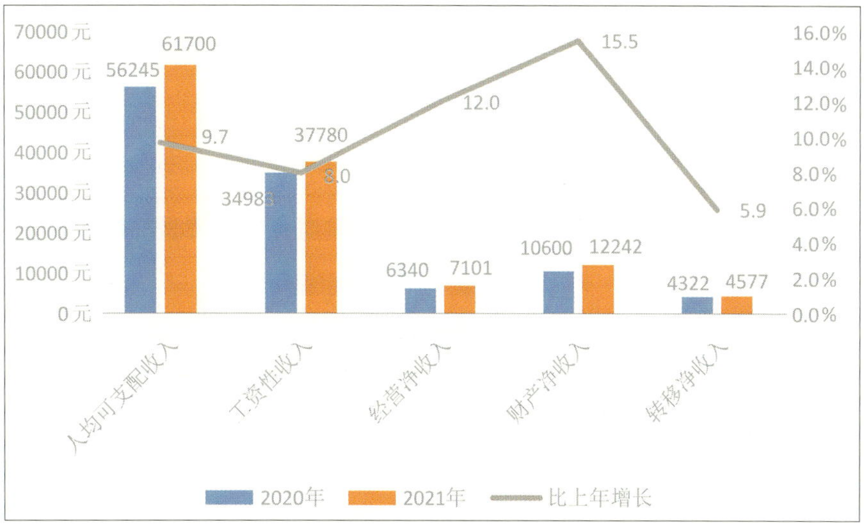

图27　2021年佛山居民人均可支配收入结构情况图

个百分点；居民人均财产净收入12242元，比上年增长15.5%，占人均可支配收入比重为19.8%，在四大项收入中增速最快，拉动可支配收入增长2.9个百分点；居民人均转移净收入4577元，增长5.9%，占人均可支配收入比重为7.4%。

【居民消费支出恢复增长】 2021年，佛山市居民人均消费支出突破4万元，达40545元，比上年增长9.8%。其中：城镇居民人均消费支出41327元，增长9.7%；农村居民人均消费支出25035元，增长12.5%，农村居民消费增长比城镇居民快2.8个百分点。从全体居民看，反映消费的八大类消费项目全面增长，其中其他用品及服务增速居首，达20.2%；衣着增速第二，达15.1%；食品烟酒类支出占比最大，达31%，对总支出增长贡献率为42.3%。

生存型消费增长势头较快　居民饮食、衣着、居住等生存型消费支出加快增长，成为拉动消费增长的主要因素。全体居民人均食品烟酒消费12580元，比上年增长13.8%，恩格尔系数为31%，比上年提高1.1个百分点，拉动居民生活消费支出增长4.1个百分点。居民饮食消费更趋营养、高品质，外出就餐逐渐恢复，拉动食品消费支出增长。人均衣着类消费支出1340元，增长15.1%。人均居住支出10215元，增长9.7%，拉动居民生活消费支出增长2.4个百分点。

表54　**2021年佛山全体居民人均消费支出构成情况表**

	2021年（元）	2020年（元）	增速（%）	占比（%）
人均消费支出	40545	36936	9.8	—
（一）食品烟酒	12580	11053	13.8	31
（二）衣着	1340	1164	15.1	3.3
（三）居住	10215	9315	9.7	25.2
（四）生活用品及服务	2236	2174	2.8	5.5
（五）交通通信	6720	6535	2.8	16.6
（六）教育文化娱乐	4431	4018	10.3	10.9
（七）医疗保健	2138	1940	10.2	5.3
（八）其他用品和服务	886	737	20.2	2.2

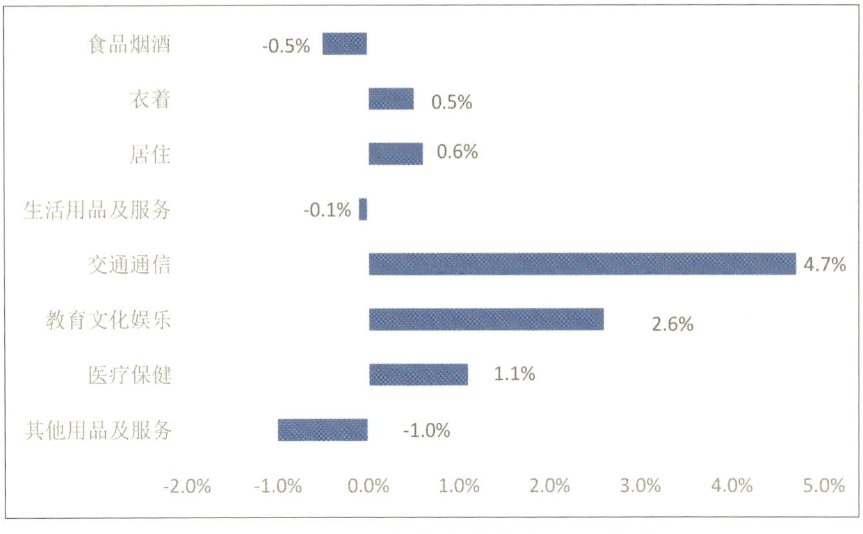

图28　**2021年佛山居民消费价格指数八大类商品及服务价格涨跌幅情况图**

发展型消费平稳增长　居民文旅活动逐渐恢复，居民人均教育文化娱乐支出4431元，比上年增长10.3%；人均医疗保健支出2138元，增长10.2%。居民生活品质持续提高，家具材料、家电器具与个人日用品等不断升级换新，带动生活用品类支出快速增长。其中，人均生活用品及服务支出2236元，增长2.8%；人均其他用品和服务支出886元，增长20.2%。

【八大类商品及服务价格】 2021年，构成佛山市居民消费价格指数（CPI）的八大类商品及服务价格“5升3降”。其中：交通通信价格涨幅最高，上涨4.7%；教育文化娱乐价格上涨2.6%；医疗保健、居住、和衣着价格均小幅上涨，分别上涨1.1%、0.6%、0.5%；受车辆保险、金饰品等价格下降影响，其他用品及服务价格下降1%；受猪肉、鲜菜等价格下降影响，食品烟酒价格下降0.5%；受家具等价格下降影响，生活用品及服务价格下降0.1%。从对居民消费价格指数涨幅的贡献来看，交通通信、教育文化娱乐分别拉动居民消费价格指数上涨0.75和0.29个百分点。

食品烟酒　1—12月，食品烟酒价格累计下降0.5%。食品价格下降0.7%，与上年（上涨12.2%）的涨跌幅差为12.9个百分点，影响居民消费价格指数下降0.13个百分点。年初，春节居民食品消费增多，食品价格上涨；节后食品价格整体逐月回落。其中，纳入调查的14类食品价格与上年相比“9升5降”，蛋类、食用油价格涨幅明显，比上年分别上涨15.4%、10.3%，其他上涨类别涨幅在8%以内；畜肉类价格降幅最大，下降14.7%；调味品、干鲜瓜果类、奶类、其他食品类价格分别下降3.3%、3.2%、1.7%、1.2%。

衣着　衣着价格上涨0.5%，其中服装类价格上涨2%、衣着及配件价格上涨1.7%、衣着服务费价格上涨2.1%、鞋类价格下降6.6%。从3类服装的价格来看，儿童服装价格涨幅较大，价格上涨3.8%，男式服装价格上涨1.7%、女式服装价格上涨1.4%。

居住　居住价格上涨0.6%，其中水电燃料价格上涨2.3%、自有住房价格下降0.3%、租赁房房租价格上涨2.7%、住房保养维修及管理价格上涨0.3%。

生活用品及服务　生活用品及服务价格下降0.1%，其中家具及室内装饰品价格下降2.8%、家用器具价格上涨1.7%、家用纺织品价格上涨2.2%、家庭日用杂品价格下降0.4%、个人护理用品价格下降3.0%、家庭服务价格上涨2.7%。

交通通信　受国际原油价格上涨影响，汽油、柴油价格1—12月平均分别上涨17.3%、19.1%，促使交通工具用燃料价格上涨16.3%。交通费方面，新冠肺炎疫情防控进入常态化，居民出行逐渐恢复，飞机票、长途汽车票价格比上年分别上涨12.5%和11.7%，拉动交通费上涨4.5%。交通工具用燃料价格和交通费2个分类共拉动CPI上涨0.76个百分点；通信价格小幅上涨0.9%。

教育文化娱乐　教育文化娱乐价格上涨2.6%。教育价格上涨1.6%，其中教育用品价格上涨3.5%、教育服务价格上涨1.6%。文化娱乐价格上涨4.2%，其中文娱耐用消费品价格下降2.3%、其他文娱用品价格上涨3.5%、文化娱乐服务价格上涨1.1%、旅游价格上涨10.7%。

医疗保健　医疗保健价格上涨1.1%。其中药品及医疗器具价格上涨2.5%、医疗服务价格上涨0.7%。组成药品及医疗器具的5个小类中，中药价格上涨8.8%、滋补保健品价格上涨7.4%、西药价格上涨0.7%、医疗卫生器具和保健器具价格分别下降8.8%和3.3%。

其他用品和服务　其他用品和服务类价格下降1%。其中：受国际黄金价格总体下降影响，金饰品价格1—12月平均下降6%；受服务需求增加和人工成本上涨影响，美容美发洗浴价格上涨3.4%。

（许雁雁）

社会保险

【概况】 2021年，佛山市社会保险各险种参保人数（年末数）中，基本养老保险484.55万人、城镇职工基本医疗保险（含生育）395.69万人、城乡居民基本医疗保险236.5万人、失业保险323.69万人、工伤保险354.72万人。社会保险基金收入888.85亿元，支出881.92亿元，滚存结余889.68亿元。

【养老保险】 2021年，佛山市基本养老保险参保人数（年末数）484.55万人。其中：城镇职工基本养老保险（含离退休人员）435.5万人，比上年增加24.91万人；城乡居民基本养老保险49.05万人，比上年减少1.87万人。城镇职工基本养老保险基金总收入674.99亿元，支出668.88亿元；城乡居民基本养老保险基金（不含全征地）收入12.57亿元，支出（不含全征地）14.93亿元。从2021年1月1日起，佛山市基本养老金人均增加65元，调整后全市企业退休职工月人均基本养老金达3514元。

【医疗保险】 2021年，佛山市城镇职工基本医疗保险（含生育）参保人数（年末数）395.69万人，城乡居民基本医疗保险236.5万人。城镇职工基本医疗保险基金总收入136.15亿元，支出127.88亿元；城乡居民基本医疗保险基金总收入44.59亿元，总支出44.33亿元。全市享受基本医疗保险待遇3900.3万人次。其中：城镇职工医疗保险在职人员门诊大病（即门诊特定病种，下同）113.09万人次（次均医疗总费用633.14元/人次），住院23.44万人次（次均医疗总费用1.21万元/人次）；城镇职工医疗保险退休人员门诊大病260.1万人次（次均医疗总费用451.73元/人次），住院18.82万人次（次均医疗总费用14823.9元/人次）；城乡居民医疗保险参保人员门诊大病229.19万人次（次均医疗总费用461.06元/人次），住院37.09万人次（次均医疗总费用12418.99元/人次）。全市参保人（含职工和居民）普通门诊3218.57万人次，次均医疗总费用97.62元。

【失业保险】 2021年，佛山市失业保险参保人数（年末数）323.69万人，失业保险基金收入8.11亿元，支出9.52亿元。全市领取失业保险金6.61万人，失业保险金标准1—11月为1548元/月，12月为1710元/月；领取失业补助金9.92万人，人均282.65元/月；领取一次性失业保险金和农户生活补助1.17万人，人均1813.79元。

【工伤保险】 2021年，佛山市工伤保险参保人数（年末数）354.72万人，工伤保险基金收入12.43亿元，支出16.39亿元。全市享受工伤保险待遇1.86万人。

【生育保险】 2021年，佛山市生育保险参保人数（年末数）323.76万人。全市享受生育保险待遇11.72万人次。生育保险待遇中，生育的医疗费用4099.28元/人次、生育津贴1.75万元/人次；计划生育医疗费用1211.57元/人次（佛山计划生育医疗费用由公共卫生支付）、计划生育津贴2310.29元/人次。

【新冠肺炎疫情防控期间社保基金支出】 2021年，佛山市社会保险基金管理部门发挥社会保险保障作用，服务新冠肺炎疫情防控和经济社会稳定发展。发放失业保险金34万人次，金额5.27亿元；发放失业补助金29.2万人次，金额1.1亿元；发放岗稳补贴8997万元，惠及企业1.6万家。年内的5—9月期间，为976.66万人次支付大规模核酸检验费用近2亿元。

【社保卡服务】 2021年，佛山市社会保障卡制卡数673.4万张，激活数636.07万张，激活率94.46%。全市电子社保卡实际签发人数341.2万人（累计签发量717.97万张），411.4万人次通过电子社保卡线下扫码消费医保个账，共消费694.8万笔，消费金额7.68亿元。全市合作发卡银行共有1579个网点提供社保卡服务，其中已建成并开通服务的快速发卡网点276个。7月，佛山市成为社保卡居民服务“一卡通”综合试点城市。10月，社保卡“秒批”发放补助项目——新能源汽车消费补助项目上线“佛山扶持通”平台，成为全市首个“一卡通”跨领域应用落地项目。

【“社银合作”自助服务模式推进】 2021年，佛山市继续推进社会保险与银行合

2021年12月27日，2021年佛山市社银合作推进会期间，与会人员在社保业务终端机体验区体验业务办理　（市社会保险基金管理局　供图）

作的"社银合作"自助服务模式。全市400多个社保服务点、镇（街道）、村（社区）党群服务中心、社区服务中心、银行网点等配备"社银自助终端机"共667台，加载养老参保缴费凭证打印、社保信息查询、保险关系转移等47项涵盖企业、居民、机关事业单位3类参保人群的高频社保业务。此外，还打造"社银"双融合系统、增设24小时社银服务区及社保网办体验区等多种"社银合作"新模式，建立"10分钟社保服务圈"。"'社银合作'打造10分钟社保服务圈"案例获2021年佛山口碑榜奖项。

【社保便民服务】 2021年，佛山市实现172个社保事项在广东省人力资源和社会保障厅网上服务平台"一网通办"，可网办率达96.6%，其中个人业务90项、单位业务82项。在广东省人力资源和社会保障厅网上服务平台"一网通办"业务中，"零跑腿"业务105项。"佛山社保"微信公众号等提供社保查询以及社保卡线上办理等高频服务事项增至29个，"i社保"手机应用程序（App）提供社保服务事项增至32个。3月1日起，佛山市取消领取失业保险金人员每月签到认证，经办机构进行数据核查和信息比对，验证失业人员领取资格，核对无误后直接予以发放。4月起，取消企业职工养老保险关系省内转移接续手续，至年底共办理跨区域业务6000多宗。12月，佛山市社会保险基金管理局获2021年佛山口碑榜"互联网+数字创新服务最佳口碑单位"奖项。

【社保"放管服"改革】 2021年，佛山市社会保险基金管理局制定《2021—2023年服务改革整体规划表》，推进各项服务改革。针对群众反映强烈的各类无谓证明的10个事项，逐步实行证明事项告知承诺制。"社保经办机构推行证明事项告知承诺制　解决参保群众痛点堵点问题"案例入选司法部证明事项告知承诺制典型案例评选候选案例。年内，市社会保险基金管理局推进"快办行动"，实现10项业务"打包办"，失业保险待遇申领、保险关系转移2项业务提速50%。

【港澳居民社保通办服务】 2021年，佛山市社会保险基金管理部门联合市政务服务部门在香港、澳门地区设立"通办专区"，联合统战部门启动"携手合作　扬帆湾区"禅森湾区通办项目，新增澳门青年创业孵化中心为"通办专区"线下服务网点。12月，在顺德区港澳台促进交流中心（港澳青年创新创业基地）举办佛山市"湾区社保服务通"合作协议签订暨港澳居民在佛参保主题宣传活动，与中国工商银行（澳门）股份有限公司等3个机构签订《"湾区社保通"合作协议（佛山）》。从港澳居民的社保服务需求和业务经办实际出发，确定"佛澳'社保服务通'线下跨境办事项（第一批）事项清单"共22项，并组织编制简体字、繁体字双版的《佛澳"社保服务通"事项操作手册》。

【就医直接结算范围扩大】 2021年，佛山市开通多平台异地就医线上备案服务，推动市内115个已上线异地就医住院费用直接结算的医疗机构按时同步开通异地就医门诊费用直接结算。为6.31

2021年12月13日，佛山市"湾区社保服务通"合作协议签订暨港澳居民在佛参保主题宣传活动在顺德区港澳台促进交流中心举行　（市社会保险基金管理局　供图）

万人次参保人提供省内异地联网住院直接结算服务，各项基金支付6.63亿元；为2059人次参保人提供跨省异地联网直接结算服务，各项基金支付1782.3万元。8月，佛山市正式实施全省统一的《广东省基本医疗保险、工伤保险和生育保险诊疗项目目录（2021年）》，并同时进行协议机构的伤病分离接口改造，基本实现工伤保险住院费用联网结算。

【社保基金监管】 2021年，佛山市社会保险基金管理局开展“清数”“筑墙”行动，成立佛山市“清数”“筑墙”行动领导小组，组织相关部门接收疑点数据并进行核实。全年接收疑点数据280余万条，核实279.48万条，核实率99.75%，其中需要整改的有240.58万条，完成整改211.91万条，整改完成率88.09%。完成“佛山市医保大数据应用系统”开发并于4月上线运行，运用国家医保信息平台智能监管子系统及佛山市医疗费用信息监管系统等开展医疗费用智能审核工作，核实违规结算单据明细共计14753条，利用省系统数据回流库与外部门数据的信息比对平台对碰出疑点数据3949条，强化社保基金支付事前、事中、事后的风险防范。核查全市定点医疗机构住院参保人身份共20.7万人次，查实不按规定住院20例；查阅结算单32.6万份，纠正违规结算单1934份。

【社保惠企便民政策宣传月活动开展】 2021年9月，佛山市社会保险基金管理局联合各区社保基金管理部门举办主题为“社保惠民办实事　数字转型开新局”的2021年佛山社保惠企便民政策宣传月活动。活动围绕“政策解读”“数字化转型”“我为群众办实事”“社保基金警示教育”等主题开展。9月3日，宣传月启动仪式在南海区举行，采用“全程图文+视频直播”的形式，现场设置社保咨询区，社保志愿者为市民解疑释惑并派发宣传单张，启动仪式当天线上观看人数超10万人次、参与微信知识问答及朋友圈互动超23万人次。宣传月活动期间，各级社保部门到企业、社区、医院开展送政策、送服务、送温暖活动，利用微信公众号、手机应用程序等新媒体，以及报纸、电视等传统媒体进行宣传报道，并通过情景短片（微视频）、公益广告、普法知识竞答等线上线下结合的形式进行多方面宣传。

（梁韵婷）

【全省首个社会保险费征缴争议多元调解中心成立】 2021年11月2日，佛山市南海区大沥镇社会保险费征缴争议调解中心在南海区税务局大沥税务分局揭牌启用，是全省首个社会保险费征缴争议多元调解中心。大沥镇辖区社保征缴争议经双方当事人同意并发起申请，可在调解中心“一站式”调解劳动关系存续时间、工资总额认定、社保补缴等单一或复合型争议事项，降低群众维权成本。大沥镇把调解中心作为综合平台，与辖区产业园区、商会协会、用人单位等联动，搭建调解组织网络，设立调解联络员，及早发现社保缴费争议苗头，将矛盾化解在源头。

（佛山年鉴社）

2021年9月，佛山市开展社保惠企便民政策宣传月活动。图为“社保政策你问我答”座谈交流会现场

（市社会保险基金管理局　供图）

社会救助

【最低生活保障】 2021年，佛山市继续提高低保标准和补差水平。全市低保标准统一提高到每人每月1120元，全市补差水平统一不低于每人每月674元，是佛山市自2012年以来连续10年持续提高低保标准。年末，全市有低保对象5565户10118人，其中城镇低保对象2247户4030人、农村低保对象3318户6088人；有特困供养对象2750户2759人，低保临界333户770人。全年全市低保金支出1.34亿元。

【特困人员供养】 2021年，佛山市提高特困人员救助供养水平。其中，禅城区由2020年的每人每月2660元提高到2757元、南海区由2020年的每人每月2288元提高到2453元、顺德区由2020年的每人每月2380元提高到2525元、高明区由2020年的每人每月1728元提高到1804元、三水区由2020年的每人每月1908元提高到2022元。从2021年12月1日起，全市全自理、半自理、全护理特困人员月人均照料护理标准分别提高到95元、1140元、1900元。全年全市特困供养资金支出7521.46万元，特困人员照料护理资金支出2173.15万元。

【临时救助】 2021年，佛山市加强对遭遇突发事件、意外伤害、重大疾病或其他特殊原因导致基本生活陷入困境，其他社会救助制度暂时无法覆盖或救助之后基本生活暂时仍有严重困难的家庭或个人的救助，全市临时救助支出283.82万元，救助972人次，临时救助水平平均为每人每次2920元。

【社会救助体系建设】2021年，佛山市将社会救助体系建设列入全市改革重点项目实施。梳理完成《佛山市社会救助工作建设体系》，实现社会救助流程优化再造。推进社会救助改革创新，构建全覆盖高效社会救助体系。围绕统筹救助资源、增强兜底功能、提升服务能力为重点、全面构建制度衔接、资源统筹、部门联动、社会参与、数据共享的社会救助服务新格局。新修订《佛山市临时救助办法》。为每个散居特困人员制作“特困供养人员照料护理服务卡”。

【社会救助专项行动】2021年，佛山市印发《佛山市低保专项治理巩固提升行动方案》，建立工作台账并按计划推进低保专项治理巩固提升工作。全年将117名符合条件的重残、重病人员参照“单人户”（家庭只有一人，无共同生活的其他家庭成员）纳入低保。清退不符合条件低保对象748户1344人；新纳入低保对象660户1388人；新增分散供养特困人员268人，100%签订委托照料服务协议。各级民政部门党员、干部、职工响应“解忧暖心传党恩”行动号召，对低保对象、特困人员等困难群众100%开展结对帮扶，并对在册困难群众开展入户核查，及时救助，对走访慰问发现的问题采取具有针对性的政策举措。至年底，全市获结对帮扶的困难群众有1.11万人；走访慰问困难群众1.67万人次，支出慰问金343.85万元；走访后解决的政策问题82个，解决个案问题109个。年内，由市人民政府分管副市长、副秘书长分别主持召开协调流浪乞讨人员救治和安置工作联席会议各1次。市民政局负责牵头制定流浪乞讨精神病人驻点工作机制，出台《佛山市民政局等六部门关于进一步明确佛山市流浪乞讨精神病患者救治和安置工作有关问题的通知》。做好社会救助工作人员业务培训，举办全市流浪乞讨人员救助管理业务培训班，组织全市基层社会救助经办人员参加全省社会救助业务培训班，组织社会救助科和全市救助管理机构主要负责人参加全省低收入人口监测系统暨流浪救助业务系统培训班。组织召开全市民政系统疫情防控暨社会救助工作会议。

【社会救助改革创新】2021年，佛山市将开展社会救助改革创新工作作为推动全市改革完善社会救助制度的重要抓手，兜住兜牢基本民生保障底线。禅城区基本构成与救助制度相匹配的健全服务型救助工作体系，全年向785户困难群众派发中秋爱心礼包。南海区出台《“急难”专项救助实施办法》，率先重点针对非本地户籍人员，分衣、食、住、行等4个类别，采取现金发放的形式，实施不超7日（含7日）的短暂救助，最高限额每人每次1100元。顺德区“慈善+社会救助”改革试点工作上升为省民政厅改革试点项目，整合社会救助、社会工作和慈善公益资源，搭建多方参与困难群众帮扶信息平台，以“慈善+社工”的模式建立“一对一”“多帮一”困难群众帮扶机制和工作体系，被省民政厅评为2021年度广东省社会救助领域创新实践优秀案例。高明区创新设立特殊帮扶补贴，强化困难群众兜底保障，制定《佛山市高明区特殊困难群众帮扶工作方案》，为首个针对非低保及特困对象（含低保临界对象、事实困难对象等）定期发放救助金的地区。三水区实施“助学困难学生，筑梦铸人自强”社会救助创新实践，加大对困难群众子女高等教育的资助力度，针对困难群众家庭子女在读全日制大专以上的，每人每月发放500元生活助学金；联合区慈善机构启动“萤火虫”困难家庭助学计划，为困难家庭中专以上在读学生发放一次性助学金。

【流浪乞讨人员救助】2021年，佛山市有各级救助管理机构2个。落实流浪乞讨人员救助管理领域新冠肺炎疫情防控工作，落实精神障碍患者和流浪乞讨人员救助管理工作，出台流浪乞讨精神病人驻点工作机制及进一步健全全市流浪乞讨救助管理工作方案，开展流浪乞讨人员救助数据治理工作。完成救助管理机构特别防护期各项工作、督促各救助管理机构落实疫情防控日常监测、清洁消杀、核酸检测、疫苗接种等工作，确保关键节点和重大节日救助机构的各项安全。开展“夏季送清凉”“寒冬送温暖”等专项救助行动，做好流浪乞讨和临时遇困人员的救助管理工作，保障流浪乞讨人员的生命安全。指导市救助管理站推进升级改造项目，组织做好各种办公设备配套设施进场的质量和安全管理，并高标准做好相匹配的队伍建设。全年全市救助流浪乞讨人员1253人次、落户安置人数提升至228人。

【残疾人福利保障水平提高】2021年，佛山市困难残疾人生活补贴标准每人每月250元，重度残疾人护理补贴标准每人每月300元。全年全市发放困难残疾

2021年7月，佛山市开展“夏季送清凉”专项救助行动。图为佛山市救助管理站工作人员救助街面流浪乞讨人员
（市民政局　供图）

人生活补贴3372人，发放困难残疾人生活补贴资金约1000万元；发放重度残疾人护理补贴4.04万人，发放重度残疾人护理补贴资金1.4亿元。通报督促认定进度，解答认定难题，加大宣传力度，通过当事人办理、他人代办、工作人员上门服务等多种灵活方式开展认定，并自2021年4月22日起正式实施残疾人“两项补贴”（困难残疾人生活补贴和重度残疾人护理补贴）资格认定申请“跨省通办”。推进残疾人“两项补贴”“跨省通办”，组织市、区民政局，及各镇（街道）参加全省残疾人“两项补贴”视频业务培训班，通过培训准确掌握残疾人“两项补贴”实施办法的政策规定和管理系统的操作使用，理顺“跨省通办”的业务流程各个环节。

【食品捐赠试点工作推进】 2021年，佛山市确定顺德区为开展食品捐赠工作的试点区。佛山市民政局印发《开展食品捐赠试点工作方案（试行版）》，围绕勤俭节约、保护环境、扶贫济困的工作重点，以食物为纽带，为困难群众搭建社会支持网络，鼓励更多的爱心企业和个人加入捐赠行列。市民政局牵头设立食品捐赠工作统筹小组，负责全市食品捐赠款物的统筹协调、供需对接、分配管理、审计监督和信息公开等工作。在统筹小组指导下，顺德区引导企业、组织和个人捐赠尚在保质期内、可正常食用的食品，发动社区、社会组织、福利机构、救助机构和群团组织等收集各类困难群众的食品捐赠需求，搭建食品捐赠平台，加强捐赠食品安全管理和质量监测，确保捐赠工作规范、安全开展。以“反浪费助公益”为主题，加大宣传力度，营造人人向善、人人崇善、厉行节约、反对浪费的社会氛围。

【慈善公益创投】 2021年，佛山市开展“2021年创益合伙人计划”，共出资266万元资助25个公益慈善项目。其中市慈善会定向捐赠资金116万元、市级公益服务类社会组织发展专项扶持资金150万元，资助范围包括为老服务、青少年及儿童服务、助残服务、救扶帮困服务、宣传教育服务、志愿者队伍建设与服务等。至年底，“2021年创益合伙人计划”项目直接服务社会群众累计11.77万人，间接受益人28.34万人。其中，轻度智力、精神障碍及肢体残障等人士1624人，孤寡独居、生活困难等各类长者6500人，血液透析患者38人，学校师生、企业员工及社区居民9.21万人，其他各类困境群体123人，佛山市民及游客5659人，流浪乞讨人员635人，在职党员及志愿者139人，异地务工人员和本地市民亲子家庭6075人，6～12岁学龄儿童2098人，有抑郁情绪的青少年、抑郁症患者及其家庭917人，边缘青少年、受害青少年及其家属103人，有特殊教育需要的师生及其家长459人，异地务工人员1150人。

【河南抗洪救灾慈善支援】 2021年7月21日，佛山市印发《佛山市慈善会关于支援河南省抗洪救灾的倡议》，开设“支援河南省抗洪救灾”项目，截至8月27日，共接收捐款总额408.88万元，捐款全部用于支援河南省抗洪救灾工作。其中：为赴灾区开展救援工作的佛山市菠萝救援服务队购置防汛泵、救生艇、救生衣、消毒机、无人机（消毒用途）、防护服等救援物资和消毒器械、排涝水泵配件等物资，总价值223.02万元；为河南省新乡市和鹤壁市受灾情影响的58所中小学校购置价值185万元的学生桌椅7909套，支援灾区学校重建工作，确保灾区学生按时开学。

【中华慈善日暨佛山市慈善月活动】 2021年9月，佛山市举行2021年中华慈善日暨佛山市慈善月系列活动，主题为“汇聚慈善力量，助力乡村振兴”。于9月16日举行启动仪式，来自佛山市直和各区的公益慈善行业代表24人组成8支队伍，参与慈善法和党史知识竞赛。“佛山市慈善月”系列活动包括《中华人民共和国慈善法》主题讲座、慈善项目开放日、慈善嘉年华、志愿者培训、线上慈善知识问答、“最美善影”公益摄影作品征集、慈善地标打卡等，通过“线上+线下”的形式举行。慈善月期间全市开展相关主题活动超150个，服务超2万人次，宣传覆盖约100万人次。

（陈　瑶）

社会福利

【概况】 2021年，佛山市有儿童福利机构5家。佛山市加大对孤儿、事实无人抚养儿童、特殊未成年人、农村留守儿童以及未成年人关爱服务力度。提高全市孤儿、事实无人抚养儿童基本生活最低养育标准，开展孤儿、事实无人抚养儿童认定申请受理“跨省通办”工作以及事实无人抚养儿童助学实践活动。开展对全市农村留守儿童和困境儿童深入摸排，及时落实关爱帮扶措施。全面推进儿童之家建设工作，挂牌儿童之家45

2021年9月16日，佛山市民政局举行“汇聚慈善力量　助力乡村振兴”2021年中华慈善日暨佛山市慈善月系列活动启动仪式

（市民政局　供图）

家，有儿童督导员44人、儿童主任792人。推进未成年人救助保护协调机制建设，成立佛山市未成年人保护工作领导小组，加强对未成年人保护工作的统筹、协调、督促和指导。继续做好福利彩票销售工作，全市销售福利彩票15.58亿元。

【孤儿、事实无人抚养儿童基本生活保障】2021年，佛山市民政局联合市财政局转发《关于提高我省2021年至2023年孤儿基本生活最低养育标准的通知》，确定2021年佛山市集中供养孤儿、散居孤儿基本生活保障标准为每人每月2400元，事实无人抚养儿童参照散居孤儿基本生活养育标准执行。全市孤儿、事实无人抚养儿童基本生活最低养育标准高于全省最低保障标准。全市有孤儿409人、事实无人抚养儿童251人，共发放保障资金1.38亿元。落实孤儿、事实无人抚养儿童认定申请受理“跨省通办”工作，“跨省通办”工作自2021年6月30日起实施。依托“佛山民政”微信公众号发布专题文章，向市民介绍“跨省通办”办理流程，扩大知晓度，满足广大人民群众异地办事需求。开展事实无人抚养儿童助学实践活动，开展事实无人抚养儿童助学实践活动。各区民政部门链接多方资源，发动社会力量，拓宽助学范围及帮扶内容，为事实无人抚养儿童开展教学辅导、心理辅导、公益课程、发放助学金等形式多样的帮扶活动。

【特殊未成年人关爱帮扶】2021年，佛山市开展全市农村留守儿童和困境儿童情况摸底调查工作，摸清辖区内未成年人学习生活、社会救助、监护人履职尽责等基本情况，重点摸清智力和精神残疾及监护缺失未成年人在教育、医疗康复、心理疏导、一对一帮扶等方面的需求，及时落实关爱帮扶措施。

【儿童之家及队伍建设】2021年，佛山市推进儿童之家建设，拓展儿童活动阵地，挂牌儿童之家45家，保障每个儿童之家建设经费投入，在标准化建设的基础上，根据各辖区内儿童的实际需求，开展特色、差异化服务。发挥儿童督导员、儿童主任“排头兵”作用。全市有儿童督导员44人、儿童主任792人，每个村（社区）至少1名儿童福利主任。儿童主任每月入户探访4人次，了解困境儿童学习生活、补贴发放、监护人履职尽责等情况，为有需要的儿童提供咨询、转介等服务。

【未成年人救助保护协调机制建设】2021年，佛山市推进未成年人救助保护协调机制建设，印发《佛山市未成年人保护工作领导小组成员单位职责任务分工》，全市各区全面建立未成年人保护工作协调机制，加强对未成年人保护工作的统筹、协调、督促和指导，形成就未成年人救助保护各司其职、各尽其责，部门协同、齐抓共管的工作局面。

【福利彩票】2021年，佛山市销售福利彩票15.58亿元，完成省下达销量任务的113.8%。其中，电脑型彩票销售11.52亿元，网点即开票“刮刮乐”销售4.06亿元，“刮刮乐”销量比上年增长75.32%。

（陈　瑶）

住房保障

【保障性住房】2021年，佛山市继续加大住房保障力度，修订《佛山市住房保障租赁补贴的实施意见》，扩大住房保障覆盖面，继续推进住房保障货币化改革，丰富住房保障实现形式。2021年省下达佛山市租赁补贴发放任务11754户，对比上年度任务翻一番，全年全市实际发放租赁补贴14581户，任务完成率124.1%。

（黎健莹）

【住房公积金】2021年，佛山市住房公积金各项业务继续保持增长态势，住房公积金政务服务水平提升，住房保障性作用继续凸显。

住房公积金缴存　住房公积金新开户单位5196个，净增单位3726个；新开户职工27.08万人，净增职工14.92万人。实缴单位23045个，实缴职工135.5万人（各类企业职工占59.01%），缴存额183.88亿元。至年底，住房公积金历年缴存总额1442.27亿元，缴存余额409.46亿元。

住房公积金提取　提取住房公积金的缴存职工57.36万人，其中中、低收入者占90.8%，高收入者占9.2%。提取额138.29亿元，比上年增长10.1%。提取住房公积金金额中，住房消费提取占91.27%，非住房消费提取占8.73%。至年底，住房公积金历年提取总额1032.81亿元。

住房公积金贷款　发放个人住房贷款1.85万笔78.17亿元，比上年分别增长8.77%、−2.93%。贷款质量良好，贷款逾期率0.25‰。年内，个人住房贷款支持职工购建房206.03万平方米，通过申请住房公积金个人住房贷款，节约职工购房利息支出17.25亿元。至年底，住房公积金历年累计发放个人住房贷款19.14万笔643.57亿元，贷款余额407.46亿元。

住房公积金业务收支　住房公积金业务收入12.88亿元，业务支出8.4亿元，其中支付职工住房公积金利息和存款补贴7.89亿元、归集手续费0.04亿元、委托贷款手续费0.47亿元。提取廉租住房（公共租赁住房）建设补充资金3.48亿元。至年底，住房公积金历年累计上划廉租房建设补充资金21.96亿元。

住房公积金业务运作效率　个人住房贷款发放额、住房消费提取额的总和与当年缴存额的比率为111.16%。全年办结各项住房公积金业务219.31万件，其中网上受理办结率89%。

住房公积金抵押贷款政策调整　5月起，佛山市住房公积金贷款政策作出调整。明确贷款以职工购买、建造、翻建和大修普通自住住房（规划用途为“住宅”）为发放对象，规划用途为非住宅的（如高级公寓、别墅、度假村、商业或商务用房等）不予发放贷款。明确普通住房标准，按照广东省住房和城乡建设厅《关于确定我省普通住房标准的通知》的“单套住房套内建筑面积120平方米以下或单套住房建筑面积144平方米以下”规定执行。调整最高贷款限额，累计依时足额缴存住房公积金1年（含）以上、2年（不含）以下的，贷款额度个人最高不超20万元；累计依时足额缴存住房公积金2年（含）以上、3年（不含）以下的，贷款额度个人最高不超25万元；累计依时足额缴存住房公积金3年（含）以上的，贷款额度个人最高不超30万元。

住房公积金服务　7月起取消住房公积金提取业务中的纸质申请表，省去单位盖章环节。推动更多住房公积金提取业务网上办理，10月推出线上购房首次提取业务，11月上线注销提取业务。至年底，35个依申请类住房公积金业务事项中，31个实现全程网办。拓宽住房公积金业务网上服务渠道，对接“全国住房公积金”“粤省事”“广东住房公积金”等微信小程序，对接“广东政务服务网”“广东省企业开办一网通办平台”“粤商通”等涉企移动政务服务平台，以及对接支付宝等平台。

住房公积金行政执法　全年受理执法申告案件2791件；作出行政处理决定626份，涉及金额1898万元；作出责令整改2272件；作出行政处罚16件，罚款金额16万元。针对企业历史遗留问题，引导其依法定程序申请降缴、缓缴。年内，有21家企业申请降缴，涉及职工5.15万人，为企业减负金额2.15亿元。

住房公积金业务承办银行考核　开展住房公积金业务承办银行年度考核工作，考核指标包括服务质量、管理质量和网络管理质量3类15项，中国工商银行股份有限公司佛山分行、中国农业银行股份有限公司佛山分行、中国建设银行股份有限公司佛山市分行、中国银行股份有限公司佛山分行、交通银行股份有限公司佛山分行考核合格，继续承办住房公积金业务。

（耿亚兰）

退役军人事务

【抚恤补助标准提高】 2021年4月，佛山市印发《佛山市退役军人事务局　佛山市财政局关于调整部分优抚对象等人员抚恤和生活补助标准的通知》，明确从2020年8月1日起，“三属”（烈士遗属、因公牺牲军人遗属、病故军人遗属）、残疾军人、在乡老复员军人、带病回乡退伍军人、“五老”人员（老党员、老游击队员、老交通员、老堡垒户、老苏区干部）、参战参核退役人员（参战退役人员和参加核试验军队退役人员）、老年烈士子女、60岁以上农村籍退役士兵等优抚对象的抚恤补助标准均进行调整提高，其中人数占比最大的参战参核退役人员月生活补助标准提高50元。

【退役军人移交安置】 2021年，佛山市通过“双向选择+积分选岗+指令性分配+直通车”的模式安置计划分配转业军官，提高接收单位和军转干部满意度。按时完成符合政府安排工作政策的退役士兵的接收安置任务，该部分退役士兵除选择自谋职业外，全部被安置到事业编制岗位或国有企业岗位。动员转业军官参加进高校专项脱产培训，适应新的岗位要求，实现从军队人才向地方经济建设人才转型。

【退役军人就业创业】 2021年，佛山市开展自主就业退役士兵适应性培训，做到“即退即训、全员参加”。全市先后组织退役军人专场招聘会12场，参会企业超300家，发布岗位5000余个，收到应聘书2000余份。组织退役军人参加市应急管理局第二批森林消防综合救援队招录。市退役军人事务局联合市税务局向重点民营企业宣传吸纳退役军人就业的优惠政策，动员企业扩大吸纳退役军人的规模，同时向企业做好人才推介。建立退役军人就业创业和教育培训台账，基本掌握2019—2021年全市自主就业退役士兵就业创业和教育培训基本情况，为精准扶持退役军人就业创业提供数据支撑。开展退役士兵“一站式”接收报到服务，简化退役士兵接收报到办理程序，实行“一窗受理、内部流转、只跑一次”办理模式，实现退役士兵“即退即交即接”。

【“老兵永远跟党走”系列活动】 2021年，佛山市退役军人事务局组织开展“老兵永远跟党走”系列活动，引导退役军人增强听党话、跟党走的行动自觉。包括开展“老兵永远跟党走·榜样的力量”微视频展播活动，邀请10名佛山各行业优秀退役军人（党员）拍摄微视频；开展“老兵永远跟党走·穿越烽火岁月”青少年红色教育活动，组织100名青少年到军营参观部队软硬件设施；开展“老兵永远跟党走·传承红色基因，续写军旅荣光”作品征集，面向社会各界征集退役军人诗歌、文章、摄影、绘画、书法等作品；组织“老兵永远跟党走·党旗飘扬在心中”知识竞赛，开展线上政策知识问答游戏，向社会宣

2021年9月29日，佛山市举办退役军人专场招聘会　（市退役军人事务局　供图）

传党史知识和退役军人相关法律法规；组织“老兵永远跟党走·让退役军人成为全社会尊重的人”主题演讲活动，邀请退役军人、退役军人工作者参与演讲录制；组织“老兵永远跟党走·把党的关爱送到老兵心中”主题慰问活动，走访慰问全国模范退役军人、市“最美退役军人”、生活困难退役军人党员、退役军人老党员、烈士遗属；组织“老兵永远跟党走”退役军人党员结对帮扶，开展送政策、送岗位、送技能、送帮扶、送保障、送尊崇“六送”活动。

【纪念英烈活动】 2021年清明节期间，佛山市各地组织开展“守护·2021清明祭英烈”网上祭扫活动，全市有超9万人参加活动。同时，组织到佛山市革命烈士纪念亭和吴勤烈士陵园等烈士纪念地开展线下清明祭扫和党史学习教育，缅怀革命先烈，传承红色基因；在全市20个县级以上烈士纪念设施开展红色教育活动，将吴勤烈士陵园建设为党史学习教育阵地，引入志愿者团队组建烈士事迹宣讲团，讲好佛山英烈故事；开展“致敬先烈”走访慰问烈属活动，增强烈属们的获得感和荣誉感。

【烈士公祭活动暨向陈铁军烈士纪念塑像敬献花篮仪式】 2021年9月30日，佛山市、禅城区在铁军公园举行烈士公祭活动暨向陈铁军烈士纪念塑像敬献花篮仪式，缅怀革命烈士不朽功绩，激励全市上下继承先烈遗志，赓续红色血脉。佛山市四套班子及佛山军分区领导，禅城区四套班子及人武部主要负责人，市双拥工作领导小组成员单位代表，市各民主党派、工商联负责人，机关干部代表，军烈属、复员退伍转业军人、各界群众（先进个人）代表，学生代表，佛山驻军、武警部队官兵及消防救援队伍指战员代表，警察代表，志愿者代表等约220人参加公祭活动。活动号召全市各界坚持以习近平新时代中国特色社会主义思想为指导，学习和传承革命先烈们热爱祖国、忠于人民、无私奉献、敢于牺牲的精神。

【优抚对象优待实施办法出台】 2021年11月，佛山市退役军人事务局等20部门联合印发《佛山市军人军属、退役军人和其他优抚对象优待实施办法》。办法明确优待工作制定的主要依据和坚持现役与退役衔接、优待与贡献匹配、关爱与管理结合、当前与长远统筹的基本原则；提出荣誉激励、生活、养老、医疗、住房、教育、文化、交通和其他优待等9个方面的优待内容；在兼顾普惠与贡献的基础上，统筹设计优待项目，明确不同对象的基本优待目录清单；结合佛山市实际，明确优待对象范围是现役军人、佛山市户籍现役军人家属、退役军人、“三属”（烈士遗属、因公牺牲军人遗属、病故军人遗属）和“五老”（老党员、老游击队员、老交通员、老堡垒户、老苏区干部）人员；建立优待证件和优待动态管理等机制，明确优待对象享受优待的证件类型，完善奖惩措施，建立能进能出的动态管理制度。

（唐　诗　易欣辉）

2021年9月30日，佛山市、禅城区举行“9·30”烈士公祭活动暨向陈铁军烈士纪念塑像敬献花篮仪式在铁军公园举行（市退役军人事务局　供图）

社会事务

婚　姻

【概况】 2021年，佛山市办理婚姻登记37611对，其中结婚登记28870对（包括涉外、涉侨、涉港澳台171对）、离婚登记8741对（包括涉外、涉侨、涉港澳台22对）。6—12月全市办理婚姻登记“跨省通办”5069对，其中结婚登记3992对、离婚登记1077对。5月20日，全市办理结婚登记共899对。

【婚姻登记管理】 2021年，佛山市民政局协调市新市民办公室分析掌握全市持居住证人口情况（至年底，全市持有有效居住证人数155.53万人，其中男性94万人、女性61.53万人），并对全市各区婚姻登记机关开展专题调研和督导，确保婚姻登记“跨省通办”试点工作有序推进。督促各区加快办理窗口智能化设备采购，全市婚姻登记机关办理窗口配备具有身份证读卡、人脸采集比对、指纹采集比对、电子档案拍摄、电子签名等功能的一体化智能设备30台，同时开通音视频记录功能的业务办理。强化婚姻登记历史数据补录，完成1978年以来婚姻登记的补录和缺失数据的补充，并于2021年9月30日前实现纸质档案的电子化。加强对各婚姻登记机关的业务指导，组织各婚姻登记机关开展多形式、多渠道业务培训6场次，确保全部婚姻登记员熟练掌握婚姻登记“跨省通办”政策规定和智能化设备使用等相关知识，熟悉办理流程，保障婚姻登记“跨省通办”实施。做好婚姻登记“跨省通办”网上预约放号工作。

【婚姻登记“跨省通办”试点】 2021年6月1日，佛山市开始婚姻登记“跨省通办”试点工作。市民可申办内地居民结婚登记、内地居民离婚登记两类事项，婚姻当事人双方若均非佛山本地户籍，但一方持有佛山本地有效居住证，即可凭此以及双方户口簿、身份证等，在居住证发放地婚姻机关申请办理结（离）婚登记，或者自行选择在一方常住户口所在地办理结（离）婚登记。市民可通过“广东民政”微信公众号、广东省婚姻登记网上预约系统（网页版）、“粤省事”手机应用程序等提前预约。同时，市民政局做好婚姻登记“跨省通办”指引工作，向市民公布婚姻登记“跨省通办”的内容、需要的材料以及区级婚姻登记机关的电话地址等信息。在“佛山民政”微信公众号发布信息6条，回应群众问题20个；主动联系佛山新媒体发布（转载）稿件10条。市、区民政部门和婚姻登记处各安排工作人员，回答群众“跨省通办”来电咨询和答疑工作，引导群众错峰有序办理。该项业务解决长期外出工作、学习、生活的群众回户籍地办理婚姻登记不便的问题。试点期限为2年，自2021年6月1日起至2023年5月31日止。

【佛山市集体婚礼顺德专场】 2021年5月20日，“缘聚顺德·情定一生”佛山市集体婚礼顺德专场在顺德区华侨城欢乐海岸PLUS玫瑰广场举行，26对新人参加该次集体婚礼。集体婚礼设置宣誓和颁证仪式环节，由参加活动的市、区民政等部门领导为新人作宣誓见证并颁发集体婚礼纪念证书。集体婚礼活动当日，主办单位为新人们拍摄免费写真。该集体婚礼还是顺德区“919人才工程”活动之一，参加该次集体婚礼的26对新人中，有10对是顺德的高层次人才，既有产业人才的工程师，也有教育人才的教师，而其他新人也是各行业的新进青年精英。同日，全市办理结婚登记共899对。

（陈　瑶）

殡　葬

【清明祭扫活动保障】 2021年，佛山市各殡葬管理机构结合新冠肺炎疫情防控，以实现“平安清明、文明清明”为目标，按照“预约、错峰、限流”的原则组织开展和保障清明节前后的现场祭扫活动。清明节前后，全市在殡葬服务机构进行现场祭扫的市民303万人次，参与网络祭扫的市民31.4万人次，参与祭扫活动的车辆46.5万辆次，现场祭扫总人数比2019年减少50%。其间，全市各殡葬服务机构投入保障力量5.34万人次维护现场祭扫秩序，未发生因祭扫导致的安全事故或群体事件。

2021年5月20日，“缘聚顺德·情定一生”佛山市集体婚礼顺德专场活动在顺德区欢乐海岸PLUS玫瑰广场举行（市民政局　供图）

【殡葬基本服务费用免除政策实施】 2021年，佛山市继续实施殡葬基本服务费用免除政策，对佛山市户籍或在佛山市办理居住证半年以上，在佛山市行政区域内死亡且遗体在区域内殡仪馆实行火化的，免除遗体接运、遗体存放（不超3天）、遗体火化、骨灰寄存（寄存2年）、小型告别厅、遗体消毒、骨灰盒（盅）（不超100元）7个项目费用，7个项目最高减免1320元。全年全市5个殡仪馆火化遗体2.97万具，累计为2.46万名群众减免殡葬基本服务费用2088.83万元。

【殡葬领域各类专项整治】 2021年，佛山市民政部门加强殡仪馆火化机尾气排放治理。联合市财政局、生态环境局印发《佛山市火化机尾气排放治理工作方案》，明确治理目标，细化工作任务，分步实施治理。督导各殡仪馆完善火化机及尾气排放净化等设备的基础设施建设，加强尾气排放监测，落实排污管理，健全综合治理机制。推进安葬（放）设施违规建设经营问题专项整治。印发《佛山市安葬（放）设施违规建设经营综合整治方案》，督导各区民政部门根据前期制定的工作方案，加强分析研判，会同相关部门对安葬（放）设施违规建设经营行为按先易后难进行分类整治，并及时向省民政厅报送工作进展情况。开展殡葬业价格秩序、公益性安葬设施建设经营专项整治行动。联合市发展改革局、市市场监管局等部门印发《佛山市殡葬业价格秩序、安葬（放）设施建设经营专项整治行动工作方案》，推进殡葬业价格和安葬（放）设施建设经营乱象治理，规范和加强殡葬管理。年内，提请市政府印发《佛山市人民政府办公室关于印发佛山市殡葬管理工作联席会议制度的通知》，加强全市殡葬管理工作的组织领导和统筹协调。

【2020年度全市经营性公墓年检】 2021年7月8日，佛山市民政局联合市其他有关部门对南海华侨墓园、南海长青墓

2021年4月24—25日，佛山市举行第十八次“骨灰植树，回归自然”生态葬公益活动。图为骨灰植树活动现场（市民政局 供图）

园、南海西樵山福荫园、顺德飞鹅墓园、三水安泰墓园、高明区宝鸭山墓园等6个经营性公墓2020年度经营情况进行检查。检查组听取各受检殡葬服务机构关于清明安保、园区经营管理、疫情防控、安全生产等情况的汇报。从检查情况看，全市经营性公墓在相关职能部门的监督管理下，能够严格执行殡葬管理政策法规，推进文明、绿色、和谐殡葬，加强公墓建设、规范经营管理，全面落实省政府《关于强化全省殡葬基本公共服务的意见》等政策规定，依法依规经营，全面推进殡葬改革和生态文明建设。

【骨灰植树活动】 2021年4月24—25日，佛山市在高明区更合镇佛坪岭“长青林”举行第十八次“骨灰植树，回归自然”生态葬公益活动，全市有1003份骨灰回归自然。自2005起，佛山市在每年清明节当月第三周的周末统一开展骨灰植树活动，至2021年底，有超过1.3万份骨灰在长青林回归自然，节约的土地面积可建设约30个标准篮球场。

（陈 瑶）

老龄事务

【概况】 2021年，佛山市继续落实《佛山市养老服务体系建设提升三年行动计划（2020—2022年）》，鼓励引导养老机构参加广东省星级养老机构创建，全年全市37个养老机构申请参加广东省星级养老机构评定，27个养老机构获评星级养老机构。至年底，佛山市有星级养老机构44个，占全市养老机构总数的比率居全省首位。推进社区养老服务设施建设，完成40个社区养老服务小站建设。全年完成4轮养老机构综合监管工作。

【养老服务标准建设】 2021年，佛山市开展“标准引领质量提升”行动，建立佛山市养老服务标准。发布《养老机构管理规范》等32项养老服务标准化指导文件，涵盖养老机构管理、居家养老服务机构管理、养老护理服务质量、老年人健康管理服务、养老社会工作、社区居家养老服务设施建设、养老服务从业人员培训等多个方面。

【民政服务机构安全防范体系构建】 2021年，佛山市民政局开展“安全防范保平安”行动，在全省率先构建完善民政服务机构安全防范体系，并在全市养老服务机构中全面落实。完成民政系统安全防范工作体系的构建，将民政服务机构安全管理各项内容进行汇编并形成统一制度，印发《佛山市民政服务机构安全防范体系》。同时，完成《佛山市养老机构安全管理手册范本（试行）》的编写，供全市各养老机构参考执行，并在全市养老机构实施。

【养老服务从业人员培养】 2021年，佛山市加大养老服务从业人员培养力度，建成养老服务技能培训基地2个，分别是南海区桃苑社会福利中心培训基地和顺德区善耆养老院培训基地。全年组织约3200人次参与广东省民政厅组织的养老服务在线培训，组织市级集中养老护理员培训超1000人次、区级以下养老护理员培训超6000人次。

【市级养老服务机构工程建设】 2021年，佛山市推进市级养老服务机构工程建设，完成佛山市颐养院项目1—4号楼主体结构、砌筑工程，并开展厨房设备、导视系统、污水处理设备招标定标。佛山市新社会福利院项目开展勘察设计、办理建设工程规划许可证等前期工作，并就设计方案征求规划、住建、人防、环保、城管等部门意见，取得总平规划、水利蓝线、公厕及公共自行车站点设置、海绵城市、地铁规划等方面的审核意见，建设工程施工许可证完成批前公示。

（陈 瑶）

社区治理

【概况】 2021年，佛山市完成2021年村级换届选举工作，选出新一届村（社区）“两委”〔村（社区）党组织和村（居）民委员会〕成员4583人。开展社区“万能章”治理专项行动，全面摸排梳理出基层群众性自治组织出具证明事项105个，建议保留事项31个，建议取消事项74个。启动市级社区协商和村规民约（居民公约）示范经验推荐活动，评选出10个“佛山市社区协商示范经验”和5个“佛山市村规民约和居民公约示范经验”。至年底，全市有民办社工机构179个，持证社工人数1.6万人，其中助理社会工作师9787人、社会工作师2896人、佛山社工员3286人。按照

2021年底全市常住人口计算，每万人持证社工数达16.61人，全市社工机构数和持证社工数位于全省前列。至年底，全市有依法在民政部门登记的志愿服务组织340个，实名注册志愿者人数140.06万人。全年全市开展志愿服务时数达748.82万小时。年内，佛山市推进民政领域基层社会治理体系和治理能力现代化工作，其中禅城区完成“全国社区治理和服务创新实验区”（第四批）创建结项评估工作，成为“国家智能社会治理”特色基地（社区治理）。

【村级换届选举完成】 2021年，佛山市完成村（社区）“两委”〔村（社区）党组织和村（居）民委员会〕换届选举工作。截至3月29日，全市790个村（社区）、5196个村（居）民小组、698个村（居）务监督委员会全部完成班子换届选举。选出新一届村（社区）“两委”成员4583人，党组织书记全部通过法定程序担任村（居）民委员会主任，“两委”班子成员交叉任职比例达97.3%，村（居）委会班子成员党员人数占比98.63%，村（居）民代表党员人数占比45.52%，“两委”班子成员大专及以上学历占比89.2%，比上届提高12.2个百分点，其中村委会班子成员全是本科以上学历的村有32个，全是本科以上学历的社区有87个，村（社区）人才队伍素质得到整体提升。选举产生非户籍委员235人，其中自治组织班子非户籍委员186人。市民政局联合组织部门和各区举办新当选的村（社区）“两委”干部培训班，市、区两级共举办村（社区）书记、村（社区）“两委”、村民小组长、村务监督委员会成员等培训30多场次，培训超1万人次，提升新任村（社区）干部的任职能力和水平。

【社区“万能章”治理专项行动】 2021年4月1日，佛山市民政局印发《社区“万能章”治理专项行动实施方案》，启动2021—2022年社区“万能章”治理专项行动，清理政府部门、公用企事业单位和服务机构索要的烦扰居民群众的“奇葩”证明、循环证明、重复证明，改进和规范基层群众性自治组织出具证明事项工作。全市各级民政部门在其官网、微信公众号等设立社区证明事项反馈渠道，并采取组织社区摸查、协调相关部门自查、听取群众反馈等方式，摸排梳理出基层群众性自治组织出具证明事项105个，建议保留事项31个，建议取消事项74个。在全面摸排基层群众性自治组织出具证明事项基础上，梳理确立佛山市基层群众性自治组织出具证明事项（即“正面清单”）5个、佛山市不应由基层群众性自治组织出具证明（即“负面清单”）28个，并报市政府同意后，先后印发《佛山市基层群众性自治组织可出具证明事项清单（第一批）》《佛山市不应由基层群众性自治组织出具证明事项清单（第一批）》，明确“正、负面清单”，使社区出具证明事项有章可依，改变“社区万能章”“社区成为证明大本营”等问题。

2021年9月28日，佛山市社会组织党委在南海区西樵镇樵园社区举办“迎国庆，践初心，我为群众办实事”佛山市社会组织党员志愿服务进社区活动　（市民政局　供图）

【市级社区协商和村规民约（居民公约）示范经验推荐活动】 2021年5月31日，佛山市民政局印发《关于开展市级社区协商示范经验推荐的通知》及《关于开展市级村规民约和居民公约示范经验推荐的通知》，组织各区发掘推荐一批实践效果好、操作性强、可看可学的示范案例，发挥创新经验的示范带动作用，为推进社区协商及村规民约（居民公约）提供可复制可推广的经验。经各区民政部门及镇（街道）遴选推荐、专家评审等环节，确定“基层治理新探索，构建小区治理新格局”等10个经验案例为“佛山市社区协商示范经验”，“东村村村规民约制定及实施经验”等5个经验案例为“佛山市村规民约和居民公约示范经验”。

【社工人才培养】 2021年，佛山市开展社工继续教育培训班，全部课程10天，每天培训100名社工，内容涵盖“双百工程”〔广东省民政厅等部门于2021年1月提出，在全省实施的一项工程，该工程提出用2年时间实现乡镇（街道）社会工作服务站100%覆盖、困难群众和特殊群体社会工作服务100%覆盖〕知识、青少年、禁毒、慈善、志愿服务等多个服务领域。举办2021年佛山市社工督导培训班。选拔15名佛山优秀社工开展为期6个月的培训，课程内容涵盖督导素养、项目管理、培训师素养、实训能力等多个方面，为佛山市培养一批高素质的社工督导人才。举办2021年度助理社会工作师和社会工作师职业水平考试考前培训班，培训对象为“佛山市兜底民生服务社会工作双百工程”整合人员、各直属单位工作人员、市级社工机构社工等有意向报考社工资格考试的人员300人，其中初级班150人、中级班150人。全年全市通过全国社会工作者职业水平考试的人数646人，其中助理社工师477人、中级社工师168人、高级社工师笔试合格人数1人。至年底，全市通过全国社会工作者职业水平考试的人数有1.27万人。

【志愿服务工作】 2021年，佛山市民政局把民政领域志愿服务工作纳入各级重点工作，加强制度建设和宣传引导，推进民政领域志愿服务工作的开展。把组建志愿服务团队写进《关于实施“佛山市兜底民生服务社会工作双百工程”的通知》，依托“双百工程”培育志愿者队伍。联合市文明办、团市委印发《2021年佛山新时代文明实践志愿服务“双十”行动方案》，巩固佛山市全国文明城市创建成果，培育良好社会风尚。联合市文明办、市退役军人事务局、佛山军分区政治工作处、团市委联合制定《佛山市退役军人志愿服务工作指引》，动员和激励退役军人通过志愿服务为改革发展和社会稳定作出贡献。联合团市委等13个单位开展2021年“益苗计划”——佛山志愿服务组织成长扶持行动暨志愿服务项目大赛，促进全市志愿服务常态化、专业化。强化新冠肺炎疫情防控措施，发动和指导广大社会工作者和志愿者依法、科学、有序参与疫情防控工作，做到援手不缺位。继续开展“三水区购买社工服务项目”，并引导全市社工和志愿者资源围绕基本民生保障、基层社会治理和社会服务开展志愿服务。发动志愿服务组织和志愿者登录“i志愿”系统和全国志愿服务信息系统登记注册。至年底，实名注册志愿者人数140.06万人，占全市常住人口14.7%，佛山市在社会组织法人库中标识的志愿服务组织数达146个，按照2020年底全市常住人口进行对比，每百万人口标识志愿服务组织数达15个，全年全市开展志愿服务时数达748.82万小时。

【兜底民生服务社会工作双百工程实施】 2021年，佛山市推进兜底民生服务社会工作双百工程〔广东省民政厅等部门于2021年1月提出，在全省实施的一项工程，该工程提出用2年时间实现乡镇（街道）社会工作服务站100%覆盖、困难群众和特殊群体社会工作服务100%覆盖〕。市民政局联合市财政局、市人力资源社会保障局、市妇联、市残联合印发《关于实施“佛山市兜底民生服务社会工作双百工程”的通知》，明确“到2021年底，市（区）建立督导办公室，全市镇（街道）建成社会工作服务站；到2022年底，全市村（社区）建成社会工作服务点，实现全市社会工作服务站（点）100%覆盖、困难群众和特殊群体社会工作服务100%覆盖”的工作目标。年内，召开“佛山市兜底民生服务社会工作双百工程”推进会，对实施方案进行解读；成立佛山市“双百工程”工作领导小组，并建立联席会议制度；完成佛山市“双百工程”督导办公室人员招聘工作，录取工作人员8人，并开展入职培训；完成佛山市“双百工程”社工招聘工作，招聘“双百社工”（含补录人员）314人，并开展岗前培训；举行全市“双百工程”镇（街道）社会工作服务站（点）挂牌仪式。至年底，全市镇（街道）建成社会工作服务站32个、社会工作服务点198个。

（陈　瑶）

2021年7月29日，佛山市春晖社会工作服务中心组织志愿者探访“空巢”老人，并向老人了解家居改造需求
（市民政局　供图）

社会组织管理

【概况】 2021年，佛山市推进社会组织培育发展，加强社会组织监督管理，开展社会组织年报、等级评估、规范法人治理、清理“僵尸型”社会组织专项行动等工作，其中，2021年社会组织等级评估评定23个社会组织为AAA等级及以上等级，全市AAA等级及以上等级的社会组织增至328个。加强社会组织党组织建设，至年底，全市有社会组织党组织701个，其中市级社会组织党组织155个，基本实现有3名以上符合条件的党员的社会组织“应建尽建”党组织。至年底，全市有社会组织7642个，其中登记数5132个、纳入管理数2510个。

【社会组织登记管理】 2021年，佛山市民政局落实社会组织双重登记管理体制，优化审批服务流程，推进社会组织登记审批工作。采取线上线下相结合、视频录制与现场授课相补充等形式开展培训活动20场次，内容涵盖党建工作、年报填报、财务管理、心理辅导、新闻传播等，累计90学时，超350个社会组织700人次参加培训。开展公益性捐赠税前扣除资格确认工作，经公益性社会组织自愿申报，市民政局联合市财政局、市税务局确认11个社会组织具备2021—2023年度佛山市公益性捐赠税前扣除资格。制定《佛山市市级基金会评估评分细则》，填补以往基金会无等级评估评分标准的空白，为各种类型社会组织参与等级评估提供标准。对4个公益性组织开展2020年度等级评估补评，让基金会等公益性组织能及时申报公益性捐赠税前扣除资格。对23个社会组织开展2021年等级评估，其中获AAAAA等级的社会组织7个、AAAA等级的社会组织7个、AAA等级的社会组织9个。至年底，全市有经评估为AAA及以上等级的社会组织328个。

【社会组织培育扶持】 2021年，佛山市继续加大对社会组织的财政扶持力度，以项目为导向，全年安排市级社会组织发展专项扶持资金640万元支持公益慈善类、党建类、经济类、社科类、文化类、自然科学类、体育类等七大领域47个项目，鼓励社会组织为佛山市经济、文化、民生、社会的发展贡献力量。开展重新设立佛山市级社会组织发展专项扶持资金工作，市民政局联合市财政局提请市政府继续设立市级社会组织发展专项扶持资金，2022—2024年3年计划安排资金1200万元。印发《佛山市关于贯彻落实民政部和省民政厅〈培育发展社区社会组织专项行动工作方案（2021—2023年）〉工作意见》，明确发展目标和重点工作任务，推进实施社区社会组织培育发展、能力提升、作用发挥、规范管理“四项计划”，以及开展“邻里守望”系列社区志愿服务、“共建共治共享”系列社区协商、“共创平安”系列社区治理、“文化铸魂”系列精神文明创建等“四个主题活动”。至年底，实现全市50%镇（街道）建立社区社会组织联合会等枢纽型社会组织，形成一批管理运行规范、作用发挥明显、社会影响力强的示范型社区社会组织。

【社会组织专项整治行动】 2021年，佛山市开展规范社会组织法人治理专项整治行动、“我为企业减负担”专项行动、行业协会商会乱收费专项清理整治、“僵尸型”社会组织专项整治行动、打击整治非法社会组织专项行动等，推动社会组织规范化发展。

规范社会组织法人治理专项整治行动 市民政局印发《关于印发规范社会组织法人治理专项整治工作方案的通知》《关于开展规范社会组织法人治理专项整治工作的通知》等文件，推进规范社会组织法人治理专项整治工作，引导社会组织从规范自身出发，主动开展自查自纠，配合整治工作开展。专项整治行动中，全市收到社会组织自查自纠表4418份，对1036个社会组织进行现场走访。

“我为企业减负担”专项行动 在行业协会商会开展“我为企业减负担”专项行动，减免一批收费、降低一批收费、规范一批收费。至年底，全市推出减免、降低收费举措的协会有39个，享受收费减免企业数2853家，降低收费标准的收费项目有42个，通过减免收费、降低收费标准、规范会费标准和程序减轻企业负担958.618万元；落实会费档次不超过4档设置整改的行业协会商会有45个。

行业协会商会乱收费专项清理整治 开展行业协会商会乱收费联合抽查检查，市、区两级民政部门联合发展改革、市场监管、工商联部门全年实地抽查检查行业协会商会188个，对抽查检查发现的问题、整改要求及注意事项进行通报，同时督促整改落实。推进行业协会商会收费信息集中公示，联合市场监管、发展改革部门制订《行业协会（商会）收费服务项目及收费标准》公开模板，供行业协会商会使用，要求其在商协会办公地址醒目位置上墙公开收费信息，接受社会监督；收集市级行业协会商会收费项目、收费性质、服务内容、收费标准等信息，集中上传“信用中国”平台进行对外公开，至年底，在“信用中国”平台公开收费信息的行业协会商会有434个。

“僵尸型”社会组织专项整治行动 围绕“排、改、清、稳”四字下功夫，加强“僵尸型”社会组织整改、出清，净化社会组织发展环境，促进社会组织高质量发展。至年底，全市排查“僵尸型”社会组织122个（其中社团52个、社会服务机构69个、基金会1个），发出限期整改通知书12份，激活效能不高社会组织12个，注销登记社会组织93个，撤销登记社会组织17个。其中市本级对佛山市光明自学考试辅导站、佛山市中小企业服务中心、佛山市电气行业协会、佛山市一五零六美术馆等4个连续3年不参加年检（年报）的“僵尸型”社会组织开展行政执法，依法给予撤销登记。

打击整治非法社会组织专项行动 制定《佛山市打击整治非法社会组织联合执法机制实施方案》和专项行动工作方案，成立由市民政局牵头、市直18个部门组成的专项行动协调小组，推进专项行动。印制“坚决抵制非法社会组织、营造风清气正社会环境”宣传海报，在全市790个村（社区）张贴《致群众的一封信》，联合《佛山日报》等市级媒体，多渠道、全方位做好抵制非法社会组织宣传发动工作。印发《关于抵制非法社会组织的通知》，要求全市社会组织对照要求，开展自查自纠。加强部门联动协作排查和打击整治，市直各部门结合部门职责，统筹抓好管辖业务领域的打击整治非法社会组织工作。至年底，经群众举报、巡查发现涉嫌非法社会组织线索14条，公布曝光涉嫌非法社会组织名单5批，查处非法社会组织14个，其中劝散11个、自行解散2个、引导登记1个。

【社会治理现代化】 2021年，佛山市民政局继续落实《佛山市推进社会组织参与社会治理工作实施方案（2020—2022年）》，支持和引导社会组织有效参与平安社区建设、邻里互助、矛盾纠纷调解等社会治理工作。在参与基层治理方面，开展2021年“社区社会组织公益项目助力行动”和能力提升培训活动，安排10万元扶持社会组织积极参与社会治理，其中，佛山市禅城区祖庙街道塔坡社区社会组织联合会获扶持开展“共发展　同进步　齐治理”塔坡社区社会组织向心力提升项目，佛山市高明区明城镇社区社会组织联合会获扶持开展“革命三谭”培育红色革命社区志愿服务讲解队项目等。在助力乡村振兴方面，先后印发《2021年佛山市社会组织参与扶贫济困日活动倡议书》《关于引导和动员社会组织参与巩固脱贫攻坚成果、助力乡村振兴工作的通知》等文件，引导动员社会组织参与广东扶贫济困日活动、社会组织兴百村助力乡村振兴、走进困境和留守儿童、东西部协作、对口帮扶黔东南、援藏援疆工作等。

【社会组织品牌建设】2021年，佛山市民政局推动法人治理完善的社会组织加强品牌建设，通过开展能力培训和褒扬嘉许，引导社会组织进一步强化品牌意识，提升服务能力，在各领域发挥专业特长和资源优势，涌现一批具有标杆性、行业引领性的品牌社会组织。其中，佛山市房地产业协会党支部、佛山市江西商会党委等6个社会组织被评为“佛山市两新组织先进基层党组织”，佛山市信息协会、佛山市福建省商会等46个社会组织被市扶贫办评为“佛山市脱贫攻坚突出贡献集体”。

（陈　瑶）

地名管理

【概况】2021年，佛山市推动区划地名信息服务管理平台建设，实现新系统地名审批流程信息化，实现界线、界桩巡查与监管智能化。统筹开展全市道路街巷地名备案，实施村（社区）—镇（街道）—区三级审核，推动约10万条道路街巷地名备案。推进不规范地名清理，坚持“一地名一方案”和“半月报”工作机制，落实民意调查、政策解释、风险预案应对等措施，促进地名管理规范化。全年全市审批建筑物、住宅区、道路地名命名、更名387条。

【地名普查成果转化】2021年，佛山市落实地名普查成果转化，编纂标准地名工具书。完成标准地名图项目编纂工作。标准录典志项目完成标准地名录初稿编纂，标准地名词典、标准地名志编纂工作同步进行。

【地名文化宣传】2021年，佛山市推广、弘扬佛山优秀地名文化，开展2021年度地名漫画及漫画小册子项目制作，开展“思源佛山　知行启程”佛山地名文化线上竞赛，近1万人参与，提升地名漫画热度。结合庆祝中国共产党成立100周年活动，制作红色地名故事漫画和文创产品，在各区巡回开展红色地名文化展览进社区活动，讲述红色地名故事，配合活动派发地名漫画小册子及佛山地名文化纪念品，参与群众近800人，推动红色地名文化传承与推广。

【区划界线管理】2021年，佛山市民政局与云浮市民政局联合印发《佛山市与云浮市行政区域界线联合检查工作方案》，开展佛山市与云浮市行政区域界线联合检查工作。年内，佛山市民政局开展界线修测工作，形成修测成果图，并联合云浮市民政局及界线相邻各级界线管理部门开展一次外业实地检查，对佛山—云浮线25.898千米界线及6颗界桩开展实地巡检，清除界桩周围的杂草、遮挡物，并用红漆重新描绘界桩上的文字。维护界桩稳定，佛山市开展界桩智能化管理试点，对佛山—云浮线5号、6号桩安装智能跟踪器，随时随地监测界桩的变化，提高管理水平。继续推进行政区域界线数字化工作，至年底，佛山市完成镇级行政区域界线数字化，实现镇级行政区域界线标绘在矢量图上的目标，落实完善国家、省民政部门对界线数字化工作的要求。

（陈　瑶）

2021年9月23日，佛山市民政局在三水区大塘镇莘田村开展地名文化进社区活动

（市民政局　供图）

民族宗教事务

民族事务

【概况】2021年，佛山市人口民族成分以汉族为主。有少数民族人口53.2万人，分属55个少数民族，其中户籍人口4.74万人、流动人口约48万人。佛山市少数民族人口较多的民族是壮族、土家族、瑶族、苗族、布依族等，主要来自广西、湖南、湖北、云南、贵州、四川等地。年内，佛山市召开全市民族工作座谈会，推动民族工作创新发展。佛山市第一中学举行金秋西藏文化节，部分粤藏结对家庭应邀参加活动，顺德区勒流江义初级中学西藏班师生受邀参加文艺演出。高明区成立“少数民族志愿服务站”和“铸牢中华民族共同体意识”志愿服务队，引导少数民族群众主动参与村居治理。高明区委统战部（区民族宗教事务局）举办2021年高明区民族团结进步宣传月系列活动之“铸牢中华民族共同体意识”第二届民族趣味运动会，在高明区常住的14个民族近150名民族代表参加运动会。高明区委统战部（区民族宗教事务局）举办“铸牢中华民族共同体意识——省民族团结进步创建活动示范学校‘开学第一课’”活动，并为高明区民族团结进步“政企村居+N”创建工作（指纵向凝聚党委、政府、企业、村、社区合力，横向整合党群服务、志愿服务、新的社会阶层等N项资源，形成党政齐抓共管、部门各司其

职、社会组织协同、各族群众参与的工作格局）基地揭牌。

【民族团结进步创建系列活动】 2021年1月9—15日，佛山市以线上与线下的形式开展民族团结进步创建系列活动。1月10日，“铸牢中华民族共同体意识　多元一体同心共筑中国梦”民族文化展演暨民族地区产品展示活动在禅城区东方广场举行，通过设置民族特色产品展区、提供民族政策现场咨询、派发民族政策宣传手册、市民问答互动等形式，向市民宣传佛山民族团结进步创建情况，普及民族政策知识，解答民族政策法律法规问题。系列活动中，市民族宗教事务局推进民族团结进步宣传“六进”〔进机关、进乡镇、进企业、进学校、进社区（村）、进宗教活动场所〕活动，发挥机关单位、校园、企业、社区、宗教活动场所等主阵地、主渠道作用，推动民族团结进步宣传教育覆盖到全市各行业，形成人人了解、人人关心、人人参与民族团结进步创建活动的良好氛围。同时，市委统战部依托互联网平台，在“佛山同心”微信公众号开展有奖知识竞答活动，内容涵盖习近平总书记关于民族宗教工作的重要论述、民族政策法规、少数民族文化风俗等内容，参与人数近10万人次。

【高明民族团结进步“政企村居+N”创建工作基地揭牌】 2021年8月19日，佛山市高明区委统战部联合更合镇委镇政府、更合镇白石村委会以及广东万和电气有限公司更合分公司等企业在白石村委会片区举办高明区民族团结进步“政企村居+N”创建工作基地揭牌仪式。活动现场，高明区委统战部、更合镇白石村委会、广东万和电气有限公司更合分公司、广东蓝领汇人力资源有限公司、广东江龙集团有限公司五方代表在50多名片区少数民族职工代表见证下，签订《白石村“政企村”民族团结进步创建示范片区公益文化项目合作协议》，并为区民族团结进步“政企村居+N”创建工作基地揭牌。民族团结进步“政企村居+N”创建工作是指纵向凝聚党委、政府、企业、村、社区合力，横向整合党群服务、志愿服务、新的社会阶层等N项资源，形成党政齐抓共管、部门各司其职、社会组织协同、各族群众参与的工作格局。

【“铸牢中华民族共同体意识”绘画征文比赛】 2021年9月，佛山市民族宗教事务局与市教育局联合举办以“铸牢中华民族共同体意识”为主题的绘画征文比赛，作品须体现各民族交往交流、各民族共同进步等主题，全市有1073人参赛。经评审，评出绘画组一等奖10名、二等奖21名、三等奖31名、优秀奖54名；征文组一等奖10名、二等奖20名、三等奖30名、优秀奖55名。

（陈锐城）

宗教事务

【概况】 2021年，佛山市有佛教、道教、天主教、基督教。宗教团体中：市一级宗教团体5个，分别为市佛教协会、市道教协会、市天主教爱国会、市基督教三自爱国会、市基督教协会；区一级宗教团体有8个，分别是禅城区佛教协会、禅城区基督教三自爱国会、南海区道教协会、顺德区佛教协会、顺德区天主教爱国会、顺德区基督教三自爱国会、顺德区基督教协会、三水区基督教三自爱国会。全市有宗教活动场所57个（佛教寺院18个、道教宫观6个、天主教堂12个、基督教堂21个），教职人员245人、信教群众13.8万人。

【宗教事务管理】 2021年，佛山市深化宗教活动场所“四进”（国旗、政策法规、优秀传统文化、社会主义核心价值观进宗教场所）活动，组织宗教界开展“学党史、听党话、感党恩、跟党走”主题活动，并召开全市宗教界代表人士学习习近平总书记在庆祝中国共产党成立100周年大会上重要讲话精神座谈会，加深宗教界代表人士对中国共产党的艰苦奋斗历程、革命精神的理解与领悟。推进佛山市宗教中国化进展，选取禅城区基督教鲤鱼沙堂挂牌成立佛山市基督教中国化实践基地，用中华优秀传统文化浸润，搭建推进佛山市宗教中国化进展的文化基础平台。贯彻落实《宗教教职人员管理办法》和《关于切实推动解决宗教教职人员社会保障问题的通知》规定，各宗教团体及宗教活动场所建立健全人员管理制度，重点加强对团体负责人和场所主要教职人员的监督管理，全市宗教教职人员参加社会保障保险，做到应保尽保。依法加强宗教事务管理，高明区基督教荷城堂获广东省民族宗教委批准异地重建的行政许可。年内，中共佛山市委统战部、市民族宗教局、市普法办联合举行“学法用法，与法同行”宗教政策法规知识网络竞答活动。

【佛山市基督教中国化实践基地授牌】 2021年11月11—12日，佛山市基督教三自爱国会、佛山市基督教协会在禅城区基督教鲤鱼沙堂举行佛山市基督教中国化培训班暨佛山市基督教中国化实践基地授牌仪式。为鼓励佛山教会在基督教中国化道路上形成更多的成果转换，在日常牧养工作中将基督教中国化落到实处，经有关部门批准，佛山市将禅城区基督教鲤鱼沙堂设为佛山市基督教中国化实践基地。

（陈锐城）

精神文明创建

【概况】 2021年，佛山市进一步提升全国文明城市创建质量，推进精神文明建设工作。常态化推进“15项重点工程”（公益广告、老旧社区、公共环卫、美丽村镇、交通秩序、农贸市场、文明校园、母婴设施、高速公路、出租车、文明经营、志愿服务、公共文化服务、家教家风、网络文明等工程），文明创建再上新台阶。文明创建走上法治轨道，将《佛山市文明行为促进条例》纳入市人大2021年立法项目。全市实现5个区新时代文明实践中心、32个镇（街道）新时代文明实践所全覆盖，建成700多个村（社区）实践站、约1400个特色实践点。组织实施佛山市新时代文明实践志愿服务“双十”行动（文明素质提升十大行动和志愿服务惠民十件实事），服务群众140多万人次。常态化开展道德模范和身边好人推荐宣传等活动，全年新增“中国好人”3人、“广东好人”24人、佛山市道德模范3人、“佛山好人”20人，2人被评为广东“新时代好少年”。推选“全国最美家庭”2户、广东十大“最美家庭”1户、广东百户“最美家庭”7户和“创建全国文明校园先进学校”5所、“创建广东省文明校园先进学校”15所。

【基层文明创建】 2021年，佛山市深化基层文明创建。全市区级以上文明镇覆盖率95%，区级以上文明村覆盖率98.3%，所有行政村均开展“星级文明户”创建工作。有全国文明村镇12个、省级文明村镇16个、市级文明村镇208个。推进忠诚立家风、家和万事兴、立德育新人、书香飘万家、绿色进我家等5项行动，促进家庭文明建设提质升级。举办佛山市第八届家庭文化节，推选“全国最美家庭”2户、2021年广东十大“最美家庭”1户、2021年广东百户“最美家庭”7户、佛山市“文明家庭”10户、佛山市“最美家庭”90户，南海区西樵镇上金瓯松塘村入选广东省第二批家教家风实践基地。推进文明校园创建规范化，选出“创建全国文明校园先进学校”5所、“创建广东省文明校园先进学校”15所。

【未成年人思想道德建设】 2021年，佛山市继续加强未成年人思想道德建设。组织开展“扣好人生第一粒扣子”系列活动。在全市中小学开展“新时代好少年”学习宣传，2人被评为广东“新时代好少年”、9人被评为佛山“新时代好少年”、764人被评为区级“新时代好少年”。开展“传承红色基因”系列教育活动。清明期间，全市10万多名少年儿童参与“童心向党·党的光辉照我心”网上祭英烈活动。“七一”前后，开展“童心向党·唱支心歌给党听”主题活动310多场次。十一国庆节前后，开展“向国旗敬礼”线上活动，全市680多所中小学校、180万名师生参与“百万师生同升国旗”活动。开展学雷锋志愿服务活动，到社区、公共场所开展垃圾分类宣传、秩序维护、志愿讲解等，全市中小学生志愿服务队发展至1693支，在“i志愿”平台注册的中小学生增至21.2万人。开展“劳动美”社会实践活动，将“劳动光荣”观念纳入学校教育教学，常态化组织校园劳动，开展劳动实践活动2300余次，推出“我帮家长做家务”“校园劳动助我成长”“实践基地劳学体验”等劳动教育品牌项目。开展“阳光成长”心理健康教育，打造“1+8+10”心理健康教育活动品牌（各级教育部门、各中小学校开设“1”条亲子沟通咨询专线，从组织动员、工作架构、精准排查、阳光校园活动、课程建设、全员培训、家长指导、开通援助热线等方面开展“8个一”活动，贯彻家访“10”条工作指引，落实家访全覆盖），全市配备专职心理教师767人，有中小学星级心理辅导室213间，组织开展各类“阳光成长”心理健康教育活动700多场次。依托全市新时代文明实践中心（所、站）、乡村学校少年宫、农村中小学校，首批试点建设乡村“复兴少年宫”40个，其中，顺德区成为省级试点建设单位。

【先进模范推选礼遇帮扶】 2021年，佛山市印发《佛山市道德模范、身边好人等先进模范推选礼遇帮扶管理办法》，保障道德模范、身边好人等先进模范政治、经济、文化、社会等相关权益，体现各级党委、政府和社会各界对道德模范、身边好人等先进模范的尊崇和礼遇。举办佛山市道德模范与身边好人现场交流活动2场，现场发布“佛山好人”“佛山新时代好少年”“佛山新乡贤”“佛山传播正能量致敬单位”“文明家庭”“最美家庭”名单，安排获奖代表在现场交流分享，用故事和感人瞬间，弘扬传统美德，传播文明风尚。年内，佛山市新增“中国好人”3人、“广东好人”16人、佛山市道德模范3人、“佛山好人”20人，陈燕梅获第八届全国道德模范提名奖。

【新时代文明实践中心建设】 2021年，佛山市完善提升新时代文明实践阵地，部署首批省级新时代文明实践示范所、示范站建设工作。全市实现5个区新时代文明实践中心、32个镇（街道）新时代文明实践所全覆盖，建成700多个村（社区）实践站、近1400个特色实践点。10个镇（街道）新时代文明实践所、64个村（社区）新时代文明实践站被评为首批省级示范所、示范站，创建狮山镇新时代文明实践所、大沥镇凤池社区新时代文明实践所、菠萝救援服务中心等一批示范点。在镇（街道）、村（社区）等人流密集区域，建成便民利民志愿V站71个。承办全省新时代文明实践志愿服务培训班，向全省全面宣传展示佛山新时代文明实践志愿服务经验和

2021年3月5日，佛山市举行2021年佛山市学雷锋志愿服务暨新时代文明实践志愿服务“双十”行动启动仪式
（市委宣传部　供图）

成效。开展佛山市新时代文明实践志愿服务“双十”行动（文明素质提升十大行动和志愿服务惠民十件实事），组建新时代文明实践“8+N”志愿服务队伍（理论政策宣讲、文化文艺、助学支教、医疗健身、科学科普、法律服务、卫生环保、扶贫帮困等8类常备志愿服务队伍和若干具有自身特色及优势的志愿服务队伍），至年底，开展志愿服务活动1744场次，组织发动2.76万名志愿者服务群众140多万人次。

【文明创建“15项重点工程”实施】2021年，佛山市印发《佛山市创建全国文明城市重点专项工程常态化工作方案（2021—2023）》。市委、市政府6名分管领导分别牵头负责，围绕改善市容环境、促进生活便利、优化交通出行、强化文明实践四大方面，常态化推进15项重点工程，服务佛山打造一流营商环境，全面提升城市形象和品质，为群众办好事办实事。召开进展成效通报会3场，10多家媒体推出报道40余篇，观看网络直播10万人次，提升市民对创文工作的知晓率、参与率。改善市容环境方面，投入3823.7万元建成景观小品774处，打造公益广告“文明风景线”；创建“4个100”（100个住宅小区、100个公共机构、100个餐饮机构、100所特色学校）垃圾分类标杆单位；改造312个小区，面积超1189万平方米。促进生活便利方面，投入超4亿元对212家农贸市场实行“星级升级改造”，建设一批标准化、智慧化、现代化的文明市场；在医院、大型商场、交通枢纽、景区景点、政务大厅等建成母婴室250多间；投入经费363万元推动“文明校园”创建；创建一批“文明诚信经营示范点”“文明服务示范点”。优化交通出行方面，实施城市“畅通工程”，2020—2021年新建、提升非机动车专用道1500千米；探索老旧小区路内停车试点；将公路桥下空间改造成为市民公园、停车场、文体广场；将出租车打造成“文明窗口”，便利乘客出行。强化文明实践方面，建设高质量“志愿之城”，实施新时代文明实践志愿服务“双十”行动；启动2021年佛山市网络文明宣传季，上线“佛山网上红色展馆　打卡佛山红”小程序、红色主播形象大使“佛山小E”等一批精品项目；开展公共文化设施“效能革命”，创建1300多家邻里图书馆以及“祠堂+文化”等示范项目。

【《佛山市文明行为促进条例》立法】2021年，佛山市将《佛山市文明行为促进条例》纳入市人大立法项目。通过政府网站、媒体、书面专函等形式先后4次征求社会意见，发放问卷1.5万份，召开15场座谈会听取基层工作意见和立法专业意见，收到有效意见建议191条。在此基础上形成《佛山市文明行为促进条例（草案）》，于同年11月9日通过市人大二审并报省人大。该草案共6章43条，主要内容和特色包括：明确部门职责分工，建立文明行为社会共同参与机制；紧密结合新时代精神文明建设重点工作，对规范、倡导、鼓励的文明行为作出规定；坚持特色化立法，将“喜事新办简办、不收红包礼金”良好风俗习惯写入法规中，减少大操大办、铺张浪费等不文明婚庆行为；建立不文明行为治理监督机制，完善惩戒措施；探索以社会服务代替处罚，设置“当事人自愿参加社会服务的，可以依法从轻或者减轻行政处罚”内容。

【“红色文化名片”遴选】2021年，佛山市组织开展“红色文化名片”遴选活动。活动前期开展全市革命遗址普查工作，摸查重要机构旧址、重要会议会址、重要历史事件发生地等各类革命遗址356处。经各区各单位推荐、党史专家实地走访、“候选名片”初评、网上点赞、专家评审等环节，按照识别力、影响力、持续传播力、文化形象力、产业提升力等5个维度对候选“名片”进行综合评审，最终产生“佛山十大红色文化名片”和10张“佛山优秀红色文化名片”，并举办“佛山十大红色文化名片”“佛山优秀红色文化名片”发布会。年内，佛山市开展佛山红色文化名片巡展活动，制作“红色名片系列手绘”“我为红色名片代言”“跟着名片学党史”等融媒体产品进行宣传推广。

（雷郎才）

链接

“佛山十大红色文化名片”名单

陈铁军：刑场上的婚礼

罗登贤：无产阶级革命者的光辉典范

吴勤：佛山武胆　抗日英雄

中共南海县委旧址：中共南海第一个县委机关驻地

区梦觉：妇运先驱岭南女杰

西海抗日烈士陵园：珠江敌后抗战的纪念丰碑

三谭革命事迹展览馆：高明“三谭”革命先驱

中国人民解放军粤中纵队纪念馆：粤中解放的壮丽史诗

邓培：中国工运先驱

广三铁路西南三水站旧址：百年铁路见证革命历程

链接

“佛山优秀红色文化名片”名单

廖锦涛：濠江赤子报国情

佛山鸿胜纪念馆：镌刻革命精神的红色武馆

大沥革命烈士纪念碑：广州起义大沥战斗红色见证

珠江纵队独立第三大队队部旧址：南海三水边境抗战前沿堡垒

中共南三花工委旧址：私塾里隐秘的革命据点

龙江甘竹滩洪潮发电站：敢为人先　顺德创举

中共珠江三角洲地方委员会机关旧址：迎接佛山解放的指挥部

振响楼：唤醒民族意识和家国情怀

小洞村高明革命遗址群：高明的革命摇篮

三水烈士陵园：森城人民的精神脊梁

应急管理

综　述

【概况】 2021年，佛山市有各类应急救援队伍424支1.37万人。市应急管理部门统筹推进应急管理体系和能力现代化建设，优化应急管理“责任”“科技”“共治”体系，提升防范化解重大安全风险水平；推进安全生产、防灾减灾救灾、应急救援建设，促进全市应急管理工作能力提升。全年发生各类生产安全事故291起，死亡215人，受伤154人，直接经济损失974.67万元；全市没有站点出现超警戒水位，强对流、洪涝、台风、干旱及冰冻等自然灾害造成直接经济损失892.7万元，防范汛旱风灾害保持“零伤亡”；全市发生火灾5096起，全口径统计死亡12人、受伤18人，直接财产损失9399万元，未发生较大或以上火灾事故；全市森林防灭火实现“零火情”。

【应急管理体系及能力建设】 2021年，佛山市应急管理部门推进应急管理体系和能力现代化建设，提升防范化解重大安全风险水平。

优化“责任”体系　印发《佛山市有关单位安全生产工作职责》，厘清相关部门的安全生产监管责任，修订《佛山市党政部门及中央、省驻禅有关单位安全生产工作职责》。编制佛山市应急管理“十四五”规划，为佛山市建设应急管理事业发展和突发事件应对提供总的框架意见。调整市突发事件应急委员会，探索形成市突发事件应急委员会总体运作机制。与佛山军分区联合印发《突发事件应急处置联动工作机制》，保障高效应对各类突发事件，控制、减轻和消除突发事件引起的社会危害，维护人民群众生命财产安全和社会稳定。出台《城市安全运行风险监测预警联动工作机制》，理顺各部门“测报防抗救建”全链条职责。健全“一谈、两督、三函”（警示约谈；挂牌督办、专项督办；提醒函、警示函、督办函）的综合监管机制，启动“市长督查令”。

优化“科技”体系　完成“智慧佛山”一期项目建设，打造城市安全运行监测中心，平均每月处置台风、森林火情、地下燃气泄漏等监测预警561起。9月8日，佛山市应急管理局被中共广东省委党校确定为17个现场教学示范点之一。9月24日，在国务院安全生产委员会办公室召开的城市安全风险监测预警工作现场推进会上，佛山作为全国5个城市代表之一作经验交流。9月29日，佛山市被国务院安全生产委员会办公室确定为国家城市安全风险综合监测预警平台建设试点城市。

优化“共治”体系　创建安全生产责任保险“佛山模式”，建立“政策+服务+市场+数据”四轮驱动的安全生产责任保险3.0版本，覆盖企业从业人员115万人次，为1.8万家次企业提供事故预防风控服务。全省创新组建超1万人的应急志愿者队伍，开展巡护检查等志愿者服务活动440余场次。

【应急管理工作能力提升】 2021年，佛山市统筹推进安全生产、防灾减灾救灾、应急救援建设，促进全市应急管理工作能力提升。

安全生产　实行市领导下沉抓问效、区领导包镇抓督办、镇（街道）领导进村抓落实的蹲点工作机制，自上而下落实安全生产大排查大整治责任链条。开展大督查行动，选取事故形势较为严峻的5个镇（街道）、8个行业领域和10处安全生产重大隐患开展挂牌督办，确保隐患彻底整治、安全责任彻底落实。年内，佛山市各级应急管理部门监督检查各类生产经营单位2.47万个，查处各类事故隐患案件7.69万件，实施行政处罚2943次，罚款6385.94万元。佛山市统筹推动安全生产专项整治三年行动（2020—2022年），排查整治重点问题38个、重大安全隐患71处，制定出台39个市级制度措施文件，经广东省安全生产委员会办公室评选形成“佛山经验”，并被推荐到国务院安全生产委员会办公室审定。市应急管理局牵头组建佛山市防范化解道路交通风险工作专班，围绕“人车路企救”五个方面、75项具体措施，全面系统防范化解道路交通风险工作。印发《佛山市村级工业园安全与应急规范化建设工作方案》，选取6个工业园区作为试点开展创建行动，探索出村级工业园安全生产规范化建设新路子，该思路纪实登上《中国安全生产杂志》，并被省应急管理厅肯定。同年，“安全上上签”活动在应急管理部第二届应急管理新媒体作品征集评选活动中获“年度优秀互动类作品”奖项。

防灾减灾救灾　成立佛山市第一次全国自然灾害综合风险普查领导小组及办公室，全市5个区、32个镇（街道）实现普查机构“全覆盖”。1月，佛山市启动防御低温冰冻工作方案，应急管理部门会同民政部门做好防寒物资供应保障，会同农业部门组成调查组赴各镇（街道）指导农业抗灾和救灾复产工作。4月，佛山市出现局部旱情，应急管理部门会同农业部门组成指导组到各镇（街道）调研农作物受旱情况，及时制定并印发水稻抗旱方案。建立健全森林防灭火责任追究和责任倒查制度，修订完善森林火灾应急预案。11月25日，佛山市森林消防综合救援队基地开工建设，建成后可实现“一个中心，四个基地”（即珠江西岸区域应急指挥中心、综合应急救援基地、训练培训基地、救援物资储备基地和航空救援基地），领衔粤港澳大湾区森林综合消防救援基地标杆。年内，佛山市完成5个村（社区）全国综合减灾示范社区的创建工作，完成全市786个行政村（社区）防灾减灾救灾能力“十个有”（有组织体系、有大喇叭、有警报器、有避难场所、有风险地图、有明白卡、有应急值守、有应急照明、有小册子、有宣传栏）建设。

应急救援力量　全市有各类应急救援队伍424支1.37万人。在中共广东省委宣传部、广东省应急管理厅组织举办的“致敬逆行者”——2020年广东最美应急人发布仪式上，佛山市森林消防综合救援队获广东“最美应急集体”称号。佛山市先后3次派出抢险队伍驰援珠海、河南、中山等防汛救灾一线，完成抢险任务，受到省防汛防旱防风总指挥部和省应急管理厅的表彰。8月4日，佛山、云浮两市签订城市安全联动合作框架协议，共同推动佛山、云浮两地城市安全治理发展水平。

（周结华）

防灾减灾救灾

【自然灾害】 2021年，佛山市降雨偏少，水位偏低，开汛偏晚，初台（风）偏晚，汛旱风冻情况复杂，灾情轻微，总体平稳。全市降雨量显著偏少且时间分布不均匀，平均年降雨量仅1314.3毫米，较常年（1983年至2012年平均数）少21%，全市没有站点出现超警戒水位。受强对流、洪涝、台风、干旱及冰冻影响，全市出现城乡内涝114处次，树木倒伏或折断684棵次，房屋、商铺、厂房受浸398间，车辆受损49辆次，农作物受灾753.33公顷，供电受灾停用户1.74万户，直接经济损失892.7万元，转移受影响群众1133人，未出现重大灾情险情和人员伤亡。防范汛旱风灾害保持“零伤亡”，森林防火实现“零火情”，全年无卫星热点火情、无过夜火。

（周结华）

2021年1月17日，佛山市森林消防综合救援队在中共广东省委宣传部、广东省应急管理厅主办的“致敬逆行者”——2020广东最美应急人发布仪式上获颁2020广东“最美应急集体”证书

（市应急管理局　供图）

【地震灾害应急准备】 2021年，佛山市完善抗震救灾指挥体系建设，成立抗震救灾指挥部，指挥部办公室设在市地震局，承担指挥部日常工作。年内，佛山市地震局印发《2021年佛山市震情监视跟踪和应急准备工作方案》，执行震情值班值守、震情周月会商、零报告制度，落实震情监视和短临跟踪措施，处理前兆资料和震情跟踪分析研判。开展全市及周边地区的震情趋势研判，做好临震预测预警工作。围绕河源市东源县4月2日3.7级地震、云南省漾濞彝族自治县5月21日6.4级地震、青海省果洛藏族自治州玛多县5月22日7.4级地震、江门市开平市6月7日3.0级地震等热点实时向佛山市政府报送6份震情信息报告。联合市应急管理局、市气象局、市消防救援支队等组成检查督导组，到分布在禅城、顺德、三水3个区的5个申报2021年“全国综合减灾示范社区”的社区实地查看避难场所、应急物资仓库、微型消防站、防灾减灾宣传栏等，对照《全国综合减灾示范社区创建标准》，在组织管理、风险评估、隐患治理等9个方面指导改造工作，提升综合减灾示范社区建设水平。联合市教育局对申请创建广东省防震减灾科普示范学校的石门实验学校开展现场督导检查，查看学校基础设施、应急避难场所、地震科普展馆等。做好地震监测预防工作，联合市住房城乡建设局、市教育局、市卫生健康局实施地震易发区重要公共建筑物加固工程，完成1500多所学校校园建筑基础数据调查，对全市卫生系统的99个单位共440栋公共建筑开展抗震加固工作。

【基层防震减灾应急宣传】 2021年，佛山市地震科普展馆作为防震减灾应急宣传主阵地，与学校、社区、企事业单位联动开展主题党日、党史学习、志愿者服务等活动，在“5·12”防灾减灾宣传

2021年7月28日，佛山市地震局联合佛山市减灾救灾应急协会开展2021年防震减灾青少年夏令营活动。图为参加夏令营活动的家庭合影 （市地震局　供图）

周活动期间接待参观群众1000余人次，年内，获“广东省人文社会科学普及基地”称号。“5·12”防灾减灾宣传周前后，佛山市地震局联合广州市地震局在广州市花都区花港社区联合开展以“防范化解灾害风险，筑牢安全发展基础”为主题的广佛同城防震减灾应急宣传进社区直播活动，在线观看群众80余万人次；联合市应急管理局推出《小蛮腰减隔震技术》《地震30秒》2个防震减灾公益广告，在广佛地铁站台站厅509块电视屏和地铁列车1578块电视屏播出10周，日均覆盖约52万人次。在第四十五个唐山大地震纪念日（7月28日），佛山市地震局组织38户家庭在三水区育明生命教育基地举办“防震减灾手牵手　美好生活心连心”2021年防震减灾青少年夏令营活动，开展地震虚拟现实（VR）体验、地震逃生演练、烟道逃生演练、灭火器使用、高空缓降逃生、止血包扎、心肺复苏7个体验项目。

（郑永麟）

【防灾减灾气象服务】 2021年，佛山市气象部门加强气象监测工程建设，南海区和三水区实现“村村有”自动气象站，完成珠三角枢纽（广州新）机场和南海区X波段双极化相控阵天气雷达建设，为粤港澳大湾区极点城市建设提供优质气象服务。加强技术攻关，开展龙卷风潜势预报和强对流临近预报预警指标研究，制定扁平化龙卷风和致灾雷暴大风临近预警业务流程，提高极端天气精准监测预报预警能力。全年发布各类气象预警信号739次、气象服务快（专、月）报402期、决策服务信息近2000条、“两微”（微信、微博）信息约5000条。为春运、高考、新冠肺炎疫情防控等重要节点提供气象保障。开展全市暴雨、干旱、台风、高温、低温、大风、冰雹和雷电8种气象灾害综合风险普查工作。市、区两级突发事件预警信息发布中心成为市应急委员会成员单位，完善应急联动机制和社会响应机制。开展全省公共数据资产凭证试点工作，推进农业气象指数保险服务。制定《佛山市气象局雷电防护装置检测单位信用管理办法》，出台《广东省防御雷电灾害管理规定》佛山市实施方案，更新行政处罚自由裁量权标准、升放气球管理等规范性文件。行政审批压减办理时限至1个工作日，完成防雷检测报告审查近7000份，督促大型工程项目完成区域评估3宗，对40个气象灾害防御重点单位进行隐患排查和分级管控，监督600余个防雷安全重点单位落实定期检测。全市实现气象防灾减灾零死亡。

（郑启康）

【地质灾害防治】 2021年，佛山市登记在册地质灾害隐患135处。按类型分，崩塌107处、滑坡19处、地面塌陷1处、地面沉降1处、泥石流7处。完成工程治理44处，搬迁避让10处，专业监测28处，综合整治率60.74%。全市严格执行汛期值班值守、险情巡查、灾情速报专报、监测预警、群测群防、宣传培训、防灾和避险明白卡发放等工作制度，建立健全沟通协作机制，提升防灾减灾工作水平。全市有专业仪器监测点43处，专业巡查监测点71处，组织地质灾害监测预警项目组对全市重要监测点进行专业巡查监测6442人次，开展突发性地质灾害应急险情（含疑似）调查62次。全年发出地质灾害预警35次，其中四级预警26次、三级预警9次。全年通过综合整治消除地质灾害隐患点20处，地质灾害防治实现连续15年“零伤亡”。年内，市自然资源局编制完成《佛山市地质灾害防治“十四五”规划》。

（郭　庆）

【“三防”工作责任制落实】 2021年，佛山市三防指挥部落实以行政首长为核心的各项“三防”（防风、防旱、防汛）工作责任制，汛前及时组织调整各级“三防”指挥机构、北江大堤前线抗洪指挥分部领导成员，落实各级“三防”指挥机构指挥长AB角。全市落实防汛行政责任人1074人、村级网格责任人965人，重点工程防汛责任人名单在《佛山日报》进行公示。年内，组织培训市、区、镇（街道）“三级”防汛行政责任人1290人。成立佛山市第一次全国自然灾害综合风险普查领导小组及办公室，全市5个区、32个镇（街道）实现普查机构“全覆盖”，市—区—镇（街道）—村（社区）四级协同推进。在对各区政府年度绩效考核中新增风险普查考核指标。建立健全森林防灭火责任追究和责任倒查制度，推动各区制定森林防火网格化分片包干责任制实施方案，调查统计出森林防火区企业1137家和林区施工单位72个。修订完善森林火灾应急预案，全面推进基层森林火灾防治“六有”（有班子、有预案、有机制、有队伍、有物资、有演练）建设，做到山有人管、林有人护、火有人防。

【备灾工作】 2021年，佛山市继续在“三防”（防汛、防旱、防风）、森林防火等方面做好备灾工作。在全市范围推进自然灾害防治能力“八大重点工程”（害风险调查和重点隐患排查工程、重点生态功能区生态修复工程、地震易发区房屋设施加固工程、防汛抗旱水利提升工程、地质灾害综合治理和避险移民搬迁工程、应急救援中心建设工程、自然灾害监测预警信息化工程、自然灾害防治技术装备现代化工程）项目，联合市自然资源局、市交通运输局、市水利局、市农业农村局等20余个减灾委员会成员单位，全面铺开桥梁重点整治、截污管网建设、排涝能力建设、病险水库水闸除险加固、水土流失综合治理等36个减灾防治子项目建设，系统解决全市自然灾害防治工作困境。年内，全市各级169个防汛物资仓库均清点造册，主要储备86个品种的防汛抗旱物资；累计建立应急避难场所1355个，并更新避难场所天地图导航信息数据9485条，应急物资储备仓库336个。

“三防”工作　汛期前，佛山市采取镇（街道）级自查、区级抽查及市级重点检查相结合的方式，派出188个工作组，逐项开展隐患排查整治；由市三防指挥部主要成员单位牵头的6个督导组，赴各区开展防汛备汛督导检查；各级各部门排查山洪和地质灾害、削坡建房、内涝点及建筑工地等重点领域，落实2.45万处排查点建档造册。落实“三防”应急预案224个，村（社区）“一页纸”（一页纸上面记录抢险救灾工作小组人员名单及联系方式、村情概况、工作重点等内容）预案1665个。汛期，佛山市对堤围水库、桥梁涵隧、城镇公共基础设施等进行拉网式排查。各级党政主要负责人赴一线开展防汛检查236次，各级各部门出动检查组4991个24624人次，检查风险隐患5785处次，制定整改方案，落实防范应对措施。调整市级三防专家库，落实水利、气象、水文、地质灾害、交通运输等15个专家组84名专家，为抢险救灾提供决策支持和技术保障。全市落实防汛抢险队伍149支5627人，先后组织“三防”相关演练78余次，协同参演7374人次。全市6项破堤工程均具备防洪条件，全部落实度汛措施；14个风险水库按期完成除险加固5个，其余9个推进前期工作；15项在建交通、市政涉水工程销号7项，其余8项配齐物资装备，满足排涝过水要求；19处城市易涝点完成整治销号5处，强化新增易涝点治理和易积水路段管网改造；135处地质灾害隐患点和39处削坡建房风险点登记造册，落实工程治理和非工程防控措施。

森林防火　在国有林场、自然保护区、风景名胜区、易过火边境以及森林资源集中连片等重点区域加派人员、增设检查站，全市设森林防火点1084个，安排专职护林员565人、兼职护林员和志愿者逾1万人、参与值守人员3.9万人次。31辆森林消防水车、通信指挥车等大型装备全部列装，建成森林防火道路634.8千米、森林消防蓄水池和蓄水桶535个、生物防火林带1057千米、视频监控点280个，加密布设智能化林火监控系统。11月25日，森林消防综合救援队基地正式开工，建成后可实现“一个中心，四个基地”（即珠江西岸区域应急指挥中心，综合应急救援基地、训练培训基地、救援物资储备基地和航空救援基地）。

【救灾工作】 2021年，佛山市启动“三防”（防汛、防旱、防风）应急响应4次。“三防”应急响应期间，佛山市统筹三防指挥部各成员单位联动布防，形成防御工作合力。气象部门滚动发布天气预警信号664次；水文部门推送内涝、洪水等预警信息2万余条；应急管理部门出动执法人员425人次加强对化工、医药、危化企业和应急物资储备仓库的检查，检查企业154家次；水利部门实施涵闸泵站预排预泄，开启泵站101座，累计排水580万立方米，降低内河涌水位；自然资源部门出动巡查人员1167人次，巡查地质灾害隐患点736处次，处置险情1起；住房城乡建设部门出动内涝巡查和应急处置人员3228人次、车辆和设备372辆（台）次，处置城市积水；农业农村部门落实全市1679艘小渔船100%回港避风、3358名在册渔民全部上岸避险；海事部门出动执法人员89人次、海巡船艇21艘次，检查渡口、水域、水工作业区等36处次；城管执法部门出动1727人次开展市政环卫、园林绿化、景观照明等设施防台风检查，落实临时关闭综合公园19个。1月，佛山市气温直线下降，应急管理部门会同民政部门做好防寒物资供应保障，出动40个工作组150人，累计救助67人，发放棉被、绒衣裤等防寒物资67件；会同农业农村部门组成4个调查组赴各镇（街道）指导农业抗灾和救灾复产工作。4月，佛山市出现局部旱情，应急管理部门会同农业部门出动4个指导组到各镇（街道）调研农作物受旱情况，及时制定并印发水稻抗旱方案，全市累计投入各级财政资金400多万元，先后调度抗旱人员130余人到田间地头，出动挖掘机180个台班，调用抽水设备410多台套，疏通水渠22条。

【防灾减灾宣传】 2021年，佛山市制作6条不同版本森林防火音频和3个森林防火短视频，在全市5000个应急大喇叭，以及在电台、村（社区）电子屏、林火监测设备上轮播。开展自然灾害综合风险普查培训会议105场次，培训人员3458人。制作常见自然灾害防范措施和避难场所分布情况视频作品在各媒介、平台推送，其中在广佛地铁线509块站台（站厅）电视屏、1578块地铁列车电视播放73天，每天曝光量50多万人次。安排风险普查宣传内容在市内3个广播电台频道滚动播放。在全国防灾减灾日期间开展宣传活动，防灾减灾动员讲话、访谈内容通过“学习强国”佛山学习平台、网易新闻等转播，阅读量14.47万人次；开发微信导航避险游戏，2.15万人次参与体验；开展防灾减灾读法活动，参与群众2.58万人。

【全国综合减灾示范社区创建】 2021年，佛山市完成5个村（社区）全国综合减灾示范社区的创建工作，至年底，全市全国综合减灾示范社区增至189个（含1个社区合并、1个社区撤销）。年内，对全市2015年以前按旧标准创建的132个综合减灾示范村（社区）进行整改提升。推动落实《全面开展行政村（社区）防灾减灾救灾能力“十个有”建设工作方案》，完成全市786个行政村（社区）防灾减灾救灾能力“十个有”（有组织体系、有大喇叭、有警报器、有避难场所、有风险地图、有明白卡、有应急值守、有应急照明、有小册子、有宣传栏）建设。

【应急救援机制建立】 2021年，佛山市应急管理局出台应急救援队伍管理办法（试行），规范应急救援队伍建设标准和要求，统筹加强涵盖地质灾害、抗震救灾、危险化学品、交通等重点领域的专业应急救援队伍建设。与佛山军分区联合印发《突发事件应急处置联动工作机制》，明确联动机制的预案体系、民兵应急力量建设、信息共享、组织指挥、装备保障等内容；提出必要时将辖区内突发事件信息及时通报驻辖区部队，确保必要时佛山军分区可以及时调动民兵力量参与应对和处置在佛山市行政区域内发生超出事发地区人民政府处置能力的突发事件。

【应急救援力量调查】 2021年，佛山市应急管理部门开展各行业、领域救援队伍调查统计工作，梳理综合救援队伍（消防）、专业队伍、企业队伍、民间（义工）队伍等各类应急救援队伍情况。经调查统计，全市各类应急救援队伍424支，队伍人员1.37万人。

【市外抢险救援】 2021年，佛山市应急管理部门先后3次调派应急救援队伍支援省内外抢险救援行动，分别是7月15日支援珠海市石景山隧道透水事故救援、7月23日支援河南省救灾抢险、10月10日支援中山市救灾抢险。

【应急志愿服务】 2021年，佛山市应急管理局倡导组建1万人的市级应急志愿者队伍，开展佛山市首届“奉献新时代 应急志愿行”应急志愿服务公益项目大赛，组织首场节后志愿巡护活动。市应急管理局与市文广旅体局、市供电局、市人保财险公司等部门、单位签订应急志愿服务战略合作协议，发动1700名“南精灵”志愿者整体加入佛山应急志愿服务队伍。全年开展应急志愿服务活动440余场次，发动志愿者1.25万人次，服务人员63万人次，服务企业1689家。应急志愿者持续深入基层、群众开展安全巡护和应急教育活动，被认定为佛山市新时代文明实践“惠民十件实事”之一。

【佛山市森林消防综合救援队授旗仪式】 2021年10月20日在佛山市禅城区岭南明珠体育馆举行，中共佛山市委书记郑轲向市森林消防综合救援队授旗并作讲话，市其他有关领导，市森林防灭火指挥部副总指挥及指挥部成员单位负责人、各区森林防灭火指挥部办公室主要负责人、市内森林消防救援力量及社会救援力量代表、市森林消防综合救援队全体队员参加活动。授旗仪式上，市应急管理局负责人宣读市森林消防综合救援队干部任命文件，市森林消防综合救援队队长作表决心发言。仪式结束后，出席仪式活动的领导等现场检查森林消防救援装备及市应急管理综合应用平台演练运作情况。

2021年10月20日，佛山市森林消防综合救援队授旗仪式在禅城区岭南明珠体育馆训练馆举行。图为森林消防综合救援队全体队员合影 （市应急管理局 供图）

【佛山、云浮签订城市安全联动合作框架协议】 2021年8月4日，佛山、云浮两市《城市安全联动合作框架协议》签约仪式在佛山市城市安全运行监测中心举行。根据协议，两市在城市安全风险评估、监测预警、应急联动和区域应急协同方面进行密切合作，共享佛山市“一网感知态势、一网纵观全局、一网风险研判、一网指挥调度、一网协同共治”的智慧安全城市建设成果，创新城市安全管理模式，共同推动佛山、云浮两地城市安全治理水平。

【佛山市第一次全国自然灾害综合风险普查工作会议】 2021年9月10日召开。会议采用线上线下结合方式举行，出席现场会议的有市委常委、副市长、市第一次全国自然灾害综合风险普查领导小组组长郑海涛，市普查办主任、市应急管理局局长魏钰，佛山市相关单位分管领导40余人，同时，佛山市各区、镇（街道）政府和有关部门分管领导200余人在分会场通过视频方式参加会议。会议提出要提升佛山自然灾害防治和应急救援能力，各级各部门要按照“统一组织领导、统一技术规范、统一工作进度”的要求，做到“市—区—镇（街道）—村（社区）”四级协同推进；强化普查质量把控，通过严守技术标准、聚焦督查问效、借助专业力量等，确保获得高质量普查数据，做到边普查、边运用、边见效，将普查成果纳入监测预警、应急指挥、避险转移等实战应用中。

（周结华）

2021年8月4日，佛山、云浮两市在佛山市城市安全运行监测中心联合举行城市安全联动合作框架协议签约仪式　（市应急管理局　供图）

安全生产监督管理

【概况】 2021年，佛山市发生各类生产安全事故291起，死亡215人，受伤154人，直接经济损失974.67万元，比上年分别下降22.4%、下降12.6%、下降28.0%、下降69.8%。发生较大事故2起，共造成6人死亡5人受伤，未发生重大及以上事故，生产安全事故起数及其死亡人数、较大事故起数及其死亡人数均为历史最低。2起较大以上事故分别是：广州绕城高速佛山市辖路段“4·21”较大道路交通事故，造成3人死亡、2人受伤；珠三角环线高速佛山市辖路段“10·6”较大道路交通事故，造成3人死亡、3人受伤。年内，各级应急管理部门监督检查各类生产经营单位2.47万个。推动安全生产专项整治三年行动（2020—2022年），排查整治市、区两级突出问题38个，排查隐患49.79万处。培训考核“三项岗位人员”（特种作业人员、企业主要负责人、安全管理人员）21.44万人，核发证件18.24万人。同年，开展“百万职工岗位零事故行动”，印发《佛山市村级工业园安全与应急规范化建设工作方案》，推动村级工业园安全与应急规范化建设。至年底，佛山市安全生产责任保险项目累计投保费用6.9亿元。

【安全生产制度建设】 2021年，佛山市在广东省率先制定印发单位安全生产工作职责——《佛山市有关单位安全生产工作职责》，厘清49个部门的安全生产监管责任。出台《城市安全运行风险监测预警联动工作机制》，理顺各部门“测报防抗救建”全链条职责。印发《关于调整市突发事件应急委员会主要职责及人员组成等有关事项的通知》，在全省率先调整突发事件应急委员会，探索符合佛山市实际的应急委总体运作机制，高效应对各类突发事件，控制、减轻和消除突发事件引起的社会危害，维护人民群众生命财产安全和社会稳定。健全“一谈、两督、三函”（警示约谈；挂牌督办、专项督办；提醒函、警示函、督办函）的综合监管机制，启动“市长督查令”，深化“日研判、周分析”，推动安全责任落实落细落具体。

【安全生产监管】 2021年，佛山市各级应急管理部门监督检查各类生产经营单位2.47万个（含市级单位），监督检查生产经营单位5.31万次。除市级应急管理部门开展的监督检查外，禅城区检查2021个，检查4169次；南海区检查8309个，检查1.95万次；顺德区检查1.05万个，检查1.73万次；高明区检查1354个，检查4459次；三水区检查2383个，检查7590次。全市查处各类事故隐患案件7.69万件，除市级外禅城区查处3796件、南海区查处2.01万件、顺德区查处2.02万件、高明区查处1.14万件、三水区查处1.85万件。全市查处各类事故隐患实施行政处罚2943次，罚款6385.94万元。除市级外禅城区处罚465次，罚款543.31万元；南海区处罚1154次，罚款1967.36万元；顺德区处罚1024次，罚款2605.03万元；高明区处罚109次，罚款502.96万元；三水区处罚173次，罚款630.67万元。

【安全生产专项整治三年行动工作推进】 2021年，佛山市统筹推动安全生产专项整治三年行动（2020—2022年），以市政府、市安全生产委员会、市安全生产委员会办公室名义对危化、燃气、建筑施工等重点企业开展“大约谈”1.1万家次，排查整治市、区两级突出问题38个，排查隐患49.79万处，开展行政处罚1.82万次，罚款1.02亿元，责令停产整顿企业5433家、关闭取缔660家，移送司法机关82人。佛山市安全生产专项整治三年行动（2020—2022年）工作经省安全生产委员会办公室评选，形成“佛山经验”，并被推荐到国务院安全生产委员会办公室审定。

【特种作业治理】 2021年，佛山市继续打击特种作业操作证假证源头，推动特种持证上岗。全年督促5.02万家企业自查自纠，并统筹各区、镇（街道）结合日常培训检查加强打击假冒特种作业操作证行为，开展特种作业执法检查2.57万人次，印制、发放《特种作业常见问题解答宣传册》11.14万份，通过微信、网站及其他媒体宣传5769次，发现假冒证件、无证作业488人。

【危险化学品及烟花爆竹监管】 2021年，佛山市对危险化学品行业安全生产许可事项进行严格审核，办理危化品建设项目安全条件审查17个，办理生产许可证延期换证、变更项目34个，办理经营许可证延期换证、变更项目22个，审核把关事项600余项，作出退件或撤销申请处理涉及企业21家，注销危险化学品生产企业27家、经营带储存企业5家。

开展分批课堂培训1800余人次，远程视频培训660人次，平台线上培训750余人次，微信工作群动态实时教育1362人次。年内，全市出动监管执法人员1.24万人次，检查化工、医药和危险化学品、烟花爆竹企业（门店）4780家次，发现安全隐患8966项，发出责令整改通知书2611份，责令企业停产停业25家次，处罚企业40家，处罚金额196.25万元。

【工矿商贸行业重点监管】 2021年，佛山市应急管理部门通过动态梳理筛查，掌握全市重点监管工矿商贸企业4304家，其中有限空间作业企业820家（3.23万个）、粉尘涉爆企业1754家（涉尘作业30人以上企业84家、10～29人企业205家）、金属冶炼企业127家（深水井企业76家、深水井数量145个）、液氨使用企业268家（液氨制冷企业35家）、有机溶剂使用企业1323家、工业煤气企业1家、水泥企业10家、玻璃制造企业1家，无非煤矿山企业。年内，推进非煤矿山、涉有限空间作业、金属冶炼、粉尘涉爆、液氨使用、危险化学品使用、工业煤气等工贸行业专项治理，全市出动执法人员8.99万人次，检查企业3.68万家次，发现隐患7.3万条，发出整改文书1.7万份，责令企业停产整改903家，立案处罚1319宗。

【安全生产培训】 2021年，佛山市培训考核“三项岗位人员”（特种作业人员、企业主要负责人、安全管理人员）21.44万人，核发证件18.24万人，比上年分别增加13.4%和14.5%。企业负责人考试4.81万人，考试合格4.38万人；安全管理人员考试6.05万人，考试合格5.51万人；特种作业人员考试9.74万人，考试合格7.69万人。开展2021年节后复产复工安全培训教育行动，针对疫情创新采取“线上”视频学习与“线下”分散培训相结合的方式，统筹指导全市企业复工复产安全培训。在“佛山应急管理”微信公众号增设“云课堂”线上培训小程序，免费提供培训学习，全市完成必学课程53万人，线上培训学习总量达303万次。督促全市6.82万家重点企业加强复产培训，组织线下专场培训748场次（培训从业人员122.06万人次），线下播放警示片10.71万次。

【安全生产标准化建设】 2021年，佛山市推进企业安全生产标准化创建工作，提升标准化创建质量，推动达标企业高质量运行。全市冶金等行业企业二级和三级标准化企业达标公告数量8222家，尚在有效期三级标准化企业4.65万家。对650家三级创标企业和50家二级创标企业开展质量抽查和现场检查，发现并督促整改问题6381个。

【安全生产技术服务机构监管】 2021年，佛山市检查各类技术服务机构136个次，抽查报告163份。其中，开展安全评价机构执业行为专项整治，检查在佛山开展评价工作的评价机构119个次，抽查检查报告116份，约谈安全评价机构5个次，立案处罚11宗，处罚金额6.1万元。

【安全生产应急演练】 2021年，佛山市安全生产委员会各成员单位根据各自行业、领域的事故特点，组织开展应急演练超460场，参演6100余人次。各级应急管理部门组织开展应急演练超180场，参演2.67万人次。年内，佛山市智能应急平台内第一、第二、第三、第六类生产经营单位有7.75万个组织开展应急演练，市应急管理局对3356个生产经营单位应急演练填报情况进行抽查。

【安全生产责任保险推广】 2021年，佛山市加强安全生产责任保险制度、市场体系、发展格局、服务机制、数据治理及投保覆盖等方面建设。至年底，佛山市安全生产责任保险项目累计投保费用6.9亿元，投保企业3.39万家次，累计保障额度6613亿元，覆盖企业从业人员115万人次，共为1.8万家次企业提供事故预防风控服务，提出风控建议6.9万条。非煤矿山、危险化学品、烟花爆竹、民用爆炸物品、金属冶炼等行业领域实现安全生产责任保险100%覆盖，全市重点企业投保覆盖率达53.92%。年内，佛山市应急管理局作为广东省唯一单位赴北京市参加应急管理部组织的安责险系统建设及数据标准研讨会，会上介绍安全生产责任保险“佛山模式”。年内，省应急管理厅向全省各地市推广学习佛山市安全生产责任保险工作模式。

【应急管理宣传活动】 2021年，佛山市应急管理部门通过各级媒体报道应急管理工作动态827次，其中国家级媒体报道165次、省级媒体报道299次、市级媒体报道363次，省应急管理厅转载发布信息82次。“佛山应急管理”南方号在全2021年度南方+合作伙伴大会上获

2021年3月4日，佛山市2021年度安全生产责任保险工作会在市城市安全监测中心以线上、线下相结合的方式举行。图为市应急管理局指挥中心分会场（市应急管理局　供图）

年度“融媒创新奖”和“政务公开奖”。“佛山应急管理”微信公众号发布图文信息779篇，阅读量超284万人次，关注人数增至67.6万人。年内，佛山市应急管理部门开展“安全上上签”H5有奖游戏，以及“安全佛山大家谈”“班组、工匠面对面”“最美应急人”“谁在威胁我们的安全”“安全生产大检查”等主题宣传活动，数百万名市民参与。其中，群众实名参与“安全上上签”H5有奖游戏超206万人，观看“班组、工匠面对面”网络直播活动122.9万人次，“安全生产大检查”推出各级各部门安全生产大检查实时报道23篇（单篇报道点击率5.1万人次）。年内，佛山市安全生产月活动获《中国应急管理报》《中国报道》《中国安全生产》《广东安全生产》等报纸杂志专题报道；市应急管理局制作的安全生产月主题宣传视频获“学习强国”学习平台采用；“安全上上签”活动在应急管理部第二届应急管理新媒体作品征集评选活动中获“年度优秀互动类作品”奖，并获评佛山市网络文化精品创意互动类一等作品。

【百万职工岗位零事故行动】 2021年，佛山市第四年开展百万职工岗位零事故行动，细化安全体检、自主创建、帮扶指导、实地验收4个创建环节，为企业安全问题“把脉问诊”，减压安全生产事故。行动期间，创新性地为建筑工地提供14项工程作业、272个风险点危险源的管控清单，以及提供32个建筑工地常用工种“明白卡”。全市有191个建筑工地1213个班组参与百万职工岗位零事故创建行动，共排查治理安全隐患2700余处，开展培训190场次，指导帮扶344人次。

【村级工业园安全与应急规范化建设】 2021年，佛山市印发《佛山市村级工业园安全与应急规范化建设工作方案》，确立“提升安全硬件、提升安全制度、提升安全管理”的工作目标，在全市5个区选取6个园区作为试点，试点工作初步实现村级工业园安全与应急“五个有”（有机构设置、园区基础信息体系、园区管理体系、制度体系、义务和责任）。落实“四个融合”（安全管理与产业发展融合、政府引导与社会化服务融合、园区跨部门一体化监管融合、政府监管与落实企业主体责任融合）举措，实现园区“五个100%”（公共区域安全条件100%、安全风险评估100%、特种作业人员培训上岗100%、安全生产三级标准化达标100%、安责险投保100%）目标，探索出村级工业园安全生产规范化建设新路子，提升工业园区安全监管水平。该工作新思路纪实文章获《中国安全生产杂志》刊载，该工作还获省应急管理厅肯定。

（周结华）

消防安全

【概况】 2021年，佛山市发生火灾5096起，全口径统计死亡12人、受伤18人，直接财产损失9399万元，未发生较大或以上火灾事故，火灾形势整体平稳可控。全年接处警1.72万起，出动消防车3.1万辆次、消防人员14.88万人次，抢救和疏散2257人，抢救财产价值3.8亿元，完成庆祝中国共产党成立100周年等一系列大型活动消防安保任务和珠海市“7·15”隧道透水事故增援等急难险重灾害事故处置工作。市消防救援支队新建成指挥调度、全媒体、火灾调查办案和法制审核“四大中心”，承办应急管理部消防救援局城市大型综合体灭火救援编成、全省后勤领域规范化建设、全省机关工作运行领域规范化建设、消防宣传“进学校”四大试点工作任务。年内，市消防救援支队获评市创建全国文明城市突出贡献单位、市政府“市长直通车”平台口碑单位，在省消防救援总队2021年度评先评优中获评“先进支队党委”“年度工作先进单位”，在全省首届消防员比武竞赛和政治工作实战化比武中获二等奖，在全省消防员职业技能竞赛和指挥中心比武竞赛中获三等奖。1人参加全国火调比武竞赛所在参赛组获团体二等奖，2个基层单位分别获评“广东省先进基层党组织”“广东省青年文明号标兵号”，1人当选“南粤消防忠诚卫士”和“佛山市劳动模范”，2人获评“广东好人”，高明区消防救援大队、三水区消防救援大队分别被地方党委、政府记集体三等功。

【消防综合保障】 2021年，佛山市各级财政投入消防经费超4.2亿元，主要包括投资近7000万元完成消防船主体建造、投入1.97亿元奖补支持农村（社区）消防安全提升工程、投入装备建设经费1.02亿元等。装备建设方面主要包括购置消防车14辆、消防器材1.3万件（套），以及完成灭火和抢险救援服外观统型工作。市消防救援支队建成配备32人的支队级战勤保障消防站1个并实体化运行，建成大队级保障分队1个，构筑市、区两级应急物资储备库，落实消防应急保障物资联席会议制度。完成6类保障装备模块化建设，培养各类消防车辆驾驶员185人，完成各类实战演练战勤保障工作。

【消防安全体制机制建设】 2021年，中共佛山市委、市政府与5个区以及市级40个行业部门签订消防工作目标责任书，将消防工作纳入党委、政府绩效考核。市消防救援支队建立“一办二组三中心”（火灾防范工作领导小组办公室，数据统计和分析研判组、火灾防范工作督导组，法制审核中心、全媒体中心、火调执法办案中心），联合市公安局印发《派出所消防工作绩效考评办法》，建立消防、公安部门火灾事故调查协作机制。开展消防安全专项整治三年行动（2020—2022年）攻坚工作，挂牌督办火灾高风险区域9个和重大火灾隐患单位19个，推广运用电动自行车入室入梯感知报警、市政消火栓定位系统，推动全市“三小”（小档口、小作坊、小娱乐）场所、出租屋等安装无线火灾报警器，新建消防救援站4个，扩充消防监督和专职消防救援队伍70支1500余人。

【消防应急体系建设】 2021年，佛山市消防救援支队创新开展指挥中心“智能化、规范化、实战化”建设，打造“灭火救援实时指挥一张图”，探索并实践“可视化报警”“一键式智能调度”“消防预警无人机巡航”“灾害现场物联检测”等创新成果应用，获国家发明专利2项，

2021年11月5日，广东省消防安全宣传“进学校”试点工作现场会在佛山市禅城区环湖小学举行。图为活动现场展示消防智能机器人　　（市消防救援支队　供图）

分别为“消防可视化报警系统及方法”和“一种消防救援实时指挥系统”。联合联通、电信和移动三家电信运营商组建“5G创新应用小组”，对接政务数据服务管理、公安、“三防”等部门13个业务系统，累计接入有效数据7000余万条。组建专职通信保障队伍，完成省级地震救援轻型队建设，建强水域救援队19支，培养绳索救援、舟艇驾驶、安全员等技术骨干243人，获国家水域教练员资质5人。

【消防宣传】 2021年，佛山市首创“地源式”消防宣传教育，联合美团外卖平台开展“橙黄城市守护行动”，举办第四届消防主题抖音短视频、海报设计大赛和首届消防主题诗词大会，录制原创节目《平安119》。举办“落实消防责任、防范安全风险”2021年度佛山市“119”消防宣传活动，并公布和表彰2021年度市级“热心消防公益事业先进集体”“热心消防公益事业先进个人”。

【基层消防改革】 2021年，佛山市以三水区和禅城区南庄镇为试点推进基层消防改革，印发《佛山市消防救援机构、镇政府（街道办事处）关于消防工作“共管共治”和消防队伍“共管共建”改革实施方案》，对全市5个区32个镇（街道）消防基层改革工作开展督查调研，并于9月24日在南庄镇召开现场会。至年底，全市32个镇（街道）完成消防救援所挂牌，提升基层消防治理水平和消防救援战斗力。

【广东省消防安全宣传“进学校”试点工作现场会在佛山召开】 2021年11月5日，广东省消防安全宣传“进学校”试点工作现场会在佛山市禅城区环湖小学召开，省消防救援总队有关领导等出席会议。现场会总结和推广佛山等多市校园消防安全宣传优秀经验。试点工作于2021年6月在佛山市开展以来，市消防救援支队通过定期组织校园消防安全培训、开展消防主题活动、安排防火专业技术人员担任市内中小学“消防校长”等方式，夯实校园消防安全工作，以点带面，带动全市中小学校提升在校师生消防安全能力以及消防应急水平。

【“119”消防宣传月活动】 2021年11月，佛山市举行“落实消防责任、防范安全风险”“119”消防宣传月活动。9日在禅城区岭南天地举行启动仪式，开展一系列消防体验项目与市民参与互动，并公布和表彰2021年度市级“热心消防公益事业先进集体”“热心消防公益事业先进个人”，活动在广东电视台直播，观看人数超10万人次。宣传月期间，市消防救援支队上线《民生直通车》节目，围绕火灾防控形势、“119”消防安全宣传月活动等内容，与市民互动交流；举办“十个一”“十个一百”活动，实现消防宣传全覆盖，并与钱大妈集团合作，在全市280余个钱大妈超市设置消防宣传点，发放消防宣传单张，普及消防安全知识。其间，全市各级开展消防安全宣传培训活动1000余场次，其中线上200余场次。

（吴海碧）

2021年11月9日，佛山市举办“落实消防责任、防范安全风险”2021年度佛山市“119”消防宣传活动。图为“橙黄城市守护行动”消防志愿队集合场景

（市消防救援支队　供图）

生态环境

环境质量

【大气环境质量】 2021年，佛山市空气质量综合指数为3.56，比上年上升6.3%；优良天数比例为85.5%，降低5.5个百分点，共出现49天轻度污染、4天中度污染，无重度污染和严重污染。二氧化硫（SO_2）年平均浓度8微克/立方米，二氧化氮（NO_2）年平均浓度32微克/立方米，可吸入颗粒物（PM_{10}）年平均浓度46微克/立方米，细颗粒物（$PM_{2.5}$）年平均浓度23微克/立方米，一氧化碳（CO）浓度的第95百分位数为1毫克/立方米，臭氧日最大8小时滑动平均浓度（O_3-8h）的第90百分位数为169微克/立方米。二氧化硫（SO_2）、二氧化氮（NO_2）、可吸入颗粒物（PM_{10}）、细颗粒物（$PM_{2.5}$）、臭氧（O_3）与上年相比分别上升14.3%、3.2%、7%、4.5%、9.7%。全年佛山市空气质量首要污染物主要为臭氧（O_3），占首要污染物比例为66.4%，其次是二氧化氮（NO_2），占首要污染物比例为20.9%。降水pH（酸碱值）为5.61，比上年上升0.23个pH单位；全年酸雨频率10.6%，比上年下降16.7个百分点，酸雨污染总体较上年有所缓和。

（叶曼婷）

【水环境质量】 2021年，佛山市生态环境部门对16个水源地开展监测，饮用水水源地水质状况总体保持优良。合水水厂地表水断面水质符合Ⅲ类，其余各个断面水质均符合地表水Ⅱ类。与上年相比，各断面水质状况无明显变化，佛山市各饮用水源地水质的综合污染指数在0.09～0.26之间，南海第二水厂、羊额水厂和北江水厂水源地的水质综合污染指数持平，沙口、紫洞水厂、甘竹滩和合水水厂水源地的水质综合污染指数上升，其余水源地水质综合污染指数有不同程度的下降。西江干流、北江干流、顺德水道、容桂水道、东海水道水质达地表水Ⅱ类标准，水质状况为优。高明河、平洲水道、顺德支流水质达地表水Ⅲ类标准，水质状况为良。佛山水道（横滘断面）年度水质均值达地表水Ⅳ类标准，西南涌（西南涌断面）年度水质均值达地表水Ⅳ类标准，广佛跨界河流芦苞涌（独树岗桥断面）年度水质均值达地表水Ⅲ类标准，水口水道（黄岐断面）年度水质均值达地表水Ⅴ类标准，以上断面水质均达标。

（冯汝泳）

【土壤环境质量】 2021年，佛山市受污染耕地安全利用率超90%，重点建设用地安全利用得到保障，达国家和省考核目标要求。

（杨　彤）

【声环境质量】 2021年，佛山市区域环境噪声昼间平均等效声级为57.7分贝（A），比上年下降0.6分贝（A），达城市区域环境噪声总体水平的昼间三级水平，总体评价为“一般”。佛山市昼间平均等效声级为69.6分贝（A），比上年上升1.1分贝（A），达道路交通噪声强度等级的昼间二级水平，总体评价为“较好”。佛山市功能区噪声昼间点次达标率为82.4%，夜间点次达标率为39.7%，功能区噪声昼间点次达标率和夜间点次达标率较上年均有所下降。

（叶曼婷）

【辐射环境质量】 2021年，佛山市辐射环境安全状况正常，无放射性污染事故发生。全市有核技术应用设备2338台，密封性放射源1208枚（其中Ⅰ类源150枚、Ⅱ类源1枚、Ⅲ类源12枚，Ⅳ、Ⅴ类放射源共1045枚），射线装置数1389台（其中Ⅱ类射线装置94台、Ⅲ类射线装置1295台）。核技术应用项目主要分布于辐照加工、金属压延、医疗卫生及饮料生产等行业。

（陈罗松）

生态保护与修复

【自然生态修复】 2021年，佛山市完成造林与生态修复任务2504.6公顷，超额完成省下达任务。其中，市级完成698公顷、南海区60公顷、顺德区6.67公顷、高明区1549.73公顷、三水区190.2公顷；实施控桉限桉工程2006.66公顷，超额完成省下达任务。开展佛山市高明区凌云山火烧迹地生态修复，谋划凌云山林业产业，截至年底，完成高明凌云山529.8公顷火烧迹地的造林和抚育工作。顺德区利用河滩闲置地种植落羽杉20万株，绿化河滩地达120公顷。年内，佛山市2020年度的造林绿化和森林城市建设工作获广东省林业局通报表扬。

【森林城市建设】 2021年，佛山市实施《佛山市建设大湾区高品质森林城市工作方案（2018—2022年）》，巩固森林城市建设成果。全年全市自然生态文明和高品质森林城市建设共实现新增绿化面积2.12万公顷。全市共组织植树活动72场，推动全市国土绿化。在南海区千灯湖活水公园、广东三水云东海国家湿地公园（试点）、佛山植物园、顺德新城滨河新城景观带、高明荷城广场等地开展21城同创“森林城市·绿美广东”主题宣传活动。国家林业和草原局专家核验组在佛山市开展珠三角国家森林城市群核验工作，佛山市高品质森林城市建设成效获国家林草局专家组高度评价。

【万亩千亩公园建设】 2021年，佛山市出台《佛山市万亩千亩公园规划建设标准和技术指引》，加快34个“万亩千亩公园”建设。全年完成公园建设投资19.71亿元，计划投资完成率104%，公园项目完工率101%，有17个公园达到基本建成开放条件。

【河心岛生态修复】 2021年，佛山市组织对2017—2020年河心岛生态修复成效进行系统性总结评价，明确新一轮生态修复的重点内容和实施路径，通过建立河心岛分类管控体系，编制实施“一岛一策”实施计划，落实违建清除、复垦复绿、环境治理等修复措施，完成第一阶段的生态修复并取得较好成效，累计拆除违建面积21.53公顷、复绿面积26.20公顷、提质绿化面积38.76公顷。年内，组织起草《佛山市河心岛生态修复五年延伸行动方案》。

【野生动植物保护】 2021年，佛山市结合新修订的国家重点保护野生动物、原植物名录，开展野生动植物保护宣传6次。全年办理野生动植物行政审批45宗，救护野生动物230只、放生138只。

（郭　庆）

【河涌综合整治】 2021年，佛山市印发实施《佛山市水环境全流域强统筹大兵团分层次治理实施方案（2021—2025年）》，按照全流域治理、强统筹推进、大兵团作战、分层次实施的系统性治水战略，实施生活污水处理提质增效、工业和船舶废水减排、农业污染源头防治、黑臭水体全面消除、入河排污口清理整治、清淤治违畅通河渠、以水定地城市更新、科技创新智慧治水八大行动，推进水环境治理工作。年内，重点推进佛山涌、南北大涌、北村水系、里水河、金陡涌、眉蕉河、高明河、漫水河、九曲河、左岸涌等流域治理，推进南海区解放水系、良安水系、红星运河水系、官山水系和顺德区7个联围水系等流域综合治理项目，改善重点流域水环境质量。继续巩固8条城市建成区黑臭水体和205条城乡黑臭水体整治成效，完成50条农村黑臭水体整治。经检测，市内8个县级及以上集中式饮用水水源地水质达标率100%；14个国考断面、省考断面全面达标，优良比例为85.7%，劣Ⅴ类比例为0，其中省考漫水河河口（嗷咀断面）水质为“十三五”（第十三个五年规划，起止时间为2016—2020年）以来首次达Ⅲ类的考核标准；市考断面劣Ⅴ类比例由2020年底35.59%下降到16.67%，超额完成年度30%的控制目标任务。年内，全市水环境质量持续改善。

【河湖长制推行】 2021年，佛山市构建形成“河长+检察长+河湖警长+民间河长+水义工”全覆盖的巡河体系，各级河长累计巡河11.14万次，发现问题4.53万个，完成整改4.5万个。全年完成“四乱”（乱占、乱采、乱堆、乱建）问题清理1563个，累计拆除建筑面积约33万平方米、清理非法占用河道岸线长度78.39千米、处理各类乱堆问题6698个。完成河涌清淤122.08千米，清理水面漂浮物7.82万吨。深化“党建+河湖长制”工作模式，设立固定巡河日，鼓励党员参与社区河湖治理及巡河护河志愿服务活动。继续高质量规划建设万里碧道，建立市级碧道实施项目库，系统推进水安全、水环境、水生态、水文化综合提升，以“5+1”重点任务（水资源保障、水安全提升、水环境改善、水生态保护与修复、景观与游憩系统构建五大建设任务，以及共建生态活力滨水经济带提升任务）为抓手推动碧道建设，重点推进三龙湾碧道和东平河水轴线，全年建设碧道总长233.65千米，其中禅城区12.52千米、南海区70.16千米、顺德区72.17千米、高明区19.5千米、三水区59.3千米。禅城区碧道建设衔接村级工业园改造、城市更新、千亩万亩公园建设，为滨水建设腾出生态空间；南海区利用“有为碧道”沿线文史资源，打造全省首条历史文化名人碧道；三水区依托思贤滘，打造“百年历史一线牵”的人文碧道景观。

2021年，佛山市继续推行河心岛生态修复工作。图为生态修复后的自然生态型河心岛——顺德区乐从镇灯笼沙岛

（市自然资源局　供图）

2021年12月23日，佛山市举办最美水义工暨民间河长“打造幸福河湖”巡河活动。图为水义工志愿服务队伍合影 （市水利局　供图）

【水义工“民间护水”】 2021年，佛山市有水义工志愿服务队伍47支，实现水义工市、区、镇（街道）、村（社区）四级全覆盖，构建起“政府主导、志愿引领、社会参与”的共建共治共享格局，全年组织开展志愿服务逾300场次。深化“党建+河湖长制”工作模式，多方联动成立专业水义工队伍，鼓励党员成为水义工，参与社区河湖治理及巡河护河志愿服务活动。聘任部分优秀骨干水义工担任佛山市九大流域的民间河长，负责带领水义工团队发现河湖问题、宣传治河政策、收集反映民意，统筹整合各类民间护水力量，促进官方河长履职。嘉许2021年度“最美水义工”及“最佳水义工团队”，激发其持续参与河湖治理的热情及动力。“绿水青山 河粉在行动——佛山水义工爱水护水公益活动”项目入选佛山市2020—2021年度新时代文明实践志愿服务项目。

（罗惠栅）

节能减排

【概况】 2021年，佛山市加强重点用能单位管理，推动超90%重点用能单位接入广东省能耗在线监测平台，重点用能单位能源利用状况报告按时报送率100%。推进节约型机关创建，全市累计174家公共机构通过节约型机关审核验收，累计创建比例48.3%，超额完成省下达的年度创建目标任务。推进绿色制造体系建设，全市新增24种绿色设计产品、5家绿色工厂、4家绿色供应链管理示范企业入选国家绿色制造示范名单。全年全市完成绿色建筑评价项目170个，建筑面积1686.33万平方米，超额完成1000万平方米的年度工作任务。全市城镇竣工绿色建筑面积1520.77平方米，占城镇竣工建筑面积70%。年内，在省“十三五”（第十三个五年规划，起止时间为2016—2020年）节能目标责任评价考核中，佛山市获评“超额完成”等次，获全省通报表扬。

【节能管理】 2021年，佛山市落实广东省能耗双控（能耗总量和强度控制）政策，坚持节约优先方针，把节能贯穿于经济社会发展全过程和各领域，推动能耗强度下降。完善节能审查制度，加强节能审查与能耗“双控”工作的有效联动，推动新上项目采用光伏发电等可再生能源。对工业高耗能行业、数据中心及非工业领域用能单位开展节能监察，对于发现的问题，以“一企一策”方式推动项目能效水平提升、完善相关手续，超额完成省年度节能监察任务，获省通报表扬。加强重点用能单位管理，推动超90%重点用能单位接入广东省能耗在线监测平台，重点用能单位能源利用状况报告按时报送率100%。推进节约型机关创建，全市累计174家公共机构通过节约型机关审核验收，累计创建比例48.3%，超额完成省下达的年度创建目标任务。推动“佛山市第一人民医院1号楼热水供应系统管道天然气节能改造项目”等项目纳入2022年省级打好污染防治攻坚战（节能降耗）专项资金项目库。结合全国节能宣传周，宣传节能法律法规和知识，提高用能企业单位对节能审查的认识，引导居民形成节约用能的生活方式。2021年，在省“十三五”（第十三个五年规划，起止时间为2016—2020年）节能目标责任评价考核中，佛山市获评“超额完成”等次，获全省通报表扬。

（市发展改革局）

【工业节能】 2021年，佛山市推进绿色制造体系建设，新增24种绿色设计产品、5家绿色工厂、4家绿色供应链管理示范企业入选国家绿色制造示范名单。佛山市工业和信息化局会同佛山市生态环境局公布佛山市2021年应实施清洁生产审核企业名单，全年有258家企业通过清洁生产审核，完成省下达的年度清洁生产任务。开展工业节能监察，完成阶梯电价、能耗限额、数据中心等专项和日常监察的企业合计16家。落实节能专项资金扶持政策，下达省级绿色循环发展与节能降耗专项资金1530万元，安排市经济科技发展专项资金节能项目资金1343万元。开展重点行业能效对标及能效“领跑者”遴选工作，全市3家企业入选广东省重点行业能效“领跑者”（2020年度）名单。对用能企业开展节能诊断，全年发动第三方机构免费为全市53家企业完成节能诊断服务。

（陈　枫）

【绿色建筑】 2021年，佛山市制定一系列的配套政策措施文件强化绿色建筑监督管理。印发《佛山市住房和城乡建设局关于进一步加强绿色建筑管理工作的通知》，明确佛山民用建筑项目自2021年1月1日通过施工图审查的民用建筑并明确执行《广东省绿色建筑条例》的项目范围；制定“佛山市绿色建筑设计审查与施工验收登记表”“佛山市绿色建筑设计和审查指引”，指导佛山绿色建筑项目设计、审查与施工验收登记用表的规范。编制《佛山市绿色建筑发展专项规划》，做好绿色建筑工作的顶层设计。组织召开佛山市绿色建材进入目录工作动员视频会议，全市近200家建材相关行业协会、企业参加视频会议。举办2021中国绿色建材与装配式建筑展、绿色建材及装配式建筑观摩会等绿色建筑展会和活动。受邀在广东省绿色建材产品认证及推广应用（线上）政策宣贯与动员会上作试点城市经验分享，讲解试点项目实施过程中在绿色建材应用、选材等工作的经验。全年全市完成绿色建筑评价项目170个，建筑面积1686.33万平方米，超额完成1000万平方米的年度工作任务。全市城镇竣工绿色民用建筑面积1520.77平方米，占城镇竣工民用建筑面积70%。其中：禅城区城镇竣工绿色建筑面积336.54万平方米，占城镇竣工建筑面积的77.62%；南海区城镇竣工绿色建筑面积427万平方米，占城镇竣工建筑面积的70.93%；顺德区城镇竣工绿色建筑面积436.50万平方米，占城镇竣工建筑面积的74.68%；高明区城镇竣工绿色建筑面积142.61万平方米，占城镇竣工建筑面积的56.73%；三水区城镇竣工绿色建筑面积178.12万平方米，占城镇竣工建筑面积的58.83%。

（张海东）

【粤港澳大湾区“零碳行动”高峰论坛在佛山举办】 2021年5月11日，粤港澳大湾区“零碳行动”高峰论坛在佛山市南海区举办。与会的有关政府职能部门代表、环保领域的专家学者、大湾区制造业企业代表通过主题演讲、论坛的形式展开探讨，共同探寻“减碳之路”。论坛上，中国工程院院士陈勇、清华大学特别研究员鲁玺等专家学者，从不同的维度对减碳行动的迫切性、实施路径和对全球气候治理的意义作主题报告；佛山高新区南海园管理局与瀚蓝环境股份有限公司签约共建“佛山国家高新区南海园绿色产业创新发展项目”；大湾区减碳联盟宣布成立，首批联盟单位包括瀚蓝环境股份有限公司、蒙娜丽莎集团股份有限公司、广东华兴玻璃股份有限公司、广州碳交易所、安德里茨（中国）有限公司等10家企业。

（市发展改革局）

【节能宣传周】 2021年8月23—29日，佛山市以“节能降碳、绿色发展”为主题，组织开展2021年全国节能宣传周系列活动，倡导节能理念，传播节能知识，助力碳达峰、碳中和。活动主要应用“线上”模式，通过在新媒体加载节能宣传短片，鼓励市民节能降碳；展示“十三五”（第十三个五年规划，起止时间为2016—2020年）节能亮点，宣传全市节能工作的做法和成效；线上闯关游戏，普及节能知识等，推动城市节能减排。同时，全市各级各部门结合职能，组织开展节能技术、低碳办公、绿色消费、绿色交通等主题活动。

（陈　枫）

【佛山在全国率先推出绿色建材电子商城】 2021年9月，佛山在全国率先推出的绿色建材电子商城佛山市绿色建材电子商城（第一期）上线。该电子商城主要功能有发布相关政策通知，展示绿色建材产品分类目录、商品信息和供应商信息等。该电子商城由佛山市公共资源交易中心负责建设、运营、改造和维护，为绿色建材试点项目建设单位、承建单位、绿色建材产品供应商和社会公众提供免费服务。有意进驻佛山市绿色建材电子商城的供应商，可登录佛山市绿色建材产品目录平台，按照有关要求注册账号并提交申请材料，绿色建材产品经佛山市住房城乡建设部门组织专家评审，并完成公示公告后即可被纳入《佛山市绿色建材目录》，相关信息将定期推送至佛山市绿色建材电子商城进行展示。按照计划，佛山市绿色建材电子商城经升级后，逐步实现绿色建材产品展示、交易选购、支付结算、交易监管等功能。

（张海东）

【先进零碳燃烧技术联合创新研发中心挂牌成立】 2021年12月27日，先进零碳燃烧技术联合创新研发中心在佛山仙湖实验室挂牌成立。该中心由佛山仙湖实验室、佛山欧神诺陶瓷有限公司和佛山市德力泰科技有限公司联合发起成立，主要开展氨氢高温窑炉零碳燃烧技术研发。仙湖实验室、欧神诺和德力泰三方将通过整合优势资源，创新合作模式，依托仙湖实验室在科学技术、高端人才和前瞻技术研究方面的优势，发挥欧神诺在建筑陶瓷领域的优势以及德力泰在工业窑炉研发、生产领域的优势，共同研究并开发氢氨零碳燃烧技术、燃料供给系统、关键器件和设备、污染排放物控制技术和建筑陶瓷零碳工业窑炉技术，引领建材行业实现“双碳”（碳达峰、碳中和）目标。

（市发展改革局）

环境综合整治

【大气污染防治】 2021年，佛山市生态环境保护委员会办公室印发实施《佛山市强化大气污染防治行动方案（2021年）》，提出八大方面36条措施，统领全市大气污染防治工作。

工业污染整治　市政府印发《关于调整扩大高污染燃料禁燃区的通告》，将全市划定为禁燃区，关停南海长海发电有限公司1、10、11号燃煤机组。市生态环境局印发《佛山市重点行业VOCs治理提升工作方案的通知》，推动全市123家VOCs（挥发性有机物）重点企业完成分级，其中13家完成深度治理。13家C级工业炉窑企业完成治理提升，全市281家炉窑企业均为B级企业。全年关停“散乱污”企业334家、整合搬迁48家、升级改造45家。市生态环境局印发《佛山市玻璃行业清洁能源改造补助方案》，明确陶瓷、玻璃、铝型材、重点VOCs行业、餐饮、加油站等多个重点大气源的行业监管要点。

扬尘污染防治　市自然资源、住房城乡建设、交通运输、水利、城管执法、轨道交通等部门按照职责分工落实工地扬尘污染防治管理工作，全年责令工地整改7182项次，处罚591项次，诚信扣分551项次，约谈督办工地14个。市生态环境保护委员会办公室发出扬尘通报5份。

污染天气应对　市政府办公室修

订印发《佛山市重污染天气应急预案》，不间断开展大气污染防治分级管控，全年启动轻度污染管控20次，合计132天，启动中度污染管控4次，合计10.5天，出动执法人员42.8万人次开展大气污染防治方面的执法检查，累计检查企业4.42万家次，工地11.6万个次。贯彻落实广东省大气污染防治奋战80天的工作部署，佛山市开展百日强化管控行动，加大秋冬季节大气污染防治力度。强化今冬明春大气污染监控，对8个国控点的大气重点指标按小时值开展高浓度值监控，对产生高值的国控站点及其周边关联监测站点开展原因分析，及时反馈，并采取针对性措施。

（叶曼婷）

【水污染防治】 2021年，佛山市印发《佛山市水环境全流域强统筹大兵团分层次治理实施方案（2021—2025年）》，实施全流域、强统筹、大兵团、分层次治理战略，推动全市水生态环境质量持续改善。

饮用水源保护　持续加强水源地基础建设和环境风险预防能力，推进珠江三角洲水资源配置工程饮用水水源保护区划定。强化日常监管，按照《佛山市饮用水水源保护巡查制度》开展巡查，巩固饮用水水源地环境综合整治成效，清理整治17个环境问题。完善饮用水水源风险防控预案体系，编制《佛山市北江流域饮用水水源地突发环境事件应急预案》，开展饮用水源保护区连通河涌整治，保障饮用水源安全。

生活污染治理　新东南污水厂及扩建的杏坛污水厂、均安污水厂共新增处理量7.5万吨/日。新建污水处理管网768千米，排查修复老旧管网357千米，污水管网总长增至8553千米。截至年底，佛山市有生活污水处理厂60座，处理能力282.4万吨/日。

工业污染控制　全市有工业污水集中处理厂16座（包括3座零星工业污水收集处理中心），总设计处理能力为41.24万吨/日。市生态环境保护委员会办公室印发《佛山市试点推进镇级工业园区“污水零直排区”建设工作方案》，在全市选取10个（每区选取2个）镇级工业区试点开展“污水零直排区”建设，试点园区全部完成整改验收，255个排水单元均完成整治。

入河排污口排查整治　落实《广东省入河（海）排污口排查整治专项行动工作方案》，完成省万里碧道855.5千米河流排查和147个入河排污口整治任务。开展“十三五”（第十三个五年规划，起止时间为2016—2020年）市控断面所在河涌入河排污口清理整治，完成排查整治排污口3360个。

黑臭水体整治　推进8条城市建成区黑臭水体整治，巩固“长制久清”成果。开展205条城乡黑臭水体整治成效“回头看”，实行挂图作战，持续推进整治，完成新增巩固成效工程110项。推进农村黑臭水体整治，全年完成50条农村黑臭水体整治。

农业农村污染治理　推动5个大型现代化生猪养殖项目建设，推进1333.33公顷水产养殖池塘标准化改造。强化农村生活污水治理设施监管，对处理规模500吨/日及以上的设施落实在线监测，全年全市安装44套在线监测设施（其中2套为环保应急设施）并与污染源在线监控系统联网。推进农村生活污水治理，截至2021年底，全市5027个自然村中4880个完成农村生活污水治理，完成率97.08%，其中截污纳厂的3093个、分散式处理的865个、资源化利用（自净消纳）的922个。推进农村环境综合整治，全年完成36个行政村的农村环境综合整治工作。推进健康生态养殖，截至2021年底，全市有国家级水产健康养殖示范场14个、省级水产健康养殖示范场26个、省级水产养殖质量安全示范点35个。

（冯汝泳）

【土壤污染防治】 2021年，佛山市继续推进土壤污染防治工作，成为国家“十四五”土壤污染防治先行区和地下水污染防治试验区。加强建设用地准入管理，全年完成110个地块土壤污染状况调查报告的备案。试运行佛山市土壤环境管理信息系统，优化完善系统内8个管理板块，对27个土壤污染重点监管单位开展规范化管理。年内，完成全市1025个村级工业园基础信息收集和24个典型工业园区的土壤污染现场调查工作。

（杨　彤）

【固体废物污染防治】 2021年，佛山市推进固废处置基础设施建设，新增生活垃圾焚烧处置能力3000吨/日、医疗废物焚烧处置能力25吨/日。截至2021年底，全市有12家企业获危险废物综合经营许可证，危险废物处置能力增至约50万吨/年，建成19个危险废物收集贮存试点单位，收集能力达74.93万吨/年。推进铝灰渣处置，通过扩能限价，应急处置铝灰渣6.2万吨，降低企业负担，解决铝灰渣出路问题以及降低贮存环境安全风险。推进“无废城市”建设，市生态环境局

2021年，佛山市继续推进黑臭水体整治。图为南海区招大支沟清淤工程施工中

（市水利局　供图）

2021年10月12日，佛山市入选生态环境部公布的第五批国家生态文明建设示范区名单。图为东平河两岸绿色生态风景　（市生态环境局　供图）

组织编写《佛山市“无废城市”建设试点实施方案》，探索建设佛山市“无废城市”服务管理平台。开展废铅蓄电池和废包装容器等危险废物安全整治专项行动，全年全市办理涉危险废物案件63件，向公安机关移送涉危废刑事案件线索42条。加强涉新冠肺炎疫情医疗废物处置监管，市生态环境局成立医疗机构环境监管专班，抽调专人加入市隔离观察场所专班、核酸检测专班，强化对医疗机构、隔离场所、核酸检测点等场所医疗废物设置、收集、贮存等环节的督导。每日调度各类医疗废物产生、处置等情况，并开展现场督导检查。加大对佛山市内各重点医疗机构、集中隔离场所，核酸检测点等产生医疗废物机构的现场检查力度，并督促医疗废物处置中心及时收运和处置。印发《佛山市医疗废物协同应急处置设施应急状态管理流程和规则》，规范重大疫情期间医疗废物协同应急处置设施应急状态的管理，保障全市重大疫情期间医疗废物应急处置能力。

【“无废城市”试点建设工作启动】 2021年，佛山市启动“无废城市”试点建设。根据全市经济发展现状和产业结构，初步确定60个指标，以市为主导，各区发挥区域特色，形成“市区同创”工作新模式。促进禅城区精致发展，助力南海区高质量发展，突出顺德区新发展理念，强化高明区湾区枢纽功能，支撑三水区产业聚集发展。通过统筹经济社会发展中的固体废物管理，推进源头减量、资源化利用和无害化处置，抓好固废污染治理和生态建设，加快生产生活方式绿色低碳转型，计划2023年建成省级“无废城市”。

（陈罗松）

【佛山入选国家生态文明建设示范区】 2021年10月12日，佛山市入选生态环境部公布的第五批国家生态文明建设示范区名单。2016年，佛山明确创建“国家生态文明建设示范区”目标，实施《佛山市生态文明建设规划（2016—2025年）》。截至2021年底，佛山市先后印发实施3部环保领域地方性法规并制订多部纲领性规划及政策，打下生态文明建设的政策基础。树立和践行“绿水青山就是金山银山”的发展理念，推进生态文明建设，以污染防治攻坚战助推传统产业转型升级，淘汰落后产能，调整能源结构，推进传统行业改造，全市空气环境质量持续改善，生态文明建设工作在党政实绩考核中的比重达20%。通过开展环保责任制考核，全市生态环境保护工作形成“市委、市政府统一领导，主要领导亲自抓、负总责，职能部门统筹监管、各司其职，市、区、镇（街道）统一部署、三级联动”的工作机制。2018年和2019年，顺德区和高明区先后入选国家第二批、第三批“国家生态文明建设示范区”。

（杨　彤）

环境监管

【“网格化+双随机”环境监管制度落实】 2021年，佛山市完善和修改“双随机”（随机抽取检查对象、随机选派执法检查人员）系统的数据库，针对不同环境监管要求，对数据库的污染源进行分类和分级管理，实现对不同类别监管对象的针对性管理。加强在线监控，继续推进污染源全过程监控，建立超标数据预警防范机制，定期利用大数据分析，逐步提升自动监测数据可靠性，打击自动监测弄虚作假、逃避监管、超标排污等违法行为。加强环境执法信息化，运用省环境执法一体化平台进行“双随机”摇号，7万多个排污单位及1万多个建设项目纳入监管。年内，佛山市抽查排污单位1038个、建设项目514个，发现并要求责改或查处违法问题436个。

（刘梦琦）

【生态环境保护责任考核】 2021年，佛山市印发《佛山市生态环境保护责任规定》，对各区、镇（街道）党委、政府及政府派出机构，市委有关部门，市人大有关部门，市政府职能部门，中直、省直驻禅单位，市法院，市检察院，群团组织等责任主体的生态环境保护责任予以明确，并开展生态环境保护“党政同责、一岗双责”责任制考核。市生态环境保护委员会印发《佛山市生态环境保护“党政同责、一岗双责”责任制考核办法（2021年修订）》《2021年佛山市生态环境保护“党政同责、一岗双责”责任制考核计分方法及操作细则》，规范责任考核工作开展。在2021年度佛山市生态环境保护“党政同责、一岗双责”责任制考核结果中，各区党委、政府年度考核等级分别为禅城区“良好”、南海区“良好”、顺德区“优秀”、高明区“优秀”、三水区“良好”；8个市重点考核单位年度考核结果等级分别为市交通运输局“优秀”、市城管执法局“优秀”、其余6个单位“良好”；45个市一般考核单位不评定等次。年内，佛山市各区分别组织开展区级生态环境保护“党政同责、一岗双责”责任制考核工作。

【生态环境保护督察与整改】 2021年8月27日—9月27日，中央第四生态环境保护督察组进驻广东省开展生态环境保护督察，佛山市印发《中央第四生态环境保护督察组驻广东省期间佛山市保障工作实施方案》，配合做好中央生态环境保护督察工作。根据12月13日督察组向中共广东省委、省政府进行督察反馈的意见，涉及佛山市的整改任务共14项，其中涉及个性问题2项，共性问题12项。督察反馈后，佛山市对整改任务逐项细化分解及清单化并开展整改，同时将整改任务完成情况纳入2022年生态环境保护“党政同责、一岗双责”责任制考核，压实整改责任。督察组交办佛山市信访案件418件，截至2021年底，办结366件，阶段性办结41件，未办结11件。

（许亚梅）

【排污权交易试点】 2021年，佛山市继续推进排污权交易试点工作，受理、办理或办结395个排污单位的排污权有偿使用和交易业务，涉及排污权交易金额939万余元。

【排污许可证证后监管】 2021年，佛山市持续实施排污许可证证后监管，督促排污单位按时提交执行报告，并抽查审核执行报告、台账记录，依法查处无证排污、不按证排污等违法行为。建立定期通报机制，强化数据分析，归纳梳理线上和线下抽查发现问题清单，形成闭环整改。年内，佛山市开展排污许可证证后监管行动，检查企业4499家，发现存在问题并指导整改企业1341家，责令改正企业374家，立案处理涉嫌违法排污企业88家。

【“三线一单”生态环境分区管控】 2021年，佛山市出台《佛山市“三线一单”生态环境分区管控方案》，全市“三线一单”（生态保护红线、环境质量底线、资源利用上线和生态环境准入清单）生态环境分区管控体系实施。全市划定96个环境管控单元。其中：优先保护单元43个，主要为生态保护红线、一般生态空间、饮用水水源保护区、环境空气质量一类功能区等区域；重点管控单元42个，主要为工业集聚、人口集中、环境质量超标、可能影响饮用水源安全、布局比较敏感、扩散条件较差等区域；一般管控单元11个，主要为优先保护单元、重点管控单元以外的其他区域。从区域布局管控、能源资源利用、污染物排放管控和环境风险防控4个维度，融合生态环境差异化准入要求，建立“1+3+96+N”生态环境准入清单体系（“1”为全市所有管控单元的生态环境准入共性清单，“3”为优先保护单元、重点管控单元、一般管控单元的准入清单，“96”为全市96个环境管控单元的差异性准入清单，“N”为对应生态、水、大气、土壤等生态环境要素及自然资源管控分区的具体管控要求清单）。

【环境影响评价审批改革】 2021年，佛山市深化环境影响评价审批改革，将南海区桂城街道、顺德区均安镇金属表面处理城纳入改革试点区域，通过环评降级管理、告知承诺制、排污许可直接确认等改革措施的建设项目244个。推行“互联网+政务服务”全网上办理模式，实行网上受理、网上审批，实现“不见面”审批。

（何桂芬）

【环境保护执法】 2021年，佛山市出动环境执法人员6.65万人次，现场检查企业2.86万家次，立案查处954件，罚没金额1.33亿元，查封、扣押案件35件，限产停产案件4件，移送行政拘留案件57件，移送公安机关涉嫌环境犯罪案件68件。办理环境违法举报线索案件8件，发放举报奖励金额31.85万元。年内，佛山市重点围绕西南涌以及其支涌（如大榄涌、解放涌、三江口涌、联和主涌等）周边区域，对金属表面处理、铝型材喷涂、印花等重点行业开展执法整治工作，规范强化企业废水收集治理工作。针对广佛跨界流域涉水排放企业开展执法检查3149家次，发现存在环境管理问题企业427家，立案45件，下达处罚决定610.28万元。

（刘梦琦）

【环保文化建设】 2021年，佛山市生态环境局开展生态环境普法宣传，组织“送法进企业”“环保进校园”“环保公益进社区”活动，派发《生态环境与健康读本》等宣传册。围绕水、大气、土壤污染防治攻坚战及生态文明示范区建设等开展宣传，组织媒体参与全市重要环保会议、行动等，全年各类媒体报道佛山市环保工作信息约1000条。在生物多样性日、世界环境日、全国低碳日等节点，举办系列环保公益活动，组织亲子家庭走进佛山的省环境教育基地进行参观学习。与市教育局建立生态环境教育工作制度，建立“生态文明教育示范校园”俱乐部，组建生态环境教育讲师团，开展全市中小学生“我的绿色家园”手抄报、环保云课堂等活动，评选最美“绿色家园”，增强中小学生生态环境保护意识。运用“佛山生态环境”微信公众号开展宣传，全年推送图文消息788条。策划开发环境教育基地和环保设施开放预约查询平台，制作手绘电子地图。推进中央生态环境保护督察佛山市宣传工作，

2021年10月26日，佛山市生态环境局到禅城区东鄙小学开展“环保进校园”主题活动
（市生态环境局　供图）

出台《中央生态环境保护督察2021年佛山市生态环境系统宣传工作方案》《佛山市生态环境局迎接第二轮中央生态环境保护督察网络舆情监控和引导工作方案》等，协调佛山传媒集团等相关部门做好信息公开工作，督察期间，各级媒体发布涉及佛山环保工作报道386条。

（黎　娟）

【企业环保监管】 2021年，佛山市开展省级企业环境信用评价，对136家污染物排放总量大、环境风险高、生态环境影响大的企业进行环境信用评价，除22家企业因全年停产或关停等原因不参加评价外，其他企业均经过评定及环境信用修复，其中被评为绿牌（环保诚信企业）19家、被评为蓝牌（环保良好企业）90家、被评为黄牌（环保警示企业）2家、被评为红牌（环保不良企业）3家。指导企业、事业单位落实环境信息公开，将全市513家重点排污单位纳入环境信息公开，推动公众参与和监督。落实"放管服"改革精神，规范建设项目竣工环境保护验收工作。开展系列环保验收弄虚作假产业链"打假"专项行动，对179家企业的自主验收工作进行资料和现场检查，印发《佛山市建设项目竣工环境保护验收工作指南》，建立长效机制，强化建设单位的主体责任，明确技术单位和检测机构的法律责任和相关技术水平，规范自主验收工作。实施污染源差别化环境监管，印发《佛山市生态环境局关于落实2021年污染源差别化环境监管工作的通知》，针对不同区域、不同行业、不同风险等级、不同信用评级的污染源进行科学分类，实施分级管理，将污染源企业分为免于现场检查企业、减少现场检查企业、特殊监管企业和普通监管企业四类。年内，被纳入正面清单的企业1964家，被纳入负面清单的企业10家。印发《佛山市生态环境系统推动企业绿色高质量发展若干长效措施的通知》，出台系列帮助企业绿色高质量发展的相关改革措施。

（刘梦琦）

【环保法治化建设】 2021年，佛山市生态环境局牵头起草的《佛山市河涌水污染防治条例》于12月1日经广东省第十三届人民代表大会常务委员会第三十七次会议批准，定于2022年1月1日起施行。年内，佛山市生态环境部门落实行政执法公示、执法全过程记录和重大执法决定法制审核"三项制度"，全年在广东省行政执法信息公示平台公示行政许可信息684条、行政处罚信息71条、行政强制信息17条、行政检查信息880条。

（曾　凤）

【环境信访】 2021年，佛山市生态环境部门受理环境信访投诉案件1.58万件，比上年上升14.61%。其中，市生态环境局受理893件、禅城分局受理1598件、南海分局受理7202件、顺德分局受理3047件、高明分局受理553件、三水分局受理2541件。按问题类型分，涉及大气污染问题案件1万件，占63.43%；涉及噪声问题案件2937件，占18.55%；涉及水污染问题案件1929件，占12.18%；涉及固废污染问题案件303件，占1.91%。

（苏　然）

【《佛山市生态环境保护"十四五"规划》印发】 2022年1月6日，佛山市生态环境局印发《佛山市生态环境保护"十四五"规划》。在"十四五"（第十四个五年规划，起止时间为2021—2025年）期间，佛山市争取成为地级市高质量发展领头羊、环境系统治理领头羊、生态城市建设领头羊、绿色清洁生产领头羊，以高水平的生态环境保护推动经济社会的高质量发展。规划的总体思路是推进减污降碳协同增效，深入打好污染防治攻坚战，实施山水林田湖草系统保护修复，加快构建现代环境治理体系，为将佛山市建设成为粤港澳大湾区极点城市、地级市高质量发展领头羊、面向全球的国家制造业创新中心提供坚强的生态环境保障，突出制造业绿色转型升级示范、岭南水乡生态环境改善示范及现代环境治理体系建设示范三大亮点。规划的目标是在"十四五"时期，佛山市生态环境持续改善。城市空气质量优良天数比率和细颗粒物（$PM_{2.5}$）年均浓度控制在广东省下达目标内，消除中度以上污染天气。国考断面地表水达到或好于Ⅲ类水体比例不低于85.7%，省考断面达考核要求，市考断面消除劣Ⅴ类。绿色低碳发展水平明显提升，碳排放强度持续下降；单位GDP（地区生产总值）能耗、水耗稳步下降；化学需氧量、氨氮、氮氧化物、挥发性有机物重点工程减排量完成省下达指标。环境风险得到有效管控，重点建设用地安全利用达到省下达目标，工业危险废物和县级以上医疗废物均得到安全处置。生态安全屏障更加牢固，生态保护红线面积不减少、功能不降低、性质不改变，维护生态安全格局。规划明确"十四五"时期的生态环境重点工作任务：持续健全基于"三线一单"的生态环境分区管控体系，重构空间开发保护格局；以碳排放达峰为抓手推动经济社会绿色转型，构建绿色低碳发展格局；坚持精准治污、科学治污、依法治污，实行"跨行业+多要素+多污染物+全过程"的协同管控，推动生态环境质量持续改善；健全生态保护监管体系，突出保护修复，保障优质生态产品供给；提升监测预警、监管执法、风险管控、智慧决策等生态环境治理基础能力。

（陶　亮）

【佛山3个单位成为广东省环境教育基地】 2021年1月6日，广东省生态环境厅公布2020年"广东省环境教育基地"名单，佛山市禅城区东鄱小学、佛山市禅城区南庄镇罗园水乡、佛山市顺德区勒流街道江义村3个单位在列。其中：佛山市禅城区东鄱小学经联合国教科文组织中国可持续发展教育全国工作委员会的考核测评，在大范围工作和大面积领域上，基本实现《2030可持续发展议程》的各项质量标准；禅城区南庄镇罗园水乡规划设计文明如厕、公交出行、榕树乘凉、田间耕作等12个环境教育的乡村场景，将乡村低碳、健康的生活方式作为活态化教材，开发相应的环境教育研学课程，融合环境教育、乡村建设、村民生活于一体，形成以"低碳岭南水乡，传承耕读文明"为主线的环境教育路径；顺德区勒流街道江义村环境教育基地位于勒流街道北部，该教育基地围绕"环境教育"主线，开展形式多样的环境教育活动，改善村容环境，落实环境美化教育工作。

（黎　娟）

市辖区

禅城区

【概况】 禅城区位于佛山市中部，辖区东、西、北面与南海区接壤，东南、南面与顺德区毗邻，东西最大直线距离1.94万米，南北最大直线距离1.56万米。2002年12月经国务院批准设立，行政区域由原佛山市城区、石湾区和原南海市南庄镇组成。2021年辖南庄镇、石湾镇街道、张槎街道、祖庙街道4个镇（街道），有94个社区、53个行政村、222个自然村，区政府驻地在石湾镇街道。辖区总面积153.88平方千米。年末户籍人口73.60万人、常住人口134.27万人。人口自然增长率5.28‰。祖籍禅城区的海外华人、华侨17.6万人，台港澳同胞6.5万人。

2021年，禅城区有耕地面积328.71公顷。林地面积387.46公顷，人均公园绿地面积13.6平方米。重要物产资源有非金属矿和水资源矿产。土特产有佛山盲公饼、酝扎猪蹄、佛山柱侯鸡、佛山应记云吞面、海天酱油、石湾玉冰烧酒、石湾鱼腐、张槎沙口笋等。是陶瓷艺术之乡、民间艺术之乡、武术之乡、成药之乡和龙狮运动之乡。主要旅游景点有佛山市祖庙博物馆、南风古灶、梁园、广东粤剧博物馆、黄飞鸿博物馆、仁寿寺、佛山岭南天地、紫南文化园、陈太吉酒庄等。主要传统民俗活动有正月十六行通济、三月三北帝诞、佛山粤剧华光诞、佛山秋色欢乐节、中国（禅城）岭南年俗欢乐节等。

禅城文化底蕴深厚，有现存最古老的陶瓷柴烧龙窑，薪火相传至今500多年，被誉为“陶瓷活化石”。全区被列入非物质文化遗产代表性项目名录62项，其中石湾陶塑技艺、佛山木版年画、佛山剪纸、粤剧、佛山狮头彩扎、佛山彩灯、佛山秋色、佛山祖庙庙会被列入国家级非物质文化遗产代表性项目名录。禅城区人文荟萃、人才辈出，有状元简文会、伦文叙，历史名臣霍韬、李待问，理学名师庞嵩，医药圣手冯了性、李广海、谭次仲，岭南书画名家招宝莲，粤剧名家罗品超、梁荫棠，粤剧编曲名家江誉谬（艺名南海十三郎），革命烈士罗登贤、吴勤、陈铁军、廖锦涛，商业巨子简照南、简玉阶兄弟，陶艺大师陈渭岩等名人名家。

2021年，禅城区实现地区生产总值2148.90亿元，比上年增长8.2%。全社

表55　2021年禅城区国民经济主要指标情况表

指　标	计量单位	绝对值	增长（%）
地区生产总值	亿元	2148.90	8.2
第一产业增加值	亿元	0.65	14.2
第二产业增加值	亿元	748.81	10.3
工业增加值	亿元	647.52	11.0
第三产业增加值	亿元	1399.43	7.1
人均地区生产总值	元	160713	7.3
规模以上工业总产值	亿元	1995.92	11.0
农林牧渔业总产值	亿元	1.40	44.7
社会消费品零售总额	亿元	814.47	7.9
外贸进口总额	亿元	138.80	8.6
外贸出口总额	亿元	1072.70	20.0
实际利用外商直接投资	亿元	5.40	80.3
地方一般公共预算收入	亿元	119.74	7.6
地方一般公共预算支出	亿元	136.58	7.9
全体居民人均可支配收入	元	60511	9.7

表56　2020—2021年禅城区社会事业主要指标情况表

指　标	计量单位	2020年	2021年
中等职业学校和技工学校	所	2	2
中等职业学校和技工学校在校学生	万人	0.6	0.68
普通中学	所	27	27
普通中学在校学生	万人	4.84	5.02
小学	所	75	76
小学在校学生	万人	8.77	9.16
幼儿园	所	155	154
在园幼儿	万人	5.11	5.32
医院、卫生院	家	38	38
卫生机构床位	万张	1.23	1.29
文化馆	个	1	1
公共图书馆	个	1	1
博物馆（含民办）	个	12	12
国家档案馆	个	1	1

会用电量82.34亿千瓦时。全年科学技术财政投入10.73亿元；教育事业财政投入29.57亿元，增长18.29%；文化体育与传媒财政投入1.52亿元；卫生健康（含疫情防控）财政投入13.6亿元，下降1.76%。年末从业人员472669人，年末城镇登记失业人员11623人，城镇登记失业率2.4%。全年接收社会化管理退休人员365人，在册管理的社会化退休人员有46114人。领取基本养老金退休人员15.56万人，享受生育保险待遇1.08万人次，享受工伤保险待遇1.2万人次。城镇生活污水集中处理率100%，城镇生活垃圾无害化处理率100%。

2021年，禅城区位列全国市辖区高质量发展百强区第九，全国综合实力百强区第十六，全国科技创新百强区第十一，全国工业百强区第三十六，中国夜经济繁荣百佳县市第四十，中国放心食品百佳县市第三，中国公平教育百佳县市第四，中国县域综合实力百强榜第六十八，赛迪百强区第四十。同年，入选国家智能社会治理实验基地名单。禅城区获评全国科普示范县（市、区）、全国信访工作“三无”县（市、区）、第四批节水型社会建设达标县（区）、全国社区治理和服务创新实验区、2021中国领军智慧城区。

中共禅城区委书记：黄少文；区人大常委会主任：马志强（任至11月），曾祥钳（11月任职）；区长：区柱明（代理区长至1月，1—10月任区长），严冰（10月任代理区长，11月任区长）；区政协主席：殷辉；区纪委书记、区监委主任：植伟生（至10月），林进浪（10月任区纪委书记、11月任区监委主任）。

【产业发展】 2021年，禅城区围绕“增量优质、存量优化”的思路，继续发力智能、节能、健康、高端装备等领域，招商引资工作总体保持良好态势。全社会固定资产投资609.02亿元，比上年增长3.8%。全区落户超1亿元产业项目33个，总投资414.11亿元。其中，超10亿元重大产业项目8个，签约总投资327.96亿元；推动佛山三龙湾总部集聚区、中科诺高端电子信息产业基地2个超100亿元项目开工建设。同年，新增国家级高新技术企业73家；外贸进出口总额1211.5亿元，比上年增长18.6%；实际利用外资54015万元，比上年增长80.31%；电子商务市场交易额实现3275.1亿元，比上年增长16.18%；禅城区金融业增加值266.05亿元，占全市金融业增加值42%，占比全市最大。

现代农业发展　2021年，禅城区农业总产值1.40亿元，其中种植业产值0.14亿元、渔业产值1.09亿元、农林牧渔业辅助及专业性活动产值0.17亿元。禅城区培育新型农业经营主体，新设立禅城区信息进村入户工程县级运营中心；有各级农业龙头企业14家，市级菜篮子配送基地2家；其中，佛山市海天调味食品有限公司被农业农村部认定为农业产业化国家重点龙头企业。

工业发展　2021年，禅城区汽车及新能源、泛家居、军民融合及电子信息、生物医药及大健康、新材料等产业集群渐成规模。实现规模以上工业增加值386.78亿元，比上年增长11.8%。其中，完成高技术制造业总产值155.43亿元，比上年增长13.7%，高于全区工业平均水平2.7个百分点。完成工业投资61.02亿元，比上年增长33%；完成工业技改投资28.59亿元；开展技改企业数100家次。擦亮工业遗产名片积蓄动能，“南风古灶、高灶”被省工信厅认定为首批广东省工业遗产；佛山陈太吉文化发展有限公司、佛山市南风古灶旅游发展有限公司两家企业入选广东省工业旅游培育资源库。助力企业“小升规”，印发《佛山市禅城区2021年工业企业“小升规”培育奖励扶持办法》，新增升规入库工业企业74家。实现培育主营业务收入超100亿元企业4家，包括佛山市海天调味食品股份有限公司、佛山市公用事业控股有限公司、广东兴发铝业有限公司和广东吉瑞科技集团有限公司。实现培育50亿～100亿元企业4家，包括广东烟草佛山市有限责任公司、宝裕发展有限公司、广东新明珠陶瓷集团有限公司和佛山市天然气高压管网有限公司。

商贸发展　2021年，禅城区社会消费品零售总额814.47亿元，比上年增长7.9%。上半年社会消费品零售总额393.25亿元，下半年社会消费品零售总额421.22亿元，随着新型冠状病毒肺炎疫情影响减小，禅城区下半年经济恢复，居民消费水平回升，消费需求持续回暖。其中，商品零售额774.63亿元，比上年增长7.6%。餐饮收入39.84亿元，增长13.4%。批发业销售额5157.83亿元，增长19.1%。4月18—21日，举办以“新·动”为主题的第三十六届佛山（国际）陶瓷及卫浴博览交易会，展会组织全球800多家品牌进驻参展，展出产品近3万件，吸引专业买家64576人观展采购，其带来的交通、住宿、餐饮、购物、旅游、物流等消费2000万元以上，推动第三产业的经济发展。10月28日，举办“第五届中国连锁节（佛山站）暨第五届连锁企业品牌100盛典”活动，推动禅城区成为连锁品牌成长地和总部集聚区。

现代服务业发展　2021年，禅城区电子商务市场交易额实现3275.1亿元，比上年增长16.18%；网商总数3.1万家，增长10.92%；电子商务服务企业直接从业人员（含电商平台、创业公司、服务商、电商卖家等）超5.2万人，增长4.07%，由电子商务间接带动的就业群体（含物流快递、营销、培训、网红直播等）超52万人。佛山市保险发展示范区和深圳证券交易所佛山服务基地在禅城区万科金融中心揭牌成立。推动佛山创意产业园入选首批国家级夜间文化和旅游消费集聚区，佛山创意园文化旅游景区成功创建国家AAA级旅游景区。推出禅城红色旅游、禅城美丽乡村生态游和禅城夜经济乐活游3条特色旅游线路。举办第五届中国（佛山）陶瓷“云上”创意周、第十二届佛山（禅城）岭南年俗欢乐季等活动。

【全面深化改革】 2021年，禅城区纵深推进各领域改革，组织召开区委全面深化改革委员会会议4次，改革专项会议3次。全年推动26项区重点改革项目，“智慧化社会治理改革”“深化全国社区治理和服务创新实验区建设”2项被纳入市重点改革项目。推进佛山数字经济创新集聚区建设，广东（佛山）软件产业园、东平云谷等载体加快建设，全年引进数字经济项目21个、总投资210亿元，产业集聚效能增强。创建“全国社区治理和服务创新实验区”工作通过民政部结项验收。禅城区被纳入国家第七批社会管理和公共服务综合标准化试点，入选“国家智能社会治理实验（社区治理）特色基地”。

智慧化基层社会治理改革　2021年，禅城区以智慧手段为抓手，以共建共治共享为理念，以问题和需求为导向，秉持党建引领、效率优先、实用至上的原则，围绕基层智慧社会治理存在的体制机制不畅、部门数据不通、创新手段不够、基层减负不佳、社会参与不足等难点、痛点，整体推进智慧社会治理改革，通过“一体指挥、一网统管、一格共治、一码通办、一号通服”，推动治理模式从分散治理转向综合治理、从单纯政府监管转向社会协同治理、从单向管理转向双向互动、从线下转向线上线下融合，提升基层治理科学化、精细化、智能化水平，推动基层智慧社会治理提质量、提效率和减人力、减成本。年内，禅城区依托智慧化基层社会治理改革获评“2021中国领军智慧城区”称号，被确定为“国家智能社会治理实验（社区治理）特色基地”，“‘大数据·微服务’构建社区治理服务新模式”项目被民政部评为“2021年度全国基层治理创新典型案例”。

工程建设项目审批制度改革　2021年，禅城区创新“联审联批”机制，通过“一次辅导、一次对接、一次联审、一次联批”的审批模式，明确项目建设要求、明晰项目报建材料、规划项目报建计划。9月3日，禅城区组织召开重大工程项目联审联批现场会，对3个重大工程项目进行现场联审，当场出具审批结果。对符合条件的工程建设项目的规划许可、施工许可实施告知承诺制，减少审批前置环节，累计核发建设工程规划许可证29宗、施工许可证21宗。年内，禅城区组建“项目管家”团队，为211家商事主体、150个工程项目提供代办服务，回复工程报建业务咨询4.15万次，开展“前期介入+上门指导”服务153场。

扶持政策标准化改革　2021年，禅城区推进扶持政策标准化改革，落实标准化试点工作。成立佛山市禅城区扶持政策实施服务体系标准化试点工作领导小组，完成试点管理制度文件《标准化管理办法》等服务保障标准及30个政策事项标准文本的起草工作，召开2次全区性的标准化知识培训。12月10日，召开扶持政策实施服务体系标准化试点启动会，会上宣读《国家标准委关于下达第七批社会管理和公共服务综合标准化试点项目的通知》，分享推广高龄老人津贴标准化工作经验。推动扶持政策“秒批”兑现，协调推进禅城区经济和促进局工业企业升规入库定额奖励、禅

提升后的文华公园水舞声光秀（2021年）　（王颖尧　摄）

城区市场监督管理局新开办企业免费刻制印章补贴、禅城区发展和改革局光伏应用项目奖励和补贴等事项完成“秒报秒批秒付”流程梳理，助推扶持资金“准而快”地发放给企业。年内，统筹推进禅城区101项扶持政策事项完成标准化梳理，平均承诺兑现时限约39个工作日，审批提速45.3%，其中67.4%事项实现全流程网上办理；“佛山扶持通”禅城分厅累计受理扶持政策申报7854宗，兑现资金超5.9亿元。

营商环境优化　2021年，禅城区成立中共佛山市禅城区委全面深化改革委员会优化营商环境专项小组办公室营商环境工作专班，统筹20个区直部门力量，通过工作专班分类落实。优化、扩大智能审批业务范围，实现商事主体全生命周期许可注册业务网上办；推进登记注册便利化，压缩企业开办程序及时限，实现开办企业全流程时间平均压缩至0.5个工作日内办结，其中商事登记环节1小时即办，做到新办营业执照“立等可取”；10月13日起，新开办企业可在设立时享受首套4枚印章免费刻制服务，申请人可在一个窗口一次性领取营业执照和首套印章。优化线下窗口服务举措，增放预约号源，基本达到当日预约当日办理。制定“长者服务计划”，通过“敬老服务岗”“绿色通道”“容缺受理”等多种方式为企业、群众提供有温度、有保障的政务服务。截至2021年底，全区有市场主体22.57万户，比上年增长22.76%。

商事制度改革　2021年，禅城区落实“证照联办、一照通行”改革，在全市率先试行将药品经营许可（零售）纳入“一照通”改革，并逐步扩大“一照通”改革事项范围。3月11日，禅城区发出全市首张药品经营“一照通”营业执照。3月22日起，第三类医疗器械经营许可、第二类医疗器械经营备案、药品经营许可（零售）纳入“一照通”改革。

【创新驱动发展】 2021年，禅城区科学技术财政投入10.73亿元。国家级高新技术企业601家，比上年增加73家，增长13.83%。批复技术合同登记2264项，批复合同金额3.963亿元（含市直），技术合同登记数量增长16.2%，合同金额增长3.8%。入选广东省双创示范基地，有广东省企业重点实验室2个。434家企业通过广东省科学技术厅的科技型中小企业入库评价，比上年增长26.9%。创新平台建设取得重大突破，启动有研（广东）新材料研究院、广东省创新药转化医学研究院建设，广东省科学院佛山产业技术研究院建设取得成效。筹建禅深产业协同创新中心。加快人才引进培育，全区人才资源总量达28.6万人，其中高技能人才总量5.9万人。

孵化器和众创空间培育　2021年，禅城区加强区内孵化育成体系建设，拥有科技企业孵化器25家，其中获市级以上认定单位17家（5家国家级、6家省级、11家市级），无级别单位8家。全区孵化场地面积72.4万平方米、在孵企业919家、毕业企业141家。建立创业孵化基地13个（1个省级、9个市级、3个区级），累计入孵创业实体1979家，其中，佛山市创业孵化示范基地、佛山港澳青年创业孵化基地发挥示范性基地的引领带动作用。年内，拥有众创空间23家，其中获市级以上认定单位11家（3家国家级、5家省级、10家市级），无级别单位12家。丰收街卡卡松堡众创空间新增成为省级综合型众创空间。

企业研发机构发展　2021年，禅城区完善技术创新体系，有各级工程技术研究中心203个，其中省级工程技术研究中心68个，市级工程技术研究中心114个。年内，新增省工程技术研究中心6个，规模以上工业企业研发机构建有率超57%。

高新技术企业培育　2021年，禅城区278家企业获国家高新技术企业认定，年底高新技术企业存量601家。26家企业44个产品通过广东省名优高新技术产品认定；434家企业通过省科技型中小企业入库评价；累计16家企业获评为佛山市标杆高新技术企业。

数字经济发展　2021年，禅城区拥有数字经济类相关企业4500多家，培育佛山众陶联供应链服务有限公司等一批服务传统制造业数字化转型的企业和佛山电器照明股份有限公司等一批工业互联网标杆示范项目企业。加快数字创意产业集聚，至年底，全区有佛山创意产业园、佛山新媒体产业园等10余个数字文化创意产业园，数量位居全市之首。全年引进小米人工智能物联网等数字经济项目21个，总投资210亿元。

【十件民生实事落实】 2021年，禅城区推进生猪定点屠宰及冷链配送一体化建设，新肉联厂于11月1日投产；厂区设立两条先进屠宰生产线，每小时可屠宰300头猪，每日最高产能4000头猪，冷库储存量1000吨；生猪屠宰线日产能约1800头/天，满足禅城区居民每日的猪肉需求。打造“千亩城市中心公园”，“文华公园景观提升改造项目”“岭南明珠体育馆外围景观提升项目”“亚艺公园慢跑道、滨水步道及配套设施改造项目”“千亩城市中心公园升级项目”4个子项目基本完工，建成6.8千米景观绿道。完成联运小区、榴苑四街小区等15个城镇老旧小区改造，涉及居民1.1万户、建筑面积105万平方米。4个镇（街道）通过实施大类垃圾分流减量、完善分类收运处理体系、安装1485座垃圾分类亭、督导员进小区开展桶边督导等措施，实现生活垃圾分类形态上的全覆盖。新、改、扩建义务教育公办学校4所，新增学位约1500个。实施农村“厕所革命”，出台农村公厕改造建设指引，统一全区农村公厕的建设风格和内容，高标准推进农村公厕改造提升，改造提升公厕36座。提升汾江河西岸慢行空间，项目总长度1.27千米；在原有河堤基础上，完成北边公园建设、龙舟广场建设、亲水平台建设、堤顶绿道提升、人行道提升等景观提升改造工程。构建“15分钟社区卫生服务圈”，其中，张槎街道社区卫生服务中心基本完工，石湾镇街道保利天盈花园站、绿城站、绿地站3个社区卫生服务站点完工。提升老旧街区路灯设施，完成石湾、张槎和祖庙3个片区紫坊西街、嘉俊华苑东侧道路、平远南街、平远北街等14条道路的路灯设施修复改造，安装各类灯具近600套。创建校园周边交通治理示范点，将佛山市实验学校、华英学校、环湖小学及其

2021年9月1日，广东省首条智慧潮汐车道在佛山市实验学校西门荷园路段试运行。该车道全长200多米，可根据上学放学时段动态调整车道方向，合理分配道路资源

（戴嘉信　摄）

周边连点成片，配合科技化、品质化的设施和手段，综合施策、统一开展片区交通拥堵治理，试点推行共享校车、拓宽车道、新增公共停车场、设置智慧潮汐车道和发光斑马线、改造公交站港湾式智慧化改造等多项措施，综合改善片区出行环境。

【乡村振兴战略实施】 2021年7月，禅城区农业农村局加挂禅城区乡村振兴局牌子。印发《关于全面推进乡村振兴加快农业农村现代化的实施方案》等文件，保障乡村振兴工作落到实处。修订《佛山市禅城区农村集体资产交易管理办法》，推进廉洁村居建设，保障农村集体经济稳健发展。年内，禅城区集体资产交易1.81万宗，年成交总额18亿元。与佛山农商银行签署500亿元的乡村振兴金融授信暨政银合作战略协议，与农业银行佛山分行达成金融服务乡村振兴400亿元的授信合作意向。全年区级财政安排超7000万元，保障农村人居环境整治、农村“厕所革命”、农村消防提升等建设项目的开展。深化数字乡村建设，创新打造禅城区“乡村大脑”，通过“一图，一库，一平台，一服务”破除部门间数据孤岛现象，逐步实现各类涉农数据融合共享，构建基层共建共治共享的智慧化社会治理格局。在全省2020年度推进乡村振兴战略实绩考核中，禅城区在珠三角片区排名第八，综合评价为“优秀”等次。禅城区组团式连片打造美丽乡村，丰富“醉美南庄”“织梦张槎”2个省级新农村连片示范片建设内容，推进8个市级乡村振兴示范村建设。推动市“百里芳华”乡村振兴示范带禅城段提质扩面，11个建设项目完成投资4.23亿元，资金使用进度119%，建成“百里芳华·禅乡城韵”乡村振兴精品示范路线。2020—2021年，完成131座农村公厕改建提升，所有行政村共5.83万户家庭全部建成无害化卫生户厕，农村100%使用卫生厕所。开展农村消防安全环境整治提升，番村村等20个行政村完成村级消防站、工业园消防站改造；石梁村等9个行政村完成农村供水设施改造。全区所有村庄达到省定干净整洁村标准，其中省定生态美丽宜居村48个、省定特色精品村10个。

【禅城区特色小镇建设】 2021年，禅城区立足各镇（街道）的产业资源禀赋，坚持企业主体、政府引导、专业化运作的模式，利用政府资金撬动社会投资，打造产业“特而强”、功能“聚而合”、形态“精而美”、机制“活而新”的省级特色小镇。陶谷小镇（南庄片区）重点项目15个，完成年度投资额8.57亿元，占全年投资计划的104.05%，开工率100%。在传统陶瓷产业基础上，陶谷小镇（石湾片区）紧扣科创、文创、全产业链整合三大主线，集聚创新创业平台，建成超70万平方米的产业载体，一谷十园〔南风古灶片区、佛山泛家居电商创意园、石湾古镇文创园、广东省（佛山）软件产业园、中国陶瓷城、佛山“互联网+”创新创业产业园、新石湾美术陶瓷厂、艺术家村落、陶醉文化街区和佛山市陶瓷研究所〕聚集创新创业企业1700多家，整体招租率超70%，持续吸引新业态和新人群。绿能装备小镇拥有10个主题园区，进驻企业1300多家，小镇装备产值342.29亿元；基于产学研企深度合作，佛山市国星光电股份有限公司主动牵头，联合华南理工大学、中国电子技术标准化研究院等单位立项研究，共同促进该项目实现半导体高密度LED（发光二极管）显示器件及模块产业化，其中“高密度高可靠LED显示器件关键技术与集成应用”项目获2020年度广东省科技进步奖一等奖。岭南文荟小镇（佛山古镇）是佛山市唯一的“历史城区”，聚集2处国家级重点文物保护单位、6个历史街区、65条风貌保护街巷；佛山古镇历史风貌展示馆、青年直播基地对外开放，升平路、快子路、永安路扩建工程及沙塘社区内街小巷提升项目完工。三创特色小镇入驻企业1800家，吸纳就业人数4万人；核心区作为国家级企业孵化器，在孵企业152家，提供就业岗位3246个，累计毕业企业74家；乐孵众创空间在孵创业团队10个，初创企业32个，提供就业岗位352个。截至2021年底，21家企业、3个创业团队获得投融资，建设成效显著。5月26日，2020年广东省级特色小镇创建（培育）对象“回头看”评价结果公布，禅城陶谷小镇（石湾片区）、禅城陶谷小镇（南庄片区）被评为“优秀”，禅城岭南文荟小镇被评为“良好”。禅城绿能装备小镇、禅城三创小镇新晋省级特色小镇创建（培育）对象名单。禅城区共创建5个特色小镇，100%纳入“广东省特色小镇清单管理名单”；禅城岭南文荟小镇（佛山古镇）

入选全国特色小镇50强榜单，排名全国第五、全省第一。

【全国社区治理和服务创新实验区结项验收】 2021年，禅城区继续开展全国社区治理和服务创新实验区创建工作，通过打造区、镇（街道）、村（社区）三级微服务平台，形成“党建引领、社区主导、社工参与、情感治理、数据赋能”五大机制，构建起以“大数据、微服务”为主要特色的社区治理和服务综合体系。9月，民政部评估专家组对禅城区创建工作进行结项验收。12月，民政部确认禅城区完成全国社区治理和服务创新实验区创建任务，高度肯定禅城区“大数据、微服务”的社区治理模式。截至2021年底，禅城区三级微服务平台对接服务系统7个，对接数据超29万条；镇（街道）微服务中心引入近250家社区服务提供方，服务领域涉及25类208项，累计服务超450万人次；建成家庭综合服务中心21个，每年链接社区资源项目超200个。

【众陶联建陶行业大数据平台构建】 2021年，众陶联建陶行业大数据平台完成搭建，以金融与“互联网+”推动建陶产业升级，建设数据中心，实现产业链上下游之间、行业内外的数据交换与共享，促进建筑陶瓷行业转型升级；帮助用户降低成本10.28%，平台销售额704亿元，用户满意度96.15%。

【重大项目集中开工投产活动】 2021年3月28日，佛山市2021年上半年重大项目集中开工投产活动举行，禅城分会场设在鹰创园。该次活动禅城区集中开工项目42个，总投资额413.4亿元，纳入全市集中开工项目29个，总投资额334.5亿元；集中投产项目18个，总投资额62.6亿元，纳入全市集中投产项目15个，总投资额56.4亿元。42个集中开工项目中，28个为产业项目，占全部开工项目三分之二，总投资额超376亿元，年度计划投资额近100亿元，涵盖现代化基础设施、高端发展平台载体、现代服务业等诸多领域。11月22日，佛山市2021年第四季度重大项目集中开工活动举行，主会场设在禅城区南庄镇中科诺电子信息产业基地。该次活动禅城区集中开工项目14个，总投资额323.48亿元。其中产业载体类项目11个，中科诺电子信息产业基地项目和佛山三龙湾总部集聚区项目投资额均超100亿元。

【“区长直通车”平台启动】 2021年5月10日，禅城区政府“区长直通车”平台在全市五区率先启动。平台以禅城区“一按灵”市民服务平台为载体和品牌构建禅城区政民互动大平台，以一个号码（0757-12345）、一个平台、一个机制、一个团队、一个智库、一个数据的“六个一”打造政府服务“总客服”，实现群众诉求问题直通区长。依托“区长直通车”平台，多元整合全区涵盖社保、教育、户籍、出入境、不动产、工商等34条非紧急救助类的政府服务热线，并融合人民网“地方领导留言板”、政府门户网站“互动交流”板块等9个主流线上诉求服务渠道，打造全区群众诉求服务平台，推行7×24小时全天候服务，覆盖社会治理、公共服务、政务服务、疫情防控等领域，全方位收集掌握社情民意，实现全区“一号通服”。自2021年5月开通至年末，平台受理群众诉求61.03万件，响应度99.99%，办结率99.28%，群众满意度99.65%。

【大数据服务区投入使用】 2021年8月30日，禅城区大数据服务区在广东省（佛山）软件园对外开放，通过深度整合全领域数据、挖掘数据价值，实现流程再造、服务无感、数据赋能，为群众和企业提供高效便捷的大数据服务。大数据服务区功能有数据信用服务，包括信用查询、信用报告打印、信用修复等；有数据分析服务，围绕“就业创业一件事”及“企业成长分析服务”两大服务场景推进十项服务内容，辅助行为决策；有管线数据服务，对接获取佛山市公共资源交易中心禅城分中心数据，为全区建筑企业提供管线现状资料等数据服务，助力加快投资项目落地；构建数据空间，制作《数据一生》《党建引领》《宇宙探险》等沉浸式影片，推出个性化数据体验服务，多个维度立体展示城市的各项数据，并提供现场3D体验，沉浸式领略祖庙、南风古灶、南浦社区古朴风情，体验佛山狮头、剪纸、石湾公仔制作乐趣，感受禅城的特色文化；共建“一院两室”（佛山市禅城区智信城市大数据技术研究院、禅城区数创湾区大数据实验室、禅城区大数据反哺实验室），开展多方位的课题研究和成果转化，推动业务协同，研究数据安全和数据法律，提升禅城区数据服务能力。

2021年5月10日，禅城区政府“区长直通车”平台启动仪式在禅城区行政服务中心魁奇路大厅举行

（王颖尧 摄）

【禅城区庆祝2021年中国农民丰收节活动】 2021年9月22日，禅城区2021年庆祝中国农民丰收节活动暨乡村振兴百里芳华示范带禅城段建设成果展在南庄镇罗格村孔家九曲公园举行。活动围绕“庆丰收感党恩”主题，从党建引领、乡村振兴、农业发展、数字乡村、百里芳华5个方面展示禅城区农业农村工作成效。现场设置有12个专题宣传摊位，主要涵盖禅城区供销合作联社助农产品、东西部协作特色产品、农业银行惠农产品、法律知识、农业保险等多个主题，多维度展现禅城农业农村新景象。活动中，禅城区人民政府与中国农业银行佛山分行签署金融服务乡村振兴战略合作协议。举行首批区级农业龙头企业颁证仪式，为南庄镇龙津村授予第八批“全国民主法治示范村”牌匾，并为南庄镇龙津村、石湾镇街道塘头村、张槎街道下朗村、祖庙街道朝东村4个村被授予2020年广东省“民主法治示范村”牌匾。

【第五届中国（佛山）陶瓷“云上”创意周】 2021年11月9—14日举行，活动以“数字创意，精品智造”主题，以线上为主、线下为辅方式全新亮相。创意周“云”集权威专家、陶艺大师、艺术家代表，利用360°全景技术、虚拟现实技术（VR）以及3D扫描技术“云”聚六大展览、“云”共享行业交流沙龙、柴烧营及陶瓷数字应用技术线上展示，助推陶瓷产业数字化智能化转型发展，打造佛山特色产业对接、对外文化交流的数字文化盛会。创意周期间，陶瓷“云”上展吸引超69万人次参观，超84万人次参与“我为‘云上’创意周助力”点火H5小游戏。佛山电台、佛山新闻网等相关平台推送创意周宣传稿件、视频100多条，阅读量超400万人次。

【禅港澳台青年交流（南庄）基地启用】 2021年10月26日，禅港澳台青年交流（南庄）基地在禅城区南庄镇绿岛湖启动，基地创新性融入台湾青年元素，将综合运用片区城市休闲、产业集聚、人才集聚、政务服务、双创资源等优势，依托大数据综合试验区、佛山市人力资源服务产业园、中国建筑装饰设计创新基地、知识产权保护中心等运营发展平台，逐步构建起立体化、多层次的港澳台青年服务体系，促进港澳台青年加快融入禅城，拓展在湾区发展的新空间。禅城区港人交流会、禅城区青年企业家联合会、禅城区留学精英促进会同步入驻基地。

【南庄镇】 位于禅城区西部。2021年辖5个社区、18个行政村，有119个自然村。辖区总面积76.03平方千米。年末户籍人口11.53万人，常住人口25.89万人。耕地面积240.75公顷。是“中国建陶第一镇”，有“全国乡村治理示范乡镇”“中国陶瓷商贸之都”“国家级生态乡镇”“国家卫生镇”“广东省生态乡镇”等称号。陶瓷产业是南庄镇传统强势产业。特色产业有陶瓷、汽配、新材料、电子信息等。2021年，南庄镇紫南村被农业农村部评为“2021年中国美丽休闲乡村”，被《小康》杂志社评为“2021年度中国乡村振兴十大示范村镇”，被中国互联网新闻中心评为“新时代·中国乡村振兴典范”；紫南村民委员会被中共广东省委实施乡村振兴战略领导小组评为“广东省乡村振兴先进集体”。罗南村、南庄村、上元村及龙津村被评为“2020年广东省乡村治理示范村”。2021年全镇地区生产总值311.16亿元，比上年增长9.1%。其中：第一产业增加值0.65亿元；第二产业增加值151.24亿元（规模以上工业增加值69.16亿元，增长23.1%），增长12.4%；第三产业增加值159.27亿元，增长6.3%。固定资产投资额增长2.1%。社会消费品零售总额84.96亿元，比上年增长5.6%。

【石湾镇街道】 位于禅城区东南部。2021年辖28个社区、11个行政村，有40个自然村。辖区总面积28.32平方千米。年末户籍人口22.3万人，常住人口40.5万人。耕地面积1.97公顷。是中国十大魅力古镇，被称为“南国陶都”，有“石湾瓦，甲天下”之美誉。支柱产业是陶瓷和不锈钢。特色产业有泛家居、陶文商旅、大汽贸、大健康、大数据、泛金融等。2021年，凭借陶艺被文化和旅游部授予2021—2023年度“中国民间文化艺术之乡”称号，广东石湾陶瓷博物馆宣教陈列部被评为全国“巾帼文明岗”，南风古灶、高灶入选首批广东省工业遗产名单，石湾镇街道办事处获得“广东省脱贫攻坚先进集体”称号。2021年，石湾镇街道地区生产总值594.34亿元，比上年增长8.7%。其中：第二产业增加值151.93亿元，增长14.2%；第三产业增加值442.41亿元，

2021年11月9日，第五届中国（佛山）陶瓷“云上”创意周开幕式在佛山电视台一号演播厅举行 （王颖尧 摄）

2021年12月28日，佛山市城市轨道交通2号线一期开通仪式在石湾镇街道的湾华地铁站举行

（王颖尧　摄）

增长6.9%。社会消费品零售总额240.69亿元，比上年增长6.6%。

【张槎街道】 位于禅城区中西部。2021年辖10个社区、15个行政村，有41个自然村。辖区总面积28.7平方千米。年末户籍人口9.86万人，常住人口29.69万人。耕地面积18.51公顷。是中国针织名镇。支柱产业是装备制造业、时尚针织业。特色产业有高端装备、生物医药及大健康、电子信息、现代性服务、时尚针织五大产业。同年，辖区佛山创意产业园入选第一批国家级夜间文化和旅游消费集聚区；下朗村入选第二批全国村级“文明乡风建设”典型案例名单、第二批全国乡村治理示范村镇名单；张槎村入选广东省“民主法治示范村（社区）”创建单位名单。2021年张槎街道地区生产总值538.57亿元，比上年增长7.4%。其中：第二产业增加值325.20亿元（规模以上工业增加值171.77亿元，增长7.8%），增长7.5%；第三产业增加值213.37亿元，增长7.3%。固定资产投资额增长11%。社会消费品零售总额110.53亿元，比上年增长11%。

【祖庙街道】 位于禅城区东北部。2021年辖51个社区、9个行政村，有22个自然村。辖区总面积21.50平方千米。年末户籍人口29.40万人，常住人口40.97万人。耕地面积9.42公顷。是中国南狮运动之乡、中国曲艺之乡。支柱产业是食品调味品、塑料、电器照明、机械制造等。特色产业有金融保险、商务、现代物流、信息服务、房地产、文化旅游等。2021年，祖庙街道办事处获评为“广东省脱贫攻坚先进集体”，塔坡社区入选2021年广东省“民主法治示范村（社区）”创建单位，兆祥法治文化主题公园被评为广东省第三批（2020年度）法治文化主题公园，岭南天地步行街商圈被确认为首批“广东省级示范特色步行街（商圈）”。2021年祖庙街道地区生产总值704.83亿元，比上年增长8.0%。其中：第二产业增加值120.44亿元（规模以上工业增加值35.31亿元，增长13.4%），增长10.8%；第三产业增加值584.39亿元，增长7.4%。固定资产投资额增长5.5%。社会消费品零售总额378.28亿元，比上年增长8.3%。

（曾洁莉　黄瑞娉）

南海区

【概况】 南海区位于佛山市中东部，东连广州市白云区、荔湾区，与广州市番禺区隔江相望，西邻三水区、高明区，南接顺德区，与江门市蓬江区、鹤山市隔西江相望，北邻广州市花都区，中南部与禅城区接壤。1992年撤县设市，由佛山市代管。2002年，撤市设区。2021年辖桂城街道、九江镇、西樵镇、丹灶镇、狮山镇、大沥镇、里水镇等7个镇（街道），有224个社区、66个行政村，区政府驻地在桂城街道。行政区划面积1076.62平方千米。年末户籍人口170.05万人，常住人口371.93万人。人口自然增长率7.2‰。祖籍南海的海外华人、华侨和台港澳同胞40多万人。

2021年，南海区有粮食作物播种面积681.8公顷，粮食产量3787吨。林业用地森林面积4884.06公顷，森林覆盖率9.91%，森林蓄积量67.8万立方米。人均公园绿地面积25.2平方米。特色农产品有盐步秋茄、谭边大顶苦瓜、林岳吊丝丹竹笋、塱沙笋、和顺乌心番薯、吴屋白萝卜、沙水桃花、平洲兰花、里水蝴蝶兰、里水香水百合、吴屋西瓜等。传统特色食品有九江双蒸酒、九江煎堆、西樵大饼、平洲福肉饼等，其中九江双蒸酒为国家地理标志保护产品。是中国淡水鱼苗之乡。主要旅游景点有国家AAAAA级景区西樵山风景名胜区，国家AAAA级景区南海湾森林生态园、平洲玉器街、中央广播电视总台南海影视城、梦里水乡景区，还有南国桃园、康园、黄飞鸿狮艺武术馆等特色景点。主要传统民俗活动有醒狮会、扒龙舟、乐安花灯会、官窑生菜会等。其中：“狮舞（广东醒狮）”“十番音乐（佛山十番）”被列入国家级非物质文化遗产名录；乐安花灯会、官窑生菜会、九江传统龙舟、盐步老龙礼俗、西樵大仙诞庙会被列入广东省非物质文化遗产名录。

南海历史文化源远流长，是珠江文明的发祥地之一，也是岭南文化的典型代表。在5000多年前的新石器时代，就创造出以双肩石器为代表的西樵山文化，被考古学家誉为“珠江文明的灯塔”。自隋朝置县起，南海一直处于岭南的政治、经济、文化的中心地带，广府文化的核心区域，素有广东“首府首县”之称。南海自古文教之风昌盛、人文荟萃。历代出文进士449人，武进士48人，有宰相、大学士、尚书10多人，翰林院编修50多人。明清时期有不少在各方面作出贡献的名人，如明代的首辅梁储、方献夫，左副都御史、力推“一条鞭法”的庞尚鹏，“粤东医界古今第一国手”何梦瑶等。近代以来，南海更是涌现出一大批杰出贤达之士，如中国第一部摄影器研制者邹伯奇，清末大儒朱次琦，中国民族工业先驱陈澹浦、陈启沅，维新运动领袖、思想家康有为，妇女解放运动先驱区梦觉，岭南武林一代宗师黄飞鸿、叶问，著名画家黄少强，著名雕塑家傅天仇、潘鹤，爱国港澳同胞石景宜、马万祺，中国第一枚国际体育金牌获得者陈彦，“家鱼人工繁殖之父”钟麟，世界举重冠军何灼强等名人。南海籍的中国科学院院士、中国工程院院士有16人。

2021年，南海区把握珠海横琴、深圳前海两个合作区建设的发展机遇，谋划实施“1+2+N”系列重点改革（以管理体制改革为关键抓手，以营商环境综合改革和土地制度改革为两大支撑，在若干重点领域打造一批有辨识度影响力的改革品牌），推进广东省城乡融合发展改革创新实验区建设，以产业转型引领经济社会高质量全面转型，实现“十四五”（第十四个五年规划，起止时间为2021—2025年）良好开局。全年全区实现地区生产总值3560.89亿元，比上年增长8.8%；规模以上工业增加值1463.5亿元，增长11.1%；固定资产投资增长10.5%；社会消费品零售总额1200.74亿元，增长9.5%。外贸出口额1351.5亿元，增长22.6%；实际利用外资10.33亿元，下降27.5%；地方一般公共预算收入266.57亿元，增长7.5%；税收总额578.22亿元，增长7.3%；全体居民人均可支配收入63040元，增长9.8%。社会用电量304.16亿千瓦时，比上年增长10.95%。全年科学技术财政投入15.53亿元，比上年下降30.88%；教育事业财政投入63.21亿元，增长16.76%；文化旅游体育与传媒财政投入5.96亿元，下降7.67%；卫生健康财政投入32.65亿元，下降3.39%。全年城镇新增就业人数3.6万人，城镇失业人员再就业1.1

表57　2021年南海区国民经济主要指标情况表

指　标	计量单位	绝对值	比上年增长（%）
地区生产总值	亿元	3560.89	8.8
第一产业增加值	亿元	60.88	7.9
第二产业增加值	亿元	1907.77	9.5
工业增加值	亿元	1801.68	9.4
第三产业增加值	亿元	1592.23	8.1
人均地区生产总值	元	96277	7.5
规模以上工业总产值	亿元	7378.71	3.9
农林牧渔业总产值	亿元	112.66	7.4
社会消费品零售总额	亿元	1200.74	9.5
外贸进口总额	亿元	494.2	18.3
外贸出口总额	亿元	1351.5	22.6
实际利用外商直接投资	亿元	10.33	-27.5
地方一般公共预算收入	亿元	266.57	7.5
地方一般公共预算支出	亿元	289.42	0.55
全体居民人均可支配收入	元	63040	9.8
城镇常住居民人均可支配收入	元	63840	10.0
农村常住居民人均可支配收入	元	43536	10.9

表58　2020—2021年南海区社会事业主要指标情况表

指　标	计量单位	2020年	2021年
普通高校	所	7	7
中等职业学校	所	8	7
中等职业学校在校学生	万人	1.98	1.98
普通中学	所	80	88
普通中学在校学生	万人	14.34	15.33
小学	所	140	138
小学在校学生	万人	25.65	26.95
幼儿园	所	406	411
在园幼儿	万人	13.56	14.26
医院	家	27	29
医院床位	万张	0.97	1.01
文化馆	个	1	1
公共图书馆（含读书驿站）	个	201	205
博物馆	个	10	10
国家档案馆	个	1	1

万人，城镇登记失业率2.28%。领取企业职工基本养老金待遇21.83万人，享受失业保险待遇7.13万人次，享受生育保险待遇2.4万人次，享受工伤保险待遇2.43万人次。城镇生活污水集中处理率98.11%，城镇生活垃圾无害化处理率100%。

2021年，南海区连续第7年位居全国中小城市百强区第二，位列全国高质量发展百强区（城市市辖区）第二，入选中国最具幸福感城市（城区）和企业家幸福感最强市（区）、中国智慧城市百佳县市、科技创新百强区、中国生活品质百优县市。

中共南海区委书记：闫昊波（任至8月），顾耀辉（8月任职）；区人大常委会主任：赵崇剑（任至11月），香秀杏（11月任职）；区长：顾耀辉（任至10月），王勇（10月任职）；区政协主席：唐棣邦（2月任职）；区纪委书记、监委主任：李伟成（任至10月），周鹏（10月任区纪委书记、11月任区监委主任）。

【产业发展】 2021年，南海区实现第一产业增加值60.88亿元，比上年增长7.9%；第二产业增加值1907.77亿元，增长9.5%（工业增加值1801.68亿元，增长9.4%）；第三产业增加值1592.23亿元，增长8.1%。全年南海区引进超亿元产业项目107个，计划投资总额907.2亿元，其中新引进超10亿元重大产业项目18个，计划投资总额616.5亿元，投资额比上年增长61.4%。超10亿元项目中“两高四新”（高技术制造业、高品质服务业，新材料产业、新一代电子信息产业、新一代生物医药产业、新能源产业）项目16个，计划投资额583.5亿元；投资超百亿元项目2个，分别是瑞浦动力与储能锂离子电池及系统制造基地项目和信扬科技成像模组生产项目。

农业　全年实现农林牧渔业总产值112.66亿元，其中农业产值47.24亿元，牧业产值7.29亿元，渔业产值48.82亿元，林业产值1451.02万元，农林牧渔服务业产值9.17亿元。南海区5个万亩农业示范区（九江镇鱼花科技创新示范片区、西樵镇基塘农业系统示范片区、丹灶镇良银心万亩田园综合体农业产业示范片区、狮山镇都市智慧农业示范园和里水镇花卉园艺产业融合示范片区）规划基本成型。至年底，建成省级现代农业产业园2个，市级现代农业园区6个（其中五星级5个、四星级1个），农业公园7个（其中省级2个、市级5个）。里水镇（花卉产业）通过省级“一村一品、一镇一业”专业镇认定。广东鱼兴港水产有限公司等企业的36个名牌产品入选“粤字号”农业品牌目录。佛山市南海区杰大饲料有限公司、广东香良水产有限公司、广东花博生态产业有限公司被认定为省级农业龙头企业。至年底，全区有区级以上农业龙头企业51家，其中国家级2家、省级16家、市级17家、区级16家，总资产规模超72亿元，直接带动农户29万户。至年底，全区优质鱼养殖面积3866公顷，2公顷以上水产规模经营户993户，规模养殖面积3714公顷。水产苗种场89个，其中省级或以上水产健康养殖示范场13个。年内，南海区成功创建国家级水产健康养殖和生态养殖示范区，获评2020年度全国平安渔业示范县，九江镇“中国淡水鱼苗之乡”复审通过并获“中国加州鲈之乡”称号。

工业　全区有规模以上工业企业3399家，实现规模以上工业总产值7378.71亿元，规模以上工业增加值1463.56亿元。全区工业产值超100亿元的行业19个，其中超500亿元3个，超200亿元13个。2021年，南海区入选2021中国工业百强区。按照“提升一批、规范一批、淘汰一批”的基本思路，推动桂城红木和玉器加工产业，九江传统家具产业，西樵纺织印染产业，丹灶五金产业，狮山机械装备、低端口腔医疗器械和铝型材产业，大沥有色金属产业等传统产业加速转型，建设泛家居、建筑、有色金属三大产业园，推进有色金属、五金、家具、纺织等产业集群转型试点建设。战略性新兴产业加快集聚。以中国先进医卫用非织造产品示范基地、广东新材料基地、九江临港国际产业社区等产业平台为载体，加快构建新材料产业链，东丽水处理膜二期项目、雄塑高分子材料项目等项目签约落户，达孚新材料和中技烯米项目增资扩产。佛山高新技术开发区南海园凭借生物医药与医疗器械产业入选广东省首批特色产业园区。以仙湖氢谷特色小镇为载体，发展以氢能为主的新能源汽车产业，年内引进中日韩智慧能源产业基地项目、英飞腾总部及氢能物料搬运产业项目、康明斯恩泽质子交换膜电解水制氢装置研发生产基地项目等重点项目，国内首个氢氨高温窑炉零碳燃烧技术联合创新研发中心在仙湖实验室成立。新引进信扬科技成像模组生产项目、中兴新智能制造产业基地项目、飞荣达通信集成大湾区生产基地等新一代电子信息产业龙头项目。推动企业转型升级，全年全区完成工业企业技术改造项目备案653个，计划总投资120.59亿元，备案数和投资额分别比上年增长5.6%、3%。年内，广东星联精密机械有限公司的产品“吹瓶模具”被认定为国家制造业单项冠军产品；广东汇博机器人有限公司等13家企业被认定为广东省首批智能制造生态合作伙伴。鼓励企业建设工业设计中心和工业设计企业，推动生产性服务业与现代制造业融合。年内，佛山维尚家具制造有限公司全屋定制家具设计创新中心被认定为国家级工业设计中心，广东东方精工科技股份有限公司等8家企业被认定为省级工业设计中心（工业设计企业），广东联邦家私集团有限公司等7个项目获得市工业设计创新能力示范项目扶持。

第三产业　出台相关精准惠民、惠企政策和开展“新春嘉年华”等线上线下促消费活动，提振消费市场。全年社会消费品零售总额1200.74亿元，比上年增长9.5%，占全市总额的33.76%。推动企业拓展电子商务应用场景，打造“南海家·生活”“南海好物”等活动平台，全区电子商务交易额3654.43亿元，比上年增长17%，占全市总额29.7%。加快打造“一山两江四岛三片区”（西樵山，北江和西江的贤鲁岛、平沙岛、海寿岛、金沙岛，东中西三大片区）的全域旅游发展格局，促进文商旅体创融合发展，拓展文化体验游、乡村旅游、红色旅游、研学旅游等新兴旅游产品。旅游市场逐步复苏，全年全区实现旅游总收入127.38亿元，比上年增长1.78%；接待游客1332.32万人次，增长5.58%。金融业及类金融业发展迅猛，广东金融高新区核心区新引进项目278个，新增投资规模超515亿元，首次引入中科沃土基金管理有限公司、佛山金控期货有限公司2家持牌金融机构，填补佛山市在公募基金和期货领域法人机构的空白。至年底，南海区有银行业金融机构35个（含7家外资及港澳资银行）、证券机构54个、保险公司21个、融资租赁（金融租赁）机构56个、小额贷款公司18家、典当行9家。

产业扶持培育　继续实施“十百千”工业企业培育计划（力争利用3年时间，在工业领域培育营业收入超100亿元龙头企业10家以上，超10亿元骨干企业100家以上，超1亿元成长型企业1000家以上，力争培育出2家超千亿元企业），出台“鼓励做大规模”“鼓励加快成长”“实施贴息降本”“融资风险补偿”4个实施细则，鼓励企业做强做优做大，一汽-大众汽车有限公司佛山分公司、佛山兴海铜铝业有限公司等11家企业年主营业务收入超100亿元。加大“小升规”（小微工业企业从规模以下升级为规模以上）扶持和培育力度，全区新增规模以上工业企业840家。推动专精特新队伍不断壮大，广东广宇科技发展有限公司等6家企业入选第三批国家专精特新“小巨人”企业，广东柯内特环境有限公司等56家南海企业入选广东省专精特新企业，佛山市佛大华康科技有限公司等108家企业入选佛山市专精特新企业。至年底，南海区有专精特新企业431家。完善中小企业融资服务体系，全年依托中小企业融资风险补偿资金为中小企业提供36.75亿元的融资支持，涉及企业415家次。

【全面深化改革】2021年，南海区全面推进土地制度改革、营商环境改革、社会治理体制机制改革、国企国资改革等重点领域改革。

土地制度改革　出台《关于深化土地利用方式改革推动城乡融合集聚发展的若干措施》，加快土地利用方式改革创新，推动产业用地成片连片集聚利用，解决土地利用碎片化问题。启动全域土地综合整治，推进村级工业园区升级改造。全年拆除改造1475公顷，累计拆除改造3810公顷；综合整治2760公顷，累计综合整治6100公顷。完成5个33.33公顷以上、2个13.33公顷以上、10个6.67公顷以上连片工业用地储备工作。20个66.67公顷（千亩）连片改造项目全部启动，15个项目动工建设，完成拆除整理1378公顷，累计投资187.8亿元。健全农村集体经营性建设用地入市政策体系，创新实行集体土地“毛地入市”模式，畅通抵押质押融资渠道，提升农村土地权能，推动形成集体与国有建设用地逐步同权、城乡统一、国集互补的建设用地市场。全年入市地块48宗，面积70.07公顷，成交总额47.21亿元。

营商环境改革　出台《佛山市南海区进一步优化营商环境提升政务服务水平三年行动计划（2021—2023年）》，开展营商环境问诊评估，提出针对性优化举措，进一步激发市场主体活力。在全市率先实施相对集中行政审批改革，全区25个区级审批部门实现审批职能集中，西樵镇、大沥镇2个试点镇完成审批人员集中或授权集中。深化工程建设领域改革，推广落实模拟审批、简易低风险项目审批改革、分阶段办理施工许可证改革、告知承诺制、多规合一、区域评估、联合测绘等改革举措。全年受理模拟审批项目43个，推动佛山国际陆港等6个项目实现“拿地即开工”。落实招标投标领域改革，推广全流程电子化招标和异地评标，降低交易成本，防范围标串标。推进“互联网+”公共资源交易，实施“云开标”、不见面开标和隔夜评标。2021年9月，佛山市公共资源交易中心南海分中心获评“佛山市公共资源交易隔夜评标示范点”，并于10月在全市率先启动隔夜评标机制。

社会治理体制机制改革　推进市域社会治理现代化试点工作，抓实社会治理专业化基础研究，连续10年开展市域社会治理创新项目征集活动。开展区级社会服务类项目资金统筹管理和资金使用绩效问责，在乡村振兴、新市民融入、小区治理、青少年成长发展、特殊人群关爱等领域，探索实施从资金源头到使用末端的全过程、全链条、全方位监管。筛选出社会治理示范点15个，一对一帮助各镇（街道）示范点提升总结治理模式及成效。深化社会动员体系，通过试点建立社区基金，补强社区一级资源不足的短板，孵化社区基金2支，推动5个社区筹备成立社区基金。依托“城市大脑”，应用卫星遥感、无人机、物联网、国际二维码等新技术，联动线下网格巡查，探索构建“天上看、空中拍、地上巡”的“空天地”一体化治理体系。

国有企业改革　组建国有独资企业广东南海铝业集团有限公司，并推行职业经理人制度和外部董事制度，探索政府支持行业发展新路径和混合所有制国资国企改革新模式。深化国企业绩与薪酬激励机制改革，将国资系统企业分为竞争类、功能类、公益类并实施分类考核。出台《南海区区属国有企业领导人员管理办法》，全面规范管理区属国有企业领导人员，贯彻落实党管干部原则。

【创新驱动发展】2021年，南海区印发《佛山市南海区科技创新“十四五”规划》，修订高新技术企业高质量发展专项扶持奖励办法、科技创新平台发展扶持办法。全年全社会科研投入90.02亿元，占地区生产总值的2.53%。年内，全区获广东省科技进步奖1项，技术发明奖1项。

高新技术企业培育　出台《佛山市南海区推进高新技术企业高质量发展专项扶持奖励办法（2021年修订）》，促进高新技术企业提质升规。全年投入资金2.5亿元，受惠企业2300多家。全年提供线下线上服务24场，辅导企业3500多家次。全区申报高新技术企业1610家，通过认定企业1361家，通过率84.5%。高新技术企业总量增至2954家。

创新载体建设　季华实验室完成二期工程建设。至年底，实验室孵化高科技企业13家；引进全职中国科学院院士1人、国家杰出青年基金获得者等领军人才38人，实验室总人数超1400人；获批各类项目69个、专项研发经费6.5亿元，其中国家和省级重大项目12个、资助金额5亿元。仙湖实验室引进全职院士1人，实验室科研团队121人；获批国家级、省级以上科研项目18个，累计申请发明专利69件，孵化高科技企业3

家。中科院苏州纳米所广东研究院4个单体改造项目完成并投入使用，引进各类型人才116人，其中博士学历30人；立项各类项目23个，创办企业2家，孵化企业18家。佛山（华南）新材料研究院选址大沥镇盐步建设“清华大学佛山（华南）新材料产业园”，孵化成立科技公司13家，研究院及附属企业引进人才260人。香港科技大学（佛山）科技成果转化中心于2021年3月完成孵化场地建设投入试运营，10个科技项目入驻孵化。苏州科技大学环境研究院于2021年9月中旬启用，以第一单位申报各类专利8件，其中发明专利6件、实用新型2件。华南遗传工程小鼠资源共享平台建成总面积3200平方米的实验动物设施，拥有2000种品系的模式动物资源库，全年营业收入超过4000万元。

科技创新成果转化　通过线上科技成果对接平台，加强与地方行业协会、企业的对接联动，进一步完善成果对接、创业辅导、金融对接等服务体系，加速科技成果转化步伐。至年底，有季华实验室、仙湖实验室、中科院苏州纳米所广东研究院等25个科技创新平台登记注册并提供科技创新服务，平台上线科技成果316项，共享科研仪器24台，入库常驻技术经理人78人。全年组织举办“我为群众办实事”“企业进院所，院所走企业”等主题技术对接交流活动42场，服务地方企业、院所超420家，参与人数2900人次。

产业数字化转型　出台《佛山市南海区制造业数字化智能化转型的若干措施》，修订《佛山市南海区工业互联网产业发展扶持办法》。8月11日，南海区召开制造业数字化、智能化转型工作现场会，启动产业集群数字化转型等品牌行动，并公布区内110多家制造业数字化转型服务商名录。至年底，有62家制造业数智化转型服务商在南海区落地，其中20家入选广东省数智化转型资源池，27家企业入选佛山市数智化转型供给资源池。全年全区有72个项目申报2021年市级政策扶持项目，有超400家企业申请“数字贷”备案，涉及项目总投入超30亿元。粤港澳大湾区（南海）智能安全产业园入选工业和信息化部2021年工业互联网试点示范项目公示名单；伊戈尔电气股份有限公司、佛山群志光电有限公司、广东一方制药有限公司、佛山维尚家具制造有限公司4个项目入选省级制造业数字化转型标杆示范项目；广东联邦家私集团有限公司、广东金丽声展示设备有限公司、佛山市南海泰源印染有限公司等9个项目入选市级制造业工业互联网应用标杆；佛山群志光电有限公司等3个项目入选市级数智化转型二级示范工厂；26个项目入选佛山市数智化转型示范车间；评选出12个区级工业互联网应用示范项目。

人才引进　发布“南海鲲鹏人才计划”，推出15条政策措施，营造更优质的人才发展环境。组建海外高层次人才引进工作专班，全年引进博士以上高层次人才254人，其中国家级高层次人才6人。引进第八批共8名来自华南理工大学、中科院深圳先进技术研究院等单位的专家挂任科技镇长。审批通过第十二批“蓝海人才计划”创新创业团队30个，15个团队项目完成注册登记，其中部分团队项目实现销售1325万元、获融资1460万元。

【区域合作】2021年，南海区主动融入广东省“双区驱动”（双区指粤港澳大湾区和深圳先行示范区）战略。召开区推进粤港澳大湾区建设领导小组第二次会议，印发区推进粤港澳大湾区建设2021年工作要点，联合华南理工大学开展“粤港澳大湾区背景下，南海区承接广深溢出资源途径研究”课题工作。全力支持深圳先行示范区建设，主动承接深圳优势产业溢出效应，从深圳引进三赢科技成像模组生产基地、中集天达大湾区总部基地、中兴新司南科技产业基地、飞荣达通信集成大湾区生产基地等多个重点产业项目，深圳科技园佛山科创园动工建设，深交所佛山（南海）服务基地在千灯湖创投特色小镇揭牌。加快建设“1+4”广佛高质量发展融合试验区（“1”指广州南站—三龙湾—荔湾海龙片区；“4”是指南沙—顺德、荔湾—南海、白云—南海、花都—三水片区）。推动广佛荟、广佛新城、南海电子信息产业园等一批同城合作示范项目建设；联合白云区编制印发白云—南海试验片区建设方案，与荔湾区共同开展广佛湾国际咨询工作。参与广佛共建先进装备制造、汽车、新一代信息技术、生物医药与健康等4个万亿级产业集群。加快广佛融通，番海大桥全线通车，南海有轨电车1号线首通段运营，佛山地铁2号线一期通车。联合开展广佛跨界环境治理，完成288千米广佛跨界区域污水管网建设。加强公共服务同城对接，区行政服务中心在智能柜台终端上线“广佛跨城通办”模块，

2021年8月18日，南海区有轨电车1号线首通段开通初期运营　（李奕云　摄）

可网上办理78项广州部门相关业务。

【城镇老旧小区和农贸市场改造】 2021年，南海区将城镇老旧小区改造和农贸市场升级改造工作列入区政府十大民生实事。继续推进于2020年开工的第一批城镇老旧小区改造工作，启动全区第二批城镇老旧小区改造工作。全区第二批43个城镇老旧小区改造提升涉及住户1.22万户、楼栋560栋、建筑面积100.8万平方米，重点对包括老旧小区内的道路、供排水、供电、供气、绿化、照明、围墙、垃圾储运等基础设施和公共服务设施，以及与小区直接相关的道路和公共交通、通信、供水、供气、供电、停车场等城镇基础设施进行改造，同时对有条件的小区进行自行车停车棚、充电桩安装，修缮或增建物管房等。至年底，第一批改造的29个老旧小区（涉及住户1.15万户、楼栋635栋、建筑面积125.33万平方米）完成主体项目改造，第二批改造老旧小区实现年内开工目标。年内，南海区印发《农贸市场升级改造工作方案》，明确用3年左右的时间，对全区符合条件的农贸市场进行硬件设施改造和软件管理升级。至年底，全区完成升级改造并通过验收的农贸市场46个，占年度改造任务的143%，工作进度在佛山市5个区排名第一。

【"南海鲲鹏人才计划"实施】 2021年1月，南海区发布"南海鲲鹏人才计划"，提出实施尖端人才"领跑工程"、菁英人才"青蓝工程"、产业人才"倍增工程"和社会事业人才"荟萃工程"4个方面共15条政策措施，营造更优质的人才发展环境。以人才政策沙龙、人才政策知识巡回竞赛等多种形式，开展"南海鲲鹏人才计划"宣传工作。全年深入高校、企业、园区等开展超过20场政策宣讲活动，受到超40家媒体关注，网络直播关注度超200万人次。10月，举办首届南海鲲鹏人才节，组织开展高端人才论坛、企业人才招聘、人才项目对接、参观走访等9场主题活动，多维度展示开放包容、海纳英才的城市形象。同月，南海人才馆、高层次人才服务专区启用，高层次人才服务专区提供停居留出入境、人才引进、创业服务等六大类85项人才专属服务。至年底，举办座谈会、企业培训、竞赛活动等企业和人才活动42场。

2021年1月13日，佛山市南海区举行鲲鹏人才大会。图为"南海鲲鹏人才计划"启动仪式 （陈天颢 摄）

【南海区"十四五"规划纲要实施】 2021年2月9日，《佛山市南海区国民经济和社会发展第十四个五年规划和二〇三五年远景目标纲要》（简称《规划纲要》）经南海区十六届人大六次会议表决通过，并以区人民政府名义正式印发实施。《规划纲要》紧扣高质量发展主题，立足南海区的发展阶段、发展实际，把南海未来发展放在新发展阶段、新发展理念、新发展格局中进行系统谋划，明晰全区今后五年在城市、产业、创新、交通、民生等方面的发展方向、具体目标和重点任务。同时，对标《规划纲要》所确定的重大战略方针和战略举措，在国土空间、交通、安全生产、文化旅游体育事业、民政事业等方面科学编制各专项规划，细化提出可操作的政策和项目。年内，《佛山市南海区水利发展"十四五"规划》《佛山市南海区文化旅游体育发展"十四五"规划》《佛山市南海区安全生产"十四五"规划》《佛山市南海区防灾减灾救灾"十四五"规划》《佛山市南海区危险化学品行业安全发展规划（2021—2025年）》《佛山市南海区民政事业发展"十四五"规划》《佛山市南海区燃气发展规划（2021—2025年）》《佛山市南海区通信基础设施建设"十四五"规划》《佛山市南海区车用加氢站规划（2021—2030年）》9个专项规划印发实施。

【南海区与黔东南州五县（市）东西部协作工作启动】 2021年4月26日，南海区—黔东南州五县（市）党政联席会议在南海区举行。南海区与贵州省黔东南苗族侗族自治州从江、榕江、麻江和丹寨4个县签订东西部协作框架协议，并与凯里市签订缔结友好城市协议。双方将就产业、劳务、消费、民生、人才交流5个方面进行协作，发挥好南海区产业、市场优势，利用黔东南州自然资源条件和特色产业，深化拓展多种合作发展模式，强化两地在现代农业、文化旅游、绿色环保产业等领域的互补性产业合作，拓宽扶贫产品销售渠道，建立健全劳务协作长效机制，推进民生帮扶，着力深化人才交流，共同谋划一批让群众有实实在在获得感的项目。

【全域土地综合整治攻坚战启动】 2021年11月23日，南海区在大沥镇举行全域土地综合整治攻坚誓师大会，中共南海区委书记顾耀辉向南海区区长王勇授南海区全域土地综合整治联合执法队旗帜，大沥镇河西沿江片区改造项目进行集中拆除。根据部署，南海区计划在2年内腾退复垦低效建设用地666.67公顷，2022年全区完成村级工业园改造拆除任务1433.33公顷，至2026年每年改造整理土地533.33公顷。

【“思想再解放、改革再出发、建设现代化活力新南海”大讨论开展】 2021年12月，中共南海区委、区政府在全区部署开展“思想再解放、改革再出发，建设现代化活力新南海”大讨论活动，广泛发动党员干部畅所欲言，形成工作思路举措。区委书记顾耀辉提出全区要重点答好改革攻坚、产业转型、共同富裕、安全稳定等4道“必答题”；区长王勇提出“十个坚持”（坚持制造为本，绝不迷失；坚持区域竞合，绝不懈怠；坚持土地整备，绝不停顿；坚持科教驱动，绝不空转；坚持扶持战新，绝不动摇；坚持保护品牌，绝不手软；坚持绿色转型，绝不迟缓；坚持集聚协同，绝不封闭；坚持财税支持，绝不缩减；坚持亲清服务，绝不越位），围绕制造业是南海的根和魂开展大讨论。至年底，区直60多个党组（党委）开展大讨论100多场次，各镇（街道）开展大讨论超30场次，各部门、镇（街道）邀请社会各界和引入专家智库开展形式多样的大讨论活动超320场次，全区解放思想，找到问题和短板弱项，坚定改革发展的信心和再出发的决心，为建设现代化活力新南海形成初步的思想共识。

【南海体育中心建成启用】 2021年11月25日，南海体育中心体育场及游泳馆竣工投用，并于12月6日承办佛山市第十届运动会总结大会。南海体育中心位于南海区狮山镇，是南海区三大文体项目重点工程之一，包含体育场（2万个座位）、游泳馆（500个座位）、体育馆（1万个座位）、全民健身综合馆、南海区业余体校及相关配套工程，停车位约1000个。其中，体育场建筑面积2.7万平方米，包含400米标准田径场和1个标准足球场，可承接甲级赛事；全民健身综合馆共3层楼，总建筑面积2.78万平方米，包含射击场、跆拳道馆、拳击、室内乒乓球桌、室内排球场、室内篮球场、室内羽毛球场、室内网球场等17个体育项目功能，满足体育综合训练与全民健身。12月试运营期间，率先开放6片室外5人制足球场供市民体验。

【桂城街道】 位于南海区东部，是南海中心城区，东西两翼分别与广州市荔湾区、佛山市禅城区相连，南部接壤顺德区和广州市番禺区。行政区划面积84.16平方千米，辖45个社区。2021年，常住人口约100万人，其中户籍人口35.82万人。是全国珠宝玉石首饰特色产业基地、广东省机械装备专业镇、广东省村务公开民主管理示范街道、广东省文明单位、全国规范化家长学校实验区和全国社区教育示范镇。桂城街道获“中国最具幸福感城市之公园城市典范”“全国群众体育先进单位”称号。全年桂城街道地区生产总值749.88亿元；工业总产值601.33亿元，其中规模以上工业总产值452.51亿元；规模以上工业增加值95.30亿元；农林牧渔业总产值3.49亿元；社会消费品零售总额395.09亿元；实际利用外资0.88亿元。

【九江镇】 位于南海区西南部，东邻佛山市顺德区，隔西江与江门市鹤山市、蓬江区以及佛山市高明区相望。行政区划面积94.75平方千米，下设20个社区、7个行政村。2021年，常住人口25.28万人，其中户籍人口11.52万人。是第二批全国乡村治理示范乡镇、中国龙舟名镇、国家卫生镇、中国淡水鱼苗之乡、中国医卫用非织造产品示范基地、广东省教育强镇、广东省传统龙舟特色镇、广东省文明镇。年内，获“中国加州鲈之乡”、2021—2023年度“广东省民间文化艺术之乡”称号。全年九江镇工业总产值440.78亿元，其中规模以上工业总产值419.83亿元；规模以上工业增加值86.14亿元；农林牧渔业总产值21.80亿元；社会消费品零售总额56.83亿元；固定资产投资72.30亿元；实际利用外资8.17亿元。

2021年12月6日，南海区体育中心试营运 （张志成　摄）

【西樵镇】位于南海区西南部，毗邻佛山市高明区、三水区，与禅城区一河之隔。行政区划面积179.43平方千米，辖24个社区、9个行政村。2021年，常住人口近37万人，其中户籍人口18万人。是中国历史文化名镇、中国面料名镇、中国龙狮名镇、国家卫生镇、国家级生态乡镇、全国文明镇、广东省文明镇、广东省教育强镇、广东省宜居城市、岭南文旅小镇、岭南魅力名镇、广东省旅游名镇、广东省森林小镇。2021年，获评广东民间文化艺术之乡（醒狮）、中国民间文化艺术之乡（醒狮）、2017—2020年度全国群众体育先进单位。全年西樵镇规模以上工业总产值430.17亿元，规模以上工业增加值90.09亿元，农林牧渔业总产值19.94亿元，社会消费品零售总额103.48亿元。

【丹灶镇】位于南海区西部，与佛山市禅城区、三水区相邻。行政区划面积143.48平方千米，辖22个社区、6个行政村。2021年，常住人口25.33万人，其中户籍人口12.26万人。是中国日用五金之都、中国百强镇、全国文明镇、国家生态镇、国家卫生镇、国家安全产业示范园区创建单位、广东省教育强镇、广东省乡村治理示范镇。全年丹灶镇地区生产总值169.15亿元，规模以上工业总产值395.63亿元，规模以上工业增加值80.39亿元，农林牧渔业总产值16.06亿元，社会消费品零售总额49.62亿元。

【狮山镇】位于南海区中部，毗邻广州市花都区和佛山市禅城区、三水区。行政区划面积330.6平方千米，辖47个社区、28个行政村。2021年，常住人口超100万人（含南海大学城6万名师生），其中户籍人口38.97万人。是粤桂黔高铁经济带合作试验区（广东园）的主体区所在地和佛山国家高新区南海园的核心区，全域被纳入佛山中心城区规划范围；是国家专用装备高新技术产业化基地、中国塑料中空包装产业基地、国家卫生镇、国家社区教育示范镇、广东省文明镇、广东省食品安全示范镇。年内，获评广东省乡村治理“百镇千村”示范镇。全年狮山镇地区生产总值1226.64亿元，规模以上工业总产值3804.8亿元，规模以上工业增加值752.71亿元，农林牧渔业总产值23.84亿元，社会消费品零售总额217.82亿元，居中国镇域高质量发展500强第一位。

【大沥镇】位于南海区东部，与广州市荔湾区、白云区和佛山市禅城区接壤。行政区划面积95.9平方千米，辖42个社区。2021年，常住人口70.33万人，其中户籍人口33.89万人。是中国商贸名镇、中国内衣名镇、中国时尚品牌内衣之都、中国针织内衣产业转型升级示范镇、中国内衣大数据采集示范镇、中国再生金属物流加工基地、广东省有色金属产业集群升级示范区、中国专业市场电商采购示范区、国家卫生镇、中国龙狮运动名镇、中国民间文化艺术之乡（粤曲）、中国摄影之乡、广东省民间文化艺术之乡（摄影、书画、传统龙舟、藤编）、广东省曲艺传承基地、广东省教育强镇、广东诗歌之乡、广东省口哨音乐之乡、广东省乡村治理示范镇。年内，大沥镇获广东省“网球特色镇”称号。全年大沥镇地区生产总值580.39亿元，规模以上工业总产值633.48亿元，规模以上工业增加值127.33亿元，农林牧渔业总产值4.69亿元，社会消费品零售总额273.96亿元。

【里水镇】位于南海区东北部，与广州市白云区、花都区接壤。行政区划面积148.28平方千米，辖24个社区、16个行政村。2021年，常住人口49.45万人，其中户籍人口19.6万人。是国际安全社区、中国香水百合名镇、全国环境优美乡镇、全国文明镇、全国安全社区、全国社区教育示范镇、国家卫生镇、广东省教育强镇、广东省生态示范镇、广东省绿色名镇、广东省宜居城镇、广东省象棋之乡。年内，获评广东省“一村一品、一镇一业”专业镇、广东省象棋之乡、四川省脱贫攻坚先进集体。全年里水镇地区生产总值452.42亿元；工业总产值1313.83亿元，其中规模以上工业产值1242.29亿元；规模以上工业增加值231.60亿元；农林牧渔业总产值22.84亿元；社会消费品零售总额103.92亿元；实际利用外资1862亿元。

（沈　娜）

顺德区

【概况】顺德区位于佛山市东南部，东接广州市，南邻中山市，西南与江门市隔江相望。建县于明景泰三年（1452年），1992年撤县建市，2002年撤市设区。2021年，辖大良、容桂、伦教、勒流4个街道和北滘、陈村、乐从、龙江、杏坛、均安6个镇，有97个社区、108个行政村、1853个村（居）民小组，区政府驻地在大良街道。辖区总面积806.57平方千米。年末总人口354万人，其中户籍人口158万人，流动人口196万人，人口自然增长率6.5‰。

2021年，顺德区耕地面积1119.78公顷，粮食播种面积39.7公顷，粮食产量168吨。林地面积1579.22公顷，森林覆盖率7.5%，活立木蓄积量20.58万立方米。人均公园绿地面积24.8平方米，市域森林覆盖率38.9%，城区绿化覆盖率47.37%。特产有双皮奶、金榜牛乳、大良蹦沙、伦教糕、陈村粉、龙江煎堆、鱼皮角等。顺德区是“世界美食之都”“中国家电之都”“中国燃气具之都”“中国涂料之乡”“中国家具商贸之都”“中国塑料商贸之都”“中国钢铁专业市场示范区”“中国家具电子商务之都”“中国民间文化艺术之乡”“中国书画艺术之乡”“世界盆景赏石园艺博览之都”“中国花卉之都”“中国花木之乡”“中国永春之乡”“中国美食名城”。主要旅游景点有清晖园、宝林寺、逢简水乡、长鹿农庄、顺德博物馆、李小龙乐园、678文化街、华侨城欢乐海岸PLUS等。有非物质文化遗产代表性项目59个，其中国家级4个、省级9个、市级13个、区级33个。

2021年，顺德区实现地区生产总值4064.38亿元。社会用电量232.78亿千瓦时，比上年增长9.77%。全区新增就业28019人；城镇失业人员再就业10150人；就业困难人员实现再就业2312人，失业率2.56%；企业职工基本养老保险

表59　　2021年顺德区国民经济主要指标情况表

指　标	计量单位	绝对值	比上年增长（%）
地区生产总值	亿元	4064.38	8.2
第一产业增加值	亿元	72.66	4.8
第二产业增加值	亿元	2411.33	9.8
工业增加值	亿元	2287.45	9.7
第三产业增加值	亿元	1580.39	6.1
人均地区生产总值	元	124962	7.3
规模以上工业总产值	亿元	9692.68	9.2
农林牧渔业总产值	亿元	135.30	6.6
社会消费品零售总额	亿元	1183.08	7.8
外贸进口总额	亿元	426.0	36.4
外贸出口总额	亿元	2055.5	20.0
实际利用外商直接投资	亿元	10.39	-46.8
地方一般公共预算收入	亿元	274.01	7.6
地方一般公共预算支出	亿元	265.76	2.5
全体居民人均可支配收入	元	67467	9.7
城镇常住居民人均可支配收入	元	67467	9.7

表60　　2020—2021年顺德区社会事业主要指标情况表

指　标	计量单位	2020年	2021年
普通高校	所	5	5
普通高校在校学生	人	26353	26929
中等职业学校和技工学校	所	13	13
中等职业学校和技工学校在校学生	人	28294	30756
普通中学	所	69	71
普通中学在校学生	人	127569	133783
小学	所	147	145
小学在校学生	人	201537	207587
幼儿园	所	351	357
在园幼儿	人	8043	114724
医院、卫生院	家	744	784
医院、卫生院床位	张	11789	12072
公共图书馆	个	11	11
博物馆	个	5	6
国家档案馆	个	1	1

的离退休人员22.3万人，比上年末增加1.8万人；城乡居民基本养老保险符合领取长期待遇的人员9.7万人，减少0.12万人。享受失业保险待遇12.56万人次，享受生育保险津贴1.93万宗，享受工伤伤残津贴210人，享受工伤生活护理费124人。城镇生活污水3.21亿吨，城镇生活垃圾无害化处理率100%。

顺德自古人文昌盛，文化底蕴深厚。顺德是粤曲、粤剧的发源地之一，2007年被评为“中国曲艺之乡”。顺德历史名人、贤才杰士众多。北宋至清末有文状元3人（张镇孙、黄士俊、梁耀枢），武状元1人（朱可贞），文武进士762人，文武举人2397人；有清代诗书画三绝的黎简和画坛怪杰苏仁山，以及李小龙、郑裕彤、罗定邦、梁銶琚等杰出人物。

2021年，顺德区获“2021年度中国营商环境百佳示范县市”“2021年度佛山市经济高质量发展贡献奖第一名”“2021年中国高质量发展十大示范县市”称号，并位居全国高质量发展百强区榜首。

中共顺德区委书记：郭文海（任至4月），刘智勇（4月任职）；区人大常委会主任：冼阳福（任至10月），刘铭恩（11月任职）；区长：王勇（任至10月），区柱明（11月任职）；区政协主席：周文（任至11月），冼阳福（11月任职）；区纪委书记、监委主任：邱建文。

【产业发展】 2021年，顺德区实现地区生产总值4064.38亿元，比上年增长8.2%，全社会固定资产投资增长11.3%。全区新增规模以上企业680家（市下达任务655家），净增规模以上企业564家（市下达任务328家）。

第一产业　2021年，顺德区农业用地面积1.67万公顷，全年全区实现农业总产值131.26亿元，比上年增长0.8%，平均每公顷产值5.23万元。其中：种植业播种面积1.1万公顷，总产值47.1亿元；水产养殖面积0.99万公顷，产值74.03亿元；畜牧业总产值3.3亿元。市级以上农业龙头企业40家。其中国家级2家、省级17家。2021年，顺德区农村集体资产总额212.42亿元，有效资产

10.75万个，可用于交易的有9.02万个，在租资产6.03万个；成交资产1.28万宗，交易合同标的总额41亿元，新增交易全流程上平台率99.94%。农村集体资产总收入47.31亿元，分红总额18.59亿元，人均分红2798元。

第二产业　2021年，顺德区工业总产值11421.6亿元，率先在全国市辖区中突破万亿元。其中规模以上工业增加值2017.8亿元，比上年增长11.6%。智能家电、高端装备制造、珠宝、家具、五金、纺织服装等支柱和特色产业稳定增长，新一代电子信息、智能机器人、新材料、生物医药与健康等新兴产业成长迅速，顺德形成特色鲜明、门类齐全、规模较大的现代工业体系，智能家电与高端装备制造两大支柱产业引领全区产业发展加快转型升级。其中，先进制造业增加值1389.7亿元，比上年增长8.5%，占规模以上工业增加值的比重68.9%。加强骨干企业培育和服务。美的集团加快发展总部经济进程，重新定位智能家居、楼宇科技、工业技术、机器人与自动化、数字化创新五大业务板块，坚持“科技领先、用户直达、数智驱动、全球突破”四大战略主轴，持续进行数字化变革，加大人工智能、云计算、大数据、物联网（IoT）、工业互联网等领域的投入，布局和投资前沿技术。2021年，美的集团凭借“5全5数”（“5全”包括全球用户共创、全球平台群开发、全价值链T+3运营、全球联合管理、全系统632；“5数”包括数智企划、数智研发、数智制造、数智营销、数智服务）智能质量管理模式获第四届中国质量奖，获评福布斯2021年度中国十大工业数字化转型企业，位列《财富》世界500强第二百八十八位，英国金融咨询公司（Brand Finance）全球最有价值科技品牌100强第三十三位。碧桂园集团向高科技综合性企业转型，围绕地产主业，发展机器人、社区服务、现代农业等新兴产业。捕捉各类市场需求，建立建筑机器人+BIM技术（建筑信息模型）+新型装配式建筑的智慧建造体系，推动建筑业的高质量发展；以机器人为载体，构筑覆盖设备生产、食材供应及餐厅运营的智慧餐饮全产业链；以分子育种、智慧农机、无人驾驶控制系统研发和数字农业应用为核心，打造全产业链的大型“无人化”农场。碧桂园集团2021年位居《财富》世界500强第一百三十九位。顺德不同规模、不同行业的企业逐步摸索出适合自身发展的模式，形成各具特色的转型路径，数字化应用优势明显。龙头企业在数字经济发展上不断先行示范，获得一系列全国性和全省性的重量级荣誉，顺德在数字化标杆示范方面走在全市乃至全省前列。美的微波炉顺德工厂成为广东省第三个、佛山市第一个世界经济论坛“灯塔工厂”；美的洗涤入选工信部“5G+工业互联网”重点行业实践案例；美的集团获评福布斯2021年度中国十大工业数字化转型企业；美云智数获评福布斯2021年度中国十大工业互联网企业；美的制冷入选2021年度国家智能制造试点示范工厂揭榜单位；伊之密精密入选2021年度国家智能制造优秀场景名单；4个顺德项目（伊之密、联塑、万家乐、美的制冷）被认定为广东省工业互联网标杆示范项目，数量占全市的2/3。

第三产业　2021年，顺德区批发和零售业增加值249.14亿元，比上年增长10.4%，占服务业增加值15.8%；顺德区社会消费品零售总额1183.08亿元，比上年增长7.8%。商品供应充足，重要商品没有出现断档脱销情况，居民消费价格指数（CPI）累计上涨1.2%。其中，消费品价格上涨1.3%，食品烟酒类价格下降0.2%，非食品价格上涨1.6%，服务价格上涨1%，工业品价格上涨2.8%。顺德区集中力量打造“全球美食之都”超级城市IP。截至2021年12月，顺德区餐饮服务单位超3万家，比上年增长34.76%；餐饮业营业额92.22亿元，增长20.1%；新增入库限额以上餐饮企业56家，累计在库餐饮企业164家。全区共有36家餐饮店获评“中华餐饮名店”；18家餐饮店获评“食在广东”钻石名店；东灶鱼头、德和信餐饮获评“中国餐饮百强企业”；顺德渔村、味可道美食坊等9家餐饮店获评“广东省粤菜名店”；50家餐饮店获评“佛山市粤菜名店”，并拥有45位“中国烹饪大师”和27位“中国烹饪名师”。顺德华侨城欢乐海岸曲水湾美食街、容桂渔人码头均获评“广东粤菜美食街（城）”“佛山市市级美食集聚区”。年内，顺德区推动大良新城片区商圈扩容提质，新增两大商业综合体——顺德大良保利广场、顺德美的万达广场。至年底，华侨城欢乐海岸PLUS成功获评省级、市级示范特色商圈，容桂渔人码头入选市级示范特色商圈。

【全面深化改革】　2021年，顺德区围绕建设广东省高质量发展体制机制改革创新实验区（简称“实验区”），打造新时

2021年，顺德区华侨城欢乐海岸PLUS获评省级、市级示范特色商圈。图为华侨城欢乐海岸PLUS夜景
（顺德区　供图）

代广东省贯彻落实新发展理念实验区的部署要求，在贯彻新发展理念推动体制机制创新的重点领域和关键环节取得突破。

改革创新实验区建设审计　2021年4月27日，顺德区审计组对顺德2020年改革创新实验区建设情况开展专项审计。印发《顺德区配合省审计工作方案》，负责省市审计组进驻期间协调、反馈和服务保障，统筹全区各级各部门做好审计组调阅相关资料文件的收集、整理和报送工作，加强审计资料归口管理。发出64份审计资料需求，统筹全区各级各部门向审计组提供资料728份，并按照实验区专项审计调查报告要求，督促相关单位落实整改，并形成专项审计调查报告、整改落实情况报告，按要求反馈至审计组。

新一轮区镇事权改革　2021年，顺德区委改革办建立区镇事权改革“回头看”机制，对权责清单实行定期梳理调整。6月和9月，相继向区属相关部门及镇（街道）下发《关于报送区镇事权改革阶段性工作情况的通知》，对该项工作开展定期“回头看”，跟进落实情况及存在问题，提出意见建议，确保基层在承接事权过程中“接得住、用得好”。

新一轮农村综合改革　2021年，顺德区委改革办探索改革农村股权固化政策，在全面总结第二批全国农村集体产权制度改革试点经验基础上，完善《关于进一步完善顺德区农村股份合作经济社股权管理的指导意见》及其配套文件，以“大稳定、小调整、稳中求进”为基调，逐步解决农村股权固化中存在的问题。

基层劳动监察执法改革　2021年，顺德区委改革办做好基层劳动监察执法改革工作，深入各镇（街道）调研并结合部门报送的书面总结材料，形成《关于推动劳动监察执法改革的汇报》，介绍10个镇（街道）劳动监察执法现状、机构设置等情况、分析纳入综合执法部门的利弊分析，提出劳动监察执法下一步的工作成效和思路做法，得到区委主要领导批示。

消防工作体制机制创新改革　2021年，顺德区委改革办根据佛山市委全面深化改革委员会第七次会议精神和《佛山市消防救援机构、镇政府（街道办事处）关于消防工作“共管共治”和消防队伍“共管共建”改革实施方案》要求，召集区属有关单位、10个镇（街道）开展座谈，并到三水区云东海街道学习先进经验，全面了解顺德区消防工作组织体系及运行机制，系统查摆基层消防体制存在的问题。起草《顺德区基层消防体制改革工作调研报告》，该报告通过探索推动镇（街道）消防安全委员会提档升级，理顺消安委办、消防救援所、专职消防队三者关系，明确消防救援所在镇（街道）消防工作中的主体地位，构建以消防救援所为中心，从顶层设计理顺组织架构。

公有检验检测机构资源整合改革　2021年，顺德区委改革办组织区农业农村局、区卫生健康局、区市场监督管理局、广东质检院顺德基地等部门和10个镇（街道）开展检验检测机构资源整合调研，梳理区检验检测机构现状，查摆存在的问题难点，提出下阶段改革建议。形成《顺德区公有检验检测机构资源整合调研报告》，整合区有关单位实验室检测功能，以优化资源配置，避免政府重复投入，全面提升公共检验检测的能力，探索可行路径。

优化镇（街道）土地发展中心体制机制改革　2021年，顺德区委改革办组织市自然资源局顺德分局、区土地储备发展中心和10个镇（街道）土地发展中心座谈，形成《关于优化镇（街道）土地发展中心体制机制调研报告》及实施方案，以推进完善土地储备管理领域治理体系和治理能力为导向，紧盯土地管理突出问题，按照“管住”“管好”土地资源的总体要求，聚焦基层土地发展中心体制机制难点痛点，多措并举、多方协作，构建全方位多层次的土地管理体系。

【创新驱动发展】　2021年，顺德区推动发展改革事业高质量发展。年内，顺德区位列2020城市市辖区高质量发展100强榜榜首，实现连续10年位居全国高质量发展和综合实力百强区第一。

发展规划编制　2021年，顺德区人民政府印发《佛山市顺德区国民经济和社会发展第十四个五年规划和2035年远景目标纲要》（简称《顺德“十四五”规划纲要》）。《顺德“十四五”规划纲要》提出11个重点任务，涉及38项重大建设项目。顺德区“十四五”规划体系还包括24个专项规划、2个区域规划及国土空间总体规划。

优化营商环境　2021年，顺德区把打造一流营商环境作为“一号改革工程”，9月印发《顺德区打造一流营商环境行动方案》，深入推进优化营商环境“四个一流工程”（打造一流政务服务和

2021年9月19日，顺德区保利国际金融中心为顺德人才日亮灯

（珠江商报社　供图）

政策环境、营造一流市场环境、实施一流人才政策、弘扬一流顺商精神），督促相关部门落实。在打造一流政务服务和政策环境上，顺德在全省率先上线“i惠退”智能服务平台和创新推出“退税保”项目。上线不动产登记网上系统，已完成22项登记业务“网上申办”，全区范围内开设186个“不动产登记便民服务窗口”，业务办理全面提速。截至2021年底，顺德区各部门累计出台优化营商环境的政策文件60余份，涵盖招商引资、增资扩产、技术改造、企业融资、税费减免、人才、企业上市等各个方面。全力打造无证明办事之城，推进企业开办“零成本，一次办好，领照即开业”。首创全省“一照通”，推进“证照联办”，打造“四位一体”智能办照模式，自助办事率居五区之首。扎实推进社会信用体系建设，加强信用大数据归集与应用，构建以信用为基础的新型监管机制。通过“粤信融”“银税互动”“信易贷”平台实现全区信用融资167.86亿元，惠及企业近5000家。为引进全国更多优秀人才，实施“919人才工程”“顺峰人才计划”，打出9张人才服务王牌，为全区各类人才提供住房、教育、卫生等全方位保障。引导128家顺德知名企事业单位推出3000多个优质岗位，吸引多所高校2021届优秀毕业生进场洽谈。

粤港澳大湾区建设　2021年2月，佛山顺德粤港澳协同发展合作区被广东省政府纳入全省大湾区建设重点平台。顺德区印发《佛山顺德粤港澳协同发展合作区“十四五”总体发展规划》。国家市场监管重点实验室、中国检验检测学会科技服务（广东）站、外语服务产业学院等相继进驻。打造3个顺德港澳城港澳青年双创基地（新能源汽车小镇、顺科置业大厦、拔萃科技大厦），港澳企业聚集效应逐步呈现。顺德港澳城港澳台交流促进中心接待港澳青年1600人次；第一批港澳青年创新创业补贴发放金额17万元；港澳台个人住房信息查询等6项顺德政务服务通过“湾区通办”平台接入澳门自助智能终端服务系统，实现顺澳两地跨境远程办。举办第一届创业顺德港澳专场活动，港澳参赛团队35个，其中7个优质项目落户佛山顺德粤港澳协同发展合作区。粤港澳大湾区旅游教育培训基地（顺德合作中心）在顺德职业技术学院揭牌成立；由顺德职业技术学院和香港国际语文集团合作共建的外语服务产业学院正式揭牌，开展特色化人才培养和社会服务。粤港澳大湾区创新发明协会顺德站、澳门葡语系国家地区酒类及食品展示展销中心揭牌；第三届“滋味湾区”青少年美食文化大赛、港澳青年顺德行等品牌活动如期举行，吸引港澳青年参与互动交流逾2200人次。

区域协同发展　2021年，顺德区深入贯彻落实市委、市政府关于加快广佛全域同城化部署要求，推进广佛全域同城化建设，主动加强与深圳的对接合作，在区域协同发展中取得新突破。在规划引领重点事项方面，顺德区联合广州市南沙区发改局启动《“1+4”广佛高质量发展融合试验区（南沙－顺德）十四五发展规划》编制工作，于12月正式印发；配合广佛两市自然资源部门联合印发《“1+4”广佛高质量发展融合试验区建设总体规划》；协调三龙湾跟进《广佛高质量发展融合试验区先导区建设方案研究》编制。在基础设施方面，广州市轨道交通7号线一期工程西延顺德段完成试运行；南沙港铁路项目顺德段增设均安客运站主体结构已封顶；中山东部外环高速北延线工程完成前期工作并移交中山市；加快推进容桂外环路对接中山东部外环高速联通深中通道；广州港集团与顺德内河港口完成“湾区一港通”对接，启动“粤港澳大湾区组合港”，开通韩国直航并与深圳结成组合港。在产业合作方面，主动对接深圳优质产业资源，成立驻深圳招商中心；组织开展南番顺旅游联盟“绿色发展、美好生活”主题活动，巩固联盟宣传推广体系，彰显区域旅游品牌效应。社会事业方面，广州中医药大学顺德医院与广州中医药大学、澳门科技大学签署“第三届粤港澳大湾区中医药传承创新发展大会合作项目”协议，分别与南沙、番禺达成相关医疗机构检验结果互认，顺德区二级以上有住院业务的医疗机构均完成异地住院医保直接结算联网工作。优化水资源跨区域使用利益协调机制，按照1∶1比例共同承担南洲水厂广佛跨界及共用饮用水水源保护区建设项目的清理补偿评估费用。

乡村振兴　2021年，顺德区推动“五大美丽”（美丽家园、美丽园区、美丽田园、美丽河湖、美丽廊道）、“五大振兴”（产业振兴、人才振兴、文化振兴、生态振兴、组织振兴），加快推进农业农村高质量发展，乡村振兴工作取得明显成效。北滘镇黄龙村获第二批全国乡村治理示范村；乐从镇沙边村获“2021中国最美村镇”称号；勒流街道龙眼村入选第二批广东省文化和旅游特色村；杏坛镇在第二届《乡村振兴大擂台》中获“全省六强镇”“网络人气奖”“爱心企业奖”称号；“百里芳华”乡村振兴示范带（顺德）精华段南岸碧道主线建设获“佛山之治”系列榜单发布会“为群众办实事”2021年度先进示范案例。3月，顺德区新阶段东西部协作从四川省凉山州雷波、美姑、金阳3个县调整为贵州省黔东南州雷山、台江、剑河、三穗4个县，按照“当地所需、顺德所能”的原则，全方位开展结对协作帮扶。6月，顺德区乡村振兴驻镇帮镇扶村组团结对帮扶云浮市新兴，肇庆市广宁、怀集3个县，结对帮扶14个重点帮扶镇（包括市直协作帮扶3个镇），实施组团结对帮扶，全面推进乡村振兴。

智能机器人产业　顺德机器人产业处于起步阶段，2021年实现增加值7.4亿元，比上年增长47.2%；工业机器人产量2.1万台，占全国超5%。顺德智能机器人产业拥有从关键零部件到本地制造、系统集成与应用的完备产业链，是华南地区机器人集成系统解决方案的重要集聚地。区内机器人企业主要分布在北滘、陈村、杏坛、大良等镇（街道），从事机器人生产或配套的相关企业约80家，拥有嘉腾、隆深、博智林等一批细分领域本土龙头企业，拥有库卡、川崎等世界机器人巨头，拥有盈合、大族等机器人骨干企业。2021年，库卡顺德园区机器人产量近1.8万台，数量位居华南地区第一。

新材料产业　2021年，顺德新材料产业实现增加值178.4亿元，比上年增长13.3%。区内新材料产业主要集中在塑料和涂料两大类别，主要包括工程塑料、功能薄膜、先进涂料、专用化学品、光电材料等领域，其中规模以上企业442家，聚集联塑等龙头企业，美涂士、德美化工、阿格蕾雅、巴德富等知名企业，以及莱尔科技、顺炎新材等细分行业“隐形冠军”企业。顺德是全国最大的塑料生产加工基地之一，杏坛是中国塑料重镇，是国内最大的保护膜生产基地，拥有薄膜及相关企业近100家；龙江镇是中国塑料建材产业之都；乐从镇是中国塑料商贸之都。顺德是“中国涂料之乡”，是全国最大、产品最先进的涂料生产基地之一，有涂料企业约150家，其中家具涂料约占50%，建筑涂料约占40%。

【顺德区村级工业园改造成果】 2021年，顺德区“村改总攻”（“村改”指村级工业园改造）面积1946.67公顷“应改尽改”任务于5月16日提前完成，年内，顺德村级工业园改造拆除面积2310.47公顷、复垦复绿面积143.16公顷、新建建筑面积476.99万平方米，检查封停整改落后风险企业2.09万家次。至年底，顺德区2018年提出的村级工业园改造方案中经表决、批准的土地面积7500公顷“应改尽改”任务完成。村级工业园改造为顺德区的建设持续释放发展红利、增强发展动力，279个村级工业园改造项目吸引知名企业投资，其中，落地建设项目及签约（待落地）的投资项目231个，占地面积1580公顷，投资额2374亿元；在谈项目48个，占地面积1320公顷，意向投资额约216亿元。

【顺德区“以水兴城”战略开始实施】 2021年10月28日，中共佛山市委常委、顺德区委书记刘智勇在中国共产党佛山市顺德区第十四次代表大会上所作的报告中指出，坚持以水美城、以水兴城，重塑水韵凤城魅力，打造美丽中国标杆。包括开展水环境治理大会战，实现水清岸绿、长治久清；以水为脉开展城市重塑，实现以水美城、水城共融，做好以水兴城这篇大文章，打造水韵凤城、魅力水乡；以水环境大提升为契机，践行绿色发展、低碳环保。12月19日，顺德区以水兴城建设指挥部和顺德区以水兴城办公室成立，指挥部由刘智勇，区委副书记、区长区柱明担任总指挥，副区长黄志捷担任以水兴城办公室主任，办公室下设工作组6个，实现决策扁平化、运作高效化、人员专业化，统筹推进全区以水兴城工作。以水兴城建设指挥部和以水兴城办公室的成立，标志着顺德区“以水兴城”战略的全面开启。

【学位宿位建设】 2021年，顺德区加快建设学位宿位，纳入民生实事学位宿位建设项目任务8个，任务内新增义务教育优质学位不少于10000个、宿位不少于8000个。截至年底，8所学校的新改扩建工程项目中有7所竣工，实现新增学位10560个、宿位8074个，完成年度目标任务。

【社区养老服务提升】 2021年，顺德区完成资助社区养老服务中心完善提升软硬件的目标任务，投入约1500万元资助扶持24家社区养老服务中心完善提升软硬件设施，让更多长者在家门口享受高品质养老服务。其中，资助17家社区养老服务中心完善提升服务运营；资助17家社区养老服务中心完善提升设施建设（同时享受设施建设和服务运营完善提升资助的社区养老服务中心有10家）。

【媒体持续关注顺德】 2021年，顺德区在全网各媒体（不含区内）平台刊发相关报道2.64万篇，其中央媒报道175篇，省媒2650篇。人民日报客户端、《中国青年报》先后推出《顺德全力建设高质量发展先行示范区》主题报道；央视《新闻联播》报道国务院总理李克强在广东考察的顺德行程，推出《新征程开局“十四五”》关注顺德机器人产业发展栏目；新闻频道对蝴蝶兰产业作专题报道，讲述陈村蝴蝶兰生产培育及产业发展；经济频道将镜头对准联塑数字化智能化示范工厂项目，探究实现高质量发展的企业经验；《中国三农报道》推出《丰收节粤字号》节目，聚焦顺德鱼生文化；《经济日报》推出报道《选择“十有顺德”共创美好未来》。

【伦教糕获批为顺德地理标志保护产品】 2021年，国家知识产权局发布《国家知识产权局关于批准桐城水芹等3个产品实施地理标志产品保护的公告（第424号）》，“伦教糕”正式获批为地理标志保护产品，是继“香云纱”之后，伦教街道获得的又一项地理标志保护产品，也是顺德区的第二项地理标志保护产品。

【广东顺控发展股份有限公司挂牌上市】 2021年3月8日，广东顺控发展股份有限公司（简称“顺控集团”）在深交所

2021年3月8日，广东顺控发展股份有限公司在深交所上市，成为顺德区首家上市的国有控股企业。图为嘉宾在敲钟仪式后合影　　（周焯杰　摄）

挂牌上市，成为顺德区首家上市的国有控股企业。顺控集团于2010年12月1日挂牌成立，注册资本30亿元，企业信用等级AAA，实行“1+4”（“1”指集团战略管控，“4”指四大业务板块，即公用事业、城市综合开发、产业投资、建设投资业务板块）管控模式。

【顺德自然科学馆启用】 2021年8月24日，顺德自然科学馆向公众免费开放。该馆建筑面积6900平方米，展览面积2500平方米，有各类自然标本3000多件，包括矿物岩石标本、寒武纪澄江生物群化石、新近纪哺乳动物化石等；设有“地球奥秘厅”“生命轨迹厅”“化石挖掘体验厅”，以及临展厅、文创产品展示区、多功能室等多个场室，是一个集收藏、展示、科普教育三大功能于一体的综合展馆。截至年底，接待市民3.6万人次，开展科普活动48场次。

【中法设计产业合作（顺德）中心开业】 2021年9月30日，中法设计产业合作（顺德）中心在北滘镇广东工业设计城开业，是中法两国首个设计领域产业合作平台。该中心是由顺德区经济促进局、北滘镇政府、圣埃蒂安市授权企业三方签约建设的设计产业合作平台。截至年底，该中心与罗浮宫集团、广东省广告集团、顺德金宇投资控股、北京幸福道、辽宁福德汇餐饮集团等企业开展业务对接和商业合作。

【第十七届中国（佛山）机械装备展览会】 2021年10月20—23日在顺联国际博览中心举行。展览会由中国机械工业联合会主办、顺德区顺联机械城有限公司承办，集中展示金属加工机械、自动化设备、模具五金、零附件及耗材、工量刃具、3D打印六大板块的产品，超250家装备制造及其上下游配套企业参展，展出面积1.5万平方米。

【华南环境科技产业园暨金谷产业园动工】 2021年11月5日，位于勒流街道中部产业组团核心区的华南环境科技产业园暨金谷产业园动工，两大产业园均由东域公司规划建设和运营。华南环境科技产业园作为顺德首个采取“一二级联动+空间置换整合”改造模式的项目，占地面积72.87公顷，建筑面积260万平方米，以智能家电、环保科技等新兴产业为导向，突出科技创新、智能智造和全产业链继承，致力实现勒流家电智能化、生产智慧化，环保产业化、产业环保化。金谷产业园位于勒流港口路西华工业区，总建筑面积51万平方米，以五金智造产业为主导，打造成五金智造生产、研发基地。

【大良街道】 大良街道别称凤城，是顺德区政府所在地，历来为顺德的政治、文化、教育、商贸中心，地处顺德的中部偏东，连接广州，水陆交通四通八达，顺德客运总站和顺德港坐落其中，105国道、太澳高速、广珠轻轨等穿越境内。2021年，大良辖区面积80.29平方千米，建成区面积36.9平方千米，辖19个社区和2个行政村。常住人口51.9万人，其中户籍人口29.13万人。大良文化底蕴深厚，内有清晖园、宝林寺、西山庙等名胜古迹，有广绣、粤曲、鱼灯、咸水歌等非遗项目，素享“食在广州，厨出凤城”的美誉，是“中华餐饮名镇”。全年大良街道实现地区生产总值643.8亿元，一、二、三产业占比为0.06 ∶ 32.12 ∶ 67.82，实现规模以上工业产值575.7亿元；限额以上批发和零售贸易业销售额422.55亿元；限额以上住宿餐饮业销售额6.53亿元；全社会固定资产投资243.06亿元，其中工业投资46.96亿元；工商税收136.32亿元。

【容桂街道】 容桂街道位于顺德区南部，毗邻港澳，与广州南沙自贸区隔江相望，处于珠江东西两岸交汇点、粤港澳大湾区的核心区域，地理位置优越，水陆交通便利，105国道、广珠西线高速、广珠城际轨道、伦桂路、红旗路等重要交通干线贯穿而过。2021年，辖区面积80平方千米，辖23个社区，3个行政村，常住人口57.36万人，其中户籍人口25.84万人。容桂街道先后获“全国文明单位”“中国品牌名镇”“国家卫生镇”“全国精神文明建设工作先进单位”“中华美食名镇”等称号。容桂拥有海信家电、万和新电气、国盛金控、顺威股份、伊之密、德美化工、科顺防水、富信科技等8家上市公司，1家中国香港上市公司（万成金属）以及1家新三板挂牌企业（乐美智家）。形成以智能家电、信息电子、机械模具、化工涂料、医药保健为主的五大支柱产业体系，着力发展集成电路、人工智能以及新材料等新兴产业。全年实现规模以上工业总产值1058.32亿元，比上年增长15.5%；全社会固定资产投资161.22亿元，增长11.03%，其中工业投资41.87亿元，增长3.95%；限额以上批发零售和住宿餐饮业销售额333.56亿元，增长7.85%。

【伦教街道】 伦教街道素有“伦常之教”美誉，是顺德中心城区的重要组成部分，地处粤港澳大湾区核心地段，与广州番禺和南沙自贸区均一水之隔，总面积59.21平方千米。2021年，常住人口24万人，辖2个社区、8个行政村，是中国木工机械重镇和玻璃机械重镇。因明朝时被朝廷赐予“伦常之教”牌匾而得名“伦教”。伦教名人辈出，有南宋状元、抗元名将张镇孙，清朝史学家、文学家梁廷枏，粤剧名伶千里驹；历史名迹有梁廷枏故居、清末顺德首富何鸣石宅院鸣石花园、粤剧名伶千里驹故居等；有国家级非物质文化遗产香云纱；当地美食有伦教糕、羊额烧鹅等。是“中国珠宝玉石首饰特色产业基地”“中国木工机械重镇”“中国木工机械先进制造和国际贸易创新示范区”“中国玻璃机械重镇”“国家级生态乡镇”“广东省教育强镇”等。全年伦教街道完成规模以上工业企业产值654.72亿元，比上年增长13.82%；实现全社会固定资产投资66.59亿元，其中工业投资16.77亿元，增长21.59%；限额以上批发和零售业销售额93.06亿元，增长2.64%；限额以上住宿和餐饮业营业额0.75亿元，增长27.02%。

【勒流街道】 勒流街道地处顺德中部，毗邻7个镇（街道），处在连通区内各镇（街道）的关键位置，广州绕城高速、广佛珠江高速、325国道（龙洲公路）、南国路、伦桂路等交通要道在此交汇。勒流是著名的岭南鱼米之乡和厨师之乡，先后获“国家卫生镇”“广东省

2021年1月15日，养殖工人在顺德区勒流街道稔海村菊花湾鳗鱼养殖基地捕捞鳗鱼
（顺德区　供图）

民间艺术之乡”“广东省文明镇”“广东省教育强镇”“广东省生态乡镇”“广东省技术创新专业镇”等称号。2021年，辖区总面积90.78平方千米，辖5个社区、17个行政村。2021年末常住人口33.92万人，户籍人口13.08万人。2021年，勒流街道实现地区生产总值387亿元，比上年增长8.1%，一、二、三产业占比为2.7 ：67.16 ：30.14；规模以上工业企业产值777.18亿元，增长15%；限额以上批发和零售业、住宿和餐饮业营业额83.47亿元，增长33.48%；全社会固定资产投资52.68亿元，下降12.03%；工业总用电量18.34亿千瓦时，增长13.35%；完成税收34.94亿元，增长17.52%。

【陈村镇】 陈村镇素有“中国花卉第一镇”“千年花乡”的美誉，自古就是商贾云集之地，历史上曾与广州、佛山、东莞石龙镇合称“广东四大名镇”。陈村镇是《三字经》作者区适子、清代作家黎简和现代雕塑艺术家梁明诚的故乡。2021年，陈村镇区域面积50.7平方千米，常住人口22.88万人，户籍人口10.62万人，辖8个社区、7个行政村。陈村镇规模以上工业总产值543.24亿元，比上年增长12.8%；限额以上批发和零售业销售额313.47亿元，比上年增长34.91%；限额以上住宿餐饮业营业额2.21亿元，比上年增长31.4%；全社会固定资产投资额104.71亿元，比上年增长59.96%；工业投资额11.17亿元，比上年增长3.74%；工业技术改造投资额6.91亿元。

【北滘镇】 北滘古称“百滘”，意为“百河交错、水网密集”，位于广州主城区、佛山新城、顺德主城区三城交汇处，总面积92平方千米。2021年，辖10个社区、10个行政村。常住人口38.7万人，其中户籍人口17.1万人。位列2021年度全国综合实力千强镇第六位，获“中国第一批特色小镇”“全国重点镇”“国家卫生镇”“国家生态乡镇”“全国安全社区”“全国美丽宜居小镇”“中国最佳管理实践智慧小镇200强”等称号。广珠城际轨道在北滘镇设有2个站点，广州地铁7号延长线、佛山地铁3号线首通段全线通车，规划建设中的佛山地铁11号线和广佛环线城际轨道横穿北滘。北滘镇拥有广东省第一个镇级二类口岸——北滘港，年吞吐量59.6万标箱，货运可直达国内主要港口，产品可直接出口世界各地。全年北滘镇实现地区生产总值1373.42亿元，比上年增长8%，规模以上工业总产值4269.33亿元，增长9.8%；全社会固定资产投资243.95亿元，增长55.8%；限上贸易住宿餐饮业营业额384.27亿元，增长18.2%。税收164.45亿元，年末城乡居民存款余额435.18亿元。全镇供电量33.42亿千瓦时，增长6.7%。

【乐从镇】 乐从镇位于顺德西北部，区域面积78平方千米，区域优势得天独厚，属佛山市中心城区，是佛山新城所在地，也是两大国家级对外合作平台中德工业服务区、中欧城镇化合作示范区的核心区所在地。2021年，乐从镇辖6个社区、19个行政村，常住人口38万人，户籍人口14.9万人。乐从镇是全国知名商贸强镇，拥有全球最大家具市场、全国最大钢材贸易市场、华南地区最大的塑料贸易市场，是“中国家居商贸与创新之都”“中国钢铁专业市场示范区”“中国塑料商贸之都”。乐从镇多家制造业、服务业企业成为国内专业领域翘楚、“隐形冠军”。布局发展生物医药产业，中国科学院、国家级重大专项团队及与暨南大学共建的佛山病原微生物研究院等重大科研平台相继落户，超千亩主题产业园顺德（乐从）生物医药产业园加快建设，着力打造区域经济增长新引擎。全年乐从镇实现地区生产总值264.67亿元，比上年增长14%；贸易业销售收入1371.1亿元，增长35.7%；规模以上工业产值106.55亿元，增长13.9%。

【龙江镇】 龙江镇位于顺德西部，是全国重点镇、广东省中心镇，也是珠江三角洲中心和佛山城市组团之一。2021年，辖区面积73.8平方千米，辖10个社区，13个行政村。常住人口约34万，其中户籍人口近11万人。龙江是“中国家具设计与制造重镇”“中国家具材料之都”“中国塑料建材产业之都”“中国家具电子商务之都”，先后获“国家卫生镇”“国家级生态乡镇”“轻工业先进产业集群”“广东省技术创新专业镇”“广东省知识产权试点区域”“广东省教育强镇”“广东省历史文化名镇”“国家电子商务示范基地”“省森林小镇”“佛山家居名镇”等称号，获批“国家市场采购贸易方式试点”“城乡融合发展省级中心镇”。全年全镇规模以上工业产值650.44亿元，比上年增长21%，税收收入23.8亿元。

【杏坛镇】 杏坛，以孔子讲学的杏坛之说命名，位于顺德西南部，水陆交通四通八达，江顺大桥，顺德新港坐落其中，佛山一环高速公路南延线、南二环高速公路、高富路等使杏坛与珠三角实现快速对接。2021年，辖区总面积122平方千米，辖6个社区，24个行政村。常住人口24.1万人，户籍人口14.5万人，流动人口9.6万人。杏坛文化氛围浓郁，拥有“龙舟说唱”“人龙舞”“八音锣鼓”3项国家级非物质文化遗产代表性项目，是珠江三角洲知名水乡，逢简景区全年接待游客达82万人次。全年杏坛镇实现地区生产总值292.7亿元，比上年增长8.5%；规模以上工业总产值753.91亿元，增长14.32%，排名全区第四；工业投资57.45亿元，增长8.9%，排名全区第一；税收23.7亿元，增长15.7%；工业用电量21.88亿千瓦时，增长22.51%，增速排名全区第一。

【均安镇】 均安镇地处珠三角腹地，是顺德西南片区门户，是佛山与中山、江门两市的交汇点。2021年，辖区面积80.13平方千米，辖8个社区、5个行政村。常住人口17.41万人，其中户籍人口9.95万人，流动人口7.46万人，旅居港澳台乡亲和海外华侨4万多人。均安镇保持着珠三角地区罕有的原生态环境，相继被评为“国家级生态乡镇”“广东省生态示范镇”“广东省级旅游度假区”；是国际武打巨星李小龙的故乡，过往曾催生了清代探花李文田、父子翰林胡杰与胡亦常以及粤剧名人李海泉、罗家树、罗家权、罗家宝等大批俊彦之士，当代又孕育出蝉联全国农运会六连冠的均安女篮。有李小龙乐园、李小龙祖居、冰玉堂、奎福古寺等名胜古迹，有鱼饼、拆鱼羹、蒸猪、烧猪等四大名菜，是“中国曲艺之乡”“全国亿万农民健身活动先进镇”“中国牛仔服装名镇”“中国民间文化艺术之乡”“广东省曲艺人才培训基地”“广东省摄影家协会创作基地”“国家卫生镇”“全国优秀家长学校实验区”“广东省教育强镇”“广东省依法治省工作先进单位”“广东名镇”“全国亿万农民健康促进行动广东省示范镇”。全年均安镇地区生产总值221.87亿元，比上年增长7.5%。工农业总产值450.74亿元，增长10.21%，规模以上工业产值303.26亿元，增长13.84%；限额以上批发零售销售额13.6亿元，增长1%；固定资产投资46.68亿元，增长11.81%。三大产业比例：3.04 ∶ 64.14 ∶ 32.82。

（罗敏芝）

高明区

【概况】 高明区位于佛山市西部、西江西岸，与南海、三水及肇庆高要、云浮新兴、江门鹤山相邻。高明得名于西汉元鼎六年（公元前111年）汉武帝置兵的高明寨，先后属南海郡、苍梧郡辖地，明成化十一年（1475年）设高明县，1981年恢复县建制并划归佛山地区管辖，1994年撤县设市，2002年撤市建区。2021年，辖荷城街道、杨和镇、明城镇、更合镇等4个镇（街道），有23个社区、54个行政村、665个村（居）民小组，区政府驻荷城街道。辖区总面积937.81平方千米。年末户籍人口33.67万人、常住人口47.20万人。人口自然增长率4.24‰。祖籍高明的海外华人、华侨2万人，台港澳同胞8万人。

2021年，高明区耕地面积0.69万公顷，粮食播种面积0.67万公顷，粮食产量3.53万吨。林地面积4.63万公顷，森林覆盖率51.58%，活立木蓄积量0.03亿立方米。人均公园绿地面积25平方米。重要物产资源有煤、银、锰、铅、锌、稀土。土特产有合水粉葛、合水生姜、三洲黑鹅、富硒大米等，是全国首批国家农产品质量安全县、第三批国家生态文明建设示范市县、2020中国食品安全百佳县市。主要旅游景点有AAAA级景区广东盈香生态园和皂幕山旅游风景区，AAA级景区海天·娅米的阳光城堡，以及广东云勇国家森林公园、美的鹭湖森林度假区、泰康山生态旅游度假区、小洞村、明阳村。主要传统民俗活动有“角仔节”“塘肚行神”“扒龙舟”“濑粉节”“花灯节”等。

高明人文荟萃，素有“文风甲端郡”“硕彦辈出”的美誉，拥有古椰贝丘遗址、唐代龙窑遗址、灵龟塔等54处各级文物保护单位，有高明花鼓调、高

表61　**2021年高明区国民经济主要指标情况表**

指　标	单　位	绝对值	比上年增长（%）
地区生产总值	亿元	977.10	7.0
第一产业增加值	亿元	32.41	10.1
第二产业增加值	亿元	728.78	6.3
工业增加值	亿元	701.61	6.0
第三产业增加值	亿元	215.91	9.0
人均地区生产总值	元	207651	6.5
规模以上工业总产值	亿元	3685.83	2.8
农林牧渔业总产值	亿元	59.45	-4.4
社会消费品零售总额	亿元	130.72	5.2
外贸进口总额	亿元	22.2	25.4
外贸出口总额	亿元	247.6	24.3
实际利用外商直接投资	亿元	4.36	24.0
地方一般公共预算收入	亿元	45.81	5.27
地方一般公共预算支出	亿元	60.63	21.04
全体居民人均可支配收入	元	42933	9.8
城镇居民人均可支配收入	元	44231	9.5
农村居民人均可支配收入	元	32291	11.9

表62　2020—2021年高明区社会事业主要指标情况表

指　标	单　位	2020年	2021年
普通高校	所	1	1
普通高校在校学生	万人	1.74	1.98
中等职业学校和技工学校	所	2	2
中等职业学校和技工学校在校学生	万人	0.55	0.65
普通中学	所	13	14
普通中学在校学生	万人	2.06	2.25
小学	所	23	23
小学在校学生	万人	3.73	3.87
幼儿园	所	45	48
在园幼儿	万人	1.74	1.92
医院、卫生院	家	14	15
医院、卫生院床位	张	1886	1918
群众艺术馆、文化馆	个	5	5
公共图书馆	个	5	5
博物馆	个	2	3
国家档案馆	个	1	1

明濑粉、高明花灯、扎狮等高明特色非物质文化遗产。历史文化名人有明代岭南诗坛领袖区大相，广东象牙微雕艺术奠基人冯公侠，著名数学家和教育家何衍璇，中国近代第一报人梁发，民主革命先驱谭平山、谭植棠、谭天度等。高明红色基因深厚，是广东革命老区之一，拥有丰富的革命文化资源，建有高明区红色廉政文化教育基地、谭平山故居、三谭革命事迹展览馆、中国人民解放军粤中纵队纪念馆等红色文化场馆。

2021年，高明区实现地区生产总值977.10亿元。社会用电量56.26亿千瓦时。全年科学技术财政投入0.56亿元（科技三项费用），比上年下降88.21%；教育事业财政投入9.3亿元，增长3.45%；文化体育与传媒财政投入3819万元，增长28.98%；医疗卫生与计划生育财政投入5.40亿元，增长1.31%。年末从业人员15.08万人，城镇登记失业人员1299人，城镇登记失业率2.45%。全年接收社会化管理退休人员0.13万人，在册管理的社会化退休人员有3.86万人。领取城镇职工基本养老金退休人员3.86万人，发放失业保险待遇2.8万人次，发放工伤保险待遇3954人次。城镇生活污水集中处理率97.87%，城镇生活垃圾无害化处理率100%。2021年，中共佛山市高明区委员会获“广东省乡村振兴先进集体”称号。高明区在2020年度广东省推进乡村振兴战略实绩考核中被评价为“优秀”等次。佛山市高明区更合镇小洞村入选全国村级议事协商创新实验试点单位。

中共高明区委书记：杨永泰（1月任职）；区人大常委会主任：罗雄（任至11月），谭应佳（11月任职）；区长：梁耀斌（任至10月），姜岳新（11月任职）；区政协主席：黄棋泰（任至11月），陈伟锋（11月任职）；区纪委书记、监委主任：蔡国富（任至10月），徐睿（10月任区纪委书记、11月任区监委主任）。

【产业发展】 2021年，高明区实现地区生产总值977.10亿元，比上年增长7.0%；其中，第一产业增加值32.41亿元，增长10.1%；第二产业增加值728.78亿元，增长6.3%；第三产业增加值215.91亿元，增长9.0%。

构建现代农业产业体系　实现农林牧渔业总产值59.45亿元，按可比价格计算，比上年下降4.4%。其中：农业产值19.08亿元，下降0.5%；林业产值1.50亿元，增长24.1%；牧业产值13.87亿元，增长0.8%；渔业产值19.68亿元，下降14.6%；农林牧渔服务业产值5.32亿元，下降2.8%。全年新增市级以上“菜篮子”基地2个、“三品一标一名牌”农产品4个。实施农业农村高质量发展20条，完成农村股份制改革，统筹整合流转农用土地6666.67公顷，推进农业现代化“万亩千亩”工程，“万亩稻田”创建为省级现代农业产业园，全年农业招商15亿元。“广明2号”助力国家白羽肉鸡育种攻关取得突破成效，万绿源公司获批“农业农村部佛山鼋人工繁育基地”。实施革命老区乡村经济发展三年行动计划，农村集体经济总收入4.4亿元，增长19.89%。

工业加快转型升级　实现规模以上工业总产值3685.83亿元，比上年增长2.8%；规模以上工业增加值720亿元，增长4.9%。拥有规模以上工业企业571家，其中，主营收入超百亿元工业企业3家，超30亿元工业企业11家，超10亿元工业企业29家，超5亿元工业企业15家。纺织服装、食品饮料、家居建材、精细化工、金属制品、塑料制品、电子电器七大支柱产业实现产值3040.74亿元，新能源、新材料、先进装备制造三大战略性新兴产业产值1974.53亿元。深化招商体制改革，由中共高明区委书记、区长带头抓招商，由区领导挂钩11个重点产业链，成立3支招商队伍，设立10亿元产业发展基金，瞄准广深莞、京沪、江浙等地开展精准招商，引进项目153个，投资总额405亿元，禹龙通电子、汉清达科技等优质制造业项目落地。完善重点项目跟进落实机制，108个省市区重点项目完成投资超180亿元，安恒智能科技等项目投产。制定制造业数字化智能化转型发展实施方案，年内建成3个数字化智能化示范工厂，4个数字化智能化示范车间，2个工业互联网标杆示范项目、5个数字化智能化改造标杆示范项目。广东中旗新材料在深圳证券交易所

高明区沧江工业园（2021年）　　（卢耀辉　摄）

上市，实现高明企业上市“零的突破”。

现代服务业加快发展　推动创建国家全域旅游示范区，推进八大项任务指标建设，推动总投资200亿元的21个重大文旅项目加快建设，全年完成投资3.3亿元，完成区皂幕山景区环境改造提升，全区接待游客990.5万人次，实现旅游收入42.3亿元，分别增长47.1%、47%。实施粤菜师傅“1+5”工程和夜间经济三年行动计划，沙寮河鲜美食街入选市级美食集聚区，促进实现社会消费品零售总额130.72亿元，比上年增长5.2%。以工业设计、现代金融、物流、电商等为重点，加速推进生产性服务业集群化发展，毅丰电器实业有限公司工业设计中心入选省级工业设计中心。现代物流业加快集聚，星亦跨境电商、宜家供应链华南区贸易中心等项目加快建设，打造现代物流体系。加快发展电商新经济，重点培育建设鸿创电商综合产业园、众塑联工业电商平台。

【全面深化改革】2021年，高明区部署推进重点改革专题7项、改革工作要点25项、转接2020年改革项目5项，完成年度目标任务。

完善全周期企业服务关爱体系　将打造一流营商环境作为“一号改革工程”，落实佛山“益晒你”行动方案（“益晒你”为粤方言，意为所有好处都给你），以简环节、压时间、降成本、优服务为重点，提出60多项自主加压创新措施，在全市率先推行工程建设项目区域评估制度、施工许可阶段事项告知承诺制等措施，建立“反弹琵琶”报备制度，重拳整治“科（股）长中梗阻”，推行包容审慎监管和柔性执法，实现企业开办“一网通办”。深化“放权强镇”改革，向镇（街道）下放审批执法事项2437项，推动45%便民惠企服务在基层办理，第一批下放1783项行政执法事项由镇（街道）独立行使。

打通制约全域高质量发展瓶颈堵点　启动创建全域绿色低碳循环发展示范区，编制创建“两山”理论实践创新基地工作方案，探索建立生态产品价值实现机制。构建临空经济区发展体制机制，完善机场工作组织架构，建立健全区机场办工作制度，配合市机场办等部门开展临空经济区体制机制、机场周边集疏运体系规划研究，形成初步成果。深化制造业高质量发展综合评价改革，改革方案获省制造强省建设领导小组办公室印发实施，按照“6+1+X”和“2+X”两类指标体系对全区制造业企业实施2020年度分类评价，提出14项差别化配置措施。深化低效产业用地整治提升，超额完成村改总攻坚年度任务，腾挪盘活246.67公顷存量用地。

构建党建引领基层善治体系　实施新一轮加强党的基层组织建设三年行动计划，明阳村“全国红色村组织振兴”试点成效初显，探索18项党建创新制度，小洞村成为全国村级议事协商创新实验试点单位。出台党建引领基层社会治理现代化工作措施，做实做强三级党建网格，推动培育106个党群共建项目，发展1000余人的乡村党群志愿服务队，村民小组党支部单独组建率提升至90%以上。深化干部队伍“一专多能”培养锻炼机制，选派57名优秀干部到乡村振兴、对口帮扶、信访维稳等急难险重岗位磨炼。织牢基层社会治理“一张网”建设，全年网格事项处置率达到99.4%，“区长直通车”平台办理效能指数全市第一。

【创新驱动发展】2021年，高明区实施创新驱动发展战略，利用粤港澳大湾区优质创新资源，完善创新激励政策，提升企业创新活力，促进高端创新要素向高明集聚。

建设重大创新载体平台　推进高端创新载体建设，加快推动临空经济区规划建设，以国家级生态园区建设标准，连片打造160平方千米的临空大工业园区，同时在各镇街规划建设智造产业园、富湾装备园、湾区绿谷循环经济园、临空产业园等高端专业特色园区，成为集聚优质创新资源的重大战略平台。推动高明区科技创新创业中心和高明产业创新研究院提质增效，高明产业创新研究院年内引进科技创新团队（项目）14个；高明区科技创新创业中心入驻企业、团队16家，科技服务机构8家；高明区科技创新集聚区推进生活配套设施建设，完成公寓、餐厅、商超、医疗站等功能区装修改造。

增强企业自主创新能力　推进高企树标提质，出台《佛山市高明区加快培育高新技术企业专项行动方案（2021—2023年）》，加大对高企认定、区外引进以及平台引培等方面的扶持力度，高企储备库企业扩充至355家，高企存量达248家。区人民政府和湖南工业大学签订政产学研合作协议书，湖南工业大学、区高分子产业协会和广东天进新材料有限公司签订校企协三方战略合作协议。加强研发机构建设，3家企业认定为省级工程技术研究中心，9家企业认定为佛山市工程技术研究中心，至2021年底，高明区各级工程技术研究中心总量达323家。其中，省级工程技术研究中心62家，市级工程技术研究中心115家，区级工程技术研究中心146家。

推进人才强区建设　深入实施“智汇高明”人才集聚工程，出台人才引进培育扶持实施办法、大学生归巢计划行动方案以及技能大师工作室、高技能人才培训基地建设管理办法等配套文件，搭建完善“智汇高明”“1+8”政策体系。加大招才引智力度，深化政校企合作，新增博士后工作站分站、博士工作站各1家，新引进科创团队11个。推进重点产业紧缺人才引进行动计划，新增各类人才6984人，包括博士22人、高级职称102人、高技能人才445人。优化人才发展生态环境，实施领导干部直接联系服务人才制度，搭建优粤佛山卡子平台、高层次人才服务专区线上线下“一站式”人才服务平台，服务人才2万余人次。

【中国民用航空局正式批复佛山新机场选址】　2021年3月，中国民用航空局批复佛山新机场〔广东省珠三角枢纽（广州新）机场〕选址，同意将高明区更合北场址作为珠三角枢纽（广州新）机场的推荐场址。同年12月29日，珠三角枢纽（广州新）机场先行工程动工。机场大道位于高明区更合镇，路线呈南北走向，南起合和大道，北至机场南侧出入口，路线总长8.55千米。该阶段实施机场大道一期工程，路线长1.83千米，项目总投资6.69亿元。

链接

佛山新机场即《中国民用航空发展第十三个五年规划》中规划建设的“珠三角枢纽（广州新）机场”，既是《广东省综合交通运输体系发展“十三五”规划》“5+4”骨干机场之一，也是《粤港澳大湾区发展规划纲要》中大湾区世界级机场群的重点枢纽。佛山新机场规划建设启动于2013年，定位为“广州国际航空枢纽的重要组成部分、珠三角西部枢纽机场”。近期拟建设一组两条远距平行跑道，远期预留第三条跑道的建设条件。近期建设目标年为2035年，目标年机场旅客吞吐量预测为3000万人次；远期建设目标年为2050年，目标年机场旅客吞吐量预测为6000万人次以上。佛山新机场规划飞行区等级为4F级，能够满足全球最大民航客机A380的起降。

【高明区人民政府与佛山市第一人民医院签订合作协议】　2021年3月11日，高明区人民政府与佛山市第一人民医院签订《更加紧密医联体合作框架协议》，双方将构建更加紧密医联体合作，高明区人民医院加挂“佛山市第一人民医院附属高明医院”牌子。根据协议，市一医院继续派驻专业管理和技术人员承担院长、医院管理专家等管理工作，定期安排一定数量的临床医疗专家和管理专家，到高明区人民医院开诊、手术、业务指导、临床带教、教学查房、管理帮扶等，提供每人每次不少于6个月的进修学习机会，并选择部分学科与高明区人民医院开展专科共建、科研项目协作，共同打造优势学科，合作期内新增市级重点特色专科1~3个；利用远程会诊平台，不定期开展影像、病理等远程会诊，并与高明区人民医院建立双向转诊的机制与流程。

【高明区主板上市企业实现“零的突破”】　2021年8月23日，广东中旗新材料股份有限公司在深圳证券交易所鸣钟首发上市，正式进入A股资本市场，成为高明区首家IPO（首次公开募股）成功企业，实现高明主板上市企业“零的突破”。中旗新材创立于2007年，是一家绿色环保石英硅晶面材研发、制造、综合服务的国家高新技术企业。2009年公司总部从广州市白云区搬迁至佛山市高明区，建有生产基地和高标准研发中心、中旗人造石研究院。经过多年发展，该公司成为国内建筑用石英石材料龙头企业、中国石英石行业标准主编单位、高端定制家居主材制造商等，产品广泛应用于厨房、卫浴、酒店、商场等室内建筑装饰装修领域。

【更合镇小洞村被确定为全国村级议事协商创新实验试点单位】　2021年11月23日，民政部办公厅印发通知，确认497个单位为全国村级议事协商创新实验试点单位，高明区更合镇小洞村为试点单位之一。试点工作要求聚焦乡村振兴重点任务，完善制度程序、拓展参与实践、提升协商质效，探索新时代推进

2021年11月23日，高明区更合镇小洞村被民政部确定为全国村级议事协商创新实验试点单位。图为小洞村村貌

（佛山日报社　供图）

村级议事协商有效路径。2020年，高明区在村（居）民小组开展微权力、微单元、微组织、微协商、微实事、微监督“六微”示范点建设，小洞村各村民小组从“微协商”入手，探索开展村级议事协商工作。成为试点单位后，小洞村推进建立村党委领导的村委会和村民小组两级多样的“微协商”工作机制。

【“广明2号”白羽肉鸡新品种通过国家审定】 2021年12月，农业农村部发布公告，由高明区新广农牧公司培育的“广明2号”白羽肉鸡新品种通过国家畜禽遗传资源委员会审定，标志着中国实现可自主研发、筛选、繁育白羽肉鸡自有品种，打破中国白羽肉鸡种源100%依赖进口的局面。“广明2号”白羽肉鸡具有生长速度快、饲料转化率高等生产性能特点，40～42日龄出栏体重达2.8千克，适合生产分割鸡肉，方便制作快餐、团餐及深加工制品。主要生产性能与国际同类品种持平，饲料转化效率和肉品质具有一定优势。

【荷城街道】 位于高明区东部，濒临西江之滨，是佛山市西江组团重要的组成部分，是高明区委、区政府驻地，全区的政治、经济、文化、金融、信息和科技中心。2021年，辖16个社区、15个行政村，有215个村（居）民小组。辖区总面积179.02平方千米。年末户籍人口16.69万人，常住人口28.24万人。耕地面积0.08万公顷，粮食播种面积0.03万公顷，粮食产量0.13万吨。林地面积0.29万公顷，森林覆盖率22.57%，活立木蓄积量20.21万立方米。荷城街道是“广东省体育先进镇”“广东省文明镇”“广东省教育强镇”“广东省专业镇技术创新试点单位”“广东省生态乡镇”“广东省花卉苗木专业镇”。支柱产业是纺织服装、健康食品、精细化工。2021年荷城街道规模以上工业总产值2355亿元，比上年增长1.7%。年内，荷城街道沙寮村获评首批佛山市文化和旅游特色村之一。沧江工业园区上榜2021年通过验收的20家省循环化改造试点园区名单，成为广东省第五批、佛山市第二批、高明区首个通过该项验收的园区。荷城街道75个自然村被省爱卫会评为“广东省卫生村”。

高明区杨和镇皂幕山风景区内的坑美梯田（2021年）（余永强　摄）

【杨和镇】 位于高明区腹地。2021年，辖3个社区；7个行政村，有116个村（居）民小组。辖区总面积228.36平方千米。年末户籍人口4.35万人，常住人口5.47万人。耕地面积0.23万公顷，粮食播种面积0.15万公顷，粮食产量0.8万吨。林地面积1.20万公顷，森林覆盖率60.17%，活立木蓄积量91.38万立方米。杨和镇是“国家级生态乡镇”“广东省金属材料专业镇”“广东省教育强镇”“广东省卫生镇”“广东省教育现代化先进区”“广东绿色城镇”“广东省生态乡镇”“广东省森林小镇”“佛山市宜居城镇”“佛山市文明镇”。支柱产业是金属材料。特色产业有装备制造业、蔬果种植、禽畜（生猪、家禽）养殖和水产养殖等。全年杨和镇规模以上工业总产值591.39亿元，比上年增长7.6%。年内，杨和镇教育发展基金成立，成立全区首个镇级教育发展基金会。对川“零直排区”一期工程通过验收，成为佛山市首个“污水零直排区”。

【明城镇】 位于高明区中心腹地。2021年，辖1个社区、13个行政村，有150个村（居）民小组。辖区总面积183.56平方千米。年末户籍人口5.4万人，常住人口4.44万人。耕地面积0.18万公顷，粮食播种面积0.19万公顷，粮食产量1.02万吨。林地面积0.7万公顷，森林覆盖率43.18%，活立木蓄积量36.5万立方米。明城镇是“国家小城镇经济综合开发示范镇”“国家级生态乡镇”“全国重点镇”“广东省文明村镇”“广东省中心镇”“广东省食品安全示范镇”“广东省教育强镇”“广东省宜居示范镇”“广东省卫生镇”“广东省森林小镇”“广东省无邪教创建示范镇”。支柱产业有建材、智能制造业，特色产业有新材料与装备制造业。全年明城镇规模以上工业总产值453.13亿元，比上年增长8.9%。年内，明城镇被认定为第三批省级“一村一品、一镇一业”专业镇，认定产业为畜禽养殖，辖区文车村在省级“一村一品、一镇一业”认定为丝苗米专业村。明城镇坟典村入选第八批“全国民主法治示范村（社区）”，成为高明首个“无讼乡村（社区）”示范点。明城镇富硒丝苗米产业园上榜2021年省级现代农业产业园建设名单。

【更合镇】 位于高明区西部，北接高要，南邻鹤山，西连新兴。2021年，辖3个社区、19个行政村，有184个村（居）民小组。辖区总面积346.87平方千米。年末户籍人口7.2万人，常住人口5.4万人。耕地面积0.40万公顷，粮食播种面积0.29万公顷，粮食产量1.58万吨。林地面积2.07万公顷，森林覆盖率60.7%，活立木蓄积量146.13万立方米。更合镇是“广东省不锈钢产品制造技术创新专业镇”“广东省养殖业专业镇”“广东省教育强镇”“广东省生态镇”“广东省卫生镇”“广东省群众体育先进单位”“广东省乡村治理示范镇”。支柱产业是金属加工、家居建材、电子电气、精细化工等。全年更合镇规模以上工业总产值286.13亿元，比上年增长11.2%。年内，更合镇吉田村引入“智慧农田建设”项目，建设全国首个商用“无人水稻农场”。小洞村被命名为2021年省级“民主法治示范村（社区）”。

（廖夏莹）

三水区

【概况】 三水区位于广东省中部、珠江三角洲西北端、佛山市西北部，因西江、北江、绥江三江在境内汇流而得名。东邻广州市花都区，东南与佛山市南海区相连，西与肇庆市鼎湖区、四会市接壤，北接清远市清城区和清新区，西南与肇庆市高要区、佛山市高明区隔西江相望。明嘉靖五年（1526年）建置三水县，1993年撤县设市（县级市），2002年撤市设区。2021年，辖西南街道、云东海街道、白坭镇、乐平镇、芦苞镇、大塘镇、南山镇7个镇（街道），有24个社区、48个行政村、857个村民小组，区政府驻西南街道。辖区总面积827.71平方千米。年末户籍人口47.91万人、常住人口80.92万人。人口自然增长率4.5‰。祖籍三水的海外华人、华侨10多万人，台港澳同胞约12万人。

2021年，三水区耕地面0.66万公顷，粮食播种面积0.18万公顷，粮食产量0.94万吨。林地面积1.1万公顷，森林覆盖率17.93%，活立木蓄积量101.5万立方米，建成区人均公园绿地面积25.73平方米。重要物产资源有三水河鲜、大塘有机蔬菜、南山富硒食品等。土特产有乐平雪梨瓜、黑皮冬瓜、南边小宝西瓜等。是全国汽车零部件、医疗器械、自动化机械及设备、电子电器生产基地，首个富裕型长寿之乡、中国饮料之都。主要旅游景点有三水荷花世界、三水森林公园、佛山文创古镇、百威（佛山）啤酒工业旅游体验园、南丹山森林王国等国家A级景区，以及三江汇流片区、百年火车站主题公园、云东海湿地公园、侨鑫生态园、大旗头古村、小农街自然农园、芦苞温泉度假村、胥江祖庙、九道谷自然生态旅游区等特色景区景点。主要传统民俗活动有赛龙舟、胥江祖庙庙会、独树岗千叟宴、黄塘香肉宴、水上婚礼、抢炮、开（挂）灯、过村节。其中，胥江祖庙庙会被列入广东省非物质文化遗产名录。

三水区历史文化底蕴深厚，名胜古迹丰富。白坭银洲贝丘遗址证明，早在4000多年前的新石器时代晚期，这里就有人类居住活动。至2021年末，全区有不可移动文物274处，各级文物保护单位63处，其中省级文物保护单位5处、市级文物保护单位27处、区级文物保护单位31处。拥有各级非物质文化遗产38项，其中省级非物质文化遗产2项、市级非物质文化遗产15项。自古以来，三水文教兴盛、名人众多。明、清两代，有曾任南京礼部尚书的何维柏，曾任御史的梁轸、李义壮、李希孔，曾任知府的胡澧、林钟、梁鹤鸣、胡建伟，曾任翰林院编修的林承芳、梁鸿翥，以及清末天地会农民起义军领袖陈金釭、广东水师提督郑金等。近代有岭南三大思想家之一的胡礼垣，北洋政府国务总理梁士诒，中国早期工人运动领袖邓培，辛亥革命前驱同盟会会员邓慕韩，同盟会会员粤军旅长李杰夫，追随孙中山革命、牺牲于东征讨伐陈炯明叛军途中的粤军军长陆兰清，广东著名曲艺演唱家、粤曲星腔创始人邓曼薇（小明星），广东音乐演奏家、作曲家何大傻，广东教育家、诗人黄祝蕖，著名生物学家、中国

表63　2021年三水区国民经济主要指标情况表

指　标	计量单位	绝对值	比上年增长（%）
地区生产总值	亿元	1405.19	8.6
第一产业增加值	亿元	43.95	20.7
第二产业增加值	亿元	1010.25	9.5
工业增加值	亿元	976.05	9.7
第三产业增加值	亿元	351.00	4.8
人均地区生产总值	元	174136	7.7
规模以上工业总产值	亿元	4079.07	6.4
农林牧渔业总产值	亿元	89.86	22.9
社会消费品零售总额	亿元	227.65	5.6
外贸进口总额	亿元	71.90	33.9
外贸出口总额	亿元	280.20	26.4
实际利用外商直接投资	亿元	3.05	-45.7
地方一般公共预算收入	亿元	71.52	5.6
地方一般公共预算支出	亿元	81.67	7.5
全体居民人均可支配收入	元	44998	9.6
城镇常住居民人均可支配收入	元	48380	10.4
农村常住居民人均可支配收入	元	35781	10.6

表64 2020—2021年三水区社会事业主要指标情况表

指　标	计量单位	2020年	2021年
普通高校	所	3	3
普通高校在校学生	万人	3.69	3.85
中等职业学校和技工学校	所	3	5
中等职业学校和技工学校在校学生	万人	0.82	0.95
普通中学	所	28	28
普通中学在校学生	万人	3.28	3.42
小学	所	35	35
小学在校学生	万人	5.57	5.61
幼儿园	所	82	88
在园幼儿	万人	2.55	2.87
医院、卫生院	家	21	22
医院、卫生院床位	张	2698	2983
群众艺术馆、文化馆	个	1	1
公共图书馆	个	1	1
博物馆	个	1	1
国家档案馆	个	1	1

科学院生物学地学部委员胡经甫等。

2021年，三水区实现地区生产总值1405.19亿元。主要万元生产总值能源消耗0.36吨标准煤。社会用电量101.09亿千瓦时。全年科学技术财政投入3.14亿元；教育事业财政投入12.93亿元；文化体育与传媒财政投入4295万元；卫生健康财政投入7.71亿元；城镇登记失业人员总数4599人，失业率2.39%。全年接收社会化管理退休人员2874人，在册管理的社会化退休人员有5.19万人。全区领取基本养老金退休人员6.56万人（含机关事业单位）；享受失业保险待遇5723人次；享受生育保险待遇0.11万人次；享受工伤保险待遇5759人次。城镇生活污水集中处理率97.35%，城镇生活垃圾无害化处理率100%。

中共三水区委书记：胡学骏；区人大常委会主任：陈浩明；区长：李军（1月任职）；区政协主席：何绮红（任至11月），苏宇（11月任职）；区纪委书记、监委主任：林进浪（任至10月），吴可望（10月任区纪委书记、11月任区监委主任）。

【产业发展】 2021年，三水区实现第一产业增加值43.95亿元，增长20.7%，对地区生产总值贡献率7.3%；第二产业增加值1010.25亿元，增长9.5%，对地区生产总值贡献率77.9%；第三产业增加值351亿元，增长4.8%，对地区生产总值贡献率14.9%。在第三产业中，交通运输、仓储和邮政业增长54.2%，批发和零售业增长6.2%，住宿和餐饮业增长12.2%，金融业增长0.5%，房地产业下降15.1%，其他服务业增长7.0%。三次产业结构比重3.1 ∶ 71.9 ∶ 25.0。现代服务业增加值200.75亿元，增长2.5%。人均地区生产总值174136元，增长7.7%。

农业　全年粮食作物播种面积0.18万公顷，比上年增长29.4%；蔬菜种植面积0.82万公顷，增长3.0%；油料种植面积286.67公顷，下降5.0%。全年粮食产量0.94万吨，比上年增长26.7%；蔬菜产量28.86万吨，增长3.4%；园林水果产量2.39万吨，下降5.2%；油料产量0.09万吨，下降2.1%。全年猪牛羊禽肉产量8.83万吨，比上年增长32.1%。其中，猪肉产量3.07万吨，增长1402.0%；禽肉产量5.75万吨，下降11.0%。全年水产品产量14.5万吨，增长0.5%。年末农业机械总动力32.40万千瓦，比上年增长0.4%。

工业和建筑业　规模以上工业增加值比上年增长11.2%。其中，国有控股企业增长35.9%，外商及港澳台投资企业增长12.3%，股份制企业增长11.3%。分轻重工业看，轻工业下降1.6%，重工业增长18.7%。分门类看，采矿业下降86.4%，制造业增长10.7%，电力、热力、燃气及生产和供应业增长44.0%。分企业规模看，大型企业增长7.6%，中型企业增长7.9%，小型企业增长32.7%，微型企业下降78.9%。先进制造业增加值增长20.6%，占规模以上工业增加值比重37.0%，比上年上涨1.8个百分点。其中，高端电子信息制造业下降10.3%，生物医药及高性能医疗器械业增长51.4%，先进装备制造业增长31.1%，先进轻纺制造业增长5.5%，新材料制造业增长42.0%，石油化工业增长15.2%。高技术制造业增加值比上年下降0.7%，占规模以上工业增加值比重3.7%，比上年回落0.8个百分点。其中，医药制造业增长60.2%，电子及通信设备制造业下降11.3%，医疗仪器设备及仪器仪表制造业增长28.8%。装备制造业增加值比上年增长23.7%，占规模以上工业增加值比重27.6%，比上年增加2.2个百分点。优势传统产业增加值比上年增长5.4%，占规模以上工业增加值比重50.5%，比上年减少3.3个百分点。其中，家用电力器具制造业下降67.8%，建筑材料增长9.6%，金属制品业增长11.3%，食品饮料业增长2.8%，家具制造业增长10.8%，纺织服装业增长21.9%。全年规模以上工业实现利润总额223.08亿元，比上年增长12.4%。亏损企业亏损总额14.38亿元，增长215.1%。亏损企业亏损面12.3%。分经济类型看，国有企业利润总额0.45亿元，下降11.8%；外商及港澳台商投资企业81.32亿元，增长15.6%。分行业看，采矿业利润89.5亿元，下降79.96%；制造业221.69亿元，增长15%；电力、热力、燃气及水生产和供应业1.38亿元，下降75.4%。全年规模以上工业企业每百元营业收入中的成本为87.38元，增加0.43元；营业收入利润率为5.56%，下降0.33个百分点。工业经济效益向好。资本保值增值率105.4%，资产负债率55.3%，流动资产周转次数3.35次，成本费用利润率5.94%，产品销售率97.8%。实现利润增长13.3%。全年全社会建筑业增加值34.20亿元，比上年增长3.6%。资质等级以上建筑业完成建筑业总产值32.27亿元，增长21.4%。

服务业　全年金融业增加值17.80亿元，比上年增长0.5%；房地产业增加值52.65亿元，下降15.1%；批发和零售业增加值53.25亿元，增长6.2%；住宿和餐饮业增加值18.08亿元，增长12.2%；交通运输、仓储和邮政业增加值25.63亿元，增长54.2%。现代服务业增加值200.75亿元，增长2.5%，占服务业增加值比重57.2%。

交通和邮电　全年货物运输总量5846万吨，比上年增长101.0%。其中，公路货物运输量5418万吨，增长102.3%，水路货物运输量428万吨，增长85.9%。货物运输周转量60.23亿吨千米，增长130.6%。其中，公路运输周转量55.51亿吨千米，增长137.76%，水路运输周转量4.72亿吨千米，增长71.1%。港口货物吞吐量完成1933.06万吨，增长4.2%。其中，外贸货物吞吐量331.07万吨，增长22.4%；内贸货物吞吐量1601.98万吨，增长1.1%。全年旅客运输总量117万人，比上年增长16.0%。旅客运输周转量1224万人千米，增长26.6%。年末公路通车里程1014.81千米，比上年增长1.6%。年末桥梁总数203座，增长8.0%。年末实有公共汽（电）车营运611辆，客运总量达2167.4万人次。年末全区交通运输车辆保有量24.38万辆，比上年增长7.1%，其中，载客汽车19.73万辆，增长7.7%；载货汽车2.03万辆，增长7.9%。全年完成邮电业务总量10.22亿元，比上年增长25.4%。其中，邮政业务总量3.22亿元，增长17.4%；电信业务总量7.0亿元，增长29.5%。年末固定电话用户数9.07万户，下降6.3%；移动电话用户数92.93万户，增长1.1%；固定互联网宽带接入用户数24.73万户，增长8.6%；移动互联网用户数92.13万户，增长1.4%。

国内贸易　全年社会消费品零售总额227.65亿元，比上年增长5.6%。从消费形态看，商品零售208亿元，增长4.2%；餐饮收入19.65亿元，增长24.3%。在限额以上批发和零售业商品零售额中，粮油、食品、饮料、烟酒类比上年下降13.1%，服装、鞋帽、针纺织品类下降26.3%，化妆品类下降1.4%，金银珠宝类增长61.3%，日用品类下降83.3%，体育、娱乐用品类下降21.9%，书报杂志类增长3.8%，家用电器和音像器材类下降58.3%，中西药品类下降85.7%，文化办公用品类下降15.9%，家具类下降4.2%，通讯器材类下降36.5%，石油及制品类增长32.1%，建筑及装潢材料类下降100%，汽车类增长3.9%。全年全区限额以上单位通过公共网络实现的商品零售下降19.4%，占全区限额以上单位商品零售的2.9%。

对外经济　全年完成进出口总额352.1亿元，比上年增长27.9%。其中，出口280.2亿元，增长26.4%；进口71.9亿元，增长33.9%。实现外贸顺差208.3亿元，增加40.1亿元。全年外商直接投资新批企业25个，比上年下降10.7%。实际使用外资金额3.05亿元，下降45.7%。

【全面深化改革】 2021年，三水区谋划推动41项重点改革，注重加强改革系统集成、推动改革落地见效，形成改革“共振”效应，进一步激发全区经济社会发展新动能。

党建工作机制改革　实施新一轮基层党建三年行动计划，出台《佛山市三水区关于打造党建引领基层示范治理样本的实施方案》，构建权责、组织、预防、识别、化解“五大体系”，高质量完成镇级和村（社区）“两委”换届，出台激励干部担当作为干事创业十条举措、容错正面清单和为官不为负面清单等制度机制。

产业转型升级体制机制改革　加快布局战略性新兴产业，佛高区云东海生物港启动规划建设，首个进驻项目从签约到动工建设仅用37天，实现“拿地即开工”。制造业企业数字化智能化转型行动顺利开局。全区高新技术企业新增62家、存量达602家，国家技术创新示范企业、国家级孵化器建设实现新突破。厚植总部经济土壤，双子星城累计引入135家企业总部。“三个一批”企业（一批制造业骨干企业、提质增效一批

中国（三水）国际水都饮料食品基地（2021年）　（三水区　供图）

"两高四新"企业、培育壮大一批"小升规"企业）培育行动成果丰硕，凤铝实现百亿元营收，兴发铝业总部落户三水。深化低效用地整治，完成拆除91.03公顷、综合整治116.6公顷村级工业园改造，推进416公顷低效国有工业用地改造提升。

"放管服"改革　深化"证照联办""一照通行"。企业开办"一网通办"压缩至1个环节、最快半天内办结。市场主体突破5.7万户，比上年增长11.8%。不动产"交付即发证"实现新突破。实施工程项目全流程"保姆式"代办服务，审批效率提速超32%。2021年纳税人满意度调查位列全国县区级第二。

城乡融合发展机制改革　擦亮"三江汇流·湾区之源"名片。广佛肇高速（佛山段）通车，新建碧道59.3千米，城市增绿346.67公顷，"江边仓""筷子街"微改造成效明显，新文化馆、新图书馆投入使用，"祠堂+文化"项目获评省公共文化服务体系示范项目。全面推进乡村振兴。现代都市农业"四大标杆"项目精准落子，农业招商引资历史性突破100亿元，碧桂园万亩智慧农业园获授粤港澳大湾区现代都市农业综合示范基地，全区70%村居建成美丽宜居村，三大美丽乡村示范片区串珠成链，美丽乡村智慧长效管理模式获省通报表扬。

民生领域改革　全面落实民生十件实事、141件民生微实事，全面提升突发公共卫生事件应急处置能力。深化教育综合改革，高质量落实"双减"工作部署，新增公办小学、幼儿学位3780个。深化医疗卫生改革，顺利通过国家卫生城市复审。区社会福利中心揭牌，成为省五星级养老机构，白坭镇富景社区获评"全国留守儿童关爱保护和困境儿童保障工作先进集体"。国考、省考断面水质历史性全面达标，空气质量优良天数比率87.4%，居全市首位。

【创新驱动发展】 2021年，三水区以服务经济增长质量和效益为中心，坚持科技创新工作"稳中求好"导向，完善政策体系，开展科技创新工作。高企数量突破600家。270家企业申报高企认定，16家企业申报佛山高新区"瞪羚企业"认定。其中，232家企业通过高企认定，通过率85.93%，高新技术企业数量达602家；11家企业通过佛山高新区"瞪羚企业"认定。凤铝实现三水区营收超百亿元高新技术企业"零的突破"。"国字号"孵化器再添新成员。广东好帮手知行科技有限公司"车载电子信息孵化产业园"获国家级孵化器认定。国家级孵化器达2家，规模、档次持续提升。在"国字号"孵化器的引领和带动下，2021年新增省级众创空间1个、区级孵化器1个、区级众创空间1个；拥有孵化器12个，孵化面积超22万平方米，在孵企业超260家，众创空间9个。"省字号"重大创新平台实现新突破。广东邦普循环科技有限公司的广东省电池循环利用企业重点实验室（2021年度）获得省科技厅立项，为佛山市唯一新增立项；省级重点实验室达5个。新增省级、市级、区级工程技术研究中心分别为5个、15个、9个，工程技术研究中心存量536个（省级137个、市级218个、区级181个），企业研发平台规模及档次进一步提升，规模以上工业企业研发机构建有率达57%。省级科技攻关项目再添新队员。佛山市正典生物技术有限公司的"鸡球虫病多价活疫苗和产业化关键技术的创新与应用项目"和佛山市三水凤铝铝业有限公司的"超高强高韧耐蚀铝合金产业化制备技术及其应用项目"分别获得2021年度广东省科学技术奖（科技进步类）一等奖、二等奖。佛山生态海绵城市科技发展有限公司、佛山爱依智能家居有限公司获得2021年广东省科技创新战略专项资金"大专项+任务清单"立项，广东天赐湾实验室装备制造有限公司获佛山市社会领域科技攻关专项立项，三水区参与省级科技攻关项目水平进一步提高。"市创团""博士团"规模持续壮大。佛山市科技创新团队——"城镇生物质废弃物高值化研发与产业化项目"团队落户三水。2个高水平创新人才团队获得2021年度佛山市科技创新团队（纵向协同专项）项目立项，新增3个市级以上科技创新团队，团队质量、档次持续提升。实施三水区博士科技特派员"智助淼企"计划，推动25家企业与博士科技特派员成功对接。借力"博士团"，推动企业技术攻关、平台建设、人才培育等工作，助力企业创新发展、做强做大。3家企业获得中国创新创业大赛（广东佛山赛区）奖项。

【淼港澳实现政务服务湾区通办】 2021年3月30日，三水区联合禅城区在澳门举行"携手合作 扬帆湾区"禅淼湾区通办项目启动仪式。首部禅淼湾区通办人工智能柜台正式落户澳门青年创业孵化中心，香港政务湾区通办项目同步启动。这标志着淼港澳在政务服务互联互通、跨境办理方面迈出重要而坚实的一步，打通跨境、政务服务的"最后一公里"。至年底，上线两批湾区通办事项。包含城乡居民/企业职工居民领取养老保险待遇资格认证、港澳台同胞/外籍人士个人住房信息查询、城镇职工基本养老保险关系转移接续申请、基本医疗保险个人账户查询等业务。智能柜台还设有粤省事小程序、广东省政务服务网二维码、扶持政策展示等模块，港澳居民、企业无须出关即可查阅各类优惠政策信息及办事流程指引。

【河口百年商埠游径入选粤港澳大湾区文化遗产游径】 2021年6月，由广东省文化和旅游厅、省自然资源厅、省住房城乡建设厅联合推出的广东省粤港澳大湾区文化遗产游径（第二批）发布。位于西南街道的佛山河口百年商埠游径入选，成为三水首个入选粤港澳大湾区文化遗产游径的路线。广东省粤港澳大湾区文化遗产游径（第二批）分为西学东渐文化遗产游径、近代商埠开放文化遗产游径、非物质（粤剧）文化遗产游径三大类。佛山河口百年商埠游径位列近代商埠开放文化遗产游径的9条实体游径之列，其游径路线为广三铁路西南三水站旧址—河口旧邮局—三水旧海关大楼，汇聚百年建筑，历史遗存保存较为完好，具有重要的历史文化价值。

【三水区首创党建引领长者政务党员示范岗】 2021年，三水区突出党建赋能基层政务，依托区政务党群服务中心、政务服务休憩站，在全省首创建设党建

三水区“百年火车站”景观（2021年）　（三水区　供图）

引领长者政务党员示范岗。设专窗专人受理老年人高频业务事项，打造“适老”政务服务场景，并于6月23日正式对外服务。示范岗以“党员业务骨干+专业社工”服务的模式开展日常服务工作，面向老弱病残孕等特殊群体提供贴心服务。提供“一对一”帮办代办服务。设专窗面向老弱病残孕等特殊群体提供“一站式”办结服务，实现传统服务方式与智能化服务创新并行。配备适老化服务设施。设置“无健康码”通道，免费提供适老化设施用品，同时设专人为老年人进行个人信息登记及业务咨询引导，帮助老年人跨越“数字鸿沟”。开展“党建引领政务同行”创建活动。建设政务服务“急诊站”，为群众提供午间及周六延时服务，形成“5+2+1”政务服务“不打烊”新模式。

【白坭文创古镇入选全国特色小镇50强】 2021年8月，《中国特色小镇2021年发展指数报告》发布。其中，文创古镇是广东省入选全国特色小镇50强的8个特色小镇之一。该镇在4年时间里，完成从市级特色小镇到摘得“国字号”荣誉的跃升。把建设特色小镇和推动乡村振兴两项重点工作有机结合，打造以特色小镇建设带动乡村振兴的样板，是文创古镇最突出的特色和优势。白坭文创古镇呈现出“城产人文旅”五位一体，生产、生活、生态“三生融合”形态，带来焕然一新的城乡面貌，推动白坭在城乡融合、公共服务、文化供给、人才引进、生态治理、组织建设等方面全方位、多层次跨越发展。

【云东海国家湿地公园入选广东省自然教育基地名单】 2021年9月，广东省林业局公布2021年广东全省30个自然教育基地名单，云东海国家湿地公园上榜。云东海国家湿地公园坐落于珠江三角洲腹地，是佛山市国家森林城市建设的重点工程、佛山市湿地体系中“三江汇流”保育区的湿地生态景观核心和珠三角地区鸟类迁徙的重要节点，是典型的城市湿地。公园包括月亮湖、云东海北湖、砂岗公园、桂花岛、绿道等，云东海福田村连片打造成“游湖—听曲—赏花—学史”的美丽乡村振兴图景。公园致力发展研学旅游，每年举办研学科普活动数十场。配合“世界湿地日”、“爱鸟周”、云东海旅游文化节等节日节庆，开展如湿地寻宝、观鸟、露营等科普宣教活动。

【青岐村上榜2021年全国乡村特色产业亿元村】 2021年11月3日，农业农村部公布2021年全国乡村特色产业10亿元镇亿元村名单。西南街道青岐村上榜亿元村名单。三水区实施富民兴村战略，发展水产业，三水区渔业产业园是重点建设的园区之一，西南街道先后投入4000万元，高标准推进渔业产业园建设，致力于打造佛山版“海上田园”。西南街道和青岐村在水产养殖项目上曾分别入围省级“一镇一业”专业镇、“一村一品”专业村。其中，青岐村现代水产园区规划面积1333.33公顷，水产养殖面积866.67公顷，主要养殖鳜鱼、叉尾、生鱼、黄骨鱼、花鳗鲡、黑鳗等。

【全市首份律师行业发展扶持办法出台】 2021年10月，三水区出台《佛山市三水区促进律师行业高质量发展扶持办法》，提升全区律师行业整体水平，推动律师行业规范化、规模化、专业化发展。该扶持办法是佛山市范围内首次出台的有关律师行业发展方面扶持政策。支持区内律所做大做强，提升律师行业整体竞争力；支持律师服务区内企业，打造法治化一流营商环境；支持律师服务区中心工作、重点工作，打造法治政府靓丽名片；优化律师执业环境，保障律师执业权利。

【粤港澳大湾区现代都市农业综合示范基地授牌】 2021年11月23日，佛山市三水区人民政府、佛山市农业农村局在三水区南山镇联合举办“科技赋能　都市农业”粤港澳大湾区现代都市农业综合示范基地授牌仪式活动。省农业农村厅认定佛山市三水区为“粤港澳大湾区现代都市农业综合示范基地”，标志着佛山市农业转型升级取得阶段性成效，三水区现代都市农业发展进入新的发展阶段。作为“粤港澳大湾区现代都市农业综合示范基地”标杆项目的南山镇万亩智慧农业园占地面积666.67公顷，由碧桂园农业有限公司投资建设，计划总投资5亿元。4月，南山镇万亩智慧农业园项目进入全面建设阶段。率先启动“无人化农场实验区”，以全程“无人化”方式种植两造水稻试验、示范田面积166.67公顷。同时，项目以农业数字化智慧化建设为主线，推动“农业+科技、农业+工业、农业+旅游”三产融合发展；规划建设无人化农场实验区、设施农业及农产品加工示范区、生态智慧渔业示范区、农耕文化旅游示范区等四大功能区，打造成为广东省“数字农

2021年11月23日，粤港澳大湾区现代都市农业综合示范基地授牌仪式举行

（三水区　供图）

业标杆”、粤港澳大湾区现代农业科技和三产融合样板。

【水都基地获评广东省首个食品饮料特色产业园】 2021年12月1日，广东省制造强省建设领导小组办公室公布广东省首批特色产业园名单，以中国（三水）国际水都饮料食品基地（简称“水都基地”）为发展主阵地的佛山市三水区西南食品饮料产业集群升级示范区以食品饮料特色产业成功入选，成为全省首个食品饮料特色产业园。在2021年广东省营商环境创新实践评选活动中，水都基地以优质营商环境获评“年度最佳经济功能区”。水都基地于2008年启动规划建设，总规划占地面积1800公顷，是以食品饮料及其配套为主导产业的专业园区，发展成为华南地区最大、最专业的食品饮料产业集群，集聚百威、红牛、益力多、健力宝等国内外知名食品饮料及相关企业131家。其中，规模以上工业企业49家，在饮料食品行业形成“航母级”产业集群，覆盖饮料食品制造、包装、研发创意等各环节产业链，并在酒类、乳酸菌、功能饮料等领域位居全国前列。

【大塘镇纺织印染行业智慧管理平台上线】 2021年12月28日，大塘镇纺织印染行业智慧管理平台上线。该平台通过云计算、能源大数据等技术，为企业、政府数字化、智能化能源管理决策提供技术支撑，助推“双碳”（碳达峰、碳中和）先行示范区的建设，加速大塘实现打造佛山优势传统制造业智慧低碳转型发展先行区的目标。该平台向下对接企业的能源数据，可实时监控园区纺织印染企业的生产状况，自动记录生产过程数据信息并进行智能分析；向上可为相关信息化平台提供数据，通过数字赋能算法帮助政府、企业科学决策，发现能耗问题、挖掘节能潜力、提高能源管理水平。

【西南街道】 位于三水区中南部，是三水的中心城区、区委区政府驻地，位于西、北、绥三江汇流处，地处珠三角腹地，距广州市及佛山市中心城区不足1小时车程。2021年辖12个社区、8个行政村，有138个村民小组。辖区总面积145.67平方千米。年末户籍人口19.56万人，常住人口32.90万人。耕地面积823.16公顷，林地面积743.25公顷，森林覆盖率10.97%，活立木蓄积量8.11万立方米。是中国饮料名镇、省教育强镇；辖区水都基地获评全省首个食品饮料特色产业园，并以优质营商环境获“年度最佳经济功能区”；街道下属青岐村被认定为2021年全国乡村特色产业亿元村，江根村获评2021年省“民主法治示范村（社区）”和佛山市乡村振兴示范村，广三铁路西南三水站旧址获评为“佛山十大红色文化名片”之一。支柱产业包括饮料食品业和房地产业。2021年，全街道地区生产总值456.49亿元，比上年增长8.3%。其中，第一产业增加值8.74亿元；第二产业增加值243.47亿元（规模以上工业增加值210.67亿元，增长10.9%）；第三产业增加值204.28亿元。固定资产投资比上年下降7.6%。限额以上社会消费品零售总额11.82亿元，下降10.1%。

【云东海街道】 位于三水区中部紧邻三水西南中心城区北部，整体纳入三水新城城市规划范围（三水新城规划范围为云东海街道整体，以及西南街道、乐平镇部分用地，城市规划控制范围128平方千米，划分城市生活区、科技创新区、旅游养生区、科研教育区以及生态保育区五大功能分区统筹发展）。2021年辖2个社区、10个行政村，有104个村民小组。辖区总面积90.89平方千米。年末户籍人口5.07万人，常住人口10.18万人。耕地面积466.29公顷，林地面积711.42公顷，森林覆盖率16.15%，活立木蓄积量7.56立方米。主要产业是新材料、智能装备制造和电子通信产业，特色产业是电子通信产业。2021年，全街道地区生产总值142.23亿元，比上年增长8.3%。其中，第一产业增加值2亿元；第二产业增加值101.3亿元（规模以上工业增加值82.25亿元，增长11.3%）；第三产业增加值38.93亿元。固定资产投资比上年增长0.3%。限额以上社会消费品零售总额15.26亿元，增长13.3%。2021年外贸出口额13.71亿元，增长13.22%。

【白坭镇】 位于三水区南部，东南面与南海区接壤，西面与高明区、肇庆市隔西江相望。2021年辖1个社区、2个行政村，有72个村民小组。辖区总面积66.67平方千米。年末户籍人口3.05万人，常住人口7.26万人。耕地面积587公顷，林地面积343公顷，森林覆盖率9%，活立木蓄积量2.03万立方米。是中国镇域高质量发展500强镇、广东省综合实力百强镇、“国家卫生镇”“广东省乡村治理示范镇”“广东省教育强镇”“广东省文明镇”和“广东省生态镇”。支柱

2021年，三水区白坭文创古镇入选中国特色小镇50强，获评国家AAA级旅游景区
（三水区　供图）

产业是机械装备行业、泛家居行业，特色产业有新能源汽车行业、食品饮料行业。2021年，白坭镇获“广东省安全社区”称号；文创古镇入选中国特色小镇50强，获评国家AAA级旅游景区。2021年，全镇地区生产总值232.69亿元，比上年增长8.7%。其中，第一产业增加值4.65亿元，第二产业增加值205.94亿元（规模以上工业增加值175.82亿元，增长11.1%），第三产业增加值22.10亿元。固定资产投资增长37.4%。限额以上消费品零售总额6747万元，比上年增长62.6%。外贸出口额9.74亿元，增长46%。

【乐平镇】 位于三水区中部，南与南海区接壤，东接广州市花都区，总面积198.5平方千米。2021年辖3个社区、14个行政村，有203个村民小组。辖区总面积198.07平方千米。年末户籍人口9.08万人，常住人口17.94万人。耕地面积2268.68公顷，林地面积1033.05公顷，森林覆盖率6.95%，活立木蓄积量2.23万立方米。是全国农村优秀学习型乡镇、省教育强镇、省卫生镇、省文明镇、省重点发展中心镇，全省五大智能制造示范基地之一。佛山高新区三水园位于辖区内，规划面积85平方千米，重点发展智能装备制造、智能家居、电子电器、新能源新材料、汽车整车及零配件五大主导产业；是广东省循环化改造试点园区，拥有中国汽车零部件（三水）产业基地、中国火炬计划自动化机械及设备产业基地、国家（佛山）显示器件产业园和中国医疗器械（三水）产业基地、广东光伏产业基地等五个产业基地。2021年辖区内的源潭村获评第二批全国乡村治理示范村，大旗头古村入选第二批广东省文化和旅游特色村，广府印象小镇纳入省级特色小镇培育库。乐平镇获评第三批省级“一村一品、一镇一业”专业镇（水产养殖），2021年佛山市防汛抢险综合演练参演集体表现突出单位。2021年，全镇地区生产总值365.42亿元，比上年增长8.6%。其中，第一产业增加值9.56亿元；第二产业增加值313.15亿元（规模以上工业增加值273.95亿元，增长10.4%）；第三产业增加值42.7亿元。固定资产投资比上年增长32%。限额以上社会消费品零售总额0.46亿元，下降49.5%。

【芦苞镇】 位于三水区中北部，北接三水区大塘镇、南山镇，南连三水区乐平镇，东靠广州市花都区，西邻肇庆市四会县。2021年辖1个社区、6个行政村，有144个村民小组。辖区总面积103.86平方千米。年末户籍人口3.93万人，常住人口4.65万人。耕地面积624.32公顷，林地面积1411.79公顷，森林覆盖率20.67%，活立木蓄积量18.29万立方米。先后被评为国家卫生镇（2010年起）、国家级生态乡镇（2013年）、全国重点镇（2014年）和广东省森林小镇（2019年）。2021年，全镇地区生产总值91.43亿元，比上年增长8.5%。其中，第一产业增加值7亿元；第二产业增加值68.53亿元（规模以上工业增加值58.19亿元，增长11%）；第三产业增加值15.90亿元。固定资产投资比上年下降12.5%，限额以上社会消费品零售总额1.58亿元，增长36.4%。

【大塘镇】 位于三水区西北部，与广州市花都区和清远市接壤。2021年辖1个社区、7个行政村，有99个村民小组。辖区总面积98.18平方千米。年末户籍人口4.53万人，常住人口6.5万人。耕地面积1049.8公顷，林地面积1333.57公顷，森林覆盖率17.03%，活立木蓄积量13.19万立方米。2021年，全镇地区生产总值92.23亿元，比上年增长12.9%。其中，第一产业增加值5.94亿元；第二产业增加值67.44亿元（规模以上工业增加值55.93亿元，增长16.3%）；第三产业增加值18.85亿元。人均地区生产总值14.19万元。固定资产投资比上年增长13.7%。外贸出口额20.86亿元，增长43.57%。

【南山镇】 位于三水区最北端，与肇庆市四会市、清远市清新区接壤。2021年辖4个社区、1个行政村，有97个村民小组。辖区总面积124.37平方千米。年末户籍人口2.68万人，常住人口2.46万人。耕地面积798.33公顷，林地面积5319.91公顷，森林覆盖率47.79%，活立木蓄积量49.71万立方米。南山镇支柱产业是大健康产业和泛家居产业，特色产业为大健康产业。2021年，南山镇人民政府获评2021年度中国乡村振兴十大示范村镇；佛山市三水区南山镇六和村（皖鱼）被广东省农业农村厅评为广东省“一村一品、一镇一业”专业村；佛山华新恒丰聚酯包装有限公司综合部小组被广东省总工会评为广东省模范职工小家。2021年，全镇地区生产总值24.71亿元，比上年增长13.4%。其中，第一产业增加值6.06亿元；第二产业增加值10.42亿元（规模以上工业增加值8.02亿元，增长25.7%）；第三产业增加值8.23亿元。固定资产投资比上年下降5%。外贸出口额1.626亿元，增长29.37%。

（朱翠仪）

人物·荣誉

先进人物

全国五一劳动奖章获得者

陈红军　1982年1月生，湖北孝感人，中国共产党党员，佛山市三技精密机械有限公司技术总监，高级工程师、高级技师，湖北工学院机械系毕业，大学本科学历。2003年6月参加工作至2021年，一直从事染整装备的研发设计工作，主持或主要参与公司新产品的设计研发过程，相继完成10多个系列100多款高性能的节能环保型染色机的研发工作，主持研发的相关产品及结构获发明专利8项、实用新型专利21项、外观专利15项，另有7项发明专利进入实审，2项发明专利及3项实用新型专利待审，其中“气流染色机”发明专利于2018年12月获国家知识产权局“中国专利优秀奖”。曾获“广东省五一劳动奖章”，并获“广东省劳动模范”“佛山·大城工匠”“佛山市突出贡献高技能人才”等称号。2021年，获“全国五一劳动奖章”。

关家华　1979年6月生，佛山南海人，中国共产党党员，广东电网有限责任公司佛山南海供电局九江供电所配电运维一班副班长、高级工程师、技师，佛山科学技术学院物理学专业毕业，大学本科学历。2003年7月参加工作至2021年，带领其工作室成员输出科技创新项目成果56个、获国优QC（质量控制）成果7项、获“南粤之星”金银奖，专利授权总数113项，其中个人专利共有13件，多次参与单位的重大项目建设，参与2017年珠海“天鸽”台风灾后抢修工作。曾获“广东省五一劳动奖章”，并获“广东省技术能手”“广东电网创客”“佛山好人”“佛山供电局工匠”“佛山市南海区大城工匠”等称号。2021年，获“全国五一劳动奖章”。

（市总工会）

全国优秀共产党员

潘健章　1974年8月出生，广东佛山南海人，中国共产党党员，粤桂两省（区）贫困村创业致富带头人培训基地主任、广西澳益农业发展有限公司董事长。2015年，潘健章响应国家“东部帮西部、先富帮后富”的号召，联手广东4家水产公司，率先到上林县成立澳益农业发展有限公司，成功探索出培育创业致富带头人、培育扶贫特色产业、带动贫困户增收脱贫、带动贫困村提升发展、促进本土人才回归创业、促进贫困村基层党建的“双培双带双促”创新型企业带动脱贫的路子。潘健章先后帮助培训上林县465名创业致富带头人，学员创办公司、专业合作社、家庭农场等各类经营主体300多个，带动全县1.07万户贫困户，养殖龙虾866.67公顷。牵头创建上林县首个扶贫产业协会党委，成立10个合作社党支部，把基层党组织建设成为带领群众脱贫致富的坚强战斗堡垒。曾获“全国脱贫攻坚奖创新奖”称号。2021年，获“全国优秀共产党员”和“全国脱贫攻坚先进个人”称号。

（市委组织部　市农业农村局）

全国优秀共青团员

林炜坤　1995年11月生，佛山市青创社会工作服务中心社工。2011年加入志愿者行列，先后参与多项志愿服务活动，如春节期间到景点疏导人流、提供旅游咨询服务，每年为普惠慈善晚会提供活动保障以及工作指引，为佛山“50公里徒步”活动保驾护航，为CBA篮球赛、镇（街道）篮球赛等公益赛事提供活动保障等。2020年1月，所在社区发出新冠肺炎疫情防控志愿者招募令，林炜坤立即投身社区疫情防控工作，协助开展社区管控、测量体温、培训志愿者和居民宣导等工作。2021年，被共青团中央授予“全国优秀共青团员”称号。

周攀锋　佛山市顺德区公安局科信大队民警。2020年以来，周攀锋发挥青年生力军作用，立足岗位，踏实工作，运用大数据智能化手段，建立涉新冠肺炎疫情流调线索核查机制，谋划疫情核查大数据建模，疫情线索库、佛山战疫小程序等多项成果为精准防控提供数据支撑。2021年，被共青团中央授予“全国优秀共青团员”称号。

（团市委）

全国脱贫攻坚先进个人

徐　航　1968年10月出生，河南唐河人，中国共产党党员，中共佛山市委党校常务副校长，参加东西部扶贫协作期间挂职四川省凉山彝族自治州昭觉县委常委、副县长。2018年5月，徐航参加对口凉山扶贫协作工作，成绩突出，摸索出“劳务输出十步工作法”，推动昭觉县劳务输出人数连续三年（2018—2020年）在凉山州各县排名第一，三年来累计输出贫困劳动力2300余人，人均月收入达4000元。创新总结“产业合作五帮助工作法”，引进落地广东企业8家、实际投资额超9000万元。成立佛山对口凉山首个农林牧业博士工作站，组织7批博士进行帮扶，试种新品种6个，构建的“昭觉—佛山”电商平台入选2019年全国电商精准扶贫典型50佳案例。所联系的库依乡脱贫攻坚成绩名列前茅。2020年，获“2020年四川省脱贫攻坚奖先进个人”称号。2021年，获“全国脱贫攻坚先进个人”称号。

杨国强　1954年10月出生，广东佛山顺德人，碧桂园控股有限公司董事局主席。杨国强响应党中央、国务院号召，投身脱贫攻坚事业，履行社会责任。从1997年开始探索推进教育扶贫，中共十八大以来将扶贫上升为碧桂园集团主业之一，率领碧桂园集团成立200人的专职扶贫队伍，帮扶甘肃临夏州东乡县、四川凉山州昭觉县和广东清远英德市等全国16个省57个贫困县，综合采取教育、产业、就业、党建等精准帮扶举措，探索可造血、可复制、可持续的长效帮扶机制，20多年来累计到位公益扶贫捐款资金87亿元，受益贫困户超49万人次，为全国扶贫事业作出突出贡献。曾获“第四届中华慈善奖个人奖”“中华慈善突出贡献人物奖”“中华慈善突出贡献项目奖”“广东省非公有制经济人士扶贫济困回报社会突出贡献奖”“第七届中华慈善奖最具爱心捐赠企业奖”“第八届中华慈善奖最具爱心捐赠企业奖”“全国社会扶贫先进个人”“中国消除贫困奖（创新奖）”“第九届中华慈善奖最具爱心捐赠个人奖”“全国脱贫攻坚奖奉献奖”。2021年，获“全国脱贫攻坚先进个人”称号。

潘健章　1974年8月出生，广东佛山南海人，中国共产党党员，粤桂两省（区）贫困村创业致富带头人培训基地主任、广西澳益农业发展有限公司董事长。2021年，获“全国脱贫攻坚先进个人”称号。（详见“人物·荣誉”类目、“先进人物”分目、“全国优秀共产党员”次分目）

（市农业农村局）

“中国好人榜”入榜人物

仇志晖　1962年12月生，广东佛山人，中国共产党党员，佛山市南海化工机械厂总工程师。2004年，仇志晖的妻子范小玲被确诊为肌萎缩侧索硬化症（俗称渐冻人）。2012年，范小玲完全丧失生活自理能力，因病导致家庭负担增加，仇志晖拼命工作，背着妻子上下楼梯，带着妻子上班。2013年，仇志晖被派往兰州工作，毅然带着范小玲一起走，有时晚上花2个小时为妻子找舒适的睡眠位置，还为妻子打造温暖的“专属被”。16年来，仇志晖父兼母职、外兼内职，对妻子不离不弃，几乎没让夫妻俩长时间分开过，也带动儿子传承孝老爱亲的好家风。仇志晖家庭先后获广东十大“最美家庭”、佛山“最美家庭”、禅城“最美家庭”，仇志晖获“广东好人”“佛山好人”“最美佛山人”“感动禅城道德人物”，2021年1月，仇志晖入选“中国好人榜（孝老爱亲）”。

林纯莹　女，1964年2月生，广东汕头人，中国共产党党员，广东省人民医院南海医院党委书记、心内科主任医师。2011年，林纯莹作为第二批中国援加纳医疗队队长，带领医疗队战胜疟疾、肝炎和结核等传染病的威胁，开展为期两年的援外医疗工作。与队员深入社区、学校看病义诊，捐赠药品，足迹踏遍阿克拉四周的偏远山区和社区。林纯莹发挥治疗心血管疾病特长，针对加纳克里布教学医院心内科存在的问题，建立起病房管理模式，使患者死亡率从原来的11%下降到5%。回到国内后，林纯莹仍然心系加纳，2015年至2019年，她先后5次组团重返加纳开展“爱心行”医疗巡诊活动，创下5天10台手术100%成功的“非洲纪录”。将中国社区防控的经验系统性带到加纳，成为非洲援助的“中国模式”新实践。主持开展“中加西非心脏合作项目”，培养加纳心血管医护人员15人。2018年，协助创立加纳心血管医师学会，促成中国医师协会与加纳心血管医师学会在加纳签署中国-加纳合作框架协议。林纯莹先后获“全国最美援外医生”“全国援外医疗工作先进个人”“中国好医生”“广东好人”等称号。2021年3月，入选“中国好人榜（敬业奉献）”。

吴红英　女，1973年3月生，广东清远人，佛山市第一人民医院禅城医院护师。2006年5月，吴红英因突发脑中风致左侧肢体失能，经抢救和康复训练仍无法恢复肢体运动功能，被鉴定为肢体三级残疾。但是，当她无意中在电视上看到霍金演讲题目为《有生命，就有希望》的演讲，她暗下决心：我必须站起来，我必须有所作为，我要活出另一番人生！2009年，吴红英开始专攻心理学。参加心理咨询技能培训，考取国家二级心理咨询师资格证书，并继续进修研究生课程。吴红英自强自立的同时，热心参与公益活动。从2013年起，吴红英投身心理援助服务，参与广州“24小时生命热线”、桂城心理援助热线的值班，参与并主管张槎福星老人院等三家老人心理援助项目、地贫儿童及家属心理援助项目、红卫社区和乐村居项目、禅城区中小学生心理援助等，为企事业单位开展心理讲座50多场，受益人群2000多人次。2020年新冠肺炎疫情期间，吴红英参加广东省心协抗疫心理热线、佛山民政抗疫心理热线、石湾工会员工抗疫心理援助、南庄中小学复学心理辅导等服务，并为残疾人直播“情绪管理”线上课程。吴红英先后获“广东好人”“佛山好人”“感动禅城道德人物”等称号。2021年7月，入选“中国好人榜（助人为乐）”。

（市委宣传部）

全国道德模范提名奖获得者

陈燕梅 女，1976年10月生，广东佛山人，中国共产党党员，佛山市南海区西樵镇中心小学科研主任、特殊教育教师。2004年，其双胞胎女儿出生，却因先天性视网膜缺陷而失明，陈燕梅面对现实，百倍付出，坚持走融合之路，让孩子回归正常环境中成长，在生活上逐步学会自理。姐妹俩先后获多项荣誉：广东省器乐大赛古筝演奏一等奖、诗歌散文朗诵广东省一等奖、佛山市图书馆建设“特殊贡献奖”等。2017年6月，姐妹俩参加佛山钢琴天才选拔赛，进入决赛并获钢琴家郎朗赠送钢琴。陈燕梅作为学校骨干，始终充满工作的热情，不断参与各项特殊教育的培训学习，走专业发展之路，组建学校普特共融团队，推动特教班学生与普通班级学生的融合活动。2017年，陈燕梅获“广东好人”称号；2018年，获“中国好人”称号；2021年，陈燕梅家庭获“全国最美家庭”称号，陈燕梅获“第八届全国道德模范提名奖”。

（市委宣传部）

全国公安系统二级英雄模范

尤锦翔 1976年10月生，广东顺德人，中国共产党党员，佛山市顺德区公安局大良派出所所长。1995年9月进入顺德区公安局，先后在刑侦大队、派出所一线工作。在刑侦部门工作期间，命案现案破案率连续6年保持100%；自2018年扫黑除恶专项斗争开展以来，其牵头成功侦办“春晖”“秋霆”“425B”等重大涉黑专案，其中“425B”专案组获评全国扫黑除恶专项斗争先进集体。尤锦翔先后立个人一等功1次、三等功1次，获嘉奖2次，被评为全省公安机关政治工作先进个人、全省优秀人民警察、2020年度全市公安机关“最美基层民警”、广东省首届“新时代南粤刑侦之星”；2021年4月，被授予“全国公安系统二级英雄模范”荣誉称号。

宋洪涛 1978年3月生，山西绛县人，中国共产党党员，佛山市顺德区公安局大良派出所副所长，本科学历。2001年8月进入顺德区公安局刑侦大队，2019年9月调任大良派出所担任副所长。在刑侦大队期间，破获“春晖行动”“秋霆行动”“顺德1号”“425B”专案等多个大要案。先后立个人三等功3次，获嘉奖4次；曾被评为全国公安优秀刑警、广东省先进工作者、全省优秀人民警察、全市优秀人民警察、佛山市十佳人民警察、2017年第四季度最美佛山人、第六届顺德好人；2019年3月，获公安部“刑侦改革创新纪念章”；2021年6月，被授予“全国公安系统二级英雄模范”荣誉称号。

（市公安局）

全国优秀河（湖）长

梁耀斌 1973年12月生，广东南海人，中共党员。现任广东省珠海市金湾区委书记、珠海经济技术开发区党工委书记；曾任佛山市高明区委副书记、区长、区副总河长。作为高明区副总河长，梁耀斌把打赢碧水攻坚战视为重要政治责任，坚持末端治理、源头减排、生态修复并举，有力推动了西江、沧江及其支流，全区69个大小湖库穿点成线、碧水环绕，逐步形成河畅、水清、堤固、岸绿、景美的“美丽高明”生态景象，成功创建国家生态文明建设示范区、广东省全域旅游示范区。梁耀斌在全区范围内推动建立起“党政主导、部门联动、齐抓共管”的水环境综合治理新机制，全力推进水资源、水环境、水生态的保护与建设，敲定总投资11亿元的14个城镇排水设施建设项目建设，新建2座城镇污水处理厂，全区日均城镇污水处理量从2017年的15.12万吨/日提高至18.95万吨/日，并推行“三个一体化”模式（排水设施建管一体化、排水设施厂网一体化、排水设施城乡一体化），污水管网维护管理水平不断提升。2021年，梁耀斌获水利部表彰为“全国优秀河（湖）长”。

（市水利局）

体育世界冠军与破世界纪录者

陈清晨 1997年6月23日出生，大学本科学历。2005年3月至2007年6月在佛山市顺德区业余体校羽毛球队训练，2007年2月选拔至广东体育职业技术学院，2008年进入广东省羽毛球队，2010年入选中国国家羽毛球队。2017年，在世界羽毛球锦标赛中获女子双打冠军、混合双打亚军，在第十三届全运会中获羽毛球混合双打冠军、女子双打亚军。2018年，在印度尼西亚雅加达亚运会中获羽毛球女双冠军、团体亚军，在马来西亚羽毛球大师赛中获女双亚军，在尤伯杯中获女子团体季军。2019年，在世界羽联总决赛中获女双冠军，在中国香港羽毛球公开赛中获女双冠军，在中国羽毛球公开赛中获女双冠军，在澳大利亚公开赛中获女双亚军，在苏迪曼杯中获团体冠军，在亚锦赛中获女双冠军，在马来西亚羽毛球公开赛女中获双冠军，在全英羽毛球公开赛中获女双冠军。2021年，在第十四届全国运动会中获羽毛球女子双打冠军。在国际性赛事中，获东京奥运会羽毛球女子双打银牌、2021年芬兰苏迪曼杯团体赛冠军、2021年丹麦世界羽毛球汤尤杯女子团体冠军。

（市文广旅体局）

获个人二等功以上的现役和退役军人

鲁　欣 2021年立个人二等功1次。
贺小亮 2021年立个人二等功1次。
宋　兵 2021年立个人二等功1次。
孙立冬 2021年立个人二等功1次。

2021年佛山市获全国先进称号个人名单

全国优秀共产党员
潘健章

全国脱贫攻坚先进个人
徐　航　杨国强　潘健章

全国五一劳动奖章
陈红军　关家华

全国优秀党务工作者
程祖彬

全国巾帼建功标兵
毕利军　劳艳贞　冯健宽

全国优秀共青团员
周攀锋　林炜坤

全国公安系统二级英雄模范
尤锦翔　宋洪涛

“中国好人榜”入榜人物
仇志晖　林纯莹　吴红英

第八届全国道德模范提名奖
陈燕梅

全国优秀河（湖）长
梁耀斌

全国实施妇女儿童发展纲要先进个人
陈丽湘

全国维护妇女儿童权益先进个人
余销奇　韦春洪

2020年国家统一法律职业资格考试工作表现突出个人
赖洪健

全国检察机关扫黑除恶专项斗争优秀个人
王　全

2020年打击危险废物环境违法犯罪行为活动表现突出个人
林国平

全国群众体育先进个人
刘功平

全国市场监管系统扫黑除恶专项斗争工作成绩突出个人
陈洁好

（名单由各有关单位提供）

2021年佛山市获省级先进称号个人名单

广东省优秀共产党员
陆秀兴　万　鹏　陈丽珍　栾晓军
曾小舟　张慰峰　温怡彰　李汉荣
叶连章　周文贤

广东省优秀党务工作者
何春云　芦丽萍　朱　斌　王　玲
屈燕飞　聂桥锋　余俊渠　梁凤仪
梁德标　张宁和

广东省脱贫攻坚表彰先进个人
赖永逸　吴永坚　谭逢显　潘民权
冯炳全　邱颖忠　曾小舟　蔡红辉
缪海林　臧其效　陈春华　冼伟明
黄建伟　吴子豪　廖耀强　袁继全
付泽良　梁基成　李智毅　卢雄伟
徐春光　蔡成辉　崔现忠　关广聪
刘家杰　谭荣军　许　伟　廖流波
胡安泉　易　坤　姜继周

广东省五一劳动奖章
麦　剑　徐文华　董　忠　张传荣
黄春秀　萧炜彬　梁思宇　梁捷敏
叶茂盛　温怡彰　韦明貌　胡　轶
任泳谊　梁　焰　李松庆　彭海胜
陈　苹

广东省扫黑除恶专项斗争表现突出县处级干部
陈国生　梁俭明

2020—2021年度“广东省优秀共青团干部”
沈丽圆　马景飞　胡壮槟　叶惠欣
陈华樵　何　珏

2020—2021年度“广东省优秀共青团员”
叶钰博　徐嘉阳　刘钰芳　莫汝琪
陈洁伟　刘俊麟　张棕璞　曾庆思
潘如芝　梁惠玲　李俊宏　李晓君
吴晓筠　陆嘉敏　劳家琪　谭嗣立
刘凯然　旦增白玛　胡韵洲　谢亦君
孙小婷　杨　威　简雪霖　沙玛日喜
杨昕瑜　黄　婧　王紫楹　施华桐
黄华妮　黎泰和

2020—2021年度“广东省百佳团支部书记”
谢雨恩　陆志星

全省乡村振兴先进个人
郭文海　胡学骏　张应统　严杰丰
何海虹　江润锦　陈伟津　刘向荣
谢泽斌　钟海旺　徐遇安　李　斌
何文胜　梁尚根　梁钜东　梁启钊

广东省优秀党史宣讲员
郑晓霞

广东省2019—2020年脱贫攻坚工作突出贡献个人
陈启宏

广东省气象部门优秀党员
李彩玲　陈慧娴

（名单由各有关单位提供）

先进单位（集体）

2021年佛山市获全国先进称号单位（集体）名单

全国脱贫攻坚先进集体
广东（佛山）对口凉山彝族自治州扶贫协作工作组

全国先进基层党组织
佛山市禅城区南庄镇紫南村党委

全国五一劳动奖状
广东一鼎科技有限公司

全国工人先锋号
广东鸿昌化工有限公司油墨车间生产班组
佛山市海天（高明）调味食品有限公司酱油酿造车间制曲发酵班组

第二十届全国青年文明号
佛山市公安局指挥中心公共关系科

碧桂园生活服务集团股份有限公司碧桂园中心物业分公司
广东省公路建设有限公司南环段分公司丹灶中心站
广东省水文局佛山水文分局水情科
中国农业银行股份有限公司广东佛山华达支行营业部
中国建设银行佛山市分行营业部
广东省佛山市禅城区石湾镇街道行政服务中心
佛山市机关幼儿园教师组

全国五四红旗团委（团工委）

广东省佛山市顺德区大良街道团工委

全国五四红旗团支部（团总支）
广东省佛山市禅城区南庄镇紫南村团支部

全国巾帼文明岗

佛山市妇幼保健院新生儿科
广东石湾陶瓷博物馆宣教陈列部
广东省中西医结合医院手足外科
佛山市顺德区清晖园博物馆研究推广服务部
广东省佛山农商银行高明支行营业部营业厅
佛山市中医院三水医院护理部

2020年度全国三八红旗集体

佛山市女企业家协会

全国乡村治理示范村

佛山市禅城区张槎街道下朗村
佛山市顺德区北滘镇黄龙村
佛山市三水区乐平镇源潭村

全国民主法治示范村（社区）

佛山市禅城区张槎街道大富村
佛山市南海区桂城街道夏西社区
佛山市禅城区南庄镇罗南村
佛山市禅城区南庄镇紫南村
佛山市顺德区容桂街道马冈村
佛山市南海区桂城街道叠北社区
佛山市高明区荷城街道中山社区
佛山市顺德区陈村镇南涌社区
佛山市三水区西南街道张边社区
佛山市南海区丹灶镇良登村
佛山市禅城区南庄镇龙津村
佛山市顺德区北滘镇黄龙村
佛山市高明区明城镇坟典村

国家卫生乡镇（县城）

佛山市南海区大沥镇
佛山市南海区西樵镇
佛山市南海区九江镇
佛山市南海区丹灶镇
佛山市南海区里水镇
佛山市顺德区北滘镇
佛山市顺德区陈村镇
佛山市顺德区龙江镇
佛山市顺德区容桂街道
佛山市顺德区乐从镇
佛山市顺德区均安镇
佛山市顺德区杏坛镇
佛山市顺德区伦教街道

第十届全国检察机关“文明接待室”

佛山市禅城区人民检察院

2021年度全国检察机关优秀办案团队

广东省佛山市人民检察院行政检察办案团队（行政检察）
广东省佛山市人民检察院第六检察部（公益诉讼检察）

全国维护妇女儿童权益先进集体

佛山市公安局
佛山市人民检察院第七检察部

全国根治拖欠农民工工资工作先进集体

佛山市人力资源和社会保障局

全国人力资源社会保障系统优质服务窗口

佛山市人力资源公共服务中心

第三批全国示范性劳模和工匠人才创新工作室

游斌创新工作室

各民主党派、工商联、无党派人士为全面建成小康社会作贡献先进集体

致公党佛山市委员会

2017—2020年度全国群众体育先进单位

佛山市文化广电旅游体育局
佛山市篮球协会
佛山市南海区纳德利龙舟活动训练基地
佛山市南海区桂城街道办事处
佛山市顺德区文化广电旅游体育局
佛山市顺德区均安女子篮球队
佛山市高明区文化广电旅游体育局
佛山市威斯汀体育文化传播有限公司

全国知识产权系统先进集体

佛山市市场监督管理局（知识产权局）

全国“最美家庭”

苏永善家庭
赖明建家庭

全国法院先进集体

佛山市中级人民法院民事审判第一庭

（名单由各有关单位提供）

2021年佛山市获省级先进称号单位（集体）名单

广东省脱贫攻坚先进集体

佛山市教育局
佛山市人力资源和社会保障局
佛山市扶贫开发办公室
佛山市人民政府国有资产监督管理委员会
佛山市禅城区农业农村局
佛山市禅城区石湾镇街道办事处
佛山市禅城区祖庙街道办事处
中共佛山市南海区委办公室
中国共产党佛山市南海区纪律检查委员会
中共佛山市南海区委组织部
佛山市南海区农业农村局
佛山市南海区桂城街道办事处
佛山市顺德区农业农村局（顺德区扶贫开发办公室）
佛山市顺德区容桂街道办事处
佛山市顺德区民政和人力资源社会保障局
佛山市高明区农业农村局
中共佛山市三水区委办公室
佛山市三水区农业农村局（三水区扶贫开发办公室）
美的集团股份有限公司
佛山市顺德区扶贫开发协会
佛山市东建集团有限公司

全省乡村振兴先进集体

佛山市顺德区村级工业园升级改造工作领导小组办公室
佛山市禅城区南庄镇紫南村委会
中共佛山市高明区委员会

广东省先进基层党组织名单

中共广东一鼎科技有限公司支部委员会
中共佛山市禅城区祖庙街道南浦社区委员会
中共佛山市南海区大沥镇黄岐派出所刑警中队支部委员会
中共佛山市南海区石门中学委员会
中共佛山市南海区狮山菠萝义工服务中心支部委员会
中共佛山市顺德区北滘镇黄龙村委员会
中共佛山市顺德区梁銶琚职业技术学校总支部委员会
中共广东万和新电气股份有限公司支部委员会
中共佛山市高明区明城镇明城社区委员会
中共佛山市三水区西南总商会委员会
中共佛山市三水区西南街道北江社区委员会
中共佛山市疾病预防控制中心总支部委员会
中共一汽-大众汽车有限公司佛山分公司委员会
中共佛山市南海区承业大厦委员会
中共广东祥和税务师事务所有限公司支部委员会

广东省五一劳动奖状

佛山市禅南公共交通有限公司
广东吉熙安电缆附件有限公司
国家税务总局佛山市顺德区税务局
佛山市诚德新材料有限公司
百威（佛山）啤酒有限公司
佛山市启聪学校
佛山中外运快件管理报关有限公司住商物流项目组
广东中元创新科技有限公司生技自动化生产小组
广东汇泰龙科技股份有限公司智能研发中心
广东恒基金属制品实业有限公司试制车间制样组
碧桂园控股有限公司碧桂园佛肇区域北滘美的大道项目部
广东溢达纺织有限公司可水洗口罩研发及自动化口罩生产线研发团队
佛山市金银河智能装备股份有限公司智能装备创新研发制造班组
中国建筑第五工程局有限公司佛山市三水区新城医院建设项目（A标）
佛山市第一人民医院感染科
广东远华新材料股份有限公司包装车间物料组

2021年度广东省青年文明号标兵号

佛山市消防救援支队特勤大队一站
佛山市顺德区容桂街道鹏星社会工作服务社
中国石油天然气股份有限公司广东佛山南海新桂加油站
佛山市妇幼保健院产房

2020—2021年度“广东省五四红旗团委标兵”

佛山市顺德区公安局团委

2020—2021年度“广东省五四红旗团委”

佛山职业技术学院团委
佛山市妇幼保健院团委
广东汇源通集团有限公司团委
佛山市禅城区南庄镇团镇委

2020—2021年度“广东省五四红旗团支部标兵”

中华人民共和国佛山海关驻禅城办事处团总支

2020—2021年度“广东省五四红旗团支部”

佛山市禅城区财政局团支部
南方医科大学顺德医院（佛山市顺德区第一人民医院）麻醉科、手术室团支部
佛山市顺德区启创青少年社工服务中心团支部

广东省生态环境保护先进集体

佛山市生态环境局

广东省扫黑除恶专项斗争先进集体

佛山市扫黑除恶办
佛山市纪委监委第六审查调查室
佛山市顺德区公安局
佛山市市场监督管理局价格监督检查与反不正当竞争科

2020年度广东省巾帼文明岗

国家税务总局佛山市禅城区税务局办公室
佛山海关驻禅城办事处人事政工监察科
佛山市南海区大沥镇沥雄社区居民委员会
佛山市南海经济开发区人民医院中心院妇产科
国家税务总局佛山市顺德区税务局第二税务分局
顺德农村商业银行股份有限公司杏坛支行营业部
佛山顺德供电局龙江供电所营业班
佛山市公安局高明分局出入境管理大队户政组
佛山市高明区纪念中学青少年科技发展研究中心
国家税务总局佛山市三水区税务局第一税务分局纳税服务一组
佛山市三水区工业中等专业学校语文政治教研组
广东省广播电视网络股份有限公司佛山高明分公司沧江营业厅
佛山市高明区荷城街道荷城幼儿园保教组

2020年度广东省三八红旗集体

佛山市南海区女企业家协会
佛山市顺德区人民检察院第三检察部未成年人检查工作组
佛山市高明区妇女联合会
佛山市三水区劳动就业服务中心

广东十大“最美家庭”

李建华家庭

广东百户“最美家庭”

杨英才家庭
宋文亭家庭
麦少梅家庭
陈汉文家庭
严淑玲家庭
张冬瑜家庭
黄光鉴家庭

广东“十大优秀书香之家”

伍光玉家庭

（名单由各有关单位提供）

附　录

组织机构及负责人名录（2021年）

（2021年1月1日至12月31日）

中国共产党佛山市委员会

书　记：鲁　毅（任至5月）
　　　　郑　轲（6月任职）
副书记：朱　伟（任至3月）
　　　　郭文海（任至10月）
　　　　白　涛（10月任职）
　　　　徐晓霞（女，11月任职，7月任常委）
常　委：蔡家华（任至2月）
　　　　李政华（任至10月）
　　　　梅河清
　　　　杨朝晖（女，任至7月）
　　　　郭长勇（任至1月）
　　　　吴金龙（任至10月）
　　　　邓建伟（任至6月）
　　　　闫昊波（任至10月）
　　　　陈小坚（女，6月任职）
　　　　郑海涛（4月任职）
　　　　倪　谦（5月任职）
　　　　葛承书（11月任职）
　　　　刘智勇（4月任职）
　　　　丁锡丰（10月任职）
　　　　黄海龙（10月任职）

秘书长、办公室主任：
　　张朝志（任至10月）
　　丁锡丰（10—11月任职）
　　葛承书（11月任职）
组织部部长：杨朝晖（女，任职至7月）
　　　　　　徐晓霞（女，7月任职）
宣传部部长：郭长勇（任至4月）
　　　　　　倪　谦（5月任职）
统一战线工作部部长：
　　李政华（任至11月）
　　丁锡丰（11月任职）
政法委员会书记：邓建伟（任至6月）
　　　　　　　　陈小坚（女，6月任职）
政策研究室主任：管　雪（任至8月）
全面深化改革委员会办公室主任：
　　管　雪（任至8月）
外事工作委员会办公室主任：姜亦福
机构编制委员会办公室主任：
　　邓雅韫（女，任至10月）
　　林勇民（10月任职）
台港澳工作办公室主任：
　　香秀杏（女，任至10月）
　　盘　艳（女，10月任职）
直属机关工作委员会书记：
　　范忠良（任至9月）
　　葛承书（11月任职）
老干部局局长：关举雄（任至10月）
　　　　　　　黎永航（10月任职）

佛山市人民代表大会常务委员会

主　任：鲁　毅（任至6月）
　　　　郑　轲（6月至11月任职）
　　　　胡　钛（11月任职）
副主任：刘　珊（女）
　　　　麦洁华（女）
　　　　李　坚
　　　　叶　良（任至6月）
　　　　黄　坚
　　　　徐东涛
　　　　张朝志（6月任职）

秘书长：陈　锋
法制工作委员会主任：暂缺
监察和司法工作委员会主任：贾　伟
财政经济工作委员会主任：麦昌顺
教育科学文化卫生工作委员会主任：
　　刘　宁（任至10月）
　　孙承前（10月任职）
城乡建设环境与资源保护工作委员会主任：
　　唐韶群
选举联络人事任免工作委员会主任：
　　李燕勤
农村农业工作委员会主任：
　　陈少金（任至10月）
　　李永生（10月任职）
华侨民族宗教外事工作委员会主任：
　　庄荣耀

佛山市人民政府

市　长：朱　伟（任至4月）
　　　　郭文海（6月至10月任职，4月任副市长、代理市长）
　　　　白　涛（11月任职，10月任副市长、代理市长）
副市长：蔡家华（任至3月）
　　　　郑海涛（5月任职）
　　　　许　国（任至10月）
　　　　陈小坚（女，任至7月）
　　　　赵　海（任至10月）
　　　　乔　羽
　　　　谭　萍（女，任至11月）

葛承书
宁惠军（7月任职）
周紫霄（女，10月任职）
陈伟明（10月任职）

秘书长、办公室主任：张开机
佛山市发展和改革局局长：孔海文
佛山市教育局局长：商学兵（任至9月）
管　雪（9月任职）
佛山市科学技术局局长：
周佩珊（任至10月）
薛立伟（10月任职）
佛山市工业和信息化局局长：
刘铭恩（任至10月）
佛山市公安局局长：陈小坚（任至7月）
宁惠军（7月任职）
佛山市民政局局长：梁志光（任至11月）
赖洪健（11月任职）
佛山市司法局局长：赖洪健（任至11月）
刘祖辉（11月任职）
佛山市财政局局长：曹洪彬（11月任职）
佛山市人力资源和社会保障局局长：
严　冰（任至10月）
苏　岩（10月任职）
佛山市自然资源局局长：
杨小晶（任至11月）
周　霞（11月任职）
佛山市生态环境局局长：
杨永泰（任至4月）
陈振华（4月任职）
佛山市住房和城乡建设局局长：
陈浩斌（任至12月）
曾阳春（12月任职）
佛山市交通运输局局长：
曾阳春（任至11月）
丘胜辉（11月任职）
佛山市水利局局长：李永生（任至10月）
赵　颖（10月任职）
佛山市农业农村局局长：
唐棣邦（任至7月）
何　战（8月任职）
佛山市商务局局长：苏　岩（任至10月）
李　灿（10月任职）
佛山市文化广电旅游体育局局长：
陈新文
佛山市卫生健康局局长：王　政
佛山市退役军人事务局局长：李　强
佛山市应急管理局局长：魏　钰
佛山市审计局局长：何　内（任至12月）
伍志强（12月任职）
佛山市人民政府国有资产监督管理委员会主任：刘晓明（任至10月）
黄　海（10月任职）
佛山市市场监督管理局局长：
李　灿（任至11月）
陈浩斌（11月任职）
佛山市统计局局长：
曾祥钳（任至11月）
王慧艳（11月任职）
佛山市医疗保障局局长：王培星
佛山市金融工作局局长：
王　磊（任至12月）
蔡　伟（12月任职）
佛山市信访局局长：吴小庆
佛山市政务服务数据管理局局长：
陈伟锋（任至10月）
李学坚（10月任职）
佛山市城市管理和综合执法局局长：
林国荣
佛山市轨道交通局局长：
梁柱华（任至10月）
陈卫东（10月任职）
佛山市城市更新局局长：
丘胜辉（任至11月）
佛山市重点项目工作局局长：
宋树龙（任至12月）

中国人民政治协商会议佛山市委员会

主　席：熊志翔（任至2月）
胡　钛（2月任职）
副主席：郑灿儒
唐冬生
骆毓林
朱华仙（女）
万志康
杨小晶
黄福洪
毛永天
张　兵

秘书长、办公室主任：马时光
提案委员会主任：
罗海明（任至10月）
经济科技委员会主任：徐　平
农业农村委员会主任：
李家好（任至12月）
城建资源环境委员会主任：
黄南飞（任至12月）
文教体卫文史委员会主任：黄永耀
社会法制民族宗教委员会主任：
张建辉（任至6月）
港澳台侨外事委员会主任：
黄卫平（任至12月）

中国共产党佛山市纪律检查委员会

书　记：梅河清
副书记：裴广明（任至11月）
宋会勇（任至10月）
龚嘉明
梁少东（10月任职）
徐　舟（11月任职）
常　委：刘向前（任至11月）
崔海滨（任至11月）
钟汉腾（任至11月）
沈　余（任至10月）
蒋　涛（11月任职）
何家骐（11月任职）
杨　敏（女，11月任职）
李坚华（11月任职）
谌　哲（11月任职）

佛山市监察委员会

主　任：梅河清
副主任：裴广明（任至11月）
宋会勇（任至11月）
龚嘉明
梁少东（11月任职）
徐　舟（12月任职）
委　员：崔海滨（任至12月）
钟汉腾（任至12月）
蒋　涛（任至12月）
何家骐（12月任职）
李坚华（12月任职）
谌　哲（12月任职）
程少云（12月任职）
叶水剑（12月任职）

佛山市中级人民法院

党组书记、院长：
赵菊花（女，任至7月）
胡志超（7月任职）

佛山市人民检察院

检察长：郭　玉（女）

中国国民党革命委员会佛山市委员会
主任委员：唐冬生

中国民主同盟佛山市委员会
主任委员：赵新文

中国民主建国会佛山市委员会
主任委员：李应滔（任至8月）
　　　　　张　兵（8月任职）

中国民主促进会佛山市委员会
主任委员：武小文（女）

中国农工民主党佛山市委员会
主任委员：杨小晶（任至8月）
　　　　　陈爱贞（女，8月任职）

中国致公党佛山市委员会
主任委员：乔　羽

九三学社佛山市委员会
主任委员：章成国（任至8月）
　　　　　罗俊宇（8月任职）

佛山市工商业联合会
党组书记：李　德
主　　席：叶德林

佛山市总工会
党组书记、主席：徐东涛

中国共产主义青年团佛山市委员会
书　记：王树斌

佛山市妇女联合会
党组书记：曾　颖（女，任至10月）
　　　　　甘绮霞（女，10月任职）
主　　席：曾　颖（女，任职11月）
　　　　　甘绮霞（女，12月任职）

佛山市科学技术协会
党组书记、主席：郑伟雄

佛山市社会科学界联合会
党组书记、主席：邓　翔

佛山市文学艺术界联合会
党组书记：杨凡周（任至10月）
　　　　　孙向阳（10月任职）
主　　席：杨凡周

佛山市归国华侨联合会
主　席：蔡国雄

佛山市残疾人联合会
党组书记、理事长：黄齐锋

中国国际贸易促进委员会佛山市委员会
党组书记、会长：马湘雨（女）

佛山市红十字会
常务副会长：乔　羽

（名单由各有关单位提供）

文献专载

坚定贯彻新发展理念 塑造佛山发展新形态 奋力争当地级市高质量发展领头羊

——在中国共产党佛山市第十三次代表大会上的报告

（2021年11月27日）

郑　轲

现在，我代表中国共产党佛山市第十二届委员会向大会作报告。

中国共产党佛山市第十三次代表大会，是在喜庆党的百年华诞，在“两个一百年”历史交汇的关键节点，在深入学习贯彻党的十九届六中全会精神的关键时期，召开的一次十分重要的会议，对于团结带领全市广大党员、干部群众高举习近平新时代中国特色社会主义思想伟大旗帜，坚定贯彻新发展理念，塑造佛山发展新形态，奋力争当地级市高质量发展领头羊，具有特殊的重大意义。

一、过去五年决战决胜，交出了高水平全面建成小康社会的满意答卷

市第十二次党代会以来的五年，我们坚持以科学理论为指引、用科学理论来武装，全面贯彻党中央重大决策，认真落实省委“1+1+9”工作部署，推动各项事业实现新发展、城市能级迈上新高度。

这五年，我们坚持高举旗帜，推动党的创新理论在佛山结出丰硕成果。坚持“第一议题”学习制度，学深悟透笃行习近平新时代中国特色社会主义思想，始终沿着习近平总书记指引的方向前进，切实把增强“四个意识”、坚定“四个自信”、做到“两个维护”落实到实际行动上。严格执行省委落实“两个维护”十项制度机制，持续开展“大学习、深调研、真落实”，自觉做到党中央提倡的坚决响应、党中央决定的坚决照办、党中央禁止的坚决不做。紧紧抓住“双区”“两个合作区”建设重大国家战略机遇，创新发展、加快发展。扎实开展“两学一做”学习教育、“不忘初心、牢记使命”主题教育、党史学习教育，党员干部政治判断力、政治领悟力、政治执行力不断提高。

这五年，我们坚持转型升级，推动经济发展水平跨上新台阶。科技创新对经济发展贡献越来越明显，国家高新技术企业达到7100家，实现经济总量、质量双提升。深入推进国家制造业转型升级综合改革试点，出台推进制造业数字化智能化转型发展25项措施，设立总规模300亿元、首期100亿元的制造业转型发展基金，机器人、电子信息、新能源等新产业茁壮成长。全力推进质量、品牌、标准、知识产权建设，美的集团获中国质量奖、13家企业先后获广东省政府质量奖，中国驰名商标数量居全国地级市首位。

这五年，我们坚持改革开放，推动发展动力活力显著提升。围绕打造一流营商环境，从空间重构、土地供给、园区建设，到政务服务、法治环境、招商机制，六箭齐发推进“一号改革工程”，各类市场主体增加一倍。认真落实省委、省政府重大改革举措，城乡融合发展改革创新实验区、高质量发展体制机制改革创新实验区取得扎实成效。“人工智能+双随机”、村级工业园改造等改革经验得到广泛推广。获批设立跨境电子商务综合试验区，成为国家级市场采购贸易方式试点城市、中国服务外包示范城市。

这五年，我们坚持生态优先，推动污染防治攻坚战取得突破性进展。积极践行“两山”理论，荣膺国家森林城市、国家生态文明建设示范区，万亩千亩公园建设成效初显，万里碧道建设扎实推进，云勇林场成为“国家森林公园”。扎实推进节能减排，“十三五”期间能耗强度下降24.34%。制定《佛山市水环境全流域强统筹大兵团分层次治理实施方案》，新建、改建污水管网3500千米，大气污染防治成效明显。大力实施农村环境综合整治，“百里芳华”示范带建设进展顺利。

这五年，我们坚持文化润城，推动文化大市建设持续向前发展。连续获评3届“全国文明城市”，成为全国“志愿之城”试点城市，成功创建国家公共文化服务体系示范区。建成佛山大剧院、佛山文化馆、佛山国际体育文化演艺中心，成功举办一批国家级、国际性文体活动。世界美食之都、世界功夫之城等城市特色文化形象逐渐树立，桑园围入选世界灌溉工程遗产目录。

这五年，我们坚持稳中求进，推动社会大局保持安全稳定。防范化解重大风险取得积极成果，扫黑除恶专项斗争、政法队伍教育整顿扎实有效。法治佛山建设深入推进，制定9部地方性法规，执法司法公信力明显增强。平安佛山建设持续深化，入选全国第一批市域社会治理现代化试点城市，成功创建首批“全国禁毒示范城市”，群众安全感持续提升。党管武装、国防动员扎实推进，荣获全国双拥模范城“九连冠”。

这五年，我们坚持牢记宗旨，推动人民群众生活品质大幅改善。民生投入力度加大，占财政预算支出比重超过7成。高水平推进“粤菜师傅”“广东技工”“南粤家政”三项工程，累计新增城镇就业超44万人。坚持教育优先，新增基础教育学位超26万个。第四次获评国家卫生城市。启动城市畅通工程，市民出行更便捷。助力新疆伽师、西藏墨脱、四川凉山和广东湛江、云浮等对口支援、帮扶地区打赢脱贫攻坚战。坚持人民至上、生命至上，以最坚决最严格最有效的措施抗击新冠肺炎疫情，有效维护了人民群众生命健康安全。

这五年，我们坚持加强党建，推动政治生态全面净化优化。完善上下贯通、执行有力的组织体系，基层党组织政治功能显著增强。坚持正确选人用人导向，顺利完成区、镇、村（社区）换届。强化新闻宣传和舆论引导，坚决守护好意识形态安全底线。保持惩治腐败高压态势，一体推进不敢腐、不能腐、不想腐，反腐败斗争压倒性胜利不断巩固发展。市委总揽全局、协调各方，支持市人大、市政府、市政协和监委、法院、检察院依法依章程履行职能。爱国统一战线巩固发展，民主党派、工商联、无党派人士、新的社会阶层、民族宗教、港澳台及侨务工作扎实推进，群团组织政治性先进性群众性进一步增强。

各位代表、同志们，五年奋斗，令人难忘；工作成果，来之不易。我们之所以能取得这些成绩，最根本就在于习近平总书记、党中央的掌舵领航、科学指引，靠的是省委的正确领导、大力支持，离不开历届领导班子的攻坚克难、接续奋斗，得益于全市广大党员干部群众的众志成城、团结拼搏。在此，我代表市委，向所有为佛山改革发展稳定做出贡献的同志们、朋友们，表示衷心的感谢和崇高的敬意！

回顾五年来的工作，我们深切感到：必须把做到“两个维护”作为最大政治，坚持不懈用习近平新时代中国特色社会主义思想武装头脑、指导实践、推动工作，虔诚执着忠诚核心、拥戴核心、维护核心、紧跟核心；必须把人民至上作为价值取向，坚持以人民为中心的发展思想，牢记江山就是人民，人民就是江山，同人民一起奋斗，为人民而奋斗，使干部越干越有劲头、群众越干越有奔头；必须把制造业推向中高端作为强市之基，坚持用新发展理念引领发展行动，下好制造业数字化智能化转型发展先手棋，推动制造业质量变革、效率变革、动力变革；必须把改革创新作为动力源泉，坚持用好改革“关键一招”，重振“敢饮头啖汤”的改革雄风，不断破除体制机制障碍，持续激发全社会创新创造活力；必须把安全发展作为基本底线，坚持以大概率思维应对小概率事件，不断提高风险预见、预判能力，科学防范、有效化解各类风险挑战，切实维护好人民群众生命财产安全；必须把党的领导作为根本保证，坚持全面从严治党，涵养政治生态，发挥党把方向、管大局、作决策、保落实的作用，在党的旗帜下团结成一块坚硬的钢铁，步调一致把宏伟蓝图变成美好现实。

二、坚定不移贯彻新发展理念，全面塑造佛山发展新形态

佛山工商业发端早、名气大，曾被誉为天下“四大名镇”“四大聚”之一，历史何其辉煌！改革开放后，邓小平同志在这里提出“发展才是硬道理”，影响何其深远！进入新时代，习近平总书记寄望佛山“继续走在改革开放前列，做改革开放的示范”，使命何其荣光！省委从广东改革发展大局出发，要求佛山争当地级市高质量发展领头羊，任务何其艰巨！

习近平总书记提出的新发展理念，是推动高质量发展的根本遵循，阐明了我们党关于发展的政治立场。新时代，新征程，站上GDP超过万亿元起点再出发的佛山，最广共识、最重任务、最急议程就是：坚定贯彻新发展理念，塑造佛山发展新形态，奋力争当地级市高质量发展领头羊，意气风发向着第二个百年奋斗目标大踏步前进。

今后五年，走好新的赶考之路，要坚持以习近平新时代中国特色社会主义思想为指导，倍加珍惜党百年奋斗积累的“十个坚持”宝贵历史经验，统筹推进“五位一体”总体布局，协调推进“四个全面”战略布局，立足新发展阶段、贯彻新发展理念、构建新发展格局，按照省委“1+1+9”工作部署，担当大责、勇毅前行，推动创新、协调、绿色、开放、共享五个方面发展向高质量快速跃升，全力成为十五项重点工作领头羊，为广东在新征程中走在全国前列、创造新的辉煌作出佛山更大贡献。

创新是发展的第一动力。作为先富地区，不少人滋生了自满情绪，迷失于小富乐，前进动力、争先意识不足。“自满十事九空”，这个“空”就是乏力，就是沉闷，就是倒退。未来五年，要实现创新发展向高质量快速跃升，务必成

为营商环境制度改革领头羊，建立完善的佛山“益晒你”企业服务体系（“益晒你”为粤方言，意为所有好处都给你），办事便利度、市场满意率、企业获得感高，具有过硬软实力和竞争优势；务必成为科技体制机制改革领头羊，R&D经费投入强度赶上先进水平，高新技术企业数量超过1.1万家，高技术制造业增加值实现三倍增长，规上工业80%实现数字化智能化转型发展；务必成为现代企业制度改革领头羊，国有企业产权、劳动、人事、分配制度更有效率，民营上市企业数量实现翻一番，职业经理人市场发育良好，困扰民营企业“家族化”问题得以逐步破解。

*协调是发展的内生特点。*佛山在许多方面都是“一条腿长、一条腿短”，经济总量上的大区、小区对比落差大，工业不连片、产业不成带，产业结构偏重传统，不平衡不充分的矛盾仍比较突出。未来五年，要实现协调发展向高质量快速跃升，务必成为城乡区域协同发展领头羊，进一步优化产业空间布局、资源要素配置，建立健全南海结对三水、顺德结对高明紧密协作机制，东、西、南、北、中互动发展；务必成为产业结构协同发展领头羊，上下游企业聚集度越来越高，产业体系完整性增强，战新产业成为最重要的增长亮点，服务业提速提质发展，新产品新服务供给能力不断增强；务必成为政企联动协同发展领头羊，处理好政府和市场的关系，建立亲清政商关系，完善政企招商互动机制，积极推行“国资引领—项目落地—股权退出—循环发展”招商模式。

*绿色是发展的普遍形态。*佛山环境透支现象有点、有线、有面，污染问题依然严峻，节能环保压力大，实现碳达峰、碳中和任务艰巨。未来五年，要实现绿色发展向高质量快速跃升，务必成为环境系统治理领头羊，消灭黑臭水体、中度以上污染天气，生活垃圾100%无害化资源化处理，生态系统质量和稳定性持续提升；务必成为生态城市建设领头羊，以可持续的方式建设城市，建立完善绿化网、碧道网、公园网、交通圈、商业圈、生活圈有机组合的城市功能体系，“半城山水满城绿”城市风貌烙进人心，人、城、境、业浑然一体；务必成为绿色清洁生产领头羊，严格落实产业准入制度，大力发展循环经济，淘汰落后产能，优化生产工艺，打造绿色清洁生产示范产业园区，推动节能、节水、节材、减污、降碳协同增效。

*开放是发展的必由之路。*在粤港澳大湾区城市群中，佛山不是特区，不是沿边沿海城市，这往往成为影响眼界视野开阔度、产业发展开放度的因素，在思想上喜欢纵比、不愿意横比，在发展上对“四新”经济理解把握能力不够强。未来五年，要实现开放发展向高质量快速跃升，务必成为融入新发展格局领头羊，以开放促改革促合作，强化佛山制造重镇“点高”的优势、大湾区都市圈“面宽”的思维、跨省域越国界“链长”的胸怀，成为多层次参与“双循环”的优秀选手；务必成为融入“双区驱动”战略领头羊，立足粤港澳大湾区建设极点城市定位，善于“借船出海”，加强与深圳先行示范区、横琴粤澳深度合作区、前海深港合作区的战略互动；务必成为融入“一核一带一区”区域发展领头羊，优先建设互联互通基础设施，推动广佛全域同城，拉近佛山与全省各区域的时空距离，在全省发展大局中进一步凸显制造业中心城市的带动功能。

*共享是发展的根本目的。*佛山收入差距问题仍然比较突出，民生保障水平不高，优质学位、医疗卫生、社会保障、居住条件等不能满足人民美好生活需要。未来五年，要实现共享发展向高质量快速跃升，务必成为推进基本公共服务均等化领头羊，发展的平衡性特点越发突出，乡村振兴取得突破，现代都市农业发展呈现崭新面貌，城乡生活环境同步改善，“民生七有”水平持续提高，共同富裕迈出坚实步伐；务必成为传承岭南广府文脉领头羊，坚持与社会主义先进文化结合起来，激活非遗发展活力，推动陶瓷文化、功夫文化、龙狮文化、美食文化、工匠文化大放光彩，让市民在唤起“集体记忆”中共享美好精神财富，进一步坚定文化自信；务必成为基层社会治理领头羊，紧扣以人民为中心加强基层治理，做到人人参与、共建共享，社会治理社会化、法治化、智能化、专业化水平不断提升，人民群众的幸福感、安全感更有保障。

当我们实现“515”战略目标，五个方面发展向高质量快速跃升、十五项重点工作成为领头羊时，定会展现一个不一样的佛山。这将是一个经济实力更加强大的新佛山，地区生产总值达到1.5万亿元，转型发展取得决定性成果，“佛山制造”闻名海内外；这将是一个创新生态更加完善的新佛山，创新环境优良，创新机制完善，创新动力充沛，成为人才创业乐园；这将是一个城市形象更加现代的新佛山，国土开发与保护格局形成，破旧低效工业园彻底退出舞台，生态安全屏障牢固，人居环境显著改善；这将是一个文明素养更加厚实的新佛山，社会主义核心价值观深入人心，市民思想道德、科学精神、文化素质达到较高水平；这将是一个生活品质更加美好的新佛山，居民收入水平不断提高，城乡差距进一步缩小，村容村貌整洁有序，文旅产品服务供给丰富，百姓安其居、乐其业、健其体、甘其食、美其服；这将是一个治理效能更加彰显的新佛山，治理体系和治理能力现代化水平明显提高，法治佛山、平安佛山建设成为标杆，高质量党建引领各领域工作高质量发展。

我们深切感到，越是了解自己越有紧迫感，越是学习别人越有危机感，佛山处于不进则退、小进也是退的境况。停滞、僵化、退缩没出路，死脑筋、旧经验、老办法不管用，必须真刀真枪推进改革创新。哪里的观念跟不上趟，哪里的局面死气沉沉，哪里的作风庸懒散慢，哪里的机制拖累发展，就要从哪里动手改革，坚决破除制约贯彻新发展理念、引领高质量发展的一切障碍，在全社会形成符合新发展理念的思维方式、话语体系、行为惯性，以更加昂扬的姿态迈进新征程、建功新时代！

三、坚定不移构建现代产业体系，增创佛山制造重镇新优势

佛山靠制造业立市、富民，这是历史，也是现实，更是发展规律，什么时候都不能丢了这条经验。守好这条经验，关键是不投机、不取巧、不怕苦、不封闭，坚持以“四大决心”促“四大改变”，加快构建以先进制造业为支撑的现代产业体系，让佛山制造“基业长青”。

*（一）加快推进高水平科技创新。*高标准建设“一区一园一城”科技创新

高地。佛山国家高新区要突出“高”和“新”，发展壮大高新技术企业群体，引进培育若干战略性新兴产业集群；佛中人才创新灯塔产业园要突出“智”和“创”，吸引集聚各类高层次人才和高水平创新创业团队，推进技术成果产业化，打造创新创业平台；三龙湾科技城要突出“聚”和“领”，集聚高端创新创意资源要素，加强创新策源能力建设，在知识产权、科技创新、产业创新等方面发挥引领作用。强化区域创新协同联动，构建“人才引育+技术研发+成果转化+产业应用”协同创新体系。发挥季华实验室、仙湖实验室等科技创新平台以及佛山科学技术学院高水平大学建设的引领作用，强化关键核心技术攻关，集中力量突破现代显示装备、芯片封测装备等一批“卡脖子”技术。尊重企业创新主体地位，支持大中型企业建设技术创新中心和重点实验室，加大科技企业孵化育成体系建设，推动高新技术企业提档晋级。

（二）重构优化产业空间发展格局。强化产业空间规划，引导产业聚集发展，形成“中部强核、东西两带、南北两圈”高效联动产业格局。向中，重点发展带动型经济，打造创新中心强核。以佛山国家高新区、三龙湾科技城、佛中人才创新灯塔产业园、千灯湖金融高新区、环文华公园创新活力区等为支撑，强化科技创新、金融创新、人才创新，大力发展创意产业、创意设计、创意文化多种业态，培养创意社群，建设创客空间，形成科创性行业、服务性行业、文创性行业三大集群，扩大创新创造、科教文卫的辐射半径。向东，重点发展商流型经济，打造现代物流产业带。以大沥、狮山、广佛交界处、货物运输线等区域为点轴，面向粤港澳大湾区，大刀阔斧推动老旧专业市场、仓储设施改造提升，积极规划一批“高标仓+智能化”现代物流产业园，加快高端商场、专业市场、仓储物流集群发展；以桂城、伦教为基地，打造“北有玉器街，南有黄金岸”珠宝首饰名片。向西，重点发展复合型经济，打造机场临空产业带。以建设珠三角枢纽（广州新）机场为契机，统筹发展文旅、物流、现代服务、先进制造、绿色环保、现代农业等，促进一、二、三产业协调发展，加快建设西部经济新中心。向南，重点发展智能型经济，打造中高端制造产业集聚圈。以顺德粤港澳协同发展合作区、国防科技工业军民融合创新示范基地等为载体，坚持智能产品与智能生产相结合，发展智能家电、智能装备、智能穿戴、工业机器人、生物智能、航天航空、新材料等产业，让“有家就有佛山造”焕发出新的强大活力。向北，重点发展先导型经济，打造战略性新兴产业集聚圈。以建设佛北战新产业园为抓手，发展高端装备、新材料、新能源、新能源汽车、电子信息、生物医药、健康食品、节能环保等产业，支持鼓励新技术新产品试验。积极推动五大产业经济板块深度契合、互补联动，促进核心产业、支持产业、配套产业、衍生产业系统协同发展。

（三）持续推动产业转型升级。转型升级是一场苦仗硬仗，也是一项拼意志、拼定力的战略性工作。无论是经济形势顺风顺水、回旋空间大的时候，还是遇到沟坎起伏、下行压力大的时候，都不能动摇转型升级的决心。实施制造能力升级行动，深入推进制造业数字化改造、智能化生产，加快工业互联网等新型基础设施建设，引进培育数字化服务平台，支持企业个性化定制、柔性化生产广泛应用，打造一批数字化智能化标杆企业。实施产业协同升级行动，积极融入全国乃至全球高端制造供应链，引进和发展工业供应链企业，建立产业全链条、上下游协同机制，鼓励在新兴产业集群发展“产业公地”。实施产品质量升级行动，大力推进制造业品质革命，完善提升“佛山标准”产品评价体系，加大区域品牌培育、推介力度，发挥“众陶联”“众塑联”等“众”字号平台作用，推进行业技术与质量标准化。实施结构优化升级行动，发挥专业团队、高层次人才、资管机构、园区运营商、链主企业招商作用，引进优质项目，夯实智能家电、汽车、新一代电子信息、生物医药与健康等战略性支柱产业集群，壮大装备制造、智能机器人、新材料、新能源等战新产业集群，推进“个转企、小升规、规改股、股上市”。实施职业技能升级行动，大力发展职业教育，推行校企合作、双元制职业教学模式，开展定制化专业技能培训，支持大师工作室建设，打造高素质技能人才队伍。实施产业载体升级行动，把工业用地规模由原来的350平方千米调整为450平方千米以上，坚持以“工改工”为主推进村级工业园改造，建设和提升54个超万亩规模的工业园区，以优质产业空间保障制造业高质量发展。

（四）大力发展现代服务业。坚持把生产性服务业作为主攻方向，推动服务业向专业化、标准化、品牌化发展。加快发展科创金融、产业金融、绿色金融、普惠金融，探索建设资产管理中心，提高企业直接融资比例。依托广东工业设计城，聚集一批专业设计机构、工业设计大师，培育更多高端设计，打造工业设计新地标。发展数字经济，积极应用物联网、大数据、云计算、区块链等新一代信息技术，对接赋能制造业。依托潭洲国际会展中心，整合全市会展资源，打造全国工业会展第一品牌。加快发展健康、养老、家政、物业等服务业，加强公益性、基础性服务业供给。

四、坚定不移推进城市品质大提升，精心绘就城乡融合发展新画卷

城市是人民的城市，佛山人民的梦想就是建设一座高品质现代化大城市。要回应群众期待，用绣花功夫把城市建设好、管理好，多措并举推动城乡空间优化和形态重塑，努力打造宜居宜商宜业宜游城市。

（一）全面优化国土空间规划布局。高水平编制2035国土空间总体规划，统筹划定三条控制线，做到“楼不压水、城不压山”，科学布局生产、生活、生态空间。综合考虑人口分布、资源承载、城市容量等因素，明确城市社区、乡镇农村生活圈，构建优质生活空间格局。推动各类生态空间固碳增绿，构建“三屏六楔、两脉两环”自然生态格局。调整工业用地红线，科学划分产业功能区，优化制造业整体格局。探索全域土地综合整治试点，积极推行“国有+集体、出让+出租”的混合开发模式，加强各类性质土地置换腾挪，破解土地碎片化难题。

（二）深化实施城市畅通工程。加快交通基础设施建设，加密高快速路网，稳步推进国铁、城际、地铁等轨道交通建设，加快筹建珠三角枢纽（广州新）

机场，构建覆盖全市、通达湾区、联络世界的综合交通运输体系。推进航道扩能升级，提升港口吞吐能力和航道通航水平。加大公交基础设施建设力度，构建多层次公交服务体系。持续推进“断头路”连通攻坚、拥堵节点综合治理、非机动车道建设提升等专项行动，发展智慧交通，提高城市交通治理水平。

（三）着力提升城乡品质形象。加强城市建筑高度、形态、色彩、外立面、天际线等设计管控，在城市关键节点、重要区域探索建立首席设计师制度，优化建筑空间尺度，持续提升城市平面协调性、空间立体性、风貌整体性。大力开展“江河两岸、沿路两边、高架桥下”景观提升，推进东平河水轴线高品质滨水空间建设，构建城市景观廊道和城市门户新形象。深入推进城市更新，升级改造老旧小区。加强城乡精细化智慧化管理，拆除石棉瓦房、铁锈皮屋、违法违章建筑等，让“脏乱差”变成“洁净美”。加大农村人居环境整治力度，提高农村垃圾、污水收集处理效率和能力，持续开展“三清三拆三整治”，建设美丽乡村，发展美丽经济。

（四）推动现代都市农业创新发展。大力发展创意农业、认养农业、都市农业等新业态，培育特色农业小镇。以陈村花卉世界、禅乡渔歌农业公园、盈香生态园、大湾区现代都市农业综合示范基地等为示范点，打造具有生态保育、农业生产、休闲旅游等功能的农业公园。全面改造提升52万亩鱼塘，推行高质量零排放养殖模式。在城市公园绿地、社区小区、道路隔离带等适宜场所，发展融生活性、生态性、科普性于一体的“微农业”项目。支持生物育种自主创新和产业化，培育发展经营性农业服务组织。建设“三农”大数据平台，实现农田管理、农业植保、病虫害防治智能化，推进农村集体资产、宅基地数字化。建设农产品加工产业园，发展“预制菜”产业，促进大农业、大食品、大健康产业融合发展。

五、坚定不移推进生态文明建设，努力书写佛山绿韵水乡新篇章

保护花草树木、河流水系，就是保护城市生存之基、发展之本。要坚持生态优先，推动经济社会发展全面绿色转型，为佛山人民守护好碧水青山、绿树蓝天。

（一）有序推进绿色低碳循环发展。紧盯“双碳”目标，科学有序谋划佛山碳达峰、碳中和实现路径。促进制造业绿色发展，改变“先污染后治理”的旧有模式，实施传统制造业清洁化、循环化升级，鼓励产业园区建设“新能源+储能”中心，广泛推行源头预防、过程管控、末端治理相结合措施，加快形成科技含量高、资源消耗低、环境污染少的生产方式。促进交通运输业绿色发展，优化运输结构，发展高效运输组织模式，推广应用新能源交通工具，以市场化机制推动氢能源产业发展。促进建筑业绿色发展，提高新建建筑节能标准，推进市政基础设施节能改造，推广可再生能源建筑。促进服务业绿色发展，减少一次性物品使用，禁用限用一次性塑料用品，加强厨余垃圾等生物质能资源化利用，推广绿色生活方式。

（二）深入打好污染防治攻坚战。实施全流域、强统筹、大兵团、分层次治水战略，全面开展治水“八大行动”，系统推进上下游、左右岸、干支流综合治理，新建扩建18间污水处理厂，建设2000千米污水管网，健全建管一体化机制。加强汽车尾气、细颗粒物和臭氧协同控制，巩固提升空气质量。强化土壤污染源头预防、污染地块风险管控和修复，做好固废处置和综合利用。完善城市垃圾现代化管理体系，加快建设高明、三水绿色环保项目，积极创建“无废城市”。

（三）全力打造好山好水好风光。以西江北江水生态主廊道、城区千亩生态公园环、城郊万亩郊野森林环为节点，串联形成宽阔的风貌带，将好山好水好风光融入城市建设，让市民推窗见绿、漫步进园。建设1000千米城市碧道，打造100个秀丽湖库，增加城市绿色亲水空间，让市民共享花样生活。

六、坚定不移推动文化繁荣发展，持续焕发岭南广府文化新活力

岭南文化壮美，广府文化秀美，是佛山这座城市的灵魂与血脉，忘不得、丢不得，必须永续传承、发扬光大。要坚持以社会主义核心价值观为引领，发挥岭南广府文化滋养市民气质、塑造城市风貌的积极作用，全面提升佛山文化大市的美誉度、影响力。

（一）争创全国文明典范城市。积极培育和践行社会主义核心价值观，高质量建设新时代文明实践中心，加强爱国主义、集体主义、社会主义教育。共建共享“爱满佛山、向善之城”。建设儿童友好型城市、青年发展型城市、老人康养型城市。深化新时代公民道德建设，用好道德模范、佛山好人等榜样力量，持续深化“信用佛山”“志愿之城”建设，提升市民思想水平、道德水准、文明素养。弘扬革命文化，加强红色资源保护利用。

（二）保护传承历史文脉。坚持以文塑城，将岭南广府文化融入公共建筑建设、城市空间布局和旅游规划设计，推动文城相融、文产结合。保护活化利用古村落遗产、桑园围遗产、工农业遗产、非物质文化遗产和历史文化街区，按照活态遗产要求提升改造莲升片区、南风古灶片区等重点区域，让历史建筑、特色街区、民俗印记串珠成链，构建岭南文脉轴线。以更大力度建设世界功夫之城、世界美食之都、博物馆之城，筹建佛山陶瓷文化博物馆，推动岭南优秀传统文化创造性转化、创新性发展。建设中医药强市，焕发佛山中医药文化新活力。

（三）繁荣发展文化事业文化产业。构建城乡一体、优质普惠的公共文化服务体系，鼓励扶持一批文艺精品力作。持续开展高雅艺术演出、全民阅读月等活动，打造群众性文化活动精品。积极承办国际国内大型赛事活动，持续举办龙舟赛、“50公里徒步”等地方特色体育活动。深挖文化“富矿”，推动“文化+”融合发展，壮大文化产业规模。推进文化产业数字化，加快形成文化创意产业集群，发展时尚经济。加强南方影视中心建设，创建粤港澳大湾区影视产业合作试验区。繁荣发展夜间经济，建设一批聚人气的文创园区、美食街区。

（四）牢牢掌握意识形态工作领导权。严格落实意识形态工作责任制，切实强化意识形态工作思想引领、舆论推动、精神激励和文化支撑。依法管网治网，加强互联网内容建设和网络综合治理。深化佛山传媒集团体制机制改革，

推进媒体深度融合，构建具有强大传播力影响力的全媒体传播体系。

七、坚定不移走共同富裕之路，不断满足人民美好生活新需要

人间烟火味，最动凡人心。要始终把老百姓的身边事、烦心事，当作我们的心头事，办好民生实事，迈出共同富裕更坚实的新步伐。

（一）大力实施“十项民心工程”。坚持尽力而为、量力而行，将生育、教育、医疗、养老、住房等一体考虑，让幸福生活看得见、摸得着。实施养育成本减负工程，加快发展公益普惠托育，建设示范性托育机构，加快形成婴幼儿照护服务体系，让更多家庭生得起、养得起，二胎、三胎没问题；实施基础教育提升工程，持续加大教育投入，全面落实“双减”政策，规范民办义务教育发展，突出优质均衡，新增基础教育公办学位不少于44.3万个，努力缩小区域、城乡、校际、群体教育差距；实施居民收入提升工程，深入实施“粤菜师傅”“广东技工”“南粤家政”工程，稳步提升就业规模和质量，着重保护劳动所得，健全工资合理增长机制，完善要素参与分配政策，不断壮大中等收入群体；实施医防协同能力提升工程，推进卫生健康事业高质量发展，促进优质医疗资源扩容提质和均衡布局，加强疾病预防控制体系建设，完善多层次医疗保障体系，提升基层医疗和公共卫生服务水平；实施老人康养工程，扩大养老设施供给，构建居家社区机构相协调、医养康养相结合的养老服务体系，完善社区日间照料机制；实施暖心安居工程，坚持“房住不炒”定位，促进房地产市场平稳健康发展，进一步完善住房保障体系，新增保障性租赁住房7.5万套，共有产权住房1万套，人才住房2.5万套，用心用情助力各类群体实现安居梦；实施停车难纾解工程，建设立体车库等停车设施，构建完善全域智慧停车管理体系，推动停车资源共享共用，努力让市民不再为停车而堵心烦心；实施全民健身工程，完善全民健身设施，建成800个以上社区体育公园，实现出门就能“动”起来；实施食品安全放心工程，强化食品安全监管，升级改造农贸市场，实现肉品、水果、蔬菜等重要农产品全过程溯源，确保人民群众“舌尖上的安全”；实施社会救助工程，建立健全分层分类的社会救助体系，升级改造救助管理站，完善价格补贴联动机制，发展公益慈善事业，保障妇女、儿童、老年人、残疾人、精神障碍特殊困难群体等合法权益，让爱洒满佛山。

（二）提高市域社会治理现代化水平。积极探索具有时代特征、市域特点的现代化社会治理新模式。聚焦重点领域加强地方立法，建设更高水平的法治佛山。深入推进依法行政，严格规范公正文明执法，推动法治政府建设。深化司法体制综合配套改革，推进执法司法责任体系改革和建设，努力让人民群众在每一个司法案件中感受到公平正义。做群众工作，这个经验、那个经验，不如见上一面；这个矛盾、那个矛盾，最怕是无人过问。要完善矛盾纠纷大排查大化解大治理工作体系，经常到群众中去听意见、问诉求，努力把矛盾解决在萌芽状态、化解在基层。

（三）统筹发展和安全。全面贯彻落实总体国家安全观，把维护国家政治安全放在首位，健全防范化解重大风险工作机制，坚决守住不发生系统性、区域性风险的底线。高标准建设城市“智慧大脑”，积极推进城市安全治理“一网统管”。聚焦涉土地、涉房地产、涉教育、涉环保、涉众金融等领域问题，加大矛盾风险化解力度。全面压实安全生产责任，加强重点场所排查整治，坚决防止重特大安全事故发生。优化应急指挥体系，进一步提升防灾减灾救灾能力。常态化开展扫黑除恶斗争，完善社会治安防控体系，让群众安全感更有保障。加强重大突发公共卫生事件应急能力建设，慎终如始做好常态化疫情防控。

八、坚定不移弘扬伟大建党精神，推动全面从严治党取得新成效

贯彻新发展理念，塑造发展新形态，争当地级市高质量发展领头羊，关键在党，关键在人。要弘扬伟大建党精神，全面贯彻新时代党的建设总要求，把严的主基调长期坚持下去，建设充满生机、坚强有力的党组织。

（一）锻造绝对忠诚的政治品格。坚持把党的政治建设摆在首位，教育引导广大党员干部坚定理想信念，自觉做习近平新时代中国特色社会主义思想的坚定信仰者和忠实实践者，胸怀“两个大局”，牢记“国之大者”，树立“以百姓心为心”的为民情怀。每个党员干部都要经常反省所言所行，是否做到“两个维护”、是否符合“五个必须”、是否反对“七个有之”。好人主义一无立场、二无原则、三无底线，香臭不分、好坏不辨，危害巨大，必须坚决反对，切实增强党内政治生活的政治性、时代性、原则性、战斗性。

（二）建设专业化高素质干部队伍。用政治标准统领干部队伍建设，把政治标准作为选人用人首关，首关不过，余关莫论，引导干部坚守正知、正念、正行。坚持全市干部工作一盘棋，放眼各条战线、各个领域，统筹上下各级、左右各行，在更大范围、众多人选中选优选强，提高干部资源配置效益，切实把人头盘清、把班子盘强、把队伍盘活，让好干部派上大用场。实施“苗圃计划”，培养选拔专业化优秀年轻干部，对看准了的要不拘一格大胆使用，同时又要防止拔苗助长、半路掐尖。推进干部能上能下、能进能出，形成能者上、庸者下、劣者汰的正确导向。占着位子混日子的干部，顶着帽子摆样子的干部，是个人的悲哀，是事业的障碍，是组织的负担，要坚决调整，让担当作为、创新竞进蔚然成风。

（三）构建人才近悦远来政策体系。突出主题，抓住粤港澳大湾区高水平人才高地建设契机，实施人才优先发展战略，深化人才体制机制改革，出台加强人才高地、创新高地建设的制度文件，重构优化人才政策体系。简政放权，向用人主体充分授权，为人才松绑，实现从有利于“管理者的管理”向有利于“创新者的创新”转变。先行先试，实行更加积极、更加开放、更加有效的人才引进政策，对急需紧缺人才实行一事一议、特事特办。柔性用才，鼓励企业到全球设立研发机构，推广采取服务外包、短期兼职、技术联姻、人才租赁、特设岗位等用才办法，支持海外人才离岸研发、离岸创业。礼敬有加，设立人才日、企业家日，建设人才公园，建立高层次人才服务专员制度，构建“一站式”人才服务平台，为人才办好每一件“小事”，让人才全神贯注做“大事”。凝聚合力，坚持人才工作大家做，调动全社会各方面尊才、用才、惜才、爱才的积极性。

（四）大抓基层大抓支部。佛山经济社会发展就像不断往上长的巨型大厦，基层党组织是这座大厦的地基，如果又松又垮、不稳不固，城市未来的发展就无法持续。要树牢固本观念、强基责任，以提升组织力为重点，落实新一轮基层党组织建设三年行动计划。加强“两新”领域党建工作，推动党的组织和工作全覆盖，做到无的要有、有的要强、强的要优。适应国家治理体系和治理能力现代化的需要，深入推进基层党组织标准化规范化建设，建设“1+5+N”党群服务中心，赋予村（社区）党组织领导保障权、人事安排权、事务决定权、监督管理权，构建一核多元、协调有序、简约高效、保障有力的党建引领基层治理体系。基层党员干部常年在一线，风里来雨里去，当中有许多“老黄牛”“老先进”，他们贡献多、索取少，特别是在疫情防控中作出了不可替代贡献，是非常可爱的人，对他们要多点赞、多激励，让他们干得愉快、干得光荣。实施“头雁工程”，打造一支既爱又会抓基层党建的党务工作者队伍。排查整顿软弱涣散基层党组织，坚持年年抓、月月抓，反复抓、抓反复，做到标本兼治。

（五）深化党风廉政建设。一体推进“三不”体制机制建设，坚持无禁区、全覆盖、零容忍，坚持重遏制、强高压、长震慑，坚持行贿受贿一起查，深化“清廉佛山”建设。精准研判大发展时期的腐败风险点，紧盯政策支持大、资源集中的领域和环节，加大惩治腐败力度。常态化开展惩治涉黑涉恶腐败和“保护伞”工作。健全完善监督体系，强化对“一把手”和领导班子的监督，高质量推进巡察全覆盖，推动各类监督贯通协同。坚持“三个区分开来”，细化容错免责操作规程，对积极探索、勇于创新、主动担当工作而没有达到目标的，或因不可抗力等因素造成失误的，不追究个人责任，不作负面评价。严格落实中央八项规定及其实施细则精神，持续开展机关作风突出问题整治，引导机关干部多往基层走、多沾些泥土，不搞层层开会、层层发文、层层加码、层层留痕的虚活，让形式主义、官僚主义没有市场。

（六）汇聚团结奋斗的磅礴力量。充分发挥党总揽全局、协调各方的领导核心作用，加强市委常委会自身建设，贯彻民主集中制。支持市人大依法监督、政府依法行政、政协参政议政，支持法院、检察院公正司法。巩固和发展新时代爱国统一战线，支持民主党派、工商联、无党派人士、新的社会阶层人士积极发挥作用，全面落实党的民族、宗教、侨务等政策，做好对台、港澳工作。创新群团工作体制机制和方式方法，注重发挥工会、共青团、妇联等群团组织作用。用心用情做好老干部工作。坚持党管武装，强化全民国防意识，加强国防后备力量建设，推进军民融合深度发展，增进军民鱼水情。

各位代表、同志们，佛山是一座底蕴深厚的城市，也是一方创新创业的热土，恰逢大有可为的新时代。唯有闻鸡起舞、日夜兼程、风雨无阻，才能不负时代、不负人民。让我们更加紧密团结在以习近平同志为核心的党中央周围，在省委的坚强领导下，党群同心、政企同心、上下同心、五区同心，以“高质量、领头羊”的大气魄，奋楫潮头、实干求进，夺取全面建设社会主义现代化新佛山的伟大胜利！

政府工作报告

——2022年1月7日在佛山市第十六届人民代表大会第一次会议上

佛山市市长　白　涛

各位代表：

现在，我代表市人民政府，向大会报告工作，请予审议，并请各位政协委员和其他列席人员提出意见。

一、过去五年和2021年工作回顾

本届政府任期的五年，我们坚持以习近平新时代中国特色社会主义思想为指引，在省委、省政府和市委的正确领导下，在市人大、市政协的监督支持下，践行新发展理念，聚焦高质量发展，认真落实省委“1+1+9”工作部署，基本完成各项目标任务，经济发展迈上新台阶，城市能级迈上新高度，社会事业实现新发展，为未来发展打下了坚实基础。

这五年，是经济综合实力实现历史性跨越的五年。地区生产总值突破万亿元，并在新冠肺炎疫情、世界经济衰退等冲击下保持平稳增长，预计由2016年的8756.3亿元提高到2021年的1.16万亿元以上，地方一般公共预算收入由604.5亿元提高到808.1亿元。工业规模继续位居全国前列，装备制造、泛家居产业集群产值均超万亿元，机器人、电子信息、新能源等战新产业茁壮成长。财政科技投入大幅增长，全社会研发经费投入强度逐年提高，国家高新技术企业由1388家增至7100家，三龙湾科技城、佛山国家高新区等创新资源集聚效应显著增强，季华实验室、仙湖实验室等重要科技平台建设取得突破。

这五年，是改革开放大步向前的五年。多项改革走在全国全省前列，供给侧结构性改革成效得到多方肯定，国家制造业转型升级综合改革试点、省高质量发展体制机制改革创新实验区、省城乡融合发展改革创新实验区、省乡村振兴综合改革试点等取得扎实成效。营商环境不断优化，“一网一门一次”“人工智能+双随机”等改革经验被广泛推广，市场主体由53.6万户增至111.5万户。外贸发展态势良好，利用外资质量不断提高，越来越多优秀企业和产品走向世界，参与“一带一路”建设成果丰硕，国家级跨境电商综合试验区和市场采购贸易方式试点成为对外开放新窗口。“双区”建设深入推进，开启广佛全域同城化新征程，与深港澳合作对接日趋紧密，大湾区极点城市特点更加鲜明。

这五年，是城乡融合发展进入新阶段的五年。大手笔实施城市治理三年行动、中心城区形态提升专项行动、城市更新三年行动计划，城乡形态功能品质明显提升，城市管理智慧化精细化水平不断提高。区域综合交通运输体系加快构建，珠三角枢纽（广州新）机场选址获批，城市轨道交通运营（试运行）总里程由21.5千米增至81.7千米，“两环四纵五横”市域高速公路网①基本成型，

打通断头路139条。村级工业园升级改造全面开展，拆除村级工业园13.4万亩。特色小镇创建全省领先。乡村振兴成绩斐然，农村人居环境持续优化，“百里芳华”示范带彰显岭南水乡魅力。生态环境保护成效显著，荣膺国家生态文明建设示范区、国家森林城市，云勇林场成为国家森林公园，能耗强度大幅下降，空气质量明显改善，新（改）建污水管网3500千米，国考断面水质达到考核要求，广佛跨界河流重点断面水质近三年全面达标。

*这五年，是社会民生事业全面进步的五年。*民生支出占一般公共预算支出超七成，民生实事项目全面完成，居民人均可支配收入超6万元。以最坚决最严格最有效的措施抗击新冠肺炎疫情，有力维护群众生命安全和身体健康。连续四次获评国家卫生城市，人均预期寿命达82.35岁。基本公共服务不断完善，城镇新增就业44.9万人，新增基础教育学位27.4万个，解决7.4万户家庭住房困难，成为国家公共文化服务体系示范区。有效防范化解重大风险，社会治安环境稳定向好，社会治理创新扎实有效。连续获评三届全国文明城市。获全国双拥模范城“九连冠”。粮食安全考核实现“五连优”。助力西藏墨脱、新疆伽师、四川凉山及省内湛江、云浮等对口支援帮扶地区打赢脱贫攻坚战。

*这五年，是政府自身建设不断加强的五年。*扎实开展“两学一做”学习教育、“不忘初心、牢记使命”主题教育、党史学习教育，举办庆祝建党100周年系列活动，切实增强“四个意识”、坚定“四个自信”、做到“两个维护”。深入推动“大学习、深调研、真落实”，积极开展“我为群众办实事”实践活动，政府执行力不断提升。自觉接受人大监督和政协民主监督，办理人大代表议案建议849件、政协提案1039件。数字政府建设成效突出，连续多年获全国地级市政府网站绩效评估第一名。法治政府建设有力推进，政府法律顾问制度、重大决策倾听民声机制不断完善。党风廉政建设和反腐败斗争深入推进，切实整治“庸懒散拖乱”等问题，政府系统作风持续转变，人民满意政府建设第三方评分逐年提高。

各位代表，2021年是本届政府任期的收官之年，面对错综复杂的发展环境，我们坚决贯彻落实中央、省和市委的决策部署，坚持稳中求进工作总基调，砥砺奋进、攻坚克难，全力推动经济社会平稳健康发展，“十四五”发展实现良好开局。

*一是经济运行取得新成绩。*积极应对错峰用电、原材料价格上涨、疫情防控等考验，预计地区生产总值增长8%—8.5%，规模以上工业增加值增长10%左右，地方一般公共预算收入增长7.3%，经济运行保持稳中向好态势。预计固定资产投资增长7%，380个省、市重点项目投资超额完成全年目标，388个重大项目集中开工。扎实推进新型城市基础设施建设试点，新建5G基站超4600个、充电桩902个、加氢站4座、天然气管网207千米。预计社会消费品零售总额增长8%，成为国家文化和旅游消费试点城市，举办“夜间消费节”等惠民促消费活动，创意产业园入选首批国家级夜间文旅消费集聚区，新增3个省级示范特色步行街（商圈）。预计进出口总额增长21%，跨境电商交易额、市场采购贸易出口额大幅提升，国家级外贸转型升级基地增至6个。

*二是产业转型迈出新步伐。*创新“大招商、招大商”体制机制，成立市招商工作领导小组及办公室，强化全市招商资源统筹，成功举办全球招商大会，新引进瑞浦能源华南生产基地、飞利浦水健康及智能机器人全球研发制造基地、嘉士伯啤酒生产基地等10亿元（或1亿美元）以上重大产业项目68个，签约投资总额1878亿元。出台制造业数字化智能化转型发展政策25条，设立总规模300亿元、首期100亿元的广东（佛山）制造业转型发展基金，培育省级标杆示范项目9个，打造市级示范工厂22家、示范车间64个。牵头启动广东燃料电池汽车示范应用城市群建设，广佛惠超高清视频和智能家电产业集群、广深佛莞智能装备产业集群入围国家先进制造业集群，佛山高新区南海园、中国（三水）国际水都饮料食品基地入选全省首批特色产业园。品质革命深入推进，创建全国质量强市示范城市，建成全国唯一的氢能产业领域国家技术标准创新基地，企业标准“领跑者”数量保持全国第一，美的集团获中国质量奖。金融服务实体经济能力提升，政策性金融工具为2万多家次中小微企业解决融资超过690亿元，金融机构存款余额和上市企业最高市值均突破2万亿元，新增上市企业7家、总数达70家，成立全省首个保险发展示范区，千灯湖创投小镇募集与投资资金超1400亿元。农业现代化步伐加快，新增省级现代农业产业园4个，粤港澳大湾区现代都市农业综合示范基地授牌，“广明2号”成为我国首批自主培育的白羽肉鸡品种之一，鲲鹏现代农业研究院落户。

*三是创新发展积蓄新动能。*国家创新型城市建设通过验收，预计全社会研发经费投入占地区生产总值比重达2.91%。创新平台建设成效突出。三龙湾科技城纳入省重点平台。季华实验室建设成效居省实验室前列，集聚科研人才1500多人，成功研发“佛山一号”卫星②并顺利升空。仙湖实验室引进全职院士团队，氢能领域产学研合作成效初显。成立有研（广东）新材料技术研究院，广东中科半导体微纳制造技术研究院、佛山智能装备技术研究院等创新载体加快建设。企业创新主体作用增强。新增国家专精特新“小巨人”企业20家、省专精特新企业135家，科技型中小企业入库5024家，累计建有省级企业重点实验室30家、省级工程技术研发中心812家。累计建成科技企业孵化器115家、众创空间86家，在孵企业3200多家。创新生态持续优化。实施高层次人才及团队引进三年行动计划，出台柔性引才扶持政策，建成“一站式”人才综合服务平台和三龙湾国际人才客厅，新引进科技创新团队52个、领军人才83人、博士1052人。成功举办首届全国博士后创新创业大赛，汇聚高水平“双创”项目1418个，博士后工作站数量居全国地级市前列。万人有效发明专利拥有量36件，举办第二十五届全国发明展览会。发布全国首个知识产权纠纷调解地方标准，获批设立国家海外知识产权纠纷应对指导中心佛山分中心，在全国

首推知识产权综合服务保险。

四是改革开放激发新活力。把打造一流营商环境作为“一号改革工程”，围绕深化商事制度、金融服务、行政审批、政府采购等领域改革，出台专项行动方案，倾力构建“益晒你”企业服务体系。“益企通”企业综合服务平台、“市长直通车”平台上线，“佛山通”城市综合服务平台全面应用，推出政务服务“秒批秒办”事项227项，在全国首创政府补助资金“秒速直达+限时直达”改革。“证照联办、一照通行”系列改革经验获全国推广，企业开办实现“一个环节全办理、半天内办结、零成本”。工程建设项目审批改革全省领先，工业项目和高新技术项目初步实现“拿地即开工”。不动产一般登记实现1天内办结，抵押登记1小时内办结。成为全国社会信用体系建设示范区。国企改革三年行动深入推进，完成165户公司制改革。27家企业主营业务收入超百亿元，7家企业上榜中国民营企业500强。获批中国服务外包示范城市，完成境外中方协议投资额35.1亿元。建设“1+4”广佛高质量发展融合试验区[③]，主动对接支持服务横琴、前海两个合作区建设，佛山港澳青年创业孵化基地入选全省首批大湾区港澳青年创新创业基地，顺德粤港澳协同发展合作区入选省重点平台。启动新一轮东西部协作黔东南州以及省内肇庆、云浮驻镇帮镇扶村工作。

五是城乡建设展现新面貌。城市更新加速推进，“三旧”改造新增启动项目1.41万亩，完成改造项目1.1万亩，治理违法建设3272万平方米。东平河水轴线建设成效初显。新开工改造城镇老旧小区189个，数量居全省前列。启动村级工业园升级改造总攻坚三年行动计划，新增拆除6.1万亩，规划建设33个千亩村改产业园。季华实验室一期、500千伏凤城变电站获鲁班奖。启动城市“畅通工程”，地铁2号线一期、南海有轨电车1号线首通段开通初期运营，广州地铁7号线西延顺德段开通试运行，广佛肇高速、番海大桥建成通车。实现公交地铁“一码通乘”，新增公交站场12.2万平方米，新建、提升自行车及电动自行车专用道600千米，打通断头路35条，治理交通拥堵点96处。乡村振兴深入实施，60个市级示范村加快建设，建成美丽乡村集中连片示范区13个、农村“四小园”[④]1.5万个，整治农田看护房1.35万间，成为“四好农村路”省级示范市，紫南村获评中国美丽休闲乡村。生态环境质量提升。新增碧道233千米、绿色建筑1686万平方米，新（改）建公园绿地350公顷。启动34个万亩千亩公园建设，17个已基本建成开放，面积达89平方千米。实施强化大气污染防治行动，空气优良天数比例86%。开展水环境全流域强统筹大兵团分层次治理，新（改）建污水管网739千米，完成50条农村黑臭水体整治。生活垃圾资源化提质改造项目建成运营。完成配合第二轮中央生态环保督察阶段性工作。

六是人民生活增添新福祉。毫不松懈抓好常态化疫情防控，举全市之力打赢“5·21”本土疫情防控攻坚战，完成新冠疫苗接种超2400万剂次，启动市应急医院、市疾控中心能力提升项目、市物资储备综合基地建设，国际健康驿站正式运营。市医疗急救指挥中心、市医疗废物处置项目建成运行，市一医院获评全省高水平医院。医保异地就医直接结算实现“两个全覆盖”[⑤]。城镇新增就业10.5万人，城镇登记失业率2.4%，保障农民工工资支付工作获省政府通报表扬。企业职工退休人员人均基本养老金、最低生活保障标准分别增至每人每月3514元、1120元。新增养老床位1167张，星级养老机构占比居全省第一，均安“家门口医养结合”模式在全省推广。筹集保障性租赁住房4029套、共有产权住房1000套，发放住房保障租赁补贴1.46万户。完成新（改、扩）建幼儿园45所、义务教育阶段学校19所、普通高中2所，分别新增学位1.8万个、2.2万个、3500个。“双减”工作扎实推进，成为全国中小学劳动教育实验区。市博物馆新馆建成，全市已有及在建博物馆、美术馆247家。新（改）建社区体育公园200个，南海体育中心建成使用。扫黑除恶、“全民反诈”等专项行动成效明显，荣获首批全国禁毒示范城市。生产安全事故数量、死亡人数分别下降22.7%、12.6%，成为国家城市安全风险综合监测预警平台建设试点。获评省食品安全示范城市，学校食堂和养老机构“互联网+明厨亮灶”实现全覆盖。健全退役军人服务机制，提升优抚对象保障水平。开展市域社会治理现代化试点，打造市区镇村四级群众信访诉求综合服务体系，禅城区入选国家智能社会治理实验基地，全国乡村治理示范村镇新增1镇3村，全国民主法治示范村（社区）达13个。审计、人防、民族宗教、外事侨务、档案方志、妇女儿童、红十字会等工作取得新进展。

各位代表！过去五年佛山取得的成绩，根本在于以习近平同志为核心的党中央的坚强领导，在于习近平新时代中国特色社会主义思想的科学指引，在于省委、省政府和市委的正确领导，在于全市人民的共同奋斗。在此，我代表市人民政府，向全市人民，向各位人大代表、政协委员，向各民主党派、各人民团体、各界人士，向中央、省驻佛山单位和人民解放军、武警官兵、消防救援队伍指战员，致以崇高的敬意！向所有关心和支持佛山现代化建设的港澳台同胞、海外侨胞及国际友人，表示衷心的感谢！

我们清醒认识到，我市经济社会发展仍面临不少困难和挑战：消费拉动不够充分，投资结构亟待优化，稳增长压力较大，部分企业特别是中小微企业生产经营仍较困难；产业结构偏传统，“四新”经济发展不足，科技创新能力总体偏弱，支撑经济高质量发展的新动能还不强劲；城乡、区域发展不平衡问题突出，城市功能品质有较大提升空间；环境治理任务艰巨，民生社会事业存在诸多短板，优质公共服务供给不能满足人民美好生活需要；重点领域改革还需深化，改革的精气神仍需激发；政府职能转变仍要持续发力，政府治理能力需要进一步提升。我们一定正视这些问题，采取有力措施加以解决。

二、今后五年奋斗目标和主要任务

今后五年是佛山坚决贯彻新发展理念、全力推动高质量发展、全面塑造发展新形态的重要阶段。当前，世界百年未有之大变局加速演进，我国处于实现中华民族伟大复兴的关键时期，区域合作与竞争新局面加快形成，佛山发展的环境和条件、面临的机遇和挑战也在发生新变化。市第十三次党代会站在新的历史起点，明确了“515”战略目标，绘就了佛山发展的宏伟蓝图。我们将按照市委决策部署，狠抓落实、善作善成，全力推动经济社会发展取得新的更大成就，奋力谱写全面建设社会主义现代化国家的佛山新篇章。

今后五年政府工作的指导思想是：坚持以习近平新时代中国特色社会主义思想为指导，全面贯彻党的十九大和十九届历次全会精神，深入贯彻习近平总书记对广东重要讲话和重要指示批示精神，弘扬伟大建党精神，统筹推进“五位一体”总体布局，协调推进“四个全面”战略布局，坚持稳中求进工作总基调，完整、准确、全面贯彻新发展理念，高水平参与构建新发展格局，全面深化改革开放，坚持创新驱动发展，深化落实省委“1+1+9”工作部署，锚定市委“515”战略目标，担当大责、勇毅前行，奋力争当地级市高质量发展领头羊，为广东在新征程中走在全国前列、创造新的辉煌作出佛山更大贡献。

今后五年我市经济社会发展主要奋斗目标是：

——经济发展动力显著提升，塑造一个经济实力更加强大的新佛山。制造业比重保持基本稳定、规模居全国前列，规模以上工业80%实现数字化智能化转型发展，战新产业成为发展新引擎，产业链供应链现代化水平持续提升，努力成为制造业高质量发展标杆。勇当新时代改革开放示范，“益晒你”企业服务体系持续完善，现代企业制度改革深入推进，民营上市企业数量实现翻一番，粤港澳大湾区极点城市和西向门户城市功能不断增强，成为近悦远来的投资高地、创业福地、消费胜地，“十四五”期末地区生产总值达1.5万亿元，为广东打造新发展格局战略支点提供重要支撑。

——科技创新水平显著提升，塑造一个创新生态更加优良的新佛山。创新体制机制不断优化，创新资源要素加速集聚，高水平创新载体成为“强磁场”，创新企业具有强劲竞争力，“人才引育+技术研发+成果转化+产业应用”协同创新体系加快构建，深度对接广深港科技创新走廊，打造广珠澳科技创新走廊重要节点，依靠创新驱动的内涵型增长模式基本形成。全社会研发经费投入强度赶上先进水平，高技术制造业增加值实现三倍增长，高新技术企业超过1.1万家，成为具有国际影响力的制造业创新高地。

——城市形态功能显著提升，塑造一个城市形象更加现代的新佛山。城市规划建设管理水平全面提升，生产生活生态空间布局持续优化，基础设施互联互通，破旧低效高污染工业园彻底退出发展舞台，打造新型智慧城市和韧性城市。城乡融合发展取得新突破，区域结对紧密协作成效扎实，形成东西南北中互动发展新格局。生态城市建设取得决定性成果，“三屏六楔、两脉两环”自然生态格局[⑥]逐步成型，节能、减污、降碳协同增效，黑臭水体、中度以上污染天气基本消除，“半城山水满城绿”的岭南水乡风貌成为靓丽城市名片，加快建设宜居宜业宜游的高品质现代化人文都市。

——城市文化内涵显著提升，塑造一个文明素养更加厚实的新佛山。文化事业繁荣发展，文化业态更加丰富，文化消费更加活跃，文化产业对经济发展带动作用达到新高度。社会主义核心价值观深入人心，企业家精神和工匠精神成为社会风尚，优秀传统文化大放异彩，文艺精品创作更具传播度，岭南广府文化在佛山大地上持续焕发新活力，人民群众对城市文化的认同感、归属感不断增强。

——民生保障水平显著提升，塑造一个生活品质更加美好的新佛山。居民收入增长和经济增长保持基本同步，中等收入群体不断壮大，共同富裕迈出坚实步伐。民生领域短板加快补齐，就业规模质量稳步提升，教育现代化水平继续走在全省前列，卫生健康事业高质量发展，社会保障体系不断完善，公共服务水平持续提高，努力建设成为幼有善育、学有优教、劳有厚得、病有良医、老有颐养、住有宜居、弱有众扶的幸福家园。

——政府治理能力显著提升，塑造一个治理效能更加彰显的新佛山。数字政府建设保持领先，法治政府、廉洁政府建设全面加强，政务服务质量效率持续提升，企业和群众满意度、获得感更高。社会治理社会化、法治化、智能化、专业化水平不断提升，各领域矛盾风险防范化解能力进一步增强，法治佛山、平安佛山建设成为标杆，探索更多具有时代特征、市域特点的基层社会治理新模式，人民群众的幸福感、安全感更有保障。

面对艰巨繁重的改革发展任务，面对争当地级市高质量发展领头羊的历史使命，面对人民群众对美好生活的殷切期盼，我们必须提高站位、开拓视野，积极对标国际国内一流，在“比学赶超”中激发出更强劲的前进动力；我们必须解放思想、勇于突破，继续用好改革开放关键一招，再造一个激情燃烧、干事创业的火红年代；我们必须主动作为、奋发进取，推动创新、协调、绿色、开放、共享五个方面发展向高质量快速跃升，全面塑造佛山发展新形态；我们必须牢记宗旨、一心为民，在发展社会事业、增进民生福祉上下大力气，努力走出一条具有佛山特色的共同富裕之路。我们坚信，在习近平新时代中国特色社会主义思想的指引下，在省委、省政府和市委的正确领导下，通过全市上下团结拼搏，我们一定能够创造经得起历史和实践检验的业绩，交出一份人民满意的答卷！

三、2022年工作安排

2022年是党的二十大召开之年，也是新一届政府履职的开局之年，做好今年工作意义重大。我们要坚持稳字当头、稳中求进，坚持以供给侧结构性改革为主线，统筹疫情防控和经济社会发展，继续做好“六稳”“六保”工作，保持经济运行在合理区间，保持社会大局稳定，迎接党的二十大胜利召开。今年经济社会发展主要预期目标是：地区生产总值增长6%左右，规模以上工业增加值增长6.5%左右，固定资产投资增长6%左右，社会消费品零售总额增长6.5%，进出口总额增长5%，地方一般公共预算收入增长5%，研发经费支出占地区生产总值比重达3%，居民消费价格涨幅控制在3%以内，居民人均可支配收入增长与经济增长基本同步，城镇新增就业人数、单位地区生产总值能耗下降幅度完成省下达任务。

为实现上述目标，重点做好以下工作：

（一）实施扩大内需战略，提振市场主体信心，全力促进经济平稳健康运行

持续扩大有效投资。安排省、市重点项目投资超1000亿元，加快推进中科诺电子信息产业基地、信扬科技成像模组生产基地、银星智能服务机器人研发制造产业基地、一汽解放南方新能源汽车基地、朗华工业供应链智慧科技园等重大产业项目建设。加大精准招商统筹力度，完善政企招商互动机制，发挥佛山产业投资平台作用，推行“国资引领—项目落地—股权退出—循环发展”招商模式，新引进超10亿元（或1亿美元）重大产业项目70个以上。扩大新型基础设施投资，新建一批5G基站、充电桩、加氢站等“新基建”项目，推进智慧燃气、智慧水务、智慧房产等“新城建”示范项目。积极争取地方政府专项债，实行专项债项目清单化管理，加快专项债项目建设进度。深化工程审批制度改革，优化企业投资项目报批报建手续，社会投资简易低风险项目全流程审批时限不超过10个工作日，持续激发民间投资活力。

打造区域消费中心城市。培育壮大新型消费，发展直播经济、无人体验店等新零售业态，满足“宅经济”“云生活”等新消费需求。促进汽车、家居等传统消费升级，扩大新能源汽车、智能家电等消费规模。支持商贸企业做大做强，促进连锁企业规模化发展，支持消费品牌首店落户，鼓励“老字号”创新发展，新增限额以上批发、零售、餐饮企业800家以上。优化提升祖庙、季华路、千灯湖、华侨城欢乐海岸等商圈及街区，加快打造一批高品质省、市级示范商圈。建设夜间经济集聚区和示范点，打造“夜宴”“夜游”“夜赏”等十大夜间业态[⑦]。开展国家文化和旅游消费试点，发展工业游、乡村游、红色游、研学游等旅游新业态，力争3A以上旅游景区达36家，支持禅城、高明区创建国家全域旅游示范区，南海、顺德、三水区创建省级全域旅游示范区。深入实施粤菜师傅工程，加强美食集聚区建设，提升“岭南味·佛山品”知名度和影响力。

推动外贸提质增效。加快广东自贸区联动发展区、国家级经济技术开发区、佛山综合保税区等开放平台申报建设，建好用好6个国家级、2个省级外贸转型升级基地，形成更多高能级的外经贸发展平台。抢抓区域全面经济伙伴关系、中欧投资协定等机遇，大力开拓海外市场，加强与“一带一路”沿线国家贸易合作。优化口岸营商环境，加强数字贸易创新，推进口岸现代化建设，持续降低通关综合成本。发展公共海外仓等新业态新模式，探索开展市场采购贸易方式试点集聚区扩容。高标准建设国家跨境电商综合试验区，发挥公共服务平台和线下园区平台作用，推动跨境电商产业规模持续提升。深化中国服务外包示范城市建设，支持服务贸易和服务外包业务创新发展。扩大优质产品进口，支持企业设立进口贸易集散中心、进口商品展销中心，引进先进技术、设备和高品质消费品。

持续激发市场主体活力。研究制定市场主体服务条例，依法保护各类市场主体产权和合法权益，营造多种所有制企业竞相发展良好环境。落实新的减税降费政策，推广政府补助资金“秒速直达+限时直达”改革，市区联动开展暖企行动，帮助市场主体特别是中小微企业、个体工商户减负纾困、恢复发展。坚定不移支持民营经济高质量发展，大力弘扬企业家精神，构建亲清政商关系，争创全国首批民营经济示范城市。积极推动“个转企、小升规、规改股、股上市”，加快培育“三个一批”企业[⑧]，力争新增规模以上工业企业1200家、上市公司10家以上。优化国资布局结构，增强国资平台引导产业投资、推进基础设施建设、强化公共服务保障等功能。完成国企改革三年行动任务，提高国企经营效益。

（二）坚持以“四大决心”促“四大改变”[⑨]，推动制造业高质量发展，加快构建现代产业体系

提升产业基础高级化和产业链现代化水平。深入实施制造业高质量发展强核、立柱、强链、优化布局、品质、培土“六大工程”，全面推动制造能力、产业协同、产品质量、结构优化、职业技能、产业载体等领域转型升级，争创全国制造业高质量发展示范区。落实产业链“链长制”，培育引进一批具有较强竞争力的“链主企业”和“隐形冠军”企业，鼓励发展“产业公地”[⑩]，巩固提升智能家电、汽车、新一代电子信息、生物医药与健康等战略性支柱产业集群，做大做强高端装备制造、智能机器人、新能源、前沿新材料等战新产业集群。强化产业链协同发展，加快推动广佛惠超高清视频和智能家电产业集群、广深佛莞智能装备产业集群发展壮大。牵头建设广东燃料电池汽车示范应用城市群，打造区域性氢能产业发展高地。积极创建全国质量强市示范城市，深化工业产品质量提升，优化质量认证服务，加强全国知名品牌创建示范区、地理标志产品等区域品牌建设，新增“佛山标准”产品超过100个，擦亮“佛山制造”品牌。

强化产业空间规划布局。坚持优势产业基础与未来产业方向相结合，一体规划、科学布局全市产业发展空间。划定450平方千米以上工业用地保护红线，规划建设54个万亩以上工业集聚区，加大连片土地储备力度，着力打造一批大规模、有影响力的产业平台，积极引导产业链上下游企业向工业集聚区布局，加快形成“中部强核、东西两带、南北两圈”高效联动产业格局[⑪]。规划建设超400平方千米的佛北战新产业园，探索市区联合建设模式，以云东海生物港等为核心启动区，推动水都产业园、狮山新材料产业园、丹灶新能源产业基地、官窑物流园、南海电子信息产业园等多个产业组团协同发展，着力打造世界一流水平、以先进制造业为主体的现代化产业园。谋划建设160平方千米的临空大型产业园区，发挥空铁路港联运优势，集中发展航空物流、高端装备制造、电子商务等产业。以大园区、大平台引领产业大发展，努力把佛北战新产业园、临空大型产业园区等打造成为支撑全市制造业高质量发展的新增长极。

推动数字经济和实体经济融合发展。加快推进制造业数字化智能化转

型，发挥广东（佛山）制造业转型发展基金和“数字贷”[12]工程的杠杆带动作用，支持企业应用数字技术和智能制造装备进行全流程改造升级，新增数字化智能化示范工厂23家、示范车间80家、服务商40家。依托龙头企业推动产业链协同数字化转型，鼓励产业集群中小企业探索抱团转型发展路径，累计打造6个产业集群数字化智能化试点。引导中小企业“上云用云”，累计打造工业互联网标杆示范项目超100个，争取更多国家级工业互联网双跨平台落户。推进数字产业化，聚焦人工智能、大数据、云计算、物联网、区块链等技术创新应用，加快发展5G、集成电路、软件等领域产品和服务，支持禅城区创建数字经济创新集聚区。

推进现代服务业提档升级。大力发展生产性服务业，鼓励发展总部经济、平台经济、楼宇经济、地铁经济等业态，提高服务业专业化、标准化、品牌化水平。支持电子商务企业做大做强，推动商业和生活服务领域线上线下融合发展，畅通产品销售渠道。着力打造生产服务型国家物流枢纽和全国性邮政快递枢纽，规划建设一批“高标仓+智能化”现代物流产业园，加快佛山国际陆港、广东供销冷链物流产业园等项目建设，培育发展新型加工贸易、工业供应链等新业态。依托广东工业设计城，集聚一批专业设计机构和人才，打造工业设计新地标。发挥潭洲国际会展中心、南海国际会展中心等平台作用，加快构建“会展+”产业生态圈，提高会展经济创新发展水平。推动健康、养老、家政、物业管理等生活性服务业高品质发展，加强公益性、基础性服务业供给。

（三）强化科技创新引领，加快建设高水平创新型城市，激发内生增长动力

加强重大创新平台建设。高标准建设“一区一园一城”科技创新高地，引领区域创新协同联动发展。优化佛山国家高新区管理体制机制，深入开展企业创新积分制试点，推动“一园一特色”差异化协同发展，成为高新技术企业群体和新兴产业集群的重要集聚地。规划建设佛中人才创新灯塔产业园，完善科创配套设施和服务体系，着力打造各类高层次人才团队集聚发展的创新创业平台。强化三龙湾科技城创新策源能力建设，加快建设佛山新城国际合作高端商务区、科技研发与成果转化基地两大核心区域，吸引更多高端人才、技术、项目等创新资源集聚融合。支持推动环文华公园创新活力区、国防科技工业军民融合创新示范基地等创新平台建设。加强重大科研载体建设，支持季华实验室创建先进制造领域国家实验室、仙湖实验室创建新能源领域国家重点实验室，积极推动佛山电子信息技术成果转化中心、国家智能设计与数控技术创新中心佛山分中心落地。

提升产业技术创新能力。深入实施科技攻关“揭榜挂帅”机制，积极申报国家科技重大专项，集中力量突破现代显示装备、芯片封测装备等“卡脖子”技术，增强产业链供应链自主可控能力。鼓励企业走“专精特新”发展道路，促进高新技术企业提档晋级，力争国家高新技术企业净增800家、总数达7900家，培育认定细分行业龙头企业100家以上。鼓励企业加大研发投入，支持大中型企业建设技术创新中心和企业重点实验室，引导有条件的科技型中小企业建设研发机构。全面落实企业研发费用加计扣除、高新技术企业所得税优惠政策，优化研发项目自主前置鉴定服务，降低企业创新成本。

营造优良创新生态环境。深化科技体制机制改革，加快重构优化人才政策体系，探索科研平台聘任制、员额制等引才用才模式，完善“一站式”人才综合服务平台，力争培育引进科技创新团队不少于50个、领军人才不少于70人、博士不少于1000人。推进“科创中国”试点城市建设，健全“一网式”创业孵化服务平台，推动科技企业孵化器、众创空间等载体提质增效，加快发展科创金融，优化全链条创新创业服务。积极参与珠三角国家科技成果转移转化示范区建设，建好用好广东高校科技成果转化中心等平台。深入实施知识产权“培优”“护航”工程，争创国家知识产权强市建设示范城市，申建国家级产业知识产权运营中心，加快建设国家海外知识产权纠纷应对指导中心佛山分中心。

（四）深化重点领域改革，提高对内对外开放水平，增创高质量发展新优势

全力打造一流营商环境。以推进“一号改革工程”的决心和力度，全面实施构建“益晒你”企业服务体系行动方案，并实行“一年一评估”“一年一修订”“一年一发布”动态更新优化，持续提升市场主体获得感和满意度。深化商事制度“1时代”改革[13]，推行“益企通”企业综合服务平台拓展应用，探索设立企业服务中心和建立“企业服务员”制度，为企业提供全生命周期的优质服务。深入实施“一件事一次办”改革，开展政务服务“全市通办”“异地可办”“免证办”，推广设立“疑难事项”办理窗口，确保能办事、好办事、办成事。探索“交地即发证”“验收即发证”等不动产登记服务。加快数字政府建设，推广应用一体化在线政务服务平台，推进社保卡“一卡通”综合试点，实现高频政务服务事项在线“秒批秒办”。完善“市长直通车”平台，高效解决企业群众“急难愁盼”诉求。深化“人工智能+双随机”智慧监管改革，以公正监管保障公平竞争。

提高要素资源配置效率。开展全域土地综合整治，优化项目用地保障及工业用地供给方式，促进国有工业用地集约高效使用，盘活农村闲置低效土地资源。落实“项目跟着规划走、指标跟着项目走”土地保障机制，确保高端制造项目100%供地。探索推行“标准地”供应、“带项目方案”出让土地，推动符合条件的工业项目“拿地即开工”。打造综合性金融服务平台，运用各类政策性金融工具，促进中小微企业、科技创新、绿色发展等融资增量扩面降价。加强广东金融高新区、千灯湖创投小镇等现代金融产业载体建设，推动农商银行改革发展。开展数据要素市场化配置试点改革，完善数据资产登记和交易机制，加快建设华南（广东）国际数据交易中心。

提高区域协调发展水平。建立南海结对三水、顺德结对高明紧密协作机制，实施重点产业协作、基础设施联通、民生服务共享、乡村振兴联动等工程，加快谋划建设一批科技产业平台、

基础设施项目、社会事业项目和群众增收合作项目，推动高明、三水区加快发展，助力南海、顺德区转型升级，强化中心城区辐射带动能力，增强全市区域发展的平衡性协调性。积极融入“双区”建设和“一核一带一区”区域协调发展格局，加强与横琴、前海两个合作区战略互动，促进各类要素高效便捷流动。深化广佛全域同城，加快建设“1+4”广佛高质量发展融合试验区，推进基础设施互联互通、产业科技协同共进、政务服务跨城通办。推动“深圳科创+佛山产业”协同发展，加快建设深圳产业园佛山科创园和深佛产业合作专区。加强与港澳经贸合作，做实做强粤港澳协同发展合作区、粤港澳合作高端服务示范区、粤港澳大湾区影视产业合作试验区等平台。全方位深化与湾区其他城市合作对接，共建国际一流湾区和世界级城市群。积极参与粤桂黔滇川高铁经济带、珠江-西江经济带建设，增强对大西南地区的经济辐射力。

（五）加强城市规划建设管理，推动城乡融合发展，打造高品质生产生活空间

优化提升城市形象品质。成立国土空间规划委员会，高质量编制《佛山市国土空间总体规划（2020年—2035年）》，科学划定生态保护红线、永久基本农田、城镇开发边界控制线。加强城乡风貌管控、城市色彩和形态管理，探索建立首席设计师制度，推进城市绿化、美化、亮化、净化工程，开展“江河两岸、沿路两边、高架桥下”景观提升，加大违法建设治理力度。加快东平河水轴线建设，力争活力新港、澜石记忆、星耀石湾等节点项目年内建成使用。坚持连片化、集聚化开展“三旧”改造，继续推进中心城区108个市级重点项目建设，加快莲升片区、南风古灶片区等老城更新活化，改造提升城镇老旧小区3.7万户。实施村级工业园升级改造总攻坚，以“工改工”为主攻方向，分批分梯次推进村级工业园综合整治、拆除重建。强化特色小镇功能融合和区域联动，推动向高端化精品化方向发展。开展智慧城市综合改革试点，加快建设数字佛山“城市大脑”，打造“一网统管”基础平台，深化数字技术在社会治理、公共服务、市场监管、生态环境等领域协同应用，提高城市管理智慧化精细化水平。

深入实施城市“畅通工程”。全力推进珠三角枢纽（广州新）机场筹建工作，争取机场土方工程年内动工。加快广湛高铁佛山站、珠肇高铁高明站规划建设，推动广湛、珠肇、深南等干线铁路和广佛环线、佛山经广州至东莞城际等城际轨道项目规划建设，共建共享“轨道上的大湾区”。加速城市轨道交通成网，力争广州地铁7号线西延顺德段一季度开通初期运营、3号线首通段年内试运行，推动4号线一期开工建设，做好11号线和2号线二期前期工作。完善城市骨干路网，加快推进富龙西江特大桥、季华路西延线、塘西大道三期及南延线等项目建设，力争年内建成龙翔大桥及引道、云勇公路等工程。持续缓解交通拥堵，打通断头路36条，综合治理交通拥堵节点、路段、片区105处，推广建设全息感知智能路口，交通信号灯联网率达75%。实施停车难纾解工程，新增停车位5万个，新建立体车库10个，探索共享停车，推动全域智慧停车建设。优化绿色出行环境，新建、提升自行车及电动自行车专用道900千米，新增公交场站6.7万平方米，规范共享单车等交通新业态发展。强化江海、水陆联运，推动港口资源整合集约发展，加快建设高荷码头，做好顺德水道扩能升级工程、了哥山港区码头二期等项目前期工作。

扎实推进乡村振兴。创新发展现代都市农业，加快建设粤港澳大湾区现代都市农业综合示范基地，推动农业绿色生态转型。实施农业公园提质扩面工程，高水平建设禅乡渔歌农业公园等示范点，新建都市农业公园5个以上。有序推进全域养殖池塘升级改造，建设省级示范性美丽渔场和养殖示范区。推动现代农业产业集聚发展，建设特色农产品“预制菜”加工产业园。深化省农业科技示范市建设，加快建设鲲鹏现代农业研究院等平台，持续开展水产、畜禽等生物育种自主创新和产业化。建设“三农”大数据平台，推动智慧农机等示范基地建设。抓好“米袋子”“菜篮子”工程，累计建成市级以上“菜篮子”基地超100家。推行高素质农民和农村实用人才培育计划，培训农业从业人员超1万人次。实施农村人居环境整治提升行动，启动农房风貌管控和乡村风貌提升示范村、示范带建设，加快“百里芳华”示范带跨区连片示范段建设，开展第七批40条古村落升级活化，80%以上行政村达到美丽宜居村标准。坚持巩固拓展脱贫攻坚成果同乡村振兴有效衔接，继续实施高明革命老区、三水南山侨区特别帮扶计划，深入推进东西部协作、对口支援、对口合作以及省内驻镇帮镇扶村工作。

（六）全力推进生态文明建设，推动经济社会发展全面绿色转型，打造绿韵水乡美丽家园

深入打好污染防治攻坚战。加快推进水环境全流域强统筹大兵团分层次治理，实施“治水八大行动”[⑭]，强化入河排污口清理整治和镇级工业区“污水零直排区”建设，完成65条农村黑臭水体整治。深化排水设施“三个一体化”[⑮]改革，新（扩）建12个污水处理厂，新（改）建污水管网1100千米，分片区开展管网系统化整治。系统推进大气环境治理，推动细颗粒物、臭氧等多污染物协同减排，深化重点行业挥发性有机物治理。创建绿色货运配送示范城市，开展绿色物流区试点，加强成品油行业管理，扩大国Ⅲ柴油货车限行范围。建立土壤生态环境研究平台，推进国家“十四五”土壤污染防治先行区、地下水污染防治试验区建设。认真落实第二轮中央生态环保督察反馈问题整改。

加强生态保护和修复。统筹强化山水林田湖草系统治理，加强自然保护地建设和优化整合，共建广佛全域同城生态廊道。加强大湾区高品质森林城市建设，全面实施林长制，加大碳汇造林力度，完成退桉限桉工程2万亩。坚持科学绿化，鼓励支持通过拆违建绿、留白增绿等方式，优化城乡绿色空间布局。加快公园城市建设，推进大型公园、口袋公园、乡村“四小园”建设和城市微小空间绿化改造提升，力争25个万亩千亩公园基本建成开放，建成云东海、金沙岛国家湿地公园。推进西江、北江绿

色生态岸线修复和美化绿化，建成碧道280千米，打造秀丽湖库20个。深入实施河心岛生态修复五年延伸行动，创建生态修复示范岛。大力发展自然教育、森林康养、林下经济等产业。

推动绿色低碳循环发展。研究制定“十四五”碳排放强度控制目标落实方案，科学谋划碳达峰实施路径，深化近零碳排放示范工程建设。优化能耗“双控”工作机制，实施重大项目能耗统筹，坚决遏制“两高”项目盲目发展。推动“三线一单”[16]生态环境分区管控体系落地应用，深入开展环评审批与排污许可“两证合一”改革试点。实施全面节约战略，推进资源节约、集约、循环利用，做大做强节能环保、清洁能源等产业，鼓励支持传统制造业清洁化循环化改造，发展绿色金融，加快形成绿色生产方式。实施绿色建筑创建行动，绿色建筑占城镇新建民用建筑比例达80%，装配式建筑占新建建筑面积比例达26%。深入创建“无废城市”，强化固体废物全过程规范化管理，新增18万吨/年的铝灰渣利用处置能力。构建城市垃圾现代化管理体系，推进三水绿色环保项目建设，基本实现垃圾分类全覆盖。增强全民节约意识，倡导简约适度、绿色低碳的生活方式。

（七）坚定不移走共同富裕之路，用心用情办实事惠民生，不断满足人民美好生活新需要

坚决兜住兜牢民生底线。强化就业优先导向，落实“促进就业九条”，深入推进“粤菜师傅”“广东技工”“南粤家政”三项工程，保障高校毕业生等重点群体就业，健全灵活就业劳动用工和社会保障政策。科学制定工资指导线，推动职工收入增长和经济增长同步，保障农民工工资发放。推进全民参保计划，扩大企业年金覆盖面。完善住房保障体系，筹集保障性租赁住房2万套、共有产权住房2000套、人才住房8000套，发放住房保障租赁补贴1.67万户。支持商品房市场更好满足购房者的合理住房需求，促进房地产业良性循环和健康发展。实施养育成本减负工程，统筹落实新的生育政策，发展普惠托育服务，推进托幼一体化，支持社会力量兴办托育机构，建设6家以上示范性托育机构。完善居家养老服务体系，开展示范性医养结合机构评比，新增医养结合床位1500张，建成市颐养院。构建全覆盖高效社会救助体系，升级改造救助管理站，市新社会福利院（新儿童福利院）开工建设。实施“兜底民生服务社会工作双百工程”[17]。支持企业和社会群体参与公益慈善事业。健全常住地提供基本公共服务制度，促进新市民共享发展成果。巩固军政军民团结，落实拥军优属政策，提高退役军人安置质量。推进儿童友好型城市、青年发展型城市、老人康养型城市建设，保障妇女、儿童、老年人、残疾人、特殊困难群体等合法权益。做好粮油肉蛋奶果蔬等保供稳价，统筹安排煤电油气保障供应和应急物资储备。

办好人民满意的教育。扩大公办教育资源供给，新增公办中小学及幼儿园学位4.7万个。巩固提升学前教育“5080”[18]建设成果，提高幼儿园保教质量水平。持续推动城乡义务教育优质均衡发展和普通高中优质特色多样化发展。稳妥推进“双减”工作，完善校内课后服务保障，全面规范校外培训行为。加强教育收费管理。推进佛科院建设高水平理工科大学，支持省属共建校区高质量特色化发展。推行校企合作、“双元制”职业教育模式[19]，推进市技师学院纳入高等学校序列，支持佛职院扩大办学规模、顺职院创办职业技术大学、高明技工学校创建技师学院，培养高素质应用型产业生力军。实施“大城名师”工程，建立中小学优秀校长教师市域交流机制，打造高素质专业化创新型教师队伍。

加强健康佛山建设。提升医防协同能力，确保市应急医院建成使用，推进市二医院新院区、市中医院扩改建工程、市公共卫生临床医疗中心建设。推动公立医院高质量发展，实施疾控体系创优行动，全面加强药品监管能力建设。优化医疗资源配置，加大基层医疗机构基本设备投入，提升儿童保健、急救、慢性病等服务保障水平。强化“三医联动”，健全多层次医疗保障体系，完善大病医疗保险、商业补充医疗保险和DRGs[20]为主的复合支付体系。加快中医药强市建设，打造中医药康养品牌。深入开展爱国卫生运动，倡导文明健康生活方式。

增强城市文化软实力。积极培育和践行社会主义核心价值观，深化“信用佛山”“志愿之城”“敬业之城”建设，打造“爱满佛山、向善之城”品牌，争创全国文明典范城市。完成高质量文化导向型名城建设三年行动任务，弘扬陶瓷文化、功夫文化、龙狮文化、美食文化、工匠文化，擦亮“博物馆之城”“世界美食之都”“世界功夫之城”等城市文化名片，开展艺术精品创作和群众性文体活动，创建“东亚文化之都”。传承和激发传统文化、红色文化，打造岭南文脉轴线。开放佛山粤剧院、市博物馆新馆，筹建陶瓷文化博物馆，建设三龙湾高端艺术社区、粤港澳大湾区武术文化交流中心。健全现代文化体育产业体系，持续打造9大文化产业集聚区[21]，加强南方影视中心建设，建成全国版权示范城市。完善全民健身服务体系，新（改）建社区体育公园200个。办好中国男篮职业联赛、中国龙舟大奖赛等大型体育赛事，积极备战第十六届省运会。

各位代表！围绕群众关心关切的民生问题，市政府广泛征集遴选了13件民生实事候选项目，形成了书面报告，请各位代表审议并票选确定10件民生实事项目。我们将认真组织落实，确保圆满完成。

（八）坚持统筹发展和安全，有效防范化解各类风险，维护社会大局和谐稳定

科学精准做好疫情防控工作。坚持“外防输入、内防反弹”，慎终如始抓好常态化疫情防控，强化冬春季、北京冬奥会等重要时间节点、重大活动期间疫情防控。加强突发公共卫生事件、重大传染病的应急处置和医疗救治能力，推进二级以上综合医院规范设置发热门诊。提升新冠病毒核酸检测能力，有序推进新冠疫苗接种工作。

建设更高水平的平安佛山。全面贯彻落实总体国家安全观，坚决捍卫国家政治安全。扎实推进扫黑除恶常态化，深化“全民反诈”，开展禁毒示范

区、镇（街）、村（居）创建。深入推进非法集资防范和处置，妥善处置涉众金融风险。加强韧性城市建设，健全防洪减灾体系，海绵城市面积达城市建成区的32%，试点推进优质供水。深化国家食品安全示范城市创建，开展重要农产品溯源管理试点，推进放心农产品直供配送网络体系建设，完成129家农贸市场改造。实施安全生产专项整治三年行动，健全应急指挥体系，强化消防救援专业力量，推进应急广播系统建设，提高突发事件应急处置能力。开展国家城市安全风险综合监测预警平台建设试点，推进“智慧安全佛山”二期项目建设，加强危险化学品、燃气、林火等重点领域安全隐患排查整治。

创新市域社会治理。发展新时代“枫桥经验”，完善矛盾纠纷大排查大化解大治理工作体系，构建人人参与、共建共享的基层治理体系。加快社会综合治理智能化建设，打造市域治理“一网统管”试点标杆城市。深入开展全民普法，优化公共法律服务，夯实法治社会根基。推进信访工作改革创新，深化“信访超市”标准化建设，构建矛盾多元化解体系。发挥社会工作专业力量，促进社会组织高质量发展。创建和谐劳动关系，推广应用电子劳动合同，持续推进根治欠薪。

（九）切实加强政府自身建设，提升政府治理现代化水平，努力建设人民满意政府

加强政治建设。深学笃行习近平新时代中国特色社会主义思想，增强“四个意识”，坚定“四个自信”，做到“两个维护”，始终在思想上政治上行动上同以习近平同志为核心的党中央保持高度一致，确保党中央决策部署不折不扣落到实处。严明政治纪律，严守政治规矩，严格执行省委坚决落实“两个维护”十项制度机制，自觉把党的领导落实到政府工作各领域各方面。

加强法治政府建设。严格执行人大及其常委会的决议决定，依法接受人大及其常委会监督，自觉接受政协民主监督，认真办理人大代表建议、政协提案，广泛听取民主党派、工商联、无党派人士和各人民团体意见。加强政务公开，主动接受社会监督、舆论监督。规范重大行政决策程序，推进科学民主决策。严格规范公正文明执法，全面落实行政执法公示、执法全过程记录、重大执法决定法制审核“三项制度”。

加强廉洁政府建设。严格落实全面从严治党主体责任，一刻不停推进党风廉政建设和反腐败斗争，营造风清气正的政治生态。认真落实中央八项规定及其实施细则精神，坚持政府过紧日子，严肃财经纪律，严控一般性支出，推进审计全覆盖向纵深发展。持续纠治“四风”，深入开展机关作风突出问题专项整治，健全基层减负常态化机制。坚持“三严三实”，大力倡导敢作为、善作为，坚决反对不担当、不作为。提高干部队伍综合素质，强化思想淬炼、政治历练、实践锻炼、专业训练，增强解决实际问题能力。

各位代表！新起点呼唤新担当，新征程需要新作为。让我们更加紧密地团结在以习近平同志为核心的党中央周围，在省委、省政府和市委的坚强领导下，不忘初心、牢记使命，凝心聚力、笃定前行，奋力争当地级市高质量发展领头羊，以优异成绩迎接党的二十大胜利召开！

注释：

①“两环四纵五横”市域高速公路网络：“两环”指珠二环、珠三角环线高速公路；“四纵”指广州西环—广珠西线、广佛江珠、广佛—佛开、佛清从高速公路；“五横”指广佛肇、二广—广三、广昆、广台、广中江高速公路。

②“佛山一号”卫星：超高比功能柔性卫星“佛山一号”是全球首颗100公斤0.5米分辨率光学成像卫星，于2021年4月27日被长征六号运载火箭送入预定轨道。

③“1+4”广佛高质量发展融合试验区：“1”是“广州南站—三龙湾—荔湾海龙”片区作为广佛融合先导区，“4”是“南沙—顺德”“荔湾—南海”“白云—南海”“花都—三水”四个片区。

④农村“四小园”：把村内原本杂乱或者闲置的房前屋后、街头巷尾的小块土地，整改成小果园、小菜园、小花园和小公园，美化绿化村容村貌。

⑤“两个全覆盖”：在政策支撑上，实现了佛山参保人赴外地就医所有诊疗方式“全覆盖”；在平台开通上，实现了我市全部有住院业务的二级以上定点医疗机构“全覆盖”。

⑥“三屏六楔、两脉两环”自然生态格局：“三屏”指市域三处生态屏障，包括三水区内北江干流西侧连绵林地、高明区西江支流南部的连绵林地等重要生态板块；“六楔”指六处重要的生态楔形廊道，包括三水区塘西大道两侧、芦苞涌两侧等生态走廊；“两脉”指沿北江、西江干流的东平水道、顺德水道形成的两条滨水生态廊道等；“两环”指沿西南涌、佛山一环北线、佛山水道、东平水道等形成的城郊万亩郊野森林环和城区千亩城市公园环。

⑦十大夜间业态：“夜宴”餐饮品牌、“夜游”首发线路、“夜赏”城市节点、“夜购”消费商圈、“夜旅”特色景区、“夜演”视听剧苑、“夜健”功夫名城、“夜品”文化场馆、“夜读”学习书吧、“夜宿”精品酒店。

⑧“三个一批”企业：着力巩固一批具有强大竞争力的世界级企业，发展提升一批具有行业引领地位的创新型企业，培育打造一批具有高成长性的未来型企业。

⑨以“四大决心”促“四大改变”：改变工业不连片状况的大决心、改变供地不保障状况的大决心、改变产业不高端状况的大决心、改变招商不给力状况的大决心。

⑩“产业公地”：根植于企业、大学和其他组织之中的研发与制造的基础设施、专业知识、工艺开发能力、工程制造能力等。这些能力共同为一系列产业成长和技术创新提供基础，实现各个主体之间共融共生。

⑪“中部强核、东西两带、南北两圈”高效联动产业格局：向中，重点发展带动型经济，打造创新中心强核；向东，重点发展商流型经济，打造现代物流产业带；向西，重点发展复合型经济，打造机场空铁经济带；向南，重点发展智能型经济，打造高端制造产业集聚圈；向北，重点发展先导型经济，打造战新产业集聚圈。

⑫“数字贷”工程：主要包括企业

数字化智能化项目贷款的全额贴息和风险补偿。全额贴息主要解决企业“融资贵”“不敢贷”的问题，从企业这一端激发企业转型发展的动力；风险补偿主要解决“融资难”与银行“不愿贷”的问题，从银行这一端激发银行给企业放贷的动力。

⑬ 商事制度“1时代”改革：企业开办实现“1”环集成、“1”窗受理、“1”网通办、“1”照通行、“1”单全免、“1”号响应。

⑭ 治水八大行动：生活污水处理提质增效行动、工业和船舶废水减排行动、农业污染源头防治行动、黑臭水体全面消除行动、入河排污口清理整治行动、清淤治违畅通河渠行动、以水定地城市更新行动、科技创新智慧治水行动。

⑮ 排水设施“三个一体化”：排水设施建管一体化、厂网一体化、城乡一体化。

⑯“三线一单”：在科学确定生态保护红线、环境质量底线、资源利用上线的基础上，编制生态环境准入清单，构建生态环境分区管控体系的环境管理机制。

⑰“兜底民生服务社会工作双百工程”：实现全市社会工作服务站（点）100%覆盖，困难群众和特殊群体社会工作服务100%覆盖，为其提供政策引导、心理疏导、能力提升、社会融入等专业服务。

⑱ 学前教育“5080”：公办幼儿园在园幼儿占比在50%以上，普惠性幼儿园在园幼儿占比在80%以上。

⑲“双元制”职业教育模式：整个职业教育培训过程是在工厂企业和职业学校进行，其中一元是指职业学校，其主要职能是传授与职业有关的专业知识；另一元是企业或公共事业单位等校外实训场所，其主要职能是让学生在企业里接受职业技能方面的专业培训。

⑳ DRGs：按照临床治疗相近、医疗资源消耗相近的原则对住院病例进行分组，医保基金按照同病组同费用原则，向医院支付医疗费用的付费方式。佛山于2019年获评DRGs付费方式经办管理较为完善的广东省唯一试点城市。

㉑ 9大文化产业集聚区：以石湾中国陶谷为中心的陶瓷创意产业集聚区，以张槎新媒体产业园为中心的数字文化产业集聚区，以平洲玉器街为中心的玉器产业集聚区，以西樵国艺影视城为中心的影视旅游产业集聚区，以顺德华侨城为中心的休闲旅游产业集聚区，以北滘广东工业设计城为中心的工业设计产业集聚区，以伦教珠宝产业园为中心的珠宝首饰产业集聚区，以三龙湾高端艺术社区为中心的文旅体休闲娱乐产业集聚区，以南海电竞产业园为中心的粤港澳大湾区电竞文创产业集聚区。

表65　**2021年佛山市获批准的地方性法规一览表**

法规名称	通过及批准时间	施行时间
《佛山市住宅物业管理条例》	2020年10月30日佛山市第十五届人民代表大会常务委员会第三十四次会议通过，2021年1月20日广东省第十三届人民代表大会常务委员会第二十八次会议批准。	2021年4月1日起
《佛山市非户籍人口居住登记条例》	2021年4月29日佛山市第十五届人民代表大会常务委员会第四十二次会议通过，2021年5月26日广东省第十三届人民代表大会常务委员会第三十二次会议批准。	2021年8月1日起
《佛山市河涌水污染防治条例》	2021年9月17日佛山市第十五届人民代表大会常务委员会第四十七次会议通过，2021年12月1日广东省第十三届人民代表大会常务委员会第三十七次会议批准。	2022年1月1日起

统计资料

表66　**2021年佛山市及各区主要指标一览表**

指标名称	计量单位	佛山市	禅城区	南海区	顺德区	高明区	三水区
年末常住人口	万人	961.26	134.27	371.93	326.94	47.20	80.92
地区生产总值（按当年价计算）（快报数）	亿元	12156.54	2148.90	3560.89	4064.38	977.10	1405.19
第一产业	亿元	210.55	0.65	60.88	72.66	32.41	43.95
第二产业	亿元	6806.95	748.81	1907.77	2411.33	728.78	1010.25

续表

指标名称	计量单位	佛山市	禅城区	南海区	顺德区	高明区	三水区
第三产业	亿元	5139.04	1399.43	1592.23	1580.39	215.91	351.00
人均生产总值（按常住人口计算）（快报数）	元	127085	160713	96277	124962	207651	174136
指数（以上年为100）（按可比价计算）（快报数）							
地区生产总值	%	108.3	108.2	108.8	108.2	107.0	108.6
第一产业	%	109.5	114.2	107.9	104.8	110.1	120.7
第二产业	%	109.3	110.3	109.5	109.8	106.3	109.5
第三产业	%	107.0	107.1	108.1	106.1	109.0	104.8
人均生产总值（按常住人口计算）（快报数）	%	107.3	107.3	107.5	107.3	106.5	107.7
规模以上工业增加值	亿元	5432.94	414.10	1329.24	2105.01	769.52	815.08
固定资产投资同比增长	%	7.6	3.8	10.5	11.3	−5.6	5.7
社会消费品零售总额	亿元	3556.66	814.47	1200.74	1183.08	130.72	227.65

表67

2021年佛山市人口规模情况表

指标名称	计量单位	实　绩	指标名称	计量单位	实　绩
年末常住人口	万人	961.26	户籍人口城镇化率	%	93.55
城镇常住人口	万人	915.22	年出生人口	万人	5.52
常住人口城镇化率	%	95.21	年死亡人口	万人	2.52
年末户籍人口	万人	484.13	年末总户数	万户	147.63
城镇户籍人口	万人	452.93			

表68

2021年佛山市资源环境情况表

指标名称	计量单位	实　绩	指标名称	计量单位	实　绩
土地资源			**水资源**		
土地面积	万公顷	37.98	水资源总量	亿立方米	25.16
纯耕地面积	万公顷	2.08	降水量	毫米	1329.9
湿地	公顷	1369.98	用水总量	亿立方米	22.49
矿产资源			**环境**		
矿产	种	52	城镇污水集中处理率	%	97.61
矿床（点）	处	320	生活垃圾无害化处理率	%	100.00
生物资源			空气质量优良天数比例	%	85.5
淡水鱼类	种	46	可吸入细颗粒物（$PM_{2.5}$）年平均浓度	微克/立方米	23.0
鲤形目	种	32	可吸入颗粒物（PM_{10}）年平均浓度	微克/立方米	46.0

表69

2021年佛山市经济发展情况表

指标名称	计量单位	实绩
地区生产总值（快报数）		
地区生产总值（当年价）	亿元	12156.54
第一产业增加值	亿元	210.55
第二产业增加值	亿元	6806.95
第三产业增加值	亿元	5139.04
人均地区生产总值	元	127085
财政		
地方一般公共预算收入	亿元	808.26
税收收入	亿元	1699
地方一般公共预算支出	亿元	1072.01
科学技术支出	亿元	101.66
教育支出	亿元	194.38
文化体育与传媒支出	亿元	18.07
卫生健康支出	亿元	102.69
节能环保支出	亿元	18.31
金融		
年末金融机构本外币各项存款余额	亿元	20606.98
住户存款余额	亿元	10124.6
年末金融机构本外币各项贷款余额	亿元	16474.11
固定资产投资		
固定资产投资同比增长	%	7.6
房地产开发投资同比增长	%	2.3
住宅同比增长	%	5.5
对外贸易		
货物进口额（海关数）	亿元	1153.32
货物出口额（海关数）	亿元	5007.41
签约引进1亿元或1000万美元以上项目	个	388
内资项目	个	362
外商直接投资项目	个	26

指标名称	计量单位	实绩
当年实际使用外资额	亿元	33.54
规模以上工业		
工业企业数	家	9370
内资企业	家	8341
国有企业	家	13
私营企业	家	7578
港、澳、台商投资企业	家	649
外商投资企业	家	380
工业总产值（当年价）	亿元	26312.48
内资企业	亿元	19485.35
国有企业	亿元	61.41
私营企业	亿元	15987.64
港、澳、台商投资企业	亿元	3961.70
外商投资企业	亿元	2865.44
资产总计	亿元	19611.21
固定资产原价	亿元	9185.24
流动资产合计	亿元	11568.70
营业收入	亿元	25628.48
营业成本	亿元	21458.10
税金及附加	亿元	123.20
利润总额	亿元	1881.12
应交增值税	亿元	689.04
贸易		
社会消费品零售总额	亿元	3556.66
限额以上批发零售业法人企业数	家	4747
零售业	家	712
限额以上批发和零售业商品销售额	亿元	15034.69
限额以上住宿餐饮业法人企业数	家	777
限额以上住宿餐饮业营业额	亿元	88.06

表70

2021年佛山市旅游经济发展情况表

指标名称	计量单位	实 绩
接待游客总数	万人次	3882.43
旅游总收入	亿元	333.55
过夜游客	万人次	1596.86
外国游客	万人次	1.87

表71

2021年佛山市人民生活情况表

指标名称	计量单位	实 绩	指标名称	计量单位	实 绩
就业			文化、体育和娱乐业	万人	0.70
从业人员期末人数（城镇非私营单位）	万人	154.55	公共管理、社会保障和社会组织	万人	11.06
第一产业（农、林、牧、渔业）	人	201	城镇登记失业人数	万人	5.19
第二产业	万人	86.57	城镇登记失业率	%	2.4
采矿业	人	63	收入		
制造业	万人	81.02	在岗职工平均工资（城镇非私营单位）	元	104280
电力、热力、燃气及水生产和供应业	万人	2.24	居民人均可支配收入	元	61700
建筑业	万人	3.30	工资性收入	元	37780
第三产业	万人	67.96	经营净收入	元	7101
批发和零售业	万人	7.22	财产净收入	元	12242
交通运输、仓储及邮政业	万人	4.81	转移净收入	元	4577
住宿和餐饮业	万人	1.67	消费		
信息传输、软件和信息技术服务业	万人	1.61	居民人均消费支出	元	40545
金融业	万人	6.95	食品烟酒	元	12580
房地产业	万人	4.80	衣着	元	1340
租赁和商业服务业	万人	4.95	居住	元	10215
科学研究和技术服务业	万人	3.19	生活用品及服务	元	2236
水利、环境和公共设施管理业	万人	1.52	交通和通信	元	6270
居民服务、修理和其他服务业	万人	1.07	教育文化娱乐	元	4431
教育	万人	12.02	医疗保健	元	2138
卫生和社会工作	万人	6.36	其他用品及服务	元	886

表72

2021年佛山市基础设施情况表

指标名称	计量单位	实 绩	指标名称	计量单位	实 绩
交通运输			年末邮政局（所）数	个	185
域内公路总里程	千米	5526	邮政业务收入	亿元	171.93
高速公路里程	千米	553.4	电信业务收入	亿元	148.50
民用汽车拥有量	万辆	316.42	固定电话年末用户数	万户	204
私人汽车拥有量	万辆	284.38	移动电话年末用户数	万户	1228
年末实有公共汽（电）车营运车辆数	辆	6943	互联网宽带接入用户数	万户	326.10
公共汽（电）车客运总量	亿人次	3.2	能源电力		
年末实有出租汽车运营车数	辆	2768	全社会用电量	亿千瓦时	780.79
轨道交通运营线路总长度	千米	69.9	工业用电	亿千瓦时	472.29
轨道交通客运总量	万人次	5274	生活设施		
公路客运量（全社会）	万人	1994.74	直径75毫米以上供水管道长度	千米	12725
公路货运量（全社会）	亿吨	2.23	直径75毫米以上供水管道供水总量	亿立方米	14.93
水运客运量（全社会）	万人	5.43	累计建成天然气管道长度	千米	6222
水运货运量（全社会）	万吨	4828	天然气通气居民用户数	万户	30
民用航空客运量	万人	60	液化石油气消费量	万吨	52
邮电通信					

表73

2021年佛山市公共服务情况表

指标名称	计量单位	实 绩	指标名称	计量单位	实 绩
教育			成人高等教育学校在校学生数	万人	2.71
普通高等教育学校数	所	13	普通高级中学在校学生数	万人	13.38
成人高等教育学校数	所	6	普通初级中学在校学生数	万人	26.02
普通高级中学数	所	66	普通小学在校学生数	万人	66.43
民办普通高中	所	19	幼儿园在园幼儿数	万人	35.85
普通初级中学数	所	162	民办幼儿园在园幼儿	万人	18.24
普通小学数	所	417	文体		
幼儿园数	所	1058	县级以上公共图书馆数	个	6
民办幼儿园	所	559	县级以上公共图书馆图书藏量	万册	837.6
义务教育阶段专任教师数	万人	5.6	公共图书馆图书藏量	万册	1463.73
幼儿园专任教师数	万人	2.73	人均公共藏书数	册	1.53
民办幼儿园专任教师数	万人	1.45	博物馆数（登记备案）	个	30
普通高等教育全日制在校学生数	万人	14.83	国家级博物馆数	个	5

续表

指标名称	计量单位	实　绩
县级以上文化馆数	个	6
体育场地数	万个	2.2
足球场地数	块	975
人均体育场地面积	平方米	2.6
公共文化设施室内总面积	万平方米	144
万人均拥有公共文化设施室内面积	平方米	1516
医疗		
医疗卫生机构数	个	2532
医院类机构数	个	136
基层医疗机构数	个	2349
医疗卫生机构床位数	万张	3.99
医院类机构床位数	万张	3.69
卫生技术人员数	万人	6.41
执业（助理）医师数	万人	2.3
注册护士	万人	3.01
每千常住人口执业（助理）医师数	人	2.39
每千常住人口注册护士数	人	3.13
社会保障		
基本养老保险参保人数（含离休、退休、退职）	万人	484.55
城镇职工基本养老保险参保人数	万人	435.5
城乡居民基本养老保险参保人数	万人	49.05
城镇职工基本医疗保险（含生育）参保人数	万人	395.69
城乡居民基本医疗保险参保人数	万人	236.5
失业保险参保人数	万人	323.69
工伤保险参保人数	万人	354.72
生育保险参保人数	万人	323.76
养老机构数（民政登记备案）	个	87
医养结合养老机构数	个	49
养老机构（民政登记备案）床位数	万张	1.93
医养结合养老机构医疗床位数	张	2231
医养结合养老机构医养结合床位数	张	7619
儿童福利机构数	个	5
残疾人康复定点服务机构数	个	69
最低生活保障对象人数	万人	1.01
城镇最低生活保障对象人数	人	4030
农村最低生活保障对象人数	人	6088
公共安全		
生各类生产安全事故死亡人数	人	215
生各类生产安全事故直接经济损失	万元	974.67
火灾事故死亡人数	人	12
火灾事故直接财产损失	万元	9399
刑事案件立案数比上年上升幅度	%	3.7
刑事警情比上年下降幅度	%	5.6

表74　**2021年佛山市科技创新情况表**

指标名称	计量单位	实　绩
专利授权数	万件	9.65
发明专利授权数	件	8306
实用新型专利授权数	万件	5.49
外观专利授权数	万件	3.33
PCT（专利合作协定）国际专利申请数	件	924
有效发明专利量	万件	3.46
每万人口发明专利拥有数	件	36.39

地名命名及调整

表75

2021年佛山市地名命名情况表

序号	行政归属	标准地名	汉语拼音	类别	位置	备注
			禅城区			
1	禅城区	美的时光雅园	Měide Shíguāng Yǎyuán	住宅区名	佛山市禅城区南庄镇美的时光嘉园西侧	命名
2	禅城区	岭南锦苑	Lǐngnán Jǐnyuàn	住宅区名	佛山市禅城区张槎街道东鄱南路西侧	命名
3	禅城区	龙光汇悦华庭	Lóngguāng Huìyuè Huátíng	住宅区名	佛山市禅城区石湾镇街道澜石三路南侧	命名
4	禅城区	金辉云庭	Jīnhuī Yúntíng	住宅区名	佛山市禅城区南庄镇科翔路南侧	命名
5	禅城区	凤翔雅苑	Fèngxiáng Yǎyuàn	住宅区名	佛山市禅城区南庄镇幸福颐养院西侧	命名
6	禅城区	泰丰千玺湾花园	Tàifēng Qiānxǐwān Huāyuán	住宅区名	佛山市禅城区石湾镇街道绿景东路南侧	命名
7	禅城区	正荣季华兰庭	Zhèngróng Jìhuá Lántíng	住宅区名	禅城区张槎街道大江路东侧	命名
8	禅城区	江悦澜苑	Jiāngyuè Lányuàn	住宅区名	禅城区南庄镇上元居民住宅区南侧	命名
9	禅城区	粤海拾桂苑	Yuèhǎi Shíguì Yuàn	住宅区名	禅城区石湾镇街道黎明二路南侧	命名
10	禅城区	保利天瑞园	Bǎolì Tiānruì Yuán	住宅区名	禅城区石湾镇街道魁奇东路南侧	命名
11	禅城区	保利天珺秀台	Bǎolì Tiānjùn Xiùtái	住宅区名	禅城区石湾镇街道东平一路北侧	命名
12	禅城区	旭辉东平家园	Xùhuī Dōngpíng Jiāyuán	住宅区名	禅城区张槎街道佛开高速西侧	命名
13	禅城区	金域滨湖花园	Jīnyù Bīnhú Huāyuán	住宅区名	禅城区南庄镇科潮路北侧	命名
14	禅城区	联东众创园	Liándōng Zhòngchuàng Yuán	建筑物名	禅城区南庄镇禅港西路西侧	命名
15	禅城区	建投恒福悦园	Jiàntóu Héngfú Yuèyuán	住宅区名	禅城区石湾镇街道湖景路西侧	命名
16	禅城区	南庄商会大厦	Nánzhuāngshānghuì Dàshà	建筑物名	禅城区南庄镇陶东路东侧	命名
17	禅城区	建投榕华锦苑	Jiàntóu Rónghuá Jǐnyuàn	住宅区名	禅城区南庄镇南庄大道中北侧	命名
18	禅城区	中交白兰雅苑	Zhōngjiāo Báilán Yǎyuàn	住宅区名	禅城区祖庙街道扶西路西侧	命名
19	禅城区	文萃雅庭	Wéncuì Yǎtíng	住宅区名	禅城区祖庙街道普君东路南侧	命名
20	禅城区	泷景星銮花园	Lóngjǐng Xīngluán Huāyuán	住宅区名	禅城区石湾镇街道雅澜路南侧	命名
21	禅城区	星泽路	Xīngzé Lù	道路街巷名	南起规划路，北至魁奇西路	命名
22	禅城区	祥荣路	Xiángróng Lù	道路街巷名	南起魁奇西路，北至规划路	命名

续表

序号	行政归属	标准地名	汉语拼音	类别	位置	备注
23	禅城区	禧荣路	Xǐróng Lù	道路街巷名	东起祥荣路，西至规划路	命名
24	禅城区	学贤路	Xuéxián Lù	道路街巷名	南起禧荣路，北至规划路	命名
25	禅城区	富锦路	Fùjǐn Lù	道路街巷名	东起径口涌，西至禅西大道	命名
26	禅城区	扬锦路	Yángjǐn Lù	道路街巷名	南起科锦街，北至科翔路	命名
27	禅城区	科锦街	Kējǐn Jiē	道路街巷名	东起扬安路，西至扬锦路	命名
28	禅城区	扬安路	Yáng'ān Lù	道路街巷名	南起科锦街，北至科翔路	命名
29	禅城区	青阳街	Qīngyáng Jiē	道路街巷名	南起规划路，北至绿景东路	命名
30	禅城区	水华路	Shuǐhuá Lù	道路街巷名	东起河滨路，西至规划路	命名
31	禅城区	同明街	Tóngmíng Jiē	道路街巷名	东起同华路，西至汾江中路	命名
32	禅城区	迎凤路	Yíngfèng Lù	道路街巷名	东起东平水道，西至规划路、南庄大道东	命名
33	禅城区	凤湾路	Fèngwān Lù	道路街巷名	西起规划路，北至魁奇西路	命名
34	禅城区	凤跃路	Fèngyuè Lù	道路街巷名	南起凤湾路，北至魁奇西路	命名
35	禅城区	福港东街	Fúgǎng Dōngjiē	道路街巷名	东起凤湾路，西至凤跃路	命名
36	禅城区	雁沙路	Yànshā Lù	道路街巷名	南起规划路，北至规划路	命名
37	禅城区	善德路	Shàndé Lù	道路街巷名	南起科潮路，北至禅港北路	命名
38	禅城区	丰竹路	Fēngzhú Lù	道路街巷名	东起玉龙路，西至禅西大道	命名
39	禅城区	季莲路	Jìlián Lù	道路街巷名	南起存院围路，北至季华一路	命名
40	禅城区	竹华路	Zhúhuá Lù	道路街巷名	南起存院围路，北至竹平路	命名
41	禅城区	竹平路	Zhúpíng Lù	道路街巷名	东起竹华路，西至存院围路	命名
42	禅城区	华明街	Huámíng Jiē	道路街巷名	南起华新路，北至黎明二路	命名
43	禅城区	华新路	Huáxīn Lù	道路街巷名	东起湾华大道及黎明二路，西至岭南大道北	命名
44	禅城区	明澜街	Mínglán Jiē	道路街巷名	南起新明一路，北至澜石三路	命名
				南海区		
45	南海区	比高商业大厦	Bǐgāo Shāngyè Dàshà	建筑物名	广东省佛山市南海区里水镇沙涌居委会下沙村民小组（土名）“苏坑”地段	命名
46	南海区	三龙湾大道	Sānlóngwān Dàdào	道路街巷名	起于港口南路，止于佛山一环立交	命名
47	南海区	青春路	Qīngchūn Lù	道路街巷名	起于港口路辅道，止于文翰湖公园东侧道路	命名
48	南海区	伟科路	Wěikē Lù	道路街巷名	起于丹灶物流中心道路改善工程（一期），止于上金瓯西乡村幸福路	命名
49	南海区	松华路	Sōnghuá Lù	道路街巷名	起于丹灶物流中心道路改善工程（一期），止于松塘舟华坊	命名

续表

序号	行政归属	标准地名	汉语拼音	类别	位置	备注
50	南海区	汇沅路	Sōnghuá Lù	道路街巷名	起于致兴路，止于南塱新村大街	命名
51	南海区	时代冠宇商业中心	Shídài Guānyǔ Shāngyè Zhōngxīn	建筑物名	广东省佛山市南海区桂城街叠北社区海八西路华南车城北区E3、E4区	命名
52	南海区	和旺商业楼	Héwàng Shāngyè Lóu	建筑物名	广东省佛山市南海区大沥镇东秀南边村“新大兴围”地段	命名
53	南海区	桂语映月苑	Guìyǔ Yìngyuè Yuàn	建筑物名	佛山市南海区桂城街道夏东社区夏东路东侧地段	命名
54	南海区	时代未来苑	Shídài Wèilái Yuàn	建筑物名	佛山市南海区大沥镇水头社区桂和路以西地段（A1地块）	命名
55	南海区	夏塘街	Xiàtáng Jiē	道路街巷名	起于里水大桥，止于夏塘大街	命名
56	南海区	智新北路	Zhìxīn Běilù	道路街巷名	起于三环东路，止于规划路	命名
57	南海区	智新南路	Zhìxīn Nánlù		起于站前路，止于三环东路	命名
58	南海区	领涌路	Lǐngchōng Lù	道路街巷名	起于樵金南路，止于崇南社区启泰综合楼东侧村道	命名
59	南海区	碧秀商务楼	Bìxiù Shāngwù Lóu	建筑物名	佛山市南海区大沥镇东秀村碧华股份合作经济社（土名）“低涧”地段	命名
60	南海区	锦泰商业楼	Jǐntài Shāngyè Lóu	建筑物名	佛山市南海区大沥镇盐步东秀穗盐横路1号	命名
61	南海区	联东优创园	Liándōng Yōuchuàng Yuán	建筑物名	广东省佛山市南海区狮山镇联众路7号	命名
62	南海区	弘泰商业楼	Hóngtài Shāngyè Lóu	建筑物名	佛山市南海区狮山镇招大社区招南二股份经济合作社地段	命名
63	南海区	越秀阅湖台	Yuèxiù Yuèhú Tái	建筑物名	广东省佛山市南海区狮山镇罗村孝德湖东侧、禅西大道北延线西侧地段	命名
64	南海区	万洋创智园	Wànyáng Chuàngzhì Yuán	建筑物名	广东省南海区狮山镇小塘工业大道五星段82号	命名
65	南海区	联东大杏园	Liándōng Dàxìng Yuán	建筑物名	广东省佛山市南海区丹灶镇祥顺路4号	命名
66	南海区	兴海一路	Xīnghǎi 1 Lù	道路街巷名	起于毅贤路，止于雅贤二路	命名
67	南海区	兴海二路	Xīnghǎi 2 Lù	道路街巷名	起于雅贤一路，止于雅贤二路	命名
68	南海区	雅贤一路	Yǎxián 1 Lù	道路街巷名	起于腾龙路，止于兴海一路	命名
69	南海区	雅贤二路	Yǎxián 2 Lù	道路街巷名	起于腾龙路，止于兴海一路	命名
70	南海区	丹灶荷桂路	Dānzào Héguì Lù	道路街巷名	起于桂丹西路，止于祥龙路	命名
71	南海区	徐海路	Xúhǎi Lù	道路街巷名	起于丹灶荷桂路，止于东涌路	命名
72	南海区	孝文路	Xiàowén Lù	道路街巷名	起于孝贤路，止于规划路	命名

续表

序号	行政归属	标准地名	汉语拼音	类别	位置	备注
73	南海区	狮豪路	Shīháo Lù	道路街巷名	起于红岭一路，止于解放涌	命名
74	南海区	智胜锦园	Zhìshèng Jǐn Yuán	建筑物名	广东省佛山市南海区里水镇和顺幸福大道以南地块	命名
75	南海区	保利阅云台	Bǎolì Yuèyún Tái	建筑物名	广东省佛山市南海区大沥镇河西穗盐路岳利沙01-13地块	命名
76	南海区	中梁樾园	Zhōngliáng Yuè Yuán	建筑物名	广东省佛山市南海区西樵镇樵金南路西侧、樵誉路南侧地块	命名
77	南海区	联新商业大楼	Liánxīn Shāngyèdà Lóu	建筑物名	佛山市南海区大沥镇水头村龙三股份合作经济社地段	命名
78	南海区	峰睿公馆	Fēngruì Gōngguǎn	建筑物名	广东省佛山市南海区大沥镇水头社区桂和路以西（全球创客小镇启动区二期）地块	命名
79	南海区	云智汇大厦	Yúnzhìhuì Dàshà	建筑物名	广东省佛山市南海区佛山西站核心区3号	命名
80	南海区	东樾湾府	Dōngyuèwān Fǔ	建筑物名	佛山市南海区里水镇里水大道东侧沙涌居委会湖洲村民小组（土名）“西围”“东围”地段	命名
81	南海区	星联科技园	Xīnglián Kējì Yuán	建筑物名	广东省佛山市南海区桂城街道三山新城三山科技创意产业园NH-A-12-03-02-17、NH-A-12-03-02-21号地块	命名
82	南海区	金茂湾瑞园	Jīnmàowānruì Yuán	建筑物名	佛山市南海区狮山镇罗村朗沙大道下罗沙“沙田”地段	命名
83	南海区	金茂观山悦苑	Jīnmào Guānshānyuè Yuàn	建筑物名	佛山市南海区西樵镇崇南村碧霞一路南侧地块	命名
84	南海区	美的诚美商务大楼	Měidí Chéngměi Shāngwùdà Lóu	建筑物名	广东省佛山市南海区大沥镇盐步横江村富华北路4号	命名
85	南海区	宜安科创园	Yí'ān Kēchuàng Yuán	建筑物名	佛山市南海区桂城街道三山港口路地段	命名
86	南海区	保利天珺公馆	Bǎolì Tiānjùn Gōngguǎn	建筑物名	佛山市南海区桂城街道夏平东路北侧、东信北路西侧地块（C区）	命名
87	南海区	金地长信棠悦府	Jīndì Chángxìn Tángyuè Fǔ	建筑物名	广东省佛山市南海区大沥镇太平村太平牌坊南侧地段	命名
88	南海区	金学路	Jīnxué Lù	道路街巷名	起于朗沙大道，止于河滨路	命名
89	南海区	悦盛路	Yuèshèng Lù	道路街巷名	起于朗沙大道，止于河滨路	命名
90	南海区	啟骏琅逸轩	Qǐjùn Lángyì Xuān	建筑物名	广东省佛山市南海区大沥镇黄岐黄海路西侧	命名
91	南海区	创科路	Chuàngkē Lù	道路街巷名	起于百业大道东，止于百西简塘村西侧	命名
92	南海区	联东智造园	Liándōng Zhìzào Yuán	建筑物名	广东省佛山市南海区桂城街道南平东路南侧，石龙北路西侧地段	命名
93	南海区	金顺荟商业楼	Jīnshùnhuì Shāngyè Lóu	建筑物名	广东省佛山市南海区丹灶镇金沙金兴路5号6座	命名

续表

序号	行政归属	标准地名	汉语拼音	类别	位置	备注
94	南海区	智汇电子制造中心	Zhìhuì Diànzǐ Zhìzào Zhōngxīn	建筑物名	广东省佛山市南海区西樵镇纺织产业基地	命名
95	南海区	百信商业大楼	Bǎixìn Shāngyè Dàlóu	建筑物名	佛山市南海区大沥镇盐步东秀官田村西边工业区	命名
96	南海区	弘孝路	Hóngxiào Lù	道路街巷名	起于桂平中路，止于文萃路	命名
97	南海区	文萃路	Wéncuì Lù	道路街巷名	起于深海路，止于聚元南路	命名
98	南海区	平云路	Píngyún Lù	道路街巷名	起于五岭路，止于怡德路	命名
99	南海区	怡德路	Yídé Lù	道路街巷名	起于桂澜南路，止于半岛路	命名
100	南海区	丽雅明轩	Lìyǎmíng Xuān	建筑物名	广东省佛山市南海区桂城街道海三路南侧、南一路西侧地块	命名
101	南海区	时代创客产业中心	Shídài Chuàngkè Chǎnyè Zhōngxīn	建筑物名	广东省佛山市南海区大沥镇水头工业区地段	命名
102	南海区	当代阅府	Dāngdàiyuè Fǔ	建筑物名	广东省佛山市南海区大沥镇黄岐泌冲浔峰洲路地段	命名
103	南海区	南一商业楼	Nányī Shāngyè Lóu	建筑物名	佛山市南海区狮山镇七甫社区南门一股份经济合作社地段	命名
104	南海区	东方燕滋都科技园	Dōngfāng Yànzīdū Kējì Yuán	建筑物名	广东省佛山市南海区大沥镇盐步环镇北路169号	命名
105	南海区	名澳江悦汇轩	Míng'ào Jiāngyuèhuì Xuān	建筑物名	广东省佛山市南海区大沥镇黄岐北村口岸侧	命名
106	南海区	玖里熙园	Jiǔlǐ Xīyuán	建筑物名	广东省佛山市南海区里水镇邓岗桥东侧地段	命名
107	南海区	万洋创优园	Wànyáng Chuàngyōu Yuán	建筑物名	广东省佛山市南海区狮山镇小塘工业大道以北五星段82号之一	命名
108	南海区	圣桦璟轩	Shènghuà Jǐngxuān	建筑物名	广东省佛山市南海区丹灶镇金沙金兴路15号	命名
109	南海区	柏誉路	Bǎiyù Lù	道路街巷名	起于蓝光柏誉苑东北角，止于时光路	命名
110	南海区	育新路	Yùxīn Lù	道路街巷名	起于求索路，止于时光路	命名
111	南海区	时光路	Shíguāng Lù	道路街巷名	起于官和西路，止于柏誉路	命名
112	南海区	求索路	Qiúsuǒ Lù	道路街巷名	起于官和西路，止于柏誉路	命名
113	南海区	里水水头路	Lǐshuǐ Shuǐtóu Lù	道路街巷名	起于文教路，止于里水花园大道	命名
114	南海区	三堂锦园	Sāntáng Jǐnyuán	建筑物名	广东省佛山市南海区大沥镇广佛新干线钟边段南侧地段	命名
115	南海区	颐尚嘉园	Yíshàngjiā Yuán	建筑物名	广东省佛山市南海区西樵镇碧霞三路南侧A、B地块	命名
116	南海区	文樵路	Wénqiáo Lù	道路街巷名	起于樵韵路，止于云雾路	命名

续表

序号	行政归属	标准地名	汉语拼音	类别	位置	备注
117	南海区	樵云路	Qiáoyún Lù	道路街巷名	起于锦湖路，止于武鸿路	命名
118	南海区	龙光玖龙府	Lóngguāng Jiǔlóng Fǔ	建筑物名	广东省佛山市南海区大沥镇桂澜北路延线以东、广佛路以北地段	命名
119	南海区	美的滨湖雅苑	Měidí Bīnhú Yǎyuàn	建筑物名	广东省佛山市南海区里水镇甘蕉村和同村民小组（土名）“荔枝园”地段	命名
120	南海区	保利时光苑	Bǎolì Shíguāng Yuàn	建筑物名	佛山市南海区狮山镇小塘新境村“院岗”地段	命名
121	南海区	璞玥府	Púyuè Fǔ	建筑物名	佛山市南海区桂城街道环岛东路以西地段	命名
122	南海区	天成万和华府	Tiānchéng Wànhé Huáfǔ	建筑物名	佛山市南海区里水镇中大街以东、里水中心小学以南、水口大道以西地段	命名
123	南海区	晨晖路	Chénhuī Lù	道路街巷名	起：科丰路；止：环岛东路	命名
124	南海区	宝慧金融中心	Bǎohuì Jīnróng Zhōngxīn	建筑物名	佛山市南海区大沥镇盐步广佛新干线东与联河路交汇地段	命名
125	南海区	天华商业楼	Tiānhuá Shāngyè Lóu	建筑物名	佛山市南海区桂城街道A5街区地段	命名
126	南海区	保利君悦台	Bǎolì Jūnyuè Tái	建筑物名	佛山市南海区大沥镇河西穗盐路岳利沙地段01-28、01-29地块	命名
127	南海区	宝创路	Bǎochuàng Lù	道路街巷名	起于佛山一环，止于夏南路	命名
128	南海区	华怡路	Huáyí Lù	道路街巷名	起于东华路，止于半岛路	命名
129	南海区	华裕路	Huáyù Lù	道路街巷名	起于华怡路，止于文叙路	命名
130	南海区	桂乐街	Guìlè Jiē	道路街巷名	起于南一路，止于乐庆路	命名
131	南海区	乐庆路	Lèqìng Lù	道路街巷名	起于海三路，止于规划路（海二路规划段）	命名
132	南海区	润慧科技园	Rùnhuì Kējì Yuán	建筑物名	广东省佛山市南海区桂城街道三山新城NH-A-12-01-03-04地块	命名
133	南海区	中海丽悦尚宸院	Zhōnghǎi Lìyuè Shàngchén Yuàn	建筑物名	广东省佛山市南海区桂城街道南港路北侧、金谷路西侧	命名
				顺德区		
134	顺德区	杏湖路	Xìnghú Lù	道路街巷名	南起杏坛商业大道，北止齐新路	命名
135	顺德区	齐慧路	Qíhuì Lù	道路街巷名	东起齐宁路，西止四乡公路。	命名
136	顺德区	顺晓路	Shùnxiǎo Lù	道路街巷名	起于顺新路交叉口，向北后往东呈“L”型，止于与德富路交叉口	命名
137	顺德区	建家路	Jiànjiā Lù	道路街巷名	西起葛岸工业大道，东止乐通大道	命名
138	顺德区	帆船路	Fānchuán Lù	道路街巷名	西起江义大道，东止152村道	命名
139	顺德区	联南路一街一巷	Liánnánlù 1 Jiē 1 Xiàng	道路街巷名	西起登南一街至东止联南路六街	命名

续表

序号	行政归属	标准地名	汉语拼音	类别	位置	备注
140	顺德区	联南路一街	Liánnánlù 1 Jiē	道路街巷名	北起联南路至南止联南路一街一巷	命名
141	顺德区	联南路二街	Liánnánlù 2 Jiē	道路街巷名	北起联南路至南止联南路一街一巷	命名
142	顺德区	联南路三街	Liánnánlù 3 Jiē	道路街巷名	北起联南路至南止联南路一街一巷	命名
143	顺德区	联南路四街	Liánnánlù 4 Jiē	道路街巷名	北起联南路至南止联南路一街一巷	命名
144	顺德区	联南路五街	Liánnánlù 5 Jiē	道路街巷名	北起联南路至南止联南路一街一巷	命名
145	顺德区	骏成路	Jùnchéng Lù	道路街巷名	东起于北滘镇西南片区纬二路，西至北滘镇西南片区纬一路止	命名
146	顺德区	骏伟路	Jùnwěi Lù	道路街巷名	东起于北滘镇西南片区纬三路，西至北滘镇西南片区纬五路止	命名
147	顺德区	都业南路	Dōuyè Nánlù	道路街巷名	东起于都业东路，西止于都业西路	命名
148	顺德区	大捷路	Dàjié Lù	道路街巷名	北起于工业大道，南止于三乐路。	命名
149	顺德区	弘远路	Hóngyuǎn Lù	道路街巷名	东起于群力路，西止于纵一路。	命名
150	顺德区	建功路	Jiàngōng Lù	道路街巷名	东起于广州西线交汇处，西起于潭洲水道堤围边。	命名
151	顺德区	求知路	Qiúzhī Lù	道路街巷名	东起于群力路，西止于潭洲水道堤围边。	命名
152	顺德区	自强路	Zìqiáng Lù	道路街巷名	北起于工业大道，南止于横二路。	命名
153	顺德区	乐中路	Lè Zhōnglù	道路街巷名	西起环镇西路，东止华阳路	命名
154	顺德区	杏腾路	Xìngténg Lù	道路街巷名	南起嘉众光电配件厂，北止柔胜里程贸易有限公司	命名
155	顺德区	绣圃一路	Xiùpǔ 1 Lù	道路街巷名	西起于华阳南路，东止于启蒙三路	命名
156	顺德区	绣圃二路	Xiùpǔ 2 Lù	道路街巷名	西起于启蒙一路，东止于启蒙三路	命名
157	顺德区	绣圃三路	Xiùpǔ 3 Lù	道路街巷名	西起于新村西路，东止于启蒙三路	命名
158	顺德区	绣圃四路	Xiùpǔ 4 Lù	道路街巷名	西起于启蒙一路，东止于启蒙三路	命名
159	顺德区	启蒙一路	Qǐméng 1 Lù	道路街巷名	北起于佛陈路，南止于滨江大道	命名
160	顺德区	启蒙二路	Qǐméng 2 Lù	道路街巷名	北起于绣圃一路，南止于滨江大道	命名
161	顺德区	启蒙三路	Qǐméng 3 Lù	道路街巷名	北起于佛陈路，南止于绣圃四路	命名
162	顺德区	马龙大道	Mǎlóng Dàdào	道路街巷名	北起于三乐路辅道，南止于乐一路交汇处。	命名
163	顺德区	裕和东路	Yùhé Dōnglù	道路街巷名	西起在建裕和路，东止广珠西线以西约200米。	命名
164	顺德区	永联路	Yǒnglián Lù	道路街巷名	东南起永聚直街，西北止群星路。	命名
165	顺德区	聚良路	Jùliáng Lù	道路街巷名	东南起环市南路，西北止良逢路。	命名
166	顺德区	华骏路	Huájùn Lù	道路街巷名	北起骏晖路，南至容兴路	命名

续表

序号	行政归属	标准地名	汉语拼音	类别	位置	备注
167	顺德区	骏和路	Jùnhé Lù	道路街巷名	北起利丰南路，南至骏晖路。	命名
168	顺德区	福滘路	Fújiào Lù	道路街巷名	西起官盈路，东至桂南路	命名
169	顺德区	官盈路	Guānyíng Lù	道路街巷名	北起福滘路，南至南堤三路	命名
170	顺德区	聚福路四街	Jùfúlù 4 Jiē	道路街巷名	南起聚福路，北至聚胜路	命名
171	顺德区	聚福路五街	Jùfúlù 5 Jiē	道路街巷名	南起聚福路，北至聚胜路	命名
172	顺德区	聚福路六街	Jùfúlù 6 Jiē	道路街巷名	南起聚福路，北至聚胜路	命名
173	顺德区	钢富路	Gāngfù Lù	道路街巷名	起于钢铁世界园区东环路，止于钢铁世界园区内东二路	命名
174	顺德区	良兴路	Liángxìng Lù	道路街巷名	南起锦兴路，北止南国中路。	命名
175	顺德区	新骏路	Xīnjùn Lù	道路街巷名	东起新骏路一街七巷，西至顺意南路	命名
176	顺德区	新骏路一街	Xīnjùnlù 1 Jiē	道路街巷名	东起新骏路一街七巷，西至新骏路一街一巷	命名
177	顺德区	新骏路一街一巷	Xīnjùnlù 1 Jiē 1 Xiàng	道路街巷名	北起新骏路一街，南至新骏路	命名
178	顺德区	新骏路一街二巷	Xīnjùnlù 1 Jiē 2 Xiàng	道路街巷名	北起新骏路一街，南至新骏路	命名
179	顺德区	新骏路一街三巷	Xīnjùnlù 1 Jiē 3 Xiàng	道路街巷名	北起新骏路一街，南至新骏路	命名
180	顺德区	新骏路一街四巷	Xīnjùnlù 1 Jiē 4 Xiàng	道路街巷名	北起新骏路一街，南至新骏路	命名
181	顺德区	新骏路一街五巷	Xīnjùnlù 1 Jiē 5 Xiàng	道路街巷名	北起新骏路一街，南至新骏路	命名
182	顺德区	新骏路一街六巷	Xīnjùnlù 1 Jiē 6 Xiàng	道路街巷名	北起新骏路一街，南至新骏路	命名
183	顺德区	新骏路一街七巷	Xīnjùnlù 1 Jiē 7 Xiàng	道路街巷名	北起新骏路一街，南至新骏路	命名
184	顺德区	新骏路二街	Xīnjùnlù 2 Jiē	道路街巷名	东起新骏路二街六巷，西至新骏路二街一巷	命名
185	顺德区	新骏路二街一巷	Xīnjùnlù 2 Jiē 1 Xiàng	道路街巷名	北起新骏路，南至新骏路二街	命名
186	顺德区	新骏路二街二巷	Xīnjùnlù 2 Jiē 2 Xiàng	道路街巷名	北起新骏路，南至新骏路二街	命名
187	顺德区	新骏路二街三巷	Xīnjùnlù 2 Jiē 3 Xiàng	道路街巷名	北起新骏路，南至新骏路二街	命名
188	顺德区	新骏路二街四巷	Xīnjùnlù 2 Jiē 4 Xiàng	道路街巷名	北起新骏路，南至新骏路二街	命名
189	顺德区	新骏路二街五巷	Xīnjùnlù 2 Jiē 5 Xiàng	道路街巷名	北起新骏路，南至新骏路二街	命名
190	顺德区	新骏路二街六巷	Xīnjùnlù 2 Jiē 6 Xiàng	道路街巷名	北起新骏路，南至新骏路二街	命名
191	顺德区	新骏路二街七巷	Xīnjùnlù 2 Jiē 7 Xiàng	道路街巷名	北起新骏路，南至新骏路二街	命名
192	顺德区	新锐路	Xīnruì Lù	道路街巷名	东起联队路新区街，西至顺园东路	命名
193	顺德区	新锐路一街	Xīnruìlù 1 Jiē	道路街巷名	东起沙坑路西街，西至新锐路一街一巷	命名
194	顺德区	新锐路一街一巷	Xīnruìlù 1 Jiē 1 Xiàng	道路街巷名	南起新锐路一街，北至沙坑路西街七巷	命名

续表

序号	行政归属	标准地名	汉语拼音	类别	位置	备注
195	顺德区	新锐路一街二巷	Xīnruìlù 1 Jiē 2 Xiàng	道路街巷名	南起新锐路一街，北至沙坑路西街七巷	命名
196	顺德区	新锐路一街三巷	Xīnruìlù 1 Jiē 3 Xiàng	道路街巷名	南起沙坑路西街七巷，北至未命名道路	命名
197	顺德区	新锐路二街	Xīnruìlù 2 Jiē	道路街巷名	东起联队路新区街，西至新锐路二街一巷	命名
198	顺德区	新锐路二街一巷	Xīnruìlù 2 Jiē 1 Xiàng	道路街巷名	南起新锐路，北至联队路新区街一巷	命名
199	顺德区	新锐路二街二巷	Xīnruìlù 2 Jiē 2 Xiàng	道路街巷名	南起新锐路，北至联队路新区街一巷	命名
200	顺德区	新锐路二街三巷	Xīnruìlù 2 Jiē 3 Xiàng	道路街巷名	南起新锐路，北至联队路新区街一巷	命名
201	顺德区	新锐路三街	Xīnruìlù 3 Jiē	道路街巷名	东起联队路新区街，西至新锐路二街一巷	命名
202	顺德区	顺文路东一街	Shùnwénlùdōng 1 Jiē	道路街巷名	东起顺文路东二街十二巷，西至顺文路一街	命名
203	顺德区	顺文路东二街	Shùnwénlùdōng 2 Jiē	道路街巷名	东起顺文路东二街十二巷，西至顺文路	命名
204	顺德区	顺文路东二街一巷	Shùnwénlùdōng 2 Jiē 1 Xiàng	道路街巷名	南起未命名道路，北至顺文路东二街	命名
205	顺德区	顺文路东二街二巷	Shùnwénlùdōng 2 Jiē 2 Xiàng	道路街巷名	南起未命名道路，北至顺文路东二街	命名
206	顺德区	顺文路东二街三巷	Shùnwénlùdōng 2 Jiē 3 Xiàng	道路街巷名	南起顺文路东一街，北至顺文路东二街	命名
207	顺德区	顺文路东二街四巷	Shùnwénlùdōng 2 Jiē 4 Xiàng	道路街巷名	南起顺文路东一街，北至顺文路东二街	命名
208	顺德区	顺文路东二街五巷	Shùnwénlùdōng 2 Jiē 5 Xiàng	道路街巷名	南起顺文路东一街，北至顺文路东二街	命名
209	顺德区	顺文路东二街六巷	Shùnwénlùdōng 2 Jiē 6 Xiàng	道路街巷名	南起顺文路东一街，北至顺文路东二街	命名
210	顺德区	顺文路东二街七巷	Shùnwénlùdōng 2 Jiē 7 Xiàng	道路街巷名	南起顺文路东一街，北至顺文路东二街	命名
211	顺德区	顺文路东二街八巷	Shùnwénlùdōng 2 Jiē 8 Xiàng	道路街巷名	南起顺文路东一街，北至顺文路东二街	命名
212	顺德区	顺文路东二街九巷	Shùnwénlùdōng 2 Jiē 9 Xiàng	道路街巷名	南起顺文路东一街，北至顺文路东二街	命名
213	顺德区	顺文路东二街十巷	Shùnwénlùdōng 2 Jiē 10 Xiàng	道路街巷名	南起顺文路东一街，北至顺文路东二街	命名
214	顺德区	顺文路东二街十一巷	Shùnwénlùdōng 2 Jiē 11 Xiàng	道路街巷名	南起顺文路东一街，北至顺文路东二街	命名
215	顺德区	顺文路东二街十二巷	Shùnwénlùdōng 2 Jiē 12 Xiàng	道路街巷名	南起顺文路东一街，北至合益南街	命名
216	顺德区	顺文路东三街	Shùnwénlùdōng 3 Jiē	道路街巷名	东起顺文路东三街四巷，西至顺文路东三街三巷	命名

续表

序号	行政归属	标准地名	汉语拼音	类别	位置	备注
217	顺德区	顺文路东三街一巷	Shùnwénlùdōng 3 Jiē 1 Xiàng	道路街巷名	南起顺文路东二街，北至未命名道路	命名
218	顺德区	顺文路东三街二巷	Shùnwénlùdōng 3 Jiē 2 Xiàng	道路街巷名	南起顺文路东二街，北至未命名道路	命名
219	顺德区	顺文路东三街三巷	Shùnwénlùdōng 3 Jiē 3 Xiàng	道路街巷名	南起顺文路东二街，北至顺文路东三街	命名
220	顺德区	顺文路东三街四巷	Shùnwénlùdōng 3 Jiē 4 Xiàng	道路街巷名	南起顺文路东二街，北至顺文路东三街	命名
221	顺德区	顺文路东四街	Shùnwénlùdōng 4 Jiē	道路街巷名	东起顺文路东二街十二巷，西至未命名道路	命名
222	顺德区	顺文路西一街	Shùnwénlùxī 1 Jiē	道路街巷名	东起顺文路西一街三巷，西至顺文路西一街一巷	命名
223	顺德区	顺文路西一街一巷	Shùnwénlùxī 1 Jiē 1 Xiàng	道路街巷名	南起顺文路西一街，北至顺文路西二街	命名
224	顺德区	顺文路西一街二巷	Shùnwénlùxī 1 Jiē 2 Xiàng	道路街巷名	南起顺文路西一街，北至顺文路西二街	命名
225	顺德区	顺文路西一街三巷	Shùnwénlùxī 1 Jiē 3 Xiàng	道路街巷名	南起顺文路西一街，北至顺文路西二街	命名
226	顺德区	顺文路西二街	Shùnwénlùxī 2 Jiē	道路街巷名	东起顺文路，西至顺意南路	命名
227	顺德区	顺文路西二街一巷	Shùnwénlùxī 2 Jiē 1 Xiàng	道路街巷名	南起顺文路西二街，北至未命名道路	命名
228	顺德区	顺文路西二街二巷	Shùnwénlùxī 2 Jiē 2 Xiàng	道路街巷名	南起顺文路西二街，北至未命名道路	命名
229	顺德区	顺文路西二街三巷	Shùnwénlùxī 2 Jiē 3 Xiàng	道路街巷名	南起顺文路西二街，北至未命名道路	命名
230	顺德区	顺文路西三街	Shùnwénlùxī 3 Jiē	道路街巷名	东起顺文路西二街一巷，西至五一大街	命名
231	顺德区	顺文路西四街	Shùnwénlùxī 4 Jiē	道路街巷名	东起顺文路西二街一巷，西至五一大街	命名
232	顺德区	顺文路西五街	Shùnwénlùxī 5 Jiē	道路街巷名	东起顺文路西二街一巷，西至五一大街	命名
233	顺德区	顺宁路东一街	Shùnnínglùdōng 1 Jiē	道路街巷名	东起顺宁路东一街二巷，西至顺宁路东一街一巷	命名
234	顺德区	顺宁路东一街一巷	Shùnnínglùdōng 1 Jiē 1 Xiàng	道路街巷名	南起顺宁路东一街，北至顺宁路东二街	命名
235	顺德区	顺宁路东一街二巷	Shùnnínglùdōng 1 Jiē 2 Xiàng	道路街巷名	南起新达路，北至未命名道路	命名
236	顺德区	顺宁路东一街三巷	Shùnnínglùdōng 1 Jiē 3 Xiàng	道路街巷名	南起新达路，北至未命名道路	命名

续表

序号	行政归属	标准地名	汉语拼音	类别	位置	备注
237	顺德区	顺宁路东二街	Shùnnínglùdōng 2 Jiē	道路街巷名	东起顺宁路东一街二巷，西至顺宁路	命名
238	顺德区	顺宁路西一街	Shùnnínglùxī 1 Jiē	道路街巷名	东起顺宁路西一街一巷，西至顺宁路西三街二巷	命名
239	顺德区	顺宁路西一街一巷	Shùnnínglùxī 1 Jiē 1 Xiàng	道路街巷名	南起顺宁路西一街，北至顺宁路西二街	命名
240	顺德区	顺宁路西二街	Shùnnínglùxī 2 Jiē	道路街巷名	东起顺宁路，西至顺宁路西三街二巷	命名
241	顺德区	顺宁路西三街	Shùnnínglùxī 3 Jiē	道路街巷名	东起顺宁路西三街一巷，西至顺宁路西三街三巷	命名
242	顺德区	顺宁路西三街一巷	Shùnnínglùxī 3 Jiē 1 Xiàng	道路街巷名	南起新达路，北至顺宁路西三街	命名
243	顺德区	顺宁路西三街二巷	Shùnnínglùxī 3 Jiē 2 Xiàng	道路街巷名	南起新达路，北至顺宁路西三街	命名
244	顺德区	顺宁路西三街三巷	Shùnnínglùxī 3 Jiē 3 Xiàng	道路街巷名	南起顺宁路西二街，北至顺宁路西三街	命名
245	顺德区	顺宁路西四街	Shùnnínglùxī 4 Jiē	道路街巷名	东起顺宁路西四街一巷，西至未命名道路	命名
246	顺德区	顺宁路西四街一巷	Shùnnínglùxīsìjiē 1 Xiàng	道路街巷名	南起顺宁路西四街，北至未命名道路	命名
247	顺德区	顺宁路西四街二巷	Shùnnínglùxīsìjiē 2 Xiàng	道路街巷名	南起顺宁路西四街，北至未命名道路	命名
248	顺德区	合益北街一巷	Héyìběijiē 1 Xiàng	道路街巷名	东起未命名道路，南达合益北街，西至顺意南路	命名
249	顺德区	合益北街三巷	Héyìběijiē 3 Xiàng	道路街巷名	U型巷，起于顺意南路，终至顺意南路	命名
250	顺德区	文宜路二街	Wényílù 2 Jiē	道路街巷名	西起文华路，东至文宜路	命名
251	顺德区	文宜路三街	Wényílù 3 Jiē	道路街巷名	西起文华路，东至文宜路	命名
252	顺德区	文宜路四街	Wényílù 4 Jiē	道路街巷名	西起文华路，东至文宜路	命名
253	顺德区	科富路	Kēfù Lù	道路街巷名	北起成业路，南至昌宝西路	命名
254	顺德区	碧和路	Bìhé Lù	道路街巷名	北起于骏悦路，南止于永安路。	命名
255	顺德区	昌惠街	Chānghuì Jiē	道路街巷名	南起中心公路，北止齐慧路。	命名
256	顺德区	入乡大道	Rùxiāng Dàdào	道路街巷名	东起二环路古朗路口，西止竹湾路。	命名
257	顺德区	顺汇园	Shùnhuì Yuán	建筑物名	佛山市顺德区伦教街道荔村村伦教集约工业区D10-11号地之一	命名
258	顺德区	碧函公寓	Bìhán Gōngyù	住宅区名	顺德区北滘镇桃村村鸭粉大道南侧、碧海路东侧地块	命名
259	顺德区	君璟江畔花园	Jūnjǐng Jiāngpàn Huāyuán	住宅区名	佛山市顺德区大良街道105国道以西、德胜西路以北地块	命名

续表

序号	行政归属	标准地名	汉语拼音	类别	位置	备注
260	顺德区	创大汇造园	Chuàngdà HhìzàoYuán	建筑物名	佛山市顺德区勒流街道大晚光大片区N-LL-03-04-B-08-03-01地块	命名
261	顺德区	钢誉楼	Gāngyù Lóu	建筑物名	佛山市顺德区乐从钢铁世界A11地块	命名
262	顺德区	泰昌智造园	Tàichāng Zhìzào Yuán	建筑物名	佛山市顺德区勒流街道光大大晚片区N-LL-03-04-G-03-1地块	命名
263	顺德区	建鑫家园	Jiànxīn Jiāyuán	住宅区名	佛山市顺德区乐从镇乐从大道以北　，葛岸工业大道以东	命名
264	顺德区	中建映湖悦府	Zhōngjiàn Yìnghú Yuèfǔ	住宅区名	佛山市顺德区乐从镇乐中路以北、纵三路以西	命名
265	顺德区	顺德万洋共创园	Shùndé Wànyáng Gòngchuàng Yuán	建筑物名	佛山市顺德区龙江镇仙塘宝涌工业区	命名
266	顺德区	盛和智园	Shènghé Zhìyuán	建筑物名	佛山市顺德区均安镇智安北路10号	命名
267	顺德区	涛汇家电园	Tāohuì Jiādiàn Yuán	建筑物名	佛山市顺德区北滘镇环镇东路1号	命名
268	顺德区	英豪智造园	Yīngháo Zhìzào Yuán	建筑物名	佛山市顺德区伦教街道霞石大道9号	命名
269	顺德区	永隆广场	Yǒnglóng Guǎngchǎng	建筑物名	佛山市顺德区大良街道德胜河北岸N-14-2号地块	命名
270	顺德区	华智科创中心	Huázhì Kēchuàng Zhōngxīn	建筑物名	佛山市顺德区北滘工业园潭洲水道以西61-4号地块	命名
271	顺德区	容宸府	Róngchén Fǔ	住宅区名	佛山市顺德区容桂街道容里小学以南、容英路以东	命名
272	顺德区	星盛花园	Xīngshèng Huāyuán	住宅区名	佛山市顺德区陈村镇横五路以北、勤政东路以东地块	命名
273	顺德区	建发和鸣苑	Jiànfā Hémíng Yuàn	住宅区名	佛山市顺德区乐从镇岭南大道以东，荷岳路以南	命名
274	顺德区	万华广场	Wànhuá Guǎngchǎng	建筑物名	顺德区北滘镇北滘居委会工业大道41号之一	命名
275	顺德区	海创大族机器人智造中心	Hǎichuàngdàzú Jīqìrén Zhìzào Zhōngxīn	建筑物名	佛山市顺德区北滘镇三乐东路以南，烈士南路西侧地块	命名
276	顺德区	远凯华府	Yuǎnkǎi Huáfǔ	住宅区名	佛山市顺德区勒流街道大晚星光大道8号地块	命名
277	顺德区	毅的龙实业园	Yìdelóng Shíyè Yuán	建筑物名	佛山市顺德区容桂街道华天东路1号地块（A20-2）改造项目	命名
278	顺德区	天富来五金园	Tiānfùlái Wǔjīn Yuán	建筑物名	佛山市顺德区容桂街道容里社区A18号地块	命名
279	顺德区	信业悦容台	Xìnyè Yuèróng Tái	住宅区名	佛山市顺德区容桂街道上佳市社区桂洲大道南侧地块	命名
280	顺德区	利均广场	Lìjūn Guǎngchǎng	建筑物名	佛山市顺德区均安镇泰安路6号	命名
281	顺德区	江与宸花园	Jiāngyǔchén Huāyuán	住宅区名	佛山市顺德区伦教街道105国道西侧、规划水厂路南侧	命名

续表

序号	行政归属	标准地名	汉语拼音	类别	位置	备注
282	顺德区	滨水林苑	Bīnshuǐ Línyuàn	住宅区名	佛山市顺德区勒流街道滨水生态区启动区N-LL-01-02-D-05-01号地块	命名
283	顺德区	方荔星熠广场	Fānglì Xīngyì Guǎngchǎng	建筑物名	佛山市顺德区容桂街道容边社区桂洲大道东8号地块之二	命名
284	顺德区	顺智科创园	Shùnzhì Kēchuàng Yuán	建筑物名	佛山市顺德区陈村镇广隆工业区环镇东路4号A1-1	命名
285	顺德区	高科制造园	Gāokē Zhìzào Yuán	建筑物名	佛山市顺德区容桂高黎工业区朝光路10号	命名
286	顺德区	东马智造园	Dōngmǎ Zhìzào Yuán	建筑物名	佛山市顺德区乐从镇纵二路东西、创富七路南北地块	命名
287	顺德区	容桂伟安科创园	Rónggui Wěiān Kēchuàng Yuán	建筑物名	佛山市顺德区容桂街道红星社区文明东路以南、文海东路以北地块	命名
288	顺德区	新纺智慧园	Xīnfǎng Zhìhuì Yuán	建筑物名	佛山市顺德区杏坛镇齐杏社区杏坛工业区科技区四路10号	命名
289	顺德区	北河润公馆	Běihérùn Gōngguǎn	住宅区名	佛山市顺德区杏坛镇齐杏社区会河北路12号	命名
290	顺德区	金地博裕花园	Jīndì Bóyù Huāyuán	住宅区名	佛山市顺德区北滘镇群力围片区03-02-03地块	命名
291	顺德区	好时光苑	Hǎoshíguāng Yuàn	住宅区名	佛山市顺德区北滘镇横五路西滘段以北05-02-22地块	命名
292	顺德区	信业尚上名庭	Xìnyè Shàngshàng Míngtíng	住宅区名	佛山市顺德区龙江镇SD-B(LJ)-04-03-04-09地块	命名
293	顺德区	集龙智造园	Jílóng Zhìzào Yuán	建筑物名	佛山市顺德区勒流街道龙眼工业区	命名
294	顺德区	印玥万璟府	Yìnyuè Wànjǐng Fǔ	住宅区名	佛山市顺德区容桂街道办事处红星社区文明东路以南、广星路以北、纵七路以西	命名
295	顺德区	万洋科创园	Wànyáng Kēchuàng Yuán	建筑物名	佛山市北滘镇黄涌工业区佛山一环以东、三乐路以南地块	命名
296	顺德区	同德智造园	Tóngdé Zhìzào Yuán	建筑物名	佛山市顺德区容桂街道上佳市桂洲道南2号地之一	命名
297	顺德区	国通创科园	Guótōng Chuàngkē Yuán	建筑物名	佛山市顺德区乐从镇乐从钢铁世界B10号地块	命名
298	顺德区	宝智园	Bǎozhì Yuán	建筑物名	佛山市顺德区勒流镇勒流社区富安工业区9号地块	命名
299	顺德区	圣堡莱实业园	Shèngbǎolái Shíyè Yuán	建筑物名	佛山市顺德区均安镇均安社区智安中路8号	命名
300	顺德区	三社汇创园	Sānshè Huìchuàng Yuán	建筑物名	佛山市顺德区勒流街道办事处黄连社区勒流港集约工业开发区3-3号地	命名
301	顺德区	雄方商务大厦	Xióngfāng Shāngwù Dàshà	建筑物名	佛山市顺德区龙江镇龙洲路西路75号地块	命名
302	顺德区	铁投智荟楼	Tiětóu Zhìhuì Lóu	建筑物名	佛山市顺德区大良街道碧桂路以西、顺德一中高中部以北地块之一	命名

续表

序号	行政归属	标准地名	汉语拼音	类别	位置	备注
303	顺德区	悦腾智能制造园	Yuèténg Zhìnéng Zhìzào Yuán	建筑物名	佛山市顺德科技工业园A区西-11-1之四地块	命名
304	顺德区	万洋万众园	Wànyáng Wànzhòng Yuán	建筑物名	佛山市顺德区龙江镇仙塘新华西宝涌工业区地块	命名
305	顺德区	恒和园	Hénghé Yuán	建筑物名	佛山市顺德区伦教街道荔村村工业大道兴荔南路10号	命名
306	顺德区	景尚润府	Jǐngshàng Rùnfǔ	住宅区名	佛山市顺德区陈村镇建设大厦西侧地块	命名
307	顺德区	德隆园	Délóng Yuán	建筑物名	佛山市顺德区龙江镇龙江社区坦西工业大道11号	命名
308	顺德区	汇杰台	Huìjié Tái	住宅区名	佛山市顺德区陈村镇大都村佛陈路南侧	命名
309	顺德区	广意智能装备园	Guǎngyì Zhìnéng Zhuāngbèi Yuán	建筑物名	佛山市顺德区容桂上佳市社区桂洲大道东以南1号之一地块	命名
310	顺德区	臻锦悦府	Zhēnjǐn Yuèfǔ	住宅区名	佛山市顺德区容桂街道桂洲大道以北地块之二	命名
311	顺德区	锦力新蒲公馆	Jǐnlì Xīnpú Gōngguǎn	住宅区名	佛山市顺德区加利源塑料有限公司科业路1号地块改造项目	命名
312	顺德区	保利云城名苑	Bǎolì Yúnchéng Míngyuàn	住宅区名	顺德区杏坛镇南城区SD-1-02-05-02-04地块	命名
313	顺德区	保利铂江悦府	Bǎolìbójiāngyuè Fǔ	住宅区名	佛山市顺德区容桂街道容里社区建丰路以东、昌明路以北	命名
				高明区		
314	高明区	盛璟府	Shèngjǐng Fǔ	住宅区名	佛山市高明区荷城街道沧江南路以北，明华路以东	命名
315	高明区	印玥台	Yìnyuè Tái	住宅区名	佛山市高明区荷城街道高明大道以北、泰安路以东	命名
316	高明区	福星尚居	Fúxīngshàng Jū	住宅区名	佛山市高明区荷城街道高明大道以北，泰和路以南	命名
317	高明区	雄威智创园	Xióngwēi Zhìchuàng Yuán	建筑物名	佛山市高明区荷城街道万成路77号	命名
318	高明区	高明万洋众创园	Gāomíng Wànyáng Zhòngchuàng Yuán	建筑物名	佛山市高明区更合镇（合水）小洞工业区鸿淘路以西，合创路以南	命名
319	高明区	金域水岸府	Jīnyù Shuǐàn Fǔ	住宅区名	佛山市高明区荷城街道沿江路以东，西江和以西	命名
320	高明区	花海湾苑	Huāhǎiwān Yuàn	住宅区名	佛山市高明区荷城街道荷香路以南，明理路以东（高明汽车客运站侧）	命名
321	高明区	安联尚璟府	Ānlián Shàngjǐng Fǔ	住宅区名	佛山市高明区西江产业新城秀丽路以南，鳌云路以西	命名
322	高明区	尚富轩	Shàngfù Xuān	住宅区名	佛山市高明区荷城街道（三洲）洲华路东侧	命名

续表

序号	行政归属	标准地名	汉语拼音	类别	位置	备注
323	高明区	青汇公馆	Qīnghuì Gōngguǎn	住宅区名	佛山市高明区荷城街道祥如路以西，丹霞路以北	命名
324	高明区	亨晖华府	Hēnghuīhuá Fǔ	住宅区名	佛山市高明区荷城街道（西安）高明大道庆成巷北	命名
325	高明区	富恒路	Fùhéng Lù	道路街巷名	东起荷城街道明富路（499县道），西至海天大道	命名
				三水区		
326	三水区	星景华府	Xīngjǐng Huáfǔ	住宅区名	佛山市三水区芦苞镇芦苞大道北侧	命名
327	三水区	万钧生物科技园	Wànjūn Shēngwù Kējì Yuán	建筑物名	佛山市三水区西南街道五顶岗村“小龙岗”（土名）	命名
328	三水区	保利淼景苑	Bǎolì Miǎojǐng Yuàn	住宅区名	佛山市三水区云东海街道伏户地块二	命名
329	三水区	峰临悦府	Fēnglín Yuèfǔ	住宅区名	佛山市三水区乐平镇新城区B区01-11地块	命名
330	三水区	平悦路	Píngyuè Lù	道路街巷名	东起公园东路（规划），西至乐南路	命名
331	三水区	博源尚云府	Bóyuán Shàngyún Fǔ	住宅区名	佛山市三水区西南街道文锋西路北侧地块一	命名
332	三水区	学林府	Xuélín Fǔ	住宅区名	佛山市三水区云东海街道明海路以东、博文路以南	命名
333	三水区	江畔明珠花园	Jiāngpàn Míngzhū Huāyuán	住宅区名	佛山市三水区芦苞镇三水大道北西侧	命名
334	三水区	星澜华府	Xīnglán Huáfǔ	住宅区名	佛山市三水区西南街道文锋西路北侧地块二	命名
335	三水区	乐融路	Lèróng Lù	道路街巷名	东起海洲村，西至科勒大道	命名
336	三水区	观景汇源华府	Guānjǐng Huìyuán Huáfǔ	住宅区名	佛山市三水区云东海街道桃园西路以南、映荷路以东地块	命名
337	三水区	丰兴街	Fēngxìng Jiē	道路街巷名	东起永丰路，西至永兴路（途经区实验小学、半江花园）	命名
338	三水区	贤明路	Xiánmíng Lù	道路街巷名	东北起三兴路，西南至兴达路（途经澳盈商务大厦、观景豪园）	命名
339	三水区	青岐大道	Qīngqí Dàdào	道路街巷名	北起青岐牌坊（321国道），南至青岐阁美村（途经青岐村委会、青岐各自然村）	命名
340	三水区	中南锦汇花园	Zhōngnán Jǐnhuì Huāyuán	住宅区名	佛山市三水区乐平镇中心城区东片区10-13-02地块	命名
341	三水区	翠缇公馆	Cuìtí Gōngguǎn	住宅区名	佛山市三水区乐平镇中心城区东片区09-02-09地块之一	命名
342	三水区	栖云居	Qīyún Jū	住宅区名	佛山市三水区芦苞镇独树岗村“九十九岗”地块	命名
343	三水区	金骏路	Jīnjùn Lù	道路街巷名	南起三水威利行贸易公司西南面，北至港口大道（途经三水威利行贸易公司和罗翔铝业有限公司）	命名

续表

序号	行政归属	标准地名	汉语拼音	类别	位置	备注
344	三水区	金樵路	Jīnqiáo Lù	道路街巷名	南起万钧生物科技园南面，北至万钧生物科技园北面	命名
345	三水区	和玺园	Héxǐ Yuán	住宅区名	佛山市三水区云东海街道鲁村路以东、韵丰路以南地块一	命名
346	三水区	平治路	Píngzhì Lù	道路街巷名	南起南湖大道（规划），北至三花路	命名
347	三水区	敬乐路	Jìnglè Lù	道路街巷名	东起盘乐路，西至新城大道北	命名
348	三水区	德平路	Dépíng Lù	道路街巷名	南起敬乐路（规划），北至乐雅路（规划）	命名
349	三水区	乐雅路	Lèyǎ Lù	道路街巷名	东起乐南路，西至雍翠一期	命名
350	三水区	滨乐路	Bīnlè Lù	道路街巷名	东起佛清从高速，西至乐平工业路	命名
351	三水区	博乐路	Bólè Lù	道路街巷名	东起东片区纵一路（规划），西止乐平工业路	命名
352	三水区	瑞平路	Ruìpíng Lù	道路街巷名	南起乐南路，北至公园东路（规划）	命名
353	三水区	延平路	Yánpíng Lù	道路街巷名	南起繁业大道，北至乐源路	命名
354	三水区	聚平路	Jùpíng Lù	道路街巷名	南起乐源路，北至乐南路	命名
355	三水区	益乐路	Yìlè Lù	道路街巷名	东起齐力大道北，西至聚平路（规划）	命名
356	三水区	乐昌路	Lèchāng Lù	道路街巷名	东起乐雅路（规划），西至齐力大道	命名
357	三水区	威乐路	Wēilè Lù	道路街巷名	东起君威饲料厂，西止三江大道	命名
358	三水区	振乐路	Zhènlè Lù	道路街巷名	东起尚勤路，西至三水大道北	命名
359	三水区	承乐路	Chénglè Lù	道路街巷名	东起西二环高速公路，西至孜学路	命名
360	三水区	众乐路	Zhònglè Lù	道路街巷名	东起乐平工业路，西止乐平涌	命名

表76　**2021年佛山市原有地名调整情况表**

序号	行政归属	标准地名	汉语拼音	类别	位置	备注
				禅城区		
1	禅城区	粤海拾桂苑	Yuèhǎi Shíguì Yuàn	住宅区名	禅城区石湾镇街道黎明二路南侧	调整规模
2	禅城区	正荣季华兰庭	Zhèngróng Jìhuá Lántíng	住宅区名	禅城区张槎街道大江路东侧	调整规模
3	禅城区	中交白兰春晓苑	Zhōngjiāo Báilánchūnxiǎo Yuàn	住宅区名	禅城区祖庙街道扶西路东侧	调整规模
4	禅城区	金域滨湖花园	Jīnyùbīnhú Huāyuán	住宅区名	禅城区南庄镇科潮路北侧	调整规模
5	禅城区	中交白兰春晓苑	Zhōngjiāo Báilánchūnxiǎo Yuàn	住宅区名	禅城区祖庙街道扶西路东侧	调整规模
6	禅城区	帽岗东路	Màogǎng Dōnglù	道路街巷名	西起雾岗路，向东80米后遇帝欧家居大厦向南转折，南至季华四路	重新定义起止点
7	禅城区	扶西路	Fúxī Lù	道路街巷名	南起货站东路，北至河滨路	重新定义起止点

续表

序号	行政归属	标准地名	汉语拼音	类别	位置	备注
8	禅城区	智慧路	Zhìhuì Lù	道路街巷名	东起禅西大道，西至竹平路，	向西延伸
9	禅城区	普君东路	Pǔjun Dōnglù	道路街巷名	东起文华北路，西至普君北路	向东延伸
10	禅城区	普祥路	Pǔxiáng Lù	道路街巷名	南起新风路，北至兆祥路	向南延伸
11	禅城区	宝塔路	Bǎotǎ Lù	道路街巷名	东西走向，东起江湾三路，西至季华三路	重新定义起止点
			南海区			
12	南海区	云诚苑	Yúnchéng Yuàn	建筑物名	广东省佛山市南海区桂城街道泰山路西侧、广珠西线东侧、贵广高铁以南、环岛南路北侧地段	调整规模
13	南海区	千益汇商业中心	Qiānyìhuì Shāngyè Zhōngxīn	建筑物名	广东省佛山市南海区西樵镇岭西村“凡水西”地段	更名（原名：乔康达商业中心）
14	南海区	鸿伟玖珑楼	Hóngwěi Jiǔlóng Lóu	建筑物名	佛山市南海区大沥镇谢边东义村“二级坦”地段	更名（原名：鸿伟公馆）
15	南海区	创盈欢乐广场	Chuàngyíng Huānlè Guǎngchǎng	建筑物名	佛山市南海区大沥镇沥中李潘村“进启田”地段	更名（原名：万菱广场）
16	南海区	水头工业南路	Shuǐtóu Gōngyè Nánlù	道路街巷名	起于桂和路辅道，止于水头路	更名（原名：永吉路）
17	南海区	昭信金谷湾联创中心	Zhāoxìn Jīngǔwān Liánchuàng Zhōngxīn	建筑物名	佛山市南海区桂城街道大圩社区南港大街地段	更名（原名：昭信联创中心）
18	南海区	璞玥府	Púyuè Fǔ	建筑物名	佛山市南海区桂城街道环岛东路以西地段	调整规模
			顺德区			
19	顺德区	工展东路	Gōngzhǎn Dōnglù	道路街巷名	北起于裕和路，南止荷岳路交界处。	延长
20	顺德区	展荷路	Zhǎnhé Lù	道路街巷名	北起于裕和路，南止于吉庆南路交界处。	延长
21	顺德区	兴明路	Xìngmíng Lù	道路街巷名	东起杏坛镇桑麻村大道，西止二环路	延长
22	顺德区	南国东路	Nánguó Dōnglù	道路街巷名	西起环市东路，东南止顺德港	延长
23	顺德区	顺德智富园	Shùndé Zhìfù Yuán	建筑物名	佛山市顺德区西部生态产业新区中小企业园STY Ⅲ-D-01b-7地块	调整规模
24	顺德区	怡翠汇商业楼	Yícuìhuì Shāngyè Lóu	建筑物名	佛山新城天虹路以南、百顺道以东B2地块	更名（原名：星翠汇购物中心）
25	顺德区	碧桂园总部新翼广场	Bìguìyuán Zóngbù Xīnyì Guǎngchǎng	建筑物名	佛山市顺德区北滘镇广珠西线高速公路以东1号地块	调整规模
26	顺德区	中集智能制造中心	Zhōngjí Zhìnéng Zhìzào Zhōngxīn	建筑物名	顺德区杏坛镇顺德高新区西部启动区D-XB-10-03-A-04-2地块	调整规模
			三水区			
27	三水区	广海大道西	Guǎnghǎi Dàdào Xī	道路街巷名	东起铁帽顶（广海大道西与二广高速交汇处），西至三水区与四会市交界牌坊（途经三水西货场、木棉村路口、凤铝铝业）	延长

索 引

说 明

一、本索引分主题索引、表格索引和统计图索引。

二、主题索引按款目首字汉语拼音字母（同音字按声调）顺序排列，阿拉伯数字开头的款目排在索引的末尾；款目后的数字表示内容所在的页码，数字后面的英文字母（a、b、c）表示栏别（即版面的左、中、右栏），款目后有多个页码，表示参见内容所在位置；类目、分目、次分目等栏目标题用黑体字排印，其余用宋体字排印；综述分目标题和概况条目标题不进行标引。

三、表格索引和统计图索引，以表格和统计图题名为款目，仅标注所在页码，不标注分栏。索引按照表格和统计图在全书的先后顺序排列。

主题索引

A

爱国卫生运动 443a
爱侨护侨 94b
安全生产标准化建设 486b
安全生产技术服务机构监管 486b
安全生产监督管理 485a
安全生产监管 485b
安全生产培训 486a
安全生产应急演练 486b
安全生产责任保险推广 486c
安全生产责任险 309a
安全生产制度建设 485b
安全生产专项整治三年行动工作推进 485c
案件执行 166a
澳门国际银行佛山支行 308a
“澳门青年人文湾区行”走进佛山 97c
澳门特区行政长官率考察团到访佛山 97b

B

八大类商品及服务价格 462c
白坭文创古镇入选全国特色小镇50强 528a
白坭镇 529c
“‘百里芳华’乡村振兴示范带建设”专题视察 106c
“百年恰是风华正茂”主题档案文献展 75c
“百企大走访”活动 145a
百万职工岗位零事故行动 487a
版权保护知识宣传 205b
版权登记保护 205b
保税监管 208b
保险机构业务创新 189a
保险消费者权益保护 309b
保险业 308c
保险业服务实体经济 188c
保险业监管 188c
保险业金融风险防控 188c
保障和改善民生工作落实 48a
保障性住房 468b
北滘镇 518b
备灾工作 483a
碧桂园控股有限公司 252b
“编办思享汇”系列活动 65a
殡葬 471b
殡葬基本服务费用免除政策实施 471c
殡葬领域各类专项整治 471c
病媒生物防治 443c
博士后人才交流与科研成果转化对接活动 375c

博物馆数字化建设　384c
博物馆之城建设　384c
不动产统一登记　179c
“不忘初心、牢记使命”主题教育成果巩固深化举措　50b

C

财政　184b
财政管理改革　185c
财政经济工作监督　79a
财政民生保障　185b
财政审计　191b
财政收支管理　184b
裁判员培养与管理　453b
参与“一带一路”建设　222c
参政议政　105a，112c，113c，115a，116a，116c，117c，119a，119c
餐饮场所燃气管理　288c
餐饮业品牌建设　288c
残疾人　457a
残疾人防疫服务　142c
残疾人福利保障水平提高　466c
残疾人教育服务　141b
残疾人就业服务　141c
残疾人康复服务　141a
残疾人生活保障　141a
残疾人体育建设　142a
残疾人文化建设　141c
残疾人协会及助残组织培育　142b
残疾人证核发管理　142c
测绘管理　180a
查缉走私　208a
禅城区　497a
禅城区庆祝2021年中国农民丰收节活动　503a
禅城区特色小镇建设　501b
禅港澳台青年交流（南庄）基地启用　503b
禅西大道南延线通车　337a
产学研合作　376a
产业发展　233a，354a，498b，506a，512c，520b，525b
产业集群数字化智能化转型　241a
产业升级　227c
产业数字化　240b
产业园区　227c
“畅通工程”行动　160b
超高清视频显示集群培育　240a
朝阳读书活动开展　148c
陈村花卉世界　320a
陈村镇　518a
陈红军　531a
陈清晨　533c
陈燕梅　533a
成品油销售　294b
成品油销售监管　294b
成品油运输及安全监管　294c
成人高等教育　367b
成人教育　367b
城市“畅通工程”　334b
城市更新　348c
城市公共交通　350b
城市供电　345a
城市供气　345c
城市供水　344c
城市管理　351c
城市规划　344a
城市规划建设管理工作推动　47b
城市轨道交通3号线项目　338c
城市轨道交通4号线一期工程项目工可报告及初步设计获批复　339c
城市轨道交通运营　338c
城市轨道交通在建项目建设　338b
城市候机楼运营　340a
城市基层党建　55c
城市建设　344
城市内涝治理　346b
城市商业银行选介　307c
城市生活污水处理　346c
城市水利　352c
城市园林绿化　345c
城乡建设重要政策与措施　86b
城乡区域协调发展　53b
城镇村庄建设　356a
城镇老旧小区改造　349c
城镇老旧小区和农贸市场改造　509a
“重走革命路　再绘革命情”庆祝中国共产党成立100周年佛山市美术作品展　417a
仇志晖　532b
出版业管理　417b
出入境边防检查警务　161b
出入境与往来港澳台管理　161a
出生缺陷综合防控　438b
畜禽养殖废弃物资源化利用　259b
传染病防控　435b
传染病防治监督　445a
传统文化转化和发展　137c
船舶保有量　337b
“创客广东”佛山市中小企业创新创业大赛　254a
创新创业生态优化　369a
创新驱动　228a
创新驱动发展　500a，507c，514c，521c，527a
创新驱动发展财政资金投入　184c
创新驱动助力工程项目　131c
创业带动就业　459b
创造型引领型改革　52a
慈善公益创投　467a
村级工业园安全与应急规范化建设　487a
村级工业园升级改造　16b，349b
村级换届工作完成　55b
村级换届选举完成　473a
村镇建设　356a
存量房市场　330a
存量商品住房交易　330a

D

打击走私综合治理　162a
打造共建共治共享的城市社区治理新模式专题协商　104c
大病保险　309b
大沥国际商贸片区　214a
大沥镇　511b
大良街道　517b
大良寻味顺德小镇入选中国特色小镇50强　289c
大气环境质量　489a
大气污染防治　492c
大数据服务区投入使用　502c
大塘镇　530c
大塘镇纺织印染行业智慧管理平台上线　529a
大型粤剧《将军令》创排　416c
“大招商、招大商”体制机制构建　17a
代表工作　80c
代表联络站建设　81c
代表调研视察活动开展　81c
代表议案建议督办　80c
丹灶镇　511a
党的基层组织建设三年行动计划实施方案　50c
党的建设制度改革　54a

党的全面领导和党的建设继续加强 48b
党对法治政府建设的领导强化 155b
党风政风行风热线节目访谈 67a
党管武装 173a
党史工作 71b
党史宣传宣讲 72a
党史学习教育 2a
党史学习教育 54c
党史学习教育服务 71c
党史学习教育专题研讨班 71a
党史资料征集研究 72a
党外代表人士队伍建设 63a
党校工作 69b
党员干部联系服务群众工作措施 50a
党员干部培训全覆盖 56c
档案安全 75a
档案编研 75b
档案法治建设 74a
档案工作 73a
档案文化宣传 75a
档案信息化建设 74b
档案业务建设 75b
档案综合利用与服务 73a
道路交通"放管服"改革 160c
道路交通管理 160b
道路交通秩序维护 160b
道路交通专项整治 160c
道路客货运输量 336b
道路网络建设 335b
道路运输经营业户及从业人员 336b
德育工作 359c
地方金融监管 190a
地方统计 193b
地方性法规审议 78c
地方志 428c
地方志数字化建设 429c
地方志文化宣传 429c
地方志资料整理 429b
地方志资政服务 429c
地理位置和面积 37a
地名管理 476a
地名命名及调整 560
地名普查成果转化 476b
地名文化宣传 476b
地下综合管廊建设 346a
地震安全评估 379a
地震监测预报和台网建设 379a
地震科学 378c
地震灾害应急准备 481c
地质地貌 37a
地质灾害防治 482b
第八届台湾青年岭南行活动之粤港澳大湾区科技体验之旅走进佛山 96a
第二单知识产权证券化产品发布 207a
第二十五届全国发明展览会——"一带一路"暨金砖国家技能发展与技术创新大赛 131c，223c
第六届"一带一路"泛家居产业发展与国际合作论坛 223b
第六届中国创新挑战赛（广东·佛山）229a，374c
第七届佛山仲裁委员会第一次全体会议 172b
第三届粤港澳大湾区乒乓球联赛佛山分赛 451c
第三十六届佛山（国际）陶瓷及卫浴博览交易会 290c
第十二届佛山市老干部文艺展演 69b
第十届中国创新创业大赛（广东·佛山赛区）暨2021年"南海农行杯"佛山创新创业大赛 374b
第十七届中国（佛山）机械装备展览会 517a
第四届广东高校科技成果转化路演大赛在佛山举行 375a
第五届中国（佛山）陶瓷"云上"创意周 503a
第一届佛山市"南粤家政"综合类技能大赛 303a
第一届全国博士后创新创业大赛 374c
第一届全国博士后创新创业大赛在佛山举行 461a
第一届粤港澳大湾区新材料青年博士论坛在佛山举行 377b
典当 315a
电动自行车保险 309a
电竞产业 455a
电信网络诈骗打击整治 158c
东西部扶贫协作四川省凉山州交接收队 219b
东西部协作贵州省黔东南州 219c
都市农业 354b
兜底民生服务社会工作双百工程实施 474b
毒品预防宣教 160a
对RCEP国家经济合作 226b
对口黔东南苗族侗族自治州劳务协作 459a
对口支援四川省甘孜州 217b
对口支援西藏墨脱县 216c
对口支援新疆伽师县 216a
对外经济合作 226b
对外开放能级提升 222b
对外贸易 225a
对外投资 226b
多层次资本市场发展 311a
多党合作和政治协商制度落实 62a
多元解纷机制建设 166c

E

儿童之家及队伍建设 468a

F

"发现·新佛山"——2021佛山投资推介会暨广州国际投资年会佛山分会 224b
发展规划管理 178a
发展和安全统筹推进 48a
发展型消费 462b
法定检验商品外进出口商品抽检 209b
法律服务 295a
法律实施监督 80a
法律援助 295b
法律职业资格考试 170a
法学研究 150a
法院 165b
法院普法 166a
法院扫黑除恶专项工作 165c
法院系统司法改革 166c
法治 151
法治化版权治理体系基本形成 205a
法治化水平提升 155c
法治化营商环境建设 153c
法治化营商环境建设 166b
法治宣传 150b
法治宣传教育之少年模拟法庭活动 165a
法治政府建设 154c
反腐倡廉 109b
反腐机制完善 109c
反洗钱工作 164b
方言 42a
方志馆建设 429a
防灾减灾救灾 481b
防灾减灾气象服务 482a

防灾减灾宣传 483c
房地产规划报建 328b
房地产行业监管 332a
房地产金融 327b
房地产经营 328a
房地产开发 327b
房地产市场政策 327b
房地产投资 327a
房地产业 327
房地产中介从业人员带客进小区看房行业规范实施 330c
房地产中介服务业 330a
房地产中介行业管理 330b
房屋安全鉴定 285c
房屋使用安全管理 332a
房屋征收管理 332a
房屋租赁管理 332b
房协行业调处中心成立 330c
纺织服装企业转型 275c
纺织服装业 275b
纺织服装业区域布局 275b
非法金融活动打击 189c
非公经济组织党建 120c
非公有制经济领域统战工作 62b
非物质文化遗产传承保护 414c
“非遗过大年”——佛山年俗文化展 415a
非洲猪瘟防控 209a
“奋斗百年路，启航新征程”红色主题邮局开业 342c
凤城变电站获鲁班奖 283b
“佛博坊”系列活动 389a
佛港澳官方互访与交流 96b
佛港澳合作 97a，212a
佛港澳合作平台建设 213a
佛港澳金融合作 213a
佛港澳科技合作 212c
佛港澳青年交流合作 212a
佛港澳青年事务 96c
佛港澳新冠肺炎疫情联防联控 213b
佛山（华南）新材料研究院搬迁 274a
佛山（开普勒）华南数据中心二期奠基 238c
佛山、云浮签订城市安全联动合作框架协议 484c
佛山“百战”电子竞技联赛 455b
佛山“一照通行”涉企审批服务改革 197a
佛山3个单位成为广东省环境教育基地 496c
佛山版权产业发展联盟成立 207b
佛山版权中心建成 207a
“佛山标准”产品发布 203a
佛山标准工作 199c
佛山参与主办数字社会创新专题论坛 250b
佛山成功创建国家创新型城市 13b
佛山成为全国ETC智慧停车城市建设试点城市 249c
佛山传媒集团 418a
佛山地铁2号线一期开通运营 339c
佛山电视台 423c
佛山电信 243b
佛山发布全国首个村级工业园改造标准化规划 344b
佛山发布证券期货纠纷诉调对接工作方案 313c
佛山港澳青年创业孵化服务平台发布 97c
佛山港澳青年创业孵化基地二期开园 97c
佛山港澳青年创业孵化基地运营 460b
佛山高新技术产业开发区 227c
佛山规范化家长学校创建 148c
“佛山红色文化基因的挖掘与传承”研究 426a
佛山红色文化名片巡回展览 133b
佛山获评为“广东省食品安全示范城市” 202b
佛山集体户口管理新规出台 153c
佛山季华实验室一期工程项目获鲁班奖 283a
佛山金控期货有限公司落户广东金融高新区 314a
佛山军分区 173a
佛山开放大学教育教学 367c
佛山科创园首期项目动工建设 212a
佛山科学馆运营 379c
佛山科学技术学院教育教学 365c
“佛山跨境优品”合作备忘录签订 243a
“佛山老字号”中食品饮料及餐饮品牌占比高 281a
《佛山历史文化丛书》（第六辑）及中英文版（第二辑）发行 418a
佛山联通 245a
佛山量子密钥分发平台发布 250a
佛山铝业企业注册量位居全国首位 273b
佛山民盟9人入选2021年度《岭南名医录》 114b
佛山南华现代农业研究院三方共建协议签订 355a
佛山农商银行 307c
佛山企业家·市长面对面专题协商 104b
佛山企业跨界进入新能源汽车行业 268c
佛山人民广播电台 422b
《佛山日报》 419c
“佛山融爱”家庭服务中心项目 457c
佛山入选国家生态文明建设示范区 494b
佛山入选全省首批“四好农村路”省级示范市名单 357b
佛山三龙湾高端创新集聚区 214c，232b
佛山三龙湾国际人才客厅启用 234a
佛山三水“湾区一港通”首票出口货物放行 209c
佛山沙堤机场运营 340a
佛山上线国家医疗保障信息平台 445c
佛山十二届市委全面深化改革委员会第九次会议 54b
佛山市“12·4”国家宪法日活动 170b
佛山市“3岁以下婴幼儿照护服务发展”专题调研 105b
佛山市“国基药粤健康”临床合理用药技能竞赛 448b
佛山市“科创中国”试点城市建设 131c
佛山市“美好家园”“红旗小区”评选 331b
佛山市“十四五”规划印发实施 178b
佛山市“一站式”人才综合服务平台启动 57b
佛山市11所学校获评广东省中小学教师校本研修示范学校 363a
佛山市1个镇、3个村入选全国乡村治理示范村镇名单 358c
佛山市2021年世界粮食日和全国粮食安全宣传周活动 99c
佛山市版权发展“十四五”规划发布 207a
佛山市博物馆 388a
《佛山市参加重大体育比赛奖励办法》印发 454a
佛山市残疾人联合会 140c
佛山市成功创建全国社会信用体系建设示范区 157c

《佛山市城市轨道交通第二期建设规划（2021—2026年）》获批复　339b
《佛山市促进对外经济合作专项资金管理办法》印发　226b
佛山市村级工业园升级改造总攻坚启动　350a
佛山市第八届镇（街道）男子篮球超级联赛　451c
佛山市第二次全国污染源普查结果公布　194b
佛山市第九届盲人诗歌散文朗诵暨第七届盲人散文创作比赛　143b
佛山市第六届中学生运动会　452b
《佛山市第七次全国人口普查公报》发布　194b
佛山市第七届大众创业交流会　460c
佛山市第十届运动会　454a
佛山市第十五届人民代表大会第八次会议　77a
佛山市第十五届人民代表大会第六次会议　76c
佛山市第十五届人民代表大会第七次会议　77a
佛山市第一次全国自然灾害综合风险普查工作会议　484c
佛山市第一人民医院成为广东省高水平医院建设单位　442c
佛山市第一人民医院麻醉科获评国家临床重点专科建设项目　443a
佛山市电子政务协会成立　250a
佛山市对外数字贸易产业促进会成立　145b
佛山市法学会　149c
《佛山市非户籍人口居住登记条例》颁布实施　152b
佛山市妇女联合会　128a
“佛山市高校精品思政课（慕课）”大赛决赛　365b
《佛山市革命遗址普查（2020）成果通览》出版　72b
佛山市工商业联合会　119b
《佛山市公共图书馆管理办法》施行　385a
佛山市公共资源交易隔夜评标示范点启用　92c
佛山市关工委成立20周年纪念大会　149b
佛山市关心下一代工作委员会　147c
佛山市归国华侨联合会　139b
《佛山市河涌水污染防治条例》颁布实施　152b
佛山市红色主播培育行动　426a
佛山市红十字会　146a
佛山市获“中国加州鲈之都”称号　261a
佛山市获命名为“全国禁毒示范城市”　162b
佛山市基督教中国化实践基地授牌　477c
佛山市集体婚礼顺德专场　471b
佛山市建设工程项目管理咨询委员会成立　284a
《佛山市进一步优化口岸营商环境促进跨境贸易便利化若干措施》出台　227c
佛山市科学技术协会　130c
佛山市快递行业工会联合会成立　342c
佛山市老干部“红耆”志愿服务队成立　69a
佛山市启聪学校　368c
佛山市区直单位第六届工作创新大赛活动　67c
佛山市全民普法书法大赛　170b
佛山市人力资源服务产业园获评省级园　90a
佛山市人民代表大会　76
佛山市人民政府　82
佛山市森林消防综合救援队授旗仪式　484b
佛山市社会科学界联合会　132a
佛山市社会科学普及周活动　133b
《佛山市生态环境保护“十四五”规划》印发　496b
佛山市首个“快递小哥红色驿站”启用　343a
佛山市首个交通安全主题公园启用　162b
佛山市首个气象主题公园开放　378c
佛山市首个区级实体化劳动争议联合调解中心建立　171b
佛山市首个镇街新阶联组织成立　63c
佛山市首届开发者大赛暨2021年佛山市职工职业技能大赛制造企业数字化转型信息技术开发者技能竞赛　376c
佛山市首届自由搏击公开赛决赛　451b
佛山市首条“百里芳华”辅助公交旅游专线开通运营　326b
佛山市首席数据官制度试点工作　247a
佛山市首座加氢充电光伏发电综合能源站投入试运行　270a
佛山市水利发展“十四五”规划发布　353c
佛山市图书馆　386a
佛山市文化馆　385b
《佛山市文明行为促进条例》立法　479b
佛山市文学艺术界联合会　136a
佛山市文艺社团联盟发展中心挂牌成立　417a
佛山市物业管理示范项目考评　331c
佛山市新任党外领导干部培训班开班　63c
佛山市兴海铜铝业有限公司　253a
佛山市研发公共服务平台成立　300a
《佛山市扬尘污染防治条例》立法后评估　152a
佛山市医疗急救指挥中心启用　449c
《佛山市义务教育民办学校招生工作实施方案》公布　363a
佛山市银行业消费纠纷人民调解委员会挂牌成立　308c
《佛山市引进优秀体育后备人才实施办法》印发　453c
佛山市与双鸭山市对口合作　217c
佛山市政府网融媒体创新中心启用　92b
《佛山市制造业紧缺人才目录（2021版）》发布　57b，90a
佛山市智汇云破产管理系统及破产清算与重整云图同步上线　167a
“佛山市智慧物业服务平台公示牌”挂牌　331c
佛山市中医院联合科技企业建设智慧中医示范基地　447a
“佛山市种业高质量发展”专题调研　105b
《佛山市重点品牌展会认定扶持办法》印发　290b
《佛山市住宅物业管理条例》颁布实施　152a
《佛山市住宅物业管理条例》实施　331c
佛山市总工会　122a
佛山首次举办“人才之夜”晚会　57c
佛山首个“毛地”入市项目地块成功交易　350a
佛山首个5G数字产业应用示范中心启动建设　240b
佛山首个远程公证平台上线　296b

佛山首只百亿元规模政府投资基金设立 186b
佛山天然气高压输配系统工程获詹天佑奖 283a
佛山通用设备制造企业登上《大国重器》 276c
《佛山文艺》 421c
佛山西站枢纽新城片区 214a
佛山西站运营 338c
佛山巡察工作会议暨十二届市委第九轮巡察动员部署会 111c
佛山一号卫星发射 374b
佛山移动 244b
《佛山英烈故事》编印 72c
佛山咏春拳入选国家非遗扩展项目名录 415b
佛山邮政公司业务发展 343b
佛山与深交所签订战略合作框架协议 211c
《佛山韵律文学艺术丛书》(2020年卷)出版 416c
佛山在全国率先推出绿色建材电子商城 492b
佛山在全国首创政府补贴“秒到”企业和个人 186a
佛山在全国首推“一照通行”涉企审批服务改革 202c
佛山在全国首推零售药店“守信快批”审批模式 203b
佛山知识产权保护中心绩效考核稳居全国前5位 204a
佛山知识产权检察理论研究基地成立 164c
“佛山职工微视频”小程序上线 124a
佛山职业技术学院教育教学 365c
佛山智能家居产业集群入选国家级创新型产业集群试点 229a
《佛山中医药简史》公开出版发行 430a
佛山仲裁案例入选粤港澳大湾区仲裁联盟十大经典案（事）例 172b
佛深合作 211c
佛台交流 95a
佛台经贸产业合作 95c
孵化载体建设 374a
扶残助残文化宣传 143a
辐射环境质量 489c
福利彩票 468b
抚恤补助标准提高 469a
妇儿全生命周期管理 439a
妇联执委培训 130a
妇女·儿童 456a
妇女儿童发展规划终期评估 130a
妇女儿童权益保护 128c
妇女思想政治引领 128c
妇幼行业监督管理 439a
妇幼卫生 437c
妇幼卫生服务体系建设 438a
附录 537

G

改革开放工作推进 47a
改革开放后至2020年 44b
干部队伍建设 56b
干部队伍专业化 56c
干部教育培训 69c
港澳居民社保通办服务 464c
港澳事务 96a
港澳台统战工作 62c
港航管理 337c
港科大百万奖金（国际）创业大赛佛山赛区赛事 376c
港口吞吐量 337b
港口污染防治 337c
高标准农田水利工程建设 261c
高等学校建设 365a
高端装备制造产业集群 276c
高荷港码头动工建设 337c
高考 363c
高明井皋公路入选全省“十大最美农村路” 357c
高明民族团结进步“政企村居+N”创建工作基地揭牌 477a
高明区 519b
高明区人民政府与佛山市第一人民医院签订合作协议 522b
高明区主板上市企业实现“零的突破” 522c
高品质消费商圈街区建设 286c
高水平医院建设 442b
高校毕业生就业 459a
高校科技成果转化 365b
高新技术企业发展 373c
高新区“一区五园”统筹发展 221a
高新区禅城园 229b
高新区高明园 231a
高新区南海园 230a
高新区三水园 231c
高新区顺德园 230b
高质量“志愿之城”建设 125c
《革命精神 百年传承——佛山红色故事报道汇编》编印 72c
革命文物保护利用 414a
个人委托拍卖 290a
个体经济 254c
个体私营经济 254c
各民主党派负责人暑期座谈会暨新老主委座谈会 63c
耕地保护 179c
“更好发挥人大代表作用”主题活动开展 81b
更合镇 523c
更合镇小洞村被确定为全国村级议事协商创新实验试点单位 522c
工程定额与计价 283b
工程建设项目审批制度改革 91b
工程造价改革 283c
工会法律服务 123a
工会新春系列活动 124a
工会组织建设 122c
工矿商贸行业重点监管 486a
工伤保险 463c
工商联经济发展服务 120a
工业 262
工业产品、食品药品抽检 199b
工业产品质量监管 199b
工业产品质量检验 301b
工业互联网建设 238a
工业节能 491c
工业旅游 321c
工业设计发展 296c
工业污染控制 493a
工业污染整治 492c
公安 158a
公安禁毒 160a
公安执法规范化 161c
公共场所卫生监督 445a
公共法律服务体系构建 168b
公共投资审计 191c
公共文化 382a
公共文化创新发展 384b
公共文化管理运行 384a
公共文化设施建设 382a
公共文体惠民活动 384a
公共资源交易改革 92a
公交安全管理 351b
公交服务 351a

公交轨道站点接驳建设 351a
公交基础设施建设 350c
公交站（场）选址与布局优化专题协商 104c
公立医院综合改革 434a
公路运输 335a
公务员管理 57c
公务员管理科学化规范化 58a
公务员考核制度落实 58a
公益诉讼检察 163a
公证服务 295c
公众科普 380a
“功夫之城”建设 450a
共青团参与基层社会治理工作推进 125b
共青团佛山市快递行业工作委员会成立 342c
“共青团与人大代表、政协委员面对面”议题座谈会 127c
共有产权住房建设 328a
供销公共型农产品冷链物流基础设施骨干网建设 293a
供销合作 292c
供应链金融 314b
孤儿、事实无人抚养儿童基本生活保障 468a
古村落活化升级 357a
股份制银行选介 307b
骨灰植树活动 472a
固体废物污染防治 493c
关工委“云平台”教育工作创新 149b
关家华 531a
灌溉蓄水调水 261c
广播连续剧《君子墟》与话剧《盖德皓做好人》创作 138c
广播影视 422b
广东“众创杯”创业创新大赛之技能工匠争先赛 460c
广东格兰仕集团有限公司 253c
广东金融高新技术服务区 234c
广东金融高新区投融资对接洽谈会 235c
广东金融高新区重点项目落地及战略合作签约 235c
广东联塑科技实业有限公司 253b
广东燃料电池汽车示范应用城市群启动 270b
广东省消防安全宣传“进学校”试点工作现场会在佛山召开 488b
广东省学前教育“新课程”科学保教示范项目佛山市启动仪式暨市县市属项目开题报告会 361c
广东省制造业数字化智能化转型现场会在佛山举行 243a
广东省中西结合医院通过“三级甲等中西医结合医院”复评 447b
广东顺控发展股份有限公司挂牌上市 516c
广东盈香生态园 320b
广发银行佛山分行 307c
广佛“一码通乘” 351a
广佛产业协同发展 210b
广佛交通基础设施联通 210b
《广佛两市道路衔接规划修编》正式公布 344b
广佛签订协同立法合作协议 211b
广佛全域同城化顶层规划设计 210a
广佛全域同城化建设 210a
广佛协同立法 152a
广佛优质生活圈提升 211a
广佛肇高速佛山段获省詹天佑故乡杯奖 336c
广告市场监管 200c
“广明2号”白羽肉鸡新品种通过国家审定 259c，523a
广州白云国际机场乐从（罗浮宫）城市候机楼启用 340b
广州地铁7号线西延顺德段项目 338c
归侨侨眷慰问帮扶 140a
规划编制 232c
轨道交通项目固定投资 339a
桂城街道 510b
国防动员 173c
国防教育 177b
国防教育宣传宣讲 177b
国防教育阵地建设 177b
国际减灾日暨地震预警科普宣传活动 379b
国际龙家具展会和亚洲国际家具材料博览会 275a
国际贸易“单一窗口”业务推广 227b
“国际商事大讲堂”培训活动 145a
《国际商事二十二条军规》第三季开播 146a
国际市场开拓 225b
国际友好城市交流 93b
国家海外知识产权纠纷应对指导中心佛山分中心成立 206a
国家食品安全示范城市创建 198a
国家统计 192a
国家统计调查基层基础建设 192c
国家统计调查数据监测及审核 192b
国家统计调查样本管理及优化 192c
国家统计调查业务领域统计法治 193a
国家统计调查业务领域资料编发 193b
国家卫生城市复审迎检 443b
国家文化和旅游消费试点城市建设 430b
国家知识产权局商标业务佛山受理窗口启动 206c
国土空间用途管制 179b
国有大型商业银行选介 306b
国有金融资本管理取得成效 185c
国有企业监管 184a
国有企业经济社会发展重点领域工作推进 184a
国有企业科技创新 183b
国有企业审计 191c
国有企业体制机制改革 183a
国有企业投资 183a
国有资本战略性调整 183c
国有资产监督管理 180c
国资国企综合改革 52b

H

海关 207c
海关服务企业工作 208a
海关稽查核查 208b
海关数据分析研究 208a
海关税收征管 207c
海关卫生检疫 208b
海绵城市建设 346a
海外联谊 94a
瀚海（佛山）国际创新中心获确定为广东首家国际化众创空间 228c
航空运输 340a
河湖长制推行 490c
河口百年商埠游径入选粤港澳大湾区文化遗产游径 527c
河南抗洪救灾慈善支援 467b
河心岛生态修复 490a
河涌综合整治 490b
荷城街道 523a
核心技术攻关 374a
贺小亮 533c
黑臭水体整治 493b

"红色领航"主题观影活动　425b
红色旅游　322b
红色文化E地图打卡活动启动　425c
"红色文化名片"遴选　479b
红色主题美术与雕塑创作　416a
红色资源保护利用　72b
红十字备灾救灾　146b
红十字会捐赠　147a
红十字会医院学校教学与服务　147a
红十字会阵地建设　147b
红十字社会救助　146b
红十字应急救护　146c
红十字志愿服务　147a
宏旺控股集团有限公司　253a
"互联网+不动产登记"改革　92a
户政管理　161c
护理管理　449a
"护校安园"行动　159a
花卉种植　257c
华南环境科技产业园暨金谷产业园动工　517a
华侨归侨侨眷权益保护　140a
华侨文化建设　140b
欢聚集团产业互联总部落户佛山　238c
环保法治化建设　496a
环保文化建设　495c
环保信息化　248c
环境保护执法　495b
环境监管　494b
环境信访　496b
环境影响评价审批改革　495b
环境质量　489a
环境综合整治　492c
换届纪律监督　109a
黄金周旅游　318a
汇丰银行佛山分行　308a
会展业　290b
会展业发展　233b
惠企促贸"春雨行动"　145a
惠台政策措施落实　95b
婚姻　470c
婚姻登记"跨省通办"试点　471a
婚姻登记管理　470c
"活力广东　多彩广佛肇"广佛肇旅游推介会　324a
货币金银服务管理　189a
货币流通　305c
货币信贷管理　189a
货币政策　305b
货币支付服务　189c
货物贸易　225a
获个人二等功以上的现役和退役军人　533c

J

机动车检验检测　301c
机构编制法定化　64c
机构编制工作　64a
机构编制资源统筹使用　64c
机构职能体系优化　64b
机关单位领导干部政治思想学习教育　65c
机关党建工作　65a
机关党建工作责任　67a
机关党史学习教育　65c
机关基层党组织建设　66a
基本医疗保险家庭病床管理办法实施　449c
基本医疗保障市级统筹　221c
基层法律服务机构年度检查及人员执业证注册注销　169a
基层防震减灾应急宣传　481c
基层妇联组织建设　128b
基层科协组织建设　131a
基层文明创建　478a
基层消防改革　488a
基层医疗卫生　436b
基层医疗卫生能力建设　437b
基层医疗卫生政策　437a
基础设施建管养水平提升　334c
疾病防控　435b
疾病诊断相关分组（DRG）付费改革国家试点　434c
集成电路产业发展　239c
计量监管　200c
计量检定校准　301c
纪检监察工作创新　107c
纪律教育开展　110a
纪念三八国际妇女节系列活动　130b
纪念英烈活动　470a
纪委监委　107
技防"放管服"改革　162a
技术合同登记行业管理　300a
技术性贸易措施应对　209c
技术转让　375a
寄递服务绿色转型升级　342a
寄递渠道安全管理　341c
家居产业数字化发展　274b
家具行业　274a
家具行业区域布局　274b
家庭服务业　302c
家庭文明建设　457c
家庭医生　436c
价格成本调查和监审　195c
价格监测　195c
价格监管　196a
价格认证　196a
价格收费管理　195c
价格调控　195a
驾驶培训行业管理　336b
《坚定贯彻新发展理念　塑造佛山发展新形态　奋力争当地级市高质量发展领头羊》　539b
监理单位履职监管　285b
检察　162c
检察环节法治化营商环境建设　164a
检察机关扫黑除恶专项工作　164a
检验检测平台建设　300c
检验检测业　300c
减税降费　187a
剪纸艺术创作　416b
建材行业发展　271b
建设工程造价管理　283c
建置·区划　42b
建置沿革　42b
建筑工程质量安全管理　285a
建筑行业监管　285a
建筑勘察设计　282c
建筑垃圾运输车辆整治　352b
建筑施工与安装　284a
建筑市场管理　285b
建筑业　282
建筑业新技术应用　282a
"健康细胞"创建　444a
交通·邮政　333
交通固定资产投资　334b
交通基础设施建设财政资金投入　185a
交通事故处置　160b
交通通信价格　463a
交通运输设备制造业　278c
交通运输设备制造业发展　279a
交通运输综合执法　335a
交通综述　333a
交易场所　313a
教师队伍建设　360b
教育　359

教育发展成效 359a
教育科研和教学研究 360b
教育信息化 247c
节能管理 491b
节能减排 491a
节能宣传周 492b
结建式人防工程质量监督 285b
巾帼建功行动 129c
金融风险防控 305a
金融服务管理 190b
金融改革创新 304c
金融监督管理 188a
金融消费权益保护 306a
金融业 304
金融业发展“十四五”规划 190c
“金融政策进园区”活动 190c
金融租赁公司 315c
金属制品业 271c
金属制品业标准体系构建 272a
金属制品业区域布局 272a
禁毒社会帮教 160a
禁毒执法 160a
经济发展重要政策与措施 85c
经济犯罪预防 159b
经济犯罪侦查 159b
经济管理 178
经济科技档案 74a
经济民生快速调研与课题研究 193a
经济社会发展 43c
经济运行监测 193c
经济责任审计 191c
精神病防控 436a
精神文明创建 477c
精细化工企业技术研发 265c
精准扶贫档案 73c
“迳口华侨农场改革发展情况”专题视察 105c
竞技体育 452c
竞技体育后备人才培养 453a
九大文化产业集聚区建设 431a
九江镇 510c
九三学社佛山市第八次代表大会 119a
九三学社佛山市委员会 118c
救灾工作 483b
就业服务信息化 249a
就业困难人员就业 459a
就医直接结算范围扩大 464c
居民人均可支配收入 461a
居民消费价格变动 194c
居民消费支出恢复增长 462a
居住价格 463a
局馆协调联动机制建设 74a
决策部署 48b
军事 173
均安镇 519a

K

开放合作空间拓展 222b
开放型经济 222
开放型经济体制机制改革 53a
勘察设计管理 282c
“科创中国”试点城市建设 369b
科技创新 373b
科技创新平台建设 373a
科技创新券实施 299a，375a
科技创新人才引进 373c
科技服务业 296b
科技工作者服务工作 131a
科技合作与交流 376a
科技金融 228c
科技企业“暖春行动” 299a
科技体制机制改革 52c
科技政策制订 299b
科技转让 374c
科协科普 380a
科学技术 369
科学技术奖评选 374b
科学技术普及 379c
科学平台建设 369c
科研咨政 70b
客货运站场 336b
客运企业运输服务 336a
控告申诉检察 163c
口岸监管 227a
口岸建设与管理 226c
口岸收费目录清单公示制度落实 227b
跨境金融服务 306a
会计行业“放管服”改革 300b
会计行业监管 300b
会计业 300a
会计专业技术人员继续教育 300b
会计专业技术资格考试 300b
快递市场 341c
快递市场执法检查 341c
快递市场准入 341c
矿产管理 180b
困境妇女儿童帮扶救助 129a
扩内需促消费活动 287a

L

垃圾处理 348b
垃圾分类 347a
劳动监察 460a
劳动就业 458c
劳动人事争议案发情况 170c
劳动人事争议调解 171a
劳动人事争议仲裁 170c
劳动人事争议仲裁效能提高 171a
“老兵永远跟党走，穿越烽火岁月”青少年红色教育活动 177a
“老兵永远跟党走”系列活动 469c
老干部发挥优势作用 69a
老干部服务 68b
老干部工作 68a
老干部继续教育 68c
老龄健康 440c
老龄事务 472a
老年人 456c
老年人服务 302b
老年人卫生健康管理 440c
老年人心理关爱项目试点 441b
老年人医疗 441a
乐从国际会展中心景区 320a
乐从镇 518c
乐平镇 530a
勒流街道 517c
离退休干部思想政治引领 68b
里水镇 511b
理论学习宣讲研究 58c
历史名人 41b
历史人文 40b
历史文化 40b
历史文化旅游 321a
立法工作 78b
立法后评估 78c
立法意见建议征集 152a
立法意见建议征集 78c
立法智库作用发挥 151c
梁耀斌 533b
粮食安全 99a
粮食安全生产及储备监管 99b
粮食储备 99a
粮食检疫 208c
粮食流通 292b
粮食流通监督检查 292b

粮食应急保障体系　99b
粮食作物种植　257a
粮油保供　292b
烈士公祭活动暨向陈铁军烈士纪念塑像敬献花篮仪式　470a
邻里图书馆建设　60a
林纯莹　532b
林某等人洗钱案入选惩治洗钱犯罪典型案例　165a
林炜坤　531c
林业　258a
林长制改革　259a
临时救助　465c
临时勤务　175a
零售药店疫情防控“哨点”预警机制建设　199a
岭南味·佛山品——2021年金秋文旅消费惠民季活动　324a
岭南味·佛山品——第二届“我邀游”“5·19”旅游消费惠民活动暨佛味全席发布会　323c
流动人口　457b
流浪乞讨人员救助　466c
龙江镇　518c
芦苞镇　530b
鲁欣　533c
伦教糕获批为顺德地理标志保护产品　516c
伦教街道　517c
罗浮宫国际家具艺术博览中心景区　320a
旅游安全监管　325a
旅游厕所建设　325c
旅游公共服务　325c
旅游公共交通　326b
旅游行业监管　324b
旅游行业疫情防控与复工复产　324b
旅游行业执法监督　325a
旅游行政审批　324c
旅游集散中心　325c
旅游市场开拓　322c
旅游业　316
旅游业态　321a
旅游应急管理　325b
旅游资源　318a
律师服务　295c
绿金租赁获Ge-1绿色企业认证　315c
绿色发展理念贯彻　47c
绿色货运配送全国示范城市创建　336a
绿色建筑　282b，491c
绿色金融发展　306a
绿色石化产业集群　265b

M

麻醉药品、精神药品管理　447c
慢性病防控　436a
矛盾纠纷化解　156c
贸促系统出证认证业务　144b
贸易伙伴　225a
媒体持续关注顺德　516c
媒体宣传　59b
美的集团股份有限公司　252b
美的置业集团有限公司　252c
美丽田园建设　358c
美食旅游　321b
美食旅游推广　323a
森港澳实现政务服务湾区通办　527c
民办教育　360c
民革佛山市第十三次代表大会及第十三届委员会第一次全体会议　113b
民间习俗　40c
民建佛山市第十四次代表大会　115b
民进佛山市第九次代表大会　116b
民盟佛山市第十五次代表大会　114b
民商事审判　165c
民生底线财政资金保障　185b
民生工作监督　79b
民生领域改革　53c
民生资金和项目审计　191c
民事检察　162c
民俗旅游　321b
民营骨干企业发展　251c
民营经济　251
民营经济人士理想信念教育实践活动　120c
民用住宅建筑减隔震技术首应用　379b
民政服务机构安全防范体系构建　472b
民主党派·工商联　112
民主监督　105c
民族　43b
民族班设立　361a
民族事务　476c
民族团结进步创建系列活动　477a
民族宗教工作　62b
民族宗教事务　476c
明城镇　523b
命案侦办　158c
模范机关创建　66b
“魔鬼周”极限反恐集训　175a
母婴安全保障　438c

N

纳税服务　187b
南风古灶旅游区　319b
“南海村级工业园改造，促进城乡融合发展”专题视察　106c
南海结对三水、顺德结对高明紧密协作机制　221c
“南海鲲鹏人才计划”实施　509a
南海梦里水乡景区　319c
南海区　504b
南海区“十四五”规划纲要实施　509b
南海区信访局获平安中国建设先进集体　154b
南海区与黔东南州五县（市）东西部协作工作启动　509c
南海体育中心建成启用　510b
南海湾（西岸）森林生态园　319b
南海有轨电车1号线首通段开通初期运营　339c
南海粤港澳合作高端服务示范区　213b
南三合作智慧物流片区　214b
南山镇　530c
“南粤家政”服务标准化指导性文件印发　303b
“南粤家政”工程　303a
南庄镇　503b
南庄镇绿岛湖建筑行业信访诉求服务站成立　99a
内部审计　192a
内河船舶LNG动力改造　337c
年度立法计划　78b
年度薪酬调查与人工成本监测　459b
年鉴编纂　429b
农产品检验检测　301b
农产品稳产保供　256a
农村“三清三拆三整治”　358b
农村承包地改革　355b
农村改革　355b
农村公共服务　357b
农村管理数字化　241c
农村基础设施建设　357a
农村集体产权制度改革　355c
农村集体资产管理　356a

农村人居环境整治专项检查 358a
农村水利工程管理 261b
农村物流 292a
农村宅基地改革 355c
农工党佛山市第十二次代表大会 117a
农贸市场和进口冷链食品疫情防控 198a
农贸市场升级改造 198b
农田水利 261b
农业 255
农业电商发展 355a
农业农村污染治理 493b
农业生产提质增效 256a
农业数字化 241c
农业执法监管 256c
农业重点项目引进及建设 256a
“暖企暖心”行动 97a

P

拍卖业 290a
排污权交易试点 495a
排污许可证证后监管 495a
番海大桥主线通车 336c
潘健章 531b，532b
批发零售业 286c
平安佛山建设 152b
平安佛医保 309a
平安文化市场建设 432a
平安校园建设 360c
平安医院创建 434b
平安银行佛山分行 307b
平洲玉器街 319c
评估机构及执业人员服务 303c
普法宣传 169a
普惠金融服务体系建设 304a
普通高等教育 365a
普通高中教育 363b
普通高中招生 363c

Q

期货业 313b
其他非银行类金融机构 314a
企业“走出去” 226b
企业环保监管 496a
企业集团财务公司 315b
企业减负增效财政资金投入 185a
企业暖春行动 251c
“企业暖春行动”专题调研 105a
企业培育 228b
企业融资系列补贴 251b
企业用能成本降低 251a
气候 37c
气象服务 378a
气象监测 377c
气象科普 378b
气象科学 377c
气象科学研究 378a
汽车消费市场转型升级 287a
汽车制造产业集群 268a
千灯湖创投特色小镇发展 235a
千灯湖金融极核 213b
枪案侦办 158c
强制隔离戒毒管理 170a
“侨爱心·光明行”活动 140c
侨胞联络联谊 139c
“侨胞之家”建设 139c
侨界参政议政 140b
侨情信息 94a
侨务 94a
侨务文化外宣 94b
樵山文化中心启用 431b
“青春同心·永跟党走”诵读党史活动 127c
青年 456c
青年创新创业促进 126c
青年创业培训 149a
青岐村上榜2021年全国乡村特色产业亿元村 528b
青少年假日活动组织 148b
青少年科普 380a
青少年思想政治引领 124c
青少年校外实践基地建设 148a
轻微道路交通事故快处快赔服务 309b
氢能汽车产业发展 269b
清晖园 319c
清洁电器加快发展 267b
清明祭扫活动保障 471b
庆祝中国共产党成立100周年系列艺术作品展 139a
区、镇（街道）人大工作和建设 76a
区、镇领导班子换届 56b
区划界线管理 476b
“区块链+”金融科技产业集聚基地发展 235b
《区块链与产业新机遇》出版 428b
区域发展 210
区域合作 508b
区域交通一体化建设 334a
区域协作 216a
区域性股权交易市场 311b
“区长直通车”平台启动 502b
全雌翘嘴鳜“鼎鳜1号”水产新品种获农业农村部审定 261a
全国版权示范城市创建 205a
全国道德模范提名奖获得者 533a
全国公安系统二级英雄模范 533a
全国绿色建材试点 282b
全国社区治理和服务创新实验区结项验收 502a
全国示范性老年友好型社区创建 302c
全国首个氢能进万家智慧能源示范社区项目在佛山投运 332c
全国首个省级实体语言类博物馆在佛山开馆 385b
全国首批生猪价格保险+期货产品落地佛山 309c
全国税务系统首个基层政务公开专区在佛山试运行 187c
全国脱贫攻坚先进个人 532a
全国五一劳动奖章获得者 531a
全国县域共青团基层组织改革试点建设 127b
全国优秀共产党员 531b
全国优秀共青团员 531c
全国优秀河（湖）长 533b
全国质量强市示范城市创建 14c
全国综合减灾示范社区创建 483c
全面深化改革 52a，499b，507a，513c，521a，526c
全民健身活动 451a
全民健身与体育产业相互促进 455a
全民科学素质服务 131b
全省首个纳税服务运营中心在佛山成立 187c
全省首个社会保险费征缴争议多元调解中心成立 465b
全省首项餐饮行业新冠肺炎疫情防控团体标准发布 289c
全市财政收入跨越新的百亿大关 184b
全市第二批中等职业学校示范专业验收 364c
全市立法工作会议召开 151b
全市粮食和物资储备领域安全生产和安全仓储隐患大排查大整治和粮食流通“亮剑2021”专项执法行动 99c

全市商贸流通企业家专场座谈会　292a
全市首份律师行业发展扶持办法出台　528c
全市首批中职学校“双精准”示范专业验收　364c
全市最大农机服务队伍组建　292c
全域旅游发展　318a
全域土地综合整治攻坚战启动　509c
群众身边腐败和不正之风整治　111a
群众体育　451a
群众团体　122

R

人才发展体制机制改革　52b
人才服务　89b
人才服务体系优化　57a
人才工作　56c
人才引进　89a，228c
人才政策体系优化　57a
人大监督　79a
人大立法　151a
人防工程建设维护　175b
人防行业管理　176b
人防信息化建设　175c
人防宣传教育　176b
人防训练演练　176a
人防重要经济目标防护　176a
人防专业队伍建设　176a
“人工智能+双随机”智慧监管模式在全省全国推广　250c
人口　43b
人口·民族　43b
人口家庭　456a
人力资源服务业发展　88a
人力资源管理　88a
人民防空　175b
人民调解　168c
“人社+工会”劳动争议裁调对接工作机制试点　123c
人社服务直通车暨百名干部联千企活动　460b
人事档案管理服务　89c
人事考试　88b
人事任免工作　76b
人文湾区文艺创作　138a
人物·荣誉　531
认证认可监管　199c
容桂街道　517b
融资担保　314b
融资租赁　314b
入河排污口排查整治　493b
软件产业发展　240a
软件与信息服务产业集群　280a
软件与信息服务企业发展　280a
软件正版化工作推进　205b

S

“三防”工作责任制落实　482c
“三旧”改造专项规划与政策完善　348c
三龙湾（南海片区）科创极核　213c
三龙湾高端创新集聚区发展总体规划发布　233b
三龙湾工作统筹推进　221a
三龙湾获评年度最佳经济功能区　233c
三龙湾科技城禅城片区　234a
三龙湾科技城南海片区　234b
三龙湾科技城顺德片区　234b
三龙湾入选2020中国十大最具投资价值园区　233c
“三品”工程实施　169c
三水白坭镇山火扑救　174b
三水荷花世界　320c
三水区　524a
三水区旅游集散中心（三水汽车站）启用　326c
三水区首创党建引领长者政务党员示范岗　527c
三水森林公园　320c
“三线一单”生态环境分区管控　495a
扫黑除恶专项斗争　153a
扫黑除恶专项斗争总结会暨平安佛山建设工作会议　154a
“扫黄打非”　417c
森林城市建设　490a
森林防火　483b
森林分局划归市公安局领导管理　162b
沙口大桥通车　336c
商（协）会建设　119c
商贸服务业　286
商贸流通业资金政策扶持　292a
商品质量安全风险监测　209b
商事登记制度改革　196c
商事仲裁　171b
商业保理　315b
社保“放管服”改革　464b
社保便民服务　464a
社保惠企便民政策宣传月活动开展　465b
社保基金监管　465a
社保卡服务　463c
社工人才培养　473c
社会办医管理　448c
社会保险　463a
社会服务　113a，114a，115b，116b，117a，117c，119a
社会福利　467c
社会化职业技能等级认定　459c
社会救助　465c
社会救助改革创新　466b
社会救助体系建设　466a
社会救助信息化　249b
社会救助专项行动　466a
社会科学　426a
社会生活　456
社会事务　470c
社会事业重要政策与措施　86c
社会体育组织发展　451b
社会治安管理　158c
社会治理改革　53c
社会治理现代化　475c
社会治理信息化　248a
社会组织登记管理　474c
社会组织管理　474c
社会组织培育扶持　475a
社会组织品牌建设　476a
社会组织专项整治行动　475a
社科成果编印　133a
社科活动　132c
社科类社会组织扶持资助　133a
社科学报编辑与出版　428a
社科研究　427a
社情民意信息　100a
社区“万能章”治理专项行动　473b
社区矫正对象等重点人群管控　168c
社区康园中心建设　143a
社区养老服务提升　516b
社区治理　472c
“社银合作”自助服务模式推进　463c
涉港澳审批管理　97b
涉黑恶犯罪打击治理　158c
涉军美德先进人物推荐宣传　177c
涉侨统战工作　63a
涉外工作处理　93c
涉外商事法律服务　144a
涉外疫情防控工作　93a
涉疫重点区域安保　159a
申请执行免交生效证明材料制度建立　167a

"深化机关创建、万人评作风"活动 67c
深圳科技园佛山科创园项目动工 373b
审计 191a
审计查出问题整改 192a
审计理论研究 192a
审批管理 349a
生存型消费 462b
生活污染治理 493a
生活用品及服务价格 463a
生态保护与修复 489c
生态环境 489
生态环境保护督察与整改 494c
生态环境保护责任考核 494c
生态环境监测网络应用 248c
生态数据应用探索 249a
生态文明建设工作监督 79c
生态文明气象保障 378b
生物医药部分前沿领域研发成果 281c
生物医药及大健康领域产业载体及平台发展 281b
生物医药及高性能医疗器械产业 281a
生育保险 463c
生猪复产 259a
声环境质量 489b
省、市重点建设项目计划的制定与实施 178c
省级现代农业产业园创建 355a
省级以上体育赛事参赛 452c
省内脱贫攻坚对口帮扶湛江、云浮市交接收队 218c
省内驻镇帮镇扶村结对帮扶肇庆、云浮市 219a
省运会备战 453c
失业保险 463b
狮山镇 511a
"十件民生实事"完成 82a
十件民生实事落实 500c
"'十四五'期间，佛山打造'2+2+4'世界级先进制造业集群路径探索"研究 426c
"十四五"规划编制建议 50a
石湾镇街道 503c
石油化工产业 265b
时装艺术国际展 276b
实验教学创新 362c
实验室建设 372a
实战化训练 174c
食品检验检疫 209a
食品捐赠试点工作推进 467a
食品小作坊集中管理 198c
食品烟酒价格 462c
食品药品化妆品检验检测 301b
食品饮料业 280b
食品饮料业·生物医药及高性能医疗器械业 280b
食品饮料业区域布局 280c
食盐安全监管 294a
食盐储备 293c
食盐经营 293c
史努比缤纷世界 320a
市、区、镇（街道）三级党校联动发展 71a
市本级政府投资项目计划的制定与实施 178c
市场采购贸易试点建设 225b
市场监督管理 196b
市场监管法治建设 201b
市场监管领域扫黑除恶 201a
市场监管执法 201c
市场建设 286a
市级社区协商和村规民约（居民公约）示范经验推荐活动 473c
市级养老服务机构工程建设 472c
市领导班子换届 56b
市青年联合会 125b
市情概貌 37
市人大常委会会议 77a
市容市貌整治 351c
市外抢险救援 484b
市委书记督办提案办理协商活动 103c
市委议军会暨2021年度全市人武部党委第一书记党管武装工作述职会议 174b
市辖区 497
市域社会治理专委会新设5个研究中心 150a
市域统筹 220b
市域统筹招商 220b
市域五区交通互联互通 220c
市域五区就业服务同城化 221b
市长督办提案办理协商活动 104a
"市长直通车"平台上线 92b
市政府常务会议 84a
市政府全体会议 84a
市政建设 344c
市政协常委会会议 102c
市政协主席督办提案办理协商活动 104a
市政协主席会议 102a
市直单位2021年运动会 67b
市直机关工委执纪监督 67a
收入与消费 461a
首次向市人大常委会报告反腐败国际追逃追赃工作 110b
首个区级残疾人辅助性就业机构获授牌 143b
首届"最美快递员"评选活动 342c
首届南海区泛家居产业推介会 291a
首届粤港澳大湾区（佛山）数字化智能化转型高峰论坛 243a
首届中国加州鲈产业链年会暨第四届中国加州鲈产业论坛华南站 260c
蔬菜（含菜用瓜）种植 257b
数字产业化 239a
数字城管建设 352a
"数字贷"工程开始实施 308b
"数字佛山"建设总体规划印发 250a
数字化发展环境优化 236c
数字化智能化供给能力增强 239b
数字化智能化示范工厂评选 241b
数字化转型助力制造业高质量发展论坛 377b
数字基础设施建设 237b
数字经济 236
数字经济核心产业发展 236a
数字社会建设 245c
数字政府基础建设 246a
数字政府建设 157c
"双百"暨南粤法治报告会 150c
"双减"工作推进 17c
"'双区'建设背景下，如何加强深圳、佛山产业和科技合作"研究 426b
双拥工作 175a，176b
双拥工作机制健全 176b
双拥宣传教育 176c
水产良种发展 260b
水产养殖业 260a
水都基地获评广东省首个食品饮料特色产业园 529a
水果种植 257c
水环境质量 489a
水环境治理改革 52b
水利工程安全监管 353b
水利工程建设 353a
水利市场管理 353a
水路运输 337b
水文 39a
水污染防治 493a
水义工"民间护水" 491a
水政执法 353c
水资源管理 180c

税收减收因素　187a
税收营商环境优化　187b
税收增收因素　186c
税务　186c
顺德逢简水乡主题邮局开业　343a
顺德华侨城旅游度假区获评广东省旅游度假区　321a
顺德农商银行　307c
顺德区　511c
顺德区“以水兴城”战略开始实施　516a
顺德区村级工业园改造成果　516a
顺德艺术涂料产业联盟成立　266a
顺德粤港澳协同发展合作区　214c
顺德职业技术学院教育教学　366a
顺德自然科学馆启用　517a
司法行政　168a
司法鉴定服务　296a
司法鉴定机构和人员管理　170a
司法委托拍卖　290a
私募基金行业　311c
私营经济　254c
思想建设　112a，113c，114c，116a，116c，117b，118c
“思想再解放、改革再出发、建设现代化活力新南海”大讨论开展　510a
思想政治建设　173a，174c
“四风”纠治　110c
“四个秩序”建设　174a
饲料生产管理　259b
宋兵　533c
宋洪涛　533b
诉讼服务　166b
孙立冬　533c

T

台胞台企“双统筹”工作　95a
“台港澳青年在佛山创业就业（人才引进）情况”专题视察　106a
台企台商服务　95b
台湾青年发展交流与创业　95c
“台湾青年广东创业行”在佛山启动　96a
台湾事务　94c
塘鱼市场交易　260a
陶瓷行业集中度提高　270c
陶瓷建材产业　270c
特困人员供养　465c
特色美丽乡村　357b
特色小镇建设　356c
特殊教育　368c
特殊教育入学评估与安置　368c
特殊未成年人关爱帮扶　468a
特种设备安全监管　200c
特种设备检测　301a
特种作业治理　485c
提案办理协商　103b
提高基本公共服务水平财政资金保障　185c
体育　450
体育彩票销售　455b
体育产业　454c
体育产业园区和基地建设　454c
体育公共服务　450b
体育行业安全监管　450b
体育竞赛活动组织　453a
体育强师工程　452b
体育世界冠军与破世界纪录者　533c
体育与相关产业融合发展　454c
体制机制改革创新　64a
铁路运输　338a
通信产业　243b
通用设备制造企业技术升级　277b
通用设备制造业　276c
统计　192a
统计法治　194a
统计服务产品开发　193c
统计基础建设　194a
统计资料　554
统一战线工作　61c
统一战线社会服务　63b
突发事件应对处置能力增强　156c
土地出让　179c
土地储备开发　180b
土地节约集约利用　179c
土地市场　327a
土壤　39a
土壤环境质量　489b
土壤污染防治　493c
土壤污染防治信息化管理　249a
团结联谊　100b
团市委“我为群众办实事”十大项目　126c
“团圆”“护苗”案件侦办　158c
“推进东平河滨水生态区整治和建设”委员视察　106a
退役军人就业创业　469b
退役军人事务　469a
退役军人移交安置　469b

W

外国驻穗领馆代表团接待　93c
外汇管理　189b
外贸转型升级基地建设　225c
外事　92c
外资及港澳资银行选介　308a
外资企业服务　224a
外资适用政策与跨境金融服务政策宣讲会暨“政银企”对接活动　224c
万亩千亩公园建设　490a
“网格化+双随机”环境监管制度落实　494b
网络安全防护　159c
网络安全监管　159b
网络安全态势感知共建共享体系建设　61a
网络犯罪打击　159c
网络媒体　425b
网络市场监管　200b
网络文明宣传季发布　426a
网络宣传　60c
网络与信息安全　60c
网络正能量总结分享会　425c
网络综合治理　164a
“网上妇女之家”建设　129c
危险化学品及烟花爆竹监管　485c
违法建设治理　352b
违法烟草专卖品公开销毁　294b
卫生监督　444a
卫生监督执法　444b
卫生监督执法体系建设　444b
卫生健康　433
卫生健康发展规划　433b
卫生健康服务体系建设　433c
卫生健康普法　445b
卫生健康人才培育　442a
卫生健康信息化　247c
卫生应急能力建设　434a
卫生镇卫生村创建　443c
未成年人检察　163c
未成年人救助保护协调机制建设　468b
未成年人思想道德建设　478a
文华北路北延线通车　336c
文化　382
文化产业　430a
文化产业数字化　242a
文化产业园区和基地管理　431b
文化产业专项扶持　430c
文化行业监管　431c

文化市场行政审批制度改革 432c
文化市场疫情防控和复工复产监管 432a
文化市场执法 432b
文化事业文化产业发展 59c
文化遗产保护 390c
文化与文艺理论研究 416c
文旅体产业金融服务 430c
文旅宣传推广 323a
文旅展会参展 431b
文明安全旅游宣传 325b
文明创建“15项重点工程”实施 479a
文体娱乐业和住宿业倍增计划实施 430b
文物保护与旅游资源化利用 415a
文献专载 539b
文学创作 136c
文学与戏剧创作 416a
文艺创作 415c
文艺理论研究 137b
文艺人才培养 137a
文艺志愿者服务 137c
“我市古建筑保护和活化情况”专题视察 106b
“我市中心城区城市形态更新”委员视察 105c
“我市宗教活动场所管理情况”专题视察 106b
污染天气应对492c
无偿献血·器官捐献·造血干细胞捐献 146c
无偿献血云表扬大会 147b
“无废城市”试点建设工作启动 494a
“无人水稻农场”应用示范项目建设 293b
吴红英 532c
“五老”关爱工程活动及“十百千万”行动开展 148a
武警佛山支队 174c
舞台展示 137b
物价管理 194c
物流业 291a
物业服务业 331a
物业管理培训 331b

X

西南街道 529b
西樵山景区 319a
西樵镇 511a
习近平新时代中国特色社会主义思想学习贯彻 46a
习近平新时代中国特色社会主义思想学以致用落地见效工作措施 50c
习近平总书记“七一”重要讲话精神专题宣讲走基层系列活动 59a
系列旅游精品线路推荐 323b
先进材料产业集群 270c
先进单位（集体） 534c
先进零碳燃烧技术联合创新研发中心挂牌成立 492b
先进模范推选礼遇帮扶 478b
先进人物 531a
现代保险营销产业学院签约 309c
现代轻工纺织产业集群 274a
乡村旅游 321c
乡村振兴 354
乡村振兴“万企兴万村”行动 121a
乡村振兴党建引领 56a
乡村振兴工作财政资金投入 185a
乡村振兴示范村建设 358c
乡村振兴战略实施 501a
乡村治理 358a
乡村治理示范创建 355c
“向法而行”普法平台上线 167b
橡胶和塑料制造企业技术研发 266a
橡胶和塑料制造业 266a
消防安全 487b
消防安全体制机制建设 487c
消防宣传 488a
消防应急体系建设 487c
消防综合保障 487c
消费维权 201b
小案深挖打击 158c
小贷“楷模”监管评级交流会 190b
小额贷款 314c
小微工业企业上规模 254a
小微企业工会经费支持政策落实 123b
晓法姐姐法官工作室建立 167a
校园体育赛事 452b
新材料产业发展 273c
新材料制造业 273c
新产业工人 457b
新的社会阶层人士统战工作 62c
新冠肺炎疫情常态化防控 9c
新冠肺炎疫情防控期间社保基金支出 463c
新华书店 387b
新建商品房上市 327c
新建商品房市场 328c
新建商品住房市场 329a
新能源汽车产业配套服务提升 269c
新能源汽车创新平台建设 270a
新能源汽车推广 269c
新三板 311b
新时代民营企业家培育工程 121a
新时代文明实践中心建设 478c
新时期产业工人队伍建设改革实施方案 51a
新时期产业工人队伍建设改革推进 124a
新闻出版 417b
新型基础设施建设 237b
新型农业经营主体 354c
新兴服务业 295
新一代电子信息产业集群 263c
新一代电子信息产业集群区域布局 264a
新一代电子信息产业重大项目招商 264c
新一代电子信息企业上市 264a
新一代电子信息中小企业竞争力提升 265a
新一轮基层党建三年行动计划实施 55b
新增专项债等债券获批额度创新高 184b
“新征程”贸促线上对接会 144c
信访 97c
“信访超市”创建 98c
信访工作体制机制建立健全 98b
信访专题调研 99a
刑事犯罪侦查 158c
刑事检察 162c
刑事审判 165b
刑事诉讼活动监督 163b
刑事执行检察 163b
行政村快递服务网点省内率先实现全覆盖 342b
行政管理体制改革 53b
行政检察 163a
行政区划 43a
行政权力监督制约增强 157a
行政审判 165c
杏坛镇 518c
休闲农业 354a
虚假诉讼专项监督 164b
畜牧业 259a
徐航 532a
宣传工作 58a

学前教育 361a
学前教育普惠发展 361b
学位宿位建设 516b
学习贯彻中共十九届六中全会精神专题研讨班 71a
学校体育 452a
学校卫生监督 445b
巡察工作上下联动开展 111c
巡察监督 111b
巡察整改落实机制完善 111b

Y

烟草市场监管与执法 294a
烟草制品零售点布局规划 294b
烟草专卖 294a
研学旅游 322a
盐产品销售 293c
扬尘污染防治 492c
“阳光餐饮”平台建设 199a
杨国强 532a
杨和镇 523b
养老保险 463b
养老服务标准建设 472b
养老服务从业人员培养 472c
养老服务业 302a
养犬管理 352a
药品管理 447b
药品和医用耗材集中采购 448a
药品临床应用监测 447c
药物代谢研究与评价重点实验室揭牌 373b
野生动植物保护 490b
夜间旅游 322a
“一把手”和领导班子监督 108c
“一带一路”经贸合作 223a
“一带一路”经贸交流服务保障机制优化 223b
“一带一路”科技交流合作和人才对接 223a
“一带一路”人文交流合作 223b
“一带一路”沿线物流联通 222c
一方智慧中医全球抗疫医学志愿者联盟成立 447a
“一号改革工程”推进 6a
一汽-大众华南基地成为国内电动车项目率先采用绿色电力整车厂 270b
衣着价格 462c
医疗保健价格 463a
医疗保险 463b
医疗废物处置 448c
医疗服务管理 449b
医疗服务监管 444c
医疗护理员培养 302c
医疗器械网络销售监管 199a
医疗质量管理 448c
医学科研 442a
医学科研与卫生健康人才培养 441c
医养结合 441a
医药服务项目价格改革 435a
医政管理 448b
宜居城乡建设 356b
移动源污染智慧防治 248c
“以法兴企”文化沙龙活动 150b
以先进制造业为支撑的现代产业体系构建 46c
义务教育 362a
义务教育“双减”工作 362b
义务教育均衡发展 362a
艺术展示 137a
异地就医直接结算实现两个“全覆盖” 449b
疫苗监管体系建设 199a
疫情防控档案 73c
疫情防控和疫苗接种经费保障 185b
疫情防控支援工作 174a
疫情防控志愿服务 125c
银行业 305b
银行业风险防范 308a
银行业风险防控 188a
银行业服务实体经济 188b
银行业改革发展 188c
银行业监管 188a
银龄安康行动 441b
银企融资 305c
“银税互联”自助办税业务上线邮储银行智能柜员机 187c
饮用水源保护 493a
营商环境优化 222a
营商环境综合改革 52a
营运车辆保有量 336b
营运汽车综合性能检测站及检测量 336b
影视产业 424c
影视剧创作 416b
“影载中华情　圆梦新丝路”2021国际优秀影片展映活动 425b
应急管理 480
应急管理工作能力提升 480c
应急管理体系及能力建设 480a
应急管理信息化 248b
应急管理宣传活动 486c
应急救援机制建立 484a
应急救援力量调查 484a
应急志愿服务 484b
拥军支前 177a
拥军走访慰问 176c
拥政爱民 177a
优抚对象优待实施办法出台 470b
“优化营商环境”系列提案办理“回头看”活动 105b
优势传统产业发展 263a
优粤佛山卡服务 89c
“优质粮食工程”建设 99b
尤锦翔 533a
邮政 340c
邮政行业监管 340c
邮政普遍服务 341b
邮政业安全中心揭牌成立 343b
油料作物种植 257b
渔业资源保护 260b
预拌混凝土与预拌砂浆生产 284b
预防性领事保护宣传 93c
预算和绩效管理一体化 186a
预制菜产业发展 280c
“粤菜师傅”工程 459c
粤港澳大湾区“零碳行动”高峰论坛在佛山举办 492a
粤港澳大湾区高价值专利培育布局大赛 206a
粤港澳大湾区国际科技创新中心建设 376b
粤港澳大湾区建设 210a
粤港澳大湾区首个专利价值度评估团体标准实施 206b
“粤港澳大湾区现代都市农业综合示范基地”获授牌 355b
粤港澳大湾区现代都市农业综合示范基地授牌 528c
粤港澳大湾区影视产业合作试验区创建 424c
粤港澳金融市场互联互通 305a
粤港澳旅游线路开发 323c
粤港澳医疗卫生合作 434b
粤港澳重点合作平台 213b
粤桂黔滇高铁经济带合作 218b
粤剧《鸿胜馆》创作 138b
云东海国家湿地公园入选广东省自然教育基地名单 528b
云东海街道 529c

云计算基础设施布局建设 238a
云勇林场扩面提质 259a

Z

皂幕山旅游风景区 320b
债券市场 311b
展会促贸 143c
战备训练 173b
战略性产业集群融资服务对接“专精特新”企业专场活动 254b
战略性新兴产业集群发展 263a
战略性支柱产业集群发展 262b
张槎街道 504a
长鹿旅游休博园 319a
招聘服务 459a
招商银行佛山分行 307b
招商引资 223c
招商引资 234c
征文宣传与理论研究阐释 428a
证券期货行业交流学习 310a
证券市场 311b
证券业 310a
政策落实跟踪审计 191b
政策性农业保险市级创新险种推出 309c
政策咨询和发展研究 426a
政法队伍教育整顿 164c
政法领域深化改革 153c
政法委与平安建设 152b
《政府工作报告》 545b
政府规章与规范性文件备案审查 151c
政府信息公开 83b
政府职能转变 155b
“政企银”创业担保贷款新模式 460a
政务督查 83c
政务服务 90a
政务服务标准应用 90c
政务服务创新 91a
政务服务能力提升 246b
政务数据共享开放 246b
政务信息 83b
政治监督 108c
政治协商 103b
知识产权 203c
知识产权行政执法 204c
知识产权护航工程实施方案 51b
知识产权检察保护 164b
知识产权纠纷多元化解决 204a
知识产权质押融资 204a
知识产权专利导航 204b
执法规范化水平提升 156b
执法监督 180b
执前督促履行及和解机制建立 168a
执政纪事资料征编 71c
直达乌克兰中欧班列贸易通道开辟 145a
直达资金改革成为全国经验 185c
职称评审 88c
职工互助保障 123a
职工集体协商 123b
职工技术创新活动 123b
职工子女夏令营活动 124a
职业病防治宣传教育 440b
职业病防治与管理 440a
职业病防治重点监测项目 439c
职业病危害项目申报 439b
职业技能竞赛 460a
职业健康管理 439a
植被 39b
志书编修 429a
志愿服务工作 474a
“志愿之城”建设 125c
制造业高质量发展改革 52c
制造业数字化智能化全额贷款贴息实施 241a
制造业数字化智能化全周期奖补实施 240c
制造业数字化智能化转型发展 263b
制造业重点项目招商 263b
制造业转型升级财政资金投入 184c
质量强市战略实施 197b
治安风险排查管控 159a
致公党佛山科学技术学院总支部成立 118b
致公党佛山市第七次代表大会召开 118b
致公党佛山市直属总支部成立 118a
智慧城管 247b
智慧工会平台建设与推广 123c
智慧公交工程 351b
“智慧码头”建设 227a
智慧农业水产养殖智能监测服务平台 260c
智慧新警务 247b
智能机器人产业集群 279a
智能机器人产业招商引资 279b
智能机器人平台建设 279b
智能机器人新技术新产品研发 279c
智能家电产业集群 267a
智能交通 247a
智能氢复合动力车辆技术研究院成立 373a
中等职业教育 364a
中等职业教育扩容提质 364b
中法设计产业合作（顺德）中心开业 517a
《中共佛山历史百年大事记（1921—2020）》出版 72c
中共佛山市委外事工作委员会第三次会议 93c
中国工商银行佛山分行 307a
中国共产党佛山市第十二届委员会第十二次全体会议 48b
中国共产党佛山市第十二届委员会第十三次全体会议 48c
中国共产党佛山市第十二届委员会第十四次全体会议 49a
中国共产党佛山市第十三次代表大会 49a
中国共产党佛山市第十三届委员会第一次全体会议 50a
中国共产党佛山市委员会 46
中国共产主义青年团佛山市委员会 124b
中国国际贸易促进委员会佛山市委员会 143c
中国国民党革命委员会佛山市委员会 112a
“中国好人榜”入榜人物 532b
中国建设银行佛山市分行 306c
中国民用航空局正式批复佛山新机场选址 522a
中国民主促进会佛山市委员会 115c
中国民主建国会佛山市委员会 114c
中国民主同盟佛山市委员会 113b
中国农工民主党佛山市委员会 116b
中国农业银行佛山分行 307a
中国农业银行南海分行 307a
中国农业银行顺德分行 307a
中国人民政治协商会议第十二届佛山市委员会第五次会议 100c
中国人民政治协商会议佛山市委员会 100
中国银行佛山分行 306b
中国邮政储蓄银行佛山市分行 307b
中国致公党佛山市委员会 117b
中航云电信“顺德金融云”项目落地佛山顺德 238c
中华慈善日暨佛山市慈善月活动 467c

中华人民共和国成立后至改革开放前 44a
中华人民共和国成立前 43c
中考 362a
中考体育 452a
中立法律服务社法律服务 150a
中体佛山"国家体育产业示范单位"揭牌 455c
"中小企业数字化扶持计划"发布 254b
中小微企业发展 253c
中小学劳动教育 362c
中小学生心理健康教育 362b
中心城区城市更新和形态提升 349a
中心镇建设 356a
中央广播电视总台南海影视城 319c
中医药服务体系建设 446a
中医药人才培育 446c
中医药事业 446a
中医药文化宣传 447a
中医医疗机构监管 446b
中医专科建设 446b
"中职学生职业能力评测"现场展示暨省特等奖教学成果推广活动 364b
种植业 257a
仲裁 170c
仲裁对接机制完善 171c
仲裁服务提升 171c
仲裁专题培训 172a
众陶联建陶行业大数据平台构建 502a
重大改革试点 54a
重大活动档案 73c
重大任务党建引领 56a
重大项目集中开工投产活动 502a
重点领域财政资金保障 184c
重点路段及出入口环境整治 335c
重点人群职业健康管理 439b
重点市外国内、国际展会组织及推荐 290b
重点项目 233a
重点项目集中开工 179a
重点项目谋划储备 179a
重点项目日常协调督导 179a
重点项目招商 224a
重点专科建设 442c
重要会议 76c，83c，100c，108a
重要政策与措施 85c
周攀锋 531c
《珠江商报》 420b
《珠江时报》 420c
珠三角百万亩池塘升级改造暨全省水产养殖业转型升级绿色发展现场会 261b
珠三角枢纽（广州新）机场前期筹建工作推进 340a
珠三角枢纽（广州新）机场选址获批复 340b
"助农云购年桔花 云赏佛山花会"网上迎春花市活动 242c
住房保障 468b
住房公积金 468b
住宿餐饮业 287b
住宿业倍增计划 288a
住宅物业服务品质分级规范》发布 332a
注册会计师行业诚信建设 300c
"铸牢中华民族共同体意识"绘画征文比赛 477b
专记 1
"专精特新"企业·服务机构服务对接活动 254b
"专精特新"企业培育 254a
专利无效请求与侵权诉讼联合审理 206c
专题档案征集 74c
专用设备细分领域"隐形冠军"企业培育 278c
专用设备制造技术攻关 278b
专用设备制造业 277c
专用设备制造业区域布局 277c
装配式建筑 284b
装配式建筑构件生产 284b
装配式建筑与绿色建筑发展 271c
资本市场服务 310a
资产评估行业诚信建设 303c
资产评估行业监管 303c
资产评估业 303b
自然保护地保护 258b
自然村落普查成果开发利用 429a
自然地理 37a
自然生态修复 489c
自然灾害 481b
自然资源 39b
自然资源管理 179b
自由贸易试验区改革创新试点经验复制推广 226a
宗教事务 477b
宗教事务管理 477b
综合管理重要政策与措施 87b
综合交通运输体系规划 333c
"组合港""湾区一港通"模式应用推广 227b
组织工作 54b
组织机构及负责人名录（2021年） 537a
组织建设 54b
祖庙博物馆 319a，389c
祖庙街道 504a
最低生活保障 465c
"最美异地务工人员""最美高校毕业生"评选 460b
作风建设 110c
作风建设常态化长效化 111a

数字首

《"1+4"广佛高质量发展融合试验区建设总体规划》印发实施 344a
"119"消防宣传月活动 488c
"12315"投诉举报 201c
2020届"展翅——佛山市初创文创企业扶持行动"微路演决赛 431c
"2020年度佛山版权十件大事"公布 205c
2020年度全市经营性公墓年检 471c
2021（广东·佛山）国际塑料产业展览会举行 267a
2021"科创中国"智能制造产学融合高峰论坛暨第二届广东省制造业高质量发展高峰论坛 377a
2021"品味佛山"餐饮促消费活动 288c
2021第一届佛山城市艺术季 417a
2021纺织行业数字化发展暨节能（节水）技术论坛 377b
2021佛山（顺德）家电博览会 268a
2021佛山国际汽车工业博览会 290c
2021佛山企业家大会 121c
2021佛山市全民终身学习活动周 368b
2021佛山市全球招商大会暨湾区经济论坛 225a
2021佛山潭洲陶瓷展 290c
2021佛山智造·跨境贸易峰会 226a
2021佛山中德工业服务区城市品牌推介会 233c
2021火炬科技成果直通车（佛山站）硬科技成果专场 375c
2021年"5·18"国际博物馆日暨第二届佛山博物馆文化周 415b
2021年"书香岭南"全民阅读系列活动 417c

2021年春运 335a
2021年大湾区工业数字化高峰论坛 239a
2021年度佛山市新的社会阶层人士培训班 63c
2021年佛山大事记 19
“2021年佛山国际贸易年度人物”评选 145c
2021年佛山建筑行业质量宣传月系列活动启动 285c
2021年佛山市“全民健身日”活动 452a
2021年佛山市88盛夏乐购狂欢月 287b
2021年佛山市版权示范单位（园区）和优秀版权作品发布 207b
2021年佛山市党外代表人士迎春座谈会 63b
2021年佛山市工业互联网安全职工技能竞赛 61c
2021年佛山市获全国先进称号单位（集体）名单 534c
2021年佛山市获全国先进称号个人名单 533c
2021年佛山市获省级先进称号单位（集体）名单 535c
2021年佛山市获省级先进称号个人名单 534b
2021年佛山市网络安全事件应急演练暨第一届“飞鸿杯”网络安全大赛 61b
2021年佛山市网络安全宣传周活动 61c
2021年佛山市文化科技卫生“三下乡”暨顺德区科普进社区主题活动 381c
2021年佛山市学前教育宣传月 361c
2021年佛山市中等职业学校技能大赛 364c
2021年佛山市中小学人工智能教学成果展示活动 363a
2021年佛山寻找“最美家庭”“文明家庭”活动 458a
2021年佛山夜间消费节 287a
2021年经济社会发展 44c
2021年全国科普日暨第三届佛山科普嘉年华活动 381c
2021年商贸流通领域“安全生产月”“安全生产万里行”系列活动 292a
2021年最受市民喜爱的“佛味鲜生”优质佛山本地粤菜食材公布 290a
2021中国绿色建材与装配式建筑展在佛山举行 284c
2021中国实体经济论坛在佛山市举行 121b
2021中国网球巡回赛佛山站 454b
2021中国影视艺术高峰论坛 425a
2021中国影视艺术高峰论坛暨中国高等教育学会影视教育专业委员会第二十三届年会 365b
2021珠三角龙舟友谊赛容桂站 451b
2家中国（佛山）跨境电子商务综合试验区线下园区挂牌 242c
40个社科普及基地获认定为省级人文社科普及基地 133c
“515”高质量发展战略目标 1a
5G+机器人云控视平台上线 249b
5G基础设施建设 237c

表格索引

表1 2021年佛山市行政区划表 43
表2 2021年佛山市人大常委会重点督办的代表议案建议情况表 81
表3 佛山市及各区缔结国际友好城市关系一览表 93
表4 佛山市政协十二届四次会议以来优秀提案一览表 101
表5 2021年佛山市政协重点提案一览表 103
表6 佛山市人文社科普及基地一览表 134
表7 2021年佛山市人民政府重大行政决策事项一览表 156
表8 2021年佛山市人民政府部门重大行政决策事项一览表 156
表9 佛山市市属一级（直管）国有企业情况一览表 181
表10 佛山市细分行业龙头企业认定数量情况表 197
表11 2021年发布“佛山标准”情况表 200
表12 佛山市入围“2021中国民营企业500强”榜单企业一览表 252
表13 佛山市农产品地理标志登记情况一览表 255
表14 2021年度佛山市自然保护地一览表 258
表15 2021年佛山市主营业务收入超10亿元新一代电子信息企业一览表 263
表16 2021年佛山市主营业务收入超10亿元石油化工企业一览表 265
表17 2021年佛山市主营业务收入超10亿元橡胶和塑料制造企业一览表 266
表18 2021年佛山市主营业务收入超10亿元家电企业一览表 267
表19 2021年佛山市主营业务收入超10亿元汽车制造企业一览表 268
表20 2021年佛山市主营业务收入超10亿元陶瓷建材企业一览表 271
表21 2021年佛山市主营业务收入超10亿元金属制品企业一览表 272
表22 2021年佛山市主营业务收入超10亿元家具企业一览表 275
表23 2021年佛山市主营业务收入超10亿元纺织服装企业一览表 276
表24 2021年佛山市主营业务收入超10亿元通用设备制造企业一览表 277
表25 2021年佛山市主营业务收入超10亿元专用设备制造企业一览表 278
表26 2021年佛山市主营业务收入超10亿元食品饮料企业一览表 281
表27 2021年佛山市省级“粤菜名店”一览表 287
表28 2021年佛山市省级“粤菜名品”一览表 288
表29 2020—2021年度佛山市省级“文明诚信示范餐厅”一览表 289
表30 佛山市A级物流企业一览表 291
表31 佛山市省级以上工业设计中心一览表 297
表32 佛山市上市公司一览表 311
表33 佛山市AAA级及以上旅游景区一览表 316
表34 佛山市三星级及以上旅游饭店一览表 317
表35 2021年佛山市旅游专线或旅游辅助公交线路一览表 326
表36 2021年佛山市新建商品房运行情况表 329
表37 2021年佛山市“最美快递员”名单 342

表38　佛山市污水处理厂运行情况表　346
表39　佛山市省级以上孵化器一览表　370
表40　佛山市省级以上众创空间一览表　371
表41　2021年佛山市省级以上科普教育基地一览表　380
表42　2021年佛山市国家一级文化馆一览表　382
表43　2021年佛山市国家一级图书馆一览表　382
表44　佛山市登记备案博物馆一览表　383
表45　佛山市全国重点文物保护单位一览表　391
表46　佛山市省级文物保护单位一览表　391
表47　佛山市市级文物保护单位一览表　393
表48　佛山市市级以上非物质文化遗产代表性项目一览表　406
表49　佛山市市级以上非物质文化遗产项目代表性传承人一览表　407
表50　2021年佛山市社会科学专著出版情况一览表　427
表51　2021年佛山市三级甲等医院一览表　433
表52　2021年佛山市获体育世界冠军情况一览表　453
表53　2021年珠三角九市居民人均可支配收入对比情况表　461
表54　2021年佛山全体居民人均消费支出构成情况表　462
表55　2021年禅城区国民经济主要指标情况表　497
表56　2020—2021年禅城区社会事业主要指标情况表　498
表57　2021年南海区国民经济主要指标情况表　505
表58　2020—2021年南海区社会事业主要指标情况表　505
表59　2021年顺德区国民经济主要指标情况表　512
表60　2020—2021年顺德区社会事业主要指标情况表　512
表61　2021年高明区国民经济主要指标情况表　519
表62　2020—2021年高明区社会事业主要指标情况表　520
表63　2021年三水区国民经济主要指标情况表　524
表64　2020—2021年三水区社会事业主要指标情况表　525
表65　2021年佛山市获批准的地方性法规一览表　554
表66　2021年佛山市及各区主要指标一览表　554
表67　2021年佛山市人口规模情况表　555
表68　2021年佛山市资源环境情况表　555
表69　2021年佛山市经济发展情况表　556
表70　2021年佛山市旅游经济发展情况表　557
表71　2021年佛山市人民生活情况表　557
表72　2021年佛山市基础设施情况表　558
表73　2021年佛山市公共服务情况表　558
表74　2021年佛山市科技创新情况表　559
表75　2021年佛山市地名命名情况表　560
表76　2021年佛山市原有地名调整情况表　575

统计图索引

图1　2021年佛山居民消费价格指数各月环比与2020年波动对比图　195
图2　2021年佛山居民消费价格指数各月同比与2020年波动对比图　195
图3　2021年佛山市新一代电子信息产业集群细分领域增加值及占比情况图　264
图4　2021年佛山市新一代电子信息产业集群产业链情况图　264
图5　2021年佛山市石油化工产业细分领域产值及占比情况图　265
图6　2021年佛山市橡胶和塑料制品业细分领域产值及占比情况图　266
图7　2021年佛山市橡胶及塑料制品产业链情况图　266
图8　2021年佛山市家电制造产业链情况图　267
图9　2017—2021年佛山市汽车制造业增加值及增速情况图　269
图10　2021年佛山市汽车制造产业链情况图　269
图11　2021年佛山市陶瓷建材产业链情况图　271
图12　2021年佛山市金属制品产业链情况图　273
图13　2021年佛山市新材料产业链情况图　273
图14　2021年佛山市家具行业细分领域增加值及占比情况图　274
图15　2021年佛山市家具行业产业链情况图　274
图16　2021年佛山市纺织服装产业链情况图　275
图17　2021年佛山市纺织服装业细分领域增加值及占比情况图　276
图18　2021年佛山市通用设备制造业细分领域增加值及占比情况图　276
图19　2021年佛山市通用设备制造产业链情况图　277
图20　2021年佛山市专用设备制造业细分领域增加值及占比情况图　278
图21　2021年佛山市专用设备制造产业链情况图　278
图22　2021年佛山市食品饮料业细分领域增加值及占比情况图　280
图23　2019—2021年佛山市证券交易量图　310
图24　2021年佛山各区证券交易量及占比图　310
图25　2019—2021年佛山市证券手续费及佣金收入趋势图　310
图26　2021年佛山市新建商品房上市情况图　328
图27　2021年佛山居民人均可支配收入结构情况图　461
图28　2021年佛山居民消费价格指数八大类商品及服务价格涨跌幅情况图　462